정보처리기사

길벗알앤디 지음

길벗

지은이
김정준 – 안양대학교 소프트웨어학과 교수
길벗알앤디 – 강윤석, 김용갑, 김우경, 김유홍
길벗알앤디는 IT 서적을 기획하고 집필하는 출판 기획 전문 집단으로, 2003년부터 길벗출판사의 IT 수험서인 〈시험에 나오는 것만 공부한다!〉 시리즈를 기획부터 집필 및 편집까지 총괄하고 있다.
30여 년간 자격증 취득에 관한 교육, 연구, 집필에 몰두해 온 강윤석 실장을 중심으로 IT 자격증 시험의 분야별 전문가들이 모여 국내 IT 수험서의 수준을 한 단계 높이기 위한 다양한 연구와 집필 활동에 전념하고 있다.

정보처리기사 실기 – 시나공 시리즈 ㉗

The Practical Examination for Engineer Information Processing

초판 발행 · 2025년 2월 24일
초판 2쇄 발행 · 2025년 4월 14일

지은이 · 김정준, 길벗알앤디(강윤석, 김용갑, 김우경, 김유홍)
발행인 · 이종원
발행처 · (주)도서출판 길벗
출판사 등록일 · 1990년 12월 24일
주소 · 서울시 마포구 월드컵로 10길 56(서교동)
주문 전화 · 02)332-0931 팩스 · 02)323-0586
홈페이지 · www.gilbut.co.kr 이메일 · gilbut@gilbut.co.kr

기획 및 책임 편집 · 강윤석(kys@gilbut.co.kr), 김미정(kongkong@gilbut.co.kr), 임은정(eunjeong@gilbut.co.kr)
표지 및 본문 디자인 · 강은경, 윤석남 제작 · 이준호, 손일순, 이진혁 마케팅 · 조승모, 유영은, 정혜린
영업관리 · 김명자 독자지원 · 윤정아 유통혁신 · 한준희

편집진행 및 교정 · 길벗알앤디(강윤석 · 김용갑 · 김우경 · 김종일) 일러스트 · 윤석남
전산편집 · 예다움 CTP 출력 및 인쇄 · 정민 제본 · 정민

ISBN 979-11-407-1249-6 13000
(길벗 도서번호 030953)

정가 40,000원

짜잔~ '시나공' 시리즈를 소개합니다~

자격증 취득, 가장 효율적으로 공부하고 싶으시죠?
보통 사람들의 공부 패턴과 자격증 시험을 분석하여 최적의 내용을 담았습니다.

최대한 단시간에 취득할 수 있도록 노력했습니다.

학문을 수련함에 있어 다양한 이론을 폭넓게 공부하는 것이 중요하겠지만 이 책은 자격증 취득을 목적으로 구성된 것인 만큼, 실무에서 방대하게 다뤄지는 내용들을 압축하여 최대한 쉽게 수록했습니다. 비록 그 예제나 문제는 간단해 보이지만 원론을 이해하기 쉽고 간략하게 구성한 것으로 교재의 내용만 이해하면 어떠한 변형 문제도 풀 수 있도록 구성했습니다. 처음부터 복잡한 실무 문제로 접근하면 시간도 오래 걸릴 뿐만 아니라 이해하기도 힘들기 때문입니다.

공부하면서 답답함을 느끼지 않도록 노력했습니다.

필기 시험은 외워서도 합격할 수 있었습니다. 그러나 실기 시험은 외워서는 절대 합격할 수 없습니다. 특히 다른 부분에 비해 이해가 요구되는 프로그래밍 언어 활용이나 SQL 응용 부분은 수험생 대부분이 비전공자이다 보니 이해가 쉽지 않습니다. 저희는 NCS 학습 모듈을 가이드 삼아 자세한 설명과 충분한 예제를 더한 후 교재에 수록된 문제나 이론은 하나도 빼놓지 않고 이 분야에 전혀 기초가 없는 수험생의 눈높이에 맞춰 최대한 쉽게 설명했습니다.

학습 방향을 제시하기 위해 노력했습니다.

이 시험을 준비하는 수험생이 대부분 비전공자이기 때문에 학습 방향에 둔감하기 쉽습니다. 교재에 수록된 내용을 학습 방향을 제대로 파악하지 못한 채 무작정 읽어 가는 것은 비효율적입니다. '전문가의 조언', '잠깐만요' 등의 코너를 두어 "지금 이것을 왜 하는지?", "왜 안 되는지", "더 효율적인 방법은 없는지?" 등, 옆에서 선생님이 지도하는 것처럼 친절한 가이드라인을 제공했습니다.

실기 시험의 특성을 고려했습니다.

실기 시험은 필기 시험 범위에 실기 시험 범위가 추가되므로 공부해야 할 범위가 훨씬 넓습니다. 그러나 실기 시험의 특성상 공부해야 할 양은 훨씬 적을 수 있습니다. 예를 들어, 필기 시험에서는 운영체제의 개념이나 특징을 모두 학습해 제시된 보기에서 틀린 부분을 골라야 하지만 실기 시험에서는 운영체제의 개념을 간단히 적거나, 제시된 특징을 보고 답란에 "운영체제"라고 적으면 됩니다. 즉 범위는 늘어나도 공부할 양을 대폭 줄일 수는 있다는 거죠. 저희는 이런 점을 최대한 살려 시험에 나올만한 내용만 구성함으로써 학습량을 대폭 줄였습니다.

동영상 강의를 무료로 제공합니다.

정보처리기사 실기 교재는 컴퓨터 관련 생초보자도 수월하게 공부할 수 있도록 자세하고 쉬운 설명으로 구성되어 있지만, 응시자의 대부분이 비전공자다 보니 그래도 학습에 어려움을 느낄 수 있습니다. 이런 분들을 위해 교재 내용 전체를 동영상 강의로 제공합니다. 포기하고 싶은 마음이 들때는 본문에 표시된 QR코드를 스캔해 보세요. 머릿속에 콕콕 박히는 명쾌하고 시원시원한 저자 직강 동영상이 여러분을 맞이할 겁니다.

끝으로 이 책으로 공부하는 모든 수험생들이 한 번에 합격할 수 있기를 기원합니다.

2025년 이른 봄 저자 일동

※ 국가직무능력표준(NCS : National Competency Standards)이란 산업현장에서 직무를 수행하기 위해 요구되는 지식 · 기술 · 소양 등의 내용을 국가가 산업부문별 · 수준별로 체계화한 것입니다.

*각 섹션은 중요도에 따라 A, B, C, D로 등급이 분류되어 있습니다. 공부할 시간이 없는 분들은 중요도가 높은 순서대로 공부하세요.

중요도

- A 매 시험마다 꼭 나올 것으로 예상되는 부분
- B 두 번 시험 보면 한 번은 꼭 나올 것으로 예상되는 부분
- C 세 번 시험 보면 한 번은 꼭 나올 것으로 예상되는 부분
- D 출제 범위에는 포함되지만 아직 출제되지 않은 부분

0 준비운동

1 요구사항 확인

2 데이터 입 · 출력 구현

2권

8 SQL 응용

9 소프트웨어 개발 보안 구축

10 프로그래밍 언어 활용

11 응용 SW 기초 기술 활용

12 제품 소프트웨어 패키징

준비운동

1 수험생을 위한 아주 특별한 서비스

2 한눈에 살펴보는 시나공의 구성

3 전문가의 조언 - 정보처리기사 실기 시험,
이렇게 준비하세요.

4 시험 접수부터 자격증을 받기까지 한눈에 살펴볼까요?

5 정보처리기사 실기 시험, 이것이 궁금하다!

1등만이 드릴 수 있는 1등 혜택!!

수험생을 위한 아주 특별한 서비스

서비스 하나

시나공 홈페이지

시험 정보 제공!

IT 자격증 시험, 혼자 공부하기 막막하다고요? 시나공 홈페이지에서 대한민국 최대, 50만 회원들과 함께 공부하세요.

지금 sinagong.co.kr에 접속하세요!

시나공 홈페이지에서는 최신기출문제와 해설, 선배들의 합격 수기와 합격 전략, 책 내용에 대한 문의 및 관련 자료 등 IT 자격증 시험을 위한 모든 정보를 제공합니다.

수험생 지원센터

무엇이든 물어보세요!

공부하다 답답하거나 궁금한 내용이 있으면, 시나공 홈페이지 도서별 '책 내용 질문하기' 게시판에 질문을 올리세요. 길벗알앤디의 전문가들이 빠짐없이 답변해 드립니다.

합격을 위한

학습 자료

시나공 홈페이지 회원으로 가입하면 시험 준비에 필요한 학습 자료를 내려받을 수 있습니다.

- **기출문제** : 최근에 출제된 기출문제를 제공합니다. 최신기출문제로 현장 감각을 키우세요.

시나공 만의

동영상 강좌

독학이 가능한 친절한 교재가 있어도 준비할 시간이 부족하다면?

길벗출판사의 '동영상 강좌(유료)' 이용 안내

1. 길벗 동영상강좌(e-learning.gilbut.co.kr)에 접속하여 로그인하세요.
2. 상단 메뉴 중 [IT자격증]에서 원하는 종목을 선택하세요.
3. 원하는 강좌를 선택하고 [수강 신청하기]를 클릭하세요.
4. 우측 상단의 [마이 길벗] → [나의 동영상 강좌]로 이동하여 강좌를 수강하세요.

※ 기타 동영상 이용 문의 : 독자지원(02-332-0931)

시나공 홈페이지 회원 가입 방법

1. 시나공 홈페이지(sinagong.co.kr)에 접속하여 우측 상단의 〈회원가입〉을 클릭하고 〈이메일 주소로 회원가입〉을 클릭합니다.
※ 회원가입은 소셜 계정으로도 가입할 수 있습니다.

2. 가입 약관 동의를 선택한 후 〈동의〉를 클릭합니다.

3. 회원 정보를 입력한 후 〈이메일 인증〉을 클릭합니다.

4. 회원 가입 시 입력한 이메일 계정으로 인증 메일이 발송됩니다. 수신한 인증 메일을 열어 이메일 계정을 인증하면 회원가입이 완료됩니다.

시나공 시리즈는 단순한 책 한 권이 아닙니다. 여러분이 시나공 시리즈 책 한 권을 구입한 순간, Q&A 서비스부터 최신기출문제 등 각종 학습 자료까지, IT 자격증 최고 전문가들이 제공하는 온라인&오프라인 합격 보장 교육 프로그램이 함께합니다.

2025년 한 번에 합격을 위한 특별 서비스 하나 더

혼자 공부하다가 어려운 부분이 나와도 고민하지 말고, 다음의 세 가지 방법을 이용하여 시나공 저자의 속 시원한 강의를 바로 동영상으로 확인하세요.

1. 스마트폰으로 QR코드를 찍어보세요!

STEP 1

스마트폰의 QR코드 리더 앱을 실행하세요.

STEP 2

시나공 토막강의 QR코드를 스캔하세요.

STEP 3

스마트폰을 통해 토막강의가 시작됩니다.

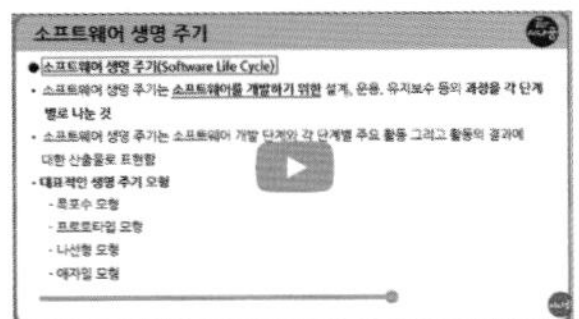

2. 시나공 홈페이지에서 토막강의 번호를 입력하세요!

STEP 1

시나공 홈페이지(sinagong.co.kr)에 접속한 후 상단 메뉴 중 [정보처리] → [기사 실기] → [동영상 강좌] → [토막강의]를 클릭하세요.

STEP 2

'강의번호'에 토막강의 번호를 입력하면 강의목록이 표시됩니다.

STEP 3

강의명을 클릭하면 토막강의를 볼 수 있습니다.

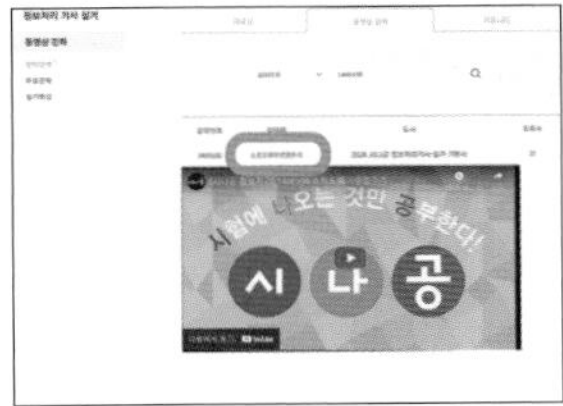

3. 유튜브에서는 이렇게 이용하세요!

STEP 1

유튜브 검색 창에 "시나공"+토막강의 번호를 입력하세요.

STEP 2

검색된 항목 중 원하는 토막강의를 클릭하여 시청하세요.

★ 토막강의가 지원되는 도서는 시나공 홈페이지를 통해 확인할 수 있습니다.

★ 스마트폰을 이용하실 경우 무선랜(Wi-Fi)에 연결되지 않은 상태에서 토막강의를 이용하시면 가입하신 요금제에 따라 과금이 됩니다.

한눈에 살펴보는 시나공의 구성

필드

키워드

전문가의 조언

시험에 나오는 것만 골라 볼 수 있다! — '섹션별 구성'

시험에서 한 개의 문제로 출제될 테마를 하나의 섹션으로 구성하여 개념을 이해하고 문제를 풀 수 있는 능력을 키울 수 있도록 충분한 내용과 자세한 해설을 수록하였습니다.

한눈에 살펴보는 시나공의 구성

기출 따라잡기

최신기출문제

수험서의 핵심은 문제 풀이 ― '기출 따라잡기' & '예상문제은행' & '최신기출문제'

한 개의 섹션이 끝날 때마다 '기출 따라잡기'가 나옵니다.
본문에서 배운 내용이 시험에서 어떻게 출제되는지 시험과 똑같은 형태의 문제를 미리 풀어보면서 연습합니다.

예상문제은행

정답 및 해설

토막강의

정보처리기사 실기 시험, 이렇게 준비하세요.

2020년에 개편된 정보처리 시험은 "정보시스템 등의 개발 요구사항을 이해하여 각 업무에 맞는 소프트웨어의 기능에 관한 설계, 구현 및 테스트를 수행하고 사용자에게 배포하며, 버전관리를 통해 제품의 성능을 향상시키고 서비스를 개선하는 직무이다."라는 한국산업인력공단에서 정한 정보처리기사 직무 내용에서도 알 수 있듯이 이전 실기 시험에 비해 그 수준이 매우 높아졌으며, 개발 부분의 비중이 많아졌고, 현업에서 사용하는 실무 위주의 내용으로 전면 개편되었으며, 출제 기준이 대부분 NCS*의 응용소프트웨어 엔지니어링 분야에 속해 있다보니 현업에서 사용하는 실무 위주의 내용이 실제 문제로 출제되고 있습니다.

먼저 시험 개요와 영역별 배점을 살펴보고 수험생 여러분이 궁금해 하는 내용을 문답 형식으로 알아보겠습니다.

※ **국가직무능력표준(NCS : National Competency Standards)** : 산업현장에서 직무를 수행하기 위해 요구되는 지식 · 기술 · 소양 등의 내용을 국가가 산업부문별 · 수준별로 체계화한 것입니다.

〈시험 개요〉

직무 내용	정보시스템 등의 개발 요구사항을 이해하여 각 업무에 맞는 소프트웨어의 기능에 관한 설계, 구현 및 테스트를 수행하고 사용자에게 배포하며, 버전관리를 통해 제품의 성능을 향상시키고 서비스를 개선하는 직무이다.
적용 기간	2023.1.1. ~ 2025.12.31
실기 검정 방식	필답형(단답형, 괄호넣기, 서술식, 계산결과 등)
시험 시간	2시간 30분

〈영역별 출제 문항수〉

영역	2020년				2021년			2022년			2023년			2024년			합계
	1회	2회	3회	4회	1회	2회	3회	1회	2회	3회	1회	2회	3회	1회	2회	3회	
1장 요구사항 확인	1	1	1	1	1	0	2	0	0	2	0	0	1	0	0	1	11
2장 데이터 입출력 구현	2	1	1	2	5	2	1	2	3	1	2	1	3	1	2	2	31
3장 통합 구현	1	1	0	0	1	0	0	0	0	0	0	0	0	0	0	0	3
4장 서버 프로그램 구현	2	1	0	2	2	3	3	0	2	1	1	1	0	2	3	1	24
5장 인터페이스 구현	1	1	1	0	1	0	0	1	0	0	1	0	0	0	1	0	7
6장 화면 설계	0	1	1	0	0	1	1	1	0	0	0	0	0	0	0	0	5
7장 애플리케이션 테스트 관리	2	1	2	2	2	2	2	3	2	1	1	2	1	1	0	1	25
8장 SQL 응용	1	3	4	1	1	3	2	1	2	2	2	2	1	3	1	1	30
9장 소프트웨어 개발 보안 구축	2	3	0	2	1	1	3	3	2	2	2	3	1	2	1	2	30
10장 프로그래밍 언어 활용	3	3	6	5	4	5	5	7	6	6	8	9	8	8	9	8	100
11장 응용 SW 기초 기술 활용	4	3	3	5	2	3	1	2	3	4	3	2	5	3	3	4	50
12장 제품 소프트웨어 패키징	1	1	1	0	0	0	0	0	0	1	0	0	0	0	0	0	4
합계	20	20	20	20	20	20	20	20	20	20	20	20	20	20	20	20	320

※ 표를 보면 알겠지만 2, 8, 9, 10, 11장에서 매회 평균 65% 이상 출제되었으며, 전체적으로 75%가 출제된 것을 알 수 있습니다. 즉 이 다섯 개 장만 열심히 공부해도 70점은 거뜬히 얻을 수 있다는 거죠. 정말 시간이 없다면 출제 문항수를 고려하여 공부하는 것도 한 가지 방법이 될 수 있습니다.

Q 비전공자도 합격할 수 있을까요?

A 네 합격할 수 있습니다.

이 교재를 보고 계신 분은 이미 필기 시험에 합격하고 오셨기 때문에 실기 시험도 당연히 합격할 수 있습니다. 공부할 내용이 크게 다르지 않으니까요. 필기 시험을 준비할 때 공부한 내용을 서술하거나 단답형으로 답안을 작성하기 때문에 좀 더 확실하게 암기해야 한다고 생각하면 될 것 같습니다.
프로그램 코드가 많고 낯선 용어도 자주 눈에 보이지만 2025 시나공 정보처리기사 실기 교재에는 컴퓨터 관련 생초보자도 수월하게 공부할 수 있도록 자세하고 쉬운 설명이 들어 있습니다. 또한 교재의 모든 내용은 동영상 강의를 제공하니 이해 안된다고 포기하지 말고 QR 코드를 스캔해 보세요.
그리고 정말 이해가 안 될 때는 주저하지 말고 게시판에 질문을 올려주세요. 분명 여러분과 같은 사람이 또 있을 겁니다. 모두에게 도움 되도록 성심 성의껏 답변해 드리겠습니다.

Q 합격하려면 대체 얼마나 공부해야 하나요?

A 7주 안에 끝내려면 열심히 공부해야 합니다.

필기 시험이 끝나고 실기 시험까지 약 7주 간의 시간이 있습니다. 이 기간 내에 학습이 가능한지 알아보기 위해 이 책 전체 분량을 학습하는데 걸리는 시간을 측정해 본 결과, 전공자는 대략 150시간 정도 걸리고, 비전공자는 대략 250시간 이상 걸릴 것으로 예상됩니다. 산술적으로 계산하면, 하루에 5시간 이상을 집중적으로 공부했을 때 전공자는 4주 정도 걸리고, 비전공자는 7주 정도 걸릴 것으로 예상됩니다. 하지만 이 예측은 보통사람을 기준으로 했다는 점을 감안하고 학습 계획을 세우기 바랍니다.
한 말씀 덧붙이자면, 정보처리기사 실기는 비전공자도 반드시 합격할 수 있는 내용입니다. 포기하지 말고 끝까지 공부하세요. 정말 힘들다고 느껴질 때는 게시판에 하소연 하시고 동영상 강의를 시청하면서 차분히 다시 한 번 더 들여다 보세요.

Q 교재에 프로그래밍 언어의 비중이 높아 보입니다. 이유가 있나요?

A 출제 비중이 높기 때문입니다.

프로그래밍 언어는 응용 SW 기초 기술 활용, 요구사항 확인, 서버 프로그램 구현, 애플리케이션 테스트 관리, SQL 응용 등에서 골고루 사용되므로 출제 비중이 높을 뿐만 아니라 프로그래밍 언어의 특성상 제대로 이해하지 못하면 실제 시험에서 써 먹을 수 없기 때문에 자세한 설명과 충분한 예제를 수록하다 보니 분량이 늘었습니다. 교재의 10장 프로그래밍 언어 활용에 수록된 모든 코드는 파일로 제공하니 다운 받아서 직접 실행하면서 공부하면 많은 도움이 될 것입니다.

Q 이전 실기 시험처럼 전략을 세워 어려운 부분은 제외하고 필요한 부분만 공부할 수 있나요?

A 안됩니다.

교재에 수록된 모든 부분을 골고루 열심히 공부해야 합니다. 하지만 정말 시간이 없다면 2, 8, 9, 10, 11장을 먼저 공부하세요. 영역별 출제 문항수를 보면 알겠지만 2, 8, 9, 10, 11장에서 매회 평균 65% 이상 출제되었음을 알 수 있습니다. 확실하게 합격하기 위해서는 교재 전체를 확실하게 공부해야겠지만, 정말 시간이 없다면 2, 8, 9, 10, 11장을 먼저 공부하고 나머지를 공부하는 것도 한 가지 전략이 될 수 있습니다.

정보처리기사 실기 시험, 이렇게 준비하세요.

Q 그래도 시험 준비에 우선순위는 있지 않을까요?

A 네, 있습니다.

정보처리기사에게 전문 프로그래머 수준의 개발 능력 탑재를 바라지는 않지만 기본적으로 완성된 코드를 읽을 수는 있어야 합니다. 10장 프로그래밍 언어 활용을 먼저 확실하게 공부하고 이어서 8장 SQL 응용을 공부하세요. SQL 응용에도 이벤트 프로시저, 트리거, 스토어드 프로시저는 프로그래밍 언어와 밀접한 관계가 있습니다. 이 두 장을 확실하게 공부하고 나면 2장 요구사항 확인, 3장 통합 구현, 4장 서버 프로그램 구현, 7장 애플리케이션 테스트 관리에서 만나는 프로그램 코드를 쉽게 이해할 수 있습니다.

Q 저는 프로그래밍 언어가 어려운데 이 부분을 포기하고 다른 부분을 열심히 하면 안 될까요?

A 안됩니다.

프로그래밍 언어 관련 문제가 매년 평균 32% 정도 출제되고 있습니다. 이후 시험에도 프로그래밍 언어에 대한 출제 비중은 계속 높을 것으로 예상됩니다. 즉 프로그래밍 언어를 포기하고는 합격하기 어렵습니다.
프로그래밍 언어가 처음에 접근하기가 어려워서 그렇지 이해가 되기 시작하면 그때부터는 생각보다 훨씬 쉽게 다가오는 학습 분야입니다. 이런 점을 고려하여 초보자의 눈높이에 맞춰 최대한 자세하게 설명하고, 모든 내용에 동영상 강의를 제공합니다. 또한 교재에 수록된 C, Java, Python의 소스 코드를 모두 파일로 제공하니 다운 받아서 직접 실행해 보면서 차분히 공부해 보세요. 생각보다 훨씬 쉽다는 것을 금방 느낄 수 있을 겁니다.

Q 답안 작성 시 특별히 주의해야 할 사항이 있나요?

A 네, 있습니다.

문제에 답안 작성 방법이 제시된 경우도 있고, 수험생이 알아서 해당 프로그래밍 언어의 특성에 맞게 답안을 작성해야 하는 경우도 있습니다. 실기 시험 개편 후 시행된 일곱 번의 시험을 근거로 했을 때 정보처리실기 시험은 다음과 같이 대략 9가지의 답안 작성 유형이 예상됩니다. 제시된 유형별 답안 작성 방법을 숙지하여 불이익을 당하는 일이 없도록 하세요.

유형 1 영문 Full-name으로 답안 작성하기

문제 컴퓨터 시스템의 자원들을 효율적으로 관리하며, 사용자가 컴퓨터를 편리하고 효과적으로 사용할 수 있도록 환경을 제공하는 여러 프로그램의 모임을 의미하는 용어를 영문 Full-name으로 쓰시오.

답 Operating System

문제에 영문 Full-name으로 작성하라는 조건이 제시되었으므로, 반드시 답안을 영문 Full-name으로 작성해야 합니다. 답안 작성 시 스펠링에 유의하세요. 대•소문자는 구분하지 않지만 스펠링을 한 개라도 틀리면 오답으로 처리될 수 있습니다.

유형 2 영문 약어로 답안 작성하기

문제 컴퓨터 시스템의 자원들을 효율적으로 관리하며, 사용자가 컴퓨터를 편리하고 효과적으로 사용할 수 있도록 환경을 제공하는 여러 프로그램의 모임을 의미하는 용어를 영문 약어로 쓰시오.

답 OS

문제에 영문 약어로 작성하라는 조건이 제시되었으므로 반드시 영문 약어로 작성해야 합니다. 대•소문자는 구분하지 않습니다. 하지만 한글로 작성하거나 영문 Full-name으로 작성할 경우 오답으로 처리될 수 있습니다.

유형 3 작성 조건이 제시되지 않은 경우

문제 컴퓨터 시스템의 자원들을 효율적으로 관리하며, 사용자가 컴퓨터를 편리하고 효과적으로 사용할 수 있도록 환경을 제공하는 여러 프로그램의 모임을 의미하는 용어를 쓰시오.

답 운영체제, OS, Operating System 중 1가지만 쓰면 됩니다.

문제에 한글 또는 영문 Full-name이나 약어로 작성하라는 조건이 제시되지 않았으므로, 답으로 제시된 항목 중 어떤 것을 답안으로 작성하든 관계없습니다. 단 이런 경우에는 한글이나 영문 약어로 쓰는 것이 유리합니다. 영문 Full-name으로 쓰다가 스펠링을 하나라도 틀리면 오답으로 처리될 수 있기 때문입니다. 마찬가지로 대•소문자는 구분하지 않습니다.

정보처리기사 실기 시험, 이렇게 준비하세요.

유형 4 여러 개의 답이 있고 제시된 답안 수량이 있는 경우

문제 Microsoft 사가 개발한 운영체제인 Windows의 특징을 2가지만 쓰시오.

답
- GUI를 지원한다.
- 선점형 멀티태스킹을 지원한다.
- PnP 기능을 지원한다.
- OLE 기능을 지원한다.
- 255자의 긴 파일명을 지원한다.
- Single-User System이다.

문제에 특징을 2가지만 작성하라는 조건이 제시되었으므로, 답으로 제시된 특징 중 2가지만 쓰면 정답으로 인정됩니다. 만약 3가지를 썼다면 작성한 3가지가 다 맞아야 합니다. 하나라도 틀리면 오답으로 간주되기 때문에 정확히 아는 것 2가지만 써야 합니다. 정확히 기억나지 않아 추가로 하나를 더 썼다고 해서 도움이 되지는 않습니다. 경우에 따라서는 무조건 틀린 것으로 간주될 수도 있으니 주의하세요.

유형 5 서술식으로 작성하기

문제 키(Key)란 데이터베이스에서 조건에 만족하는 튜플을 찾거나 순서대로 정렬할 때 기준이 되는 속성이다. 키의 종류 중 기본키(Primary Key)의 개념을 간략히 서술하시오.

답 기본키는 <u>후보키 중에서 특별히 선정된 키</u>로 중복된 값을 가질 수 없다.

서술식으로 답안을 작성해야 하는 경우에는 문제에 제시된 용어를 특정 할 수 있는 키워드가 반드시 포함되어야 합니다. 이 문제에서는 답으로 제시된 내용 중 밑줄 친 부분이 반드시 포함되어야 정답으로 인정됩니다.

유형 6 프로그램의 실행 결과 작성하기

문제 다음 C언어로 구현된 프로그램을 분석하여 그 실행 결과를 쓰시오.

```
#include <stdio.h>
main( ) {
        int a = 12, b = 24;
        printf("%d\n", a);
        printf("%d\ n", b);
}
```

답
12
24

C, Java, Python의 실행 결과는 부분 점수가 없으므로 정확하게 작성해야 합니다. 출력문의 서식 문자열에 '\n'이 있으므로 결과를 서로 다른 줄에 작성해야 합니다. 답안을 한 줄로 **12 24** 혹은 **12, 24**로 작성했을 경우 부분 점수 없이 오답으로 처리됩니다.

유형 7 변수명 입력 시 대 • 소문자 구분하기

문제 다음은 변수들의 값을 출력하는 Java 프로그램이다. 괄호 안에 알맞은 답을 적어 완성하시오.

```
public class Test {
        public static void main(String[ ] args) {
                int Num = 1;
                String Name = "Brown";
                System.out.printf("%d, %s", Num, (     ));
        }
}
```

답 Name

C, Java, Python에서는 대 • 소문자를 구분하기 때문에 변수명을 답안으로 작성할 때는 반드시 대 • 소문자를 구분해서 정확히 작성해야 합니다. 답안을 **NAME**이나 **name**과 같이 문제에 제시된 코드의 변수명과 다르게 작성한 경우에는 가차없이 오답으로 처리됩니다.

유형 8 배열 및 리스트의 요소 지정하기

문제 다음은 리스트 a에 저장된 값을 출력하는 Python 프로그램이다. 괄호 안에 알맞은 답을 적어 완성하시오.

```
a = [ 2, 4, 6, 8, 10 ]
for i in range(5):
    print((     ))
```

답 a[i]

C, Java에서 배열의 요소를 지정하거나 Python에서 리스트의 요소를 지정할 때는 반드시 a[i]와 같이 대괄호를 사용해야 합니다. a(i)와 같이 소괄호를 사용해서 작성하면 확실한 오답으로 처리됩니다.

유형 9 SQL문 작성하기

문제 〈학생〉 테이블에서 이름이 '이'로 시작하는 학생들의 학번을 검색하는 SQL문을 쓰시오.

답 SELECT 학번 FROM 학생 WHERE 이름 LIKE '이%';

SQL문 작성 시 대 • 소문자를 구분하지 않습니다. 답안을 **select 학번 from 학생 where 이름 like '이%';** 와 같이 작성해도 됩니다. 단 스펠링이 하나라도 틀리면 점수 1도 없는 완전한 오답으로 처리됩니다.

시험 접수부터 자격증을 받기까지 **한눈에 살펴볼까요?**

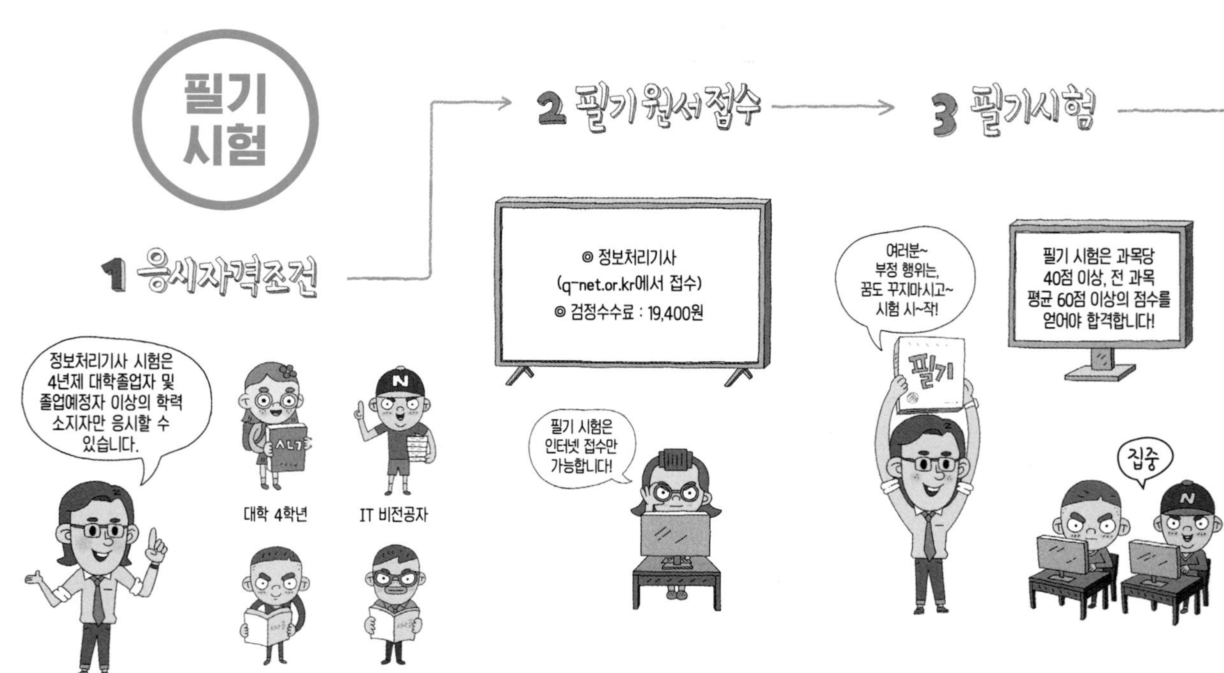

★ 자격증 신청 및 수령 ★

※ 신청할 때 준비할 것은~

▶인터넷 신청 : 접수 수수료 3,100원, 등기 우편 수수료 3,010원

실기 시험

1 실기원서접수

◎ 정보처리기사/산업기사
(q-net.or.kr에서 접수)
◎ 검정수수료 :
정보처리기사 : 22,600원
산업기사 : 20,800원

2 실기시험

실기 시험은 과락이
없습니다. 60점 이상만
얻으면 합격입니다!

3 합격여부 확인

최종 합격

4 합격여부 확인

정보처리기사 실기 시험, 이것이 궁금하다!

Q 정보처리기사 시험은 국가직무능력표준(NCS)을 기반으로 하여 문제가 출제된다고 하는데, 국가직무능력표준(NCS)이 뭔가요?

A 국가직무능력표준(NCS; National Competency Standards)이란 산업현장에서 직무를 수행하기 위해 요구되는 지식 · 기술 · 소양 등의 내용을 국가가 산업부문별 · 수준별로 체계화한 것으로, 산업현장의 직무를 성공적으로 수행하기 위해 필요한 능력을 국가적 차원에서 표준화한 것을 의미하며, NCS의 능력 단위를 교육 및 훈련할 수 있도록 구성한 '교수 · 학습 자료'를 NCS 학습 모듈이라고 합니다.

정보처리기사 실기 시험은 NCS 학습 모듈 중 정보통신 분야의 '정보기술' 분류에 포함된 '정보기술개발'의 '응용 소프트웨어 엔지니어링'과 '데이터베이스 엔지니어링'에 속한 25개의 학습 모듈을 기반으로 하고 있으며, 본 교재는 정보처리기사 실기 출제 기준에 포함된 25개의 학습 모듈을 완전 분해하여 정보처리기사 수준에 맞게 160개 섹션으로 엄선하여 정리하였습니다.

Q 정보처리기사 자격증 취득 시 독학사 취득을 위한 학점이 인정된다고 하던데, 학점 인정 현황은 어떻게 되나요?

A

종목	학점	종목	학점
정보처리기사	20	워드프로세서	4
정보처리산업기사	16	ITQ A급	6
사무자동화산업기사	16	ITQ B급	4
컴퓨터활용능력 1급	14	GTQ 1급	5
컴퓨터활용능력 2급	6	GTQ 2급	3

※ 자세한 내용은 평생교육진흥원 학점은행 홈페이지(https://cb.or.kr)를 참고하세요.

※ ITQ A급 : 5과목 중 3과목이 모두 A등급인 경우

※ ITQ B급 : 5과목 중 3과목이 모두 B등급 이상인 경우

Q 필기 시험에 합격한 후 실기 시험에 여러 번 응시할 수 있다고 하던데, 몇 번이나 응시할 수 있나요?

A 필기 시험에 합격한 후 실기 시험 응시 횟수에 관계없이 필기 시험 합격자 발표일로부터 2년 동안 실기 시험에 응시할 수 있습니다.

Q 필기 시험 합격자 발표 후 언제까지 응시 자격 서류를 제출해야 하나요? 응시 자격 서류를 제출하면 반드시 첫 실기 시험에 응시해야 하나요?

A 필기 시험 합격자 발표 후 첫 실기 시험에 응시하려면 필기 시험 합격자 발표일로부터 4일 이내에 응시 자격 서류를 제출해야 합니다. 그렇지 않고 다음 실기 시험에 응시하려면 필기 시험 합격자 발표일로부터 8일 이내에 응시 자격 서류를 제출하면 됩니다.

Q 응시 자격 서류를 제출한 후 실기 시험을 보았는데 불합격됐어요. 다음 실기 시험을 볼 때 응시 서류를 또 제출해야 하나요?

A 아닙니다. 시험에 불합격되었다고 하더라도 응시 자격 서류 제출 후 2년 동안은 응시 자격 서류를 제출하지 않아도 됩니다.

Q 수험표를 분실한 경우에는 어떻게 해야 하나요?

A
- 수험표를 잃어버린 경우 인터넷(q-net.or.kr) 및 가까운 지역본부(또는 지방사무소)로 문의하시면 주민번호로 조회가 가능합니다.
- 인터넷 접수자는 시험 전까지 인터넷원서접수시스템(q-net.or.kr)의 [로그인] → [마이페이지]에서 재출력할 수 있습니다.

Q 정보처리기사 실기 시험도 평일에 시행되나요?

A 작업형인 경우 시험 장소 및 시설이 한정되어 있어 평일에 시행을 하였으나, 정보처리기사 실기가 필답형으로 변경된 이후에는 별도의 시설이나 장비가 필요하지 않으므로 토요일이나 일요일에 전국적으로 실시하고 있습니다.

Q 실기 시험을 접수한 지역이 아닌 다른 지역으로 장소가 변경될 수도 있나요?

A 접수 인원이 소수이거나 관할 접수지역 내 시설, 장비가 없어 시험장 임차가 어려운 경우에는 부득이 타 지역으로 이동하여 시행할 수도 있습니다.

Q 실기 시험 시 신분증을 지참하지 않으면 어떻게 되나요?

A 신분증을 지참하지 않으면 시험에 응시할 수 없으니 반드시 신분증을 지참하세요.

memo

1 장

요구사항 확인

SECTION 001

소프트웨어 생명 주기

1400100

일반적으로 소프트웨어는 요구사항을 분석해서 설계하고 그에 맞게 개발한 후 소프트웨어의 품질이 항상 최상의 상태를 유지할 수 있도록 관리하는데, 이러한 과정을 단계로 나눈 것을 소프트웨어 생명 주기라고 합니다. 소프트웨어 생명 주기의 의미를 잘 기억해 두세요.

1 소프트웨어 생명 주기(Software Life Cycle)

- 소프트웨어 생명 주기는 **소프트웨어를 개발하기 위한** 설계, 운용, 유지보수 등의 **과정을 각 단계별로 나눈 것**이다.
- 소프트웨어 생명 주기는 소프트웨어 개발 단계와 각 단계별 주요 활동 그리고 활동의 결과에 대한 산출물로 표현한다.
- 대표적인 생명 주기 모형
  - 폭포수 모형
  - 프로토타입 모형
  - 나선형 모형
  - 애자일 모형

전문가의 조언

폭포수 모형은 한 단계가 완전히 끝나야만 다음 단계로 넘어가는 개발 방법론이라는 것을 염두에 두고 개념을 정리하세요.

필기 24.7, 24.2, 21.8, 20.9, 20.8, 20.6

2 폭포수 모형(Waterfall Model)

- 폭포수 모형은 이전 단계로 돌아갈 수 없다는 전제하에 **각 단계를 확실히 매듭짓고 그 결과를** 철저하게 **검토하여 승인 과정을 거친 후**에 **다음 단계를 진행하는 개발 방법론**이다.
- 가장 오래되고 가장 폭넓게 사용된 전통적인 소프트웨어 생명 주기 모형이다.
- 고전적 생명 주기 모형이라고도 한다.
- 모형을 적용한 경험과 성공 사례가 많다.
- 각 단계가 끝난 후에는 다음 단계를 수행하기 위한 결과물이 명확하게 산출되어야 한다.

궁금해요 **시나공 Q&A 베스트**

Q 실기 책에 왜 필기의 기출 년월이 표시되어 있나요?

A 정보처리기사 시험은 필기와 실기가 시험 범위가 같습니다. 동일한 내용이 객관식으로 필기시험에 나올 수도 있고, 단답형이나 서술식으로 실기시험에 나올 수도 있습니다. 공부하다 보면 알겠지만 필기시험과 실기시험에 중복해서 나온 내용이 많습니다. 자격 시험에는 나온 문제가 또 나온다는 걸 명심하세요.

필기 24.7, 23.5, 23.2

3 프로토타입 모형(Prototype Model, 원형 모형)

- 프로토타입 모형은 사용자의 요구사항을 파악하기 위해 **실제 개발될 소프트웨어**에 대한 **견본품(Prototype)을 만들어 최종 결과물을 예측하는 모형**이다.
- 견본품은 사용자와 시스템 사이의 인터페이스에 중점을 두어 개발한다.

필기 24.5, 23.7, 23.5, 22.7, 21.8, 21.3, 20.9, 20.8, 20.6

4 나선형 모형(Spiral Model, 점진적 모형)

> **전문가의 조언**
> 나선형 모형의 4가지 주요 활동을 순서대로 나열할 수 있어야 합니다. 소프트웨어를 개발할 때는 '계획하고 분석한 후 개발하고 평가한다'고 기억해 두세요.

- 나선형 모형은 나선을 따라 돌듯이 **여러 번의 소프트웨어 개발 과정을 거쳐 점진적으로** 완벽한 최종 소프트웨어를 **개발하는 모형**이다.
- 보헴(Boehm)이 제안하였다.
- 폭포수 모형과 프로토타입 모형의 장점에 위험 분석 기능을 추가한 모형이다.
- 누락되거나 추가된 요구사항을 첨가할 수 있다.
- 유지보수 과정이 필요 없다.
- 4가지 주요 활동

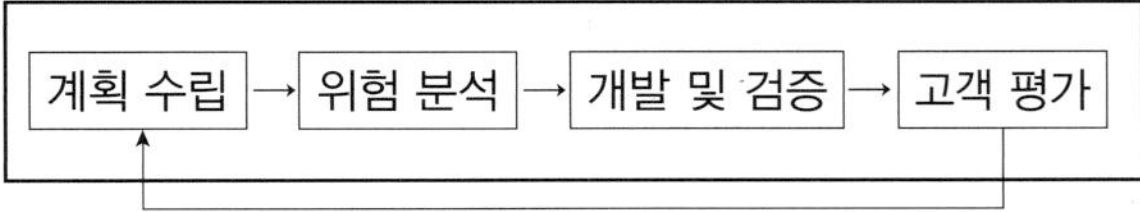

20.7, 필기 24.7, 23.7, 22.4, 22.3, 21.8, 21.5, 20.8

5 애자일 모형(Agile Model)

> **전문가의 조언**
> 애자일 개발 모형인 것과 아닌 것을 구분하는 문제가 출제될 수 있습니다. 애자일 개발 모형의 종류를 암기하세요.

- 애자일은 '민첩한', '기민한'이라는 의미로, 고객의 **요구사항 변화에 유연하게 대응할 수 있도록 일정한 주기를 반복하면서 개발하는 모형**이다.
- 어느 특정 개발 방법론이 아니라 좋은 것을 빠르고 낭비 없게 만들기 위해 고객과의 소통에 초점을 맞춘 방법론을 통칭한다.
- 폭포수 모형과 대조적이다.*
- 기업 활동 전반에 걸쳐 사용된다.
- 대표적인 개발 모형
  - 스크럼(Scrum)
  - XP(eXtreme Programming)
  - 칸반(Kanban)
  - Lean
  - 기능 중심 개발(FDD; Feature Driven Development)

> **애자일과 폭포수 모형은 대조적!**
> 애자일 모형은 주기마다 생성되는 결과물에 대해 고객의 평가와 요구를 적극 수용한다는 면에서, 이전 단계로 돌아갈 수 없다는 것을 전제로 진행되는 폭포수 모형과 대조적이라 할 수 있습니다.

필기 21.3, 20.8
6 애자일 개발 4가지 핵심 가치

- 프로세스와 도구보다는 개인과 상호작용에 더 가치를 둔다.
- 방대한 문서보다는 실행되는 SW에 더 가치를 둔다.
- 계약 협상보다는 고객과 협업에 더 가치를 둔다.
- 계획을 따르기 보다는 변화에 반응하는 것에 더 가치를 둔다.

필기 24.7, 21.3, 20.8
7 소프트웨어 공학

전문가의 조언

먼저 소프트웨어 공학이 무엇인지 개념을 잡은 다음 소프트웨어 공학의 기본 원칙 세 가지를 잘 정리해 두세요.

- 소프트웨어 공학(SE; Software Engineering)은 **소프트웨어의 위기를 극복하기 위한 방안으로 연구된 학문**이다.
- 여러 가지 방법론과 도구, 관리 기법들을 통하여 소프트웨어의 품질과 생산성 향상을 목적으로 한다.
- 소프트웨어 공학의 기본 원칙
  - 현대적인 프로그래밍 기술을 계속적으로 적용해야 한다.
  - 개발된 소프트웨어의 품질이 유지되도록 지속적으로 검증해야 한다.
  - 소프트웨어 개발 관련 사항 및 결과에 대한 명확한 기록을 유지해야 한다.

※ 정답 및 해설은 135쪽에 있습니다.

기출 따라잡기 Section 001

20년 7월, 필기 24년 7월, 23년 7월, 22년 4월, 3월, 21년 8월, 20년 8월

문제 1 시제품을 끊임없이 제작하며 사이클을 반복하는 개발 방법론으로, 워터폴과 대조적이며, 소프트웨어 개발을 넘어 기업 경영 전반에서 사용되고 있다. 고객의 변화하는 요구사항과 환경 변화에 능동적인 이 소프트웨어 개발 방법론을 쓰시오.

답 :

필기 24년 7월, 21년 3월, 20년 8월

문제 2 다음 괄호에 공통으로 들어갈 용어를 쓰시오.

- (　　　　)은 소프트웨어의 위기를 극복하기 위한 방안으로 연구된 학문이며, 여러 가지 방법론과 도구, 관리 기법들을 통하여 소프트웨어의 품질과 생산성 향상을 목적으로 한다.
- (　　　　)의 기본 원칙은 다음과 같다.
  - 현대적인 프로그래밍 기술을 계속적으로 적용해야 한다.
  - 개발된 소프트웨어의 품질이 유지되도록 지속적으로 검증해야 한다.
  - 소프트웨어 개발 관련 사항 및 결과에 대한 명확한 기록을 유지해야 한다.

답 :

필기 24년 7월, 2월, 21년 8월, 20년 9월, 8월, 6월

문제 3 소프트웨어 개발 방법론과 관련하여 다음 설명에 해당하는 모형이 무엇인지 쓰시오.

- 소프트웨어 개발 각 단계를 확실히 매듭짓고 그 결과를 철저하게 검토하여 승인 과정을 거친 후에 다음 단계를 진행하는 개발 방법론이다.
- 소프트웨어 공학에서 가장 오래되고 가장 폭넓게 사용된 전통적인 소프트웨어 생명 주기 모형으로, 고전적 생명 주기 모형이라고도 한다.
- 소프트웨어 개발 과정의 한 단계가 끝나야만 다음 단계로 넘어갈 수 있는 선형 순차적 모형이다.

답 :

필기 24년 5월, 23년 7월, 5월, 22년 7월, 21년 8월, 3월, 20년 6월

문제 4 소프트웨어 개발 방법론과 관련하여 다음 설명에 해당하는 모형이 무엇인지 쓰시오.

- 보헴(Boehm)이 제안한 것으로, 폭포수 모형과 프로토타입 모형의 장점에 위험 분석 기능을 추가한 모형이다.
- 여러 번의 소프트웨어 개발 과정을 거쳐 점진적으로 완벽한 최종 소프트웨어를 개발하는 것으로, 점진적 모형이라고도 한다.
- 소프트웨어를 개발하면서 발생할 수 있는 위험을 관리하고 최소화하는 것을 목적으로 한다.

답 :

필기 21년 3월, 20년 9월, 8월

문제 5 다음에 제시된 나선형(Spiral) 모델의 4가지 주요 활동을 순서대로 나열하시오.

위험 분석, 고객 평가, 계획 수립, 개발 및 검증

답 : (　　　) → (　　　) → (　　　) → (　　　) 순으로 반복

필기 21년 5월, 20년 8월

문제 6 다음 보기에서 애자일(Agile) 방법론에 해당하는 것만 골라 기호(㉠~㉣)를 쓰시오.

㉠ 스크럼(Scrum)
㉡ XP(eXtreme Programming)
㉢ 기능 중심 개발(FDD; Feature Driven Development)
㉣ 모듈 중심 개발(MDD; Module Driven Development)

답 :

SECTION 002

스크럼(Scrum) 기법

1 스크럼(Scrum)

- 스크럼은 **팀이 중심이 되어 개발의 효율성을 높이는 기법**이다.
- 팀원 스스로가 스크럼 팀을 구성하고 개발 작업에 관한 모든 것을 스스로 해결할 수 있어야 한다.

전문가의 조언

스크럼이란 럭비에서 반칙으로 경기가 중단된 경우 양 팀의 선수들이 럭비공을 가운데 두고 상대 팀을 밀치기 위해 서로 대치해 있는 대형을 일컫는 것으로, 팀의 중요성을 강조하는 용어입니다. 먼저 스크럼의 개념을 이해하고 스크럼 팀의 구성원과 각 구성원들의 역할을 잘 기억해 두세요.

필기 24.7, 24.5, 22.3

2 스크럼 팀

구성원	역할
필기 24.7, 22.3 제품 책임자 (PO; Product Owner)	• 요구사항이 담긴 백로그(Backlog)*를 작성하는 주체 • 이해관계자*들 중 개발될 제품에 대한 이해도가 높고, 요구사항을 책임지고 의사를 결정할 사람으로 선정
필기 24.7, 24.5, 22.3 스크럼 마스터 (SM; Scrum Master)	스크럼 팀이 스크럼을 잘 수행할 수 있도록 가이드 역할을 수행함
필기 24.7 개발팀 (DT; Development Team)	제품 책임자와 스크럼 마스터를 제외한 모든 팀원으로 제품 개발을 수행함

백로그(Backlog)
백로그란 제품 개발에 필요한 요구사항을 모두 모아 우선순위를 부여해 놓은 목록을 말합니다.

이해관계자(利害關係者, Stakeholder)
소프트웨어 개발과 관련해서 이해관계자는 소프트웨어 개발 의뢰자, 소프트웨어 개발자, 소프트웨어 사용자 등입니다.

필기 24.7, 24.5, 23.2, 22.3

3 스크럼 개발 프로세스

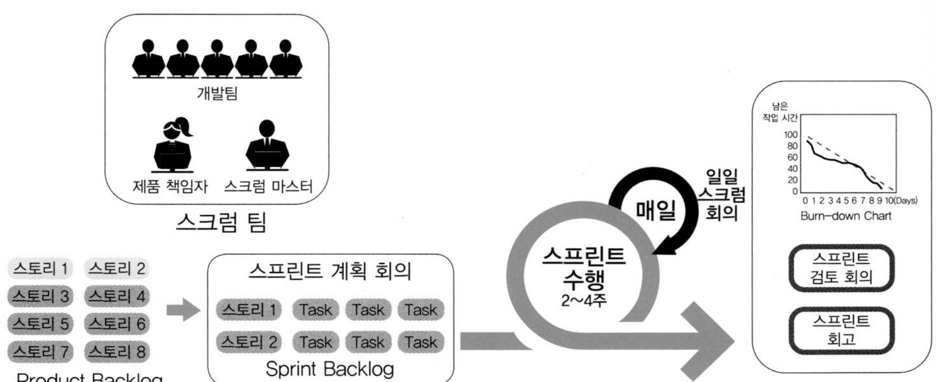

전문가의 조언

스크럼의 개발 프로세스를 진행 순서대로 나열할 수 있어야 합니다. 스크럼 개발을 진행할 때는 '계획하여 진행(스프린트)한 후 회의와 검토를 거쳐 회고한다'고 기억해 두세요.

프로세스	내용
스프린트 계획 회의(Sprint Planning Meeting)	제품 백로그* 중 이번 스프린트에서 수행할 작업을 대상으로 단기 일정을 수립하는 회의
필기 24.7, 24.5, 22.3 스프린트(Sprint)	실제 개발 작업을 진행하는 과정으로, 보통 2 ~ 4주 정도의 기간 내에서 진행함
필기 24.7 일일 스크럼 회의(Daily Scrum Meeting)	• 모든 팀원이 매일 약속된 시간에 약 15분 동안 진행 상황을 점검하는 회의 • 남은 작업 시간은 소멸 차트(Burn-down Chart)*에 표시함
스프린트 검토 회의(Sprint Review)	부분 또는 전체 완성 제품이 요구사항에 잘 부합하는지 테스팅하는 회의
필기 24.7 스프린트 회고(Sprint Retrospective)	정해놓은 규칙 준수 여부 및 개선할 점을 확인하고 기록하는 것

제품 백로그(Product Backlog)
제품 개발에 필요한 모든 요구사항(User Story)을 우선순위에 따라 나열한 목록으로, 개발 과정에서 새롭게 도출되는 요구사항으로 인해 계속 업데이트됩니다. 제품 백로그에 작성된 사용자 스토리는 전체 일정 계획인 릴리즈 계획(Release Plan)을 수립할 때 사용됩니다.

소멸 차트(Burn-down Chart)
소멸 차트는 해당 스프린트에서 수행할 작업의 진행 상황을 확인할 수 있도록 시간의 경과에 따라 남은 작업 시간을 그래프로 표현한 것입니다. 초기에 추정했던 전체 작업 시간은 작업이 진행될수록 점점 줄어(Burn-down)들게 됩니다.

Burn-down Chart

※ 정답 및 해설은 135쪽에 있습니다.

기출 따라잡기 Section 002

출제예상
문제 1 다음이 설명하는 소프트웨어 개발 기법이 무엇인지 쓰시오.

- 팀원들이 스스로 팀을 구성하며, 개발 작업의 모든 것을 스스로 해결할 수 있어야 한다.
- 개발에 필요한 요구사항에 우선순위를 부여한 제품기능 목록(Product Backlog)을 작성한다.
- 개발 주기를 의미하는 스프린트는 2 ~ 4주 정도의 기간으로 진행한다.
- 스프린트 회고(Retrospective)를 통해 스프린트 동안 발생한 문제점을 파악하고 이에 대한 해결 방안을 모색한다.

답 :

필기 24년 7월, 5월, 23년 2월, 22년 3월
문제 2 스크럼(Scrum) 개발 프로세스 중 실제 개발 작업을 진행하는 과정으로, 보통 2~4주 정도의 기간 내에서 진행하는 프로세스를 쓰시오.

답 :

출제예상
문제 3 다음의 스크럼(Scrum) 개발 과정을 진행 순서에 맞게 기호(㉠~㉤)로 나열하시오.

㉠ 스프린트(Sprint)
㉡ 스프린트 회고(Sprint Retrospective)
㉢ 일일 스크럼 회의(Daily Scrum Meeting)
㉣ 스프린트 검토 회의(Sprint Review)
㉤ 스프린트 계획 회의(Sprint Planning Meeting)

답 :

SECTION 003

XP(eXtreme Programming) 기법

1400300

전문가의 조언

XP의 개념과 5가지 핵심 가치를 기억하세요.

필기 24.5, 23.7, 23.5, 22.7, 22.4, 20.9, 20.6

1 XP(eXtreme Programming)

- XP는 수시로 발생하는 고객의 **요구사항에 유연하게 대응하기 위해 고객의 참여와 개발 과정의 반복을 극대화하여** 개발 **생산성을 향상시키는 방법**이다.
- 짧고 반복적인 개발 주기, 단순한 설계, 고객의 적극적인 참여를 통해 소프트웨어를 빠르게 개발하는 것을 목적으로 한다.
- 릴리즈*의 기간을 짧게 반복하면서 고객의 요구사항 반영에 대한 가시성*을 높인다.
- XP의 5가지 핵심 가치
  - 의사소통(Communication)
  - 단순성(Simplicity)
  - 용기(Courage)
  - 존중(Respect)
  - 피드백(Feedback)

릴리즈(Release)

릴리즈는 몇 개의 요구사항이 적용되어 부분적으로 기능이 완료된 제품을 제공하는 것을 말합니다.

가시성(Visibility)

일반적으로 가시성이란 대상을 확인할 수 있는 정도를 의미합니다. 릴리즈 기간을 짧게 반복하면서 개발 과정에서 제품 소프트웨어의 일부 기능이 구현될 때마다 고객에게 이를 확인시켜주면, 고객은 요구사항이 잘 반영되고 있음을 직접적으로 알 수 있다는 의미입니다.

필기 24.2, 21.8

2 XP 개발 프로세스

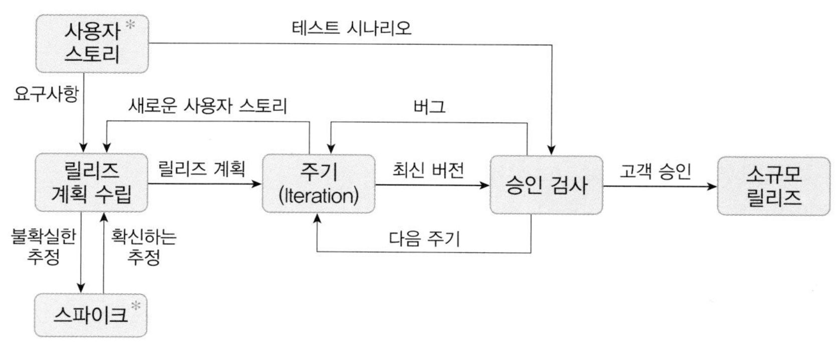

프로세스	내용
릴리즈 계획 수립 (Release Planning)	• 부분 혹은 전체 개발 완료 시점에 대한 일정을 수립하는 것 • 몇 개의 스토리가 적용되어 부분적으로 기능이 완료된 제품을 제공하는 것을 릴리즈라고 함

전문가의 조언

XP의 개발 프로세스를 진행 순서대로 나열할 수 있어야 합니다. '**계획**하고 **진행**한 후 **검사**하고 **출시**한다'는 일반적인 개발 과정을 기억해 두세요. XP 개발 과정에서는 '진행'이 '**이터레이션**'이고 '출시'가 '**릴리즈**'입니다.

- **사용자 스토리**(User Story) : 고객의 요구사항을 간단한 시나리오로 표현한 것
- **스파이크**(Spike) : 요구사항의 신뢰성을 높이고 기술 문제에 대한 위험을 감소시키기 위해 별도로 만드는 간단한 프로그램

이터레이션 (Iteration, 주기)	실제 개발 작업을 진행하는 과정으로, 보통 1~3주 정도의 기간으로 진행됨
승인 검사 (Acceptance Test, 인수 테스트)	하나의 이터레이션 안에서 부분 완료 제품이 구현되면 수행하는 테스트
소규모 릴리즈 (Small Release)	요구사항에 유연하게 대응할 수 있도록 릴리즈의 규모를 축소한 것

20.10, 필기 24.7, 24.5, 22.4, 20.9

3 XP의 주요 실천 방법(Practice)

XP의 주요 실천 방법은 영문으로도 알고 있어야 하며, 각각의 의미는 서로를 구분할 수 있을 정도면 됩니다.

실천 방법	내용
필기 20.9 Pair Programming (짝 프로그래밍)	다른 사람과 함께 프로그래밍을 수행함으로써 개발에 대한 책임을 공동으로 나눠 갖는 환경을 조성함
필기 20.9 Collective Ownership (공동 코드 소유)	개발 코드에 대한 권한과 책임을 공동으로 소유함
Test-Driven Development (테스트 주도 개발)	• 개발자가 실제 코드를 작성하기 전에 테스트 케이스를 먼저 작성하므로 자신이 무엇을 해야할지를 정확히 파악함 • 테스트가 지속적으로 진행될 수 있도록 자동화된 테스팅 도구(구조, 프레임워크)를 사용함
Whole Team (전체 팀)	개발에 참여하는 모든 구성원(고객 포함)들은 각자 자신의 역할이 있고 그 역할에 대한 책임을 가져야 함
필기 20.9 Continuous Integration (계속적인 통합)	모듈 단위로 나눠서 개발된 코드들은 하나의 작업이 마무리될 때마다 지속적으로 통합됨
20.10, 필기 24.7, 24.5, 22.4 Refactoring(리팩토링)	• 프로그램 기능의 변경 없이 시스템을 재구성함 • 목적 : 프로그램을 쉽게 이해하고 쉽게 수정하여 빠르게 개발할 수 있도록 하기 위함
Small Releases (소규모 릴리즈)	릴리즈 기간을 짧게 반복함으로써 고객의 요구 변화에 신속히 대응할 수 있음

※ 정답 및 해설은 135쪽에 있습니다.

기출 따라잡기 Section 003

20년 10월, 필기 24년 7월, 5월, 22년 4월

문제 1 소프트웨어 공학에서 리팩토링(Refactoring)을 하는 목적에 대해 간략히 서술하시오.

답 :

필기 23년 7월, 22년 7월, 20년 9월, 6월

문제 2 수시로 발생하는 고객의 요구사항에 유연하게 대응하기 위해 고객의 참여와 개발 과정의 반복을 극대화하여 개발 생산성을 향상시키는 익스트림 프로그래밍(eXtreme Programming)의 5가지 핵심 가치에는 의사소통(Communication), (①), 용기(Courage), (②), 피드백(Feedback)이 있다. 괄호(①, ②)에 각각 들어갈 적합한 핵심 가치를 쓰시오.

답

- ①
- ②

필기 20년 9월

문제 3 다음 보기에서 XP(eXtreme Programming)의 주요 실천 방법을 모두 골라 기호(㉠~㉣)로 쓰시오.

㉠ Linear Sequential Method ㉡ Pair Programming ㉢ Collective Ownership ㉣ Continuous Integration

답 :

SECTION 004

개발 기술 환경 파악

1400500 

1 개발 기술 환경 파악의 개요

개발하고자 하는 소프트웨어와 관련된 운영체제(OS), 데이터베이스 관리 시스템(DBMS), 미들웨어* 등을 선정할 때 고려해야 할 사항을 기술하고, 오픈 소스를 사용할 때 주의해야 할 내용을 제시한다.

> **전문가의 조언**
> - 운영체제, 데이터베이스 관리 시스템, 웹 애플리케이션 서버, 그리고 오픈 소스의 개념과 각각에 대한 요구사항 식별 시 고려사항을 기억해 두세요.
> - 소프트웨어 개발과 관련된 미들웨어에는 다양한 종류가 있으나 여기서는 미들웨어 중 웹 애플리케이션 서버(WAS)와 관련된 고려사항만 다루겠습니다.

> **미들웨어(Middle Ware)**
> 미들웨어는 운영체제와 해당 운영체제에 의해 실행되는 응용 프로그램 사이에서 운영체제가 제공하는 서비스 이외에 추가적인 서비스를 제공하는 소프트웨어입니다.

2 운영체제(OS, Operating System)

- 운영체제는 **컴퓨터 시스템의 자원을 효율적으로 관리하며**, 사용자가 **컴퓨터를 편리하고 효율적으로 사용할 수 있도록 환경을 제공하는 소프트웨어**이다.
- 컴퓨터 사용자와 컴퓨터 하드웨어 간의 인터페이스로서 동작하는 시스템 소프트웨어의 일종이다.
- 다른 응용 프로그램이 유용한 작업을 할 수 있도록 환경을 제공한다.
- 운영체제 관련 요구사항 식별 시 고려사항
  - 가용성
  - 성능
  - 기술 지원
  - 주변 기기
  - 구축 비용

필기 20.6

3 데이터베이스 관리 시스템(DBMS; DataBase Management System)

- 데이터베이스 관리 시스템은 **사용자와 데이터베이스 사이에서** 사용자의 요구에 따라 **정보를 생성해 주고, 데이터베이스를 관리해 주는 소프트웨어**이다.
- 기존의 파일 시스템이 갖는 데이터의 종속성과 중복성의 문제를 해결하기 위해 제안된 시스템이다.
- 모든 응용 프로그램들이 데이터베이스를 공용할 수 있도록 관리한다.
- DBMS 관련 요구사항 식별 시 고려사항
  - 가용성

– 성능
– 기술 지원
– 상호 호환성
– 구축 비용

4 웹 애플리케이션 서버(WAS; Web Application Server)

전문가의 조언

클라이언트의 웹 브라우저에서 특정 웹 사이트에 접속하면 웹 서버(Web Server)는 데이터베이스에 접속하여 해당 사이트에 포함된 각종 콘텐츠를 보여줍니다. 이러한 콘텐츠에는 텍스트나 이미지와 같이 정적인 자료도 있지만 주식 시세 정보나 날씨 위성 정보와 같이 실시간으로 변하는 동적인 자료도 있습니다. 실시간으로 변하는 동적인 자료는 웹 서버에서 직접 처리할 수 없으므로 동적인 자료 처리를 웹 애플리케이션 서버(Web Application Server)에 요청합니다. 웹 애플리케이션 서버가 JSP나 서블릿(Servlet)과 같은 프로그램을 구동하여 동적인 자료를 처리한 후 해당 정보를 웹 서버로 보내면, 웹 서버는 이를 클라이언트로 보내는 것입니다.

- 웹 애플리케이션 서버는 사용자의 요구에 따라 변하는 **동적인 콘텐츠를 처리하기 위해 사용되는 미들웨어**이다.
- 데이터 접근, 세션 관리, 트랜잭션 관리 등을 위한 라이브러리를 제공한다.
- 주로 데이터베이스 서버와 연동해서 사용한다.
- 웹 애플리케이션 서버 관련 요구사항 식별 시 고려사항
  - 가용성
  - 성능
  - 기술 지원
  - 구축 비용

5 오픈 소스(Open Source)

- 오픈 소스는 누구나 별다른 **제한 없이 사용할 수 있도록 소스 코드를 공개한 소프트웨어**이다.
- 오픈 소스 라이선스를 만족한다.
- 오픈 소스 관련 요구사항 식별 시 고려사항
  - 라이선스의 종류
  - 사용자 수
  - 기술의 지속 가능성

※ 정답 및 해설은 136쪽에 있습니다.

기출 따라잡기 Section 004

필기 20년 6월

문제 1 DBMS 관련 요구사항 분석 시 고려사항에는 (①), 성능, 기술지원, (②), 구축 비용이 있다. 괄호(①, ②)에 들어갈 가장 알맞은 고려사항이 무엇인지 쓰시오.

답

- ①
- ②

출제예상

문제 2 다음의 설명과 가장 부합하는 용어를 쓰시오.

사용자의 요구에 따라 변하는 동적인 콘텐츠를 처리하기 위해 사용되는 미들웨어이다. 데이터 접근, 세션 관리, 트랜잭션 관리 등을 위한 라이브러리를 제공하는 것으로 주로 데이터베이스 서버와 연동해서 사용한다.

답 :

출제예상

문제 3 누구나 별다른 제한 없이 사용할 수 있도록 소스 코드가 공개된 소프트웨어로, 사용 시 라이선스의 종류, 사용자 수, 기술의 지속 가능성 등을 고려해야 하는 소프트웨어를 가리키는 용어를 쓰시오.

답 :

SECTION 005

요구사항 정의

전문가의 조언

요구사항이란 말 그대로 어떠한 문제를 해결하기 위해 필요한 조건이나 제약사항을 요구하는 것이며, 소프트웨어는 사용자의 요구사항을 충족시키기 위해 설계되고 개발됩니다. 즉 소프트웨어 설계 및 개발 과정 전반에 걸쳐 요구사항을 다루게 되므로 요구사항의 개념을 잘 알아두는 것이 좋습니다.

1 요구사항

- 요구사항은 **소프트웨어가 어떤 문제를 해결하기 위해 제공하는 서비스에 대한 설명**과 정상적으로 **운영되는데 필요한 제약조건**이다.
- 소프트웨어 개발이나 유지 보수 과정에서 필요한 기준과 근거를 제공한다.
- 개발에 참여하는 이해관계자들 간의 의사소통을 원활하게 하는 데 도움을 준다.
- 요구사항의 유형
  - 기능 요구사항(Functional requirements)
  - 비기능 요구사항(Non–functional requirements)
  - 사용자 요구사항(User requirements)
  - 시스템 요구사항(System requirements)

전문가의 조언

요구사항은 크게 기능과 비기능으로 구분할 수 있습니다. 기능 요구사항은 "사용자는 회원ID와 비밀번호를 입력하여 로그인할 수 있다."와 같이 말 그대로 기능에 관한 요구사항이고, 비기능 요구사항은 "시스템은 1년 365일, 하루 24시간 운용이 가능해야 한다."와 같이 대부분 품질이나 제약사항과 관련이 있습니다.

21.4, 필기 22.4

2 기능 요구사항(Functional requirements)

- 기능 요구사항은 시스템이 무엇을 하는지, 어떤 기능을 하는지 등의 **기능이나 수행과 관련된 요구사항**이다.
- 시스템의 입력이나 출력으로 무엇이 포함되어야 하는지에 대한 사항
- 시스템이 어떤 데이터를 저장하거나 연산을 수행해야 하는지에 대한 사항
- 시스템이 반드시 수행해야 하는 기능
- 사용자가 시스템을 통해 제공받기를 원하는 기능

21.4, 필기 24.5, 23.2, 22.4, 21.8

3 비기능 요구사항(Non–functional requirements)

- 비기능 요구사항은 **품질이나 제약사항과 관련된 요구사항**이다.
- 시스템 장비 구성 요구사항
- 성능 요구사항
- 인터페이스 요구사항
- 데이터를 구축하기 위해 필요한 요구사항
- 테스트 요구사항
- 보안 요구사항

- 품질 요구사항 : 가용성, 정합성, 상호 호환성, 대응성, 이식성, 확장성, 보안성 등
- 제약사항
- 프로젝트 관리 요구사항
- 프로젝트 자원 요구사항

4 사용자 요구사항(User requirements)

- 사용자 요구사항은 **사용자 관점에서 본 시스템이 제공해야 할 요구사항**이다.
- 사용자를 위한 것으로, 친숙한 표현으로 이해하기 쉽게 작성된다.

5 시스템 요구사항(System requirements)

- 시스템 요구사항은 **개발자 관점에서 본 시스템 전체가** 사용자와 다른 시스템에 **제공해야 할 요구사항**이다.
- 사용자 요구사항에 비해 전문적이고 기술적인 용어로 표현된다.
- 소프트웨어 요구사항이라고도 한다.

※ 정답 및 해설은 136쪽에 있습니다.

기출 따라잡기 Section 005

문제 1 출제예상 다음의 설명과 가장 부합하는 용어를 쓰시오.

- 소프트웨어가 어떤 문제를 해결하기 위해 제공하는 서비스에 대한 설명과 정상적으로 운영되는데 필요한 제약조건 등을 나타낸다.
- 소프트웨어 개발이나 유지 보수 과정에서 필요한 기준과 근거를 제공한다.
- 개발하려는 소프트웨어의 전반적인 내용을 확인할 수 있게 하므로 개발에 참여하는 이해관계자들 간의 의사소통을 원활하게 하는 데 도움을 준다.

답 :

21년 4월, 필기 21년 8월

문제 2 요구사항 확인에 대한 다음 설명에서 괄호(①, ②)에 들어갈 알맞은 용어를 쓰시오.

- (①) 요구사항은 시스템이 무엇을 하는지, 어떤 기능을 하는지 등 사용자가 시스템을 통해 제공받기를 원하는 기능이나 시스템이 반드시 수행해야 하는 기능을 의미한다.
- (②) 요구사항은 품질이나 제약사항과 관련된 요구사항으로, 시스템의 장비 구성, 성능, 인터페이스, 테스트, 보안 등의 요구사항을 말한다.

답

- ①
- ②

필기 24년 5월, 23년 2월, 22년 4월

문제 3 다음에 제시된 요구사항을 기능 요구사항과 비기능 요구사항으로 구분하시오.

㉠ 시스템의 처리량(Throughput), 반응 시간 등의 성능이나 품질 요구사항
㉡ 시스템 구축과 관련된 안전, 보안에 대한 요구사항
㉢ 차량 대여 시스템이 제공하는 모든 화면이 3초 이내에 사용자에게 보여야 함
㉣ 금융 시스템은 조회, 인출, 입금, 송금의 기능이 있어야 함

답

- ① 기능 요구사항 :
- ② 비기능 요구사항 :

출제예상

문제 4 요구사항의 4가지 유형을 쓰시오.

답 :

SECTION 006

요구사항 개발 프로세스

필기 24.5, 21.5

1 요구사항 개발 프로세스

- 요구사항 개발 프로세스는 개발 대상에 대한 **요구사항을** 체계적으로 **도출하고 분석한 후 명세서에 정리한 다음 확인 및 검증하는** 일련의 구조화된 **활동**이다.
- 요구사항 개발 프로세스가 진행되기 전에 타당성 조사(Feasibility Study)* 가 선행되어야 한다.
- 요구사항 개발은 요구공학(Requirement Engineering)의 한 요소이다.

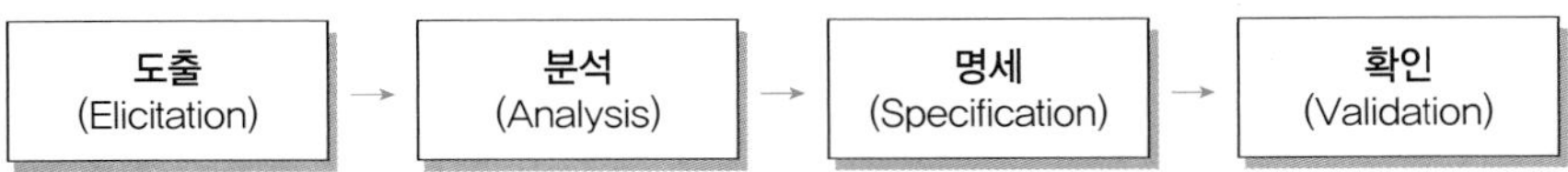

필기 23.5, 20.8

2 요구사항 도출(Requirement Elicitation, 요구사항 수집)

- 요구사항 도출은 시스템, 사용자, 개발자 등 **시스템 개발에 관련된 사람들이 서로 의견을 교환하여 요구사항**을 어떻게 수집할 것인지를 **식별하고 이해하는 과정**이다.
- 개발자와 고객 사이의 관계가 만들어지고 이해관계자(Stakeholder)가 식별된다.
- 소프트웨어 개발 생명 주기(SDLC) 동안 지속적으로 반복된다.
- 요구사항을 도출하는 주요 기법
  - 청취와 인터뷰
  - 설문
  - 브레인스토밍*
  - 워크샵
  - 프로토타이핑*
  - 유스케이스*

전문가의 조언

- 요구사항 개발은 '도출 → 분석 → 명세 → 확인' 과정을 거치는데, 각 단계의 명칭을 보면 해당 단계에서 무엇을 수행하는지 대략적인 윤곽을 잡을 수 있습니다.
- 요구사항 개발 순서를 나열할 수 있어야 합니다. 요구사항 개발 프로세스는 '도출, 분석, 명세, 확인'을 기억해 두세요.

타당성 조사
타당성 조사는 개발 프로세스가 비즈니스 목적에 부합되는지, 예산은 적정한지 등에 대한 정보를 수집, 평가한 보고서를 토대로 수행합니다.

브레인스토밍(Brain Storming)
브레인스토밍은 3인 이상이 자유롭게 의견을 교환하면서 독창적인 아이디어를 도출해 내는 방법입니다.

프로토타이핑(Prototyping)
프로토타이핑은 프로토타입(견본품)을 통해 효과적으로 요구 분석을 수행하면서 명세서를 산출하는 작업으로, 가장 단순한 형태는 설명을 위해 종이에 대략적인 순서나 형태를 그려 보여주는 것입니다.

유스케이스(Use Case)
유스케이스는 사용자의 요구사항을 기능 단위로 표현하는 것입니다.

필기 21.5, 20.8

3 요구사항 분석(Requirement Analysis)

- 요구사항 분석은 개발 대상에 대한 사용자의 **요구사항 중** 명확하지 않거나 모호하여 **이해되지 않는 부분을** 발견하고 이를 **걸러내기 위한 과정**이다.
- 요구사항의 타당성을 조사하고 비용과 일정에 대한 제약을 설정한다.
- 서로 상충되는 요구사항이 있으면 이를 중재하는 과정이다.
- 요구사항 분석에 사용되는 대표적인 도구
  - 자료 흐름도(DFD)
  - 자료 사전(DD)

필기 20.8

4 요구사항 명세(Requirement Specification)

- 요구사항 명세는 **분석된 요구사항을 바탕으로 모델을 작성하고 문서화하는 것**을 의미한다.
- 기능 요구사항을 빠짐없이 기술한다.
- 비기능 요구사항은 필요한 것만 기술한다.
- 구체적인 명세를 위해 소단위 명세서(Mini-Spec)가 사용될 수 있다.

필기 21.8

5 요구사항 확인(Requirement Validation, 요구사항 검증)

- 요구사항 확인은 개발 자원을 요구사항에 할당하기 전에 **요구사항 명세서가 정확하고 완전하게 작성되었는지를 검토하는 활동**이다.
- 이해관계자들이 검토해야 한다.
- 요구사항 관리 도구를 이용하여 요구사항 정의 문서들에 대해 형상 관리(SCM)*를 수행한다.

형상 관리(SCM; Software Configuration Management)
소프트웨어 개발 단계의 각 과정에서 만들어지는 프로그램, 프로그램을 설명하는 문서, 데이터 등을 통칭하여 형상이라고 합니다. 형상 관리는 소프트웨어의 개발 과정에서 만들어지는 형상들의 변경 사항을 관리하는 일련의 활동을 말합니다.

6 요구공학(Requirements Engineering)

- 요구공학은 무엇을 개발해야 하는지 **요구사항을 정의하고, 분석 및 관리하는 프로세스를 연구하는 학문**이다.
- 요구사항 변경의 원인과 처리 방법을 이해하고 요구사항 관리 프로세스의 품질을 개선하여 소프트웨어 프로젝트 실패를 최소화하는 것을 목표로 한다.

필기 20.9

7 요구사항 명세 기법

구분	정형 명세 기법	비정형 명세 기법
기법	수학적 원리 기반, 모델 기반	상태/기능/객체 중심
작성 방법	수학적 기호, 정형화된 표기법	일반 명사, 동사 등의 자연어를 기반으로 서술 또는 다이어그램으로 작성
특징	• 요구사항을 정확하고 간결하게 표현할 수 있음 • 요구사항에 대한 결과가 작성자에 관계없이 일관성이 있으므로 완전성 검증이 가능함 • 표기법이 어려워 사용자가 이해하기 어려움	• 자연어의 사용으로 인해 요구사항에 대한 결과가 작성자에 따라 다를 수 있어 일관성이 떨어지고, 해석이 달라질 수 있음 • 내용의 이해가 쉬어 의사소통이 용이함
종류	VDM, Z, Petri–net, CSP 등	FSM, Decision Table, ER모델링, State Chart(SADT) 등

※ 정답 및 해설은 136쪽에 있습니다.

기출 따라잡기 Section 006

필기 23년 5월, 20년 8월

문제 1 다음 보기에서 요구사항 개발 과정에서 필요한 기술을 모두 골라 기호(㉠~㉥)로 쓰시오.

㉠ 청취와 인터뷰 질문 기술 ㉡ 분석과 중재 기술 ㉢ 설계 및 코딩 기술 ㉣ 관찰 및 모델 작성 기술 ㉤ 데이터 구조 분석 기술 ㉥ 인터페이스 연계 기술

답 :

필기 20년 9월

문제 2 요구사항 명세 기법 중 다음의 설명과 가장 부합하는 기법을 쓰시오.

사용자의 요구를 표현할 때 수학적인 원리와 표기법을 이용한 기법으로, 주로 Z 기법을 사용하여 사용자의 요구사항을 표현한다. 사용자의 요구를 정확하고 간결하게 표현할 수 있다.

답 :

필기 21년 5월

문제 3 다음에 제시된 요구사항 개발 프로세스 단계를 순서에 맞게 기호(㉠~㉣)로 나열하시오.

〈보기〉

㉠ 도출(Elicitation)	㉡ 확인(Validation)
㉢ 명세(Specification)	㉣ 분석(Analysis)

답 :

출제예상

문제 4 다음의 설명과 가장 부합하는 요구사항 개발 프로세스를 쓰시오.

> 개발 대상에 대한 사용자의 요구사항 중 명확하지 않거나 모호하여 이해되지 않는 부분을 발견하고 이를 걸러내기 위한 과정으로 사용자 요구사항의 타당성을 조사하고 비용과 일정에 대한 제약을 설정한다. 내용이 중복되거나 하나로 통합되어야 하는 등 서로 상충되는 요구사항이 있으면 이를 해결한다.

답 :

출제예상

문제 5 요구사항 개발 프로세스 중 요구사항 명세(Requirement Specification)가 무엇인지 그 개념을 간략히 서술하시오.

답 :

SECTION 007

요구사항 분석

전문가의 조언

요구사항 분석 과정에서 어떤 작업들을 수행하는지 잘 정리해 두세요.

문서화
문서화하는 것을 명세화한다고도 합니다.

필기 22.3, 20.6

1 요구사항 분석(Requirement Analysis)

- 요구사항 분석은 소프트웨어 개발의 실제적인 첫 단계로, **개발 대상에 대한 사용자의 요구사항을 이해하고 문서화*하는 활동**을 의미한다.
- 사용자 요구의 타당성을 조사하고 비용과 일정에 대한 제약을 설정한다.
- 사용자의 요구를 정확하게 추출하여 목표를 정한다.

전문가의 조언

구조적 분석 기법 도구인 것과 아닌 것을 구분하는 문제가 출제될 수 있습니다. 구조적 분석 기법 도구의 종류를 암기하세요.

필기 20.9

2 구조적 분석 기법

- 구조적 분석 기법은 **자료의 흐름과 처리를 중심으로 하는 요구사항 분석 방법**이다.
- 도형 중심의 분석용 도구와 분석 절차를 이용하여 사용자의 요구사항을 파악하고 문서화한다.
- 하향식 방법*을 사용하여 시스템을 세분화할 수 있다.
- 분석의 중복을 배제할 수 있다.
- 주요 구조적 분석 기법 도구
  - 자료 흐름도(DFD)
  - 자료 사전(DD)
  - 소단위 명세서(Mini-Spec.)
  - 개체 관계도(ERD)
  - 상태 전이도(STD)
  - 제어 명세서

하향식 방법
한 장의 종이에 소프트웨어의 모든 기능을 모델링할 수 없으므로 소프트웨어의 기능을 전체적인 수준에서 상세 수준까지 위에서 아래로 단계별로 분리하여 모델링하는 것을 의미합니다.

필기 23.7, 23.2, 20.9

3 자료 흐름도(DFD; Data Flow Diagram)

- 자료 흐름도는 요구사항 분석에서 **자료의 흐름* 및 변환 과정과 기능을 도형 중심으로 기술하는 방법**이다.
- 자료 흐름 그래프, 버블 차트라고도 한다.
- 자료 흐름과 처리를 중심으로 하는 구조적 분석 기법에 이용된다.

자료의 흐름
자료는 각 절차에 따라 컴퓨터 기반의 시스템 내부를 흘러다니는데, 이를 자료의 흐름이라 합니다.

필기 24.5, 24.2, 22.7, 22.3, 20.9, 20.8, 20.6

4 자료 흐름도 기본 기호

기 호	의 미	표기법*	
		Yourdon/DeMacro	Gane/Sarson
필기 24.5, 24.2, 22.7, 22.3, … 프로세스 (Process)	자료를 변환시키는 시스템의 한 부분(처리 과정)을 나타내며 처리, 기능, 변환, 버블이라고도 함	물품 확인	물품 확인
필기 24.5, 24.2, 22.7, 22.3, … 자료 흐름 (Data Flow)	자료의 이동(흐름)이나 연관관계를 나타냄	물품 코드 →	
필기 24.5, 24.2, 22.7, 22.3, … 자료 저장소 (Data Store)	시스템에서의 자료 저장소(파일, 데이터베이스)를 나타냄	물품대장	ID 물품대장
필기 24.5, 24.2, 22.7, 22.3, … 단말 (Terminator)	시스템과 교신하는 외부 개체로, 입력 데이터가 만들어지고 출력 데이터를 받음	공장	

전문가의 조언

자료 흐름도에서 사용하는 기본 기호 4가지가 단답형 문제로 출제될 수 있습니다. 4가지 기호의 종류와 명칭을 영문까지 암기하세요.

표기법

Yourdon/DeMarco와 Gane/Sarson에 의해 두 가지 방법으로 표기할 수 있으나 Yourdon/DeMarco 표기 방법이 주로 사용됩니다.

필기 20.9, 20.8, 20.6

5 자료 사전(DD; Data Dictionary)

- 자료 사전은 **자료 흐름도에 있는 자료를** 더 자세히 **정의하고 기록한 것**이다.
- 데이터를 설명하는 데이터로, 데이터의 데이터 또는 메타 데이터(Meta Data)라고도 한다.
- 자료 사전에서 사용되는 표기 기호

기 호	의 미
=	**자료의 정의** : ~로 구성되어 있다(is composed of)
+	**자료의 연결** : 그리고(and)
필기 20.6 ( )	**자료의 생략** : 생략 가능한 자료(Optional)
필기 20.9 [ ]	**자료의 선택** : 또는(or)
필기 20.8 { }	**자료의 반복** : Iteration of ① $\{\ \}_n$: n번 이상 반복 ② $\{\ \}^n$: 최대로 n번 반복 ③ $\{\ \}^n_m$: m 이상 n 이하로 반복
* *	**자료의 설명** : 주석(Comment)

전문가의 조언

자료 사전에서 사용되는 기호들의 종류와 각각의 의미를 정확하게 기억해 두세요.

※ 정답 및 해설은 136쪽에 있습니다.

기출 따라잡기 Section 007

필기 22년 3월, 20년 6월

문제 1 소프트웨어 개발 과정 중 다음 보기에서 설명하는 단계를 쓰시오.

- 소프트웨어가 무엇을 해야 하는가를 추적하여 요구사항 명세를 작성하는 작업이다.
- 소프트웨어 개발의 출발점이면서 실질적인 첫 번째 단계이다.
- 사용자의 요구를 추출하여 목표를 정하고 어떤 방식으로 해결할 것인지 결정한다.

답 :

필기 20년 9월

문제 2 소프트웨어 개발 단계 중 요구 분석 과정에서는 다양한 분석 도구가 사용된다. 다음 보기에서 설명하는 분석 도구가 무엇인지 쓰시오.

- 자료 흐름 그래프 또는 버블(Bubble) 차트라고도 한다.
- 구조적 분석 기법에 이용된다.
- 자료의 흐름을 명확하게 표현할 수 있다.
- 화살표, 원, 사각형, 직선(단선/이중선)을 이용하여 자료의 흐름을 표시한다.

답 :

필기 24년 2월, 22년 7월, 20년 8월, 6월

문제 3 요구사항 분석에서 자료의 흐름 및 변환 과정과 기능을 도형 중심으로 기술하는 자료 흐름도(Data Flow Diagram)의 4가지 구성 요소를 쓰시오.

답 :

필기 20년 9월, 8월, 6월

문제 4 다음은 자료 사전(Data Dictionary)에서 사용하는 기호에 대한 설명이다. 괄호(① ~③)에 들어갈 알맞은 기호를 쓰시오.

기호	의미
=	자료의 정의
+	자료의 연결
(①)	자료의 생략
(②)	자료의 선택
(③)	자료의 반복
* *	자료의 설명

답
- ①
- ②
- ③

출제예상

문제 5 다음 보기에서 구조적 분석 기법 도구에 해당하는 것을 모두 골라 쓰시오.

- 소단위 명세서
- 디자인 패턴
- 자료 흐름도(DFD)
- HIPO
- 자료 사전
- 유스케이스(Use Case)

답 :

SECTION 008

요구사항 분석 CASE와 HIPO

요구사항 분석용 도구의 종류와 각각의 의미를 정확하게 알아두세요.

필기 20.9

1 요구사항 분석용 CASE(자동화 도구)

- 요구사항 분석용 CASE는 **요구사항을 자동으로 분석하고, 요구사항 분석 명세서를 기술하도록 개발된 도구**를 의미한다.
- 대표적인 요구사항 분석용 CASE

필기 20.9 SADT	• 시스템 정의, 소프트웨어 요구사항 분석, 시스템/소프트웨어 설계를 위한 도구 • SoftTech 사에서 개발 • 구조적 요구 분석을 하기 위해 블록 다이어그램을 채택한 자동화 도구
SREM = RSL/REVS	• TRW 사가 실시간 처리 소프트웨어 시스템에서 요구사항을 명확히 기술하도록 할 목적으로 개발한 도구 • RSL*과 REVS*를 사용하는 자동화 도구
PSL/PSA	• PSL*과 PSA*를 사용하는 자동화 도구 • 미시간 대학에서 개발
TAGS	• 시스템 공학 방법 응용에 대한 자동 접근 방법 • 개발 주기의 전 과정에 이용할 수 있는 통합 자동화 도구

- RSL : 요소, 속성, 관계, 구조들을 기술하는 요구사항 기술 언어
- REVS : RSL로 기술된 요구사항들을 자동으로 분석하여 요구사항 분석 명세서를 출력하는 요구사항 분석기
- PSL : 문제(요구사항) 기술 언어
- PSA : PSL로 기술한 요구사항을 분석하여 보고서를 출력하는 문제 분석기

필기 24.2, 23.7, 22.7, 20.9

2 HIPO(Hierarchy Input Process Output)

- HIPO는 시스템의 분석 및 설계, 또는 문서화에 사용되는 기법으로, **시스템 실행 과정인 입력 · 처리 · 출력의 기능을 표현한 것**이다.
- 하향식 소프트웨어 개발을 위한 문서화 도구이다.
- 기능과 자료의 의존 관계를 동시에 표현할 수 있다.
- 기호, 도표 등을 사용하므로 보기 쉽고 이해하기도 쉽다.
- 시스템의 기능을 여러 개의 고유 모듈로 분할하여 이들 간의 인터페이스를 계층 구조로 표현한 것을 HIPO Chart라고 한다.
- HIPO Chart의 종류
  - 가시적 도표(Visual Table of Contents, 도식 목차)
  - 총체적 도표(Overview Diagram, 총괄 도표, 개요 도표)
  - 세부적 도표(Detail Diagram, 상세 도표)

※ 정답 및 해설은 137쪽에 있습니다.

기출 따라잡기 Section 008

필기 20년 9월

문제 1 SoftTech 사에서 개발한 것으로, 구조적 요구 분석을 하기 위해 블록 다이어그램을 채택한 자동화 도구가 무엇인지 영문 약어로 쓰시오.

답 :

필기 24년 2월, 23년 7월, 22년 7월, 20년 9월

문제 2 다음의 설명과 가장 부합하는 용어를 영문 약어로 쓰시오.

- 시스템의 분석 및 설계, 또는 문서화에 사용되는 기법으로, 시스템 실행 과정인 입력, 처리, 출력의 기능을 나타내는 기법이다.
- 하향식 소프트웨어 개발을 위한 문서화 도구이다.
- 차트의 종류에는 가시적 도표, 총체적 도표, 세부적 도표가 있다.
- 기능과 자료의 의존 관계를 동시에 표현할 수 있다.
- 기호, 도표 등을 사용하므로 보기 쉽고 이해하기 쉽다.

답 :

출제예상

문제 3 다음 〈보기〉에서 요구사항 분석용 자동화 도구를 모두 찾아 쓰시오.

〈보기〉

SADT, SWOT, SREM, OSPF, PSL/PSA, CSMA, TAGS

답 :

SECTION 009

UML(Unified Modeling Language)의 개요

전문가의 조언

- 많은 사람들이 모여 작업을 수행하다 보면 같은 대상물을 보고도 서로 다르게 표현하여 의사소통에 문제가 생기는 경우가 있습니다. 이런 문제를 해결하는 가장 좋은 방법은 공통된 표현법을 만들어 사용하는 것이죠. UML은 공통된 표현법을 사용해 개발할 대상물을 다이어그램으로 표현하는 도구입니다. 소프트웨어 개발 참여자들은 UML로 표현된 다이어그램으로 개발에 관한 의견을 서로 교환합니다.
- 이번 섹션에서는 UML의 개념과 구성 요소 중 사물에 대해서 공부합니다. 나머지 구성 요소인 관계와 다이어그램은 다음 섹션에서 공부합니다.

전문가의 조언

사람, 자동차, 컴퓨터, 동물 등과 같이 우리 주위에서 사용되는 물질적이거나 개념적인 것을 개체(Entity)라고 합니다. 이러한 개체를 컴퓨터 내부에 추상적으로 표현한 것을 사물(Things) 또는 객체(Object)라고 하는데, 다이어그램을 표현할 때는 사물보다는 객체라는 표현을 주로 사용합니다. 사물들은 이름을 통해 그 역할을 유추할 수 있으니 사물들의 종류만 기억하고 각 사물들의 구체적인 내용은 가볍게 읽어보세요.

컴포넌트(Component)
컴포넌트는 문서, 소스코드, 파일, 라이브러리 등과 같은 모듈화된 자원으로, 재사용이 가능합니다.

인터페이스(Interface)
클래스나 컴포넌트의 전체 또는 일부분의 동작(Operation)을 모아 놓은 것이며, 클래스가 외부적으로 가시화되는 행동을 표현합니다.

22.10, 필기 24.7, 22.3, 20.9

1 UML(Unified Modeling Language)

- UML은 시스템 분석, 설계, 구현 등 **시스템 개발 과정에서** 시스템 개발자와 고객 또는 개발자 상호 간의 **의사소통이 원활하게 이루어지도록 표준화한 대표적인 객체지향 모델링 언어**이다.
- Rumbaugh(OMT), Booch, Jacobson 등의 객체지향 방법론의 장점을 통합하였다.
- OMG(Object Management Group)에서 표준으로 지정하였다.
- UML의 구성 요소
  - 사물(Things)
  - 관계(Relationships)
  - 다이어그램(Diagram)

필기 23.2

2 사물(Things)

- 사물은 **다이어그램 안에서 관계가 형성될 수 있는 대상들**을 말한다.
- 모델을 구성하는 가장 중요한 기본 요소이다.
- 사물의 종류

사물	내용
필기 23.2 구조 사물 (Structural Things)	• 시스템의 개념적, 물리적 요소를 표현 • 클래스(Class), 유스케이스(Use Case), 컴포넌트(Component)*, 인터페이스(Interface)*, 노드(Node) 등
필기 23.2 행동 사물 (Behavioral Things)	• 시간과 공간에 따른 요소들의 행위를 표현 • 상호작용(Interaction), 상태 머신(State Machine) 등
그룹 사물 (Grouping Things)	• 요소들을 그룹으로 묶어서 표현 • 패키지(Package)
필기 23.2 주해 사물 (Annotation Things)	• 부가적인 설명이나 제약조건 등을 표현 • 노트(Note)

※ 정답 및 해설은 137쪽에 있습니다.

기출 따라잡기 Section 009

필기 20년 9월

문제 1 시스템 개발 과정에서 의사소통이 원활하게 이루어지도록 표준화한 대표적인 객체지향 모델링 언어인 UML의 기본 구성 요소 3가지를 쓰시오.

답 :

출제예상

문제 2 다음의 설명과 가장 부합하는 용어를 쓰시오.

- 시스템 분석, 설계, 구현 등 시스템 개발 과정에서 시스템 개발자와 고객 또는 개발자 상호 간의 의사소통이 원활하게 이루어지도록 표준화한 대표적인 객체지향 모델링 언어이다.
- Rumbaugh, Booch, Jacobson 등의 객체지향 방법론의 장점을 통합하였으며, 객체 기술에 관한 국제표준화기구인 OMG(Object Management Group)에서 표준으로 지정하였다.

답 :

필기 23년 2월

문제 3 UML에서 사물(Things)은 모델을 구성하는 가장 중요한 요소이다. 사물에 대한 다음 설명에서 괄호(①, ②)에 들어갈 알맞은 사물의 종류를 쓰시오.

사물	내용
(①)	시스템의 개념적, 물리적 요소를 표현
행동 사물(Behavioral Things)	시간과 공간에 따른 요소들의 행위를 표현
그룹 사물(Grouping Things)	요소들을 그룹으로 묶어서 표현
(②)	부가적인 설명이나 제약조건 등을 표현

답

- ①
- ②

SECTION 010

UML - 관계(Relationship)

전문가의 조언

관계는 UML을 학습하는 데 있어 반드시 알아야 할 중요한 개념이자 요소이므로 각 관계들의 개별적인 개념과 표현 방법을 확실히 숙지해야 합니다.

1 관계(Relationships)

- 관계는 **사물과 사물 사이의 연관성을 표현하는 것**이다.
- **관계의 종류** : 연관 관계, 집합 관계, 포함 관계, 일반화 관계, 의존 관계, 실체화 관계

24.10

2 연관(Association) 관계

- 연관 관계는 **2개 이상의 사물이 서로 관련되어 있는 관계**이다.
- 사물 사이를 실선으로 연결하여 표현한다.
- 방향성은 화살표로 표현한다.
- 양방향 관계의 경우 화살표를 생략하고 실선으로만 연결한다.
- 다중도*를 선 위에 표기한다.

다중도(Multiplicity)
연관에 참여하는 객체의 개수를 의미합니다.

다중도	의미
1	1개의 객체가 연관되어 있음
n	n개의 객체가 연관되어 있음
0..1	연관된 객체가 없거나 1개만 존재함
0..* 또는 *	연관된 객체가 없거나 다수일 수 있음
1..*	연관된 객체가 적어도 1개 이상임
n..*	연관된 객체가 적어도 n개 이상임
n..m	연관된 객체가 최소 n개에서 최대 m개임

사물, 즉 객체는 유스케이스, 클래스, 컴포넌트와 같이 별도의 표현 형태가 있는 경우를 제외하고는 기본적으로 사각형으로 표현합니다.

예제 1 사람이 집을 소유하는 관계이다. 사람은 자기가 소유하고 있는 집에 대해 알고 있지만 집은 누구에 의해 자신이 소유되고 있는지 모른다는 의미이다.

해설

- '사람' 쪽에 표기된 다중도가 '1'이므로 집은 한 사람에 의해서만 소유될 수 있다.
- '집' 쪽에 표기된 다중도가 '1'이므로 사람은 집을 하나만 소유할 수 있다.

예제 2 선생님은 학생을 가르치고 학생은 선생님으로부터 가르침을 받는 것과 같이 선생님과 학생은 서로 관계가 있다.

해설

- '선생님' 쪽에 표기된 다중도가 '1..*'이므로 학생은 한 명 이상의 선생님으로부터 가르침을 받는다.
- '학생' 쪽에 표기된 다중도가 '1..*'이므로 선생님은 한 명 이상의 학생을 가르친다.

21.10

3 집합(Aggregation) 관계

- 집합 관계는 **하나의 사물이 다른 사물에 포함되어 있는 관계**이다.
- 포함하는 쪽(전체, Whole)과 포함되는 쪽(부분, Part)은 서로 독립적이다.
- 포함되는 쪽(부분, Part)에서 포함하는 쪽(전체, Whole)으로 속이 빈 마름모를 연결하여 표현한다.

예제 프린터는 컴퓨터에 연결해서 사용할 수 있으며, 다른 컴퓨터에 연결해서 사용할 수도 있다.

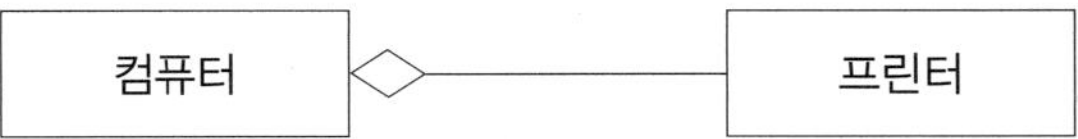

포함되는 쪽(부분, Part)이 프린터이고 포함하는 쪽(전체, Whole)이 컴퓨터입니다.

4 포함(Composition) 관계

- 포함 관계는 집합 관계의 특수한 형태로, **포함하는 사물의 변화가 포함되는 사물에게 영향을 미치는 관계**이다.
- 포함하는 쪽(전체, Whole)과 포함되는 쪽(부분, Part)은 서로 독립될 수 없고 생명주기를 함께한다.
- 포함되는 쪽(부분, Part)에서 포함하는 쪽(전체, Whole)으로 속이 채워진 마름모를 연결하여 표현한다.

예제 문을 열 수 있는 키는 하나이며, 해당 키로 다른 문은 열 수 없다. 문이 없어지면 키도 더 이상 필요하지 않다.

24.10, 21.10, 필기 24.2, 20.8

5 일반화(Generalization) 관계

- 일반화 관계는 **하나의 사물이 다른 사물에 비해 더 일반적이거나 구체적인 관계**이다.

전문가의 조언

예를 들어 사람은 여자와 남자보다 일반적인 개념이고, 반대로 여자와 남자는 사람보다 구체적인 개념입니다.

• 보다 일반적인 개념을 상위(부모), 보다 구체적인 개념을 하위(자식)라고 부른다.
• 구체적(하위)인 사물에서 일반적(상위)인 사물 쪽으로 속이 빈 화살표를 연결하여 표현한다.

예제 아메리카노와 에스프레소는 커피이다. 다시 말하면, 커피에는 아메리카노와 에스프레소가 있다.

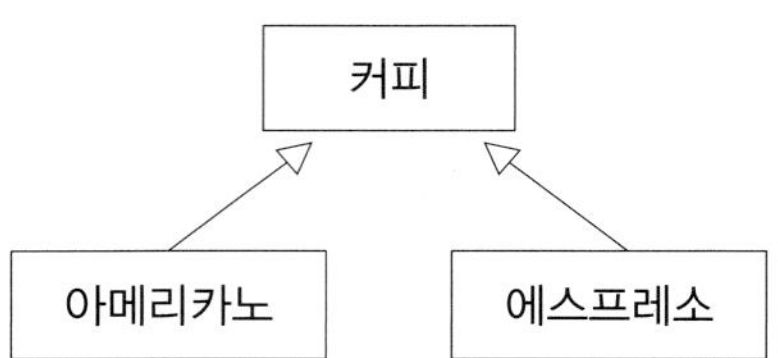

24.10, 필기 24.2, 23.5, 22.7, 21.8

6 의존(Dependency) 관계

• 의존 관계는 연관 관계와 같이 사물 사이에 서로 연관은 있으나 필요에 의해 **서로에게 영향을 주는 짧은 시간 동안만 연관을 유지하는 관계**이다.
• 하나의 사물과 다른 사물이 소유 관계는 아니지만 사물의 변화가 다른 사물에도 영향을 미치는 관계이다.
• 영향을 받는 사물(이용자)이 영향을 주는 사물(제공자) 쪽으로 점선 화살표를 연결하여 표현한다.

예제 등급이 높으면 할인율을 적용하고, 등급이 낮으면 할인율을 적용하지 않는다.

필기 21.5

7 실체화(Realization) 관계

• 실체화 관계는 사물이 **할 수 있거나 해야 하는 기능으로, 서로를 그룹화 할 수 있는 관계**이다.
• 사물에서 기능 쪽으로 속이 빈 점선 화살표를 연결하여 표현한다.

예제 비행기는 날 수 있고 새도 날 수 있다. 그러므로 비행기와 새는 날 수 있다는 행위로 그룹화 할 수 있다.

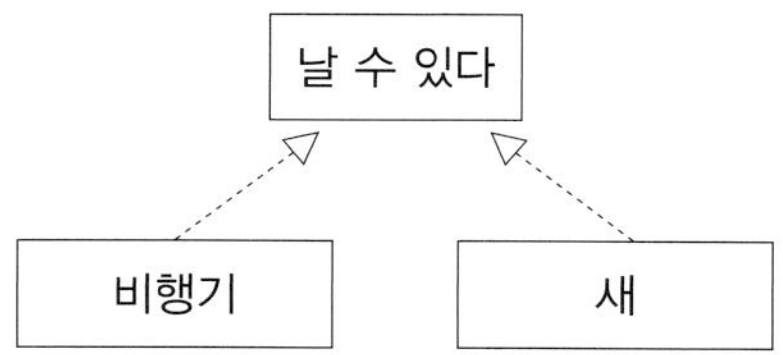

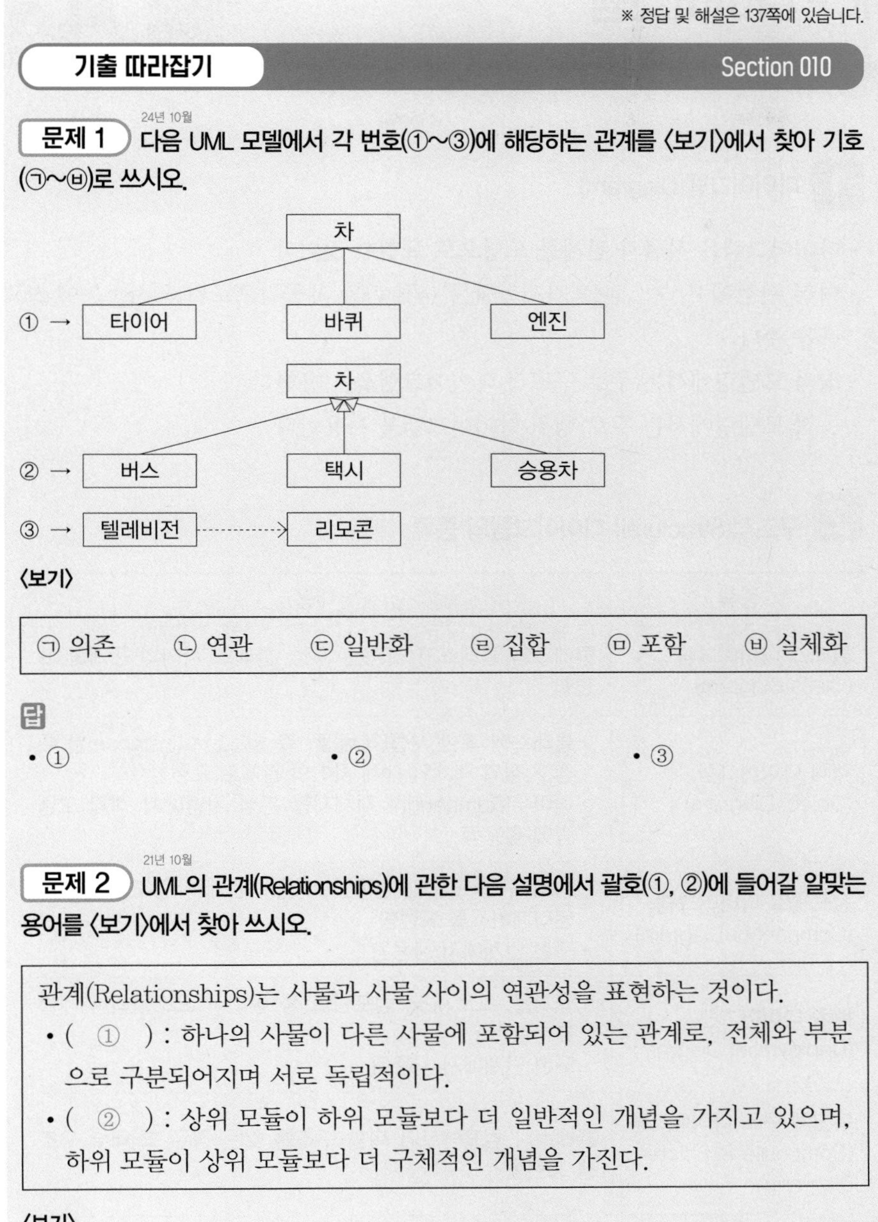

※ 정답 및 해설은 137쪽에 있습니다.

기출 따라잡기 Section 010

24년 10월

문제 1 다음 UML 모델에서 각 번호(①~③)에 해당하는 관계를 〈보기〉에서 찾아 기호(㉠~㉥)로 쓰시오.

〈보기〉

㉠ 의존	㉡ 연관	㉢ 일반화	㉣ 집합	㉤ 포함	㉥ 실체화

답

• ① • ② • ③

21년 10월

문제 2 UML의 관계(Relationships)에 관한 다음 설명에서 괄호(①, ②)에 들어갈 알맞는 용어를 〈보기〉에서 찾아 쓰시오.

관계(Relationships)는 사물과 사물 사이의 연관성을 표현하는 것이다.

• (①) : 하나의 사물이 다른 사물에 포함되어 있는 관계로, 전체와 부분으로 구분되어지며 서로 독립적이다.

• (②) : 상위 모듈이 하위 모듈보다 더 일반적인 개념을 가지고 있으며, 하위 모듈이 상위 모듈보다 더 구체적인 개념을 가진다.

〈보기〉

• Association	• Aggregation	• Composition
• Generalization	• Dependency	• Realization

답

• ① • ②

SECTION 011

UML - 다이어그램

전문가의 조언

다이어그램이 무엇인지, 구조적 다이어그램에는 어떤 것들이 있는지, 행위 다이어그램에는 어떤 것들이 있는지 알아두세요. 그리고 어떤 다이어그램을 말하는지 찾아낼 수 정도로는 각 다이어그램의 개념을 알고 있어야 합니다.

1 다이어그램(Diagram)

- 다이어그램은 **사물과 관계를 도형으로 표현한 것**이다.
- 여러 관점에서 시스템을 가시화한 뷰(View)를 제공함으로써 의사소통에 도움을 준다.
- 정적 모델링에서는 주로 구조적 다이어그램을 사용한다.
- 동적 모델링에서는 주로 행위 다이어그램을 사용한다.

필기 23.5, 23.2, 22.3, 21.5, 21.3, 20.6

2 구조적(Structural) 다이어그램의 종류

종류	내용
필기 23.2, 21.5, 21.3, 20.6 클래스 다이어그램 (Class Diagram)	클래스와 클래스가 가지는 속성, 클래스 사이의 관계를 표현함
필기 20.6 객체 다이어그램 (Object Diagram)	• 클래스에 속한 사물(객체)들, 즉 인스턴스(Instance)를 특정 시점의 객체와 객체 사이의 관계로 표현함 • 럼바우(Rumbaugh) 객체지향 분석 기법에서 객체 모델링에 활용됨
필기 23.5, 22.3, 20.6 컴포넌트 다이어그램 (Component Diagram)	• 실제 구현 모듈인 컴포넌트 간의 관계나 컴포넌트 간의 인터페이스를 표현함 • 구현 단계에서 사용됨
필기 22.3 배치 다이어그램 (Deployment Diagram)	• 결과물, 프로세스, 컴포넌트 등 물리적 요소들의 위치를 표현함 • 구현 단계에서 사용됨
복합체 구조 다이어그램 (Composite Structure Diagram)	클래스나 컴포넌트가 복합 구조를 갖는 경우 그 내부 구조를 표현함
필기 22.3 패키지 다이어그램 (Package Diagram)	유스케이스나 클래스 등의 모델 요소들을 그룹화한 패키지들의 관계를 표현함

필기 23.5, 23.2, 22.3, 21.5, 21.3, 20.9, 20.8

3 행위(Behavioral) 다이어그램의 종류

종류	내용
필기 23.5, 20.8 유스케이스 다이어그램 (Use Case Diagram)	• 사용자의 요구를 분석하는 것으로, 기능 모델링 작업에 사용함 • 사용자(Actor)와 사용 사례(Use Case)로 구성됨
필기 23.5, 23.2, 22.3, 21.5, 21.3, 20.8 순차 다이어그램 (Sequence Diagram)	상호 작용하는 시스템이나 객체들이 주고받는 메시지를 표현함
커뮤니케이션 다이어그램(Communication Diagram)	동작에 참여하는 객체들이 주고받는 메시지와 객체들 간의 연관 관계를 표현함
필기 23.5, 21.3, 20.9 상태 다이어그램 (State Diagram)	• 하나의 객체가 자신이 속한 클래스의 상태 변화 혹은 다른 객체와의 상호 작용에 따라 상태가 어떻게 변화하는지를 표현함 • 럼바우(Rumbaugh) 객체지향 분석 기법에서 동적 모델링에 활용됨
필기 23.2, 21.5, 20.8 활동 다이어그램 (Activity Diagram)	시스템이 어떤 기능을 수행하는지 객체의 처리 로직이나 조건에 따른 처리의 흐름을 순서에 따라 표현함
상호작용 개요 다이어그램(Interaction Overview Diagram)	상호작용 다이어그램 간의 제어 흐름을 표현함
타이밍 다이어그램 (Timing Diagram)	객체 상태 변화와 시간 제약을 명시적으로 표현함

필기 24.7, 23.7, 20.6

4 스테레오 타입(Stereotype)

스테레오 타입을 표현할 때 사용하는 기호(≪≫)와 주로 표현되는 형태를 알아두세요.

- 스테레오 타입은 **UML에서 표현하는 기본 기능 외에 추가적인 기능을 표현하는 것**이다.
- 길러멧(Guilemet)이라고 부르는 겹화살괄호(《 》) 사이에 표현할 형태를 기술한다.
- 주로 표현되는 형태

표현 형태	의미
《include》	연결된 다른 UML 요소에 대해 포함 관계에 있는 경우
《extends》	연결된 다른 UML 요소에 대해 확장 관계에 있는 경우

《interface》	인터페이스를 정의하는 경우
《exception》	예외를 정의하는 경우
《constructor》	생성자 역할을 수행하는 경우

※ 정답 및 해설은 137쪽에 있습니다.

기출 따라잡기 Section 011

필기 20년 9월

문제 1 UML 다이어그램 중 럼바우(Rumbaugh) 객체지향 분석 기법에서 동적 모델링에 활용되는 다이어그램이 무엇인지 쓰시오.

답 :

필기 23년 5월, 22년 3월, 21년 5월, 20년 8월, 6월

문제 2 다음 보기의 다이어그램을 구조(Structural) 다이어그램과 행위(Behavioral) 다이어그램으로 구분하시오.

㉠ 유스케이스 다이어그램(Use Case Diagram)
㉡ 순차 다이어그램(Sequence Diagram)
㉢ 활동 다이어그램(Activity Diagram)
㉣ 배치 다이어그램(Deployment Diagram)
㉤ 클래스 다이어그램(Class Diagram)
㉥ 객체 다이어그램(Object Diagram)
㉦ 컴포넌트 다이어그램(Component Diagram)

답

- ① 구조 다이어그램 :
- ② 행위 다이어그램 :

필기 24년 7월, 20년 6월

문제 3 UML 확장 모델에서 스테레오 타입 객체를 표현할 때 사용하는 기호를 쓰시오.

답 :

출제예상

문제 4 UML 다이어그램 중 구현 단계에서 사용되는 다이어그램 2가지를 쓰시오.

답 :

출제예상

문제 5 UML 다이어그램 중 결과물, 프로세스, 컴포넌트 등 물리적인 자원의 위치를 표현할 때 사용하는 다이어그램을 쓰시오.

답 :

필기 21년 3월

문제 6 UML 다이어그램 중 시스템 내 클래스의 정적 구조를 표현하고 클래스와 클래스, 클래스의 속성 사이의 관계를 나타낼 때 사용하는 다이어그램을 쓰시오.

답 :

필기 21년 3월

문제 7 UML 다이어그램에 대한 다음 설명에서 괄호(①, ②)에 들어갈 알맞은 다이어그램을 쓰시오.

(①)은 객체들 사이의 메시지 교환을 나타내며, (②)은 하나의 객체가 가진 상태와 그 상태의 변화 혹은 다른 객체와의 상호 작용에 따라 상태가 어떻게 변화하는지를 나타낸다.

답

- ①
- ②

SECTION 012

유스케이스(Use Case) 다이어그램

1401300

전문가의 조언

- 기능 모델링이란 사용자가 요구한 기능들이 어떻게 작동하는지를 설명하기 위해 구현될 모습을 그림으로 표현한 것이라고 생각하면 됩니다.
- 이번 섹션에서는 기능 모델링의 개념과 UML을 이용한 기능 모델링의 대표적인 형태인 유스케이스 다이어그램을 학습합니다. 먼저 기능 모델링이 무엇인지 그 개념부터 잘 잡으세요.

1 기능 모델링

- 기능 모델링은 사용자의 요구사항을 분석하여 **개발될 시스템이 갖춰야 할 기능을** 정리한 후 **사용자와** 함께 정리된 내용을 **공유하기 위해 그림으로 표현하는 것**이다.
- 개발될 시스템의 전반적인 형태를 기능에 초점을 맞춰 표현한다.
- 기능 모델링의 종류
  - 유스케이스(Use Case) 다이어그램
  - 액티비티(Activity) 다이어그램

전문가의 조언

시스템이 제공하는 기능을 액터, 유스케이스, 관계 등의 요소를 사용하여 유스케이스 다이어그램으로 표현하는 방법을 학습합니다. 유스케이스 다이어그램을 보고 의미를 파악할 수 있도록 각 요소들의 기능을 잘 파악해 두세요.

2 유스케이스(Use Case) 다이어그램

- 유스케이스 다이어그램은 사용자와 다른 외부 시스템들이 **개발될 시스템을 이용해 수행할 수 있는 기능을 사용자의 관점에서 표현한 것**이다.
- 외부 요소와 시스템 간의 상호 작용을 확인할 수 있다.
- 사용자의 요구사항을 분석하기 위한 도구로 사용된다.
- 시스템의 범위를 파악할 수 있다.

필기 24.5, 23.7, 23.5, 22.4, 21.5, 21.3

3 유스케이스(Use Case) 다이어그램의 구성 요소

예제 다음은 〈상품주문〉 시스템에 대한 유스케이스 다이어그램이다.

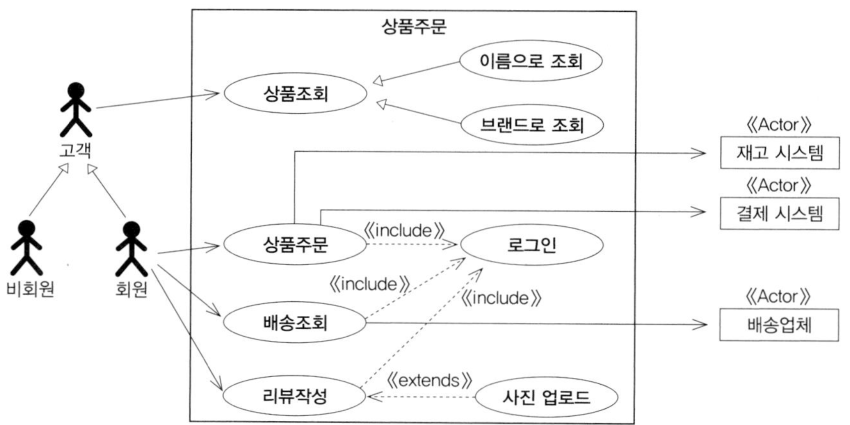

해석

- 고객은 회원과 비회원으로 구분된다.
- 회원은 상품조회, 상품주문, 배송조회, 리뷰작성 기능을 사용할 수 있다.
- 비회원은 상품조회 기능만 사용할 수 있다.
- 고객은 이름이나 브랜드로 상품을 조회할 수 있다.
- 회원이 상품주문, 배송조회, 리뷰작성 기능을 사용하려면 반드시 로그인을 수행해야 한다.
- 회원이 리뷰작성을 할 때 필요한 경우 사진 업로드 기능을 사용할 수 있다.
- 회원이 상품주문을 완료하려면 재고 시스템을 통해 재고 여부를 확인해야 한다.
- 회원이 상품주문을 완료하려면 결제 시스템을 통해 승인을 얻어야 한다.
- 회원은 배송업체를 통해 배송조회를 할 수 있다.

구성 요소	표현 방법	내용
시스템(System) / 시스템 범위(System Scope)	상품주문 (사각형)	시스템 내부의 유스케이스들을 사각형으로 묶어 시스템의 범위를 표현한 것
액터(Actor)	• 주액터 고객 • 부액터 《Actor》 재고 시스템	• 시스템과 상호작용을 하는 모든 외부 요소 • 주로 사람이나 외부 시스템을 의미함 • 주액터 : 시스템을 사용함으로써 이득을 얻는 대상으로, 주로 사람이 해당됨 • 부액터 : 주액터의 목적 달성을 위해 시스템에 서비스를 제공하는 외부 시스템으로, 조직이나 기관 등이 될 수 있음
유스케이스(Use Case)	상품조회 (타원)	사용자가 보는 관점에서 시스템이 액터에게 제공하는 서비스나 기능을 표현한 것
관계(Relationship)	• 포함 《include》 - - - -> • 확장 《extends》 <- - - - • 일반화 ◁——	• 유스케이스 다이어그램에서 관계는 액터와 유스케이스, 유스케이스와 유스케이스 사이에서 나타날 수 있음 • 유스케이스에서 나타날 수 있는 관계 : 포함(Include) 관계*, 확장(Extends) 관계*, 일반화(Generalization) 관계

포함(Include) 관계
- 두 개 이상의 유스케이스에 공통적으로 적용되는 기능을 별도로 분리하여 새로운 유스케이스로 만든 경우, 원래의 유스케이스와 새롭게 분리된 유스케이스와의 관계를 포함 관계라고 합니다.
- 원래의 유스케이스에서 새롭게 만든 포함되는 유스케이스 쪽으로 점선 화살표를 연결한 후 화살표 위에 《include》라고 표기합니다.

필기 24.5, 23.5, 21.3
확장(Extend) 관계
- 유스케이스가 특정 조건에 부합되어 유스케이스의 기능이 확장될 때 원래의 유스케이스와 확장된 유스케이스와의 관계를 확장 관계라고 합니다.
- 확장될 유스케이스에서 원래의 유스케이스 쪽으로 점선 화살표를 연결한 후 화살표 위에 《extends》라고 표기합니다.

※ 정답 및 해설은 138쪽에 있습니다.

기출 따라잡기 Section 012

출제예상

문제 1 다음 괄호에 공통적으로 들어갈 유스케이스(Use Case) 다이어그램의 요소가 무엇인지 쓰시오.

- (　　　)는 사용자가 보는 관점에서 시스템이 액터에게 제공하는 서비스 또는 기능을 표현한 것이다.
- 타원으로 표현하며, 타원 안쪽이나 아래쪽에 (　　　) 이름을 기술한다.
- (　　　) 이름은 액터와 시스템 사이에서 이뤄지는 상호 작용의 목적을 내포하되 단순 명료하게 기술해야 한다.

답 :

출제예상

문제 2 다음의 〈요구사항〉에 따라 작성된 유스케이스(Use Case) 다이어그램에서 괄호(①~③)에 들어갈 알맞은 용어를 쓰시오.

〈요구사항〉

- 사용자는 '도서대출' 기능을 수행할 수 있다.
- 관리자는 '도서관리' 기능을 수행할 수 있다.
- '도서대출'을 수행하거나 '도서관리'를 수행하려면, '도서검색'을 수행해야 한다.

〈유스케이스 다이어그램〉

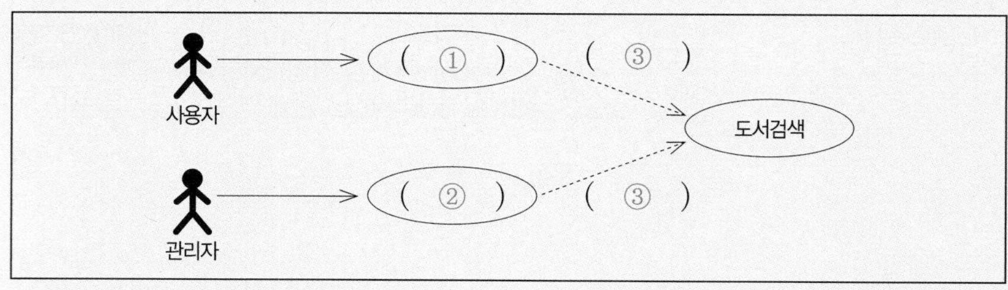

답

- ①　　　　• ②　　　　• ③

출제예상

문제 3 유스케이스 다이어그램을 표현할 때 사용되는 구성 요소 4가지를 쓰시오.

답 :

SECTION 013

활동(Activity) 다이어그램

1 활동(Activity) 다이어그램

- 활동 다이어그램은 **사용자의 관점에서 시스템이 수행하는 기능을 처리 흐름에 따라 순서대로 표현한 것**이다.
- 하나의 유스케이스 안에서 혹은 유스케이스 사이에 발생하는 복잡한 처리의 흐름을 명확하게 표현할 수 있다.
- 자료 흐름도와 유사하다.

전문가의 조언

- 유스케이스 다이어그램이 액터와 유스케이스의 이름만으로 전체적인 시스템의 기능을 설명했다면, 활동 다이어그램은 각각의 유스케이스에 대해 그 기능이 처리되는 흐름을 순서에 맞게 자세한 그림으로 표현한 것이라고 생각하면 됩니다.
- 먼저 활동 다이어그램의 개념을 정리하고 각 요소가 다이어그램에서 어떻게 표현되는지 확실히 파악해 두세요.

2 활동(Activity) 다이어그램의 구성 요소

예제 다음은 회원의 상품 주문 과정에 결제 시스템과 재고 시스템이 관계되어 발생하는 처리의 흐름을 표현한 활동 다이어그램이다.

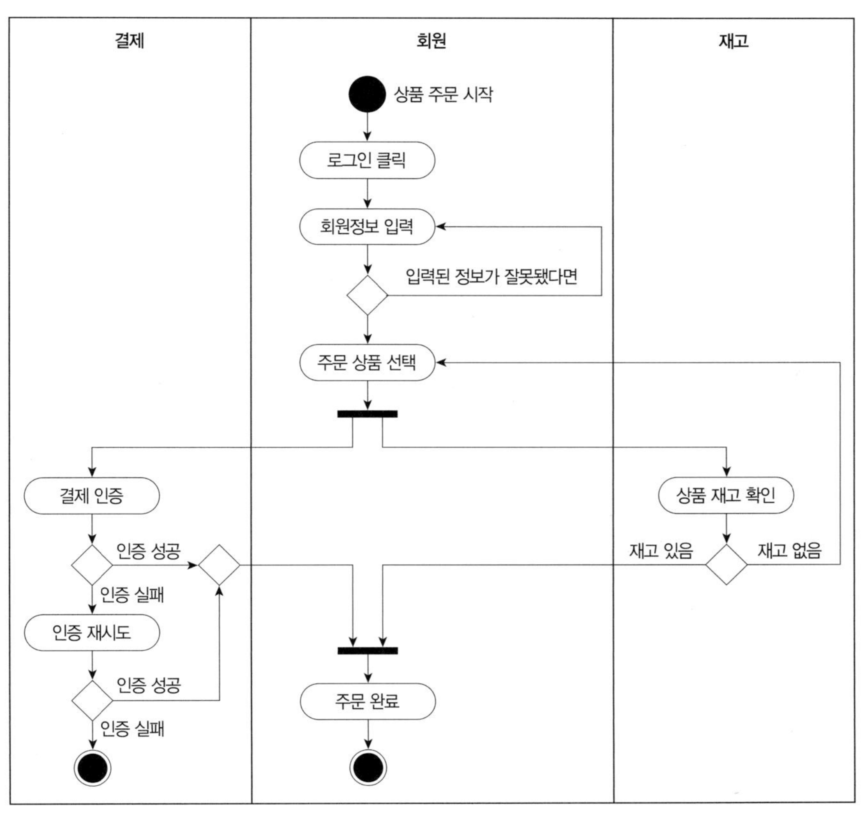

전문가의 조언

옆에 표현된 활동 다이어그램은 상품 주문 유스케이스 내부에서의 처리 흐름을 표현한 것으로, 세 개의 활동 다이어그램으로 표현된 것처럼 보이지만 하나의 시작 노드가 있는 한 개의 활동 다이어그램을 표현한 것입니다. 회원 액터가 상품을 주문하는 과정에서 부액터, 즉 외부 시스템인 재고 시스템과 결제 시스템이 관계되어 처리되는 흐름을 표현하기 위해 액터와 외부 시스템을 스윔레인으로 각각 구분한 것입니다. 또한 실제 상품 주문 과정은 회원이 주문할 상품을 선택하면 해당 상품에 대한 재고 여부를 먼저 확인한 후 재고가 있으면 결제 인증을 진행합니다. 하지만 예제에서는 활동 다이어그램의 요소 중 포크(Fork) 노드를 설명하기 위해 회원이 주문할 상품을 선택한 후 재고 확인과 결제 인증으로 흐름이 분할되어 동시에 처리되는 것으로 표현했습니다.

해석

〈회원〉 액터
- 회원이 상품을 주문하기 위해 로그인 단추를 클릭한 후 회원 정보를 입력한다.
- 입력된 정보가 잘못됐으면 회원 정보를 다시 입력받고, 그렇지 않으면 '주문 상품 선택'으로 이동한다.
- 회원이 주문할 상품을 선택하면 흐름이 '결제 인증'과 '상품 재고 확인'으로 분할되어 진행된다.
- 상품 주문을 완료하고 액티비티를 종료한다.

〈결제〉 시스템
- 주문한 상품에 대한 결제 인증을 진행한다.
- 인증에 성공하면 '주문 완료'로 이동하고, 인증에 실패하면 '인증 재시도'로 이동한다.
- 다시 진행한 결제 인증이 성공하면 '주문 완료'로 이동하고, 이번에도 인증이 실패하면 결제 인증에 대한 처리 흐름을 종료한다.

〈재고〉 시스템
- 주문한 상품에 대한 재고를 확인한다.
- 재고가 있으면 액티비티의 흐름을 '주문 완료'로 이동하고, 재고가 없으면 회원이 다른 상품을 선택할 수 있도록 '주문 상품 선택'으로 이동한다.

구성 요소	표현 방법	내용
액션(Action) / 액티비티(Activity)	• 액션 (로그인 클릭) • 액티비티 (회원정보 입력)	• 액션 : 더 이상 분해할 수 없는 단일 작업 • 액티비티 : 몇 개의 액션으로 분리될 수 있는 작업
시작 노드	●	액션이나 액티비티가 시작됨을 표현한 것
종료 노드	◉	액티비티 안의 모든 흐름이 종료됨을 표현한 것
조건(판단) 노드	◇	• 조건에 따라 제어의 흐름이 분리됨을 표현한 것 • 들어오는 제어 흐름은 한 개이고 나가는 제어 흐름은 여러 개임
병합 노드	◇	• 여러 경로의 흐름이 하나로 합쳐짐을 표현한 것 • 들어오는 제어 흐름은 여러 개이고 나가는 제어 흐름은 한 개임
포크(Fork) 노드*		• 액티비티의 흐름이 분리되어 수행됨을 표현한 것 • 들어오는 액티비티 흐름은 한 개이고 나가는 액티비티 흐름은 여러 개임
조인(Join) 노드		• 분리되어 수행되던 액티비티의 흐름이 다시 합쳐짐을 표현한 것 • 들어오는 액티비티 흐름은 여러 개이고 나가는 액티비티 흐름은 한 개임

포크(Fork)노드
'Fork'에는 '갈라지다'라는 의미가 있습니다. 하지만 들어오는 액티비티 흐름은 한 개이고 나가는 액티비티 흐름은 여러 개인 모양이 마치 포크 모양과도 같으니 모양으로 기능을 연관시켜 기억하면 오랫동안 기억할 수 있습니다.

스윔레인 (Swim Lane)*	|	• 액티비티 수행을 담당하는 주체를 구분하는 선 • 가로 또는 세로 실선을 그어 구분함

스윔레인(Swim Lane)
수영 경기장에는 각 선수별로 레인을 지정하여 해당 레인 안에서만 경기를 진행하도록 구분하고 있습니다. 이를 스윔레인(Swim Lane)이라고 합니다. 활동 다이어그램에서 사용되는 스윔레인도 액터나 시스템별로 처리 흐름이 진행되는 부분을 구분하기 위한 구분선입니다.

※ 정답 및 해설은 138쪽에 있습니다.

기출 따라잡기 Section 013

출제예상

문제 1 UML 다이어그램 중 다음과 같은 특징을 갖는 다이어그램은 무엇인지 쓰시오.

- 자료 흐름도(DFD, Data Flow Diagram)와 유사하다.
- 시스템이 어떤 기능을 수행하는지 객체의 처리 로직이나 조건에 따른 처리의 흐름을 순서에 따라 표현한 것이다.
- 유스케이스 안에서 혹은 유스케이스 사이의 복잡한 처리의 흐름을 표현할 수 있다.

답 :

출제예상

문제 2 다음은 활동(Activity) 다이어그램의 요소 중 하나를 설명한 것이다. 설명에 해당하는 요소의 명칭을 쓰시오.

- 액티비티 수행을 담당하는 주체를 구분한다.
- 가로 또는 세로 실선을 그어 구분한다.

답 :

출제예상

문제 3 다음은 활동(Activity) 다이어그램의 요소를 나열한 것이다. 괄호(①, ②)에 들어갈 알맞은 명칭을 쓰시오.

요소	명칭
●	시작 노드
	(①)
	(②)
	액션 또는 액티비티

답
- ①
- ②

출제예상

문제 4 활동(Activity) 다이어그램의 요소 중 액션(Action)과 액티비티(Activity)의 차이점을 간략히 서술하시오.

답 :

SECTION 014

클래스(Class) 다이어그램

1 정적 모델링

- 정적 모델링은 **사용자가 요구한 기능을 구현하는데 필요한 자료들의 논리적인 구조를 표현한 것**이다.
- 시스템에 의해 처리되거나 생성될 객체들 사이에 어떤 관련이 있는지를 구조적인 관점(View)에서 표현한다.
- 정적 모델링은 객체(Object)들을 클래스(Class)로 추상화하여 표현한다.*
- UML을 이용한 정적 모델링의 대표적인 것이 클래스 다이어그램이다.

21.10

2 클래스(Class) 다이어그램

- 클래스 다이어그램은 **클래스와 클래스가 가지는 속성, 클래스 사이의 관계를 표현한 것**이다.
- 시스템을 구성하는 요소에 대해 이해할 수 있는 구조적 다이어그램이다.
- 시스템 구성 요소를 문서화하는 데 사용된다.

21.10

3 클래스(Class) 다이어그램의 구성 요소

예제 다음은 프로야구 리그에 필요한 정보의 일부를 표현한 클래스 다이어그램이다.

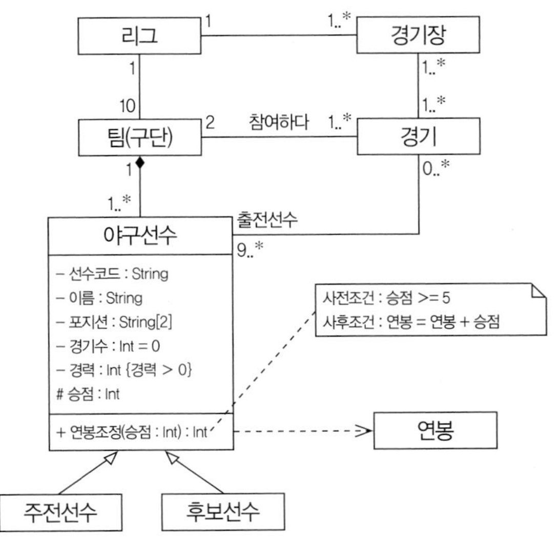

전문가의 조언

- 기능 모델링이 사용자가 요구한 기능들이 어떻게 작동하는지를 사용자 관점에서 설명한 것이라면, 정적 모델링은 사용자가 요구한 기능들을 구현하는데 필요한 자료들의 논리적인 구조를 개발자 관점에서 그림으로 표현한 것이라고 생각하면 됩니다. 예를 들어 상품 배송 유스케이스를 프로그램으로 구현하려면 상품 배송에 필요한 '고객명', '연락처', '주소' 등의 속성 정보와 '배송상태확인', '배송지 변경' 등의 동작 정보가 필요한데, 객체지향 프로그램에서는 이런 것들을 클래스(Class)라는 단위에 담아 처리합니다. 정적 모델링은 이런 클래스들 사이의 관계를 이용해 시스템 내부에서 사용되는 자료들을 표현한 것이라고 생각하면 됩니다.
- 먼저 정적 모델링과 클래스 다이어그램의 개념을 정리하고 클래스 다이어그램의 각 요소가 다이어그램에서 어떻게 표현되는지 확실히 파악해 두세요.

객체들을 클래스로 추상화하여 표현

현실 세계에서 객체(Object)란 사람, 자동차, 컴퓨터, 고양이 등과 같이 우리 주위에서 사용되는 물질적이거나 개념적인 것으로, 명사로 사용됩니다. 이러한 객체들이 가질 수 있는 속성과 동작을 추상적으로 표현한 것이 클래스(Class)입니다.

전문가의 조언

'야구선수' 클래스를 제외한 '리그', '경기장', '팀(구단)', '경기', '연봉', '주전선수', '후보선수' 클래스는 속성과 오퍼레이션이 생략된 상태입니다.

전문가의 조언

연관 관계 선 위에 표기된 숫자는 연관에 참여하는 객체의 개수를 의미하는 다중도(Multiplicity)입니다. 다중도는 Section 010에서 학습한 내용인데, 기본적인 개념이 잘 생각나지 않는다면, 56쪽을 다시 한 번 공부하고 오세요.

해석

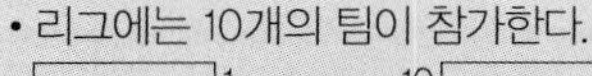

• 리그에는 10개의 팀이 참가한다.

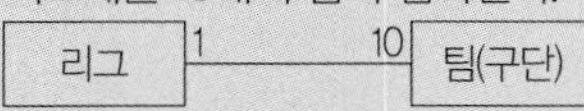

• 리그는 한 개 이상의 경기장에서 경기가 진행된다.

리그 1 ——— 1..* 경기장

• 매 경기는 두 팀이 진행하며, 두 팀은 한 번 이상의 경기를 진행한다.

팀(구단) 2 ——— 1..* 경기

• 한 팀에는 한 명 이상의 선수가 있다.

팀(구단) 1 ——— 1..* 야구선수

• 한 경기장에서는 한 경기 이상이 진행되며, 경기는 여러 경기장에서 진행된다.

경기장 1..* ——— 1..* 경기

• 한 팀에서 최소 9명 이상의 선수가 한 경기에 출전하며, 경기에 출전하지 못하는 선수도 있고 여러 경기에 출전하는 선수도 있다.

야구선수 9..* ——— 0..* 경기

• 선수는 주전선수와 후보선수가 있다.
• 선수의 경력은 0보다 큰 값이 입력되어야 한다.
• 승점이 5 이상인 선수들은 연봉을 조정할 수 있으며, 연봉은 승점만큼 증가한다.

구성 요소	표현 방법	내용
클래스(Class)	클래스명 속성1 속성2 오퍼레이션1 오퍼레이션2	• 각각의 객체들이 갖는 속성과 오퍼레이션(동작)을 표현한 것 • 일반적으로 3개의 구획(Compartment)으로 나눠 클래스의 이름, 속성, 오퍼레이션을 표기함 • 속성(Attribute) : 클래스의 상태나 정보를 표현함 • 오퍼레이션(Operation) : 클래스가 수행할 수 있는 동작으로, 함수(메소드, Method)라고도 함
제약조건		• 속성에 입력될 값에 대한 제약조건이나 오퍼레이션 수행 전후에 지정해야 할 조건이 있다면 이를 적음 • 클래스 안에 제약조건을 기술할 때는 중괄호 { }를 이용함
관계* (Relationships)		• 관계는 클래스와 클래스 사이의 연관성을 표현함 • 클래스 다이어그램에 표현하는 관계에는 연관 관계, 집합 관계, 포함 관계, 일반화 관계, 의존 관계가 있음

연관 관계, 집합 관계, 포함 관계, 일반화 관계, 의존 관계는 실선과 점선, 그리고 다양한 화살표를 이용하여 표현됩니다. 관계의 자세한 표현 방법은 Section 010을 참조하세요.

4 연관 클래스

- 연관 클래스는 **연관 관계에 있는 두 클래스에 추가적으로 표현해야 할 속성이나 오퍼레이션이 있는 경우 생성하는 클래스**이다.
- 두 클래스의 연관 관계를 나타내는 선의 가운데로부터 점선을 연관 클래스로 이어 표시한다.
- 연관 클래스의 이름은 연관 관계의 이름을 이용해 지정한다.

전문가의 조언

연관 관계에 있는 두 클래스에 추가적으로 표현해야 할 속성이나 오퍼레이션이 있는 경우 연관 클래스를 생성합니다. 연관 클래스의 개념을 기억해 두세요.

예제 팀이 경기에 참여하는 상황에서 참여횟수와 참여결과 속성을 어디에 두어야 할지를 생각해 보자. 먼저 '팀' 클래스에 참여횟수와 참여결과 속성을 둔다면 팀이 어느 경기에 참여한 것인지 모호해진다. 또한 '경기' 클래스에 참여횟수와 참여결과 속성을 둔다면 어느 팀이 참여한 것인지 모호해진다. 이런 경우 '팀'이나 '경기' 클래스의 속성이 아닌 '참여하다'라는 연관 관계에 대한 연관 클래스를 만들어 '참여횟수'와 '참여결과' 속성을 연관 클래스의 속성으로 다루면 된다.

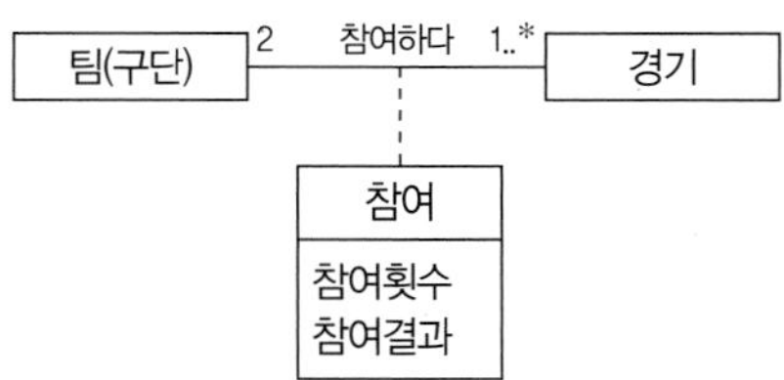

※ 정답 및 해설은 138쪽에 있습니다.

기출 따라잡기 Section 014

출제예상

문제 1 UML 다이어그램 중 다음과 같은 특징을 갖는 다이어그램이 무엇인지 쓰시오.

- 시스템을 구성하는 요소에 대해 이해할 수 있는 구조적 다이어그램이다.
- 시스템을 구성하는 요소를 문서화하는 데 사용된다.
- 코딩에 필요한 객체의 속성, 함수 등의 정보를 잘 표현하고 있어 시스템을 모델링하는 데 자주 사용된다.
- 클래스, 제약조건, 관계 등으로 구성된다.

답 :

21년 10월

문제 2 UML(Unified Modeling Language)에 관한 다음 설명에서 괄호에 공통으로 들어갈 알맞은 용어를 쓰시오.

(　　　) 다이어그램은 UML 다이어그램 중 객체(Object)들을 (　　　)로 추상화하여 표현하는 다이어그램으로 대표적인 구조적 다이어그램이다. (　　　)는 각각의 객체들이 갖는 속성과 메소드를 표현한 것으로 3개의 구획으로 나눠 이름, 속성, 메소드를 표기한다.

답 :

출제예상

문제 3 다음 설명에서 괄호에 공통으로 들어갈 알맞은 용어를 쓰시오.

- (　　　)는 연관 관계에 있는 두 클래스에 추가적으로 표현해야 할 속성이나 오퍼레이션이 있는 경우 생성하는 클래스이다.
- 두 클래스의 연관 관계를 나타내는 선의 가운데로부터 점선을 (　　　)로 이어 표시한다.
- (　　　)의 이름은 연관 관계의 이름을 이용해 지정한다.

답 :

SECTION 015

순차(Sequence) 다이어그램

1401600 

1 동적 모델링

- 동적 모델링은 **시스템의 내부 구성 요소들의 상태 변화 과정과 과정에서 발생하는 상호 작용을 표현한 것**이다.
- 시스템 내부 구성 요소들 간에 이루어지는 동작이라는 관점(View)에서 표현한다.
- 시스템이 실행될 때 구성 요소들 간의 메시지 호출, 즉 오퍼레이션을 통한 상호 작용에 초점을 둔다.
- 동적 모델링의 종류
  - 순차 다이어그램
  - 커뮤니케이션 다이어그램
  - 상태 다이어그램

필기 24.5, 23.2, 22.4, 21.8

2 순차(Sequence) 다이어그램

- 순차 다이어그램은 **시스템이나 객체들이 메시지를 주고받으며 상호 작용하는 과정을 그림으로 표현한 것**이다.
- 시스템이나 객체들의 상호 작용 과정에서 주고받는 메시지를 표현한다.
- 각 동작에 참여하는 시스템이나 객체들의 수행 기간을 확인할 수 있다.
- 클래스 내부에 있는 객체들을 기본 단위로 하여 그들의 상호 작용*을 표현한다.

필기 22.7, 20.8

3 순차 다이어그램의 구성 요소

예제 다음은 회원의 상품 주문 과정에 재고 시스템과 결제 시스템이 관계되어 상호 작용하는 과정을 표현한 순차 다이어그램이다.

전문가의 조언

- 기능 모델링은 시스템이 제공할 수 있는 기능을 표현하는 방법이고, 정적 모델링은 시스템 내부 구성 요소들을 표현하는 방법이었다면, 동적 모델링은 시스템 설계자가 시간의 흐름에 따라 변하는 시스템 내부 구성 요소들의 상태 변화를 파악하기 위해 그림으로 표현한 것입니다. 예를 들어, 회원이 상품을 주문하기 위해 로그인을 시도하면 회원 정보를 입력할 수 있는 상태로 변경되고, 로그인이 완료되면 상품을 선택할 수 있는 상태로 변경됩니다.
- 동적 모델링과 순차 다이어그램의 개념을 정리하고 순차 다이어그램의 각 요소가 다이어그램에서 어떻게 표현되는지 확실히 파악해 두세요.

전문가의 조언

동적 모델링은 시스템 내부 구성 요소들의 동작을 표현하는 방법에 따라 두 가지 유형으로 구분할 수 있습니다. 구성 요소들이 주고받는 메시지에 의한 상호 작용을 표현하는 유형과 구성 요소에 영향을 주는 동기에 의한 상태 변화를 표현하는 유형이 있습니다. 전자에 해당하는 것이 순차 다이어그램과 커뮤니케이션 다이어그램이고 후자에 해당하는 것이 상태 다이어그램입니다.

객체들의 상호 작용을 표현
클래스 내부에 있는 객체들의 상호 작용을 표현한다는 것은 클래스가 수행할 수 있는 동작인 오퍼레이션을 표현한다는 의미입니다.

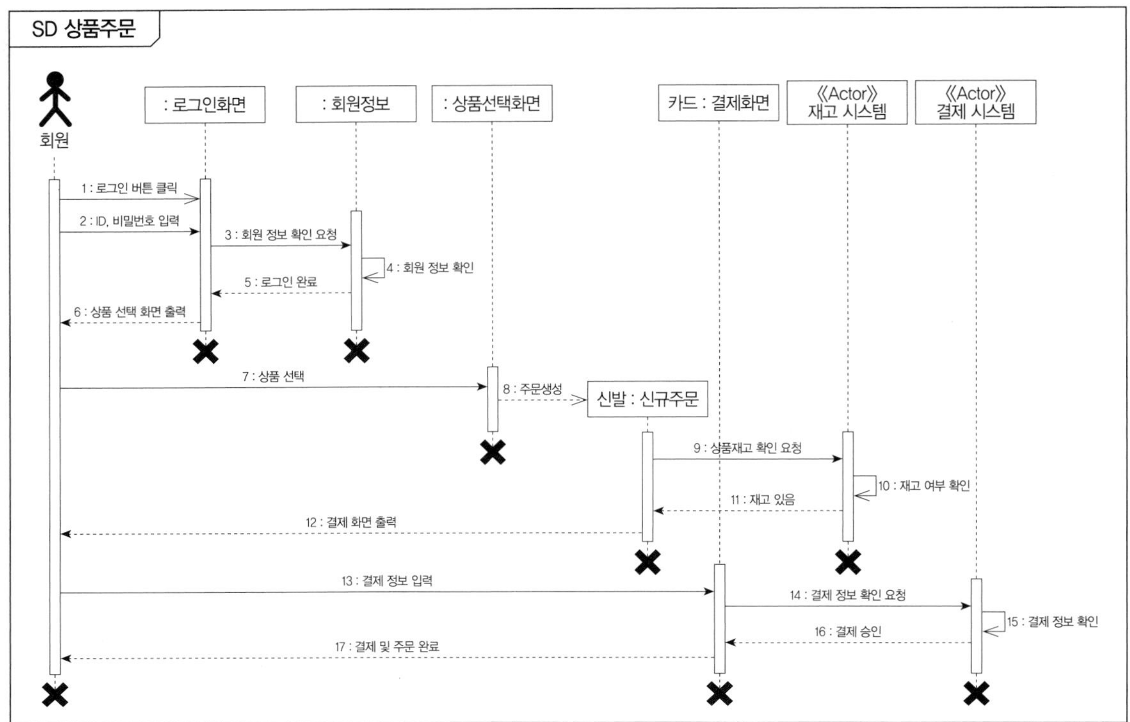

해석

〈회원〉 액터

- 로그인 버튼을 클릭한다.
- ID와 비밀번호를 입력한다.
- 로그인이 완료되면 상품 선택 화면에서 주문할 상품을 선택한다.
- 주문할 상품에 대한 재고 확인이 완료되면 결제 화면에서 결제 정보를 입력한다.
- 결제가 완료되어 "결제 및 주문 완료" 메시지를 확인한 후 소멸된다.

〈로그인화면〉 객체

- 〈회원〉으로부터 입력받은 ID와 비밀번호가 올바른지 〈회원정보〉 객체에게 확인을 요청한다.
- "로그인 완료" 메시지를 받으면 〈회원〉에게 상품 선택 화면을 출력한 후 소멸된다.

〈회원정보〉 객체

- 입력받은 ID와 비밀번호를 확인한다.
- "로그인 완료" 메시지를 전송한 후 소멸된다.

〈상품선택화면〉 객체

〈회원〉이 주문할 상품을 선택하면 선택된 상품에 대한 〈신발 : 신규주문〉 객체를 생성한 후 소멸된다.

〈신발 : 신규주문〉 객체

- "주문생성" 메시지를 받으면 새로운 객체로 생성된다.
- 〈재고 시스템〉에게 주문한 상품에 대한 재고 확인을 요청한다.
- "재고 있음" 메시지를 받으면 〈회원〉에게 결제 화면을 출력한 후 소멸된다.

〈카드 : 결제화면〉 객체
- 〈회원〉이 결제 정보를 입력하면 〈결제 시스템〉에게 결제 정보 확인을 요청한다.
- "결제 승인" 메시지를 받으면 〈회원〉에게 "결제 및 주문 완료" 메시지를 전송한 후 소멸된다.

〈재고 시스템〉 액터
- 〈회원〉이 주문한 상품에 대한 재고를 확인한다.
- 〈신발 : 신규주문〉 객체에게 "재고 있음" 메시지를 전송한 후 소멸된다.

〈결제 시스템〉 액터
- 〈회원〉이 입력한 결제 정보를 확인한다.
- 〈카드 : 결제화면〉에게 "결제 승인" 메시지를 전송한 후 소멸된다.

구성 요소	표현 방법	의미
액터(Actor)	회원	시스템으로부터 서비스를 요청하는 외부 요소로, 사람이나 외부 시스템을 의미함
객체(Object)	: 로그인화면	메시지를 주고받는 주체
필기 22.7, 20.8 생명선(Lifeline)		• 객체가 메모리에 존재하는 기간으로, 객체 아래쪽에 점선을 그어 표현함 • 객체 소멸(✖)이 표시된 기간까지 존재함
필기 22.7, 20.8 실행 상자(Active Box, 활성 상자)		객체가 메시지를 주고받으며 구동되고 있음을 표현함
필기 22.7, 20.8 메시지(Message)	1 : 로그인 버튼 클릭	객체가 상호 작용을 위해 주고받는 메시지
객체 소멸	✖	해당 객체가 더 이상 메모리에 존재하지 않음을 표현한 것
프레임(Frame)	SD 상품주문	다이어그램의 전체 또는 일부를 묶어 표현한 것

메시지의 전달 순서
묵시적으로 위쪽의 메시지가 아래쪽의 메시지보다 시간 순서상 먼저 전달되는 메시지입니다. 메시지에 번호가 없으면 맨 위쪽 메시지에서 아래쪽 메시지 순서대로 내용을 파악하면 됩니다.

※ 정답 및 해설은 139쪽에 있습니다.

기출 따라잡기 Section 015

필기 22년 7월, 20년 8월

문제 1 다음 보기에서 순차 다이어그램의 구성 요소만 골라 쓰시오.

생명선, 실행 상자, 확장, 메시지, 유스케이스, 액티비티

답 :

필기 24년 5월, 23년 2월, 22년 4월, 21년 8월

문제 2 UML 다이어그램 중 다음과 같은 특징을 갖는 다이어그램이 무엇인지 쓰시오.

- 객체 간의 동적 상호 작용을 시간 개념을 중심으로 모델링 하는 것이다.
- 시간의 흐름에 따라 객체들이 주고 받는 메시지의 전달 과정을 강조한다.
- 주로 시스템의 동적 측면을 모델링하기 위해 사용한다.

답 :

출제예상

문제 3 UML 순차(Sequence) 다이어그램의 요소 중 다음 설명에 해당하는 요소를 쓰시오.

- 객체가 메시지를 주고받으며 구동되고 있음을 표현한다.
- 생명선(Lifeline) 상에 겹쳐 직사각형 형태로 표현한다.

답 :

SECTION
016

커뮤니케이션(Communication) 다이어그램

1 커뮤니케이션(Communicaiton) 다이어그램

- 커뮤니케이션 다이어그램은 **시스템이나 객체들이 메시지를 주고받으며 상호 작용하는 과정과 객체들 간의 연관을 그림으로 표현한 것**이다.
- 동작에 참여하는 객체들 사이의 관계를 파악하는 데 사용된다.
- 클래스 다이어그램에서 관계가 제대로 표현됐는지 점검하는 용도로도 사용된다.
- 초기에는 협업(Collaboration) 다이어그램이라고 불렸다.

전문가의 조언

커뮤니케이션 다이어그램도 순차 다이어그램과 마찬가지로 시스템이나 객체들이 메시지를 주고 받으며 상호 작용하는 과정을 표현하는데, 커뮤니케이션 다이어그램에는 객체들을 연결하는 링크가 추가되어 객체들 사이의 관계를 알 수 있습니다. 먼저 커뮤니케이션 다이어그램과 순차 다이어그램이 어떻게 다른지 확인해 보세요. 그리고 완성된 커뮤니케이션 다이어그램을 보고 의미를 파악할 수 있도록 각 요소들의 기능을 잘 파악해 두세요.

2 커뮤니케이션 다이어그램의 구성 요소

예제 다음은 회원의 상품 주문 과정을 표현한 커뮤니케이션 다이어그램이다.

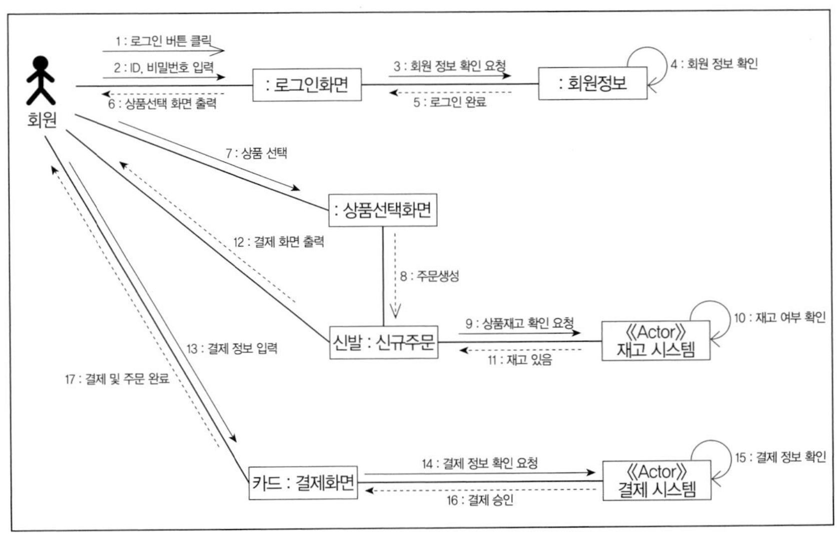

전문가의 조언

회원의 상품 주문 과정에 재고 시스템과 결제 시스템이 관계되어 주고받는 메시지는 순차 다이어그램에 표현된 내용과 동일합니다. 여기서는 개체들 간의 관계만 추가적으로 확인하세요.

해석 상품 주문 과정에서 상호 작용하는 객체들 간의 관계

- 〈회원〉 액터는 〈로그인화면〉, 〈상품선택화면〉, 〈신발 : 신규주문〉, 〈카드 : 결제화면〉 객체와 관계되어 있다.
- 〈로그인화면〉 객체는 〈회원정보〉 객체와 관계되어 있다.
- 〈상품선택화면〉 객체는 〈신발 : 신규주문〉 객체와 관계되어 있다.
- 〈신발 : 신규주문〉 객체는 〈재고〉 시스템과 관계되어 있다.
- 〈카드 : 결제화면〉 객체는 〈결제〉 시스템과 관계되어 있다.

구성 요소	표현 방법	의미
액터 (Actor)	회원	시스템으로부터 서비스를 요청하는 외부 요소로, 사람이나 외부 시스템을 의미함
객체(Object)	: 로그인화면	메시지를 주고받는 주체
링크(Link)	————	• 객체들 간의 관계를 표현한 것 • 액터와 객체, 객체와 객체 간에 실선을 그어 표현함
메시지 (Message)	2 : ID, 비밀번호 입력 →	• 객체가 상호 작용을 위해 주고받는 내용 • 화살표의 방향은 메시지를 받는 쪽으로 향하게 표현함 • 일정한 순서에 의해 처리되는 메시지의 경우 숫자로 순서를 표시함

※ 정답 및 해설은 139쪽에 있습니다.

기출 따라잡기 Section 016

문제 1 출제예상 **UML 다이어그램 중 다음과 같은 특징을 갖는 다이어그램이 무엇인지 쓰시오.**

- 시스템이나 객체들이 메시지를 주고받으며 시간의 흐름에 따라 상호 작용하는 과정을 액터, 객체, 링크, 메시지 등의 요소를 사용하여 그림으로 표현한 것이다.
- 동작에 참여하는 객체들이 주고받는 메시지를 표현하는데, 메시지뿐만 아니라 객체들 간의 관계까지 표현한다.
- 동작에 참여하는 객체들 사이의 관계를 파악하는 데 사용된다.
- 클래스 다이어그램에서 관계가 제대로 표현됐는지 점검하는 용도로도 사용된다.
- 초기에는 협업(Collaboration) 다이어그램이라고 불렸다.

답 :

문제 2 출제예상 **커뮤니케이션(Communication) 다이어그램이 순차(Sequence) 다이어그램과 구별되는 가장 큰 특징은 메시지뿐만 아니라 객체들 간의 관계까지 표현한다는 것이다. 커뮤니케이션의 요소 중 객체들 간의 관계를 표현하는 데 사용하는 요소가 무엇인지 쓰시오.**

답 :

SECTION 017

상태(State) 다이어그램

전문가의 조언

- 상태 다이어그램은 객체들 사이의 상호 작용에 따른 객체들의 상태 변화를 표현합니다. 예를 들어 현재 주문할 상품에 대한 결제 정보를 입력하고 결제가 완료되기를 기다리고 있는 '결제 대기' 상태라면 이 '결제 대기' 상태는 결제 정보가 일치한다는 정보가 전달되면 '결제 완료' 상태로 변경됩니다. 상태 다이어그램은 이와 같은 객체들의 상태가 어떠한 이벤트에 의해 변화되는지를 표현하는 것입니다.
- 먼저 상태 다이어그램의 개념을 정리하고 상태 다이어그램의 각 요소가 다이어그램에서 어떻게 표현되는지 확실히 파악해 두세요.

객체가 갖는 속성 값의 변화

예를 들어, '결제' 객체에 '카드종류', '카드번호', '결제승인' 속성이 있다고 가정했을 때, '결제' 객체의 속성 중 '카드종류'와 '카드번호'에 값이 입력되는 이벤트에 의해 '결제' 객체는 '결제 대기' 상태가 됩니다. 이어서 결제 정보가 일치하여 '결제' 객체의 속성 중 '결제승인'의 값이 '확인'으로 변경되는 이벤트에 의해 '결제 완료' 상태가 됩니다. 이와 같이 객체가 갖는 속성 값의 변화에 따라 객체의 상태가 변경된다는 의미입니다.

1 상태(State) 다이어그램

- 상태 다이어그램은 **객체들 사이에 발생하는 이벤트에 의한 객체들의 상태 변화를 그림으로 표현한 것**이다.
- 객체의 상태란 객체가 갖는 속성 값의 변화를 의미한다.*
- 특정 객체가 어떤 이벤트에 의해 상태 변환 과정이 진행되는지 확인하는 데 사용된다.
- 시스템에서 상태 변환 이벤트를 확인할 필요가 있는 객체만을 대상으로 그린다.

2 상태 다이어그램의 구성 요소

예제 다음은 상품결제 객체의 상태 변화를 표현한 상태 다이어그램이다.

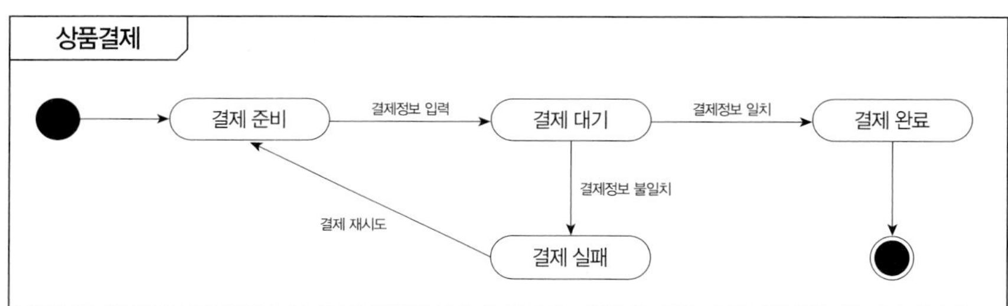

해석

〈결제 준비〉 상태의 상태 변화
- 결제 과정이 시작되면 객체는 〈결제 준비〉 상태로 전환된다.
- '결제정보 입력' 이벤트에 의해 〈결제 대기〉 상태로 전환된다.

〈결제 대기〉 상태의 상태 변화
- '결제정보 입력' 이벤트에 의해 〈결제 대기〉 상태로 전환된다.
- '결제정보 일치' 이벤트에 의해 〈결제 완료〉 상태로 전환된다.
- '결제정보 불일치' 이벤트에 의해 〈결제 실패〉 상태로 전환된다.

〈결제 실패〉 상태의 상태 변화
- '결제정보 불일치' 이벤트에 의해 〈결제 실패〉 상태로 전환된다.
- '결제 재시도' 이벤트에 의해 〈결제 준비〉 상태로 전환된다.

〈결제 완료〉 상태의 상태 변화
'결제정보 일치' 이벤트에 의해 〈결제 완료〉 상태로 전환된다.

구성 요소	표현 방법	의미
상태(State)	결제 준비	객체의 상태를 표현한 것
시작 상태	●	상태의 시작을 표현한 것
종료 상태	◉	상태의 종료를 표현한 것
상태 전환	결제정보 입력 →	상태 사이의 흐름, 변화를 화살표로 표현한 것
이벤트(Event)	결제정보 입력	• 상태에 변화를 주는 현상 • 이벤트에는 조건*, 외부 신호*, 시간의 흐름 등이 있음
프레임(Frame)	상품결제	상태 다이어그램의 범위를 표현한 것

조건 / 외부 신호 이벤트
예를 들어, 결제 정보가 입력되어 '결제 준비' 상태가 '결제 대기' 상태로 전환된다면, 이것은 입력되었다는 조건 이벤트에 의해 상태가 전환되었다고 할 수 있습니다. 또한 외부 결제 시스템으로부터 결제 정보가 일치한다는 신호를 받아 '결제 대기' 상태가 '결제 완료' 상태로 전환된다면, 이것은 외부 신호 이벤트에 의해 상태가 전환되었다고 할 수 있습니다.

※ 정답 및 해설은 139쪽에 있습니다.

기출 따라잡기 Section 017

출제예상

문제 1 UML 다이어그램 중 다음과 같은 특징을 갖는 다이어그램이 무엇인지 쓰시오.

- 객체들 사이에 발생하는 이벤트에 의한 객체들의 상태 변화를 그림으로 표현한 것이다.
- 어떤 이벤트에 의해 객체 자신이 속한 클래스의 상태 변화나 객체가 다른 객체와 상호 작용하는 과정에서의 상태 변화를 표현한다.
- 특정 객체가 어떤 이벤트에 의해 상태 변환 과정이 진행되는지 확인하는 데 사용된다.
- 시스템에서 상태 변환 이벤트를 확인할 필요가 있는 객체만을 대상으로 그린다.

답 :

출제예상

문제 2 다음에 제시된 UML 상태(State) 다이어그램을 보고 〈재고 확인 실패〉 상태의 두 가지 상태 변화를 서술하시오.

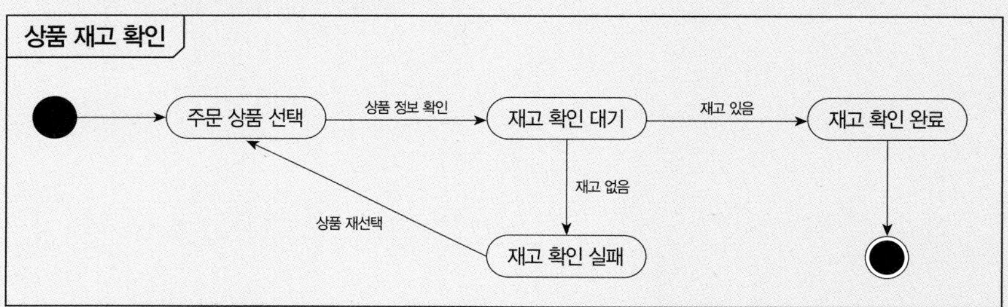

답

-
-

SECTION 018

패키지(Package) 다이어그램

23.10

1 패키지(Package) 다이어그램

- 패키지 다이어그램은 유스케이스나 클래스 등의 **요소들을 그룹화한 패키지 간의 의존 관계를 표현한 것**이다.
- 패키지는 또 다른 패키지의 요소가 될 수 있다.
- 대규모 시스템에서 주요 요소 간의 종속성을 파악하는 데 사용한다.

23.10, 20.11

2 패키지(Package) 다이어그램의 구성 요소

예제 다음은 회원이 상품 주문 시 패키지들 간의 의존 관계를 표현한 패키지 다이어그램이다.

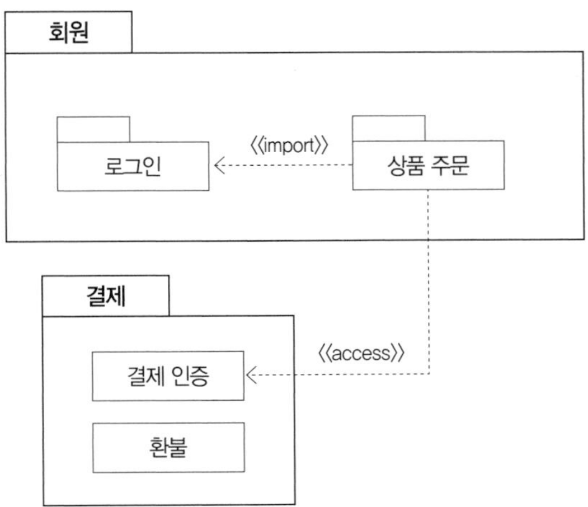

해석

패키지 구성 설명
- 〈회원〉, 〈로그인〉, 〈상품 주문〉, 〈결제〉 패키지가 존재한다.
- 〈회원〉 패키지는 〈로그인〉과 〈상품 주문〉 패키지를 포함하고 있다.
- 〈결제〉 패키지는 '결제 인증'과 '환불' 객체를 포함하고 있다.

의존 관계 설명
- 〈상품 주문〉과 〈로그인〉 패키지 간의 의존 관계
  - 〈상품 주문〉 패키지는 주문자를 확인하기 위해 〈로그인〉 패키지를 이용한다.
  - 《import》 관계이므로 패키지에 포함된 객체들을 직접 가져와서 이용할 수 있는 관계이다.

전문가의 조언
- 패키지 다이어그램은 클래스 다이어그램과 같은 정적 모델링의 하나로, 관련있는 객체들을 하나로 묶어 클래스보다 상위 개념인 패키지로 추상화한 것입니다. 시스템의 구조를 간략하게 표현할 수 있고 각 패키지 간의 의존 관계를 명확하게 파악할 수 있어, 불필요한 의존 관계를 제거하거나 간략화함으로써 시스템의 복잡도를 낮추는데 사용할 수 있습니다.
- 먼저 패키지 다이어그램의 개념을 정리하고 패키지 다이어그램의 각 요소가 다이어그램에서 어떻게 표현되는지 확실히 파악해 두세요.

• 〈상품 주문〉 패키지와 〈결제〉 패키지의 '결제 인증' 객체와 의존 관계
  – 〈상품 주문〉 패키지는 주문된 상품의 결제를 위해 〈결제〉 패키지의 '결제 인증' 객체를 이용한다.
  – 《access》 관계이므로 인터페이스를 통해 접근하여 이용할 수 있는 관계이다.

구성 요소	표현 방법	의미
패키지 (Package)	(패키지 기호)	• 객체들을 그룹화한 것 • 단순 표기법* : 패키지 안에 패키지 이름만 표현 • 확장 표기법* : 패키지 안에 요소까지 표현
객체 (Object)	(사각형 기호)	유스케이스, 클래스, 인터페이스, 테이블 등 패키지에 포함될 수 있는 다양한 요소들

의존 관계
(Dependency)
	- - - - - - - ->	• 패키지와 패키지, 패키지와 객체 간을 점선 화살표로 연결하여 표현함
		• 스테레오타입을 이용해 의존 관계를 구체적으로 표현할 수 있음
		• 의존 관계의 표현 형태는 사용자가 임의로 작성할 수 있으며, 대표적으로 import와 access가 사용됨
		  – 《import》 : 패키지에 포함된 객체들을 직접 가져와서 이용하는 관계
		  – 《access》 : 인터페이스를 통해 패키지 내의 객체에 접근하여 이용하는 관계

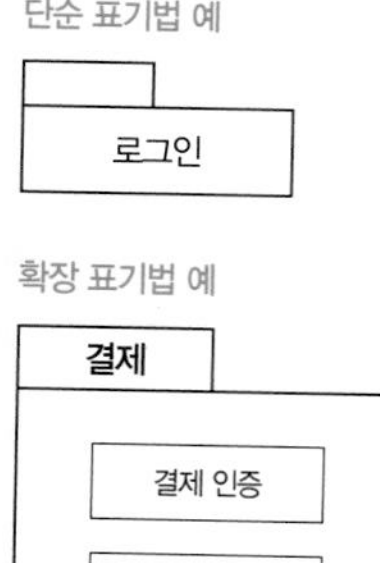

※ 정답 및 해설은 139쪽에 있습니다.

기출 따라잡기 Section 018

문제 1 23년 10월, 20년 11월
UML 다이어그램에 대한 다음 설명에서 괄호에 공통으로 들어갈 알맞은 용어를 쓰시오.

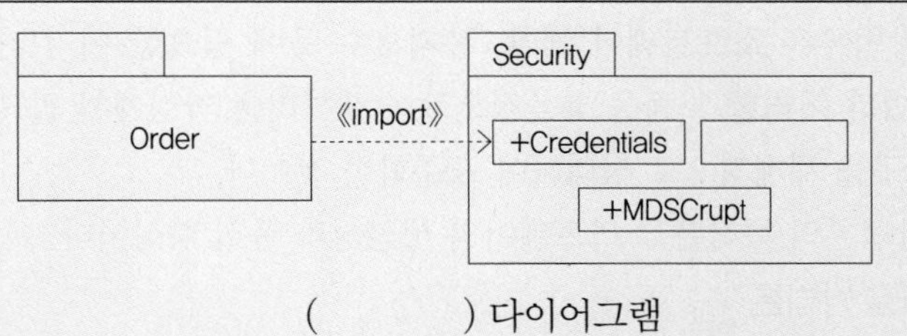

( ) 다이어그램

( )은(는) UML 정적 모델링의 하나로, 관련있는 객체들을 하나로 묶어 상위 개념으로 추상화한 것이다. 위의 그림과 같이 유스케이스나 클래스 등의 요소들을 그룹화하여 의존 관계를 표현하며, 대규모 시스템에서 주요 요소 간의 종속성을 파악하는 데 사용한다. 시스템의 구조를 간략하게 표현할 수 있고 의존 관계를 명확하게 파악할 수 있어, 불필요한 의존 관계를 제거하거나 간략화함으로써 시스템의 복잡도를 낮추는 곳에도 사용할 수 있다.

답 :

SECTION 019

소프트웨어 개발 방법론

소프트웨어 개발 방법론의 종류를 기억하고, 어떤 개발 방법론을 말하는지 알아낼 수 있도록 각각의 특징을 머릿속에 잘 정리하세요.

1 소프트웨어 개발 방법론

- 소프트웨어 개발 방법론은 **소프트웨어 개발, 유지보수 등에 필요한** 여러 가지 일들의 **수행 방법과** 이러한 일들을 효율적으로 수행하려는 과정에서 필요한 **각종 기법 및 도구를 체계적으로 정리하여 표준화한 것**이다.
- 소프트웨어 개발 방법론의 목적은 소프트웨어의 생산성과 품질 향상이다.
- 주요 소프트웨어 개발 방법론
  - 구조적 방법론
  - 정보공학 방법론
  - 객체지향 방법론
  - 컴포넌트 기반(CBD) 방법론
  - 제품 계열 방법론
  - 애자일 방법론*

애자일 방법론

애자일 방법론은 Section 001에서 자세히 공부하였으므로 이번 섹션에서는 생략하였습니다. 애자일 방법론이 기억나지 않는다면 Section 001을 다시 공부하세요.

구조적 방법론, 정보공학 방법론, 객체지향 방법론은 진행 절차를 나열하여 쓸 수 있도록 해야 합니다.

필기 21.3

2 구조적 방법론

- 구조적 방법론은 정형화된 분석 절차에 따라 **사용자 요구사항을 파악하여 문서화하는 처리(Precess) 중심의 방법론**이다.
- 1960년대까지 가장 많이 적용되었던 소프트웨어 개발 방법론이다.
- 쉬운 이해 및 검증이 가능한 프로그램 코드를 생성하는 것이 목적이다.
- 복잡한 문제를 다루기 위해 분할과 정복(Divide and Conquer) 원리를 적용한다.
- 구조적 방법론의 개발 절차

타당성 검토 단계 → 계획 단계 → 요구사항 단계 → 설계 단계 → 구현 단계 → 시험 단계 → 운용/유지보수 단계

3 정보공학 방법론

- 정보공학 방법론은 정보 시스템의 개발을 위해 **계획, 분석, 설계, 구축에 정형화된 기법들을** 상호 연관성 있게 **통합 및 적용하는 자료(Data) 중심의 방법론**이다.

• 정보 시스템 개발 주기를 이용하여 대규모 정보 시스템을 구축하는데 적합하다.

• 정보공학 방법론의 개발 절차

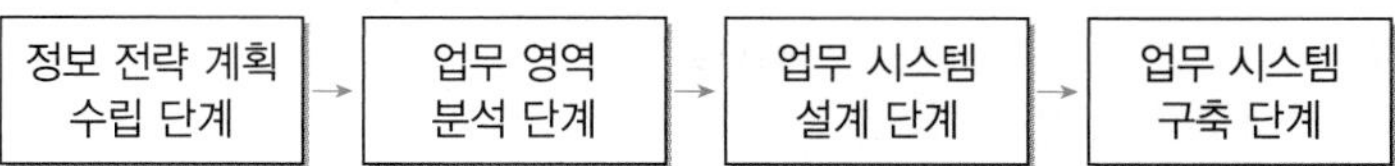

4 객체지향 방법론

• 객체지향 방법론은 현실 세계의 개체(Entity)*를 기계의 부품처럼 하나의 객체(Object)로 만들어, 소프트웨어를 개발할 때 기계의 부품을 조립하듯이 **객체들을 조립해서** 필요한 **소프트웨어를 구현하는 방법론**이다.

• 객체지향 방법론은 구조적 기법의 문제점으로 인한 소프트웨어 위기의 해결책으로 채택되었다.

• 객체지향 방법론의 구성 요소 : 객체*, 클래스*, 메시지* 등

• 객체지향 방법론의 기본 원칙 : 캡슐화*, 정보 은닉*, 추상화*, 상속성*, 다형성* 등

• 객체지향 방법론의 개발 절차

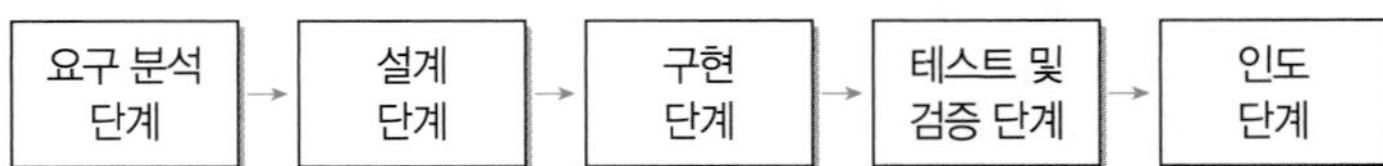

필기 21.3, 20.9

5 컴포넌트 기반(CBD; Component Based Design) 방법론

• 컴포넌트 기반 방법론은 기존의 시스템이나 소프트웨어를 구성하는 **컴포넌트*를 조합하여** 하나의 **새로운 애플리케이션을 만드는 방법론**이다.

• 컴포넌트의 재사용(Reusability)이 가능하여 시간과 노력을 절감할 수 있다.

• 새로운 기능을 추가하는 것이 간단하여 확장성이 보장된다.

• 유지 보수 비용을 최소화하고 생산성 및 품질을 향상 시킬 수 있다.

• 컴포넌트 기반 방법론의 개발 절차

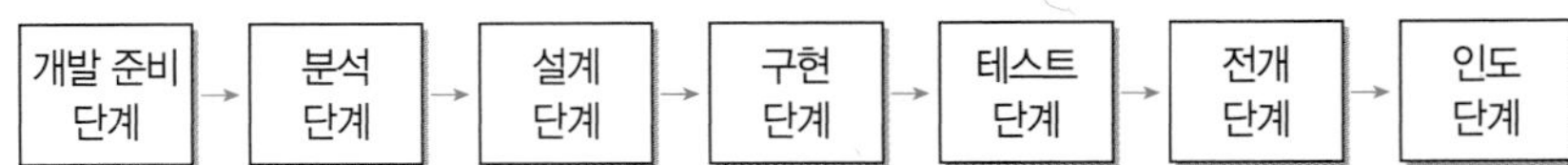

6 제품 계열 방법론

• 제품 계열 방법론은 특정 **제품에 적용하고 싶은 공통된 기능을 정의하여 개발하는 방법론**이다.

현실 세계의 개체
사람, 자동차, 컴퓨터, 고양이 등과 같이 우리 주위에서 사용되는 물질적이거나 개념적인 것으로, 명사로 사용됩니다.

• **객체(Object)** : 데이터와 데이터를 처리하는 함수를 묶어 놓은 하나의 소프트웨어 모듈
• **클래스(Class)** : 공통된 속성과 연산을 갖는 객체의 집합으로 객체의 일반적인 타입(Type)
• **메시지(Message)** : 객체들 간에 상호작용을 하는 데 사용되는 수단으로, 객체에게 어떤 행위를 하도록 지시하는 명령 또는 요구 사항
• **캡슐화(Encapsulation)** : 데이터와 데이터를 처리하는 함수를 하나로 묶는 것
• **정보 은닉(Information Hiding)** : 캡슐화에서 가장 중요한 개념으로, 다른 객체에게 자신의 정보를 숨기고 자신의 연산만을 통하여 접근을 허용하는 것
• **추상화(Abstraction)** : 불필요한 부분을 생략하고 객체의 속성 중 가장 중요한 것에 중점을 두어 개략화하는 것
• **상속성(Inheritance)** : 이미 정의된 상위 클래스의 모든 속성과 연산을 하위 클래스가 물려받는 것
• **다형성(Polymorphism)** : 메시지에 의해 객체가 연산을 수행하게 될 때 하나의 메시지에 대해 각 객체가 가지고 있는 고유한 방법으로 응답할 수 있는 능력

컴포넌트(Component)
문서, 소스코드, 파일, 라이브러리 등과 같은 모듈화된 자원으로, 재사용이 가능합니다.

임베디드 소프트웨어
(Embedded Software)
임베디드 소프트웨어란 디지털 TV, 전기밥솥, 냉장고, PDA 등 해당 제품의 특정 기능에 맞게 특화되어서 제품 자체에 포함된 소프트웨어를 말합니다.

- 임베디드 소프트웨어*를 만드는데 적합하다.
- 제품 계열 방법론은 영역공학과 응용공학으로 구분된다.
  - 영역공학 : 영역 분석, 영역 설계, 핵심 자산을 구현하는 영역이다.
  - 응용공학 : 제품 요구 분석, 제품 설계, 제품을 구현하는 영역이다.
- 영역공학과 응용공학의 연계를 위해 제품의 요구사항, 아키텍처, 조립 생산이 필요하다.

※ 정답 및 해설은 139쪽에 있습니다.

기출 따라잡기 Section 019

필기 21년 3월, 20년 9월

문제 1 다음이 설명하고 있는 소프트웨어 개발 방법론이 무엇인지 쓰시오.

- 기존의 시스템이나 소프트웨어를 구성하는 컴포넌트를 조합하여 하나의 새로운 애플리케이션을 만드는 소프트웨어 개발 방법론이다.
- 특징
  - 개발 기간 단축으로 인한 생산성 향상
  - 새로운 기능 추가가 쉬운 확장성
  - 소프트웨어 재사용이 가능

답 :

출제예상

문제 2 다음은 구조적 개발 방법론의 수행 절차를 나열한 것이다. 괄호에 들어갈 알맞은 답을 쓰시오.

타당성 검토 단계 → 계획 단계 → (　　) 단계 → (　　) 단계 → (　　) 단계 → 시험 단계 → 운용/유지보수 단계

답 :

필기 21년 3월

문제 3 정형화된 분석 절차에 따라 사용자의 요구사항을 파악하고, 문서화하는 체계적 분석 방법으로, 자료 흐름도, 자료 사전, 소단위 명세서의 특징을 갖는 소프트웨어 개발 방법론은 무엇인지 쓰시오.

답 :

SECTION 020

S/W 공학의 발전적 추세

필기 23.5, 20.8

1 소프트웨어 재사용(Software Reuse)

전문가의 조언

소프트웨어를 재사용함으로써 얻을 수 있는 이점과 소프트웨어 재사용 방법을 명확히 파악해 두세요.

- 소프트웨어 재사용은 **이미 개발되어 인정받은 소프트웨어를 다른 소프트웨어 개발이나 유지에 사용하는 것**이다.
- 소프트웨어 개발의 품질과 생산성을 높이기 위한 방법이다.
- 기존에 개발된 소프트웨어와 경험, 지식 등을 새로운 소프트웨어에 적용한다.
- 소프트웨어 재사용 방법

필기 20.8 **합성 중심** (Composition-Based)	전자 칩과 같은 소프트웨어 부품, 즉 블록을 만들어서 끼워 맞춰 소프트웨어를 완성시키는 방법으로, 블록 구성 방법이라고도 함
생성 중심 (Generation-Based)	추상화 형태로 써진 명세를 구체화하여 프로그램을 만드는 방법으로, 패턴 구성 방법이라고도 함

필기 20.8

2 소프트웨어 재공학(Software Reengineering)

전문가의 조언

소프트웨어 재공학은 유지보수의 생산성을 향상시킨다는 것을 중심으로 개념을 파악해 두세요.

- 소프트웨어 재공학은 새로운 요구에 맞도록 **기존 시스템을 이용하여 보다 나은 시스템을 구축하고, 새로운 기능을 추가하여 소프트웨어 성능을 향상시키는 것**이다.
- 유지보수 비용이 소프트웨어 개발 비용의 대부분을 차지하기 때문에 유지보수의 생산성 향상을 통해 소프트웨어 위기를 해결하는 방법이다.
- 기존 소프트웨어의 데이터와 기능들의 개조 및 개선을 통해 유지보수성과 품질을 향상시킨다.
- 소프트웨어 재공학의 이점
  - 소프트웨어의 품질 향상
  - 소프트웨어의 생산성 증가
  - 소프트웨어의 수명 연장
  - 소프트웨어의 오류 감소

필기 23.7, 23.5, 21.3, 20.9, 20.8, 20.6

3 CASE(Computer Aided Software Engineering)

- CASE는 **소프트웨어 개발 과정에서 사용되는** 요구 분석, 설계, 구현, 검사 및 디버깅 **과정 전체 또는 일부를 컴퓨터와 전용 소프트웨어 도구를 사용하여 자동화하는 것**이다.
- 객체지향 시스템, 구조적 시스템 등 다양한 시스템에서 활용되는 자동화 도구(CASE Tool)*이다.
- 소프트웨어 생명 주기의 전체 단계를 연결하고 자동화하는 통합된 도구를 제공한다.
- 소프트웨어 개발 도구와 방법론이 결합되었으며, 정형화된 구조 및 방법을 소프트웨어 개발에 적용하여 생산성 향상을 구현한다.
- CASE의 주요 기능
  - 소프트웨어 생명 주기 전 단계의 연결
  - 다양한 소프트웨어 개발 모형 지원
  - 그래픽 지원

*자동화 도구(CASE Tool)
자동화 도구는 소프트웨어 공학과 관련된 작업 중에서 하나의 작업을 자동화하는 패키지를 의미합니다.

※ 정답 및 해설은 140쪽에 있습니다.

기출 따라잡기 Section 020

필기 20년 8월

문제 1 다음은 소프트웨어 재사용 방법에 대한 설명이다. 괄호(①, ②)에 들어갈 알맞은 방법을 쓰시오.

(①)	전자 칩과 같은 소프트웨어 부품, 즉 블록(모듈)을 만들어서 끼워 맞추어 소프트웨어를 완성시키는 방법으로, 블록 구성 방법이라고도 한다.
(②)	추상화 형태로 써진 명세를 구체화하여 프로그램을 만드는 방법으로, 패턴 구성 방법이라고도 한다.

답

- ①
- ②

필기 23년 7월, 5월, 21년 3월, 20년 9월, 8월, 6월

문제 2 다음이 설명하고 있는 알맞은 용어를 영문 약어로 쓰시오.

- 소프트웨어 개발 과정에서 사용되는 요구 분석, 설계, 구현, 검사 및 디버깅 과정 전체 또는 일부를 컴퓨터와 전용 소프트웨어 도구를 사용하여 자동화하는 것이다.
- 표준화된 개발 환경 구축 및 문서 자동화 기능을 제공한다.
- 작업 과정 및 데이터 공유를 통해 작업자 간 커뮤니케이션을 증대한다.
- 주요 기능은 다음과 같다.
  - S/W 라이프 사이클 전 단계의 연결
  - 그래픽 지원
  - 다양한 소프트웨어 개발 모형 지원

답 :

출제예상

문제 3 소프트웨어 재공학(Software Reengineering)의 개념을 간략히 서술하시오.

답 :

출제예상

문제 4 다음이 설명하고 있는 알맞은 용어를 쓰시오.

- 이미 개발되어 인정받은 소프트웨어의 전체 혹은 일부분을 다른 소프트웨어 개발이나 유지에 사용하는 것이다.
- 소프트웨어 개발의 품질과 생산성을 높이기 위한 방법이다.
- 기존에 개발된 소프트웨어와 경험, 지식 등을 새로운 소프트웨어에 적용한다.
- 방법에는 합성 중심과 생성 중심이 있다.

답 :

SECTION 021

비용 산정 기법 - 하향식

1402300 

소프트웨어 비용 산정 기법은 계산 방식에 따라 하향식 비용 산정 기법과 상향식 비용 산정 기법으로 분류할 수 있습니다. 하향식 비용 산정 기법에는 어떤것들이 있는지 정도만 기억할 수 있으면 됩니다.

1 하향식 비용 산정 기법

- 하향식 비용 산정 기법은 **과거의 유사한 경험을 바탕으로 전문 지식이 많은 개발자들이 참여한 회의를 통해 비용을 산정하는** 비과학적인 방법이다.
- 프로젝트의 전체 비용을 산정한 후 각 작업별로 비용을 세분화한다.
- 하향식 비용 산정 기법
  - 전문가 감정 기법
  - 델파이 기법

2 전문가 감정 기법

- 전문가 감정 기법은 조직 내에 있는 **경험이 많은 두 명 이상의 전문가에게 비용 산정을 의뢰하는 기법**이다.
- 가장 편리하고 신속하게 비용을 산정할 수 있다.
- 의뢰자로부터 믿음을 얻을 수 있다.
- 개인적이고 주관적일 수 있다.

3 델파이 기법

- 델파이 기법은 **전문가 감정 기법의 주관적인 편견을 보완하기 위해 많은 전문가의 의견을 종합하여 산정하는 기법**이다.
- 전문가들의 편견이나 분위기에 지배되지 않도록 한 명의 조정자와 여러 전문가로 구성된다.

※ 정답 및 해설은 140쪽에 있습니다.

기출 따라잡기 Section 021

출제예상

문제 1 다음이 설명하고 있는 소프트웨어 비용 산정 기법을 쓰시오.

- 조직 내에 있는 경험이 많은 두 명 이상의 전문가에게 비용 산정을 의뢰하는 기법이다.
- 가장 편리하고 신속하게 비용을 산정할 수 있으며, 의뢰자로부터 믿음을 얻을 수 있다.
- 개인적이고 주관적일 수 있다.

답 :

출제예상

문제 2 소프트웨어 비용 산정 기법 중 전문가 감정 기법의 주관적인 편견을 보완하기 위해 많은 전문가들의 의견을 종합하여 산정하는 기법을 쓰시오.

답 :

SECTION 022

비용 산정 기법 – 상향식

전문가의 조언

LOC 기법을 이용한 계산 문제가 출제되었습니다. 노력(인월), 개발 기간, 개발 비용 등을 계산할 수 있도록 공식을 암기하고, 예제를 풀어 보세요.

1 상향식 비용 산정 기법

- 상향식 비용 산정 기법은 프로젝트의 **세부적인 작업 단위별로 비용을 산정한 후 집계하여 전체 비용을 산정하는 방법**이다.
- 주요 상향식 비용 산정 기법
  - LOC(원시 코드 라인 수) 기법
  - 개발 단계별 인월수 기법
  - 수학적 산정 기법

20.5, 필기 24.7, 24.5, 24.2, 23.2, 22.7, 22.4, 22.3, 21.8, 21.3, 20.6

2 LOC(원시 코드 라인 수, source Line Of Code) 기법

비관치, 낙관치, 기대치
- **비관치** : 가장 많이 측정된 코드 라인 수
- **낙관치** : 가장 적게 측정된 코드 라인 수
- **기대치** : 측정된 모든 코드 라인 수의 평균

- LOC 기법은 소프트웨어 **각 기능의 원시 코드 라인 수의 비관치*, 낙관치*, 기대치*를 측정하여 예측치를 구하고 이를 이용하여 비용을 산정하는 기법**이다.
- 측정이 용이하고 이해하기 쉬워 가장 많이 사용된다.
- 예측치를 이용하여 생산성, 노력, 개발 기간 등의 비용을 산정한다.

$$\text{예측치} = \frac{a+4m+b}{6}$$ 단, a : 낙관치, b : 비관치, m : 기대치(중간치)

- 산정 공식
  - 노력(인월) = 개발 기간 × 투입 인원
    = LOC / 1인당 월평균 생산 코드 라인 수
  - 개발 비용 = 노력(인월) × 단위 비용(1인당 월평균 인건비)
  - 개발 기간 = 노력(인월) / 투입 인원
  - 생산성 = LOC / 노력(인월)

예제 LOC 기법에 의하여 예측된 총 라인 수가 30,000라인, 개발에 참여할 프로그래머가 5명, 프로그래머들의 평균 생산성이 월간 300라인일 때 개발에 소요되는 기간은?

- 노력(인월) = LOC/1인당 월평균 생산 코드 라인 수 = 30000/300 = 100명
- 개발 기간 = 노력(인월)/투입 인원 = 100/5 = 20개월

3 개발 단계별 인월수(Effort Per Task) 기법

- 개발 단계별 인월수 기법은 LOC 기법을 보완하기 위한 기법으로, 각 **기능을 구현시키는 데 필요한 노력을 생명 주기의 각 단계별로 산정**한다.
- LOC 기법보다 더 정확하다.

※ 정답 및 해설은 140쪽에 있습니다.

기출 따라잡기 Section 022

20년 5월, 필기 24년 5월, 22년 7월, 4월, 3월, 21년 3월, 20년 6월

문제 1 LOC 기법에 의하여 예측된 총 라인 수가 30,000라인, 개발에 참여할 프로그래머가 5명, 프로그래머들의 평균 생산성이 월간 300라인일 때 개발에 소요되는 기간을 계산식과 함께 쓰시오.

답
- 계산식 :
- 답 :

출제예상

문제 2 다음이 설명하고 있는 상향식 비용 산정 기법을 쓰시오.

- 각 기능을 구현시키는 데 필요한 노력을 생명 주기의 각 단계별로 산정하는 기법이다.
- LOC(원시 코드 라인 수) 기법을 보완하기 위해 만들어졌기 때문에 LOC 기법보다 더 정확하다.

답 :

출제예상

문제 3 LOC 기법에 의하여 소프트웨어 개발에 소요되는 노력이 40PM(Programmer-Month)으로 계산되었다. 개발에 소요되는 기간이 5개월이고, 1인당 인건비가 100만 원이라면 이 프로젝트에 소요되는 개발 비용은 얼마인지 계산식과 함께 쓰시오.

답
- 계산식 :
- 답 :

SECTION 023

수학적 산정 기법

전문가의 조언

수학적 산정 기법에는 COCOMO, Putnam 모형, 기능 점수(FP) 모형 등이 있다는 것을 기억하고, 어떤 비용 산정 모형을 말하는지 알아낼 수 있도록 각 모형의 특징을 파악하고 있어야 합니다.

필기 20.9

1 수학적 산정 기법

- 수학적 산정 기법은 상향식 비용 산정 기법으로, 경험적 추정 모형, 실험적 추정 모형이라고도 한다.
- 수학적 산정 기법은 개발 비용 산정의 자동화를 목표로 한다.
- 비용의 자동산정을 위해 사용되는 공식은 과거의 유사한 프로젝트를 기반으로 유도된 것이다.
- 주요 수학적 산정 기법
  - COCOMO 모형
  - Putnam 모형
  - 기능 점수(FP) 모형

필기 22.7, 22.4, 21.5

2 COCOMO(COnstructive COst MOdel) 모형

- COCOMO 모형은 원시 프로그램의 규모인 **LOC(원시 코드 라인 수)에 의한 비용 산정 기법**이다.
- 개발할 소프트웨어의 규모(LOC)를 예측한 후 이를 소프트웨어 종류에 따라 다르게 책정되는 비용 산정 방정식에 대입하여 비용을 산정한다.
- 비용 산정 결과는 프로젝트를 완성하는 데 필요한 노력(Man-Month)으로 나타난다.
- 보헴(Boehm)이 제안하였다.

전문가의 조언

소프트웨어 개발 유형을 구분하는 기준을 서술할 수 있어야 하며, 특징을 보고 어떤 유형을 말하는지 쓸 수 있어야 합니다.

KDSI(Kilo Delivered Source Instruction)
전체 라인 수를 1,000라인 단위로 묶은 것으로, KLOC(Kilo LOC)와 같은 의미입니다.

필기 24.7, 23.5, 22.4, 21.8, 21.5, 21.3, 20.8, 20.6

3 COCOMO의 소프트웨어 개발 유형

유형	특징
필기 24.7, 23.5, 22.4, 21.8, 21.5, … 조직형 (Organic Mode)	• 기관 내부에서 개발된 중 · 소 규모의 소프트웨어 • 일괄 자료 처리나 과학기술 계산용, 비즈니스 자료 처리용 등의 5만(50KDSI*) 라인 이하의 소프트웨어를 개발하는 유형 • 사무 처리용, 업무용, 과학용 응용 소프트웨어 개발에 적합함

필기 22.4, 21.5, 21.3, 20.8 반분리형 (Semi-Detached Mode)	• 조직형과 내장형의 중간형 소프트웨어 • 트랜잭션 처리 시스템이나 운영체제, 데이터베이스 관리 시스템 등의 30만(300KDSI) 라인 이하의 소프트웨어를 개발하는 유형 • 컴파일러, 인터프리터와 같은 유틸리티 개발에 적합함
필기 22.4, 21.5, 21.3, 20.8 내장형 (Embedded Mode)	• 초대형 규모의 소프트웨어 • 트랜잭션 처리 시스템이나 운영체제 등의 30만(300KDSI) 라인 이상의 소프트웨어를 개발하는 유형 • 신호기 제어 시스템, 미사일 유도 시스템, 실시간 처리 시스템 등의 시스템 프로그램 개발에 적합함

4 COCOMO 모형의 종류

종류	특징
기본형(Basic) COCOMO	소프트웨어의 크기와 개발 유형만을 이용하여 비용 산정
중간형 (Intermediate) COCOMO	기본형 COCOMO의 공식을 토대로 사용하나, 다음 4가지 특성에 의해 비용을 산정함 • 제품의 특성 • 컴퓨터의 특성 • 개발 요원의 특성 • 프로젝트 특성
발전형(Detailed) COCOMO	• 중간형 COCOMO를 보완하여 만들어진 모형 • 개발 공정별로 보다 자세하고 정확하게 노력을 산출하여 비용 산정 • 소프트웨어 환경과 구성 요소가 사전에 정의되어 있어야 하며, 개발 과정의 후반부에 주로 적용함

필기 21.5, 20.6

5 Putnam 모형

• Putnam 모형은 **소프트웨어 생명 주기의 전 과정 동안에 사용될 노력의 분포를 예상하는 모형**이다.

• 푸트남(Putnam)이 제안한 것으로, 생명 주기 예측 모형이라고도 한다.

• 시간에 따른 함수로 표현되는 Rayleigh-Norden 곡선*의 노력 분포도를 기초로 한다.

• 대형 프로젝트의 노력 분포 산정에 이용된다.

• 개발 기간이 늘어날수록 프로젝트 적용 인원의 노력이 감소한다.

Putnam 모형은 Rayleigh-Norden 곡선의 노력 분포도를 이용한 비용 산정 기법입니다.

Rayleigh-Norden 곡선
노든(Norden)이 소프트웨어 개발에 관한 경험적 자료를 수집하여 이를 근거로 그린 곡선입니다.

COCOMO나 Putnam 모형은 LOC를 중심으로 비용을 산정하는데 반해 기능 점수 모형은 FP를 이용하여 비용을 산정합니다.

총 기능 점수
소프트웨어 개발의 규모, 복잡도, 난이도 등을 하나의 수치로 집약시킨 것을 의미합니다.

필기 21.5, 20.8

6 기능 점수(FP; Function Point) 모형

- 기능 점수 모형은 **소프트웨어의 기능을 증대시키는 요인별**로 가중치를 부여하고, 요인별 가중치를 합산하여 총 기능 점수*를 산출하며, 총 기능 점수와 영향도를 이용하여 **기능 점수(FP)를 구한 후** 이를 이용해서 **비용을 산정하는 기법**이다.
- 알브레히트(Albrecht)가 제안하였다.
- 소프트웨어 기능 증대 요인
  - 자료 입력(입력 양식)
  - 정보 출력(출력 보고서)
  - 명령어(사용자 질의수)
  - 데이터 파일
  - 필요한 외부 루틴과의 인터페이스

필기 20.8

7 비용 산정 자동화 추정 도구

필기 20.8 SLIM	Rayleigh-Norden 곡선과 Putnam 예측 모델을 기초로 하여 개발된 자동화 추정 도구
ESTIMACS	다양한 프로젝트와 개인별 요소를 수용하도록 FP 모형을 기초로 하여 개발된 자동화 추정 도구

※ 정답 및 해설은 140쪽에 있습니다.

기출 따라잡기 Section 023

필기 20년 8월

문제 1 **다음 설명의 괄호에 공통적으로 들어갈 소프트웨어 비용 산정 기법의 종류를 쓰시오.**

- (　　　) 모형은 알브레히트(Albrecht)가 제안한 것으로, 소프트웨어의 기능을 증대시키는 요인별로 (　　　)를 구한 후 이를 이용해서 비용을 산정하는 기법이다.
- 소프트웨어 기능 증대 요인에는 자료 입력(입력 양식), 정보 출력(출력 보고서), 명령어(사용자 질의수), 데이터 파일, 필요한 외부 루틴과의 인터페이스 등이 있다.

답 :

필기 24년 7월, 23년 5월, 22년 4월, 21년 8월, 5월, 3월, 20년 8월, 6월

문제 2 다음은 COCOMO 모형의 소프트웨어 개발 유형에 대한 설명이다. 괄호(①, ②)에 들어갈 알맞은 유형을 쓰시오.

(①)	트랜잭션 처리 시스템이나 운영체제 등의 30만(300KDSI) 라인 이상의 소프트웨어를 개발하는 유형이다.
반분리형 (Semi-Detached Mode)	트랜잭션 처리 시스템이나 운영체제, 데이터베이스 관리 시스템 등의 30만(300KDSI) 라인 이하의 소프트웨어를 개발하는 유형이다.
(②)	일괄 자료 처리나 과학기술 계산용, 비즈니스 자료 처리용 등의 5만(50KDSI) 라인 이하의 소프트웨어를 개발하는 유형이다.

답

- ①
- ②

출제예상

문제 3 소프트웨어 비용 산정 기법 중 Putnam 모형의 개념을 간략히 서술하시오.

답 :

필기 22년 7월, 4월

문제 4 다음 보기에서 설명하고 있는 소프트웨어 비용 산정 기법을 쓰시오.

- 보헴(Boehm)이 제안한 것으로, 원시코드 라인 수에 의한 비용 산정 기법이다.
- 비용 산정 유형으로, Organic Mode, Embedded Mode, Semi-Detached Mode가 있다.
- 프로젝트를 완성하는데 필요한 Man-Month로 산정 결과를 나타낼 수 있다.
- 같은 규모의 소프트웨어라도 그 유형에 따라 비용이 다르게 산정된다.

답 :

필기 20년 8월

문제 5 Rayleigh-Norden 곡선과 Putnam 예측 모델을 기초로 하여 개발된 자동화 추정 도구를 쓰시오.

답 :

SECTION 024

프로젝트 일정 계획

1 프로젝트 일정(Scheduling) 계획

- 프로젝트 일정 계획은 프로젝트의 프로세스를 이루는 소작업을 파악하고 예측된 노력을 각 소작업에 분배하여 소작업의 순서와 일정을 정하는 것이다.
- 프로젝트 일정 계획에 사용되는 기능 : WBS*, PERT/CPM*, 간트 차트 등

WBS(Work Breakdown Structure, 업무 분류 구조)
WBS는 개발 프로젝트를 여러 개의 작은 관리 단위로 분할하여 계층적으로 기술한 업무 구조입니다.

PERT/CPM
PERT/CPM 네트워크는 프로젝트의 지연을 방지하고 계획대로 진행되도록 일정을 계획하는 것으로, 대단위 계획의 조직적인 추진을 위해 비용을 적게 사용하면서 최단시간 내 계획 완성을 위한 프로젝트 일정 방법입니다.

필기 24.7, 22.4

2 PERT(Program Evaluation and Review Technique, 프로그램 평가 및 검토 기술)

- PERT는 프로젝트에 필요한 **전체 작업의 상호 관계를 표시하는 네트워크**이다.
- 각 작업별로 다음과 같이 단계를 나누어 종료시기를 결정한다.
  - 낙관적인 경우
  - 가능성이 있는 경우
  - 비관적인 경우
- 개발 경험이 없어 소요 기간 예측이 어려운 프로젝트 일정 계획에 사용한다.
- 노드와 간선으로 구성되며 원 노드에는 작업을, 간선에는 낙관치*, 기대치*, 비관치*를 표시한다.
- 결정 경로*, 작업에 대한 경계 시간*, 작업 간의 상호 관련성* 등을 알 수 있다.
- 작업 예측치 계산 공식

$$\text{작업 예측치} = \frac{\text{비관치} + 4 \times \text{기대치} + \text{낙관치}}{6} \qquad \text{평방 편차} = \left[\frac{(\text{비관치} - \text{낙관치})}{6}\right]^2$$

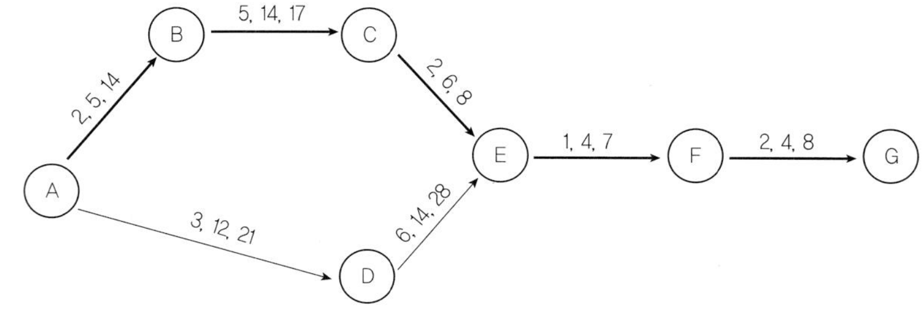

PERT 공식을 이용하여 작업 예측치를 계산할 수 있어야 합니다.

- **낙관치** : 모든 상황이 좋아서 최대로 빨리 진행될 때 걸리는 시간
- **기대치** : 모든 상황이 정상적으로 진행될 때 걸리는 시간
- **비관치** : 모든 상황에 많은 장애가 생겨서 가장 늦게 진행될 때 걸리는 시간
- **결정 경로** : A → B → C → E → F → G 순서로 진행됨
- **작업에 대한 경계 시간** : 각 작업 간의 경계 시간을 알 수 있음
- **상호 관련성** : C는 B 작업이 진행된 후에 수행된다는 것을 알 수 있음

필기 24.7, 24.2, 23.7, 22.7, 20.8

3 CPM(Critical Path Method, 임계 경로* 기법)

- CPM은 프로젝트 완성에 필요한 **작업을 나열하고 작업에 필요한 소요 기간을 예측하는데 사용하는 기법**이다.
- CPM은 노드와 간선으로 구성된 네트워크로 노드는 작업을, 간선은 작업 사이의 전후 의존 관계를 나타낸다.
- 원형 노드는 각각의 작업을 의미하며, 작업 이름과 소요 기간을 표시한다.
- 박스 노드는 이정표를 의미하며, 이정표 이름과 예상 완료 시간을 표시한다.
- 간선을 나타내는 화살표의 흐름에 따라 각 작업이 진행되며, 전 작업이 완료되어야 다음 작업을 진행할 수 있다.

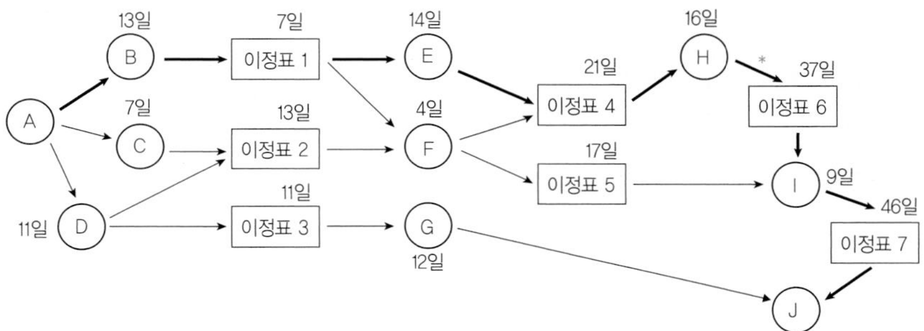

> **전문가의 조언**
> 임계 경로를 구할 수 있어야 합니다. 문제에 제시된 그림에서 굵은 선이 임계 경로, 즉 최장 경로입니다.

필기 22.3

4 간트 차트

- 간트 차트는 **프로젝트**의 각 작업들이 언제 시작하고 언제 종료되는지에 대한 **작업 일정을 막대 도표를 이용하여 표시하는 프로젝트 일정표**이다.
- 시간선(Time-Line) 차트라고도 한다.
- 중간 목표 미달성 시 그 이유와 기간을 예측할 수 있게 한다.
- 사용자와의 문제점이나 예산의 초과 지출 등도 관리할 수 있게 한다.
- 자원 배치와 인원 계획에 유용하게 사용된다.
- 이정표, 작업 일정, 작업 기간, 산출물로 구성되어 있다.
- 수평 막대의 길이는 각 작업(Task)의 기간을 나타낸다.

※ 정답 및 해설은 141쪽에 있습니다.

기출 따라잡기

필기 24년 7월, 2월, 23년 7월, 20년 8월

문제 1 다음은 CPM 네트워크이다. 임계 경로의 소요 기일을 구하시오.

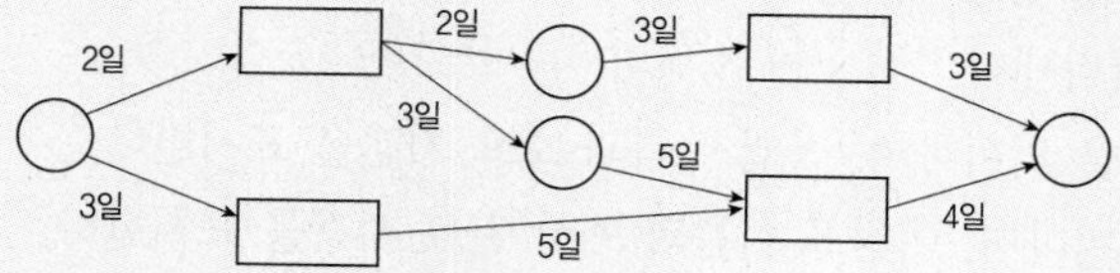

답 :

필기 24년 7월, 22년 4월

문제 2 프로젝트에 필요한 전체 작업의 상호 관계를 표시하는 네트워크로, 작업들 간의 상호 관련성, 결정 경로, 경계 시간, 자원 할당 등을 제시하는 프로젝트 일정 계획 기법을 쓰시오.

답 :

필기 22년 3월

문제 3 다음이 설명하고 있는 프로젝트 일정 계획 관련 용어를 쓰시오.

- 프로젝트 각 작업들의 시작과 종료에 대한 작업 일정을 표시하는 프로젝트 일정표로, 시간선(Time-Line) 차트라고도 한다.
- 막대로 표시하며, 수평 막대의 길이는 각 작업(Task)의 기간을 나타낸다.
- 이정표, 기간, 작업, 프로젝트 일정을 나타낸다.
- 자원 배치와 인원 계획에 유용하게 사용된다.

답 :

SECTION 025

소프트웨어 개발 방법론 결정

1402700

1 소프트웨어 개발 방법론 결정

- 소프트웨어 개발 방법론을 결정하는 것은 프로젝트 관리와 재사용 현황을 소프트웨어 개발 방법론에 반영하고, 확정된 소프트웨어 생명 주기와 개발 방법론에 맞춰 소프트웨어 개발 단계, 활동, 작업, 절차 등을 정의하는 것이다.
- 소프트웨어 개발 방법론 결정 절차
  ❶ 프로젝트 관리와 재사용 현황을 소프트웨어 개발 방법론에 반영한다.
  ❷ 개발 단계별 작업 및 절차를 소프트웨어 생명 주기에 맞춰 수립한다.
  ❸ 결정된 소프트웨어 개발 방법론의 개발 단계별 활동 목적, 작업 내용, 산출물에 대한 매뉴얼을 작성한다.

전문가의 조언

소프트웨어 개발 방법론을 결정한다는 것은 투입 자원 및 일정, 비용, 품질, 위험 관리 등 여러 조건을 확인하여 어떤 방법론으로 소프트웨어를 개발할지를 결정하는 것을 의미합니다. 소프트웨어 개발 방법론을 결정하는 절차에 대해 알아두세요.

필기 24.5, 23.5, 22.3

2 프로젝트 관리(Project Management)

프로젝트 관리는 주어진 기간 내에 **최소의 비용으로** 사용자를 만족시키는 **시스템을 개발하기 위한 전반적인 활동**이다.

관리 유형	주요 내용
일정 관리	작업 순서, 작업 기간 산정, 일정 개발, 일정 통제
비용 관리	비용 산정, 비용 예산 편성, 비용 통제
인력 관리	프로젝트 팀 편성, 자원 산정, 프로젝트 조직 정의, 프로젝트 팀 개발, 자원 통제, 프로젝트 팀 관리
위험 관리	위험 식별, 위험 평가, 위험 대처, 위험 통제
품질 관리	품질 계획, 품질 보증 수행, 품질 통제 수행

※ 정답 및 해설은 141쪽에 있습니다.

기출 따라잡기 Section 025

출제예상

문제 1 다음에 제시된 내용이 프로젝트 관리 유형 중 어느 유형에 속하는지 쓰시오.

프로젝트 팀 편성, 프로젝트 조직 정의, 프로젝트 팀 개발, 프로젝트 팀 관리

답 :

출제예상

문제 2 다음 보기에서 프로젝트 관리 유형에 해당하는 것을 모두 골라 쓰시오.

• 자원 관리	• 인력 관리	• 보안 관리
• 품질 관리	• 오류 관리	• 위험 관리
• 서버 관리	• 일정 관리	• 비용 관리

답 :

필기 24년 5월, 23년 5월, 22년 3월

문제 3 소프트웨어 프로젝트 관리의 개념을 간략히 서술하시오.

답 :

SECTION 026

소프트웨어 개발 표준

1 소프트웨어 개발 표준

전문가의 조언

소프트웨어 개발 표준의 종류에는 어떤 것들이 있는지 정확히 숙지하고, 어떤 표준의 특징을 말하는지 구분할 수 있도록 잘 정리하세요.

- 소프트웨어 개발 표준은 **소프트웨어 개발 단계에서 수행하는 품질 관리에 사용되는 국제 표준**을 의미한다.
- 주요 소프트웨어 개발 표준
  - ISO/IEC 12207
  - CMMI(능력 성숙도 통합 모델)
  - SPICE(소프트웨어 처리 개선 및 능력 평가 기준)

필기 21.5

2 ISO/IEC 12207

- ISO/IEC 12207은 **ISO(국제표준화기구)에서 만든 표준 소프트웨어 생명 주기 프로세스**이다.
- 소프트웨어의 개발, 운영, 유지보수 등을 체계적으로 관리하기 위한 소프트웨어 생명 주기 표준을 제공한다.
- ISO/IEC 12207 구분

기본 생명 주기 프로세스	획득, 공급, 개발, 운영, 유지보수 프로세스
지원 생명 주기 프로세스	품질 보증, 검증, 확인, 활동 검토, 감사, 문서화, 형상 관리, 문제 해결 프로세스
조직 생명 주기 프로세스	관리, 기반 구조, 훈련, 개선 프로세스

필기 24.5, 23.2, 20.9, 20.6

3 CMMI(Capability Maturity Model Integration)

CMMI의 소프트웨어 프로세스 성숙도 단계를 순서대로 나열할 수 있어야 합니다. '초기, 관리, 정의, 정량적 관리, 최적화' 순으로 기억해 두세요.

- CMMI는 **소프트웨어 개발 조직의 업무 능력 및 조직의 성숙도를 평가하는 모델**이다.
- 미국 카네기멜론 대학교의 소프트웨어 공학연구소(SEI)에서 개발하였다.

• CMMI의 소프트웨어 프로세스 성숙도

단계	프로세스	특징
필기 24.5, 23.2 초기(Initial)	정의된 프로세스 없음	작업자 능력에 따라 성공 여부 결정
필기 24.5, 23.2, 20.9, 20.6 관리(Managed)	규칙화된 프로세스	특정한 프로젝트 내의 프로세스 정의 및 수행
필기 24.5, 23.2, 20.9, 20.6 정의(Defined)	표준화된 프로세스	조직의 표준 프로세스를 활용하여 업무 수행
정량적 관리(Quantitatively Managed)	예측 가능한 프로세스	프로젝트를 정량적으로 관리 및 통제
필기 20.9, 20.6 최적화(Optimizing)	지속적 개선 프로세스	프로세스 역량 향상을 위해 지속적인 프로세스 개선

필기 20.9, 20.8

4 SPICE(Software Process Improvement and Capability dEtermination)

• SPICE는 정보 시스템 분야에서 **소프트웨어의 품질 및 생산성 향상을 위해 소프트웨어 프로세스를 평가 및 개선하는 국제 표준**이다.

• 공식 명칭은 ISO/IEC 15504이다.

5 SPICE의 구성

범주	특징
고객-공급자(Customer-Supplier) 프로세스	• 소프트웨어를 개발하여 고객에게 전달하는 것을 지원하고, 소프트웨어의 정확한 운용 및 사용을 위한 프로세스로 구성됨 • 구성 요소 : 인수, 공급, 요구 도출, 운영 • 프로세스 수 : 10개
공학(Engineering) 프로세스	• 시스템과 소프트웨어 제품의 명세화, 구현, 유지보수를 하는데 사용되는 프로세스로 구성됨 • 구성 요소 : 개발, 소프트웨어 유지보수 • 프로세스 수 : 9개
지원(Support) 프로세스	• 소프트웨어 생명 주기에서 다른 프로세스에 의해 이용되는 프로세스로 구성됨 • 구성 요소 : 문서화, 형상, 품질 보증, 검증, 확인, 리뷰, 감사, 품질 문제 해결 • 프로세스 수 : 8개

관리 (Management) 프로세스	• 소프트웨어 생명 주기에서 프로젝트 관리자에 의해 사용되는 프로세스로 구성됨 • 구성 요소 : 관리, 프로젝트 관리, 품질 및 위험 관리 • 프로세스 수 : 4개
조직 (Organization) 프로세스	• 조직의 업무 목적 수립과 조직의 업무 목표 달성을 위한 프로세스로 구성됨 • 구성 요소 : 조직 배치, 개선 활동 프로세스, 인력 관리, 기반 관리, 측정 도구, 재사용 • 프로세스 수 : 9개

6 SPICE의 프로세스 수행 능력 단계

필기 21.5

SPICE의 프로세스 수행 능력 단계를 순서대로 나열할 수 있어야 합니다.

단계	특징
불완전(Incomplete)	프로세스가 구현되지 않았거나 목적을 달성하지 못한 단계
수행(Performed)	프로세스가 수행되고 목적이 달성된 단계
관리(Managed)	정의된 자원의 한도 내에서 그 프로세스가 작업 산출물을 인도하는 단계
필기 21.5 확립(Established)	소프트웨어 공학 원칙에 기반하여 정의된 프로세스가 수행되는 단계
필기 21.5 예측(Predictable)	프로세스가 목적 달성을 위해 통제되고, 양적인 측정을 통해서 일관되게 수행되는 단계
필기 21.5 최적화(Optimizing)	프로세스 수행을 최적화하고, 지속적인 개선을 통해 업무 목적을 만족시키는 단계

※ 정답 및 해설은 141쪽에 있습니다.

기출 따라잡기 Section 026

필기 24년 5월, 20년 9월, 6월

문제 1 다음은 CMMI의 소프트웨어 프로세스 성숙도의 단계를 순서대로 나열한 것이다. 괄호에 들어갈 알맞은 단계를 쓰시오.

초기	→	(　　)	→	(　　)	→	(　　)	→	최적화

답 :

필기 20년 9월, 8월

문제 2 소프트웨어 개발 표준 중 정보 시스템 분야에서 소프트웨어의 품질 및 생산성 향상을 위해 소프트웨어 프로세스를 평가 및 개선하는 국제 표준으로, 공식 명칭은 ISO/IEC 15504인 것이 무엇인지 영문 약어로 쓰시오.

답 :

출제예상

문제 3 다음이 설명하고 있는 소프트웨어 개발 표준을 쓰시오.

- 소프트웨어의 개발, 운영, 유지보수 등을 체계적으로 관리하기 위한 소프트웨어 생명 주기 표준으로, ISO에서 만들었다.
- 기본 생명 주기 프로세스, 지원 생명 주기 프로세스, 조직 생명주기 프로세스로 구분한다.

답 :

출제예상

문제 4 소프트웨어 개발 표준 중 CMMI(능력 성숙도 통합 모델)의 개념을 간략히 서술하시오.

답 :

SECTION 027

소프트웨어 개발 방법론 테일러링

1 소프트웨어 개발 방법론 테일러링

• 소프트웨어 개발 방법론 테일러링은 프로젝트 상황 및 특성에 맞도록 정의된 **소프트웨어 개발 방법론의 절차, 사용기법 등을 수정 및 보완하는 작업**이다.

• 소프트웨어 개발 방법론 테일러링 수행 절차

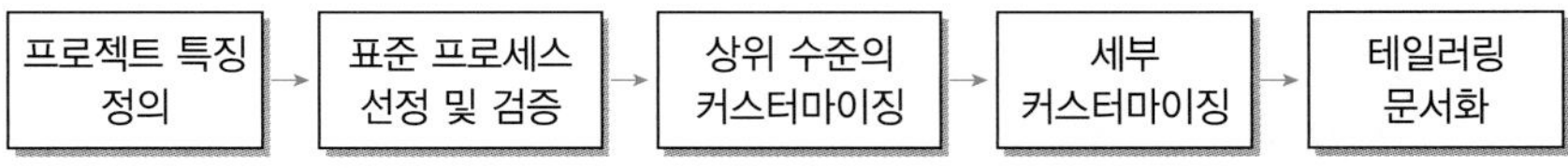

전문가의 조언

테일러링(Tailoring)의 사전적 의미는 '재단, 양복업'으로, 표준을 기반으로 실제 업무에서 여건에 맞게 수정 · 보완하는 것을 의미합니다. 테일러링 작업 시 고려사항을 내부적 기준과 외부적 기준으로 구분해서 알아두세요.

필기 20.6

2 소프트웨어 개발 방법론 테일러링 고려사항

기준	내용
필기 20.6 내부적 기준	• 목표 환경 : 시스템의 개발 환경과 유형이 서로 다른 경우 테일러링이 필요함 • 요구사항 : 프로젝트의 생명 주기 활동에서 개발, 운영, 유지보수 등 프로젝트에서 우선적으로 고려할 요구사항이 서로 다른 경우 테일러링이 필요함 • 프로젝트 규모 : 비용, 인력, 기간 등 프로젝트의 규모가 서로 다른 경우 테일러링이 필요함 • 보유 기술 : 프로세스, 개발 방법론, 산출물, 구성원의 능력 등이 서로 다른 경우 테일러링이 필요함
외부적 기준	• 법적 제약사항 : 프로젝트별로 적용될 IT Compliance*가 서로 다른 경우 테일러링이 필요함 • 표준 품질 기준 : 금융, 제도 등 분야별 표준 품질 기준이 서로 다른 경우 테일러링이 필요함

IT Compliance
기업 운영 시 IT 분야에서 내 · 외부적으로 반드시 지켜야 하는 법적 규제 사항이나 지침을 의미합니다.

※ 정답 및 해설은 142쪽에 있습니다.

기출 따라잡기 Section 027

필기 20년 6월

문제 1 다음에 제시된 소프트웨어 개발 방법론 테일러링 작업 시 고려해야 할 사항들을 내부적 기준과 외부적 기준으로 분류하여 쓰시오.

• 요구사항	• 법적 제약사항	• 보유 기술
• 표준 품질 기준	• 목표 환경	• 프로젝트 규모

답

- ① 내부적 기준 :
- ② 외부적 기준 :

출제예상

문제 2 소프트웨어 개발 방법론 테일러링의 개념을 간략히 서술하시오.

답 :

SECTION 028

소프트웨어 개발 프레임워크

필기 23.7, 22.4, 21.8, 20.9

1 소프트웨어 개발 프레임워크

- 소프트웨어 개발 프레임워크(Framework)는 **소프트웨어 개발에 공통적으로 사용되는 구성 요소와 아키텍처를 일반화하여** 손쉽게 구현할 수 있도록 여러 가지 기능들을 **제공해주는 반제품*** **형태의 소프트웨어 시스템**이다.
- 선행 사업자의 기술에 의존하지 않는 표준화된 개발 기반으로 인해 사업자 종속성이 해소된다.
- 소프트웨어 개발 프레임워크의 주요 기능
  - 예외 처리
  - 트랜잭션 처리
  - 메모리 공유
  - 데이터 소스 관리
  - 서비스 관리
  - 쿼리 서비스
  - 로깅 서비스
  - 사용자 인증 서비스
- 소프트웨어 개발 프레임워크의 종류
  - 스프링 프레임워크
  - 전자정부 프레임워크
  - 닷넷 프레임워크

2 스프링 프레임워크(Spring Framework)

- 스프링 프레임워크는 **자바 플랫폼을 위한 오픈 소스 경량형 애플리케이션 프레임워크**이다.
- 동적인 웹 사이트의 개발을 위해 다양한 서비스를 제공한다.
- 전자정부 표준 프레임워크의 기반 기술로 사용되고 있다.

전문가의 조언

프레임워크(Framework)는 사전적으로 '뼈대', '골조'를 의미하며, 소프트웨어에서는 특정 기능을 수행하기 위해 필요한 클래스나 인터페이스 등을 모아둔 집합체를 가리킵니다. 소프트웨어 개발 프레임워크의 개념과 특성을 숙지하고, 프레임워크들의 개별적인 특징을 잘 구분해서 정리하세요.

반제품

완제품의 재료로 사용되기 위해 원료를 가공하여 만든 중간 제품을 의미합니다.

3 전자정부 프레임워크

- 전자정부 프레임워크는 **대한민국의 공공부문 정보화 사업 시** 효율적인 **정보 시스템의 구축을 지원**하기 위해 필요한 **기능 및 아키텍처를 제공하는 프레임워크**이다.
- 개발 프레임워크의 표준 정립으로 응용 소프트웨어의 표준화, 품질 및 재사용성의 향상을 목적으로 한다.
- 오픈 소스 기반의 범용화를 이룰 수 있다.
- 공개된 기술을 활용함으로써 특정 업체의 종속성을 배제하고 사업별 공통 컴포넌트의 중복 개발을 방지한다.

4 닷넷 프레임워크(.NET Framework)

- 닷넷 프레임워크는 Windows **프로그램의 개발 및 실행 환경을 제공하는 프레임워크**이다.
- Microsoft 사에서 통합 인터넷 전략을 위해 개발하였다.
- 코드 실행을 관리하는 CLR(Common Language Runtime, 공용 언어 런타임)이라는 이름의 가상머신 상에서 작동한다.

필기 22.7, 21.5, 20.9, 20.6

5 소프트웨어 개발 프레임워크의 특성

특성	내용
필기 22.7, 21.5, 20.9, 20.6 모듈화 (Modularity)	• 프레임워크는 캡슐화를 통해 모듈화를 강화하고 설계 및 구현의 변경에 따른 영향을 최소화함으로써 소프트웨어의 품질을 향상시킴 • 프레임워크는 개발 표준에 의한 모듈화로 인해 유지 보수가 용이함
필기 22.7, 21.5, 20.9, 20.6 재사용성 (Reusability)	프레임워크는 재사용* 가능한 모듈들을 제공함으로써 예산 절감, 생산성 향상, 품질 보증이 가능함
필기 22.7, 21.5 확장성 (Extensibility)	프레임워크는 다형성(Polymorphism)*을 통한 인터페이스 확장이 가능하여 다양한 형태와 기능을 가진 애플리케이션 개발이 가능함
제어의 역흐름 (Inversion of Control)	개발자가 관리하고 통제해야 하는 객체들의 제어를 프레임워크에 넘김으로써 생산성을 향상시킴

재사용(Reuse)
재사용은 비용과 개발 시간을 절약하기 위해 이미 개발된 기능들을 파악하고 재구성하여 새로운 시스템 또는 기능 개발에 사용하기 적합하도록 최적화하는 작업입니다.

다형성(Polymorphism)
다형성은 메시지에 의해 객체가 연산을 수행하게 될 때 하나의 메시지에 대해 각각의 객체가 가지고 있는 고유한 방법으로 응답할 수 있는 능력을 의미합니다.

※ 정답 및 해설은 142쪽에 있습니다.

기출 따라잡기 Section 028

필기 20.9, 20.6

문제 1 **다음은 소프트웨어 개발 프레임워크의 특성에 대한 설명이다. 괄호(①, ②)에 들어갈 알맞은 특성을 쓰시오.**

(①)	프레임워크는 다시 사용이 가능한 모듈들을 제공함으로써 예산 절감, 생산성 향상, 품질 보증이 가능하다.
제어의 역흐름	개발자가 관리하고 통제해야 하는 객체들의 제어를 프레임워크에 넘김으로써 생산성을 향상시킨다.
(②)	프레임워크는 캡슐화를 통해 (②)를 강화하고 설계 및 구현의 변경에 따른 영향을 최소화함으로써 소프트웨어의 품질을 향상시킨다.
확장성	프레임워크는 다형성(Polymorphism)을 통한 인터페이스 확장이 가능하여 다양한 형태와 기능을 가진 애플리케이션 개발이 가능하다.

답

• ①　　　　　　　　• ②

필기 23년 7월

문제 2 **다음 설명에 해당하는 소프트웨어를 쓰시오.**

- 개발해야 할 애플리케이션의 일부분이 이미 내장된 클래스 라이브러리로 구현이 되어 있다.
- 따라서, 그 기반이 되는 부분을 찾아 확장 및 이용하는 것으로 볼 수 있다.
- JAVA 기반의 대표적인 소프트웨어로는 스프링(Spring)이 있다.

답 :

출제예상

문제 3 **소프트웨어 개발 프레임워크 중 EJB(Enterprise Java Beans) 기반의 복잡함과 무거움을 극복하고 개발 생산성 향상과 고품질의 시스템 개발을 위한 자바 플랫폼 상의 경량화된 오픈 소스 웹 애플리케이션 프레임워크를 쓰시오.**

답 :

예상문제 은행

문제 1 소프트웨어 개발 방법론 중 프로토타입 모형(Prototype Model)에 대해 간략히 서술하시오.

답 :

문제 2 다음이 설명하는 소프트웨어 개발과 관련된 용어를 쓰시오.

- 소프트웨어 개발 방법론의 바탕이 되는 것으로, 소프트웨어를 개발하기 위한 설계, 운용, 유지보수 등의 과정을 각 단계별로 나눈 것이다.
- 소프트웨어 개발 단계와 각 단계별 주요 활동, 그리고 활동의 결과에 대한 산출물로 표현한다.
- 대표적인 모형에는 폭포수 모형, 프로토타입 모형, 나선형 모형, 애자일 모형 등이 있다.

답 :

문제 3 소프트웨어 생명 주기 모형에 대한 다음 설명에서 괄호에 들어갈 알맞은 용어를 한글 또는 영문으로 쓰시오.

- (   ) 모형은 고객의 요구사항 변화에 유연하게 대응할 수 있도록 일정한 주기를 반복하면서 개발과정을 진행한다.
- 어느 특정 개발 방법론이 아니라 좋은 것을 빠르고 낭비 없게 만들기 위해 고객과의 소통에 초점을 맞춘 방법론을 통칭한다.
- 각 개발주기에서는 고객이 요구사항에 우선순위를 부여하여 개발 작업을 진행한다.
- 소규모 프로젝트, 고도로 숙달된 개발자, 급변하는 요구사항에 적합하다.

답 :

문제 4 개발 방법론과 관련된 다음 설명에서 괄호에 공통으로 들어갈 용어를 한글 또는 영문으로 쓰시오.

> (　　　)은 애자일 모형을 기반으로 하는 팀 중심의 소프트웨어 개발 모형으로, 럭비에서 반칙으로 경기가 중단된 경우 양 팀의 선수들이 럭비공을 가운데 두고 상대팀을 밀치기 위해 서로 대치해 있는 팀 대형인 (　　　)에서 유래하였다. (　　　)은 10명 이하의 팀으로 구성되어 백로그(Backlog)를 기반으로 개발을 진행하며, 스프린트(Sprint)라고 불리는 실제 개발 과정을 2~4주 기간마다 반복한다.

답 :

문제 5 애자일 기반의 개발 방법론과 관련하여 다음 설명에 해당하는 모형이 무엇인지 영문(Fullname 또는 약어)으로 쓰시오.

> - 수시로 발생하는 고객의 요구사항에 유연하게 대응하기 위해 고객의 참여와 개발 과정의 반복을 극대화하여 개발 생산성을 향상시키는 모형이다.
> - 짧고 반복적인 개발 주기, 단순한 설계, 고객의 적극적인 참여를 통해 소프트웨어를 빠르게 개발하는 것을 목적으로 한다.
> - 릴리즈 테스트마다 고객을 직접 참여시킴으로써 요구한 기능이 제대로 작동하는지 고객이 직접 확인할 수 있다.
> - 의사소통(Communication), 단순성(Simplicity), 용기(Courage), 존중(Respect), 피드백(Feedback)을 핵심 가치로 삼는다.

답 :

문제 6 다음은 XP(eXtreme Programming) 개발 방법론의 주요 실천 방법(Practice)에 대한 설명이다. 괄호(①, ②)에 들어갈 가장 적합한 실천 방법을 쓰시오.

실천 방법	내용
(①)	다른 사람과 함께 프로그래밍을 수행함으로써 개발에 대한 책임을 공동으로 나눠 갖는 환경을 조성한다.
Test-Driven Development (테스트 주도 개발)	• 개발자가 실제 코드를 작성하기 전에 테스트 케이스를 먼저 작성하므로 자신이 무엇을 해야 할지를 정확히 파악한다. • 테스트가 지속적으로 진행될 수 있도록 자동화된 테스팅 도구(구조, 프레임워크)를 사용한다.
(②)	개발에 참여하는 모든 구성원(고객 포함)들은 각자 자신의 역할이 있고 그 역할에 대한 책임을 가져야 한다.
Continuous Integration (계속적인 통합)	모듈 단위로 나눠서 개발된 코드들은 하나의 작업이 마무리될 때마다 지속적으로 통합된다.
Refactoring(리팩토링)	프로그램 기능의 변경 없이, 단순화, 유연성 강화 등을 통해 시스템을 재구성한다.
Small Releases (소규모 릴리즈)	릴리즈 기간을 짧게 반복함으로써 고객의 요구 변화에 신속히 대응할 수 있다.

답
- ①
- ②

문제 7 다음은 현행 시스템을 파악하는 과정에서 수행하는 작업들을 그룹별로 묶어 놓은 것이다. 그룹을 작업 순서대로 나열하시오.

〈보기〉

A : 아키텍처 구성 파악, 소프트웨어 구성 파악
B : 하드웨어 구성 파악, 네트워크 구성 파악
C : 시스템 구성 현황 파악, 시스템 기능 파악, 시스템 인터페이스 현황 파악

답 :

문제 8 다음은 현행 시스템 파악 절차 중 하드웨어 구성 파악에 대한 설명이다. 괄호에 공통적으로 들어갈 가장 적합한 용어를 쓰시오.

- 하드웨어 구성에는 단위 업무 시스템들이 운용되는 서버의 주요 사양과 수량, 그리고 (   )의 적용 여부를 명시한다.
- 서버의 (   )란 운용 서버의 장애 시 대기 서버로 서비스를 계속 유지할 수 있도록 운용 서버의 자료 변경이 예비 서버에도 동일하게 복제되도록 관리하는 것으로, 서버의 (   )는 기간 업무의 서비스 기간과 장애 대응 정책에 따라 필요 여부가 결정된다.

답 :

문제 9 다음에 제시된 요구사항을 기능 요구사항과 비기능 요구사항으로 구분하여 기호(㉠~㉣)로 쓰시오.

㉠ 항공편, 탑승객, 예약을 입력하는 방법을 결정해야 한다.
㉡ 티켓과 리포트에 어떤 정보를 표시할지 결정해야 한다.
㉢ 여행사와 고객이 데이터베이스에 접근할 때 어떤 정보를 얻을 수 있는지 결정해야 한다.
㉣ 자주 탑승하는 고객을 서비스하기 위해 시스템을 확장할 수 있도록 설계해야 한다.

답
- ① 기능 요구사항 :
- ② 비기능 요구사항 :

문제 10 요구공학(Requirements Engineering)의 개념을 간략히 서술하시오.

답 :

문제 11 다음은 요구사항 명세 기법에 대한 설명이다. 괄호(①, ②)에 들어갈 알맞은 기법을 쓰시오.

요구사항 명세 기법은 (①) 기법과 (②) 기법으로 구분된다.

구분	(①) 기법	(②) 기법
기법	수학적 원리 기반, 모델 기반	상태/기능/객체 중심
작성법	수학적 기호, 정형화된 표기법	일반 명사, 동사 등의 자연어를 기반으로 서술 또는 다이어그램으로 작성
특징	• 요구사항을 정확하고 간결하게 표현할 수 있음 • 요구사항에 대한 결과가 작성자에 관계없이 일관성이 있으므로 완전성 검증이 가능함 • 표기법이 어려워 사용자가 이해하기 어려움	• 자연어의 사용으로 인해 일관성이 떨어지고, 해석이 달라질 수 있음 • 내용의 이해가 쉬어 의사소통이 용이함

답

- ①
- ②

문제 12 요구사항 개발 프로세스 중 요구사항 확인(Requirement Validation) 단계에서의 활동을 간략히 서술하시오.

답 :

문제 13 다음의 설명과 가장 부합하는 요구사항 개발 프로세스의 단계를 쓰시오.

- 시스템, 사용자, 그리고 시스템 개발에 관련된 사람들이 서로 의견을 교환하여 요구사항이 어디에 있는지, 어떻게 수집할 것인지를 식별하고 이해하는 과정이다.
- 이 단계에서 개발자와 고객 사이의 관계가 만들어지고 이해관계자(Stakeholder)가 식별된다.
- 이 단계에서는 다양한 이해관계자 간의 효율적인 의사소통이 중요하다.
- 소프트웨어 개발 생명 주기(SDLC; Software Development Life Cycle) 동안 지속적으로 반복된다.

답 :

문제 14 요구사항 분석 기법에 대한 다음 설명에서 괄호(①, ②)에 들어갈 알맞은 명칭을 쓰시오.

요구사항 분석에서 자료의 흐름 및 변환 과정과 기능을 도형 중심으로 기술하는 방법을 자료 흐름도라고 한다. 자료 흐름도에서 사용하는 네 가지 기본 기호는 다음과 같다.

프로세스 (Process)	• 자료를 변환시키는 시스템의 한 부분(처리 과정)을 나타내며 처리, 기능, 변환, 버블이라고 한다. • 원이나 둥근 사각형으로 표시하고 그 안에 프로세스 이름을 기입한다.
(①)	• 자료의 이동(흐름)이나 연관관계를 나타낸다. • 화살표 위에 자료의 이름을 기입한다.
(②)	• 시스템에서의 파일, 데이터베이스 등을 나타낸다. • 도형 안에 저장소의 이름을 기입한다.
단말 (Terminator)	• 시스템과 교신하는 외부 개체로, 입력 데이터가 만들어지고 출력 데이터를 받는다. • 도형 안에 이름을 기입한다.

답
- ①
- ②

문제 15 다음 설명에 해당하는 요구사항 분석 방법을 쓰시오.

- 자료의 흐름과 처리를 중심으로 하는 요구사항 분석 방법이다.
- 도형 중심의 분석용 도구와 분석 절차를 이용하여 사용자의 요구사항을 파악하고 문서화한다.
- 자료 흐름도(DFD), 자료 사전(DD), 소단위 명세서 등의 도구를 이용하여 모델링한다.

답 :

문제 16 요구사항 분석용 CASE에 대해 간략히 서술하시오.

답 :

문제 17 HIPO Chart는 시스템의 기능을 여러 개의 고유 모듈로 분할하여 이들 간의 인터페이스를 계층 구조로 표현한 것이다. HIPO Chart 종류 3가지를 쓰시오.

답 :

문제 18 다음은 UML 다이어그램에서 사용되는 관계를 나열한 것이다. 관계 기호(①~④)에 해당하는 명칭을 〈보기〉에서 찾아 기호(㉠~㉣)로 쓰시오.

〈보기〉

㉠ 집합(Aggregation) 관계	㉡ 포함(Composition) 관계
㉢ 일반화(Generalization) 관계	㉣ 의존(Dependency) 관계

답

- ① <·········· :
- ② ◁──── :
- ③ ◆──── :
- ④ ◇──── :

문제 19 UML에 대한 다음 설명에서 괄호(①~③)에 들어갈 알맞은 용어를 쓰시오.

> UML은 시스템 분석, 설계, 구현 등 시스템 개발 과정에서 시스템 개발자와 고객 또는 개발자 상호 간의 의사소통이 원활하게 이루어지도록 표준화한 대표적인 객체지향 모델링 언어로, 사물, (①), 다이어그램으로 이루어져 있다.
> - (①)는 사물과 사물 사이의 연관성을 표현하는 것으로, 연관, 집합, 포함, 일반화 등 다양한 형태의 (①)가 존재한다.
> - (②)는 UML에 표현되는 사물의 하나로, 객체가 갖는 속성과 동작을 표현한다. 일반적으로 직사각형으로 표현하며, 직사각형 안에 이름, 속성, 동작을 표기한다.
> - (③)는 (②)와 같은 UML에 표현되는 사물의 하나로, (②)나 컴포넌트의 동작을 모아놓은 것이며, 외부적으로 가시화되는 행동을 표현한다. 단독으로 사용되는 경우는 없으며, (③) 구현을 위한 (②) 또는 컴포넌트와 함께 사용된다.

답

- ①
- ②
- ③

문제 20 다음은 유스케이스(Use Case) 다이어그램의 일부이다. 제시된 다이어그램에 표현된 관계를 쓰시오.

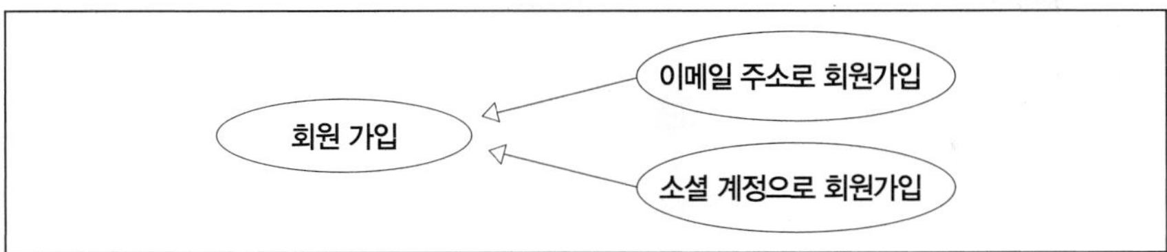

답 :

문제 21 다음은 〈상품대여〉 시스템에 대한 유스케이스 다이어그램과 그에 대한 해석이다. 해석을 참고하여 유스케이스 다이어그램의 괄호(①, ②)에 들어갈 알맞은 내용을 쓰시오.

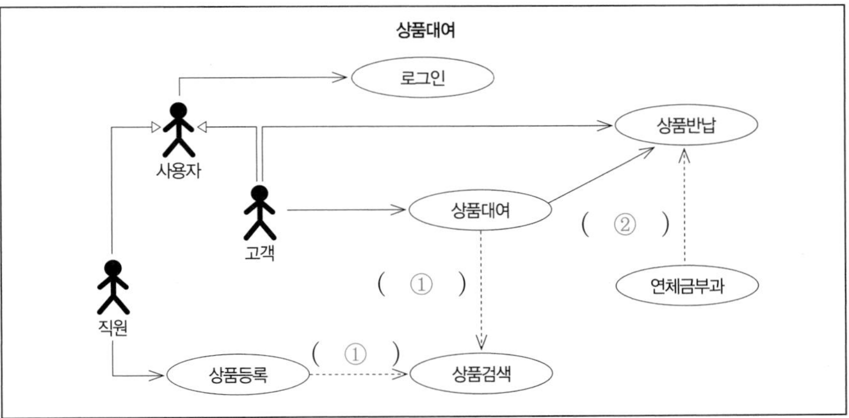

해석

- 사용자는 고객과 직원으로 구분된다.
- 직원은 상품등록 기능을, 고객은 상품대여 기능을, 사용자는 로그인 기능을 사용할 수 있다.
- 직원이 상품등록 기능을, 고객이 상품대여 기능을 사용하려면 상품검색을 수행해야 한다.
- 상품반납 시 반납일이 지난 경우 연체금부과 기능을 수행한다.

답

- ①
- ②

문제 22 다음은 활동(Activity) 다이어그램과 그에 대한 해석이다. 해석을 참고하여 다이어그램의 괄호(①~③)에 들어갈 알맞은 내용을 쓰시오.

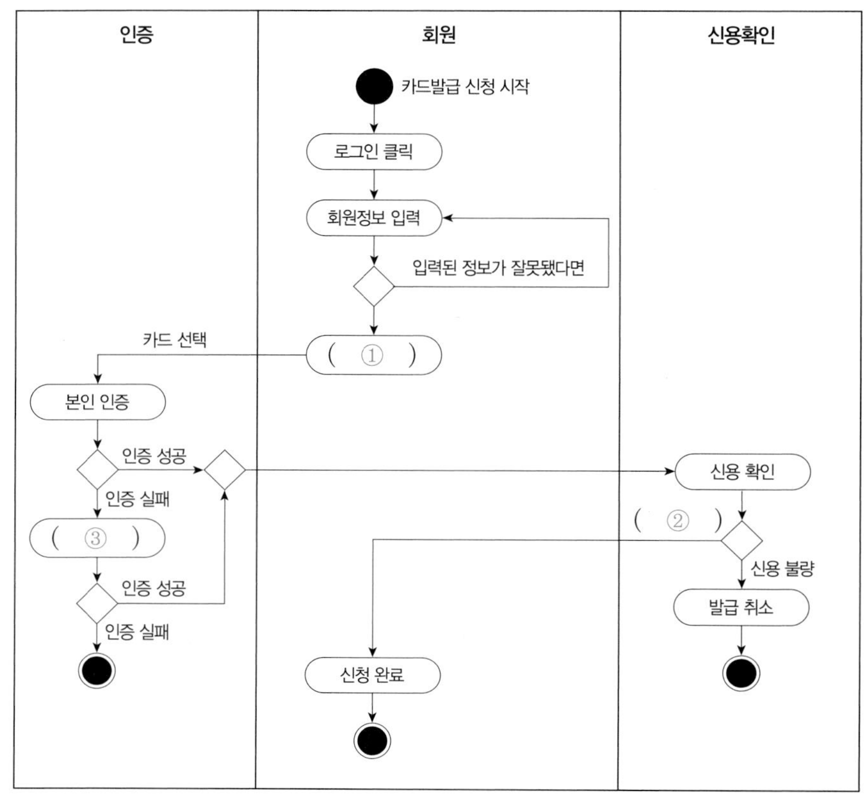

해석

〈회원〉 액터

- 회원이 카드를 신청하기 위해 로그인 단추를 클릭한 후 회원정보를 입력한다.
- 입력된 정보가 잘못됐으면 회원정보를 다시 입력받고, 그렇지 않으면 '카드발급 신청'으로 이동한다.
- 회원이 신청할 카드를 선택하면 '본인 인증'으로 이동한다.
- 카드발급 신청을 완료하고 액티비티를 종료한다.

〈인증〉 시스템
- 회원에 대한 본인 인증을 진행한다.
- 인증에 성공하면 '신용 확인'으로 이동하고, 인증에 실패하면 '인증 재시도'로 이동한다.
- 다시 진행한 본인 인증에 성공하면 '신용 확인'으로 이동하고, 이번에도 인증에 실패하면 액티비티를 종료한다.

〈신용확인〉 시스템
- 회원에 대한 신용 확인을 진행한다.
- 신용 상태가 '신용 양호'로 확인되면 '신청 완료'로 이동하고, 신용 상태가 '신용 불량'으로 확인되면 '발급 취소'로 이동한 후 액티비티를 종료한다.

답
- ①
- ②
- ③

문제 23 다음 괄호에 공통적으로 들어갈 가장 적합한 UML 클래스 다이어그램의 요소를 쓰시오.

- 주석(Note) 도형(▭) 안에 (　　　)을 기술한 후 (　　　)이 적용될 속성이나 오퍼레이션을 점선으로 연결한다.
- 클래스 안에 (　　　)을 기술할 때는 중괄호 { }를 이용한다.

답 :

문제 24 클래스(Class) 다이어그램에서 사용되는 연관 클래스의 개념을 간략히 서술하시오.

답 :

예상문제 은행

문제 25 다음은 순차(Sequence) 다이어그램의 일부와 그에 대한 해석이다. 해석을 참고하여 다이어그램의 괄호에 들어갈 알맞은 내용을 쓰시오.

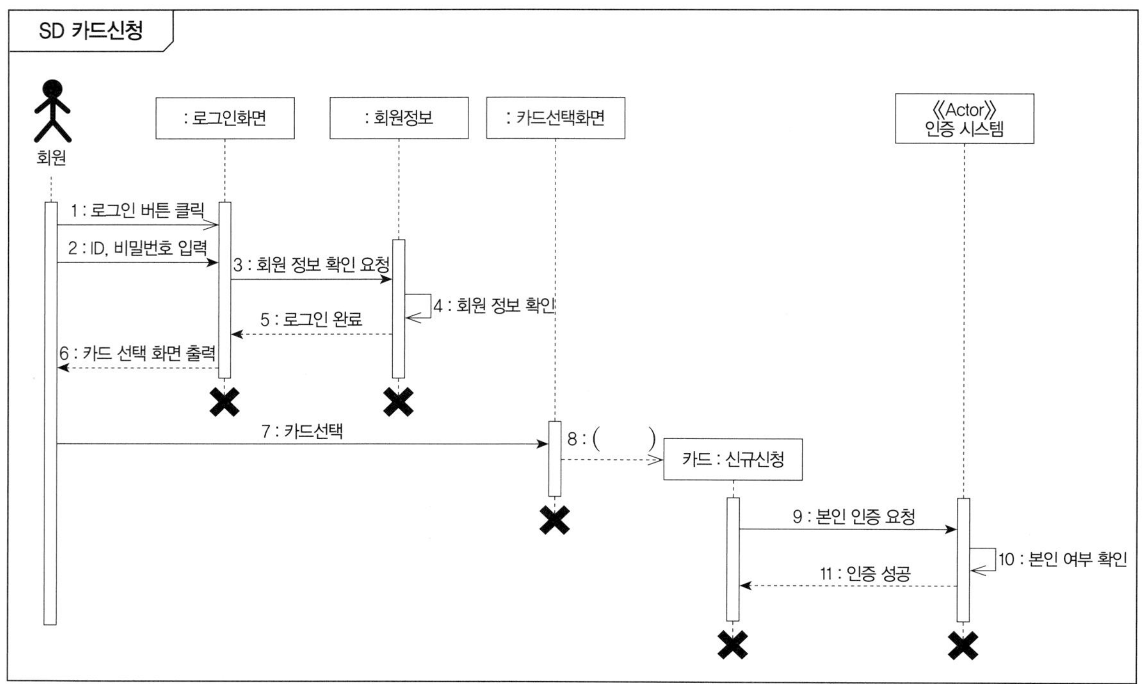

해석

〈회원〉 액터
- 로그인 버튼을 클릭한다.
- ID와 비밀번호를 입력한다.
- 로그인이 완료되면 카드 선택 화면에서 신청할 카드를 선택한다.

〈카드선택화면〉 객체

〈회원〉이 신청할 카드를 선택하면 선택된 카드에 대한 〈카드 : 신규신청〉 객체를 생성한 후 소멸된다.

〈카드 : 신규신청〉 객체
- "신청생성" 메시지를 받으면 새로운 객체로 생성된다.
- 〈인증 시스템〉에게 회원에 대한 본인 인증을 요청한다.
- 회원에 대한 인증이 성공하면 소멸된다.

답 :

문제 26 다음에 제시된 항목 중에서 UML의 순차(Sequence) 다이어그램과 관계된 것만 골라 쓰시오.

Object, Lifeline, Active Box, Swimlane, Message, Frame

답 :

문제 27 다음 설명에 가장 적합한 UML 순차(Sequence) 다이어그램의 요소를 쓰시오.

- 객체가 메모리에 존재하는 기간으로, 객체 아래쪽에 점선을 그어 표현한다.
- 객체 소멸이 표시된 기간까지 존재한다.

답 :

문제 28 다음은 회원의 카드 발급 신청 과정을 표현한 커뮤니케이션 다이어그램이다. '회원' 액터와 직접적으로 관계된 객체를 모두 쓰시오.

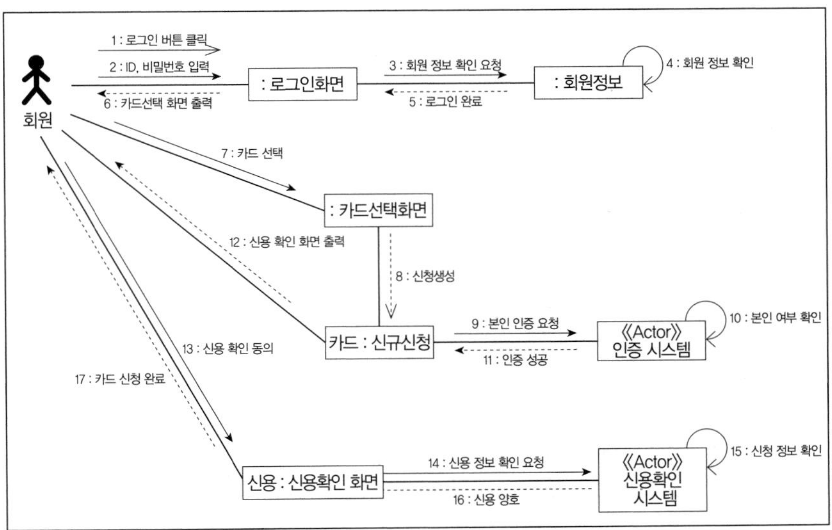

답 :

예상문제 은행

문제 29 다음은 본인인증 객체의 상태 변화를 표현한 상태(State) 다이어그램과 그에 대한 해석이다. 해석을 참고하여 다이어그램의 괄호(①~④)에 들어갈 알맞은 내용을 쓰시오.

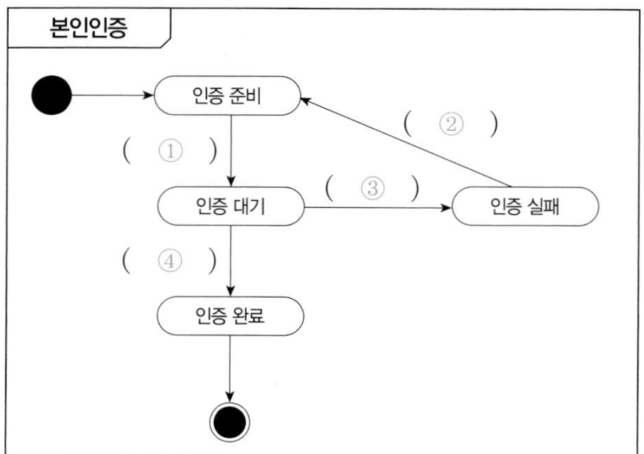

해석

〈인증 준비〉 상태의 상태 변화
- 본인 인증 과정이 시작되면 객체는 〈인증 준비〉 상태로 전환된다.
- '본인정보 입력' 이벤트에 의해 〈인증 대기〉 상태로 전환된다.

〈인증 대기〉 상태의 상태 변화
- '본인정보 입력' 이벤트에 의해 〈인증 대기〉 상태로 전환된다.
- '정보 일치' 이벤트에 의해 〈인증 완료〉 상태로 전환된다.
- '정보 불일치' 이벤트에 의해 〈인증 실패〉 상태로 전환된다.

〈인증 실패〉 상태의 상태 변화
- '정보 불일치' 이벤트에 의해 〈인증 실패〉 상태로 전환된다.
- '인증 재시도' 이벤트에 의해 〈인증 준비〉 상태로 전환된다.

〈인증 완료〉 상태의 상태 변화

'정보 일치' 이벤트에 의해 〈인증 완료〉 상태로 전환된다.

답

- ①
- ②
- ③
- ④

문제 30 다음이 설명하고 있는 소프트웨어 개발 방법론이 무엇인지 쓰시오.

- 현실 세계의 개체를 기계의 부품처럼 하나의 객체로 만들어, 소프트웨어를 개발할 때 기계의 부품을 조립하듯이 객체들을 조립해서 필요한 소프트웨어를 구현하는 방법론이다.
- 구조적 기법의 문제점으로 인한 소프트웨어 위기의 해결책으로 채택되었다.
- 구성 요소에는 객체, 클래스, 메시지 등이 있다.
- 기본 원칙에는 캡슐화, 정보 은닉, 추상화, 상속성, 다형성 등이 있다.

답 :

문제 31 다음은 정보공학 개발 방법론의 수행 절차를 나열한 것이다. 괄호에 들어갈 알맞은 답을 쓰시오.

정보 전략 계획 수립 단계 → (　　　) 단계 → (　　　) 단계 → 업무 시스템 구축 단계

답 :

문제 32 소프트웨어 재사용(Software Reuse)의 개념을 간략히 서술하시오.

답 :

문제 33 비용 산정 기법 중 소프트웨어 각 기능의 원시 코드 라인 수의 비관치, 낙관치, 기대치를 측정하여 예측치를 구하고 이를 이용하여 비용을 산정하는 기법은 무엇인지 쓰시오.

답 :

문제 34 다음이 설명하고 있는 알맞은 용어를 쓰시오.

- 새로운 요구에 맞도록 기존 시스템을 이용하여 보다 나은 시스템을 구축하고, 새로운 기능을 추가하여 소프트웨어 성능을 향상시키는 것이다.
- 유지보수 비용이 소프트웨어 개발 비용의 대부분을 차지하는 문제를 염두에 두어 기존 소프트웨어의 데이터와 기능들의 개조 및 개선을 통해 유지보수성과 품질을 향상시키려는 기술이다.
- 장점은 다음과 같다.
  - 소프트웨어의 품질 향상
  - 소프트웨어의 생산성 증가
  - 소프트웨어의 수명 연장
  - 소프트웨어의 오류 감소

답 :

문제 35 LOC 기법에 의하여 예측된 총 라인수가 36,000 라인, 개발에 참여할 프로그래머가 6명, 프로그래머들의 평균 생산성이 월간 400 라인일 때 개발에 소요되는 기간을 계산식과 함께 쓰시오.

답
- 계산식 :
- 답 :

문제 36 COCOMO 모델은 보헴(Boehm)이 제안한 것으로, 원시 프로그램의 규모인 LOC(원시 코드 라인 수)에 의한 비용 산정 기법이다. COCOMO 모델의 3가지 프로젝트 유형을 쓰시오.

답 :

문제 37 소프트웨어 비용 산정 기법 중 Rayleigh-Norden 곡선의 노력 분포도를 이용한 프로젝트 비용 산정 기법이 무엇인지 쓰시오.

답 :

문제 38 다음은 COCOMO 모형의 종류에 대한 설명이다. 괄호(①, ②)에 들어갈 알맞은 종류를 쓰시오.

(①) COCOMO	소프트웨어의 크기(생산 코드 라인 수)와 개발 유형만을 이용하여 비용을 산정한다.
중간형 COCOMO	(①) COCOMO의 공식을 토대로 사용하나, 제품의 특성, 컴퓨터의 특성, 개발 요원의 특성, 프로젝트 특성에 의해 비용을 산정한다.
(②) COCOMO	중간형 COCOMO를 보완하여 만들어진 방법으로 개발 공정별로 보다 자세하고 정확하게 노력을 산출하여 비용을 산정하는 모형이다.

답
- ①
- ②

문제 39 다음이 설명하고 있는 프로젝트 일정 계획 관련 용어를 쓰시오.

- 프로젝트 완성에 필요한 작업을 나열하고 작업에 필요한 소요 기간을 예측하는데 사용하는 기법이다.
- 노드에서 작업을 표시하고 간선은 작업 사이의 전후 의존 관계를 나타낸다.
- 원형 노드는 각 작업을, 박스 노드는 이정표를 의미하며, 간선을 나타내는 화살표의 흐름에 따라 각 작업이 진행된다.

답 :

문제 40 다음은 SPICE의 프로세스 수행 능력 단계를 순서대로 나열한 것이다. 괄호에 들어갈 알맞은 단계를 쓰시오.

불완전 → ( ) → 관리 → ( ) → ( ) → 최적화

답 :

문제 41 다음은 CPM(Critical Psth Method) 네트워크이다. 임계 경로의 소요 기일을 구하시오.

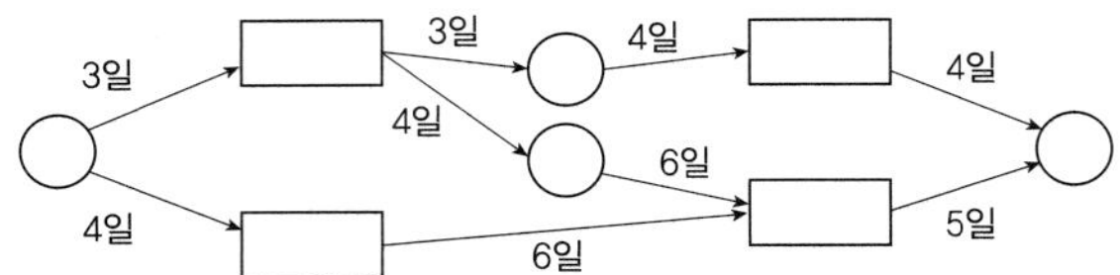

답 :

문제 42 다음은 프로젝트 관리(Project Management) 유형에 대한 설명이다. 괄호(①, ②)에 들어갈 알맞은 유형을 쓰시오.

관리 유형	주요 내용
품질 관리	품질 계획, 품질 보증 수행, 품질 통제 수행
(①)	프로젝트 팀 편성, 자원 산정, 프로젝트 조직 정의, 프로젝트 팀 개발, 자원 통제, 프로젝트 팀 관리
위험 관리	위험 식별, 위험 평가, 위험 대처, 위험 통제
비용 관리	비용 산정, 비용 예산 편성, 비용 통제
(②)	작업 순서, 작업 기간 산정, 일정 개발, 일정 통제

답

- ①
- ②

문제 43 소프트웨어 개발 표준 중 SPICE(소프트웨어 처리 개선 및 능력 평가 기준)의 개념을 간략히 서술하시오.

답 :

문제 44 다음 표는 SPICE의 5개 프로세스 범주를 설명한 것이다. 괄호(①, ②)에 들어갈 알맞은 범주를 쓰시오.

범주	특징
고객-공급자 프로세스	• 소프트웨어를 개발하여 고객에게 전달하는 것을 지원하고, 소프트웨어의 정확한 운용 및 사용을 위한 프로세스로 구성된다. • 구성 요소는 인수, 공급, 요구 도출, 운영이고, 프로세스 수는 10개이다.
(①)	• 시스템과 소프트웨어 제품의 명세화, 구현, 유지보수를 하는데 사용되는 프로세스로 구성된다. • 구성 요소는 개발, 소프트웨어 유지보수이고, 프로세스 수는 9개이다.
(②)	• 소프트웨어 생명 주기에서 다른 프로세스에 의해 이용되는 프로세스로 구성된다. • 구성 요소는 문서화, 형상, 품질 보증, 검증 등이고, 프로세스 수는 8개이다.
관리 프로세스	• 소프트웨어 생명 주기에서 프로젝트 관리자에 의해 사용되는 프로세스로 구성된다. • 구성 요소는 관리, 프로젝트 관리, 품질 및 위험 관리이고, 프로세스 수는 4개이다.
조직 프로세스	• 조직의 업무 목적 수립과 조직의 업무 목표 달성을 위한 프로세스로 구성된다. • 구성 요소는 조직 배치, 인력 관리, 측정 도구 등이고, 프로세스 수는 9개이다.

답

- ①
- ②

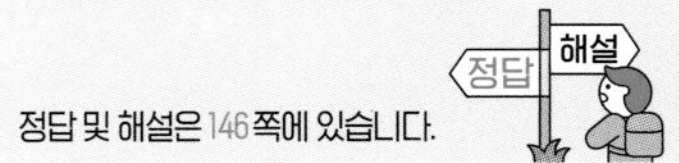

정답 및 해설은 146쪽에 있습니다.

문제 45 다음은 소프트웨어 개발 방법론 테일러링 작업 시 고려해야 할 사항들을 내부적 기준과 외부적 기준으로 분류하여 설명한 것이다. 괄호(①, ②)에 들어갈 알맞은 기준을 쓰시오.

내부적 기준	• 목표 환경 : 시스템의 개발 환경과 유형이 서로 다른 경우 • 요구사항 : 프로젝트에서 우선적으로 고려할 요구사항이 서로 다른 경우 • (①) 규모 : 비용, 인력, 기간 등 (①)의 규모가 서로 다른 경우 • 보유 기술 : 프로세스, 개발 방법론, 산출물, 구성원의 능력 등이 서로 다른 경우
외부적 기준	• 법적 제약사항 : 프로젝트별로 적용될 IT Compliance가 서로 다른 경우 • (②) 기준 : 금융, 제도 등 분야별 (②) 기준이 서로 다른 경우

답

• ①

• ②

문제 46 대한민국의 공공부문 정보화 사업 시 사용하는 플랫폼별 표준화된 개발 프레임워크로서, 응용 소프트웨어의 표준화, 품질 및 재사용성의 향상을 목표로 하는 소프트웨어 개발 프레임워크를 쓰시오.

답 :

문제 47 마이크로소프트사에서 개발한 윈도우 프로그램 개발 및 실행 환경을 제공하는 프레임워크로, 네트워크 작업, 인터페이스 등의 많은 작업을 캡슐화하였고, 공통 언어 런타임(Common Language Runtime)이라는 이름의 가상머신 위에서 작동하는 소프트웨어 개발 프레임워크를 쓰시오.

답 :

1장 요구사항 확인 정답

[답안 작성 방법 안내]
'운영체제(OS; Operation System)'처럼 한글과 영문으로 제시되어 있는 경우 '운영체제', 'OS', 'Operation System' 중 1가지만 쓰면 됩니다.

Section 001

[문제 1]
애자일(Agile)

[문제 2]
소프트웨어 공학(Software Engineering)

[문제 3]
폭포수 모형(Waterfall Model)

[문제 4]
나선형 모형(Spiral Model)

[문제 5]
계획 수립, 위험 분석, 개발 및 검증, 고객 평가

[문제 6]
㉠, ㉡, ㉢

Section 002

[문제 1]
스크럼(Scrum)

[문제 2]
스프린트(Sprint)

[문제 3]
㉤ → ㉠ → ㉢ → ㉣ → ㉡

Section 003

[문제 1]
리팩토링의 목적은 프로그램을 쉽게 이해하고 수정하여 빠르게 개발할 수 있도록 하기 위함이다.

[문제 2]
※ 순서가 바뀌어도 관계 없습니다.
① 단순성(Simplicity) ② 존중(Respect)

[문제 3]
㉡, ㉢, ㉣

Section 004

[문제 1]

※ 순서가 바뀌어도 관계 없습니다.

① 가용성 ② 상호 호환성

[문제 2]

웹 애플리케이션 서버(WAS; Web Application Server)

[문제 3]

오픈 소스(Open Source)

Section 005

[문제 1]

요구사항(Requirement)

[문제 2]

① 기능 ② 비기능

[문제 3]

① ㉣ ② ㉠, ㉡, ㉢

• ㉣ 시스템이 수행해야 하는 기능에 대한 것이므로 기능 요구사항에 해당합니다.
• ㉠ 성능, 품질 요구사항, ㉡ 안전, 보안 요구사항, ㉢ 성능 요구사항으로 비기능 요구사항에 해당합니다.

[문제 4]

기능 요구사항(Functional Requirement), 비기능 요구사항(Non-functional Requirement), 사용자 요구사항(User Requirement), 시스템 요구사항(System Requirement)

Section 006

[문제 1]

㉠, ㉡, ㉣

[문제 2]

정형 명세 기법

[문제 3]

㉠, ㉣, ㉢, ㉡

[문제 4]

요구사항 분석(Requirement Analysis)

[문제 5]

요구사항 명세는 분석된 요구사항을 바탕으로 모델을 작성하고 문서화하는 것이다.

Section 007

[문제 1]

요구사항 분석(Requirement Analysis)

[문제 2]
자료 흐름도(DFD; Data Flow Diagram)

[문제 3]
프로세스(Process), 자료 흐름(Flow), 자료 저장소(Data Store), 단말(Terminator)

[문제 4]
① ( ) ② [ ] ③ { }

[문제 5]
소단위 명세서, 자료 사전, 자료 흐름도(DFD)

Section 008

[문제 1]
SADT

[문제 2]
HIPO

[문제 3]
SADT, SREM, PSL/PSA, TAGS

Section 009

[문제 1]
사물(Things), 관계(Relationship), 다이어그램(Diagram)

[문제 2]
UML(Unified Modeling Language)

[문제 3]
① 구조 사물(Structural Things) ② 주해 사물(Annotation Things)

Section 010

[문제 1]
① ㉡ ② ㉢ ③ ㉠

[문제 2]
① Aggregation ② Generalization

Section 011

[문제 1]
상태 다이어그램(State Diagram)

[문제 2]
① ㉣, ㉤, ㉥, ㉦ ② ㉠, ㉡, ㉢

[문제 3]
≪≫

[문제 4]

컴포넌트 다이어그램(Component Diagram), 배치 다이어그램(Deployment Diagram)

[문제 5]

배치 다이어그램(Deployment Diagram)

[문제 6]

클래스 다이어그램(Class Diagram)

[문제 7]

① 순차 다이어그램(Sequence Diagram) ② 상태 다이어그램(State Diagram)

Section 012

[문제 1]

유스케이스(Use Case)

[문제 2]

① 도서대출 ② 도서관리 ③ ≪include≫

③
- 사용자가 '도서대출' 기능을 사용하거나 관리자가 '도서관리' 기능을 사용하려면 먼저 '도서검색' 기능을 수행해야 합니다. 이와 같이 두 개 이상의 유스케이스에 공통적으로 적용되는 기능을 분리하여 새로운 유스케이스로 만든 경우, 원래의 유스케이스와 새롭게 분리된 유스케이스와의 관계를 포함(Include) 관계라고 합니다.
- 포함 관계는 원래의 유스케이스에서 포함되는 유스케이스 쪽으로 점선 화살표를 연결한 후 화살표 위에 ≪Include≫라고 표기합니다.

[문제 3]

시스템(System) 또는 시스템 범위(System Scope), 액터(Actor), 유스케이스(Use Case), 관계(Relationship)

Section 013

[문제 1]

활동 다이어그램(Activity Diagram)

[문제 2]

스윔레인(Swim Lane)

[문제 3]

① 조건(판단) 노드 ② 포크(Fork) 노드

[문제 4]

액션(Action)은 더 이상 분해할 수 없는 단일 작업이고, 액티비티(Activity)는 몇 개의 액션으로 분리될 수 있는 작업이다.

Section 014

[문제 1]

클래스 다이어그램(Class Diagram)

[문제 2]

클래스(Class)

[문제 3]
연관 클래스

Section 015

[문제 1]
생명선, 실행 상자, 메시지

[문제 2]
순차 다이어그램(Sequence Diagram)

[문제 3]
실행 상자(Active Box)

Section 016

[문제 1]
커뮤니케이션 다이어그램(Communication Diagram)

[문제 2]
링크(Link)

Section 017

[문제 1]
상태 다이어그램(State Diagram)

[문제 2]
- '재고 없음' 이벤트에 의해 〈재고 확인 실패〉 상태로 전환된다.
- '상품 재선택' 이벤트에 의해 〈주문 상품 선택〉 상태로 전환된다.

Section 018

[문제 1]
패키지

Section 019

[문제 1]
컴포넌트 기반(CBD) 방법론

[문제 2]
요구사항, 설계, 구현

[문제 3]
구조적 방법론

Section 020

[문제 1]

① 합성 중심(Composition–Based)　　② 생성 중심(Generation–Based)

[문제 2]

CASE

[문제 3]

소프트웨어 재공학은 기존 시스템을 이용하여 보다 나은 시스템을 구축하고, 새로운 기능을 추가하여 소프트웨어 성능을 향상시키는 것이다.

[문제 4]

소프트웨어 재사용(Software Reuse)

Section 021

[문제 1]

전문가 감정 기법

[문제 2]

델파이 기법

Section 022

[문제 1]

- 계산식 : (30,000 / 300) / 5 = 20
- 답 : 20개월

LOC 기법에서 개발 기간은 '노력(인월) / 투입 인원'이고, 노력(인월)은 'LOC(총 라인 수) / 1인당 월평균 생산 코드 라인 수'이므로 '(LOC / 1인당 월평균 생산 코드 라인 수) / 투입 인원'에 값을 대입하면 답을 구할 수 있습니다.

[문제 2]

개발 단계별 인월수 기법

[문제 3]

- 계산식 : 40PM × 1,000,000 = 40,000,000
- 답 : 40,000,000

개발 비용(총 인건비)은 '노력(인월) × 단위 비용(1인당 월평균 인건비)'이므로 40PM × 1,000,000 = 40,000,000 즉 4천만 원이 됩니다.

Section 023

[문제 1]

기능 점수(FP)

[문제 2]

① 내장형(Embedded Mode)　　② 조직형(Organic Mode)

[문제 3]

Putnam 모형은 소프트웨어 생명 주기의 전 과정 동안에 사용될 노력의 분포를 예상하는 모형이다.

[문제 4]
COCOMO(COnstructive COst MOdel) 모형

[문제 5]
SLIM

Section 024

[문제 1]
14일

임계 경로는 최장 경로를 의미합니다. 문제에 제시된 그림을 보고 각 경로에 대한 소요 기일을 계산한 후 가장 오래 걸린 기일을 찾으면 됩니다.

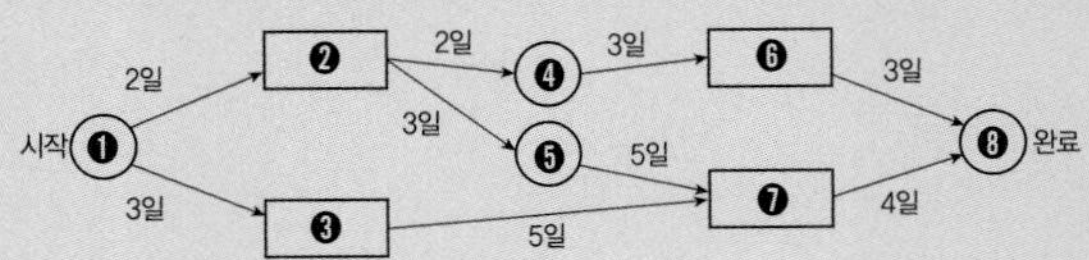

- 경로 1 : ❶ → ❷ → ❹ → ❻ → ❽
  = 2 + 2 + 3 + 3 = 10일
- 경로 2 : ❶ → ❷ → ❺ → ❼ → ❽
  = 2 + 3 + 5 + 4 = 14일
- 경로 3 : ❶ → ❸ → ❼ → ❽ = 3 + 5 + 4 = 12일

그러므로 임계 경로는 경로 2이며, 소요 기일은 14일입니다.

[문제 2]
PERT(프로그램 평가 및 검토 기술)

[문제 3]
간트 차트

Section 025

[문제 1]
인력 관리

[문제 2]
인력 관리, 품질 관리, 위험 관리, 일정 관리, 비용 관리

[문제 3]
소프트웨어 프로젝트 관리는 주어진 기간 내에 최소의 비용으로 사용자를 만족시키는 시스템을 개발하기 위한 전반적인 활동이다.

Section 026

[문제 1]
관리(Managed), 정의(Defined), 정량적 관리(Quantitatively Managed)

[문제 2]
SPICE

[문제 3]
ISO/IEC 12207

[문제 4]
CMMI는 소프트웨어 개발 조직의 업무 능력 및 조직의 성숙도를 평가하는 모델이다.

Section 027

[문제 1]
① 요구사항, 보유 기술, 목표 환경, 프로젝트 규모 ② 법적 제약사항, 표준 품질 기준

[문제 2]
소프트웨어 개발 방법론 테일러링은 소프트웨어 개발 방법론의 절차, 사용기법 등을 수정 및 보완하는 작업이다.

Section 028

[문제 1]
① 재사용성(Reusability) ② 모듈화(Modularity)

[문제 2]
소프트웨어 개발 프레임워크

[문제 3]
스프링 프레임워크(Spring Framework)

예상문제은행 1장 요구사항 확인 정답

[문제 01]
프로토타입은 개발될 소프트웨어에 대한 견본품을 만들어 최종 결과물을 예측하는 모형이다.

[문제 02]
소프트웨어 생명 주기(Software Life Cycle)

[문제 03]
애자일(Agile)

[문제 04]
스크럼(Scrum)

[문제 05]
XP(eXtreme Programming)

[문제 06]
① Pair Programming(짝 프로그래밍) ② Whole Team(전체 팀)

[문제 07]
C → A → B

[문제 08]
이중화(Replication)

[문제 09]
① ㉠, ㉡, ㉢　　② ㉣

- ㉠은 입력 기능, ㉡, ㉢은 출력 기능으로 기능 요구사항에 해당합니다.
- ㉣은 확장성에 대한 것으로 비기능 요구사항에 해당합니다.

[문제 10]
요구공학은 요구사항을 정의하고, 분석 및 관리하는 프로세스를 연구하는 학문이다.

[문제 11]
① 정형 명세　　② 비정형 명세

[문제 12]
요구사항 확인은 요구사항 명세서가 정확하고 완전하게 작성되었는지를 검토하는 활동이다.

[문제 13]
요구사항 도출(Requirement Elicitation)

[문제 14]
① 자료 흐름(Data Flow)　　② 자료 저장소(Data Store)

[문제 15]
구조적 분석 기법

[문제 16]
요구사항 분석용 CASE는 요구사항을 자동으로 분석하고, 요구사항 분석 명세서를 기술하도록 개발된 도구이다.

[문제 17]
가시적 도표(Visual Table of Contents), 총체적 도표(Overview Diagram), 세부적 도표(Detail Diagram)

[문제 18]
① ㉣　　② ㉢　　③ ㉡　　④ ㉠

[문제 19]
① 관계(Relationship)　　② 클래스(Class)　　③ 인터페이스(Interface)

[문제 20]
일반화(Generalization) 관계

문제에 제시된 관계는 '이메일 주소로 회원가입'과 '소셜 계정으로 회원가입'이라는 하위 유스케이스가 '회원가입'이라는 상위 유스케이스로 일반화되는 관계입니다. 이는 "'회원가입'의 종류에는 '이메일 주소로 회원가입'과 '소셜 계정으로 회원가입'이 있다."라고 해석할 수 있습니다.

[문제 21]

① 《include》 ② 《extends》

①

- 직원이 '상품등록' 기능을 사용하거나 고객이 '상품대여' 기능을 사용하려면 먼저 '상품검색' 기능을 사용해야 합니다. 이와 같이 두 개 이상의 유스케이스에 공통적으로 적용되는 기능을 분리하여 새로운 유스케이스로 만든 경우, 원래의 유스케이스와 새롭게 분리된 유스케이스와의 관계를 포함(Include) 관계라고 합니다.
- 포함 관계는 원래의 유스케이스에서 새롭게 만든 포함된 유스케이스 쪽으로 점선 화살표를 연결한 후 화살표 위에 ≪include≫라고 표기합니다.

②

- 고객이 상품반납 기능을 수행할 때 반납일이 지난 경우에는 연체금부과 기능을 수행해야 하므로 '상품반납' 유스케이스는 '연체금부과' 유스케이스와 확장(Extend) 관계에 있습니다.
- 확장 관계는 확장될 유스케이스에서 원래의 유스케이스 쪽으로 점선 화살표를 연결한 후 화살표 위에 ≪extends≫라고 표기합니다.

[문제 22]

① 카드발급 신청 ② 신용 양호 ③ 인증 재시도

[문제 23]

제약조건

[문제 24]

연관 클래스는 연관 관계에 있는 클래스 사이에 추가적으로 표현해야 할 속성이나 오퍼레이션이 있는 경우 생성하는 클래스이다.

[문제 25]

신청생성

〈카드 : 신규신청〉 객체에 대한 설명에서 '"신청생성" 메시지를 받으면 새로운 객체로 생성된다.'는 내용을 통해 답을 유추할 수 있습니다.

[문제 26]

Object, Lifeline, Active Box, Message, Frame

[문제 27]

생명선(Lifeline)

[문제 28]

로그인화면, 카드선택화면, 카드 : 신규신청, 신용 : 신용확인 화면

- '회원' 액터와 직접적으로 관계된 객체는 '로그인화면', '카드선택화면', '카드 : 신규신청', '신용 : 신용확인 화면'입니다.
- '회원정보' 객체는 '로그인화면' 객체와 직접적으로 관계되어 있습니다.
- '인증 시스템' 액터는 '카드 : 신규신청' 객체와 직접적으로 관계되어 있습니다.
- '신용확인 시스템' 액터는 '신용 : 신용확인 화면' 객체와 직접적으로 관계되어 있습니다.

[문제 29]

① 본인정보 입력 ② 인증 재시도 ③ 정보 불일치 ④ 정보 일치

[문제 30]

객체지향 방법론

[문제 31]
업무 영역 분석, 업무 시스템 설계

[문제 32]
소프트웨어 재사용은 이미 개발되어 인정받은 소프트웨어를 다른 소프트웨어 개발이나 유지에 사용하는 것이다.

[문제 33]
LOC(원시 코드 라인 수) 기법

[문제 34]
소프트웨어 재공학(Software Reengineering)

[문제 35]
- 계산식 : (36,000 / 400) / 6 = 15
- 답 : 15개월

LOC 기법에서 개발 기간은 '노력(인월) / 투입 인원'이고, 노력(인월)은 'LOC(총 라인 수) / 1인당 월평균 생산 코드 라인 수'이므로 '(LOC / 1인당 월평균 생산 코드 라인 수) / 투입 인원'에 값을 대입하면 답을 구할 수 있습니다.

[문제 36]
조직형(Organic Mode), 반분리형(Semi-Detached Mode), 내장형(Embedded Mode)

[문제 37]
Putnam 모형

[문제 38]
① 기본형(Basic)　　② 발전형(Detailed)

[문제 39]
CPM(임계 경로 기법)

[문제 40]
수행(Performed), 확립(Established), 예측(Predictable)

[문제 41]
18일

임계 경로는 최장 경로를 의미합니다. 문제에 제시된 그림을 보고 각 경로에 대한 소요 기일을 계산한 후 가장 오래 걸린 기일을 찾으면 됩니다.

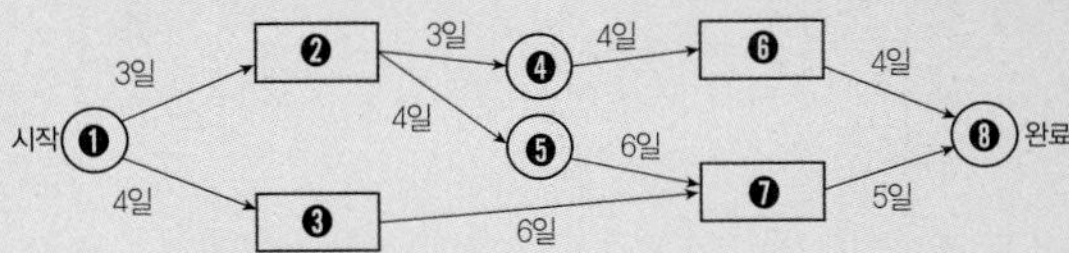

- 경로 1 : ❶ → ❷ → ❹ → ❻ → ❽
  = 3 + 3 + 4 + 4 = 14일
- 경로 2 : ❶ → ❷ → ❺ → ❼ → ❽
  = 3 + 4 + 6 + 5 = 18일
- 경로 3 : ❶ → ❸ → ❼ → ❽ = 4 + 6 + 5 = 15일

그러므로 임계 경로는 경로 2이며, 소요 기일은 18일입니다.

[문제 42]
① 인력 관리　　② 일정 관리

[문제 43]
SPICE는 소프트웨어의 품질 및 생산성 향상을 위해 소프트웨어 프로세스를 평가 및 개선하는 국제 표준이다.

[문제 44]
① 공학 프로세스　　② 지원 프로세스

[문제 45]
① 프로젝트　　② 표준 품질

[문제 46]
전자정부 프레임워크

[문제 47]
닷넷 프레임워크(.NET Framework)

2 장

데이터 입·출력 구현

SECTION 029

데이터베이스 개요

전문가의 조언
데이터베이스와 관련된 내용은 이번 장 전체에 걸쳐 자세하게 다루고 있습니다. 여기서는 제시된 용어들의 정의와 간단한 특징들만 정리하고 넘어가세요.

1 데이터저장소

- 데이터저장소는 데이터들을 논리적인 구조로 조직화하거나, 물리적인 공간에 구축한 것을 의미한다.
- 논리 데이터저장소는 데이터 및 데이터 간의 연관성, 제약조건을 식별하여 논리적인 구조로 조직화한 것이다.
- 물리 데이터저장소는 논리 데이터저장소를 소프트웨어가 운용될 환경의 물리적 특성을 고려하여 실제 저장장치에 저장한 것을 의미한다.

전문가의 조언
데이터베이스의 정의는 여러 사람에 의해 **공동**으로 사용될 데이터를 중복을 배제하여 **통합**하고, 쉽게 접근하여 처리할 수 있도록 저장장치에 **저장**하여 항상 사용할 수 있도록 운영하는 **운영** 데이터라고 생각하면 쉽습니다.

2 데이터베이스(Database)

- 데이터베이스는 여러 사람에 의해 **공동으로 사용될 데이터를 중복을 배제하여 통합하고**, 쉽게 접근하여 처리할 수 있도록 **저장장치에 저장하여 항상 사용할 수 있도록 운영하는 운영 데이터**이다.
- 데이터베이스는 다음과 같이 구분하여 정의할 수 있다.
  - 통합된 데이터(Integrated Data) : 자료의 중복을 배제한 데이터의 모임
  - 저장된 데이터(Stored Data) : 컴퓨터가 접근할 수 있는 저장 매체에 저장된 자료
  - 운영 데이터*(Operational Data) : 조직의 고유한 업무를 수행하는 데 반드시 필요한 자료
  - 공용 데이터(Shared Data) : 여러 응용 시스템들이 공동으로 소유하고 유지하는 자료

운영 데이터
단순한 입·출력 자료나 작업 처리상 일시적으로 필요한 임시 자료는 운영 자료로 취급되지 않습니다.

전문가의 조언
MS-Office 프로그램에 포함되어 있는 액세스 프로그램도 DBMS의 한 종류입니다. DBMS의 정의와 필수 기능 세 가지를 꼭 알고 넘어가세요.

필기 23.2

3 DBMS(DataBase Management System; 데이터베이스 관리 시스템)

- DBMS는 **사용자의 요구에 따라 정보를 생성해주고, 데이터베이스를 관리해주는 소프트웨어**이다.
- 기존의 파일 시스템이 갖는 데이터의 종속성과 중복성의 문제를 해결하기 위해 제안된 시스템이다.

• DBMS의 필수 기능 3가지

정의(Definition) 기능	데이터의 형(Type)과 구조에 대한 정의, 이용 방식, 제약 조건 등을 명시하는 기능
조작(Manipulation) 기능	데이터 검색, 갱신, 삽입, 삭제 등을 위해 인터페이스 수단을 제공하는 기능
제어(Control) 기능	데이터의 무결성, 보안, 권한 검사, 병행 제어를 제공하는 기능

4 데이터의 독립성

데이터의 독립성은 종속성에 대비되는 말로 논리적 독립성과 물리적 독립성이 있다.

논리적 독립성	응용 프로그램과 데이터베이스를 독립시킴으로써, 데이터의 논리적 구조를 변경시키더라도 응용 프로그램은 영향을 받지 않음
물리적 독립성	응용 프로그램과 보조기억장치 같은 물리적 장치를 독립시킴으로써, 디스크를 추가/변경하더라도 응용 프로그램은 영향을 받지 않음

23.4, 20.10, 필기 21.3, 20.9

5 스키마(Schema)

스키마는 **데이터베이스의 구조와 제약조건에 관한 전반적인 명세를 기술한 것**이다.

종류	내용
23.4 외부 스키마	사용자나 응용 프로그래머가 각 개인의 입장에서 필요로 하는 데이터베이스의 논리적 구조를 정의한 것
23.4, 필기 21.3 개념 스키마	• 데이터베이스의 전체적인 논리적 구조 • 모든 응용 프로그램이나 사용자들이 필요로 하는 데이터를 종합한 조직 전체의 데이터베이스로, 하나만 존재함
23.4, 필기 20.9 내부 스키마	• 물리적 저장장치의 입장에서 본 데이터베이스 구조 • 실제로 저장될 레코드의 형식, 저장 데이터 항목의 표현 방법, 내부 레코드의 물리적 순서 등을 나타냄

전문가의 조언

어떤 경우에도 3계층을 구분할 수 있을 정도로 3계층 각각의 개념을 명확히 하세요. 아울러 세 가지는 외부, 내부, 개념 스키마라는 것도 꼭 기억하세요.

※ 정답 및 해설은 269쪽에 있습니다.

기출 따라잡기 Section 029

20년 10월

문제 1 데이터베이스의 스키마(Schema)에 대해 간략히 서술하시오.

답 :

23년 4월

문제 2 스키마에 대한 다음 설명에서 괄호(①~③)에 들어갈 알맞은 답을 〈보기〉에서 찾아 쓰시오.

- (①) 스키마는 데이터베이스의 전체적인 논리적 구조로, 모든 응용 프로그램이나 사용자들이 필요로 하는 데이터를 종합한 조직 전체의 데이터베이스이다.
- (②) 스키마는 실제로 저장될 레코드의 형식, 저장 데이터 항목의 표현 방법, 내부 레코드의 물리적 순서 등을 나타낸다.
- (③) 스키마는 사용자나 응용 프로그래머가 각 개인의 입장에서 필요로 하는 데이터베이스의 논리적 구조를 정의한 것이다.

〈보기〉

• 외부	• 내부	• 개념

답

- ①
- ②
- ③

필기 23년 2월

문제 3 모든 응용 프로그램들이 요구하는 데이터 구조를 지원하기 위해 데이터베이스에 저장될 데이터 타입과 구조에 대한 정의, 이용 방식, 제약 조건 등을 명시하는 DBMS의 필수 기능을 쓰시오.

답 :

SECTION 030

데이터베이스 설계

1 데이터베이스 설계

데이터베이스 설계는 사용자의 요구를 분석하여 그것들을 컴퓨터에 저장할 수 있는 데이터베이스의 구조에 맞게 변형한 후 DBMS로 데이터베이스를 구현하여 일반 사용자들이 사용하게 하는 것이다.

전문가의 조언

데이터베이스 설계에서는 설계 순서와 각 단계별 특징이 중요합니다. 데이터베이스 설계 순서 및 각 단계에서 대표적으로 수행해야 할 작업을 중심으로 학습하세요.

2 데이터베이스 설계 시 고려사항

항목	내용
무결성	삽입, 삭제, 갱신 등의 연산 후에도 데이터베이스에 저장된 데이터가 정해진 제약 조건을 항상 만족해야 함
일관성	데이터베이스에 저장된 데이터들 사이나, 특정 질의에 대한 응답이 처음부터 끝까지 변함없이 일정해야 함
회복	시스템에 장애가 발생했을 때 장애 발생 직전의 상태로 복구할 수 있어야 함
보안	불법적인 데이터의 노출 또는 변경이나 손실로부터 보호할 수 있어야 함
효율성	응답시간의 단축, 시스템의 생산성, 저장 공간의 최적화 등이 가능해야 함
데이터베이스 확장	데이터베이스 운영에 영향을 주지 않으면서 지속적으로 데이터를 추가할 수 있어야 함

3 데이터베이스 설계 순서

23.7, 20.7

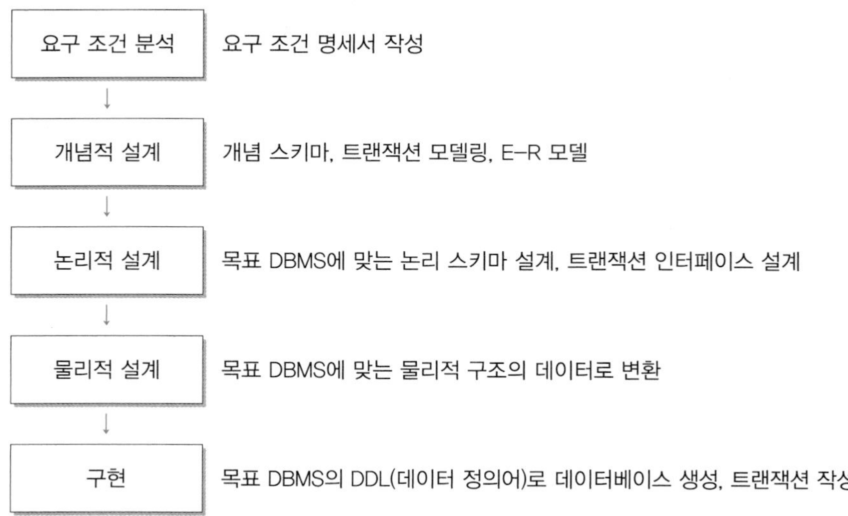

4 요구 조건 분석

- 요구 조건 분석은 **데이터베이스를** 사용할 사람들로부터 **필요한 용도를 파악하는 것**이다.
- 데이터베이스 사용자에 따른 수행 업무와 필요한 데이터의 종류, 용도, 처리 형태, 흐름, 제약 조건 등을 수집한다.
- 수집된 정보를 바탕으로 요구 조건 명세를 작성한다.

5 개념적 설계(정보 모델링, 개념화)

21.4, 필기 23.2, 22.4

- 개념적 설계는 정보의 구조를 얻기 위하여 현실 세계의 무한성과 계속성을 이해하고, 다른 사람과 통신하기 위하여 **현실 세계에 대한 인식을 추상적 개념으로 표현하는 과정**이다.
- 개념적 설계에서는 개념 스키마 모델링과 트랜잭션 모델링을 병행 수행한다.
- 개념적 설계에서는 요구 분석에서 나온 결과인 요구 조건 명세를 DBMS에 독립적인 E-R 다이어그램으로 작성한다.
- DBMS에 독립적인 개념 스키마를 설계한다.

21.4, 필기 24.7, 22.7, 20.6

6 논리적 설계(데이터 모델링)

- 논리적 설계는 **현실 세계에서 발생하는 자료를** 컴퓨터가 이해하고 처리할 수 있는 물리적 저장장치에 저장할 수 있도록 변환하기 위해 **특정 DBMS가 지원하는 논리적 자료 구조로 변환(mapping)시키는 과정**이다.
- 개념 세계의 데이터를 필드로 기술된 데이터 타입과 이 데이터 타입들 간의 관계로 표현되는 논리적 구조의 데이터로 모델화한다.
- 개념적 설계가 개념 스키마를 설계하는 단계라면, 논리적 설계에서는 개념 스키마를 평가 및 정제하고 DBMS에 따라 서로 다른 논리적 스키마를 설계하는 단계이다.
- 트랜잭션의 인터페이스를 설계한다.

21.4, 필기 24.5, 24.2, 22.4, 22.3, 21.8, 21.5, 21.3, 20.9

7 물리적 설계(데이터 구조화)

- 물리적 설계는 논리적 설계에서 **논리적 구조로 표현된 데이터를** 디스크 등의 물리적 저장장치에 저장할 수 있는 **물리적 구조의 데이터로 변환하는 과정**이다.
- 물리적 설계에서는 다양한 데이터베이스 응용에 대해 처리 성능을 얻기 위해 데이터베이스 파일의 저장 구조 및 액세스 경로를 결정한다.
- 저장 레코드의 형식, 순서, 접근 경로, 조회 집중 레코드 등의 정보를 사용하여 데이터가 컴퓨터에 저장되는 방법을 묘사한다.

8 데이터베이스 구현

- 데이터베이스 구현은 **논리적 설계와 물리적 설계에서 도출된 데이터베이스 스키마를 파일로 생성하는 과정**이다.
- 사용하려는 특정 DBMS의 DDL(데이터 정의어)을 이용하여 데이터베이스 스키마를 기술한 후 컴파일하여 빈 데이터베이스 파일을 생성한다.
- 응용 프로그램을 위한 트랜잭션을 작성한다.
- 데이터베이스 접근을 위한 응용 프로그램을 작성한다.

※ 정답 및 해설은 269쪽에 있습니다.

기출 따라잡기 Section 030

23년 7월, 20년 7월

문제 1 다음은 데이터베이스 구축까지의 과정을 나열한 것이다. 괄호(①~⑤)에 들어갈 알맞은 용어를 〈보기〉에서 찾아 쓰시오.

〈보기〉

• 개념적 설계	• 데이터베이스 구현	• 물리적 설계
• 요구 조건 분석	• 인터페이스 설계	• 논리 스키마 설계
• 논리적 설계	• 트랜잭션 작성	

답
- ①
- ②
- ③
- ④
- ⑤

21년 4월, 필기 24년 7월, 5월, 2월

문제 2 데이터베이스 설계에 대한 다음 설명에서 괄호(①~③)에 들어갈 알맞은 용어를 쓰시오.

1. (①) : 논리적 구조로 표현된 데이터를 디스크 등의 저장장치에 저장할 수 있는 데이터로 변환하는 과정으로, 파일의 저장 구조 및 액세스 경로를 결정하며, 테이블 정의서 및 명세서가 산출된다.
2. (②) : 현실 세계에 대한 인식을 추상적 개념으로 표현하는 과정으로, 개념 스키마 모델링과 트랜잭션 모델링을 수행하며, 요구 조건 명세를 E-R 다이어그램으로 작성한다.
3. (③) : 현실의 자료를 특정 DBMS가 지원하는 자료 구조로 변환하는 과정으로, 트랜잭션의 인터페이스를 설계하고, 정규화를 통해 스키마를 평가 및 정제한다.

답
- ①
- ②
- ③

SECTION 031

데이터 모델의 개념

1403600 

1 데이터 모델

- 데이터 모델은 **현실 세계의 정보들을** 컴퓨터에 표현하기 위해서 단순화, 추상화하여 **체계적으로 표현한 개념적 모형**이다.
- 데이터 모델은 데이터, 데이터의 관계, 데이터의 의미 및 일관성, 제약 조건 등을 기술하기 위한 개념적 도구들로 구성되어 있다.
- 데이터베이스 설계 과정에서 데이터의 구조(Schema)를 논리적으로 표현하기 위해 지능적 도구로 사용된다.
- **데이터 모델 구성 요소** : 개체, 속성, 관계*
- **데이터 모델 종류** : 개념적 데이터 모델, 논리적 데이터 모델, 물리적 데이터 모델*
- **데이터 모델에 표시할 요소** : 구조, 연산, 제약 조건

전문가의 조언

데이터 모델에서는 개념이 중요합니다. 데이터 모델, 구성 요소, 종류, 표시할 요소 등에 대한 개념을 명확하게 기억해 두세요.

전문가의 조언

데이터 모델의 구성 요소는 다음 섹션에서 자세히 공부합니다.

물리적 데이터 모델
물리적 데이터 모델은 실제 컴퓨터에 데이터가 저장되는 방법을 정의하는 물리 데이터베이스 설계 과정입니다. 물리 데이터베이스 설계에 대한 자세한 내용은 Section 030을 참조하세요.

2 개념적 데이터 모델

- 개념적 데이터 모델은 **현실 세계에 대한 인간의 이해를 돕기 위해 현실 세계에 대한 인식을 추상적 개념으로 표현하는 과정**이다.
- 개념적 데이터 모델은 속성들로 기술된 개체 타입과 이 개체 타입들 간의 관계를 이용하여 현실 세계를 표현한다.
- 개념적 데이터 모델은 현실 세계에 존재하는 개체를 인간이 이해할 수 있는 정보 구조로 표현하기 때문에 정보 모델이라고도 한다.
- 대표적인 개념적 데이터 모델로는 E-R 모델이 있다.

3 논리적 데이터 모델

- 논리적 데이터 모델은 개념적 모델링 과정에서 얻은 **개념적 구조를** 컴퓨터가 이해하고 처리할 수 있는 **컴퓨터 세계의 환경에 맞도록 변환하는 과정**이다.
- 논리적 데이터 모델은 필드로 기술된 데이터 타입과 이 데이터 타입들 간의 관계를 이용하여 현실 세계를 표현한다.
- 단순히 데이터 모델이라고 하면 논리적 데이터 모델을 의미한다.

• 특정 DBMS는 특정 논리적 데이터 모델 하나만 선정하여 사용한다.
• 논리적 데이터 모델은 데이터 간의 관계를 어떻게 표현하느냐에 따라 관계 모델, 계층 모델, 네트워크 모델로 구분한다.

전문가의 조언

데이터 모델에 표시할 요소는 데이터 모델에서 중요하게 다뤄지는 내용입니다. 데이터 모델에 표시하는 3가지 요소인 구조, 연산, 제약 조건과 각각의 의미는 반드시 기억하고 있어야 합니다.

21.4, 필기 24.5, 23.2, 22.4, 20.9

4 데이터 모델에 표시할 요소

요소	내용
21.4, 필기 24.5, 23.2, 20.9 구조(Structure)	논리적으로 표현된 개체 타입들 간의 관계로서 데이터 구조 및 정적 성질 표현
21.4, 필기 24.5, 23.2, 22.4, 20.9 연산(Operation)	데이터베이스에 저장된 실제 데이터를 처리하는 작업에 대한 명세로서 데이터베이스를 조작하는 기본 도구
21.4, 필기 24.5, 23.2, 20.9 제약 조건(Constraint)	데이터베이스에 저장될 수 있는 실제 데이터의 논리적인 제약 조건

※ 정답 및 해설은 269쪽에 있습니다.

기출 따라잡기 Section 031

21년 4월, 필기 22년 4월

문제 1 데이터 모델의 구성 요소에 대한 다음 설명에서 괄호(①, ②)에 들어갈 알맞은 구성 요소를 쓰시오.

1. (①)은 데이터베이스에 저장된 실제 데이터를 처리하는 작업에 대한 명세로서 데이터베이스를 조작하는 기본 도구에 해당한다.
2. (②)는 논리적으로 표현된 객체 타입들 간의 관계로서 데이터의 구조 및 정적 성질을 표현한다.
3. 제약 조건은 데이터베이스에 저장될 수 있는 실제 데이터의 논리적인 제약 조건을 의미한다.

답

• ①

• ②

필기 24년 5월, 23년 2월, 20년 9월

문제 2 데이터 모델은 현실 세계의 정보들을 컴퓨터에 표현하기 위해서 단순화, 추상화하여 체계적으로 표현한 개념적 모형이다. 데이터 모델에 표시할 요소 3가지를 쓰시오.

답 :

출제예상

문제 3 다음이 설명하는 데이터 모델을 쓰시오.

- 현실 세계에 대한 인간의 이해를 돕기 위해 현실 세계에 대한 인식을 추상적 개념으로 표현하는 과정이다.
- 속성들로 기술된 개체 타입과 이 개체 타입들 간의 관계를 이용하여 현실 세계를 표현하며, 대표적인 모델로는 E-R 모델이 있다.

답 :

출제예상

문제 4 다음이 설명하는 데이터 모델을 쓰시오.

- 개념적 모델링 과정에서 얻은 개념적 구조를 컴퓨터가 이해하고 처리할 수 있는 컴퓨터 세계의 환경에 맞도록 변환하는 과정이다.
- 필드로 기술된 데이터 타입과 이 데이터 타입들 간의 관계를 이용하여 현실 세계를 표현한다.
- 데이터 간의 관계를 어떻게 표현하느냐에 따라 관계 모델, 계층 모델, 네트워크 모델로 구분한다.

답 :

출제예상

문제 5 데이터 모델에 표시할 요소 중 구조(Structure)에 대해 간략히 서술하시오.

답 :

SECTION 032

데이터 모델의 구성 요소

전문가의 조언

- 데이터 모델의 구성 요소에는 개체, 속성, 관계가 있습니다. 개체, 속성, 관계는 데이터베이스의 기본 구성 요소로서 데이터베이스 과목을 공부하는 동안 항상 나오는 용어입니다. 얼마나 중요한지 알 수 있겠죠. 각각의 개념은 반드시 숙지하고 있어야 합니다.
- 이번 섹션의 내용은 이미 필기 시험을 준비할 때 공부한 내용이므로 실기 시험의 특성과 학습의 효율성을 위해 시험에 나올만한 내용 위주로 담았습니다. 혹시 이해되지 않는 내용이 있으면 필기 교재를 참고하세요. 이번 섹션은 필기 1권 286~288쪽을 참고하시면 됩니다.

유형, 무형의 정보
유형의 정보는 물리적으로 존재하는 사람, 자동차, 집 등을 말하고, 무형의 정보는 개념적으로 존재하는 여행, 음악, 취미 등을 말합니다.

1 개체(Entity)

- 개체는 **데이터베이스에 표현하려는 것**으로, 사람이 생각하는 **개념이나 정보 단위 같은 현실 세계의 대상체**이다.
- 개체는 실세계에 독립적으로 존재하는 유형, 무형의 정보*로서 서로 연관된 몇 개의 속성으로 구성된다.
- 독립적으로 존재하거나 그 자체로서도 구별이 가능하며, 유일한 식별자(Unique Identifier)에 의해 식별된다.
- 다른 개체와 하나 이상의 관계(Relationship)가 있다.

예제 다음은 교수번호, 성명, 전공, 소속으로 구성된 교수 개체이다.

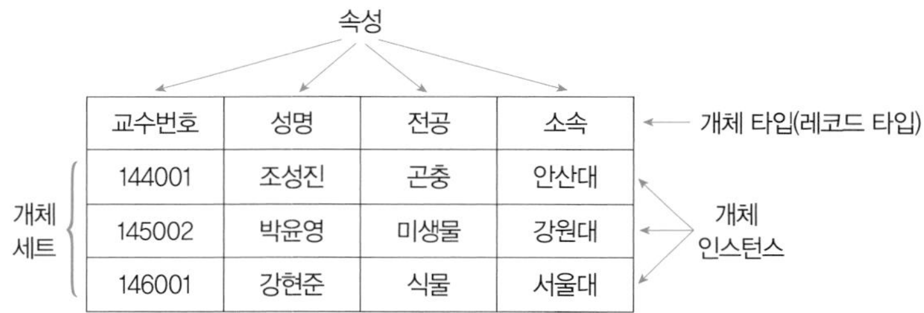

교수번호	성명	전공	소속
144001	조성진	곤충	안산대
145002	박윤영	미생물	강원대
146001	강현준	식물	서울대

교수 개체

해설

교수 개체의 구성 요소

- **속성** : 개체가 가지고 있는 특성, 교수번호, 성명, 전공, 소속
- **개체 타입** : 속성으로만 기술된 개체의 정의
- **개체 인스턴스** : 개체를 구성하고 있는 각 속성들이 값을 가져 하나의 개체를 나타내는 것으로 개체 어커런스(Occurrence)라고도 한다.
- **개체 세트** : 개체 인스턴스의 집합

2 속성(Attribute)

- 속성은 **데이터베이스를 구성하는 가장 작은 논리적 단위**이다.
- 파일 구조상의 데이터 항목 또는 데이터 필드에 해당한다.
- 속성은 개체를 구성하는 항목으로 개체의 특성을 기술한다.

• 속성의 수를 디그리(Degree) 또는 차수라고 한다.
• 속성은 속성의 특성과 개체 구성 방식에 따라 분류한다.

3 속성의 특성에 따른 분류

분류	내용
기본 속성 (Basic Attribute)	• 업무 분석을 통해 정의한 속성 • 속성 중 가장 많고 일반적임 • 업무로부터 분석한 속성이라도 업무상 코드로 정의한 속성은 기본 속성에서 제외됨
설계 속성 (Designed Attribute)	• 원래 업무상 존재하지 않고 설계 과정에서 도출해내는 속성 • 업무에 필요한 데이터 외에 데이터 모델링을 위해 업무를 규칙화하려고 속성을 새로 만들거나 변형하여 정의하는 속성
파생 속성* (Derived Attribute)	• 다른 속성으로부터 계산이나 변형 등의 영향을 받아 발생하는 속성 • 파생 속성은 되도록 적은 수를 정의하는 것이 좋음

파생 속성
파생 속성은 다른 속성의 영향을 받는 만큼 프로세스 설계 시 정합성 유지를 위해 유의해야 할 점이 많으므로 되도록 적게 정의하는 것이 좋습니다.

예제 속성의 특성에 따른 분류

기본 속성

자동차명, 제조일, 연비

설계 속성

A01–세단
A02–SUV
A03–트럭

자동차코드

파생 속성

총판매수량
총판매금액

계산값

해설

기본 속성인 '자동차명', '제조일', '연비'는 업무 분석을 통해 정의한 가장 일반적인 속성이고, 설계 속성인 '자동차코드'는 판매되는 자동차를 종류별로 구분하기 위해 업무에는 없지만 새롭게 정의한 속성이며, 파생 속성인 '총판매수량'과 '총판매금액'은 특정 기간동안 판매된 자동차의 수량과 금액의 합계 계산을 위해 정의한 속성이다.

4 속성의 개체 구성 방식에 따른 분류

분류	내용
기본키 속성(Primary Key Attribute)	개체를 유일하게 식별할 수 있는 속성
외래키 속성(Foreign Key Attribute)	다른 개체와의 관계에서 포함된 속성
일반 속성	개체에 포함되어 있고 기본키, 외래키에 포함되지 않은 속성

5 관계(Relationship)

- 관계는 **개체와 개체 사이의 논리적인 연결**을 의미한다.
- 관계에는 개체 간의 관계와 속성 간의 관계가 있다.

23.5

6 관계의 형태

형태	내용
일 대 일(1:1)	개체 집합 A의 각 원소가 개체 집합 B의 원소 한 개와 대응하는 관계
23.5 일 대 다(1:N)	개체 집합 A의 각 원소는 개체 집합 B의 원소 여러 개와 대응하고 있지만, 개체 집합 B의 각 원소는 개체 집합 A의 원소 한 개와 대응하는 관계
다 대 다(N:M)	개체 집합 A의 각 원소는 개체 집합 B의 원소 여러 개와 대응하고, 개체 집합 B의 각 원소도 개체 집합 A의 원소 여러 개와 대응하는 관계

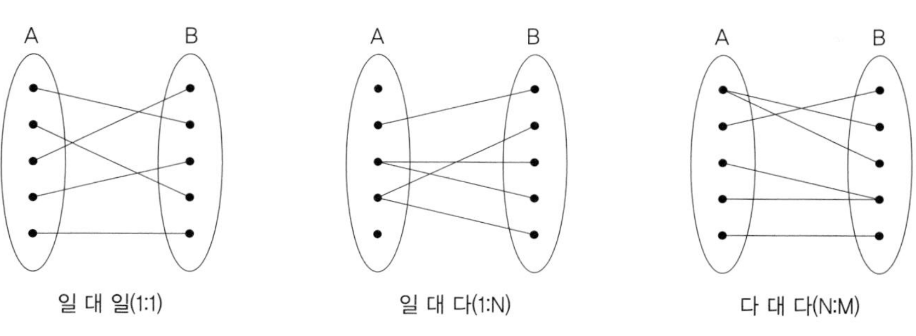

7 관계의 종류

종류	내용
종속 관계 (Dependent Relationship)	• 두 개체 사이의 주 · 종 관계를 표현한 것 • 식별 관계와 비식별 관계가 있음
중복 관계* (Redundant Relationship)	두 개체 사이에 2번 이상의 종속 관계가 발생하는 관계
재귀 관계 (Recursive Relationship)	개체가 자기 자신과 관계를 갖는 것으로, 순환 관계(Recursive Relationship)라고도 함
배타 관계 (Exclusive Relationship)	개체의 속성이나 구분자를 기준으로 개체의 특성을 분할하는 관계로, 배타 AND 관계와 배타 OR 관계로 구분함

중복 관계
관계 데이터베이스 특성상 관계가 복잡하면 최적화 작업이 어려우므로 중복 관계는 되도록 사용하지 않는 것이 좋습니다.

※ 정답 및 해설은 270쪽에 있습니다.

기출 따라잡기 Section 032

출제예상

문제 1 데이터 모델은 현실 세계의 정보들을 컴퓨터에 표현하기 위해서 단순화, 추상화하여 체계적으로 표현한 개념적 모형이다. 데이터 모델의 구성 요소 3가지를 쓰시오.

답 :

출제예상

문제 2 다음이 설명하고 있는 데이터 모델의 구성 요소를 쓰시오.

- 데이터의 가장 작은 논리적 단위로서 파일 구조상의 데이터 항목 또는 데이터 필드에 해당한다.
- 개체를 구성하는 항목이다.
- 개체의 특성을 기술한다.
- 이것의 수를 디그리(Degree) 또는 차수라고 한다.

답 :

23년 5월

문제 3 다음은 관계(Relationship) 형태에 대한 설명이다. 괄호(①~③)에 들어갈 알맞은 형태를 쓰시오.

(①)	개체 집합 A의 각 원소는 개체 집합 B의 원소 여러 개와 대응하고 있지만, 개체 집합 B의 각 원소는 개체 집합 A의 원소 한 개와 대응하는 관계
(②)	개체 집합 A의 각 원소는 개체 집합 B의 원소 여러 개와 대응하고, 개체 집합 B의 각 원소도 개체 집합 A의 원소 여러 개와 대응하는 관계
(③)	개체 집합 A의 각 원소가 개체 집합 B의 원소 한 개와 대응하는 관계

답

- ①
- ②
- ③

출제예상

문제 4 속성의 특성에 따른 분류 중 다른 속성으로부터 계산이나 변형 등의 영향을 받아 발생하는 속성으로, 되도록 적은 수를 정의하는 것이 좋은 속성은 무엇인지 쓰시오.

답 :

출제예상

문제 5 데이터 모델의 구성 요소 중 개체(Entity)의 개념을 간략히 서술하시오.

답 :

SECTION 033

E-R(개체-관계) 모델

1403900

전문가의 조언

E-R 모델은 데이터 모델의 가장 대표적인 것이므로 개념과 특징을 확실히 숙지하고, E-R 다이어그램에서 사용하는 기호는 기호 이름과 의미를 반드시 암기하고 있어야 합니다.

1 E-R(Entity-Relationship, 개체-관계) 모델

- E-R 모델은 개체와 개체 간의 관계를 기본 요소로 이용하여 현실 세계의 무질서한 데이터를 개념적인 논리 데이터로 표현하기 위한 방법이다.
- E-R 모델은 1976년 피터 첸(Peter Chen)에 의해 제안되고 기본적인 구성 요소가 정립되었다.
- E-R 모델은 개념적 데이터 모델의 가장 대표적인 것이다.
- E-R 모델은 개체 타입(Entity Type)과 이들 간의 관계 타입(Relationship Type)을 이용해 현실 세계를 개념적으로 표현한다.
- E-R 모델에서는 데이터를 개체(Entity)*, 관계(Relationship)*, 속성(Attribute)*으로 묘사한다.
- E-R 다이어그램으로 표현하며, 1:1, 1:N, N:M 등의 관계 유형을 제한 없이 나타낼 수 있다.

- **개체(Entity)** : 학생, 교수, 자동차 등과 같이 실세계에서 개념적 또는 물리적으로 존재하는 실제 사용을 의미함
- **관계(Relationship)** : 교수 개체는 학생 개체를 지도하는 관계인 것처럼 다른 개체 타입에 속한 개체 사이의 관계를 표현함
- **속성(Attribute)** : 학생의 이름, 주소 등과 같이 개체를 묘사하는 데 사용될 수 있는 특성을 의미함

2 E-R 다이어그램

22.10, 필기 24.7, 24.5, 23.7, 22.7, 22.3, 21.5, 21.3, 20.9, 20.6

기호	기호 이름	의미
22.10, 필기 24.7, 24.5, 23.7, 22.7, 21.5, 21.3, …	사각형	개체(Entity) 타입
22.10, 필기 24.7, 24.5, 23.7, 22.7, 21.5, 21.3, …	마름모	관계(Relationship) 타입
필기 24.7, 24.5, 23.7, 21.5, 21.3, 20.9, 20.6	타원	속성(Attribute)
필기 22.3	이중 타원	다중값 속성(복합 속성)
	밑줄 타원	기본키 속성
	복수 타원	복합 속성 예 성명은 성과 이름으로 구성
N M	관계	1:1, 1:N, N:M 등의 개체 간 관계에 대한 대응수를 선 위에 기술함
22.10, 필기 24.7, 24.5, 21.5, 21.3, 20.9, 20.6, …	선, 링크	개체 타입과 속성을 연결

※ 정답 및 해설은 270쪽에 있습니다.

기출 따라잡기 Section 033

필기 24년 7월, 5월, 23년 7월, 22년 7월, 3월, 21년 5월, 3월, 20년 9월, 6월

문제 1 다음은 개체-관계 모델의 E-R 다이어그램에서 사용되는 기호에 대한 설명이다. 괄호(①~③)에 들어갈 알맞은 기호의 의미를 쓰시오.

기호	의미
타원	(①)
이중 타원	다중값 속성(복합 속성)
밑줄 타원	기본키 속성
마름모	(②)
사각형	(③)
선	개체 타입과 속성을 연결

답
- ①
- ②
- ③

출제예상

문제 2 다음이 설명하고 있는 데이터베이스 관련 용어를 쓰시오.

- 개념적 데이터 모델의 가장 대표적인 것으로, 1976년 피터 첸(Peter Chen)에 의해 제안되고 기본적인 구성 요소가 정립되었다.
- 개체와 개체 간의 관계를 기본 요소로 이용하여 현실 세계의 무질서한 데이터를 개념적인 논리 데이터로 표현하기 위한 방법으로 많이 사용되고 있다.
- 개체 타입(Entity Type)과 이들 간의 관계 타입(Relationship Type)을 이용해 현실 세계를 개념적으로 표현한다.

답 :

SECTION 034

관계형 데이터베이스의 구조 / 관계형 데이터 모델

1 관계형 데이터베이스

- 관계형 데이터베이스는 **2차원적인 표(Table)를 이용해서 데이터 상호 관계를 정의하는 데이터베이스**이다.
- 1970년 IBM에 근무하던 코드(E. F. Codd)에 의해 처음 제안되었다.
- 개체(Entity)와 관계(Relationship)를 모두 릴레이션(Relation)이라는 표(Table)로 표현하기 때문에 개체를 표현하는 개체 릴레이션과 관계를 표현하는 관계 릴레이션이 존재한다.
- **장점** : 간결하고 보기 편리하며, 다른 데이터베이스로의 변환이 용이하다.
- **단점** : 성능이 다소 떨어진다.

전문가의 조언

관계형 데이터베이스에서 릴레이션을 구성하는 용어들은 데이터베이스 과목을 공부하는 동안 항상 나오는 만큼 매우 중요합니다. 각각의 개념은 반드시 숙지하고 있어야 합니다.

23.4, 필기 23.2, 20.9, 20.8, 20.6

2 관계형 데이터베이스의 릴레이션 구조

릴레이션(Relation)은 데이터들을 표(Table)의 형태로 표현한 것으로, 구조를 나타내는 릴레이션 스키마와 실제 값들인 릴레이션 인스턴스*로 구성된다.

릴레이션 인스턴스
데이터 개체를 구성하고 있는 속성들에 데이터 타입이 정의되어 구체적인 데이터 값을 가진 것을 말합니다.
예 〈학생〉 릴레이션에는 4개의 인스턴스가 있습니다.

학번	이름	학년	신장	학과
19001	김예소	2	170	CD
20002	고강민	1	169	CD
19012	이향기	2	180	ID
17032	김동준	4	174	ED

24.7, 23.4, 21.4, 필기 24.7, 23.2, 22.4, 22.3, 21.3, 20.9, 20.8

3 튜플(Tuple)*

- 튜플은 **릴레이션을 구성하는 각각의 행**을 말한다.
- 튜플은 속성의 모임으로 구성된다.
- 파일 구조에서 레코드와 같은 의미이다.
- 튜플의 수를 카디널리티(Cardinality) 또는 기수, 대응수라고 한다.

튜플(Tuple)
- 〈학생〉 릴레이션에서 카디널리티는 4입니다.
- 카디널리티 = 튜플의 수 = 기수 = 대응수

24.7, 21.4, 필기 24.7, 23.2, 22.3, 21.5, 21.3, 20.9, 20.8

4 속성(Attribute)*

- 속성은 **데이터베이스를 구성하는 가장 작은 논리적 단위**이다.
- 파일 구조상의 데이터 항목 또는 데이터 필드에 해당된다.
- 속성은 개체의 특성을 기술한다.
- 속성의 수를 디그리(Degree) 또는 차수라고 한다.

속성(Attribute)
- 〈학생〉 릴레이션에서 디그리는 5입니다.
- 디그리 = 속성의 수 = 차수

필기 21.3, 20.6

5 도메인(Domain)*

- 도메인은 **하나의 애트리뷰트가 취할 수 있는 같은 타입의 원자(Atomic)값들의 집합**이다.
- 도메인은 실제 애트리뷰트 값이 나타날 때 그 값의 합법 여부를 시스템이 검사하는데에도 이용된다.

예 '성별' 애트리뷰트의 도메인은 "남"과 "여"로, 그 외의 값은 입력될 수 없다.

도메인
〈학생〉 릴레이션에서 '학년'의 도메인은 1~4입니다.

필기 24.7, 24.5, 23.7, 22.7, 22.4, 21.5

6 릴레이션의 특징

- 한 릴레이션에는 똑같은 튜플이 포함될 수 없으므로 릴레이션에 포함된 튜플들은 모두 상이하다.
- 한 릴레이션에 포함된 튜플 사이에는 순서가 없다.
- 튜플들의 삽입, 삭제 등의 작업으로 인해 릴레이션은 시간에 따라 변한다.
- 릴레이션 스키마를 구성하는 속성들 간의 순서는 중요하지 않다.
- 속성의 유일한 식별을 위해 속성의 명칭은 유일해야 하지만, 속성을 구성하는 값은 동일한 값이 있을 수 있다.
- 릴레이션을 구성하는 튜플을 유일하게 식별하기 위해 속성들의 부분집합을 키(Key)로 설정한다.
- 속성의 값은 논리적으로 더 이상 쪼갤 수 없는 원자값만을 저장한다.

전문가의 조언
릴레이션의 특징은 실기시험에 나올만한 내용만으로 구성했습니다. 혹시 이해안되는 부분이 있으면 정보처리기사 필기 1권 교재 293쪽을 참조하세요.

7 관계형 데이터 모델(Relational Data Model)

- 관계형 데이터 모델은 **2차원적인 표(Table)를 이용해서 데이터 상호 관계를 정의하는 DB 구조**를 말한다.
- 가장 널리 사용되는 데이터 모델이다.
- 파일 구조처럼 구성한 테이블들을 하나의 DB로 묶어서 테이블 내에 있는 속성들 간의 관계(Relationship)*를 설정하거나 테이블 간의 관계를 설정하여 이용한다.

전문가의 조언
관계형 데이터 모델이란 테이블을 이용해 데이터 상호 간의 관계를 표현하는 데이터 모델로, 데이터베이스에 저장된 데이터를 테이블의 형태로 표현한 것을 말합니다.

관계(Relation)와 관계Relationship)
관계 모델에서는 테이블을 릴레이션(Relation)이라고 부르는데, 릴레이션을 우리말로 관계라고 해석하는 경우가 종종 있어 개체와 개체 간의 관계를 나타내는 Relationship과 혼동되는 경우가 있습니다. 대부분 Relation은 테이블 혹은 릴레이션이라 표기하고 Relationship은 관계라고 표시하지만 간혹 그렇지 않은 경우도 있으니 주의하기 바랍니다.

• **기본키(Primary Key)** : 후보키 중에서 특별히 선정된 키로 중복된 값을 가질 수 없음
• **외래키(Foreign Key)** : 다른 릴레이션의 기본키를 참조하는 속성 또는 속성들의 집합을 의미함

- 기본키(Primary Key)*와 이를 참조하는 외래키(Foreign Key)*로 데이터 간의 관계를 표현한다.
- 계층 모델과 망 모델의 복잡한 구조를 단순화시킨 모델이다.
- 관계형 모델의 대표적인 언어는 SQL이다.
- 1:1, 1:N, N:M 관계를 자유롭게 표현할 수 있다.

※ 정답 및 해설은 270쪽에 있습니다.

기출 따라잡기 Section 034

24년 7월, 21년 4월, 필기 24년 7월, 23년 2월, 22년 4월, 3월, 21년 3월, 20년 8월

문제 1 다음 표에서 릴레이션(Relation), 애트리뷰트(Attribute), 튜플(Tuple)의 수를 구하여 표시하시오.

고객ID	고객명	지역
SNG001	이순신	서울
SNG002	강감찬	경기
SNG003	김동준	인천
SNG004	홍길동	서울
SNG005	이대로	경기

답
- ① 릴레이션(Relation) :
- ② 애트리뷰트(Attribute) :
- ③ 튜플(Tuple) :

필기 21년 3월, 20년 6월

문제 2 관계형 데이터베이스의 릴레이션(Relation) 구조 중 도메인(Domain)의 개념을 간략히 서술하시오.

답 :

필기 20년 9월

문제 3 어떤 릴레이션의 스키마가 4개의 속성(Attribute), 2개의 후보키 그리고 그 스키마의 릴레이션 인스턴스가 7개의 튜플(Tuple)을 갖는다면 그 릴레이션의 차수(Degree)는 몇 개인지 쓰시오.

답 :

필기 20년 9월

문제 4 A1, A2, A3 3개 속성을 갖는 한 릴레이션(Relation)에서 A1의 도메인(Domain)은 3개 값, A2의 도메인은 2개 값, A3의 도메인은 4개 값을 갖는다. 이 릴레이션에 존재 가능한 튜플(Tuple)의 최대 수는 몇 개인지 쓰시오.

답 :

이전기출

문제 5 데이터베이스에서 2차원 구조의 표 또는 테이블을 이용하여 데이터 상호 관계를 정의하는 DB 구조를 의미하는 데이터 모델을 쓰시오.

답 :

23년 4월

문제 6 릴레이션을 구성하는 용어들에 대한 다음 설명에서 괄호(①~③)에 들어갈 알맞은 답을 〈보기〉에서 찾아 쓰시오.

- (①) : 릴레이션을 구성하는 각각의 행을 의미하며, 파일 구조에서는 레코드에 해당함
- (②) : 데이터 개체를 구성하고 있는 속성들에 데이터 타입이 정의되어 구체적인 데이터 값을 가진 것으로, 실제 값을 가진 튜플을 의미함
- (③) : 튜플의 개수를 의미함

〈보기〉

• 도메인	• 차수	• 속성	• 튜플
• 디그리	• 카디널리티	• 릴레이션 스키마	• 릴레이션 인스턴스

답

- ①
- ②
- ③

SECTION 035

관계형 데이터베이스의 제약 조건 - 키(Key)

전문가의 조언

• 제약 조건이란 데이터베이스에 저장되는 데이터의 정확성을 보장하기 위해 키(Key)를 이용하여 입력되는 데이터를 제한하는 것으로, 개체 무결성 제약, 참조 무결성 제약 등이 해당됩니다.
• 키의 종류를 기억하고, 각 키에 대해서는 개념을 간단히 서술할 수 있을 정도로 내용을 파악하고 있어야 합니다.
• 이번 섹션의 내용은 이미 필기 시험을 준비할 때 공부한 내용이므로 실기 시험의 특성과 학습의 효율성을 위해 시험에 나올만한 내용 위주로 담았습니다. 혹시 이해되지 않는 내용이 있으면 필기 교재를 참고하세요. 이번 섹션은 필기 1권 295~297쪽을 참고하시면 됩니다.

1 키(Key)

• 키는 데이터베이스에서 조건에 만족하는 튜플을 찾거나 순서대로 정렬할 때 기준이 되는 속성을 말한다.
• 키의 종류
  – 후보키(Candidate Key)
  – 기본키(Primary Key)
  – 대체키(Alternate Key)
  – 슈퍼키(Super Key)
  – 외래키(Foreign Key)

24.10, 22.5, 20.10, 필기 22.7, 22.4, 20.6

2 후보키(Candidate Key)

• 후보키는 릴레이션을 구성하는 **속성들 중에서 튜플을 유일하게 식별하기 위해 사용되는 속성들의 부분집합**이다.
• 기본키로 사용할 수 있는 속성들을 말한다.
• 후보키는 유일성(Unique)과 최소성(Minimality)을 모두 만족시켜야 한다.

20.10, 필기 20.6 **유일성 (Unique)**	하나의 키 값으로 하나의 튜플만을 유일하게 식별할 수 있어야 함
20.10, 필기 20.6 **최소성 (Minimality)**	키를 구성하는 속성 하나를 제거하면 유일하게 식별할 수 없도록 꼭 필요한 최소의 속성으로 구성되어야 함

필기 23.2, 22.4

3 기본키(Primary Key)

• 기본키는 **후보키 중에서 특별히 선정된 주키(Main Key)**이다.
• 기본키는 중복된 값을 가질 수 없다.
• 기본키는 한 릴레이션에서 특정 튜플을 유일하게 구별할 수 있는 속성이다.
• 기본키는 NULL 값*을 가질 수 없다. 즉 튜플에서 기본키로 설정된 속성에는 NULL 값이 있어서는 안 된다.

널 값(NULL Value)
데이터베이스에서 아직 알려지지 않거나 모르는 값으로서 '해당 없음' 등의 이유로 정보 부재를 나타내기 위해 사용하는, 이론적으로 아무것도 없는 특수한 데이터를 말합니다.

24.10, 필기 22.7

4 대체키(Alternate Key)

- 대체키는 **후보키가 둘 이상일 때 기본키를 제외한 나머지 후보키**를 의미한다.
- 대체키를 보조키라고도 한다.

24.10, 22.5, 필기 24.5, 23.7, 22.7, 21.8, 20.9

5 슈퍼키(Super Key)

- 슈퍼키는 한 릴레이션 내에 있는 **속성들의 집합으로 구성된 키**를 말한다.
- 릴레이션을 구성하는 모든 튜플 중 슈퍼키로 구성된 속성의 집합과 동일한 값은 나타나지 않는다.
- 슈퍼키는 릴레이션을 구성하는 모든 튜플에 대해 유일성은 만족하지만, 최소성은 만족하지 못한다.

24.10, 필기 24.7, 23.5, 22.7, 22.3, 20.6

6 외래키(Foreign Key)

- 외래키는 **다른 릴레이션의 기본키를 참조하는 속성 또는 속성들의 집합**을 의미한다.
- 한 릴레이션에 속한 속성 A와 참조 릴레이션의 기본키인 B가 동일한 도메인 상에서 정의되었을 때의 속성 A를 외래키라고 한다.
- 외래키로 지정되면 참조 릴레이션의 기본키에 없는 값은 입력할 수 없다.

※ 정답 및 해설은 271쪽에 있습니다.

기출 따라잡기 Section 035

필기 23년 5월, 20년 6월

문제 1 다음 두 릴레이션(Relation)에서 외래키로 사용된 속성을 찾아 쓰시오(단, 밑줄 친 속성은 기본키이다.).

과목(<u>과목번호</u>, 과목명)
수강(<u>수강번호</u>, 학번, 과목번호, 학기)

답 :

22년 5월, 필기 22년 4월, 20년 6월

문제 2 키(Key)에 대한 다음 설명에서 괄호(①, ②)에 들어갈 알맞은 용어를 쓰시오.

- 키(Key)는 데이터베이스에서 조건에 만족하는 튜플을 찾거나 순서대로 정렬할 때 기준이 되는 속성을 말한다.
- 슈퍼키(Super Key)는 한 릴레이션 내에 있는 속성들의 집합으로 구성된 키로, 릴레이션을 구성하는 모든 튜플에 대해 (①)을 만족한다.
- 후보키(Candidate Key)는 릴레이션을 구성하는 속성들 중에서 튜플을 유일하게 식별하기 위해 사용되는 속성들의 부분집합으로, (①)과 (②)을 만족하는 특징이 있다.

답

- ①
- ②

24년 10월, 필기 24년 7월, 2월, 23년 7월, 21년 8월, 20년 9월

문제 3 키(Key)에 대한 다음 설명에서 각 번호(①~④)에 해당하는 키를 〈보기〉에서 찾아 기호(㉠~㉥)로 쓰시오.

① 다른 릴레이션의 기본키를 참조하는 속성 또는 속성들의 집합을 의미함
② 릴레이션을 구성하는 속성들 중에서 튜플을 유일하게 식별하기 위해 사용되는 속성들의 부분집합으로, 유일성과 최소성을 모두 만족시켜야 함
③ 후보키가 둘 이상일 때 기본키를 제외한 나머지 후보키를 의미함
④ 한 릴레이션 내에 있는 속성들의 집합으로 구성된 키로, 유일성은 만족하지만, 최소성은 만족하지 못함

〈보기〉

㉠ 슈퍼키	㉡ 외래키	㉢ 대체키
㉣ 후보키	㉤ 기본키	㉥ 필드키

답

- ①
- ②
- ③
- ④

SECTION 036

관계형 데이터베이스의 제약 조건 - 무결성(Integrity)

1404200

1 무결성(Integrity)

무결성이란 쉽게 말해 저장된 데이터베이스에 잘못된 데이터가 없다는 것을 의미합니다.

- 무결성은 **데이터베이스에 저장된 데이터 값과** 그것이 표현하는 **현실 세계의 실제값이 일치하는 정확성**을 의미한다.
- 무결성 제약 조건은 데이터베이스에 들어 있는 데이터의 정확성을 보장하기 위해 부정확한 자료가 데이터베이스 내에 저장되는 것을 방지하기 위한 제약 조건을 말한다.

24.10, 23.10, 필기 24.5, 24.2, 22.7, 22.4, 20.8, 20.6

2 무결성의 종류

무결성의 종류 중 개체 무결성과 참조 무결성은 개념을 서술할 수 있을 정도로 숙지해 두세요.

종류	내용
24.10, 필기 24.2, 23.2, 22.7, … 개체 무결성	기본 테이블의 기본키를 구성하는 어떤 속성도 Null 값이나 중복값을 가질 수 없다는 규정
23.10, 필기 22.4 참조 무결성	외래키 값은 Null이거나 참조 릴레이션의 기본키 값과 동일해야 함. 즉 릴레이션은 참조할 수 없는 외래키 값을 가질 수 없다는 규정
필기 24.5, 22.4 도메인 무결성	주어진 속성 값이 정의된 도메인에 속한 값이어야 한다는 규정
필기 22.4 사용자 정의 무결성	속성 값들이 사용자가 정의한 제약조건에 만족되어야 한다는 규정
NULL 무결성	릴레이션의 특정 속성 값이 NULL이 될 수 없도록 하는 규정
고유 무결성	릴레이션의 특정 속성에 대해 각 튜플이 갖는 속성값들이 서로 달라야 한다는 규정
키 무결성	하나의 릴레이션에는 적어도 하나의 키가 존재해야 한다는 규정
관계 무결성	릴레이션에 어느 한 튜플의 삽입 가능 여부 또는 한 릴레이션과 다른 릴레이션의 튜플들 사이의 관계에 대한 적절성 여부를 지정한 규정

데이터 품질을 확보하기 위해 애플리케이션, 데이터베이스 트리거, 제약 조건을 이용하여 데이터 무결성을 강화해야 합니다.

3 데이터 무결성 강화

- 데이터 무결성은 데이터 품질에 직접적인 영향을 미치므로 데이터 특성에 맞는 적절한 무결성을 정의하고 강화해야 한다.
- 데이터 무결성은 애플리케이션, 데이터베이스 트리거, 제약 조건을 이용하여 강화할 수 있다.

애플리케이션	데이터 생성, 수정, 삭제 시 무결성 조건을 검증하는 코드를 프로그램 내에 추가함
데이터베이스 트리거*	트리거 이벤트*에 무결성 조건을 실행하는 절차형 SQL을 추가함
제약 조건	데이터베이스에 제약 조건을 설정하여 무결성을 유지함

- **트리거(Trigger)** : 데이터베이스 시스템에서 데이터의 입력, 갱신, 삭제 등의 이벤트(Event)가 발생할 때마다 자동으로 수행되는 절차형 SQL
- **이벤트(Event)** : 시스템에 어떤 일이 발생한 것을 말하며, 트리거에서 이벤트는 데이터의 입력, 갱신, 삭제와 같이 데이터를 조작하는 작업이 발생했음을 의미함

※ 정답 및 해설은 271쪽에 있습니다.

기출 따라잡기 Section 036

23년 10월

문제 1 **무결성에 대한 다음 설명에서 괄호에 들어갈 알맞은 답을 쓰시오.**

무결성이란 데이터베이스에 저장된 데이터 값과 그것이 표현하는 현실 세계의 실제 값이 일치하는 정확성을 의미한다. 무결성 제약 조건은 데이터베이스에 들어 있는 데이터의 정확성을 보장하기 위해 부정확한 자료가 데이터베이스 내에 저장되는 것을 방지하기 위한 조건을 말한다.

〈회원〉

이름	주민번호	주소
kim	800212-2******	서울
choi	820911-1******	경기
kang	750815-1******	인천

〈결제〉

결제번호	주문상품	회원
1	rxe-123	choi
2	dp-01	kim
3	qiv-433	kang

위의 두 테이블에서는 〈결제〉 테이블의 '회원' 속성이 〈회원〉 테이블의 '이름' 속성을 참고하는 외래키이므로 (　　) 무결성 제약 조건이 준수되어야 한다.

답 :

24년 10월, 필기 24년 2월, 23년 2월, 22년 7월, 4월, 21년 8월, 5월, 20년 8월, 6월

문제 2 다음 무결성 제약 조건에 대한 설명에서 괄호에 들어갈 알맞은 용어를 쓰시오.

( ) 무결성은 기본 테이블의 기본키를 구성하는 어떤 속성도 Null 값이나 중복값을 가질 수 없다는 규정이다.

답 :

출제예상

문제 3 다음은 데이터 무결성 강화에 대한 설명이다. 괄호에 공통적으로 들어갈 알맞은 용어를 쓰시오.

> 데이터 무결성은 데이터 품질에 직접적인 영향을 미치므로 데이터 특성에 맞는 적절한 무결성을 정의하고 강화해야 하는데, ( ), 데이터베이스 트리거, 제약 조건을 이용하여 강화할 수 있다.
> - ( ) : 데이터 생성, 수정, 삭제 시 무결성 조건을 검증하는 코드를 프로그램 내에 추가한다.
> - 데이터베이스 트리거 : 트리거 이벤트에 무결성 조건을 실행하는 절차형 SQL을 추가한다.
> - 제약 조건 : 데이터베이스에 제약 조건을 설정하여 무결성을 유지한다.

답 :

이전기출

문제 4 〈직원〉 릴레이션의 기본키는 '직원번호'이고, 〈지점〉 릴레이션은 기본키가 설정되지 않은 상태이다. 〈지점〉 릴레이션의 후보키인 지점번호를 기본키로 설정하면, 참조 무결성 제약 조건과 개체 무결성 제약 조건에 위배된다. 두 가지 무결성 제약 조건의 위배 사유를 간략히 서술하시오.

〈직원〉

<u>직원번호</u>	주민등록번호	이름	지점번호
1	800212-2******	심희정	101
2	820911-1******	현철환	103
3	750815-1******	이상헌	102
4	710102-1******	김범진	108
5	810817-1******	정연종	101

〈지점〉

지점번호	주소	직원수
101	서울 광진구	50
102	서울 광진구	40
NULL	인천 남구	35
104	대구 수성구	50
105	부산 강서구	40

답

- ① 참조 무결성 위배 사유 :
- ② 개체 무결성 위배 사유 :

SECTION 037

관계대수 및 관계해석

기본적으로 관계대수와 관계해석은 관계 데이터베이스를 처리하는 기능과 능력면에서 동등하며, 관계대수로 표현한 식은 관계해석으로 표현할 수 있습니다. 관계대수에 대해서 간단하게 서술할 수 있을 정도로 내용을 파악하고 있어야 합니다.

필기 24.7, 24.5, 24.2, 22.7, 21.8, 20.9

1 관계대수

- 관계대수는 관계형 데이터베이스에서 **원하는 정보와 그 정보를 검색하기 위해서 어떻게 유도하는가를 기술하는 절차적인 언어**이다.
- 관계대수는 릴레이션을 처리하기 위해 연산자와 연산규칙을 제공하며, 피연산자와 연산 결과가 모두 릴레이션이다.
- 관계대수는 질의에 대한 해를 구하기 위해 수행해야 할 연산의 순서를 명시한다.
- 관계 데이터베이스에 적용하기 위해 특별히 개발한 순수 관계 연산자와 수학적 집합 이론에서 사용하는 일반 집합 연산자가 있다.

순수 관계 연산자는 관계 데이터베이스에 적용할 수 있도록 특별히 개발한 관계 연산자를 말합니다.

23.10, 22.10, 22.7, 필기 24.5, 23.7, 23.2, 21.8, 21.5, 21.3, 20.8, 20.6

2 순수 관계 연산자

종류	특징	기호
23.10, 필기 24.5, 23.7, 23.2, … Select	• 릴레이션에 존재하는 튜플 중에서 선택 조건을 만족하는 튜플의 부분집합을 구하여 새로운 릴레이션을 만드는 연산 • 릴레이션의 행에 해당하는 튜플(Tuple)을 구하는 것이므로 수평 연산이라고도 함	σ(시그마)
23.10, 22.10, 22.7, 필기 24.5, 23.7, … Project	• 주어진 릴레이션에서 속성 리스트(Attribute List)에 제시된 속성 값만을 추출하여 새로운 릴레이션을 만드는 연산 • 연산 결과에 중복이 발생하면 중복이 제거됨 • 릴레이션의 열에 해당하는 속성을 추출하는 것이므로 수직 연산자라고도 함	π(파이)
23.10, 22.10, 필기 21.8, 21.5, 20.6 Join	• 공통 속성을 중심으로 두 개의 릴레이션을 하나로 합쳐서 새로운 릴레이션을 만드는 연산 • Join의 결과는 Cartesian Product(교차곱)*를 수행한 다음 Select를 수행한 것과 같음	⋈
23.10, 20.10, 필기 24.5, 21.8, … Division	X⊃Y인 두 개의 릴레이션 R(X)와 S(Y)가 있을 때, R의 속성이 S의 속성값을 모두 가진 튜플에서 S가 가진 속성을 제외한 속성만을 구하는 연산	÷

Cartesian Product(교차곱)
Cartesian Product 연산은 두 릴레이션에 존재하는 모든 튜플들을 대응시켜 새로운 릴레이션을 만드는 연산으로, 연산의 결과 차수는 두 릴레이션의 차수를 합한 것과 같고 튜플은 두 릴레이션의 튜플 수를 곱한 것과 같습니다. 즉 Cartesian Product의 결과는 두 릴레이션을 연결하여 나타낼 수 있는 모든 튜플들을 표현할 수 있으므로 여기에서 필요한 튜플만 선별하는 Select 연산을 수행하면 Join 연산의 결과와 같아지는 것입니다.

22.10, 필기 24.5, 24.2, 23.7, 23.5, 21.8

3 일반 집합 연산자

- 일반 집합 연산자는 **수학적 집합 이론에서 사용하는 연산자**이다.
- 일반 집합 연산자 중 합집합(UNION), 교집합(INTERSECTION), 차집합(DIFFERENCE)을 처리하기 위해서는 합병 조건*을 만족해야 한다.
- 합병 가능한 두 릴레이션 R과 S가 있을 때 각 연산의 특징을 요약하면 다음과 같다.

연산자	기능 및 수학적 표현	카디널리티
합집합 UNION ∪	• 두 릴레이션에 존재하는 튜플의 합집합을 구하되, 결과로 생성된 릴레이션에서 중복되는 튜플은 제거되는 연산 • $R \cup S = \{ t \mid t \in R \vee t \in S \}$ ※ t는 릴레이션 R 또는 S에 존재하는 튜플	• $\lvert R \cup S \rvert \le \lvert R \rvert + \lvert S \rvert$ • 합집합의 카디널리티는 두 릴레이션 카디널리티의 합보다 크지 않음
교집합 INTERSECTION ∩	• 두 릴레이션에 존재하는 튜플의 교집합을 구하는 연산 • $R \cap S = \{ t \mid t \in R \wedge t \in S \}$ ※ t는 릴레이션 R 그리고 S에 동시에 존재하는 튜플	• $\lvert R \cap S \rvert \le MIN\{\lvert R \rvert, \lvert S \rvert\}$ • 교집합의 카디널리티는 두 릴레이션 중 카디널리티가 적은 릴레이션의 카디널리티보다 크지 않음
차집합 DIFFERENCE —	• 두 릴레이션에 존재하는 튜플의 차집합을 구하는 연산 • $R - S = \{ t \mid t \in R \wedge t \notin S \}$ ※ t는 릴레이션 R에는 존재하고 S에 없는 튜플	• $\lvert R - S \rvert \le \lvert R \rvert$ • 차집합의 카디널리티는 릴레이션 R의 카디널리티 보다 크지 않음
교차곱 CARTESIAN PRODUCT ×	• 두 릴레이션에 있는 튜플들의 순서쌍을 구하는 연산 • $R \times S = \{ r \cdot s \mid r \in R \wedge s \in S \}$ ※ r은 R에 존재하는 튜플이고, s는 S에 존재하는 튜플	• $\lvert R \times S \rvert = \lvert R \rvert \times \lvert S \rvert$ • 교차곱의 디그리*는 두 릴레이션의 디그리를 더한 것과 같고, 카디널리티는 두 릴레이션의 카디널리티를 곱한 것과 같음

22.7, 필기 23.7, 22.7

4 관계해석(Relational Calculus)

- 관계해석은 **관계 데이터의 연산을 표현하는 방법**이다.
- 관계 데이터 모델의 제안자인 코드(E. F. Codd)가 수학의 Predicate Calculus(술어 해석)에 기반을 두고 관계 데이터베이스를 위해 제안했다.
- 관계해석은 원하는 정보가 무엇이라는 것만 정의하는 비절차적 특성을 지닌다.
- 원하는 정보를 정의할 때는 계산 수식을 사용한다.

전문가의 조언

일반 집합 연산자는 수학에서의 집합 연산자의 기능과 동일한 기능을 합니다.

합병 조건

합병 조건은 합병하려는 두 릴레이션 간에 속성의 수가 같고, 대응되는 속성별로 도메인이 같아야 합니다. 즉, 릴레이션 R과 S가 합병이 가능하다면, 릴레이션 R의 i번째 속성과 릴레이션 S의 i번째 속성의 도메인이 서로 같아야 합니다. 그러나 속성의 이름이 같아야 하는 것은 아닙니다.

디그리/카디널리티

디그리는 속성의 수를, 카디널리티는 튜플의 수를 의미합니다. 자세한 내용은 164, 165쪽의 내용을 참고하세요.

※ 정답 및 해설은 271쪽에 있습니다.

기출 따라잡기 Section 037

20년 10월

문제 1 **다음이 설명하고 있는 관계 대수 연산자의 기호를 쓰시오.**

릴레이션 A, B가 있을 때 릴레이션 B의 조건에 맞는 것들만 릴레이션 A에서 분리하여 프로젝션을 하는 연산이다.

답 :

22년 10월

문제 2 **관계대수에 대한 다음 설명에서 괄호(①~⑤)에 들어갈 알맞은 용어를 쓰시오.**

관계대수는 관계형 데이터베이스에서 원하는 정보와 그 정보를 검색하기 위해서 어떻게 유도하는가를 기술하는 절차적인 언어이다. 관계대수에 사용되는 연산은 다음과 같다.

- 합집합(UNION)은 두 릴레이션에 존재하는 튜플의 합집합을 구하되, 결과로 생성된 릴레이션에서 중복되는 튜플은 제거되는 연산으로, 사용하는 기호는 (①)이다.
- 차집합(DIFFERENCE)은 두 릴레이션에 존재하는 튜플의 차집합을 구하는 연산으로, 사용하는 기호는 (②)이다.
- 교차곱(CARTESIAN PRODUCT)은 두 릴레이션에 있는 튜플들의 순서쌍을 구하는 연산으로, 사용하는 기호는 (③)이다.
- 프로젝트(PROJECT)는 주어진 릴레이션에서 속성 리스트(Attribute List)에 제시된 속성 값만을 추출하여 새로운 릴레이션을 만드는 연산으로, 사용하는 기호는 (④)이다.
- 조인(JOIN)은 공통 속성을 중심으로 두 개의 릴레이션을 하나로 합쳐서 새로운 릴레이션을 만드는 연산으로, 사용하는 기호는 (⑤)이다.

답

- ①
- ②
- ③
- ④
- ⑤

22년 7월

문제 3 **데이터베이스에 대한 다음 설명에서 괄호에 공통으로 들어갈 알맞은 용어를 쓰시오.**

- (　　　)은 관계 데이터의 연산을 표현하는 방법으로, 관계 데이터 모델의 제안자인 코드(E. F. Codd)가 수학의 술어 해석(Predicate Calculus)에 기반을 두고 관계 데이터베이스를 위해 제안했다.
- 원하는 정보가 무엇이라는 것만 정의하는 비절차적 특성을 지니며, 원하는 정보를 정의할 때 계산 수식을 사용한다.
- 튜플 해석식을 사용하는 튜플 (　　　)과 도메인 해석식을 사용하는 도메인 (　　　)으로 구분된다.

답 :

22년 7월

문제 4 **다음은 〈EMPLOYEE〉 릴레이션에 대해 〈관계 대수식〉을 수행했을 때 출력되는 〈결과〉이다. 〈결과〉의 각 괄호(①~⑤)에 들어갈 알맞은 답을 쓰시오.**

〈관계 대수식〉

$$\pi_{TTL}(EMPLOYEE)$$

〈EMPLOYEE〉

INDEX	AGE	TTL
1	48	부장
2	25	대리
3	41	과장
4	36	차장

⇨

〈결과〉

(①)
(②)
(③)
(④)
(⑤)

답

- ①
- ②
- ③
- ④
- ⑤

SECTION 038

이상 / 함수적 종속

이상이 발생하는 원인과 이상의 종류를 기억하세요. 각 이상의 의미는 용어 그대로이므로 한 번만 읽어보면 바로 이해됩니다.

22.5, 20.11, 필기 24.5, 24.2, 23.2, 21.8, 21.5, 21.3, 20.8

1 이상(Anomaly)

- 이상이란 **테이블에서** 일부 속성들의 종속으로 인해 **데이터의 중복이 발생하고, 이 중복(Redundancy)으로** 인해 테이블 조작 시 **문제가 발생하는 현상**을 의미한다.
- 이상의 종류에는 테이블 조작 중에 발생하는 삽입 이상(Insertion Anomaly), 삭제 이상(Deletion Anomaly), 갱신 이상(Update Anomaly)이 있다. 다음 〈수강〉 테이블은 일부 속성에서 데이터의 중복이 발생된다. 〈수강〉 테이블을 통해 이상의 종류들을 살펴보자.

〈수강〉 테이블에서는 한 학생이 여러 과목을 등록할 수 있기 때문에 학번을 기본키로 사용할 수 없습니다. 〈수강〉 테이블에서 튜플을 유일하게 식별하기 위한 기본키는 학번과 과목번호를 합쳐서 사용해야 합니다.

〈수강〉

학번	과목번호	성적	학년
100	C413	A	4
100	E412	A	4
200	C123	B	3
300	C312	A	1
300	C324	C	1
400	C123	A	4
400	C312	A	4
400	C324	A	4
400	C413	B	4
400	E412	C	4
500	C312	B	2

- 삽입 이상(Insertion Anomaly) : 테이블에 데이터를 삽입할 때 의도와는 상관없이 원하지 않은 값들로 인해 삽입할 수 없게 되는 현상이다.

  예 〈수강〉 테이블에서 학번이 "600"인 학생의 학년이 "2"라는 사실만을 삽입하고자 하는 경우, 삽입 이상이 발생한다.

  ☞ 〈수강〉 테이블의 기본키는 학번과 과목번호이기 때문에 삽입할 때 반드시 과목번호가 있어야 한다. 즉, 데이터가 발생되는 시점에는 과목번호가 필요 없지만 〈수강〉 테이블에 기록하고자 할 때 과목번호가 없어 등록할 수 없는 경우가 발생한다.

- 삭제 이상(Deletion Anomaly) : 테이블에서 한 튜플을 삭제할 때 의도와는 상관없는 값들도 함께 삭제되는, 즉 연쇄 삭제가 발생하는 현상이다.

예 〈수강〉 테이블에서 학번이 "200"인 학생이 과목번호 "C123"의 등록을 취소하고자 하는 경우 삭제 이상이 발생한다.

☞ 학번이 "200"인 학생의 과목번호가 "C123"인 과목을 취소하고자 그 학생의 튜플을 삭제하면 학년 정보까지 같이 삭제된다. 과목만을 취소하고자 했지만 유지되어야 할 학년 정보까지 삭제되기 때문에 정보 손실이 발생한다.

- **갱신 이상(Update Anomaly)** : 테이블에서 튜플에 있는 속성 값을 갱신할 때 일부 튜플의 정보만 갱신되어 정보에 불일치성(Inconsistency)이 생기는 현상이다.

예 〈수강〉 테이블에서 학번이 "400"인 학생의 학년을 "4"에서 "3"으로 변경하고자 하는 경우 갱신 이상이 발생할 수 있다.

☞ 학번이 "400"인 모든 튜플의 학년 값을 갱신해야 하는데 실수로 일부 튜플만 갱신하면, 학번 "400"인 학생의 학년은 "3"과 "4", 즉 2가지 값을 가지게 되어 정보에 불일치성이 생기게 된다.

22.7, 필기 24.5, 24.2, 21.8

2 함수적 종속(Functional Dependency)

함수적 종속을 확실하게 이해해야 다음 섹션에서 공부할 정규화가 쉽습니다. 최대한 쉽게 설명했으니 꼼꼼하게 읽어보기 바랍니다.

- 어떤 테이블 R에서 X와 Y를 각각 R의 속성 집합의 부분 집합이라 하자. 속성 X의 값 각각에 대해 시간에 관계없이 항상 속성 Y의 값이 오직 하나만 연관되어 있을 때 Y는 X에 함수적 종속 또는 X가 Y를 함수적으로 결정한다고 하고, X → Y로 표기한다.
- 함수적 종속은 데이터의 의미를 표현하는 것으로, 현실 세계를 표현하는 제약 조건이 되는 동시에 데이터베이스에서 항상 유지되어야 할 조건이다.

예제 1 다음의 〈학생〉 테이블에서 함수적 종속을 살펴보자.

〈학생〉 테이블에서 어떤 학생의 학번이 정해지면, 그 학번에 대응하는 이름, 학년, 학과의 값은 오직 하나만 존재합니다. 이러한 특성을 만족하는 학번이 〈학생〉 테이블의 기본키가 됩니다.

〈학생〉

<u>학번</u>	이름	학년	학과
400	이순신	4	컴퓨터공학과
422	유관순	4	물리학과
301	강감찬	3	수학과
320	홍길동	3	체육과

해설

〈학생〉 테이블에서 이름, 학년, 학과는 각각 학번 속성에 함수적 종속이다. 이것을 기호로 표시하면 다음과 같다.

〈표시 예1〉

학번 → 이름
학번 → 학년
학번 → 학과

〈표시 예2〉

학번 → 이름, 학년, 학과

- X → Y의 관계를 갖는 속성 X와 Y에서 X를 결정자(Determinant)라 하고, Y를 종속자(Dependent)라고 한다. 예를 들어 '학번 → 이름'에서는 학번이 결정자이고, 이름이 종속자이다.

〈수강〉 테이블에서는 한 학생이 여러 과목을 등록할 수 있기 때문에 학번을 기본키로 사용할 수 없습니다. 〈수강〉 테이블에서 튜플을 유일하게 식별하기 위한 기본키는 학번과 과목번호를 합친 복합키를 사용해야 합니다. 이렇게 2개 이상의 속성을 합쳐서 기본키로 사용할 때는 (학번, 과목번호)와 같이 괄호로 묶어서 표현합니다.

예제 2 다음의 〈수강〉 테이블에서 함수적 종속을 기호로 표시해 보자.

〈수강〉

학번	과목번호	성적	학년
100	C413	A	4
100	E412	A	4
200	C123	B	3
300	C312	A	1
300	C324	C	1
400	C413	A	4
400	C312	A	4
400	C324	A	4
400	C123	B	4
400	E412	C	4
500	C312	B	2

해설

학번, 과목번호 → 성적
학번 → 학년

- 〈수강〉 테이블의 속성 중 성적은 (학번, 과목번호)에 완전 함수적 종속(Full Functional Dependency)이라고 한다.
- 반면에 〈수강〉 테이블의 속성 중 학년은 (학번, 과목번호)에 완전 함수적 종속이 아니므로 부분 함수적 종속(Partial Functional Dependency)이라고 한다.

22.7

잠깐만요 완전/부분 함수적 종속 및 이해 / 이행적 함수적 종속

완전 함수적 종속(Full Functional Dependency)

어떤 테이블 R에서 속성 Y가 다른 속성 집합 X 전체에 대해 함수적 종속이면서 속성 집합 X의 어떠한 진부분 집합 Z(즉, Z ⊂ X)에도 함수적 종속이 아닐 때 속성 Y는 속성 집합 X에 완전 함수적 종속이라고 합니다.

부분 함수적 종속(Partial Functional Dependency)

어떤 테이블 R에서 속성 Y가 다른 속성 집합 X 전체에 대해 함수적 종속이면서 속성 집합 X의 임의의 진부분 집합에 대해 함수적 종속일 때, 속성 Y는 속성 집합 X에 부분 함수적 종속이라고 합니다.

완전/부분 함수적 종속의 이해

완전 함수적 종속이라는 말은 어떤 속성이 기본키에 대해 완전히 종속적일 때를 말합니다. 예를 들어 〈수강〉 테이블은 (학번, 과목번호)가 기본키인데, 성적은 학번과 과목번호가 같을 경우에는 항상 같은 성적이 오므로, 즉 성적은 학번과 과목번호에 의해서만 결정되므로 성적은 기본키(학번, 과목번호)에 완전 함수적 종속이 되는 것입니다. 반면에 학년은 과목번호에 관계없이 학번이 같으면 항상 같은 학년이 오므로, 즉 기본키의 일부인 학번에 의해서 학년이 결정되므로 학년은 부분 함수적 종속이라고 합니다.

이행적 함수적 종속(Transitive Functional Dependency)

X → Y이고 Y → Z일 때 X → Z를 만족하는 관계를 이행적 함수적 종속이라고 합니다.

※ 정답 및 해설은 272쪽에 있습니다.

기출 따라잡기 Section 038

20년 11월, 필기 21년 8월

문제 1 정규화를 거치지 않으면 데이터베이스 내에 데이터들이 불필요하게 중복되어 릴레이션 조작 시 예기치 못한 곤란한 현상이 발생하는데, 이를 이상(Anomaly)이라 한다. 이상의 종류 3가지를 쓰시오.

답 :

22년 7월

문제 2 함수적 종속(Functional Dependency)에 대한 다음 설명에서 괄호(①~③)에 들어갈 알맞은 용어를 〈보기〉에서 찾아 기호(㉠~㉧)로 쓰시오. (단, 테이블 〈R〉의 속성 '학생'과 '학과'의 밑줄은 키(Key)임을 의미한다.)

〈R〉

학생	학과	성적	학년
이순신	컴퓨터공학	A+	2
이순신	전기공학	B	2
유관순	경제학	B+	1
강감찬	문예창작	C	3
강감찬	한국사	C+	3
홍길동	영문학	B	4

- 테이블 〈R〉에서 '성적'은 기본키인 {학생, 학과}에 대해 (①) Functional Dependency이다.
- 테이블 〈R〉에서 '학년'은 기본키인 {학생, 학과} 중 '학생'만으로 식별이 가능하므로 기본키에 대해 (②) Functional Dependency이다.
- 임의의 테이블에 속성 A, B, C가 있을 때, A → B이고 B → C일 때 A → C인 관계는 (③) Functional Dependency이다.

〈보기〉

㉠ Hybrid	㉡ Multi Valued	㉢ Transitive	㉣ Full
㉤ Defined	㉥ Natural	㉦ Relational	㉧ Partial

답

- ①
- ②
- ③

22년 5월, 필기 23년 2월

문제 3 데이터의 중복으로 인해 테이블 조작 시 문제가 발생하는 현상을 이상(Anomaly)이라고 한다. 이상 중 삭제 이상(Deletion Anomaly)에 대해 간략히 서술하시오.

답 :

이전기출

문제 4 아래의 〈주문〉 릴레이션은 '주문번호'와 '부품번호'가 기본키다. 함수적 종속 관계의 괄호(①, ②)를 채우시오.

〈주문〉

주문번호	부품번호	거래처코드	거래처지역	부품가격	주문물량	주문날짜
1518	100	A01	서울	1000	12	20/10/8
1518	200	A04	부산	500	15	20/10/8
1521	300	A04	부산	600	18	20/10/15
1607	100	A08	인천	1000	15	20/10/22
1607	400	A07	광주	200	28	20/10/22
1607	500	A09	대구	5000	3	20/10/22
1729	400	A07	광주	200	1	20/11/03
1729	200	A04	부산	500	10	20/11/03
1729	100	A01	서울	1000	15	20/11/03

〈함수적 종속 관계〉

- 주문번호, 부품번호 → 거래처코드, 거래처지역, 부품가격, 주문물량, 주문날짜
- 주문번호 → 주문날짜
- (①) → 부품가격
- 거래처코드 → (②)

답

- ①
- ②

이전기출

문제 5 다음 설명에서 괄호(①~④)에 들어갈 가장 적합한 용어를 쓰시오.

어떤 릴레이션(관계) R에서 A와 B를 각각 R의 애트리뷰트(속성/Column) 집합이라고 가정할 때 애트리뷰트 A의 값 각각에 대해서 시간에 관계없이 항상 애트리뷰트 B의 값이 오직 하나만 연관되어 있을 때 B는 A에 (①)이라고 하고 (②)로 표기한다.
만약 B가 A에 종속되어 A 값을 알면 B 값을 알 수 있을 때 A를 (③)라고 하고, B를 (④)라고 한다.

답

- ①
- ②
- ③
- ④

SECTION 039

정규화(Normalization)

정규화는 데이터의 중복성을 최소화하고 일관성 등의 유지를 통해 데이터베이스의 품질을 보장하고 성능의 향상을 위해 수행합니다.

무손실 분해
(Nonloss Decomposition)

- 테이블 R의 프로젝션(특정 테이블에서 일부 속성들만 추출하여 만든 테이블)인 R1, R2가 NATURAL JOIN을 통해 원래의 테이블 R로 정보 손실 없이 복귀되는 경우 R은 R1과 R2로 무손실 분해되었다고 합니다.
- 테이블 R

학번	지도교수	학과
101	김동오	컴퓨터
102	홍동숙	전자
103	김동오	컴퓨터

- R의 프로젝션 R1

학번	지도교수
101	김동오
102	홍동숙
103	김동오

- R의 프로젝션 R2

지도교수	학과
김동오	컴퓨터
홍동숙	전자

- R1과 R2의 NATURAL JOIN

학번	지도교수	학과
101	김동오	컴퓨터
102	홍동숙	전자
103	김동오	컴퓨터

※ 이와 같이 원래대로 복원될 수 있는 분해를 무손실 분해라고 합니다.

〈주문목록〉 테이블은 제 1정규형, 제 2정규형, 제 3정규형을 설명하는 데 사용하고, BCNF는 별도의 테이블을 예로 사용합니다. 그리고 제 4정규형과 제 5정규형은 실제 프로젝트에서는 거의 발생하지 않으므로 정의만 기술합니다.

필기 21.8, 20.9

1 정규화(Normalization)

- 정규화는 **테이블의 속성들이 상호 종속적인 관계를 갖는 특성을 이용하여 테이블을 무손실 분해*하는 과정**이다.
- 정규화의 목적은 가능한 한 중복을 제거하여 삽입, 삭제, 갱신 이상의 발생 가능성을 줄이는 것이다.
- 정규형에는 제 1정규형(1NF; First Normal Form), 제 2정규형(2NF; Second Normal Form), 제 3정규형(3NF; Third Normal Form), BCNF(Boyce-Codd Normal Form), 제 4정규형(4NF; Fourth Normal Form), 제 5정규형(5NF; Fifth Normal Form)이 있으며, 순서대로 정규화의 정도가 높아진다.

24.4, 21.7, 필기 24.7, 24.5, 24.2, 22.7, 22.4, 22.3, 21.8, 21.5, 21.3, 20.9, 20.8, 20.6

2 정규화 과정

아래의 〈주문목록〉 테이블을 가지고 정규화 과정을 살펴보자. 〈주문목록〉 테이블의 기본키(Primary Key)는 제품번호이다.

〈주문목록〉

제품번호	제품명	재고수량	주문번호	고객번호	주소	주문수량
1001	모니터	2000	A345 D347	100 200	서울 부산	150 300
1007	마우스	9000	A210 A345 B230	300 100 200	광주 서울 부산	600 400 700
1201	키보드	2100	D347	200	부산	300

- **제 1정규형**
  - 제 1정규형은 테이블 R에 속한 모든 속성의 도메인(Domain)이 원자 값(Atomic Value)만으로 되어 있는 정규형이다. 즉 테이블의 모든 속성 값이 원자 값으로만 되어 있는 정규형이다.
  - 〈주문목록〉 테이블에서는 하나의 제품에 대해 여러 개의 주문 관련 정보(주문번호, 고객번호, 주소, 주문수량)가 발생하고 있다. 따라서 〈주문목록〉 테이블은 제 1정규형이 아니다.

예제 1 〈주문목록〉 테이블에서 반복되는 주문 관련 정보를 분리하여 제 1정규형으로 만드시오.

〈주문목록〉

제품번호	제품명	재고수량	주문번호	고객번호	주소	주문수량
1001	모니터	2000	A345 D347	100 200	서울 부산	150 300
1007	마우스	9000	A210 A345 B230	300 100 200	광주 서울 부산	600 400 700
1201	키보드	2100	D347	200	부산	300

〈제품〉

제품번호	제품명	재고수량
1001	모니터	2000
1007	마우스	9000
1201	키보드	2100

〈제품주문〉

주문번호	제품번호	고객번호	주소	주문수량
A345	1001	100	서울	150
D347	1001	200	부산	300
A210	1007	300	광주	600
A345	1007	100	서울	400
B230	1007	200	부산	700
D347	1201	200	부산	300

해설 〈주문목록〉 테이블에서 반복되는 주문 관련 정보인 주문번호, 고객번호, 주소, 주문수량을 분리하면 위와 같이 제 1정규형인 〈제품〉 테이블과 〈제품주문〉 테이블이 만들어진다.

- 1차 정규화 과정으로 생성된 〈제품주문〉 테이블의 기본키는 (주문번호, 제품번호)이고, 다음과 같은 함수적 종속이 존재한다.

> 주문번호, 제품번호 → 고객번호, 주소, 주문수량
> 주문번호 → 고객번호, 주소
> 고객번호 → 주소

- **제 2정규형**
  - 제 2정규형은 테이블 R이 제 1정규형이고, 기본키가 아닌 모든 속성이 기본키에 대하여 완전 함수적 종속을 만족하는 정규형이다.
  - 〈주문목록〉 테이블이 〈제품〉 테이블과 〈제품주문〉 테이블로 무손실 분해되면서 모두 제 1정규형이 되었지만 그 중 〈제품주문〉 테이블에는 기본키인 (주문번호, 제품번호)에 완전 함수적 종속이 되지 않는 속성이 존재한다. 즉 주문수량은 기본키에 대해 완전 함수적 종속이지만 고객번호와 주소는 주문번호에 의해서도 결정될 수 있으므로, 기본키에 대해 완전 함수적 종속이 아니다. 따라서 〈제품주문〉 테이블은 제 2정규형이 아니다.

전문가의 조언

정규화는 데이터베이스 설계 과정에서 가장 중요한 작업 중 하나입니다. 즉 시험에도 나올 확률이 높다는 말이겠죠! 적어도 제 3정규형까지는 정규화 할 수 있도록 충분히 숙지하세요.

예제 2 〈제품주문〉 테이블에서 주문번호에 함수적 종속이 되는 속성들을 분리하여 제 2정규형을 만드시오.

〈제품주문〉

주문번호	제품번호	고객번호	주소	주문수량
A345	1001	100	서울	150
D347	1001	200	부산	300
A210	1007	300	광주	600
A345	1007	100	서울	400
B230	1007	200	부산	700
D347	1201	200	부산	300

⬇

〈주문목록〉

주문번호	제품번호	주문수량
A345	1001	150
D347	1001	300
A210	1007	600
A345	1007	400
B230	1007	700
D347	1201	300

〈주문〉

주문번호	고객번호	주소
A345	100	서울
D347	200	부산
A210	300	광주
B230	200	부산

해설 〈제품주문〉 테이블에서 주문번호에 함수적 종속이 되는 속성인 고객번호와 주소를 분리(즉 부분 함수적 종속을 제거)해 내면 위와 같이 제 2정규형인 〈주문목록〉 테이블과 〈주문〉 테이블로 무손실 분해된다.

- 제 2정규화 과정을 거쳐 생성된 〈주문〉 테이블의 기본키는 주문번호이다. 그리고 〈주문〉 테이블에는 아직도 다음과 같은 함수적 종속들이 존재한다.

주문번호 → 고객번호, 주소
고객번호 → 주소

- **제 3정규형**
  - 제 3정규형은 테이블 R이 제 2정규형이고 기본키가 아닌 모든 속성이 기본키에 대해 이행적 함수적 종속(Transitive Functional Dependency)*을 만족하지 않는 정규형이다.
  - 〈제품주문〉 테이블이 〈주문목록〉 테이블과 〈주문〉 테이블로 무손실 분해되면서 모두 제 2정규형이 되었다. 그러나 〈주문〉 테이블에서 고객번호가 주문번호에 함수적 종속이고, 주소가 고객번호에 함수적 종속이므로 주소는 기본키인 주문번호에 대해 이행적 함수적 종속을 만족한다. 즉 주문번호 → 고객번호이고, 고객번호 → 주소이므로 주문번호 → 주소는 이행적 함수적 종속이 된다. 따라서 〈주문〉 테이블은 제 3정규형이 아니다.

필기 24.2, 22.3, 20.8, 20.6
이행적 함수적 종속
A → B이고 B → C일 때 A → C를 만족하는 관계를 이행적 함수적 종속이라고 합니다.

예제 3 〈주문〉 테이블에서 이행적 함수적 종속을 제거하여 제 3정규형을 만드시오.

〈주문〉

주문번호	고객번호	주소
A345	100	서울
D347	200	부산
A210	300	광주
B230	200	부산

〈주문〉

주문번호	고객번호
A345	100
D347	200
A210	300
B230	200

〈고객〉

고객번호	주소
100	서울
200	부산
300	광주

해설 〈주문〉 테이블에서 이행적 함수적 종속(즉 주문번호 → 주소)을 제거하여 무손실 분해함으로써 위와 같이 제 3정규형인 〈주문〉 테이블과 〈고객〉 테이블이 생성된다.

- BCNF
  - BCNF는 테이블 R에서 모든 결정자가 후보키(Candidate Key)인 정규형이다.
  - 일반적으로 제 3정규형에 후보키가 여러 개 존재하고, 이러한 후보키들이 서로 중첩되어 나타나는 경우에 적용 가능하다.
  - 아래의 〈수강_교수〉 테이블(제 3정규형)은 함수적 종속{(학번, 과목명) → 담당교수, (학번, 담당교수) → 과목명, 담당교수 → 과목명}을 만족하고 있다. 〈수강_교수〉 테이블의 후보키는 (학번, 과목명)과 (학번, 담당교수)이다.

〈수강_교수〉

학번	과목명	담당교수
211746	데이터베이스	홍길동
211747	네트워크	유관순
211748	인공지능	윤봉길
211749	데이터베이스	홍길동
211747	데이터베이스	이순신
211749	네트워크	유관순

  - 〈수강_교수〉 테이블에서 결정자 중 후보키가 아닌 속성이 존재한다. 즉 함수적 종속 담당교수 → 과목명이 존재하는데, 담당교수가 〈수강_교수〉 테이블에서 후보키가 아니기 때문에 〈수강_교수〉 테이블은 BCNF가 아니다.

예제 4 〈수강_교수〉 테이블에서 결정자가 후보키가 아닌 속성을 분리하여 BCNF를 만드시오.

〈수강〉

학번	담당교수
211746	홍길동
211747	유관순
211748	윤봉길
211749	홍길동
211747	이순신
211749	유관순

〈교수〉

담당교수	과목명
홍길동	데이터베이스
이순신	데이터베이스
윤봉길	인공지능
유관순	네트워크

해설 〈수강_교수〉 테이블에서 BCNF를 만족하지 못하게 하는 속성(즉 담당교수 → 과목명)을 분리해내면 위와 같이 BCNF인 〈수강〉 테이블과 〈교수〉 테이블로 무손실 분해된다.

- **제 4정규형**

  제 4정규형은 테이블 R에 다중 값 종속(MVD; Multi Valued Dependency)* A →→ B가 존재할 경우 R의 모든 속성이 A에 함수적 종속 관계를 만족하는 정규형이다.

- **제 5정규형**

  제 5정규형은 테이블 R의 모든 조인 종속(JD; Join Dependency)*이 R의 후보키를 통해서만 성립되는 정규형이다.

다중 값 종속(다치 종속)
A, B, C 3개의 속성을 가진 테이블 R에서 어떤 복합 속성(A, C)에 대응하는 B 값의 집합이 A 값에만 종속되고 C 값에는 무관하면, B는 A에 다중 값 종속이라 하고, A →→ B로 표기합니다.

조인 종속
어떤 테이블 R의 속성에 대한 부분 집합 X, Y, ⋯, Z가 있다고 하자. 이때 만일 테이블 R이 자신의 프로젝션(Projection) X, Y, ⋯, Z를 모두 조인한 결과와 동일한 경우 테이블 R은 조인 종속 JD(X, Y, ⋯, Z)를 만족한다고 합니다.

잠깐만요 **정규화 과정 정리**

비정규 릴레이션
↓ 도메인이 원자값
1NF
↓ 부분적 함수 종속 제거
2NF
↓ 이행적 함수 종속 제거
3NF
↓ 결정자이면서 후보키가 아닌 것 제거
BCNF
↓ 다치 종속 제거
4NF
↓ 조인 종속성 이용
5NF

정규화 단계 암기 요령

두부를 좋아하는 정규화가 두부가게에 가서 가게에 있는 두부를 다 달라고 말하니 주인이 깜짝 놀라며 말했다.

두부이걸다줘? ≒ 도부이결다조

도메인이 원자값
부분적 함수 종속 제거
이행적 함수 종속 제거
결정자이면서 후보키가 아닌 것 제거
다치 종속 제거
조인 종속성 이용

※ 정답 및 해설은 272쪽에 있습니다.

기출 따라잡기 Section 039

필기 24년 7월, 5월, 2월, 22년 4월, 3월, 20년 9월, 8월, 6월

문제 1 다음은 정규화 과정을 간단하게 정리한 것이다. 괄호(①~⑥)에 각 정규화 과정별로 필요한 작업이 무엇인지 간략히 서술하시오.

〈정규화 과정〉

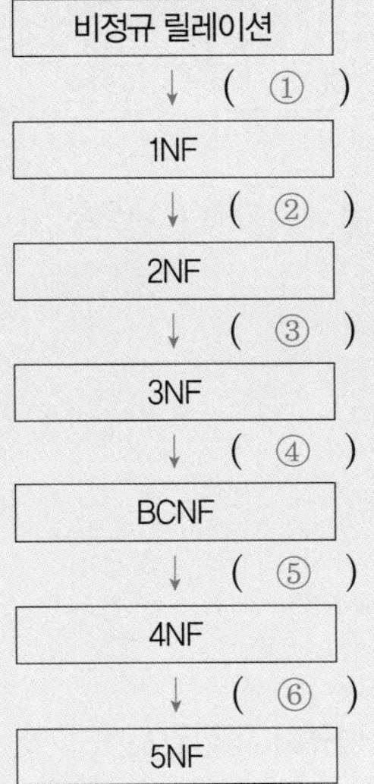

답

- ①
- ②
- ③
- ④
- ⑤
- ⑥

이전기출

문제 2 함수적 종속은 중복의 원인이 되며, 삽입, 삭제, 갱신 등의 이상(Anomaly)을 발생시킨다. 함수적 종속이 일어나는 근본적인 이유는 여러 종류의 사실들을 하나의 릴레이션으로 표현하기 때문이다. 이러한 문제들을 해결하는 방법은 속성들 간의 종속성을 분해해서 기본적으로 하나의 종속성은 하나의 릴레이션에 표현되도록 분해하는 것이다. 이러한 분해 과정을 무엇이라고 하는지 쓰시오.

답 :

이전기출

문제 3 다음의 정규화(Normalization) 과정은 어떤 단계의 정규화 과정인지와 해당 정규화 과정에서 필요한 작업을 간략히 서술하시오.

〈주문목록〉

주문번호	고객아이디	주소
K315	HCLEE	서울
D214	AHGO	부산
C879	SCSON	인천
D863	AHGO	부산

〈정규화 결과〉

〈주문〉

주문번호	고객아이디
K315	HCLEE
D214	AHGO
C879	SCSON
D863	AHGO

〈고객〉

고객아이디	주소
HCLEE	서울
AHGO	부산
SCSON	인천

- ① 〈주문〉과 〈고객〉 테이블은 〈주문목록〉 테이블의 어떤 정규화의 결과인지 쓰시오.

답 :

- ② 위 정규화 과정에서 수행된 작업을 쓰시오.

답 :

24년 4월

문제 4 다음의 정규화(Normalization) 과정은 어떤 단계의 정규화 과정인지 〈보기〉에서 찾아 쓰시오.

〈주문〉

주문번호	고객번호	주소
A345	100	서울
D347	200	부산
A210	300	광주
B230	200	부산

⬇

〈주문〉

주문번호	고객번호
A345	100
D347	200
A210	300
B230	200

〈고객〉

고객번호	주소
100	서울
200	부산
300	광주

〈보기〉

- 제1정규형
- 제2정규형
- 제3정규형
- 보이스/코드 정규형
- 제4정규형
- 제5정규형

답 :

21년 7월

문제 5 **정규화 과정에 대한 다음 설명에서 괄호에 공통으로 들어갈 알맞은 정규형을 쓰시오.**

테이블을 만들 때는 이상(Anomaly)을 방지하기 위해 데이터들의 중복성 및 종속성을 배제하는 정규화를 수행한다. 아래 그림은 부분 함수적 종속을 제거하여 제 (　　) 정규형을 만드는 과정이다.

〈제품납품〉

납품번호	제품번호	업체번호	업체명	납품수량
K102	P7720	214	대한기계	100
J116	P7620	712	모연전자	150
K217	P0098	879	삼일제조	300
A548	P0098	523	효진항공	250
K102	P0892	214	대한기계	100
K217	P7720	879	삼일제조	250

〈제품납품〉의 함수적 종속 관계

- 납품번호, 제품번호 → 업체번호, 업체명, 납품수량
- 납품번호 → 업체번호, 업체명

〈정규화 결과〉

〈납품목록〉

납품번호	제품번호	납품수량
K102	P7720	100
J116	P7620	150
K217	P0098	300
A548	P0098	250
K102	P0892	100
K217	P7720	250

〈주문〉

납품번호	업체번호	업체명
K102	214	대한기계
J116	712	모연전자
K217	879	삼일제조
A548	523	효진항공

〈제품납품〉의 경우, 업체번호와 업체명은 기본키에 해당하는 납품번호와 제품번호 중 납품번호에만 종속되는 부분 함수적 종속이다. 이 문제 해결을 위해 〈제품납품〉에서 업체번호와 업체명을 분리하여 〈납품목록〉과 〈주문〉으로 만들면 제 (　　) 정규형에 해당하는 테이블이 완성된다.

답 :

SECTION 040

반정규화(Denormalization)

전문가의 조언

- 반정규화의 개념과 반정규화의 4가지 방법인 테이블 통합, 테이블 분할, 중복 테이블 추가, 중복 속성 추가의 특징에 대해 정리하세요.
- 이번 섹션의 내용은 이미 필기 시험을 준비할 때 공부한 내용이므로 실기 시험의 특성과 학습의 효율성을 고려하여 시험에 나올만한 내용 위주로 담았습니다. 혹시 이해되지 않는 내용이 있으면 필기 교재를 참고하세요. 이번 섹션은 필기 1권 313~317쪽을 참고하시면 됩니다.

24.7, 21.4, 20.5, 필기 24.2, 23.7, 20.9

1 반정규화(=비정규화)

- 반정규화는 시스템의 성능을 향상하고 개발 및 운영의 편의성 등을 높이기 위해 **정규화된 데이터 모델을 의도적으로 통합, 중복, 분리하여 정규화 원칙을 위배하는 행위**이다.
- 반정규화를 수행하면 시스템의 성능이 향상되고 관리 효율성은 증가하지만 데이터의 일관성 및 정합성이 저하될 수 있다.
- 과도한 반정규화는 오히려 성능을 저하시킬 수 있다.
- 반정규화의 방법
  - 테이블 통합
  - 테이블 분할
  - 중복 테이블 추가
  - 중복 속성 추가

2 테이블 통합

- 테이블 통합은 두 개의 테이블이 조인(Join)되어 사용되는 경우가 많을 경우 성능 향상을 위해 아예 하나의 테이블로 만들어 사용하는 것이다.
- 테이블 통합을 고려하는 경우
  - 두 개의 테이블에서 발생하는 프로세스가 동일하게 자주 처리되는 경우
  - 항상 두 개의 테이블을 이용하여 조회를 수행하는 경우
- 테이블 통합의 종류
  - 1:1 관계 테이블 통합
  - 1:N 관계 테이블 통합
  - 슈퍼타입/서브타입* 테이블 통합

슈퍼타입/서브타입
슈퍼타입은 상위 개체를, 서브타입은 하위 개체를 의미합니다.

3 테이블 분할

테이블 분할은 테이블을 수직 또는 수평으로 분할하는 것이다.

방법	내용
수평 분할	• 레코드(Record)를 기준으로 테이블을 분할하는 것 • 레코드별로 사용 빈도의 차이가 큰 경우 사용 빈도에 따라 테이블을 분할함
수직 분할	• 하나의 테이블에 속성이 너무 많을 경우 속성을 기준으로 테이블을 분할하는 것 • 종류 : 갱신 위주의 속성 분할, 자주 조회되는 속성 분할, 크기가 큰 속성 분할, 보안을 적용해야 하는 속성 분할

필기 20.6

4 중복 테이블 추가

- 중복 테이블 추가는 작업의 효율성을 향상시키기 위해 테이블을 추가하는 것이다.
- 중복 테이블을 추가하는 경우
  - 여러 테이블에서 데이터를 추출해서 사용해야 할 경우
  - 다른 서버에 저장된 테이블을 이용해야 하는 경우
- 중복 테이블 추가 방법

집계 테이블의 추가	집계 데이터를 위한 테이블을 생성하고, 각 원본 테이블에 트리거(Trigger)*를 설정하여 사용하는 것
진행 테이블의 추가	이력 관리* 등의 목적으로 추가하는 테이블
특정 부분만을 포함하는 테이블의 추가	데이터가 많은 테이블의 특정 부분만을 사용하는 경우 해당 부분만으로 새로운 테이블을 생성

5 중복 속성 추가

- 중복 속성 추가는 조인해서 데이터를 처리할 때 데이터를 조회하는 경로를 단축하기 위해 자주 사용하는 속성을 하나 더 추가하는 것이다.
- 중복 속성을 추가하면 데이터의 무결성 확보가 어렵고, 디스크 공간이 추가로 필요하다.
- 중복 속성을 추가하는 경우
  - 조인이 자주 발생하는 속성인 경우
  - 접근 경로가 복잡한 속성인 경우
  - 액세스의 조건으로 자주 사용되는 속성인 경우
  - 기본키의 형태가 적절하지 않거나 여러 개의 속성으로 구성된 경우

트리거(Trigger)
트리거는 데이터베이스 시스템에서 데이터의 입력, 갱신, 삭제 등의 이벤트(Event)가 발생할 때마다 자동으로 수행되는 절차형 SQL입니다.
※ **이벤트(Event)** : 시스템에 어떤 일이 발생한 것을 말하며, 트리거에서 이벤트는 데이터의 입력, 갱신, 삭제와 같이 데이터를 조작하는 작업이 발생했음을 의미함

이력 관리
이력 관리는 속성 값의 변화를 관리하기 위해 테이블에서 특정 속성 값이 변경될 때마다 변경되기 전의 속성 값을 저장하는 것을 말합니다.

※ 정답 및 해설은 273쪽에 있습니다.

기출 따라잡기 Section 040

24년 7월, 21년 4월, 20년 5월, 필기 24년 2월, 23년 7월

문제 1 다음 설명에 해당하는 용어를 쓰시오.

- 시스템의 성능을 향상하고 개발 및 운영의 편의성 등을 높이기 위해 정규화된 데이터 모델을 의도적으로 통합, 중복, 분리하여 정규화 원칙을 위배하는 행위이다.
- 이를 수행하면 시스템의 성능이 향상되고 관리 효율성은 증가하지만 데이터의 일관성 및 정합성이 저하될 수 있다.
- 과도한 수행은 오히려 성능을 저하시킬 수 있다.

답 :

출제예상

문제 2 다음은 반정규화 중 테이블 분할에 대한 설명이다. 괄호(①, ②)에 들어갈 가장 적합한 용어를 쓰시오.

- 테이블 분할은 (①)를 기준으로 테이블을 분할하는 수평 분할과 (②)을 기준으로 테이블을 분할하는 수직 분할이 있다.
- 수평 분할은 (①)별로 사용 빈도의 차이가 큰 경우 사용 빈도에 따라 테이블을 분할한다.
- 수직 분할은 하나의 테이블에 (②)이 너무 많을 경우 (②)을 기준으로 테이블을 분할한다.

답

- ①
- ②

필기 20년 6월

문제 3 반정규화(Denormalization) 유형 중 중복 테이블을 추가하는 것이 있다. 이때 추가하는 테이블의 종류 3가지를 쓰시오.

답 :

SECTION 041

시스템 카탈로그

필기 24.7, 24.5, 24.2, 23.7, 22.7, 21.5, 21.3

1 시스템 카탈로그(System Catalog)

- 시스템 카탈로그는 시스템 그 자체에 관련이 있는 **다양한 객체에 관한 정보를 포함하는 시스템 데이터베이스**이다.
- 시스템 카탈로그 내의 각 테이블은 사용자를 포함하여 DBMS에서 지원하는 모든 데이터 객체에 대한 정의나 명세에 관한 정보를 유지 관리하는 시스템 테이블이다.
- 카탈로그들이 생성되면 데이터 사전(Data Dictionary)에 저장되기 때문에 좁은 의미로는 카탈로그를 데이터 사전이라고도 한다.

전문가의 조언

시스템 카탈로그, 메타 데이터, 데이터 디렉터리가 서술형이나 단답형 문제로 출제될 수 있습니다. 키워드 중심으로 개념을 정리하고 명칭을 명확히 암기하세요.

필기 24.7, 24.5, 24.2

2 메타 데이터(Meta-Data)

- 메타 데이터는 **시스템 카탈로그에 저장된 정보**를 의미한다.
- 메타 데이터의 유형
  - 데이터베이스 객체 정보 : 테이블(Table), 인덱스(Index), 뷰(View) 등의 구조 및 통계 정보
  - 사용자 정보 : 아이디, 패스워드, 접근 권한 등
  - 테이블의 무결성 제약 조건 정보 : 기본키, 외래키, NULL 값 허용 여부 등
  - 함수, 프로시저, 트리거 등에 대한 정보

3 데이터 디렉터리(Data Directory)

- 데이터 디렉터리는 **데이터 사전에 수록된 데이터에 접근하는 데 필요한 정보를 관리 유지하는 시스템**이다.
- 시스템 카탈로그는 사용자와 시스템 모두 접근할 수 있지만 데이터 디렉터리는 시스템만 접근할 수 있다.

※ 정답 및 해설은 273쪽에 있습니다.

기출 따라잡기 Section 041

필기 23년 7월, 22년 7월, 21년 5월, 3월

문제 1 다음 설명의 괄호에 공통적으로 들어갈 알맞은 용어를 쓰시오.

- (   )는 시스템 자신이 필요로 하는 스키마 및 여러가지 객체에 관한 정보를 포함하고 있는 시스템 데이터베이스로, DBMS가 스스로 생성하고 유지한다.
- (   )에 저장되는 내용을 메타 데이터라고도 한다.

답 :

출제예상

문제 2 데이터베이스에서 메타 데이터(Meta-Data)의 개념을 간략히 서술하시오.

답 :

출제예상

문제 3 다음 설명의 괄호에 공통적으로 들어갈 알맞은 용어를 쓰시오.

- (   )는 데이터 사전에 수록된 데이터에 실제로 접근하는 데 필요한 정보를 관리 유지하는 시스템이다.
- 시스템 카탈로그는 사용자와 시스템 모두 접근할 수 있지만 (   )는 시스템만 접근할 수 있다.

답 :

SECTION 042

트랜잭션 분석 / CRUD 분석

필기 23.2, 21.8

1 트랜잭션(Transaction)

- 트랜잭션은 데이터베이스의 상태를 변환시키는 하나의 **논리적 기능을 수행하기 위한 작업의 단위 또는 한꺼번에 모두 수행되어야 할 일련의 연산**들을 의미한다.
- 트랜잭션은 데이터베이스 시스템에서 병행 제어 및 회복 작업 시 처리되는 작업의 논리적 단위로 사용된다.
- 트랜잭션은 사용자가 시스템에 대한 서비스 요구 시 시스템이 응답하기 위한 상태 변환 과정의 작업 단위로 사용된다.

전문가의 조언

- 물리 데이터베이스를 설계하려면 데이터베이스에 어떤 트랜잭션이 얼마나 자주 발생하는지 분석하고 그에 따라 트랜잭션 처리 방법이나 데이터베이스 구조 등을 설계해야 합니다.
- 트랜잭션의 개념과 4가지 특성을 간단히 서술할 수 있을 정도로 내용을 숙지해야 합니다.

21.7, 20.5, 필기 24.7, 24.5, 24.2, 23.7, 23.5, 23.2, 22.7, 22.4, 21.8, 21.3, 20.9, 20.8, 20.6

2 트랜잭션의 특성

특성	의미
21.7, 20.5, 필기 24.5, 23.5, 23.2, 22.7, 22.4, … Atomicity(원자성)	트랜잭션의 연산은 데이터베이스에 모두 반영되도록 완료(Commit)되든지 아니면 전혀 반영되지 않도록 복구(Rollback)되어야 함
20.5, 필기 24.2, 23.5, 22.7, 21.3 Consistency(일관성)	트랜잭션이 그 실행을 성공적으로 완료하면 언제나 일관성 있는 데이터베이스 상태로 변환함
20.5, 필기 23.7, 23.5, 22.7, 21.8 Isolation (독립성, 격리성, 순차성)	둘 이상의 트랜잭션이 동시에 병행 실행되는 경우 어느 하나의 트랜잭션 실행중에 다른 트랜잭션의 연산이 끼어들 수 없음
20.5, 필기 24.7, 23.5 Durability(영속성, 지속성)	성공적으로 완료된 트랜잭션의 결과는 시스템이 고장나더라도 영구적으로 반영되어야 함

전문가의 조언

트랜잭션의 특성을 영문 앞글자만 모아서 ACID라고 합니다.

필기 22.7, 20.9

3 CRUD 분석

- CRUD 분석은 **프로세스와 테이블 간에 CRUD 매트릭스를 만들어서 트랜잭션을 분석하는 것**이다.
- CRUD 분석을 통해 많은 트랜잭션이 몰리는 테이블을 파악할 수 있으므로 디스크 구성 시 유용한 자료로 활용할 수 있다.

전문가의 조언

CRUD는 테이블에 변화를 주는 트랜잭션의 연산, 즉 '생성(Create), 읽기(Read), 갱신(Update), 삭제(Delete)'의 앞 글자만 모아서 만든 용어입니다.

- CRUD 매트릭스
  - 2차원 형태의 표로서, 행(Row)에는 프로세스를, 열(Column)에는 테이블을, 행과 열이 만나는 위치에는 프로세스가 테이블에 발생시키는 변화를 표시하여 프로세스와 데이터 간의 관계를 분석하는 분석표이다.
  - CRUD 매트릭스를 통해 트랜잭션이 테이블에 수행하는 작업을 검증한다.
  - CRUD 매트릭스의 각 셀에는 Create, Read, Update, Delete의 앞 글자가 들어가며, 복수의 변화를 줄 때는 기본적으로 'C 〉 D 〉 U 〉 R'의 우선순위를 적용하여 한 가지만 적지만, 활용 목적에 따라 모두 기록할 수 있다.

  예 '주문 변경' 프로세스를 실행하려면 테이블의 데이터를 읽은(Read) 다음 수정(Update)해야 하므로 R(Read)과 U(Update)가 필요하지만 CRUD 매트릭스에는 우선순위가 높은 'U'만 표시한다.

  - CRUD 매트릭스가 완성되었다면 C, R, U, D 중 어느 것도 적히지 않은 행이나 열, C나 R이 없는 열을 확인하여 불필요하거나 누락된 테이블 또는 프로세스를 찾는다.

  예 온라인 쇼핑몰의 CRUD 매트릭스 예시

테이블 / 프로세스	회원	상품	주문	주문목록	제조사
신규 회원 등록	C				
회원정보 변경	R, U				
주문 요청	R	R	C	C	
주문 변경			R	R, U	
주문 취소			R, D	R, D	
상품 등록		C			C, R
상품정보 변경		R, U			R, U

4 트랜잭션 분석

필기 20.9

- 트랜잭션 분석은 CRUD 매트릭스를 기반으로 테이블에 발생하는 트랜잭션 양을 분석하여 테이블에 저장되는 데이터의 양을 유추하고 이를 근거로 DB의 용량 산정 및 구조의 최적화를 목적으로 한다.
- 트랜잭션 분석은 업무 개발 담당자가 수행한다.
- 트랜잭션 분석을 통해 프로세스가 과도하게 접근하는 테이블을 확인할 수 있으며, 이러한 집중 접근 테이블을 여러 디스크에 분산 배치함으로써 디스크 입·출력 향상을 통한 성능 향상을 가져올 수 있다.

- 트랜잭션 분석서
  - 단위 프로세스와 CRUD 매트릭스를 이용하여 작성한다.
  - 구성 요소 : 단위 프로세스, CRUD 연산※, 테이블명, 컬럼명, 테이블 참조 횟수, 트랜잭션 수, 발생 주기 등

예 '주문요청' 프로세스에 대한 트랜잭션 분석서 예시

프로세스	CRUD	테이블명	컬럼명	참조 횟수	트랜잭션 수	주기
주문 요청	R	회원	회원번호, 회원명, 주소	1	150	일
	R	상품	상품번호, 상품명, 재고량	1	150	
	C	주문	주문번호, 일자, 회원번호	3	450	
	C	주문목록	주문번호, 상품번호, 수량, 가격	5	750	

CRUD 연산
트랜잭션은 데이터베이스의 상태를 변화시키는 논리적 기능을 수행합니다. 데이터베이스에 영향을 주는 데이터 처리 연산인 C, R, U, D가 바로 트랜잭션이 수행하는 연산에 해당합니다.

※ 정답 및 해설은 273쪽에 있습니다.

기출 따라잡기 Section 042

21년 8월

문제 1 데이터베이스에서 하나의 논리적 기능을 수행하기 위한 작업의 단위 또는 한꺼번에 모두 수행되어야 할 일련의 연산들을 의미하는 용어를 쓰시오.

답 :

20년 5월, 필기 24년 7월, 5월, 2월, 23년 7월, 5월, 21년 8월, 3월, 20년 9월, 6월

문제 2 다음은 트랜잭션(Transaction)의 특징이다. 괄호(①, ②)에 들어갈 알맞은 특징을 쓰시오.

(①)	트랜잭션의 연산은 데이터베이스에 모두 반영되든지 아니면 전혀 반영되지 않아야 한다. (All or Nothing)
일관성	트랜잭션이 그 실행을 성공적으로 완료하면 언제나 일관성 있는 데이터베이스 상태로 변환한다.
(②)	둘 이상의 트랜잭션이 동시에 병행 실행되는 경우 어느 하나의 트랜잭션 실행중에 다른 트랜잭션의 연산이 끼어들 수 없다.
지속성	성공적으로 완료된 트랜잭션의 결과는 시스템이 고장나더라도 영구적으로 반영되어야 한다.

답

- ①
- ②

필기 22년 7월, 20년 8월

문제 3 Commit과 Rollback 명령어에 의해 보장받는 트랜잭션의 특성을 쓰시오.

답 :

필기 22년 7월, 20년 9월

문제 4 데이터베이스에 영향을 주는 생성, 읽기, 갱신, 삭제 연산으로 프로세스와 테이블 간에 매트릭스를 만들어 트랜잭션을 분석하는 것이 무엇인지 쓰시오.

답 :

21년 7월

문제 5 데이터베이스의 상태 변화를 일으키는 트랜잭션(Transaction)의 특성 중 원자성(Atomicity)에 대해 간략히 서술하시오.

답 :

SECTION 043

인덱스

1405000

필기 21.8, 21.3

1 인덱스(Index)

전문가의 조언

인덱스의 개념과 각 인덱스의 특징을 알아두세요. 어떤 인덱스를 말하는지 알아낼 수 있을 정도로 내용을 파악하고 있어야 합니다.

- 인덱스는 **데이터 레코드를 빠르게 접근하기 위해 〈키 값, 포인터〉 쌍으로 구성되는 데이터 구조**이다.
- 인덱스는 레코드가 저장된 물리적 구조에 접근하는 방법을 제공한다.
- 인덱스를 통해서 파일의 레코드에 빠르게 액세스 할 수 있다.
- 레코드의 삽입과 삭제가 수시로 일어나는 경우에는 인덱스의 개수를 최소로 하는 것이 효율적이다.

2 인덱스(Index)의 종류

인덱스를 구성하는 구조나 특징에 따라 트리 기반 인덱스, 비트맵 인덱스, 함수 기반 인덱스, 비트맵 조인 인덱스, 도메인 인덱스 등으로 분류됩니다.

종류	내용
트리 기반 인덱스	인덱스를 저장하는 블록들이 트리 구조를 이루고 있는 것
비트맵 인덱스	인덱스 컬럼의 데이터를 Bit 값인 0 또는 1로 변환하여 인덱스 키로 사용하는 방법
함수 기반 인덱스	컬럼의 값 대신 컬럼에 특정 함수(Function)나 수식(Expression)을 적용하여 산출된 값을 사용하는 것
비트맵 조인 인덱스	다수의 조인된 객체로 구성된 인덱스
도메인 인덱스	개발자가 필요한 인덱스를 직접 만들어 사용하는 것

3 클러스터드/넌클러스터드 인덱스

종류	내용
클러스터드 인덱스 (Clustered Index)	• 인덱스 키의 순서에 따라 데이터가 정렬되어 저장되는 방식 • 실제 데이터가 순서대로 저장되어 있어 인덱스를 검색하지 않아도 원하는 데이터를 빠르게 찾을 수 있음
넌클러스터드 인덱스 (Non-Clustered Index)	• 인덱스의 키 값만 정렬되어 있고 실제 데이터는 정렬되지 않는 방식 • 데이터 삽입, 삭제 발생 시 순서 유지를 위한 데이터 재정렬이 필요 없어 속도가 빠름

※ 정답 및 해설은 274쪽에 있습니다.

기출 따라잡기 Section 043

출제예상

문제 1 다음 설명 중 괄호에 공통적으로 들어갈 가장 적합한 용어를 쓰시오.

( )는 데이터 레코드(튜플)에 빠르게 접근하기 위해 〈키 값, 포인터〉 쌍으로 구성되는 데이터 구조이다. 기본키를 위한 ( )를 기본 ( )라 하고, 대부분의 관계형 데이터베이스 관리 시스템에서는 모든 기본키에 대해서 자동적으로 기본 ( )를 생성한다. 대표적인 ( )로는 트리 기반, 비트맵, 함수 기반, 비트맵 조인 등이 있다.

답 :

출제예상

문제 2 인덱스의 종류 중 트리 기반 인덱스, 비트맵 인덱스, 도메인 인덱스의 개념을 간략히 서술하시오.

답

- ① 트리 기반 인덱스 :
- ② 비트맵 인덱스 :
- ③ 도메인 인덱스 :

출제예상

문제 3 인덱스 키의 순서에 따라 데이터가 정렬되어 저장되는 방식으로, 실제 데이터가 순서대로 저장되어 있어 인덱스를 검색하지 않아도 원하는 데이터를 빠르게 찾을 수 있는 인덱스 방식이 무엇인지 쓰시오.

답 :

SECTION 044

뷰 / 클러스터

1405100

필기 24.7, 24.5, 24.2, 23.7, 22.4, 20.9, 20.6

1 뷰(View)

- 뷰는 사용자에게 접근이 허용된 자료만을 제한적으로 보여주기 위해 **하나 이상의 기본 테이블로부터 유도된**, 이름을 가지는 **가상 테이블**이다.
- 뷰는 저장장치 내에 물리적으로 존재하지 않지만, 사용자에게는 있는 것처럼 간주된다.
- 뷰를 통해서만 데이터에 접근하게 하면 뷰에 나타나지 않는 데이터를 안전하게 보호하는 효율적인 기법으로 사용할 수 있다.
- 뷰가 정의된 기본 테이블이나 뷰를 삭제하면 그 테이블이나 뷰를 기초로 정의된 다른 뷰도 자동으로 삭제된다.
- 뷰를 정의할 때는 CREATE문, 제거할 때는 DROP문을 사용한다.

전문가의 조언

뷰의 의미, 특징, 장 · 단점을 알아두세요. 뷰의 의미를 충분히 이해하면 특징이나 장 · 단점도 쉽게 이해됩니다.

필기 22.3, 21.3, 20.8

2 뷰(View)의 장 · 단점

장점	단점
• 논리적 데이터 독립성을 제공함 • 동일 데이터에 대해 동시에 여러 사용자의 상이한 응용이나 요구를 지원해 줌 • 사용자의 데이터 관리를 간단하게 해줌 • 접근 제어를 통한 자동 보안이 제공됨	• 독립적인 인덱스를 가질 수 없음 • 뷰의 정의를 변경할 수 없음 • 뷰로 구성된 내용에 대한 삽입, 삭제, 갱신 연산에 제약이 따름

전문가의 조언

클러스터링은 비슷한 종류끼리 묶어준다는 의미로, 테이블에서는 동일한 성격의 데이터를 동일한 데이터 블록에 저장하는 방법이고, 서버에서는 두 대 이상의 서버를 하나의 서버처럼 운영하기 위한 방법을 의미합니다. 서버에 대한 클러스터링은 Section 047에서 공부합니다.

3 클러스터(Cluster)

- 클러스터는 데이터 저장 시 데이터 액세스 효율을 향상시키기 위해 **동일한 성격의 데이터를 동일한 데이터 블록에 저장하는 물리적 저장 방법**이다.
- 클러스터링 된 테이블은 데이터 조회 속도를 향상시키지만 입력, 수정, 삭제에 대한 작업 성능을 저하시킨다.
- 클러스터는 데이터의 분포도*가 넓을수록 유리하다.
- 데이터 분포도가 넓은 테이블을 클러스터링 하면 저장 공간을 절약할 수 있다.
- 처리 범위가 넓은 경우에는 단일 테이블 클러스터링*을, 조인이 많이 발생하는 경우에는 다중 테이블 클러스터링을 사용한다.

분포도, 선택성(Selectivity)

- (조건에 맞는 레코드 수 / 전체 릴레이션 레코드 수) × 100
- 전체 레코드 중 조건에 맞는 레코드의 숫자가 적은 경우 분포도가 좋다고 합니다.
- 인덱스는 분포도가 좁은 테이블이 좋지만 클러스터링은 분포도가 넓은 테이블에 유리합니다.

단일 테이블 클러스터링

단일 테이블 클러스터링은 여러 개의 테이블 뿐만 아니라 한 개의 테이블에 대해서도 클러스터링을 수행할 수 있습니다. 특정 컬럼의 동일한 값을 동일 블록이나 연속된 블록에 저장하므로 데이터 조회 성능이 향상됩니다.

※ 정답 및 해설은 274쪽에 있습니다.

기출 따라잡기 Section 044

필기 24년 7월, 2월, 23년 5월, 20년 9월, 6월

문제 1 다음은 뷰(View)의 특징에 대한 설명이다. 괄호(①, ②)에 들어갈 알맞은 명령어를 쓰시오.

- 뷰는 데이터의 논리적 독립성을 제공한다.
- 뷰가 정의된 기본 테이블이 제거되면 뷰도 자동적으로 제거된다.
- 뷰는 (①)문을 사용하여 정의하고, (②)문을 사용하여 제거할 수 있다.

답

- ①
- ②

출제예상

문제 2 다음 내용 중 괄호에 공통적으로 들어갈 가장 적합한 용어를 쓰시오.

( )는 사용자에게 접근이 허용된 자료만을 제한적으로 보여주기 위해 하나 이상의 기본 테이블로부터 유도된 가상의 테이블이다. ( )는 저장 장치 내에 물리적으로 존재하지 않지만, 사용자에게는 있는 것처럼 간주된다. ( )를 통해서만 데이터에 접근하게 하면 ( )에 나타나지 않는 데이터를 안전하게 보호하는 효율적인 기법으로 사용할 수 있다.

답 :

출제예상

문제 3 다음 내용 중 괄호(①~③)에 들어갈 가장 적합한 용어를 쓰시오.

(①)는 데이터 저장 시 데이터 액세스 효율을 향상시키기 위해 동일한 성격의 데이터를 동일한 데이터 블록에 저장하는 물리적 저장 방법으로, 처리 범위가 넓은 경우에는 (②)을, 조인이 많이 발생하는 경우에는 (③)을 사용한다. (②)은 여러 개의 테이블 뿐만 아니라 한 개의 테이블에 대해서도 수행할 수 있다.

답

- ①
- ②
- ③

SECTION 045

파티션

1405200 

필기 20.9, 20.8, 20.6

1 파티션(Partition)

- 데이터베이스에서 파티션은 **대용량의 테이블이나 인덱스를 작은 논리적 단위인 파티션으로 나누는 것**을 말한다.
- 대용량 DB의 경우 몇 개의 중요한 테이블에만 집중되어 데이터가 증가되므로, 이런 테이블들을 작은 단위로 나눠 분산시키면 성능 저하를 방지할 뿐만 아니라 데이터 관리도 쉬워진다.
- 데이터 처리는 테이블 단위*로 이뤄지고, 데이터 저장은 파티션별로 수행된다.

전문가의 조언

파티션은 용량이 큰 테이블을 관리하기 쉽도록 작은 단위로 나눈 것을 말합니다. 파티션의 개요를 바탕으로 파티션의 장 · 단점, 종류를 파악하세요.

테이블 단위로 처리

하나의 테이블이 여러 개의 파티션으로 나눠져 있어도 DB에 접근하는 애플리케이션은 테이블 단위로 데이터를 처리하기 때문에 파티션을 인식하지 못합니다.

2 파티션의 장 · 단점

장점	• 데이터 접근 시 액세스 범위를 줄여 쿼리 성능이 향상됨 • 파티션별로 데이터가 분산되어 저장되므로 디스크의 성능이 향상됨 • 파티션별로 백업 및 복구를 수행하므로 속도가 빠름 • 시스템 장애 시 데이터 손상 정도를 최소화할 수 있음 • 데이터 가용성이 향상됨 • 파티션 단위로 입 · 출력을 분산시킬 수 있음
단점	• 하나의 테이블을 세분화하여 관리하므로 세심한 관리가 요구됨 • 테이블간 조인에 대한 비용이 증가함 • 용량이 작은 테이블에 파티셔닝을 수행하면 오히려 성능이 저하됨

필기 24.7, 24.5, 24.2, 23.2, 22.7, 21.5, 20.8

3 파티션의 종류

필기 24.7, 24.5, 24.2, 22.7, 21.5, 20.8 **범위 분할** (Range Partitioning)	지정한 열의 값을 기준으로 분할함 예 일별, 월별, 분기별 등
필기 24.7, 24.2, 23.2, 21.5, 20.8 **해시 분할** (Hash Partitioning)	• 해시 함수를 적용한 결과 값에 따라 데이터를 분할함 • 특정 파티션에 데이터가 집중되는 범위 분할의 단점을 보완한 것으로, 데이터를 고르게 분산할 때 유용함 • 특정 데이터가 어디에 있는지 판단할 수 없음 • 고객번호, 주민번호 등과 같이 데이터가 고른 컬럼에 효과적임
필기 24.7, 20.8 **조합 분할** (Composite Partitioning)	• 범위 분할로 분할한 다음 해시 함수를 적용하여 다시 분할하는 방식 • 범위 분할한 파티션이 너무 커서 관리가 어려울 때 유용함

※ 정답 및 해설은 274쪽에 있습니다.

기출 따라잡기 Section 045

필기 24년 7월, 2월, 21년 5월, 20년 8월

문제 1 물리 데이터 저장소의 파티션 설계에서 사용되는 파티션 유형을 모두 골라 기호(㉠~㉥)로 쓰시오.

㉠ 속성 분할(Attribute Partitioning)
㉡ 해시 분할(Hash Partitioning)
㉢ 유닛 분할(Unit Partitioning)
㉣ 조합 분할(Composite Partitioning)
㉤ 인덱스 분할(Index Partitioning)
㉥ 범위 분할(Range Partitioning)

답 :

출제예상

문제 2 다음은 파티션의 종류에 대한 설명이다. 괄호(①~③)에 들어갈 가장 적합한 파티션의 종류를 쓰시오.

(①) 분할	일별, 월별, 분기별 등 지정한 열의 값을 기준으로 분할한다.
(②) 분할	(②) 함수를 적용한 결과 값에 따라 데이터를 분할한다.
(③) 분할	(①) 분할로 분할한 다음 (②) 함수를 적용하여 다시 분할하는 방식이다.

답

- ①
- ②
- ③

필기 23년 2월

문제 3 다음은 파티션의 종류 중 무엇에 대한 설명인지 쓰시오.

- 데이터를 고르게 분산할 때 유용하다.
- 데이터가 고른 컬럼에 효과적이다.
- 해시 함수를 이용하여 데이터를 분할한다.

답 :

SECTION 046

분산 데이터베이스 설계

1405300

1 데이터베이스 용량 설계

- 데이터베이스 용량 설계는 데이터가 저장될 공간을 정의하는 것이다.
- 데이터베이스 용량을 설계할 때는 테이블에 저장될 데이터양과 인덱스, 클러스터 등이 차지하는 공간 등을 예측하여 반영해야 한다.
- **데이터베이스 용량 설계의 목적**
  - 데이터베이스의 용량을 정확히 산정하여 디스크의 저장 공간을 효과적으로 사용하고 확장성 및 가용성을 높인다.
  - 디스크의 특성을 고려하여 설계함으로써 디스크의 입·출력 부하를 분산시키고 채널의 병목 현상을 최소화한다.

전문가의 조언

데이터베이스의 용량 설계는 데이터베이스 설계만큼이나 중요합니다. 용량이 필요할 때마다 용량을 증설한다면 데이터베이스의 전체적인 성능이 저하되고 비용이 계속 증가할 수 있습니다. 데이터베이스 용량 설계의 목적에 대해 알아두세요.

2 분산 데이터베이스 설계

- 분산 데이터베이스는 **논리적으로는 하나의 시스템에 속하지만 물리적으로는 네트워크를 통해 연결된 여러 개의 사이트(Site)에 분산된 데이터베이스**를 말한다.
- 분산 데이터베이스는 데이터의 처리나 이용이 많은 지역에 데이터베이스를 위치시킴으로써 데이터의 처리가 가능한 해당 지역에서 해결될 수 있도록 한다.
- 분산 데이터베이스 설계는 애플리케이션이나 사용자가 분산되어 저장된 데이터에 접근하게 하는 것을 목적으로 한다.

필기 24.7, 23.5, 20.8, 20.6

3 분산 데이터베이스의 목표

- **위치 투명성***(Location Transparency) : 액세스하려는 데이터베이스의 실제 위치를 알 필요 없이 단지 데이터베이스의 논리적인 명칭만으로 액세스할 수 있다.
- **중복 투명성**(Replication Transparency) : 동일 데이터가 여러 곳에 중복되어 있더라도 사용자는 마치 하나의 데이터만 존재하는 것처럼 사용하고, 시스템은 자동으로 여러 자료에 대한 작업을 수행한다.

전문가의 조언

투명성의 종류 4가지와 각각에 대해 간단하게 서술할 수 있도록 머릿속에 잘 정리해 두세요.

투명성(Transparency)
투명성이란 어떠한 사실이 존재함에도 마치 투명하여 보이지 않는 것처럼, 사실의 존재 여부를 염두에 두지 않아도 되는 성질을 말합니다.

- **병행 투명성(Concurrency Transparency)** : 분산 데이터베이스와 관련된 다수의 트랜잭션들이 동시에 실현되더라도 그 트랜잭션의 결과는 영향을 받지 않는다.
- **장애 투명성(Failure Transparency)** : 트랜잭션, DBMS, 네트워크, 컴퓨터 장애에도 불구하고 트랜잭션을 정확하게 처리한다.

4 분산 설계 방법

방법	설명
테이블 위치 분산	데이터베이스의 테이블을 각기 다른 서버에 분산시켜 배치하는 방법
분할 (Fragmentation)	• 테이블의 데이터를 분할하여 분산시키는 것 • 분할 규칙 : 완전성(Completeness), 재구성(Reconstruction), 상호 중첩 배제(Disjointness) • 주요 분할 방법 – 수평 분할 : 특정 속성의 값을 기준으로 행(Row) 단위로 분할 – 수직 분할 : 데이터 컬럼(속성) 단위로 분할
할당 (Allocation)	• 동일한 분할을 여러 개의 서버에 생성하는 분산 방법 • 중복이 없는 할당과 중복이 있는 할당으로 나뉨

※ 정답 및 해설은 274쪽에 있습니다.

기출 따라잡기 Section 046

필기 24년 7월, 23년 5월, 20년 8월

문제 1 분산 데이터베이스는 논리적으로는 하나의 시스템에 속하지만 물리적으로는 네트워크를 통해 연결된 여러 개의 컴퓨터 사이트(Site)에 분산된 데이터베이스를 말한다. 분산 데이터베이스의 목표에 해당하는 투명성(Transparency) 4가지를 쓰시오.

답 :

필기 20년 6월

문제 2 분산 데이터베이스 목표 중 다음 내용과 가장 관련 있는 용어를 쓰시오.

> 데이터베이스의 분산된 물리적 환경에서 특정 지역의 컴퓨터 시스템이나 네트워크에 장애가 발생해도 데이터 무결성이 보장된다.

답 :

출제예상

문제 3 다음은 분산 데이터베이스 설계에 대한 설명이다. 괄호(①, ②)에 들어갈 가장 알맞은 용어를 쓰시오.

> 분산 데이터베이스는 분산 설계 방법에 따라 테이블 위치 분산, 분할(Fragmentation), 할당(Allocation)이 있다. 테이블 위치 분산은 데이터베이스의 테이블을 각기 다른 서버에 분산시켜 배치하는 방법을 의미한다. 분할(Fragmentation)은 테이블의 데이터를 분할하여 분산시키는 것으로, 특정 속성의 값을 기준으로 행(Row) 단위로 분할하는 (①) 분할, 데이터 컬럼(속성) 단위로 분할하는 (②) 분할로 나뉜다. 할당(Allocation)은 동일한 분할을 여러 개의 서버에 생성하는 분산 방법으로, 중복이 없는 할당과 중복이 있는 할당으로 나뉜다.

답

- ①
- ②

SECTION 047

데이터베이스 이중화 / 서버 클러스터링

시스템의 예기치 못한 오류로 인한 데이터베이스 서비스의 중단을 막으려는 방법으로, 데이터베이스 이중화와 서버 클러스터링이 이용됩니다. 두 가지 방법의 차이점을 간단히 서술할 수 있도록 각각의 특징을 잘 파악해 두세요.

1 데이터베이스 이중화(Database Replication)

- 데이터베이스 이중화는 시스템 오류로 인한 데이터베이스 서비스 중단이나 물리적 손상 발생 시 이를 복구하기 위해 **동일한 데이터베이스를 복제하여 관리하는 것**이다.
- 데이터베이스 이중화를 수행하면 하나 이상의 데이터베이스가 항상 같은 상태를 유지하므로 데이터베이스에 문제가 발생하면 복제된 데이터베이스를 이용하여 즉시 문제를 해결할 수 있다.
- 여러 개의 데이터베이스를 동시에 관리하므로 사용자가 수행하는 작업은 데이터베이스 이중화 시스템에 연결된 다른 데이터베이스에도 동일하게 적용된다.
- 애플리케이션을 여러 개의 데이터베이스에서 분산 처리하므로 데이터베이스의 부하를 줄일 수 있다.
- 데이터베이스 이중화를 이용하면 손쉽게 백업 서버를 운영할 수 있다.

데이터베이스 이중화는 변경 내용의 전달 방식에 따라 Eager 기법과 Lazy 기법으로 나뉩니다.

2 데이터베이스 이중화의 분류

Eager 기법	트랜잭션 수행 중 데이터 변경이 발생하면 이중화된 모든 데이터베이스에 즉시 전달하여 변경 내용이 즉시 적용되도록 하는 기법
Lazy 기법	• 트랜잭션의 수행이 종료되면 변경 사실을 새로운 트랜잭션에 작성하여 각 데이터베이스에 전달되는 기법 • 데이터베이스마다 새로운 트랜잭션이 수행되는 것으로 간주됨

3 데이터베이스 이중화 구성 방법

활동-대기 (Active-Standby) 방법	• 한 DB가 활성 상태로 서비스하고 있으면 다른 DB는 대기하고 있다가 활성 DB에 장애가 발생하면 대기 상태에 있던 DB가 자동으로 모든 서비스를 대신 수행함 • 구성 방법과 관리가 쉬워 많은 기업에서 이용됨
활동-활동 (Active-Active) 방법	• 두 개의 DB가 서로 다른 서비스를 제공하다가 둘 중 한쪽 DB에 문제가 발생하면 나머지 다른 DB가 서비스를 제공함 • 두 DB가 모두 처리를 하기 때문에 처리율이 높지만 구성 방법 및 설정이 복잡함

4 클러스터링(Clustering)

- 클러스터링은 **두 대 이상의 서버를 하나의 서버처럼 운영하는 기술**이다.
- 클러스터링은 서버 이중화 및 공유 스토리지*를 사용하여 서버의 고가용성*을 제공한다.
- 클러스터링 종류

고가용성 클러스터링	• 하나의 서버에 장애가 발생하면 다른 노드(서버)가 받아 처리하여 서비스 중단을 방지하는 방식 • 일반적으로 언급되는 클러스터링이 고가용성 클러스터링임
병렬 처리 클러스터링	전체 처리율을 높이기 위해 하나의 작업을 여러 개의 서버에서 분산하여 처리하는 방식

공유 스토리지
(NAS; Network Attached Storage)
공유 스토리지는 데이터 저장소를 네트워크로 연결하여 파일 및 데이터를 공유하는 것으로, 다수의 사용자 또는 서버가 데이터를 안전하고 편리하게 공유할 수 있습니다.

고가용성
(HA, High Availability)
고가용성은 시스템을 오랜 시간동안 계속해서 정상적으로 운영이 가능한 성질을 의미합니다.

20.7
5 RTO/RPO

RTO(Recovery Time Objective, **목표 복구 시간)**	비상사태 또는 업무 중단 시점으로부터 복구되어 가동될 때까지의 소요 시간을 의미함 예 장애 발생 후 6시간 내 복구 가능
RPO(Recovery Point Objective, **목표 복구 시점)**	비상사태 또는 업무 중단 시점으로부터 데이터를 복구할 수 있는 기준점을 의미함 예 장애 발생 전인 지난 주 금요일에 백업시켜 둔 복원 시점으로 복구 가능

목표 복구 시간이 얼마나 빨리 복구되는지를 가리킨다면, 목표 복구 시점은 데이터가 얼마나 복구될 수 있을지를 가리킵니다.

※ 정답 및 해설은 274쪽에 있습니다.

기출 따라잡기 Section 047

출제예상

문제 1 다음은 시스템의 갑작스런 오류에 대비하기 위한 데이터베이스 이중화에 대한 설명이다. 괄호(①, ②)에 들어갈 알맞은 기법을 쓰시오.

> 데이터베이스 이중화는 변경 내용 전달 방식에 따라 (①) 기법과 (②) 기법으로 나뉜다. (①) 기법은 변경 내용이 발생하면 즉시 다른 데이터베이스에도 적용하는 기법이고, (②) 기법은 트랜잭션의 수행이 종료되면 변경 사실을 새로운 트랜잭션에 작성하여 각 데이터베이스에 전달되는 기법이다.

답

• ①

• ②

출제예상

문제 2 다음 괄호에 공통으로 들어갈 가장 알맞은 용어를 쓰시오.

클러스터링(Clustering)은 두 대 이상의 서버를 하나의 서버처럼 운영하는 기술로 다음과 같이 두 종류가 있다.

(　　　) 클러스터링	하나의 서버에 장애가 발생하면 다른 노드(서버)가 받아 처리하여 서비스 중단을 방지하는 방식으로, 일반적으로 언급되는 클러스터링이 (　　) 클러스터링이다.
병렬 처리 클러스터링	전체 처리율을 높이기 위해 하나의 작업을 여러 개의 서버 에서 분산하여 처리하는 방식이다.

답 :

20년 7월

문제 3 시스템 관리와 관련하여 다음의 설명이 의미하는 용어를 쓰시오.

> A는 한국IT 보안관제실에서 근무하게 되었다. A는 서비스 운용 중 외부 공격으로 인한 서버다운, 자연재해, 시스템 장애 등의 비상 상황에도 고객 응대 서비스를 정상적으로 수행하기 위해 구축한 시스템을 관리하는 업무를 수행한다. 이 용어는 위와 같은 비상 상황이 발생한 경우 "비상사태 또는 업무중단 시점부터 업무가 복구되어 다시 정상 가동 될 때까지의 시간"을 의미한다.

답 :

SECTION 048

데이터베이스 보안

1405500

1 데이터베이스 보안

- 데이터베이스 보안이란 데이터베이스의 일부 또는 전체에 대해서 권한이 없는 사용자가 액세스하는 것을 금지하기 위해 사용되는 기술이다.
- 보안을 위한 데이터 단위는 테이블 전체로부터 특정 테이블의 특정 행과 열에 있는 데이터 값에 이르기까지 다양하다.

전문가의 조언

데이터베이스 보안의 의미, 그리고 암호화의 개념과 암호화 기법의 종류를 알아두세요. 개인키 암호 방식과 공개키 암호 방식은 Section 114에서 자세히 공부합니다. 여기에서는 암호화 기법에는 개인키 암호 방식과 공개키 암호 방식이 있다는 것만 알아두세요.

필기 21.3

2 암호화(Encryption)

- 암호화는 데이터를 보낼 때 송신자가 지정한 수신자 이외에는 그 내용을 알 수 없도록 평문을 암호문으로 변환하는 것이다.
- **암호화(Encryption) 과정** : 암호화되지 않은 평문을 암호문으로 바꾸는 과정
- **복호화(Decryption) 과정** : 암호문을 원래의 평문으로 바꾸는 과정
- 암호화 기법
  - 개인키 암호 방식(Private Key Encryption)
  - 공개키 암호 방식(Public Key Encryption)

23.10, 21.4, 필기 24.5, 24.2, 23.5, 22.4, 21.8, 21.3, 20.9

3 접근통제

- 접근통제는 데이터가 저장된 객체*와 이를 사용하려는 주체* 사이의 정보 흐름을 제한하는 것이다.
- 접근통제 3요소
  - 접근통제 정책
  - 접근통제 메커니즘
  - 접근통제 보안모델

전문가의 조언

접근통제는 말 그대로 데이터베이스에 대한 사용자들의 접근을 통제함으로써 데이터를 보호하는 방법입니다. 접근통제의 개념을 숙지하고 관련 기술의 종류와 개별적인 특징을 잘 정리하세요.

- **객체** : 테이블, 컬럼 등과 같은 데이터베이스 개체들을 의미함
- **주체** : 일반적으로 객체를 사용하기 위해 접근을 시도하는 사용자를 의미함

• 접근통제 기술

정책	특징
23.10, 21.4, 필기 23.5, 21.3, 20.9 임의 접근통제(DAC, Discretionary Access Control)	• 데이터에 접근하는 사용자의 신원에 따라 접근 권한을 부여하는 방식 • 데이터 소유자가 접근통제 권한을 지정하고 제어함 • 객체를 생성한 사용자가 생성된 객체에 대한 모든 권한을 부여받고, 부여된 권한을 다른 사용자에게 허가할 수도 있음
23.10, 필기 23.5, 21.8, 21.3, 20.9 강제 접근통제(MAC, Mandatory Access Control)	• 주체와 객체의 등급을 비교하여 접근 권한을 부여하는 방식 • 시스템이 접근통제 권한을 지정함 • 데이터베이스 객체별로 보안 등급을 부여할 수 있음 • 사용자별로 인가 등급을 부여할 수 있음
23.10, 필기 24.5, 24.2, 23.5, 22.4, … 역할기반 접근통제(RBAC, Role Based Access Control)	• 사용자의 역할에 따라 접근 권한을 부여하는 방식 • 중앙관리자가 접근통제 권한을 지정함 • 임의 접근통제와 강제 접근통제의 단점을 보완하였음 • 다중 프로그래밍 환경에 최적화된 방식

4 접근통제 정책

• 접근통제 정책은 어떤 주체가(Who)가 언제(When), 어디서(Where), 어떤 객체(What)에게, 어떤 행위(How)에 대한 허용 여부를 정의하는 것이다.

• 접근통제 정책의 종류

종류	특징
신분 기반 정책	• 주체나 그룹의 신분에 근거하여 객체의 접근을 제한하는 방법으로, IBP와 GBP가 있음 • IBP(Individual-Based Policy) : 최소 권한 정책으로, 단일 주체에게 하나의 객체에 대한 허가를 부여함 • GBP(Group-Based Policy) : 복수 주체에 하나의 객체에 대한 허가를 부여함
규칙 기반 정책	• 주체가 갖는 권한에 근거하여 객체의 접근을 제한하는 방법으로, MLP와 CBP가 있음 • MLP(Multi-Level Policy) : 사용자나 객체별로 지정된 기밀 분류에 따른 정책 • CBP(Compartment-Based Policy) : 집단별로 지정된 기밀 허가에 따른 정책
역할 기반 정책	GBP의 변형된 정책으로, 주체의 신분이 아니라 주체가 맡은 역할에 근거하여 객체의 접근을 제한하는 방법

5 접근통제 매커니즘

- 접근통제 매커니즘은 정의된 접근통제 정책을 구현하는 기술적인 방법이다.
- 접근통제 매커니즘에는 접근통제 목록*, 능력 리스트*, 보안 등급, 패스워드, 암호화 등이 있다.

- 접근통제 목록(Access Control List) : 객체를 기준으로 특정 객체에 대해 어떤 주체가 어떤 행위를 할 수 있는지를 기록한 목록
- 능력 리스트(Capability List) : 주체를 기준으로 주체에게 허가된 자원 및 권한을 기록한 목록

6 접근통제 보안 모델

- 접근통제 보안 모델은 보안 정책을 구현하기 위한 정형화된 모델이다.
- 접근통제 보안 모델의 종류

종류	특징
기밀성 모델	• 군사적인 목적으로 개발된 최초의 수학적 모델 • 기밀성 보장이 최우선임 • 군대 시스템 등 특수 환경에서 주로 사용됨
무결성 모델	기밀성 모델에서 발생하는 불법적인 정보 변경을 방지하기 위해 무결성을 기반으로 개발된 모델
접근통제 모델	• 접근통제 메커니즘을 보안 모델로 발전시킨 것 • 대표적으로 접근통제 행렬(Access Control Matrix)이 있음 • 접근통제 행렬 : 임의적인 접근통제를 관리하기 위한 보안 모델로, 행은 주체, 열은 객체 즉, 행과 열로 주체와 객체의 권한 유형을 나타냄

7 접근통제 조건

- 접근통제 조건은 접근통제 매커니즘의 취약점을 보완하기 위해 접근통제 정책에 부가하여 적용할 수 있는 조건이다.
- **값 종속 통제(Value-Dependent Control)** : 일반적으로는 객체에 저장된 값에 상관없이 접근통제를 동일하게 허용하지만, 값 종속 통제는 객체에 저장된 값에 따라 다르게 접근통제를 허용해야 하는 경우에 사용한다.
- **다중 사용자 통제(Multi-User Control)** : 지정된 객체에 다수의 사용자가 동시에 접근을 요구하는 경우에 사용된다.
- **컨텍스트 기반 통제(Context-Based Control)**
  - 특정 시간, 네트워크 주소, 접근 경로, 인증 수준 등에 근거하여 접근을 제어하는 방법이다.
  - 다른 보안 정책과 결합하여 보안 시스템의 취약점을 보완할 때 사용한다.

8 감사 추적

- 감사 추적은 사용자나 애플리케이션이 데이터베이스에 접근하여 수행한 모든 활동을 기록하는 기능이다.
- 감사 추적은 오류가 발생한 데이터베이스를 복구하거나 부적절한 데이터 조작을 파악하기 위해 사용된다.

※ 정답 및 해설은 275쪽에 있습니다.

기출 따라잡기 Section 048

23년 10월

문제 1 접근통제(Access Control)에 대한 다음 설명에서 괄호(①~③)에 들어갈 알맞은 용어를 〈보기〉에서 찾아 쓰시오.

(①)	• 주체와 객체의 등급을 비교하여 접근 권한을 부여하는 방식이다. • 시스템이 접근통제 권한을 지정한다. • 데이터베이스 객체별로 보안 등급을 부여할 수 있다. • 사용자별로 인가 등급을 부여할 수 있다.
(②)	• 사용자의 역할에 따라 접근 권한을 부여하는 방식이다. • 중앙관리자가 접근통제 권한을 지정한다. • 임의 접근통제와 강제 접근통제의 단점을 보완하였다. • 다중 프로그래밍 환경에 최적화된 방식이다.
(③)	• 데이터에 접근하는 사용자의 신원에 따라 접근 권한을 부여하는 방식이다. • 데이터 소유자가 접근통제 권한을 지정하고 제어한다. • 객체를 생성한 사용자가 생성된 객체에 대한 모든 권한을 부여받고, 부여된 권한을 다른 사용자에게 허가할 수도 있다.

〈보기〉

• DAC	• MAC	• RBAC

답

- ①
- ②
- ③

필기 20년 9월

문제 2 다음은 정보의 접근통제 기술에 대한 설명이다. 괄호에 들어갈 가장 알맞은 기술을 쓰시오.

정책	( )	DAC	RBAC
권한 부여	시스템	데이터 소유자	중앙 관리자
접근 결정	보안등급(Label)	신분(Identity)	역할(Role)
정책 변경	고정적(변경 어려움)	변경 용이	변경 용이
장점	안정적 중앙 집중적	구현 용이 유연함	관리 용이

답 :

21년 4월

문제 3 데이터베이스 보안에 관련된 다음 설명에서 괄호에 들어갈 알맞은 용어를 쓰시오.

> 접근통제는 데이터가 저장된 객체와 이를 사용하려는 주체 사이의 정보 흐름을 제한하는 것이다. 이러한 접근통제에 관한 기술 중 ( )는 데이터에 접근하는 사용자의 신원에 따라 접근 권한을 부여하여 제어하는 방식으로, 데이터의 소유자가 접근통제 권한을 지정하고 제어한다. 객체를 생성한 사용자가 생성된 객체에 대한 모든 권한을 부여받고, 부여된 권한을 다른 사용자에게 허가할 수도 있다.

답 :

필기 21년 3월

문제 4 정보보호와 관련된 다음 설명에서 괄호(①, ②)에 들어갈 알맞은 용어를 쓰시오.

> • 평문 : (①)되기 전의 원본 메시지이다.
> • 암호문 : (①)가 적용된 메시지이다.
> • (①) : 평문을 암호문으로 바꾸는 작업이다.
> • (②) : 암호문을 원래의 평문으로 바꾸는 작업이다.

답

• ①

• ②

SECTION 049

데이터베이스 백업

백업은 상식적인 수준에서 생각해도 어떤 건지는 대충 알겠죠? 백업의 개념을 중심으로 로그 파일, 복구 알고리즘 등을 정리해 두세요.

필기 23.2

1 데이터베이스 백업

- 데이터베이스 백업은 전산 장비의 장애에 대비하여 데이터베이스에 저장된 데이터를 보호하고 복구하기 위한 작업이다.
- 치명적인 데이터 손실을 막기 위해서는 데이터베이스를 정기적으로 백업해야 한다.

22.5

2 로그 파일

- 로그 파일은 **데이터베이스의** 처리 내용이나 이용 상황 등 **상태 변화를 시간의 흐름에 따라 모두 기록한 파일**이다.
- 데이터베이스의 복구를 위해 필요한 가장 기본적인 자료이다.
- 로그 파일을 기반으로 데이터베이스를 과거 상태로 복귀(UNDO)*시키거나 현재 상태로 재생(REDO)*시켜 데이터베이스 상태를 일관성 있게 유지할 수 있다.
- 로그 파일은 트랜잭션 시작 시점, Rollback 시점, 데이터 입력, 수정 삭제 시점 등에서 기록된다.

22.5
복귀(Undo)/재생(Redo)
- **복귀(Undo)** : 로그(Log)에 보관한 정보를 이용하여 가장 최근에 변경된 내용부터 거슬러 올라가면서 트랜잭션 작업을 취소하여 원래의 데이터베이스로 복구함
- **재생(Redo)** : 덤프(Dump)와 로그(Log)를 이용하여 가장 최근의 정상적인 데이터베이스로 회복시킨 후 트랜잭션을 재실행 시킴

3 데이터베이스 복구 알고리즘

NO-UNDO/ REDO	• 데이터베이스 버퍼의 내용을 비동기적*으로 갱신한 경우의 복구 알고리즘 • NO-UNDO : 트랜잭션 완료 전에는 변경 내용이 데이터베이스에 기록되지 않으므로 취소할 필요가 없음 • REDO : 트랜잭션 완료 후 데이터베이스 버퍼에는 기록되어 있고, 저장매체에는 기록되지 않았으므로 트랜잭션 내용을 다시 실행해야 함
UNDO/ NO-REDO	• 데이터베이스 버퍼의 내용을 동기적*으로 갱신한 경우의 복구 알고리즘 • UNDO : 트랜잭션 완료 전에 시스템이 파손되었다면 변경된 내용을 취소함 • NO-REDO : 트랜잭션 완료 전에 데이터베이스 버퍼 내용을 이미 저장 매체에 기록했으므로 트랜잭션 내용을 다시 실행할 필요가 없음

- **비동기적 갱신(Asynchronous I/O)** : 트랜잭션이 완료된 내용을 일정 주기나 작업량에 따라 시간 차이를 두고 저장매체에 기록하는 것
- **동기적 갱신(Synchronous I/O)** : 트랜잭션이 완료되기 전에 데이터베이스 버퍼 내용을 동시적으로 저장매체에 기록하는 것

UNDO/ REDO	• 데이터베이스 버퍼의 내용을 동기/비동기적으로 갱신한 경우의 복구 알고리즘 • 데이터베이스 기록 전에 트랜잭션이 완료될 수 있으므로 완료된 트랜잭션이 데이터베이스에 기록되지 못했다면 다시 실행해야 함
NO-UNDO/ NO-REDO	• 데이터베이스 버퍼의 내용을 동기적으로 저장 매체에 기록하지만 데이터베이스와는 다른 영역에 기록한 경우의 복구 알고리즘 • NO-UNDO : 변경 내용은 데이터베이스와 다른 영역에 기록되어 있으므로 취소할 필요가 없음 • NO-REDO : 다른 영역에 이미 기록되어 있으므로 트랜잭션을 다시 실행할 필요가 없음

4 백업 종류

- 백업 종류는 복구 수준에 따라서 운영체제를 이용하는 물리 백업과 DBMS 유틸리티를 이용하는 논리 백업으로 나뉜다.
- 물리 백업
  - 데이터베이스 파일을 백업하는 방법이다.
  - 백업 속도가 빠르고 작업이 단순하지만 문제 발생 시 원인 파악 및 문제 해결이 어렵다.
- 논리 백업
  - DB 내의 논리적 객체들을 백업하는 방법이다.
  - 복원 시 데이터 손상을 막고 문제 발생 시 원인 파악 및 해결이 수월하지만 백업/복원 시 시간이 많이 소요된다.

※ 정답 및 해설은 275쪽에 있습니다.

기출 따라잡기 Section 049

출제예상

문제 1 다음은 데이터베이스 복구에 사용되는 자료에 대한 설명이다. 괄호에 들어갈 알맞은 용어를 쓰시오.

( )은 데이터베이스의 처리 내용이나 이용 상황 등 상태 변화를 시간의 흐름에 따라 모두 기록한 파일로, 데이터베이스의 복구를 위해 필요한 가장 기본적인 자료이다. ( )을 기반으로 데이터베이스를 과거 상태로 복귀(UNDO)시키거나 현재 상태로 재생(REDO)시켜 데이터베이스 상태를 일관성 있게 유지할 수 있다.

답 :

22년 5월

문제 2 다음 설명에 해당하는 DB의 트랜잭션 연산을 〈보기〉에서 찾아 쓰시오.

DBMS는 데이터베이스에 치명적인 손실이 발생했을 때 이를 복구하기 위해 데이터베이스의 처리 내용이나 이용 상황 등 상태 변화를 시간의 흐름에 따라 기록한 로그를 생성한다.

- (①) : 데이터베이스가 비정상적으로 종료되었을 때, 디스크에 저장된 로그를 분석하여 트랜잭션의 시작(start)과 완료(commit)에 대한 기록이 있는 트랜잭션들의 작업을 재작업한다. 즉 로그를 이용하여 해당 데이터 항목에 대해 이전 값을 이후 값으로 변경하는 연산이다.
- (②) : 데이터베이스가 비정상적으로 종료되었을 때, 디스크에 저장된 로그를 분석하여 트랜잭션의 시작을 나타내는 'start'는 있지만 완료를 나타내는 'commit' 기록이 없는 트랜잭션들이 작업한 내용들을 모두 취소한다. 즉 로그를 이용하여 해당 데이터 항목에 대해 이후 값을 이전 값으로 변경한다.

〈보기〉

• ROLLBACK	• UNDO	• LOG	• COMMIT
• REDO	• RECOVERY	• BACKUP	• CHECK

답

- ①
- ②

SECTION 050

스토리지

1 스토리지(Storage)

- 스토리지는 단일 디스크로 처리할 수 없는 **대용량의 데이터를 저장하기 위해 서버와 저장장치를 연결하는 기술**이다.
- 스토리지의 종류에는 DAS, NAS, SAN이 있다.

전문가의 조언
스토리지의 종류 세 가지인 DAS, NAS, SAN을 서로 구분해서 간단히 적을 수 있도록 정리하세요.

필기 24.5, 23.7, 23.5, 23.2, 22.3, 20.9

2 DAS(Direct Attached Storage)

- DAS는 **서버와 저장장치를 전용 케이블로 직접 연결하는 방식**이다.
- 일반 가정에서 컴퓨터에 외장하드를 연결하는 것이 여기에 해당된다.
- 저장장치를 직접 연결하므로 속도가 빠르고 설치 및 운영이 쉽다.
- 초기 구축 비용 및 유지보수 비용이 저렴하다.
- 직접 연결 방식이므로 다른 서버에서 접근할 수 없고 파일을 공유할 수 없다.
- 확장성 및 유연성이 떨어진다.

3 NAS(Network Attached Storage)

- NAS는 **서버와 저장장치를 네트워크를 통해 연결하는 방식**이다.
- 별도의 파일 관리 기능이 있는 NAS Storage가 내장된 저장장치를 직접 관리한다.
- Ethernet 스위치를 통해 다른 서버에서도 스토리지에 접근할 수 있어 파일 공유가 가능하다.
- 장소에 구애받지 않고 저장장치에 쉽게 접근할 수 있다.
- DAS에 비해 확장성 및 유연성이 우수하다.

필기 22.7, 21.5

4 SAN(Storage Area Network)

- SAN은 DAS의 빠른 처리와 NAS의 파일 공유 장점을 혼합한 방식으로, **서버와 저장장치를 연결하는 전용 네트워크를 별도로 구성하는 방식**이다.
- 광 채널(FC) 스위치를 이용하여 네트워크를 구성한다.
- 광 채널 스위치는 서버와 저장장치를 광케이블로 연결하므로 처리 속도가 빠르다.
- 저장장치를 공유함으로써 여러 개의 저장장치나 백업 장비를 단일화시킬 수 있다.
- 확장성, 유연성, 가용성이 뛰어나다.

※ 정답 및 해설은 275쪽에 있습니다.

기출 따라잡기 Section 050

필기 24년 5월, 23년 7월, 22년 3월, 20년 9월

문제 1 다음 내용이 설명하는 스토리지 시스템을 쓰시오.

- 하드디스크와 같은 데이터 저장장치를 호스트 버스 어댑터에 직접 연결하는 방식
- 저장장치와 호스트 기기 사이에 네트워크 디바이스 없이 직접 연결 하는 방식으로 구성

답 :

필기 22년 7월, 21년 5월

문제 2 다음 내용이 설명하는 스토리지 시스템을 쓰시오.

- 네트워크상에 광채널 스위치의 이점인 고속 전송과 장거리 연결 및 멀티 프로토콜 기능을 활용한다.
- 각기 다른 운영체제를 가진 여러 기종들이 네트워크상에서 동일 저장장치의 데이터를 공유하게 함으로써, 여러 개의 저장장치나 백업 장비를 단일화시킨 시스템이다.

답 :

SECTION 051

논리 데이터 모델의 변환

1405800

1 엔티티(Entity)를 테이블로 변환

- 논리 데이터 모델에서 정의된 엔티티를 물리 데이터 모델의 테이블로 변환하는 것이다.
- 변환 규칙

논리적 설계(데이터 모델링)	물리적 설계
엔티티(Entity)	테이블(Table)
속성(Attribute)	컬럼(Column)
주 식별자(Primary Identifier)	기본키(Primary Key)
외부 식별자(Foreign Identifier)	외래키(Foreign Key)
관계(Relationship)	관계(Relationship)

전문가의 조언

논리 데이터 모델의 변환은 논리 데이터 모델을 물리 데이터 모델로 변환하는 것을 말합니다. 논리 데이터 모델에서 설계한 엔티티(Entity), 속성, 주 식별자, 외부 식별자를 물리 데이터 모델의 테이블, 컬럼, 기본키, 외래키로 변환하는 과정 및 특징에 대해 알아두세요.

2 슈퍼타입/서브타입을 테이블로 변환

- 슈퍼타입/서브타입은 논리 데이터 모델에서 이용되는 형태이므로 물리 데이터 모델을 설계할 때는 슈퍼타입/서브타입을 테이블로 변환해야 한다.
- 슈퍼타입/서브타입 모델을 테이블로 변환하는 방법에는 슈퍼타입 기준 테이블 변환, 서브타입 기준 테이블 변환, 개별타입 기준 테이블 변환이 있다.

3 슈퍼타입 기준 테이블 변환

- 슈퍼타입 기준의 테이블 변환은 **서브타입을 슈퍼타입에 통합하여 하나의 테이블로 만드는 것**이다.
- 서브타입에 속성이나 관계가 적을 경우에 적용하는 방법이다.
- 하나로 통합된 테이블에는 서브타입의 모든 속성이 포함되어야 한다.

예 슈퍼타입 기준 테이블 변환

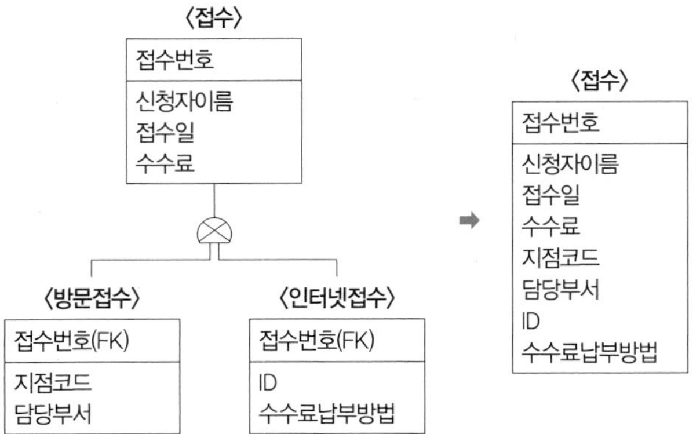

서브타입의 〈방문접수〉 개체에 있는 '지점코드', '담당부서'와 〈인터넷접수〉 개체에 있는 'ID', '수수료납부방법'이 슈퍼타입인 〈접수〉 개체에 통합되어 〈접수〉 테이블로 변환된다.

4 서브타입 기준 테이블 변환

- 서브타입 기준의 테이블 변환은 **슈퍼타입 속성들을 각각의 서브타입에 추가하여 서브타입들을 개별적인 테이블로 만드는 것**이다.
- 서브타입에 속성이나 관계가 많이 포함된 경우 적용한다.

예 서브타입 기준 테이블 변환

슈퍼타입인 〈접수〉 개체에 있는 '신청자이름', '접수일', '수수료'가 서브타입인 〈방문접수〉 개체와 〈인터넷접수〉 개체에 각각 추가되어 〈방문접수〉와 〈인터넷접수〉 테이블로 변환된다.

5 개별타입 기준 테이블 변환

- 개별타입 기준의 테이블 변환은 **슈퍼타입과 서브타입들을 각각의 개별적인 테이블로 변환하는 것**이다.
- 슈퍼타입과 서브타입 테이블들 사이에는 각각 1:1 관계가 형성된다.

예 개별타입 기준 테이블 변환

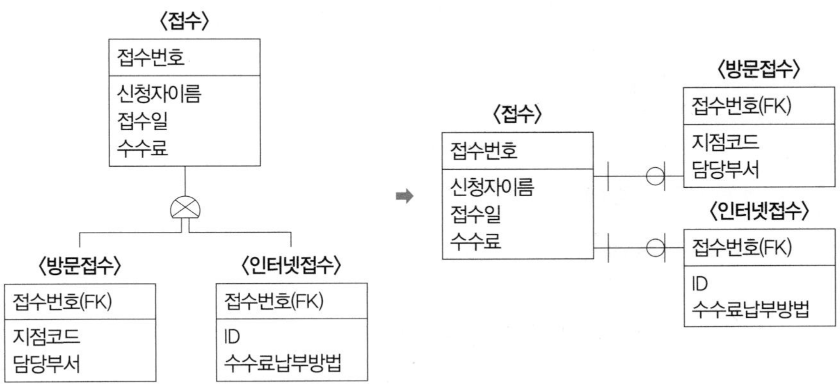

슈퍼타입의 〈접수〉 개체와 서브타입의 〈방문접수〉, 〈인터넷접수〉 개체가 각각 〈접수〉, 〈방문접수〉, 〈인터넷접수〉 테이블로 변환된다.

6 속성을 컬럼으로 변환

논리 데이터 모델에서 정의한 속성을 물리 데이터 모델의 컬럼으로 변환한다.

일반 속성 변환	속성과 컬럼은 명칭이 반드시 일치할 필요는 없으나, 개발자와 사용자 간 의사소통을 위하여 가능한 한 표준화된 약어를 사용하여 일치시키는 것이 좋음
Primary UID를 기본키로 변환	논리 데이터 모델에서의 Primary UID는 물리 데이터 모델의 기본키로 만듦
Primary UID(관계의 UID Bar*)를 기본키로 변환	다른 엔티티와의 관계로 인해 생성된 Primary UID는 물리 데이터 모델의 기본키로 만듦
Secondary(Alternate) UID를 유니크키*로 변환	논리 모델링에서 정의된 Secondary UID 및 Alternate Key는 물리 모델에서 유니크키로 만듦

UID Bar
UID Bar란 엔티티에 포함된 고유한 속성의 식별자(UID)가 아니라 다른 엔티티와의 관계로 인해 생성된 식별자(UID)를 의미합니다.

유니크키(Unique Key)
유니크키는 해당 속성에 입력된 값이 유일하다는 것을 보장하기 위한 제약 조건인 유니크(Unique) 속성이 설정된 키입니다.

예 일반 속성 변환

〈사원〉

사원번호
부서번호(FK) 이름 주소 전화번호 이메일

➡

〈사원〉

empnum	depnum	name	add	phon	email
AK2015	Z01	홍길동	서울 마포구	010-2510-****	zmz512
A003	R01	이춘식	서울 영등포구	010-9502-****	love104
AK2018	T01	성봉호	경북 포항	010-1234-****	5120mama

〈사원〉 엔티티의 '부서번호', '이름', '주소', '전화번호', '이메일' 속성이 〈사원〉 테이블의 각각의 컬럼으로 변환되었으며, 예시를 위한 데이터가 들어있다.

7 관계를 외래키로 변환

논리 데이터 모델에서 정의된 관계는 기본키와 이를 참조하는 외래키로 변환한다.

※ 정답 및 해설은 275쪽에 있습니다.

기출 따라잡기 Section 051

문제 1 출제예상 **논리 데이터 모델에서 정의된 엔티티를 물리 데이터 모델의 테이블로 변환하려고 한다. 논리 데이터 모델의 각 구성 요소가 물리 데이터 모델의 어떤 요소로 변환되는지 쓰시오.**

논리 데이터 모델	물리 데이터 모델
엔티티(Entity)	테이블(Table)
속성(Attribute)	(①)
주 식별자(Primary Identifier)	(②)
외부 식별자(Foreign Identifier)	(③)
관계(Relationship)	(④)

답
- ①
- ②
- ③
- ④

출제예상

문제 2 논리 데이터 모델에서 정의한 속성을 물리 데이터 모델의 컬럼으로 변환하려고 한다. 다음 괄호(①~③)에 들어갈 가장 적합한 용어를 쓰시오.

- 논리 데이터 모델에서의 Primary UID는 물리 데이터 모델의 (①)로 만든다.
- 다른 엔티티와의 관계로 인해 생성된 Primary UID는 물리 데이터 모델의 (②)로 만든다.
- 논리 모델링에서 정의된 Secondary UID 및 Alternate Key는 물리 모델에서 (③)로 만든다.

답

- ①
- ②
- ③

출제예상

문제 3 슈퍼타입은 논리 데이터 모델에서만 이용되는 형태이므로 물리 데이터 모델로 설계할 때는 슈퍼타입을 테이블로 변환해야 한다. 다음은 슈퍼타입을 테이블로 변환할 경우 괄호(①~④)에 들어갈 컬럼을 쓰시오.

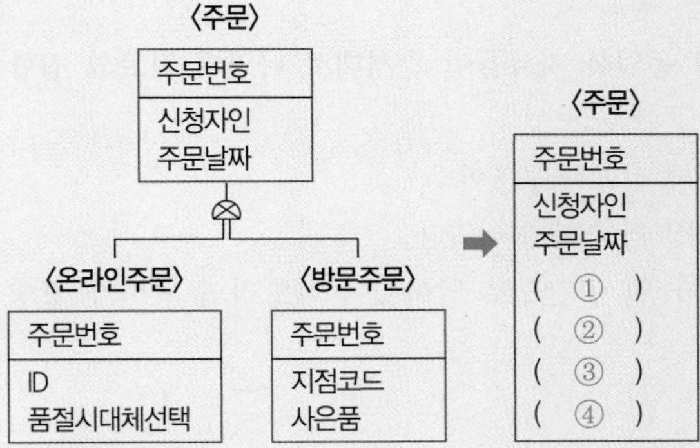

답

- ①
- ②
- ③
- ④

SECTION 052

자료 구조

자료 구조를 선형 구조와 비선형 구조로 구분할 수 있도록 확실히 기억하고, 각 자료 구조의 특징을 학습하세요.

필기 24.7, 24.2, 23.7, 22.3, 21.8

1 자료 구조

- 자료 구조는 자료를 기억장치의 공간 내에 저장하는 방법과 자료 간의 관계, 처리 방법 등을 연구 분석하는 것을 말한다.
- 저장 공간의 효율성과 실행시간의 단축을 위해 사용한다.
- **자료 구조의 분류**

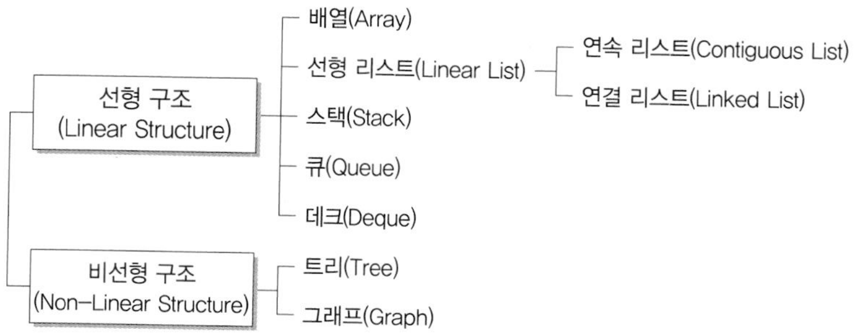

2 배열(Array)

- 배열은 **크기와 형(Type)이 동일한 자료들이 순서대로 나열된 자료의 집합**이다.
- 반복적인 데이터 처리 작업에 적합한 구조이다.
- 정적인 자료 구조로, 기억장소의 추가가 어렵다.
- 데이터 삭제 시 기억장소가 빈 공간으로 남아있어 메모리의 낭비가 발생한다.

전문가의 조언

연속 리스트와 연결 리스트는 선형 리스트에 속하는 자료 구조로, 빈 공간 없이 차례대로 데이터가 저장된다는 것이 특징입니다.

3 연속 리스트(Contiguous List)

- 연속 리스트는 배열과 같이 **연속되는 기억장소에 저장되는 자료 구조**이다.
- 중간에 데이터를 삽입하기 위해서는 연속된 빈 공간이 있어야 한다.
- 삽입 · 삭제 시 자료의 이동이 필요하다.

4 연결 리스트(Linked List)

- 연결 리스트는 **자료들을 임의의 기억공간에 기억시키되**, 자료 항목의 순서에 따라 **노드*의 포인터* 부분을 이용하여 서로 연결시킨 자료 구조**이다.
- 연결을 위한 링크(포인터) 부분이 필요하기 때문에 기억 공간의 이용 효율이 좋지 않다.
- 접근 속도가 느리고, 연결이 끊어지면 다음 노드를 찾기 어렵다.

노드(Node)

노드는 자료를 저장하는 데이터 부분과 다음 노드를 가리키는 포인터인 링크 부분으로 구성된 기억 공간입니다.

포인터(Pointer)
포인터는 현재의 위치에서 다음 노드의 위치를 알려주는 요소입니다.

필기 23.7, 23.2, 22.4, 22.3, 21.8, 21.3

5 스택(Stack)

- 스택은 **리스트의 한쪽 끝으로만 자료의 삽입, 삭제 작업이 이루어지는 자료 구조**이다.
- 후입선출(LIFO; Last In First Out) 방식으로 자료를 처리한다.
- 저장할 기억 공간이 없는 상태에서 데이터가 삽입되면 오버플로(Overflow)가 발생한다.
- 삭제할 데이터가 없는 상태에서 데이터를 삭제하면 언더플로(Underflow)가 발생한다.

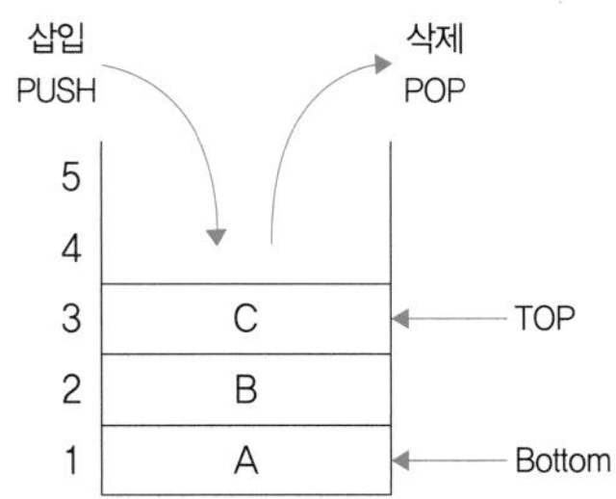

전문가의 조언
한쪽으로만 입·출력이 가능한 스택의 개념을 숙지하세요.

필기 21.3

6 큐(Queue)

- 큐는 **리스트의 한쪽에서는 삽입 작업**이 이루어지고 **다른 한쪽에서는 삭제 작업이 이루어지는 자료 구조**이다.
- 선입선출(FIFO; First In First Out) 방식으로 처리한다.
- 시작을 표시하는 프런트(Front) 포인터와 끝을 표시하는 리어(Rear) 포인터가 있다.

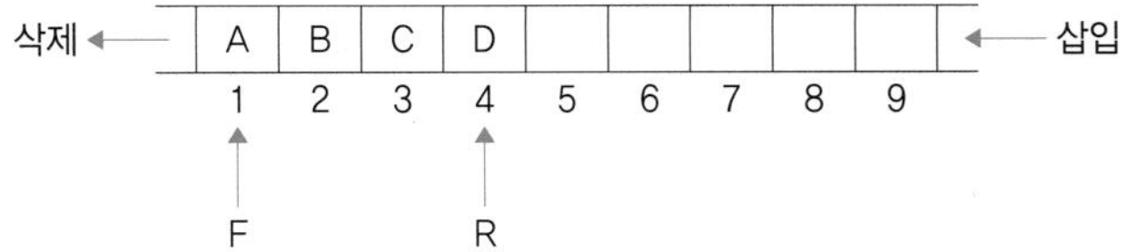

전문가의 조언
한쪽으로는 입력만, 다른 한쪽으로는 출력만 가능한 큐의 개념을 숙지하세요.

7 그래프(Graph)

- 그래프는 **정점(Vertex)과 간선(Edge)의 두 집합으로 이루어지는 자료 구조**이다.
- 사이클이 없는 그래프(Graph)를 트리(Tree)라 한다.
- 간선의 방향성 유무에 따라 방향 그래프와 무방향 그래프로 구분된다.

필기 23.2, 20.9

8 방향/무방향 그래프의 최대 간선 수

- **방향 그래프의 최대 간선 수** : n(n−1)
- **무방향 그래프에서 최대 간선 수** : n(n−1)/2

※ n은 정점의 개수이다.

전문가의 조언

그래프의 최대 간선 수를 구하는 공식과 결과를 묻는 문제가 출제될 수 있습니다. 공식을 암기하고 예제 를 통해 풀이법을 이해하세요.

예제 정점이 4개인 경우 무방향 그래프와 방향 그래프의 최대 간선 수를 구하시오.

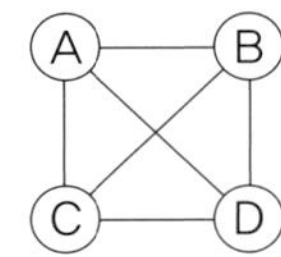

- **무방향 그래프의 최대 간선 수** : 4(4−1)/2 = 6

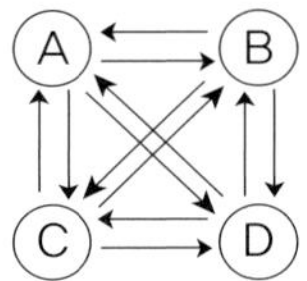

- **방향 그래프의 최대 간선 수** : 4(4−1) = 12

※ 정답 및 해설은 276쪽에 있습니다.

기출 따라잡기 Section 052

필기 23년 2월, 20년 9월

문제 1 다음 무방향 그래프의 최대 간선 수를 구하는 계산식과 답을 쓰시오.

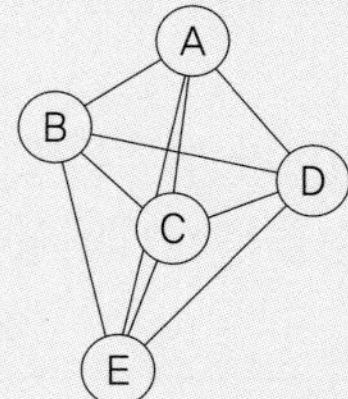

답
- 계산식 :
- 답 :

출제예상

문제 2 자료 구조 중 배열(Array)에 대해 간략히 서술하시오.

답 :

출제예상

문제 3 선형 리스트에 대한 다음 설명에서 괄호(①, ②)에 들어갈 알맞은 용어를 쓰시오.

- 선형 리스트는 일정한 순서에 의해 나열된 자료 구조로, 배열을 이용하는 (①)와 포인터를 이용하는 (②)로 구분된다.
- (①)는 배열과 같이 연속되는 기억장소에 저장되는 자료 구조이다.
- (①)는 기억장소를 연속적으로 배정받기 때문에 중간에 데이터를 삽입하기 위해서는 연속된 빈 공간이 있어야 하며, 삽입 · 삭제 시 자료의 이동이 필요하다.
- (②)는 자료들을 반드시 연속적으로 배열시키지는 않고 임의의 기억공간에 기억시키되, 자료 항목의 순서에 따라 노드의 포인터 부분을 이용하여 서로 연결시킨 자료 구조이다.
- (②)는 노드의 삽입 · 삭제 작업이 용이하지만, 연결을 위해 포인터를 사용하기 때문에 기억 공간의 이용 효율과 접근 속도가 좋지 않다.

답
- ①
- ②

필기 22년 4월, 3월, 21년 3월

문제 4 자료 구조와 관련한 다음 설명에 해당하는 용어를 쓰시오.

- 리스트의 한쪽 끝으로만 자료의 삽입, 삭제 작업이 이루어지는 자료 구조로, 가장 나중에 삽입된 자료가 가장 먼저 삭제되는 후입선출(LIFO; Last In First Out) 방식으로 자료를 처리한다.
- 모든 기억 공간이 꽉 채워져 있는 상태에서 데이터가 삽입되면 오버플로(Overflow)가 발생하고, 더 이상 삭제할 데이터가 없는 상태에서 데이터를 삭제하면 언더플로(Underflow)가 발생한다.

답 :

출제예상

문제 5 자료 구조 중 리스트의 한쪽에서는 삽입 작업이 이루어지고 다른 한쪽에서는 삭제 작업이 이루어지도록 구성한 자료 구조를 쓰시오.

답 :

필기 24년 7월, 2월, 23년 7월, 22년 3월, 21년 8월

문제 6 다음 보기의 자료 구조를 선형 구조와 비선형 구조로 구분하여 기호(㉠~㉥)로 쓰시오.

㉠ 트리	㉡ 리스트	㉢ 스택
㉣ 데크	㉤ 큐	㉥ 그래프

답

- ① 선형 구조 :
- ② 비선형 구조 :

SECTION 053

트리(Tree)

1406100

1 트리

필기 21.3

- 트리는 **정점(Node, 노드)과 선분(Branch, 가지)을 이용하여 사이클을 이루지 않도록 구성한 그래프(Graph)의 특수한 형태**이다.
- 트리는 하나의 기억 공간을 노드(Node)라고 하며, 노드와 노드를 연결하는 선을 링크(Link)라고 한다.

전문가의 조언

트리 관련 용어는 자료 구조뿐만 아니라 통신망이나 소프트웨어 구조를 설명할 때도 사용되니 주어진 예를 통하여 확실히 숙지하세요.

2 트리 관련 용어

필기 24.7, 23.7, 23.2, 20.8, 20.6

전문가의 조언

트리는 가족 관계도나 조직도를 떠올리시면 쉽게 이해할 수 있습니다.

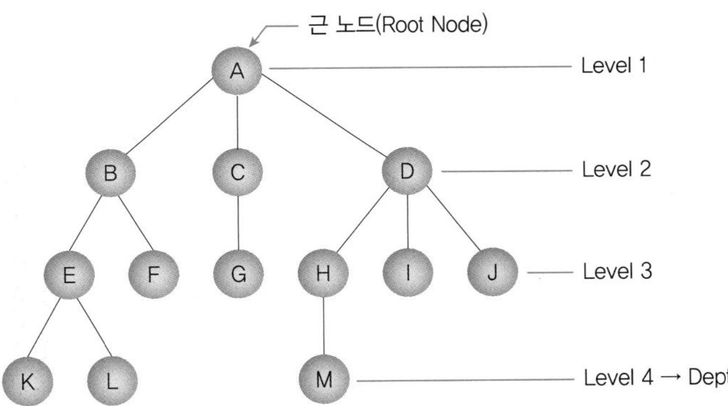

- **노드(Node)** : 트리의 기본 요소로서 자료 항목과 다른 항목에 대한 가지(Branch)를 합친 것
  예 A, B, C, D, E, F, G, H, I, J, K, L, M
- **근 노드(Root Node)** : 트리의 맨 위에 있는 노드 예 A
- **디그리(Degree, 차수)** : 각 노드에서 뻗어나온 가지의 수
  예 A=3, B=2, C=1, D=3
- **단말 노드(Terminal Node) = 잎 노드(Leaf Node)** : 자식이 하나도 없는 노드, 즉 Degree가 0인 노드 예 K, L, F, G, M, I, J
- **비단말 노드(Non-Terminal Node)** : 자식이 하나라도 있는 노드, 즉 Degree가 0이 아닌 노드 예 A, B, C, D, E, H
- **조상 노드(Ancestors Node)** : 임의의 노드에서 근 노드에 이르는 경로상에 있는 노드들 예 M의 조상 노드는 H, D, A

- 자식 노드(Son Node) : 어떤 노드에 연결된 다음 레벨의 노드들

예 D의 자식 노드 : H, I, J

- 부모 노드(Parent Node) : 어떤 노드에 연결된 이전 레벨의 노드들

예 E, F의 부모 노드는 B

- 형제 노드(Brother Node, Sibling) : 동일한 부모를 갖는 노드들

예 H의 형제 노드는 I, J

- Level : 근 노드의 Level을 1로 가정한 후 어떤 Level이 L이면 자식 노드는 L+1 예 H의 레벨은 3

- 깊이(Depth, Height) : Tree에서 노드가 가질 수 있는 최대의 레벨

예 위 트리의 깊이는 4

- 숲(Forest) : 여러 개의 트리가 모여 있는 것

예 위 트리에서 근 노드 A를 제거하면 B, C, D를 근 노드로 하는 세 개의 트리가 있는 숲이 생긴다.

- 트리의 디그리 : 노드들의 디그리 중에서 가장 많은 수

예 노드 A나 D가 세 개의 디그리를 가지므로 위 트리의 디그리는 3이다.

※ 정답 및 해설은 276쪽에 있습니다.

기출 따라잡기 Section 053

출제예상

문제 1 다음 트리 구조에서 트리의 디그리(Degree)를 쓰시오.

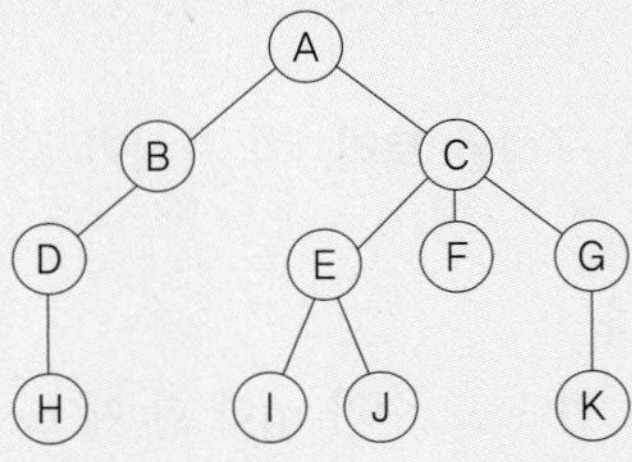

답 :

필기 24년 7월, 23년 2월, 20년 8월, 6월

문제 2 다음 트리의 차수(Degree)와 단말 노드(Terminal Node)의 수를 쓰시오.

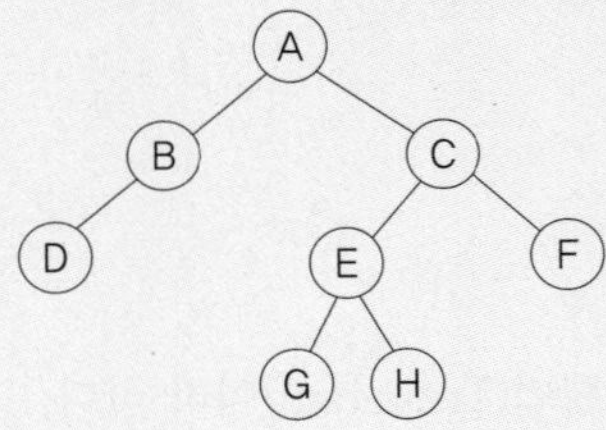

답

- ① 차수 :
- ② 단말 노드 :

필기 21년 3월

문제 3 그래프의 특수한 형태로 노드(Node)와 선분(Branch)으로 되어 있고, 정점 사이에 사이클(Cycle)이 형성되어 있지 않으며, 자료 사이의 관계성이 계층 형식으로 나타나는 비선형 구조는 무엇인지 쓰시오.

답 :

SECTION 054

이진 트리(Tree)

이진 트리의 개념을 이해하고 이진 트리의 운행법 3가지를 확실하게 숙지하세요.

1 이진 트리

- 이진 트리는 **차수(Degree)가 2 이하인 노드들로 구성된 트리**, 즉 자식이 둘 이하인 노드들로만 구성된 트리를 말한다.
- 이진 트리의 레벨 i에서 최대 노드의 수는 2^{i-1}이다.
- 이진 트리에서 Terminal Node수가 n_0, 차수가 2인 노드 수가 n_2라 할 때 $n_0 = n_2+1$이 된다.

예

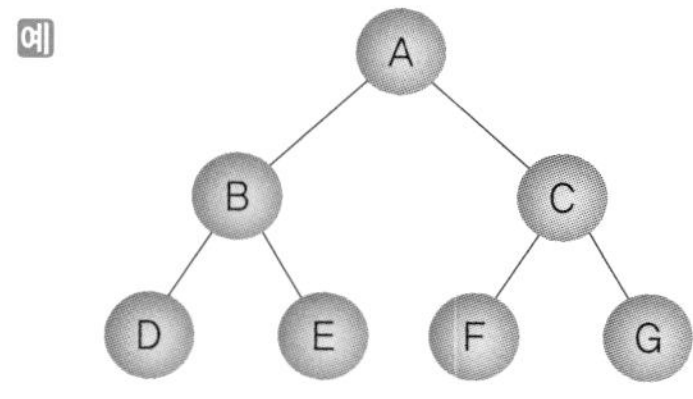

- 레벨3에서 최대 노드의 수는 $2^{3-1} = 4$이다.
- Terminal 노드의 개수가 4개이고, 디그리가 2인 노드가 3개이므로 4=3+1에 의해 $n_0=n_2+1$이 성립된다.

2 트리의 운행법

- 트리를 구성하는 각 노드들을 찾아가는 방법을 운행법(Traversal)이라 한다.
- 이진 트리를 운행하는 방법은 산술식의 표기법과 연관성을 갖는다.
- 이진 트리의 운행법*은 다음 세 가지가 있다.

이진 트리 운행법
이진 트리 운행법의 이름은 Root의 위치가 어디 있느냐에 따라 정해진 것입니다. 즉 Root가 앞(Pre)에 있으면 Preorder, 안(In)에 있으면 Inorder, 뒤(Post)에 있으면 Postorder입니다.

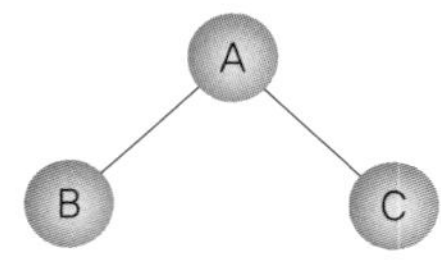

- **Preorder 운행** : Root → Left → Right 순으로 운행한다. A, B, C
- **Inorder 운행** : Left → Root → Right 순으로 운행한다. B, A, C
- **Postorder 운행** : Left → Right → Root 순으로 운행한다. B, C, A

필기 24.5, 21.3, 20.8, 20.6

3 Preorder 운행법

Preorder 운행법은 **이진 트리를 Root → Left → Right 순으로 운행하며 노드들을 찾아가는 방법**이다.

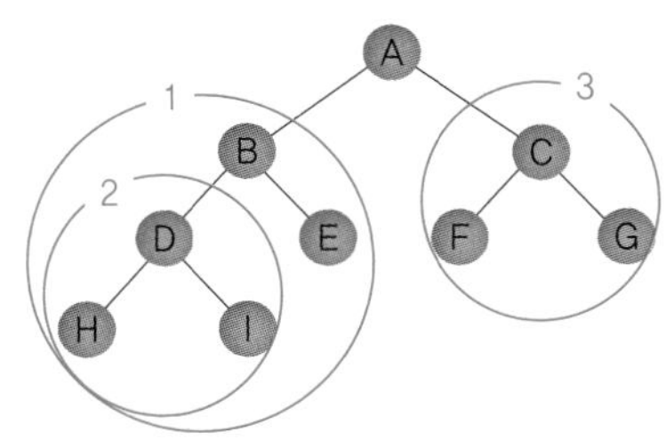

Preorder 운행법의 방문 순서

※ 서브트리를 하나의 노드로 생각할 수 있도록 그림과 같이 서브트리 단위로 묶는다. 다른 운행법 모두 공통으로 사용한다.

❶ Preorder는 Root → Left → Right이므로 A13이 된다.

❷ 1은 B2E이므로 A**B2E**3이 된다.

❸ 2는 DHI이므로 AB**DHI**E3이 된다.

❹ 3은 CFG이므로 ABDHIE**CFG**가 된다.

- **방문 순서** : ABDHIECFG

필기 24.2, 23.5, 21.8, 20.9

4 Inorder 운행법

Inorder 운행법은 **이진 트리를 Left → Root → Right 순으로 운행하며 노드들을 찾아가는 방법**이다.

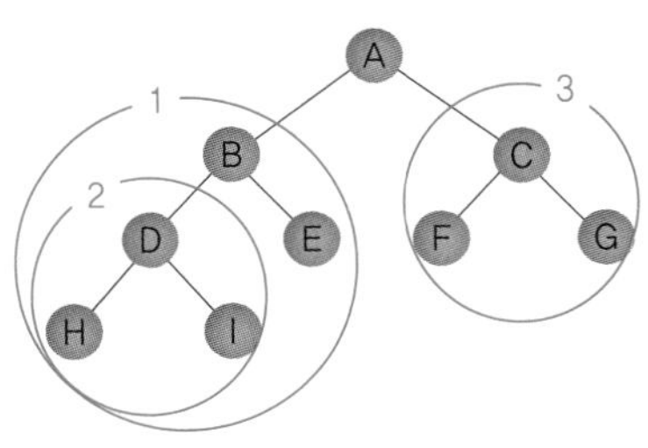

Inorder 운행법의 방문 순서

❶ Inorder는 Left → Root → Right이므로 1A3이 된다.

❷ 1은 2BE이므로 **2BE**A3이 된다.

❸ 2는 HDI이므로 **HDI**BEA3이 된다.

❹ 3은 FCG이므로 HDIBEA**FCG**가 된다.

- **방문 순서** : HDIBEAFCG

필기 22.7, 22.4

5 Postorder 운행법

Postorder 운행법은 **이진 트리를 Left → Right → Root 순으로 운행하며 노드들을 찾아가는 방법**이다.

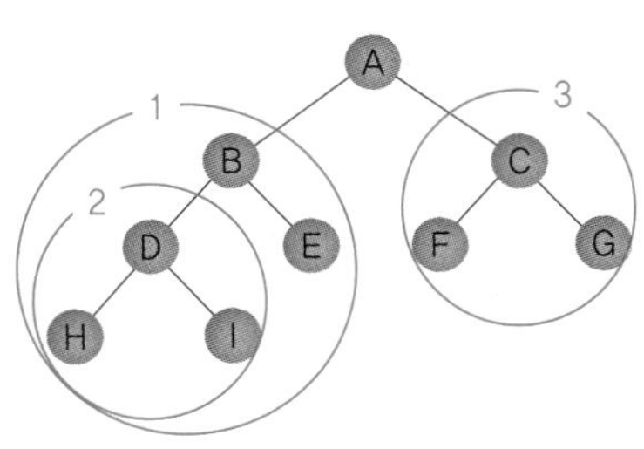

Postorder 운행법의 방문 순서

❶ Postorder는 Left → Right → Root이므로 13A가 된다.

❷ 1은 2EB이므로 **2EB**3A가 된다.

❸ 2는 HID이므로 **HID**EB3A가 된다.

❹ 3은 FGC이므로 HIDEB**FGC**A가 된다.

- **방문 순서** : HIDEBFGCA

Postfix 연산식에 대한 연산 결과를 구하는 문제가 기사 필기시험에 출제되었습니다. 실기 시험에 출제될 것을 대비해 중위식에서 후위식, 전위식 또는 반대의 관계로 변환할 수 있도록 연습하세요.

필기 24.7, 24.5, 21.5, 20.9

6 수식의 표기법

- 이진 트리로 만들어진 수식을 인오더, 프리오더, 포스트오더로 운행하면 각각 중위(Infix), 전위(Prefix), 후위(Postfix) 표기법이 된다.

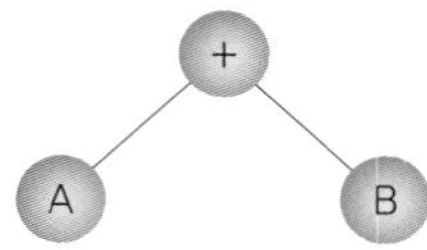

- **전위 표기법(PreFix)** : 연산자 → Left → Right, +AB
- **중위 표기법(InFix)** : Left → 연산자 → Right, A+B
- **후위 표기법(PostFix)** : Left → Right → 연산자, AB+

Infix 표기를 Postfix나 Prefix로 바꾸기

- Postfix나 Prefix는 스택을 이용하여 처리하므로 Infix는 Postfix나 Prefix로 바꾸어 처리한다.

예제 1 다음과 같이 Infix로 표기된 수식을 Prefix와 Postfix로 변환하시오.

X = A / B ∗ (C + D) + E

- Prefix로 변환하기
  - ❶ 연산 우선순위에 따라 괄호로 묶는다.
    (X = (((A / B) ∗ (C + D)) + E))
  - ❷ 연산자를 해당 괄호의 앞(왼쪽)으로 옮긴다.
    X = (((A / B) ∗ (C + D)) + E)) → = (X + (∗(/ (AB) + (CD)) E))
  - ❸ 필요없는 괄호를 제거한다.
    prefix 표기 : = X + ∗ / A B + C D E
- Postfix로 변환하기
  - ❶ 연산 우선순위에 따라 괄호로 묶는다.
    (X = (((A / B) ∗ (C + D)) + E))
  - ❷ 연산자를 해당 괄호의 뒤(오른쪽)로 옮긴다.
    (X = (((A / B) ∗ (C + D)) + E)) → (X (((A B) / (C D) +) ∗ E) +) =
  - ❸ 필요없는 괄호를 제거한다.
    Postfix 표기 : X A B / C D + ∗ E + =

Postfix나 Prefix로 표기된 수식을 Infix로 바꾸기

예제 2 다음과 같이 Postfix로 표기된 수식을 Infix로 변환하시오.

A B C − / D E F + * +

- Postfix는 Infix 표기법에서 연산자를 해당 피연산자 두 개의 뒤로 이동한 것이므로 연산자를 다시 해당 피연산자 두 개의 가운데로 옮기면 된다.
  ❶ 먼저 인접한 피연산자 두 개와 오른쪽의 연산자를 괄호로 묶는다.
  ((A (B C −) /) (D (E F +) *) +)
  ❷ 연산자를 해당 피연산자의 가운데로 이동시킨다.
  ((A (B C −) /) (D (E F +) *) +) → ((A / (B − C)) + (D * (E + F)))
  ❸ 필요 없는 괄호를 제거한다.
  ((A / (B − C)) + (D * (E + F))) → A / (B − C) + D * (E + F)

예제 3 다음과 같이 Prefix로 표기된 수식을 Infix로 변환하시오.

+ / A − B C * D + E F

- Prefix는 Infix 표기법에서 연산자를 해당 피연산자 두 개의 앞으로 이동한 것이므로 연산자를 다시 해당 피연산자 두 개의 가운데로 옮기면 된다.
  ❶ 먼저 인접한 피연산자 두 개와 왼쪽의 연산자를 괄호로 묶는다.
  (+ (/ A (− B C)) (* D (+ E F)))
  ❷ 연산자를 해당 피연산자 사이로 이동시킨다.
  (+ (/ A (− B C)) (* D (+ E F))) → ((A/(B−C)) + (D * (E+F)))
  ❸ 필요 없는 괄호를 제거한다.
  ((A/(B−C)) + (D*(E+F))) → A/(B−C)+D*(E+F)

※ 정답 및 해설은 276쪽에 있습니다.

기출 따라잡기 Section 054

필기 21년 5월, 3월, 20년 9월

문제 1 다음 Postfix 연산식에 대한 연산 결과를 쓰시오.

3 4 * 5 6 * +

답 :

필기 24년 5월, 20년 6월

문제 2 다음 트리를 전위 순회(Preorder Traversal)했을 때 방문한 노드를 순서대로 쓰시오.

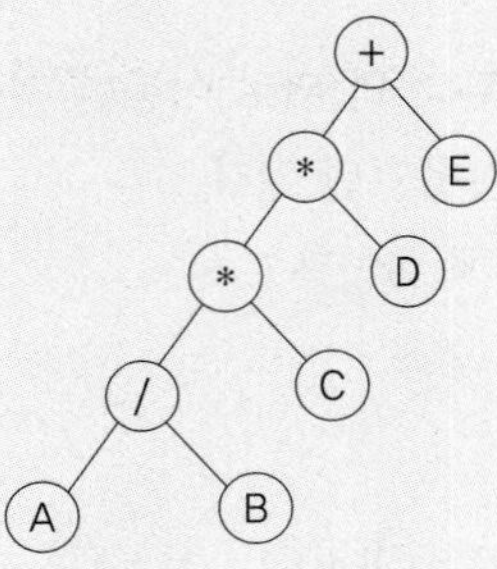

답 :

필기 21년 3월, 20년 8월

문제 3 다음 트리를 Preorder 운행법으로 운행할 경우 가장 먼저 탐색되는 노드를 쓰시오.

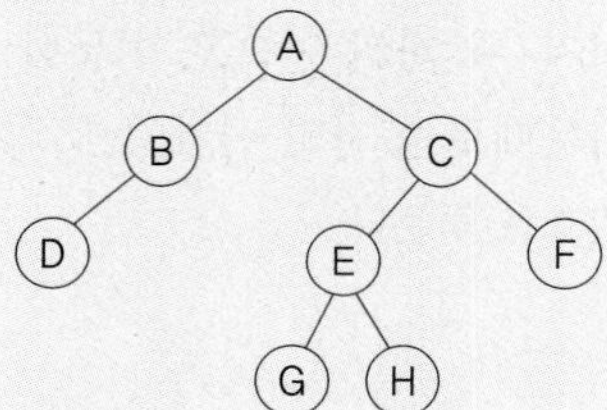

답 :

필기 24년 2월, 23년 5월, 21년 8월, 20년 9월

문제 4 다음 트리로 INORDER 운행을 수행했을 때 방문한 노드를 순서대로 쓰시오.

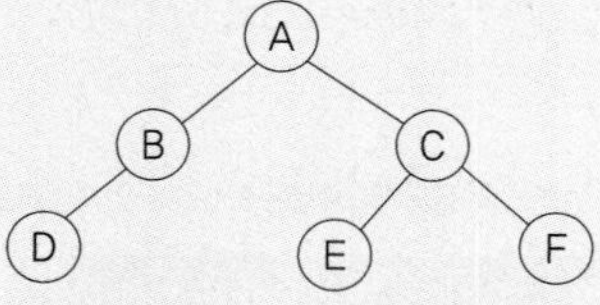

답 :

SECTION 055

정렬(Sort)

필기 24.2, 20.9

1 삽입 정렬(Insertion Sort)

- 삽입 정렬은 가장 간단한 정렬 방식으로, **이미 순서화된 파일에 새로운 하나의 레코드를 순서에 맞게 삽입시켜 정렬하는 방식**이다
- 평균과 최악 모두 수행 시간 복잡도는 $O(n^2)$이다.

전문가의 조언

각 정렬 방식의 주요 특징을 암기하고 삽입, 선택, 버블 정렬은 정렬 방식을 이해해야 합니다.

예제 8, 5, 6, 2, 4를 삽입 정렬로 정렬하시오.

- **초기 상태 :** | 8 | 5 | 6 | 2 | 4 |

- **1회전 :** | 8 | 5 | 6 | 2 | 4 | → | 5 | 8 | 6 | 2 | 4 |

  두 번째 값을 첫 번째 값과 비교하여 5를 첫 번째 자리에 삽입하고 8을 한 칸 뒤로 이동시킨다.

- **2회전 :** | 5 | 8 | 6 | 2 | 4 | → | 5 | 6 | 8 | 2 | 4 |

  세 번째 값을 첫 번째, 두 번째 값과 비교하여 6을 8자리에 삽입하고 8은 한 칸 뒤로 이동시킨다.

- **3회전 :** | 5 | 6 | 8 | 2 | 4 | → | 2 | 5 | 6 | 8 | 4 |

  네 번째 값 2를 처음부터 비교하여 맨 처음에 삽입하고 나머지를 한 칸씩 뒤로 이동시킨다.

- **4회전 :** | 2 | 5 | 6 | 8 | 4 | → | 2 | 4 | 5 | 6 | 8 |

  다섯 번째 값 4를 처음부터 비교하여 5자리에 삽입하고 나머지를 한 칸씩 뒤로 이동시킨다.

필기 24.7, 24.5, 22.7, 21.3, 20.8

2 선택 정렬(Selection Sort)

- 선택 정렬은 n개의 레코드 중에서 **최소값을 찾아 첫 번째 레코드 위치에 놓고**, 나머지 (n−1)개 중에서 **다시 최소값을 찾아 두 번째 레코드 위치에 놓는 방식을 반복하여 정렬하는 방식**이다.
- 평균과 최악 모두 수행 시간 복잡도는 $O(n^2)$이다.

예제 8, 5, 6, 2, 4를 선택 정렬로 정렬하시오.

• **초기 상태** : | 8 | 5 | 6 | 2 | 4 |

• **1회전** : | 8 | 5 | 6 | 2 | 4 | → | 8 | 5 | 6 | 2 | 4 | → | 2 | 5 | 6 | 8 | 4 |

첫 번째부터 마지막 값 중 최소값 2를 찾아 첫 번째 값 8과 위치를 교환한다.

• **2회전** : | 2 | 5 | 6 | 8 | 4 | → | 2 | 5 | 6 | 8 | 4 | → | 2 | 4 | 6 | 8 | 5 |

두 번째부터 마지막 값 중 최소값 4를 찾아 두 번째 값 5와 위치를 교환한다.

• **3회전** : | 2 | 4 | 6 | 8 | 5 | → | 2 | 4 | 6 | 8 | 5 | → | 2 | 4 | 5 | 8 | 6 |

세 번째부터 마지막 값 중 최소값 5를 찾아 세 번째 값 6과 위치를 교환한다.

• **4회전** : | 2 | 4 | 5 | 8 | 6 | → | 2 | 4 | 5 | 8 | 6 | → | 2 | 4 | 5 | 6 | 8 |

네 번째부터 마지막 값 중 최소값 6을 찾아 네 번째 값 8과 위치를 교환환다.

필기 23.2, 22.4, 21.8, 21.5

3 버블 정렬(Bubble Sort)

• 버블 정렬은 주어진 파일에서 **인접한 두 개의 레코드 키 값을 비교하여 그 크기에 따라 레코드 위치를 서로 교환하는 정렬 방식**이다.

• 평균과 최악 모두 수행 시간 복잡도는 $O(n^2)$이다.

예제 8, 5, 6, 2, 4를 버블 정렬로 정렬하시오.

• **초기 상태** : | 8 | 5 | 6 | 2 | 4 |

• **1회전** : | 5 | 8 | 6 | 2 | 4 | → | 5 | 6 | 8 | 2 | 4 | → | 5 | 6 | 2 | 8 | 4 | → | 5 | 6 | 2 | 4 | 8 |

• **2회전** : | 5 | 6 | 2 | 4 | 8 | → | 5 | 2 | 6 | 4 | 8 | → | 5 | 2 | 4 | 6 | 8 |

• **3회전** : | 2 | 5 | 4 | 6 | 8 | → | 2 | 4 | 5 | 6 | 8 |

• **4회전** : | 2 | 4 | 5 | 6 | 8 |

4 쉘 정렬(Shell Sort)

• 쉘 정렬은 입력 파일을 어떤 **매개변수의 값으로 서브파일을 구성하고, 각 서브파일을 Insertion 정렬 방식으로 순서 배열하는** 과정을 반복하는 **정렬 방식**이다.

• 삽입 정렬(Insertion Sort)을 확장한 개념이다.

• 평균 수행 시간 복잡도는 $O(n^{1.5})$이고, 최악의 수행 시간 복잡도는 $O(n^2)$이다.

필기 24.2, 23.5, 23.2, 22.3, 21.3

5 퀵 정렬(Quick Sort)

- 퀵 정렬은 **키를 기준으로 작은 값은 왼쪽, 큰 값은 오른쪽 서브 파일에 분해시키는** 과정을 반복하는 **정렬 방식**이다.
- 레코드의 많은 자료 이동을 없애고 하나의 파일을 부분적으로 나누어 가면서 정렬한다.
- 평균 수행 시간 복잡도는 $O(n\log_2 n)$이고, 최악의 수행 시간 복잡도는 $O(n^2)$이다.

필기 24.2, 23.5, 21.5

6 힙 정렬(Heap Sort)

- 힙 정렬은 **완전 이진 트리(Complete Binary Tree)를 이용한 정렬 방식**이다.
- 구성된 완전 이진 트리를 Heap Tree로 변환하여 정렬한다.
- 평균과 최악 모두 시간 복잡도는 $O(n\log_2 n)$이다.

필기 21.5

7 2-Way 합병 정렬(Merge Sort)

- 2-Way 합병 정렬은 **이미 정렬되어 있는 두 개의 파일을 한 개의 파일로 합병하는 정렬 방식**이다.
- 평균과 최악 모두 시간 복잡도는 $O(n\log_2 n)$이다.

8 기수 정렬(Radix Sort) = Bucket Sort

- 기수 정렬은 Queue를 **이용하여 자릿수(Digit)별로 정렬하는 방식**이다.
- 레코드의 키 값을 분석하여 같은 수 또는 같은 문자끼리 그 순서에 맞는 버킷에 분배하였다가 버킷의 순서대로 레코드를 꺼내어 정렬한다.
- 평균과 최악 모두 시간 복잡도는 $O(dn)$이다.

※ 정답 및 해설은 277쪽에 있습니다.

기출 따라잡기 Section 055

필기 24년 7월, 5월, 22년 7월, 21년 3월, 20년 8월

문제 1 다음 자료에 대하여 선택(Selection) 정렬을 이용하여 오름차순으로 정렬하고자 한다. 3회전 후의 결과는?

37, 14, 17, 40, 35

답 :

필기 24년 2월, 20년 9월

문제 2 다음 초기 자료에 대하여 삽입 정렬(Insertion Sort)을 이용하여 오름차순 정렬할 경우 1회전 후의 결과는?

초기 자료 : 8, 3, 4, 9, 7

답 :

필기 23년 2월, 22년 4월, 21년 8월, 5월

문제 3 다음 자료를 버블 정렬(Bubble Sort)을 이용하여 오름차순으로 정렬할 경우 3회전 후의 결과는?

9, 6, 7, 3, 5

답 :

필기 24년 2월, 23년 5월, 21년 3월

문제 4 하나의 파일을 부분적으로 나누어 가면서 정렬하는 방법으로, 키를 기준으로 작은 값은 왼쪽에, 큰 값은 오른쪽 서브 파일로 분해시키는 방식으로 정렬해 나가는 정렬 방식을 쓰시오.

답 :

정답 및 해설은 278쪽에 있습니다.

문제 1 다음은 키(Key)들의 개별적인 특징에 대한 설명이다. 각 키에 부합하는 설명을 선으로 그어 표시하시오.

종류			설명
① 대체키 (Alternate Key)	•	• ⓐ	후보키 중에서 특별히 선정된 키로서, 후보키의 성질인 유일성과 최소성을 모두 만족한다.
② 후보키 (Candidate Key)	•	• ⓑ	한 릴레이션 내에 있는 속성들의 집합으로써 릴레이션을 구성하는 모든 튜플에 대하여 해당 속성의 집합에서 같은 값들이 나타나지 않는 키이다.
③ 기본키 (Primary Key)	•	• ⓒ	릴레이션을 구성하는 속성들 중에서 튜플을 유일하게 식별하기 위해 사용되는 속성들의 부분집합으로, 유일성과 최소성을 모두 만족한다.
④ 슈퍼키 (Super Key)	•	• ⓓ	후보키 중에서 선정된 기본키를 제외한 나머지 후보키이다.
⑤ 외래키 (Foreign Key)	•	• ⓔ	다른 릴레이션의 기본키를 참조하는 속성 또는 속성들의 집합이다.

답 :

문제 2 다음 괄호(①~③)에 들어갈 데이터 모델의 구성 요소를 쓰시오.

- (①) : 개체 간의 관계 또는 속성 간의 논리적인 연결을 의미한다.
- (②) : 데이터의 가장 작은 논리적 단위로서 파일 구조상의 데이터 항목 또는 데이터 필드에 해당한다.
- (③) : 데이터베이스에 표현하려는 것으로, 사람이 생각하는 개념이나 정보 단위 같은 현실 세계의 대상체이다.

답
- ①
- ②
- ③

문제 3 다음은 계좌관리 시스템을 위하여 설계한 릴레이션 인스턴스이다. 괄호(①~③)에 들어갈 키(Key)의 종류를 쓰시오.

〈예금계좌〉

예금번호	잔고	입출금내역	지점명
809203321	40,000,230	입금	을지점
809991111	380,333,000	출금	강남점
100002001	12,000,200	입금	구의2점
120830431	290,000,100	출금	을지점
82123212	40,000,230	입금	을지점

〈지점〉

지점명	도시	자산	영문지점명	지점개설일	전화번호
을지점	중구	8,000,000	ULZEE	1970.10.01	02)324-1111
수서점	강남구	8,400,000	SUSEO		02)354-1331
구의점	광진구	1,400,000	GUEE	2003.12.02	

〈고객〉

고객번호	이름	주소	생년월일
900	신이찬	서울 송파구 마천동	1976.10.01
901	박성신	서울 광진구 구의동	1980.01.22
903	박재희	서울 종로구 중화동	1972.03.13

〈예금〉

예금번호	고객번호
809203321	900
809991111	901
100002001	901
120830431	903

〈예금계좌〉 릴레이션에서는 예금번호, (예금번호, 잔고), (예금번호, 입출금내역), (예금번호, 지점명), (예금번호, 잔고, 지점명), (예금번호, 입출금내역, 지점명) 등을 슈퍼키로 정의할 수 있다. 이는 각 속성 또는 속성 집합에서 같은 값이 나타나지 않기 때문이다. 즉 슈퍼키란 릴레이션을 구성하는 모든 튜플을 유일하게 식별해 주는 속성 또는 속성 집합을 말한다.
이러한 슈퍼키 중에서 릴레이션을 구성하는 모든 튜플을 유일하게 식별하기 위해 사용되는 최소의 속성 또는 속성들의 집합을 (①)라 한다. 즉 (①)는 유일성과 최소성을 모두 만족해야 한다. 〈지점〉 릴레이션에서는 지점명, 영문지점명, (지점명, 도시), (지점명, 자산), (영문지점명, 지점개설일), (영문지점명, 전화번호) 등을 슈퍼키로 정의할 수 있고, (①)로 지점명, 영문지점명 등을 정의할 수 있다. 〈지점〉 릴레이션의 기본키로 지점명 속성이 정의되었으므로 (①) 중에 기본키로 지정되지 않은 영문지점명은 (②)가 된다. 〈예금〉 릴레이션에서 고객번호는 〈고객〉 릴레이션의 기본키인 고객번호 속성을 참조하는 (③)이다. 그리고 〈예금〉 릴레이션에서 예금번호는 〈예금계좌〉 릴레이션의 기본키인 예금번호 속성을 참조하는 (③)이다.

답

- ①
- ②
- ③

문제 4 다음 〈회원〉 테이블에서 카디널리티(Cardinality)와 디그리(Degree)를 구하시오.

〈회원〉

ID	이름	거주지	신청강의
191-SR05	백영헌	마포구	E01
024-RU09	차수인	관악구	S03
181-SQ03	허채빈	서대문구	E02
059-RL08	윤지호	광진구	S03
029-SX07	배서희	서대문구	E02

답

- ① 카디널리티(Cardinality) :
- ② 디그리(Degree) :

문제 5 다음 〈학생〉 릴레이션에서 '학과'나 '학년'을 기본키(Primary Key)로 사용할 수 없는 이유를 간략히 서술하시오.

〈학생〉

학과	학번	성명	성별	학년
정보처리과	162301	최미경	여	1
컴퓨터공학과	152001	김예소	여	2
전자통신과	152201	김상욱	남	2
정보처리과	162302	임선호	남	1
전자통신과	152202	이다해	여	2
컴퓨터공학과	162001	강민국	남	1
컴퓨터공학과	162002	황진주	여	1
정보처리과	152301	이상희	남	2
전자통신과	162201	김민서	여	1

답 :

문제 6 다음은 학사관리 시스템에서 사용 중인 〈학생〉 릴레이션의 인스턴스다. 다음 괄호(①, ②)에 들어갈 알맞은 용어를 쓰시오.

〈학생〉

학번	학과	과목	학점
1600125	컴퓨터공학	데이터베이스	A0
1600125	컴퓨터공학	운영체제	B0
1700257	정보통신	시스템분석	A0
1700257	정보통신	자료구조	B0

정규화를 하기 위해서는 〈학생〉 릴레이션에 존재하는 (①)을 먼저 파악하여야 한다. (①)이란 〈학생〉 테이블에서 학과가 학번 속성에 의해 결정되는 것처럼 어떤 릴레이션 R에서 A와 C를 각각 R의 속성 집합에 대한 부분 집합이라고 할 경우, 속성 A의 값 각각에 대해 시간에 관계없이 항상 속성 C의 값이 오직 하나만 연관되어 있을 때, A는 C를 함수적으로 종속한다고 말한다. 또한 〈학생〉 테이블의 (①)을 기호로 표시하면 (②)이다. (②)의 의미는 〈학생〉 릴레이션에서 속성 학번이 속성 학과를 함수적으로 결정한다는 의미이다. 이런 의미에서 학번을 결정자, 학과를 종속자라 한다.

답

- ①
- ②

문제 7 릴레이션 스키마와 릴레이션 인스턴스가 다음과 같을 때, 〈지점〉 릴레이션과 〈예금계좌〉 릴레이션 사이에 존재하는 무결성 위배 조건은 무엇이며, 위배 사유를 간략하게 서술하시오.

릴레이션 스키마

〈지점〉

지점명 : CHAR(10)
도시 : CHAR(16) 자산 : INT 영문지점명 : CHAR(10) 지점개설일 : DATE 전화번호 : VARCHAR(16)

〈예금계좌〉

예금번호 : CHAR(10)
잔고 : INT 입출금내역 : VARCHAR(4) 지점명 : CHAR(10)

(〈지점〉 1 — N 〈예금계좌〉)

〈지점〉 릴레이션 인스턴스

지점명	도시	자산	영문지점명	지점개설일	전화번호
을지점	중구	8,000,000		1970.10.01	02)324-1111
수서점	강남구	9,000,000	SUSEO	1981.01.23	02)354-1331
구의점	광진구	1,400,000	GUEE	2000.12.02	02)232-1421

〈예금계좌〉 릴레이션 인스턴스

예금번호	잔고	입출금내역	지점명
80920378	40,000,230	입금	을지점
60999111	380,333,000	출금	수서점
10000200	12,000,200	입금	화양점
12083043	290,000,100	출금	명동점
82123212	41,100,230	입금	을지점

답 :

문제 8 다음에 제시된 조건 중 BCNF를 만족하기 위한 조건을 모두 고르시오.

> ㉠ 결정자이면서 후보키가 아닌 것 제외
> ㉡ 이행적 함수 종속 제거
> ㉢ 부분적 함수 종속 제거
> ㉣ 도메인이 원자 값

답 :

문제 9 다음 E-R 다이어그램을 참고하여 괄호(①~⑤)의 설명에 적합한 요소를 찾아 기호(㉠~㉤)로 쓰시오.

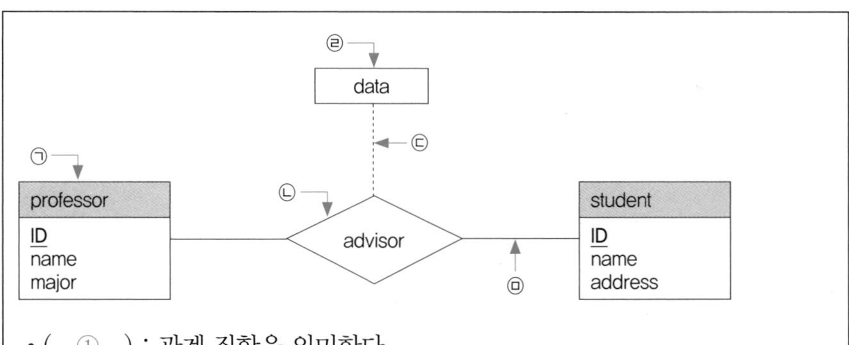

- (①) : 관계 집합을 의미한다.
- (②) : 관계 집합과 속성을 연결한다.
- (③) : 개체 집합을 의미하며, 키로 사용되는 항목에는 밑줄을 표시한다.
- (④) : 관계 집합의 속성을 의미한다.
- (⑤) : 개체 집합과 관계 집합을 연결한다.

답

- ①
- ②
- ③
- ④
- ⑤

문제 10 다음의 조건을 모두 만족하는 정규형은 무엇인지 쓰시오.

도메인은 원자 값이고 기본키가 아닌 모든 속성들이 기본키에 대해 완전 함수 종속적이며, 이행적 함수 종속 관계는 제거되었다.

답 :

문제 11 데이터베이스의 전체적인 논리적 구조로 단 하나만 존재하며, 모든 응용 프로그램이나 사용자들이 필요로 하는 데이터를 종합한 조직 전체의 데이터베이스를 가리키는 용어를 쓰시오.

답 :

예상문제 은행

문제 12 다음의 〈학생〉 릴레이션은 한 명의 학생이 '수강과목' 속성의 값을 여러 개 가지는 문제점이 있다. 이 문제를 해결하기 위해 다음과 같이 정규화 과정을 수행했다. 어떤 단계의 정규화 과정인지와 해당 정규화 과정에서 필요한 작업을 간략히 서술하시오.

〈학생〉 릴레이션 스키마

학생(<u>학번</u>, 이름, 학과, 소속대학, 수강과목)

〈학생〉 릴레이션

<u>학번</u>	이름	학과	소속대학	수강과목
1255023	이재학	컴퓨터공학과	정보통신대	네트워크 자료구조
1539011	성길현	전기공학과	정보통신대	전기회로
1255008	류덕호	컴퓨터공학과	정보통신대	데이터베이스
1603547	김개동	전자공학과	정보통신대	반도체 광통신

정규화된 〈학생〉 릴레이션

학번	이름	학과	소속대학	수강과목
1255023	이재학	컴퓨터공학과	정보통신대	네트워크
1255023	이재학	컴퓨터공학과	정보통신대	자료구조
1539011	성길현	전기공학과	정보통신대	전기회로
1255008	류덕호	컴퓨터공학과	정보통신대	데이터베이스
1603547	김개동	전자공학과	정보통신대	반도체
1603547	김개동	전자공학과	정보통신대	광통신

① 〈학생〉 릴레이션에 필요한 정규화를 쓰시오.

답 :

② 위 정규화 과정에서 수행된 작업을 쓰시오.

답 :

정답 및 해설은 279 쪽에 있습니다.

문제 13 현재 사용중인 〈수강〉 테이블에 수강 신청을 입력하려 하였으나 이상(Anomaly) 현상이 발생하였다. 발생한 이상 현상의 종류와 그 이유를 간략히 서술하시오.

〈수강〉

학번	과목번호	이름	과목명	학년	학기	학년도
230001	D01	홍길동	데이터베이스	3	1	2025
240002	N02	이순신	네트워크	2	1	2025
230003	N02	강감찬	네트워크	3	1	2025
220004	D01	윤봉길	데이터베이스	4	1	2025
230002	P04	홍길동	물리학 개론	3	1	2025
230003	D01	강감찬	데이터베이스	3	1	2025
240002	P04	이순신	물리학 개론	2	1	2025

〈2025학년도 1학기 수강 신청서〉

학번 : 이 름 : 홍길동 학년 : 3

과목번호 : N02 과목명 : 네트워크

① 수강 신청서의 내용을 〈수강〉 테이블에 입력할 때 발생한 이상 현상을 쓰시오.

답 :

② 이상 현상이 발생하게 된 이유를 간략히 서술하시오.

답 :

문제 14 아래의 〈상품주문〉 릴레이션은 복합키(Composite Key)로서 주문번호와 생산번호가 식별자다. 함수적 종속 관계의 괄호(①~③)에 들어갈 적합한 속성명을 쓰시오.

〈상품주문〉 릴레이션

주문번호	상품명	상품가격	주문수량	생산번호	생산자
R001	사과	500	500	P01	홍길동
R001	배	1000	500	P02	윤봉길
R003	오이	200	1500	P03	이순신
R003	사과	500	1000	P01	홍길동
R005	오이	200	700	P03	이순신
R006	배	1000	600	P04	강감찬

〈함수적 종속 관계〉

- (주문번호, 생산번호) → 상품명, 상품가격, 주문수량, 생산자
- 생산번호 → (①), (②), (③)
- 상품명 → 상품가격

답

- ①
- ②
- ③

문제 15 다음의 정규화(Normalization) 과정은 어떤 단계의 정규화 과정인지 쓰시오.

〈부품구입〉

부품번호	구입처	구입연락처
BO-4185	영풍기계	031-478-5231
BO-3345	제일공구	02-345-6789
BD-4785	한삼전자	051-733-4747
BC-6231	제일공구	02-345-6789
BC-2377	한삼전자	051-733-4747

〈정규화 결과〉

〈부품구입처〉

부품번호	구입처
BO-4185	영풍기계
BO-3345	제일공구
BD-4785	한삼전자
BC-6231	제일공구
BC-2377	한삼전자

〈구입처정보〉

구입처	구입연락처
영풍기계	031-478-5231
제일공구	02-345-6789
한삼전자	051-733-4747

답 :

문제 16 데이터베이스(Database)에 대해 간략히 서술하시오.

답 :

문제 17 함수적 종속을 확인하면서, 〈상품주문〉 릴레이션의 이상(Anomaly)과 중복(Redundancy)을 제거하는 정규화(Normalization) 중이다. 어떤 단계의 정규화 과정인지와 해당 정규화 과정에서 수행된 작업을 간략히 서술하시오.

〈상품주문〉

주문번호	상품명	상품가격	주문수량	생산번호	생산자
R001	사과	500	500	P01	홍길동
R001	배	1000	500	P02	윤봉길
R003	오이	200	1500	P03	이순신
R003	사과	500	1000	P01	홍길동
R005	오이	200	700	P03	이순신
R006	배	1000	600	P04	강감찬

〈상품주문〉 릴레이션을 무손실 분해한 결과

〈주문〉

주문번호	주문수량	생산번호
R001	500	P01
R001	500	P02
R003	1500	P03
R003	1000	P01
R005	700	P03
R006	600	P04

〈생산〉

생산번호	상품명	상품가격	생산자
P01	사과	500	홍길동
P02	배	1000	윤봉길
P03	오이	200	이순신
P04	배	1000	강감찬

① 〈주문〉과 〈생산〉 릴레이션은 〈상품주문〉 릴레이션의 어떤 정규화의 결과인지 쓰시오.

답 :

② 위 정규화 과정에서 수행된 작업을 쓰시오.

답 :

〈생산〉 릴레이션을 무손실 분해한 결과

〈생산자〉

생산번호	상품명	생산자
P01	사과	홍길동
P02	배	윤봉길
P03	오이	이순신
P04	배	강감찬

〈상품〉

상품명	상품가격
사과	500
배	1000
오이	200

③ 〈생산자〉와 〈상품〉 릴레이션은 〈생산〉 릴레이션의 어떤 정규화의 결과인지 쓰시오.

답 :

④ 위 정규화 과정에서 수행된 작업을 쓰시오.

답 :

문제 18 **데이터베이스의 목표 중 하나인 논리적 독립성에 대해 간략히 서술하시오.**

답 :

문제 19 **다음은 논리 데이터 모델을 물리 데이터 모델로 변환하는 과정을 설명한 것이다. 괄호(①~④)에 들어갈 가장 적합한 용어를 쓰시오.**

- 논리 데이터 모델에서 정의된 엔티티는 물리 데이터 모델의 (①)로 변환한다.
- 논리 데이터 모델에서 정의한 속성은 물리 데이터 모델의 (②)으로 변환한다. 속성과 (②)은 명칭이 반드시 일치할 필요는 없으나, 개발자와 사용자 간 의사소통을 위하여 가능한 한 표준화된 약어를 사용하여 일치시키는 것이 좋다.
- 논리 데이터 모델에서 정의된 관계는 (③)와 이를 참조하는 (④)로 변환한다. 1:M 관계에서는 개체 A의 (③)를 개체 B의 (④)로 추가하여 표현하거나 별도의 테이블로 표현한다.

답

- ①
- ②
- ③
- ④

문제 20 **논리 데이터 모델을 물리 데이터 모델로 변환하는 과정에서 슈퍼타입과 서브타입을 테이블로 변환하는 방법 3가지를 쓰시오.**

답

-
-
-

문제 21 **데이터베이스 설계 단계 중 다음 내용은 어떤 단계에 대한 설명인지 쓰시오.**

- 정보의 구조를 얻기 위하여 현실 세계의 무한성과 계속성을 이해하고, 다른 사람과 통신하기 위하여 현실 세계에 대한 인식을 추상적 개념으로 표현하는 과정이다.
- 개념 스키마 모델링과 트랜잭션 모델링을 병행 수행한다.
- DBMS에 독립적인 개념 스키마를 설계한다.

답 :

문제 22 다음은 속성의 특성에 따른 분류에 대한 설명이다. 괄호(①, ②)에 들어갈 알맞은 용어를 쓰시오.

기본 속성	• 업무 분석을 통해 정의한 속성으로, 속성 중 가장 많고 일반적이다. • 업무로부터 분석한 속성이라도 업무상 코드로 정의한 속성은 기본 속성에서 제외된다.
(①)	원래 업무상 존재하지 않고 설계 과정에서 도출해내는 속성으로, 업무에 필요한 데이터 외에 데이터 모델링을 위해 업무를 규칙화하려고 속성을 새로 만들거나 변형하여 정의한다.
(②)	다른 속성으로부터 계산이나 변형 등의 영향을 받아 발생하는 속성으로, 되도록 적은 수를 정의하는 것이 좋다.

답

- ①
- ②

문제 23 다음은 관계의 종류에 대한 설명이다. 괄호(①, ②)에 들어갈 알맞은 종류를 쓰시오.

중복 관계	두 개체 사이에 2번 이상의 종속 관계가 발생하는 관계이다.
(①)	개체의 속성이나 구분자를 기준으로 개체의 특성을 분할하는 관계이다.
종속 관계	두 개체 사이의 주 · 종 관계를 표현한 것으로, 식별 관계와 비식별 관계가 있다.
(②)	개체가 자기 자신과 관계를 갖는 것으로, 순환 관계(Recursive Relationship)라고도 한다.

답

- ①
- ②

문제 24 다음은 개체-관계 모델의 E-R 다이어그램에서 사용되는 기호에 대한 설명이다. 괄호(①~③)에 들어갈 알맞은 기호를 쓰시오.

기호	의미
(①)	개체(Entity) 타입
(②)	관계(Relationship) 타입
(③)	속성(Attribute)
이중 타원	다중값 속성(복합 속성)
선	개체 타입과 속성을 연결

답

- ①
- ②
- ③

문제 25 다음은 관계형 데이터베이스의 릴레이션이다. 괄호(①~④)에 들어갈 적합한 릴레이션 관련 용어를 쓰시오.

- 〈주문〉 릴레이션에서 업체번호, 지역, 담당자, 주문량은 〈주문〉 릴레이션의 (①)이고, 업체번호가 1001, 1002, 1003, 1004, 1005인 업체들의 각 속성에 대한 값을 표현한 행은 (②)이다.
- 〈주문〉 릴레이션에서 '주문'이라는 릴레이션의 이름, (①)들의 이름과 타입, 그리고 (①)들의 도메인을 정의한 내용이 릴레이션 (③)이고, 업체번호가 1001인 업체부터 1005인 업체까지의 (②)들의 집합이 릴레이션 (④)이다.

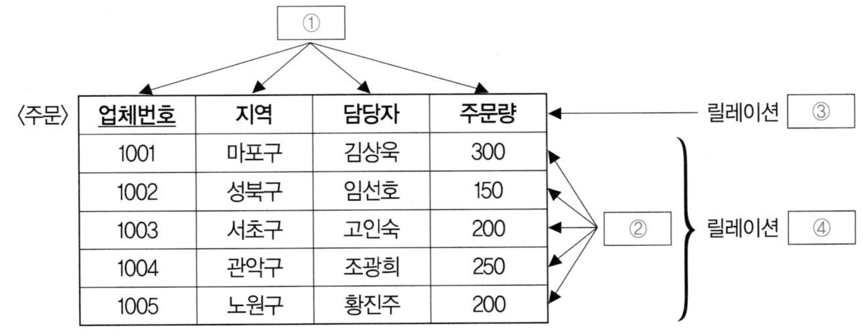

업체번호	지역	담당자	주문량
1001	마포구	김상욱	300
1002	성북구	임선호	150
1003	서초구	고인숙	200
1004	관악구	조광희	250
1005	노원구	황진주	200

답
- ①
- ②
- ③
- ④

문제 26 A01, A02, A03, A04 4개 속성을 갖는 한 릴레이션(Relation)에서 A01의 도메인(Domain)은 2개 값, A02의 도메인은 4개 값, A03의 도메인은 2개 값, A04의 도메인은 3개 값을 갖는다. 이 릴레이션에 존재할 수 있는 최대 튜플(Tuple)의 수를 쓰시오.

답 :

문제 27 다음 설명의 괄호에 공통적으로 들어갈 키(Key)의 종류를 쓰시오.

- (　　　)는 다른 릴레이션의 기본키를 참조하는 속성 또는 속성들의 집합을 의미한다.
- 한 릴레이션에 속한 속성 A와 참조 릴레이션의 기본키인 B가 동일한 도메인 상에서 정의되었을 때의 속성 A를 (　　　)라고 한다.

답 :

문제 28 관계형 데이터베이스의 제약 조건 중 후보키(Candidate Key)에 대한 개념을 간략히 서술하시오.

답 :

문제 29 다음 설명의 괄호에 공통적으로 들어갈 알맞은 용어를 쓰시오.

- (　　　)은 데이터베이스에 저장된 데이터 값과 그것이 표현하는 현실 세계의 실제값이 일치하는 정확성을 의미한다.
- (　　　) 제약 조건은 데이터베이스에 들어 있는 데이터의 정확성을 보장하기 위해 부정확한 자료가 데이터베이스 내에 저장되는 것을 방지하기 위한 제약 조건을 말한다.

답 :

문제 30 데이터 무결성 제약 조건 중 참조 무결성(Referential Integrity)의 개념을 간략히 서술하시오.

답 :

문제 31 릴레이션 R의 차수(Degree)가 3, 카디널리티(Cardinality)가 3, 릴레이션 S의 차수가 4, 카디널리티가 4일 때, 두 릴레이션을 Cartesian Product(교차곱)한 결과 릴레이션의 차수와 카디널리티를 쓰시오.

답

- ① 차수 :
- ② 카디널리티 :

예상문제 은행

문제 32 관계 연산자에 대한 다음 설명에서 각 번호(①~④)의 연산자를 의미하는 기호를 〈보기〉에서 찾아 쓰시오.

연산자	특징
① Join	• 공통 속성을 중심으로 두 개의 릴레이션을 하나로 합쳐서 새로운 릴레이션을 만드는 연산이다. • Join의 결과는 Cartesian Product(교차곱)를 수행한 다음 Select를 수행한 것과 같다.
② Project	• 주어진 릴레이션에서 속성 리스트(Attribute List)에 제시된 속성 값만을 추출하여 새로운 릴레이션을 만드는 연산이다. • 연산 결과에 중복이 발생하면 중복이 제거된다. • 릴레이션의 열에 해당하는 속성을 추출하는 것이므로 수직 연산자라고도 한다.
③ Select	• 릴레이션에 존재하는 튜플 중에서 선택 조건을 만족하는 튜플의 부분집합을 구하여 새로운 릴레이션을 만드는 연산이다. • 릴레이션의 행에 해당하는 튜플(Tuple)을 구하는 것이므로 수평 연산이라고도 한다.
④ Division	X⊃Y인 두 개의 릴레이션 R(X)와 S(Y)가 있을 때, R의 속성이 S의 속성값을 모두 가진 튜플에서 S가 가진 속성을 제외한 속성만을 구하는 연산이다.

〈보기〉

• σ	• ⋈	• ÷	• ±	• ∞	• π

답

• ① Join :

• ② Project :

• ③ Select :

• ④ Division :

문제 33 관계대수의 개념을 간략히 서술하시오.

답 :

문제 34 데이터베이스에서 이상(Anomaly)의 개념을 간략히 서술하시오.

답 :

문제 35 다음 설명의 괄호에 공통적으로 들어갈 데이터베이스 관련 용어를 쓰시오.

- (   )는 테이블의 속성들이 상호 종속적인 관계를 갖는 특성을 이용하여 테이블을 무손실 분해하는 과정이다.
- 하나의 종속성이 하나의 릴레이션에 표현될 수 있도록 분해해가는 과정이라 할 수 있다.
- (   )의 목적은 가능한 한 중복을 제거하여 삽입, 삭제, 갱신 이상의 발생 가능성을 줄이는 것이다.
- (   )된 데이터 모델은 일관성, 정확성, 단순성, 비중복성, 안정성 등을 보장한다.

답 :

문제 36 정규화 과정 중 릴레이션 R의 모든 결정자(Determinant)가 후보키이면 그 릴레이션 R은 어떤 정규형에 속하는지 쓰시오.

답 :

문제 37 정규화된 엔티티, 속성, 관계를 시스템의 성능 향상과 개발 운영의 단순화를 위해 중복, 통합, 분리 등을 수행하는 데이터 모델링 기법은 무엇인지 쓰시오.

답 :

문제 38 다음 설명과 관련된 트랜잭션(Transaction)의 특징을 쓰시오.

트랜잭션의 연산은 모두 실행되거나, 모두 실행되지 않아야 한다.

답 :

예상문제 은행

문제 39 CRUD 분석에 대한 다음 설명에서 괄호에 차례대로 들어갈 용어를 쓰시오.

- CRUD는 (   ), (   ), (   ), (   )의 앞 글자만 모아서 만든 용어이며, CRUD 분석은 데이터베이스 테이블에 변화를 주는 트랜잭션의 CRUD 연산에 대해 CRUD 매트릭스를 작성하여 분석하는 것이다.
- CRUD 분석을 통해 많은 트랜잭션이 몰리는 테이블을 파악할 수 있으므로 디스크 구성 시 유용한 자료로 활용할 수 있다.

답 :

문제 40 물리 데이터 모델링이 완료되면 물리 데이터 저장소에 다양한 오브젝트를 구성해야 한다. 다음과 같은 경우 어떤 오브젝트를 구성해야 하는지를 쓰시오.

- 〈주문〉 테이블과 〈거래처〉 테이블을 조인하여 사용하는 경우가 많다면 〈주문〉 테이블과 〈거래처〉 테이블에서 필요한 필드로 구성된 (   )를 생성한다.
- 〈회원〉 테이블은 '회원번호', '이름', '주소', '전화번호', '총구매횟수', '총구매금액' 필드로 구성되어 있는데, 제품 발송 업무를 처리할 때는 '이름', '주소', '전화번호' 필드만 필요하므로 이 3개의 필드로 구성된 (   )를 설계한다.
- 〈회원〉 테이블의 '총구매횟수', '총구매금액' 등은 회사 차원에서 중요한 자료일 수 있으므로 발송 담당자가 볼 수 없도록 (   )를 설계한다.

답 :

문제 41 다음 설명에서 괄호에 공통으로 들어갈 알맞은 용어를 쓰시오.

파일의 구조는 파일을 구성하는 레코드들이 보조기억장치에 편성되는 방식을 의미하는 것으로, 크게 순차, (   ), 해싱으로 구분한다. (   ) 파일 구조는 〈값, 주소〉 쌍으로 구성되는 데이터 구조를 활용하여 데이터에 접근하는 방식으로, 자기 디스크에서 주로 활용된다.

답 :

문제 42 다음 설명의 괄호에 공통적으로 들어갈 데이터베이스 관련 용어를 쓰시오.

- 데이터베이스에서 (   )은 대용량의 테이블이나 인덱스를 작은 논리적 단위인 (   )으로 나누는 것을 말한다.
- 대용량 DB의 경우 몇 개의 중요한 테이블에만 집중되어 데이터가 증가되므로, 이런 테이블들을 작은 단위로 나눠 분산시키면 성능 저하를 방지할 뿐만 아니라 데이터 관리도 쉬워진다.
- 데이터 처리는 테이블 단위로 이뤄지고, 데이터 저장은 (   )별로 수행된다.

답 :

문제 43 분산 데이터베이스 목표 중 다음 내용과 가장 관련있는 용어를 쓰시오.

분산 데이터베이스와 관련된 다수의 트랜잭션들이 동시에 실현되더라도 그 트랜잭션의 결과는 영향을 받지 않는다.

답 :

문제 44 다음은 정보의 접근통제 기술에 대한 설명이다. 괄호에 들어갈 가장 알맞은 기술을 쓰시오.

임의 접근통제	• 데이터에 접근하는 사용자의 신원에 따라 접근 권한을 부여하는 방식이다. • 데이터 소유자가 접근통제 권한을 지정하고 제어한다.
강제 접근통제	• 주체와 객체의 등급을 비교하여 접근 권한을 부여하는 방식이다. • 시스템이 접근통제 권한을 지정한다.
( )	• 사용자의 역할에 따라 접근 권한을 부여하는 방식이다. • 중앙관리자가 접근 통제 권한을 지정한다.

답 :

문제 45 접근통제는 데이터가 저장된 객체와 이를 사용하려는 주체 사이의 정보 흐름을 제한하는 것이다. 접근통제의 3요소를 쓰시오.

답 :

문제 46 스토리지는 단일 디스크로 처리할 수 없는 대용량의 데이터를 저장하기 위해 서버와 저장장치를 연결하는 기술이다. 스토리지의 종류 세 가지를 쓰시오.

답 :

문제 47 자료 구조와 관련한 다음 설명에 해당하는 용어를 쓰시오.

- 동일한 자료형의 데이터들이 같은 크기로 나열되어 순서를 가진 집합이다.
- 정적인 자료 구조이며 기억장소의 추가가 어렵다.
- 데이터 삭제 시 데이터가 저장되어 있던 기억장소는 빈 공간으로 남아있어 메모리의 낭비가 발생한다.

답 :

문제 48 기억 공간에 임의의 위치에 저장된 자료들을 포인터를 이용하여 연결시킨 자료 구조가 무엇인지 쓰시오.

답 :

정답 및 해설은 282 쪽에 있습니다.

문제 49 후입선출 방식의 자료 구조로, 가장 나중에 삽입된 자료가 가장 먼저 삭제되는 특성을 가지고 있으며, 한쪽 방향으로만 자료의 입 · 출력이 수행되는 자료 구조를 쓰시오.

답 :

문제 50 8개의 정점을 가진 방향 그래프가 가질 수 있는 최대 간선 수를 구하시오.

답 :

문제 51 다음 트리(Tree) 자료 구조의 차수와 단말 노드의 개수를 쓰시오.

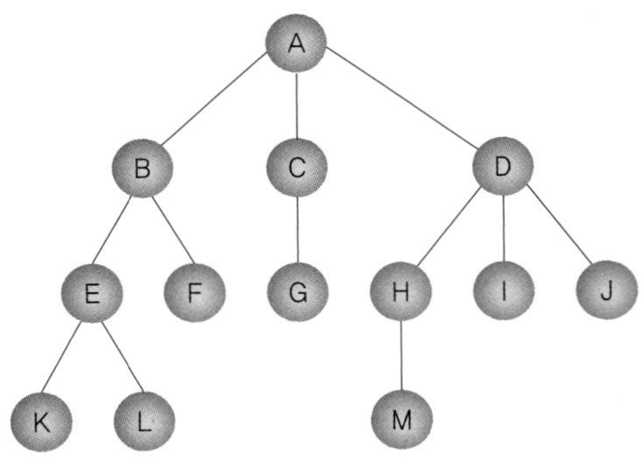

답

- ① 트리의 차수 :
- ② 단말 노드의 수 :

문제 52 다음 이진 트리를 후위 순서(Postorder)로 운행한 결과를 쓰시오.

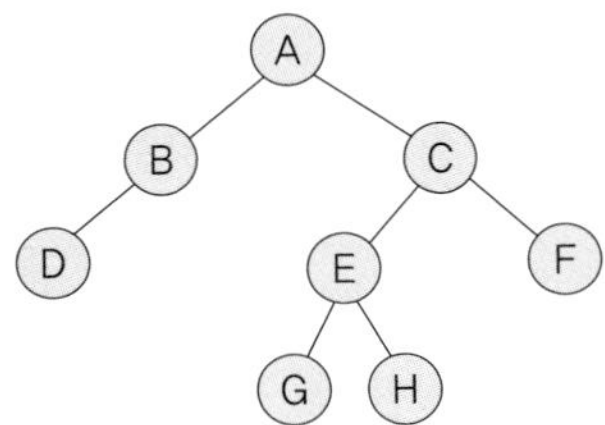

답 :

문제 53 다음의 중위식(Infix)을 전위(Prefix)식으로 변환한 결과를 쓰시오.

A * B + C − D / E

답 :

문제 54 다음에서 설명하는 정렬 알고리즘을 쓰시오.

> 두 번째 키와 첫 번째 키를 비교해 순서대로 나열하고, 이어서 세 번째 키를 첫 번째, 두 번째 키와 비교해 순서대로 나열하고, 계속해서 n번째 키를 앞의 n−1개의 키와 비교하여 알맞은 순서에 삽입하여 정렬하는 방식으로, 평균과 최악 모두 수행 시간 복잡도가 $O(n^2)$이다.

답 :

문제 55 다음 자료를 버블 정렬을 이용하여 오름차순으로 정렬할 경우 PASS 2의 결과를 쓰시오.

9, 6, 7, 3, 5

답 :

문제 56 각 자리의 숫자별로 큐(Queue)를 이용하여 정렬하는 방식으로, 레코드의 키값을 분석하여 같은 수 또는 같은 문자끼리 그 순서에 맞는 버킷에 분배하였다가 버킷의 순서대로 레코드를 꺼내어 정렬하는 정렬 방식을 쓰시오.

답 :

2 장 데이터 입·출력 구현

정답 

[답안 작성 방법 안내]
'운영체제(OS; Operation System)'처럼 한글과 영문으로 제시되어 있는 경우 '운영체제', 'OS', 'Operation System' 중 1가지만 쓰면 됩니다.

Section 029

[문제 1]
스키마는 데이터베이스의 구조와 제약조건에 관한 전반적인 명세를 기술한 것이다.

[문제 2]
① 개념 ② 내부 ③ 외부

[문제 3]
정의 기능

Section 030

[문제 1]
① 요구 조건 분석 ② 개념적 설계 ③ 논리적 설계 ④ 물리적 설계 ⑤ 데이터베이스 구현

[문제 2]
① 물리적 설계 ② 개념적 설계 ③ 논리적 설계

Section 031

[문제 1]
① 연산(Operation) ② 구조(Structure)

[문제 2]
구조(Structure), 연산(Operation), 제약 조건(Constraint)

[문제 3]
개념적 데이터 모델

[문제 4]
논리적 데이터 모델

[문제 5]
구조는 논리적으로 표현된 개체 타입들 간의 관계로서 데이터 구조 및 정적 성질을 표현한다.

Section 032

[문제 1]

개체(Entity), 속성(Attribute), 관계(Relationship)

[문제 2]

속성(Attribute)

[문제 3]

① 일 대 다(1:N)　② 다 대 다(N:M)　③ 일 대 일(1:1)

[문제 4]

파생 속성(Derived Attribute)

[문제 5]

개체는 사람이 생각하는 개념이나 정보 단위 같은 현실 세계의 대상체이다.

Section 033

[문제 1]

① 속성(Attribute)　② 관계(Relationship) 타입　③ 개체(Entity) 타입

[문제 2]

E-R(Entity-Relationship, 개체-관계) 모델

Section 034

[문제 1]

① 1　② 3　③ 5

[문제 2]

도메인은 하나의 애트리뷰트가 취할 수 있는 같은 타입의 원자(Atomic)값들의 집합이다.

[문제 3]

4

> 차수(Degree)는 속성(Attribute)의 수와 동일하므로 4입니다.

[문제 4]

24

> 한 릴레이션에 속한 튜플(Tuple)들은 모두 서로 다른 값을 가져야 합니다. 즉 튜플에 속한 속성 A1, A2, A3 중 한 개는 다른 튜플들과 다른 값을 가져야 하므로, 존재할 수 있는 최대 튜플의 수는 각 도메인(Domain)이 가진 값의 종류를 모두 곱한 값이 됩니다.
>
> ∴ $3 \times 2 \times 4 = 24$

[문제 5]

관계형 데이터 모델

[문제 6]

① 튜플　② 릴레이션 인스턴스　③ 카디널리티

Section 035

[문제 1]

과목번호

[문제 2]

① 유일성(Unique)　　② 최소성(Minimality)

[문제 3]

① ㉡　　② ㉣　　③ ㉢　　④ ㉠

Section 036

[문제 1]

참조

[문제 2]

개체

[문제 3]

애플리케이션(Application)

[문제 4]

① 〈직원〉 릴레이션의 '지점번호' 중 103, 108과 같이 〈지점〉 릴레이션의 '지점번호' 속성에 없는 '지점번호'가 있기 때문에 참조 무결성 제약 조건에 위배된다.

② 〈지점〉 릴레이션의 '지점번호' 속성에 NULL 값이 존재하므로 개체 무결성 제약 조건에 위배된다.

Section 037

[문제 1]

÷

[문제 2]

① U　　② −　　③ ×　　④ π　　⑤ ⋈

[문제 3]

관계해석(Relational Calculus)

[문제 4]

① TTL　　② 부장　　③ 대리　　④ 과장　　⑤ 차장

문제의 〈관계 대수식〉에서 사용된 π는 주어진 릴레이션에서 속성 리스트(Attribute List)에 제시된 속성 값만을 추출하여 새로운 릴레이션을 만드는 PROJECT 연산이므로, 〈EMPLOYEE〉 릴레이션에서 'TTL' 속성이 추출되어 속성명인 'TTL'부터 모든 속성값이 〈결과〉로 나타납니다.

Section 038

[문제 1]

삽입 이상(Insertion Anomaly), 삭제 이상(Deletion Anomaly), 갱신 이상(Update Anomaly)

[문제 2]

① ㉣　② ㉤　③ ㉢

[문제 3]

삭제 이상은 테이블에서 튜플을 삭제할 때 의도와는 상관없는 값들도 함께 삭제되는 현상이다.

[문제 4]

① 부품번호　② 거래처지역

- **주문번호, 부품번호는 식별자이다** : 거래처코드, 거래처지역, 부품가격, 주문물량, 주문날짜는 기본키인 (주문번호, 부품번호)에 의해 함수적으로 종속됩니다.
- **주문번호는 주문날짜를 결정한다** : 주문번호 '1518'은 항상 주문날짜가 '20/10/8', 주문번호 '1607'은 항상 주문날짜가 '20/10/22', 주문번호 '1729'는 항상 주문날짜가 '20/11/03'입니다.
- **부품번호는 부품가격을 결정한다** : 부품번호 '100'은 항상 부품가격이 '1000'이고, 부품번호 '200'은 항상 부품가격이 '500'입니다.
- **거래처코드는 거래처지역을 결정한다** : 거래처코드 'A01'은 항상 거래처지역이 '서울'이고, 거래처코드 'A04'는 거래처지역이 항상 '부산'입니다.

[문제 5]

① 함수적 종속　② A → B　③ 결정자(Determinant)　④ 종속자(Dependent)

Section 039

[문제 1]

① 도메인을 원자 값만으로 구성
② 부분적 함수적 종속 제거
③ 이행적 함수적 종속 제거
④ 결정자이면서 후보키가 아닌 것 제거
⑤ 다치 종속 제거
⑥ 조인 종속성 이용

[문제 2]

정규화(Normalization)

[문제 3]

① 제 3정규화　② 이행적 함수적 종속 제거

〈주문목록〉 테이블에는 다음과 같은 함수적 종속이 존재합니다.

- 주문번호 → 고객아이디, 주소
- 고객아이디 → 주소

고객아이디와 주소가 기본키인 주문번호에 대해 완전 함수적 종속이므로 제 2정규형입니다. 그러나 〈주문목록〉 테이블에서 고객아이디가 주문번호에 함수적 종속이고, 주소가 고객아이디에 함수적 종속이므로 주소는 기본키인 주문번호에 대해 이행적 함수적 종속을 만족합니다. 즉 주문번호 → 고객아이디이고, 고객아이디 → 주소이므로 주문번호 → 주소는 이행적 함수적 종속이 됩니다. 따라서 〈주문목록〉 테이블은 제 3정규형이 아닙니다. 문제의 〈정규화 결과〉는 〈주문목록〉 테이블에서 이행적 함수적 종속(즉 주문번호 → 주소)을 제거하여 〈주문〉 테이블과 〈고객〉 테이블로 무손실 분해한 것입니다.

[문제 4]

제3정규형

- 〈주문〉 테이블에서 '고객번호'가 '주문번호'에 함수적 종속이고, '주소'가 '고객번호'에 함수적 종속이므로 '주소'는 기본키인 '주문번호'에 대해 이행적 함수적 종속을 만족합니다. 즉 주문번호 → 고객번호이고, 고객번호 → 주소이므로 주문번호 → 주소는 이행적 함수적 종속이 됩니다.
- 〈주문〉 테이블에서 이행적 함수적 종속(즉 주문번호 → 주소)을 제거하여 〈주문〉 테이블과 〈고객〉 테이블로 무손실 분해함으로써 제3정규형이 되었습니다.

[문제 5]

2

Section 040

[문제 1]

반정규화(Denormalization)

[문제 2]

① 레코드(Record)　　② 속성(Attribute)

[문제 3]

집계 테이블, 진행 테이블, 특정 부분만을 포함하는 테이블

Section 041

[문제 1]

시스템 카탈로그(System Catalog)

[문제 2]

메타 데이터는 시스템 카탈로그에 저장된 정보를 의미한다.

[문제 3]

데이터 디렉터리(Data Directory)

Section 042

[문제 1]

트랜잭션(Transaction)

[문제 2]

① 원자성(Atomicity)　　② 독립성(Isolation)

[문제 3]

원자성(Atomicity)

[문제 4]

CRUD 분석

[문제 5]

원자성(Atomicity)은 트랜잭션의 연산은 데이터베이스에 모두 반영되도록 완료(Commit)되든지 아니면 전혀 반영되지 않도록 복구(Rollback)되어야 한다는 특성이다.

Section 043

[문제 1]

인덱스(Index)

[문제 2]

① 트리 기반 인덱스는 인덱스를 저장하는 블록들이 트리 구조를 이루고 있는 것이다.

② 비트맵 인덱스는 인덱스 컬럼의 데이터를 Bit 값인 0 또는 1로 변환하여 인덱스 키로 사용하는 방법이다.

③ 도메인 인덱스는 개발자가 필요한 인덱스를 직접 만들어 사용하는 것이다.

[문제 3]

클러스터드 인덱스(Clustered Index)

Section 044

[문제 1]

① CREATE　② DROP

[문제 2]

뷰(View)

[문제 3]

① 클러스터(Cluster)　② 단일 테이블 클러스터링　③ 다중 테이블 클러스터링

Section 045

[문제 1]

ⓛ, ⓡ, ⓑ

[문제 2]

① 범위　② 해시　③ 조합

[문제 3]

해시 분할(Hash Partitioning)

Section 046

[문제 1]

위치 투명성(Location Transparency), 중복 투명성(Replication Transparency), 병행 투명성(Concurrency Transparency), 장애 투명성(Failure Transparency)

[문제 2]

장애 투명성(Failure Transparency)

[문제 3]

① 수평　② 수직

Section 047

[문제 1]

① Eager　② Lazy

[문제 2]
고가용성

[문제 3]
목표 복구 시간(RTO, Recovery Time Objective)

Section 048

[문제 1]
① MAC ② RBAC ③ DAC

[문제 2]
MAC

[문제 3]
임의 접근통제(DAC; Discretionary Access Control)

[문제 4]
① 암호화(Encryption) ② 복호화(Decryption)

Section 049

[문제 1]
로그 파일

[문제 2]
① REDO ② UNDO

Section 050

[문제 1]
DAS(Direct Attached Storage)

[문제 2]
SAN(Storage Area Network)

Section 051

[문제 1]
① 컬럼(Column) ② 기본키(Primary Key) ③ 외래키(Foreign Key) ④ 관계(Relationship)

[문제 2]
① 기본키(Primary Key) ② 기본키(Primary Key) ③ 유니크키(Unique Key)

[문제 3]
① ID ② 품절시대체선택 ③ 지점코드 ④ 사은품

> 슈퍼타입을 테이블로 변환할 경우 하나로 통합된 테이블에는 서브타입의 모든 속성이 포함되어야 하므로, 서브타입의 〈온라인주문〉 개체에 있는 'ID', '품절시대체선택'과 〈방문주문〉 개체에 있는 '지점코드', '사은품'이 슈퍼타입인 〈주문〉 개체에 통합되어 〈주문〉 테이블로 변환됩니다.

Section 052

[문제 1]

• 계산식 : 5(5−1)/2

• 답 : 10

[문제 2]

배열은 크기와 형(Type)이 동일한 자료들이 순서대로 나열된 자료의 집합이다.

[문제 3]

① 연속 리스트(Contiguous List)　② 연결 리스트(Linked List)

[문제 4]

스택(Stack)

[문제 5]

큐(Queue)

[문제 6]

① ㉡, ㉢, ㉣, ㉤　② ㉠, ㉥

Section 053

[문제 1]

3

트리의 차수(Degree)는 가장 차수가 많은 노드의 차수입니다.

[문제 2]

① 2　② 4

[문제 3]

트리(Tree)

Section 054

[문제 1]

42

후위 표기(Postfix)란 연산자가 해당 피연산자 2개의 뒤(오른쪽)에 표기되어 있는 것을 말합니다. 그러므로 피연자 2개와 연산자를 묶은 후 연산자를 피연산자 사이에 옮겨 놓고 계산하면 됩니다.

((3 4 *) (5 6 *) +) → ((3 * 4) + (5 * 6)) = 12 + 30 = 42

[문제 2]

+ * * / A B C D E

먼저 서브트리를 하나의 노드로 생각할 수 있도록 서브트리 단위로 묶습니다.

❶ Preorder는 Root → Left → Right 이므로 +1E입니다.

❷ 1은 *2D이므로 +*2DE입니다.

❸ 2는 *3C이므로 +**3CDE입니다.

❹ 3은 /AB이므로 +**/ABCDE입니다.

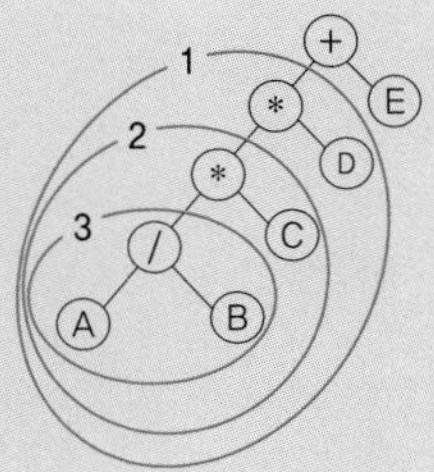

[문제 3]

A

먼저 서브트리를 하나의 노드로 생각할 수 있도록 서브트리 단위로 묶습니다.

❶ Preorder는 Root → Left → Right 이므로 A12가 됩니다.

❷ 1은 BD이므로 ABD2가 됩니다.

❸ 2는 C3F이므로 ABDC3F가 됩니다.

❹ 3은 EGH이므로 ABDCEGHF가 됩니다.

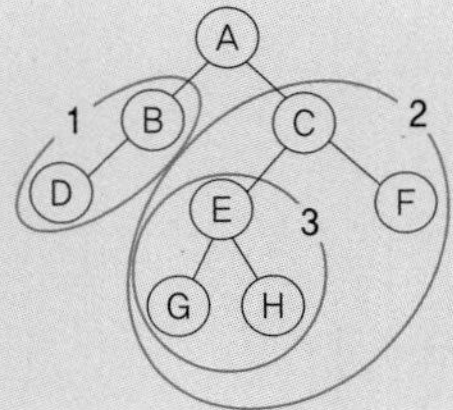

[문제 4]

D B A E C F

먼저 서브트리를 하나의 노드로 생각할 수 있도록 서브트리 단위로 묶습니다.

❶ Inorder는 Left → Root → Right 이므로 1A2가 됩니다.

❷ 1은 DB이므로 DBA2가 됩니다.

❸ 2는 ECF이므로 DBAECF가 됩니다.

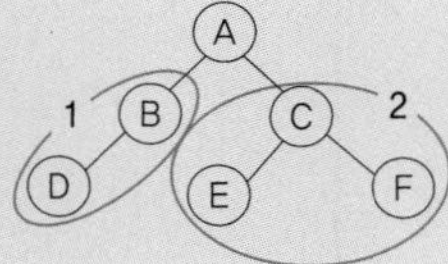

Section 055

[문제 1]

14, 17, 35, 40, 37

• **1회전** : 37 14 17 40 35 → 37 14 17 40 35 → 14 37 17 40 35

첫 번째부터 마지막 값 중 최소값 14를 찾아 첫 번째 값 37과 위치를 교환합니다.

• **2회전** : 14 37 17 40 35 → 14 37 17 40 35 → 14 17 37 40 35

두 번째부터 마지막 값 중 최소값 17을 찾아 두 번째 값 37과 위치를 교환합니다.

• **3회전** : 14 17 37 40 35 → 14 17 37 40 35 → 14 17 35 40 37

세 번째부터 마지막 값 중 최소값 35를 찾아 세 번째 값 37과 위치를 교환합니다.

• **4회전** : 14 17 35 40 37 → 14 17 35 40 37 → 14 17 35 37 40

네 번째부터 마지막 값 중 최소값 37을 찾아 네 번째 값 40과 위치를 교환합니다.

[문제 2]

3, 8, 4, 9, 7

- 1회전 : | 8 | 3 | 4 | 9 | 7 | → | 3 | 8 | 4 | 9 | 7 |

  두 번째 값 3을 첫 번째 값과 비교하여 첫 번째 자리에 삽입하고 8을 한 칸 뒤로 이동시킵니다.
- 2회전 : | 3 | 8 | 4 | 9 | 7 | → | 3 | 4 | 8 | 9 | 7 |

  세 번째 값 4를 첫 번째, 두 번째 값과 비교하여 8자리에 삽입하고 8을 한 칸 뒤로 이동시킵니다.
- 3회전 : | 3 | 4 | 8 | 9 | 7 | → | 3 | 4 | 8 | 9 | 7 |

  네 번째 값 9를 첫 번째, 두 번째, 세 번째 값과 비교한 후 삽입할 곳이 없다면 다음 회전으로 넘어갑니다.
- 4회전 : | 3 | 4 | 8 | 9 | 7 | → | 3 | 4 | 7 | 8 | 9 |

  다섯 번째 값 7을 처음부터 비교하여 8자리에 삽입하고 나머지를 한 칸씩 뒤로 이동시킵니다.

[문제 3]

3, 5, 6, 7, 9

- 1회전 : | 6 | 9 | 7 | 3 | 5 | → | 6 | 7 | 9 | 3 | 5 | → | 6 | 7 | 3 | 9 | 5 | → | 6 | 7 | 3 | 5 | 9 |
- 2회전 : | 6 | 7 | 3 | 5 | 9 | → | 6 | 3 | 7 | 5 | 9 | → | 6 | 3 | 5 | 7 | 9 |
- 3회전 : | 3 | 6 | 5 | 7 | 9 | → | 3 | 5 | 6 | 7 | 9 |
- 4회전 : | 3 | 5 | 6 | 7 | 9 |

[문제 4]

퀵 정렬(Quick Sort)

예상문제은행 2장 데이터 입·출력 구현 정답

[문제 1]

① – ⓓ ② – ⓒ ③ – ⓐ ④ – ⓑ ⑤ – ⓔ

[문제 2]

① 관계(Relationship) ② 속성(Attribute) ③ 개체(Entity)

[문제 3]

① 후보키(Candidate Key) ② 대체키(Alternate Key) ③ 외래키(Foreign Key)

[문제 4]

① 5 ② 4

[문제 5]

기본키는 중복된 값을 가질 수 없는데, '학과'나 '학년'에는 중복된 값이 존재하므로 기본키로 사용할 수 없다.

[문제 6]

① 함수적 종속 ② 학번 → 학과

[문제 7]

참조 무결성 위배 : 〈예금계좌〉 릴레이션의 '지점명' 중 "화양점"과 "명동점"이 〈지점〉 릴레이션의 '지점명' 속성에 존재하지 않기 때문에 참조 무결성 제약 조건에 위배된다.

[문제 8]

㉠, ㉡, ㉢, ㉣

BCNF를 만족하려면 '도, 부, 이, 결'의 조건을 모두 만족해야 합니다. 즉 **도**메인이 원자 값이어야 하고, **부**분적 함수적 종속 제거, **이**행적 함수적 종속 제거, **결**정자이면서 후보키가 아닌 것도 제거되어야 합니다.

[문제 9]

① ㉡ ② ㉢ ③ ㉠ ④ ㉣ ⑤ ㉤

[문제 10]

제 3정규형

모든 도메인이 원자 값이므로 제 1정규형을 만족하고, 키가 아닌 모든 속성들이 기본키에 대해 완전 함수 종속이므로 제 2정규형도 만족합니다. 그리고 이행적 함수적 종속 관계도 제거되었으므로 제 3정규형까지 만족합니다.

[문제 11]

개념 스키마

[문제 12]

① 제 1정규화 ② 도메인이 원자 값만을 갖도록 다중 값 속성을 제거한다.

하나의 학번이 여러 개의 수강과목을 가지고 있습니다. 이러한 다중 값 속성을 제거하여 릴레이션의 모든 속성 값이 원자 값만을 갖도록 하는 것은 제 1정규화입니다.

[문제 13]

① 삽입 이상(Insertion Anomaly)

② 〈수강〉 테이블에 수강 정보를 입력하기 위해서는 기본키인 학번과 과목번호를 모두 입력해야 하는데 수강 신청서에 학번이 기입되지 않았기 때문에 삽입 이상이 발생한다.

삽입 이상(Insertion Anomaly)이란 테이블에 데이터를 삽입할 때, 의도와는 상관없이 원하지 않는 값들로 인해 삽입할 수 없는 현상을 의미합니다.

[문제 14]

※ 답안의 순서가 바뀌어도 관계없습니다

① 생산자 ② 상품명 ③ 상품가격

- **주문번호, 생산번호는 식별자이다** : 상품명, 상품가격, 주문수량, 생산자는 기본키인 (주문번호, 생산번호)에 의해 함수적으로 종속됩니다.
- **생산번호는 생산자, 상품명, 상품가격을 결정한다** : 생산번호 'P01'은 항상 생산자가 '홍길동'이고 항상 상품명이 '사과'이며 항상 상품가격이 '500'입니다.
- **상품명은 상품가격을 결정한다** : 생산번호에 관계없이 상품명 '배'의 상품가격은 항상 '1,000'이고 상품명 '오이'의 상품가격은 항상 '200'입니다.

[문제 15]

제 3정규화

〈부품구입〉 릴레이션에는 다음과 같은 함수적 종속이 존재합니다.

- 부품번호 → 구입처, 구입연락처
- 구입처 → 구입연락처

〈부품구입〉 릴레이션에서 구입처가 부품번호에 함수적 종속이고, 구입연락처가 구입처에 함수적 종속이므로 구입연락처는 기본키인 부품번호에 대해 이행적 함수적 종속을 만족합니다. 즉 부품번호 → 구입처이고, 구입처 → 구입연락처이므로 부품번호 → 구입연락처는 이행적 함수적 종속이 됩니다. 따라서 〈부품구입〉 릴레이션은 이행적 함수적 종속을 제거하여 제 3정규형으로 만들어야 합니다. 문제의 〈정규화 결과〉는 〈부품구입〉 릴레이션에서 이행적 함수적 종속(즉 부품번호 → 구입연락처)을 제거하여 〈부품구입처〉 릴레이션과 〈구입처정보〉 릴레이션으로 무손실 분해한 것입니다.

[문제 16]

데이터베이스는 여러 사람에 의해 공동으로 사용될 데이터를 중복을 배제하여 통합하고, 쉽게 접근하여 처리할 수 있도록 저장장치에 저장하여 항상 사용할 수 있도록 운영하는 운영 데이터이다.

[문제 17]

① 제 2정규화 ② 부분 함수적 종속 제거 ③ 제 3정규화 ④ 이행적 함수적 종속 제거

- 〈상품주문〉 릴레이션에는 다음과 같은 함수적 종속이 존재합니다.

  - (주문번호, 생산번호) → 상품명, 상품가격, 주문수량, 생산자
  - 생산번호 → 생산자, 상품명, 상품가격
  - 상품명 → 상품가격

  〈상품주문〉 릴레이션에는 기본키인 (주문번호, 생산번호)에 완전 함수적 종속이 되지 않는 속성이 존재합니다. 즉 주문수량은 기본키에 대해 완전 함수적 종속이지만 생산자, 상품명, 상품가격은 생산번호에 의해서도 결정될 수 있으므로 기본키에 대해 완전 함수적 종속이 아닙니다. 따라서 부분 함수적 종속을 제거하는 제 2정규화 과정이 필요합니다.
- 〈상품주문〉 릴레이션에서 생산번호에 함수적 종속이 되는 생산자, 상품명, 상품가격 속성을 분리(즉 부분 함수적 종속을 제거)하여 〈주문〉 릴레이션과 〈생산〉 릴레이션으로 무손실 분해한 것입니다.
- 〈생산〉 릴레이션에는 다음과 같은 함수적 종속이 존재합니다.

  - 생산번호 → 상품명, 상품가격, 생산자
  - 상품명 → 상품가격

  〈생산〉 릴레이션에서 상품명이 생산번호에 함수적 종속이고, 상품가격이 상품명에 함수적 종속이므로 상품가격은 기본키인 생산번호에 대해 이행적 함수적 종속을 만족합니다. 즉 생산번호 → 상품명이고, 상품명 → 상품가격이므로 생산번호 → 상품가격입니다. 따라서 〈생산〉 릴레이션은 이해적 함수적 종속을 제거하는 제 3정규화 과정이 필요합니다.
- 〈생산〉 릴레이션에서 이행적 함수적 종속(즉 생산번호 → 상품가격)을 제거하여 〈생산자〉 릴레이션과 〈상품〉 릴레이션으로 무손실 분해한 것입니다.

[문제 18]

논리적 독립성은 데이터의 논리적 구조를 변경시키더라도 응용 프로그램은 영향을 받지 않는 성질이다.

[문제 19]

① 테이블(Table) ② 컬럼(Column) ③ 기본키(Primary Key) ④ 외래키(Foreign Key)

[문제 20]

슈퍼타입 기준 테이블 변환, 서브타입 기준 테이블 변환, 개별타입 기준 테이블 변환

[문제 21]

개념적 설계

[문제 22]

① 설계 속성(Designed Attribute) ② 파생 속성(Derived Attribute)

[문제 23]

① 배타 관계(Exclusive Relationship)　② 재귀 관계(Recursive Relationship)

[문제 24]

① 사각형　② 마름모　③ 타원

[문제 25]

① 속성(Attribute)　② 튜플(Tuple)　③ 스키마(Schema)　④ 인스턴스(Instance)

[문제 26]

48

튜플에 속한 속성 A01, A02, A03, A04 중 한 개는 다른 튜플들과 다른 값을 가져야 하므로, 존재할 수 있는 최대 튜플의 수는 각 도메인(Domain)이 가진 값의 종류를 모두 곱한 값과 같습니다.

∴ 2×4×2×3 = 48

[문제 27]

외래키(Foreign Key)

[문제 28]

후보키는 릴레이션을 구성하는 속성들 중에서 튜플을 유일하게 식별하기 위해 사용되는 속성들의 부분집합이다.

[문제 29]

무결성(Integrity)

[문제 30]

참조 무결성은 외래키 값은 Null이거나 참조 릴레이션의 기본키 값과 동일해야 한다는 규정이다.

[문제 31]

① 7　② 12

Cartesian Product(교차곱)은 두 릴레이션의 차수(Degree, 속성의 수)는 더하고, 카디널리티(Cardinality, 튜플의 수)는 곱하면 됩니다.

- 차수 = 3 + 4 = 7
- 카디널리티 = 3 × 4 = 12

[문제 32]

① ⋈　② π　③ σ　④ ÷

[문제 33]

관계대수는 원하는 정보와 그 정보를 검색하기 위해서 어떻게 유도하는가를 기술하는 절차적인 언어이다.

[문제 34]

이상은 데이터베이스 내에 데이터들이 불필요하게 중복되어 릴레이션 조작 시 예기치 않게 발생하는 곤란한 현상이다.

[문제 35]

정규화(Normalization)

[문제 36]

BCNF(Boyce–Codd 정규형)

[문제 37]
반정규화(Denormalization)

[문제 38]
원자성(Atomicity)

[문제 39]
Create(생성), Read(읽기), Update(갱신), Delete(삭제)

[문제 40]
뷰(View)

[문제 41]
색인(Index)

[문제 42]
파티션(Partition)

[문제 43]
병행 투명성(Concurrency Transparency)

[문제 44]
역할기반 접근통제(RBAC, Role Based Access Control)

[문제 45]
접근통제 정책, 접근통제 메커니즘, 접근통제 보안모델

[문제 46]
DAS(Direct Attached Storage), NAS(Network Attached Storage), SAN(Storage Area Network)

[문제 47]
배열(Array)

[문제 48]
연결 리스트(Linked List)

[문제 49]
스택(Stack)

[문제 50]
56

정점을 n이라고 했을 때 방향 그래프의 최대 간선 수는 n(n−1), 즉 8(8−1) = 56입니다.

[문제 51]
① 3 ② 7

[문제 52]
D B G H E F C A

먼저 서브트리를 하나의 노드로 생각할 수 있도록 서브트리 단위로 묶습니다.

❶ Postorder는 Left → Right → Root이므로 12A가 됩니다.

❷ 1은 DB이므로 DB2A가 됩니다.

❸ 2는 3FC이므로 DB3FCA가 됩니다.

❹ 3은 GHE이므로 DBGHEFCA가 됩니다.

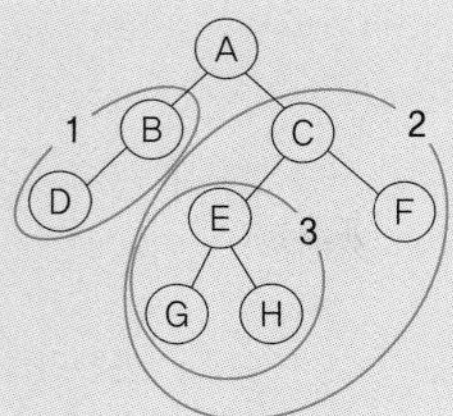

[문제 53]

− + * A B C / D E

❶ 연산 우선순위에 따라 괄호로 묶습니다.

(((A * B) + C) − (D / E))

❷ 연산자를 해당 괄호의 앞(왼쪽)으로 옮깁니다.

(((A * B) + C) − (D / E))

❸ 필요없는 괄호를 제거합니다.

− + * A B C / D E

[문제 54]

삽입 정렬(Insertion Sort)

[문제 55]

6, 3, 5, 7, 9

해설

- 1회전 : 6 9 7 3 5 → 6 7 9 3 5 → 6 7 3 9 5 → 6 7 3 5 9
- 2회전 : 6 7 3 5 9 → 6 3 7 5 9 → 6 3 5 7 9
- 3회전 : 3 6 5 7 9 → 3 5 6 7 9
- 4회전 : 3 5 6 7 9

[문제 56]

기수 정렬(Radix Sort, Bucket Sort)

memo

3 장

통합 구현

SECTION 056

통합 구현

전문가의 조언

통합 구현의 개념을 잡고 통합 구현의 구성 요소들을 파악하세요. 그리고 연계 요구사항 분석과 연계 데이터 식별 및 표준화의 절차를 나열할 수 있을 정도로 잘 알아두세요.

1 통합 구현

- 통합 구현은 사용자의 요구사항에 맞춰 **송·수신 모듈과 중계 모듈 간의 연계를 구현하는 것**을 의미한다.
- 통합 구현은 송·수신 방식이나 시스템 아키텍처 구성, 송·수신 모듈 구현 방법 등에 따라 다르므로 사용자의 요구사항과 구축 환경에 적합한 방식을 설계해야 한다.
- 일반적인 통합 구현은 송·수신 시스템과 모듈, 중계 시스템, 연계 데이터, 네트워크로 구성된다.

2 통합 구현의 구성 요소

송신 시스템과 모듈	• 송신 시스템 : 데이터를 생성 및 변환하여 전송하는 시스템으로, 송신 모듈과 모니터링(Monitoring) 기능으로 구성됨 • 송신 모듈 : 전송 데이터를 생성하고 필요에 따라 전송 데이터의 변환 등을 수행함
수신 시스템과 모듈	• 수신 시스템 : 수신 받은 데이터를 정제 및 변환하는 시스템으로, 수신 모듈과 모니터링(Monitoring) 기능으로 구성됨 • 수신 모듈 : 수신 데이터를 정제하고 애플리케이션이나 데이터베이스(DB) 테이블에 적합한 데이터로 변환하는 작업 등을 수행함
중계 시스템	내·외부 시스템 간 또는 내부 시스템 간의 연계 시 사용되는 아키텍처
연계 데이터	송·수신 시스템 간 송·수신되는 데이터
네트워크	송신 시스템, 수신 시스템, 중계 시스템을 연결해주는 통신망

예 통합 구현의 개념도

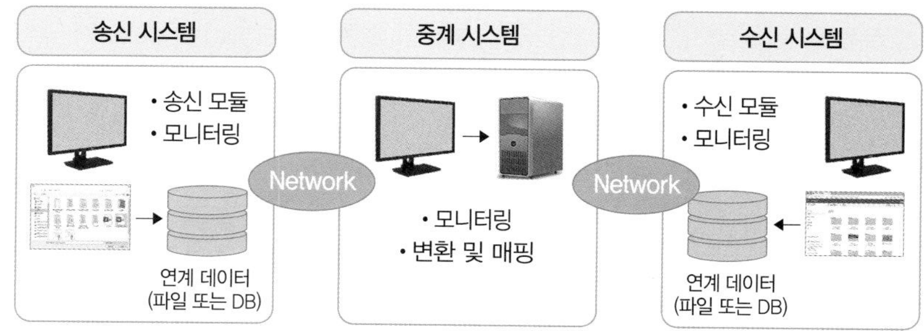

3 연계 요구사항 분석

- 연계 요구사항 분석은 통합 구현을 위해 사용자 요구사항을 분석하여 **연계 데이터를 식별 및 표준화하여 연계 데이터를 정의하는 것**이다.
- 연계 요구사항 분석 절차
  ❶ 하드웨어 및 소프트웨어 구성, 네트워크 현황 확인
  ❷ 테이블 정의서, 코드 정의서 등의 문서 확인
  ❸ 체크리스트* 작성
  ❹ 관련 문서 공유 및 인터뷰 · 설문 조사 실시
  ❺ 요구사항 정의서 작성

전문가의 조언

연계 요구사항 분석은 통합 구현을 위한 기본 작업입니다.

체크리스트

체크리스트는 시스템 운영 환경, 성능, 보안, 데이터 발생 유형 및 주기 등 다양한 관점에서 고려사항을 정리하여 작성해야 합니다.

4 연계 데이터 식별 및 표준화의 절차

연계 범위 및 항목 정의	시스템 간 연계할 정보를 상세화하여 정의
↓	
연계 코드 변환 및 매핑	연계 정보 중 코드로 관리되어야 할 항목을 찾아 코드로 변환
↓	
연계 데이터 식별자와 변경 구분 추가	연계 정보에 데이터 구분 식별자, 작업 구분 정보, 테이블/파일 관리 정보 등을 추가
↓	
연계 데이터 표현 방법 정의	연계 대상 범위, 대상 항목, 코드 변환 방식, 매핑 방식을 정의한 후 연계 데이터 구성
↓	
연계 정의서 및 명세서 작성	이전 과정에서 정의된 다양한 항목들과 파악된 현황들을 문서화함

※ 정답 및 해설은 303쪽에 있습니다.

기출 따라잡기 Section 056

출제예상

문제 1 다음 설명이 의미하는 것이 무엇인지 쓰시오.

- 사용자 요구사항의 해결 및 새로운 서비스 창출을 위해 단위 기능을 하는 모듈 간의 연계와 통합을 의미한다.
- 시스템 아키텍처 구성, 송·수신 방식 및 모듈 구현 방식에 따라 다양하기 때문에 구축 환경과 사용자 요구사항에 따라 적합한 방식을 설계해야 한다.

답 :

출제예상

문제 2 통합 구현은 사용자의 요구사항을 해결하고, 새로운 서비스 창출을 위해 단위 기능을 하는 모듈 간의 연계와 통합을 의미한다. 일반적인 통합 구현의 구성 요소 5가지를 쓰시오.

답 :

출제예상

문제 3 연계 데이터를 구성하기 위해서는 연계 데이터를 식별하고 식별된 연계 데이터를 표준화한 후 이를 기반으로 연계 정의서를 작성해야 한다. 〈보기〉에 제시된 연계 데이터 식별 및 표준화 절차를 순서대로 기호(㉠~㉤)로 나열하시오.

〈보기〉

㉠ 연계 데이터 식별자와 변경 구분 추가
㉡ 연계 범위 및 항목 정의
㉢ 연계 정의서 및 명세서 작성
㉣ 연계 코드 변환 및 매핑
㉤ 연계 데이터 표현 방법 정의

답 :

SECTION 057

연계 메커니즘

1 연계 메커니즘

- 연계 메커니즘은 데이터의 생성 및 전송을 담당하는 송신 시스템과 데이터 수신 및 운영 DB 반영을 담당하는 수신 시스템으로 구성된다.
- 송 · 수신 시스템 사이에는 데이터의 송 · 수신과 송 · 수신 시스템 현황을 모니터링하는 중계 시스템*을 설치할 수 있다.
- 연계 메커니즘의 연계 방식

직접 연계 방식	• 중간 매개체 없이 송 · 수신 시스템이 직접 연계하는 방식 • 종류 : DB Link, API/Open API, DB Connection, JDBC 등
간접 연계 방식	• 송 · 수신 시스템 사이에 중간 매개체를 두어 연계하는 방식 • 종류 : 연계 솔루션, ESB, 소켓(Socket), 웹 서비스(Web Service) 등

전문가의 조언

연계 메커니즘은 송 · 수신 시스템과 중계 시스템으로 구성된다는 것을 기억하고, 직접 연계 방식과 간접 연계 방식의 특징과 종류를 파악해 두세요.

중계 시스템

중계 시스템은 보통 송 · 수신 시스템이 위치한 네트워크가 서로 다른 경우, 또는 보안 품질을 중요시하는 경우 설치합니다.

2 연계 메커니즘의 과정

송신 시스템 및 송신 모듈	수신 시스템 및 수신 모듈
연계 데이터 생성 및 추출	운영 DB에 연계 데이터 반영
로그(Log)* 기록 ↓	↑ 로그(Log) 기록
코드 매핑 및 데이터 변환	코드 매핑 및 데이터 변환
로그(Log) 기록 ↓	↑ 로그(Log) 기록
인터페이스 테이블 또는 파일 생성	인터페이스 테이블 또는 파일 생성
로그(Log) 기록 ↓	↑ 로그(Log) 기록
연계 서버 또는 송신 어댑터	연계 서버 또는 수신 어댑터
로그(Log) 기록	로그(Log) 기록

〈전송〉 연계 서버 또는 송신 어댑터 → 연계 서버 또는 수신 어댑터

로그(Log)

로그는 사용자가 컴퓨터에 요청한 명령이나 컴퓨터가 데이터를 처리하는 과정 및 결과 등을 기록으로 남긴 것을 의미합니다.

필기 21.5

3 연계 메커니즘의 구성

연계 데이터 생성 및 추출	연계 솔루션과 관계없이 응용 시스템에서 연계 데이터를 생성하고 추출하는 과정
코드 매핑 및 데이터 변환	송신 시스템에서 사용하는 코드를 수신 시스템에서 사용하는 코드로 매핑 및 변환하는 과정
인터페이스 테이블 또는 파일 생성	연계 데이터를 인터페이스 테이블이나 파일 형식으로 생성하는 과정
로그(Log) 기록	송 · 수신 시스템에서 수행되는 모든 과정에 관한 결과 및 오류에 대한 정보를 로그 테이블이나 파일에 기록하는 과정*
필기 21.5 **연계 서버* 또는 송 · 수신 어댑터**	• 연계 서버 : 데이터를 전송 형식에 맞게 변환하고 송 · 수신을 수행하는 등 송 · 수신과 관련된 모든 처리 수행 • 송신 어댑터 : 인터페이스 테이블 또는 파일의 데이터를 전송 형식에 맞도록 변환 및 송신 수행 • 수신 어댑터 : 수신 데이터를 인터페이스 테이블이나 파일로 생성
전송	송신 시스템에서 생성된 연계 데이터를 네트워크 환경에 맞는 데이터로 변환한 후 수신 시스템으로 보내는 것
운영 DB에 연계 데이터 반영	수신된 인터페이스 테이블 또는 파일 구조의 데이터를 변환 프로그램을 이용하여 수신 시스템의 운영 DB에 반영하는 과정

로그 파일 기록 이유
- 연계 데이터가 올바로 생성 및 추출되어 정상적으로 송 · 수신되고, 운영 DB에 올바로 반영되었는지를 확인하기 위해
- 송 · 수신 과정에서 오류 발생 시 오류 발생 원인과 현황을 분석하여 오류 데이터를 재작업하기 위해

연계 서버
연계 서버는 일반적으로 수신 시스템 구간에 위치하며, 송 · 수신 어댑터는 연계 서버가 설치된 경우 연계 서버에 포함되기도 합니다.

※ 정답 및 해설은 303쪽에 있습니다.

기출 따라잡기 Section 057

출제예상

문제 1 연계 메커니즘의 로그(Log) 기록에 대해 간략히 서술하시오.

답 :

출제예상

문제 2 다음 그림은 연계 메커니즘에서 송신 시스템의 주요 기능 및 역할을 표현한 것이다. 괄호(①~④)에 들어갈 알맞은 용어를 쓰시오.

〈송신 시스템 및 송신 모듈〉

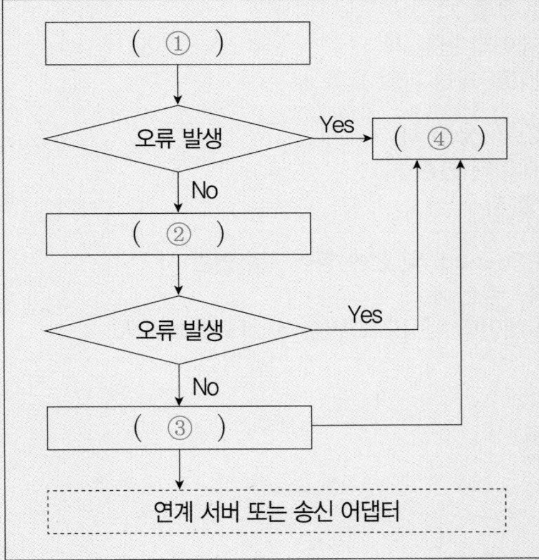

답

- ①
- ②
- ③
- ④

SECTION 058

연계 장애 및 오류처리 구현

1406600

전문가의 조언

연계 메커니즘에서 송신 시스템, 수신 시스템, 연계 서버로 구간을 구분하여 장애 및 오류 발생 시점과 연계 장애 유형 및 오류처리 방법에 대해 정리하세요.

1 연계 메커니즘 구간별 장애 및 오류 모니터링 현황

- 연계 메커니즘에서 오류 발생 시점, 오류 로그 기록 장소, 오류 로그 기록 주체는 크게 송·수신 시스템, 연계 서버 구간으로 구분된다.
- 구간별 주요 오류 발생 시점

구간	오류 발생 시점
송신 시스템	• 데이터 생성 및 추출 시 • 코드 매핑 및 데이터 변환 시 • 인터페이스 테이블 또는 파일 등록 시
수신 시스템	• 연계 데이터 로드(Load) 시 • 코드 매핑 및 데이터 변환 시 • 운영 DB에 반영 시
연계 서버	• 연계 데이터 로드(Load) 및 전송 형식으로 변환 시 • 연계 데이터 송·수신 시 • 수신 시스템의 데이터 형식으로 변환 및 로드(Load) 시

2 장애 및 오류 유형과 처리방안

- 장애 및 오류 유형의 분류
  - 송·수신 시스템의 연계 프로그램 오류
  - 연계 서버의 오류
  - 연계 데이터의 오류
- 송·수신 시스템의 연계 프로그램과 연계 서버에서 기록하는 로그를 통해 장애 및 오류 원인을 확인하고 분석하여 적절한 처리방안을 선택한다.

전문가의 조언

일반적인 연계 서버는 오류 로그 테이블 또는 파일을 확인하는 모니터링 화면을 기본적으로 제공하므로 연계 서버를 설치하지 않은 경우 송·수신 시스템의 연계 프로그램에 별도의 장애 및 오류 현황 모니터링 화면을 구축해야 합니다.

3 장애 및 오류의 확인과 처리 절차

- 1차적으로 연계 서버에서 제공하는 장애 및 오류 현황 모니터링 화면*을 통해 오류 원인 및 발생 현황을 확인한다.
- 1차에서 확인이 불가능한 경우 송·수신 시스템의 연계 프로그램과 연계 서버에서 기록한 오류 로그 테이블 또는 파일을 확인하여 오류 원인을 분석한다.
- 발생한 오류에 대한 원인이 확인되면 원인에 따른 적절한 조치를 취한다.

4 장애 및 오류의 정의와 설계

장애 및 오류 현황의 기록과 확인을 위해서는 다음 항목들을 정의하고 설계해야 한다.

항목	내용
장애 및 오류 관리 대상	송·수신 시스템의 연계 프로그램에서 관리하는 장애 및 오류를 관리 대상으로 정의함
관리 대상의 장애 및 오류 코드와 메시지	관리 대상에서 식별한 오류 내용을 주제별로 분류한 후 각 오류 내용에 오류 코드를 부여하고 오류 메시지를 정의함
장애 및 오류 코드와 메시지 관리 방식	관리 대상 오류 코드와 오류 메시지가 많은 경우에는 테이블 관리 방식을, 적은 경우에는 파일 관리 방식 선택함
장애 및 오류 기록 방식	오류 로그 테이블이나 파일은 기록 단위에 따라 인터페이스 테이블이나 파일에 대한 로그, 연계 데이터에 대한 로그로 설계함

※ 정답 및 해설은 303쪽에 있습니다.

기출 따라잡기 Section 058

문제 1 출제예상 **다음 설명에서 괄호(①~③)에 들어갈 알맞은 용어를 쓰시오.**

연계 메커니즘에서 오류 발생 시점은 크게 다음과 같은 구간으로 구분된다.

구간	오류 발생 시점
(①)	• 데이터 생성 및 추출 시 • 코드 매핑 및 데이터 변환 시 • 인터페이스 테이블 또는 파일 등록 시
(②)	• 연계 데이터 로드(Load) 시 • 코드 매핑 및 데이터 변환 시 • 운영 DB에 반영 시
(③)	• 연계 데이터 로드(Load) 및 전송 형식으로 변환 시 • 연계 데이터 송·수신 시 • 수신 시스템의 데이터 형식으로 변환 및 로드(Load) 시

답
- ①
- ②
- ③

SECTION 059

연계 데이터 보안 적용

전문가의 조언

연계 데이터를 주고받는 과정에서는 데이터 변조나 탈취 등의 위협이 가해질 수 있으므로 데이터 보호를 위해 적절한 보안이 적용되어야 합니다. 연계 데이터에 대한 보안은 전송 구간 보안과 데이터 보안 두 가지로 구현된다는 것을 염두에 두고 각각의 방법에 대해 숙지하세요.

1 연계 데이터 보안

- 송신 시스템에서 수신 시스템으로 전송되는 연계 데이터는 보안에 취약할 수 있으므로 데이터의 중요성을 고려하여 보안을 적용해야 한다.
- 일반적인 연계 데이터의 보안 방식
  - 전송 구간 보안
  - 데이터 보안

2 전송 구간 보안

- 전송 구간의 보안은 전송되는 데이터나 패킷(Packet)*을 쉽게 가로챌 수 없도록 암호화 기능이 포함된 프로토콜을 사용한다.
- 데이터나 패킷을 가로채더라도 내용을 확인할 수 없게 데이터나 패킷을 암호화* 한다.

패킷(Packet)
패킷은 전송 혹은 다중화를 목적으로, 데이터를 일정한 크기로 분할한 후 송 · 수신측 주소와 제어정보 등을 부가하여 만든 데이터 블록입니다.

암호화
전송 구간 암호화는 암호화를 지원하는 VPN(가상 사설망)이나 연계 솔루션을 적용해 수행합니다.
※ VPN(가상 사설망) : 인터넷 등 통신 사업자의 공중 네트워크와 암호화 기술을 이용하여 사용자가 마치 자신의 전용 회선을 사용하는 것처럼 해주는 보안 솔루션

3 데이터 보안

- 데이터 보안은 송신 시스템에서 연계 데이터를 추출할 때와 수신 시스템에서 데이터를 운영 DB에 반영할 때 데이터를 암 · 복호화 하는 것이다.
- 데이터의 암 · 복호화 처리 절차
  - 송신 시스템
    - ❶ DB에서 연계 데이터 추출
    - ❷ 보안 적용 대상 컬럼(Column)*을 암호화
    - ❸ 연계 데이터를 인터페이스 테이블 또는 파일에 등록 및 송신
  - 수신 시스템
    - ❹ 수신된 데이터 중 암호화한 컬럼(Column)을 복호화
    - ❺ 운영 DB에 반영

전문가의 조언

송 · 수신 시스템에는 암 · 복호화를 위한 동일한 암호화 알고리즘 라이브러리가 설치되어야 합니다.
※ 라이브러리(Library) : 개발 편의를 위해 자주 사용되는 코드, API, 클래스, 값, 자료형 등의 다양한 자원들을 모아놓은 것

보안 대상 컬럼
일반적인 보안 대상 컬럼의 데이터에는 주민번호, 운전면허번호, 은행계좌번호, 신용카드 번호 등 '개인정보 보호법'에 근거한 개인정보가 있습니다.

4 암 · 복호화 적용 절차

암호화 적용 대상, 암호화 알고리즘, 암호화 키(Key)* 선정

↓

암호화 적용 대상 컬럼(Column)의 데이터 길이 변경*

↓

암호화 알고리즘 라이브러리 확보 및 설치

↓

연계 응용 프로그램에서 암 · 복호화 처리 수행

암호화 키(Key)
암호화 키(Key)는 암호화 알고리즘에서 사용하는 개인키, 공개키 등의 키를 의미합니다. 암호화 키에 대한 자세한 설명은 Section 114를 참조하세요.

암호화 적용 대상 컬럼 길이
데이터를 암호화 하면 평문보다 길이가 늘어나기 때문에 암호화를 적용할 컬럼(Column)의 길이를 충분히 늘려준 다음 암호화를 적용해야 합니다.

※ 정답 및 해설은 303쪽에 있습니다.

기출 따라잡기 Section 059

출제예상

문제 1 송신 시스템에서 수신 시스템으로 전송되는 연계 데이터는 보안에 취약할 수 있으므로 데이터의 중요성을 고려하여 보안을 적용해야 한다. 일반적인 연계 데이터 보안 방식 두 가지를 쓰시오.

답 :

출제예상

문제 2 전송되는 데이터나 패킷(Packet)을 쉽게 가로챌 수 없도록 암호화 기능이 포함된 프로토콜을 사용하거나, 데이터나 패킷을 가로채더라도 내용을 쉽게 확인할 수 없도록 데이터나 패킷을 암호화하는 연계 데이터 보안 방식을 쓰시오.

답 :

SECTION 060

XML(eXtensible Markup Language)

전문가의 조언

XML은 원활한 데이터 연계를 위해 유니코드를 기반으로 송·수신 시스템 간에 전송되는 데이터가 동일한 구조로 구성될 수 있도록 형태를 정의하는 역할을 합니다.

- **마크업 언어(Markup Language)** : 마크업 언어는 서식이나 문서 내·외의 다른 요소와의 연결 등을 표현하는 부호를 정의하여 다른 문서의 논리 구조나 체계를 정의하는 언어입니다.
- **SGML(Stand Generalized Markup Language)** : SGML은 텍스트, 이미지, 오디오 및 비디오 등을 포함하는 멀티미디어 전자문서들을 다른 기종의 시스템들과 정보의 손실 없이 효율적으로 전송, 저장 및 자동 처리하기 위한 언어입니다.
- **태그(Tag)** : 태그는 특정한 기능이나 모양 등을 정의하기 위한 '꼬리표'를 의미합니다. 예를 들어 제목(title)으로 '시나공'을 정의하고 싶다면, <title>시나공</title>으로 쓸 수 있습니다. '<title>'은 시작 태그, '/'가 들어간 '</title>'은 종료 태그에 해당합니다.

RESTful 프로토콜

RESTful 프로토콜은 HTTP와 REST(Representational State Transfer)의 원칙을 사용하여 구현되는 웹 서비스로, HTTP로 자원을 관리하는데 사용되는 웹 서비스 API의 집합입니다.

UDDI(Universal Description, Discovery and Integration)

UDDI는 인터넷에서 전 세계의 비즈니스 업체 목록에 자신의 정보를 등록하기 위한 확장성 생성 언어(XML) 기반의 규격입니다.

1 XML

20.5

- XML은 **특수한 목적을 갖는 마크업 언어***를 **만드는 데 사용되는 다목적 마크업 언어**이다.
- 웹브라우저 간 HTML 문법이 호환되지 않는 문제와 SGML*의 복잡함을 해결하기 위하여 개발되었다.
- 사용자가 직접 문서의 태그(Tag)*를 정의할 수 있으며, 다른 사용자가 정의한 태그를 사용할 수 있다.
- 트리 구조로 구성되어 있어 상위 태그는 여러 개의 하위 태그를 가질 수 있다.

2 SOAP(Simple Object Access Protocol)

20.7

- SOAP는 컴퓨터 **네트워크 상에서 HTTP/HTTPS, SMTP 등을 이용하여 XML을 교환하기 위한 통신 규약**이다.
- 웹 서비스에서 사용되는 메시지의 형식과 처리 방법을 지정한다.
- 기본적으로 HTTP 기반에서 동작하기 때문에 프록시와 방화벽의 영향 없이 통신할 수 있다.
- 최근에는 무거운 구조의 SOAP 대신 RESTful 프로토콜*을 이용하기도 한다.

3 WSDL(Web Services Description Language)

21.4

- WSDL은 **웹 서비스와 관련된 서식이나 프로토콜 등을 표준적인 방법으로 기술하고 게시하기 위한 언어**이다.
- XML로 작성되며, UDDI*의 기초가 된다.
- SOAP, XML 스키마와 결합하여 인터넷에서 웹 서비스를 제공하기 위해 사용된다.
- 클라이언트는 WSDL 파일을 읽어 서버에서 어떠한 조작이 가능한지를 파악할 수 있다.

※ 정답 및 해설은 303쪽에 있습니다.

기출 따라잡기 Section 060

20년 5월

문제 1 **SW 인터페이스 구현에 관련된 다음 설명에서 괄호에 공통으로 들어갈 알맞은 용어를 쓰시오.**

웹 페이지의 기본 형식인 HTML의 문법이 각 웹 브라우저에서 상호 호환적이지 못하다는 문제와 SGML의 복잡함을 해결하기 위하여 개발된 (　　　)은 다른 특수한 목적을 갖는 마크업 언어이다. 원활한 데이터의 연계를 위해 송·수신 시스템 간에 전송되는 데이터가 동일한 구조로 구성될 수 있도록 형태를 정의하는 역할을 수행하며, 다음과 같은 특징이 있다.

유니코드 문자(Unicode Text)	텍스트 데이터 형식으로 유니코드를 사용하여 전 세계 언어를 지원한다.
(　　　) 파서(Parser)	대다수의 웹 브라우저가 해석을 위한 번역기(Parser)를 내장하고 있다.
마크업(Markup)과 내용(Content)	• (　　　) 문서의 문자들은 마크업과 내용으로 구분된다. • 일반적으로 마크업은 "<"로 시작하여 ">"로 끝나는 태그(Tag)를 의미하고, 그 외의 문자열은 내용에 해당한다.
엘리먼트(Element)	마크업과 내용으로 이루어지는 하나의 요소를 의미한다.

답 :

20년 7월

문제 2 **통합 구현과 관련하여 다음 설명의 괄호에 공통으로 들어갈 알맞은 답을 쓰시오.**

> HTTP, HTTPS, SMTP 등을 사용하여 xml 기반의 메시지를 네트워크 상에서 교환하는 프로토콜로, (　　　) envelope, 헤더(header), 바디(body) 등이 추가된 xml 문서이다. (　　　)는 복잡하고 무거운 구조로 구성되어 있어 (　　　) 보다는 restful 프로토콜을 이용하기도 한다.

답 :

SECTION 061

연계 테스트

전문가의 조언

연계 테스트는 쉽게 말해 송·수신 시스템이 이상없이 데이터를 주고받는지 확인하는 것을 말합니다. 연계 테스트의 진행 순서를 기억해 두세요.

연계 시스템의 주요 구성 요소
- 송·수신 모듈
- 연계 서버
- 모니터링 현황

1 연계 테스트의 개요

- 연계 테스는 구축된 **연계 시스템과 연계 시스템의 구성 요소***가 **정상적으로 동작하는지 확인하는 활동**이다.
- 연계 테스트 진행 순서

연계 테스트 케이스 작성	연계 시스템 간의 데이터 및 프로세스의 흐름을 분석하여 필요한 테스트 항목을 도출함
↓	
연계 테스트 환경 구축	테스트의 일정, 방법, 절차, 소요 시간 등을 송·수신 기관과의 협의를 통해 결정함
↓	
연계 테스트 수행	연계 응용 프로그램을 실행하여 연계 테스트 케이스의 시험 항목 및 처리 절차 등을 실제로 진행함
↓	
연계 테스트 수행 결과 검증	연계 테스트 케이스의 시험 항목 및 처리 절차를 수행한 결과가 예상 결과와 동일한지 확인함

※ 정답 및 해설은 303쪽에 있습니다.

기출 따라잡기 Section 061

출제예상

문제 1 연계 테스트는 구축된 연계 시스템과 연계 시스템의 구성 요소가 정상적으로 동작하는지 확인하는 활동이다. 연계 테스트를 다음과 같이 4단계로 나누어 수행한다고 가정했을 때 괄호에 들어갈 가장 적합한 용어를 쓰시오.

( ) → 연계 테스트 환경 구축 → 연계 테스트 수행 → 연계 테스트 수행 결과 검증

답 :

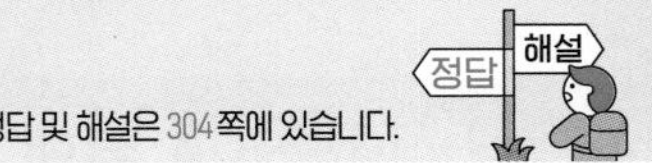

정답 및 해설은 304쪽에 있습니다.

문제 1 통합 구현은 사용자의 요구사항에 맞춰 송 · 수신 모듈과 중계 모듈 간의 연계를 구현하는 것을 의미한다. 일반적인 통합 구현의 구성 요소를 〈보기〉에서 모두 골라 기호(㉠~㉩)로 쓰시오.

〈보기〉

㉠ 인터페이스 데이터 표준	㉡ 중계 시스템
㉢ 수신 시스템과 모듈	㉣ 연계 테스트
㉤ 연계 데이터	㉥ EAI
㉦ 송신 시스템과 모듈	㉧ 암호화 알고리즘
㉨ ESB	㉩ 네트워크

답 :

문제 2 다음은 일반적인 통합 구현의 구성 요소에 대한 설명이다. 괄호(①~③)에 들어갈 알맞은 구성 요소를 쓰시오.

- 송신 시스템은 데이터를 생성 및 변환하여 전송하는 시스템으로, 송신 모듈과 모니터링 기능으로 구성된다.
- (①)은 내 · 외부 시스템 간 또는 내부 시스템 간의 연계 시 사용되는 아키텍처이다.
- 수신 시스템은 수신 받은 데이터를 정제 및 변환하는 시스템으로, 수신 모듈과 모니터링 기능으로 구성된다.
- (②)는 송신 시스템과 수신 시스템, 송신 시스템과 (①), 수신 시스템과 (①)을 연결해주는 통신망이다.
- (③)는 송 · 수신 시스템 간 송 · 수신되는 데이터로, 속성, 길이(Size), 타입(Type) 등이 포함된다.

답

- ①
- ②
- ③

문제 3 다음은 연계 데이터 식별 및 표준화 절차를 나열한 것이다. 괄호(①~③)에 들어갈 알맞은 내용을 쓰시오.

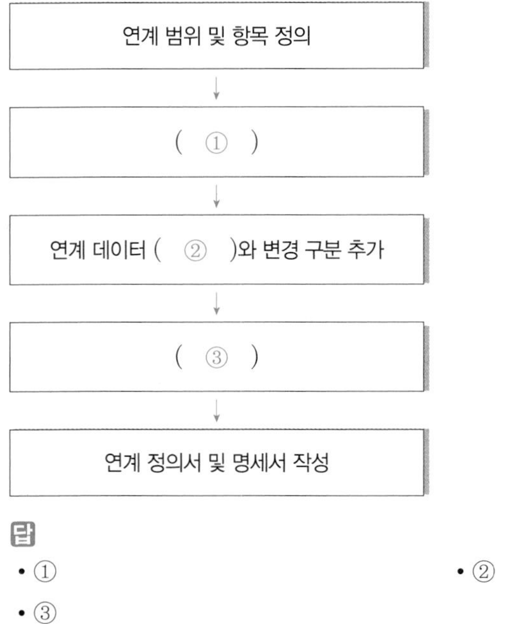

답

- ①
- ②
- ③

문제 4 연계 메커니즘에 대한 다음 설명에서 괄호(①, ②)에 들어갈 알맞은 답을 쓰시오.

연계 메커니즘에 따라 각 시스템 구현 시 장애 및 오류가 발생하면 오류 현황의 기록과 확인이 수행되어야 하며 이를 위해서 정의하고 설계해야 하는 항목들은 다음과 같다.

항목	내용
(①)	송 · 수신 시스템의 연계 프로그램에서 관리하는 장애 및 오류를 관리 대상으로 정의한다.
관리 대상의 장애 및 오류 코드와 메시지	관리 대상에서 식별한 오류 내용을 주제별로 분류한 후 각 오류 내용에 오류 코드를 부여하고 오류 메시지를 정의한다.
장애 및 오류 코드와 메시지 관리 방식	관리 대상 오류 코드와 오류 메시지가 많은 경우에는 테이블 관리 방식을, 적은 경우에는 파일 관리 방식 선택한다.
(②)	오류 로그 테이블이나 파일은 기록 단위에 따라 인터페이스 테이블이나 파일에 대한 로그, 연계 데이터에 대한 로그로 설계한다.

답
- ①
- ②

문제 5 **다음은 데이터 보안에 대한 설명이다. 괄호(①, ②)에 들어갈 알맞은 용어를 쓰시오.**

- 데이터 보안은 송신 시스템에서 연계 데이터를 추출할 때와 수신 시스템에서 데이터를 운영 DB에 반영할 때 데이터를 (①)와 (②) 하는 것이다.
- **데이터의 (①)와 (②) 처리 절차**

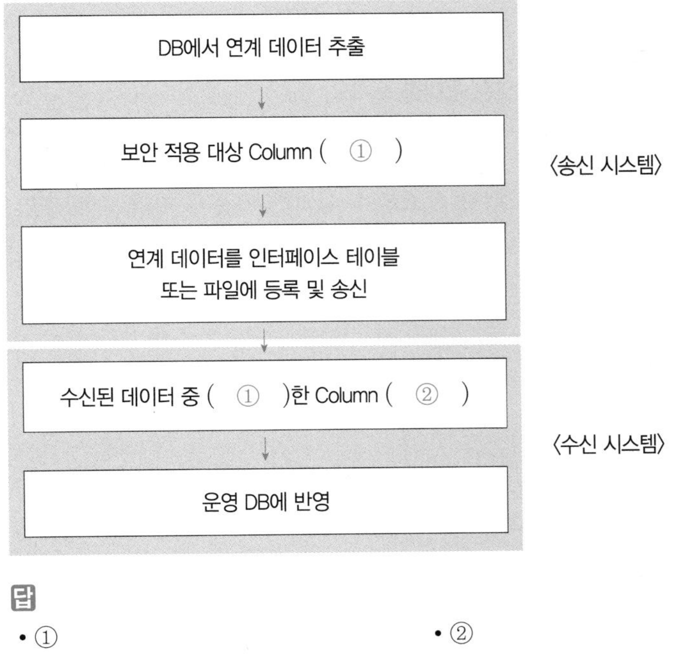

답
- ①
- ②

문제 6 **웹브라우저 간 HTML 문법이 호환되지 않는 문제와 SGML의 복잡함을 해결하기 위하여 개발된 다목적 마크업 언어의 명칭을 쓰시오.**

답 :

정답 및 해설은 304쪽에 있습니다.

문제 7 다음 설명에 해당하는 용어를 쓰시오.

- 컴퓨터 네트워크 상에서 다양한 프로토콜을 이용하여 XML을 교환하기 위한 통신 규약이다.
- 웹 서비스에서 사용되는 메시지의 형식과 처리 방법을 지정한다.
- 기본적으로 HTTP 기반에서 동작하기 때문에 프록시와 방화벽의 영향 없이 통신할 수 있다.
- 최근에는 무거운 구조의 SOAP 대신 RESTful 프로토콜을 이용하기도 한다.

답 :

문제 8 다음 괄호에 들어갈 알맞은 용어를 쓰시오.

연계 데이터 보안 적용 시 암·복호화 적용 대상은 연계 데이터의 중요도에 따라 선정한다. 중요도는 송·수신 시스템에 정의한 기준에 따라 다르지만 공통적인 적용 대상으로 주민등록번호, 운전면허번호, 은행계좌번호, 신용카드번호 등 (   )에 근거한 개인 정보가 있다.

답 :

문제 9 웹 서비스(Web Service)에서 사용하는 WSDL(Web Services Description Language)에 대해 간략히 서술하시오.

답 :

3장 통합 구현 정답

[답안 작성 방법 안내]
'운영체제(OS; Operation System)'처럼 한글과 영문으로 제시되어 있는 경우 '운영체제', 'OS', 'Operation System' 중 1가지만 쓰면 됩니다.

Section 056

[문제 1]
통합 구현

[문제 2]
송신 시스템과 모듈, 수신 시스템과 모듈, 중계 시스템, 연계 데이터, 네트워크

[문제 3]
ⓛ → ⓔ → ㉠ → ⓜ → ⓒ

Section 057

[문제 1]
로그 기록은 송 · 수신 시스템에서 수행되는 모든 과정에 관한 <u>결과 및 오류에 대한 정보를 로그 테이블이나 파일에 기록하는 과정</u>이다.

[문제 2]
① 연계 데이터 생성 및 추출 ② 코드 매핑 및 데이터 변환 ③ 인터페이스 테이블 또는 파일 생성 ④ 로그 기록

Section 058

[문제 1]
① 송신 시스템 ② 수신 시스템 ③ 연계 서버

Section 059

[문제 1]
전송 구간 보안, 데이터 보안

[문제 2]
전송 구간 보안

Section 060

[문제 1]
XML(eXtensible Markup Language)

[문제 2]
SOAP(Simple Object Access Protocol)

Section 061

[문제 1]
연계 테스트 케이스 작성

예상문제은행 3장 통합 구현 정답

[문제 1]
㉡, ㉢, ㉤, ㉦, ㉩

[문제 2]
① 중계 시스템　② 네트워크　③ 연계 데이터

[문제 3]
① 연계 코드 변환 및 매핑　② 식별자(PK; Primary Key)　③ 연계 데이터 표현 방법 정의

[문제 4]
① 장애 및 오류 관리 대상　② 장애 및 오류 기록 방식

[문제 5]
① 암호화　② 복호화

[문제 6]
XML(eXtensible Markup Language)

[문제 7]
SOAP(Simple Object Access Protocol)

[문제 8]
개인정보보호법

[문제 9]
WSDL은 웹 서비스와 관련된 서식이나 프로토콜 등을 표준적인 방법으로 기술하고 게시하기 위한 언어이다.

4 장

서버 프로그램 구현

SECTION 062

개발 환경 구축

전문가의 조언

소프트웨어 개발 시 구축해야 할 하드웨어 및 소프트웨어에는 어떤 것들이 있는지, 그리고 각 요소들의 개별적인 기능은 무엇인지 잘 파악해 두세요.

1 개발 환경 구축

- 개발 환경 구축은 응용 소프트웨어 개발을 위해 **개발 프로젝트를 이해하고 소프트웨어 및 하드웨어 장비를 구축하는 것**을 의미한다.
- 개발 환경은 응용 소프트웨어가 운영될 환경과 유사한 구조로 구축한다.
- 분석 단계의 산출물을 바탕으로 개발에 필요한 하드웨어와 소프트웨어를 선정한다.
- 하드웨어와 소프트웨어의 성능, 편의성, 라이선스 등의 비즈니스 환경에 적합한 제품들을 최종적으로 결정하여 구축한다.

2 하드웨어 환경

- 하드웨어 환경은 사용자와의 인터페이스 역할을 하는 클라이언트(Client) 그리고 클라이언트와 통신하여 서비스를 제공하는 서버(Server)로 구성된다.
- 클라이언트의 종류 : 개인용 컴퓨터(PC), 스마트폰 등
- 서버의 종류

종류	특징
웹 서버(Web Server)	• 클라이언트로부터 직접 요청을 받아 처리함 • 저용량의 정적 파일*들을 제공함
웹 애플리케이션 서버(WAS; Web Application Server)	동적 서비스*를 제공하거나, 웹 서버와 데이터베이스 서버 또는 웹 서버와 파일 서버 사이에서 인터페이스 역할을 수행함
데이터베이스 서버(DB Server)	데이터베이스와 이를 관리하는 DBMS를 운영함
파일 서버(File Server)	데이터베이스에 저장하기에는 비효율적이거나, 서비스 제공을 목적으로 유지하는 파일들을 저장함

정적 파일(Static File)
정적 파일은 인터넷 브라우저와 같은 클라이언트에서 별도의 처리 과정 없이 다운로드 하여 사용자에게 보여주는 파일로, HTML, CSS, 이미지 파일 등이 있습니다.

동적 서비스(Dynamic Service)
동적 서비스는 사용자의 입력에 따라 다른 결과를 보여주는 서비스를 의미합니다. 쇼핑몰을 예로 들면, 상품들을 인기순으로 정렬하기 위해 클릭을 했을 때 나오는 화면은 미리 만들어져 있는 페이지가 아닌 클릭한 순간 상품들을 정렬하여 페이지를 구성한 후 표시하는 동적인 화면입니다.

3 소프트웨어 환경

- 소프트웨어 환경은 클라이언트와 서버 운영을 위한 시스템 소프트웨어와 개발에 사용되는 개발 소프트웨어로 구성된다.
- 시스템 소프트웨어의 종류 : 운영체제(OS), 웹 서버 및 WAS 운용을 위한 서버 프로그램, DBMS 등
- 개발 소프트웨어의 종류

종류	특징
요구사항 관리 도구	요구사항의 수집과 분석, 추적 등을 편리하게 도와주는 소프트웨어
설계/모델링 도구	UML(통합 모델링 언어)*을 지원하며, 개발의 전 과정에서 설계 및 모델링을 도와주는 소프트웨어
구현 도구	개발 언어를 통해 애플리케이션의 실제 구현을 지원하는 소프트웨어
빌드 도구	구현 도구를 통해 작성된 소스의 빌드 및 배포, 라이브러리 관리를 지원하는 소프트웨어
테스트 도구	모듈들이 요구사항에 적합하게 구현되었는지 테스트하는 소프트웨어
형상 관리 도구*	산출물들을 버전별로 관리하여 품질 향상을 지원하는 소프트웨어

UML(Unified Modeling Language)
UML은 시스템 분석, 설계, 구현 등 시스템 개발 과정에서 시스템 개발자와 고객 또는 개발자 상호 간의 의사소통이 원활하게 이루어지도록 표준화한 대표적인 객체지향 모델링 언어입니다.

형상 관리 도구
형상 관리를 다른 말로 버전 관리라고도 합니다.

4 웹 서버(Web Server)의 기능

기능	내용
HTTP/HTTPS* 지원	브라우저로부터 요청을 받아 응답할 때 사용되는 프로토콜
통신 기록 (Communication Log)	처리한 요청들을 로그 파일로 기록하는 기능
정적 파일 관리 (Managing Static Files)	HTML, CSS, 이미지 등의 정적 파일들을 저장하고 관리하는 기능
대역폭 제한 (Bandwidth Throttling)	네트워크 트래픽의 포화를 방지하기 위해 응답 속도를 제한하는 기능
가상 호스팅 (Virtual Hosting)	하나의 서버로 여러 개의 도메인 이름을 연결하는 기능
인증(Authentication)	사용자가 합법적인 사용자인지를 확인하는 기능

HTTP/HTTPS(HyperText Transfer Protocol [Secure])
HTTP는 하이퍼텍스트 문서를 전송하기 위해 사용하는 프로토콜이고, HTTPS는 HTTP에 보안 모듈을 결합시킨 프로토콜입니다.

5 개발 언어의 선정 기준

기준	내용
적정성	개발하려는 소프트웨어의 목적에 적합해야 함
효율성	코드의 작성 및 구현이 효율적이어야 함
이식성	다양한 시스템 및 환경에 적용이 가능해야 함
친밀성	개발 언어에 대한 개발자들의 이해도와 활용도가 높아야 함
범용성	다른 개발 사례가 존재하고 여러 분야에서 활용되고 있어야 함

※ 정답 및 해설은 366쪽에 있습니다.

기출 따라잡기 Section 062

출제예상

문제 1 **웹 애플리케이션 개발을 위한 환경 구축에 관련된 다음의 설명에서 괄호에 공통적으로 들어갈 가장 적합한 용어를 쓰시오.**

( )는 웹 서버(Web Server)의 요청에 따라 가공된 데이터를 제공하는 역할을 수행한다. ( )는 가공된 데이터를 제공하는 동적 서비스뿐만 아니라 웹 서버와 DB 서버 사이에서 인터페이스의 역할도 수행하는데, 이는 사용자로부터 많은 요청을 직접 받아 수행하는 웹 서버의 부담을 줄이기 위함이다.

답 :

출제예상

문제 2 다음의 설명에 가장 부합하는 서버의 명칭을 쓰시오.

- HTTP 및 HTTPS 기능을 지원하며, 처리한 요청들을 기록한다.
- HTML, CSS, 이미지 등의 정적 파일들을 저장하고 관리하며, 네트워크 트래픽의 포화를 방지하기 위해 응답 속도를 제한할 수 있다.
- 하나의 서버로 여러 개의 도메인 이름을 연결하는 기능을 갖고 있으며, 사용자를 인증하는 역할을 수행한다.

답 :

출제예상

문제 3 산출물들을 버전별로 관리하여 품질 향상을 지원하는 도구로, Git, Subversion 등이 있다. 이 도구는 산출물들의 변경사항을 파악하고 제어 및 관리함으로써 개발 과정에서 발생할 수 있는 문제점들을 최소화할 수 있도록 지원하는 역할을 수행한다. 이 설명에 적합한 소프트웨어 환경 도구를 쓰시오.

답 :

출제예상

문제 4 웹 서버(Web Server)의 기능 중 네트워크 트래픽의 포화를 방지하기 위해 응답 속도를 제한하는 기능이 무엇인지 쓰시오.

답 :

SECTION 063 소프트웨어 아키텍처

전문가의 조언

- 소프트웨어 아키텍처의 설계는 건축과 비교하면 쉽게 이해할 수 있습니다. 먼저 의뢰자의 요구사항에 맞추어 건물의 용도와 형태를 정하고, 땅을 어떻게 다질지, 골조는 어떻게 세울 것인지와 같이 대략적인 것을 정하는 과정이죠.
- 소프트웨어 아키텍처는 소프트웨어의 골격이 되는 기본 구조로, 기능적/비기능적 요구사항이 반영되어 있어 이해 관계자들의 의사소통 도구로 활용됩니다.

1 소프트웨어 아키텍처

- 소프트웨어 아키텍처는 **소프트웨어를 구성하는 요소들 간의 관계를 표현하는 시스템의 구조 또는 구조체**이다.
- 애플리케이션의 분할 방법과 분할된 모듈에 할당될 기능, 모듈 간의 인터페이스 등을 결정한다.
- 소프트웨어 아키텍처 설계의 기본 원리에는 모듈화, 추상화, 단계적 분해, 정보은닉이 있다.

모듈(Module)
모듈은 전체 프로그램의 기능 중에서 특정 기능을 처리할 수 있는 소스 코드를 의미합니다.

필기 21.8

2 모듈화(Modularity)

- 모듈화는 소프트웨어의 성능 향상, 시스템의 수정 및 재사용, 유지 관리 등이 용이하도록 **시스템의 기능들을 모듈* 단위로 나누는 것**을 의미한다.
- 모듈의 크기를 너무 작게 나누면 개수가 많아져 모듈 간의 통합 비용이 많이 든다.
- 모듈의 크기를 너무 크게 나누면 개수가 적어 통합 비용은 적게 들지만 모듈 하나의 개발 비용이 많이 든다.

전문가의 조언

불필요한 부분을 생략하고 필요한 부분을 강조하여 모델화하는 것이 추상화입니다.

필기 24.7, 21.8

3 추상화(Abstraction)

- 추상화는 문제의 **전체적이고 포괄적인 개념을 설계한 후** 차례로 세분화하여 **구체화시켜 나가는 것**이다.
- 완전한 시스템을 구축하기 전에 그 시스템과 유사한 모델을 만들어서 여러 가지 요인들을 테스트할 수 있다.
- 추상화의 유형

과정 추상화	자세한 수행 과정을 정의하지 않고, 전반적인 흐름만 파악할 수 있게 설계하는 방법
데이터 추상화	데이터의 세부적인 속성이나 용도를 정의하지 않고, 데이터 구조를 대표할 수 있는 표현으로 대체하는 방법
제어 추상화	이벤트 발생의 정확한 절차나 방법을 정의하지 않고, 대표할 수 있는 표현으로 대체하는 방법

필기 21.3

4 단계적 분해(Stepwise Refinement)

- 단계적 분해는 문제를 **상위의 중요 개념으로부터 하위의 개념으로 구체화시키는 분할 기법**이다.
- Niklaus Wirth에 의해 제안된 하향식 설계 전략이다.
- 소프트웨어의 포괄적인 기능에서부터 시작하여 점차적으로 구체화하고, 알고리즘, 자료 구조 등 상세한 내역은 가능한 한 뒤로 미루어 진행한다.

> **전문가의 조언**
> 건축을 예로 들면, 먼저 건물의 골조를 설계한 다음, 건물 내 층과 각 방의 경계를 정하고, 그 다음 방들의 인테리어를 구상하는 것과 같이 대략적인 설계에서 점차 세부적인 설계로 넘어가는 것과 같다고 할 수 있습니다.

필기 24.5, 21.8, 21.5

5 정보 은닉(Information Hiding)

- 정보 은닉은 한 **모듈 내부에 포함된 절차와 자료들의 정보가 감추어져 다른 모듈이 접근하거나 변경하지 못하도록 하는 기법**이다.
- 정보 은닉을 통해 모듈을 독립적으로 수행할 수 있다.
- 하나의 모듈이 변경되더라도 다른 모듈에 영향을 주지 않으므로 수정, 시험, 유지보수가 용이하다.

> **전문가의 조언**
> 캡슐로 된 감기약을 예로 들면, 정보 은닉은 감기약 캡슐에 어떤 재료가 들어 있는지 몰라도 감기 걸렸을 때 먹는 약이라는 것만 알고 복용하는 것과 같은 의미입니다.

필기 20.9

6 상위 설계와 하위 설계

소프트웨어 개발의 설계 단계는 크게 상위 설계와 하위 설계로 구분할 수 있다.

	상위 설계	하위 설계
별칭	아키텍처 설계, 예비 설계	모듈 설계, 상세 설계
설계 대상	시스템의 전체적인 구조	시스템의 내부 구조 및 행위
세부 목록	구조, DB, 인터페이스	컴포넌트, 자료 구조, 알고리즘

필기 21.5

7 소프트웨어 아키텍처의 품질 속성

- 소프트웨어 아키텍처의 품질 속성은 소프트웨어 아키텍처가 이해 관계자들이 요구하는 수준의 품질을 유지 및 보장할 수 있게 설계되었는지 확인하기 위해 품질 평가 요소들을 구체화 시켜 놓은 것이다.
- 품질 평가 요소의 종류

시스템 측면	성능, 보안, 가용성, 기능성, 사용성, 변경 용이성, 확장성 등
비즈니스 측면	시장 적시성, 비용과 혜택, 예상 시스템 수명, 목표 시장, 공개 일정 등
아키텍처 측면	개념적 무결성, 정확성, 완결성, 구축 가능성, 변경성, 시험성 등

8 소프트웨어 아키텍처의 설계 과정

필기 23.5, 22.3

설계 목표 설정	요구사항을 분석하여 전체 시스템의 설계 목표 설정
↓ 시스템 타입 결정	시스템과 서브시스템의 타입을 결정하고, 아키텍처 패턴 선택
↓ 아키텍처 패턴 적용	시스템의 표준 아키텍처 설계
↓ 서브시스템 구체화	서브시스템의 기능 및 서브시스템 간의 상호작용을 위한 동작과 인터페이스 정의
↓ 검토	설계 목표, 요구사항, 설계의 기본 원리 등을 만족하는지 아키텍처 검토

9 협약(Contract)에 의한 설계

필기 23.2, 20.8

- 협약에 의한 설계는 **컴포넌트를 설계할 때 클래스에 대한 여러 가정을 공유할 수 있도록 명세한** 것이다.
- 컴포넌트에 대한 정확한 인터페이스를 명세한다.
- 명세에 포함될 조건

조건	내용
선행 조건(Precondition)	오퍼레이션이 호출되기 전에 참이 되어야 할 조건
결과 조건(Postcondition)	오퍼레이션이 수행된 후 만족되어야 할 조건
불변 조건(Invariant)	오퍼레이션이 실행되는 동안 항상 만족되어야 할 조건

※ 정답 및 해설은 366쪽에 있습니다.

기출 따라잡기 Section 063

필기 20년 9월

문제 1 다음은 애플리케이션 개발 과정 중에 수행되는 작업들을 순서에 관계없이 나열한 것이다. 다음 중 상위 설계에 포함되는 작업들을 모두 골라 쓰시오.

> 모듈 설계, 컴포넌트 설계, 알고리즘 구현, 인터페이스 설계, 자료 구조 설계, 유지 및 보수, 패키징, 아키텍처 설계

답 :

필기 23년 2월, 20년 8월

문제 2 다음은 컴포넌트 설계 단계에 대한 설명이다. 괄호에 들어갈 가장 알맞은 용어를 쓰시오.

컴포넌트 설계 시 "(　　　)에 의한 설계"를 따를 경우, 해당 명세에서는 (1) 컴포넌트의 오퍼레이션 사용 전에 참이 되어야 할 선행 조건 (2) 사용 후 만족되어야 할 결과 조건 (3) 오퍼레이션이 실행되는 동안 항상 만족되어야 할 불변조건 등이 포함되어야 한다.

답 :

필기 21년 5월

문제 3 다음 중 소프트웨어 아키텍처 설계에서 시스템 품질 속성에 포함되는 것을 모두 골라 쓰시오.

시장 적시성, 가용성, 독립성, 변경 용이성, 완결성, 시험성, 사용성, 구축 가능성

답 :

출제예상

문제 4 소프트웨어 아키텍처 설계의 기본 원리 중 추상화(Abstraction)에 대해 간략히 서술하시오.

답 :

필기 24년 5월, 21년 8월

문제 5 다른 모듈이 모듈 내부의 절차와 자료들의 정보에 접근 및 변경하는 것을 막기 위한 기법으로, 모듈을 독립적으로 수행할 수 있고, 하나의 모듈이 변경되더라도 다른 모듈에 영향을 주지 않으므로 수정, 시험, 유지보수가 용이한 소프트웨어 아키텍처 설계의 기본 원리를 쓰시오.

답 :

SECTION 064

아키텍처 패턴

아키텍처 패턴은 건축과 비교하면 이해가 쉽습니다. 예를 들어 오피스텔을 짓는다고 가정할 때, "오피스텔을 지을 때는 이런 재질의 골조가, 복도의 넓이는 이정도, 층간 높이는 이만큼이 가장 적절하더라."라는 오피스텔 설계에 대한 가이드라인이 존재한다면 이를 참조해 손쉽게 설계가 가능합니다. 물론 사용자의 요구사항에 따라 세부적인 설계가 변경될 수는 있겠지만 아무런 자료 없이 처음부터 모든 것을 설계하는 것 보다는 훨씬 쉽겠죠? 이 가이드라인이 바로 소프트웨어 설계에서는 아키텍처 패턴에 해당한다고 할 수 있습니다. 어떤 패턴을 말하는지 알아낼 수 있도록 아키텍처의 각 패턴들의 특징을 확실히 파악하고 넘어가세요.

1 아키텍처 패턴(Patterns)

- 아키텍처 패턴은 **아키텍처를 설계할 때 참조할 수 있는 전형적인 해결 방식 또는 예제**를 의미한다.
- 소프트웨어 시스템의 구조를 구성하기 위한 기본적인 윤곽을 제시한다.
- 아키텍처 패턴에는 서브시스템들과 그 역할이 정의되어 있다.
- 서브시스템 사이의 관계와 여러 규칙 · 지침 등이 포함되어 있다.
- 주요 아키텍처 패턴의 종류
  - 레이어 패턴
  - 클라이언트–서버 패턴
  - 파이프–필터 패턴
  - 모델–뷰–컨트롤러 패턴

2 레이어 패턴(Layers pattern)

- 레이어 패턴은 **시스템을 계층으로 구분하여 구성하는** 고전적인 방법의 **패턴**이다.
- 하위 계층은 상위 계층에 대한 서비스 제공자가 되고, 상위 계층은 하위 계층의 클라이언트가 된다.
- 서로 마주보는 두 개의 계층 사이에서만 상호작용이 이루어진다.
- 대표적으로 OSI 참조 모델이 있다.

Layer n

Layer n–1

Layer 1

3 클라이언트–서버 패턴(Client–Server Pattern)

- 클라이언트–서버 패턴은 **하나의 서버 컴포넌트와 다수의 클라이언트 컴포넌트로 구성되는 패턴**이다.
- 사용자가 클라이언트를 통해 서버에 요청하면 클라이언트가 응답을 받아 사용자에게 제공하는 방식이다.

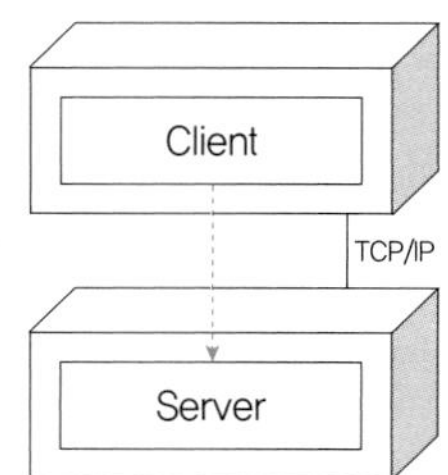

필기 24.7, 23.7, 22.7, 21.8, 21.5, 20.9

4 파이프-필터 패턴(Pipe-Filter Pattern)

- 파이프-필터 패턴은 **데이터 스트림 절차**의 각 단계를 **필터로 캡슐화하여 파이프를 통해 전송하는 패턴**이다.
- 앞 시스템의 처리 결과물을 파이프를 통해 전달받아 처리한 후 그 결과물을 다시 파이프를 통해 다음 시스템으로 넘겨주는 패턴을 반복한다.
- 데이터 변환, 버퍼링, 동기화 등에 주로 사용된다.
- 대표적으로 UNIX의 쉘(Shell)이 있다.

전문가의 조언

시스템이 파이프처럼 연결되어 있어서 앞 시스템의 처리 결과물을 파이프를 통해 전달받아 처리한 후 그 결과물을 다시 파이프를 통해 다음 시스템으로 넘겨주는 패턴을 반복하는 것이 파이프 필터 패턴입니다.

필기 24.7, 23.2

5 모델-뷰-컨트롤러 패턴(Model-View-Controller Pattern)

- 모델-뷰-컨트롤러 패턴은 **서브시스템을 모델, 뷰, 컨트롤러로 구조화하는 패턴**이다.
- 컨트롤러가 사용자의 요청을 받으면 핵심 기능과 데이터를 보관하는 모델을 이용하여 뷰에 정보를 출력하는 구조이다.
- 여러 개의 뷰를 만들 수 있다.
- 한 개의 모델에 대해 여러 개의 뷰를 필요로 하는 대화형 애플리케이션에 적합하다.

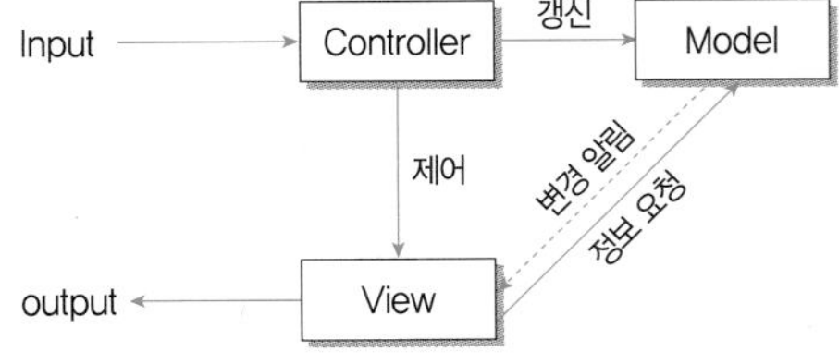

필기 24.5, 23.5, 21.8

6 기타 패턴

종류	내용
필기 24.5, 23.5, 21.8 마스터-슬레이브 패턴 (Master-Slave Pattern)	슬레이브 컴포넌트에서 처리된 결과물을 다시 돌려받는 방식으로 작업을 수행하는 패턴 예 장애 허용 시스템, 병렬 컴퓨팅 시스템
브로커 패턴 (Broker Pattern)	사용자가 원하는 서비스와 특성을 브로커 컴포넌트에 요청하면 브로커 컴포넌트가 요청에 맞는 컴포넌트와 사용자를 연결해주는 패턴 예 분산 환경 시스템

피어-투-피어 패턴 (Peer-To-Peer Pattern)	피어(Peer)라 불리는 하나의 컴포넌트가 클라이언트가 될 수도, 서버가 될 수도 있는 패턴 예 파일 공유 네트워크
이벤트-버스 패턴 (Event-Bus Pattern)	소스가 특정 채널에 이벤트 메시지를 발행(Publish)하면, 해당 채널을 구독(Subscribe)한 리스너(Listener)들이 메시지를 받아 이벤트를 처리하는 패턴 예 알림 서비스
블랙보드 패턴 (Blackboard Pattern)	모든 컴포넌트들이 공유 데이터 저장소와 블랙보드 컴포넌트에 접근이 가능한 패턴 예 음성 인식, 차량 식별, 신호 해석
인터프리터 패턴 (Interpreter Pattern)	프로그램 코드의 각 라인을 수행하는 방법을 지정하고, 기호마다 클래스를 갖도록 구성된 패턴 예 번역기, 컴파일러, 인터프리터

※ 정답 및 해설은 366쪽에 있습니다.

기출 따라잡기 Section 064

필기 24년 7월, 23년 7월, 22년 7월, 21년 5월, 20년 9월

문제 1 서브시스템이 입력 데이터를 받아 처리하고 결과를 다음 서브시스템으로 넘겨주는 과정을 반복하는 아키텍처 패턴을 쓰시오.

답 :

출제예상

문제 2 다음 그림과 같이 소스(Source)가 특정 채널에 이벤트 메시지를 발행(Publish)하면, 해당 채널(Channel)을 구독(Subscribe)한 리스너(Listener)들이 메시지를 받아 이벤트를 처리하는 아키텍처 패턴을 쓰시오.

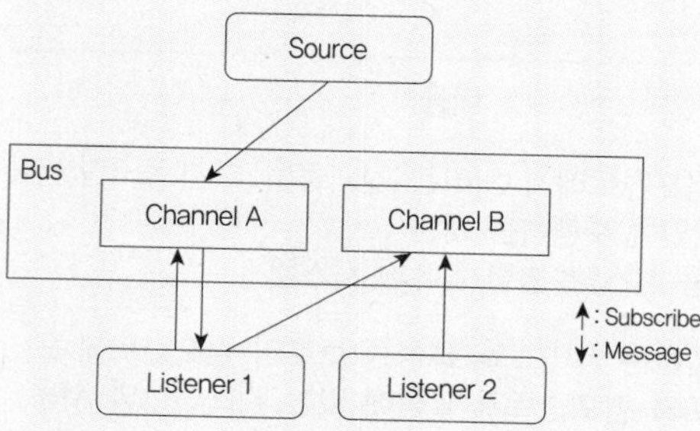

답 :

출제예상

문제 3 MVC 패턴은 서브시스템을 세 개의 컴포넌트로 구조화하는 패턴으로, 대화형 애플리케이션에 가장 많이 사용되는 패턴 중 하나이다. MVC 패턴에서 세 개의 컴포넌트가 무엇인지 쓰시오.

답 :

출제예상

문제 4 소프트웨어 설계와 관련된 다음 설명에 해당하는 용어를 쓰시오.

- 아키텍처를 설계할 때 참조할 수 있는 전형적인 해결 방식 또는 예제이다.
- 소프트웨어 시스템의 구조를 구성하기 위한 기본적인 윤곽을 제시한다.
- 서브시스템들과 그 역할이 정의되어 있으며, 서브시스템 사이의 관계와 여러 규칙 · 지침 등이 포함되어 있다.

답 :

출제예상

문제 5 소프트웨어 아키텍처에 대한 다음 설명에서 괄호(①, ②)에 들어갈 가장 적합한 종류를 쓰시오.

목표로 하는 시스템이나 고객의 핵심적인 요구사항에 따라 적합한 아키텍처 패턴을 선정해야 한다. 막대한 연산이 필요한 작업을 수행하기 위해 여러 대의 컴퓨터를 병렬로 연결하고자 한다면 (①) 패턴이, 외국어를 번역하거나 프로그래밍 언어를 개발할 때는 (②) 패턴이 상황에 맞는 아키텍처 패턴에 해당 한다.

답

- ①
- ②

SECTION 065

객체지향(Object-Oriented)

전문가의 조언

객체지향이란 사람, 자동차, 컴퓨터, 고양이 등과 같이 우리 주위에서 사용되는 물질적이거나 개념적인 개체(Entiry)를 기계의 부품처럼 하나의 객체(Object)로 만들어, 기계적인 부품을 조립하여 제품을 만들 듯이 소프트웨어를 개발하는 방법입니다.

1 객체지향

- 객체지향은 소프트웨어의 **각 요소들을 객체(Object)로 만든 후, 객체들을 조립해서 소프트웨어를 개발하는 기법**이다.
- 구조적 기법의 문제점으로 인한 소프트웨어 위기의 해결책으로 채택되어 사용되고 있다.
- 소프트웨어의 재사용 및 확장이 용이하여 고품질의 소프트웨어를 빠르게 개발할 수 있고 유지보수가 쉽다.
- 객체지향의 구성 요소
  - 객체(Object)
  - 클래스(Class)
  - 메시지(Message)
- 객체지향의 특징
  - 캡슐화(Encapsulation)
  - 상속(Inheritance)
  - 다형성(Polymorphism)
  - 연관성(Relationship)

전문가의 조언

객체지향 기법을 이용한 소프트웨어 개발에서는 객체 생성을 위해 아키텍처의 특징인 정보 은닉과 추상화가 주로 사용되므로 객체지향의 특징에 정보 은닉과 추상화가 포함되기도 합니다.

전문가의 조언

데이터는 객체가 가지고 있는 정보로 속성(Attribute), 상태, 변수, 상수, 자료 구조라고도 하며, 함수는 객체가 수행하는 기능으로 메소드(Method), 서비스(Service), 동작(Operation), 연산이라고도 합니다.

데이터는 속성, 상태, 변수, 상수, 자료 구조로, 함수는 메소드, 서비스, 동작, 연산으로 불리기도 합니다.

필기 24.2, 23.7, 21.8

2 객체(Object)

객체는 **데이터***와 **이를 처리하기 위한 함수***를 **묶어 놓은 소프트웨어 모듈**이다.

데이터	객체가 가지고 있는 정보로, 속성이나 상태, 분류 등
함수	• 객체가 수행하는 기능으로 객체가 갖는 데이터를 처리하는 알고리즘 • 객체의 상태를 참조하거나 변경하는 수단

필기 24.2, 23.5, 22.3, 21.8, 21.5, 20.8, 20.6
3 클래스(Class)

- 클래스는 **공통된 속성과 연산을 갖는 객체의 집합**이다.
- 각각의 객체들이 갖는 속성과 연산을 정의하고 있는 틀이다.
- 클래스에 속한 각각의 객체를 인스턴스(Instance)라고 한다.

전문가의 조언
클래스는 하나 이상의 유사한 객체를 묶어서 하나의 공통된 특성을 표현한 것으로, 객체지향 프로그램에서 데이터를 추상화하는 단위가 됩니다.

필기 24.7, 23.2, 22.7, 21.5
4 메시지(Message)

- 메시지는 **객체들 간의 상호작용을 하는데 사용되는 수단으로,** 객체에게 어떤 행위를 하도록 지시하는 명령 또는 요구사항이다.
- 메시지를 받은 객체는 대응하는 연산을 수행하여 예상된 결과를 반환한다.

필기 24.5, 24.2, 23.5, 21.8, 21.3, 20.9, 20.8
5 캡슐화(Encapsulation)

- 캡슐화는 **외부에서의 접근을 제한하기 위해 인터페이스를 제외한 세부 내용을 은닉*하는 것**이다.
- 캡슐화된 객체는 외부 모듈의 변경으로 인한 파급 효과가 적다.
- 객체들 간에 메시지를 주고받을 때 상대 객체의 세부 내용은 알 필요가 없으므로 인터페이스가 단순해지고, 객체 간의 결합도가 낮아진다.

전문가의 조언
캡슐로 된 알약과 비교하면 이해가 쉽습니다. 특정 질환을 치료하기 위해 서로 다른 약들을 조합하여 캡슐에 담아놓는 것과 같이 데이터와 함수들을 묶었다고 생각하면 됩니다.

정보 은닉
정보 은닉은 한 모듈 내부에 포함된 절차와 자료들의 정보가 감추어져 다른 모듈이 접근하거나 변경하지 못하도록 하는 것입니다. 은닉을 은폐라고도 합니다.

6 상속(Inheritance)

- 상속은 **상위 클래스*의 모든 속성과 연산을 하위 클래스*가 물려받는 것**이다.
- 하위 클래스는 물려받은 속성과 연산을 다시 정의하지 않아도 즉시 자신의 속성으로 사용할 수 있다.
- 하위 클래스는 상속받은 속성과 연산 외에 새로운 속성과 연산을 첨가하여 사용할 수 있다.

전문가의 조언
상속은 '학생'을 정의하는 상위 클래스를 하위 클래스가 물려받아 '남자'라는 속성을 첨가하면 상위 클래스에 비해 좀 더 구체적인 '남학생'이라는 클래스가 구성되는 것이라고 생각하면 됩니다.

상위 클래스를 부모 클래스, 하위 클래스를 자식 클래스라고도 합니다.

필기 24.2, 21.8
7 다형성(Polymorphism)

- 다형성은 **하나의 메시지에 대해 각각의 객체가** 가지고 있는 **고유한 방법으로 응답할 수 있는 능력**이다.
- 객체들은 동일한 메소드명을 사용하며 같은 의미의 응답을 한다.

  예 '+' 연산자의 경우 숫자 클래스에서는 덧셈, 문자 클래스에서는 문자열의 연결 기능으로 사용된다.

전문가의 조언
다형성은 여러 가지 형태를 가지고 있다는 의미로 하나의 메시지에 대해 여러 가지 형태의 응답이 있다는 것을 의미합니다.

8 연관성(Relationship)

필기 24.2, 20.6

- 연관성은 **두 개 이상의 객체들이 상호 참조하는 관계**를 의미한다.
- 연관성의 종류

종류	의미	특징
is member of	연관화(Association)	2개 이상의 객체가 상호 관련되어 있음을 의미함
is instance of	분류화(Classfication)	동일한 형의 특성을 갖는 객체들을 모아 구성하는 것
필기 24.2, 20.6 is part of	집단화(Aggregation)	관련 있는 객체들을 묶어 하나의 상위 객체를 구성하는 것
is a	일반화(Generalization)	공통적인 성질들로 추상화한 상위 객체를 구성하는 것
	특수화/상세화 (Specialization)	상위 객체를 구체화하여 하위 객체를 구성하는 것

※ 정답 및 해설은 367쪽에 있습니다.

기출 따라잡기 Section 065

필기 24년 2월, 23년 5월, 22년 3월, 20년 8월, 6월

문제 1 객체지향 소프트웨어 공학에서 하나 이상의 유사한 객체들을 묶어서 하나의 공통된 특성을 표현하며, 데이터를 추상화하는 단위로 사용되는 객체지향의 구성 요소를 쓰시오.

답 :

필기 20년 9월, 8월

문제 2 다음 설명과 가장 밀접한 관계가 있는 객체지향의 특징을 쓰시오.

- 인터페이스가 단순화 된다.
- 소프트웨어 재사용성이 높아진다.
- 변경 발생 시 오류의 파급 효과가 적다.
- 정보 은닉과 관계가 있다.

답 :

필기 20년 6월

문제 3 **객체지향 기법에서 연관성(Relationship)을 나타내는 표현들 중 '부분-전체(Part-Whole)' 관계 또는 '부분(is-a-part-of)'의 관계로 설명되는 연관성을 쓰시오.**

답 :

필기 22년 3월, 21년 8월

문제 4 **다음은 객체지향 기법의 특징에 대한 설명이다. 괄호에 공통으로 들어갈 가장 알맞은 용어를 쓰시오.**

( )은 이미 정의된 상위 클래스(부모 클래스)의 모든 속성과 연산을 하위 클래스(자식 클래스)가 물려받는 것을 의미한다. ( )을 이용하면 하위 클래스는 상위 클래스의 모든 속성과 연산을 자신의 클래스 내에서 다시 정의하지 않고서도 즉시 사용할 수 있다.

답 :

이전기출

문제 5 **다음 설명이 가리키는 객체지향 기법의 구성 요소를 쓰시오.**

• 실세계 또는 개념적으로 존재하는 세계의 사물들이다. • 데이터를 가지며 이 데이터를 변경하는 함수를 가지고 있는 경우도 있다. • 상호작용의 수단으로 메시지를 사용한다.

답 :

필기 24년 7월, 23년 2월, 22년 7월, 21년 5월

문제 6 **객체에게 어떤 행위를 하도록 지시하는 명령을 의미하는 객체지향의 구성 요소를 쓰시오.**

답 :

SECTION 066

객체지향 분석 및 설계

1407400

객체지향 분석 및 설계는 소프트웨어 개발 생명주기(SDLC)의 요구사항 분석 및 설계 과정을 객체지향에 맞게 구성한 것입니다. 객체지향 분석의 의미와 방법, 분석 단계에서 수행되는 작업 등을 정리하세요.

필기 23.7, 21.8, 21.3

1 객체지향 분석(OOA; Object Oriented Analysis)

- 객체지향 분석은 **사용자의 요구사항과 관련된 객체, 속성, 연산, 관계 등을 정의하여 모델링하는 작업**이다.
- 개발을 위한 업무를 객체와 속성, 클래스와 멤버, 전체와 부분 등으로 나누어서 분석한다.
- 클래스를 식별하는 것이 객체지향 분석의 주요 목적이다.

E-R 다이어그램을 사용하는 방법은 'Coad와 Yourdon 방법'이라는 것을 기억하고, 나머지 방법론들의 개념을 간단히 정리해 두세요.

필기 21.3, 20.6

2 객체지향 분석의 방법론

종류	내용
Rumbaugh(럼바우) 방법	분석 활동을 객체 모델, 동적 모델, 기능 모델로 나누어 수행함
Booch(부치) 방법	• 미시적(Micro) 개발 프로세스와 거시적(Macro) 개발 프로세스를 모두 사용함 • 클래스와 객체들을 분석 및 식별하고 클래스의 속성과 연산을 정의함
Jacobson 방법	유스케이스(Use Case)를 강조하여 사용함
필기 21.3, 20.6 Coad와 Yourdon 방법	• E-R 다이어그램을 사용하여 객체의 행위를 모델링함 • 객체 식별, 구조 식별, 주제 정의, 속성과 인스턴스 연결 정의, 연산과 메시지 연결 정의 등의 과정으로 구성함
Wirfs-Brock 방법	분석과 설계 간의 구분이 없고, 고객 명세서를 평가해서 설계 작업까지 연속적으로 수행함

전문가의 조언

럼바우 분석 활동을 순서대로 나열할 수 있어야 합니다. 럼바우 분석 활동 순서는 '객체 모델링 → 동적 모델링 → 기능 모델링'를 기억해 두세요.

21.7, 필기 24.7, 24.2, 23.7, 22.7, 22.3, 21.8, 21.5, 20.9, 20.8, 20.6

3 럼바우(Rumbaugh)의 분석 기법

- 럼바우의 분석 기법은 **모든 소프트웨어 구성 요소를 그래픽 표기법을 이용하여 모델링하는 기법**이다.
- 객체 모델링 기법(OMT, Object-Modeling Technique)이라고도 한다.
- 분석 활동은 '객체 모델링 → 동적 모델링 → 기능 모델링' 순으로 이루어 진다.

21.7, 필기 24.7, 22.7, 22.3, 21.5, 21.3, 20.9, … **객체 모델링** (Object Modeling)	정보 모델링(Information Modeling)이라고도 하며, 시스템에서 요구되는 객체를 찾아내어 속성과 연산 식별 및 객체들 간의 관계를 규정하여 객체 다이어그램*으로 표시하는 것
21.7, 필기 24.7, 22.7, 22.3, 21.5, 20.9, 20.8 **동적 모델링** (Dynamic Modeling)	상태 다이어그램*을 이용하여 시간의 흐름에 따른 객체들 간의 제어 흐름, 상호 작용, 동작 순서 등의 동적인 행위를 표현하는 모델링
21.7, 필기 24.7, 24.2, 22.7, 22.3, 21.8, 21.5, … **기능 모델링** (Functional Modeling)	자료 흐름도(DFD)를 이용하여 다수의 프로세스들 간의 자료 흐름을 중심으로 처리 과정을 표현한 모델링

- **객체 다이어그램** : 소프트웨어를 구성하는 객체와 객체 간의 관계를 표현하는 그래픽 표기법
- **상태 다이어그램** : 객체의 상태가 시간에 따라 어떻게 변하는지를 표현하는 그래픽 표기법

22.7, 필기 24.5, 24.2, 23.5, 22.7, 22.3, 20.9, 20.8

4 객체지향 설계 원칙

객체지향 설계 원칙의 종류 다섯 가지를 기억하고 각각의 개념을 파악해 두세요.

- 객체지향 설계 원칙은 **변경이나 확장에 유연한 시스템을 설계하기 위해 지켜져야 할 원칙**이다.
- SRP, OCP, LSP, ISP, DIP의 다섯 가지 원칙의 앞 글자를 따 SOLID 원칙이라고 부른다.
- 객체지향 설계 원칙의 종류

종류	내용
필기 24.5, 22.7 단일 책임 원칙(SRP)	객체는 단 하나의 책임만 가져야 한다는 원칙
필기 24.5, 22.7 개방-폐쇄 원칙(OCP)	기존의 코드를 변경하지 않고 기능을 추가할 수 있도록 설계해야 한다는 원칙
필기 22.7, 22.3, 20.8 리스코프 치환 원칙(LSP)	자식 클래스는 최소한 부모 클래스의 기능은 수행할 수 있어야 한다는 원칙
22.7, 필기 24.5, 23.5, 22.7, 20.9 인터페이스 분리 원칙(ISP)	자신이 사용하지 않는 인터페이스와 의존 관계를 맺거나 영향을 받지 않아야 한다는 원칙
필기 24.5, 24.2, 22.7, 22.3 의존 역전 원칙(DIP)	의존 관계 성립 시 추상성이 높은 클래스와 의존 관계를 맺어야 한다는 원칙

※ 정답 및 해설은 367쪽에 있습니다.

기출 따라잡기 Section 066

필기 21년 3월, 20년 6월

문제 1 객체지향 분석 방법론 중 E-R 다이어그램을 사용하여 객체의 행위를 모델링하며, 객체 식별, 구조 식별, 주체 정의, 속성 및 관계 정의, 서비스 정의 등의 과정으로 구성되는 기법을 쓰시오.

답 :

22년 7월, 필기 24년 5월, 23년 5월

문제 2 객체지향에 대한 다음 설명에 해당하는 용어를 〈보기〉에서 찾아 쓰시오.

- 자신이 사용하지 않는 인터페이스와 의존 관계를 맺거나 영향을 받지 않아야 한다는 객체지향 설계 원칙 중의 하나이다.
- 예를 들어 프린터, 팩스, 복사 기능을 가진 복합기의 경우 3가지 기능을 모두 가진 범용 인터페이스보다는 프린터 인터페이스, 팩스 인터페이스, 복사 인터페이스로 분리함으로써 하나의 기능 변경으로 인해 다른 기능이 영향을 받지 않도록 해야 한다.

〈보기〉

• SRP	• SOLID	• OCP	• LSP
• ISP	• DIP	• OTP	• PNP

답 :

21년 7월

문제 3 럼바우(Rumbaugh) 데이터 모델링에 대한 다음 설명에서 각 지문(①~③)에 해당하는 모델링을 〈보기〉에서 찾아 쓰시오.

① 다수의 프로세스들 간의 자료 흐름을 중심으로 처리 과정을 표현한 모델링
　예 자료흐름도(DFD)

② 시간의 흐름에 따른 객체들 간의 제어 흐름, 상호 작용, 동작 순서 등의 동적인 행위를 표현하는 모델링
　예 상태 변화도(STD), 사건 추적도

③ 시스템에서 요구되는 객체를 찾아내어 속성과 연산 식별 및 객체들 간의 관계를 규정하여 표시하는 모델링
　예 ER 다이어그램(ERD)

〈보기〉

• Operation	• Sequence	• Information	• Transaction
• Function	• I/O	• Dynamic	• Cause-Effect

답

- ①
- ②
- ③

SECTION 067

모듈

필기 24.5, 23.7, 23.5, 21.8

1 모듈(Module)

- 모듈은 **모듈화*를 통해 분리된 시스템의 각 기능**으로, 서브루틴, 서브시스템, 소프트웨어 내의 프로그램, 작업 단위 등을 의미한다.
- 모듈의 기능적 독립성은 소프트웨어를 구성하는 각 모듈의 기능이 서로 독립됨을 의미한다.
- 모듈의 독립성*은 결합도(Coupling)와 응집도(Cohesion)에 의해 측정된다.

24.7, 20.5, 필기 24.5, 23.2, 22.7, 22.4, 21.8, 21.5, 21.3, 20.8, 20.6

2 결합도(Coupling)

- 결합도는 **모듈 간에 상호 의존하는 정도** 또는 두 모듈 사이의 연관 관계이다.
- 결합도가 약할수록 품질이 높고, 강할수록 품질이 낮다.
- 결합도의 종류와 강도

내용 결합도	공통 결합도	외부 결합도	제어 결합도	스탬프 결합도	자료 결합도

결합도 강함 ← → 결합도 약함

24.7, 21.10, 21.4, 필기 23.7, 22.7, 22.4, 20.9, 20.8

3 결합도의 종류

종류	내용
21.4, 필기 23.7, 22.7, 22.4, 20.9 내용 결합도 (Content Coupling)	한 모듈이 다른 모듈의 내부 기능 및 그 내부 자료를 직접 참조하거나 수정할 때의 결합도
21.4, 필기 23.7, 20.9 공통(공유) 결합도 (Common Coupling)	• 공유되는 공통 데이터 영역을 여러 모듈이 사용할 때의 결합도 • 파라미터가 아닌 모듈 밖에 선언된 전역 변수를 사용하여 전역 변수를 갱신하는 방식으로 상호작용하는 때의 결합도
필기 22.7 외부 결합도 (External Coupling)	어떤 모듈에서 선언한 데이터(변수)를 외부의 다른 모듈에서 참조할 때의 결합도
24.7, 21.10, 필기 20.8 제어 결합도 (Control Coupling)	• 어떤 모듈이 다른 모듈 내부의 논리적인 흐름을 제어하기 위해 제어 신호나 제어 요소를 전달하는 결합도 • 하위 모듈에서 상위 모듈로 제어 신호가 이동하여 하위 모듈이 상위 모듈에게 처리 명령을 내리는 권리 전도 현상이 발생하게 됨

전문가의 조언

모듈의 개념을 이해하고 응집도, 결합도의 종류들에 대해 확실히 파악하고 넘어가세요.

모듈화(Modularity)

모듈화는 소프트웨어의 성능을 향상시키거나 시스템의 수정 및 재사용, 유지 관리 등을 위해 시스템의 기능들을 모듈 단위로 분해하는 것을 의미합니다.

모듈의 독립성

모듈의 독립성은 모듈이 다른 모듈과의 과도한 상호작용을 배제하고 하나의 기능만을 수행함으로써 이루어지며, 독립성을 높이려면 모듈의 결합도는 약하게, 응집도는 강하게, 모듈의 크기는 작게 만들어야 합니다.

전문가의 조언

결합도는 두 사람이 붙어있는 것과 비교하면 이해가 쉽습니다. 손만 잡고 있는지, 팔짱을 끼고 있는지, 포옹을 하고 있는지에 따라 서로 떨어뜨리기가 어려워지겠죠.

21.4, 필기 22.7 스탬프(검인) 결합도 (Stamp Coupling)	모듈 간의 인터페이스로 배열이나 레코드 등의 자료 구조가 전달될 때의 결합도
필기 23.7, 22.7, 20.9 자료 결합도 (Data Coupling)	모듈 간의 인터페이스가 자료 요소로만 구성될 때의 결합도

응집도는 어질러진 방의 물건들을 상자에 정리하는 것과 비교하면 이해가 쉽습니다. 용도나 종류에 따라 구분하여 박스에 정리했다면 응집도가 강하다고 할 수 있고, 구분없이 박스에 집어넣었다면 응집도가 약하다고 할 수 있습니다.

20.5, 필기 24.5, 23.5, 21.5, 21.3, 20.6

4 응집도(Cohesion)

- 응집도는 **모듈의 내부 요소들이 서로 관련되어 있는 정도**이다.
- 응집도가 강할수록 품질이 높고, 약할수록 품질이 낮다.
- 응집도의 종류와 강도

기능적 응집도	순차적 응집도	교환적 응집도	절차적 응집도	시간적 응집도	논리적 응집도	우연적 응집도

응집도 강함 ←→ 응집도 약함

24.7, 24.2, 21.7, 필기 22.4, 21.8, 20.9, 20.8

5 응집도의 종류

종류	내용
24.4, 21.7 기능적 응집도 (Functional Cohesion)	모듈 내부의 모든 기능 요소들이 단일 문제와 연관되어 수행될 경우의 응집도
24.7 순차적 응집도 (Sequential Cohesion)	모듈 내 하나의 활동으로부터 나온 출력 데이터를 그 다음 활동의 입력 데이터로 사용할 경우의 응집도
24.4, 21.7 교환(통신)적 응집도 (Communication Cohesion)	동일한 입력과 출력을 사용하여 서로 다른 기능을 수행하는 구성 요소들이 모였을 경우의 응집도
21.7, 필기 20.8 절차적 응집도 (Procedural Cohesion)	모듈이 다수의 관련 기능을 가질 때 모듈 안의 구성 요소들이 그 기능을 순차적으로 수행할 경우의 응집도
24.4, 필기 21.8 시간적 응집도 (Temporal Cohesion)	특정 시간에 처리되는 몇 개의 기능을 모아 하나의 모듈로 작성할 경우의 응집도
논리적 응집도 (Logical Cohesion)	유사한 성격을 갖거나 특정 형태로 분류되는 처리 요소들로 하나의 모듈이 형성되는 경우의 응집도
24.4, 필기 22.4, 20.9 우연적 응집도 (Coincidental Cohesion)	모듈 내부의 각 구성 요소들이 서로 관련 없는 요소로만 구성된 경우의 응집도

전문가의 조언

팬인과 팬아웃을 분석하면 시스템의 복잡도를 알 수 있으며, 시스템의 복잡도를 최적화하려면 팬인은 높게, 팬아웃은 낮게 설계해야 합니다.

22.7, 20.5, 필기 22.7, 21.3

6 팬인(Fan-In) / 팬아웃(Fan-Out)

- 팬인은 **어떤 모듈을 제어하는 모듈의 수**이다.
- 팬아웃은 **어떤 모듈에 의해 제어되는 모듈의 수**를 의미한다.

• 팬인이 높다는 것은 재사용 측면에서 설계가 잘 되어있다고 볼 수 있다.

• 팬인이 높은 경우 단일 장애점*이 발생할 수 있으므로 중점적인 관리 및 테스트가 필요하다.

단일 장애점(SPOF, Single Point Of Failure)
단일 장애점은 시스템의 구성 요소 중 동작하지 않으면 전체 시스템이 중단되어 버리는 요소를 의미하며, 단일 실패점이라고도 합니다.

예제 다음의 시스템 구조도에서 각 모듈의 팬인(Fan-In)과 팬아웃(Fan-Out)을 구하시오.

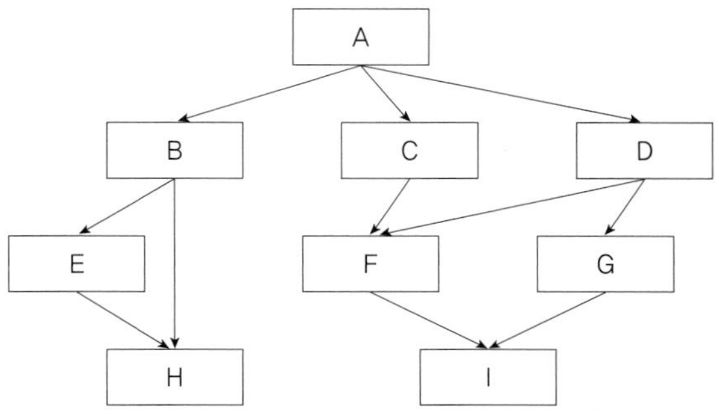

전문가의 조언

• 시스템 구조도를 제시하고 팬인과 팬아웃을 계산하는 문제가 출제될 수 있습니다. 다음 예제를 통해 팬인과 팬아웃 계산 방법을 익히세요.

• 단순하게 생각하세요. 모듈에 들어오면(In) 팬인, 모듈에서 나가면(out) 팬아웃입니다.

해설

• 팬인(Fan-In) : A는 0, B · C · D · E · G는 1, F · H · I는 2

• 팬아웃(Fan-Out) : H · I는 0, C · E · F · G는 1, B · D는 2, A는 3

필기 24.2, 22.3, 20.9

7 N-S 차트(Nassi-Schneiderman Chart)

• N-S 차트는 **논리의 기술에 중점을 두고 도형을 이용해 표현하는 방법**이다.

• 박스 다이어그램, Chapin Chart라고도 한다.

• GOTO나 화살표를 사용하지 않는다.

• 연속, 선택 및 다중 선택, 반복의 3가지 제어 논리 구조로 표현한다.

• 조건이 복합되어 있는 곳의 처리를 시각적으로 명확히 식별하는 데 적합하다.

※ 정답 및 해설은 367쪽에 있습니다.

기출 따라잡기 Section 067

20년 5월, 필기 20년 6월

문제 1 **소프트웨어 패키징이란 모듈별로 생성한 실행 파일들을 묶어 배포용 설치 파일을 만드는 것을 말한다. 소스 코드는 향후 관리를 고려하여 모듈화하여 패키징한다. 모듈화는 모듈 간 (①)의 최소화와 모듈 내 요소들의 (②)를 최대화하는 것이 목표이다. 괄호(①, ②)에 들어갈 알맞은 용어를 쓰시오.**

답

• ①

• ②

22년 7월, 20년 5월, 필기 22년 7월, 21년 3월

문제 2 다음의 모듈 관계를 표현한 시스템 구조도를 참고하여 팬인(Fan-In)이 2 이상인 모듈을 모두 쓰시오.

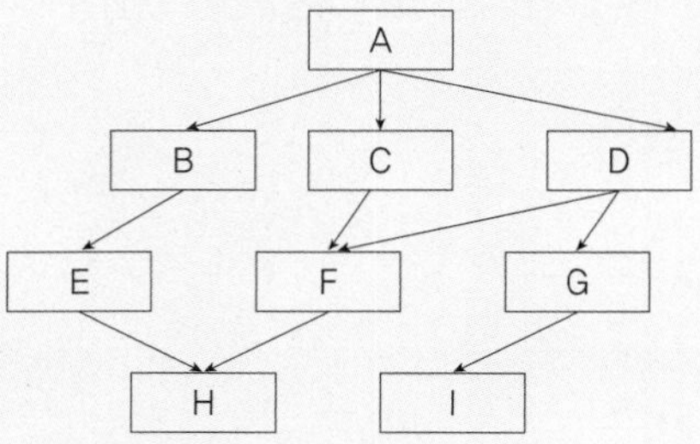

답 :

24년 7월

문제 3 모듈에 대한 다음 설명에 해당하는 결합도(Coupling)를 쓰시오.

- 어떤 모듈이 다른 모듈 내부의 논리적인 흐름을 제어하기 위해 제어 신호나 제어 요소를 전달하는 결합도이다.
- 하위 모듈에서 상위 모듈로 제어 신호가 이동하여 하위 모듈이 상위 모듈에게 처리 명령을 내리는 권리 전도 현상이 발생하게 된다.

답 :

21년 4월

문제 4 데이터 모델의 구성 요소에 대한 다음 설명에서 괄호(①~③)에 들어갈 알맞은 용어를 〈보기〉에서 찾아 쓰시오.

1. (①)는 모듈 간의 인터페이스로 데이터, 지역 변수 등을 직접 참조하거나 수정할 때의 결합도이다.
2. (②)는 모듈 간의 인터페이스로 배열이나 레코드 등의 자료 구조가 전달될 때의 결합도이다.
3. (③)는 모듈 간의 인터페이스로 파라미터가 아닌 모듈 밖에 선언된 전역 변수를 사용하여 전역 변수를 갱신하는 방식으로 상호작용하는 때의 결합도이다.

〈보기〉

• 자료 결합도	• 스탬프 결합도	• 제어 결합도
• 공통 결합도	• 내용 결합도	• 외부 결합도

답
- ①
- ②
- ③

21년 10월

문제 5 결합도(Coupling)의 종류 중 단순 처리 대상인 데이터만 전달되는 것이 아니라 어떻게 처리해야 하는지를 결정하는 제어 요소가 전달되는 경우의 결합도를 영문으로 쓰시오.

답 :

21년 7월

문제 6 모듈에 대한 다음 설명에서 각 지문(①~③)에 해당하는 응집도(Cohesion)를 〈보기〉에서 찾아 쓰시오.

① 내부의 요소들이 기능적으로 연관성은 없으나, 순차적으로 실행될 때의 응집도
② 서로 다른 기능을 수행하지만 동일한 입력과 출력을 사용할 때의 응집도
③ 하나의 기능에 밀접하게 관련되어 있거나 연관되어 있을 때의 응집도

〈보기〉

- 기능적 응집도
- 순차적 응집도
- 교환적 응집도
- 절차적 응집도
- 시간적 응집도
- 논리적 응집도
- 우연적 응집도

답
- ①
- ②
- ③

24년 4월, 필기 24년 5월, 22년 4월, 21년 5월, 3월, 20년 6월

문제 7 다음에 제시된 응집도(Cohesion)를 높은 순에서 낮은 순으로 나열하시오.

㉠ 기능적 응집도(Functional Cohesion)
㉡ 교환적 응집도(Communication Cohesion)
㉢ 우연적 응집도(Coincidental Cohesion)
㉣ 시간적 응집도(Temporal Cohesion)

답 : (　　) → (　　) → (　　) → (　　)

SECTION 068

단위 모듈

1407600

전문가의 조언

단위 모듈, IPC, 테스트 케이스의 개념을 파악하고, IPC의 메소드와 테스트 케이스의 구성 요소에는 어떤 것들이 있는지 알아두세요.

1 단위 모듈(Unit Module)

- 단위 모듈은 소프트웨어 구현에 필요한 여러 동작 중 **한 가지 동작을 수행하는 기능을 모듈로 구현한 것**이다.
- 단위 모듈로 구현되는 하나의 기능을 단위 기능이라고 부른다.
- 독립적인 컴파일이 가능하며, 다른 모듈에 호출되거나 삽입되기도 한다.
- 단위 모듈의 구현 과정

단위 기능 명세서 작성	기능 및 코드 명세서나 설계 지침과 같은 단위 기능을 명세화하는 단계
↓	
입 · 출력 기능 구현	입 · 출력 기능을 위한 알고리즘 및 데이터를 구현하는 단계
↓	
알고리즘 구현	단위 기능별로 모듈을 구현하는 단계

2 IPC(Inter-Process Communication)

21.4

- IPC는 **모듈 간 통신 방식을 구현하기 위해 사용되는 대표적인 프로그래밍 인터페이스 집합**이다.
- 복수의 프로세스를 수행하며 이뤄지는 프로세스 간 통신까지 구현이 가능하다.
- IPC의 대표 메소드 5가지

메소드	특징
Shared Memory	공유 가능한 메모리를 구성하여 다수의 프로세스가 통신하는 방식
Socket	네트워크 소켓을 이용하여 네트워크를 경유하는 프로세스 간에 통신하는 방식
Semaphores	공유 자원에 대한 접근 제어를 통해 통신하는 방식

Pipes&named Pipes	• 'Pipe'라고 불리는 선입선출 형태로 구성된 메모리를 여러 프로세스가 공유하여 통신하는 방식 • Pipe는 하나의 프로세스가 이용 중이라면 다른 프로세스는 접근할 수 없음
Message Queueing	메시지가 발생하면 이를 전달하는 방식으로 통신하는 방식

3 단위 모듈 테스트

- 단위 모듈 테스트는 프로그램의 단위 기능으로 구현된 **모듈이 정해진 기능을 정확히 수행하는지 검증하는 것**이다.
- 단위 테스트(Unit Test)라고도 불린다.
- 단위 모듈 테스트의 기준은 단위 모듈에 대한 코드이므로 시스템 수준의 오류는 잡아낼 수 없다.

21.10, 필기 21.3

4 테스트 케이스(Test Case)

테스트 케이스는 모듈이 올바르게 작성되었는지 확인하기 위해 모듈에 입력될 수 있는 여러 값들과 예상 결과들을 나열하여 목록을 만드는 과정입니다.

- 테스트 케이스는 구현된 **소프트웨어가 사용자의 요구사항을 정확하게 준수했는지를 확인하기 위한 테스트 항목에 대한 명세서**이다.
- 테스트 케이스를 이용하지 않은 테스트는 특정 요소에 대한 검증이 누락되거나 불필요한 검증의 반복으로 인해 인력과 시간을 낭비할 수 있다.
- ISO/IEC/IEEE 29119-3 표준에 따른 테스트 케이스의 구성 요소

식별자(Identifier)	항목 식별자, 일련번호
테스트 항목(Test Item)	테스트 대상(모듈 또는 기능)
입력 명세(Input Specification)	입력 데이터 또는 테스트 조건
출력 명세(Output Specification)	테스트 케이스 수행 시 예상되는 출력 결과
환경 설정(Environmental Needs)	필요한 하드웨어나 소프트웨어의 환경
특수 절차 요구 (Special Procedure Requirement)	테스트 케이스 수행 시 특별히 요구되는 절차
의존성 기술 (Inter-case Dependencies)	테스트 케이스 간의 의존성

※ 정답 및 해설은 368쪽에 있습니다.

기출 따라잡기 Section 068

출제예상

문제 1 소프트웨어 구현을 위해 필요한 여러 동작 중 한 가지 동작을 수행하는 작은 기능을 모듈로 구현한 것을 무엇이라고 하는지 쓰시오.

답 :

21년 4월

문제 2 네트워크에 관련된 다음 설명에 해당하는 용어를 쓰시오.

> 모듈 간 통신 방식을 구현하기 위해 사용되는 대표적인 프로그래밍 인터페이스 집합으로, 복수의 프로세스를 수행하며 이뤄지는 프로세스 간 통신까지 구현이 가능하다. 대표적인 메소드에는 공유 메모리(Shared Memory), 소켓(Socket), 세마포어(Semaphores), 파이프와 네임드 파이프(Pipes&named Pipes), 메시지 큐잉(Message Queueing)이 있다.

답 :

출제예상

문제 3 애플리케이션 테스트에 사용되는 테스트 케이스(Test Case)에 대해 간략히 서술하시오.

답 :

출제예상

문제 4 IPC(Inter-Process Communication)에 대한 다음 설명에서 괄호(①, ②)에 들어갈 알맞은 메소드의 명칭을 쓰시오.

- IPC는 모듈 간 통신 방식을 구현하기 위해 사용되는 대표적인 프로그래밍 인터페이스 집합이다.
- IPC는 복수의 프로세스를 수행하며 이뤄지는 프로세스 간 통신까지 구현이 가능하다.
- IPC의 대표적인 메소드는 다음과 같다.

메소드	특징
Shared Memory	공유 가능한 메모리를 구성하여 다수의 프로세스가 통신하는 방식이다.
Socket	네트워크 소켓을 이용하여 네트워크를 경유하는 프로세스 간에 통신하는 방식이다.
(①)	공유 자원에 대한 접근 제어를 통해 통신하는 방식이다.
Pipes&named Pipes	• 'Pipe'라고 불리는 선입선출 형태로 구성된 메모리를 여러 프로세스가 공유하여 통신하는 방식이다. • Pipe는 하나의 프로세스가 이용 중이라면 다른 프로세스는 접근할 수 없다.
(②)	메시지가 발생하면 이를 전달하는 방식으로 통신하는 방식이다.

- ①
- ②

SECTION 069

공통 모듈

전문가의 조언

- 인터넷 쇼핑몰 사이트의 '로그인' 기능이 공통 모듈의 대표적인 예입니다. 사이트의 첫 페이지에서 '로그인'을 할 수도 있고, 상품 구매 버튼을 누른 후에 나오는 '로그인' 창에서 할 수도 있습니다. 두 개의 '로그인'은 발생하는 위치는 다르지만 동일한 기능을 갖고 있어 공통 모듈로 구성하기에 적합합니다.
- 공통 모듈과 재사용의 개념에 대해 정확히 이해하고, 공통 모듈 구현 시 준수해야 할 명세의 종류와 각각의 의미를 파악해 두세요.

1 공통 모듈

- 공통 모듈은 **여러 프로그램에서 공통으로 사용할 수 있는 모듈**이다.
- 자주 사용되는 계산식이나 매번 필요한 사용자 인증과 같은 기능들이 공통 모듈로 구성될 수 있다.
- 공통 모듈을 구현할 때는 해당 기능을 명확히 이해할 수 있도록 명세 기법을 준수해야 한다.

필기 20.6

2 공통 모듈 명세 기법의 종류

명세 기법	내용
정확성(Correctness)	시스템 구현 시 해당 기능이 필요하다는 것을 알 수 있도록 정확히 작성함
필기 20.6 명확성(Clarity)	해당 기능을 이해할 때 중의적으로 해석되지 않도록 명확하게 작성함
완전성(Completeness)	시스템 구현을 위해 필요한 모든 것을 기술함
일관성(Consistency)	공통 기능들 간 상호 충돌이 발생하지 않도록 작성함
추적성(Traceability)	기능에 대한 요구사항의 출처, 관련 시스템 등의 관계를 파악할 수 있도록 작성함

전문가의 조언

재사용의 개념을 이해하고 재사용 규모에 따른 분류 항목 3가지를 기억해 두세요.

필기 22.4, 21.3, 20.9

3 재사용(Reuse)

- 재사용은 **이미 개발된 기능들을 새로운 시스템이나 기능 개발에 사용하기 적합하도록 최적화하는 작업**이다.
- 새로 개발하는데 필요한 비용과 시간을 절약할 수 있다.
- 누구나 이해할 수 있고 사용이 가능하도록 사용법을 공개해야 한다.

• 재사용 규모에 따른 분류

필기 20.9 **함수와 객체***	클래스*나 메소드 단위의 소스 코드를 재사용함
필기 22.4, 20.9 **컴포넌트**	• 독립적인 업무 또는 기능을 수행하는 실행 코드 기반으로 작성된 모듈 • 컴포넌트 자체에 대한 수정 없이 인터페이스를 통해 통신하는 방식으로 재사용함
필기 20.9 **애플리케이션***	공통된 기능들을 제공하는 애플리케이션을 공유하는 방식으로 재사용함

- **함수 = 메소드** : 객체의 데이터를 처리하는 알고리즘
- **객체** : 데이터와 함수를 캡슐화한 소프트웨어 모듈
- **클래스** : 객체를 정의하는 틀
- **애플리케이션** : 어떠한 목적을 갖고 개발된 소프트웨어

필기 24.7, 22.3, 21.3, 20.9, 20.8

4 효과적인 모듈 설계 방안

- 결합도(Coupling)는 줄이고 응집도(Cohesion)는 높여서 모듈의 독립성과 재사용성을 높인다.
- 복잡도와 중복성을 줄이고 일관성을 유지시킨다.
- 모듈의 기능은 예측이 가능해야 하며 지나치게 제한적이어서는 안 된다.
- 모듈 크기는 시스템의 전반적인 기능과 구조를 이해하기 쉬운 크기로 분해한다.
- 효과적인 제어를 위해 모듈 간의 계층적 관계를 정의하는 자료가 제시되어야 한다.

효과적인 모듈 설계의 방안은 상식적인 내용이니 가볍게 읽어보고 넘어가세요.

※ 정답 및 해설은 368쪽에 있습니다.

기출 따라잡기 Section 069

필기 20년 6월

문제 1 공통 모듈 명세 시 해당 기능에 대해 일관되게 이해되고 한 가지로 해석될 수 있도록 작성해야 한다는 명세 기법 원칙이 무엇인지 쓰시오.

답 :

필기 20년 9월

문제 2 다음 중 공통 모듈의 재사용 규모에 따른 분류에 해당하는 것을 모두 쓰시오.

컴포넌트, 더미코드, 함수와 객체, 애플리케이션, 주석, 파일 구조

답 :

출제예상

문제 3 다음의 설명에 가장 부합하는 용어를 쓰시오.

- 여러 프로그램에서 공통적으로 사용할 수 있는 모듈을 의미하며, 자주 사용되는 계산식이나 사용자 인증과 같은 기능들이 여기에 해당한다.
- 재사용성의 확보와 중복 개발 회피를 통해 프로그램 개발에 소모되는 자원을 절약할 수 있다.
- 구현 시 다른 개발자들이 해당 기능을 명확히 이해할 수 있도록 명세 기법을 준수해야 한다.

답 :

필기 21년 3월

문제 4 소프트웨어 개발에서 재사용(Reuse)에 대한 개념을 간략히 서술하시오.

답 :

필기 22년 4월

문제 5 다음의 설명에 가장 부합하는 용어를 쓰시오.

- 명백한 역할을 가지고 독립적으로 존재할 수 있는 시스템의 부분으로, 넓은 의미에서는 재사용되는 모든 단위라고 볼 수 있다.
- 인터페이스를 통해서만 접근할 수 있다.

답 :

필기 22년 3월

문제 6 다음 괄호(①, ②)에 들어갈 가장 적합한 용어를 쓰시오.

좋은 소프트웨어 설계를 위해서는 소프트웨어의 모듈 간 (①)는 낮게 설계하고, 모듈 내 요소 간 (②)는 높게 설계한다.

답

- ①
- ②

SECTION 070

코드

1407800 

1 코드(Code)

전문가의 조언

코드의 개념을 이해하고, 코드의 주요 기능 5가지를 확실히 기억해 두세요.

- 코드는 **자료의 분류 · 조합 · 집계 · 추출을 용이하게 하기 위해 사용하는 기호**이다.
- 정보를 신속 · 정확 · 명료하게 전달할 수 있게 한다.
- 일정한 규칙에 따라 작성된다.
- 정보 처리의 효율과 처리된 정보의 가치에 많은 영향을 미친다.

필기 20.8

2 코드의 주요 기능

기능	내용
식별 기능	데이터 간의 성격에 따라 구분이 가능함
분류 기능	특정 기준이나 동일한 유형에 해당하는 데이터를 그룹화 할 수 있음
배열 기능	의미를 부여하여 나열할 수 있음
표준화 기능	다양한 데이터를 기준에 맞추어 표현할 수 있음
간소화 기능	복잡한 데이터를 간소화할 수 있음

필기 23.7, 23.2, 20.9, 20.6

3 코드의 종류

무슨 코드를 말하는지 찾아낼 수 있도록 각 코드의 특징을 확실히 파악하고 넘어가세요.

종류	내용
필기 23.7, 20.6 순차 코드 (Sequence Code)	자료의 발생 순서, 크기 순서 등 일정 기준에 따라서 최초의 자료부터 차례로 일련번호를 부여하는 방법으로, 순서 코드 또는 일련번호 코드라고도 함 예 1, 2, 3, 4, …
블록 코드 (Block Code)	코드화 대상 항목 중에서 공통성이 있는 것끼리 블록으로 구분하고, 각 블록 내에서 일련번호를 부여하는 방법으로, 구분 코드라고도 함 예 1001~1100 : 총무부, 1101~1200 : 영업부

10진 코드 (Decimal Code)	코드화 대상 항목을 0~9까지 10진 분할하고, 다시 그 각각에 대하여 10진 분할하는 방법을 필요한 만큼 반복하는 방법으로, 도서 분류식 코드라고도 함 예 1000 : 공학, 1100 : 소프트웨어 공학, 1110 : 소프트웨어 설계
그룹 분류 코드 (Group Classification Code)	코드화 대상 항목을 일정 기준에 따라 대분류, 중분류, 소분류 등으로 구분하고, 각 그룹 안에서 일련번호를 부여하는 방법임 예 1-01-001 : 본사-총무부-인사계, 2-01-001 : 지사-총무부-인사계
연상 코드 (Mnemonic Code)	코드화 대상 항목의 명칭이나 약호*와 관계있는 숫자나 문자, 기호를 이용하여 코드를 부여하는 방법임 예 TV-40 : 40인치 TV, L-15-220 : 15W 220V의 램프
필기 23.2, 20.9 표의 숫자 코드 (Significant Digit Code)	코드화 대상 항목의 성질, 즉 길이, 넓이, 부피, 지름, 높이 등의 물리적 수치를 그대로 코드에 적용시키는 방법으로, 유효 숫자 코드라고도 함 예 120-720-1500 : 두께×폭×길이가 120×720×1500인 강판
합성 코드 (Combined Code)	필요한 기능을 하나의 코드로 수행하기 어려운 경우 2개 이상의 코드를 조합하여 만드는 방법임 예 연상 코드 + 순차 코드 KE-711 : 대한항공 711기, AC-253 : 에어캐나다 253기

약호
약호는 간단하고 알기 쉽게 만든 부호를 의미합니다.

※ 정답 및 해설은 368쪽에 있습니다.

기출 따라잡기 Section 070

필기 23년 7월, 20년 6월
문제 1 코드 설계에서 일정한 일련번호를 부여하는 코드 부여 방식을 쓰시오.

답 :

필기 23년 2월, 20년 9월
문제 2 코드화 대상 항목의 중량, 면적, 용량 등의 물리적 수치를 이용하여 코드를 부여하는 코드 부여 방식을 쓰시오.

답 :

출제예상

문제 3 사원 번호의 발급 과정에서 둘 이상의 서로 다른 사람에게 동일한 번호가 부여된 경우에 코드의 어떤 기능을 만족시키지 못한 것인지 다음 보기에서 골라 쓰시오.

표준화 기능, 식별 기능, 배열 기능, 연상 기능, 분류 기능, 간소화 기능

답 :

출제예상

문제 4 다음 설명의 괄호에 공통적으로 들어갈 알맞은 용어를 쓰시오.

(   )는 코드화 대상 자료 전체를 계산하여 이를 필요로 하는 분류 단위로 구분하고, 각 (   ) 내에서 순서대로 번호를 부여하는 방식으로, 구분 코드라고도 불린다. 적은 자릿수로 많은 항목의 표시가 가능하고 예비 코드를 사용할 수 있어 추가가 용이하다.

답 :

출제예상

문제 5 코드화 대상 항목을 10진 분할하고, 다시 그 각각에 대하여 10진 분할하는 방법을 필요한 만큼 반복하는 코드로서, 코드 대상 항목의 추가가 용이하며 무제한적으로 확대할 수 있으나 자릿수가 길어질 수 있고 기계 처리에는 적합하지 않은 코드를 쓰시오.

답 :

SECTION 071

디자인 패턴

전문가의 조언

- 아키텍처 패턴에서 건물의 윤곽을 잡는 가이드라인을 제시했다면, 디자인 패턴은 그보다 더 세밀한 부분인 건물의 각 방들을 인테리어 하는 과정이라고 보면 됩니다.
- 디자인 패턴의 명칭을 영문으로 쓰라는 문제가 출제되었습니다. 디자인 패턴의 명칭은 영문까지 명확히 암기하세요.

바퀴를 다시 발명하지 마라
이미 존재하는 기술이나 제품을 굳이 다시 만들기 위해 시간과 노동력을 소모하지 말라는 의미의 관용구입니다.

20.11, 필기 24.7, 23.5, 22.3, 21.8, 20.9, 20.8

1 디자인 패턴(Design Pattern)

- 디자인 패턴은 **모듈 간의 관계 및 인터페이스를 설계할 때 참조할 수 있는 전형적인 해결 방식 또는 예제**를 의미한다.
- 문제 및 배경, 실제 적용된 사례, 재사용이 가능한 샘플 코드 등으로 구성되어 있다.
- '바퀴를 다시 발명하지 마라(Don't reinvent the wheel)'*라는 말과 같이, 개발 과정 중에 문제가 발생하면 새로 해결책을 구상하는 것보다 문제에 해당하는 디자인 패턴을 참고하여 적용하는 것이 더 효율적이다.
- GOF의 디자인 패턴은 생성 패턴, 구조 패턴, 행위 패턴으로 구분된다.

전문가의 조언

각 패턴의 이름과 의미를 연결 지어 기억해 두세요. 추상 팩토리는 서로 다른 부품을 조립만 하는 조립 공장(Factory), 빌더는 건축가(Builder)가 블록을 조립하는 모습, 팩토리 메소드는 부품부터 완성품까지 통째로 찍어내는 공장(Factory), 프로토타입은 원형(Prototype)을 두고 복제품을 만드는 것, 싱글톤은 식당에서 누구나 사용할 수 있지만 하나뿐(Singleton)인 정수기를 염두에 두고 기억해 보세요.

인스턴스(Instance)
인스턴스는 클래스에 속한 각각의 객체를 의미합니다.

24.4, 21.10, 필기 24.5, 23.7, 23.5, 23.2, 22.7, 22.3, 21.8, 21.5, 21.3, 20.8

2 생성 패턴(Creational Pattern)

생성 패턴은 **클래스나 객체의 생성과 참조 과정을 정의하는 패턴**이다.

패턴	설명
24.4, 필기 24.5, 22.3, 21.3 **추상 팩토리** (Abstract Factory)	• 구체적인 클래스에 의존하지 않고, 인터페이스를 통해 서로 연관·의존하는 객체들의 그룹으로 생성하여 추상적으로 표현함 • 연관된 서브 클래스를 묶어 한 번에 교체하는 것이 가능함
필기 21.3 **빌더(Builder)**	• 작게 분리된 인스턴스*를 건축 하듯이 조합하여 객체를 생성함 • 객체의 생성 과정과 표현 방법을 분리하고 있어, 동일한 객체 생성에서도 서로 다른 결과를 만들어 낼 수 있음
21.10, 필기 23.7, 23.2, 21.5, 20.8 **팩토리 메소드** (Factory Method)	• 객체 생성을 서브 클래스에서 처리하도록 분리하여 캡슐화한 패턴 • 상위 클래스에서 인터페이스만 정의하고 실제 생성은 서브 클래스가 담당함 • 가상 생성자(Virtual Constructor) 패턴이라고도 함
필기 23.2, 21.5, 20.8 **프로토타입** (Prototype)	• 원본 객체를 복제하는 방법으로 객체를 생성하는 패턴 • 일반적인 방법으로 객체를 생성하며, 비용이 큰 경우 주로 이용함
필기 23.5, 22.7, 21.8, 21.5, 21.3 **싱글톤(Singleton)**	• 하나의 객체를 생성하면 생성된 객체를 어디서든 참조할 수 있지만, 여러 프로세스가 동시에 참조할 수는 없음 • 클래스 내에서 인스턴스가 하나뿐임을 보장하며, 불필요한 메모리 낭비를 최소화 할 수 있음

3 구조 패턴(Structural Pattern)

23.4, 22.10, 필기 23.2, 22.4, 21.5

구조 패턴은 구조가 복잡한 시스템을 개발하기 쉽도록 **클래스나 객체들을 조합하여 더 큰 구조로 만드는 패턴**이다.

필기 22.4 **어댑터(Adapter)**	• 호환성이 없는 클래스들의 인터페이스를 다른 클래스가 이용할 수 있도록 변환해주는 패턴 • 기존의 클래스를 이용하고 싶지만 인터페이스가 일치하지 않을 때 이용함
22.10, 필기 23.2, 22.4, 21.5 **브리지(Bridge)**	• 구현부에서 추상층을 분리하여, 서로가 독립적으로 확장할 수 있도록 구성한 패턴 • 기능과 구현을 두 개의 별도 클래스로 구현함
컴포지트(Composite)	• 여러 객체를 가진 복합 객체와 단일 객체를 구분 없이 다루고자 할 때 사용하는 패턴 • 객체들을 트리 구조로 구성하여 디렉터리 안에 디렉터리가 있듯이 복합 객체 안에 복합 객체가 포함되는 구조를 구현할 수 있음
데코레이터(Decorator)	• 객체 간의 결합을 통해 능동적으로 기능들을 확장할 수 있는 패턴 • 임의의 객체에 부가적인 기능을 추가하기 위해 다른 객체들을 덧붙이는 방식으로 구현함
퍼싸드(Facade)	• 복잡한 서브 클래스들을 피해 더 상위에 인터페이스를 구성함으로써 서브 클래스들의 기능을 간편하게 사용할 수 있도록 하는 패턴 • 서브 클래스들 사이의 통합 인터페이스를 제공하는 Wrapper 객체가 필요함
플라이웨이트(Flyweight)	• 인스턴스가 필요할 때마다 매번 생성하는 것이 아니고 가능한 한 공유해서 사용함으로써 메모리를 절약하는 패턴 • 다수의 유사 객체를 생성하거나 조작할 때 유용하게 사용할 수 있음
23.4, 필기 22.4 **프록시(Proxy)**	• 접근이 어려운 객체와 여기에 연결하려는 객체 사이에서 인터페이스 역할을 수행하는 패턴으로, 대리자라고도 불림 • 내부에서는 객체 간의 복잡한 관계를 단순하게 정리하고 외부에서는 객체의 세부적인 내용을 숨김

전문가의 조언

어댑터는 전압을 맞춰주는 변압기(Adapter), 브리지는 두 섬을 연결하는 다리(Bridge), 컴포지트는 폴더와 파일을 합성(Composite)한 것, 데코레이터는 온갖 것으로 장식된(Decorator) 눈사람, 퍼싸드는 외부(Facade)의 리모컨 버튼만으로 복잡한 명령들을 간편하게 수행하는 것, 플라이웨이트는 부담을 가볍게(Flyweight) 하기 위해 물품을 공유하는 것, 프록시는 내가 하기 어려운 법률업무를 대리(Proxy)해서 처리해주는 변호사라고 생각하면서 암기해 보세요.

전문가의 조언

책임 연쇄는 위에서 쏟아지는 물을 여러 물받이가 연속(Chain)해서 나눠 받는(Responsibility) 물레방아, 커맨드는 각종 명령어(Command)를 하나로 합쳐둔 것, 인터프리터는 언어 번역가(Interpreter), 반복자는 음악파일의 다음 곡 재생처럼 같은 명령의 반복(Iterator), 중재자는 물품 매매를 중개해주는(Mediator) 인터넷 사이트, 메멘토는 기억 속의 그 때(Memento)로 돌아가는 것, 옵서버는 변화를 지켜보고(Observer) 알려주는 것, 상태는 환자의 상태(State)에 따라 치료방법이 다른 것, 전략은 여러 전략들을 A · B · C 등으로 정하고 필요할 때 원하는 전략(Strategy)을 선택하여 쓰는 것, 템플릿 메소드는 세모 · 네모 · 동그라미를 그리는 방법(Method)들을 도형이라는 하나의 큰 틀(Template)로 묶는 것, 방문자는 책을 만들기 위해 저자 · 편집자 · 홍보팀을 번갈아가며 방문(Visitor)하는 것과 비교할 수 있습니다.

추상 클래스(Abstract Class)
추상 클래스는 구체 클래스에서 구현하려는 기능들의 공통점만을 모아 추상화한 클래스로, 인스턴스 생성이 불가능하므로 구체 클래스가 추상 클래스를 상속받아 구체화한 후 구체 클래스의 인스턴스를 생성하는 방식으로 사용합니다.

구체 클래스(Concrete Class)
구체 클래스는 인스턴스 생성이 가능한 일반적인 클래스를 의미하는 용어로, 추상 클래스와 구분하기 위해 사용됩니다. 구상 클래스 또는 구현 클래스라고도 합니다.

24.10, 22.10, 21.7, 20.7, 필기 24.2, 23.5, 23.2, 21.8, 21.5, 20.8, 20.6

4 행위 패턴(Behavioral Pattern)

행위 패턴은 **클래스나 객체들이 서로 상호작용하는 방법이나 책임 분배 방법을 정의하는 패턴**이다.

패턴	설명
책임 연쇄(Chain of Responsibility)	• 요청을 처리할 수 있는 객체가 둘 이상 존재하여 한 객체가 처리하지 못하면 다음 객체로 넘어가는 형태의 패턴 • 요청을 처리할 수 있는 각 객체들이 고리(Chain)로 묶여 있어 요청이 해결될 때까지 고리를 따라 책임이 넘어감
필기 20.8 **커맨드(Command)**	• 요청을 객체의 형태로 캡슐화하여 재이용하거나 취소할 수 있도록 요청에 필요한 정보를 저장하거나 로그에 남기는 패턴 • 요청에 사용되는 각종 명령어들을 추상 클래스*와 구체 클래스*로 분리하여 단순화함
인터프리터(Interpreter)	• 언어에 문법 표현을 정의하는 패턴 • SQL이나 통신 프로토콜과 같은 것을 개발할 때 사용함
반복자(Iterator)	• 자료 구조와 같이 접근이 잦은 객체에 대해 동일한 인터페이스를 사용하도록 하는 패턴 • 내부 표현 방법의 노출 없이 순차적인 접근이 가능함
필기 23.2, 21.5 **중재자(Mediator)**	• 수많은 객체들 간의 복잡한 상호작용(Interface)을 캡슐화하여 객체로 정의하는 패턴 • 객체 사이의 의존성을 줄여 결합도를 감소시킬 수 있음
메멘토(Memento)	• 특정 시점에서의 객체 내부 상태를 객체화함으로써 이후 요청에 따라 객체를 해당 시점의 상태로 돌릴 수 있는 기능을 제공하는 패턴 • Ctrl+Z와 같은 되돌리기 기능을 개발할 때 주로 이용함
22.10, 20.7, 필기 20.8 **옵서버(Observer)**	• 한 객체의 상태가 변화하면 객체에 상속되어 있는 다른 객체들에게 변화된 상태를 전달하는 패턴 • 일대다의 의존성을 정의함 • 주로 분산된 시스템 간에 이벤트를 생성 · 발행(Publish)하고, 이를 수신(Subscribe)해야 할 때 이용함
필기 20.8 **상태(State)**	• 객체의 상태에 따라 동일한 동작을 다르게 처리해야 할 때 사용하는 패턴 • 객체 상태를 캡슐화하고 이를 참조하는 방식으로 처리함
필기 24.2, 21.8 **전략(Strategy)**	• 동일한 계열의 알고리즘들을 개별적으로 캡슐화하여 상호 교환할 수 있게 정의하는 패턴 • 클라이언트는 독립적으로 원하는 알고리즘을 선택하여 사용할 수 있으며, 클라이언트에 영향 없이 알고리즘의 변경이 가능함
필기 23.2 **템플릿 메소드(Template Method)**	• 상위 클래스에서 골격을 정의하고, 하위 클래스에서 세부 처리를 구체화하는 구조의 패턴 • 유사한 서브 클래스를 묶어 공통된 내용을 상위 클래스에서 정의함으로써 코드의 양을 줄이고 유지보수를 용이하게 해줌

필기 20.6 **방문자(Visitor)**	• 각 클래스들의 데이터 구조에서 처리 기능을 분리하여 별도의 클래스로 구성하는 패턴 • 분리된 처리 기능은 각 클래스를 방문(Visit)하여 수행함

※ 정답 및 해설은 369쪽에 있습니다.

기출 따라잡기 Section 071

20년 11월

문제 1 **소프트웨어 공학의 디자인 패턴(Design Pattern)에 대한 다음 설명에서 괄호에 들어갈 알맞은 답을 쓰시오.**

- 디자인 패턴은 1995년 GoF(Gang of Four)라고 불리는 에릭 감마(Erich Gamma), 리차드 헬름(Richard Helm), 랄프 존슨(Ralph Johnson), 존 블리시디스(John Vissides)가 처음으로 구체화 및 체계화하였다.
- 디자인 패턴은 수많은 디자인 패턴들 중 가장 일반적인 사례에 적용될 수 있는 패턴들을 분류하여 정리함으로써, 지금까지도 소프트웨어 공학이나 현업에서 가장 많이 사용되는 디자인 패턴이다.
- 디자인 패턴은 23가지로, 생성, 구조, (   )의 3가지로 분류한다.

답 :

22년 10월, 21년 7월, 20년 8월

문제 2 **디자인 패턴에 대한 다음 설명에서 괄호(①, ②)에 들어갈 알맞은 용어를 〈보기〉에서 찾아 쓰시오.**

- (①) 패턴은 구현부에서 추상층을 분리하여 서로가 독립적으로 확장할 수 있도록 구성한 패턴으로, 기능과 구현을 두 개의 별도 클래스로 구현한다는 특징이 있다.
- (②) 패턴은 한 객체의 상태가 변화하면 객체에 상속된 다른 객체들에게 변화된 상태를 전달하는 패턴으로, 일대다의 의존성을 정의한다. 주로 분산된 시스템 간에 이벤트를 생성 · 발행(Publish)하고, 이를 수신(Subscribe)해야 할 때 이용한다.

〈보기〉

• Builder	• Factory Method	• Adapter	• Bridge
• Facade	• Proxy	• Observer	• Mediator

답

- ①
- ②

23년 7월, 4월, 21년 10월

문제 3 디자인 패턴에 대한 다음 설명에서 괄호(①~④)에 들어갈 알맞은 용어를 〈보기〉에서 찾아 쓰시오.

생성 패턴	구조 패턴	행위 패턴
• Abstract Factory • Builder • Factory Method • Prototype • Singleton	• Adapter • Bridge • Composite • Decorator • Facade • Proxy	• Chain of Responsibility • Command • Interpreter • Iterator • Mediator • Memento • Observer • Strategy • Template Method • Visitor

- (①) : 하나의 객체를 생성하면 생성된 객체를 어디서든 참조할 수 있지만, 여러 프로세스가 동시에 참조할 수 없는 패턴으로, 불필요한 메모리 낭비를 최소화 할 수 있음
- (②) : 각 클래스들의 데이터 구조에서 처리 기능을 분리하여 별도로 구성함으로써, 클래스를 수정하지 않고도 새로운 연산의 추가가 가능함
- (③) : 복잡한 시스템을 개발하기 쉽도록 클래스나 객체들을 조합하는 패턴에 속하며, 대리자라는 이름으로도 불림. 내부에서는 객체 간의 복잡한 관계를 단순하게 정리해 주고, 외부에서는 객체의 세부적인 내용을 숨기는 역할을 함
- (④) : 객체 생성을 서브 클래스에서 처리하도록 분리하여 캡슐화한 패턴으로, 상위 클래스에서 인터페이스만 정의하고 실제 생성은 서브 클래스가 담당하며, 가상 생성자(Virtual Constructor) 패턴이라고도 불림

답

- ①
- ②
- ③
- ④

24년 10월, 21년 7월

문제 4 디자인 패턴에 관련된 다음 설명에서 괄호에 들어갈 알맞은 패턴을 쓰시오.

디자인 패턴은 모듈 간의 관계 및 인터페이스를 설계할 때 참조할 수 있는 전형적인 해결 방식 또는 예제를 의미한다. 그 중 (   ) 패턴은 클래스나 객체들이 서로 상호작용하는 방법이나 책임 분배 방법을 정의하는 패턴으로, Interpreter, Observer, Command 등이 그 예에 해당한다.

답 :

개발 지원 도구

1 통합 개발 환경(IDE; Integrated Development Environment)

- 통합 개발 환경은 **개발에 필요한** 환경, 즉 편집기(Editor), 컴파일러(Compiler), 디버거(Debugger) 등의 **다양한 툴을 하나의 인터페이스로 통합하여 제공하는 환경**을 말한다.
- 통합 개발 환경 도구는 통합 개발 환경을 제공하는 소프트웨어를 의미한다.
- 통합 개발 환경 도구는 코드를 실행하거나 테스트할 때 오류가 발생한 부분을 시각화하므로 수정이 용이하다.

전문가의 조언

- 통합 개발 환경은 공구함과 비교하면 이해가 쉽습니다. 무언가 만들고, 수리하는데 필요한 망치, 못, 본드, 드라이버 등 모든 공구들을 모아둔 상자와 같죠.
- 개발을 돕는 도구들에는 어떤 것들이 있는지, 각 도구들의 용도가 무엇인지 정리해 두세요.

2 통합 개발 환경 도구의 종류

프로그램	개발사	플랫폼	운영체제	지원 언어
이클립스 (Eclipse)	Eclipse Foundation, IBM	크로스 플랫폼*	Windows, Linux, MacOS 등	Java, C, C++, PHP, JSP 등
비주얼 스튜디오 (Visual Studio)	Microsoft	Win32, Win64	Windows	Basic, C, C++, C#, .NET 등
엑스 코드 (Xcode)	Apple	Mac, iPhone	MacOS, iOS	C, C++, C#, Java, AppleScript 등
안드로이드 스튜디오 (Android Studio)	Google	Android	Windows, Linux, MacOS	Java, C, C++
IDEA	JetBrains (이전 IntelliJ)	크로스 플랫폼	Windows, Linux, MacOS	Java, JSP, XML, Go, Kotlin, PHP 등

크로스 플랫폼(Cross Platform)
크로스 플랫폼은 여러 종류의 시스템에서 공통으로 사용될 수 있는 소프트웨어로, 멀티 플랫폼(Multiple Platform)이라고도 불립니다.

필기 23.5, 22.3

3 빌드 도구

- 빌드는 **소스 코드 파일들을 컴퓨터에서 실행할 수 있는 제품 소프트웨어로 변환하는 과정 또는 결과물**을 말한다.
- 빌드 도구는 전처리(Preprocessing)*, 컴파일(Compile) 등의 작업을 수행한다.
- 대표적인 빌드 도구

종류	특징
Ant(Another Neat Tool)	• 아파치 소프트웨어 재단에서 개발 • 자바 프로젝트의 공식적인 빌드 도구 • 정해진 규칙이나 표준이 없음
Maven	• 아파치 소프트웨어 재단에서 Ant의 대안으로 개발 • 의존성(Dependency)*을 설정하여 라이브러리*를 관리함 • 규칙이나 표준이 존재하여 예외 사항만 기록
Gradle	• 한스 도커(Hans Dockter)가 Ant와 Maven을 보완하여 개발 • 안드로이드 스튜디오의 공식 빌드 도구 • 그루비(Groovy)* 기반의 빌드 스크립트를 사용함

전처리(Preprocessing)
전처리는 컴파일에 앞서 코드에 삽입된 주석을 제거하거나 매크로들을 처리하는 과정을 말합니다.

의존성(Dependency)
Maven이나 Gradle에서 라이브러리를 관리할 때 사용하는 명령어로, 빌드 스크립트 안에 사용하고자 하는 라이브러리를 <dependency> 예약어로 등록하면, 빌드 수행 시 인터넷상의 라이브러리 저장소에서 해당 라이브러리를 찾아 코드에 추가해 줍니다.

라이브러리(Library)
라이브러리는 개발 편의를 위해 자주 사용되는 코드, API, 클래스, 값, 자료형 등의 다양한 자원들을 모아놓은 것을 의미합니다.

그루비(Groovy)
그루비는 자바를 기반으로 여러 프로그래밍 언어들의 장점을 모아 만든 동적 객체지향 프로그래밍 언어입니다.

4 기타 협업 도구

- 협업 도구는 **개발에 참여하는 사람들이 서로 다른 작업 환경에서 원활히 프로젝트를 수행할 수 있도록 도와주는 도구**이다.
- 협업 소프트웨어, 그룹웨어(Groupware) 등으로도 불린다.
- 일정 관리, 업무흐름 관리, 정보 공유, 커뮤니케이션 등의 업무 보조 도구가 포함된다.

※ 정답 및 해설은 369쪽에 있습니다.

기출 따라잡기 Section 072

출제예상

문제 1 다음 설명에 가장 적합한 개발 지원 도구를 쓰시오.

> 편집기, 컴파일러, 디버거 등 개발에 필요한 다양한 툴을 하나의 인터페이스로 통합하여 제공하는 소프트웨어 또는 서비스를 의미한다. 코드를 자동으로 생성해줄 뿐만 아니라 컴파일 과정까지 자동으로 수행해주며, 그 밖의 여러 기능도 다운로드하여 추가하는 것이 가능하다.

답 :

출제예상

문제 2 소스 코드 파일들을 컴퓨터에서 실행할 수 있는 제품 소프트웨어로 변환하는 빌드 도구의 하나로, 아파치 소프트웨어 재단에서 Ant의 대안으로 개발하였다. 의존성을 사용하여 라이브러리를 관리하며, 규칙이나 표준이 존재하여 예외 사항만 기록하면 되는 빌드 도구를 쓰시오.

답 :

필기 23년 5월, 22년 3월

문제 3 다음 〈보기〉에서 개발 환경 구성을 위한 빌드(Build) 도구에 해당하는 것을 모두 골라 쓰시오.

〈보기〉

• Maven	• Kerberos	• Ant
• checkstyle	• valMeter	• Json
• Ajax	• Gradle	• valance

답 :

SECTION 073

서버 개발

1 서버 개발

- 서버 개발은 **웹 애플리케이션의 로직*을 구현할 서버 프로그램을 제작하여 웹 애플리케이션 서버(WAS)에 탑재하는 것**을 의미한다.
- 서버 개발에 사용되는 프로그래밍 언어에는 Java, JavaScript, Python, PHP, Ruby 등이 있다.
- 각 프로그래밍 언어에는 해당 언어로 서버 프로그램을 개발할 수 있도록 지원하는 프레임워크*가 있다.

전문가의 조언

서버 개발 프레임워크의 의미와 대표적인 서버 개발 프레임워크의 종류별 특징을 확실히 파악해 두세요.

웹 애플리케이션 로직
웹 애플리케이션 로직은 사용자의 입력에 따라 다른 결과를 보여주는 동적 서비스를 제공하기 위한 알고리즘을 의미합니다.

프레임워크(Framework)
프레임워크는 사전적으로 '뼈대', '골조'를 의미하는데, 소프트웨어에서는 특정 기능을 수행하는 데 필요한 클래스나 인터페이스 등을 모아둔 집합체를 말합니다.

2 서버 개발 프레임워크

- 서버 개발 프레임워크는 서버 프로그램 개발 시 **다양한 네트워크 설정, 요청 및 응답 처리, 아키텍처 모델 구현 등을 손쉽게 처리할 수 있도록 클래스나 인터페이스를 제공하는 소프트웨어**를 의미한다.
- 서버 개발 프레임워크의 대부분은 모델-뷰-컨트롤러(MVC)* 패턴을 기반으로 개발되었다.
- 서버 개발 프레임워크의 종류

프레임워크	특징
Spring	• JAVA를 기반으로 만든 프레임워크 • 전자정부 표준 프레임워크의 기반 기술로 사용되고 있음
Node.js	• JavaScript를 기반으로 만든 프레임워크 • 비동기 입·출력 처리와 이벤트 위주의 높은 처리 성능을 갖고 있어 실시간으로 입·출력이 빈번한 애플리케이션에 적합함
Django	• Python을 기반으로 만든 프레임워크 • 컴포넌트의 재사용과 플러그인화*를 강조하여 신속한 개발이 가능하도록 지원함
Codeigniter	• PHP를 기반으로 만든 프레임워크 • 인터페이스가 간편하며 서버 자원을 적게 사용함
Ruby on Rails	• Ruby를 기반으로 만든 프레임워크 • 테스트를 위한 웹 서버를 지원하며 데이터베이스 작업을 단순화, 자동화시켜 개발 코드의 길이가 짧아지게 함으로써 신속한 개발이 가능함

전문가의 조언

서버 개발 프레임워크는 웹 프레임워크라고도 불리며, 이러한 프레임워크는 기능 구현을 위한 기본적인 형태를 지원하는 것으로, 필수적인 요소는 아닙니다. 하지만 사용 여부에 따라 생산성에는 큰 차이가 있다는 것을 기억해 두세요.

모델-뷰-컨트롤러(MVC)
모델-뷰-컨트롤러는 시스템을 세 부분으로 분리하여 서로 영향받지 않고 개발할 수 있는 아키텍처 패턴을 의미합니다.

플러그인화
플러그인화는 재사용과 비슷한 의미로 전원 플러그처럼 마음대로 꼈다 뺐다할 수 있다는 것을 의미합니다.

3 서버 개발 과정

- 서버 개발 과정은 DTO/VO, SQL, DAO, Service, Controller를 각각 구현하는 과정이다.
- 구현 순서는 개발자가 임의로 변경할 수 있다.
- 개발하려는 서버 프로그램의 목적, 개발 언어, 규모 등의 이유로 통합하거나 세분화할 수 있다.
- 구현 과정

과정	내용
DTO/VO* 구현	• 데이터 교환을 위해 사용할 객체를 만드는 과정 • 송 · 수신할 데이터의 자료형(Data Type)에 맞는 변수 및 객체를 생성함
SQL 구현	• 데이터의 삽입, 변경, 삭제 등의 작업을 수행할 SQL문을 생성하는 과정 • SQL문은 소스 코드 내에 직접 입력, 또는 별도의 XML 파일로 관리함*
DAO* 구현	데이터베이스에 접근하고, SQL을 활용하여 데이터를 실제로 조작하는 코드를 구현하는 과정
Service 구현	사용자의 요청에 응답하기 위한 로직을 구현하는 과정
Controller 구현	사용자의 요청에 적절한 서비스를 호출하여, 그 결과를 사용자에게 반환하는 코드를 구현하는 과정

예제 다음은 서버 개발 과정을 도식화한 것이다. 각 객체 간 메시지 및 자료의 흐름을 확인하시오.

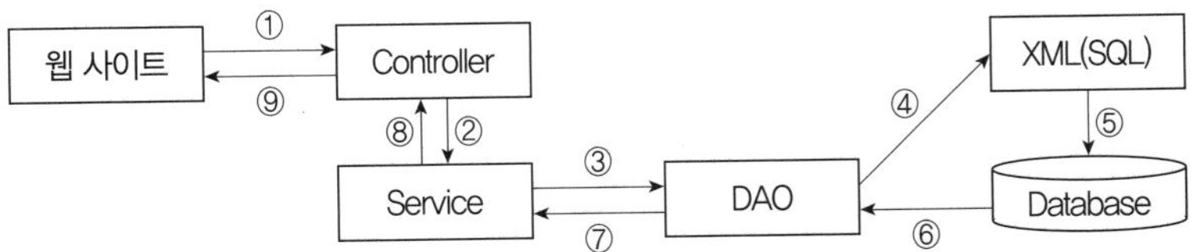

해석

① 웹 사이트로부터 사용자의 요청이 Controller에 전달됩니다.
② Controller는 해당 요청에 맞는 Service를 호출합니다.
③ Service는 수행을 위한 데이터를 DAO에 요청합니다.
④~⑥ DAO는 XML을 통해 Database로부터 Service가 요청한 데이터를 가져옵니다.
⑦ 가져온 데이터를 Service에 반환합니다.
⑧ Service의 수행 결과를 Controller에 반환합니다.
⑨ Controller의 수행 결과를 웹 사이트에 반환합니다.
※ DTO/VO는 ①, ⑤, ⑨를 제외한 데이터 교환 전 과정에서 요청과 응답 시 사용됩니다.

전문가의 조언

서버 개발 과정은 광산과 비교하면 쉽게 이해할 수 있습니다. 광산(Database)에서 가져올 광석을 일시적으로 보관하기 위한 창고(DTO/VO)를 만들고 그사이에 레일(SQL)을 설치합니다. 광석을 옮길 인부와 수레(DAO)를 갖추고, 광석을 가공할 기술자(Service)와 기술자들을 통제할 매니저(Controller)를 고용하면 광산 채굴 시스템이 완성됩니다.

전문가의 조언

서버 프로그램을 개발하는 과정과 각 과정에서는 어떤 작업을 수행하는지 알아두세요.

- DTO(Data Transfer Object) : 데이터의 교환을 위해 생성되는 객체
- VO(Value Object) : DTO와 동일하지만 읽기만 가능한 객체, 변경이 불가능함

전문가의 조언

XML 파일로 SQL문을 관리하는 경우 중복되는 SQL문을 최소화할 수 있고, 유지보수가 간편해집니다.

DAO(Data Access Object)
DAO는 데이터베이스에 접근하여 데이터를 조회 · 생성 · 수정 · 삭제 작업을 수행하는 객체를 의미합니다.

※ 정답 및 해설은 369쪽에 있습니다.

기출 따라잡기 Section 073

출제예상

문제 1 다음은 서버 개발 프레임워크들의 특징을 설명한 것이다. 제시된 특징에 부합되도록 괄호(①~③)에 들어갈 가장 알맞은 프레임워크를 〈보기〉에서 골라 쓰시오.

- (①) : JAVA를 기반으로 만든 프레임워크로, 전자정부 표준 프레임워크의 기반 기술로 사용되고 있다.
- (②) : Python을 기반으로 만든 프레임워크로, 컴포넌트의 재사용과 플러그인화를 강조하여 신속한 개발이 가능하도록 지원한다.
- (③) : PHP를 기반으로 만든 프레임워크로, 인터페이스가 간편하며 서버 자원을 적게 사용한다.

〈보기〉

스프링(Spring), 이클립스(Eclipse), 엑스 코드(Xcode), 메이븐(Maven), 장고(Django), 루비 온 레일즈(Ruby on Rails), 마이바티스(MyBatis), 코드이그나이터(Codeigniter)

답
- ①
- ②
- ③

출제예상

문제 2 서버 프로그램 개발을 위해 구현되는 모듈 중 하나로, 사용자의 요청에 적절한 서비스를 호출하여 그 결과를 사용자에게 반환하는 객체가 무엇인지 쓰시오.

답 :

출제예상

문제 3 서버 프로그램 개발에 대한 다음 설명 중 괄호에 공통으로 들어갈 적합한 용어를 쓰시오.

( )는 서버 프로그램 개발을 위해 생성하는 객체 중 하나로, 데이터베이스에 접근하고 데이터를 실제로 조작한다. 데이터베이스를 조작하기 위해서 사용되는 SQL문은 ( )의 내부에 직접 입력되거나, 외부의 XML 문서에 삽입하여 호출하는 방식을 사용한다.

답 :

SECTION
074

배치 프로그램

1408300

필기 24.2, 20.8
1 배치 프로그램(Batch Program)

- 배치 프로그램은 사용자와의 상호 작용 없이 **여러 작업들을 미리 정해진 일련의 순서에 따라 일괄적으로 처리하도록 만든 프로그램**을 의미한다.
- 배치 프로그램의 필수 요소

요소	내용
필기 24.2, 20.8 대용량 데이터	대량의 데이터를 가져오거나, 전달하거나, 계산하는 등의 처리가 가능해야 함
필기 24.2, 20.8 자동화	심각한 오류가 발생하는 상황을 제외하고는 사용자의 개입 없이 수행되어야 함
견고성	잘못된 데이터나 데이터 중복 등의 상황으로 중단되는 일 없이 수행되어야 함
필기 24.2, 20.8 안정성/신뢰성	오류가 발생하면 오류의 발생 위치, 시간 등을 추적할 수 있어야 함
필기 24.2, 20.8 성능	• 다른 응용 프로그램의 수행을 방해하지 않아야 함 • 지정된 시간 내에 처리가 완료되어야 함

전문가의 조언
배치 프로그램이 무엇인지 개념을 명확히 하고 필수 요소들을 기억해 두세요. 그리고 나서 배치 프로그램을 구현하는 스케줄러의 종류와 각각의 기능적인 특징에는 어떤 것들이 있는지 알아두세요.

전문가의 조언
배치 프로그램은 주기마다 수행되는 백업 작업, 외부의 데이터베이스로부터 최신 자료를 갱신하는 작업 등 대용량의 데이터가 주기적으로 교환되는 업무에 주로 사용됩니다. 배치 프로그램은 대용량의 데이터가 오가는 만큼 자원을 많이 차지하므로 업무에 방해되지 않도록 주로 야간이나 새벽에 수행되도록 설정합니다.

2 배치 스케줄러(Batch Scheduler)

- 배치 스케줄러는 **일괄 처리(Batch Processing) 작업이 설정된 주기에 맞춰 자동으로 수행되도록 지원해주는 도구**이다.
- 특정 업무(Job)를 원하는 시간에 처리할 수 있도록 지원한다는 특성 때문에 잡 스케줄러(Job Scheduler)라고도 불린다.
- 배치 스케줄러의 종류

배치 스케줄러	특징
스프링 배치 (Spring Batch)	• Spring Source 사와 Accenture 사가 2007년 공동 개발한 오픈 소스 프레임워크 • 로그 관리, 추적, 트랜잭션 관리, 작업 처리 통계, 작업 재시작 등의 다양한 기능을 제공함

전문가의 조언
배치 스케줄러 없이 배치 프로그램을 만들 수는 있으나, 코드를 직접 작성하는 것과 안정성 있는 외부 코드를 가져와 쓰는 것에는 큰 차이가 있습니다. 특히 배치 프로그램의 필수 요소들을 구현하기 위해서는 상당량의 코드를 작성해야 하는데, 이런 부분을 생략할 수 있게 해주니 큰 도움이 되죠.

Quartz	• 스프링 프레임워크로 개발되는 응용 프로그램들의 일괄 처리를 위한 다양한 기능을 제공하는 오픈 소스 라이브러리 • 수행할 작업과 수행 시간을 관리하는 요소들을 분리하여 일괄 처리 작업에 유연성을 제공함
Cron	• 리눅스의 기본 스케줄러 도구 • crontab 명령어를 통해 작업을 예약할 수 있음

3 crontab 명령어 작성 방법

• 작업 예약 형식

- 분, 시, 일, 월, 요일에 "*"를 입력하면 매 시기마다 수행한다.

  예1 * * * * * /root/com_1.sh → 매월 매일 매시 매분마다 com_1.sh를 실행한다.

  예2 30 1 * * * /root/com_2.sh → 매월 매일 1시 30분에 com_2.sh를 실행한다.

- 시기 우측에 '/[단위]'를 입력하면 시기를 단위로 나눈 나머지가 0일 때마다 명령어를 수행한다.

  예 30 */3 * * * /root/com_1.sh → 매월 매일 0:30부터 3시간마다 com_1.sh를 실행한다. (0:30, 3:30, 6:30, …, 21:30)

- '[시작 시기]-[종료 시기]'를 통해 특정 구간에만 반복하여 명령어를 실행할 수 있다.

  예 * 18-23 20 * * /root/com_1.sh → 매월 20일 18시~23시 사이에 매분마다 com_1.sh를 실행한다.

- 시기는 '[시기1], [시기2], [시기3], …'를 통해 특정 시기에 명령어를 실행할 수 있다.

  예 30 23 25 4,9,11 * /root/com_1.sh → 4/9/11월의 25일 23시 30분에 com_1.sh를 실행한다.

※ 정답 및 해설은 369쪽에 있습니다.

기출 따라잡기 Section 074

필기 24년 2월, 20년 8월

문제 1 배치 프로그램에 대한 다음 설명에서 괄호(①, ②)에 들어갈 알맞은 답을 쓰시오.

배치 프로그램은 사용자와의 상호 작용 없이 여러 작업들을 미리 정해진 일련의 순서에 따라 일괄적으로 처리하는 것을 의미하며 다음의 필수 요소를 갖춰야 한다.

- 대용량 데이터 : 대용량 데이터의 처리 능력
- (①) : 사용자의 개입 없는 작업의 수행
- 견고성 : 시스템의 중단없는 지속 능력
- (②) : 오류 추적 능력
- 성능 : 작업 수행 능력

답

- ①
- ②

출제예상

문제 2 배치 프로그램이 일괄 처리 작업을 설정된 주기에 맞춰 원활히 수행하도록 지원하는 도구로, 이 도구를 사용하면 코드를 직접 작성하여 구현하는 것에 비해 안정적이며 생산성에서도 큰 차이가 있다. 주로 사용되는 도구로는 Spring Batch, Quartz, Cron이 있다. 이 도구를 가리키는 용어가 무엇인지 쓰시오.

답 :

출제예상

문제 3 리눅스(Linux)의 크론탭(crontab) 명령어를 이용하여 다음의 설명에 해당하는 작업을 등록하는 명령문을 작성하시오(단, 하나의 명령문으로 처리해야 한다.).

> A사의 개발자는 3월, 6월, 9월, 12월 마다 수행되어야 하는 데이터 백업 작업을 예약하고자 한다. 해당 작업은 각 월의 25일에 서버 이용이 가장 적은 시간대인 오후 10시 정각에 처음 실행되어 15분마다 총 4회 수행할 예정이다. 백업과 관련된 명령어는 /backup/batch.sh 파일에 모두 준비해 두었다.

답 :

예상문제 은행

문제 1 웹 애플리케이션을 개발하는데 필요한 하드웨어 환경 중 WAS(Web Application Server)에 대해 간략히 서술하시오.

답 :

문제 2 소프트웨어 개발에서 개발 언어 선정 시 언어가 다른 개발 사례가 충분히 존재하고, 이미 여러 곳에서 사용하고 있는지를 판단하는 기준을 가리키는 용어를 쓰시오.

답 :

문제 3 소프트웨어 아키텍처(Software Architecture)에 대해 간략히 서술하시오.

답 :

문제 4 협약에 의한 설계에 대한 다음 내용 중 괄호에 들어갈 알맞은 답을 쓰시오.

> 협약(Contract)에 의한 설계는 컴포넌트 설계 시 클래스에 대한 여러 가정을 공유할 수 있도록 명세한 것으로, 컴포넌트에 대한 상세한 인터페이스가 명세되어 있다. 인터페이스 명세 시 포함되어야하는 조건에는 (　　　), 결과 조건, 불변 조건이 있다.

답 :

문제 5 소프트웨어 아키텍처의 품질을 평가하는데 사용되는 요소들 중 업무(Business)적인 측에서 평가되어야할 요소들을 다음 보기에서 모두 골라 쓰시오.

> 성능, 시장 적시성, 정확성, 보안, 가용성, 기능성, 시험성, 비용과 혜택, 사용성, 변경 용이성, 확장성, 목표 시장

답 :

문제 6 문제를 상위의 중요 개념으로부터 하위의 개념으로 구체화시키는 하향식 설계 기법으로, 소프트웨어의 기능에서부터 시작하여 점차적으로 구체화하고, 알고리즘, 자료 구조 등 상세한 내역은 가능한 한 뒤로 미루어 진행하는 아키텍처 설계의 기본 원리를 쓰시오.

답 :

문제 7 시스템을 계층으로 구분하여 구성하는 고전적인 아키텍처 패턴의 하나로, 서브시스템들이 계층 구조를 이루어 서로 마주보는 두 개의 계층 사이에서만 상호작용이 수행되며, 하위 계층은 상위 계층에 대한 서비스 제공자가 되고 상위 계층은 하위 계층의 클라이언트가 되는 아키텍처 패턴을 쓰시오.

답 :

문제 8 전형적인 멀티스레딩 방식을 사용하며, 하나의 컴포넌트가 서비스를 호출하는 클라이언트가 될 수도, 서비스를 제공하는 서버가 될 수도 있는 아키텍처 패턴을 쓰시오.

답 :

문제 9 객체지향 기법에서 사용하는 상속(Inheritance)의 개념을 간략히 서술하시오.

답 :

문제 10 객체지향 기법에서 연관성(Relationship)을 나타내는 표현들 중 동일한 형의 특성을 갖는 객체들을 모아 구성한 것으로, 'is instance of'로 표현되는 연관성을 쓰시오.

답 :

문제 11 다음은 객체지향 기법의 특징에 대한 설명이다. 괄호에 들어갈 가장 알맞은 용어를 쓰시오.

> (　　　)은 메시지에 의해 클래스가 연산을 수행하게 될 때 하나의 메시지에 대해 각각의 클래스가 가지고 있는 고유한 특성으로 응답할 수 있는 능력으로, 응용 프로그램 상에서 하나의 함수나 연산자가 두 개 이상의 서로 다른 클래스의 인스턴스들을 같은 클래스에 속한 인스턴스처럼 수행할 수 있도록 하는 것이다.

답 :

문제 12 럼바우(Rumbaugh)의 분석 기법의 모델링 과정 중 기능 모델링(Functional Modeling)에 대해 간략히 서술하시오.

답 :

문제 13 객체지향 설계에 대한 다음 설명에서 괄호에 들어갈 알맞은 답을 영문으로 쓰시오.

> 객체지향 설계 시 지켜야 할 5가지 원칙을 (　　　) 원칙이라 하며, 이는 각 원칙의 앞 글자를 따 만들어졌다. 종류에는 단일 책임 원칙, 개방-폐쇄 원칙, 리스코프 치환 원칙, 인터페이스 분리 원칙, 의존 역전 원칙이 있으며, 이는 변경이나 확장에 유연한 시스템을 설계하기 위해 지켜져야 한다.

답 :

문제 14 시스템을 설계할 때 필요한 설계 지침으로 두 모듈 간의 상호 의존도 또는 두 모듈 사이의 연관 관계를 의미하는 용어를 쓰시오.

답 :

문제 15 다음은 결합도의 종류를 결합 정도에 따라 나열한 것이다. 괄호(①~③)에 들어갈 가장 적합한 결합도의 종류를 쓰시오.

자료 결합도	<	(①)	<	제어 결합도	<	(②)	<	(③)	<	내용 결합도

답
- ①
- ②
- ③

문제 16 모듈에 대한 다음 설명에 해당하는 응집도(Cohesion)를 〈보기〉에서 찾아 기호(㉠~㉦)로 쓰시오.

> 모듈 내 하나의 활동으로부터 나온 출력 데이터를 그 다음 활동의 입력 데이터로 사용할 경우의 응집도

〈보기〉

㉠ 기능적 응집도	㉡ 순차적 응집도	㉢ 교환적 응집도
㉣ 절차적 응집도	㉤ 시간적 응집도	㉥ 논리적 응집도
㉦ 우연적 응집도		

답 :

문제 17 다음의 설명에 가장 부합하는 결합도의 종류를 쓰시오.

> - 모듈 간의 인터페이스가 자료 요소로만 구성될 때의 결합도이다.
> - 어떤 모듈이 다른 모듈을 호출하면서 매개 변수나 인수로 데이터를 넘겨주고, 호출 받은 모듈은 받은 데이터에 대한 처리 결과를 다시 돌려주는 방식이다.
> - 모듈 간의 내용을 전혀 알 필요가 없는 상태로서 한 모듈의 내용을 변경하더라도 다른 모듈에는 전혀 영향을 미치지 않는 가장 바람직한 결합도이다.

답 :

문제 18 **다음은 모듈과 시스템 구조에 대한 설명이다. 괄호(①, ②)에 들어갈 가장 적합한 용어를 쓰시오.**

> • (①)은 어떤 모듈을 호출하는 모듈의 수를 의미하며, (②)은 어떤 모듈에 의해 호출되는 모듈의 수를 의미한다.
> • (①)과 (②)을 분석하여 시스템의 복잡도를 측정할 수 있다.
> • (①)이 높다는 것은 재사용 측면에서 설계가 잘 되어있다고 볼 수 있으나, 단일 장애점이 발생할 수 있으므로 중점적인 관리 및 테스트가 필요하다.
> • (②)이 높은 경우 불필요하게 다른 모듈을 호출하고 있는지 검토하고, 단순화 여부에 대한 검토가 필요하다.

답

- ①
- ②

문제 19 **다음의 모듈 관계를 표현한 시스템 구조도를 참고하여 팬아웃(Fan-Out)이 2 이상인 모듈을 모두 쓰시오.**

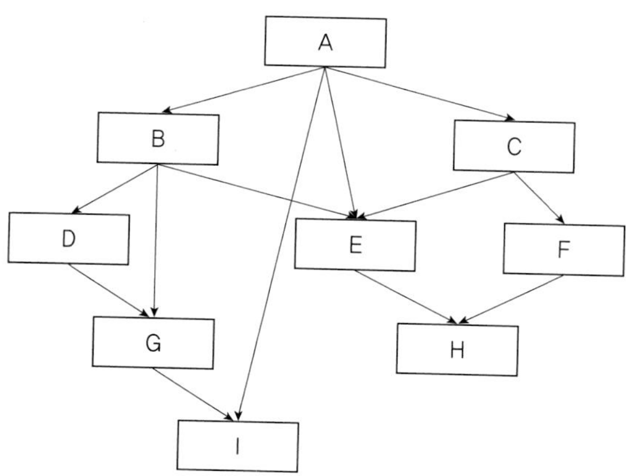

답 :

문제 20 다음 내용이 설명하는 용어를 쓰시오.

- 한 가지 동작을 수행하는 기능을 모듈로 구현한 것이다.
- 독립적인 컴파일이 가능하며, 다른 모듈에 호출되거나 삽입되기도 한다.
- 구현 시 구현할 기능에 대한 명세를 작성하고, 입 · 출력 기능을 구현한 후 알고리즘이 구현된다.

답 :

문제 21 구현된 소프트웨어가 사용자의 요구사항을 정확하게 준수했는지를 확인하기 위해 설계된 입력 값, 실행 조건, 기대 결과 등으로 구성된 테스트 항목에 대한 명세서를 가리키는 용어를 쓰시오.

답 :

문제 22 IPC(Inter-Process Communication)에서 공유된 메모리를 이용하여 둘 이상의 프로세스가 통신할 수 있도록 기능을 제공하는 메소드의 이름을 쓰시오.

답 :

문제 23 공통 모듈의 명세 기법 중 일관성(Consistency)에 대해 간략히 서술하시오.

답 :

문제 24 공통 모듈 구현 시 다른 개발자들이 해당 기능을 명확히 이해할 수 있도록 5가지의 명세 기법을 준수해야 한다. 이 중 기능에 대한 요구사항의 출처, 관련 시스템 등의 관계를 파악할 수 있도록 작성해야 한다는 것을 의미하는 원칙을 쓰시오.

답 :

문제 25 다음의 설명에 가장 부합하는 작업의 명칭을 쓰시오.

> 작게는 클래스나 메소드부터 크게는 애플리케이션 단위에서 수행되는 작업으로, 비용과 개발 시간을 절약하기 위해 이미 개발된 기능들을 파악하고 재구성하여 새로운 시스템 또는 기능 개발에 사용하기 적합하도록 최적화하는 작업이다. 이 작업의 대상은 외부 모듈과의 결합도는 낮고, 응집도는 높아야 하며, 누구나 이해할 수 있고 사용이 가능하도록 사용법을 공개해야 한다.

답 :

문제 26 회사에서 각 부서의 명칭을 코드화하기 위하여 대분류, 중분류, 소분류 등으로 나누어 나타내고자 한다. 이때 사용하기에 가장 적합한 코드(Code)의 종류를 쓰시오.

답 :

문제 27 코드(Code)는 자료의 분류, 추출, 조합, 집계 등을 효과적으로 수행하기 위해 사용하는 것이다. 이러한 코드의 주요 기능 중 자료에 의미를 부여하거나 나열할 수 있는 기능을 가리키는 용어를 쓰시오.

답 :

문제 28 다음과 같이 제품에 코드를 부여했을 때 사용된 코드(Code)의 종류를 쓰시오.

제품	부여 코드
냉장고(235ℓ)	RF–235
형광등(30W 220V 흰색)	K–30–220–W
텔레비전(17인치 흑백)	T–17
텔레비전(25인치 컬러)	T–25–C

답 :

문제 29 다음 설명에 해당하는 디자인 패턴(Design Pattern)을 쓰시오.

> • 구조 패턴의 하나이다.
> • 호환성이 없는 클래스들의 인터페이스를 다른 클래스가 이용할 수 있도록 변환해주는 패턴이다.
> • 기존의 클래스를 이용하고 싶지만 인터페이스가 일치하지 않을 때 이용한다.

답 :

문제 30 GoF의 디자인 패턴 중 객체 간의 결합을 통해 능동적으로 기능들을 확장할 수 있는 패턴을 영문으로 쓰시오.

답 :

문제 31 다음 상황에 가장 적합한 디자인 패턴(Design Pattern)을 쓰시오.

> 메모리가 적은 소형 PC에 설치될 응용 프로그램을 개발해야 한다. 따라서 효율적인 메모리 자원의 운용을 위해 유사한 클래스들의 인스턴스를 매번 생성하지 않고 가능한 공유해서 사용하기로 결정했다.

답 :

문제 32 다음 보기 중 GoF(Gang of Four)의 디자인 패턴에서 행위 패턴에 속하는 것을 모두 쓰시오.

> Builder, Facade, Command, Composite, Observer, Proxy, State, Visitor, Singleton

답 :

문제 33 Ctrl+Z와 같은 실행 취소 및 되돌리기 기능을 개발할 때 주로 사용되는 패턴으로, 특정 시점에서의 객체 내부 상태를 객체화함으로써 이후 요청에 따라 객체를 해당 시점의 상태로 돌릴 수 있는 기능을 제공하는 패턴을 쓰시오.

답 :

문제 34 다음 설명에 해당하는 디자인 패턴(Design Pattern)을 쓰시오.

- 동일한 계열의 알고리즘들이 개별적으로 캡슐화되어 있다.
- 알고리즘들의 변경 및 상호 교환이 용이하다.
- 클라이언트가 알고리즘을 자유롭게 선택할 수 있다.

답 :

문제 35 다음 설명에 해당하는 개발 지원 도구를 쓰시오.

- 안드로이드 스튜디오의 공식 빌드 도구이다.
- 의존성(Dependency)을 활용하여 라이브러리를 관리한다.
- 동적 객체지향 프로그래밍 언어 Groovy를 빌드 스크립트로 사용한다.

답 :

문제 36 편집기(Editor), 컴파일러(Compiler), 디버거(Debugger) 등의 다양한 툴을 하나의 인터페이스로 통합하여 제공하는 통합 개발 환경 도구 중 하나로, JetBrains에서 만들었으며 멀티 플랫폼을 기반으로 실행되고, Java, JSP, XML, GO, Kotlin 등의 다양한 언어를 지원하는 소프트웨어를 쓰시오.

답 :

문제 37 서버 프로그램 개발 시 사용할 수 있는 다양한 클래스 및 인터페이스를 제공해줌으로써 생산성에 큰 도움을 주는 소프트웨어로, Java의 Spring, Python의 Django, PHP의 Codeigniter가 여기에 해당한다. 이 설명에 해당하는 용어를 쓰시오.

답 :

문제 38 다음은 서버 프로그램 개발 과정을 〈그림〉으로 나타낸 것이다. 〈보기〉의 설명을 참고하여 괄호(①, ②)에 들어갈 알맞은 용어를 쓰시오.

〈그림〉

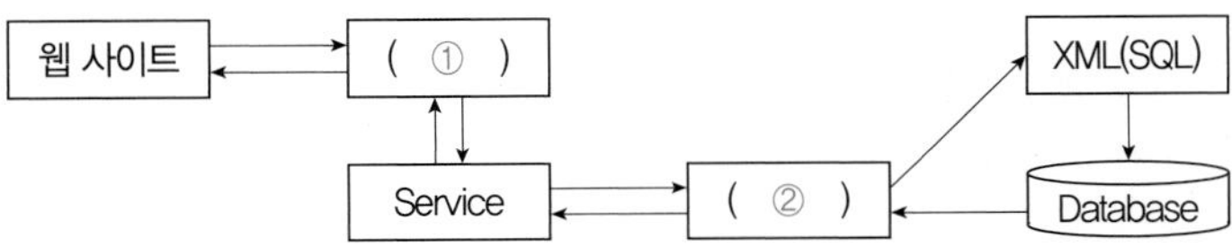

〈보기〉

- (①) : 사용자의 요청에 적절한 서비스를 호출하여, 그 결과를 사용자에게 반환하는 객체
- Service : 사용자의 요청에 응답하기 위한 로직이 구현되어 있는 객체
- (②) : 데이터베이스에 접근하고, SQL 또는 SQL을 정의한 XML 문서를 활용하여 데이터를 실제로 조작하는 객체
- XML(SQL) : 데이터의 삽입, 변경, 삭제 등의 작업을 수행할 SQL문이 정의되어 있는 XML 문서

답

- ①
- ②

문제 39 Spring Source 사와 Accenture 사가 2007년 공동 개발한 오픈 소스 프레임워크로, 데이터베이스나 파일의 데이터를 교환하는데 필요한 컴포넌트들을 제공하며, 로그 관리, 추적, 트랜잭션 관리, 작업 처리 통계, 작업 재시작 등의 다양한 기능을 제공하는 배치 스케줄러(Batch Scheduler)를 쓰시오.

답 :

문제 40 리눅스 시스템에서 Crontab 명령어를 통해 배치 작업을 설정하고자 한다. 다음 〈처리조건〉에 맞는 명령문를 작성하시오.

〈처리조건〉

- 작업 예약 형식은 '분', '시', '일', '월', '요일', '명령어 및 실행파일'이다.
- 수행할 작업은 /dev/autobot.sh 파일을 실행하는 것이다.
- 매월 15일 18시 정각마다 수행되도록 설정한다.

답 :

문제 41 다음 테스트 케이스를 참조하여 괄호(①~③)에 들어갈 테스트 케이스의 구성 요소를 〈보기〉에서 찾아 쓰시오.

식별자_ID	테스트 항목	(①)	(②)	(③)
LS_W10_35	로그인 기능	사용자 초기 화면	아이디(test_a01) 비밀번호(203a!d5%ffa1)	로그인 성공
LS_W10_36	로그인 기능	사용자 초기 화면	아이디(test_a01) 비밀번호(1234)	로그인 실패(1) – 비밀번호 비일치
LS_W10_37	로그인 기능	사용자 초기 화면	아이디(" ") 비밀번호(" ")	로그인 실패(2) – 미입력

〈보기〉

요구 절차	의존성 여부	테스트 데이터	테스트 조건
하드웨어 환경	예상 결과	소프트웨어 환경	성공/실패 기준

답

- ①
- ②
- ③

문제 42 다음 보기 중 그래픽 표기법을 이용하여 소프트웨어 구성 요소를 모델링하는 럼바우 분석 기법에 포함되는 것을 모두 찾아 기호(㉠~㉧)로 쓰시오.

㉠ 객체 모델링	㉡ 정적 모델링	㉢ 동적 모델링	㉣ 코드 모델링
㉤ 관계 모델링	㉥ 구조 모델링	㉦ 기능 모델링	㉧ 외부 모델링

답 :

문제 43 객체지향 설계 원칙 중 서브타입(상속받은 하위 클래스)은 어디에서나 자신의 기반타입(상위 클래스)으로 교체할 수 있어야 함을 의미하는 원칙을 쓰시오.

답 :

문제 44 디자인 패턴에 대한 다음 설명에서 괄호(①, ②)에 들어갈 알맞은 용어를 〈보기〉에서 찾아 쓰시오.

- (①) : 구체적인 클래스에 의존하지 않고, 인터페이스를 통해 서로 연관 · 의존하는 객체들의 그룹으로 생성하여 추상적으로 표현하며, 키트(Kit) 패턴이라고도 불림
- (②) : 자료 구조와 같이 접근이 잦은 객체에 대해 동일한 인터페이스를 사용하도록 하는 패턴으로, 내부 표현 방법의 노출 없이 순차적인 접근이 가능함

〈보기〉

생성 패턴	구조 패턴	행위 패턴
Abstract Factory Builder Factory Method Prototype Singleton	Adapter Bridge Composite Decorator Proxy	Command Interpreter Iterator Mediator Observer

답

- ①
- ②

4장 서버 프로그램 구현 정답

[답안 작성 방법 안내]

'운영체제(OS; Operation System)'처럼 한글과 영문으로 제시되어 있는 경우 '운영체제', 'OS', 'Operation System' 중 1가지만 쓰면 됩니다.

Section 062

[문제 1]

WAS(Web Application Server, 웹 애플리케이션 서버)

[문제 2]

웹 서버(Web Server)

[문제 3]

형상 관리 도구 또는 버전 관리 도구

[문제 4]

대역폭 제한(Bandwidth Throtting)

Section 063

[문제 1]

인터페이스 설계, 아키텍처 설계

[문제 2]

협약(Contract)

[문제 3]

가용성, 변경 용이성, 사용성

[문제 4]

추상화는 문제의 전체적이고 포괄적인 개념을 설계한 후 차례로 세분화하여 구체화시켜 나가는 것이다.

[문제 5]

정보 은닉(Information Hiding)

Section 064

[문제 1]

파이프-필터 패턴(Pipe-Filter Pattern)

[문제 2]

이벤트-버스 패턴(Event-Bus Pattern)

[문제 3]

모델(Model), 뷰(View), 컨트롤러(Controller)

[문제 4]

아키텍처 패턴(Architecture Pattern)

[문제 5]
① 마스터-슬레이브(Master-Slave) ② 인터프리터(Interpreter)

Section 065

[문제 1]
클래스(Class)

[문제 2]
캡슐화(Encapsulation)

[문제 3]
집단화(Aggregation)

[문제 4]
상속(Inheritance)

[문제 5]
객체(Object)

[문제 6]
메시지(Message)

Section 066

[문제 1]
Coad와 Yourdon 방법

[문제 2]
ISP

[문제 3]
① Function ② Dynamic ③ Information

Section 067

[문제 1]
① 결합도(Coupling) ② 응집도(Cohesion)

[문제 2]
F, H

> 팬인(Fan-In)은 문제의 그림에서 특정 모듈로 들어오는(In) 선(Line)의 수라고 생각하면 됩니다. 그러므로 팬인이 2 이상인 모듈은 2개의 선이 들어오는 F, H 모듈이 됩니다.

[문제 3]
제어 결합도(Control Coupling)

[문제 4]
① 내용 결합도 ② 스탬프 결합도 ③ 공통 결합도

[문제 5]
Control Coupling

[문제 6]
① 절차적 응집도　② 교환적 응집도　③ 기능적 응집도

[문제 7]
㉠, ㉡, ㉣, ㉢

Section 068

[문제 1]
단위 모듈(Unit Module)

[문제 2]
IPC(Inter-Process Communication)

[문제 3]
테스트 케이스는 구현된 소프트웨어가 사용자의 요구사항을 정확하게 준수했는지를 확인하기 위한 테스트 항목에 대한 명세서이다.

[문제 4]
① Semaphores　② Message Queueing

Section 069

[문제 1]
명확성(Clarity)

[문제 2]
컴포넌트, 함수와 객체, 애플리케이션

[문제 3]
공통 모듈

[문제 4]
재사용은 이미 개발된 기능들을 새로운 시스템이나 기능 개발에 사용하기 적합하도록 최적화하는 작업이다.

[문제 5]
컴포넌트(Component)

[문제 6]
① 결합도(Coupling)　② 응집도(Cohesion)

Section 070

[문제 1]
순차 코드(Sequence Code)

[문제 2]
표의 숫자 코드(Significant Digit Code)

[문제 3]
식별 기능

[문제 4]
블록(Block) 코드

[문제 5]
10진 코드(Decimal Code)

Section 071

[문제 1]
행위

[문제 2]
① Bridge ② Observer

[문제 3]
① Singleton ② Visitor ③ Proxy ④ Factory Method

[문제 4]
행위(Behavioral)

Section 072

[문제 1]
통합 개발 환경(IDE, Integrated Development Environment)

[문제 2]
Maven

[문제 3]
Maven, Ant, Gradle

Section 073

[문제 1]
① 스프링(Spring) ② 장고(Django) ③ 코드이그나이터(Codeigniter)

[문제 2]
Controller

[문제 3]
DAO(Data Access Object)

Section 074

[문제 1]
① 자동화 ② 안정성/신뢰성

[문제 2]
배치 스케줄러(Batch Scheduler)

[문제 3]

*/15 22 25 */3 * /backup/batch.sh

- 시간은 24시 표기법으로 사용하기 때문에 오후 10시에 해당하는 22를 적어야 합니다.
- 분과 월에는 '/'를 사용하지 않고, 분에 0, 15, 30, 45로 쓰거나 월을 3, 6, 9, 12로 작성해도 됩니다.

*/15 22 25 */3 * /backup/batch.sh
❶ ❷ ❸ ❹ ❺ ❻

- ❶ : 15분마다 수행
- ❷ : 22시에 수행
- ❸ : 25일에 수행
- ❹ : 3개월마다 수행
- ❺ : 매요일 수행
- ❻ : backup 디렉터리에 있는 batch.sh 실행

예상문제은행 4장 서버 프로그램 구현 정답

[문제 01]

WAS는 동적 서비스를 제공하거나, 웹 서버와 데이터베이스 서버 또는 웹 서버와 파일 서버 사이에서 인터페이스 역할을 수행하는 서버이다.

[문제 02]

범용성

[문제 03]

소프트웨어 아키텍처는 소프트웨어를 구성하는 요소들 간의 관계를 표현하는 시스템의 구조 또는 구조체이다.

[문제 04]

선행 조건

[문제 05]

시장 적시성, 비용과 혜택, 목표 시장

[문제 06]

단계적 분해(Stepwise Refinement)

[문제 07]

레이어 패턴(Layers pattern)

[문제 08]

피어-투-피어 패턴(Peer-To-Peer Pattern)

[문제 09]
상속은 상위 클래스의 모든 속성과 연산을 하위 클래스가 물려받는 것이다.

[문제 10]
분류화(Classfication)

[문제 11]
다형성(Polymorphism)

[문제 12]
기능 모델링은 자료 흐름도를 이용하여 다수의 프로세스들 간의 자료 흐름을 중심으로 처리 과정을 표현한 모델링이다.

[문제 13]
SOLID

[문제 14]
결합도(Coupling)

[문제 15]
① 스탬프 결합도 ② 외부 결합도 ③ 공통 결합도

[문제 16]
ⓛ

[문제 17]
자료 결합도(Data Coupling)

[문제 18]
① 팬인(Fan–In) ② 팬아웃(Fan–Out)

[문제 19]
A, B, C

모듈로 들어오면 팬인(Fan – In), 모듈에서 나가면 팬아웃(Fan – Out)이란 걸 염두에 두고 생각해 보면 쉽게 해결할 수 있습니다.

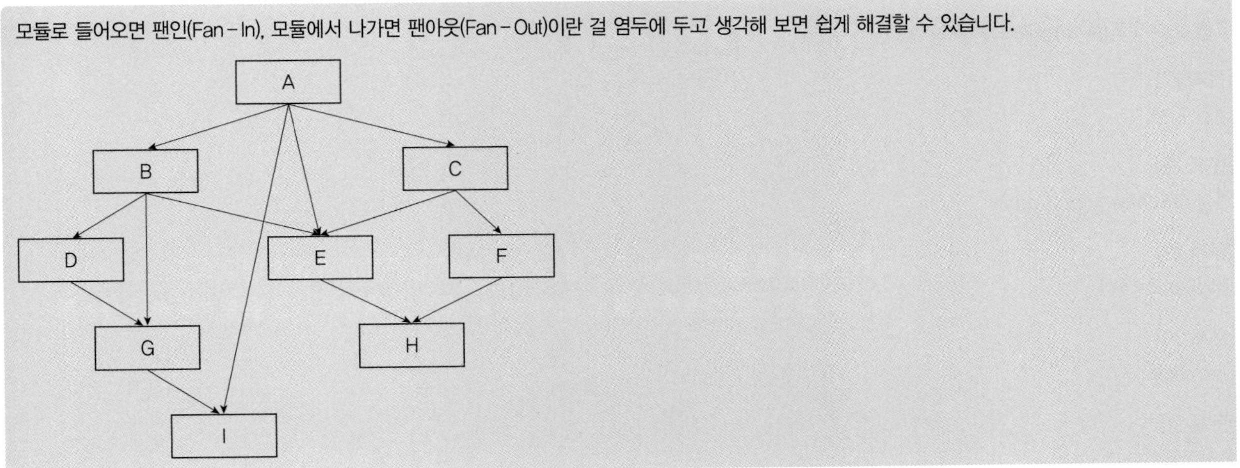

모듈	팬인(Fan-In)	팬아웃(Fan-Out)
A	0	4
B	1	3
C	1	2
D	1	1
E	3	1
F	1	1
G	2	1
H	2	0
I	2	0

[문제 20]

단위 모듈(Unit Module)

[문제 21]

테스트 케이스(Test Case)

[문제 22]

Shared Memory

[문제 23]

일관성은 공통 기능들 간 상호 충돌이 발생하지 않도록 작성하는 기법이다.

[문제 24]

추적성(Traceability)

[문제 25]

재사용(Reuse)

[문제 26]

그룹 분류 코드(Group Classification Code)

[문제 27]

배열 기능

[문제 28]

연상 코드(Mnemonic Code)

[문제 29]

어댑터(Adapter)

[문제 30]

Decorator

[문제 31]

플라이웨이트(Flyweight)

[문제 32]

Command, Observer, State, Visitor

[문제 33]

메멘토(Memento)

[문제 34]

전략(Strategy)

[문제 35]

Gradle

[문제 36]

IDEA

[문제 37]

서버 개발 프레임워크

[문제 38]

① Controller ② DAO(Data Access Object)

[문제 39]

스프링 배치(Spring Batch)

[문제 40]

0 18 15 * * /dev/autobot.sh

0	18	15	*	*	/dev/autobot.sh
[분]	[시]	[일]	[월]	[요일]	[명령어]

위의 crontab 명령어를 해석하면, 매월 15일 18시 0분에 (요일에 상관없이) '/dev/autobot.sh'를 실행하라는 의미가 됩니다.

[문제 41]

① 테스트 조건 ② 테스트 데이터 ③ 예상 결과

[문제 42]

㉠, ㉢, ㉦

[문제 43]

리스코프 치환 원칙(LSP)

[문제 44]

① Abstract Factory ② Iterator

memo

5 장

인터페이스 구현

SECTION 075

시스템 인터페이스 요구사항 분석

시스템 인터페이스와 관련된 요구사항 분석을 위해 요구사항에 명시되어야 할 구성 요소와 요구사항 분석 절차를 순서대로 나열할 수 있어야 합니다.

시스템 인터페이스
시스템 인터페이스는 독립적으로 떨어져 있는 시스템들끼리 서로 연동하여 상호 작용하기 위한 접속 방법이나 규칙을 의미합니다.

1 시스템 인터페이스* 요구사항

- 시스템 인터페이스 요구사항은 개발할 시스템과 외부 시스템을 연동하는데 필요한 시스템 인터페이스에 대한 요구사항을 기술한 것이다.
- 시스템 인터페이스 요구사항 명세서의 구성 요소
  - 인터페이스 이름
  - 연계 대상 시스템
  - 연계 범위 및 내용
  - 연계 방식
  - 송신 데이터
  - 인터페이스 주기
  - 기타 고려사항

2 시스템 인터페이스 요구사항 분석

- 시스템 인터페이스 요구사항 분석은 요구사항을 분류하고 구체적으로 명세한 후 이를 이해관계자에게 전달하는 일련의 과정이다.
- 소프트웨어 요구사항 분석 기법을 적절히 이용한다.
- 요구사항의 분해가 필요한 경우 적절한 수준으로 세분화한다.
- 요구사항 분석 시 누락된 요구사항이나 제한 조건을 추가한다.
- 요구사항에 대한 상대적 중요도를 평가하여 우선순위를 부여한다.

3 시스템 인터페이스 요구사항 분석 절차

❶ 시스템 인터페이스 관련 요구사항을 선별하여 별도로 요구사항 목록을 만든다.

❷ 요구사항과 관련된 자료를 준비한다.

❸ 기능적인 요구사항과 비기능적인 요구사항으로 분류한다.

❹ 요구사항을 분석하고 요구사항 명세서에 내용을 추가하거나 수정한다.

❺ 추가 · 수정한 요구사항 명세서와 요구사항 목록을 관련 이해관계자에게 전달한다.

※ 정답 및 해설은 410쪽에 있습니다.

기출 따라잡기 Section 075

출제예상

문제 1 다음에 제시된 시스템 인터페이스 요구사항 분석 절차를 기호(㉠~㉤)로 올바르게 나열하시오.

㉠ 요구사항 분석 및 명세서 구체화
㉡ 요구사항 분류
㉢ 요구사항 관련 자료 준비
㉣ 요구사항 선별
㉤ 요구사항 명세서 공유

답 : (　　) → (　　) → (　　) → (　　) → (　　)

출제예상

문제 2 독립적으로 떨어져 있는 시스템들끼리 서로 연동하여 상호 작용하기 위한 접속 방법이나 규칙을 의미하는 용어를 쓰시오.

답 :

SECTION 076

인터페이스 요구사항 검증

1408600

전문가의 조언

요구사항 검증은 요구사항 명세서에 명시되어 있는 사용자의 요구사항들이 실제로 실현 가능한지를 확인하는 단계라고 생각하면 됩니다. 요구사항 검증 방법과 검증 항목에는 어떤 것들이 있는지 알아두세요.

1 인터페이스 요구사항 검증

- 인터페이스 요구사항 검증은 사용자들의 요구사항이 요구사항 명세서에 정확하고 완전하게 기술되었는지 검토하고 개발 범위의 기준인 베이스라인을 설정하는 것이다.
- 인터페이스 요구사항 검증 수행 순서

요구사항 검토 계획 수립	검토 기준 및 방법, 참여자, 체크리스트, 관련 자료, 일정 등의 검토 계획 수립
↓	
검토 및 오류 수정	인터페이스 요구사항 명세서 검토 및 오류 목록과 시정 조치서 작성
↓	
베이스라인 설정	검증된 인터페이스 요구사항을 승인받은 후 요구사항 명세서의 베이스라인 설정

전문가의 조언

요구사항 검증 방법의 종류별 핵심 키워드를 살펴볼까요? 동료검토는 '작성자가 명세서 내용을 직접 설명', 워스크루는 '명세서를 미리 배포', 인스펙션은 '검토 전문가들이 명세서 확인', 프로토타이핑은 '견본품(Prototype)을 통한 결과물 예측', 테스트 설계는 '테스트 케이스를 생성', CASE 도구는 '일관성 분석, 추적 및 분석, 관리'입니다.

필기 20.8, 20.6

2 요구사항 검증 방법

- 요구사항 검토(Requirements Review) : 요구사항 명세서의 오류 확인 및 표준 준수 여부 등의 결함 여부를 검토 담당자들이 수작업으로 분석하는 방법이다.

필기 20.8 **동료검토 (Peer Review)**	요구사항 명세서 작성자가 명세서 내용을 직접 설명하고 동료들이 이를 들으면서 결함을 발견하는 형태의 검토 방법
필기 20.8, 20.6 **워크스루 (Walk Through)**	검토 회의 전에 요구사항 명세서를 미리 배포하여 사전 검토한 후에 짧은 검토 회의를 통해 결함을 발견하는 형태의 검토 방법
필기 20.8 **인스펙션 (Inspection)**	요구사항 명세서 작성자를 제외한 다른 검토 전문가들이 요구사항 명세서를 확인하면서 결함을 발견하는 형태의 검토 방법

- 프로토타이핑(Prototyping) : 사용자의 요구사항을 정확히 파악하기 위해 실제 개발될 소프트웨어에 대한 견본품(Prototype)을 만들어 최종 결과물을 예측한다.

- **테스트 설계** : 요구사항은 테스트할 수 있도록 작성되어야 하며, 이를 위해 테스트 케이스를 생성하여 요구사항이 현실적으로 테스트 가능한지를 검토한다.
- **CASE 도구 활용** : 일관성 분석(Consistency Analysis)을 통해 요구사항 변경사항의 추적, 분석, 관리, 표준 준수 여부를 확인한다.

3 인터페이스 요구사항 검증의 주요 항목

- **완전성(Completeness)** : 사용자의 모든 요구사항이 누락되지 않고 완전하게 반영되어 있는가?
- **일관성(Consistency)** : 요구사항이 모순되거나 충돌되는 점 없이 일관성을 유지하고 있는가?
- **명확성(Unambiguity)** : 모든 참여자가 요구사항을 명확히 이해할 수 있는가?
- **기능성(Functionality)** : 요구사항이 '어떻게(How to)' 보다 '무엇을(What)'에 중점을 두고 있는가?
- **검증 가능성(Verifiability)** : 요구사항이 사용자의 요구를 모두 만족하고, 개발된 소프트웨어가 사용자의 요구 내용과 일치하는지를 검증할 수 있는가?
- **추적 가능성(Traceability)** : 요구사항 명세서와 설계서를 추적할 수 있는가?
- **변경 용이성(Easily Changeable)** : 요구사항 명세서의 변경이 쉽도록 작성되었는가?

※ 정답 및 해설은 410쪽에 있습니다.

기출 따라잡기 Section 076

필기 20년 6월

문제 1 검토 회의 전에 요구사항 명세서를 미리 배포하여 사전 검토한 후 짧은 검토 회의를 통해 오류를 조기에 검출하는데 목적을 두는 요구사항 검토 방법을 쓰시오.

답 :

필기 20년 8월

문제 2 다음은 인터페이스 요구사항 검토 방법에 대한 설명이다. 괄호에 들어갈 알맞은 방법을 쓰시오.

인스펙션 (Inspection)	작성자 이외의 전문 검토 그룹이 요구사항 명세서를 상세히 조사하여 결함, 표준 위배, 문제점 등을 파악한다.
( )	요구사항 명세서 작성자가 요구사항 명세서를 설명하고 이해관계자들이 설명을 들으면서 결함을 발견한다.
워크스루 (Walk Through)	검토 자료를 회의 전에 배포해서 사전 검토한 후 짧은 시간 동안 검토 회의를 진행하면서 결함을 발견한다.

답 :

출제예상

문제 3 다음은 인터페이스 요구사항 검증의 주요 항목에 대한 설명이다. 괄호(①, ②)에 각각 들어갈 알맞은 항목을 쓰시오.

명확성 (Unambiguity)	모든 참여자가 요구사항을 명확히 이해할 수 있는가?
(①)	요구사항이 '어떻게(How to)' 보다 '무엇을(What)'에 중점을 두고 있는가?
완전성 (Completeness)	사용자의 모든 요구사항이 누락되지 않고 완전하게 반영되어 있는가?
(②)	요구사항이 사용자의 요구를 모두 만족하고, 개발된 소프트웨어가 사용자의 요구 내용과 일치하는지를 검증할 수 있는가?
추적 가능성 (Traceability)	요구사항 명세서와 설계서를 추적할 수 있는가?

답

- ①
- ②

SECTION 077

송·수신 데이터 식별

1 식별 대상 데이터

- 식별 대상 데이터는 **송 · 수신 시스템 사이에서 교환되는 데이터**로, 규격화된 표준 형식에 따라 전송된다.
- 교환되는 데이터의 종류
  - 인터페이스 표준 항목
  - 송 · 수신 데이터 항목
  - 공통 코드

전문가의 조언

개발할 시스템의 내 · 외부 인터페이스를 위해 필요한 송 · 수신 데이터를 정확히 식별해야 시스템 내부 및 다른 시스템과의 인터페이스에 의해 전달되는 정보들의 변조 및 손실을 예방할 수 있습니다. 송 · 수신 데이터의 식별은 개발할 시스템과 연계할 내 · 외부 시스템 사이의 정보 흐름과 데이터베이스 산출물들을 기반으로 하며, 식별해야 하는 송 · 수신 데이터에는 인터페이스 표준 항목에 대한 데이터 항목과 코드성 데이터 항목이 있습니다.

2 인터페이스 표준 항목

- 인터페이스 표준 항목은 송 · 수신 시스템을 연계하는데 표준적으로 필요한 데이터이다.
- 인터페이스 표준 항목은 시스템 공통부와 거래 공통부로 나뉜다.

시스템 공통부	• 시스템 간 연동 시 필요한 공통 정보 • 구성 정보 : 인터페이스 ID, 전송 시스템 정보, 서비스 코드 정보, 응답 결과 정보, 장애 정보 등
거래 공통부	• 시스템들이 연동된 후 송 · 수신되는 데이터를 처리할 때 필요한 정보 • 구성 정보 : 직원 정보, 승인자 정보, 기기 정보, 매체 정보 등

3 송 · 수신 데이터 항목

- 송 · 수신 데이터 항목은 **송 · 수신 시스템이 업무를 수행하는 데 사용하는 데이터**이다.
- 전송되는 데이터 항목과 순서는 인터페이스별로 다르다.

4 공통 코드

- 공통 코드는 **시스템들에서 공통으로 사용하는 코드**이다.
- 연계 시스템이나 연계 소프트웨어에서 사용하는 상태 및 오류 코드 등의 항목에 대해 코드값과 코드명, 코드 설명 등을 공통 코드로 관리한다.

5 정보 흐름 식별

- 정보 흐름은 개발할 시스템과 내 · 외부 시스템 사이에서 전송되는 정보들의 방향성을 식별한다.
- 개발할 시스템과 내 · 외부 시스템에 대한 각각의 인터페이스 목록을 확인하여 정보 흐름을 식별한다.
- 식별한 정보 흐름을 기반으로 송 · 수신 시스템 사이에서 교환되는 주요 데이터 항목이나 정보 그룹을 도출한다.

6 송 · 수신 데이터 식별

- 송 · 수신 데이터는 개발할 시스템과 연계할 내 · 외부 시스템 사이의 정보 흐름과 데이터베이스 산출물을 기반으로 식별한다.
- 송 · 수신 데이터의 종류에 따라 다음과 같이 식별한다.
  - 인터페이스 표준 항목과 송 · 수신 데이터 항목 식별 : 송 · 수신 시스템 사이의 교환 범위를 확인하고 인터페이스 표준 항목에 대해 송 · 수신 데이터 항목을 식별한다.
  - 코드성 데이터 항목 식별 : 코드성 데이터 항목에 대해 코드, 코드명, 코드 설명 등의 코드 정보를 식별한다.

※ 정답 및 해설은 410쪽에 있습니다.

기출 따라잡기 Section 077

출제예상

문제 1 다음은 개발 예정인 시스템의 송·수신 데이터 식별에 대한 내용이다. 괄호(①, ②)에 각각 들어갈 알맞은 용어를 쓰시오.

- 개발할 시스템의 내·외부 인터페이스를 위해 필요한 송·수신 데이터를 정확히 식별해야 시스템 내부 및 다른 시스템과의 인터페이스에 의해 전달되는 정보들의 변조 및 손실을 예방할 수 있다.
- 식별 대상 데이터는 송·수신 시스템 사이에서 교환되는 데이터로, 종류에는 인터페이스 표준 항목, 송·수신 데이터 항목, 공통 코드가 있다.
  - 인터페이스 표준 항목 : 송·수신 시스템을 연계하는데 표준적으로 필요한 데이터로, 다음과 같이 나뉜다.

(①) 공통부	시스템 간 연동 시 필요한 공통 정보로, 구성 정보에는 인터페이스 ID, 전송 시스템 정보, 서비스 코드 정보, 응답 결과 정보, 장애 정보 등이 있다.
(②) 공통부	시스템들이 연동된 후 송·수신 되는 데이터를 처리할 때 필요한 정보로, 구성 정보에는 직원 정보, 승인자 정보, 기기 정보, 매체 정보 등이 있다.

  - 송·수신 데이터 항목 : 송·수신 시스템이 업무를 수행하는 데 사용하는 데이터이다.
  - 공통 코드 : 시스템들에서 공통으로 사용하는 코드이다.

답

- ①
- ②

SECTION 078

인터페이스 방법 명세화

1408900

전문가의 조언

인터페이스 방법 명세화란 내·외부 시스템이 연계하여 작동할 때 데이터를 주고받는 방법, 주고받는 데이터의 종류, 에러 발생 시 처리해야 할 내용들을 문서로 명확하게 정리하는 것을 말합니다. 송·수신 방법에 대한 명세화를 위해 필요한 시스템 연계 기술, 인터페이스 통신 유형, 처리 유형, 발생 주기 등을 먼저 확인한 후 각각의 명세화 방법을 정리하세요.

1 인터페이스 방법 명세화

- 인터페이스 방법 명세화는 내·외부 시스템이 연계하여 작동할 때 인터페이스별 송·수신 방법, 송·수신 데이터, 오류 식별 및 처리 방안에 대한 내용을 문서로 정리하는 것이다.
  - 송·수신 방법 명세화 : 내·외부 인터페이스 목록에 있는 각각의 인터페이스에 대해 연계 방식, 통신 및 처리 유형, 발생 주기 등의 송·수신 방법을 정의하고 명세를 작성하는 것
  - 송·수신 데이터 명세화 : 내·외부 인터페이스 목록에 있는 각각의 인터페이스에 대해 인터페이스 시 필요한 송·수신 데이터에 대한 명세를 작성하는 것
  - 오류 식별 및 처리 방안 명세화 : 내·외부 인터페이스 목록에 있는 각각의 인터페이스에 대해 인터페이스 시 발생할 수 있는 오류를 식별하고 오류 처리 방안에 대한 명세를 작성하는 것
- **인터페이스별로 송·수신 방법을 명세화하기 위해 필요한 정보**
  - 시스템 연계 기술
  - 인터페이스 통신 유형
  - 처리 유형
  - 발생 주기

2 시스템 연계 기술

기술	내용
DB Link	DB에서 제공하는 DB Link 객체를 이용하는 방식
API/Open API*	송신 시스템의 데이터베이스(DB)에서 데이터를 읽어 와 제공하는 애플리케이션 프로그래밍 인터페이스 프로그램
연계 솔루션	EAI* 서버와 송·수신 시스템에 설치되는 클라이언트(Client)를 이용하는 방식
Socket	서버가 통신을 위한 소켓(Socket)을 생성하여 포트를 할당하고 클라이언트의 통신 요청 시 클라이언트와 연결하여 통신하는 네트워크 기술

API/Open API(Application Programming Interface)
API는 운영체제나 프로그래밍 언어 등에 있는 라이브러리를 응용 프로그램 개발 시 이용할 수 있도록 규칙 등에 대해 정의해 놓은 인터페이스를 말하고, Open API는 이러한 기능을 누구나 무료로 사용하여 프로그램을 개발하거나 Open API에 새로운 API를 추가할 수 있도록 공개된 API를 말합니다.

EAI(Enterprise Application Integration)
EAI는 송·수신 데이터를 식별하기 위해 송·수신 처리 및 진행 현황을 모니터링하고 통제하는 시스템입니다.

Web Service	웹 서비스(Web Service)에서 WSDL, UDDI, SOAP 프로토콜을 이용하여 연계하는 서비스

3 인터페이스 통신 유형

유형	내용
단방향	시스템에서 거래를 요청만 하고 응답이 없는 방식
동기	시스템에서 거래를 요청하고 응답이 올 때까지 대기(Request-Reply)하는 방식
비동기	시스템에서 거래를 요청하고 다른 작업을 수행하다 응답이 오면 처리하는 방식(Send-Receive, Send-Receive-Acknowledge, Publish-Subscribe)

4 인터페이스 처리 유형

유형	내용
실시간 방식	사용자가 요청한 내용을 바로 처리해야 할 때 사용하는 방식
지연 처리 방식	데이터를 매건 단위로 처리할 경우 비용이 많이 발생할 때 사용하는 방식
배치 방식	대량의 데이터를 처리할 때 사용하는 방식

5 인터페이스 발생 주기

- 인터페이스 발생 주기는 개발할 시스템과 내 · 외부 시스템 간 송 · 수신 데이터가 전송되어 인터페이스가 사용되는 주기를 의미한다.
- 업무의 성격과 송 · 수신 데이터 전송량을 고려하여 매일, 수시, 주 1회 등으로 구분한다.

※ 정답 및 해설은 410쪽에 있습니다.

기출 따라잡기 Section 078

출제예상

문제 1 다음은 인터페이스별로 송 · 수신 방법을 명세화하기 위해 필요한 정보 중 인터페이스 통신 유형에 대한 설명이다. 괄호(①, ②)에 각각 들어갈 알맞은 통신 유형을 쓰시오.

> 인터페이스 통신 유형은 개발할 시스템과 내 · 외부 시스템 간 데이터를 송 · 수신하는 형태를 의미하며, 종류는 다음과 같다.
> - (①) : 시스템에서 거래를 요청하고 응답이 올 때까지 대기(Request-Reply)하는 방식이다.
> - (②) : 시스템에서 거래를 요청하고 다른 작업을 수행하다 응답이 오면 처리하는 방식(Send-Receive, Send-Receive-Acknowledge, Publish-Subscribe)이다.
> - 단방향 : 시스템에서 거래를 요청만 하고 응답이 없는 방식이다.

답
- ①
- ②

출제예상

문제 2 인터페이스 방법을 명세화 할 때 필요한 시스템 연계 기술 중 서버는 통신을 위해 포트를 할당하고 클라이언트는 통신을 요청해 클라이언트와 연결하여 통신하는 네트워크 기술을 쓰시오.

답 :

출제예상

문제 3 시스템 연계 기술 중 네트워크의 정보를 표준화된 서비스 형태로 만들어 공유하는 기술로, WSDL, UDDI, SOAP 프로토콜을 이용하여 연계하는 기술은 무엇인지 쓰시오.

답 :

SECTION 079

미들웨어 솔루션

필기 24.2, 22.7, 21.8, 21.3, 20.9, 20.8

1 미들웨어(Middleware)

- 미들웨어는 **운영체제와 응용 프로그램**, 또는 서버와 클라이언트 **사이에서** 다양한 **서비스를 제공하는 소프트웨어**이다.
- 미들웨어는 표준화된 인터페이스를 제공함으로써 시스템 간의 데이터 교환에 일관성을 보장한다.
- 미들웨어의 종류
  - DB(DataBase)
  - RPC(Remote Procedure Call)
  - MOM(Message Oriented Middleware)
  - TP-Monitor(Transaction Processing Monitor)
  - ORB(Object Request Broker)
  - WAS(Web Application Server)

전문가의 조언

- 미들웨어는 클라이언트가 서버 측에 어떠한 처리를 요구하고, 또 서버가 그 처리한 결과를 클라이언트에게 돌려주는 과정을 효율적으로 수행하도록 도와주는 소프트웨어입니다. 예를 들어 미들웨어는 웹 서버와 DB 서버 사이에서 웹 서버가 요구하는 다양한 요청사항들을 DB 서버에 적합한 인터페이스로 변환하여 요청하고 그 결과를 다시 웹 서버에 반환함으로써 원활하게 데이터가 오갈 수 있도록 도와주는 중계자의 역할을 수행합니다.
- 미들웨어의 개념을 기억하세요. 그리고 어떤 미들웨어를 말하는지 알아낼 수 있도록 각각의 특징을 잘 정리하세요.

필기 23.7, 23.2

2 DB

- DB는 데이터베이스 벤더에서 제공하는 **클라이언트에서 원격의 데이터베이스와 연결하는 미들웨어**이다.
- DB를 사용하여 시스템을 구축하는 경우 보통 2-Tier 아키텍처라고 한다.

필기 23.7, 21.3

3 RPC(원격 프로시저 호출)

RPC는 응용 프로그램의 프로시저를 사용하여 **원격 프로시저**를 마치 **로컬 프로시저처럼 호출하는 미들웨어**이다.

필기 23.7, 23.2, 22.4

4 MOM(메시지 지향 미들웨어)

- MOM은 메시지 기반의 **비동기형 메시지를 전달하는 미들웨어**이다.
- 온라인 업무보다는 이기종 분산 데이터 시스템의 데이터 동기를 위해 많이 사용된다.

필기 23.5, 20.6

5 TP-Monitor(트랜잭션 처리 모니터)

- TP-Monitor는 온라인 트랜잭션 업무에서 **트랜잭션을 처리 및 감시하는 미들웨어**이다.
- 항공기나 철도 예약 업무 등 사용자 수가 증가해도 빠른 응답 속도를 유지해야 하는 업무에 주로 사용된다.

필기 23.2

6 ORB(객체 요청 브로커)

- ORB는 **코바(CORBA) 표준 스펙을 구현한 객체 지향 미들웨어**이다.
- 최근에는 TP-Monitor의 장점인 트랜잭션 처리와 모니터링 등을 추가로 구현한 제품도 있다.

필기 23.7, 23.2

7 WAS(웹 애플리케이션 서버)

- WAS는 사용자의 요구에 따라 변하는 **동적인 콘텐츠를 처리하기 위한 미들웨어**이다.
- 클라이언트/서버 환경보다는 웹 환경을 구현하기 위한 미들웨어이다.
- HTTP 세션 처리를 위한 웹 서버 기능뿐만 아니라 미션-크리티컬한 기업 업무까지 JAVA, EJB 컴포넌트 기반으로 구현이 가능하다.

※ 정답 및 해설은 410쪽에 있습니다.

기출 따라잡기 Section 079

필기 24년 2월, 22년 7월, 21년 8월, 3월, 20년 9월, 20년 8월

문제 1 다음 설명의 괄호에 공통적으로 들어갈 용어를 쓰시오.

- (　　　)는 클라이언트와 서버 간의 통신을 담당하는 시스템 소프트웨어이다.
- 표준화된 인터페이스를 제공함으로써 시스템 간의 데이터 교환에 일관성을 보장한다.
- (　　　)는 통신 제공 방법이나 기능에 따라 DB, RPC, MOM, TP-Monitor, ORB, WAS 등으로 구분한다.

답 :

필기 23년 5월, 20년 6월

문제 2 미들웨어는 미들(Middle)과 소프트웨어(Software)의 합성어로, 운영체제와 응용 프로그램, 또는 서버와 클라이언트 사이에서 다양한 서비스를 제공하는 소프트웨어이다. 미들웨어의 종류 중 트랜잭션이 올바르게 처리되고 있는지 데이터를 감시하고 제어하는 미들웨어를 쓰시오.

답 :

필기 23년 7월, 2월, 22년 4월

문제 3 미들웨어(Middleware)의 종류 중 상이한 애플리케이션 간 통신을 비동기 방식으로 지원하고, 온라인 업무보다는 이기종 분산 데이터 시스템의 데이터 동기를 위해 많이 사용되는 미들웨어는 무엇인지 쓰시오.

답 :

필기 23년 7월, 21년 3월

문제 4 미들웨어(Middleware)의 종류 중 응용 프로그램의 프로시저를 사용하여 원격 프로시저를 로컬 프로시저처럼 호출하는 방식의 미들웨어는 무엇인지 쓰시오.

답 :

SECTION 080

모듈 연계를 위한 인터페이스 기능 식별

전문가의 조언

어떤 모듈 연계 방법을 말하는지 알아낼 수 있도록 각 방식의 특징을 잘 파악해 두세요.

1 모듈 연계

- 모듈 연계는 내부 모듈과 외부 모듈 또는 내부 모듈 간 데이터의 교환을 위해 관계를 설정하는 것이다.
- 대표적인 모듈 연계 방법
  - EAI(Enterprise Application Integration)
  - ESB(Enterprise Service Bus)
  - 웹 서비스(Web Service)

전문가의 조언

EAI 구축 유형의 특징을 나열하고 특징에 해당하는 유형을 쓰는 문제가 출제되었습니다. 어떤 유형을 말하는지 알아낼 수 있도록 각각의 특징을 정리하세요.

21.4, 20.10, 필기 23.2, 22.7, 21.8, 20.9, 20.6

2 EAI(Enterprise Application Integration)

- EAI는 **기업 내 각종 애플리케이션 및 플랫폼 간의** 정보 전달, 연계, 통합 등 **상호 연동이 가능하게 해주는 솔루션**이다.
- EAI의 구축 유형

유형	기능	모형
20.10, 필기 23.2, 22.7, 20.6 Point-to-Point	• 가장 기본적인 애플리케이션 통합 방식 • 애플리케이션을 1:1로 연결함 • 변경 및 재사용이 어려움	
20.10, 필기 23.2, 22.7, 20.6 Hub & Spoke	• 단일 접점인 허브 시스템을 통해 데이터를 전송하는 중앙 집중형 방식 • 확장 및 유지 보수가 용이함 • 허브 장애 발생 시 시스템 전체에 영향을 미침	Spoke Spoke Hub Spoke Spoke
20.10, 필기 23.2, 22.7, 21.8, … Message Bus (ESB 방식)	• 애플리케이션 사이에 미들웨어*를 두어 처리하는 방식 • 확장성이 뛰어나며 대용량 처리가 가능함	Bus
20.10, 필기 20.9 Hybrid	• Hub & Spoke와 Message Bus의 혼합 방식 • 그룹 내에서는 Hub & Spoke 방식을, 그룹 간에는 Message Bus 방식을 사용함 • 필요한 경우 한 가지 방식으로 EAI 구현이 가능함 • 데이터 병목 현상을 최소화할 수 있음	Bus

미들웨어(Middle Ware)
미들웨어는 미들(Middle)과 소프트웨어(Software)의 합성어로, 운영체제와 응용 프로그램, 또는 서버와 클라이언트 사이에서 다양한 서비스를 제공하는 소프트웨어입니다.

3 ESB(Enterprise Service Bus)

- ESB*는 **애플리케이션 간** 연계, 데이터 변환, 웹 서비스 지원 등 **표준 기반의 인터페이스를 제공하는 솔루션**이다.
- 애플리케이션 통합 측면에서 EAI와 유사하지만 애플리케이션 보다는 서비스 중심의 통합을 지향한다.
- 특정 서비스에 국한되지 않고 범용적으로 사용하기 위하여 애플리케이션과의 결합도(Coupling)를 약하게(Loosely) 유지한다.
- 관리 및 보안 유지가 쉽다.
- 높은 수준의 품질 지원이 가능하다.

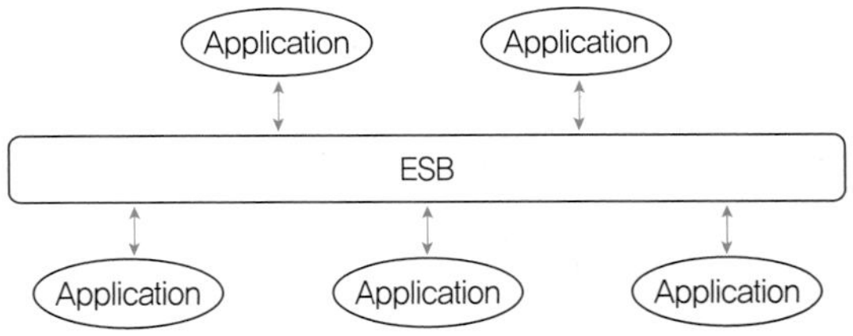

22.4
4 웹 서비스(Web Service)

- 웹 서비스는 **네트워크의 정보를 표준화된 서비스 형태로 만들어 공유하는 기술**이다.
- 웹 서비스는 서비스 지향 아키텍처(SOA)* 개념을 실현하는 대표적인 방법이다.
- **웹 서비스의 구성**

SOAP	HTTP, HTTPS, SMTP 등을 활용하여 XML 기반의 메시지를 네트워크 상에서 교환하는 프로토콜
UDDI*	WSDL을 등록하여 서비스와 서비스 제공자를 검색하고 접근하는데 사용됨
WSDL	• 웹 서비스와 관련된 서식이나 프로토콜 등을 표준적인 방법으로 기술하고 게시하기 위한 언어 • XML로 작성되며, UDDI의 기초가 됨

전문가의 조언

ESB는 애플리케이션 사이에 미들웨어를 두어 정보를 처리하는 Message Bus와 동일한 방식의 솔루션입니다.

서비스 지향 아키텍처(SOA; Service Oriented Architecture)
서비스 지향 아키텍처는 기업의 소프트웨어 인프라인 정보시스템을 공유와 재사용이 가능한 서비스 단위나 컴포넌트 중심으로 구축하는 정보기술 아키텍처를 말합니다.

UDDI(Universal Description, Discovery and Integration)
UDDI는 인터넷에서 전 세계의 비즈니스 업체 목록에 자신의 목록을 등록하기 위한 확장성 생성 언어(XML) 기반의 규격입니다. 이미 알려진 송 · 수신 시스템의 통합 구현에서는 공개 및 검색 과정이 필요 없으므로 UDDI를 구축하지 않습니다.

모듈 간 연계 기능 식별
모듈 간 연계 기능 식별은 모듈 간 공통 기능 및 데이터 인터페이스를 기반으로 수행합니다.

5 모듈 간 연계 기능 식별*

- 모듈 간 연계 기능은 모듈과 연계된 기능을 시나리오 형태로 구체화하여 식별한다.
- 식별된 연계 기능은 인터페이스 기능을 식별하는데 사용된다.

6 모듈 간 인터페이스 기능 식별

- 모듈 간 인터페이스 기능은 식별된 모듈 간 관련 기능을 검토하여 인터페이스 동작에 필요한 기능을 식별한다.
- 외부 및 인터페이스 모듈 간 동작하는 기능을 통해 인터페이스 기능을 식별한다.
- 해당 업무에 대한 시나리오를 통해 내부 모듈과 관련된 인터페이스 기능을 식별한다.
- 식별된 인터페이스 기능 중에서 실제적으로 필요한 인터페이스 기능을 최종적으로 선별한다.
- 식별된 인터페이스 기능은 인터페이스 기능 구현을 정의하는데 사용된다.

※ 정답 및 해설은 411쪽에 있습니다.

기출 따라잡기 Section 080

문제 1 21년 4월 기업 내 각종 애플리케이션 및 플랫폼 간의 정보 전달, 연계, 통합 등 상호 연동이 가능하게 해주는 솔루션으로, Point-to-Point, Hub&Spoke, Message Bus, Hybrid 등의 다양한 방식으로 구축이 가능한 모듈 연계 방법을 쓰시오.

답 :

20년 10월, 필기 23년 2월, 21년 8월, 20년 9월, 6월

문제 2 다음은 EAI(Enterprise Application Integration)의 구축 유형에 대한 설명이다. 괄호(①, ③)에 들어갈 알맞은 유형을 쓰시오.

EAI는 기업 내 각종 애플리케이션 및 플랫폼 간의 정보 전달, 연계, 통합 등 상호 연동이 가능하게 해주는 솔루션으로, 구축 유형은 다음과 같다.

유형	설명
(①)	• 가장 기본적인 애플리케이션 통합 방식으로, 애플리케이션을 1:1로 연결한다. • 변경 및 재사용이 어렵다.
(②)	• 단일 접점인 허브 시스템을 통해 데이터를 전송하는 중앙 집중형 방식이다. • 확장 및 유지 보수가 용이하다. • 허브 장애 발생 시 시스템 전체에 영향을 미친다.
(③)	• 애플리케이션 사이에 미들웨어(Middleware)를 두어 처리하는 방식이다. • 확장성이 뛰어나며 대용량 처리가 가능하다.
Hybrid	• (②)와 (③)의 혼합 방식이다. • 필요한 경우 한 가지 방식으로 EAI 구현이 가능하다. • 데이터 병목 현상을 최소화할 수 있다.

답
- ①
- ②
- ③

출제예상

문제 3 애플리케이션 간 연계, 데이터 변환, 웹 서비스 지원 등 표준 기반의 인터페이스를 제공하는 솔루션으로, 특정 서비스에 국한되지 않고 범용적으로 사용하기 위하여 애플리케이션과의 결합도(Coupling)를 약하게(Loosely) 유지하는 모듈 연계 방식을 쓰시오.

답 :

문제 4 웹 서비스(Web Service)와 관련된 다음 설명에 해당하는 용어를 쓰시오.

> 웹 서비스와 관련된 서식이나 프로토콜 등을 표준적인 방법으로 기술하고 게시하기 위한 언어로, XML로 작성되며 UDDI의 기초가 된다. SOAP, XML 스키마와 결합하여 인터넷에서 웹 서비스를 제공하기 위해 사용되며, 클라이언트는 이것을 통해 서버에서 어떠한 조작이 가능한지를 파악할 수 있다.

답 :

SECTION 081

모듈 간 인터페이스 데이터 표준 확인

1409300 

모듈 간 인터페이스 데이터 표준 확인은 쉽게 말해 모듈 간 원활한 데이터 교환을 위해 인터페이스에 사용되는 데이터 요소의 명칭, 정의, 규칙 등에 대한 원칙을 만드는 것입니다. 인터페이스 데이터 표준의 개념과 확인 방법에 대해 정리하세요.

필기 23.5

1 인터페이스 데이터 표준

- 인터페이스 데이터 표준은 **모듈 간 인터페이스에 사용되는 데이터의 형식을 표준화하는 것**이다.
- 인터페이스 데이터 표준은 기존의 데이터 중에서 공통 영역을 추출하거나 어느 한쪽의 데이터를 변환하여 정의한다.
- 확인된 인터페이스 데이터 표준은 인터페이스 기능 구현을 정의하는데 사용된다.

2 인터페이스 데이터 표준 확인

데이터 인터페이스 확인	데이터 표준을 위해 식별된 데이터 인터페이스에서 입 · 출력값의 의미와 데이터의 특성 등을 구체적으로 확인함
↓	
인터페이스 기능 확인	데이터 표준을 위해 식별된 인터페이스 기능을 기반으로 인터페이스 기능 구현을 위해 필요한 데이터 항목을 확인함
↓	
인터페이스 데이터 표준 확인	데이터 인터페이스에서 확인된 데이터 표준과 인터페이스 기능을 통해 확인된 데이터 항목들을 검토하여 최종적으로 데이터 표준을 확인함

※ 정답 및 해설은 411쪽에 있습니다.

기출 따라잡기 Section 081

필기 23년 5월

문제 1 **인터페이스 데이터 표준은 모듈 간 인터페이스에 사용되는 데이터의 형식을 표준화 하는 것으로, 내 · 외부 모듈 간 인터페이스 데이터 표준을 확인하는데 사용되는 정보 두 가지를 〈보기〉에서 찾아 쓰시오.**

〈보기〉

• 데이터 인터페이스	• 인터페이스 명세
• 인터페이스 목록	• 인터페이스 기능

답 :

SECTION
082

인터페이스 기능 구현 정의

1409400

1 인터페이스 기능 구현의 정의

- 인터페이스 기능 구현의 정의는 인터페이스를 실제로 구현하기 위해 인터페이스 기능에 대한 구현 방법을 기능별로 기술하는 것이다.
- 인터페이스 기능 구현 정의 절차

절차	설명
컴포넌트 명세서 확인	• 컴포넌트의 개요, 내부 클래스의 클래스명과 설명 등을 통해 컴포넌트가 가지고 있는 주요 기능을 확인함 • 인터페이스 클래스를 통해 인터페이스에 필요한 주요 기능을 확인함
↓	
인터페이스 명세서 확인	컴포넌트 명세서의 인터페이스 클래스에 명시된 인터페이스의 세부 조건 및 기능을 확인함
↓	
일관된 인터페이스 기능 구현 정의*	• 인터페이스의 기능, 인터페이스 데이터 표준, 모듈 세부 설계서를 통해 인터페이스의 기능 구현을 정의함 • 정의한 인터페이스 기능 구현에 대해 송·수신 측에서 진행해야 할 절차까지 다시 세부적으로 정의함
↓	
정의된 인터페이스 기능 구현 정형화	정의한 인터페이스 기능 구현을 특정 하드웨어나 소프트웨어에 의존적이지 않게 사람들이 보기 쉽고 표준화되도록 정형화함

인터페이스 기능 구현을 정의하는 것은 실제로 인터페이스 기능을 구현하기 위해 어떤 기능을 어떻게 구현할지를 기능별로 정의하는 것입니다. 인터페이스 기능 구현 정의 절차를 순서대로 나열할 수 있도록 기억하고, 인터페이스 기능 구현을 정의하는데 필요한 모듈 세부 설계서를 정리하세요.

전문가의 조언

인터페이스 기능 구현을 정의하기 위해서는 모듈 세부 설계서에 정의되어 있는 인터페이스의 주요 기능 및 세부 기능들을 확인하여 내·외부 모듈 간 식별된 인터페이스 기능 및 데이터 표준과 일치하는지 확인해야 합니다.

2 모듈 세부 설계서

- 모듈 세부 설계서는 **모듈의 구성 요소와 세부적인 동작 등을 정의한 설계서**이다.
- 모듈 세부 설계서 종류

컴포넌트 명세서	컴포넌트의 개요 및 내부 클래스의 동작, 인터페이스를 통해 외부와 통신하는 명세 등을 정의한 것
인터페이스 명세서	컴포넌트 명세서의 항목 중 인터페이스 클래스의 세부 조건 및 기능 등을 정의한 것

※ 정답 및 해설은 411쪽에 있습니다.

기출 따라잡기 Section 082

문제 1 출제예상 **다음은 모듈 세부 설계서에 대한 설명이다. 괄호(①, ②)에 들어갈 알맞은 종류를 쓰시오.**

- 모듈 세부 설계서는 모듈의 구성 요소와 세부적인 동작 등을 정의한 설계서로, 인터페이스 기능 구현을 정의하는데 사용한다.
- 대표적인 모듈 세부 설계서에는 (①)와 (②)가 있다.
- (①)는 컴포넌트의 개요 및 내부 클래스의 동작, 인터페이스를 통해 외부와 통신하는 명세 등을 정의한 것이다.
- (②)는 (①)의 항목 중 인터페이스 클래스의 세부 조건 및 기능 등을 정의한 것이다.

답

- ①
- ②

SECTION 083

인터페이스 구현

1409500

1 인터페이스 구현

- 인터페이스 구현은 **송 · 수신 시스템 간의 데이터 교환 및 처리를 실현해 주는 작업**을 의미한다.
- 대표적인 인터페이스 구현 방법
  - 데이터 통신을 이용한 인터페이스 구현
  - 인터페이스 엔티티를 이용한 인터페이스 구현

전문가의 조언

인터페이스 구현은 송신 측에서 전송한 데이터를 수신 측에서 받아 처리할 수 있도록 지원하는 작업입니다. 인터페이스를 구현하는 방법에는 여러 가지가 있지만 가장 많이 사용되는 데이터 통신을 이용한 인터페이스 구현 방법과 인터페이스 엔티티를 이용한 인터페이스 구현 방법에 대해 공부합니다. 두 방식의 차이점, 그리고 JSON과 AJAX에 대해 잘 알아두세요.

2 데이터 통신을 이용한 인터페이스 구현

- 데이터 통신을 이용한 인터페이스 구현은 애플리케이션 영역에서 데이터 포맷을 인터페이스 대상으로 전송하면 이를 수신 측에서 파싱(Parsing)*하여 해석하는 방식이다.
- 주로 JSON이나 XML* 형식의 데이터 포맷을 사용하여 인터페이스를 구현한다.

예 JSON을 이용한 인터페이스 구현 순서

❶ 송신 측에서 인터페이스 객체를 생성할 데이터*를 각 시스템 환경에 맞게 선택한다.

❷ JSON을 이용해 데이터를 인터페이스 객체를 만든다.

❸ 인터페이스 객체를 AJAX 기술 등을 이용하여 수신 측으로 보낸다.

❹ 수신 측에서 인터페이스 객체를 수신해 파싱한 후 처리한다.

❺ 수신 측에서 송신 측으로 처리 결과를 보낸다.

파싱(Parsing)
파싱은 주어진 문장이 정의된 문법 구조에 따라 완전한 문장으로 사용될 수 있는가를 확인하는 작업을 말합니다.

XML(eXtensible Markup Language)
XML은 특수한 목적을 갖는 마크업 언어를 만드는 데 사용되는 다목적 마크업 언어입니다.

전문가의 조언

인터페이스 객체를 생성할 데이터는 일반적으로 데이터베이스에 있는 정보를 SQL을 통해 선택한 후 JSON으로 생성합니다.

3 인터페이스 엔티티를 이용한 인터페이스 구현

- 인터페이스 엔티티를 이용한 인터페이스 구현은 인터페이스가 필요한 시스템 사이에 별도의 인터페이스 엔티티를 두어 상호 연계하는 것이다.
- 일반적으로 인터페이스 테이블을 엔티티로 활용한다.

전문가의 조언

- 인터페이스 데이터 기록(Write)은 데이터 무결성 유지 및 인터페이스 이력 관리 등을 위해 삽입(Insert)만 가능하고 수정(Update) 및 삭제(Delete)는 불가능합니다.
- 인터페이스 데이터 전송을 위해서는 일반적으로 디비 커넥션(DB Connection)이 수신 측 인터페이스 테이블과 연결되어 있어야 하고 프로시저(Procedure)나 트리거(Trigger) 등을 통해 수신 인터페이스 테이블로 전송합니다.

일반적인 정해진 주기
즉시, 주기적, 특정기간 이후 등

예 인터페이스 테이블을 이용한 인터페이스 구현 순서

❶ 송신 측에서 인터페이스 이벤트가 발생하면 인터페이스 테이블에 인터페이스 데이터를 기록한다(Write)*.

❷ 송신 측 인터페이스 테이블에서 정해진 주기*에 따라 인터페이스 데이터를 전송*한다.

❸ 수신 측 인터페이스 테이블에 인터페이스 데이터가 입력되면 정해진 주기에 따라 인터페이스 데이터를 읽는다(Read).

❹ 수신 측 인터페이스 테이블에서 인터페이스 데이터를 읽은 후 사전에 정의된 데이터 트랜잭션을 수행한다.

20.5, 필기 23.5, 22.4, 20.6

4 JSON(JavaScript Object Notation)

- JSON은 웹과 컴퓨터 프로그램에서 용량이 적은 데이터를 교환하기 위해 **데이터 객체를 속성 · 값의 쌍(Attribute-Value Pairs) 형태로 표현하는 개방형 표준 포맷**이다.
- 비동기 처리에 사용되는 AJAX에서 XML을 대체하여 사용되고 있다.

23.4, 20.7, 필기 20.8

5 AJAX(Asynchronous JavaScript and XML)

- AJAX는 자바 스크립트(JavaScript)를 사용하여 **클라이언트와 서버 간에 XML 데이터를 주고 받는 비동기 통신 기술**이다.
- 전체 페이지를 새로 고치지 않고도 웹 페이지 일부 영역만을 업데이트할 수 있다.

※ 정답 및 해설은 411쪽에 있습니다.

기출 따라잡기 Section 083

23년 4월, 20년 7월, 필기 20년 8월

문제 1 클라이언트와 서버 간 자바스크립트 및 XML을 비동기 방식으로 처리하며, 전체 페이지를 새로 고치지 않고도 웹페이지 일부 영역만을 업데이트할 수 있도록 하는 기술을 의미하는 용어를 쓰시오.

답 :

20년 5월, 필기 23년 5월, 22년 4월, 20년 6월

문제 2 소프트웨어 인터페이스 구현에 관련된 다음 설명에서 괄호에 공통으로 들어갈 알맞은 용어를 쓰시오.

(　　　)은 속성-값 쌍(Attribute-Value Pairs)으로 이루어진 데이터 객체를 전달하기 위해 사람이 읽을 수 있는 텍스트를 사용하는 개방형 표준 포맷이다. 비동기 처리에 사용되는 AJAX에서 XML을 대체하여 사용되고 있다. 다음은 (　　　)이 가질 수 있는 자료 기본형이다.

숫자	정수와 실수를 표현한다.
문자열	유니코드 문자로 표현하며, 큰 따옴표("")로 묶는다.
참/거짓	참(True) 또는 거짓(False)을 표현한다.
배열	다양한 요소들을 쉼표로 구분하여 표현하며, 대괄호([ ])로 묶는다.
객체	이름/값 쌍으로 표현하며, 중괄호({ })로 묶는다.
NULL	아직 알려지지 않거나 모르는 값을 표현하기 위한 자료형이다.

답 :

SECTION 084

인터페이스 보안

인터페이스는 서로 다른 시스템 사이에서 데이터를 주고받는 통로로 사용되므로 데이터 변조 및 탈취 등의 위협에 노출되어 있습니다. 인터페이스의 보안성 향상을 위해서는 인터페이스가 구현되는 각 구간에서 보안에 취약한 부분을 확인한 후 알맞은 보안 기능을 적용해야 합니다.

1 인터페이스 보안

인터페이스 보안은 인터페이스의 보안성 향상을 위해 **인터페이스의 보안 취약점을 분석한 후 적절한 보안 기능을 적용하는 것**이다.

필기 20.9, 20.8, 20.6

2 인터페이스 보안 기능 적용

인터페이스 보안 기능은 일반적으로 네트워크, 애플리케이션, 데이터베이스 영역에 적용한다.

필기 20.9, 20.8, 20.6 **네트워크 영역**	• 인터페이스 송 · 수신 간 스니핑(Sniffing) 등을 이용한 데이터 탈취 및 변조 위협을 방지하기 위해 네트워크 트래픽에 대한 암호화를 설정함 • 암호화는 인터페이스 아키텍처에 따라 IPSec*, SSL*, S-HTTP* 등의 다양한 방식으로 적용함
애플리케이션 영역	소프트웨어 개발 보안 가이드를 참조하여 애플리케이션 코드 상의 보안 취약점을 보완하는 방향으로 애플리케이션 보안 기능을 적용함
데이터베이스 영역	• 데이터베이스, 스키마, 엔티티의 접근 권한과 프로시저(Procedure), 트리거(Trigger)* 등 데이터베이스 동작 객체의 보안 취약점에 보안 기능을 적용함 • 개인 정보나 업무상 민감한 데이터의 경우 암호화나 익명화* 등 데이터 자체의 보안 방안도 고려함

트리거(Trigger)
트리거는 데이터베이스 시스템에서 데이터의 입력, 갱신, 삭제 등의 이벤트가 발생할 때마다 자동적으로 수행되는 절차형 SQL을 의미합니다.

데이터 익명화
데이터 익명화는 데이터에 포함된 개인식별정보를 영구적으로 삭제하거나 알아볼 수 없는 형태로 변환하는 것을 의미합니다.

AH/ESP
AH는 발신지 인증, 데이터 무결성만을 보장하는 반면, ESP는 발신지 인증, 데이터 무결성, 기밀성을 모두 보장합니다.

24.7, 20.7, 필기 24.7, 24.2, 22.7, 21.5

잠깐만요 IPsec / SSL / S-HTTP

- IPsec(IP Security)
  - 네트워크 계층에서 IP 패킷 단위의 데이터 변조 방지 및 은닉 기능을 제공하는 프로토콜입니다.
  - 암호화 수행 시 암호화와 복호화가 모두 가능한 양방향 암호화 방식을 사용합니다.
  - 구성 요소 : AH(Authentication Header)*, ESP(Encapsulated Security Payload)*
  - 운영 모드 : 터널 모드(Tunnel Mode), 전송 모드(Transport Mode)
- SSL(Secure Sockets Layer) : TCP/IP 계층과 애플리케이션 계층 사이에서 인증, 암호화, 무결성을 보장하는 프로토콜
- S-HTTP(Secure Hypertext Transfer Protocol) : 클라이언트와 서버 간에 전송되는 모든 메시지를 암호화 하는 프로토콜

필기 24.2, 21.3, 20.6

3 데이터 무결성 검사 도구

- 데이터 무결성 검사 도구는 인터페이스 보안 취약점을 분석하는데 사용되는 도구이다.
- 데이터 무결성 검사 도구는 시스템 파일의 변경 유무를 확인하고, 파일이 변경되었을 경우 이를 관리자에게 알려준다.
- 종류 : Tripwire, AIDE, Samhain, Claymore, Slipwire, Fcheck 등

※ 정답 및 해설은 411쪽에 있습니다.

기출 따라잡기 Section 084

24년 7월, 20년 7월

문제 1 다음 설명에 해당하는 프로토콜을 쓰시오.

- 네트워크 계층에서 IP 패킷 단위의 데이터 변조 방지 및 은닉 기능을 제공하는 프로토콜이다.
- 주요 구성 요소에는 AH(Authentication Header), ESP(Encapsulating Security Payload), SA(Security Association), IKE(Internet Key Exchange)가 있다.
- 주요 기능에는 암호화, 무결성, 인증, 재전송 방지가 있다.

답 :

필기 21년 3월, 20년 6월

문제 2 데이터 무결성 검사 도구는 시스템 파일의 변경 유무를 확인하고, 파일이 변경되었을 경우 이를 관리자에게 알려주는 도구로, 인터페이스 보안 취약점을 분석하는데 사용된다. 다음 보기에서 데이터 무결성 검사 도구만 모두 골라 기호(㉠~㉥)를 쓰시오.

〈보기〉

㉠ trace	㉡ tripwire	㉢ AIDE
㉣ udpdump	㉤ samhain	㉥ cron

답 :

SECTION 085

인터페이스 구현 검증

전문가의 조언

인터페이스 구현 검증은 인터페이스와 관련된 프로그램이 정상적으로 구현되어 작동하는지 확인하는 것을 말합니다. 인터페이스 구현 검증 도구는 어떤 도구를 말하는지 알아낼 수 있도록 각각의 특징을 잘 정리하세요.

인터페이스 구현 검증과 감시의 차이점
인터페이스 구현 검증은 인터페이스의 입·출력값이 예상과 일치하는지 확인하는 것이고, 인터페이스 구현 감시는 구현된 인터페이스가 외부 시스템과 연결 모듈 사이에서 정상적으로 동작하는지 확인하는 것입니다.

1 인터페이스 구현 검증

- 인터페이스 구현 검증은 인터페이스가 정상적으로 문제없이 작동하는지 확인하는 것이다.
- 인터페이스 구현 검증 도구와 감시 도구*를 이용하여 인터페이스의 동작 상태를 확인한다.

22.5, 필기 24.7, 24.5, 24.2, 23.7, 23.2, 22.7, 22.4, 21.5, 20.9, 20.6

2 인터페이스 구현 검증 도구

- 인터페이스 구현을 검증하기 위해서는 인터페이스 단위 기능과 시나리오 등을 기반으로 하는 통합 테스트가 필요하다.
- 통합 테스트를 수행하기 위해 사용하는 테스트 자동화 도구

도구	기능
22.5, 필기 24.7, 24.5, … xUnit	• 같은 테스트 코드를 여러 번 작성하지 않게 도와주고, 테스트마다 예상 결과를 기억할 필요가 없게 하는 자동화된 해법을 제공하는 단위 테스트 프레임워크 • Smalltalk에 처음 적용되어 SUnit이라는 이름이었으나 Java용의 JUnit*, C++용의 CppUnit, .NET용의 NUnit, Http용의 HttpUnit 등 다양한 언어에 적용되면서 xUnit으로 통칭되고 있음
필기 24.7, 24.5, 24.2, … STAF	• 서비스 호출 및 컴포넌트 재사용 등 다양한 환경을 지원하는 테스트 프레임워크 • 크로스 플랫폼이나 분산 소프트웨어에서 테스트 환경을 조성할 수 있도록 지원함 • 분산 소프트웨어의 경우 각 분산 환경에 설치된 데몬*이 프로그램 테스트에 대한 응답을 대신하며, 테스트가 완료되면 이를 통합하고 자동화하여 프로그램을 완성함
필기 24.7, 24.5, 23.7 FitNesse	웹 기반 테스트 케이스 설계, 실행, 결과 확인 등을 지원하는 테스트 프레임워크
필기 24.7, 24.5, 24.2, … NTAF	FitNesse의 장점인 협업 기능과 STAF의 장점인 재사용 및 확장성을 통합한 NHN(Naver)의 테스트 자동화 프레임워크
Selenium	다양한 브라우저 및 개발 언어를 지원하는 웹 애플리케이션 테스트 프레임워크
필기 23.7, 21.5 watir	Ruby*를 사용하는 애플리케이션 테스트 프레임워크

22.5
JUnit
JUnit는 Kent Beck과 Erich Gamma 등이 개발한 Java용 프레임워크로, 같은 테스트 코드를 여러 번 작성하지 않게 도와주며, 테스트마다 예상 결과를 기억할 필요가 없는 자동화된 해법을 제공합니다.

데몬(Daemon)
데몬은 사용자의 직접적인 개입 없이 특정 상태가 되면 자동으로 동작하는 시스템 프로그램입니다.

Ruby
Ruby는 마츠모토 유키히로가 개발한 인터프리터 방식의 객체 지향 스크립트 언어입니다.

3 인터페이스 구현 감시 도구

- 인터페이스 동작 상태는 APM(애플리케이션 성능 관리)을 사용하여 감시(Monitoring)할 수 있다.
- APM을 통해 데이터베이스와 웹 애플리케이션의 트랜잭션, 변수값, 호출 함수, 로그 및 시스템 부하 등 종합적인 정보를 조회하고 분석할 수 있다.
- 대표적인 APM

스카우터(Scouter)	애플리케이션 및 OS 자원에 대한 모니터링 기능을 제공하는 오픈소스 APM 소프트웨어
제니퍼(Jennifer)	애플리케이션의 개발부터 테스트, 오픈, 운영, 안정화까지, 전 단계에 걸쳐 성능을 모니터링하고 분석해주는 소프트웨어

4 APM(Application Performance Management/Monitoring)

- APM은 **애플리케이션의 성능 관리를 위해** 접속자, 자원 현황, 트랜잭션 수행 내역, 장애 진단 등 **다양한 모니터링 기능을 제공하는 도구**이다.
- APM은 리소스 방식과 엔드투엔드(End-to-End)의 두 가지 유형이 있다.

리소스 방식	Nagios, Zabbix, Cacti 등
엔드투엔드 방식	VisualVM, 제니퍼, 스카우터 등

※ 정답 및 해설은 411쪽에 있습니다.

기출 따라잡기 Section 085

필기 20년 6월

문제 1 인터페이스 구현 검증 도구 중 서비스 호출, 컴포넌트 재사용 등 다양한 환경을 지원하는 테스트 프레임워크로, 각 테스트 대상 분산 환경에 데몬을 사용하여 테스트 대상 프로그램을 테스트하고, 이를 통합하여 자동화하는 검증 도구를 쓰시오.

답 :

필기 24년 2월, 23년 7월, 22년 7월, 21년 5월, 20년 9월

문제 2 다음 〈보기〉에서 인터페이스 구현 검증 도구를 모두 골라 쓰시오.

〈보기〉

• ESB	• RPC	• xUnit	• FOXBASE
• STAF	• JSON	• NTAF	• WATIR

답 :

22년 5월

문제 3 인터페이스 구현 검증 도구에 대한 다음 설명에 해당하는 용어를 영문으로 쓰시오.

> Kent Beck과 Erich Gamma 등이 개발한 자바 프로그래밍 언어용 유닛 테스트 프레임워크로, xUnit 계열의 한 종류다. 같은 테스트 코드를 여러 번 작성하지 않게 도와주며, 테스트마다 예상 결과를 기억할 필요가 없는 자동화된 해법을 제공한다는 특징이 있다.

답 :

정답 및 해설은 412쪽에 있습니다.

예상문제 은행

문제 1 다음 보기에서 시스템 인터페이스 요구사항 명세서의 구성 요소에 해당하는 것을 모두 골라 쓰시오.

• 인터페이스 보안	• 연계 방식
• 인터페이스 주기	• 정황 시나리오
• 사전/사후 조건	• 인터페이스 예외 처리
• 연계 대상 시스템	• 인터페이스 이름
• 내 · 외부 모듈	

답 :

문제 2 사용자의 요구사항을 정확히 파악하기 위해 실제 개발될 소프트웨어에 대한 견본품을 만들어 최종 결과물을 예측하는 요구사항 검증 방법을 쓰시오.

답 :

문제 3 요구사항 명세서 작성자를 제외한 다른 검토 전문가들이 요구사항 명세서를 확인하여 결함, 표준 위배, 문제점 등을 파악하는 요구사항 검토 방법을 쓰시오.

답 :

문제 4 다음은 개발할 시스템과 내·외부 시스템을 연계할 때 사용되는 시스템 연계 기술에 대한 설명이다. 괄호(①, ②)에 들어갈 알맞은 용어를 쓰시오.

(①)	DB에서 제공하는 (①) 객체를 이용하는 방식이다.
API/Open API	송신 시스템의 데이터베이스(DB)에서 데이터를 읽어와 제공하는 애플리케이션 프로그래밍 인터페이스 프로그램이다.
연계 솔루션	EAI 서버와 송·수신 시스템에 설치되는 클라이언트(Client)를 이용하는 방식이다.
(②)	서버가 통신을 위한 (②)을 생성하여 포트를 할당하고 클라이언트의 통신 요청 시 클라이언트와 연결하여 통신하는 네트워크 기술이다.
Web Service	웹 서비스에서 WSDL, UDDI, SOAP 프로토콜을 이용하여 연계하는 서비스이다.

답
- ①
- ②

문제 5 다음은 인터페이스별로 송·수신 방법을 명세화하기 위해 필요한 정보 중 인터페이스 처리 유형에 대한 설명이다. 괄호에 공통적으로 들어갈 알맞은 처리 유형을 쓰시오.

- 인터페이스 처리 유형은 송·수신 데이터를 어떤 형태로 처리할 것인지에 대한 방식을 의미한다.
- 업무의 성격과 송·수신 데이터 전송량을 고려하여 실시간 방식, 지연 처리 방식, ( ) 등으로 구분한다.

실시간 방식	사용자가 요청한 내용을 바로 처리해야 할 때 사용하는 방식이다.
지연 처리 방식	데이터를 매건 단위로 처리할 경우 비용이 많이 발생할 때 사용하는 방식이다.
( )	대량의 데이터를 처리할 때 사용하는 방식이다.

답 :

문제 6 미들웨어(Middleware)의 종류 중 분산 프로그램 객체를 생성, 배포, 관리하기 위한 규격인 코바(CORBA)의 표준 스펙을 구현한 객체 지향 미들웨어는 무엇인지 쓰시오.

답 :

문제 7 다음 설명에 해당하는 미들웨어(Middleware)의 종류를 쓰시오.

- 정적인 콘텐츠를 처리하는 웹 서버와 달리 사용자의 요구에 따라 변하는 동적인 콘텐츠를 처리하기 위해 사용되는 미들웨어이다.
- 클라이언트/서버 환경보다는 웹 환경을 구현하기 위한 미들웨어이다.
- 대표적인 종류에는 WebLogic, WebSphere 등이 있다.

답 :

문제 8 다음이 설명하고 있는 EAI 구축 유형을 쓰시오.

- 단일 접점을 통해 데이터를 전송하는 중앙 집중형 방식이다.
- 확장 및 유지 보수가 용이하다.
- 단일 접점 장애 발생 시 시스템 전체에 영향을 미친다.

답 :

문제 9 서비스 지향 아키텍처(SOA) 개념을 실현하는 대표적인 모듈 연계 방법으로, 네트워크의 정보를 표준화된 서비스 형태로 만들어 공유하는 기술은 무엇인지 쓰시오.

답 :

문제 10 애플리케이션 사이에 미들웨어(Middleware)를 두어 처리하는 방식으로, 확장성이 뛰어나며 대용량 처리가 가능한 EAI 구축 유형을 쓰시오.

답 :

문제 11 다음 설명의 괄호에 공통적으로 들어갈 알맞은 용어를 쓰시오.

- (　　　)은 인터페이스를 위해 인터페이스가 되어야 할 범위의 데이터들의 형식과 표준을 정의하는 것이다.
- (　　　)은 기존에 있던 데이터 중 공통의 영역을 추출하여 정의하는 경우도 있고, 인터페이스를 위해 한쪽의 데이터를 변환하여 정의하는 경우도 있다.

답 :

문제 12 다음이 설명하고 있는 인터페이스 구현 감시 도구를 영문 약어로 쓰시오.

- 애플리케이션의 성능 관리를 위해 접속자, 자원 현황, 트랜잭션 수행 내역, 장애 진단 등 다양한 모니터링 기능을 제공하는 도구를 의미한다.
- Nagios, Zabbix, Cacti 등의 리소스 방식과 VisualVM, 제니퍼, 스카우터 등의 엔드투엔드(End-to-End) 방식이 있다.

답 :

문제 13 TCP/IP 계층과 애플리케이션 계층 사이에서 인증(Authentication), 암호화(Encryption), 무결성(Integrity)을 보장하는 보안 통신 규약을 쓰시오.

답 :

문제 14 **다음은 인터페이스 보안에 대한 설명이다. 괄호(①, ②)에 들어갈 알맞은 용어를 쓰시오.**

인터페이스 보안 기능은 일반적으로 네트워크, (①), (②) 영역에 적용한다.

네트워크 영역	인터페이스 송 · 수신 간 스니핑 등을 이용한 데이터 탈취 및 변조 위협을 방지하기 위해 네트워크 트래픽에 대한 암호화를 설정한다.
(①) 영역	소프트웨어 개발 보안 가이드를 참조하여 (①) 코드 상의 보안 취약점을 보완하는 방향으로 (①) 보안 기능을 적용한다.
(②) 영역	(②), 스키마, 엔티티의 접근 권한과 프로시저, 트리거 등 (②) 동작 객체의 보안 취약점에 보안 기능을 적용한다.

답
- ①
- ②

문제 15 **인터페이스 구현 검증 도구 중 FitNesse의 장점인 협업 기능과 STAF의 장점인 재사용 및 확장성을 통합한 NHN(Naver)의 테스트 자동화 프레임워크를 쓰시오.**

답 :

5장 인터페이스 구현 정답

[답안 작성 방법 안내]
'운영체제(OS; Operation System)'처럼 한글과 영문으로 제시되어 있는 경우 '운영체제', 'OS', 'Operation System' 중 1가지만 쓰면 됩니다.

Section 075

[문제 1]
㉣ → ㉢ → ㉡ → ㉠ → ㉤

[문제 2]
시스템 인터페이스

Section 076

[문제 1]
워크스루(Walk Through)

[문제 2]
동료검토(Peer Review)

[문제 3]
① 기능성(Functionality)　　② 검증 가능성(Verifiability)

Section 077

[문제 1]
① 시스템　　② 거래

Section 078

[문제 1]
① 동기　　② 비동기

[문제 2]
소켓(Socket)

[문제 3]
웹 서비스(Web Service)

Section 079

[문제 1]
미들웨어(Middleware)

[문제 2]
TP-Monitor(Transaction Processing Monitor, 트랜잭션 처리 모니터)

[문제 3]
MOM(메시지 지향 미들웨어)

[문제 4]
RPC(원격 프로시저 호출)

Section 080

[문제 1]
EAI(Enterprise Application Integration)

[문제 2]
① Point to Point ② Hub & Spoke ③ Message Bus

[문제 3]
ESB(Enterprise Service Bus)

[문제 4]
WSDL(Web Services Description Language)

Section 081

[문제 1]
데이터 인터페이스, 인터페이스 기능

Section 082

[문제 1]
① 컴포넌트 명세서 ② 인터페이스 명세서

Section 083

[문제 1]
AJAX(Asynchronous JavaScript and XML)

[문제 2]
JSON(JavaScript Object Notation)

Section 084

[문제 1]
IPsec(IP Security)

[문제 2]
ⓛ, ⓒ, ⓜ

Section 085

[문제 1]
STAF

[문제 2]
xUnit, STAF, NTAF, WATIR

[문제 3]
JUnit

예상문제은행 5장 인터페이스 구현 정답

[문제 01]
연계 방식, 인터페이스 주기, 연계 대상 시스템, 인터페이스 이름

[문제 02]
프로토타이핑(Prototyping)

[문제 03]
인스펙션(Inspection)

[문제 04]
① DB Link ② 소켓(Socket)

[문제 05]
배치 방식

[문제 06]
ORB(Object Request Broker, 객체 요청 브로커)

[문제 07]
WAS(Web Application Server, 웹 애플리케이션 서버)

[문제 08]
Hub & Spoke

[문제 09]
웹 서비스(Web Service)

[문제 10]
Message Bus

[문제 11]
인터페이스 데이터 표준

[문제 12]
APM

[문제 13]
SSL(Secure Sockets Layer)

[문제 14]
① 애플리케이션 ② 데이터베이스

[문제 15]
NTAF

6 장

화면 설계

SECTION 086

사용자 인터페이스

전문가의 조언

스마트 폰을 사용할 때는 화면을 손가락으로 터치하고 TV 채널을 변경할 때는 리모콘을 누르죠? 터치화면과 리모콘이 바로 인터페이스입니다. 이처럼 인터페이스는 사람이 기계나 프로그램을 편리하게 사용할 수 있도록 하는 연결점이라고 생각하면 됩니다. 사용자 인터페이스의 개념을 중심으로 기본 원칙 등을 정리하세요.

21.7, 필기 21.8, 21.5

1 사용자 인터페이스(UI, User Interface)

- 사용자 인터페이스는 **사용자와 시스템 간의 상호작용**이 원활하게 **이뤄지도록 도와주는 장치나 소프트웨어**를 의미한다.
- 사용자 인터페이스의 세 가지 분야
  - 정보 제공과 전달을 위한 물리적 제어에 관한 분야
  - 콘텐츠의 상세적인 표현과 전체적인 구성에 관한 분야
  - 모든 사용자가 편리하고 간편하게 사용하도록 하는 기능에 관한 분야

22.5, 21.10, 필기 23.7, 22.7, 22.4, 21.8

2 사용자 인터페이스의 구분

구분	내용
필기 22.7, 21.8 CLI(Command Line Interface)	명령과 출력이 텍스트 형태로 이뤄지는 인터페이스
21.10, 필기 22.4 GUI(Graphical User Interface)	아이콘이나 메뉴를 마우스로 선택하여 작업을 수행하는 그래픽 환경의 인터페이스
22.5, 필기 23.7 NUI(Natural User Interface)	사용자의 말이나 행동 등 자연스러운 움직임을 통해 기기를 조작하는 인터페이스

20.10, 20.7, 필기 22.7, 20.8, 20.6

3 사용자 인터페이스의 기본 원칙

원칙	내용
20.10, 20.7, 필기 22.7, … 직관성	누구나 쉽게 이해하고 사용할 수 있어야 함
20.7 유효성	사용자의 목적을 정확하고 완벽하게 달성해야 함
20.7 학습성	누구나 쉽게 배우고 익힐 수 있어야 함
유연성	사용자의 요구사항을 최대한 수용하고 실수를 최소화해야 함

※ 정답 및 해설은 431쪽에 있습니다.

기출 따라잡기 Section 086

20년 10월, 필기 20년 8월, 6월

문제 1 UI(User Interface)의 설계 원칙 중 직관성에 대해 간략히 서술하시오.

답 :

20년 7월, 필기 22년 7월

문제 2 사용자 인터페이스(UI)의 기본 원칙에 대한 다음 설명에서 괄호에 들어갈 알맞은 원칙을 쓰시오.

직관성	누구나 쉽게 이해하고 사용할 수 있어야 한다.
(　　)	사용자의 목적을 정확하고 완벽하게 달성해야 한다.
학습성	누구나 쉽게 배우고 익힐 수 있어야 한다.
유연성	사용자의 요구사항을 최대한 수용하고 실수를 최소화해야 한다.

답 :

22년 5월, 필기 23년 7월

문제 3 사용자 인터페이스(UI)에 대한 다음 설명에 해당하는 용어를 영문 약어로 쓰시오.

> 사용자의 자연스러운 움직임을 통해 시스템과 상호작용하는 사용자 인터페이스(UI)로, 키보드나 마우스와 같이 조작을 배워야 하는 인공 제어 장치를 사용하는 인터페이스와 구분하기 위해 '자연스러운'이라는 표현을 사용한다. 시리(Siri), 빅스비(Bixby) 등과 같은 음성 비서에게 사용하는 자연어 명령이나 휴대폰이나 태블릿에서의 터치 등이 여기에 해당한다.

답 :

20년 10월, 필기 22년 7월, 4월, 21년 8월

문제 4 사용자 인터페이스(UI)는 상호작용의 수단 및 방식에 따라 다음과 같이 구분된다. 괄호에 들어갈 알맞은 용어를 쓰시오.

(①)	명령과 출력이 텍스트 형태로 이뤄지는 인터페이스이다.
(②)	아이콘이나 메뉴를 마우스로 선택하여 작업을 수행하는 그래픽 환경의 인터페이스이다.
NUI	사용자의 말이나 행동으로 기기를 조작하는 인터페이스이다.

답

- ①
- ②

SECTION 087

UI 설계 도구

전문가의 조언

건물을 짓기 전에 건물에 대한 설계도를 그리듯이 UI를 제작할 때도 와이어프레임, 목업, 프로토타입 등을 이용하여 UI에 대한 설계를 먼저 해야 합니다. UI 설계 도구의 종류를 기억하세요. 그리고 각각의 도구는 서로 구분할 수 있을 정도로만 알아두세요.

1 와이어프레임(Wireframe)

- 와이어프레임은 **페이지에 대한 개략적인 레이아웃이나** UI 요소 등에 대한 **뼈대를 설계하는 도구**이다.
- 와이어프레임은 기획 단계의 초기에 제작한다.
- 개발자나 디자이너 등이 레이아웃을 협의하거나 현재 진행 상태 등을 공유하기 위해 사용한다.
- 페이지의 영역 구분, 콘텐츠, 텍스트 배치 등을 화면 단위로 설계한다.
- **와이어프레임 툴** : 손그림, 파워포인트, 키노트, 스케치, 일러스트, 포토샵 등

필기 24.5, 23.2, 22.3

2 목업(Mockup)

- 목업은 와이어프레임보다 좀 더 **실제 화면과 유사하게 만든 정적인 형태의 모형**이다.
- 디자인, 사용 방법 설명, 평가 등을 위해 만든다.
- 시각적으로만 구성 요소를 배치하는 것으로 실제로 구현되지는 않는다.
- **목업 툴** : 파워 목업, 발사믹 목업 등

3 스토리보드(Story Board)

- 스토리 보드는 **와이어프레임에 콘텐츠에 대한 설명, 페이지 간 이동 흐름 등을 추가한 문서**이다.
- 디자이너와 개발자가 최종적으로 참고하는 작업 지침서이다.
- 서비스 구축을 위한 모든 정보*가 들어 있다.
- **스토리보드 툴** : 파워포인트, 키노트, 스케치, Axure 등

서비스 구축을 위한 정보
정책, 프로세스, 콘텐츠 구성, 와이어프레임, 기능 정의 등

4 프로토타입(Prototype)

- 프로토타입은 와이어프레임이나 스토리보드 등에 인터랙션*을 적용함으로써 **실제 구현된 것처럼 테스트가 가능한 동적인 형태의 모형**이다.
- 사용자의 요구사항을 개발자가 맞게 해석했는지 검증하기 위한 것이다.
- 일부 핵심적인 기능만을 제공한다.
- 종류

페이퍼 프로토타입	• 스케치, 그림, 글 등을 이용하여 손으로 직접 작성하는 아날로그적인 방법 • 제작 기간이 짧은 경우, 제작 비용이 적을 경우, 업무 협의가 빠를 경우 사용함
디지털 프로토타입	• 파워포인트, 아크로뱃, 비지오, 옴니그래플 등과 같은 프로그램을 사용하여 작성하는 방법 • 재사용이 필요한 경우, 산출물과 비슷한 효과가 필요한 경우, 숙련된 전문가가 있을 경우 사용함

인터랙션(Interaction)
사용자와 시스템을 연결하는 것이 UI라면 인터랙션은 UI를 통해 시스템을 사용하는 일련의 상호 작용을 의미합니다. 쉽게 말해 마우스로 화면의 어떤 아이콘을 클릭하면 화면이 그에 맞게 반응하는 것을 말합니다.

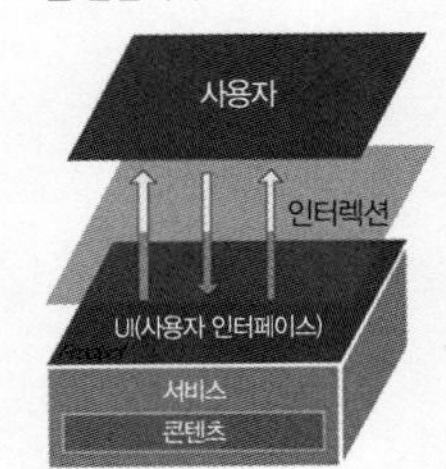

필기 23.5
5 유스케이스(Use Case)

- 유스케이스는 **사용자의 요구사항을 기능 단위로 표현하는 것**이다.
- 사용자가 원하는 목표를 달성하기 위해 수행할 내용을 기술한다.
- 사용자의 요구사항을 빠르게 파악함으로써 프로젝트의 초기에 시스템의 기능적인 요구를 결정하고 그 결과를 문서화할 수 있다.
- 일반적으로 다이어그램 형식으로 묘사된다.

※ 정답 및 해설은 431쪽에 있습니다.

기출 따라잡기 Section 087

필기 24년 5월, 23년 2월, 22년 3월

문제 1 UI 설계 도구 중 다음은 무엇에 대한 설명인지 쓰시오.

- 디자인, 사용 방법 설명, 평가 등을 위해 실제 화면과 유사하게 만든 정적인 형태의 모형이다.
- 시각적으로만 구성 요소를 배치하는 것으로 실제로 구현되지는 않는다.

답 :

출제예상

문제 2 UI를 설계할 때 와이어프레임에 콘텐츠에 대한 설명과 페이지 간 이동 흐름 등을 추가한 문서로, 화면 설계도이며 구체적인 작업 지침서 역할을 하는 UI 설계 도구를 쓰시오.

답 :

출제예상

문제 3 완전한 UI를 만들기 전에 사용자와의 의사소통을 위한 프로토타입(Prototype)을 제작해야 한다. 프로토타입이 무엇인지 개념을 간략히 서술하시오.

답 :

필기 23년 5월

문제 4 UI 설계 도구 중 다음은 무엇에 대한 설명인지 쓰시오.

- 사용자 측면에서의 요구사항으로, 사용자가 원하는 목표를 달성하기 위해 수행할 내용을 기술한다.
- 사용자의 요구사항을 빠르게 파악함으로써 프로젝트의 초기에 시스템의 기능적인 요구를 결정하고 그 결과를 문서화할 수 있다.
- 자연어로 작성된 사용자의 요구사항을 구조적으로 표현한 것으로, 일반적으로 다이어그램 형식으로 묘사된다.

답 :

SECTION 088

품질 요구사항

1410300

필기 20.8

1 품질 요구사항

- 소프트웨어 품질은 소프트웨어에 대한 요구사항이 사용자의 입장에서 얼마나 충족하는가를 나타내는 소프트웨어 특성의 총체이다.
- 소프트웨어의 품질은 사용자의 요구사항을 충족시킴으로써 확립된다.
- 소프트웨어 품질 관련 표준

ISO/IEC 9126	소프트웨어의 품질 특성과 평가를 위한 국제 표준
ISO/IEC 25010	ISO/IEC 9126에 호환성과 보안성을 강화하여 개정한 소프트웨어 제품에 대한 국제 표준
필기 20.8 ISO/IEC 12119	패키지 소프트웨어의 일반적인 제품 품질 요구사항 및 테스트를 위한 국제 표준
ISO/IEC 14598	소프트웨어 품질의 측정과 평가에 필요 절차를 규정한 표준

전문가의 조언

ISO/IEC 9126은 개발자 관점에서 본 소프트웨어 품질의 특성에 대한 표준으로, 총 6개의 특성과 각 특성에 대한 하위 특성으로 이뤄져 있습니다. 먼저 품질 특성의 종류 6가지를 기억하고, 그에 해당하는 하위 특성을 파악해 두세요.

필기 24.7, 24.5, 21.8, 21.3, 20.8, 20.6

2 ISO/IEC 9126의 소프트웨어 품질 특성

특성	내용
필기 20.6 기능성 (Functionality)	• 소프트웨어가 사용자의 요구사항을 정확하게 만족하는 기능을 제공하는지 여부를 나타냄 • 하위 특성 : 적절성/적합성, 정밀성/정확성, 상호 운용성, 보안성, 준수성
필기 20.8 신뢰성 (Reliability)	• 주어진 시간동안 주어진 기능을 오류 없이 수행할 수 있는 정도를 나타냄 • 하위 특성 : 성숙성, 고장 허용성, 회복성
필기 21.3 사용성 (Usability)	• 사용자와 컴퓨터 사이에 발생하는 어떠한 행위에 대하여 사용자가 정확하게 이해하고 사용하며, 향후 다시 사용하고 싶은 정도를 나타냄 • 하위 특성 : 이해성, 학습성, 운용성, 친밀성
효율성 (Efficiency)	• 사용자가 요구하는 기능을 얼마나 빠르게 처리할 수 있는지 정도를 나타냄 • 하위 특성 : 시간 효율성, 자원 효율성

유지 보수성 (Maintainability)	• 환경의 변화 또는 새로운 요구사항이 발생했을 때 소프트웨어를 개선하거나 확장할 수 있는 정도를 나타냄 • 하위 특성 : 분석성, 변경성, 안정성, 시험성
필기 24.7, 24.5, 21.8 이식성 (Portability)	• 소프트웨어가 다른 환경에서도 얼마나 쉽게 적용할 수 있는지 정도를 나타냄 • 하위 특성 : 적용성, 설치성, 대체성, 공존성

※ 정답 및 해설은 431쪽에 있습니다.

기출 따라잡기 Section 088

필기 20년 8월

문제 1 **소프트웨어 품질 목표 중 신뢰성(Reliability)에 대해 간략히 서술하시오.**

답 :

필기 20년 6월

문제 2 **다음은 ISO/IEC 9126의 소프트웨어 품질 특성 중 기능성(Functionality)에 대한 설명이다. 괄호(①, ②)에 들어갈 알맞은 특성을 쓰시오.**

> • 기능성은 소프트웨어가 사용자의 요구사항을 정확하게 만족하는 기능을 제공하는지 여부를 나타낸다.
> • 기능성의 하위 특성에는 적절성, 정밀성, (①), (②), 준수성이 있다.

답

- ①
- ②

필기 20년 8월

문제 3 **소프트웨어 품질 관련 표준 중 패키지 소프트웨어의 일반적인 제품 품질 요구사항 및 테스트를 위한 국제 표준을 쓰시오.**

답 :

SECTION 089

UI 설계

1 UI 설계서

- UI 설계서는 사용자의 요구사항을 바탕으로 UI 설계를 구체화하여 작성하는 문서이다.
- UI 설계서는 기획자, 개발자, 디자이너 등과의 원활한 의사소통을 위해 작성한다.
- UI 설계서 작성 순서

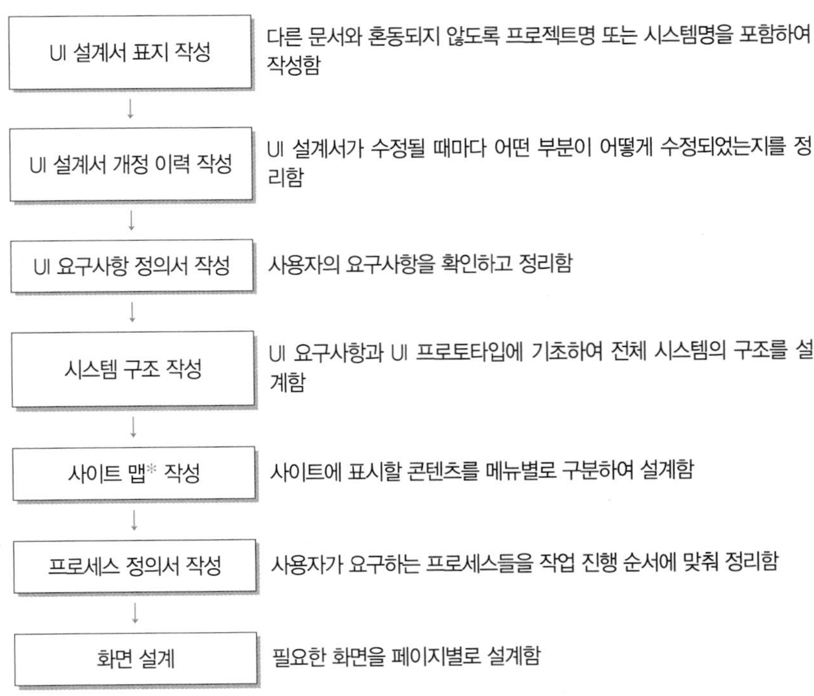

전문가의 조언

UI 설계서는 UI 흐름 설계와 UI 상세 설계에서 모두 작성합니다. UI 흐름 설계에서 UI 설계서의 기본적인 토대를 작성한다면 UI 상세 설계에서는 흐름 설계에서 작성한 UI 설계서를 다시 한번 확인하고 추가 또는 수정하여 완성합니다. UI 설계서를 작성하는 가장 큰 목적은 실제 사용할 UI 화면을 설계하기 전에 사용자의 요구사항을 가시화하고 검증하기 위함입니다. 이를 염두에 두고 UI 설계서의 작성 순서를 정리하세요.

사이트 맵(Site Map)

사이트 맵은 화면의 정보를 한눈에 파악하기 위한 시각적인 콘텐츠 모형으로, 테이블 형태로 되어 있습니다.

전문가의 조언

흐름 설계는 업무의 흐름을 분석하여 화면의 위치나 흐름을 파악하는 단계라는 것을 기억하세요.

2 UI 흐름 설계

• UI 흐름 설계는 업무의 진행 과정이나 수행 절차에 따른 흐름을 파악하여 화면과 폼을 설계하는 단계이다.

• UI 흐름 설계 순서

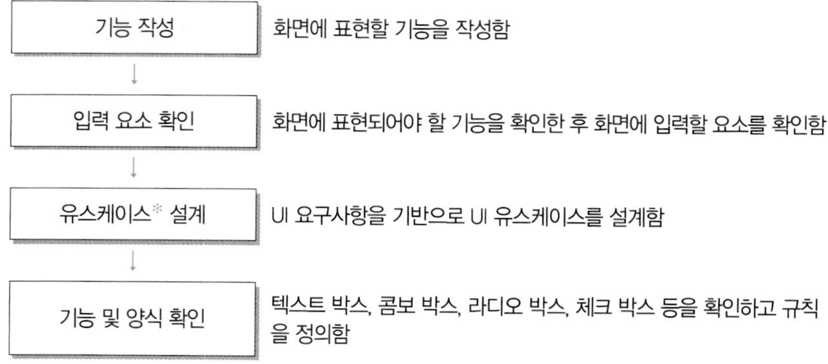

유스케이스
유스케이스는 화면에 표현할 입력 요소들의 형태나 입력 방법, 배치 등을 고려해서 설계해야 합니다.

전문가의 조언

UI 상세 설계는 흐름 설계를 토대로 실제 구현을 위한 전체 화면을 세부적으로 설계하는 단계라는 것을 기억하세요.

3 UI 상세 설계

• UI 상세 설계는 UI 설계서를 바탕으로 실제 설계 및 구현을 위해 모든 화면에 대해 자세하게 설계를 진행하는 단계이다.

• UI 상세 설계를 할 때는 반드시 시나리오를 작성해야 한다.

• UI 상세 설계 순서

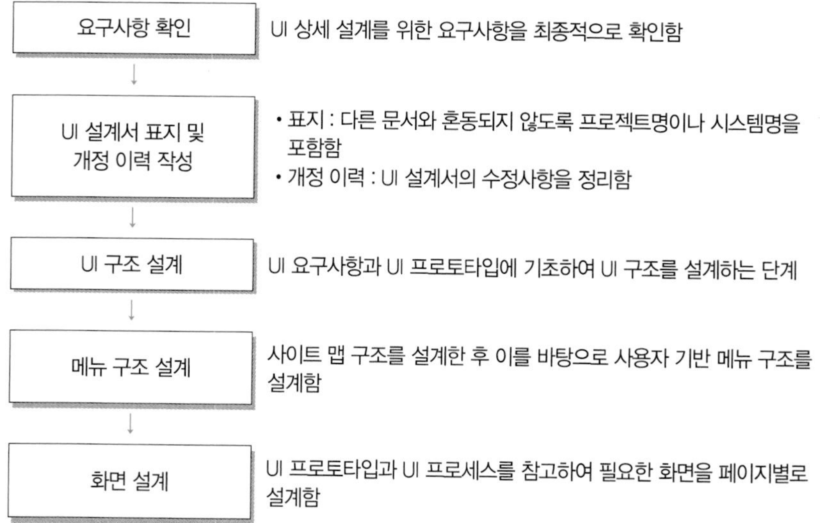

4 UI 시나리오 문서

- UI 시나리오 문서는 사용자 인터페이스의 기능 구조, 대표 화면, 화면 간 인터랙션*의 흐름, 다양한 상황에서의 예외 처리 등을 정리한 문서이다.
- 사용자가 최종 목표를 달성하기 위한 방법이 순차적으로 묘사되어 있다.
- UI 시나리오 문서의 요건

완전성(Complete)	누락되지 않도록 최대한 상세하게 기술해야 함
일관성(Consistent)	서비스 목표, 시스템 및 사용자의 요구사항, UI 스타일 등이 모두 일관성을 유지해야 함
이해성 (Understandable)	누구나 쉽게 이해할 수 있도록 설명함
가독성(Readable)	표준화된 템플릿 등을 활용하여 문서를 쉽게 읽을 수 있도록 해야 함
수정 용이성(Modifiable)	시나리오의 수정이나 개선이 쉬워야 함
추적 용이성(Traceable)	변경 사항은 언제, 어떤 부분이, 왜 발생했는지 쉽게 추적할 수 있어야 함

인터랙션(Interaction)
사용자와 시스템을 연결하는 것이 UI라면 인터랙션은 UI를 통해 시스템을 사용하는 일련의 상호 작용을 의미합니다. 쉽게 말해 마우스로 화면의 어떤 아이콘을 클릭하면 화면이 그에 맞게 반응하는 것을 말합니다.

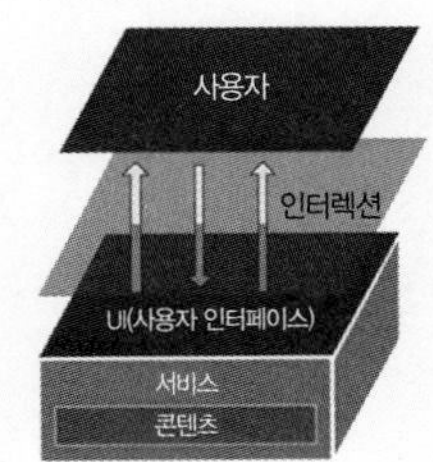

※ 정답 및 해설은 431쪽에 있습니다.

기출 따라잡기 Section 089

출제예상

문제 1 다음은 UI 화면 설계 중 흐름 설계에 대한 내용이다. 작성 순서대로 나열하시오.

ⓐ 화면에 입력할 요소를 확인한다.
ⓑ 기능을 토대로 텍스트 박스, 콤보 박스, 라디오 박스, 체크 박스 등을 확인하고 규칙을 정의한다.
ⓒ 화면에 표현할 기능을 작성한다.
ⓓ UI 요구사항을 기반으로 UI 유스케이스를 설계한다.

답 :

출제예상

문제 2 다음 지문은 무엇에 대한 설명인지 쓰시오.

- 화면의 정보를 한눈에 파악하기 위한 시각적인 콘텐츠 모형을 말한다.
- 일반적으로 테이블 형태로 되어 있고, 위에서부터 아래로 내려가며 정보를 찾을 수 있는 계층형으로 되어 있는 것이 보통이다.

답 :

출제예상

문제 3 다음은 UI 화면 설계 중 상세 설계에 대한 내용이다. 작성 순서대로 나열시오.

ⓐ UI 상세 설계를 위한 요구사항을 최종적으로 확인한다.
ⓑ 사이트 맵 구조를 설계한 후 이를 바탕으로 사용자 기반 메뉴 구조를 설계한다.
ⓒ UI 요구사항과 UI 프로토타입에 기초하여 UI 구조를 설계한다.
ⓓ UI 프로토타입과 UI 프로세스를 참고하여 필요한 화면을 페이지별로 설계한다.

답 :

SECTION 090

HCI / UX / 감성공학

1 HCI(Human Computer Interaction or Interface)

- HCI는 **사람이 시스템을 보다 편리하고 안전하게 사용할 수 있도록 연구하고 개발하는 학문**이다.
- 최종 목표는 시스템을 사용하는데 있어 최적의 사용자 경험(UX)을 만드는 것이다.
- HCI는 어떤 제품이 좋은 제품인지, 어떻게 하면 좋은 제품을 만들 수 있는지 등을 연구한다.

전문가의 조언

UX가 제품을 사용하고 느낀 총체적인 경험이라면 감성공학은 이런 경험을 통해 얻은 복합적인 감각을 의미합니다. UI 관점에서 HCI, UX, 감성공학의 차이점을 파악해 두세요.

2 UX(User Experience, 사용자 경험)

21.7

- UX는 **사용자가 시스템이나 서비스를 이용하면서 느끼고 생각하게 되는 총체적인 경험**이다.
- UI가 사용성, 접근성, 편의성을 중시한다면 UX는 이러한 UI를 통해 사용자가 느끼는 만족이나 감정을 중시한다.
- UX는 기술을 효용성 측면에서만 보는 것이 아니라 사용자의 삶의 질을 향상시키는 하나의 방향으로 보는 새로운 개념이다.
- UX의 특징

주관성(Subjectivity)	사람들의 개인적, 신체적, 인지적 특성에 따라 다르므로 주관적임
정황성(Contextuality)	경험이 일어나는 상황 또는 주변 환경에 영향을 받음
총체성(Holistic)	개인이 느끼는 총체적인 심리적, 감성적인 결과임

3 감성공학

- 감성공학은 **제품이나 작업환경을 사용자의 감성에 알맞도록 설계 및 제작하는 기술**이다.
- 인문사회과학, 공학, 의학 등 여러 분야의 학문이 공존하는 종합과학이다.
- 감성공학의 목적은 인간의 삶을 편리하고 안전하며 쾌적하게 만드는 것이다.
- 감성공학은 인간의 감성을 구체적으로 제품 설계에 적용하기 위해 공학적인 접근 방법을 사용한다.

※ 정답 및 해설은 432쪽에 있습니다.

기출 따라잡기 Section 090

출제예상

문제 1 사람과 컴퓨터 시스템 간의 상호작용을 연구하고 설계하는 학문으로, 시스템을 사용하는데 있어 최적의 사용자 경험(UX)을 만드는 것을 목표로 하는 학문을 쓰시오.

답 :

21년 7월

문제 2 인터페이스에 관련된 다음 설명에서 괄호(①, ②)에 들어갈 알맞은 용어를 쓰시오.

- (①) : 사용자가 시스템이나 서비스를 이용하면서 느끼고 생각하게 되는 총체적인 감정 및 경험
- (②) : 사용자와 시스템 간의 상호작용이 원활하게 이뤄지도록 도와주는 장치나 소프트웨어
  예 CLI, GUI 등

답

- ①
- ②

정답 및 해설은 432쪽에 있습니다.

문제 1 다음은 사용자 인터페이스의 기본 원칙에 대한 설명이다. 괄호(①~④)에 들어갈 알맞은 기본 원칙을 쓰시오.

- (①) : 누구나 쉽게 이해하고 사용할 수 있어야 한다.
- (②) : 사용자의 목적을 정확하고 완벽하게 달성해야 한다.
- (③) : 누구나 쉽게 배우고 익힐 수 있어야 한다.
- (④) : 사용자의 요구사항을 최대한 수용하고 실수를 최소화해야 한다.

답
- ①
- ②
- ③
- ④

문제 2 다음 괄호에 공통적으로 들어갈 가장 적합한 용어를 쓰시오.

(   )은 사용자 요구사항을 기반으로 실제 동작하는 것처럼 만든 동적인 형태의 모형으로, 사용자의 요구사항을 개발자가 맞게 해석했는지 검증하기 위한 것이다. 사용자의 요구사항이 모두 반영될 때까지 (   )을 계속하여 개선하고 보완해야 한다.

답 :

예상문제 은행

문제 3 다음은 사용자 인터페이스인 CLI, GUI, NUI에 대한 설명이다. 각 인터페이스에 해당하는 설명을 골라 기호(㉠~㉢)로 쓰시오.

> ㉠ 사용자의 말이나 행동으로 기기를 조작하는 인터페이스
> ㉡ 아이콘이나 메뉴를 마우스로 선택하여 작업을 수행하는 그래픽 환경의 인터페이스
> ㉢ 명령과 출력이 텍스트 형태로 이뤄지는 인터페이스

답

- ① CLI :
- ② GUI :
- ③ NUI :

문제 4 다음은 UI 화면 설계 중 상세 설계에 대한 내용이다. 작성 순서대로 나열하시오.

> ⓐ 요구사항 최종 확인
> ⓑ UI 구조 설계
> ⓒ 사이트 맵 구조 설계
> ⓓ 화면 설계

답 :

문제 5 다음은 UI 상세 설계 중 메뉴 구조 설계에 대한 설명이다. 괄호에 공통적으로 들어갈 가장 적합한 용어를 쓰시오.

> 메뉴 구조 설계 단계는 (　　　) 구조를 통해 사용자 기반 메뉴 구조를 설계하는 단계이다. (　　　) 구조는 UI 시스템 구조를 바탕으로 사이트에 표시할 콘텐츠를 한 눈에 알아 볼 수 있도록 메뉴별로 구분한 모형이다.

답 :

정답 및 해설은 432 쪽에 있습니다.

문제 6 다음이 설명하고 있는 UI 설계 도구를 쓰시오.

- 페이지에 대한 개략적인 레이아웃이나 UI 요소 등에 대한 뼈대를 설계하는 도구이다.
- 기획 단계의 초기에 제작하며, 개발자나 디자이너 등이 레이아웃을 협의하거나 현재 진행 상태 등을 공유하기 위해 사용한다.

답 :

문제 7 다음은 ISO/IEC 9126의 소프트웨어 품질 특성 중 신뢰성(Reliability)에 대한 설명이다. 괄호(①, ②)에 들어갈 알맞은 용어를 쓰시오.

- 신뢰성은 주어진 시간동안 주어진 기능을 오류 없이 수행할 수 있는 정도를 나타낸다.
- 신뢰성의 하위 특성에는 (①), 고장 허용성, (②)이 있다.

답

- ①
- ②

문제 8 소프트웨어 품질 특성 중 사용자가 요구하는 기능을 얼마나 빠르게 처리할 수 있는지 정도를 나타내는 특성이 무엇인지 쓰시오.

답 :

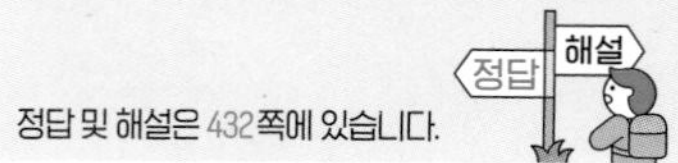

정답 및 해설은 432쪽에 있습니다.

문제 9 다음은 UI 시나리오 문서의 요건에 대한 설명이다. 괄호(①, ②)에 들어갈 알맞은 요건을 쓰시오.

(①)	서비스 목표, 시스템 및 사용자의 요구사항, UI 스타일 등이 모두 (①)을 유지해야 한다.
가독성	표준화된 템플릿 등을 활용하여 문서를 쉽게 읽을 수 있도록 해야 하고, 문서 인덱스에 대한 규칙이나 목차를 제공한다.
이해성	누구나 쉽게 이해할 수 있도록 설명하고, 불분명하거나 추상적인 표현은 피한다.
(②)	누락되지 않도록 최대한 상세하게 기술해야 하고, 사용자의 테스크에 초점을 맞춰 기술한다.
수정 용이성	시나리오의 수정이나 개선이 쉬워야 한다.
추적 용이성	변경 사항은 언제, 어떤 부분이, 왜 발생했는지 쉽게 추적할 수 있어야 한다.

답

- ①
- ②

6장 화면 설계 정답

[답안 작성 방법 안내]
'운영체제(OS; Operation System)'처럼 한글과 영문으로 제시되어 있는 경우 '운영체제', 'OS', 'Operation System' 중 1가지만 쓰면 됩니다.

Section 086

[문제 1]
직관성은 누구나 쉽게 이해하고 사용할 수 있어야 한다는 설계 원칙이다.

[문제 2]
유효성

[문제 3]
NUI

[문제 4]
① CLI(Command Line Interface) ② GUI(Graphical User Interface)

Section 087

[문제 1]
목업(Mockup)

[문제 2]
스토리보드(Story Board)

[문제 3]
프로토타입은 실제 구현된 것처럼 테스트가 가능한 동적인 형태의 모형이다.

[문제 4]
유스케이스(Use Case)

Section 088

[문제 1]
신뢰성은 주어진 시간동안 주어진 기능을 오류 없이 수행할 수 있는 정도를 나타낸다.

[문제 2]
① 상호 운용성 ② 보안성

[문제 3]
ISO/IEC 12119

Section 089

[문제 1]
ⓒ → ⓐ → ⓓ → ⓑ

[문제 2]
사이트 맵(Site Map)

[문제 3]
ⓐ → ⓒ → ⓑ → ⓓ

Section **090**

[문제 1]
HCI(Human Computer Interaction or Interface)

[문제 2]
① UX(User Experience)　② UI(User Interface)

예상문제은행 6장 화면 설계 정답

[문제 1]
① 직관성　② 유효성　③ 학습성　④ 유연성

[문제 2]
프로토타입(Prototype)

[문제 3]
① ㉢　② ㉡　③ ㉠

[문제 4]
ⓐ → ⓑ → ⓒ → ⓓ

[문제 5]
사이트 맵(Site Map)

[문제 6]
와이어프레임(Wireframe)

[문제 7]
① 성숙성　② 회복성

[문제 8]
효율성(Efficiency)

[문제 9]
① 일관성(Consistent)　② 완전성(Complete)

7 장

애플리케이션 테스트 관리

SECTION 091

애플리케이션 테스트

애플리케이션 테스트는 개발한 애플리케이션이 사용자의 요구를 만족시키는지, 기능이 정상적으로 작동하는지 등을 테스트하는 것입니다. 애플리케이션 테스트의 개념을 기반으로 애플리케이션 테스트의 기본 원리를 숙지해 두세요.

Validation
Validation은 사용자의 입장에서 개발한 소프트웨어가 고객의 요구사항에 맞게 구현되었는지를 확인하는 것입니다.

Verification
Verification은 개발자의 입장에서 개발한 소프트웨어가 명세서에 맞게 만들어졌는지를 점검하는 것입니다.

필기 24.2, 21.8

1 애플리케이션 테스트

- 애플리케이션 테스트는 **애플리케이션에 잠재되어 있는 결함을 찾아내는 일련의 행위 또는 절차**이다.
- 애플리케이션 테스트는 개발된 소프트웨어가 고객의 요구사항을 만족시키는지 확인(Validation*)하고 소프트웨어가 기능을 정확히 수행하는지 검증(Verification*)한다.

20.5, 필기 24.7, 24.2, 22.7, 20.6

2 애플리케이션 테스트의 기본 원리

기본 원리	설명
완벽한 테스트 불가능	소프트웨어의 잠재적인 결함을 줄일 수 있지만 소프트웨어에 결함이 없다고 증명할 수는 없음
필기 24.7, 24.2, 22.7, 20.6 파레토 법칙 (Pareto Principle)	애플리케이션의 20%에 해당하는 코드에서 전체 결함의 80%가 발견된다는 법칙
20.5 살충제 패러독스 (Pesticide Paradox)	동일한 테스트 케이스로 동일한 테스트를 반복하면 더 이상 결함이 발견되지 않는 현상
테스팅은 정황(Context) 의존	소프트웨어의 특징, 테스트 환경, 테스터의 역량 등 정황(Context)에 따라 테스트 결과가 달라질 수 있으므로, 정황에 따라 테스트를 다르게 수행해야 함
오류-부재의 궤변 (Absence of Errors Fallacy)	소프트웨어의 결함을 모두 제거해도 사용자의 요구사항을 만족시키지 못하면 해당 소프트웨어는 품질이 높다고 말할 수 없는 것
테스트와 위험은 반비례	테스트를 많이 하면 할수록 미래에 발생할 위험을 줄일 수 있음
테스트의 점진적 확대	테스트는 작은 부분에서 시작하여 점점 확대하며 진행해야 함
테스트의 별도 팀 수행	테스트는 개발자와 관계없는 별도의 팀에서 수행해야 함

※ 정답 및 해설은 481쪽에 있습니다.

기출 따라잡기 Section 091

20년 5월

문제 1 애플리케이션 테스트에서 사용되는 살충제 패러독스(Pesticide Paradox)의 개념을 간략히 서술하시오.

답 :

필기 24년 7월, 2월, 22년 7월, 20년 6월

문제 2 소프트웨어 테스트에서 오류의 80%는 전체 모듈의 20% 내에서 발견된다는 법칙을 무엇이라고 하는지 쓰시오.

답 :

출제예상

문제 3 애플리케이션 테스트의 기본 원칙 중 다음 괄호에 들어갈 원칙을 쓰시오.

> 소프트웨어의 결함을 모두 제거해도 사용자의 요구사항을 만족시키지 못하면 해당 소프트웨어는 품질이 높다고 말할 수 없다. 이것을 (　　　)이라고 한다.

답 :

SECTION 092

애플리케이션 테스트의 분류

1410700

애플리케이션 테스트는 테스트 시 프로그램의 실행 여부 또는 진행 목적 등에 따라 여러 가지가 있습니다. 어떤 테스트를 말하는지 알아낼 수 있도록 각각의 특징을 정리하세요.

워크스루(Walkthrough, 검토 회의)
- 워크스루는 소프트웨어 개발자가 모집한 전문가들이 개발자의 작업 내역을 검토하는 것을 말합니다.
- 소프트웨어 검토를 위해 미리 준비된 자료를 바탕으로 정해진 절차에 따라 평가합니다.
- 오류의 조기 검출을 목적으로 하며 발견된 오류는 문서화합니다.

인스펙션(Inspection)
인스펙션은 워크스루를 발전시킨 형태로, 소프트웨어 개발 단계에서 산출된 결과물의 품질을 평가하고, 이를 개선하기 위한 방법을 제시합니다.

1 프로그램 실행 여부에 따른 테스트

20.7

20.7 정적 테스트	• 프로그램을 실행하지 않고 명세서나 소스 코드를 대상으로 분석하는 테스트 • 소스 코드에 대한 코딩 표준, 코딩 스타일, 코드 복잡도, 남은 결함 등을 발견하기 위해 사용함 • 종류 : 워크스루*, 인스펙션*, 코드 검사 등
동적 테스트	• 프로그램을 실행하여 오류를 찾는 테스트 • 소프트웨어 개발의 모든 단계에서 테스트를 수행함 • 종류 : 블랙박스 테스트, 화이트박스 테스트

2 테스트 기반(Test Bases)에 따른 테스트

명세 기반 테스트	• 사용자의 요구사항에 대한 명세를 빠짐없이 테스트 케이스로 만들어 구현하고 있는지 확인하는 테스트 • 종류 : 동등 분할, 경계 값 분석 등
구조 기반 테스트	• 소프트웨어 내부의 논리 흐름에 따라 테스트 케이스를 작성하고 확인하는 테스트 • 종류 : 구문 기반, 결정 기반, 조건 기반 등
경험 기반 테스트	• 유사 소프트웨어나 기술 등에 대한 테스터의 경험을 기반으로 수행하는 테스트 • 사용자의 요구사항에 대한 명세가 불충분하거나 테스트 시간에 제약이 있는 경우 수행하면 효과적임 • 종류 : 에러 추정, 체크 리스트, 탐색적 테스팅

3 시각에 따른 테스트

필기 21.8

검증(Verification) 테스트	• 개발자의 시각에서 제품의 생산 과정을 테스트하는 것 • 제품이 명세서대로 완성됐는지를 테스트함
확인(Validation) 테스트	• 사용자의 시각에서 생산된 제품의 결과를 테스트하는 것 • 사용자가 요구한대로 제품이 완성됐는지, 제품이 정상적으로 동작하는지를 테스트함

필기 21.8

4 목적에 따른 테스트

회복(Recovery) 테스트	시스템에 여러 가지 결함을 주어 실패하도록 한 후 올바르게 복구되는지를 확인하는 테스트
안전(Security) 테스트	시스템에 설치된 시스템 보호 도구가 불법적인 침입으로부터 시스템을 보호할 수 있는지를 확인하는 테스트
필기 21.8 **강도(Stress) 테스트**	시스템에 과도한 정보량이나 빈도 등을 부과하여 과부하 시에도 소프트웨어가 정상적으로 실행되는지를 확인하는 테스트
성능(Performance) 테스트	소프트웨어의 실시간 성능이나 전체적인 효율성을 진단하는 테스트로, 소프트웨어의 응답 시간, 처리량 등을 테스트
구조(Structure) 테스트	소프트웨어 내부의 논리적인 경로, 소스 코드의 복잡도 등을 평가하는 테스트
회귀(Regression) 테스트	소프트웨어의 변경 또는 수정된 코드에 새로운 결함이 없음을 확인하는 테스트
병행(Parallel) 테스트	변경된 소프트웨어와 기존 소프트웨어에 동일한 데이터를 입력하여 결과를 비교하는 테스트

※ 정답 및 해설은 481쪽에 있습니다.

기출 따라잡기 Section 092

20년 7월

문제 1 애플리케이션을 실행하지 않고, 소스 코드에 대한 코딩 표준, 코딩 스타일, 코드 복잡도 및 남은 결함을 발견하기 위하여 사용하는 테스트를 쓰시오.

답 :

출제예상

문제 2 애플리케이션 테스트 중 확인(Validation) 테스트의 개념을 간략히 서술하시오.

답 :

필기 21년 8월

문제 3 애플리케이션 테스트 중 시스템에 과다 정보량을 부과하여 과부하 시에도 시스템이 정상적으로 작동되는지를 확인하는 테스트가 무엇인지 쓰시오.

답 :

출제예상

문제 4 애플리케이션 테스트 중 소프트웨어의 실시간 성능이나 전체적인 효율성을 테스트하며, 모든 단계에서 수행되는 테스트가 무엇인지 쓰시오.

답 :

출제예상

문제 5 소프트웨어 테스트의 목적은 오류를 찾아내는 데 있다. 테스트 종류 중 개발자의 입장에서 소프트웨어가 요구사항에 맞는지를 추적하는데 중점을 두는 테스트가 무엇인지 쓰시오.

답 :

SECTION **093**

테스트 기법에 따른 애플리케이션 테스트

필기 23.7, 23.1, 20.6

1 화이트박스 테스트(White Box Test)

- 화이트박스 테스트는 모듈의 원시 코드를 오픈시킨 상태에서 **원시 코드의 논리적인 모든 경로를 테스트하여 테스트 케이스를 설계하는 방법**이다.
- 모듈 안의 작동을 직접 관찰한다.
- 원시 코드(모듈)의 모든 문장을 한 번 이상 실행함으로써 수행된다.

전문가의 조언

- 애플리케이션 테스트는 소프트웨어 내부 구조의 참조 여부에 따라 블랙박스 테스트와 화이트박스 테스트로 나뉩니다. 블랙박스 테스트와 화이트박스 테스트는 중요합니다. 두 테스트의 개념, 차이점, 종류 등을 모두 숙지해 두세요.
- 화이트박스 테스트의 의미는 '논리'라는 단어를 중심으로 알아두세요. 화이트박스 테스트는 투명한 박스라는 의미로 모듈 안의 내용을 볼 수 있어서 내부의 논리적인 경로를 테스트한다고 생각하면 됩니다.

필기 24.2, 23.7, 22.3, 21.5, 20.8, 20.6

2 화이트박스 테스트의 종류

필기 24.2, 23.7, 22.3, 21.5, 20.8, 20.6 **기초 경로 검사** (Base Path Testing)	• 테스트 케이스 설계자가 절차적 설계의 논리적 복잡성을 측정할 수 있게 해주는 테스트 기법 • 대표적인 화이트박스 테스트 기법임
필기 22.3 **제어 구조 검사** (Control Structure Testing)	• **조건 검사**(Condition Testing) : 프로그램 모듈 내에 있는 논리적 조건을 테스트하는 테스트 케이스 설계 기법 • **루프 검사**(Loop Testing) : 프로그램의 반복(Loop) 구조에 초점을 맞춰 실시하는 테스트 케이스 설계 기법 • **데이터 흐름 검사**(Data Flow Testing) : 프로그램에서 변수의 정의와 변수 사용의 위치에 초점을 맞춰 실시하는 테스트 케이스 설계 기법

24.4, 23.7, 23.4, 21.7, 20.10

3 화이트박스 테스트의 검증 기준

전문가의 조언

화이트박스 테스트의 검증 기준은 테스트 케이스들이 테스트에 얼마나 적정한지를 판단하는 기준입니다.

21.7 **문장 검증 기준** (Statement Coverage)	• 소스 코드의 모든 구문이 한 번 이상 수행되도록 테스트 케이스를 설계함 • 구문 검증 기준이라고도 함
23.4, 21.7, 20.10 **결정 검증 기준** (Decision Coverage)	• 소스 코드의 모든 조건문에 대해 조건식의 결과가 True인 경우와 False인 경우가 한 번 이상 수행되도록 테스트 케이스를 설계함 • 분기 검증 기준(Branch Coverage)이라고도 함
23.7, 21.7 **조건 검증 기준** (Condition Coverage)	소스 코드의 조건문에 포함된 개별 조건식의 결과가 True인 경우와 False인 경우가 한 번 이상 수행되도록 테스트 케이스를 설계함

조건/결정 검증 기준 (Condition/Decision Coverage)	결정 검증 기준과 조건 검증 기준을 모두 만족하는 설계로, 조건문이 True인 경우와 False인 경우에 따라 조건 검증 기준의 입력 데이터를 구분하는 테스트 케이스를 설계함
24.4 **변경 조건/결정 검증 기준**(Modified Condition/Decision Coverage)	조건/결정 검증 기준을 향상시킨 검증 기준으로, 개별 조건식이 다른 개별 조건식의 영향을 받지 않고 전체 조건식의 결과에 독립적으로 영향을 주도록 테스트 케이스를 설계함
다중 조건 검증 기준 (Multiple Condition Coverage)	소스 코드의 조건문에 포함된 모든 개별 조건식의 모든 조합을 고려하도록 테스트 케이스를 설계함

- 블랙박스는 박스 안을 들여다 볼 수 없는 검은 상자입니다. 즉 블랙박스 안에서 어떤 일이 일어나는지 알 수는 없지만 입력된 데이터가 블랙박스를 통과하여 출력될 때 그 결과물이 정확한지를 검사하는 것입니다.
- Section 092에서 학습한 명세 기반 테스트, 경험 기반 테스트는 블랙박스 테스트, 구조 기반 테스트는 화이트박스 테스트에 해당합니다.

20.10

4 블랙박스 테스트(Black Box Test)

- 블랙박스 테스트는 소프트웨어가 수행할 특정 기능을 알기 위해서 **각 기능이 완전히 작동되는 것을 입증하는 테스트**로, 기능 테스트라고도 한다.
- 사용자의 요구사항 명세를 보면서 테스트한다.
- 주로 구현된 기능을 테스트한다.
- 소프트웨어 인터페이스를 통해 실시된다.

23.10, 22.10, 22.5, 21.10, 21.4, 20.11, 필기 24.7, 24.5, 23.5, 21.5, 21.3, 20.9, 20.8, 20.6

5 블랙박스 테스트의 종류

23.10, 22.5, 21.4, 20.11, 필기 24.7, 24.5, … **동치 분할 검사** (Equivalence Partitioning Testing, **동치 클래스 분해**)	• 프로그램의 입력 조건에 타당한 입력 자료와 타당하지 않은 입력 자료의 개수를 균등하게 하여 테스트 케이스를 정하고, 해당 입력 자료에 맞는 결과가 출력되는지 확인하는 기법 • 동등 분할 기법이라고도 함
22.10, 22.5, 21.4, 필기 24.7, 21.3, 20.9, … **경계값 분석**(Boundary Value Analysis)	입력 조건의 중간값보다 경계값에서 오류가 발생될 확률이 높다는 점을 이용하여 입력 조건의 경계값을 테스트 케이스로 선정하여 검사하는 기법
22.5, 21.10, 필기 20.9 **원인-효과 그래프 검사** (Cause-Effect Graphing Testing)	입력 데이터 간의 관계와 출력에 영향을 미치는 상황을 체계적으로 분석한 다음 효용성이 높은 테스트 케이스를 선정하여 검사하는 기법
필기 24.7, 20.8 **오류 예측 검사** (Error Guessing)	과거의 경험이나 확인자의 감각으로 테스트하는 기법
비교 검사 (Comparison Testing)	여러 버전의 프로그램에 동일한 테스트 자료를 제공하여 동일한 결과가 출력되는지 테스트하는 기법

예제 A 애플리케이션에서 평가점수에 따른 성적부여 기준이 다음과 같을 때, 동치 분할 검사와 경계값 분석의 테스트 케이스를 확인하시오.

평가점수	성적
90~100	A
80~89	B
70~79	C
0~69	D

〈동치 분할 검사〉

테스트 케이스	1	2	3	4
입력값	60	75	82	96
예상 결과값	D	C	B	A
실제 결과값	D	C	B	A

해설 동치 분할 검사는 입력 자료에 초점을 맞춰 테스트 케이스를 만들어 검사하므로 평가점수를 입력한 후 점수에 맞는 성적이 출력되는지 확인한다.

〈경계값 분석〉

테스트 케이스	1	2	3	4	5	6	7	8	9	10
입력 값	−1	0	69	70	79	80	89	90	100	101
예상 결과 값	오류	D	D	C	C	B	B	A	A	오류
실제 결과 값	오류	D	D	C	C	B	B	A	A	오류

해설 경계값 분석은 입력 조건의 경계값을 테스트 케이스로 선정하여 검사하므로 평가점수의 경계값에 해당하는 점수를 입력한 후 올바른 성적이 출력되는지 확인한다.

※ 정답 및 해설은 481쪽에 있습니다.

기출 따라잡기 Section 093

20년 10월

문제 1 소프트웨어가 수행할 특정 기능을 알기 위해서 각 기능이 완전히 작동되는 것을 입증하는 테스트로, 동치 클래스 분해 및 경계값 분석을 이용하는 테스트 기법을 쓰시오.

답 :

23년 10월, 20년 11월

문제 2 테스트 기법 중 다음과 같이 〈평가 점수표〉를 미리 정해 놓은 후 각 영역에 해당하는 입력값을 넣고, 예상되는 출력값이 나오는지 실제 값과 비교하는 명세 기반 테스트 기법을 〈보기〉에서 찾아 쓰시오.

〈평가 점수표〉

평가점수	성적등급
90~100	A
80~89	B
70~79	C
0~69	D

〈테스트 케이스〉

테스트 케이스	1	2	3	4
적용범위	0~69	70~79	80~89	90~100
입력값	60	75	82	96
예상결과값	D	C	B	A
실제결과값	D	C	B	A

〈보기〉

- Equivalence Partition
- Equivalence Value
- Error Guess
- Boundary Value Analysis
- Cause-Effect Graph
- Comparison Test

답 :

24년 10월, 4월, 23년 7월, 21년 7월

문제 3 테스트에 대한 다음 설명에서 각 지문(①~④)에 해당하는 커버리지(Coverage)를 〈보기〉에서 찾아 쓰시오.

① 최소 한번은 모든 문장이 수행되도록 구성하는 검증 기준
② 조건식이 참(True)/거짓(False)일 때 수행되도록 구성하는 검증 기준
③ ②번과 달리 조건식에 상관없이 개별 조건이 참(True)/거짓(False)일 때 수행되도록 구성하는 검증 기준
④ 개별 조건식이 다른 개별 조건식의 영향을 받지 않고 전체 조건식의 결과에 독립적으로 영향을 주도록 구성하는 검증 기준

〈보기〉

• 다중 조건 검증 기준	• 변경 조건/결정 검증 기준
• 조건 검증 기준	• 결정 검증 기준
• 조건/결정 검증 기준	• 문장 검증 기준

답

• ①	• ②

• ③	• ④

21년 4월

문제 4 **애플리케이션 테스트에 대한 다음 설명에서 괄호(①, ②)에 들어갈 알맞은 테스트 종류를 쓰시오.**

(①)은 입력 조건의 중간값보다 경계값에서 오류가 발생될 확률이 높다는 점을 이용한 검사 기법이고, (②)는 입력 조건이 유효한 경우와 그렇지 않은 경우의 입력 자료의 개수를 균등하게 정하는 검사 기법이다. 예를 들어 0 <= x <= 10과 같은 조건이 있을 때, (①)은 −1, 0, 10, 11을 입력값으로, (②)는 0이상 10이하의 수 n개와 0미만 10초과의 수 n개를 입력값으로 정한다.

답

• ①

• ②

21년 10월

문제 5 **테스트 기법 중 그래프를 활용하여 입력 데이터 간의 관계와 출력에 영향을 미치는 상황을 체계적으로 분석한 다음 효용성이 높은 테스트 케이스를 선정하여 검사하는 기법을 〈보기〉에서 찾아 쓰시오.**

〈보기〉

• Equivalence Partition	• Boundary Value Analysis	• Condition Test
• Cause−Effect Graph	• Error Guess	• Comparison Test
• Base Path Test	• Loop Test	• Data Flow Test

답 :

22년 5월

문제 6 다음 중 블랙 박스 테스트 기법에 해당하는 것을 모두 골라 기호(㉠~㉢)로 쓰시오.

㉠ Base Path Testing	㉡ Condition Testing
㉢ Boundary Value Analysis	㉣ Equivalence Partitioning
㉤ Data Flow Testing	㉥ Cause-Effect Graph
㉦ Branch Coverage Testing	㉧ Statement Coverage Testing
㉨ Boundary Division Analysis	

답 :

23년 4월, 20년 10월

문제 7 다음은 화이트박스 테스트의 프로그램 제어흐름이다. 다음의 순서도를 참고하여 분기 커버리지로 구성할 테스트 케이스를 작성하시오.

〈순서도〉

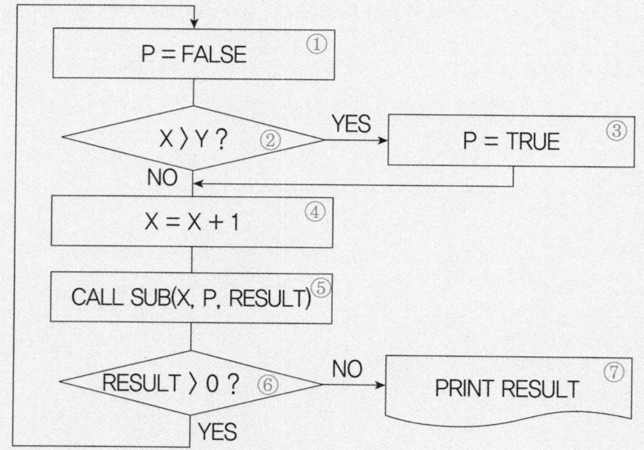

〈작성예시〉

(①)→(②)→(④)

답

(   )→(   )→(   )→(   )→(   )→(   )→(   )

(   )→(   )→(   )→(   )→(   )→(   )

SECTION 094

개발 단계에 따른 애플리케이션 테스트

22.5, 필기 24.7, 24.5, 22.3

1 개발 단계에 따른 애플리케이션 테스트

- 소프트웨어의 개발 단계에 따라 단위 테스트, 통합 테스트, 시스템 테스트, 인수 테스트로 분류된다. 이렇게 분류된 것을 테스트 레벨이라고 한다.
- 애플리케이션 테스트와 소프트웨어 개발 단계를 연결하여 표현한 것을 V-모델이라고 한다.

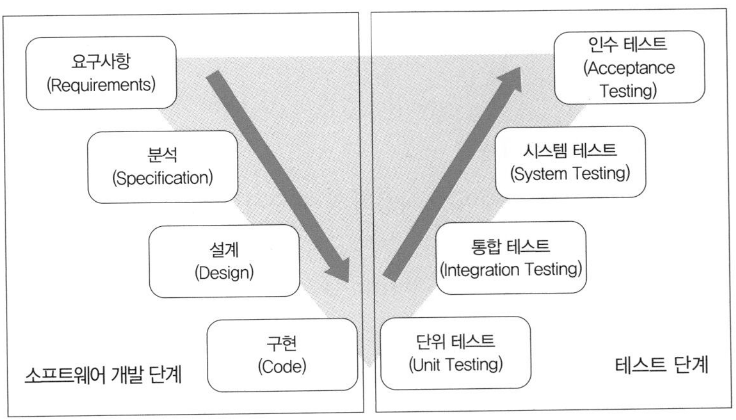

소프트웨어 생명 주기의 V-모델

21.4, 필기 21.8

2 단위 테스트(Unit Test)

- 단위 테스트는 코딩 직후 소프트웨어 설계의 최소 단위인 **모듈이나 컴포넌트에 초점을 맞춰 테스트**하는 것이다.
- 인터페이스, 외부적 I/O, 자료 구조, 독립적 기초 경로, 오류 처리 경로, 경계 조건 등을 검사한다.
- 사용자의 요구사항을 기반으로 한 기능성 테스트를 최우선으로 수행한다.
- 구조 기반 테스트와 명세 기반 테스트로 나뉘지만 주로 구조 기반 테스트를 시행한다.

전문가의 조언

애플리케이션 테스트는 소프트웨어의 개발 과정 중 지속적으로 진행됩니다. 모듈을 개발하면 모듈에 대한 단위 테스트를 실행하고, 여러 개의 모듈을 결합하여 시스템으로 완성시키는 과정에서는 통합 테스트를, 그리고 설계된 소프트웨어가 시스템에서 정상적으로 수행되는지를 확인하기 위해서 시스템 테스트를 수행합니다. 최종적으로 소프트웨어가 완성되면 사용자에게 인도하기 전에 인수 테스트를 수행합니다. 이러한 과정을 염두에 두고 테스트 진행 순서와 각 테스트의 특징을 정리하세요

3 통합 테스트(Integration Test)

21.4

- 통합 테스트는 **단위 테스트가 완료된 모듈들을 결합하여 하나의 시스템으로 완성시키는 과정에서의 테스트**를 의미한다.
- 모듈 간 또는 통합된 컴포넌트 간의 상호 작용 오류를 검사한다.

4 시스템 테스트(System Test)

- 시스템 테스트는 **개발된 소프트웨어가** 해당 컴퓨터 시스템에서 **완벽하게 수행되는가를 점검하는 테스트**이다.
- 기능적 요구사항과 비기능적 요구사항으로 구분하여 각각을 만족하는지 테스트한다.

5 인수 테스트(Acceptance Test)

22.7, 필기 24.7, 24.5, 24.2, 23.7, 23.5, 22.3, 21.3, 20.9, 20.8, 20.6

- 인수 테스트는 개발한 소프트웨어가 **사용자의 요구사항을 충족하는지에 중점을 두고 테스트**하는 방법이다.
- 인수 테스트는 개발한 소프트웨어를 사용자가 직접 테스트한다.
- 인수 테스트는 다음과 같이 6가지의 종류로 구분해서 테스트한다.

테스트 종류	설명
사용자 인수 테스트	사용자가 시스템 사용의 적절성 여부를 확인함
운영상의 인수 테스트	• 시스템 관리자가 시스템 인수 시 수행하는 테스트 기법 • 백업/복원 시스템, 재난 복구, 사용자 관리, 정기 점검 등을 확인함
계약 인수 테스트	계약상의 인수/검수 조건을 준수하는지 여부를 확인함
규정 인수 테스트	소프트웨어가 정부 지침, 법규, 규정 등 규정에 맞게 개발되었는지 확인함
22.7, 필기 23.7, 22.3, 20.9, 20.8, 20.6 알파 테스트	• 개발자의 장소에서 사용자가 개발자 앞에서 행하는 테스트 기법 • 테스트는 통제된 환경에서 행해지며, 오류와 사용상의 문제점을 사용자와 개발자가 함께 확인하면서 기록함
22.7, 필기 22.3, 21.3, 20.8 베타 테스트	• 선정된 최종 사용자가 여러 명의 사용자 앞에서 행하는 테스트 기법 • 실업무를 가지고 사용자가 직접 테스트

※ 정답 및 해설은 483쪽에 있습니다.

기출 따라잡기 Section 094

22년 7월, 필기 23년 7월

문제 1 애플리케이션 테스트에 대한 다음 설명에서 괄호(①, ②)에 들어갈 알맞은 테스트를 쓰시오.

> 인수 테스트는 개발한 소프트웨어가 사용자의 요구사항을 충족하는지에 중점을 두고 테스트하는 방법이다.
> - (①) : 선정된 최종 사용자가 여러 명의 사용자 앞에서 행하는 테스트 기법으로, 실제 업무를 가지고 사용자가 직접 테스트한다.
> - (②) : 개발자의 장소에서 사용자가 개발자 앞에서 행하는 테스트 기법으로, 테스트는 통제된 환경에서 행해지며, 오류와 사용상의 문제점을 사용자와 개발자가 함께 확인하면서 기록한다.

답
- ①
- ②

21년 4월

문제 2 애플리케이션 테스트에 대한 다음 설명에서 각 지문(①, ②)에 해당하는 용어를 〈보기〉에서 찾아 쓰시오.

> ① 코딩 직후 소프트웨어 설계의 최소 단위인 모듈이나 컴포넌트에 초점을 맞춰 수행하는 테스트로, 모듈 테스트라고도 불린다. 사용자의 요구사항을 기반으로 한 기능성 테스트를 최우선으로 인터페이스, 외부적 I/O, 자료 구조, 독립적 기초 경로, 오류 처리 경로, 경계 조건 등을 검사한다.
> ② 모듈들을 결합하여 하나의 시스템으로 완성시키는 과정에서의 테스트를 의미하며, 모듈 간 또는 컴포넌트 간의 인터페이스가 정상적으로 실행되는지 검사한다.

〈보기〉

• 시스템 테스트	• 인수 테스트	• 알파 테스트
• 단위 테스트	• 통합 테스트	• 회귀 테스트

답
- ①
- ②

SECTION 095

통합 테스트

전문가의 조언

통합 테스트에서는 상향식 테스트와 하향식 테스트가 중요합니다. 어떤 테스트를 말하는지 구분할 수 있도록 각각의 특징을 잘 알아 두세요.

1 통합 테스트(Integration Test)

- 통합 테스트는 **단위 테스트가 끝난 모듈을 통합하는 과정에서 발생하는 오류 및 결함을 찾는 테스트** 기법이다.
- 종류

비점진적 통합 방식	• 단계적으로 통합하는 절차 없이 모든 모듈이 미리 결합되어 있는 프로그램 전체를 테스트하는 방법 • 종류 : 빅뱅 통합 테스트* 방식
점진적 통합 방식	• 모듈 단위로 단계적으로 통합하면서 테스트하는 방법 • 종류 : 하향식 통합 테스트, 상향식 통합 테스트, 혼합식 통합 테스트

빅뱅 통합 테스트

모듈 간의 상호 인터페이스를 고려하지 않고 단위 테스트가 끝난 모듈을 한꺼번에 결합시켜 테스트하는 방법입니다. 주로 소규모 프로그램이나 프로그램의 일부만을 대상으로 테스트 할 때 사용됩니다.

21.10, 21.7, 필기 24.5, 24.2, 21.3, 20.8, 20.6

2 하향식 통합 테스트(Top Down Integration Test)

- 하향식 통합 테스트는 프로그램의 **상위 모듈에서 하위 모듈 방향으로 통합하면서 테스트**하는 기법이다.
- 깊이 우선 통합법*이나 넓이 우선 통합법*을 사용한다.
- 하향식 통합 테스트 절차
  ❶ 주요 제어 모듈은 작성된 프로그램을 사용하고, 주요 제어 모듈의 종속 모듈들은 스텁(Stub)*으로 대체한다.
  ❷ 깊이 우선 또는 넓이 우선 등의 통합 방식에 따라 하위 모듈인 스텁들이 한 번에 하나씩 실제 모듈로 교체된다.
  ❸ 모듈이 통합될 때마다 테스트를 실시한다.
  ❹ 새로운 오류가 발생하지 않음을 보증하기 위해 회귀 테스트를 실시한다.

- **깊이 우선 통합법** : 주요 제어 모듈을 중심으로 해당 모듈에 종속된 모든 모듈을 통합하는 것으로, 다음 그림에 대한 통합 순서는 A1, A2, A3, A4, A5, A6, A7, A8, A9 순입니다.

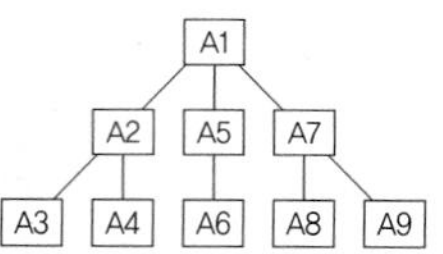

- **넓이 우선 통합법** : 구조의 수평을 중심으로 해당하는 모듈을 통합하는 것으로, 다음 그림에 대한 통합 순서는 A1, A2, A3, A4, A5, A6, A7, A8, A9 순입니다.

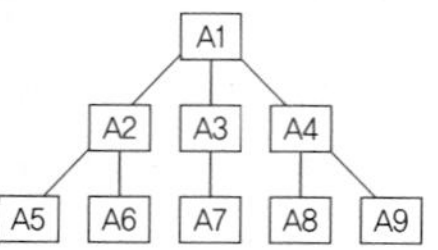

21.7, 필기 24.5, 24.2, 21.3, 20.6

스텁(Stub)

제어 모듈이 호출하는 타 모듈의 기능을 단순히 수행하는 도구로, 일시적으로 필요한 조건만을 가지고 있는 시험용 모듈입니다.

21.10, 필기 22.7, 22.4, 21.8

3 상향식 통합 테스트(Bottom Up Integration Test)

- 상향식 통합 테스트는 프로그램의 **하위 모듈에서 상위 모듈 방향으로 통합하면서 테스트**하는 기법이다.
- **상향식 통합 테스트 절차**
  ❶ 하위 모듈들을 클러스터(Cluster)*로 결합한다.
  ❷ 상위 모듈에서 데이터의 입 · 출력을 확인하기 위해 더미 모듈인 드라이버(Driver)*를 작성한다.
  ❸ 통합된 클러스터 단위로 테스트한다.
  ❹ 테스트가 완료되면 클러스터는 프로그램 구조의 상위로 이동하여 결합하고 드라이버는 실제 모듈로 대체된다.

클러스터(Cluster)
하나의 주요 제어 모듈과 관련된 종속 모듈의 그룹을 의미합니다.

필기 22.7
테스트 드라이버(Test Driver)
테스트 드라이버는 테스트 대상의 하위 모듈을 호출하고, 파라미터를 전달하고, 모듈 테스트 수행 후의 결과를 도출하는 도구입니다.

4 혼합식 통합 테스트

- 혼합식 통합 테스트는 **하위 수준에서는 상향식 통합, 상위 수준에서는 하향식 통합을 사용하여 최적의 테스트를 지원하는 방식**이다.
- 샌드위치(Sandwich)식 통합 테스트 방법이라고도 한다.

22.7

5 회귀 테스팅(Regression Testing)

- 회귀 테스트는 **통합 테스트로 인해 변경된 모듈이나 컴포넌트에 새로운 오류가 있는지 확인하는 테스트**이다.
- 이미 테스트된 프로그램의 테스팅을 반복하는 것이다.
- 회귀 테스트는 수정한 모듈이나 컴포넌트가 다른 부분에 영향을 미치는지, 오류가 생기지 않았는지 테스트하여 새로운 오류가 발생하지 않음을 보증하기 위해 반복 테스트한다.

※ 정답 및 해설은 483쪽에 있습니다.

기출 따라잡기 Section 095

21년 7월, 필기 24년 5월, 2월, 21년 3월, 20년 6월

문제 1 **하향식 통합에 있어서 모듈 간의 통합 시험을 위해 일시적으로 필요한 조건만을 가지고 임시로 제공되는 시험용 모듈을 무엇이라고 하는지 쓰시오.**

답 :

필기 20년 8월

문제 2 다음이 설명하는 애플리케이션 통합 테스트 유형을 쓰시오.

- 깊이 우선 방식 또는 너비 우선 방식이 있다.
- 상위 컴포넌트를 테스트 하고 점증적으로 하위 컴포넌트를 테스트 한다.
- 하위 컴포넌트 개발이 완료되지 않은 경우 스텁(Stub)을 사용하기도 한다.

답 :

22년 7월

문제 3 다음 설명에 해당하는 테스트를 〈보기〉에서 찾아 쓰시오.

- 통합 테스트로 인해 변경된 모듈이나 컴포넌트에 새로운 오류가 있는지 확인하는 테스트이다.
- 이미 테스트된 프로그램의 테스팅을 반복하는 것이다.
- 수정한 모듈이나 컴포넌트가 다른 부분에 영향을 미치는지, 오류가 생기지 않았는지 테스트하여 새로운 오류가 발생하지 않음을 보증하기 위해 반복 테스트한다.

〈보기〉

• Integration	• Big Bang	• System	• Acceptance
• Unit	• Regression	• White Box	• Black Box

답 :

21년 10월

문제 4 애플리케이션 테스트에 관한 다음 설명에서 괄호(①, ②)에 들어갈 알맞은 용어를 쓰시오.

- (①)는 소프트웨어의 하위 모듈에서 상위 모듈 방향으로 통합하면서 테스트하는 기법이다.
- 하나의 주요 제어 모듈과 관련된 종속 모듈의 그룹인 클러스터(Cluster)가 필요하다.
- 데이터의 입 · 출력을 확인하기 위해 더미 모듈인 (②)를 생성한다.

답

- ①
- ②

SECTION
096

테스트 케이스 / 테스트 시나리오 / 테스트 오라클

1411200 

1 테스트 케이스(Test Case)

- 테스트 케이스는 구현된 소프트웨어가 **사용자의 요구사항을 정확하게 준수했는지를 확인하기 위해 설계된** 입력 값, 실행 조건, 기대 결과 등으로 구성된 **테스트 항목에 대한 명세서**이다.
- 테스트 케이스를 미리 설계하면 테스트 오류 방지, 테스트 수행에 필요한 인력, 시간 등의 자원 낭비를 줄일 수 있다.

전문가의 조언

테스트 케이스는 개발한 소프트웨어가 제대로 작동하는지를 확인하기 위한 데이터나 실행 조건 등의 집합이고, 테스트 시나리오는 여러 개의 테스트 케이스가 있을 때 이를 적용하는 순서입니다. 그리고 테스트 오라클은 테스트한 결과가 옳은지를 확인하는 도구입니다. 이 세 가지의 개념과 특징을 명확히 구분하여 알아두세요.

2 테스트 시나리오(Test Scenario)

- 테스트 시나리오는 **테스트 케이스를 적용하는 순서에 따라 여러 개의 테스트 케이스를 묶은 집합**이다.
- 테스트 케이스를 적용하는 구체적인 절차를 명세한다.
- 테스트 순서에 대한 구체적인 절차, 사전 조건, 입력 데이터 등이 설정되어 있다.

필기 24.2, 23.2, 20.9

3 테스트 오라클(Test Oracle)

- 테스트 오라클은 **테스트 결과가 올바른지 판단하기 위해 사전에 정의된 참 값을 대입하여 비교하는 기법** 및 활동을 말한다.
- 결과를 판단하기 위해 테스트 케이스에 대한 예상 결과를 계산하거나 확인한다.
- 테스트 오라클의 특징

제한된 검증	테스트 오라클을 모든 테스트 케이스에 적용할 수 없음
수학적 기법	테스트 오라클의 값을 수학적 기법을 이용하여 구할 수 있음
자동화 가능	테스트 대상 프로그램의 실행, 결과 비교, 커버리지 측정 등을 자동화 할 수 있음

20.11, 필기 22.7

4 테스트 오라클의 종류

참(True) 오라클	• 모든 테스트 케이스의 입력 값에 대해 기대하는 결과를 제공하는 오라클 • 발생된 모든 오류를 검출할 수 있음
20.11, 필기 22.7 샘플링(Sampling) 오라클	특정한 몇몇 테스트 케이스의 입력 값들에 대해서만 기대하는 결과를 제공하는 오라클로 전수 테스트가 불가능한 경우 사용
필기 22.7 추정(Heuristic) 오라클	특정 테스트 케이스의 입력 값에 대해 기대하는 결과를 제공하고, 나머지 입력 값들에 대해서는 추정으로 처리하는 오라클
필기 22.7 일관성 검사 (Consistent) 오라클	애플리케이션에 변경이 있을 때, 테스트 케이스의 수행 전과 후의 결과 값이 동일한지를 확인하는 오라클

※ 정답 및 해설은 483쪽에 있습니다.

기출 따라잡기 Section 096

20년 11월

문제 1 특정한 몇몇 테스트 케이스의 입력 값들에 대해서만 기대하는 결과를 제공하는 오라클로, 전수 테스트가 불가능한 경우 사용하고, 경계값 및 구간별 예상값 결과 작성시 사용하는 오라클을 쓰시오.

답 :

필기 24년 2월, 23년 2월, 20년 9월

문제 2 다음이 설명하는 테스트 용어를 쓰시오.

• 테스트의 결과가 참인지 거짓인지를 판단하기 위해서 사전에 정의된 참값을 입력하여 비교하는 기법 및 활동을 말한다.
• 종류에는 참, 샘플링, 휴리스틱, 일관성 검사가 존재한다.

답 :

출제예상

문제 3 구현된 소프트웨어가 사용자의 요구사항을 정확하게 준수했는지를 확인하기 위해 설계된 입력 값, 실행 조건, 기대 결과 등으로 구성된 테스트 항목에 대한 명세서의 명칭을 쓰시오.

답 :

출제예상

문제 4 다음에 제시된 내용은 무엇에 대한 설명인지 쓰시오.

- 테스트 케이스를 적용하는 순서에 따라 여러 개의 테스트 케이스들을 묶은 집합으로, 테스트 케이스들을 적용하는 구체적인 절차를 명세한 문서이다.
- 테스트 순서에 대한 구체적인 절차, 사전 조건, 입력 데이터 등이 설정되어 있다.

답 :

SECTION 097

테스트 자동화 도구

테스트 자동화 도구는 말 그대로 테스트를 자동화할 수 있도록 도와주는 도구입니다. 왜 테스트를 자동화하는지를 생각하며 테스트 유형에 따른 테스트 자동화 도구의 종류를 파악해 두세요.

1 테스트 자동화

- 테스트 자동화는 사람이 반복적으로 수행하던 테스트 절차를 스크립트 형태로 구현하는 자동화 도구를 적용함으로써 쉽고 효율적으로 테스트를 수행할 수 있도록 한 것이다.
- 테스트 유형에 따른 테스트 자동화 도구의 종류
  - 정적 분석 도구
  - 테스트 실행 도구
  - 성능 테스트 도구
  - 테스트 통제 도구

2 정적 분석 도구(Static Analysis Tools)

- 정적 분석 도구는 **프로그램을 실행하지 않고 분석하는 도구**이다.
- 소스 코드에 대한 코딩 표준, 코딩 스타일, 코드 복잡도 및 남은 결함 등을 발견하기 위해 사용된다.

3 테스트 실행 도구(Test Execution Tools)

- 테스트 실행 도구는 **스크립트 언어를 사용하여 테스트를 실행하는 도구**이다.
- 테스트 데이터와 테스트 수행 방법 등이 포함된 스크립트를 작성한 후 실행한다.
- **데이터 주도 접근 방식** : 스프레드시트에 테스트 데이터를 저장하고, 이를 읽어 실행하는 방식
- **키워드 주도 접근 방식** : 스프레드시트에 테스트를 수행할 동작을 나타내는 키워드와 테스트 데이터를 저장하여 실행하는 방식

필기 21.5

4 성능 테스트 도구(Performance Test Tools)

성능 테스트 도구는 애플리케이션의 처리량, 응답 시간, 경과 시간, 자원 사용률 등을 인위적으로 적용한 **가상의 사용자를 만들어 테스트를 수행함으로써 성능의 목표 달성 여부를 확인하는 도구**이다.

5 테스트 통제 도구(Test Control Tools)

- 테스트 통제 도구는 **테스트 계획 및 관리, 테스트 수행, 결함 관리 등을 수행하는 도구**이다.
- 종류 : 형상 관리 도구*, 결함 추적/관리 도구 등

형상 관리 도구
형상 관리 도구는 테스트 수행에 필요한 다양한 도구 및 데이터를 관리하는 도구입니다.

6 테스트 하네스 도구(Test Harness Tools)

- 테스트 하네스 도구는 **테스트가 실행될 환경을 시뮬레이션 하여 컴포넌트 및 모듈이 정상적으로 테스트되도록 하는 도구**이다.
- 테스트 하네스(Test Harness) : 애플리케이션의 컴포넌트 및 모듈을 테스트하는 환경의 일부분으로, 테스트를 지원하기 위해 생성된 코드와 데이터를 의미함

필기 22.3

7 테스트 하네스의 구성 요소

필기 22.3 **테스트 드라이버** (Test Driver)	테스트 대상의 하위 모듈을 호출하고, 파라미터를 전달하고, 모듈 테스트 수행 후의 결과를 도출하는 도구
테스트 스텁 (Test Stub)	제어 모듈이 호출하는 타 모듈의 기능을 단순히 수행하는 도구로, 일시적으로 필요한 조건만을 가지고 있는 테스트용 모듈
테스트 슈트* (Test Suites)	테스트 대상 컴포넌트나 모듈, 시스템에 사용되는 테스트 케이스의 집합
테스트 케이스 (Test Case)	사용자의 요구사항을 정확하게 준수했는지 확인하기 위한 입력값, 실행 조건, 기대 결과 등으로 만들어진 테스트 항목의 명세서
테스트 스크립트 (Test Script)	자동화된 테스트 실행 절차에 대한 명세서
목 오브젝트 (Mock Object)	사전에 사용자의 행위를 조건부로 입력해 두면, 그 상황에 맞는 예정된 행위를 수행하는 객체

테스트 슈트와 테스트 시나리오의 차이
테스트 슈트와 테스트 시나리오는 둘 다 테스트 케이스의 묶음입니다. 테스트 슈트가 여러 개의 테스트 케이스의 단순한 묶음이라면 테스트 시나리오는 테스트 케이스의 동작 순서에 따른 묶음입니다.

8 테스트 수행 단계별 테스트 자동화 도구

테스트 단계	자동화 도구	설명
테스트 계획	요구사항 관리	사용자의 요구사항 정의 및 변경 사항 등을 관리하는 도구
테스트 분석/설계	테스트 케이스 생성	테스트 기법에 따른 테스트 데이터 및 테스트 케이스 작성을 지원하는 도구
테스트 수행	테스트 자동화	테스트의 자동화를 도와주는 도구로 테스트의 효율성을 높임
	정적 분석	코딩 표준, 런타임 오류 등을 검증하는 도구
	동적 분석	대상 시스템의 시뮬레이션을 통해 오류를 검출하는 도구
	성능 테스트	가상의 사용자를 생성하여 시스템의 처리 능력을 측정하는 도구
	모니터링	CPU, Memory 등과 같은 시스템 자원의 상태 확인 및 분석을 지원하는 도구
테스트 관리	커버리지 분석	테스트 완료 후 테스트의 충분성 여부 검증을 지원하는 도구
	형상 관리	테스트 수행에 필요한 다양한 도구 및 데이터를 관리하는 도구
	결함 추적/관리	테스트 시 발생한 결함 추적 및 관리 활동을 지원하는 도구

※ 정답 및 해설은 483쪽에 있습니다.

기출 따라잡기 Section 097

필기 21년 5월

문제 1 애플리케이션의 처리량, 응답 시간, 경과 시간, 자원 사용률에 대해 가상의 사용자를 생성하고 테스트를 수행함으로써 성능 목표를 달성하였는지를 확인하는 테스트 자동화 도구는 무엇인지 쓰시오.

답 :

출제예상

문제 2 **다음에 제시된 내용은 테스트 자동화 도구 중 무엇에 대한 설명인지 쓰시오.**

- 프로그램을 실행하지 않고 분석하는 도구로, 소스 코드에 대한 코딩 표준, 코딩 스타일, 코드 복잡도 및 남은 결함 등을 발견하기 위해 사용된다.
- 테스트를 수행하는 사람이 작성된 소스 코드를 이해하고 있어야만 분석이 가능하다.

답 :

필기 22년 3월

문제 3 **테스트 하네스는 애플리케이션의 컴포넌트 및 모듈을 테스트하는 환경의 일부분으로, 테스트를 지원하기 위해 생성된 코드와 데이터를 의미한다. 테스트 하네스의 구성 요소 중 다음 괄호(①~④)에 들어갈 가장 적합한 요소를 쓰시오.**

- (①) : 테스트 대상의 하위 모듈을 호출하고, 파라미터를 전달하고, 모듈 테스트 수행 후의 결과를 도출하는 도구
- (②) : 제어 모듈이 호출하는 타 모듈의 기능을 단순히 수행하는 도구로, 일시적으로 필요한 조건만을 가지고 있는 테스트용 모듈
- (③) : 자동화된 테스트 실행 절차에 대한 명세서
- (④) : 사전에 사용자의 행위를 조건부로 입력해 두면, 그 상황에 맞는 예정된 행위를 수행하는 객체

답

- ①
- ②
- ③
- ④

SECTION 098

결함 관리

전문가의 조언

결함을 발견하는 것만큼이나 발견된 결함을 체계적으로 관리하는 것도 중요합니다. 테스트에서 발견된 결함을 기록하고 결함의 원인을 분석하여 해결한 후 결함의 재발생을 방지하기 위한 활동 등이 모두 결함 관리에 해당합니다. 결함 관리의 개념을 바탕으로 결함 관리 및 추적 순서 등을 정리해 두세요.

필기 21.8

1 결함(Fault)

- 결함은 오류 발생, 작동 실패 등과 같이 **소프트웨어가 개발자가 설계한 것과 다르게 동작하거나 다른 결과가 발생되는 것**을 의미한다.
- 사용자가 예상한 결과와 실행 결과 간의 차이나 업무 내용과의 불일치 등으로 인해 변경이 필요한 부분도 모두 결함에 해당된다.

2 결함 관리 프로세스

결함 관리 계획	전체 프로세스에 대한 결함 관리 일정, 인력, 업무 프로세스 등을 확보하여 계획을 수립함
↓	
결함 기록	테스터는 발견된 결함을 결함 관리 DB에 등록함
↓	
결함 검토	테스터, 프로그램 리더, 품질 관리(QA) 담당자 등은 등록된 결함을 검토하고 결함을 수정할 개발자에게 전달함
↓	
결함 수정	개발자는 전달받은 결함을 수정함
↓	
결함 재확인	테스터는 개발자가 수정한 내용을 확인하고 다시 테스트를 수행함
↓	
결함 상태 추적 및 모니터링 활동	결함 관리 DB를 이용하여 프로젝트별 결함 유형, 발생률 등을 한눈에 볼 수 있는 대시보드* 또는 게시판 형태의 서비스를 제공함
↓	
최종 결함 분석 및 보고서 작성	발견된 결함에 대한 정보와 이해관계자들의 의견이 반영된 보고서를 작성하고 결함 관리를 종료함

대시보드
대시보드는 다양한 데이터를 쉽게 모니터링 할 수 있도록 만든 일종의 상황판을 말합니다.

3 결함 상태 추적

- 테스트에서 발견된 결함은 지속적으로 상태 변화를 추적하고 관리해야 한다.
- 발견된 결함에 대해 결함 관리 측정 지표의 속성 값들을 분석하여 향후 결함이 발견될 모듈 또는 컴포넌트를 추정할 수 있다.
- 결함 관리 측정 지표

결함 분포	모듈 또는 컴포넌트의 특정 속성에 해당하는 결함 수 측정
결함 추세	테스트 진행 시간에 따른 결함 수의 추이 분석
결함 에이징	특정 결함 상태로 지속되는 시간 측정

4 결함 추적 순서

결함 등록(Open)	테스터와 품질 관리(QA) 담당자에 의해 발견된 결함이 등록된 상태
↓	
결함 검토(Reviewed)	등록된 결함이 테스터, 품질 관리(QA) 담당자, 프로그램 리더, 담당 모듈 개발자에 의해 검토된 상태
↓	
결함 할당(Assigned)	결함을 수정하기 위해 개발자와 문제 해결 담당자에게 결함이 할당된 상태
↓	
결함 수정(Resolved)	개발자가 결함 수정을 완료한 상태
↓	
결함 조치 보류(Deferred)	결함의 수정이 불가능해 연기된 상태로, 우선순위, 일정 등에 따라 재오픈을 준비중인 상태
↓	
결함 종료(Closed)	결함이 해결되어 테스터와 품질 관리(QA) 담당자가 종료를 승인한 상태
↓	
결함 해제(Clarified)	테스터, 프로그램 리더, 품질 관리(QA) 담당자가 종료 승인한 결함을 검토하여 결함이 아니라고 판명한 상태

5 결함 분류

시스템 결함	애플리케이션 환경이나 데이터베이스 처리에서 발생된 결함
기능 결함	애플리케이션의 기획, 설계, 업무 시나리오 등의 단계에서 유입된 결함
GUI 결함	사용자 화면 설계에서 발생된 결함
문서 결함	기획자, 사용자, 개발자 간의 의사소통 및 기록이 원활하지 않아 발생된 결함

6 결함 심각도

- 결함 심각도는 **애플리케이션에 발생한 결함이 전체 시스템에 미치는 치명도를 나타내는 척도**이다.
- High, Medium, Low 또는 치명적(Critical), 주요(Major), 보통(Normal), 경미(Minor), 단순(Simple) 등으로 분류된다.

7 결함 우선순위

- 결함 우선순위는 발견된 결함 처리에 신속성을 나타내는 척도이다.
- 결함의 중요도와 심각도에 따라 설정되고 수정 여부가 결정된다
- 결정적(Critical), 높음(High), 보통(Medium), 낮음(Low) 또는 즉시 해결, 주의 요망, 대기, 개선 권고 등으로 분류된다.

8 결함 관리 도구

Mantis	결함 및 이슈 관리 도구로, 소프트웨어 설계 시 단위별 작업 내용을 기록할 수 있어 결함 추적도 가능한 도구
Trac	결함 추적은 물론 결함을 통합하여 관리할 수 있는 도구
Redmine	프로젝트 관리 및 결함 추적이 가능한 도구
Bugzilla	• 결함 신고, 확인, 처리 등 결함을 지속적으로 관리할 수 있는 도구 • 결함의 심각도와 우선순위를 지정할 수도 있음

※ 정답 및 해설은 484쪽에 있습니다.

기출 따라잡기 Section 098

필기 21년 8월

문제 1 다음 괄호에 들어갈 가장 적합한 용어를 쓰시오.

(　　　)은 오류 발생, 작동 실패 등과 같이 소프트웨어가 개발자의 설계와 다르게 동작하거나 다른 결과가 발생되는 것을 의미한다. 사용자가 예상한 결과와 실행 결과 간의 차이나 업무 내용과의 불일치 등으로 인해 변경이 필요한 부분도 모두 (　　　)에 해당된다.

답 :

출제예상

문제 2 다음은 애플리케이션 테스트에서 발견된 결함을 처리하는 결함 관리 프로세스의 단계들이다. 기호(ⓐ~ⓖ)를 이용하여 처리 순서대로 나열하시오.

ⓐ 결함 관리 계획　　ⓑ 결함 검토
ⓒ 결함 재확인　　ⓓ 결함 수정
ⓔ 결함 기록　　ⓕ 결함 상태 추적 및 모니터링 활동
ⓖ 최종 결함 분석 및 보고서 작성

답 :

출제예상

문제 3 테스트를 완료한 후에는 발견된 결함에 대한 결함 관리 측정 지표의 속성 값들을 분석하고 향후 어떤 결함이 발생할지를 추정해야 한다. 결함 관리 측정 지표 3가지가 무엇인지 쓰시오.

답

•

•

•

SECTION 099

애플리케이션 성능 분석

전문가의 조언

애플리케이션 성능 분석 도구로 애플리케이션의 성능을 분석하면 성능 저하 요인을 찾고 이를 해결할 수 있습니다. 애플리케이션 성능의 측정 지표 및 분석 도구들의 기능을 알아두세요.

1 애플리케이션 성능

20.5

- 애플리케이션 성능이란 **최소한의 자원을 사용하여 최대한 많은 기능을 신속하게 처리하는 정도**를 나타낸다.
- 애플리케이션 성능 측정 지표

20.5 **처리량(Throughput)**	일정 시간 내에 애플리케이션이 처리하는 일의 양
20.5 **응답 시간(Response Time)**	애플리케이션에 요청을 전달한 시간부터 응답이 도착할 때까지 걸린 시간
20.5 **경과 시간(Turn Around Time)**	애플리케이션에 작업을 의뢰한 시간부터 처리가 완료될 때까지 걸린 시간
20.5 **자원 사용률(Resource Usage)**	애플리케이션이 의뢰한 작업을 처리하는 동안의 CPU 사용량, 메모리 사용량, 네트워크 사용량 등 자원 사용률

2 성능 테스트 도구

- 성능 테스트 도구는 애플리케이션의 성능을 테스트하기 위해 애플리케이션에 **부하*나 스트레스*를 가하면서 애플리케이션의 성능 측정 지표를 점검하는 도구**이다.
- 종류

도구명	도구 설명	지원 환경
JMeter	HTTP, FTP 등 다양한 프로토콜을 지원하는 부하 테스트 도구	Cross-Platform
LoadUI	• 서버 모니터링, Drag&Drop 등 사용자의 편리성이 강화된 부하 테스트 도구 • HTTP, JDBC 등 다양한 프로토콜 지원	Cross-Platform
OpenSTA	HTTP, HTTPS 프로토콜에 대한 부하 테스트 및 생산품 모니터링 도구	Windows

- **부하(Load) 테스트** : 애플리케이션에 일정 시간 동안 부하를 가하면서 반응을 측정하는 테스트
- **스트레스(Stress) 테스트** : 부하 테스트를 확장한 테스트로, 애플리케이션이 과부하 상태에서 어떻게 작동하는지 테스트

3 시스템 모니터링(Monitoring) 도구

- 시스템 모니터링 도구는 **애플리케이션이 실행되었을 때 시스템 자원의 사용량을 확인하고 분석하는 도구**이다.
- 종류

도구명	도구 설명	지원 환경
Scouter	• 단일 뷰 통합/실시간 모니터링, 튜닝에 최적화된 인프라 통합 모니터링 도구 • 애플리케이션의 성능을 모니터링/통제하는 도구	Cross-Platform
Zabbix	웹기반 서버, 서비스, 애플리케이션 등의 모니터링 도구	Cross-Platform

※ 정답 및 해설은 484쪽에 있습니다.

기출 따라잡기 Section 099

20년 5월

문제 1 애플리케이션 성능이란 최소한의 자원을 사용하여 최대한 많은 기능을 신속하게 처리하는 정도를 나타낸다. 애플리케이션 성능 측정의 지표에 대한 다음 설명에서 괄호(①~③)에 들어갈 알맞은 용어를 쓰시오.

(①)	일정 시간 내에 애플리케이션이 처리하는 일의 양
(②)	애플리케이션에 요청을 전달한 시간부터 응답이 도착할 때까지 걸린 시간
(③)	애플리케이션에 작업을 의뢰한 시간부터 처리가 완료될 때까지 걸린 시간
자원 활용률	애플리케이션이 의뢰한 작업을 처리하는 동안의 CPU, 메모리, 네트워크 등의 자원 사용률

답

- ①
- ②
- ③

출제예상

문제 2 다음 괄호(①, ②)에 들어갈 가장 적합한 용어를 쓰시오.

> 애플리케이션의 성능 분석 도구는 (①) 도구와 (②) 도구로 분류된다. (①) 도구는 애플리케이션에 부하나 스트레스를 가하면서 애플리케이션의 성능 측정 지표를 점검하는 도구로 종류에는 JMeter, LoadUI, OpenSTA 등이 있다. (②) 도구는 애플리케이션이 실행되었을 때 시스템 자원의 사용량을 확인하고 분석하는 도구로 종류에는 Scouter, Zabbix 등이 있다.

답

- ①
- ②

SECTION 100

복잡도

1411600 

1 복잡도(Complexity)

전문가의 조언

시간 복잡의 개념을 중심으로 시간 복잡도 표현을 위한 점근 표기법의 종류, 빅오 표기법으로 표현한 시간 복잡도들의 개별적인 의미를 알아두세요.

- 복잡도는 시스템이나 시스템 구성 요소 또는 소프트웨어의 복잡한 정도를 나타내는 말이다.
- 시스템 또는 소프트웨어를 어느 정도의 수준까지 테스트해야 하는지 또는 개발하는 데 어느 정도의 자원이 소요되는지 예측하는 데 사용된다.

2 시간 복잡도*

시간 복잡도

시간 복잡도는 알고리즘의 실행시간이 하드웨어적 성능이나 프로그래밍 언어의 종류에 따라 달라지기 때문에 시간이 아닌 명령어의 실행 횟수를 표기하는데, 이러한 표기법을 점근 표기법이라고 합니다.

- 시간 복잡도는 **알고리즘을 수행하기 위해 프로세스가 수행하는 연산 횟수를 수치화한 것**을 의미한다.
- 시간 복잡도가 낮을수록 알고리즘의 실행시간이 짧고, 높을수록 실행시간이 길어진다.
- 점근 표기법의 종류

빅오 표기법 (Big-O Notation)	• 알고리즘의 실행시간이 최악일 때를 표기하는 방법 • 입력값에 대해 알고리즘을 수행했을 때 명령어의 실행 횟수는 어떠한 경우에도 표기 수치보다 많을 수 없음
세타 표기법 (Big-θ Notation)	• 알고리즘의 실행시간이 평균일 때를 표기하는 방법 • 입력값에 대해 알고리즘을 수행했을 때 명령어 실행 횟수의 평균적인 수치를 표기함
오메가 표기법 (Big-Ω Notation)	• 알고리즘의 실행시간이 최상일 때를 표기하는 방법 • 입력값에 대해 알고리즘을 수행했을 때 명령어의 실행 횟수는 어떠한 경우에도 표기 수치보다 적을 수 없음

필기 24.7, 23.7, 22.7, 20.6

3 빅오 표기법으로 표현한 최악의 알고리즘 시간 복잡도

필기 23.7, 22.7, 20.6 O(1)	입력값(n)에 관계 없이 일정하게 문제 해결에 하나의 단계만을 거침 예 스택의 삽입(Push), 삭제(Pop)
$O(\log_2 n)$	문제 해결에 필요한 단계가 입력값(n) 또는 조건에 의해 감소함 예 이진 트리(Binary Tree), 이진 검색(Binary Search)

O(n)	문제 해결에 필요한 단계가 입력값(n)과 1:1의 관계를 가짐 예 for문
필기 24.7, 23.7, 20.6 $O(nlog_2n)$	문제 해결에 필요한 단계가 $n(log_2n)$번만큼 수행됨 예 힙 정렬(Heap Sort), 2-Way 합병 정렬(Merge Sort)
$O(n^2)$	문제 해결에 필요한 단계가 입력값(n)의 제곱만큼 수행됨 예 삽입 정렬(Insertion Sort), 쉘 정렬(Shell Sort), 선택 정렬(Selection Sort), 버블 정렬(Bubble Sort), 퀵 정렬(Quick Sort)
$O(2^n)$	문제 해결에 필요한 단계가 2의 입력값(n) 제곱만큼 수행됨 예 피보나치 수열(Fibonacci Sequence)

순환 복잡도의 개념과 제어 흐름도에서 순환 복잡도를 계산하는 방법을 알아두세요.

필기 24.7, 24.5, 23.2, 20.8

4 순환 복잡도(Cyclomatic Complexity)

- 순환 복잡도는 한 프로그램의 **논리적인 복잡도를 측정하기 위한 소프트웨어의 척도**이다.
- 맥케이브 순환도(McCabe's Cyclomatic) 또는 맥케이브 복잡도 메트릭(McCabe's Complexity Metrics)라고도 한다.
- 제어 흐름도 이론에 기초를 둔다.
- 제어 흐름도 G에서 순환 복잡도 V(G)는 다음과 같은 방법으로 계산할 수 있다.

  방법 1 순환 복잡도는 제어 흐름도의 영역 수와 일치하므로 영역 수를 계산한다.

  방법 2 V(G) = E − N + 2 : E는 화살표 수, N은 노드의 수

예제 제어 흐름도가 다음과 같을 때 순환 복잡도(Cyclomatic Complexity)를 계산하시오.

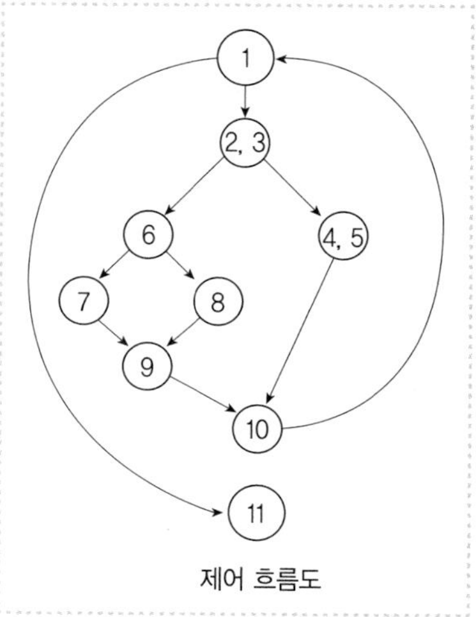

제어 흐름도

해설 순환 복잡도는 다음 두 가지 방법으로 구할 수 있습니다.

방법 1 제어 흐름도에서 화살표로 구분되는 각 영역의 개수를 구하면 4입니다.

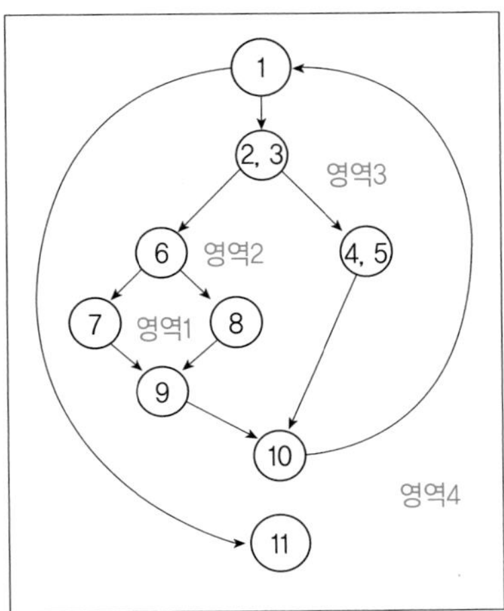

방법 2 순환 복잡도 = 화살표의 수 − 노드의 수 + 2 이므로 11 − 9 + 2 = 4입니다.

※ 정답 및 해설은 484쪽에 있습니다.

기출 따라잡기 Section 100

필기 23년 7월, 22년 7월, 20년 6월

문제 1 빅오 표기법(Big-O Notation)에서 알고리즘의 수행시간이 입력 데이터 수와 관계 없이 일정하다는 것을 의미하는 알고리즘 시간 복잡도를 쓰시오.

답 :

필기 24년 7월, 23년 7월, 20년 6월

문제 2 정렬된 N개의 데이터를 처리하는데 $O(Nlog_2N)$의 시간이 소요되는 정렬 알고리즘 두 가지를 쓰시오.

답 :

필기 24년 7월, 5월, 23년 2월, 20년 8월

문제 3 제어 흐름 그래프가 다음과 같을 때 McCabe의 cyclomatic 수가 얼마인지 쓰시오.

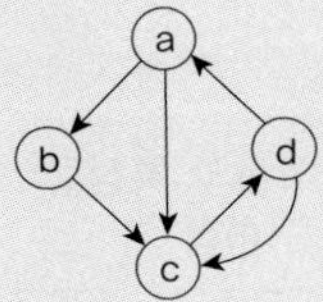

답 :

SECTION 101

애플리케이션 성능 개선

전문가의 조언

애플리케이션의 성능을 개선하려면 소스 코드 최적화를 수행하여 나쁜 코드를 클린 코드로 수정하고, 소스 코드 품질 분석 도구를 이용하여 소스 코드의 스타일이나 코딩 표준 등을 분석해야 합니다. 외계인 코드와 스파게티 코드의 개념을 숙지하세요.

필기 24.7, 24.5, 22.3, 21.5, 20.6

1 소스 코드 최적화

- 소스 코드 최적화는 **나쁜 코드(Bad Code)를 배제하고, 클린 코드(Clean Code)로 작성하는 것**이다.
- 클린 코드(Clean Code) : 누구나 쉽게 이해하고 수정 및 추가할 수 있는 단순, 명료한 코드, 즉 잘 작성된 코드
- 나쁜 코드(Bad Code)
  - 프로그램의 로직(Logic)이 복잡하고 이해하기 어려운 코드
  - 대표적인 나쁜 코드
    - ▶ 스파게티 코드 : 코드의 로직이 서로 복잡하게 얽혀 있는 코드
    - ▶ 외계인 코드 : 아주 오래되거나 참고문서 또는 개발자가 없어 유지보수 작업이 어려운 코드
- 나쁜 코드로 작성된 애플리케이션의 코드를 클린 코드로 수정하면 애플리케이션의 성능이 개선된다.

전문가의 조언

클린 코드 작성 원칙 5가지를 기억하세요. 그리고 각각의 원칙은 어떤 원칙을 말하는지 알아낼 수 있을 정도로만 학습하면 됩니다.

필기 24.2, 22.7, 22.3, 20.8

2 클린 코드 작성 원칙

필기 24.2, 22.7, 22.3 **가독성**	• 누구든지 코드를 쉽게 읽을 수 있도록 작성함 • 코드 작성 시 이해하기 쉬운 용어를 사용하거나 들여쓰기 기능 등을 사용함
필기 24.2, 22.7, 20.9, 20.8 **단순성**	• 코드를 간단하게 작성함 • 한 번에 한 가지를 처리하도록 코드를 작성하고 클래스/메소드/함수 등을 최소 단위로 분리함
필기 24.2, 22.7, 22.3, 20.8 **의존성 배제**	• 코드가 다른 모듈에 미치는 영향을 최소화함 • 코드 변경 시 다른 부분에 영향이 없도록 작성함
필기 24.2, 22.7, 22.3, 20.8 **중복성 최소화**	• 코드의 중복을 최소화함 • 중복된 코드는 삭제하고 공통된 코드를 사용함
필기 22.3 **추상화**	상위 클래스/메소드/함수에서는 간략하게 애플리케이션의 특성을 나타내고, 상세 내용은 하위 클래스/메소드/함수에서 구현함

3 소스 코드 최적화 유형

- 클래스 분할 배치 : 하나의 클래스는 하나의 역할만 수행하도록 응집도*를 높이고, 크기를 작게 작성함
- 느슨한 결합(Loosely Coupled) : 인터페이스 클래스를 이용하여 추상화*된 자료 구조와 메소드를 구현함으로써 클래스 간의 의존성을 최소화함

22.5, 필기 23.7, 21.8, 20.9, 20.6

4 소스 코드 품질 분석 도구

- 소스 코드 품질 분석 도구는 소스 코드의 코딩 스타일, 코드에 설정된 코딩 표준, 코드의 복잡도, 코드에 존재하는 메모리 누수 현상, 스레드 결함 등을 발견하기 위해 사용하는 분석 도구이다.
- 정적 분석 도구와 동적 분석 도구로 나뉜다.

22.5, 필기 23.7, 21.8, 20.9, 20.6 **정적 분석 도구** (Static Analysis)	• 작성한 소스 코드를 실행하지 않고 코딩 표준이나 코딩 스타일, 결함 등을 확인하는 코드 분석 도구 • 종류 : pmd, cppcheck, SonarQube, checkstyle, ccm, cobertura 등
22.5 **동적 분석 도구** (Dynamic Analysis)	• 작성한 소스 코드를 실행하여 코드에 존재하는 메모리 누수, 스레드 결함 등을 분석하는 도구 • 종류 : Avalanche, Valgrind 등

5 소스 코드 품질 분석 도구의 종류

도구	설명	지원 환경
pmd	소스 코드에 대한 미사용 변수, 최적화되지 않은 코드 등 결함을 유발할 수 있는 코드를 검사함	Linux, Windows
cppcheck	C/C++ 코드에 대한 메모리 누수, 오버플로우 등 분석	Windows
SonarQube	중복 코드, 복잡도, 코딩 설계 등을 분석하는 소스 분석 통합 플랫폼	Cross-Platform
checkstyle	• 자바 코드에 대해 소스 코드 표준을 따르고 있는지 검사함 • 다양한 개발 도구에 통합하여 사용 가능함	Cross-Platform
ccm	다양한 언어의 코드 복잡도를 분석함	Cross-Platform
cobertura	자바 언어의 소스 코드 복잡도 분석 및 테스트 커버리지를 측정함	Cross-Platform

응집도(Cohesion)
응집도는 명령어나 호출문 등 모듈의 내부 요소들이 서로 관련되어 있는 정도, 즉 모듈이 독립적인 기능으로 정의되어 있는 정도를 의미합니다.

추상화(Abstraction)
추상화는 불필요한 부분을 생략하고 객체의 속성 중 가장 중요한 것에만 중점을 두어 개략화하는 것, 즉 모델화하는 것입니다.

Avalanche	• Valgrind 프레임워크 및 STP 기반으로 구현됨 • 프로그램에 대한 결함 및 취약점 등을 분석함	Linux, Android
Valgrind	프로그램 내에 존재하는 메모리 및 쓰레드 결함 등을 분석함	Cross-Platform

※ 정답 및 해설은 484쪽에 있습니다.

기출 따라잡기 Section 101

22년 5월

문제 1 **소스 코드 품질 분석 도구에 대한 다음 설명에서 괄호(①, ②)에 해당하는 용어를 〈보기〉에서 찾아 쓰시오.**

> 소스 코드 품질 분석 도구는 소스 코드의 코딩 스타일, 코드에 설정된 코딩 표준, 코드의 복잡도, 코드에 존재하는 메모리 누수 현상, 스레드 결함 등을 발견하기 위해 사용하는 분석 도구이다.
> - (①) 도구는 작성한 소스 코드를 실행하지 않고 코딩 표준이나 코딩 스타일, 결함 등을 확인하는 코드 분석 도구이다.
> - (②) 도구는 소스 코드를 직접 실행하여 프로그램의 동작이나 반응을 추적하고 보고하는 분석 도구로, 프로그램 모니터링 기능이나 스냅샷 생성 기능들을 포함하고 있다.

〈보기〉

• Static Analysis	• Running Analysis	• Test Execution
• Performance	• Dynamic Analysis	• Test Control
• Test Harness	• Test Monitoring	

답

- ①
- ②

필기 24년 5월, 22년 3월, 20년 6월

문제 2 **아주 오래되거나 참고문서 또는 개발자가 없어 유지보수 작업이 아주 어려운 프로그램을 의미하는 용어를 쓰시오.**

답 :

예상문제 은행

문제 1 다음 괄호(①, ②)에 들어갈 가장 적합한 용어를 쓰시오.

> 애플리케이션 테스트는 애플리케이션에 잠재되어 있는 결함을 찾아내는 일련의 행위 또는 절차로, 개발된 소프트웨어가 고객의 요구사항을 만족시키는지 (①)하고 소프트웨어가 기능을 정확히 수행하는지 (②)해야 한다. (①)은 개발된 소프트웨어가 사용자의 입장에서 고객의 요구사항에 맞게 구현되었는지, (②)은 개발된 소프트웨어가 개발자의 입장에서 명세서에 맞게 만들어졌는지를 보는 것이다.

답

- ①
- ②

문제 2 다음은 애플리케이션 테스트의 기본 원리를 설명한 것이다. 서로 관련 있는 것끼리 연결하시오.

① 살충제 패러독스 •	• ⓐ 소프트웨어의 결함을 모두 제거해도 사용자의 요구사항을 만족시키지 못하면 해당 소프트웨어는 품질이 높다고 말할 수 없다.
② 파레토 법칙 •	• ⓑ 동일한 테스트 케이스로 동일한 테스트를 반복하면 더 이상 결함이 발견되지 않으므로 테스트 케이스를 지속적으로 개선해야 한다.
③ 오류-부재의 궤변 •	• ⓒ 애플리케이션의 20%에 해당하는 코드에서 전체 80%의 결함이 발견된다.

예상문제 은행

문제 3 **다음 각각의 설명에 해당하는 애플리케이션 테스트의 종류를 쓰시오.**

① 시스템에 여러 가지 결함을 주어 실패하도록 한 후 올바르게 복구되는지를 확인하는 테스트

답 :

② 시스템에 과도한 정보량이나 빈도 등을 부과하여 과부하 시에도 소프트웨어가 정상적으로 실행되는지를 확인하는 테스트

답 :

③ 소프트웨어의 변경 또는 수정된 코드에 새로운 결함이 없음을 확인하는 테스트

답 :

④ 변경된 소프트웨어와 기존 소프트웨어에 동일한 데이터를 입력하여 결과를 비교하는 테스트

답 :

문제 4 **개발 단계에 따른 애플리케이션 테스트에 대한 다음 V-모델에서 괄호(①~④)에 들어갈 알맞은 테스트를 쓰시오.**

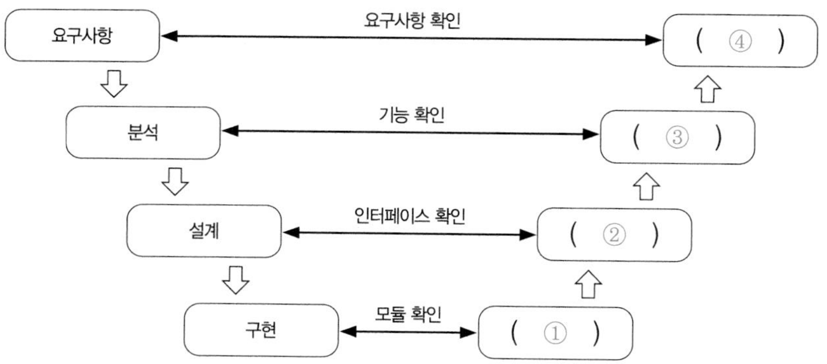

답

- ①
- ②
- ③
- ④

문제 5 소프트웨어 테스트에 사용되는 방식으로, 모듈의 논리적 구조를 체계적으로 점검하는 구조 테스트이며, 유형에는 기초 경로 검사, 조건 검사, 데이터 흐름 검사, 루프 검사 등이 있는 테스트 방식을 쓰시오.

답 :

문제 6 알파 테스트, 베타 테스트와 가장 밀접한 연관이 있는 테스트로, 개발한 소프트웨어가 사용자의 요구사항을 충족하는지에 중점을 두고 테스트하는 기법을 쓰시오.

답 :

문제 7 다음은 상향식 통합 방식의 수행 단계이다. 괄호(①, ②)에 들어갈 가장 적합한 용어를 쓰시오.

> ㉠ 최하위 레벨의 모듈 또는 컴포넌트들이 하위 모듈의 기능을 수행하는 (①)로 결합된다.
> ㉡ 상위의 모듈에서 데이터의 입력과 출력을 확인하기 위한 더미 모듈인 (②)를 작성한다.
> ㉢ 각 통합된 (①) 단위로 테스트한다.
> ㉣ 테스트가 완료되면 각 (①)는 프로그램의 위쪽으로 결합되고, (②)는 실제 모듈 또는 컴포넌트로 대체된다.

답

- ①
- ②

문제 8 다음 〈보기〉에 제시된 상향식 통합 테스트(Bottom Up Integration Test)의 단계들을 순서대로 나열하시오.

〈보기〉

㉠ 드라이버라는 제어 프로그램의 작성
㉡ 낮은 수준의 모듈들을 클러스터로 결합
㉢ 클러스터의 검사
㉣ 드라이버를 제거하고 클러스터를 상위로 결합

답 :

문제 9 테스트 자동화 도구 중 다음 괄호에 공통으로 들어갈 도구를 쓰시오.

(　　　)는 애플리케이션의 컴포넌트 및 모듈을 테스트하는 환경의 일부분으로, 테스트를 지원하기 위해 생성된 코드와 데이터를 의미하고, (　　　) 도구는 테스트가 실행될 환경을 시뮬레이션 하여 컴포넌트 및 모듈이 정상적으로 테스트되도록 한다.

답 :

문제 10 다음은 결함 관리 측정 지표들에 대한 설명이다. 괄호(①~③)에 들어갈 적합한 지표를 쓰시오.

(①)	모듈 또는 컴포넌트의 특정 속성에 해당하는 결함 수 측정
(②)	테스트 진행 시간에 따른 결함 수의 추이 분석
(③)	특정 결함 상태로 지속되는 시간 측정

답

- ①
- ②
- ③

문제 11 애플리케이션 성능이란 사용자가 요구한 기능에 대해 최소한의 자원을 사용하여 최대한 많은 기능을 신속하게 처리하는 정도를 나타낸다. 애플리케이션의 성능을 측정하기 위한 지표 4가지를 쓰시오.

답 :

문제 12 소프트웨어 인터페이스에서 실시되는 기능 테스트로, 소프트웨어의 기능이 의도대로 작동하고 있는지 테스트 하는 기법을 쓰시오.

답 :

문제 13 다음은 테스트 결과가 올바른지 판단하기 위해 사전에 정의된 참 값을 대입하여 비교하는 기법인 테스트 오라클의 종류에 대한 설명이다. 괄호(①, ②)에 들어갈 알맞은 종류를 쓰시오.

추정 오라클	특정 테스트 케이스의 입력 값에 대해 기대하는 결과를 제공하고, 나머지 입력 값들에 대해서는 추정으로 처리하는 오라클이다.
(①)	모든 테스트 케이스의 입력 값에 대해 기대하는 결과를 제공하는 오라클로, 발생된 모든 오류를 검출할 수 있다.
일관성 검사 오라클	애플리케이션의 변경이 있을 때, 테스트 케이스의 수행 전과 후의 결과 값이 동일한지를 확인하는 오라클이다.
(②)	특정한 몇몇 테스트 케이스의 입력 값들에 대해서만 기대하는 결과를 제공하는 오라클이다.

답

- ①
- ②

문제 14 **다음은 화이트박스 테스트 기법의 각 종류에 따라 테스트 케이스를 작성한 예이다. 괄호(①~⑩)에 들어갈 내용을 쓰시오.**

화이트박스 테스트 기법 중 (①) 검증 기준, (②) 검증 기준, (③) 검증 기준을 이용하여 다음 순서도에 대한 테스트 케이스를 작성하려고 한다.

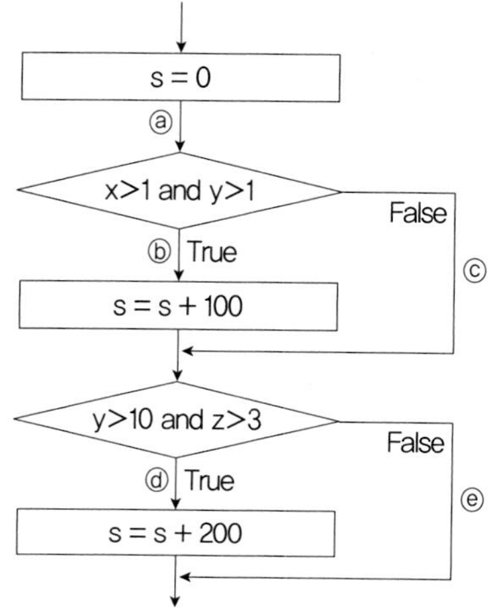

• (①) 검증 기준은 소스 코드의 모든 구문이 한 번 이상 수행되도록 테스트 케이스를 설계하는 기법이다.

테스트 케이스		
테스트 데이터	경로	출력값(s)
x = 2, y = 20, z = 4	ⓐ – ⓑ – ⓓ	(④)

• (②) 검증 기준은 소스 코드의 모든 조건문이 한 번 이상 수행되도록 테스트 케이스를 설계하는 기법이다.

테스트 케이스		
테스트 데이터	경로	출력값(s)
x = 3, y = 2, z = 2	(⑤)	(⑥)
x = 0, y = 11, z = 5	(⑦)	(⑧)

• (③) 검증 기준은 소스 코드의 모든 조건문에 대해 조건이 True인 경우와 False인 경우가 한 번 이상 수행되도록 테스트 케이스를 설계하는 기법이다.

테스트 케이스					
테스트 데이터	x > 1	y > 1	y > 10	z > 3	출력값(s)
x = 2, y = 11, z = 5	T	T	T	T	(⑨)
x = 1, y = 0, z = 2	F	F	F	F	(⑩)

답

• ①

• ②

• ③

• ④

• ⑤

• ⑥

• ⑦

• ⑧

• ⑨

• ⑩

문제 15 다음은 ITQ 시험 점수에 따라 등급을 출력하는 프로그램이다. 괄호(①~⑨)에 들어갈 내용을 쓰시오.

(①) 기법은 아래 'ITQ 시험 등급'과 같이 각 영역에 해당하는 입력 값을 넣고 예상되는 결과 값과 실제 결과 값이 같은지 확인하는 기법이다.

ITQ 시험 등급

점수	등급
400~500	A
300~399	B
200~299	C
0~199	불합격

ITQ 시험 등급에 따라 (①) 기법의 테스트 케이스를 작성하면 다음과 같다.

테스트 케이스	1	2	3	4
점수 범위	0 ~ 199	200 ~ 299	300 ~ 399	400 ~ 500
입력 값	100	280	301	459
예상 결과 값	불합격	C	B	A
실제 결과 값	(②)	(③)	(④)	(⑤)

(⑥) 기법은 입력 자료에만 치중한 (①) 기법을 보완하기 위한 기법으로, 입력 조건의 중간값보다 경계값에서 오류가 발생될 확률이 높다는 점을 이용하여 입력 조건의 경계값을 테스트 케이스로 선정하여 검사하는 기법이다.

ITQ 시험 등급에 따라 (⑥) 기법의 테스트 케이스를 작성하면 다음과 같다.

테스트 케이스	1	2	3	4	5	6	7	8	9	10	11	12	13	14	15
입력 값	-1	0	1	199	200	201	299	300	301	399	400	401	(⑦)	500	501
예상 결과 값	오류	불합격	불합격	불합격	C	C	C	B	B	B	A	A	(⑧)	A	오류
실제 결과 값	오류	불합격	불합격	불합격	C	C	C	B	B	B	A	A	(⑨)	A	오류

답

- ①
- ②
- ③
- ④
- ⑤
- ⑥
- ⑦
- ⑧
- ⑨

정답 해설
정답 및 해설은 487쪽에 있습니다.

문제 16 **애플리케이션 테스트에 관한 다음 설명에서 괄호(①, ②)에 들어갈 알맞은 용어를 쓰시오.**

- 하향식 통합 테스트는 프로그램의 상위 모듈에서 하위 모듈 방향으로 통합하면서 테스트하는 기법이다. 깊이 우선 통합법이나 넓이 우선 통합법을 사용하며, 주요 제어 모듈의 종속 모듈들을 (①)으로 대체한다는 특징이 있다.
- 상향식 통합 테스트는 프로그램의 하위 모듈에서 상위 모듈 방향으로 통합하면서 테스트하는 기법이다. 하위 모듈들을 클러스터(Cluster)로 결합하며, 상위 모듈에서 데이터의 입 · 출력을 확인하기 위해 더미 모듈인 (②)를 작성한다는 특징이 있다.

답

- ①
- ②

문제 17 **빅오 표기법은 알고리즘의 실행시간이 최악일 때를 표기하는 방법으로, 일반적인 알고리즘에 대한 최악의 시간 복잡도를 빅오 표기법으로 표현하면 다음과 같다. 괄호(①~③)에 들어갈 알맞은 표기법을 쓰시오.**

(①)	입력값(n)에 관계 없이 일정하게 문제 해결에 하나의 단계만을 거친다.
$O(\log_2 n)$	문제 해결에 필요한 단계가 입력값(n) 또는 조건에 의해 감소한다.
(②)	문제 해결에 필요한 단계가 입력값(n)과 1:1의 관계를 가진다.
$O(n\log_2 n)$	문제 해결에 필요한 단계가 $n(\log_2 n)$번만큼 수행된다.
(③)	문제 해결에 필요한 단계가 입력값(n)의 제곱만큼 수행된다.
$O(2^n)$	문제 해결에 필요한 단계가 2의 입력값(n) 제곱만큼 수행된다.

답

- ①
- ②
- ③

정답 및 해설은 487쪽에 있습니다.

문제 18 화이트박스 테스트의 검증 기준에 대한 다음 설명에 해당하는 용어를 〈보기〉에서 찾아 쓰시오.

> 테스트 케이스를 소스 코드의 조건문에 포함된 개별 조건식의 결과가 True인 경우와 False인 경우가 한 번 이상 수행되도록 설계한다.

〈보기〉

- 문장 커버리지
- 분기 커버리지
- 조건 커버리지
- 분기/조건 커버리지

답 :

문제 19 테스트 기법 중 다음과 같이 '평가 점수표'를 미리 정해 놓은 후 각 영역의 경계에 해당하는 입력값을 넣고, 예상되는 출력값이 나오는지 실제 값과 비교하는 명세 기반 테스트 기법을 〈보기〉에서 찾아 쓰시오.

〈평가 점수표〉

평가점수	성적등급
90~100	A
80~89	B
70~79	C
0~69	D

〈케이스〉

테스트 케이스	1	2	3	4	5	6	7	8	9	10
입력값	−1	0	69	70	79	80	89	90	100	101
예상 결과값	오류	D	D	C	C	B	B	A	A	오류
실제 결과값	오류	D	D	C	C	B	B	A	A	오류

〈보기〉

- Equivalence Partition
- Boundary Value Analysis
- Condition Test
- Cause–Effect Graph
- Error Guess
- Comparison Test
- Base Path Test
- Loop Test
- Data Flow Test

답 :

7장 애플리케이션 테스트 관리 정답

[답안 작성 방법 안내]
'운영체제(OS; Operation System)'처럼 한글과 영문으로 제시되어 있는 경우 '운영체제', 'OS', 'Operation System' 중 1가지만 쓰면 됩니다.

Section 091

[문제 1]
살충제 패러독스는 동일한 테스트 케이스로 동일한 테스트를 반복하면 더 이상 결함이 발견되지 않는 현상을 의미한다.

[문제2]
파레토 법칙(Pareto Principle)

[문제 3]
오류-부재의 궤변(Absence of Errors Fallacy)

Section 092

[문제 1]
정적 테스트

[문제 2]
확인(Validation) 테스트는 사용자의 시각에서 생산된 제품의 결과를 테스트하는 것이다.

[문제 3]
강도 테스트(Stress Test)

[문제 4]
성능 테스트(Performance Test)

[문제 5]
검증 테스트(Verification Test)

Section 093

[문제 1]
블랙박스 테스트(Black Box Test)

[문제 2]
Equivalence Partition

[문제 3]
① 문장 검증 기준 ② 결정 검증 기준 ③ 조건 검증 기준 ④ 변경 조건/결정 검증 기준

[문제 4]
① 경계값 분석(Boundary Value Analysis)
② 동치 분할 검사(Equivalence Partitioning Testing)

[문제 5]

Cause Effect Graph

[문제 6]

ⓒ, ⓓ, ⓗ

[문제 7]

① → ② → ③ → ④ → ⑤ → ⑥ → ⑦

① → ② → ④ → ⑤ → ⑥ → ①

또는

① → ② → ③ → ④ → ⑤ → ⑥ → ①

① → ② → ④ → ⑤ → ⑥ → ⑦

해설

- 화이트박스 테스트의 검증 기준(Coverage) 중 분기 검증 기준(Branch Coverage)은 소스 코드의 모든 조건문이 한 번 이상 수행되도록 테스트 케이스를 설계하는 방법입니다.

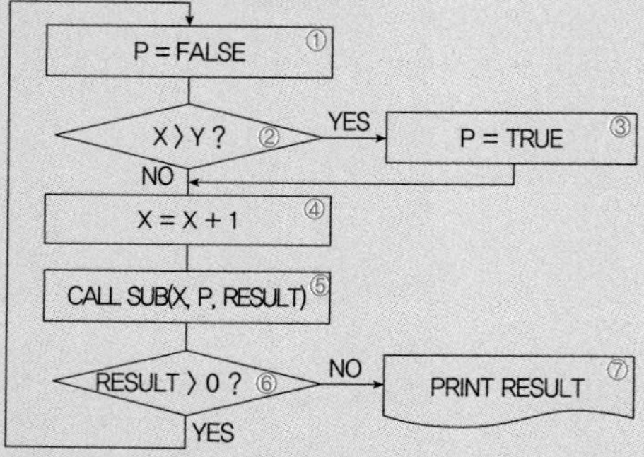

- 위의 순서도를 기반으로 한 테스트 케이스는 ①번에서 시작한 프로세스가 조건문인 ②번과 ⑥번에 도달했을 때 반드시 한 번은 Yes로 한 번은 No로 진행되도록 설계되어야 합니다. 또한 문제지의 답란에 7칸의 괄호와 6칸의 괄호가 제시되어 있으므로, 두 번의 프로세스로 모든 코드가 수행되도록 설계해야 합니다.

[첫 번째 테스트 케이스 설계 방안]

- 7칸 괄호 : ① → ② → ③ → ④ → ⑤ → ⑥ → ⑦
- 6칸 괄호 : ① → ② → ④ → ⑤ → ⑥ → ①

※ 7칸 괄호에 맞는 테스트 케이스를 설계할 때 ②번 조건문에서 Yes로, ⑥번 조건문에서 No로 진행되도록 설계했으므로, 6칸 괄호에 맞는 테스트 케이스는 ②번 조건문에서 No로, ⑥번 조건문에서 Yes로 진행되도록 설계해야 합니다.

[두 번째 테스트 케이스 설계 방안]

- 7칸 괄호 : ① → ② → ③ → ④ → ⑤ → ⑥ → ①
- 6칸 괄호 : ① → ② → ④ → ⑤ → ⑥ → ⑦

※ 7칸 괄호에 맞는 테스트 케이스를 설계할 때 ②번 조건문에서 Yes로, ⑥번 조건문에서도 Yes로 진행되도록 설계했으므로, 6칸 괄호에 맞는 테스트 케이스는 ②번 조건문에서 No로, ⑥번 조건문에서도 No로 진행되도록 설계해야 합니다.

Section 094

[문제 1]
① 베타 테스트(Beta Test)   ② 알파 테스트(Alpha Test)

[문제 2]
① 단위 테스트   ② 통합 테스트

Section 095

[문제 1]
스텁(Stub)

[문제 2]
하향식 통합 테스트(Top Down Integration Test)

[문제 3]
Regression

[문제 4]
① 상향식 통합 테스트(Bottom Up Integration Test)   ② 드라이버(Driver)

Section 096

[문제 1]
샘플링 오라클(Sampling Oracle)

[문제 2]
테스트 오라클(Test Oracle)

[문제 3]
테스트 케이스(Test Case)

[문제 4]
테스트 시나리오(Test Scenario)

Section 097

[문제 1]
성능 테스트 도구(Performance Test Tools)

[문제 2]
정적 분석 도구(Static Analysis Tools)

[문제 3]
① 테스트 드라이버(Test Driver)   ② 테스트 스텁(Test Stub)   ③ 테스트 스크립트(Test Script)   ④ 목 오브젝트(Mock Object)

Section 098

[문제 1]

결함(Fault)

[문제 2]

ⓐ → ⓔ → ⓑ → ⓓ → ⓒ → ⓕ → ⓖ

[문제 3]

결함 분포, 결함 추세, 결함 에이징

Section 099

[문제 1]

① 처리량(Throughput) ② 응답 시간(Response Time) ③ 경과 시간(Turn Around Time)

[문제 2]

① 성능 테스트 ② 시스템 모니터링

Section 100

[문제 1]

O(1)

[문제 2]

힙 정렬(Heap Sort), 2-Way 합병 정렬(Merge Sort)

[문제 3]

4

해설

순환 복잡도는 화살표로 구분되는 각 영역의 개수를 구하면 됩니다.

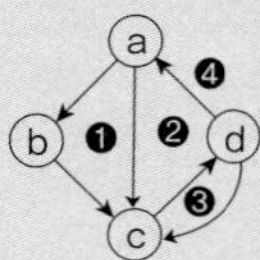

내부 영역 3(❶, ❷, ❸) + 외부 영역 1(❹) = 4

Section 101

[문제 1]

① Static Analysis ② Dynamic Analysis

[문제 2]

외계인 코드(Alien Code)

예상문제은행 7장 애플리케이션 테스트 관리 정답

[문제 1]
① 확인(Validation) ② 검증(Verification)

[문제 2]
① – ⓑ ② – ⓒ ③ – ⓐ

[문제 3]
① 회복 테스트(Recovery Test) ② 강도 테스트(Stress Test) ③ 회귀 테스트(Regression Test) ④ 병행 테스트(Parallel Test)

[문제 4]
① 단위 테스트(Unit Test) ② 통합 테스트(Integration Test) ③ 시스템 테스트(System Test) ④ 인수 테스트(Acceptance Test)

[문제 5]
화이트박스 테스트(White Box Test)

[문제 6]
인수 테스트(Acceptance Test)

[문제 7]
① 클러스터(Cluster) ② 드라이버(Driver)

[문제 8]
㉡ → ㉠ → ㉢ → ㉣

[문제 9]
테스트 하네스(Test Harness)

[문제 10]
① 결함 분포 ② 결함 추세 ③ 결함 에이징

[문제 11]
처리량(Throughput), 응답 시간(Response Time), 경과 시간(Turn Around Time), 자원 사용률(Resource Usage)

[문제 12]
블랙박스 테스트(Black Box Test)

[문제 13]
① 참 오라클(Oracle True) ② 샘플링 오라클(Sampling Oracle)

[문제 14]
① 문장 ② 분기 ③ 조건 ④ 300 ⑤ ⓐ – ⓑ – ⓔ ⑥ 100 ⑦ ⓐ – ⓒ – ⓓ ⑧ 200 ⑨ 300 ⑩ 0

해설

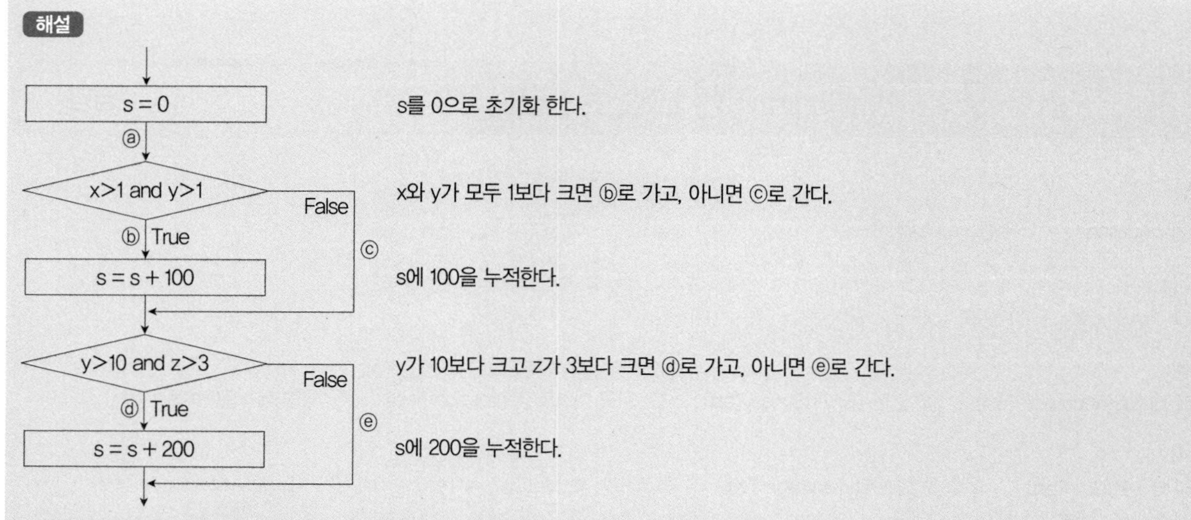

- **문장 검증 기준** : 모든 구문이 한 번 이상 수행되도록 테스트 케이스를 설계하려면 'x>1 and y>1'과 'y>10 and z>3' 조건이 모두 참(True)이 되도록 테스트 케이스를 작성해야 합니다.

테스트 케이스				
테스트 데이터	x > 1 and y > 1	y > 1 and z > 3	경로	출력값(s)
x = 2, y = 20, z = 4	True	True	ⓐ – ⓑ – ⓓ	300

※ x = 2, y = 20, z = 4일 경우 'x>1 and y>1' 조건이 참이므로 's = s + 100'를 수행하고, 'y>10 and z>3' 조건이 참이므로 's = s + 200'을 수행하여 s는 300이 됩니다.

- **분기 검증 기준** : 조건문이 한 번 이상 수행되도록, 즉 조건이 참(True)인 경우와 거짓(False)인 경우가 최소 한 번은 수행되도록 테스트 케이스를 작성해야 합니다.

테스트 케이스	x > 1 and y > 1	y > 10 and z > 3	경로	출력값(s)
1	True	True	ⓐ – ⓑ – ⓓ	300
	False	False	ⓐ – ⓒ – ⓔ	0
2	True	False	ⓐ – ⓑ – ⓔ	100
	False	True	ⓐ – ⓒ – ⓓ	200

※ 문제에 제시된 테스트 데이터는 테스트 케이스 2에 해당합니다.

- **조건 검증 기준** : 모든 조건문에 대해 조건이 True인 경우와 False인 경우가 한 번 이상 수행되도록 테스트 케이스를 작성해야 합니다.

테스트 케이스	x > 1	y > 1	y > 10	z > 3	출력값(s)
1	True	True	True	True	300
	False	False	False	False	0
2	True	True	True	False	100
	False	False	False	True	0
3	True	True	False	False	100
	False	False	True	True	200
⋮	⋮	⋮	⋮	⋮	⋮

[문제 15]

① 동치 분할 ② 불합격 ③ C ④ B ⑤ A ⑥ 경계값 분석 ⑦ 499 ⑧ A ⑨ A

[문제 16]

① 스텁(stub) ② 드라이버(driver)

[문제 17]

① O(1) ② O(n) ③ $O(n^2)$

[문제 18]

조건 커버리지

[문제 19]

Boundary Value Analysis

나는 **시**험에 **나**오는 것만 **공**부한다!

이제 시나공으로 한 번에 정복하세요!

기초 이론부터 완벽하게 공부해서 안전하게 합격하고 싶어요!

기본서 (필기/실기)

특징

자세하고 친절한 이론으로 기초를 쌓은 후 바로 문제풀이를 통해 정리한다.

구성

본권
기출문제
토막강의

실기
온라인 채점 서비스
• 워드프로세서
• 컴퓨터활용능력
• ITQ

출간종목

컴퓨터활용능력1급 필기/실기
컴퓨터활용능력2급 필기/실기
워드프로세서 필기/실기
정보처리기사 필기/실기
정보처리산업기사 필기/실기
정보처리기능사 필기/실기
사무자동화산업기사 실기
ITQ 엑셀/한글/파워포인트
GTQ 1급/2급

필요한 내용만 간추려 빠르고 쉽게 공부하고 싶어요!

Quick & Easy (필기/실기)

특징

큰 판형, 쉬운 설명으로 시험에 꼭 나오는 알짜만 골라 학습한다.

구성

본권
기출문제
토막강의

필+실기
온라인 채점 서비스
• 컴퓨터활용능력

출간종목

컴퓨터활용능력1급 필기/실기
컴퓨터활용능력2급 필기/실기
정보처리기사 필기/실기

이론은 공부했지만 어떻게 적용되는지 문제풀이를 통해 감각을 익히고 싶어요!

총정리 (필기/실기)

특징

간단하게 이론을 정리한 후 충분한 문제풀이를 통해 실전 감각을 향상시킨다.

구성

핵심요약
기출문제
모의고사
토막강의

실기
온라인 채점 서비스
• 컴퓨터활용능력

출간종목

컴퓨터활용능력1급 필기/실기
컴퓨터활용능력2급 필기/실기
사무자동화산업기사 필기

이론은 완벽해요! 기출문제로 마무리하고 싶어요!

기출문제집 (필기/실기)

특징

최신 기출문제를 반복 학습하며 최종 마무리한다.

구성

핵심요약(PDF)
기출문제
토막강의

실기
온라인 채점 서비스
• 컴퓨터활용능력

출간종목

컴퓨터활용능력1급 필기/실기
컴퓨터활용능력2급 필기/실기
정보처리기사 필기/실기

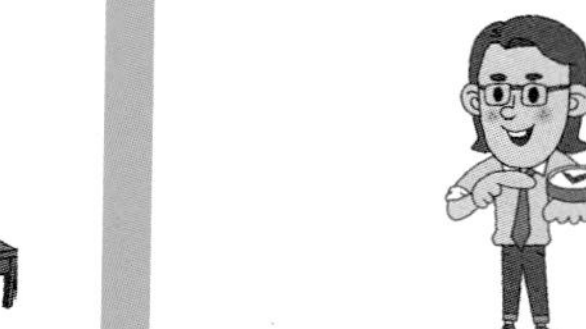

나는 스마트 시나공이다 !
차원이 다른 동영상 강의

시나공만의 토막강의를 만나보세요

아직도 혼자 공부하세요? 혼자 공부하다가 어려운 부분이 나와도 고민하지 마세요!

토막강의 번호를 입력하거나 QR코드를 스마트폰으로 찍기만 하면
언제든지 시나공 저자의 속 시원한 해설을 바로 동영상으로 확인할 수 있습니다.

1. 스마트폰으로 QR코드를 찍어보세요!

STEP 1

스마트폰의 QR코드 리더 앱을 실행하세요!

STEP 2

시나공 토막강의 QR코드를 스캔하세요!

STEP 3

스마트폰을 통해 토막강의가 시작됩니다!

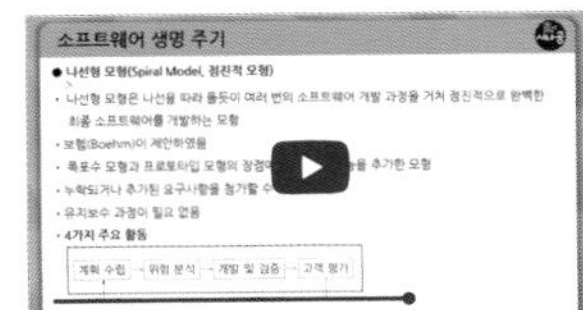

2. 시나공 홈페이지에서 토막강의 번호를 입력하세요!

STEP 1

시나공 홈페이지에 접속한 후 [정보처리] → [기사 실기] → [동영상 강좌] → [토막강의]를 클릭하세요.

STEP 2

'강의번호'에 토막강의 번호를 입력하면 강의목록이 표시됩니다.

STEP 3

강의명을 클릭하면 토막강의를 볼 수 있습니다.

3. 유튜브에서는 이렇게 이용하세요!

STEP 1

유튜브 검색 창에 "시나공"+토막강의 번호를 입력하세요.

STEP 2

검색된 항목 중 원하는 토막강의를 클릭하여 시청하세요.

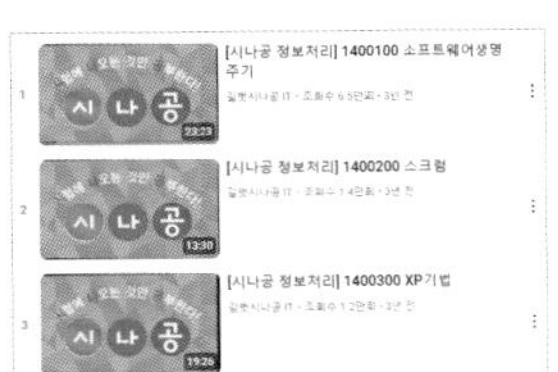

★ 토막강의가 지원되는 도서는 시나공 홈페이지를 통해 확인할 수 있습니다.

★ 스마트폰을 이용하실 경우 무선랜(Wi-Fi)에 연결되지 않은 상태에서 토막강의를 이용하시면 가입하신 요금제에 따라 과금이 됩니다.

이 책은 IT자격증 전문가와 수험생이 함께 만든 책입니다.

'시나공' 시리즈는 독자의 지지와 격려 속에 성장합니다!

전공자가 아니라서 시험에 대해 막연한 두려움이 있었는데 설명이 너무 잘되어 있어 좋았습니다. 예시와 문제가 많아 문제를 이해하면서 개념을 학습한다면 합격은 문제없습니다. 비전공자들도 쉽게 이해할 수 있으니 강력 추천합니다. | YES24 nicck*** |

시나공 정보처리기사 필기로 공부할 때 책이 너무 좋아서 실기 시험 준비하면서도 당연하다는 듯이 시나공을 선택하게 됐어요. 실속있는 내용도 훌륭하지만 시나공 홈페이지에서는 문의에 대한 답변도 빨리 해주고, 공부하면서 입소문이 괜히 나는 것이 아니라는 것을 새삼 느꼈답니다. | 인터파크 fromy*** |

시나공은 특히 프로그래밍 언어와 SQL 부분에서 많은 도움이 됩니다. 프로그래밍 언어와 SQL 동영상 강의는 강사분이 정말 잘 가르치시더군요. | 알라딘 ni*** |

시나공은 이해하기 어려운 부분도 쉽게 이해할 수 있도록 잘 설명되어 있었습니다. 책의 내용이 아무리 좋아도 구성이 엉망이면 공부하기 힘든데, 이 책은 구성도 깔끔하고 문제에 대한 상세한 해설이 잘 되어 있어 집중하고 쭉 보면 "아~ 이렇게 돌아가는구나!" 하며 이해될 것입니다. 그리고 전문가의 조언을 빠짐없이 꼭 읽어보세요. | 교보문고 seop1*** |

역시 시나공입니다! 얼마 전 필기를 준비할 때도 시나공으로 했는데, 확실히 수험생에게 친절한 수험서더군요. 내용도 친절하게 설명되어 있을 뿐만 아니라 출제 경향에 따른 전문가의 조언이 곁들여져 있어 쉽게 이해할 수 있습니다. 그리고 시나공 홈페이지에서 제공하는 여러 자료들까지! 앞으로도 자격증 시험은 쭉 시나공과 함께 해야겠습니다. | 도서11번가 inhw*** |

혼자 공부하기에는 '딱!'이에요. 설명도 쉽고 책 옆에 용어 설명이나 공부 방법 등이 재미있게 따라다녀요. 또 공부한 내용을 바로 문제로 확인해 볼 수 있어서 좋더군요. '시험에 나오는 것만 공부한다'라는 제목이 믿음이 갑니다. | YES24 kjs2*** |

정보처리 분야 베스트셀러 1위 기준 : 2024년 1~2월, 4월, 11~12월(Yes24), 2024년 1~2월, 11~12월(알라딘)

sinagong.co.kr

가격 40,000원

ISBN 979-11-407-1249-6

TO.시나공
온라인 독자엽서

스마트한 시나공
수험생 지원센터

정보처리기사

실기 기본서

시험에 나오는 것만 공부한다!

시나공

김정준, 길벗알앤디(강윤석, 김용갑, 김우경, 김유홍) 지음

길벗

수험생을 위한 시나공 서비스

1등만이 드릴 수 있는 1등 혜택!

서비스 1

무엇이든 물어보세요! 수험생 지원센터(sinagong.co.kr)

시나공 홈페이지에서는 최신기출문제와 해설, 선배들의 합격 수기와 합격 전략, 책 내용에 대한 문의 및 관련 자료 등 IT자격증 시험을 위한 모든 정보를 제공합니다. 공부하다 답답하거나 궁금한 내용이 있으면, 시나공 홈페이지 '책 내용 질문하기' 게시판에 질문을 올리세요. 길벗알앤디의 전문가들이 빠짐없이 답변해 드립니다.

서비스 2

합격을 위한 학습 자료

시나공 홈페이지 회원으로 가입하면 시험 준비에 필요한 학습 자료를 내려받을 수 있습니다.

기출문제

최근에 출제된 기출문제를 제공합니다. 최신기출문제로 현장 감각을 키우세요.

핵심요약

시험에 출제되는 문장 그대로 정리한 핵심 요약집을 제공합니다(필기).

서비스 3

이해 쏙! 시간 절약! 시나공 토막강의

혼자 공부하다가 어려운 부분이 나와도 고민하지 마세요!

책 속의 QR코드를 스마트폰으로 찍기만 하면 언제든지 저자의 속 시원한 해설을 들을 수 있습니다.

방법1. 스마트폰으로 QR코드를 스캔하세요.

방법2. 시나공 홈페이지의 [정보처리] → [기사 실기] → [토막강의]에서 강의번호를 입력하세요.

방법3. 유튜브 검색 창에 "시나공"+강의번호를 입력하세요.

정보처리기사

2권

2025 시나공

길벗알앤디 지음

길벗

*각 섹션은 중요도에 따라 A, B, C, D로 등급이 분류되어 있습니다. 공부할 시간이 없는 분들은 중요도가 높은 순서대로 공부하세요.

중요도

A 매 시험마다 꼭 나올 것으로 예상되는 부분

B 두 번 시험 보면 한 번은 꼭 나올 것으로 예상되는 부분

C 세 번 시험 보면 한 번은 꼭 나올 것으로 예상되는 부분

D 네 번 시험 보면 한 번은 꼭 나오는 부분

8 SQL 응용

9 소프트웨어 개발 보안 구축

10 프로그래밍 언어 활용

11 응용 SW 기초 기술 활용

12 제품 소프트웨어 패키징

memo

8 장

SQL 응용

SECTION 102

SQL – DDL

전문가의 조언

교재에 수록된 모든 SQL문은 국제 표준인 ISO/IEC 9075 기준에 맞게 작성되었습니다. 시험 문제에 ISO/IEC 9075 표준을 준수하여 작성하라는 조건이 있다면, 교재에서 학습한 내용대로 작성하면 됩니다.

ISO/IEC 9075

ISO/IEC 9075는 국제 표준화 기구(ISO)와 미국 표준 협회(ANSI)의 관계 데이터베이스 시스템에 대한 SQL 문법을 통합 · 개정한 것으로, SQL에 대한 국제 표준으로 널리 활용되고 있습니다.

필기 24.2, 23.7, 23.2, 21.8, 21.5, 21.3, 20.6

1 DDL(Data Define Language, 데이터 정의어)

1411801

- DDL은 DB 구조, 데이터 형식, 접근 방식 등 DB를 **구축하거나 수정할 목적으로 사용하는 언어**이다.
- 번역한 결과가 데이터 사전(Data Dictionary)이라는 특별한 파일에 여러 개의 테이블로 저장된다.
- DDL의 3가지 유형

명령어	기능
필기 23.7, 23.2, 21.8, 21.5, 20.6 CREATE	SCHEMA, DOMAIN, TABLE, VIEW, INDEX를 정의함
필기 23.7, 23.2, 21.8, 20.6 ALTER	TABLE에 대한 정의를 변경하는 데 사용함
필기 23.7, 23.2, 21.8, 20.6 DROP	SCHEMA, DOMAIN, TABLE, VIEW, INDEX를 삭제함

2 CREATE SCHEMA

1411802

- CREATE SCHEMA는 **스키마***를 **정의하는 명령문**이다.
- 표기 형식

```
CREATE SCHEMA 스키마명 AUTHORIZATION 사용자_id;
```

예제 소유권자의 사용자 ID가 '홍길동'인 스키마 '대학교'를 정의하는 SQL문은 다음과 같다.

```
CREATE SCHEMA 대학교 AUTHORIZATION 홍길동;
```

스키마(Schema)

스키마는 데이터베이스의 구조와 제약 조건에 관한 전반적인 명세(Specification)를 기술(Description)한 것으로 데이터 개체(Entity), 속성(Attribute), 관계(Relationship) 및 데이터 조작 시 데이터 값들이 갖는 제약 조건 등에 관해 전반적으로 정의합니다.

3 CREATE DOMAIN

1411803

CREATE DOMAIN은 **도메인***을 **정의하는 명령문**이다.

도메인(Domain)

도메인이란 하나의 속성이 취할 수 있는 동일한 유형의 원자값들의 집합을 의미합니다.

예를 들어 학년 속성의 데이터 타입이 정수형이고 해당 속성에서 취할 수 있는 값의 범위가 1~4까지라면, 1~4라는 범위는 해당 속성에 지정된 정수형의 모든 범위가 아니라 일부분이므로 사용자는 1~4까지의 범위를 해당 속성의 도메인으로 정의해서 사용할 수 있다는 의미입니다. 쉽게 말하면 도메인은 특정 속성에서 사용할 데이터의 범위를 사용자가 정의하는 사용자 정의 데이터 타입입니다.

표기 형식

```
CREATE  DOMAIN 도메인명 [AS]* 데이터_타입
        [DEFAULT 기본값]
        [CONSTRAINT 제약조건명 CHECK (범위값)];
```

- 데이터 타입 : SQL에서 지원하는 데이터 타입
- 기본값 : 데이터를 입력하지 않았을 때 자동으로 입력되는 값

예제 '성별'을 '남' 또는 '여'와 같이 정해진 1개의 문자로 표현되는 도메인 SEX를 정의하는 SQL문은 다음과 같다.

```
CREATE DOMAIN SEX CHAR(1)
    DEFAULT '남'
    CONSTRAINT VALID-SEX CHECK(VALUE IN ('남', '여'));
```

정의된 도메인은 이름이 'SEX'이며, 문자형이고 크기는 1자이다.

도메인 SEX를 지정한 속성의 기본값은 '남'이다.

SEX를 지정한 속성에는 '남', '여' 중 하나의 값만을 저장할 수 있다.

필기 24.2, 23.2

4 CREATE TABLE

1411804

CREATE TABLE은 **테이블*을 정의하는 명령문**이다.

표기 형식

```
CREATE TABLE 테이블명
        (속성명 데이터_타입 [DEFAULT 기본값] [NOT NULL], …
        [, PRIMARY KEY(기본키_속성명, …)]
        [, UNIQUE(대체키_속성명, …)]
        [, FOREIGN KEY(외래키_속성명, …)]
                REFERENCES 참조테이블(기본키_속성명, …)]
                [ON DELETE 옵션]
                [ON UPDATE 옵션]
        [, CONSTRAINT 제약조건명] [CHECK (조건식)]);
```

- 기본 테이블에 포함될 모든 속성에 대하여 속성명과 그 속성의 데이터 타입, 기본값, NOT NULL* 여부를 지정한다.
- PRIMARY KEY : 기본키로 사용할 속성을 지정함
- UNIQUE : 대체키로 사용할 속성을 지정함, 중복된 값을 가질 수 없음
- FOREIGN KEY ~ REFERENCES ~ : 외래키로 사용할 속성을 지정함
  - ON DELETE 옵션 : 참조 테이블의 튜플이 삭제되었을 때 기본 테이블에 취해야 할 사항을 지정함
  - ON UPDATE 옵션 : 참조 테이블의 참조 속성 값이 변경되었을 때 기본 테이블에 취해야 할 사항을 지정함

구문에서 대괄호([ ])의 의미
SQL문에서 [AS] 처럼 대괄호로 묶은 명령어들은 생략이 가능하다는 의미입니다.

테이블(Table)
테이블은 데이터베이스의 설계 단계에서는 테이블을 주로 릴레이션(Relation)이라 부르고, 조작이나 검색 시에는 테이블이라고 부릅니다. 그러나 대부분은 테이블과 릴레이션을 구분 없이 사용하니 두 의미가 같다는 것만 알아두세요.

NOT NULL
NULL이란 모르는 값 또는 적용할 수 없는 값을 의미하는 것으로, NOT NULL은 특정 속성이 데이터 없이 비어 있어서는 안 된다는 것을 지정할 때 사용합니다.

• CONSTRAINT : 제약 조건의 이름을 지정함
• CHECK : 속성 값에 대한 제약 조건을 정의함

예제 '이름', '학번', '전공', '성별', '생년월일'로 구성된 〈학생〉 테이블을 정의하는 SQL문을 작성하시오. 단, 제약 조건은 다음과 같다.

• '이름'은 NULL이 올 수 없고, '학번'은 기본키이다.
• '전공'은 〈학과〉 테이블의 '학과코드'를 참조하는 외래키로 사용된다.
• 〈학과〉 테이블에서 삭제가 일어나면 관련된 튜플들의 전공 값을 NULL로 만든다.
• 〈학과〉 테이블에서 '학과코드'가 변경되면 전공 값도 같은 값으로 변경한다.
• '생년월일'은 1980-01-01 이후의 데이터만 저장할 수 있다.
• 제약 조건의 이름은 '생년월일제약'으로 한다.
• 각 속성의 데이터 타입은 적당하게 지정한다. 단 '성별'은 도메인 'SEX'를 사용한다.

CHAR과 VARCHAR
CHAR은 항상 지정된 크기만큼 기억 장소가 확보되고, VARCHAR은 기억 장소의 크기가 지정되어도 필드에 저장된 데이터만큼만 기억 장소가 확보됩니다. 예를 들어 '이름' 속성의 자료형을 CHAR(15)로 지정하면 '이름'에 한 글자가 저장되어도 항상 15바이트가 기억 장소로 확보되지만, VARCHAR(15)로 지정하면 저장된 한 글자 크기만큼만 기억 장소가 확보됩니다.

CREATE TABLE 학생	〈학생〉 테이블을 생성한다.
(이름 VARCHAR(15) NOT NULL,	'이름' 속성은 최대 문자 15자로 NULL 값을 갖지 않는다.
학번 CHAR(8),	'학번' 속성은 문자 8자이다.
전공 CHAR(5),	'전공' 속성은 문자 5자이다.
성별 SEX,	'성별' 속성은 'SEX' 도메인을 자료형으로 사용한다.
생년월일 DATE,	'생년월일' 속성은 DATE 자료형을 갖는다.
PRIMARY KEY(학번),	'학번'을 기본키로 정의한다.
FOREIGN KEY(전공) REFERENCES 학과(학과코드)	'전공' 속성은 〈학과〉 테이블의 '학과코드' 속성을 참조하는 외래키이다.
ON DELETE SET NULL	〈학과〉 테이블에서 튜플이 삭제되면 관련된 모든 튜플의 '전공' 속성의 값을 NULL로 변경한다.
ON UPDATE CASCADE,	〈학과〉 테이블에서 '학과코드'가 변경되면 관련된 모든 튜플의 '전공' 속성의 값도 같은 값으로 변경한다.
CONSTRAINT 생년월일제약 CHECK(생년월일>='1980-01-01'));	'생년월일' 속성에는 1980-01-01 이후의 값만을 저장할 수 있으며, 이 제약 조건의 이름은 '생년월일제약'이다.

5 CREATE VIEW

1411805

CREATE VIEW는 **뷰(View)*를 정의하는 명령문**이다.

뷰(View)
뷰는 하나 이상의 기본 테이블로부터 유도되는 이름을 갖는 가상 테이블(Virtual Table)입니다. 테이블은 물리적으로 구현되어 실제로 데이터가 저장되지만, 뷰는 물리적으로 구현되지 않습니다. 즉 뷰를 생성하면 뷰 정의가 시스템 내에 저장되었다가 SQL 내에서 뷰 이름을 사용하면 실행 시간에 뷰 정의가 대체되어 수행됩니다.

표기 형식

```
CREATE VIEW 뷰명[(속성명[, 속성명, …])]
AS SELECT문;
```

예제 〈고객〉 테이블에서 '주소'가 '안산시'인 고객들의 '성명'과 '전화번호'를 '안산고객'이라는 뷰로 정의하시오.

```
CREATE VIEW 안산고객(성명, 전화번호)
AS SELECT 성명, 전화번호
FROM 고객
WHERE 주소 = '안산시';
```

6 CREATE INDEX

20.7

1411806

CREATE INDEX는 **인덱스*를 정의하는 명령문**이다.

표기 형식

```
CREATE [UNIQUE] INDEX 인덱스명
ON 테이블명(속성명 [ASC | DESC]* [,속성명 [ASC | DESC]])
[CLUSTER];
```

- UNIQUE
  - 사용된 경우 : 중복 값이 없는 속성으로 인덱스를 생성한다.
  - 생략된 경우 : 중복 값을 허용하는 속성으로 인덱스를 생성한다.
- 정렬 여부 지정
  - ASC : 오름차순 정렬
  - DESC : 내림차순 정렬
  - 생략된 경우 : 오름차순으로 정렬됨
- CLUSTER : 사용하면 인덱스가 클러스터드 인덱스로 설정됨*

예제 〈고객〉 테이블에서 UNIQUE한 특성을 갖는 '고객번호' 속성에 대해 내림차순으로 정렬하여 '고객번호_idx'라는 이름으로 인덱스를 정의하시오.

```
CREATE UNIQUE INDEX 고객번호_idx
ON 고객(고객번호 DESC);
```

7 ALTER TABLE

20.10, 필기 21.3, 20.9

1411807

ALTER TABLE은 **테이블에 대한 정의를 변경하는 명령문**이다.

표기 형식

```
ALTER TABLE 테이블명 ADD 속성명 데이터_타입 [DEFAULT '기본값'];
ALTER TABLE 테이블명 ALTER 속성명 [SET DEFAULT '기본값'];
ALTER TABLE 테이블명 DROP COLUMN 속성명 [CASCADE];
```

- ADD : 새로운 속성(열)을 추가할 때 사용한다.
- ALTER : 특정 속성의 Default 값을 변경할 때 사용한다.

전문가의 조언

CREATE INDEX 명령의 표기 형식을 정확하게 숙지하세요.

인덱스(Index)

인덱스는 검색 시간을 단축시키기 위해 만든 보조적인 데이터 구조입니다.

[ASC | DESC]

대괄호([ ])는 생략할 수 있다는 것을 표시하고, 대괄호 안의 '|'는 선택을 의미합니다. 즉 [ASC | DESC]는 생략이 가능하지만, 생략하지 않을 경우에는 'ASC'와 'DESC' 중에서 하나만 선택할 수 있다는 의미입니다.

클러스터드 인덱스(Clustered Index)

인덱스 키의 순서에 따라 데이터가 정렬되어 저장되는 방식입니다. 실제 데이터가 순서대로 저장되어 있어 인덱스를 검색하지 않아도 원하는 데이터를 빠르게 찾을 수 있습니다. 하지만 데이터 삽입, 삭제 발생 시 순서를 유지하기 위해 데이터를 재정렬해야 합니다.

넌 클러스터드 인덱스(Non Clustered Index)

인덱스의 키 값만 정렬되어 있을 뿐 실제 데이터는 정렬되지 않는 방식입니다. 데이터를 검색하기 위해서는 먼저 인덱스를 검색하여 실제 데이터의 위치를 확인해야 하므로 클러스터드 인덱스에 비해 검색 속도가 떨어집니다.

전문가의 조언

ALTER 명령의 표기 형식을 확실히 숙지하고, 새로운 속성을 추가할 때 ADD를 사용한다는 것을 기억해 두세요.

• DROP COLUMN : 특정 속성을 삭제할 때 사용한다.

예제 1 〈학생〉 테이블에 최대 3문자로 구성되는 '학년' 속성 추가하시오.

```
ALTER TABLE 학생 ADD 학년 VARCHAR(3);
```

예제 2 〈학생〉 테이블의 '학번' 필드의 데이터 타입과 크기를 VARCHAR(10)으로 하고 NULL 값이 입력되지 않도록 변경하시오.

```
ALTER TABLE 학생 ALTER 학번 VARCHAR(10) NOT NULL;
```

전문가의 조언

DROP 명령의 표기 형식을 기억하세요. 특히 CASCADE와 RESTRICT에 대해 정확하게 숙지하세요.

23.7, 필기 24.7, 23.2, 22.3, 21.5, 20.6

8 DROP

DROP은 **스키마, 도메인, 기본 테이블, 뷰 테이블, 인덱스, 제약 조건 등을 제거하는 명령문**이다.

표기 형식

```
DROP SCHEMA 스키마명 [CASCADE | RESTRICT];
DROP DOMAIN 도메인명 [CASCADE | RESTRICT];
DROP TABLE 테이블명 [CASCADE | RESTRICT];
DROP VIEW 뷰명 [CASCADE | RESTRICT];
DROP INDEX 인덱스명 [CASCADE | RESTRICT];
DROP CONSTRAINT 제약조건명;
```

• CASCADE : 제거할 요소를 참조하는 다른 모든 개체를 함께 제거한다.
• RESTRICT : 다른 개체가 제거할 요소를 참조중일 때는 제거를 취소한다.

예제 〈학생〉 테이블을 제거하되, 〈학생〉 테이블을 참조하는 모든 데이터를 함께 제거하시오.

```
DROP TABLE 학생 CASCADE;
```

※ 정답 및 해설은 80쪽에 있습니다.

기출 따라잡기 Section 102

20년 10월

1411851

문제 1 다음 〈속성 정의서〉를 참고하여 〈학생〉 테이블에 20자의 가변 길이를 가진 '주소' 속성을 추가하는 〈SQL문〉을 완성하시오. (단, SQL문은 ISO/IEC 9075 표준을 기반으로 작성하시오.)

〈속성 정의서〉

속성명	데이터타입	제약조건	테이블명
학번	CHAR(10)	UNIQUE	학생
이름	VARCAHR(8)	NOT NULL	학생
주민번호	CHAR(13)		학생
학과	VARCAHR(16)	FOREIGN KEY	학생
학년	INT		학생

〈SQL문〉

```
( ① ) TABLE 학생 ( ② ) 주소 VARCHAR(20);
```

답

- ①
- ②

20년 7월

1411852

문제 2 다음 〈student〉 테이블을 참고하여 'name' 속성으로 'idx_name'이라는 인덱스를 생성하는 SQL문을 작성하시오.

〈student〉

stid	name	score	deptid
2001	brown	85	PE01
2002	white	45	EF03
2003	black	67	UW11

답 :

전문가의 조언

- 시험이 주관식으로 치러집니다. 즉 '기출 따라잡기' 문제에 수록된 문제는 문제를 보고 바로 답을 쓸 수 있도록 반복해서 연습해야 합니다. 문제에 따라서 변경해야 할 부분이 어디인지 파악하고 있으면 좀 더 쉽게 답안을 작성할 수 있습니다.
- '이전기출'은 본문과 관련된 내용 중 시험 과목이 변경되기 이전에 정보처리기사, 정보처리산업기사에 출제되었던 기출문제입니다.

이전기출

1411853

문제 3 아래의 〈요구사항〉을 만족하는 테이블 〈patient〉를 정의하는 SQL문을 작성하시오.

〈요구사항〉

- 'id(문자 5)', 'name(문자 10)', 'sex(문자 1)', 'phone(문자 20)' 속성을 가진다.
- 'id' 속성은 기본키이다.
- 'sex' 속성은 'f' 또는 'm' 값만 갖도록 한다(제약조건명 : sex_ck).
- 'id'는 〈doctor〉 테이블에 있는 'doc_id'를 참조한다(제약조건명 : id_fk).

답 :

이전기출

1411854

문제 4 아래의 〈요구사항〉을 만족하는 테이블 〈Instructor〉를 정의하는 SQL문을 작성하시오.

〈요구사항〉

- 'id(문자 5)', 'name(문자 15)', 'dept(문자 15)' 속성을 가진다.
- 'id' 속성은 기본키이다.
- 'name' 속성은 Null이 올 수 없다.
- 'dept' 속성은 〈Department〉 테이블의 'dept' 속성을 참조하는 외래키이다.
  - 〈Department〉 테이블에서 튜플이 삭제되면 관련된 모든 튜플의 'dept' 속성의 값은 NULL로 변경되어야 한다.
  - 〈Department〉 테이블의 'dept' 속성이 변경되면 〈Instructor〉 테이블의 관련된 모든 속성 값도 같은 값으로 변경되어야 한다.

답 :

이전기출

1411855

문제 5 〈patient〉 테이블에 데이터 타입이 문자 20자리인 'job' 속성을 추가하는 SQL문을 작성하시오.

답 :

이전기출

문제 6 아래의 〈요구사항〉을 만족하는 뷰 〈CC〉를 정의하는 SQL문을 작성하시오.

1411856

〈요구사항〉

- 〈Course〉와 〈Instructor〉 릴레이션을 이용한다.
- 〈Course〉의 'instructor' 속성 값과 〈Instructor〉의 'id' 속성이 같은 자료에 대한 view를 정의한다.
- 〈cc〉 뷰는 'ccid', 'ccname', 'instname' 속성을 가진다.
- 〈cc〉 뷰는 〈Course〉 테이블의 'id', 'name', 〈Instructor〉 테이블의 'name' 속성을 사용한다.

답 :

이전기출

문제 7 〈사원〉 테이블을 정의하는 SQL문이다. 아래의 〈요구사항〉을 만족하도록 괄호(①, ②)에 적합한 명령을 넣어 SQL문을 완성하시오.

1411857

〈요구사항〉

- '근무지번호'는 〈근무지〉 테이블의 '근무지번호'를 참조하는 외래키이다.
- 〈근무지〉 테이블에서 '근무지번호'가 삭제되면 〈사원〉 테이블의 '근무지번호'도 삭제된다.

〈SQL문〉

```
CREATE TABLE 사원
  ( 사원번호 NUMBER(4) PRIMARY KEY,
    사원명 VARCHAR2(10),
    근무지번호 NUMBER(2) (   ①   ) 근무지
    ON DELETE (   ②   )
  );
```

답

- ①
- ②

이전기출

1411858

문제 8 <Student> 테이블의 ssn 속성에 대해, 중복을 허용하지 않도록 'Stud_idx'라는 이름으로 오름차순 인덱스를 정의하는 SQL문을 작성하시오.

답 :

이전기출

1411859

문제 9 다음은 기본키인 '직위' 속성의 값으로 "사원", "대리", "과장", "부장", "이사", "사장"만을 허용하고, 기본 값으로 "사원"을 취하는 도메인 무결성 제약 조건을 설정하기 위한 SQL문이다. 괄호를 채워 SQL문을 완성하시오.

<SQL문>

```
CREATE DOMAIN 직위 VARCHAR2(10)
(  ①  )
(  ②  ) VALID-직위 (  ③  );
```

답

- ①
- ②
- ③

이전기출

1411860

문제 10 <직원> 테이블에 대해 '이름' 속성으로 '직원_name'이라는 인덱스를 정의하는 SQL문을 작성하시오.

답 :

23년 7월, 필기 22.3

1411861

문제 11 다음 <처리 조건>에 부합하는 SQL문이 완성되도록 괄호에 적합한 옵션을 쓰시오.

<처리 조건>

- <학생> 테이블을 제거한다.
- <학생> 테이블을 참조하는 모든 데이터도 함께 제거한다.

<SQL문>

```
DROP TABLE 학생 (      );
```

답 :

이전기출 1411862

문제 12 데이터 언어는 데이터베이스를 구축하고 이용하기 위한 데이터베이스 관리 시스템과의 통신 수단이다. 데이터 언어는 데이터베이스의 구조를 정의 및 변경하는 DDL, 데이터를 조작하는 DML, 보안 및 무결성, 병행 제어 등을 위한 DCL로 구분된다. 다음 〈보기〉에서 DDL에 속하는 명령어들을 골라 적으시오.

〈보기〉

Commit, Table, Insert, Domain, Update, Query, Create, Trigger, Alter, Rollback, Procedure, Drop, Select, Grant, Delete, Revoke, View

답 :

이전기출 1411863

문제 13 다음 〈사원〉 테이블의 구조를 참고하여 미완성된 SQL문을 완성하시오.

〈사원〉

직원코드	성명	직책	연봉
161353	김미나	대리	2300
181323	최영락	사원	1900
151453	홍진호	과장	2800
135485	구준표	과장	3000
104895	강나래	팀장	3600
165484	김하늘	대리	2400

〈SQL문〉

```
CREATE TABLE 사원
    (직원코드 NUMBER NOT NULL,
    성명 CHAR(10) UNIQUE,
    직책 CHAR(10) (  ①  )(직책 (  ②  )('사원', '대리', '과장', '팀장')),
    연봉 NUMBER);
```

답

- ①
- ②

SECTION 103

SQL - DCL

DCL은 일반 사용자보다는 데이터베이스 관리자가 사용하는 명령입니다. GRANT와 REVOKE 명령을 사용해 권한을 부여하고 해제하는 SQL문을 작성할 수 있도록 공부하세요.

필기 23.7, 21.5, 20.8

1 DCL(Data Control Language, 데이터 제어어)

- DCL은 **데이터의 보안, 무결성, 회복, 병행 제어 등을 정의하는 데 사용하는 언어**이다.
- DCL은 데이터베이스 관리자(DBA)가 데이터 관리를 목적으로 사용한다.
- DCL의 종류

명령어	기능
필기 20.8 COMMIT	명령에 의해 수행된 결과를 실제 물리적 디스크로 저장하고, 데이터베이스 조작 작업이 정상적으로 완료되었음을 관리자에게 알려줌
필기 21.5, 20.8 ROLLBACK	데이터베이스 조작 작업이 비정상적으로 종료되었을 때 원래의 상태로 복구함
필기 20.8 GRANT	데이터베이스 사용자에게 사용 권한을 부여함
REVOKE	데이터베이스 사용자의 사용 권한을 취소함

21.10, 필기 24.5, 24.2, 22.4, 20.9

2 GRANT / REVOKE

- 데이터베이스 관리자가 데이터베이스 사용자에게 권한을 부여하거나 취소하기 위한 명령어이다.
- GRANT : 권한 부여를 위한 명령어
- REVOKE : 권한 취소를 위한 명령어
- 사용자등급* 지정 및 해제

```
– GRANT 사용자등급 TO 사용자_ID_리스트 [IDENTIFIED BY 암호];
– REVOKE 사용자등급 FROM 사용자_ID_리스트;
```

사용자등급
- DBA : 데이터베이스 관리자
- RESOURCE : 데이터베이스 및 테이블 생성 가능자
- CONNECT : 단순 사용자

예제 1 사용자 ID가 "NABI"인 사람에게 데이터베이스 및 테이블을 생성할 수 있는 권한을 부여하는 SQL문을 작성하시오.

```
GRANT RESOURCE TO NABI;
```

예제 2 사용자 ID가 "STAR"인 사람에게 단순히 데이터베이스에 있는 정보를 검색할 수 있는 권한을 부여하는 SQL문을 작성하시오.

```
GRANT CONNECT TO STAR;
```

• **테이블 및 속성에 대한 권한 부여 및 취소**

> – **GRANT** 권한_리스트 **ON** 개체 **TO** 사용자 [WITH GRANT OPTION];
> – **REVOKE** [GRANT OPTION FOR] 권한_리스트 **ON** 개체 **FROM** 사용자 [CASCADE];

– 권한 종류 : ALL, SELECT, INSERT, DELETE, UPDATE 등
– WITH GRANT OPTION : 부여받은 권한을 다른 사용자에게 다시 부여할 수 있는 권한을 부여함
– GRANT OPTION FOR : 다른 사용자에게 권한을 부여할 수 있는 권한을 취소함
– CASCADE : 권한 취소 시 권한을 부여받았던 사용자가 다른 사용자에게 부여한 권한도 연쇄적으로 취소함

예제 3 사용자 ID가 "NABI"인 사람에게 〈고객〉 테이블에 대한 모든 권한과 다른 사람에게 권한을 부여할 수 있는 권한까지 부여하는 SQL문을 작성하시오.

```
GRANT ALL ON 고객 TO NABI WITH GRANT OPTION;
```

예제 4 사용자 ID가 "STAR"인 사람에게 부여한 〈고객〉 테이블에 대한 권한 중 UPDATE 권한을 다른 사람에게 부여할 수 있는 권한만 취소하는 SQL문을 작성하시오.

```
REVOKE GRANT OPTION FOR UPDATE ON 고객 FROM STAR;
```

3 COMMIT

1411903

• COMMIT은 트랜잭션* 처리가 정상적으로 완료된 후 **트랜잭션이 수행한 내용을 데이터베이스에 반영하는 명령**이다.
• COMMIT 명령을 실행하지 않아도 DML문이 성공적으로 완료되면 자동으로 COMMIT되고, DML이 실패하면 자동으로 ROLLBACK이 되도록 Auto Commit 기능을 설정할 수 있다.

4 ROLLBACK

20.7

1411904

• ROLLBACK은 **변경되었으나 아직 COMMIT되지 않은 모든 내용들을 취소하고 데이터베이스를 이전 상태로 되돌리는 명령어**이다.

전문가의 조언

COMMIT, ROLLBACK, SAVEPOINT는 트랜잭션을 제어하는 용도로 사용되므로 TCL(Transaction Control Language)로 분류하기도 합니다. 하지만 기능을 제어하는 명령이라는 공통점으로 DCL의 일부로 분류하기도 합니다.

트랜잭션(Transaction)
• 트랜잭션은 데이터베이스에서 하나의 논리적 기능을 수행하기 위한 일련의 연산 집합으로, 작업의 단위가 됩니다.
• 하나의 트랜잭션은 COMMIT 되거나 ROLLBACK 되어야 합니다.

• 트랜잭션 전체가 성공적으로 끝나지 못하면 일부 변경된 내용만 데이터베이스에 반영되는 비일관성(Inconsistency) 상태가 될 수 있기 때문에 일부분만 완료된 트랜잭션은 롤백(Rollback)되어야 한다.

전문가의 조언

COMMIT과 SAVEPOINT 명령의 수행 시점에 따라 ROLLBACK 명령이 적용되는 범위가 달라집니다. 이처럼 COMMIT, ROLLBACK, SAVEPOINT 명령은 서로 연관되어 사용되므로 한꺼번에 실습하여 결과를 확인할 수 있도록 하였습니다.

5 SAVEPOINT

• SAVEPOINT는 **트랜잭션 내에 ROLLBACK 할 위치인 저장점을 지정하는 명령어**이다.
• 저장점을 지정할 때는 이름을 부여한다.
• ROLLBACK 할 때 지정된 저장점까지의 트랜잭션 처리 내용이 모두 취소된다.

〈사원〉

사원번호	이름	부서
10	김기획	기획부
20	박인사	인사부
30	최재무	재무부
40	오영업	영업부

예제 1 〈사원〉 테이블에서 '사원번호'가 40인 사원의 정보를 삭제한 후 COMMIT을 수행하시오.

DELETE문

DELETE문은 다음 섹션에서 자세히 공부합니다. 여기서는 DELETE문은 레코드를 삭제할 때 사용하는 명령어라는 것만 알아두세요.

```
DELETE FROM 사원 WHERE 사원번호 = 40;
COMMIT;
```

해설

DELETE 명령을 수행한 후 COMMIT 명령을 수행했으므로 DELETE 명령으로 삭제된 레코드는 이후 ROLLBACK 명령으로 되돌릴 수 없다.

〈사원〉 테이블 상태

사원번호	이름	부서
10	김기획	기획부
20	박인사	인사부
30	최재무	재무부

예제 2 '사원번호'가 30인 사원의 정보를 삭제하시오.

```
DELETE FROM 사원 WHERE 사원번호 = 30;
```

해설

DELETE 명령을 수행한 후 COMMIT 명령을 수행하지 않았으므로 DELETE 명령으로 삭제된 레코드는 이후 ROLLBACK 명령으로 되돌릴 수 있다.

〈사원〉 테이블 상태

사원번호	이름	부서
10	김기획	기획부
20	박인사	인사부

예제 3 SAVEPOINT 'S1'을 설정하고 '사원번호'가 20인 사원의 정보를 삭제하시오.

```
SAVEPOINT S1;
DELETE FROM 사원 WHERE 사원번호 = 20;
```

해설

〈사원〉 테이블 상태

사원번호	이름	부서
10	김기획	기획부

예제 4 SAVEPOINT 'S2'를 설정하고 '사원번호'가 10인 사원의 정보를 삭제하시오.

```
SAVEPOINT S2;
DELETE FROM 사원 WHERE 사원번호 = 10;
```

해설

〈사원〉 테이블 상태

사원번호	이름	부서

예제 5 SAVEPOINT 'S2'까지 ROLLBACK을 수행하시오.

```
ROLLBACK TO S2;
```

해설

ROLLBACK이 적용되는 시점을 'S2'로 지정했기 때문에 **예제 5**의 ROLLBACK에 의해 〈사원〉 테이블의 상태는 **예제 4**의 작업을 수행하기 전으로 되돌려진다.

〈사원〉 테이블 상태

사원번호	이름	부서
10	김기획	기획부

예제 6 SAVEPOINT 'S1'까지 ROLLBACK을 수행하시오.

```
ROLLBACK TO S1;
```

해설

ROLLBACK이 적용되는 시점을 'S1'로 지정했기 때문에 예제 6 의 ROLLBACK에 의해 〈사원〉 테이블의 상태는 예제 3 의 작업을 수행하기 전으로 되돌려진다.

〈사원〉 테이블 상태

사원번호	이름	부서
10	김기획	기획부
20	박인사	인사부

예제 7 SAVEPOINT 없이 ROLLBACK을 수행하시오.

```
ROLLBACK;
```

해설

'사원번호'가 40인 사원의 정보를 삭제한 후 COMMIT을 수행했으므로 예제 7 의 ROLLBACK이 적용되는 시점은 예제 1 의 COMMIT 이후 새롭게 작업이 수행되는 예제 2 의 작업부터이다.

〈사원〉 테이블 상태

사원번호	이름	부서
10	김기획	기획부
20	박인사	인사부
30	최재무	재무부

※ 정답 및 해설은 82쪽에 있습니다.

기출 따라잡기 Section 103

20년 7월, 필기 21년 5월

1411951

문제 1 데이터를 제어하는 DCL의 하나인 ROLLBACK에 대해 간략히 서술하시오.

답 :

21년 10월

1411959

문제 2 데이터를 제어하는 DCL의 하나인 GRANT의 기능에 대해 간략히 서술하시오.

답 :

필기 22년 4월, 20년 9월

1411952

문제 3 DBA가 사용자 PARK에게 테이블 [STUDENT]의 데이터를 갱신할 수 있는 시스템 권한을 부여하는 SQL문을 작성하려고 한다. 다음 〈SQL문〉을 완성하시오.

〈SQL문〉

```
(  ①  ) UPDATE (  ②  ) STUDENT TO PARK;
```

답

- ①
- ②

※ DCL을 이용하여 다음 요구 사항에 맞는 SQL문을 작성하시오(4~7번).

〈학사관리 시스템 스키마〉

학생(<u>학번</u>, 주민등록번호, 이름, 학년, 전화번호, 주소)
강좌(<u>강좌번호</u>, 강좌명, 학점, 수강인원, 강의실, 학기, 연도, 교수번호)
수강(<u>학번</u>, <u>강좌번호</u>, 성적)
교수(<u>교수번호</u>, 주민등록번호, 이름, 직위, 임용년도)

이전기출

문제 4 김하늘에게 〈학생〉 테이블에 대한 접근 및 조작에 관한 모든 권한을 부여하는 SQL문을 작성하시오.

1411953

답 :

이전기출

문제 5 김하늘에게 〈강좌〉 테이블에 대해 삭제하는 권한을 부여하고, 〈강좌〉 테이블에 대해 삭제하는 권한을 다른 사람에게 부여할 수 있는 권한을 부여하는 SQL문을 작성하시오.

1411954

답 :

이전기출

문제 6 임꺽정에게 부여된 〈교수〉 테이블에 대한 SELECT, INSERT, DELETE 권한을 취소하는 SQL문을 작성하시오.

1411955

답 :

이전기출

문제 7 〈수강〉 테이블에 대해 임꺽정에게 부여된 UPDATE 권한과 임꺽정이 다른 사람에게 UPDATE 권한을 부여할 수 있는 권한, 그리고 임꺽정이 다른 사람에게 부여한 UPDATE 권한도 모두 취소하는 SQL문을 작성하시오.

1411956

답 :

이전기출

문제 8 트랜잭션은 데이터베이스에서 하나의 논리적 기능을 수행하기 위한 일련의 연산 집합으로서 작업의 단위가 된다. 트랜잭션의 연산 ROLLBACK과 COMMIT 중 COMMIT의 개념을 간략히 서술하시오.

1411957

답 :

출제예상 1411958

문제 9 〈학생〉 테이블에 대해 다음 SQL문을 순차적으로 수행하였으나 작업 중 문제가 생겨 〈학생〉 테이블의 상태를 학번이 '2001'과 '2002'인 학생의 정보가 남아있는 상태로 복원하려고 한다. 적합한 ROLLBACK 명령을 작성하시오.

〈학생〉

학번	이름	학과
2001	한서현	생명공학
2002	김영현	인공지능
2003	명호준	유전공학
2004	유연우	컴퓨터공학

〈SQL문〉

```
DELETE * FROM 학생 WHERE 학번 = 2004;
COMMIT;
DELETE * FROM 학생 WHERE 학번 = 2003;
SAVEPOINT P1;
DELETE * FROM 학생 WHERE 학번 = 2002;
SAVEPOINT P2;
DELETE * FROM 학생 WHERE 학번 = 2001;
```

복원하려는 〈학생〉 테이블 상태

학번	이름	학과
2001	한서현	생명공학
2002	김영현	인공지능

답 :

SECTION 104

SQL - DML

DML의 네 가지 유형 중에서 INSERT, DELETE, UPDATE 명령문을 학습합니다. 세 가지 유형의 구문은 예제를 통해 사용법까지 꼭 암기하세요. SELECT 명령은 다음 섹션에서 학습합니다.

필기 23.5, 20.8, 20.6

1 DML(Data Manipulation Language, 데이터 조작어)

- DML은 데이터베이스 사용자가 **저장된 데이터를 실질적으로 관리하는데 사용되는 언어**이다.
- DML은 데이터베이스 사용자와 데이터베이스 관리 시스템 간의 인터페이스를 제공한다.
- DML의 유형

명령문	기능
필기 20.8, 20.6 SELECT	테이블에서 튜플을 검색함
필기 20.8, 20.6 INSERT	테이블에 새로운 튜플을 삽입함
필기 20.8, 20.6 DELETE	테이블에서 튜플을 삭제함
필기 23.5, 20.8, 20.6 UPDATE	테이블에서 튜플의 내용을 갱신함

24.7, 23.4, 필기 23.7, 23.5

2 삽입문(INSERT INTO~)

삽입문은 기본 테이블에 새로운 튜플을 삽입할 때 사용한다.

일반 형식

```
INSERT INTO 테이블명([속성명1, 속성명2,…])
VALUES (데이터1, 데이터2,… );
```

- 대응하는 속성과 데이터는 개수와 데이터 유형이 일치해야 한다.
- 기본 테이블의 모든 속성을 사용할 때는 속성명을 생략할 수 있다.
- SELECT문을 사용하여 다른 테이블의 검색 결과를 삽입할 수 있다.

〈사원〉

이름	부서	생일	주소	기본급
홍길동	기획	04/05/61	망원동	120
임꺽정	인터넷	01/09/69	성산동	80
황진이	편집	07/21/75	연희동	100
김선달	편집	10/22/73	망원동	90
성춘향	기획	02/20/64	망원동	100
장길산	편집	03/11/67	상암동	120
일지매	기획	04/29/78	합정동	110
강호동	인터넷	12/11/80		90

예제 1 〈사원〉 테이블에 (이름 – 홍승현, 부서 – 인터넷)을 삽입하시오.

```
INSERT INTO 사원(이름, 부서) VALUES ('홍승현', '인터넷');
```

예제 2 〈사원〉 테이블에 (장보고, 기획, 05/03/73, 홍제동, 90)을 삽입하시오.

```
INSERT INTO 사원 VALUES ('장보고', '기획', #05/03/73#, '홍제동', 90);
```

날짜 데이터는 숫자로 취급하지만 ' ' 또는 # #으로 묶어줍니다.

예제 3 〈사원〉 테이블에 있는 편집부의 모든 튜플을 편집부원(이름, 생일, 주소, 기본급) 테이블에 삽입하시오.

```
INSERT INTO 편집부원(이름, 생일, 주소, 기본급)
SELECT 이름, 생일, 주소, 기본급
FROM 사원
WHERE 부서 = '편집';
```

23.4, 20.10, 필기 23.2

3 삭제문(DELETE FROM~)

삭제문은 기본 테이블에 있는 튜플들 중에서 특정 튜플(행)을 삭제할 때 사용한다.

DELETE문은 테이블 구조나 테이블 자체는 그대로 남겨 두고, 테이블 내의 튜플들만 삭제합니다. 테이블을 완전히 제거하기 위해서는 DROP문을 사용해야 합니다.

일반 형식

```
DELETE
FROM 테이블명
[WHERE 조건];
```

- 모든 레코드를 삭제할 때는 WHERE절을 생략한다.

• 모든 레코드를 삭제하더라도 테이블 구조는 남아 있기 때문에 디스크에서 테이블을 완전히 제거하는 DROP과는 다르다.

예제 1 〈사원〉 테이블에서 "임꺽정"에 대한 튜플을 삭제하시오.

```
DELETE
FROM 사원
WHERE 이름 = '임꺽정';
```

예제 2 〈사원〉 테이블에서 "인터넷" 부서에 대한 모든 튜플을 삭제하시오.

```
DELETE
FROM 사원
WHERE 부서 = '인터넷';
```

예제 3 〈사원〉 테이블의 모든 레코드를 삭제하시오.

```
DELETE
FROM 사원;
```

전문가의 조언

UPDATE ~ SET ~ WHERE를 기억하세요.

4 갱신문(UPDATE~ SET~)

24.7, 21.7, 필기 24.7, 23.7, 21.5, 20.9

갱신문은 기본 테이블에 있는 튜플들 중에서 특정 튜플의 내용을 변경할 때 사용한다.

일반 형식

```
UPDATE 테이블명
SET 속성명 = 데이터[, 속성명=데이터, …]
[WHERE 조건];
```

예제 1 〈사원〉 테이블에서 "홍길동"의 '주소'를 "수색동"으로 수정하시오.

```
UPDATE 사원
SET 주소 = '수색동'
WHERE 이름 = '홍길동';
```

예제 2 〈사원〉 테이블에서 "황진이"의 '부서'를 "기획부"로 변경하고 '기본급'을 5만원 인상시키시오.

```
UPDATE 사원
SET 부서 = '기획', 기본급 = 기본급 + 5
WHERE 이름 = '황진이';
```

※ 정답 및 해설은 83쪽에 있습니다.

기출 따라잡기 Section 104

23년 4월, 20년 10월

1412051

문제 1 〈학생〉 테이블에서 '이름'이 "민수"인 튜플을 삭제하고자 한다. 다음 〈처리 조건〉을 참고하여 SQL문을 작성하시오.

〈처리 조건〉

- 최소한의 코드로 작성될 수 있도록 SQL문을 구성한다.
- 명령문 마지막의 세미콜론(;)은 생략이 가능하다.
- 인용 부호가 필요한 경우 작은따옴표(' ')를 사용한다.

답 :

23년 7월

4440204

문제 2 다음 〈학생〉 테이블에 (9816021, '한국산', 3, '경영학개론', '050-1234-1234')인 데이터를 삽입하고자 한다. 〈처리 조건〉을 참고하여 적합한 SQL문을 작성하시오.

〈학생〉

학번	이름	학년	신청과목	연락처
9815932	김태산	3	경영정보시스템	050-5234-1894
9914511	박명록	2	경제학개론	050-1415-4986
0014652	이익명	1	국제경영	050-6841-6781
9916425	김혜리	2	재무관리	050-4811-1187
9815945	이지영	3	인적자원관리	050-9785-8845

〈처리 조건〉

- 최소한의 코드로 작성될 수 있도록 SQL문을 구성한다.
- 명령문 마지막의 세미콜론(;)은 생략이 가능하다.
- 인용 부호가 필요한 경우 작은따옴표(' ')를 사용한다.

답 :

문제 3 24년 7월 다음에 제시된 〈학생〉과 〈학부〉 테이블에 대한 릴레이션 스키마를 참고하여 각 SQL문의 요구사항에 맞도록 괄호(①~④)에 알맞은 답을 적어 SQL문을 완성하시오.

5440210

릴레이션 스키마

〈학생〉

학번(PK)	이름	나이	학과

〈학부〉

학번(PK)	이름	주소	나이

〈SQL 1〉 문

[요구사항] 신입생 정보가 확인되어 〈학부〉 테이블에 신입생 정보를 추가한다.
[SQL]
INSERT INTO 학부(학번, 이름, 주소, 나이) (①) (240912, '최재균', '서울', 20);

〈SQL 2〉 문

[요구사항] 〈SQL 1〉 문에서 추가한 학생을 〈학부〉 테이블에서 검색한 후 검색된 자료를 〈학생〉 테이블에 추가한다.
[SQL]
INSERT INTO 학생(학번, 이름, 나이, 학과) (②) 학번, 이름, 나이, '컴퓨터공학' FROM 학부 WHERE 이름 = '최재균';

〈SQL 3〉 문

[요구사항] 〈학생〉 테이블의 모든 자료를 조회한다.
[SQL]
SELECT * (③) 학생;

〈SQL 4〉 문

[요구사항] 학생이 휴학 신청해서 해당 학생의 '학과' 필드의 값을 "휴학"으로 변경한다.
[SQL]
UPDATE 학생 (④) 학과 = '휴학' WHERE 학번 = 240912;

답

- ①
- ②
- ③
- ④

21년 7월

1412057

문제 4 SQL과 관련한 다음 설명에서 괄호(①, ②)에 들어갈 알맞은 답을 쓰시오.

UPDATE문은 테이블에 있는 튜플의 내용을 갱신할 때 사용하는 명령문으로, DML에 해당한다. 다른 DML로는 INSERT, DELETE가 있으며, 각각 새로운 튜플을 삽입하거나 삭제할 때 사용한다.

〈학부생〉 테이블

학부	학과번호	입학생수	담당관
정경대학	110	300	김해율
공과대학	310	250	이성관
인문대학	120	400	김해율
정경대학	120	300	김성수
인문대학	420	180	이율해

다음은 〈학부생〉 테이블에서 '입학생수'가 300 이상인 튜플의 '학과번호'를 999로 갱신하는 SQL문이다.

```
( ① ) 학부생 ( ② ) 학과번호 = 999 WHERE 입학생수 >= 300;
```

답

- ①
- ②

출제예상

1412056

문제 5 〈사원〉 테이블에 있는 자료 중에서 '부서'가 "기획"인 자료를 검색하여 〈기획부(성명, 경력, 주소, 기본급)〉 테이블에 삽입하는 SQL문을 작성하시오.

테이블 스키마

사원(성명, 부서, 경력, 주소, 기본급)

답 :

SECTION 105

DML - SELECT-1

전문가의 조언

- 실무에서 가장 많이 사용되는 SQL 명령이 SELECT입니다. 이번 섹션에서는 SELECT문의 일반 형식, 기본 검색, 조건 지정 검색, 정렬 검색, 하위 질의, 복수 테이블 질의에 대해 학습합니다. 각 절, 옵션의 기능까지 정확히 암기해 두세요. 나머지 중요한 요소는 그때그때 설명하겠습니다.
- SELECT문의 일반 형식에 포함된 내용이 길어 학습할 분량을 두 섹션으로 분리하였습니다. 흐리게 처리된 형식은 다음 섹션에서 학습할 내용입니다.

22.10, 20.5, 필기 22.3, 21.5, 20.8, 20.6

1 일반 형식

```
SELECT [PREDICATE] [테이블명.]속성명 [AS 별칭][, [테이블명.]속성명, …]
[, 그룹함수(속성명) [AS 별칭]]
[, Window함수 OVER (PARTITION BY 속성명1, 속성명2, …
                ORDER BY 속성명3, 속성명4, …)]
FROM 테이블명[, 테이블명, …]
[WHERE 조건]
[GROUP BY 속성명, 속성명, …]
[HAVING 조건]
[ORDER BY 속성명 [ASC | DESC]];
```

- SELECT절
  - PREDICATE : 검색할 튜플 수를 제한하는 명령어를 기술함
    - ▶ DISTINCT : 중복된 튜플이 있으면 그 중 첫 번째 한 개만 표시함
  - 속성명 : 검색하여 불러올 속성(열) 또는 속성을 이용한 수식을 지정함
  - AS : 속성이나 연산의 이름을 다른 이름으로 표시하기 위해 사용함
- FROM절 : 검색할 데이터가 들어있는 테이블 이름을 기술함
- WHERE절 : 검색할 조건을 기술함
- ORDER BY절 : 데이터를 정렬하여 검색할 때 사용함
  - 속성명 : 정렬의 기준이 되는 속성명을 기술함
  - [ASC | DESC] : 정렬 방식으로, 'ASC'는 오름차순, 'DESC'는 내림차순이다. 생략하면 오름차순으로 지정됨

21.7, 필기 21.8

2 조건 연산자

- 비교 연산자

연산자	=	〈〉	〉	〈	〉=	〈=
의미	같다	같지 않다	크다	작다	크거나 같다	작거나 같다

- 논리 연산자 : NOT, AND, OR

• LIKE 연산자 : 대표 문자를 이용해 지정된 속성의 값이 문자 패턴과 일치하는 튜플을 검색하기 위해 사용된다.

대표 문자	%	_	#
의미	모든 문자를 대표함	문자 하나를 대표함	숫자 하나를 대표함

다음과 같은 기본 테이블에 대해 다음 예제의 결과를 확인하시오.

전문가의 조언
중요해요! 지금부터는 예제로 주어진 테이블을 보고 꼭 결과를 확인하고 예제에 대한 SQL을 모두 쓸 수 있을 정도로 암기세요.

〈사원〉

이름	부서	생일	주소	기본급
홍길동	기획	04/05/61	망원동	120
임꺽정	인터넷	01/09/69	서교동	80
황진이	편집	07/21/75	합정동	100
김선달	편집	10/22/73	망원동	90
성춘향	기획	02/20/64	대흥동	100
장길산	편집	03/11/67	상암동	120
일지매	기획	04/29/78	연남동	110
강건달	인터넷	12/11/80		90

〈여가활동〉

이름	취미	경력
김선달	당구	10
성춘향	나이트댄스	5
일지매	태껸	15
임꺽정	씨름	8

24.7, 필기 23.2

3 기본 검색

1412103

SELECT 절에 원하는 속성을 지정하여 검색한다.

예제 1 〈사원〉 테이블의 모든 튜플을 검색하시오.

```
• SELECT * FROM 사원;
• SELECT 사원.* FROM 사원;
• SELECT 이름, 부서, 생일, 주소, 기본급 FROM 사원;
• SELECT 사원.이름, 사원.부서, 사원.생일, 사원.주소, 사원.기본급 FROM 사원;
```

※ 위의 SQL은 모두 보기에 주어진 〈사원〉 테이블 전체를 그대로 출력한다.

〈결과〉

이름	부서	생일	주소	기본급
홍길동	기획	04/05/61	망원동	120
임꺽정	인터넷	01/09/69	서교동	80
황진이	편집	07/21/75	합정동	100
김선달	편집	10/22/73	망원동	90
성춘향	기획	02/20/64	대흥동	100
장길산	편집	03/11/67	상암동	120
일지매	기획	04/29/78	연남동	110
강건달	인터넷	12/11/80		90

중복을 제거하는 DISTINCT의 의미를 정확히 알아두세요.

예제 2 〈사원〉 테이블에서 '주소'만 검색하되 같은 '주소'는 한 번만 출력하시오.

```
SELECT DISTINCT 주소
FROM 사원;
```

〈결과〉

주소
대흥동
망원동
상암동
서교동
연남동
합정동

예제 3 〈사원〉 테이블에서 '기본급'에 특별수당 10을 더한 월급을 "XX부서의 XXX의 월급 XXX" 형태로 출력하시오.

부서+"부서의" AS 부서2
'부서'에 "부서의"를 연결하여 표시하되, '부서2'라는 속성명으로 표시합니다.

```
SELECT 부서 + '부서의' AS 부서2, 이름 + '의 월급' AS 이름2, 기본급 + 10 AS 기본급2
FROM 사원;
```

〈결과〉

부서2	이름2	기본급2
기획부서의	홍길동의 월급	130
인터넷부서의	임꺽정의 월급	90
편집부서의	황진이의 월급	110
편집부서의	김선달의 월급	100
기획부서의	성춘향의 월급	110
편집부서의	장길산의 월급	130
기획부서의	일지매의 월급	120
인터넷부서의	강건달의 월급	100

22.7, 20.7, 필기 24.7, 23.7, 23.5, 22.3, 21.8, 21.3, 20.8

4 조건 지정 검색

WHERE 절에 조건을 지정하여 조건에 만족하는 튜플만 검색한다.

예제 1 〈사원〉 테이블에서 '기획'부의 모든 튜플을 검색하시오.

```
SELECT *
FROM 사원
WHERE 부서 = '기획';
```

〈결과〉

이름	부서	생일	주소	기본급
홍길동	기획	04/05/61	망원동	120
성춘향	기획	02/20/64	대흥동	100
일지매	기획	04/29/78	연남동	110

예제 2 〈사원〉 테이블에서 "기획" 부서에 근무하면서 "대흥동"에 사는 사람의 튜플을 검색하시오.

```
SELECT *
FROM 사원
WHERE 부서 = '기획' AND 주소 = '대흥동';
```

〈결과〉

이름	부서	생일	주소	기본급
성춘향	기획	02/20/64	대흥동	100

예제 3 〈사원〉 테이블에서 '부서'가 "기획"이거나 "인터넷"인 튜플을 검색하시오.

```
SELECT *
FROM 사원
WHERE 부서 = '기획' OR 부서 = '인터넷';
```

예제 3은 다음과 같이 검색해도 됩니다.

```
SELECT *
FROM 사원
WHERE 부서 IN ('기획', '인터넷');
```

〈결과〉

이름	부서	생일	주소	기본급
홍길동	기획	04/05/61	망원동	120
임꺽정	인터넷	01/09/69	서교동	80
성춘향	기획	02/20/64	대흥동	100
일지매	기획	04/29/78	연남동	110
강건달	인터넷	12/11/80		90

예제 4 〈사원〉 테이블에서 성이 '김'인 사람의 튜플을 검색하시오.

```
SELECT *
FROM 사원
WHERE 이름 LIKE "김%";
```

〈결과〉

이름	부서	생일	주소	기본급
김선달	편집	10/22/73	망원동	90

전문가의 조언

날짜 데이터는 숫자로 취급하지만 ' ' 또는 # #으로 묶어줍니다.

예제 5 〈사원〉 테이블에서 '생일'이 '01/01/69'에서 '12/31/73' 사이인 튜플을 검색하시오.

```
SELECT *
FROM 사원
WHERE 생일 BETWEEN #01/01/69# AND #12/31/73#;
```

〈결과〉

이름	부서	생일	주소	기본급
임꺽정	인터넷	01/09/69	서교동	80
김선달	편집	10/22/73	망원동	90

전문가의 조언

NULL이 아닌 값을 검색할 때는 IS NOT NULL을 사용합니다.

예 〈사원〉 테이블에서 '주소'가 NULL이 아닌 튜플 검색

```
SELECT *
FROM 사원
WHERE 주소 IS NOT NULL;
```

예제 6 〈사원〉 테이블에서 '주소'가 NULL인 튜플을 검색하시오.

```
SELECT *
FROM 사원
WHERE 주소 IS NULL;
```

〈결과〉

이름	부서	생일	주소	기본급
강건달	인터넷	12/11/80		90

전문가의 조언

ORDER BY절이 정렬에 사용된다는 것과 'ASC', 'DESC'의 의미를 꼭 기억하세요.

22.5, 21.7, 필기 23.5, 22.4

5 정렬 검색

1412105

ORDER BY 절에 특정 속성을 지정하여 지정된 속성으로 자료를 정렬하여 검색한다.

예제 1 〈사원〉 테이블에서 '주소'를 기준으로 내림차순 정렬시켜 상위 2개 튜플만 검색하시오.

```
SELECT TOP 2 *
FROM 사원
ORDER BY 주소 DESC;
```

〈결과〉

이름	부서	생일	주소	기본급
황진이	편집	07/21/75	합정동	100
일지매	기획	04/29/78	연남동	110

예제 2 〈사원〉 테이블에서 '부서'를 기준으로 오름차순 정렬하고, 같은 '부서'에 대해서는 '이름'을 기준으로 내림차순 정렬시켜서 검색하시오.

```
SELECT *
FROM 사원
ORDER BY 부서 ASC, 이름 DESC;
```

〈결과〉

이름	부서	생일	주소	기본급
홍길동	기획	04/05/61	망원동	120
일지매	기획	04/29/78	연남동	110
성춘향	기획	02/20/64	대흥동	100
임꺽정	인터넷	01/09/69	서교동	80
강건달	인터넷	12/11/80		90
황진이	편집	07/21/75	합정동	100
장길산	편집	03/11/67	상암동	120
김선달	편집	10/22/73	망원동	90

6 하위 질의

24.10, 24.4, 22.7, 필기 24.7, 24.2, 23.5, 22.4, 21.3, 20.9, 20.6

3710506

하위 질의는 조건절에 주어진 질의를 먼저 수행하여 그 검색 결과를 조건절의 피연산자로 사용한다.

예제 1 '취미'가 "나이트댄스"인 사원의 '이름'과 '주소'를 검색하시오.

```
SELECT 이름, 주소
FROM 사원
WHERE 이름 = (SELECT 이름 FROM 여가활동 WHERE 취미 = '나이트댄스') ;
```

〈결과〉

이름	주소
성춘향	대흥동

먼저 "SELECT 이름 FROM 여가활동 WHERE 취미 = '나이트댄스'"를 수행하여 〈여가활동〉 테이블에서 '성춘향'을 찾습니다. 그런 다음 하위 질의에 해당하는 피연산자의 자리에 '성춘향'을 대입하면 질의문은 "SELECT 이름, 주소 FROM 사원 WHERE 이름 = '성춘향'"과 같습니다.

예제 2 취미활동을 하지 않는 사원들을 검색하시오.

```
SELECT *
FROM 사원
WHERE 이름 NOT IN (SELECT 이름 FROM 여가활동) ;
```

Not In ( )
Not In ( )은 포함되지 않는 데이터를 의미합니다. 즉 〈사원〉 테이블에서 모든 자료를 검색하는데, 〈여가활동〉 테이블에 '이름'이 있는 자료는 제외하고 검색합니다.

〈결과〉

이름	부서	생일	주소	기본급
홍길동	기획	04/05/61	망원동	120
황진이	편집	07/21/75	합정동	100
장길산	편집	03/11/67	상암동	120
강건달	인터넷	12/11/80		90

22.7
ALL ( )
ALL ( )는 하위 질의로 검색된 범위를 기본 질의의 조건으로 사용합니다. 즉 〈사원〉 테이블에서 주소가 "망원동"인 사원의 기본급을 모두 추출한 후 추출된 기본급들을 기본 질의의 조건으로 사용합니다.

❶ SELECT 기본급 FROM 사원 WHERE 주소 = "망원동"; : 〈사원〉 테이블에서 '주소'가 "망원동"인 사원들의 '기본급'을 추출합니다. 결과는 120, 90입니다.

❷ SELECT 이름, 기본급, 주소 FROM 사원 WHERE 기본급 〈 ALL (❶) : '기본급'이 ❶에서 추출된 '기본급'의 모든(ALL) 범위인 120, 90보다 작은(〈), 즉 범위 안에서 가장 작은 90보다 작은 기본급을 갖는 자료를 대상으로 '이름', '기본급', '주소'를 출력합니다. 결과는 "임꺽정", "80", "서교동"입니다.

예제 3 "망원동"에 거주하는 사원들의 '기본급'보다 적은 '기본급'을 받는 사원의 정보를 검색하시오.

```
SELECT 이름, 기본급, 주소
FROM 사원
WHERE 기본급 < ALL (SELECT 기본급 FROM 사원 WHERE 주소 = "망원동");
```

〈결과〉

이름	기본급	주소
임꺽정	80	서교동

7 복수 테이블 검색

1412107

여러 테이블을 대상으로 검색을 수행한다.

예제 '경력'이 10년 이상인 사원의 '이름', '부서', '취미', '경력'을 검색하시오.

```
SELECT 사원.이름, 사원.부서, 여가활동.취미, 여가활동.경력
FROM 사원, 여가활동
WHERE 여가활동.경력 >= 10 AND 사원.이름 = 여가활동.이름 ;
```

〈결과〉

이름	부서	취미	경력
김선달	편집	당구	10
일지매	기획	태껸	15

※ 정답 및 해설은 84쪽에 있습니다.

기출 따라잡기 Section 105

22년 7월, 20년 7월 3710551

문제 1 다음 〈TABLE〉을 참조하여 〈SQL문〉을 실행했을 때 출력되는 결과를 쓰시오. (〈TABLE〉에 표시된 'NULL'은 값이 없음을 의미한다.)

〈TABLE〉

INDEX	COL1	COL2
1	2	NULL
2	4	6
3	3	5
4	6	3
5	NULL	3

〈SQL문〉

```
SELECT COUNT(COL2)
FROM TABLE
WHERE COL1 IN (2, 3)
    OR COL2 IN (3, 5);
```

답 :

22년 10월, 20년 5월 1412152

문제 2 학생(STUDENT) 테이블에 전기과 학생이 50명, 전산과 학생이 100명, 전자과 학생이 50명 있다고 할 때, 다음 SQL문 ①, ②, ③의 실행 결과로 표시되는 튜플의 수를 쓰시오(단, DEPT 필드는 학과를 의미한다).

```
① SELECT DEPT FROM STUDENT;
② SELECT DISTINCT DEPT FROM STUDENT;
③ SELECT COUNT(DISTINCT DEPT) FROM STUDENT WHERE DEPT
   = '전산과';
```

답

- ①
- ②
- ③

전문가의 조언

중요해요! 출제빈도가 아주 높을 것으로 예상되는 섹션입니다. '기출 따라잡기'에 수록된 문제는 문제만 보고 답을 쓸 수 있도록 반복해서 연습하세요. 문제에 따라서 변경해야 할 부분이 어디인지도 확실하게 알아두고요.

22년 5월, 필기 23년 5월, 22년 4월

3710553

문제 3 다음은 〈성적〉 테이블에서 이름(name)과 점수(score)를 조회하되, 점수를 기준으로 내림차순 정렬하여 조회하는 〈SQL문〉이다. 괄호(①~③)에 알맞은 답을 적어 〈SQL문〉을 완성하시오.

〈성적〉

name	class	score
정기찬	A	85
이영호	C	74
환정형	C	95
김지수	A	90
최은영	B	82

〈SQL문〉

```
SELECT name, score
FROM 성적
( ① ) BY ( ② ) ( ③ )
```

답

• ①　　　• ②　　　• ③

22년 7월

3710554

문제 4 다음은 〈제품〉(제품명, 단가, 제조사) 테이블을 대상으로 "H" 제조사에서 생산한 제품들의 '단가'보다 높은 '단가'를 가진 제품의 정보를 조회하는 〈SQL문〉이다. 괄호에 들어갈 알맞은 답을 적어 〈SQL문〉을 완성하시오.

〈SQL문〉

```
SELECT 제품명, 단가, 제조사
FROM 제품
WHERE 단가 > (        ) (SELECT 단가 FROM 제품 WHERE 제조사 = 'H');
```

답 :

21년 7월

문제 5 다음은 〈회원〉 테이블에서 '이름'이 "이"로 시작하는 회원들을 '가입일' 순으로 내림차순 정렬하는 〈SQL문〉이다. 괄호(①, ②)에 들어갈 알맞은 답을 쓰시오.

1412161

〈회원〉 테이블

회원번호	이름	성별	가입일
1001	이진성	남	2021-06-23
1002	조이령	여	2021-06-24
1003	최민수	남	2021-06-28
1004	김차희	여	2021-07-03
1005	이미경	여	2021-07-10

〈SQL문〉

```
SELECT * FROM 회원 WHERE 이름 LIKE '(  ①  )' ORDER BY 가입일
(  ②  );
```

답

• ①

• ②

필기 22.3

문제 6 〈Sale〉 테이블에서 판매량(psale)이 10이상 20이하인 상품의 코드(pid)를 검색하는 SQL문을 작성하시오.

1412156

〈Sale〉 테이블

id
sid pid psale

답 :

1412158

이전기출

문제 7 〈학생정보〉 테이블의 '학번'과 〈신청정보〉 테이블의 '학번'이 같고, 〈신청정보〉 테이블의 '신청번호'와 〈결제〉 테이블의 '신청번호'가 같은 데이터 중 '신청과목'이 "OpenGL"인 데이터의 "학번", '이름', '결제여부'를 검색하는 SQL문을 작성하시오. 검색 결과는 다음과 같다.

〈결제〉

학번	신청번호	결제여부
2016212060	P0001	미납
2016212060	P0002	미납
2014212054	P0003	완납
2014212054	P0004	완납
2012212001	P0005	미납
2013212031	P0006	완납
2015212066	P0007	미납
2015212022	P0008	미납
2014212054	P0009	완납

〈학생정보〉

학번	이름	전공
2016212060	이해준	컴퓨터공학
2015212066	조은별	컴퓨터공학
2015212022	박지영	생명공학
2013212031	양세옥	컴퓨터공학
2014212054	이범용	컴퓨터공학
2012212001	곽광진	화학공학
2013212052	김태균	기계공학

〈신청정보〉

신청번호	학번	신청과목
P0001	2016212060	OpenGL
P0002	2016212060	C
P0003	2014212054	HTML
P0004	2014212054	OpenGL
P0005	2012212001	C++
P0006	2013212031	Java
P0007	2015212066	Java
P0008	2015212022	OpenGL
P0009	2014212054	Java

〈검색 결과〉

학번	이름	결제여부
2016212060	이해준	미납
2014212054	이범용	완납
2015212022	박지영	미납

답 :

이전기출

1412159

문제 8 〈CUSTOMER〉 테이블에 대한 다음의 각 질문에 알맞은 SQL문을 작성하시오.

〈CUSTOMER〉

ID	NAME	AGE	GRADE	JOB	POINT
G001	KIM	35	GOLD	회사원	1800
G002	LEE	42	VIP	회사원	2500
G003	PARK	30	GOLD	프리랜서	1500
G004	JUNG	28	SILVER	학생	800
G005	JO	NULL	SILVER	주부	650
G006	CHOI	50	VIP	자영업	3000

① CUSTOMER 테이블에서 ID, NAME을 검색하는 SQL문을 작성하시오.

답 :

② CUSTOMER 테이블에서 GRADE를 중복 없이 검색하는 SQL문을 작성하시오.

답 :

③ CUSTOMER 테이블에서 모든 데이터를 ID를 기준으로 내림차순 정렬하여 검색하는 SQL문을 작성하시오.

답 :

④ CUSTOMER 테이블에서 AGE가 입력되지 않은(NULL인) NAME을 검색하는 SQL문을 작성하시오.

답 :

⑤ CUSTOMER 테이블에서 AGE가 입력된(NULL이 아닌) NAME을 검색하는 SQL문을 작성하시오.

답 :

출제예상

1412160

문제 9 다음의 조건을 만족하도록 괄호에 적합한 명령을 넣어 SQL문을 완성하시오.

〈회사원〉 테이블 속성

사번	사원명	부서	직위	연락번호

〈조건〉

회사원 테이블에서 사원명을 검색하는데, 조건은 연락번호가 Null이 아닌 사원명을 모두 찾는 것이다.

〈SQL〉

```
SELECT 사원명 FROM 회사원 WHERE (          );
```

답 :

24년 10월, 4월

5440112

문제 10 다음 〈R1〉과 〈R2〉 테이블을 참조하여 〈SQL문〉을 실행했을 때 출력되는 결과를 쓰시오. (SQL을 실행하였을 때 출력되는 속성명과 값들을 모두 답안에 적으시오.)

〈R1〉

A	B	C
1	a	x
2	b	y
3	c	t

〈R2〉

C	D	E
x	k	k
y	k	t
z	p	k

〈SQL문〉

```
SELECT B
FROM R1
WHERE C IN (SELECT C FROM R2 WHERE D='k');
```

답 :

SECTION 106

DML - SELECT-2

1 일반 형식

```
SELECT [PREDICATE] [테이블명.]속성명 [AS 별칭][, [테이블명.]속성명, …]
[, 그룹함수(속성명) [AS 별칭]]
[, WINDOW함수 OVER (PARTITION BY 속성명1, 속성명2, …
                    ORDER BY 속성명3, 속성명4, …) [AS 별칭]]
FROM 테이블명[, 테이블명, …]
[WHERE 조건]
[GROUP BY 속성명, 속성명, …]
[HAVING 조건]
[ORDER BY 속성명 [ASC | DESC]];
```

- **그룹함수** : GROUP BY절에 지정된 그룹별로 속성의 값을 집계할 함수를 기술함
- **WINDOW 함수** : GROUP BY절을 이용하지 않고 속성의 값을 집계할 함수를 기술함
  - PARTITION BY : WINDOW 함수의 적용 범위*가 될 속성을 지정함
  - ORDER BY : PARTITION 안에서 정렬 기준으로 사용할 속성을 지정함
- **GROUP BY절** : 특정 속성을 기준으로 그룹화하여 검색할 때 사용한다. 일반적으로 GROUP BY절은 그룹 함수와 함께 사용됨
- **HAVING절** : GROUP BY와 함께 사용되며, 그룹에 대한 조건을 지정함

전문가의 조언

- 이번 섹션에서는 WINDOW 함수 이용 검색, 그룹 지정 검색, 집합 연산자를 이용한 통합질의에 대해 학습합니다. 각 절, 옵션의 기능까지 정확히 암기해 두세요. 나머지 중요한 요소는 그때그때 설명하겠습니다.
- SELECT문의 일반 형식에 포함된 내용이 길어 학습할 분량을 두 섹션으로 분리하였습니다. 흐리게 처리된 형식은 이전 섹션에서 학습한 내용입니다.

WINDOW 함수의 적용 범위
GROUP BY 절에 지정한 속성이 그룹 함수의 범위로 사용되듯이 PARTITION BY 절에 지정한 속성이 WINDOW 함수의 범위로 사용됩니다.

23.4, 22.10, 21.4, 필기 20.8

2 그룹 함수

그룹 함수는 GROUP BY절에 지정된 그룹별로 속성의 값을 집계할 때 사용된다.

함수	기능
COUNT(속성명)	그룹별 튜플 수를 구하는 함수
SUM(속성명)	그룹별 합계를 구하는 함수
AVG(속성명)	그룹별 평균을 구하는 함수

MAX(속성명)	그룹별 최대값을 구하는 함수
MIN(속성명)	그룹별 최소값을 구하는 함수
STDDEV(속성명)	그룹별 표준편차를 구하는 함수
VARIANCE(속성명)	그룹별 분산을 구하는 함수
ROLLUP(속성명, 속성명, …)	• 인수로 주어진 속성을 대상으로 그룹별 소계를 구하는 함수 • 속성의 개수가 n개이면, n+1 레벨까지, 하위 레벨에서 상위 레벨 순으로 데이터가 집계됨
CUBE(속성명, 속성명, …)	• ROLLUP과 유사한 형태지만 CUBE는 인수로 주어진 속성을 대상으로 모든 조합의 그룹별 소계를 구함 • 속성의 개수가 n개이면, 2^n 레벨까지, 상위 레벨에서 하위 레벨 순으로 데이터가 집계됨

3 WINDOW 함수

1412203

• WINDOWS 함수는 GROUP BY절을 이용하지 않고 함수의 인수로 지정한 속성의 값을 집계한다.
• 함수의 인수로 지정한 속성이 집계할 범위가 되는데, 이를 윈도우(WINDOW)라고 부른다.
• WINDOW 함수
  – ROW_NUMBER( ) : 윈도우별로 각 레코드에 대한 일련번호를 반환한다.
  – RANK( ) : 윈도우별로 순위를 반환하며, 공동 순위를 반영한다.
  – DENSE_RANK( ) : 윈도우별로 순위를 반환하며, 공동 순위를 무시하고 순위를 부여한다.

4 WINDOW 함수 이용 검색

1412204

GROUP BY절을 이용하지 않고 함수의 인수로 지정한 속성을 범위로 하여 속성의 값을 집계한다.

〈상여금〉

부서	이름	상여내역	상여금
기획	홍길동	연장근무	100
기획	일지매	연장근무	100
기획	최준호	야간근무	120
기획	장길산	특별근무	90
인터넷	강건달	특별근무	90

인터넷	서국현	특별근무	90
인터넷	박인식	연장근무	30
편집	김선달	특별근무	80
편집	황종근	연장근무	40
편집	성춘향	야간근무	80
편집	임꺽정	야간근무	80
편집	황진이	야간근무	50

예제 1 〈상여금〉 테이블에서 '상여내역'별로 '상여금'에 대한 일련 번호를 구하시오. (단 순서는 내림차순이며 속성명은 'NO'로 할 것)

```
SELECT 상여내역, 상여금,
  ROW_NUMBER() OVER (PARTITION BY 상여내역 ORDER BY 상여금 DESC) AS NO
FROM 상여금;
```

〈결과〉

상여내역	상여금	NO
야간근무	120	1
야간근무	80	2
야간근무	80	3
야간근무	50	4
연장근무	100	1
연장근무	100	2
연장근무	40	3
연장근무	30	4
특별근무	90	1
특별근무	90	2
특별근무	90	3
특별근무	80	4

예제 2 〈상여금〉 테이블에서 '상여내역'별로 '상여금'에 대한 순위를 구하시오. (단, 순서는 내림차순이며, 속성명은 '상여금순위'로 하고, RANK( ) 함수를 이용할 것)

```
SELECT 상여내역, 상여금,
  RANK() OVER (PARTITION BY 상여내역 ORDER BY 상여금 DESC) AS 상여금순위
FROM 상여금;
```

RANK() 함수는 공동 순위가 있는 경우 공동 순위를 반영하여 다음 순위를 정합니다.

〈결과〉

상여내역	상여금	상여금순위
야간근무	120	1
야간근무	80	2
야간근무	80	2
야간근무	50	4
연장근무	100	1
연장근무	100	1
연장근무	40	3
연장근무	30	4
특별근무	90	1
특별근무	90	1
특별근무	90	1
특별근무	80	4

전문가의 조언

GROUP BY절이 그룹을 지정한다는 것과, 그룹에 대한 조건을 지정할 때는 WHERE가 아닌 HAVING을 사용한다는 것을 기억해 두세요.

Avg(상여금) As 평균
'상여금' 속성에 있는 값들의 평균을 구하되 '평균'이라는 속성명으로 표시합니다.

24.10, 24.4, 20.11, 20.10, 필기 21.8

5 그룹 지정 검색

1412205

GROUP BY절에 지정한 속성을 기준으로 자료를 그룹화하여 검색한다.

예제 1 〈상여금〉 테이블에서 '부서'별 '상여금'의 평균을 구하시오.

```
SELECT 부서, AVG(상여금) AS 평균
FROM 상여금
GROUP BY 부서;
```

〈결과〉

부서	평균
기획	102.5
인터넷	70
편집	66

예제 2 〈상여금〉 테이블에서 부서별 튜플 수를 검색하시오.

```
SELECT 부서, COUNT(*) AS 사원수
FROM 상여금
GROUP BY 부서;
```

〈결과〉

부서	사원수
기획	4
인터넷	3
편집	5

예제 3 〈상여금〉 테이블에서 '상여금'이 100 이상인 사원이 2명 이상인 '부서'의 튜플 수를 구하시오.

```
SELECT 부서, COUNT(*) AS 사원수
FROM 상여금
WHERE 상여금 >= 100
GROUP BY 부서
HAVING COUNT(*) >= 2;
```

〈결과〉

부서	사원수
기획	3

예제 4 〈상여금〉 테이블의 '부서', '상여내역', 그리고 '상여금'에 대해 부서별 상여내역별 소계와 전체 합계를 검색하시오. (단, 속성명은 '상여금합계'로 하고, ROLLUP 함수를 사용할 것)

```
SELECT 부서, 상여내역, SUM(상여금) AS 상여금합계
FROM 상여금
GROUP BY ROLLUP(부서, 상여내역);
```

〈결과〉

부서	상여내역	상여금합계	
기획	야간근무	120	3레벨(부서별, 상여내역별 '상여금'의 합계)
기획	연장근무	200	
기획	특별근무	90	
기획		410	→ 2레벨(부서별 '상여금'의 합계)
편집	야간근무	210	3레벨
편집	연장근무	40	
편집	특별근무	80	
편집		330	→ 2레벨
인터넷	연장근무	30	3레벨
인터넷	특별근무	180	
인터넷		210	→ 2레벨
		950	→ 1레벨(전체 '상여금'의 합계)

전문가의 조언

ROLLUP 함수가 적용되는 속성이 2개이므로 집계되는 레벨 수는 2+1로 총 3레벨입니다. 가장 하위 레벨인 3레벨부터 표시됩니다. 3레벨은 부서별 상여내역별 '상여금'의 합계, 2레벨은 부서별 '상여금'의 합계, 1레벨은 전체 '상여금'의 합계가 표시됩니다. ROLLUP 함수는 표기된 속성의 순서에 따라 표시되는 집계 항목이 달라지므로 속성의 순서에 주의해야 합니다. ROLLUP(상여내역, 부서)로 지정하면 3레벨은 상여내역별 부서별 '상여금'의 합계, 2레벨은 상여내역별 '상여금'의 합계, 1레벨은 전체 '상여금'의 합계가 표시되므로 부서별 '상여금'의 합계는 확인할 수 없습니다.

예제 5 〈상여금〉 테이블의 '부서', '상여내역', 그리고 '상여금'에 대해 부서별 상여내역별 소계와 전체 합계를 검색하시오. (단, 속성명은 '상여금합계'로 하고, CUBE 함수를 사용할 것)

```
SELECT 부서, 상여내역, SUM(상여금) AS 상여금합계
FROM 상여금
GROUP BY CUBE(부서, 상여내역);
```

CUBE 함수가 적용되는 속성이 2개이므로 집계되는 레벨 수는 2^2로 총 4레벨입니다. CUBE 함수는 가장 상위 레벨인 1레벨부터 표시됩니다. 1레벨은 전체 '상여금'의 합계, 2레벨은 상여내역별 '상여금'의 합계, 3레벨은 부서별 '상여금'의 합계, 4레벨은 부서별 상여내역별 '상여금'의 합계가 표시됩니다. CUBE 함수는 ROLLUP 함수와 달리 인수로 주어진 속성을 대상으로 결합 가능한 모든 집계를 표시하므로 인수로 주어진 속성의 순서가 바뀌어도 표시 순서만 달라질 뿐 표시되는 집계 항목은 동일합니다.

〈결과〉

부서	상여내역	상여금합계	
		950	→ 1레벨(전체 '상여금'의 합계)
	야간근무	330	2레벨(상여내역별 '상여금'의 합계)
	연장근무	270	
	특별근무	350	
기획		410	→ 3레벨(부서별 '상여금'의 합계)
기획	야간근무	120	4레벨(부서별, 상여내역별 '상여금'의 합계)
기획	연장근무	200	
기획	특별근무	90	
편집		330	→ 3레벨
편집	야간근무	210	4레벨
편집	연장근무	40	
편집	특별근무	80	
인터넷		210	→ 3레벨
인터넷	연장근무	30	4레벨
인터넷	특별근무	180	

23.10, 필기 24.7, 24.5, 23.5, 23.2, 22.3, 21.5

6 집합 연산자를 이용한 통합 질의

집합 연산자를 사용하여 2개 이상의 테이블의 데이터를 하나로 통합한다.

표기 형식

```
SELECT 속성명1, 속성명2, …
FROM 테이블명
UNION | UNION ALL | INTERSECT | EXCEPT
SELECT 속성명1, 속성명2, …
FROM 테이블명
[ORDER BY 속성명 [ASC | DESC]];
```

- 두 개의 SELECT문에 기술한 속성들은 개수와 데이터 유형이 서로 동일해야 한다.
- 집합 연산자의 종류(통합 질의의 종류)

집합 연산자	설명	집합 종류
UNION	• 두 SELECT문의 조회 결과를 통합하여 모두 출력함 • 중복된 행은 한 번만 출력함	합집합
UNION ALL	• 두 SELECT문의 조회 결과를 통합하여 모두 출력함 • 중복된 행도 그대로 출력함	합집합

INTERSECT	두 SELECT문의 조회 결과 중 공통된 행만 출력함	교집합
EXCEPT	첫 번째 SELECT문의 조회 결과에서 두 번째 SELECT문의 조회 결과를 제외한 행을 출력함	차집합

〈사원〉

사원	직급
김형석	대리
홍영선	과장
류기선	부장
김현천	이사

〈직원〉

사원	직급
신원섭	이사
이성호	대리
홍영선	과장
류기선	부장

예제 1 〈사원〉 테이블과 〈직원〉 테이블을 통합하는 질의문을 작성하시오. (단, 같은 레코드가 중복되어 나오지 않게 하시오.)

```
SELECT *
FROM 사원
UNION
SELECT *
FROM 직원;
```

〈결과〉

사원	직급
김현천	이사
김형석	대리
류기선	부장
신원섭	이사
이성호	대리
홍영선	과장

예제 2 〈사원〉 테이블과 〈직원〉 테이블에 공통으로 존재하는 레코드만 통합하는 질의문을 작성하시오.

```
SELECT *
FROM 사원
INTERSECT
SELECT *
FROM 직원;
```

〈결과〉

사원	직급
류기선	부장
홍영선	과장

※ 정답 및 해설은 88쪽에 있습니다.

기출 따라잡기 Section 106

20년 11월

1412251

문제 1 질의 내용에 대한 SQL문을 작성하시오.

〈질의〉

학생 테이블에서 학과별 튜플의 개수를 검색하시오.
(단, 아래의 실행 결과가 되도록 한다.)

〈학생〉

학번	이름	학년	학과	주소
20160011	김영란	2	전기	서울
19210113	이재우	3	컴퓨터	대구
21168007	함소진	1	전자	부산
19168002	우혜정	3	전자	광주
18120073	김진수	4	컴퓨터	울산

〈실행결과〉

학과	학과별튜플수
전기	1
전자	2
컴퓨터	2

〈처리 조건〉

- WHERE 조건절은 사용할 수 없다.
- GROUP BY는 반드시 포함한다.
- 집계함수(Aggregation Function)를 적용한다.
- 학과별튜플수 컬럼이름 출력에 Alias(AS)를 활용한다.
- 문장 끝의 세미콜론(;)은 생략해도 무방하다.
- 인용부호 사용이 필요한 경우 단일 따옴표(' ' : Single Quotation)를 사용한다.

답 :

23년 4월, 20년 10월

1412252

문제 2 다음의 〈성적〉 테이블에서 과목별 점수의 평균이 90점 이상인 '과목이름', '최소점수', '최대점수'를 검색하고자 한다. 〈처리 조건〉을 참고하여 적합한 SQL문을 작성하시오.

〈성적〉

학번	과목번호	과목이름	학점	점수
a2001	101	컴퓨터구조	6	95
a2002	101	컴퓨터구조	6	84
a2003	302	데이터베이스	5	89
a2004	201	인공지능	5	92
a2005	302	데이터베이스	5	100
a2006	302	데이터베이스	5	88
a2007	201	인공지능	5	93

〈결과〉

과목이름	최소점수	최대점수
데이터베이스	88	100
인공지능	92	93

〈처리 조건〉

- 최소한의 코드로 작성될 수 있도록 SQL문을 구성한다.
- WHERE문은 사용하지 않는다.
- GROUP BY와 HAVING을 이용한다.
- 집계함수(Aggregation Function)를 사용하여 명령문을 구성한다.
- '최소점수', '최대점수'는 별칭(Alias)을 위한 AS문을 이용한다.
- 명령문 마지막의 세미콜론(;)은 생략이 가능하다.
- 인용 부호가 필요한 경우 작은 따옴표(' ')를 사용한다.

답 :

22년 10월

문제 3 다음과 같이 테이블을 정의하고 튜플을 삽입하였을 때 각 번호(①, ②)의 SQL문을 실행한 결과를 쓰시오.

3710653

```
CREATE TABLE 부서 (
    부서코드 INT PRIMARY KEY,
    부서명 VARCHAR(20)
);

CREATE TABLE 직원 (
    직원코드 INT PRIMARY KEY,
    부서코드 INT,
    직원명 VARCHAR(20),
    FOREIGN KEY(부서코드) REFERENCES 부서(부서코드)
        ON DELETE CASCADE
);

INSERT INTO 부서 VALUES(10, '영업부');
INSERT INTO 부서 VALUES(20, '기획부');
INSERT INTO 부서 VALUES(30, '개발부');

INSERT INTO 직원 VALUES(1001, 10, '이진수');
INSERT INTO 직원 VALUES(1002, 10, '곽연경');
INSERT INTO 직원 VALUES(1003, 20, '김선길');
INSERT INTO 직원 VALUES(1004, 20, '최민수');
INSERT INTO 직원 VALUES(1005, 20, '이용갑');
INSERT INTO 직원 VALUES(1006, 30, '박종일');
INSERT INTO 직원 VALUES(1007, 30, '박미경');
```

① SELECT DISTINCT COUNT(부서코드) FROM 직원 WHERE 부서코드 = 20;

답 :

② DELETE FROM 부서 WHERE 부서코드 = 20;

SELECT DISTINCT COUNT(부서코드) FROM 직원;

답 :

24년 4월, 21년 4월

문제 4 〈EMP_TBL〉 테이블을 참고하여 〈SQL문〉의 실행 결과를 쓰시오.

1412259

〈EMP_TBL〉

EMPNO	SAL
100	1500
200	3000
300	2000

〈SQL문〉

```
SELECT COUNT(*) FROM EMP_TBL WHERE EMPNO > 100 AND SAL
>= 3000 OR EMPNO = 200;
```

답 :

이전기출

문제 5 〈Sale〉 테이블과 〈Product〉 테이블을 이용하여 상품명(name)이 "USB"로 시작하는 상품의 판매량(psale) 합계를 검색하는 SQL문을 작성하시오. (단, 하위 질의를 이용하여 작성하시오.)

1412255

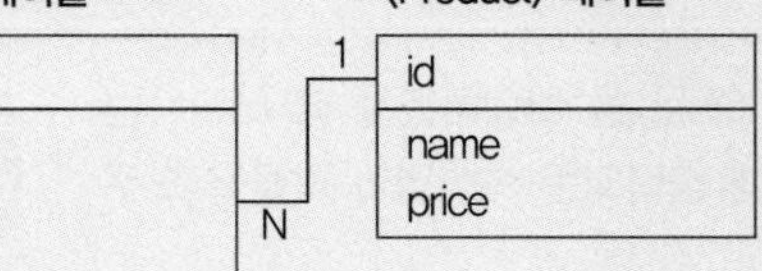

답 :

이전기출

1412256

문제 6 테이블 지점정보(지점코드, 소속도시, 매출액)에 대해 다음의 조건을 만족하도록 괄호(①~③)에 적합한 명령을 넣어 SQL문을 완성하시오.

〈조건〉

지점이 세 군데 이상 있는 도시에 대해 각 도시별로 그 도시에서 매출액이 1,000을 초과하는 지점들의 평균 매출액을 구하시오.

〈SQL문〉

```
SELECT 소속도시, AVG(매출액)
FROM 지점정보 WHERE (  ①  )
GROUP BY (  ②  )
HAVING COUNT(*) >= (  ③  );
```

답

- ①
- ②
- ③

23년 10월

4440308

문제 7 〈R〉과 〈S〉 테이블에 대해 〈SQL문〉을 실행하였을 때 나타나는 결과를 작성하시오. (SQL을 실행하였을 때 출력되는 속성명과 값들을 모두 답안에 적으시오.)

〈R〉

A	B
1	a
2	b
3	c

〈S〉

A	B
1	a
2	c
4	d

〈SQL문〉

```
SELECT A FROM R
UNION
SELECT A FROM S
ORDER BY A DESC;
```

답 :

출제예상 1412257

문제 8 〈장학금〉 테이블에 대해 〈결과〉와 같이 표시되도록 괄호(①~③)에 적합한 명령을 넣어 SQL문을 완성하시오.

〈장학금〉

학과	이름	장학내역	장학금
인공지능	홍길동	수석장학	100
인공지능	일지매	수석장학	100
인공지능	최준호	우수장학	120
인공지능	장길산	특기장학	90
생명공학	강건달	특기장학	90
생명공학	서국현	특기장학	90
생명공학	박인식	수석장학	30
유전공학	김선달	특기장학	80
유전공학	황종근	수석장학	40
유전공학	성춘향	우수장학	80
유전공학	임꺽정	우수장학	80
유전공학	황진이	우수장학	50

〈SQL〉

```
SELECT ( ① ), ( ② ),
    ROW_NUMBER( ) OVER (PARTITION BY ( ① ) ORDER BY
    ( ② ) DESC) AS ( ③ )
FROM 장학금;
```

〈결과〉

장학내역	장학금	NUM
수석장학	100	1
수석장학	100	2
수석장학	40	3
수석장학	30	4
우수장학	120	1
우수장학	80	2
우수장학	80	3
우수장학	50	4
특기장학	90	1
특기장학	90	2
특기장학	90	3
특기장학	80	4

답

- ①
- ②
- ③

SECTION 107

DML - JOIN

전문가의 조언

관계형 데이터베이스의 특성상 정규화 과정을 거치게 되면 여러 개의 테이블로 분리되는데, 이들을 합쳐 사용하기 위해 조인 기능이 많이 사용됩니다. 예제 를 보면 이해하기 쉬우니, 조인의 의미를 이해하고 구문을 꼭 암기하세요.

1 JOIN

1412301

- JOIN은 2개의 릴레이션에서 **연관된 튜플들을 결합하여, 하나의 새로운 릴레이션을 반환**한다.
- JOIN은 일반적으로 FROM절에 기술하지만, 릴레이션이 사용되는 곳 어디에나 사용할 수 있다.
- JOIN은 크게 INNER JOIN과 OUTER JOIN으로 구분된다.
  - INNER JOIN : THETA JOIN, EQUI JOIN, NATURAL JOIN, NON-EQUI JOIN
  - OUTER JOIN : LEFT OUTER JOIN, RIGHT OUTER JOIN, FULL OUTER JOIN

24.4, 필기 21.5

2 INNER JOIN

1412302

INNER JOIN은 일반적으로 EQUI JOIN과 NON-EQUI JOIN으로 구분된다.

- 조건이 없는 INNER JOIN을 수행하면 CROSS JOIN*과 동일한 결과를 얻을 수 있다.
- EQUI JOIN
  - JOIN에 참여하는 두 릴레이션의 속성 값을 비교하여 조건을 만족하는 튜플만 반환하는 조인을 THETA JOIN(세타 조인)이라고 하며, 조인에 사용되는 조건에는 =, ≠, <, ≤, >, ≥가 있다.
  - EQUI JOIN(동등 조인)은 조인에 사용되는 조건 중 =(equal) 비교에 의해 같은 값을 가지는 행을 연결하여 결과를 생성하는 방법이다.
  - EQUI JOIN에서 JOIN 조건이 '='일 때 동일한 속성이 두 번 나타나게 되는데, 이 중 중복된 속성을 제거하여 같은 속성을 한 번만 표기하는 방법을 NATURAL JOIN이라고 한다.
  - EQUI JOIN에서 연결 고리가 되는 공통 속성을 JOIN 속성이라고 한다.
  - WHERE절을 이용한 EQUI JOIN의 표기 형식

```
SELECT [테이블명1.]속성명, [테이블명2.]속성명, …
FROM 테이블명1, 테이블명2, …
WHERE 테이블명1.속성명 = 테이블명2.속성명;
```

CROSS JOIN(교차 조인)
- 교차 조인은 조인하는 두 테이블에 있는 튜플들의 순서쌍을 결과로 반환합니다.
- 교차 조인의 결과로 반환되는 테이블의 행의 수는 두 테이블의 행 수를 곱한 것과 같습니다.

전문가의 조언

실무에서 가장 흔히 사용되는 조인 형식은 WHERE절을 이용한 조인입니다. 교재에서도 특별한 경우를 제외하고는 WHERE절을 이용하여 조인하였습니다.

– NATURAL JOIN절을 이용한 EQUI JOIN의 표기 형식

```
SELECT [테이블명1.]속성명, [테이블명2.]속성명, …
FROM 테이블명1 NATURAL JOIN 테이블명2;
```

– JOIN ~ USING절을 이용한 EQUI JOIN의 표기 형식

```
SELECT [테이블명1.]속성명, [테이블명2.]속성명, …
FROM 테이블명1 JOIN 테이블명2 USING(속성명);
```

〈학생〉

학번	이름	학과코드	선배	성적
15	고길동	com		83
16	이순신	han		96
17	김선달	com	15	95
19	아무개	han	16	75
37	박치민		17	55

〈학과〉

학과코드	학과명
com	컴퓨터
han	국어
eng	영어

〈성적등급〉

등급	최저	최고
A	90	100
B	80	89
C	60	79
D	0	59

예제 1 〈학생〉 테이블과 〈학과〉 테이블에서 '학과코드' 값이 같은 튜플을 JOIN하여 '학번', '이름', '학과코드', '학과명'을 출력하는 SQL문을 작성하시오.

- SELECT 학번, 이름, 학생.학과코드, 학과명
  FROM 학생, 학과
  WHERE 학생.학과코드 = 학과.학과코드;

- SELECT 학번, 이름, 학생.학과코드, 학과명
  FROM 학생 NATURAL JOIN 학과;

- SELECT 학번, 이름, 학생.학과코드, 학과명
  FROM 학생 JOIN 학과 USING(학과코드);

〈결과〉

학번	이름	학과코드	학과명
15	고길동	com	컴퓨터
16	이순신	han	국어
17	김선달	com	컴퓨터
19	아무개	han	국어

- NON–EQUI JOIN
  – NON–EQUI JOIN은 JOIN 조건에 '=' 조건이 아닌 나머지 비교 연산자, 즉 〉, 〈, 〈〉, 〉=, 〈= 연산자를 사용하는 JOIN 방법이다.

전문가의 조언

두 테이블을 조인하여 사용할 때 한 테이블에만 있는 속성은 테이블명을 생략할 수 있지만 두 테이블에 모두 속해 있는 속성은 반드시 속성명을 테이블명과 함께 표시해야 합니다.

NATURAL JOIN

NATURAL JOIN은 조인할 속성을 지정하지 않기 때문에 조인하려는 두 테이블에는 이름과 도메인이 같은 속성이 반드시 존재해야 합니다. 〈학생〉 테이블과 〈학과〉 테이블에는 같은 이름의 속성과 범위가 같은 도메인을 갖는 '학과코드'가 있기 때문에 NATURAL JOIN이 가능한 것입니다.

전문가의 조언

데이터베이스 실무에서 주로 사용하는 대부분의 JOIN은 EQUI JOIN이고, NON–EQUI JOIN은 별로 사용하지 않습니다.

– 표기 형식

```
SELECT [테이블명1.]속성명, [테이블명2.]속성명, …
FROM 테이블명1, 테이블명2, …
WHERE (NON-EQUI JOIN 조건);
```

BETWEEN A AND B는 A에서 B 사이의 값을 말합니다. 예를 들어 〈성적등급〉 테이블의 '최저'가 80이고 '최고'가 89일 때, 'WHERE 학생.성적 BETWEEN 성적등급.최저 AND 성적등급.최고'는 〈학생〉 테이블의 '성적'이 80~89인 튜플을 〈성적등급〉 테이블의 '최저' 필드의 값이 80이고, '최고' 필드의 값이 89인 튜플과 조인하므로 등급은 B가 됩니다.

예제 2 〈학생〉 테이블과 〈성적등급〉 테이블을 JOIN하여 각 학생의 '학번', '이름', '성적', '등급'을 출력하는 SQL문을 작성하시오.

```
SELECT 학번, 이름, 성적, 등급
FROM 학생, 성적등급
WHERE 학생.성적 BETWEEN 성적등급.최저 AND 성적등급.최고;
```

〈결과〉

학번	이름	성적	등급
15	고길동	83	B
16	이순신	96	A
17	김선달	95	A
19	아무개	75	C
37	박치민	55	D

3 OUTER JOIN

21.7

OUTER JOIN은 릴레이션에서 JOIN 조건에 만족하지 않는 튜플도 결과로 출력하기 위한 JOIN 방법으로, LEFT OUTER JOIN, RIGHT OUTER JOIN, FULL OUTER JOIN이 있다.

INNER JOIN은 두 릴레이션에서 관련이 있는 튜플만 표시하고, LEFT OUTER JOIN은 좌측 릴레이션이 기준이 되어 좌측 릴레이션에 있는 튜플은 모두 표시하고 우측 릴레이션에서는 관련이 있는 튜플만 표시합니다. 반대로 RIGHT OUTER JOIN은 우측 릴레이션이 기준이 되어 우측 릴레이션에 있는 튜플은 모두 표시하고 좌측 릴레이션에서는 연관된 튜플만 표시합니다.

OUTER JOIN에서 '+'를 사용하면 INNER JOIN과 동일한 형식으로 사용할 수 있습니다. INNER JOIN 형식과 동일하게 작성하고 LEFT OUTER JOIN일 때는 조건문의 우측에, RIGHT OUTER JOIN일 때는 조건문의 좌측에 '+'를 붙입니다.

- **LEFT OUTER JOIN** : INNER JOIN의 결과를 구한 후, 우측 항 릴레이션의 어떤 튜플과도 맞지 않는 좌측 항의 릴레이션에 있는 튜플들에 NULL 값을 붙여서 INNER JOIN의 결과에 추가한다.
  – 표기 형식

```
• SELECT [테이블명1.]속성명, [테이블명2.]속성명, …
  FROM 테이블명1 LEFT OUTER JOIN 테이블명2
  ON 테이블명1.속성명 = 테이블명2.속성명;

• SELECT [테이블명1.]속성명, [테이블명2.]속성명, …
  FROM 테이블명1, 테이블명2
  WHERE 테이블명1.속성명 = 테이블명2.속성명(+);
```

- **RIGHT OUTER JOIN** : INNER JOIN의 결과를 구한 후, 좌측 항 릴레이션의 어떤 튜플과도 맞지 않는 우측 항의 릴레이션에 있는 튜플들에 NULL 값을 붙여서 INNER JOIN의 결과에 추가한다.

– 표기 형식

```
• SELECT [테이블명1.]속성명, [테이블명2.]속성명, …
  FROM 테이블명1 RIGHT OUTER JOIN 테이블명2
  ON 테이블명1.속성명 = 테이블명2.속성명;

• SELECT [테이블명1.]속성명, [테이블명2.]속성명, …
  FROM 테이블명1, 테이블명2
  WHERE 테이블명1.속성명(+) = 테이블명2.속성명;
```

• FULL OUTER JOIN
  – LEFT OUTER JOIN과 RIGHT OUTER JOIN을 합쳐 놓은 것이다.
  – INNER JOIN의 결과를 구한 후, 좌측 항의 릴레이션의 튜플들에 대해 우측 항의 릴레이션의 어떤 튜플과도 맞지 않는 튜플들에 NULL 값을 붙여서 INNER JOIN의 결과에 추가한다. 그리고 유사하게 우측 항의 릴레이션의 튜플들에 대해 좌측 항의 릴레이션의 어떤 튜플과도 맞지 않는 튜플들에 NULL 값을 붙여서 INNER JOIN의 결과에 추가한다.
  – 표기 형식

```
SELECT [테이블명1.]속성명, [테이블명2.]속성명, …
FROM 테이블명1 FULL OUTER JOIN 테이블명2
ON 테이블명1.속성명 = 테이블명2.속성명;
```

예제 1 학생〉 테이블과 〈학과〉 테이블에서 '학과코드' 값이 같은 튜플을 JOIN하여 '학번', '이름', '학과코드', '학과명'을 출력하는 SQL문을 작성하시오. 이때, '학과코드'가 입력되지 않은 학생도 출력하시오.

예제 1 을 57쪽에 있는 테이블을 참조하여 풀어보세요.

```
• SELECT 학번, 이름, 학생.학과코드, 학과명
  FROM 학생 LEFT OUTER JOIN 학과
  ON 학생.학과코드 = 학과.학과코드;

• SELECT 학번, 이름, 학생.학과코드, 학과명
  FROM 학생, 학과
  WHERE 학생.학과코드 = 학과.학과코드(+);
```

해설 INNER JOIN을 하면 '학과코드'가 입력되지 않은 "박치민"은 출력되지 않는다. 그러므로 JOIN 구문을 기준으로 왼쪽 테이블, 즉 〈학생〉의 자료는 모두 출력되는 LEFT JOIN을 사용한 것이다. 다음과 같이 JOIN 구문을 기준으로 테이블의 위치를 교환하여 RIGHT JOIN을 사용해도 결과는 같다.

```
• SELECT 학번, 이름, 학생.학과코드, 학과명
  FROM 학과 RIGHT OUTER JOIN 학생
  ON 학과.학과코드 = 학생.학과코드;

• SELECT 학번, 이름, 학생.학과코드, 학과명
  FROM 학과, 학생
  WHERE 학과.학과코드(+) = 학생.학과코드;
```

전문가의 조언

- LEFT OUTER JOIN은 좌측 릴레이션을 기준으로 좌측 릴레이션에 있는 튜플은 모두 표시하고, 우측 릴레이션에서는 관련 있는 튜플만 표시했으므로 "박치민"의 '학과명'이 빈 자리로 표시됩니다.
- RIGHT OUTER JOIN은 테이블의 위치를 변경했으므로 LEFT OUTER JOIN의 결과와 같은 결과가 표시됩니다.

〈결과〉

학번	이름	학과코드	학과명
15	고길동	com	컴퓨터
16	이순신	han	국어
17	김선달	com	컴퓨터
19	아무개	han	국어
37	박치민		

예제 2 학생〉 테이블과 〈학과〉 테이블에서 '학과코드' 값이 같은 튜플을 JOIN하여 '학번', '이름', '학과코드', '학과명'을 출력하는 SQL문을 작성하시오. 이때, '학과코드'가 입력 안 된 학생이나 학생이 없는 '학과코드'도 모두 출력하시오.

```
SELECT 학번, 이름, 학과.학과코드, 학과명
FROM 학생 FULL OUTER JOIN 학과
ON 학생.학과코드 = 학과.학과코드;
```

해설 FULL OUTER JOIN을 하면 JOIN 구문으로 연결되지 않는 자료도 모두 출력된다. "박치민"은 '학과코드'가 없고, "eng"는 〈학생〉 테이블에 등록되지 않아서 연결고리가 없지만 FULL OUTER JOIN을 했으므로 모두 출력된다.

〈결과〉

학번	이름	학과코드	학과명
15	고길동	com	컴퓨터
16	이순신	han	국어
17	김선달	com	컴퓨터
19	아무개	han	국어
37	박치민		
		eng	영어

※ 정답 및 해설은 92쪽에 있습니다.

기출 따라잡기 Section 107

24년 4월 5440109

문제 1 다음은 조인(Join)에 대한 설명이다. 괄호(①~③)에 들어갈 알맞은 조인의 종류를 쓰시오.

- (①)은 조인에 참여하는 두 릴레이션의 속성 값을 비교하여 조건을 만족하는 튜플만 반환하는 조인이다.
- (②)은 (①)에서 = 연산자를 사용한 조인으로, 일반적으로 조인이라고 하면 (②)을 의미한다.
- (②)의 결과 릴레이션의 차수는 첫 번째 릴레이션과 두 번째 릴레이션의 차수를 합한 것이다.
- (③)은 (②)의 결과 릴레이션에서 중복된 속성을 제거하여 수행하는 연산, 즉 (②)에서 중복 속성 중 하나가 제거된 것이다.
- (③)의 핵심은 두 릴레이션의 공통된 속성을 매개체로 하여 두 릴레이션의 정보를 '관계'로 묶어 내는 것이다.

답

- ①
- ②
- ③

출제예상 1412352

문제 2 다음은 〈학생〉 테이블과 〈학과〉 테이블에서 '학과코드' 값이 같은 튜플을 JOIN하는 SQL문이다. 괄호(①~③)에 알맞은 예약어를 넣어 SQL문을 완성하시오.

〈학생〉

학번	이름	학과코드
15	고길동	com
16	이순신	han
17	김선달	com
19	아무개	han
37	박치민	

〈학과〉

학과코드	학과명
com	컴퓨터
han	국어
eng	영어

⬇

〈결과〉

학번	이름	학과코드	학과명
15	고길동	com	컴퓨터
16	이순신	han	국어
17	김선달	com	컴퓨터
19	아무개	han	국어

〈SQL문1〉

```
SELECT 학번, 이름, 학생.학과코드, 학과명
FROM 학생, 학과
(   ①   ) 학생.학과코드 = 학과.학과코드;
```

〈SQL문2〉

```
SELECT 학번, 이름, 학생.학과코드, 학과명
FROM 학생 (   ②   ) 학과;
```

〈SQL문3〉

```
SELECT 학번, 이름, 학생.학과코드, 학과명
FROM 학생 JOIN 학과
(   ③   )(학과코드);
```

답

- ①
- ②
- ③

21년 7월

문제 3 다음 〈사원〉 테이블과 〈동아리〉 테이블을 조인(Join)한 〈결과〉를 확인하여 〈SQL문〉의 괄호(①, ②)에 들어갈 알맞은 답을 쓰시오.

1412353

〈사원〉

코드	이름	부서
1601	김명해	인사
1602	이진성	경영지원
1731	박영광	개발
2001	이수진	

〈동아리〉

코드	동아리명
1601	테니스
1731	탁구
2001	볼링

〈결과〉

코드	이름	동아리명
1601	김명해	테니스
1602	이진성	
1731	박영광	탁구
2001	이수진	볼링

〈SQL문〉

```
SELECT a.코드, 이름, 동아리명 FROM 사원 a LEFT OUTER JOIN 동아리 b (   ①   ) a.코드 = b.(   ②   );
```

답

- ①
- ②

SECTION 108

트리거(Trigger)

1 트리거(Trigger)

필기 22.7, 20.6

- 트리거는 데이터베이스 시스템에서 데이터의 삽입(Insert), 갱신(Update), 삭제(Delete) 등의 **이벤트(Event)*가 발생할 때 관련 작업이 자동으로 수행되게 하는 절차형 SQL**이다.
- 트리거는 데이터베이스에 저장되며, 데이터 변경 및 무결성* 유지, 로그 메시지 출력* 등의 목적으로 사용된다.
- 트리거의 구문에는 DCL(데이터 제어어)을 사용할 수 없으며, DCL이 포함된 프로시저나 함수를 호출하는 경우에 오류가 발생한다.

2 트리거의 구성도

```
             트리거
             DECLARE (필수)
             EVENT (필수)
             BEGIN (필수)
이벤트 ➡       • CONTROL                ➡ 데이터 변경
               • SQL
               • EXCEPTION
             END (필수)
```

- DECLARE : 트리거의 명칭, 변수 및 상수, 데이터 타입을 정의하는 선언부이다.
- EVENT : 트리거가 실행되는 조건을 명시한다.
- BEGIN / END : 트리거의 시작과 종료를 의미한다.
- CONTROL : 조건문 또는 반복문이 삽입되어 순차적으로 처리된다.
- SQL : DML문이 삽입되어 데이터 관리를 위한 조회, 추가, 수정, 삭제 작업을 수행한다.
- EXCEPTION : BEGIN ~ END 안의 구문 실행 시 예외가 발생하면 이를 처리하는 방법을 정의한다.

전문가의 조언

테이블에 어떤 데이터가 입력되었을 때 그 데이터와 관련된 작업을 자동으로 수행되게 하는 경우, 트리거를 사용하면 간단하게 해결할 수 있습니다. 트리거의 용도와 사용 방법을 알아두세요.

이벤트(Event)
이벤트는 시스템에 어떤 일이 발생한 것을 말하며, 트리거에서 이벤트는 데이터의 삽입, 갱신, 삭제와 같이 데이터 조작 작업이 발생했음을 의미합니다.

무결성(Integrity)
무결성은 데이터베이스에 들어 있는 데이터의 정확성을 보장하기 위해 정확하지 않은 데이터가 데이터베이스 내에 저장되는 것을 방지하기 위한 제약 조건을 말합니다.

로그 메시지 출력
사용자가 컴퓨터에 요청한 명령이나 컴퓨터가 데이터를 처리하는 과정 및 결과 등을 기록으로 남긴 것을 로그(Log)라고 하며, 이것을 메시지로 출력할 때 트리거를 이용할 수 있습니다.

3 트리거의 생성

트리거를 생성하기 위해서는 CREATE TRIGGER 명령어를 사용한다.

표기 형식

```
CREATE [OR REPLACE] TRIGGER 트리거명 [동작시기 옵션][동작 옵션] ON 테이블명
REFERENCING [NEW | OLD] AS 테이블명
FOR EACH ROW
[WHEN 조건식]
BEGIN
    트리거 BODY;
END;
```

전문가의 조언

[동작시기 옵션]과 [동작 옵션]이 트리거가 실행되는 조건인 이벤트에 해당합니다.

- OR REPLACE : 선택적인(Optional) 예약어이다. 이 예약어를 사용하면 동일한 트리거 이름이 이미 존재하는 경우, 기존의 트리거를 대체할 수 있다.
- 동작시기 옵션 : 트리거가 실행될 때를 지정한다.
  - AFTER : 테이블이 변경된 후에 트리거가 실행된다.
  - BEFORE : 테이블이 변경되기 전에 트리거가 실행된다.
- 동작 옵션 : 트리거가 실행되게 할 작업의 종류를 지정한다.
  - INSERT : 테이블에 새로운 튜플을 삽입할 때 트리거가 실행된다.
  - DELETE : 테이블의 튜플을 삭제할 때 트리거가 실행된다.
  - UPDATE : 테이블의 튜플을 수정할 때 트리거가 실행된다.
- NEW | OLD : 트리거가 적용될 테이블의 별칭을 지정한다.
  - NEW : 추가되거나 수정에 참여할 튜플들의 집합(테이블)을 의미한다.
  - OLD : 수정되거나 삭제 전 대상이 되는 튜플들의 집합(테이블)을 의미한다.
- FOR EACH ROW : 각 튜플마다 트리거를 적용한다는 의미이다.
- WHEN 조건식 : 선택적인(Optional) 예약어이다. 트리거를 적용할 튜플의 조건을 지정한다.
- 트리거 BODY
  - 트리거의 본문 코드를 입력하는 부분이다.
  - BEGIN으로 시작해서 END로 끝나는데, 적어도 하나 이상의 SQL문이 있어야 한다. 그렇지 않으면 오류가 발생한다.

예제 〈학생〉 테이블에 새로운 튜플이 삽입될 때, 삽입되는 튜플에 학년 정보가 누락됐으면 '학년' 속성에 "신입생"을 저장하는 트리거를 '학년정보_tri'라는 이름으로 정의하시오.

전문가의 조언

오른쪽의 예제는 Oracle로 작성된 트리거입니다. DBMS마다 작성 방법이 조금씩 다르지만 구성 요소는 동일하니 각 구성 요소가 어떤 역할을 하는지만 정확히 파악해 두세요.

```
❶ CREATE TRIGGER 학년정보_tri BEFORE INSERT ON 학생
❷ REFERENCING NEW AS new_table
❸ FOR EACH ROW
❹ WHEN (new_table.학년 IS NULL)
   BEGIN
   ❺ :new_table.학년 := '신입생';
   END;
```

해설

❶ 〈학생〉 테이블에 튜플을 삽입하기 전에 동작하는 트리거 '학년정보_tri'를 생성한다.
❷ 새로 추가될 튜플들의 집합 NEW의 별칭을 〈new_table〉로 명명한다.
❸ 모든 튜플을 대상으로 한다.
❹ 〈new_table〉에서 '학년' 속성이 NULL인 튜플에 '학년정보_tri'가 적용된다.
❺ 〈new_table〉의 '학년' 속성에 "신입생"을 저장한다.
- ❷에서 NEW 또는 OLD로 지정된 테이블 이름 앞에는 콜론(:)이 들어간다.
- A := B : A에 B를 저장하라는 의미로, '='가 아닌 ':='를 사용한다.

전문가의 조언

'학년' 속성에는 '신입생', '1학년', '2학년', '3학년', '4학년' 값만이 올 수 있다는 도메인 무결성이 존재한다면 '학년정보_tri'를 이용하여 이러한 도메인 무결성을 위배하지 않고 튜플들을 삽입할 수 있습니다.

4 트리거의 제거

1412504

트리거를 제거하기 위해서는 DROP TRIGGER 명령어를 사용한다.

전문가의 조언

트리거는 데이터가 변경될 때 자동으로 수행되므로 호출문이 존재하지 않습니다.

표기 형식

```
DROP TRIGGER 트리거명;
```

예제 '학년정보_tri'라는 트리거를 제거하는 SQL문을 작성하시오.

```
DROP TRIGGER 학년정보_tri;
```

※ 정답 및 해설은 92쪽에 있습니다.

기출 따라잡기 Section 108

필기 22년 7월, 20년 6월

1412551

문제 1 데이터베이스 시스템에서 삽입, 갱신, 삭제 등의 이벤트가 발생할 때마다 관련 작업이 자동으로 수행되는 절차형 SQL을 쓰시오.

답 :

출제예상

1412552

문제 2 다음은 〈사원〉 테이블이 갱신(UPDATE)될 때, 갱신된 튜플마다 '태도', '성과' 속성의 평균을 계산하여 50 이상이면 "우수"를, 아니면 "미달"을 화면에 출력하는 트리거(Trigger)를 정의한 것이다. 트리거가 올바르게 구현될 수 있도록 괄호(①, ②)에 적합한 명령을 넣어 SQL문을 완성하시오.

```
CREATE TRIGGER 사원_tri AFTER (  ①  ) ON 사원
(  ②  )
BEGIN
   IF (태도+성과)/2 >= 50 THEN
      DBMS_OUTPUT.PUT_LINE('우수');
   ELSE
      DBMS_OUTPUT.PUT_LINE('미달');
   END IF;
END;
```

답

- ①
- ②

IF문은 [조건]에 따라 수행해야 하는 코드가 다를 경우 사용하는 명령어입니다. 사용 방법을 간단히 알아두세요. IF문에 대한 자세한 내용은 Section 119를 참조하세요.

```
IF [조건] THEN
  [조건이 참일 때 수행할 코드];
ELSE
  [조건이 거짓일 때 수행할 코드];
END IF;
```

예상문제 은행

문제 1 〈직원〉 테이블을 삭제하는 SQL문을 작성하시오.

1430801

답 :

문제 2 다음 〈요구사항〉을 만족하는 〈직원〉 테이블을 정의하려고 한다. SQL문을 작성하시오.

1430802

〈요구사항〉

- '사번(문자 15)', '이름(문자 4)', '전화번호(문자 20)', '부서번호(문자 10)', '경력(숫자)', '기본급(숫자)' 속성을 가진다.
- '사번' 속성은 기본키이다.
- '이름'은 반드시 입력하여야 한다.
- 〈직원〉 테이블의 '부서번호'는 〈부서〉 테이블에 있는 '부서번호'를 참조한다.
- '기본급'은 최소한 1,000,000원 이상이어야 한다.
- '전화번호'는 중복될 수 없다.

답 :

※ 다음 테이블들을 이용하여 각각에 해당하는 SQL문을 작성하시오(3~6번).

〈사원〉

이름	부서	재직년도	주소	기본급
홍길동	기획	6	효자동	350
임꺽정	인터넷	4	석사동	260
황진이	편집	5	후평동	300
김선달	편집	3	효자동	250
성춘향	기획	1	후평동	190
장길산	편집	1	고잔동	180
일지매	기획	3	원곡동	230
강호동	인터넷	2		200

〈자격증〉

이름	분야	경력
김선달	컴퓨터	5
성춘향	컴퓨터	3
김선달	디자인	4
장길산	디자인	2
일지매	컴퓨터	4
임꺽정	건축	8

예상문제 은행

1430803

문제 3 〈사원〉 테이블의 모든 데이터를 검색하는 SQL문을 작성하시오.

답 :

1430804

문제 4 자격증 취득 경력이 3년 이상인 사원의 '이름'을 검색하되, 같은 이름은 한 번만 나오게 SQL문을 작성하시오. 검색 결과는 다음과 같다.

〈검색 결과〉

이름
김선달
성춘향
일지매
임꺽정

답 :

먼저 SELECT문의 기본 형식을 작성해 틀을 잡은 다음 각 부분에 들어갈 만한 내용을 문제에서 찾으면 어렵지 않게 SQL문을 작성할 수 있습니다. SQL 입력 시 주의할 점은 ( ) , ; _등의 기호를 하나만 잘못 써도 오답으로 처리될 수 있다는 것을 명심하고 항상 정확하게 입력하는 습관을 들이세요.

SELECT 사원의 이름을, 같은 이름은 한 번만 나오게
FROM 자격증
WHERE 경력이 3년 이상인

1430805

문제 5 하위 질의를 이용하여 사원 중에 자격증이 없는 사원의 '이름', '재직년도', '기본급'을 검색하는 SQL문을 작성하시오. 검색 결과는 다음과 같다.

〈검색 결과〉

이름	재직년도	기본급
홍길동	6	350
황진이	5	300
강호동	2	200

답 :

정답 및 해설은 93쪽에 있습니다.

1430806

문제 6 자격증을 2개 이상 가진 사원의 '이름'을 검색하는 SQL문을 작성하시오. 검색 결과는 다음과 같다.

〈검색 결과〉

이름
김선달

답 :

1430807

문제 7 〈학생〉 테이블에서 3학년 학생에 대한 모든 속성을 추출한 〈3학년학생〉 뷰를 정의하는 SQL문을 작성하시오. (단, 〈3학년학생〉 뷰는 갱신이나 삽입 연산이 수행될 때 뷰 정의 조건을 따라야 한다.)

테이블 스키마

학생(<u>학번</u>, 주민등록번호, 이름, 학년, 전화번호, 주소)

답 :

1430808

문제 8 〈강좌〉 테이블과 〈교수〉 테이블에서 '교수번호'가 같은 튜플을 조인하여 '강좌명', '강의실', '수강제한인원', '교수이름' 속성을 갖는 〈강좌교수〉 뷰를 정의하는 SQL문을 작성하시오.

테이블 스키마

강좌(<u>강좌번호</u>, 강좌명, 학점, 수강인원, 강의실, 학기, 연도, 교수번호)
교수(<u>교수번호</u>, 주민등록번호, 이름, 직위, 재직년도)

답 :

1430809

문제 9 데이터베이스의 DCL(Data Control Language)과 관련된 다음 설명에서 괄호(①~⑤)에 들어갈 가장 적합한 명령어를 쓰시오.

DCL은 데이터의 보안, 무결성, 회복, 병행 제어 등을 정의하는 데 사용하는 언어이다. DCL은 데이터베이스 관리자(DBA)가 데이터 관리를 목적으로 사용한다.

DCL의 유형 중 (①)은 트랜잭션의 모든 변경 내용들을 영구적으로 데이터베이스에 반영하는 명령어이다. 트랜잭션이 성공적으로 끝나면 데이터베이스가 새로운 일관성(Consistency) 상태를 가지기 위해 수행된 모든 변경을 데이터베이스에 반영하여 (①)하여야 한다.

DCL의 유형 중 (②)은 변경된 모든 내용들을 취소하고 데이터베이스를 이전 상태로 되돌리는 명령어이다. 트랜잭션의 일부를 성공적으로 끝내지 못하면 데이터베이스가 비일관성(Inconsistency)인 상태를 가질 수 있기 때문에(즉 트랜잭션이 수행한 일부 변경이 데이터베이스에 반영될 가능성이 있기 때문에) 일부분만 완료된 트랜잭션은 (②)되어야 한다.

DCL의 유형 중 (③)는 데이터베이스 관리자가 데이터베이스 사용자에게 권한을 부여하는 명령어이며, (④)는 권한을 취소하기 위한 명령어이다. 부여할 수 있는 권한의 종류에는 ALL, SELECT, INSERT, DELETE, UPDATE, ALTER 등이 있다. (③)와 (④)의 추가적인 옵션 중 권한 취소 시 권한을 부여받았던 사용자가 다른 사용자에게 부여한 권한도 연쇄적으로 취소하는 옵션은 (⑤)이다.

답

- ①
- ②
- ③
- ④
- ⑤

1430810

문제 10 홍길동에게 〈강좌〉 테이블을 검색하는 권한을 부여하는 SQL문을 작성하시오.

답 :

1430811

문제 11 홍길동에게 〈학생〉 테이블에 대한 접근 및 조작에 관한 모든 권한을 부여하고, 해당 권한을 다른 사람에게 부여할 수 있는 권한을 부여하는 SQL문을 작성하시오.

답 :

1430812

문제 12 박문수에게 부여된 〈교수〉 테이블에 대한 INSERT 권한을 취소하는 SQL문을 작성하시오.

답 :

1430813

문제 13 〈수강〉 테이블에 대해 박문수에게 부여된 SELECT 권한과 박문수가 다른 사람에게 SELECT 권한을 부여할 수 있는 권한, 그리고 박문수가 다른 사람에게 부여한 SELECT 권한을 모두 취소하는 SQL문을 작성하시오.

답 :

1430814

문제 14 〈상품〉 테이블을 관리하던 도중 '제품코드'가 "P-20"인 제품이 여러 개 발견되었다. 이를 모두 삭제한 후 ("P-20", "PLAYER", 8800, 6600)인 제품을 다시 입력하는 SQL문을 차례대로 작성하시오.

상품(제품코드, 상품명, 단가, 제조경비)

1. 답 삭제

2. 답 삽입

1430815

문제 15 다음 테이블에서 '총액'이 가장 큰 거래처의 '상호'와 '총액'을 검색하는 SQL문을 작성하시오. 검색 결과는 다음과 같다.

〈거래내역〉

상호	금액	세액	총액
대명금속	255000	20400	275400
정금강업	900000	48000	948000
효신제조업	600000	48000	648000
한영산업	600000	48000	648000
율촌화학	220000	17600	237600
한국제지	200000	16000	216000
한솔제지	240000	19200	259200
한국화이바	465000	37200	502200
LG Caltex정유	360000	28800	388800
하이크리에이션	340000	27200	367200

〈검색 결과〉

상호	총액
정금강업	948000

답 :

1430816

문제 16 사원(EMPLOYEE) 테이블에 기획부 직원이 100명, 생산부 직원이 200명, 홍보부 직원이 150명 있다고 할 때, 다음 SQL문 ①, ②, ③의 실행 결과로 표시되는 튜플의 수를 쓰시오(단, DEPT 필드는 부서명을 의미한다).

```
① SELECT DEPT FROM EMPLOYEE;
② SELECT DISTINCT DEPT FROM EMPLOYEE;
③ SELECT COUNT(DISTINCT DEPT) FROM EMPLOYEE WHERE
   DEPT = '기획부';
```

답

- ①
- ②
- ③

1430817

문제 17 다음은 〈사원〉 테이블과 〈연락처〉 테이블에 대해 제시된 SQL문을 수행했을 때의 결과이다. 〈결과〉 테이블의 괄호(①~③)에 들어갈 알맞은 내용을 쓰시오.

〈테이블명 : 사원〉

사번	성명	나이	직책
11	홍길동	35	과장
32	안중근	44	부장
41	강동자	37	과장
31	송윤아	24	사원
45	이중건	26	사원
13	김순자	33	계장

〈테이블명 : 연락처〉

사번	성별	연락처
11	남	111-1111
32	남	222-2222
41	여	333-3333
31	여	444-4444

〈SQL〉

```
SELECT 성명, 나이, 직책
FROM 사원, 연락처
WHERE 연락처.성별 = '여' AND 사원.사번 = 연락처.사번;
```

〈결과〉

성명	나이	직책
강동자	37	과장
(①)	(②)	(③)

답

- ①
- ②
- ③

1430818

문제 18 다음 SQL문에서 WHERE 절의 조건이 의미하는 것을 간략히 서술하시오.

```
SELECT 학번, 이름
FROM 성적
WHERE 학번 LIKE 'S__';
```

답 :

※ 다음의 테이블을 이용하여 물음에 답하시오(19~20번).

〈장학금〉

학과	이름	장학내역	장학금
인공지능	홍길동	수석장학	100
인공지능	일지매	수석장학	100
인공지능	최준호	우수장학	120
인공지능	장길산	특기장학	90
생명공학	강건달	특기장학	90
생명공학	서국현	특기장학	90
생명공학	박인식	수석장학	30
유전공학	김선달	특기장학	80
유전공학	황종근	수석장학	40
유전공학	성춘향	우수장학	80
유전공학	임꺽정	우수장학	80
유전공학	황진이	우수장학	50

1430819

문제 19 〈장학금〉 테이블에서 장학내역별로 장학금에 대한 순위를 구하는 다음의 SQL문을 수행했을 때 표시되는 〈결과〉의 괄호(①~③)에 들어갈 가장 적합한 순위를 쓰시오.

〈SQL〉

```
SELECT 장학내역, 장학금,
    RANK( ) OVER (PARTITION BY 장학내역 ORDER BY 장학금 DESC) AS 장학금순위
FROM 장학금
WHERE 장학내역 = '우수장학';
```

〈결과〉

장학내역	장학금	장학금순위
우수장학	120	1
우수장학	80	(①)
우수장학	80	(②)
우수장학	50	(③)

답

- ①
- ②
- ③

1430820

문제 20 〈장학금〉 테이블에 대해 〈결과〉와 같이 표시되도록 괄호(①~③)에 가장 적합한 명령을 넣어 SQL문을 완성하시오.

〈SQL〉

```
SELECT ( ① ), ( ② ), ( ③ ) AS 장학금평균
FROM 장학금
GROUP BY CUBE(( ① ), ( ② ));
```

〈결과〉

장학내역	학과	장학금평균
		79.16
	생명공학	70
	유전공학	66
	인공지능	102.5
수석장학		67.5
수석장학	생명공학	30
수석장학	유전공학	40
수석장학	인공지능	100
우수장학		82.5
우수장학	유전공학	70
우수장학	인공지능	120
특기장학		87.5
특기장학	생명공학	90
특기장학	유전공학	80
특기장학	인공지능	90

답

- ①
- ②
- ③

1430821

문제 21 다음의 〈지원자〉 테이블에 대해 SQL문을 수행하려고 한다. 제시된 조건에 부합하도록 괄호(①, ②)에 가장 적합한 명령을 넣어 SQL문을 완성하시오.

〈지원자〉

지원ID	이름	성별	나이	지원학과	점수	연락처	주소
2020-01	김나연	여자	20	IT융합	95	111-1111	서울
2020-02	유원선	남자	21	모바일	91	222-2222	부산
⋮	⋮	⋮	⋮	⋮	⋮	⋮	⋮

〈조건〉
- '지원ID', '이름', '지원학과', '연락처' 속성을 표시한다.
- 〈지원자〉 테이블을 대상으로 한다.
- 점수가 60점 이상인 지원자만을 검색한다.
- '지원학과'를 기준으로 오름차순 정렬하고 '지원학과'가 같은 경우 '점수'를 기준으로 내림차순 정렬한다.

〈SQL〉

```
SELECT 지원ID, 이름, 지원학과, 연락처
FROM 지원자
WHERE 점수 > (  ①  )
ORDER BY (  ②  );
```

답

- ①
- ②

1430822

문제 22 다음은 〈학생〉 테이블에 '주소' 필드를 추가하는 SQL문이다. 괄호(①, ②)에 가장 적합한 명령을 넣어 SQL문을 완성하시오.

〈SQL〉

```
(  ①  ) 학생
(  ②  ) 주소 CHAR(20);
```

답

- ①
- ②

1430823

문제 23 〈공급자〉 테이블에 대해 〈결과〉와 같이 표시되도록 괄호에 적합한 명령을 넣어 SQL문을 완성하시오.

〈공급자〉

공급자번호	공급자명	위치
16	대신공업사	수원
27	삼진사	서울
39	삼양사	인천
62	진아공업사	대전
70	신촌상사	서울

〈결과〉

공급자번호	공급자명	위치
16	대신공업사	수원
70	신촌상사	서울

〈SQL〉

```
SELECT * FROM 공급자 WHERE 공급자명 LIKE '(            )';
```

답 :

1430824

문제 24 다음 질의문의 실행 결과를 쓰시오.

〈도서〉

책번호	책명
1111	운영체제
2222	세계지도
3333	생활영어

〈도서가격〉

책번호	가격
1111	15000
2222	23000
3333	7000
4444	5000

〈SQL〉

```
SELECT 가격 FROM 도서가격
WHERE 책번호 = (SELECT 책번호 FROM 도서 WHERE 책명 = '운영체제');
```

답 :

1430825

문제 25 〈성적〉 테이블에 대해 SQL문을 수행하려고 한다. 제시된 조건에 부합하도록 괄호(①~③)에 가장 적합한 명령을 넣어 SQL문을 완성하시오.

〈조건〉

〈성적〉 테이블에서 이름이 'LEE'인 모든 튜플의 '점수' 속성에 10을 더한다.

〈SQL〉

```
(  ①  ) 성적
(  ②  ) 점수 = 점수 + 10
(  ③  ) 이름 = 'LEE';
```

답

- ①
- ②
- ③

1430830

문제 26 〈A〉 테이블과 〈B〉 테이블을 참고하여 〈SQL문〉의 실행 결과를 쓰시오.

〈A〉

NAME
Smith
Allen
Scott

〈B〉

RULE
S%
%t%

〈SQL〉

```
SELECT COUNT(*) CNT FROM A CROSS JOIN B WHERE A.NAME
LIKE B.RULE;
```

답 :

문제 27 다음 〈employee〉와 〈project〉 테이블을 참조하여 〈SQL문〉을 실행했을 때 출력되는 결과를 쓰시오.

〈employee〉

no	first_name	last_name	project_id
1	John	Doe	10
2	Jim	Carry	20
3	Rachel	Redmond	10

〈project〉

project_id	name
10	Alpha
20	Beta
10	Gamma

〈SQL문〉

```
SELECT count(*)
FROM employee AS e JOIN project AS p ON e.project_id = p.project_id
WHERE p.name IN (
    SELECT name FROM project p WHERE p.project_id IN (
        SELECT project_id FROM employee GROUP BY project_id HAVING count(*) < 2
    )
);
```

답 :

8 장 SQL 응용 정답

[답안 작성 방법 안내]
'운영체제(OS; Operation System)'처럼 한글과 영문으로 제시되어 있는 경우 '운영체제', 'OS', 'Operation System' 중 1가지만 쓰면 됩니다.

Section 102

[문제 1]

① ALTER ② ADD

ALTER TABLE 학생	수정할 테이블의 이름은 〈학생〉이다.
ADD 주소 VARCHAR(20);	가변 길이의 문자 20자리인 '주소' 속성을 추가한다.

[문제 2]

CREATE INDEX idx_name ON student(name);

CREATE INDEX idx_name	'idx_name'이라는 이름의 인덱스를 생성한다.
ON student(name);	〈student〉 테이블의 'name' 속성을 사용한다.

[문제 3]

CREATE TABLE patient	생성한 테이블 이름은 〈patient〉이다.
(id CHAR(5) PRIMARY KEY,	'id' 속성은 문자 5자리이며, 기본키이다.
name CHAR(10),	'name' 속성은 문자 10자리이다.
sex CHAR(1),	'sex' 속성은 문자 1자리이다.
phone CHAR(20),	'phone' 속성은 문자 20자리이다.
CONSTRAINT sex_ck CHECK (sex='f' or sex='m'),	'sex' 속성은 'f' 또는 'm'만 입력되어야 하며, 이 제약 조건의 이름은 'sex_ck'이다.
CONSTRAINT id_fk FOREIGN KEY(id) REFERENCES doctor(doc_id));	'id' 속성은 〈doctor〉 테이블의 기본키인 'doc_id' 속성을 참조하는 외래키이며, 이 제약 조건의 이름은 'id_fk'이다.

※ 기본키를 'phone CHAR(20),' 다음 줄에 'PRIMARY KEY(id),'로 지정해도 되고 속성을 정의하면서 'id CHAR(5) PRIMARY KEY,'와 같이 추가로 기본키를 지정해도 됩니다.

※ 외래키를 'phone CHAR(20),' 다음 줄에 'FOREIGN KEY(id) REFERENCES doctor(doc_id)'와 같이 입력해도 되지만 제약조건명이 있으므로 CONSTRAINT절을 사용해야 합니다.

[문제 4]

CREATE TABLE Instructor	생성한 테이블 이름은 〈Instructor〉이다.
(id CHAR(5)	'id' 속성은 문자 5자리이다.
name CHAR(15) NOT NULL,	'name' 속성은 문자 15자리이며, NULL 값을 갖지 않는다.
dept CHAR(15),	'dept' 속성은 문자 15자리이다.
PRIMARY KEY(id),	'id' 속성은 기본키이다.
FOREIGN KEY(dept) REFERENCES Department(dept)	'dept' 속성은 〈Department〉 테이블의 기본키인 'dept' 속성을 참조하는 외래키이다.
ON DELETE SET NULL	〈Department〉 테이블에서 튜플이 삭제되면 관련된 모든 튜플의 'dept' 속성의 값을 NULL로 변경한다.
ON UPDATE CASCADE	〈Department〉 테이블에서 튜플이 변경되면 관련된 모든 튜플의 'dept' 속성의 값도 같은 값으로 변경한다.
);	

[문제 5]

ALTER TABLE patient	수정할 테이블 이름은 〈patient〉이다.
ADD job CHAR(20);	문자 20자리인 'job' 속성을 추가한다.

[문제 6]

CREATE VIEW CC(ccid, ccname, instname) AS	생성한 뷰의 '이름'은 〈CC〉이며, 'ccid', 'ccname', 'instname' 속성을 갖는다.
SELECT Course.id, Course.name, Instructor.name	〈Course〉 테이블에서 'id'와 'name' 속성을 가져오고, 〈instructor〉 테이블에서 'name' 속성을 가져온다.
FROM Course, Instructor	〈Course〉와 〈Instructor〉 테이블에서 속성을 가져와 뷰를 생성한다.
WHERE Course.instructor = Instructor.id;	〈course〉 테이블의 'instructor' 속성과 〈instructor〉 테이블의 'id' 속성의 값이 같은 자료만을 뷰로 생성한다.

[문제 7]

① FOREIGN KEY REFERENCES ② CASCADE

CREATE TABLE 사원	생성한 테이블 이름은 〈사원〉이다.
(사원번호 NUMBER(4) PRIMARY KEY,	'사원번호' 속성은 숫자 4자리이며, 기본키이다.
사원명 VARCHAR2(10),	'사원명' 속성은 문자 10자리이다.
근무지번호 NUMBER(2) FOREIGN KEY REFERENCES 근무지	'근무지번호'는 숫자 2자리이며, 〈근무지〉 테이블의 '근무지번호'를 참조하는 외래키이다.
ON DELETE CASCADE);	〈근무지〉 테이블에서 '근무지번호'가 삭제되면, 〈사원〉 테이블의 '근무지번호'도 삭제된다.

※ 'FOREIGN KEY (속성) REFERENCES 테이블(속성)' 절을 생략하고 외래키로 지정할 속성 옆에 직접 'FOREIGN KEY REFERENCES 테이블명'을 추가할 수 있습니다.

[문제 8]

CREATE UNIQUE INDEX Stud_idx	생성한 인덱스의 이름은 〈Stud_idx〉이며, 중복값이 없는 속성으로 인덱스를 생성한다.
On Student(ssn ASC);	〈Student〉 테이블의 'ssn' 속성을 오름차순 정렬한다.

※ ASC는 생략할 수 있습니다.

[문제 9]

① DEFAULT '사원' ② CONSTRAINT ③ CHECK (VALUE IN('사원', '대리', '과장', '부장', '이사', '사장'))

```
CREATE DOMAIN 직위 VARCHAR2(10)
DEFAULT '사원'
CONSTRAINT VALID-직위 CHECK (
    VALUE IN('사원', '대리', '과장', '부장', '이사', '사장') );
```

'직위' 속성에 대한 도메인을 생성한다. 크기는 문자 10자이다.

'직위' 도메인의 기본 값은 "사원"이다.

'직위' 속성에는 "사원", "대리", "과장", "부장", "이사", "사장" 중 하나의 값만을 저장할 수 있다. 'VALID-직위'는 제약 조건의 이름이다.

[문제 10]

```
CREATE INDEX 직원_name ON 직원(이름);
```

〈직원〉 테이블의 '이름' 속성으로 '직원_name'이라는 이름의 인덱스를 생성한다.

[문제 11]

CASCADE

```
DROP TABLE 학생 CASCADE;
```

〈학생〉 테이블을 삭제하되, 〈학생〉 테이블을 참조하는 다른 모든 개체를 함께 제거한다.

[문제 12]

Create, Alter, Drop

[문제 13]

① CHECK ② IN

```
CREATE TABLE 사원
    (직원코드 NUMBER NOT NULL,
    성명 CHAR(10) UNIQUE,
    직책 CHAR(10) CHECK (직책 IN('사원', '대리', '과장', '팀장')),
    연봉 NUMBER);
```

〈사원〉 테이블을 생성한다.

'직원코드' 속성은 숫자형으로, NULL을 갖지 않는다.

'성명' 속성은 최대 문자 10자로, 중복된 값을 가질 수 없다.

'직책' 속성은 최대 문자 10자로, '사원', '대리', '과장', '팀장' 중에 하나의 값을 가져야 한다.

'연봉' 속성은 숫자형이다.

Section 103

[문제 1]

ROLLBACK은 변경되었으나 아직 COMMIT되지 않은 모든 내용들을 취소하고 데이터베이스를 이전 상태로 되돌리는 명령어이다.

[문제 2]

GRANT는 데이터베이스 관리자가 데이터베이스 사용자에게 권한을 부여하는 데 사용하는 명령어이다.

[문제 3]

① GRANT ② ON

[문제 4]

GRANT ALL ON 학생 TO 김하늘;

[문제 5]

GRANT DELETE ON 강좌 TO 김하늘 WITH GRANT OPTION;

[문제 6]

REVOKE SELECT, INSERT, DELETE ON 교수 FROM 임꺽정;

[문제 7]

REVOKE UPDATE ON 수강 FROM 임꺽정 CASCADE;

※ 'GRANT OPTION FOR'를 생략한 이유는 임꺽정에게 부여된 〈수강〉 테이블에 대한 UPDATE 권한을 취소하면 다른 사람에게 UPDATE 권한을 부여할 수 있는 권한도 함께 취소되기 때문입니다. 자신에게 권한이 없어지면 해당 권한을 다른 사람에게 부여할 수 없습니다.

[문제 8]

COMMIT은 트랜잭션 처리가 정상적으로 완료된 후 트랜잭션이 수행한 내용을 데이터베이스에 반영하는 명령이다.

[문제 9]

ROLLBACK TO P1;

학번이 '2002'인 학생의 레코드는 'SAVEPOINT P1' 명령이 수행된 이후 삭제되었고, 학번이 '2001'인 학생의 레코드는 'SAVEPOINT P2' 명령이 수행된 이후 삭제되었으므로 학번이 '2002'인 학생의 레코드까지 복원하려면 'P1' 저장점을 이용해서 복원을 수행해야 합니다.

Section 104

[문제 1]

DELETE FROM 학생 WHERE 이름 = '민수';

DELETE	삭제하라.
FROM 학생	〈학생〉 테이블을 대상으로 하라.
WHERE 이름 = '민수';	'이름'이 "민수"인 자료만을 대상으로 한다.

[문제 2]

INSERT INTO 학생 VALUES(9816021, '한국산', 3, '경영학개론', '050–1234–1234');

INSERT INTO 학생	〈학생〉 테이블에 삽입하라.
VALUES(9816021, '한국산', 3, '경영학개론', '050–1234–1234');	첫 번째 필드부터 순서대로 9816021, '한국산', 3, '경영학개론', '050–1234–1234'를 삽입하라.

[문제 3]

① VALUES ② SELECT ③ FROM ④ SET

• 〈SQL 1〉 문

INSERT INTO 학부(학번, 이름, 주소, 나이)	〈학부〉 테이블의 '학번', '이름', '주소', '나이' 필드에 삽입한다.
VALUES (240912, '최재균', '서울', 20);	240912를 '학번' 필드에, '최재균'을 '이름' 필드에, '서울'을 '주소' 필드에, 20을 '나이' 필드에 삽입한다.

• 〈SQL 2〉 문

INSERT INTO 학생(학번, 이름, 나이, 학과)	〈학생〉 테이블의 '학번', '이름', '나이', '학과' 필드에 삽입한다.
SELECT 학번, 이름, 나이, '컴퓨터공학'	'학번', '이름', '나이' 필드는 조회하여 삽입하고, 네 번째 필드에는 '컴퓨터공학' 값을 직접 삽입한다.
FROM 학부	〈학부〉 테이블을 대상으로 조회한다.
WHERE 이름 = '최재균';	'이름'이 '최재균'인 튜플만을 대상으로 한다.

• 〈SQL 3〉 문

```
SELECT *          모든 필드를 조회한다.
FROM 학생          〈학생〉 테이블을 대상으로 조회한다.
```

• 〈SQL 4〉 문

```
UPDATE 학생                 〈학생〉 테이블을 갱신한다.
SET 학과 = '휴학'            '학과'를 "휴학"으로 갱신한다.
WHERE 학번 = 240912;        '학번'이 240912인 튜플만을 대상으로 한다.
```

[문제 4]

① UPDATE ② SET

```
UPDATE 학부생                 〈학부생〉 테이블을 갱신하라.
SET 학과번호 = 999            '학과번호'를 999로 갱신하라.
WHERE 입학생수 >= 300;        '입학생수'가 300이상인 튜플만을 대상으로 하라.
```

[결과]

학부	학과번호	입학생수	담당관
정경대학	999	300	김해율
공과대학	310	250	이성관
인문대학	999	400	김해율
정경대학	999	300	김성수
인문대학	420	180	이율해

[문제 5]

```
INSERT INTO 기획부(성명, 경력, 주소, 기본급)     〈기획부〉 테이블의 '성명', '경력', '주소', '기본급'에 삽입하라.
SELECT 성명, 경력, 주소, 기본급                 삽입할 자료 '성명', '경력', '주소', '기본급'을 검색하라.
FROM 사원                                      〈사원〉 테이블을 대상으로 하라.
WHERE 부서 ='기획';                             '부서'가 "기획"인 튜플만을 대상으로 하라.
```

Section 105

[문제 1]

3

```
SELECT COUNT(COL2)          'COL2'의 개수를 표시한다.
FROM TABLE                  〈TABLE〉에서 검색한다.
WHERE COL1 IN (2, 3)        'COL1'이 2 또는 3이거나,
      OR COL2 IN (3, 5);    'COL2'가 3 또는 5인 튜플만을 대상으로 한다.
```

• 질의문의 조건을 만족하는 튜플은 다음과 같습니다.

INDEX	COL1	COL2
1	2	NULL
2	4	6
3	3	5
4	6	3
5	NULL	3

• 조건에 맞는 'COL2' 속성만 추출하면 다음과 같습니다.

COL2
NULL
5
3
3

∴ COUNT(COL2)는 'COL2' 속성의 개수를 계산하지만 'NULL' 값은 제외하므로 COUNT(COL2)의 결과는 3입니다.

[문제 2]

① 200　② 3　③ 1

① 〈SQL문〉

SELECT DEPT	'DEPT'를 표시한다.
FROM STUDENT;	〈STUDENT〉 테이블에서 검색한다.

※ 〈STUDENT〉 테이블에서 'DEPT'를 검색합니다. 총 200개의 튜플이 들어 있고 검색 조건이 없으므로 튜플의 수는 200입니다.

② 〈SQL문〉

SELECT DISTINCT DEPT	'DEPT'를 표시하되, 같은 'DEPT' 속성의 값은 한 번만 표시한다.
FROM STUDENT;	〈STUDENT〉 테이블에서 검색한다.

※ 〈STUDENT〉 테이블에서 'DEPT'를 검색하는 데 중복된 결과는 처음의 한 개만 검색에 포함시킵니다. 전기과 50개 튜플의 'DEPT' 속성의 값이 같으므로 1개, 전산과 100개 튜플의 'DEPT' 속성의 값이 같으므로 1개, 전자과 50개 튜플의 'DEPT' 속성의 값이 같으므로 1개를 검색에 포함시키므로 3개의 튜플이 검색됩니다.

③ 〈SQL문〉

SELECT COUNT(DISTINCT DEPT)	'DEPT'의 개수를 표시하되, 같은 'DEPT' 속성의 값은 한 번만 계산한다.
FROM STUDENT;	〈STUDENT〉 테이블에서 검색한다.
WHERE DEPT = '전산과';	'DEPT'가 "전산과"인 자료만을 대상으로 검색한다.

※ 〈STUDENT〉 테이블에서 'DEPT' 속성의 값이 '전산과'인 튜플에 대해 중복을 제거하고 개수를 세므로 1이 검색 결과로 표시됩니다.

[문제 3]

① ORDER　② score　③ DESC

SELECT name, score	'name'과 'score'를 표시한다.
FROM 성적	〈성적〉 테이블에서 검색한다.
ORDER BY score DESC	'score'를 기준으로 내림차순 정렬한다.

[문제 4]

ALL

❷ SELECT 제품명, 단가, 제조사	'제품명', '단가', '제조사'를 표시한다.
FROM 제품	〈제품〉 테이블에서 검색한다.
WHERE 단가 〉 ALL (	'단가'가 하위 질의로 검색된 모든(ALL) 단가보다 큰 자료만을 대상으로 한다.
❶ SELECT 단가	'단가'를 표시한다.
FROM 제품	〈제품〉 테이블에서 검색한다.
WHERE 제조사 = 'H');	제조사가 "H"인 자료만을 대상으로 한다.

문제의 질의문은 하위 질의가 있는 질의문입니다. 먼저 WHERE 조건에 지정된 하위 질의의 SELECT문을 해석한 다음 그 결과를 본 질의의 조건에 있는 '단가' 속성과 비교합니다. 〈제품〉 테이블에 다음과 같은 자료가 들어있다고 가정하여 설명합니다.

〈제품〉

제품명	단가	제조사
냉장고	200	H
TV	150	H
세탁기	300	H
건조기	250	A
핸드폰	400	B
컴퓨터	500	C

❶ 〈제품〉 테이블에서 '제조사'가 "H"인 튜플의 '단가'를 검색합니다.

단가
200
150
300

❷ 〈제품〉 테이블에서 '단가'가 ❶번에서 추출된 '단가'의 모든(ALL) 범위인 200, 150, 300보다 큰(>), 즉 범위 안에서 가장 큰 300보다 큰 '단가'를 갖는 자료를 대상으로 '제품명', '단가', '제조사'를 출력합니다.

제품명	단가	제조사
핸드폰	400	B
컴퓨터	500	C

[문제 5]

① 이%　② DESC

```
SELECT *                      모든 속성을 표시한다.
FROM 회원                     〈회원〉 테이블에서 검색한다.
WHERE 이름 LIKE '이%'         '이름'이 '이'로 시작하는 자료만을 대상으로 한다.
ORDER BY 가입일 desc;         '가입일'을 기준으로 내림차순 정렬한다.
```

[결과]

회원번호	이름	성별	가입일
1005	이미경	여	2021-07-10
1001	이진성	남	2021-06-23

[문제 6]

```
SELECT pid                          'pid'를 표시한다.
FROM Sale                           〈Sale〉 테이블을 대상으로 검색한다.
WHERE psale BETWEEN 10 AND 20;      'psale' 속성의 값이 10 이상 20 이하인 자료만을 대상으로 한다.
```

※ 'psale BETWEEN 10 AND 20' 대신 'psale >= 10 and psale <= 20'으로 입력해도 결과는 같습니다.

[문제 7]

SELECT 학생정보.학번, 이름, 결제여부	'학번', '이름', '결제여부'를 표시한다. '학번' 속성은 여러 테이블에 있으므로 테이블명을 지정해야 한다. '신청정보.학번' 또는 '결제.학번'을 입력해도 결과는 같다.
FROM 학생정보, 신청정보, 결제	〈학생정보〉, 〈신청정보〉, 〈결제〉 테이블을 대상으로 검색한다.
WHERE 학생정보.학번 = 신청정보.학번	〈학생정보〉 테이블의 '학번'과 〈신청정보〉 테이블의 '학번'이 같고
AND 신청정보.신청번호 = 결제.신청번호	〈신청정보〉 테이블의 '신청번호'와 〈결제〉 테이블의 '신청번호'가 같으며,
AND 신청과목 = 'OpenGL';	'신청과목'이 "OpenGL"인 학생만을 대상으로 한다.

[문제 8]

① SELECT ID, NAME FROM CUSTOMER;

② SELECT DISTINCT GRADE FROM CUSTOMER;

③ SELECT * FROM CUSTOMER ORDER BY ID DESC;

④ SELECT NAME FROM CUSTOMER WHERE AGE IS NULL;

⑤ SELECT NAME FROM CUSTOMER WHERE AGE IS NOT NULL;

• ①번 수행 결과

ID	NAME
G001	KIM
G002	LEE
G003	PARK
G004	JUNG
G005	JO
G006	CHOI

• ②번 수행 결과

GRADE
GOLD
VIP
SILVER

• ③번 수행 결과

ID	NAME	AGE	GRADE	JOB	POINT
G006	CHOI	50	VIP	자영업	3000
G005	JO	NULL	SILVER	주부	650
G004	JUNG	28	SILVER	학생	800
G003	PARK	30	GOLD	프리랜서	1500
G002	LEE	42	VIP	회사원	2500
G001	KIM	35	GOLD	회사원	1800

• ④번 수행 결과

NAME
JO

• ⑤번 수행 결과

NAME
KIM
LEE
PARK
JUNG
CHOI

[문제 9]

연락번호 IS NOT NULL

SELECT 사원명	'사원명' 속성을 표시한다.
FROM 회사원	〈회사원〉 테이블을 대상으로 검색한다.
WHERE 연락번호 IS NOT NULL;	'연락번호'가 NULL이 아닌, 즉 '연락번호'에 값이 있는 자료만을 대상으로 검색한다.

[문제 10]

B
a
b

SELECT B	'B' 속성을 표시한다.
FROM R1	〈R1〉 테이블을 대상으로 검색한다.
WHERE C IN (	〈R1〉 테이블의 'C'가 IN 다음에 쓰인 하위 질의의 결과와 같은 자료만을 대상으로 한다.
SELECT C	'C' 속성을 표시한다.
FROM R2	〈R2〉 테이블을 대상으로 검색한다.
WHERE D='k');	'D'가 "k"인 자료만을 대상으로 한다.

Section 106

[문제 1]

SELECT 학과, COUNT(*) AS 학과별튜플수 FROM 학생 GROUP BY 학과;

SELECT 학과, COUNT(*) AS 학과별튜플수	'학과'와 개수를 표시하되, 개수는 '학과별튜플수'로 표시한다.
FROM 학생	〈학생〉 테이블에서 검색한다.
GROUP BY 학과;	'학과'를 기준으로 그룹을 지정한다.

[문제 2]

SELECT 과목이름, MIN(점수) AS 최소점수, MAX(점수) AS 최대점수 FROM 성적 GROUP BY 과목이름 HAVING AVG(점수) >= 90;

SELECT 과목이름, MIN(점수) AS 최소점수, MAX(점수) AS 최대점수	'과목이름', '점수'의 최소값, '점수'의 최대값을 표시하되, '점수'의 최소값은 '최소점수'로, '점수'의 최대값은 '최대점수'로 표시한다.
FROM 성적	〈성적〉 테이블에서 검색한다.
GROUP BY 과목이름	'과목이름'을 기준으로 그룹을 지정한다.
HAVING AVG(점수) >= 90;	각 그룹의 '점수'의 평균이 90보다 크거나 같은 그룹만을 표시한다.

[문제 3]

① 3 ② 4

CREATE TABLE 부서 (	〈부서〉 테이블을 생성한다.
부서코드 INT PRIMARY KEY,	'부서코드' 속성은 정수형이며, 기본키로 정의한다.
부서명 VARCHAR(20)	'부서명' 속성은 가변길이 문자 20자이다.
);	
CREATE TABLE 직원 (	〈직원〉 테이블을 생성한다.
직원코드 INT PRIMARY KEY,	'직원코드' 속성은 정수형이며, 기본키로 정의한다.
부서코드 INT,	'부서코드' 속성은 정수형이다.
직원명 VARCHAR(20),	'직원명' 속성은 가변길이 문자 20자이다.
FOREIGN KEY(부서코드) REFERENCES 부서(부서코드)	'부서코드' 속성은 〈부서〉 테이블의 '부서코드' 속성을 참조하는 외래키이다.
ON DELETE CASCADE	〈부서〉 테이블에서 튜플이 삭제되면 관련된 모든 튜플이 함께 삭제된다.
);	

❶ INSERT INTO 부서 VALUES(10, '영업부');
❷ INSERT INTO 부서 VALUES(20, '기획부');
❸ INSERT INTO 부서 VALUES(30, '개발부');
❹ INSERT INTO 직원 VALUES(1001, 10, '이진수');
❺ INSERT INTO 직원 VALUES(1002, 10, '곽연경');
❻ INSERT INTO 직원 VALUES(1003, 20, '김선길');
❼ INSERT INTO 직원 VALUES(1004, 20, '최민수');
❽ INSERT INTO 직원 VALUES(1005, 20, '이용갑');
❾ INSERT INTO 직원 VALUES(1006, 30, '박종일');
❿ INSERT INTO 직원 VALUES(1007, 30, '박미경');

• ❶~❸번 SQL문이 수행된 후 〈부서〉 테이블은 다음과 같습니다.

〈부서〉

부서코드	부서명
10	영업부
20	기획부
30	개발부

• ❹~❿번 SQL문이 수행된 후 〈직원〉 테이블은 다음과 같습니다.

〈직원〉

직원코드	부서코드	직원명
1001	10	이진수
1002	10	곽연경
1003	20	김선길
1004	20	최민수
1005	20	이용갑
1006	30	박종일
1007	30	박미경

①

```
SELECT DISTINCT COUNT(부서코드)
FROM 직원
WHERE 부서코드 = 20;
```

'부서코드'의 개수를 표시하되, 표시된 개수 중 중복된 값은 한 번만 표시한다.
〈직원〉 테이블에서 검색한다.
'부서코드'가 20인 자료만을 대상으로 한다.

• 문제의 SQL문은 DISTINCT가 '부서코드'에 적용되는 것이 아니라 'COUNT(부서코드)'에 적용됨에 유의해야 합니다.
• **WHERE 부서코드 = 20** : '부서코드'가 20인 자료만을 검색합니다.

부서코드
20
20
20

• **SELECT DISTINCT COUNT(부서코드)** : 'COUNT(부서코드)'의 결과인 3에는 중복된 값이 없으므로 3이 그대로 표시됩니다.

COUNT(부서코드)
3

②

```
DELETE FROM 부서
WHERE 부서코드 = 20;
SELECT DISTINCT COUNT(부서코드)
FROM 직원;
```

〈부서〉 테이블에서 튜플을 삭제하라.
'부서코드'가 20인 자료만을 대상으로 하라.
'부서코드'의 개수를 표시하되, 표시된 개수 중 중복된 값은 한 번만 표시한다.
〈직원〉 테이블에서 검색한다.

• **DELETE FROM 부서 WHERE 부서코드 = 20;** : 〈직원〉 테이블의 '부서코드'는 테이블 정의 시 〈부서〉 테이블의 '부서코드'를 참조하되 〈부서〉 테이블에서 '부서코드'의 튜플이 삭제되면 이를 참조하는 〈직원〉의 튜플도 함께 삭제되도록 정의하였으므로, DELETE문 수행 후의 〈부서〉와 〈직원〉 테이블은 다음과 같습니다.

〈부서〉

부서코드	부서명
10	영업부
30	개발부

〈직원〉

직원코드	부서코드	직원명
1001	10	이진수
1002	10	곽연경
1006	30	박종일
1007	30	박미경

• **SELECT DISTINCT COUNT(부서코드) FROM 직원;** : 〈직원〉 테이블에서 'COUNT(부서코드)'의 결과인 4에는 중복된 값이 없으므로 4가 그대로 표시됩니다.

COUNT(부서코드)
4

[문제 4]

1

SQL도 프로그래밍 언어와 마찬가지로 OR 연산자에 비해 AND 연산자의 우선순위가 높습니다. 즉 '식1 AND 식2 OR 식3'과 같이 조건이 제시된 경우 '식1 AND 식2'의 조건을 먼저 확인한 후 그 결과와 식3의 OR 조건을 확인합니다.

```
SELECT COUNT(*)
FROM EMP_TBL
WHERE EMPNO > 100
    AND SAL >= 3000
    OR EMPNO = 200;
```

튜플의 개수를 표시한다.
〈EMP_TBL〉 테이블에서 검색한다.
'EMPNO'의 값이 100보다 크고
'SAL'의 값이 3000 이상이거나,
'EMPNO'의 값이 200인 튜플만을 대상으로 검색한다.

[SQL 수행 과정]

① 'EMPNO'의 값이 100보다 큰 튜플은 다음과 같습니다.

EMPNO	SAL
200	3000
300	2000

② 'SAL'의 값이 3000 이상인 튜플은 다음과 같습니다.

EMPNO	SAL
200	3000

③ ①, ②의 조건을 동시에 만족(AND)하는 튜플은 다음과 같습니다.

EMPNO	SAL
200	3000

④ 'EMPNO'의 값이 200인 튜플은 다음과 같습니다.

EMPNO	SAL
200	3000

⑤ ③번 또는 ④번의 튜플 중 한 번이라도 포함된(OR) 튜플은 다음과 같습니다.

EMPNO	SAL
200	3000

⑥ COUNT(*) 함수를 이용하여 ⑤번 튜플의 개수를 표시하면 다음과 같습니다.

COUNT(*)
1

[문제 5]

SELECT SUM(psale)	'psale'의 합계를 표시한다.
FROM Sale	〈Sale〉 테이블을 대상으로 검색한다.
WHERE pid IN (	〈Sale〉 테이블의 'pid'가 IN 다음에 쓰인 하위 질의의 결과와 같은 자료만을 대상으로 한다.
SELECT id	'id'를 표시한다.
FROM Product	〈Product〉 테이블에서 검색한다.
WHERE name LIKE 'USB%');	'name'이 "USB"로 시작하는 자료만을 대상으로 한다. 즉 'name'이 "USB"로 시작하는 자료의 'id' 속성의 값이 표시된다.

[문제 6]

① 매출액 〉 1000 ② 소속도시 ③ 3

SELECT 소속도시, AVG(매출액)	'소속도시', '매출액'의 평균을 표시한다.
FROM 지점정보	〈지점정보〉 테이블을 대상으로 검색한다.
WHERE 매출액 〉 1000	'매출액'이 1,000을 초과하는 레코드만을 대상으로 한다.
GROUP BY 소속도시	'소속도시'를 기준으로 그룹을 지정한다.
HAVING COUNT(*) 〉= 3;	그룹으로 지정한 '소속도시'의 수가 3 이상인 그룹만을 표시한다.

[문제 7]

A
4
3
2
1

SELECT A FROM R	〈R〉 테이블의 'A' 속성을 표시한다.
UNION	두 SELECT문의 조회 결과를 통합하되 중복된 행은 한 번만 출력한다.
SELECT A FROM S	〈S〉 테이블의 'A' 속성을 표시한다.
ORDER BY A DESC;	'A' 속성을 기준으로 내림차순 정렬한다.

[문제 8]

① 장학내역 ② 장학금 ③ NUM

SELECT 장학내역, 장학금, ROW_NUMBER( ) OVER	'장학내역', '장학금', 일련 번호를 표시한다.
(PARTITION BY 장학내역	'장학내역'별로 묶어서 표시한다.
ORDER BY 장학금 DESC)	'장학내역' 안에서는 '장학금'을 기준으로 내림차순 정렬한다.
AS NUM	일련 번호를 표시할 필드명을 'NUM'으로 지정한다.
FROM 장학금;	〈장학금〉 테이블을 대상으로 검색한다.

Section 107

[문제 1]

① 세타 조인 ② 동등 조인 ③ 자연 조인

[문제 2]

① WHERE ② NATURAL JOIN ③ USING

① 〈SQL문〉

SELECT 학번, 이름, 학생.학과코드, 학과명	'학번', '이름', '학과코드', '학과명'을 표시한다. '학과코드' 속성은 여러 테이블에 있으므로 테이블명을 지정해야 한다. '학과.학과코드'를 입력해도 결과는 같다.
FROM 학생, 학과	〈학생〉과 〈학과〉 테이블을 대상으로 검색한다.
WHERE 학생.학과코드 = 학과.학과코드;	〈학생〉 테이블의 '학과코드'와 〈학과〉 테이블의 '학과코드'가 같은 튜플만을 대상으로 한다.

② 〈SQL문〉

SELECT 학번, 이름, 학생.학과코드, 학과명	'학번', '이름', '학과코드', '학과명'을 표시한다.
FROM 학생 NATURAL JOIN 학과;	〈학생〉 테이블과 〈학과〉 테이블에서 같은 속성을 기준으로 JOIN한다.

③ 〈SQL문〉

SELECT 학번, 이름, 학생.학과코드, 학과명	'학번', '이름', '학과코드', '학과명'을 표시한다.
FROM 학생 JOIN 학과 USING(학과코드);	〈학생〉 테이블과 〈학과〉 테이블에서 '학과코드'를 기준으로 JOIN한다.

[문제 3]

① ON ② 코드

SELECT a.코드, 이름, 동아리명	a가 가리키는 〈사원〉 테이블의 '코드'와 '이름', '동아리명'을 표시한다.
FROM 사원 a LEFT OUTER JOIN 동아리 b	• LEFT OUTER JOIN이므로, 좌측의 〈사원〉 테이블이 기준이 되어 〈사원〉 테이블에 있는 튜플은 모두 표시하고, 우측의 〈동아리〉 테이블에서는 관련이 있는 튜플만 표시한다. • 〈사원〉, 〈동아리〉 테이블의 별칭으로 〈a〉, 〈b〉를 지정한다. 〈a〉는 〈사원〉 테이블을, 〈b〉는 〈동아리〉 테이블을 가리키게 된다.
ON a.코드 = b.코드;	〈사원〉 테이블의 '코드'와 〈동아리〉 테이블의 '코드'를 기준으로 서로 JOIN한다.

Section 108

[문제 1]

트리거(Trigger)

[문제 2]

① UPDATE ② FOR EACH ROW

```
❶ CREATE TRIGGER 사원_tri AFTER UPDATE ON 사원
❷ FOR EACH ROW
  BEGIN
❸     IF (태도+성과)/2 >= 50 THEN
          DBMS_OUTPUT.PUT_LINE('우수');
❹     ELSE
          DBMS_OUTPUT.PUT_LINE('미달');
❺     END IF;
  END;
```

❶ 〈사원〉 테이블에 튜플을 갱신한 후에 동작하는 트리거 '사원_tri'를 생성한다.
❷ 각각의 모든 튜플을 대상으로 트리거를 수행한다.
❸ '태도', '성과' 속성의 평균이 50 이상이면 **우수**를 화면에 출력하고,
❹ 아니면 **미달**을 화면에 출력한다.
❺ IF문의 끝

예상문제은행 8장 SQL 응용 정답

[문제 1]

```
DROP TABLE 직원;
```

〈직원〉 테이블을 제거한다.

[문제 2]

```
CREATE TABLE 직원
  (사번 CHAR(15),
   이름 CHAR(4) NOT NULL,
   전화번호 CHAR(20),
   부서번호 CHAR(10),
   경력 INT,
   기본급 INT,
   PRIMARY KEY(사번),
   UNIQUE(전화번호),
   FOREIGN KEY(부서번호) REFERENCES 부서(부서번호),
   CHECK (기본급 >= 1000000));
```

생성한 테이블 이름은 〈직원〉이다.
'사번' 속성은 문자 15자리이다.
'이름' 속성은 문자 4자리인데, NULL 값을 가질 수 없다.
'전화번호' 속성은 문자 20자리이다.
'부서번호' 속성은 문자 10자리이다.
'경력' 속성은 숫자이다.
'기본급' 속성은 숫자이다.
'사번' 속성은 기본키이다.
'전화번호' 속성은 중복된 값을 가질 수 없다.
'부서번호' 속성은 〈부서〉 테이블의 '부서번호'를 참조하는 외래키이다.
'기본급' 속성은 1000000보다 크거나 같은 값을 가져야 한다.

[문제 3]

```
SELECT *
FROM 사원;
```

모든 속성을 표시한다.
〈사원〉 테이블을 대상으로 검색한다.

[문제 4]

SELECT DISTINCT 이름	'이름'을 표시하되, 같은 '이름'은 한 번만 표시한다.
FROM 자격증	〈자격증〉 테이블을 대상으로 검색한다.
WHERE 경력 >= 3;	'경력'이 3 이상인 자료만을 대상으로 검색한다.

[문제 5]

SELECT 이름, 재직년도, 기본급	'이름', '재직년도', '기본급'을 표시한다.
FROM 사원	〈사원〉 테이블을 대상으로 검색한다.
WHERE 이름 NOT IN (	〈자격증〉 테이블에 '이름'이 NOT IN 다음에 쓰인 하위 질의의 결과에 없는 자료만을 대상으로 한다.
SELECT 이름	'이름'을 표시한다.
FROM 자격증);	〈자격증〉 테이블에서 검색한다. 즉, 〈자격증〉 테이블의 '이름'을 표시한다.

[문제 6]

SELECT 이름	'이름'을 표시한다.
FROM 자격증	〈자격증〉 테이블을 대상으로 검색한다.
GROUP BY 이름	'이름'을 기준으로 그룹을 지정한다.
HAVING COUNT(*) >= 2;	그룹 중 개수가 2개 이상인 자료만을 표시한다. 즉 자격증이 2개 이상인 사원의 '이름'을 검색한다.

[문제 7]

CREATE VIEW 3학년학생	생성한 뷰의 이름은 〈3학년학생〉이다.
AS SELECT *	모든 속성을 가져온다.
FROM 학생	〈학생〉 테이블에서 속성을 가져온다.
WHERE 학년 = 3	'학년'이 3인 학생만을 대상으로 한다.
WITH CHECK OPTION;	생성된 〈3학년학생〉 뷰에 갱신이나 삽입 연산 수행 시 뷰의 정의 조건(학년이 3학년)을 위배하면 실행을 거절한다.

[문제 8]

CREATE VIEW 강좌교수(강좌명, 강의실, 수강제한인원, 교수이름)	생성한 뷰의 이름은 〈강좌교수〉로, '강좌명', '강의실', '수강제한인원', '교수이름'으로 속성을 표시한다.
AS SELECT 강좌명, 강의실, 수강인원, 이름	'강좌명', '강의실', '수강인원', '이름' 속성을 가져온다.
FROM 강좌, 교수	〈강좌〉 테이블과 〈교수〉 테이블에서 속성을 가져온다.
WHERE 강좌.교수번호 = 교수.교수번호;	〈강좌〉 테이블의 '교수번호'와 〈교수〉 테이블의 '교수번호'가 같은 자료만을 대상으로 한다.

※ 테이블에서 불러온 속성명을 뷰에서 그대로 사용하지 않을 경우 사용하고 싶은 속성명을 뷰 이름 옆에 입력합니다.

[문제 9]

① commit ② rollback ③ grant ④ revoke ⑤ cascade

[문제 10]

GRANT SELECT ON 강좌 TO 홍길동;

[문제 11]
GRANT ALL ON 학생 TO 홍길동 WITH GRANT OPTION;

[문제 12]
REVOKE INSERT ON 교수 FROM 박문수;

[문제 13]
REVOKE SELECT ON 수강 FROM 박문수 CASCADE;

※ 박문수에게 부여된 〈수강〉 테이블에 대한 SELECT 권한을 취소하면 박문수가 다른 사람에게 SELECT 권한을 부여할 수 있는 권한도 함께 취소됩니다. 자신에게 권한이 없어지면 해당 권한을 다른 사람에게 부여할 수 없기 때문입니다.
※ 박문수에게 부여된 〈수강〉 테이블에 대해 SELECT 권한은 유지하면서 다른 사람에게 부여할 수 있는 권한만 제거하려면 다음과 같이 작성합니다.
REVOKE GRANT OPTION FOR SELECT ON 수강 FROM 박문수;

[문제 14]
1. 삭제

DELETE	삭제하라.
FROM 상품	〈상품〉 테이블을 대상으로 하라.
WHERE 제품코드 = 'P-20';	'제품코드'가 "P-20"인 상품만을 대상으로 하라.

2. 삽입

INSERT	삽입하라.
INTO 상품	〈상품〉 테이블에 삽입하라.
VALUES ('P-20', 'PLAYER', 8800, 6600);	"P-20", "PLAYER", 8800, 6600을 〈상품〉 테이블의 각 필드에 삽입하라.

[문제 15]

SELECT 상호, 총액	'상호'와 '총액'을 표시한다.
FROM 거래내역	〈거래내역〉 테이블을 대상으로 검색한다.
WHERE 총액 In (	'총액'과 IN 다음에 쓰인 하위 질의의 결과와 같은 거래처를 대상으로 한다.
SELECT MAX(총액)	'총액' 중 가장 큰 값을 표시한다.
FROM 거래내역);	〈거래내역〉 테이블에서 검색한다. 즉, 〈거래내역〉 테이블에서 '총액' 중 가장 큰 값을 표시한다.

※ WHERE절에는 MAX, SUM, AVG 등과 같은 집계 함수를 사용할 수 없으므로 'WHERE 총액 = MAX(총액)'과 같이 작성할 수 없습니다.

[문제 16]
① 450 ② 3 ③ 1

① SELECT DEPT FROM EMPLOYEE;
〈EMPLOYEE〉 테이블에서 'DEPT'를 검색합니다. 총 450개의 튜플이 들어 있고 검색 조건이 없으므로 튜플의 수는 450입니다.
② SELECT DISTINCT DEPT FROM EMPLOYEE;
〈EMPLOYEE〉 테이블에서 'DEPT'를 검색하는 데 중복된 결과는 처음의 한 개만 검색에 포함시킵니다. 기획부 100개 튜플의 'DEPT' 속성의 값이 같으므로 1개, 생산부 200개 튜플의 'DEPT' 속성의 값이 같으므로 1개, 홍보부 150개 튜플의 'DEPT' 속성의 값이 같으므로 1개를 검색에 포함시키므로 3개의 튜플이 검색됩니다.
③ SELECT COUNT(DISTINCT DEPT) FROM EMPLOYEE WHERE DEPT = '기획부';
〈EMPLOYEE〉 테이블에서 'DEPT' 속성의 값이 '기획부'인 튜플에 대해 중복을 제거하고 개수를 세므로 1이 검색 결과로 표시됩니다.

[문제 17]

① 송윤아　② 24　③ 사원

SELECT 성명, 나이, 직책	'성명', '나이', '직책'을 표시한다.
FROM 사원, 연락처	〈사원〉, 〈연락처〉 테이블을 대상으로 검색한다.
WHERE 연락처.성별 = '여' AND 사원.사번 = 연락처.사번;	〈연락처〉 테이블의 '성별'이 "여"이고 〈사원〉 테이블의 '사번'과 〈연락처〉 테이블의 '사번'이 같은 자료만을 대상으로 검색한다.

[문제 18]

학번이 'S'로 시작하는 3문자를 표시한다.

LIKE는 지정된 문자열의 패턴을 비교하여 속성의 값을 찾습니다. 문자열의 시작이 'S'이고 '_'이 두 개 있으므로 학번이 'S'로 시작하는 3문자를 검색하라는 조건이 됩니다.

[문제 19]

① 2　② 2　③ 4

RANK( ) 함수는 공동 순위가 있는 경우 공동 순위를 반영하여 다음 순위를 정합니다. 즉 80점은 공동 2위가 되고, 50점은 4위가 됩니다.

[문제 20]

① 장학내역　② 학과　③ AVG(장학금)

SELECT 장학내역, 학과, AVG(장학금) AS 장학금평균	'장학내역', '학과', '장학금'의 평균을 표시하되, 평균은 '장학금평균'으로 표시한다.
FROM 장학금	〈장학금〉 테이블을 대상으로 검색한다.
GROUP BY CUBE(장학내역, 학과);	'장학내역'과 '학과'를 기준으로 그룹을 지정하여 그룹 평균과 전체 평균을 구한다.

[문제 21]

① 59　② 지원학과, 점수 DESC 또는 지원학과 ASC, 점수 DESC

SELECT 지원ID, 이름, 지원학과, 연락처	'지원ID', '이름', '지원학과', '연락처'를 표시한다.
FROM 지원자	〈지원자〉 테이블을 대상으로 검색한다.
WHERE 점수 > 59	'점수'가 59를 초과하는, 즉 60점 이상인 자료만을 대상으로 한다.
ORDER BY 지원학과, 점수 DESC;	'지원학과'를 기준으로 오름차순 정렬하고 '지원학과'가 같은 경우 '점수'를 기준으로 내림차순 정렬한다.

[문제 22]

① ALTER TABLE　② ADD

ALTER TABLE 학생	수정할 테이블의 이름은 〈학생〉이다.
ADD 주소 CHAR(20);	문자 20자리인 '주소' 속성을 추가한다.

[문제 23]
%신%

```
SELECT *                          모든 속성을 표시한다.
FROM 공급자                        〈공급자〉 테이블을 대상으로 검색한다.
WHERE 공급자명 LIKE '%신%';         '공급자명'에 "신"이 포함된 자료만을 대상으로 한다.
```

[문제 24]
15000

문제의 질의문은 하위 질의가 있는 질의문입니다. 먼저 WHERE 조건에 지정된 하위 질의의 SELECT문을 검색한 다음 그 검색 결과를 본 질의의 조건에 있는 '책번호' 속성과 비교합니다.

❶ **SELECT 책번호 FROM 도서 WHERE 책명 = '운영체제';** : 〈도서〉 테이블에서 '책명' 속성의 값이 "운영체제"와 같은 레코드의 '책번호' 속성의 값을 검색합니다. 결과는 1111입니다.

❷ **SELECT 가격 FROM 도서가격 WHERE 책번호 = 1111;** : 〈도서가격〉 테이블에서 '책번호' 속성의 값이 1111과 같은 레코드의 '가격' 속성의 값을 검색합니다. 결과는 15000입니다.

[문제 25]
① UPDATE ② SET ③ WHERE

```
UPDATE 성적                       〈성적〉 테이블을 갱신한다.
SET 점수 = 점수 + 10               '점수' 속성의 값에 10을 더한다.
WHERE 이름 = 'LEE';               '이름'이 'LEE'인 자료만을 대상으로 한다.
```

[문제 26]
4

```
SELECT COUNT(*) CNT
FROM A CROSS JOIN B
WHERE A.NAME LIKE B.RULE;
```

질의문은 각 절을 분리하여 이해하면 쉽습니다.

- **SELECT COUNT(*) CNT** : 튜플의 개수를 표시하되, 필드명은 'CNT'로 표시합니다.
  ※ 'SELECT COUNT(*) AS CNT'에서 AS가 생략된 형태입니다.
- **FROM A CROSS JOIN B** : 〈A〉와 〈B〉를 교차 조인(CROSS JOIN)한 결과를 대상으로 검색합니다.

A.NAME	B.RULE
Smith	S%
Smith	%t%
Allen	S%
Allen	%t%
Scott	S%
Scott	%t%

- **WHERE A.NAME LIKE B.RULE** : 〈A〉 테이블의 'NAME' 필드 값이 〈B〉 테이블의 'RULE' 필드에 저장된 문자열 패턴과 일치하는 튜플만을 대상으로 합니다.
  ※ 〈B〉 테이블의 'RULE' 필드에 저장된 값은 'S%'와 '%t%'와 같이 문자 패턴인 '%' 기호가 포함되어 있으므로, 조건문의 LIKE 연산자와 결합되면 다음과 같이 적용됩니다.

- A.NAME LIKE S% : 'A.NAME'이 "S"로 시작하는 레코드를 검색

A.NAME	B.RULE
Smith	S%
Smith	%t%
Allen	S%
Allen	%t%
Scott	S%
Scott	%t%

- A.NAME LIKE %T% : 'A.NAME'이 "t"를 포함하는 레코드를 검색

A.NAME	B.RULE
Smith	S%
Smith	%t%
Allen	S%
Allen	%t%
Scott	S%
Scott	%t%

∴ CROSS JOIN된 결과에서 조건을 만족하는 튜플은 다음과 같습니다. 그러므로 검색된 튜플의 개수는 4입니다.

A.NAME	B.RULE
Smith	S%
Smith	%t%
Scott	S%
Scott	%t%

[문제 27]

1

문제의 질의문은 하위 질의가 있는 질의문입니다. 다음과 같이 안쪽 하위 질의의 SELECT문을 먼저 검색한 다음 그 검색 결과를 본 질의의 조건에 적용하면 됩니다.

```
SELECT count(*)
FROM employee AS e JOIN project AS p ON e.project_id = p.project_id
WHERE p.name IN (
    SELECT name FROM project p WHERE p.project_id IN (
                    ❷
        SELECT project_id FROM employee GROUP BY project_id HAVING count(*) < 2
                                ❶
    )
);
```

〈하위 질의 ❶〉

SELECT project_id	'project_id'를 조회한다.
FROM employee	〈employee〉 테이블을 대상으로 조회한다.
GROUP BY project_id	'project_id'를 기준으로 그룹을 지정한다.
HAVING count(*) < 2;	각 그룹의 개수가 2 미만인 그룹만을 대상으로한다.

〈결과〉

project_id
10
10
20

∴ 질의의 결과는 '20'이다.

〈하위 질의 ❷〉

SELECT name	'name'을 조회한다.
FROM project p	〈project〉 테이블을 대상으로 조회한다. 〈project〉 테이블의 별칭으로 〈p〉를 지정한다. 〈p〉는 〈project〉 테이블을 가리키게 된다.
WHERE p.project_id IN (❶)	〈project〉 테이블의 'project_id'가 '20'인 자료만을 대상으로 한다.

〈결과〉

project_id	name
10	Alpha
20	Beta
10	Gamma

∴ 질의의 결과는 'Beta'이다.

〈본 질의〉

SELECT count(*)	조회된 레코드의 개수를 표시한다.
FROM employee AS e JOIN project AS p	• 〈employee〉 테이블과 〈project〉 테이블을 대상으로 조회한다. • 〈employee〉, 〈project〉 테이블의 별칭으로 〈e〉, 〈p〉를 지정한다. 〈e〉는 〈employee〉 테이블을, 〈p〉는 〈project〉 테이블을 가리키게 된다.게 된다.
ON e.project_id = p.project_id	〈employee〉 테이블의 'project_id'와 〈project〉 테이블의 'project_id'를 기준으로 서로 JOIN 한다.
WHERE p.name IN (❷)	〈project〉 테이블의 'name'이 'Beta'인 자료만을 대상으로 한다.

〈결과〉

no	first_name	last_name	project_id
1	John	Doe	10
2	Jim	Carry	20
3	Rachel	Redmond	10

project_id	name
10	Alpha
20	Beta
10	Gamma

∴ 질의의 결과로 표시되는 레코드의 개수는 1이다.

memo

9 장

소프트웨어 개발 보안 구축

SECTION 109

Secure SDLC

SDLC는 소프트웨어를 개발하기 위한 모든 과정을 각 단계별로 나눈 것이며, Secure SDLC는 보안을 위해 SDLC의 전체 단계에 보안 강화를 위한 프로세스를 포함한 것입니다.

소프트웨어 개발 생명주기(SDLC; Software Development Life Cycle)
소프트웨어 개발 생명주기는 소프트웨어 개발 방법론의 바탕이 되는 것으로, 소프트웨어를 개발하기 위해 정의하고 운용, 유지보수 등의 전 과정을 각 단계별로 나눈 것입니다. 자세한 내용은 Section 001을 참조하세요.

필기 20.8

1 Secure SDLC

- Secure SDLC는 보안상 안전한 소프트웨어를 개발하기 위해 **SDLC*에 보안 강화를 위한 프로세스를 포함한 것**을 의미한다.
- Secure SDLC는 요구사항 분석, 설계, 구현, 테스트, 유지보수 등 SDLC 전체 단계에 걸쳐 수행되어야 할 보안 활동을 제시한다.
- Secure SDLC의 대표적인 방법론

방법론	내용
CLASP	SDLC의 초기 단계에서 보안을 강화하기 위해 개발된 방법론
SDL	마이크로소프트 사에서 안전한 소프트웨어 개발을 위해 기존의 SDLC를 개선한 방법론
필기 20.8 Seven Touchpoints	소프트웨어 보안의 모범사례를 SDLC에 통합한 방법론

2 SDLC 단계별 보안 활동

단계	보안 활동
요구사항 분석 단계	보안 항목에 해당하는 요구사항을 식별하는 작업을 수행함
↓ 설계 단계	식별된 보안 요구사항들을 소프트웨어 설계서에 반영하고, 보안 설계서를 작성함
↓ 구현 단계	표준 코딩 정의서 및 소프트웨어 개발 보안 가이드를 준수하며, 설계서에 따라 보안 요구사항들을 구현함
↓ 테스트 단계	설계 단계에서 작성한 보안 설계서를 바탕으로 보안 사항들이 정확히 반영되고 동작되는지 점검함
↓ 유지보수 단계	• 이전 과정을 모두 수행하였음에도 발생할 수 있는 보안사고들을 식별함 • 사고 발생 시 이를 해결하고 보안 패치를 실시함

3 소프트웨어 개발 보안 요소

20.11, 필기 24.7, 23.5, 23.2, 22.7, 22.4, 21.3, 20.8, 20.6

보안 요소	설명
필기 23.5, 22.7, 22.4, 21.3, 20.8 기밀성(Confidentiality)	• 시스템 내의 정보와 자원은 인가된 사용자에게만 접근이 허용됨 • 정보가 전송 중에 노출되더라도 데이터를 읽을 수 없음
필기 24.7, 23.5, 23.2, 22.7, 22.4, … 무결성(Integrity)	시스템 내의 정보는 오직 인가된 사용자만 수정할 수 있음
20.11, 필기 23.5, 22.7, 22.4, 21.3, … 가용성(Availability)	인가받은 사용자는 시스템 내의 정보와 자원을 언제라도 사용할 수 있음
인증(Authentication)	• 시스템 내의 정보와 자원을 사용하려는 사용자가 합법적인 사용자인지를 확인하는 모든 행위 • 대표적 방법 : 패스워드, 인증용 카드, 지문 검사 등
부인 방지(NonRepudiation)	데이터를 송·수신한 자가 송·수신 사실을 부인할 수 없도록 송·수신 증거를 제공함

전문가의 조언

소프트웨어 개발 보안 요소는 소프트웨어 개발에 있어 충족시켜야 할 요소 및 요건을 의미하며, 기밀성, 무결성, 가용성을 보안의 3대 요소라 합니다.

4 시큐어 코딩(Secure Coding)

- 시큐어 코딩(Secure Coding)은 구현 단계에서 발생할 수 있는 보안 취약점들을 최소화하기 위해 **보안 요소들을 고려하며 코딩하는 것**을 의미한다.
- 보안 취약점을 사전 대응하여 안정성과 신뢰성을 확보한다.
- 보안 정책을 바탕으로 시큐어 코딩 가이드를 작성하고, 개발 참여자에게는 시큐어 코딩 교육을 실시한다.

※ 정답 및 해설은 142쪽에 있습니다.

기출 따라잡기 Section 109

20년 11월

문제 1 데이터베이스 보안에서 가용성(Availabilby)에 대해 간략히 서술하시오.

답 :

필기 20년 8월

문제 2 실무적으로 검증된 개발 보안 방법론 중 하나로, SW 보안의 모범 사례를 SDLC(Software Development Life Cycle)에 통합한 소프트웨어 개발 보안 생명주기 방법론은 무엇인지 쓰시오.

답 :

필기 23년 5월, 22년 7월, 4월, 21년 3월, 20년 8월

문제 3 소프트웨어 개발 보안에 있어 충족시켜야 할 보안의 3대 요소를 쓰시오.

답 :

필기 24년 7월, 23년 2월, 22년 7월, 20년 6월

문제 4 보안 요소는 소프트웨어 개발에 있어 충족시켜야 할 요소 및 요건을 의미한다. 시스템 내의 정보는 오직 인가된 사용자만 수정할 수 있는 것을 의미하는 보안 요소는 무엇인지 쓰시오.

답 :

SECTION 110

입력 데이터 검증 및 표현

1413500 

1 입력 데이터 검증 및 표현

20.7, 필기 24.2, 23.7, 21.8, 20.9, 20.8

- 입력 데이터 검증 및 표현은 입력 데이터로 인해 발생하는 문제들을 예방하기 위해 구현 단계에서 검증해야 하는 보안 점검 항목들이다.
- 입력 데이터 검증 및 표현의 보안 약점

보안 약점	설명
20.7, 필기 24.2, 23.7, 21.8 SQL 삽입(Injection)	• 웹 응용 프로그램에 SQL을 삽입하여 내부 데이터베이스(DB) 서버의 데이터를 유출 및 변조하고, 관리자 인증을 우회하는 보안 약점 • 동적 쿼리*에 사용되는 입력 데이터에 예약어 및 특수문자가 입력되지 않게 필터링 되도록 설정하여 방지할 수 있음
필기 23.7 경로 조작 및 자원 삽입	• 데이터 입출력 경로를 조작하여 서버 자원을 수정 · 삭제할 수 있는 보안 약점 • 사용자 입력값을 식별자로 사용하는 경우, 경로 순회* 공격을 막는 필터를 사용하여 방지할 수 있음
필기 24.2, 23.7, 20.9 크로스사이트 스크립팅(XSS)	• 웹페이지에 악의적인 스크립트*를 삽입하여 방문자들의 정보를 탈취하거나, 비정상적인 기능 수행을 유발하는 보안 약점 • HTML 태그의 사용을 제한하거나 스크립트에 삽입되지 않도록 '<', '>', '&' 등의 문자를 다른 문자로 치환함으로써 방지할 수 있음
필기 24.2, 23.7 운영체제 명령어 삽입	• 외부 입력값을 통해 시스템 명령어의 실행을 유도함으로써 권한을 탈취하거나 시스템 장애를 유발하는 보안 약점 • 웹 인터페이스를 통해 시스템 명령어가 전달되지 않도록 하고, 외부 입력값을 검증 없이 내부 명령어로 사용하지 않음으로써 방지할 수 있음
위험한 형식 파일 업로드	• 악의적인 명령어가 포함된 스크립트 파일을 업로드함으로써 시스템에 손상을 주거나, 시스템을 제어할 수 있는 보안 약점 • 업로드 되는 파일의 확장자 제한, 파일명의 암호화, 웹사이트와 파일 서버의 경로 분리, 실행 속성을 제거하는 등의 방법으로 방지할 수 있음
신뢰되지 않는 URL 주소로 자동접속 연결	• 입력 값으로 사이트 주소를 받는 경우 이를 조작하여 방문자를 피싱 사이트로 유도하는 보안 약점 • 연결되는 외부 사이트의 주소를 화이트 리스트로 관리함으로써 방지할 수 있음

전문가의 조언

- 소프트웨어 개발의 구현 단계에서 검증해야 하는 보안 점검 내용은 총 7가지로, 입력 데이터 검증 및 표현, 보안 기능, 시간 및 상태, 에러처리, 코드 오류, 캡슐화, API 오용으로 분류됩니다. 각 단계를 차례대로 살펴보도록 하겠습니다.
- 이번 섹션에서는 '입력 데이터 및 표현'과 관련된 보안 점검 내용을 적절히 구현하지 않았을 경우 발생할 수 있는 보안 약점의 종류들에 대해 알아두세요.

전문가의 조언

입력 데이터 검증 및 표현 미비로 발생하는 보안 약점에는 왼쪽의 7가지 이외에도 XQuery/XPath/LDAP/포맷 스트링 삽입, 크로스사이트 요청 위조, HTTP 응답 분할, 보안기능 결정에 사용되는 부적절한 입력값 등이 있습니다.

동적 쿼리(Dynamic Query)
동적 쿼리는 질의어 코드를 문자열 변수에 넣어 조건에 따라 질의를 동적으로 변경하여 처리하는 방식을 의미합니다.

경로 순회(Directory Traversal)
경로를 탐색할 때 사용하는 '/', '\', '..' 등의 기호를 악용하여 허가되지 않은 파일에 접근하는 방식입니다.

스크립트(Script)
스크립트는 소프트웨어를 수행하는데 필요한 처리 절차가 기록된 텍스트로, 대표적인 스크립트 파일의 확장자에는 asp, jsp, php 등이 있습니다.

필기 20.8 메모리 버퍼 오버플로	• 연속된 메모리 공간을 사용하는 프로그램에서 할당된 메모리의 범위를 넘어선 위치에서 자료를 읽거나 쓰려고 할 때 발생하는 보안 약점 • 메모리 버퍼를 사용할 경우 적절한 버퍼의 크기를 설정하고, 설정된 범위의 메모리 내에서 올바르게 읽거나 쓸 수 있도록 함으로써 방지할 수 있음

※ 정답 및 해설은 142쪽에 있습니다.

기출 따라잡기 Section 110

20년 7월, 필기 21년 8월

문제 1 보안 위협의 하나인 SQL Injection에 대해 간략히 서술하시오.

답 :

필기 20년 9월

문제 2 웹페이지에 악의적인 스크립트를 포함시켜 사용자 측에서 실행되게 유도함으로써, 정보 유출 등의 공격을 유발할 수 있는 보안 취약점을 쓰시오.

답 :

필기 20년 8월

문제 3 할당된 메모리의 범위를 벗어난 위치에서 자료를 읽거나 쓰는 등 메모리를 다루는데 오류가 발생하여 잘못된 동작을 하는 프로그램 취약점을 쓰시오.

답 :

SECTION 111

보안 기능

1413600 

1 보안 기능

필기 20.8

- 보안 기능은 소프트웨어 개발의 구현 단계에서 코딩하는 기능인 인증, 접근제어, 기밀성, 암호화 등을 올바르게 구현하기 위한 보안 점검 항목들이다.
- 보안 기능의 보안 약점

보안 약점	설명
적절한 인증 없이 중요기능 허용	• 보안검사를 우회하여 인증과정 없이 중요한 정보 또는 기능에 접근 및 변경이 가능함 • 중요정보나 기능을 수행하는 페이지에서는 재인증 기능을 수행하도록 하여 방지할 수 있음
부적절한 인가	• 접근제어 기능이 없는 실행경로를 통해 정보 또는 권한을 탈취할 수 있음 • 모든 실행경로에 대해 접근제어 검사를 수행하고, 사용자에게는 반드시 필요한 접근 권한만을 부여하여 방지할 수 있음
중요한 자원에 대한 잘못된 권한 설정	• 권한 설정이 잘못된 자원에 접근하여 해당 자원을 임의로 사용할 수 있음 • 소프트웨어 관리자만 자원들을 읽고 쓸 수 있도록 설정하고, 인가되지 않은 사용자의 중요 자원에 대한 접근 여부를 검사함으로써 방지할 수 있음
취약한 암호화 알고리즘 사용	• 암호화된 환경설정 파일을 해독하여 비밀번호 등의 중요정보를 탈취할 수 있음 • 안전한 암호화 알고리즘을 이용하고, 업무관련 내용이나 개인정보 등에 대해서는 IT 보안인증사무국이 안정성을 확인한 암호모듈을 이용함으로써 방지할 수 있음
중요정보 평문 저장 및 전송	• 암호화되지 않은 평문 데이터를 탈취하여 중요한 정보를 획득할 수 있음 • 중요한 정보를 저장하거나 전송할 때는 반드시 암호화 과정을 거치도록 하고, HTTPS* 또는 SSL*과 같은 보안 채널을 이용함으로써 방지할 수 있음
필기 20.8 하드코드*된 암호화 키	• 암호화된 키도 하드코드된 경우 유출 시 역계산 또는 무차별 대입 공격*에 의해 탈취될 수 있음 • 상수 형태의 암호키를 사용하지 않고, 암호화 키 생성 모듈 또는 보안이 보장된 외부 공간을 이용함으로써 방지할 수 있음

전문가의 조언

- 보안 점검 내용 중 하나인 '보안 기능'의 정확한 의미를 이해하고, 보안 기능이 적절히 구현되지 않은 경우 발생할 수 있는 보안 약점과 이를 방지하기 위한 방법에 대해 알아두세요.
- 보안 기능과 관련된 내용을 점검하지 않아 발생하는 보안 약점에는 왼쪽의 6가지 이외에도 충분하지 않은 키 길이 사용, 적절하지 않은 난수값 사용, 하드코드된 비밀번호, 취약한 비밀번호 허용, 사용자 하드디스크에 저장되는 쿠키를 통한 정보 노출, 주석문 안에 포함된 시스템 주요 정보, 무결성 검사 없는 코드 다운로드, 반복된 인증 시도 제한 기능 부재 등이 있습니다.

HTTPS(Hypertext Transfer Protocol Secure)
HTTPS는 웹브라우저와 서버 간의 안전한 통신을 위해 HTTP와 암호 통신규약을 결합한 것입니다.

SSL(Secure Sockets Layer)
SSL은 데이터를 송 · 수신하는 두 컴퓨터 사이에 위치하여 인증, 암호화, 무결성을 보장하는 업계 표준 프로토콜입니다.

하드코드
하드코드는 데이터를 코드 내부에 직접 입력하여 프로그래밍하는 방식입니다.

무차별 대입 공격(Brute Force Attack)
무차별 대입 공격은 암호화된 문서의 암호키를 찾아내기 위해 적용 가능한 모든 값을 대입하여 공격하는 방식입니다.

※ 정답 및 해설은 142쪽에 있습니다.

기출 따라잡기 Section 111

필기 20년 8월

문제 1 다음 JAVA 코드에서 밑줄로 표시된 부분에는 어떤 보안 약점이 존재하는지 쓰시오(단, key는 암호화 키를 저장하는 변수이다.).

```
import javax.crypto.KeyGenerator;
import javax.crypto.spec.ScretKeySpec;
import javax.crypto.Cipher;
                    : 생략
public String encripString(String usr) {
String key = "22df3023sf~2;asn!@#/>as";
if (key != null)
byte[ ] bToEncrypt = usr.getBytes("UTF-8");
                    : 생략
```

답 :

출제예상

문제 2 다음의 ①~③의 설명에 가장 부합하는 보안 기능의 보안 약점을 〈보기〉에서 찾아 기호(㉠~㉥)로 쓰시오.

① 접근제어 기능이 없는 실행경로를 통해 정보 또는 권한을 탈취할 수 있다.
② 암호화되지 않은 평문 데이터를 탈취하여 중요한 정보를 획득할 수 있다.
③ 암호화된 환경설정 파일을 해독하여 비밀번호 등의 중요정보를 탈취할 수 있다.

〈보기〉

㉠ 취약한 암호화 알고리즘 사용
㉡ 적절한 인증 없이 중요기능 허용
㉢ 부적절한 인가
㉣ 하드코드된 비밀번호
㉤ 중요정보 평문 저장 및 전송
㉥ 중요한 자원에 대한 잘못된 권한 설정

답

- ①
- ②
- ③

SECTION
112 코드 오류

1413900

1 코드 오류

- 코드 오류는 소프트웨어 구현 단계에서 개발자들이 코딩 중 실수하기 쉬운 형(Type) 변환, 자원 반환 등의 오류를 예방하기 위한 보안 점검 항목들이다.
- 코드 오류의 보안 약점

보안 약점	설명
널 포인터(Null Pointer) 역참조*	• 널 포인터* 가 가리키는 메모리의 위치에 값을 저장할 때 발생하는 보안 약점 • 포인터를 이용하기 전에 널 값을 갖고 있는지 검사함으로써 방지할 수 있음
부적절한 자원 해제	• 자원을 반환하는 코드를 누락하거나 프로그램 오류로 할당된 자원을 반환하지 못했을 때 발생하는 보안 약점 • 프로그램 내에 자원 반환 코드가 누락되었는지 확인하고, 오류로 인해 함수가 중간에 종료되었을 때 예외처리에 관계없이 자원이 반환되도록 코딩함으로써 방지할 수 있음
해제된 자원 사용	• 이미 사용이 종료되어 반환된 메모리를 참조하는 경우 발생하는 보안 약점 • 반환된 메모리에 접근할 수 없도록 주소를 저장하고 있는 포인터를 초기화함으로써 방지할 수 있음
초기화되지 않은 변수 사용	• 변수 선언 후 값이 부여되지 않은 변수를 사용할 때 발생하는 보안 약점 • 변수 선언 시 할당된 메모리를 초기화함으로써 방지할 수 있음

전문가의 조언

보안 점검 내용 중 '코드 오류'에 대한 내용입니다. 코드 오류와 관련된 보안 약점에 대해 알아두세요.

널 포인터(Null Pointer)
널(Null)은 값이 없음을 의미하며, 포인터(Pointer)는 메모리의 위치를 가리키는 요소입니다. 널 포인터(Null Pointer)는 포인터에 널이 저장되어 어떠한 곳도 가리키지 못하는 상태의 요소를 말합니다.

널 포인터 역참조
널 포인터 역참조로 오류가 발생하는 경우 "메모리 0×00000000을 참조하였습니다."라는 오류 메시지가 발생합니다.

필기 24.5, 21.5, 20.6
2 스택 가드(Stack Guard)

- 널 포인터 역참조와 같이 **주소가 저장되는 스택에서 발생하는 보안 약점을 막는 기술** 중 하나이다.
- 메모리상에서 프로그램의 복귀 주소와 변수 사이에 특정 값을 저장한 후 그 값이 변경되었을 경우 오버플로우 상태로 판단하여 프로그램 실행을 중단함으로써 잘못된 복귀 주소의 호출을 막는다.

※ 정답 및 해설은 142쪽에 있습니다.

기출 따라잡기 Section 112

필기 24년 5월, 21년 5월, 20년 6월

문제 1 메모리상에서 프로그램의 복귀 주소와 변수 사이에 특정 값을 저장해 두었다가 그 값이 변경되었을 경우 오버플로우 상태로 가정하여 프로그램 실행을 중단하는 기술은 무엇인지 쓰시오.

답 :

출제예상

문제 2 포인터에 NULL이 저장되어 있을 때 이를 참조할 경우 발생하며, 주로 함수의 반환값을 참조하도록 코딩한 경우 함수가 오류로 인해 NULL을 반환하면서 발생하는 보안 약점을 〈보기〉에서 찾아 쓰시오.

〈보기〉

- 부적절한 자원 해제
- 해제된 자원 사용
- 널 포인터 역참조
- 초기화되지 않은 변수 사용

답 :

SECTION 113

캡슐화

1414000 

1 캡슐화

- 캡슐화*는 정보 은닉이 필요한 중요한 데이터와 기능을 불완전하게 캡슐화하거나 잘못 사용함으로써 발생할 수 있는 문제를 예방하기 위한 보안 점검 항목들이다.
- 캡슐화의 보안 약점

보안 약점	설명
잘못된 세션에 의한 정보 노출*	• 다중 스레드(Multi-Thread) 환경에서 멤버 변수에 정보를 저장할 때 발생하는 보안 약점 • 멤버 변수보다 지역 변수를 활용하여 변수의 범위를 제한함으로써 방지할 수 있음
제거되지 않고 남은 디버그 코드	• 개발 중에 버그 수정이나 결과값 확인을 위해 남겨둔 코드들로 인해 발생하는 보안 약점 • 소프트웨어 배포 전에 코드 검사를 수행하여 남아있는 디버그 코드를 삭제함으로써 방지할 수 있음
시스템 데이터 정보 노출	• 시스템의 내부 정보를 시스템 메시지 등을 통해 외부로 출력하도록 코딩했을 때 발생하는 보안 약점 • 노출되는 메시지에는 최소한의 정보만을 제공함으로써 방지할 수 있음
Public 메소드로부터 반환된 Private 배열	• 선언된 클래스 내에서만 접근이 가능한 Private 배열을 모든 클래스에서 접근이 가능한 Public 메소드에서 반환할 때 발생하는 보안 약점 • Private 배열을 별도의 메소드를 통해 조작하거나, 동일한 형태의 복제본으로 반환받은 후 값을 전달하는 방식으로 방지할 수 있음
Private 배열에 Public 데이터 할당	• Private 배열에 Public으로 선언된 데이터 또는 메소드의 파라미터*를 저장할 때 발생하는 보안 약점 • Public으로 선언된 데이터를 Private 배열에 저장할 때, 레퍼런스*가 아닌 값을 직접 저장함으로써 방지할 수 있음

전문가의 조언

보안 점검 내용 중 '캡슐화'에 대한 내용입니다. 캡슐화의 개념을 숙지하고, 캡슐화로 인한 보안 약점에 대해 알아두세요.

캡슐화(Encapsulation)

캡슐화는 데이터와 데이터를 처리하는 함수를 하나로 묶는 것을 의미합니다.

잘못된 세션에 의한 정보 노출

'잘못된 세션에 의한 정보 노출'은 보안 점검 내용 중 '세션 통제' 항목에서도 다루어졌던 내용입니다. 세션 통제는 분석 · 설계 단계의 점검 내용이고, 캡슐화는 구현 단계의 점검 내용이라는 것만 다를 뿐 나머지는 동일하니 확인한다는 느낌으로 읽어보세요.

파라미터(Parameter)

파라미터는 메소드의 외부에서 전달된 값을 저장하는 변수로, 매개변수 또는 형식 매개변수라고도 합니다.

레퍼런스(Reference)

레퍼런스를 전달 또는 할당한다는 것은 메모리의 위치를 공유한다는 의미입니다. 예를 들어, 배열 A를 선언하여 값을 저장하고 배열 B 선언 시 B = A라고 했을 때, 배열 B는 배열 A와 동일한 메모리를 공유하게 됩니다. 즉 배열 B에는 어떠한 값도 저장하지 않았지만 배열 A에 저장된 값들을 B를 통해 접근할 수 있게 되는 것입니다.

필기 24.5, 24.2, 20.9, 20.6

2 접근 제어자

- 접근 제어자는 프로그래밍 언어에서 특정 개체를 선언할 때 **외부로부터의 접근을 제한하기 위해 사용되는 예약어**이다.
- 접근 제어자의 종류(접근 가능 : ○, 접근 불가능 : ×)

패키지(Package)
패키지는 관련 클래스나 인터페이스 등을 하나로 모아둔 것입니다.

접근 제어자	클래스 내부	패키지* 내부	하위 클래스	패키지 외부
필기 20.9, 20.6 Public	○	○	○	○
필기 20.6 Protected	○	○	○	×
필기 20.9 Default	○	○	×	×
필기 20.9, 20.6 Private	○	×	×	×

※ 정답 및 해설은 143쪽에 있습니다.

기출 따라잡기 Section 113

필기 24년 5월, 2월, 20년 9월, 6월

문제 1 다음 〈보기〉 중 Java에서 사용하는 접근 제어자에 해당하는 예약어를 모두 고르시오.

> internal, private, default, restrict, public, cascade, protected, abstract, interface

답 :

출제예상

문제 2 제거되지 않고 남은 디버그 코드나 시스템 메시지, 잘못된 접근 제어자의 활용으로 인해 시스템의 내부 정보가 노출되는 등의 보안 약점을 예방하기 위해 점검해야 하는 보안 점검 항목을 쓰시오.

답 :

SECTION 114

암호 알고리즘

1 암호 알고리즘

- 암호 알고리즘은 패스워드, 주민번호, 은행계좌와 같은 **중요 정보를 보호하기 위해 평문을 암호화된 문장으로 만드는 절차 또는 방법**을 의미한다.
- 암호 방식 분류

전문가의 조언

공개키 암호화 기법을 중심으로 암호화 방식의 종류와 개별적인 특징을 잘 알아두세요.

23.7, 필기 23.5, 21.5

2 개인키 암호화(Private Key Encryption) 기법

- 개인키 암호화 기법은 **동일한 키로 데이터를 암호화하고 복호화**한다.
- 대칭 암호 기법 또는 단일키 암호화 기법이라고도 한다.
- 암호화/복호화 속도가 빠르지만, 관리해야 할 키의 수가 많다.
- 개인키 암호화 기법의 종류

스트림 암호화 방식	• 평문과 동일한 길이의 스트림을 생성하여 비트 단위로 암호화 하는 방식 • 종류 : LFSR, RC4, TKIP
블록 암호화 방식	• 한 번에 하나의 데이터 블록을 암호화 하는 방식 • 종류 : DES, SEED, AES, ARIA, IDEA, Skipjack

필기 23.2, 21.3

3 공개키 암호화(Public Key Encryption) 기법

- 공개키 암호화 기법은 데이터를 **암호화할 때 사용하는 공개키(Public Key)는** 사용자에게 **공개하고**, 복호화할 때의 **비밀키(Secret Key)는 관리자가 비밀리에 관리**한다.
- 비대칭 암호 기법이라고도 한다.
- 관리해야 할 키의 수가 적지만, 암호화/복호화 속도가 느리다.
- 대표적으로는 RSA와 ECC 기법이 있다.

24.7, 23.7, 22.7, 22.5, 21.10, 21.7, 필기 24.7, 24.5, 23.5, 22.7, 20.8, 20.6

4 양방향 알고리즘의 종류

알고리즘	특징
SEED	• 1999년 한국인터넷진흥원(KISA)에서 개발한 블록 암호화 알고리즘 • 블록 크기는 128비트이며, 키 길이에 따라 128, 256으로 분류됨
필기 23.5 ARIA(Academy, Research Institute, Agency)	2004년 국가정보원과 산학연협회가 개발한 블록 암호화 알고리즘
DES(Data Encryption Standard)	• 1975년 미국 NBS*에서 발표한 개인키 암호화 알고리즘 • 블록 크기는 64비트, 키 길이는 56비트이며 16회의 라운드*를 수행함 • DES를 3번 적용하여 보안을 더욱 강화한 3DES(Triple DES)도 있음
24.7, 21.7, 필기 24.7, 22.7 AES(Advanced Encryption Standard)	• 2001년 미국 표준 기술 연구소(NIST)에서 발표한 개인키 암호화 알고리즘 • DES의 한계를 느낀 NIST에서 공모한 후 발표 • 블록 크기는 128비트이며, 키 길이에 따라 AES-128, AES-192, AES-256으로 분류됨
23.7, 필기 24.7, 21.8, 20.8, 20.6 RSA(Rivest Shamir Adleman)	• 1978년 MIT의 라이베스트(Rivest), 샤미르(Shamir), 애들먼(Adelman)에 의해 제안된 공개키 암호화 알고리즘 • 큰 숫자를 소인수분해 하기 어렵다는 것에 기반하여 만들어짐
24.5, 24.2, 23.7 ECC(Elliptic Curve Cryptography)	• 1985년 RSA 암호 방식의 대안으로 제안됨 • 이산대수 문제를 타원곡선으로 옮겨 기밀성과 효율성을 높인 암호화 알고리즘임
22.7 IDEA(International Data Encryption Algorithm)	• 스위스의 라이(Lai)와 메시(Messey)가 1990년에 개발한 PES를 개선한 알고리즘 • 블록 크기는 64비트이고, 키 길이는 128비트임
22.7 Skipjack	• 국가 안전 보장국(NSA)에서 개발한 암호화 알고리즘 • 클리퍼 칩(Clipper Chip)이라는 IC 칩에 내장되어 있음 • 블록 크기는 64비트이고, 키 길이는 80비트임 • 주로 음성 통신 장비에 삽입되어 음성 데이터를 암호화함
22.5 TKIP(Temporal Key Integrity Protocol)	• 무선랜 보안에 사용된 WEP을 보완한 데이터 보안 프로토콜로, 임시 키 무결성 프로토콜이라고도 함 • WEP의 취약성을 보완하기 위해 암호 알고리즘의 입력 키 길이를 128비트로 늘리고 패킷당 키 할당, 키값 재설정 등 키 관리 방식을 개선하였음

NBS(National Bureau of Standards)
NBS는 미국 표준 기술 연구소(NIST)의 과거 이름입니다.

라운드(Round)
암호화 키를 생성하기 위해 암호화 연산식이나 함수가 적용되는 과정으로 라운드가 수행될 때마다 라운드키가 생성되며, 라운드키는 암호문을 복호화할 때 사용됩니다. 라운드 횟수가 많을수록 보안성이 향상됩니다.

23.7, 20.5, 필기 24.5, 23.7, 23.2, 21.5, 21.3

5 해시(Hash)

• 해시는 **임의의 길이의 입력 데이터나 메시지를 고정된 길이의 값이나 키로 변환하는 것**을 의미한다.

- 해시 알고리즘을 해시 함수라고 부르며, 해시 함수로 변환된 값이나 키를 해시값 또는 해시키라고 부른다.
- 데이터의 암호화, 무결성 검증을 위해 사용될 뿐만 아니라 정보보호의 다양한 분야에서 활용된다.
- 해시 함수의 종류

해시 함수	특징
SHA 시리즈	• 1993년 미국 국가안보국(NSA)이 설계, 미국 국립표준기술연구소(NIST)에 의해 발표됨 • 초기 개발된 SHA-0 이후 SHA-1이 발표되었고, 다시 SHA-2라고 불리는 SHA-224, SHA-256, SHA-384, SHA-512가 발표됨
20.5 MD5 (Message Digest algorithm 5)	• 1991년 R.Rivest가 MD4를 대체하기 위해 고안한 암호화 해시 함수 • 블록 크기가 512비트이며, 키 길이는 128비트임
N-NASH	• 1989년 일본의 전신전화주식회사(NTT)에서 발표한 암호화 해시 함수 • 블록 크기와 키 길이가 모두 128비트임
SNEFRU	• 1990년 R.C.Merkle가 발표한 해시 함수 • 32비트 프로세서에서 구현을 용이하게 할 목적으로 개발됨

※ 정답 및 해설은 143쪽에 있습니다.

기출 따라잡기 Section 114

20년 5월

문제 1 1991년 R.rivest가 MD4를 개선한 암호화 알고리즘으로, 각각의 512 비트짜리 입력 메시지 블록에 대해 차례로 동작한다. 각 512 비트 입력 메시지 블록을 처리하고 나면 128 비트 스테이트(state)의 값이 변하는 암호화 알고리즘을 쓰시오.

답 :

21년 10월

문제 2 1974년 IBM이 개발하고 1975년 NBS에 의해 미국의 국가 표준으로 발표된 암호화 알고리즘으로, 블록 크기는 64비트, 키 길이는 56비트이며 16회의 라운드를 수행한다. 컴퓨터 기술이 발달함에 따라 해독이 쉬워지면서 미국의 국가 표준이 2001년 AES로 대체되었다.

답 :

24년 7월, 21년 7월, 필기 22년 7월

문제 3 보안 및 암호화와 관련된 다음 설명에 해당하는 용어를 쓰시오.

- 2001년 미국 표준 기술 연구소(NIST)에서 발표한 대칭키 암호화 알고리즘이다.
- DES의 한계를 느낀 NIST에서 공모한 후 발표하였다.
- 블록 크기는 128비트이며, 키 길이에 따라 128, 192, 256으로 분류된다.

답 :

22년 5월

문제 4 보안 프로토콜에 대한 다음 설명에 해당하는 용어를 영문 약어로 쓰시오.

무선랜 보안에 사용된 WEP을 보완한 데이터 보안 프로토콜로, 임시 키 무결성 프로토콜이라고도 한다. WEP의 취약성을 보완하기 위해 암호 알고리즘의 입력 키 길이를 128비트로 늘리고 패킷당 키 할당, 키값 재설정 등 키 관리 방식을 개선하였다.

답 :

22년 7월

문제 5 암호화 알고리즘에 대한 다음 설명에서 괄호(①, ②)에 들어갈 알맞은 용어를 쓰시오.

- 암호화 알고리즘은 패스워드, 주민번호, 은행계좌와 같은 중요 정보를 보호하기 위해 평문을 암호화된 문장으로 만드는 절차 또는 방법을 의미한다.
- 스위스의 라이(Lai)와 메시(Messey)는 1990년 PES를 발표하고, 이후 이를 개선한 IPES를 발표하였다. IPES는 128비트의 Key를 사용하여 64비트 블록을 암호화하는 알고리즘이며 현재는 (①)라고 불린다.
- (②)은 국가 안전 보장국(NSA)에서 개발한 암호화 알고리즘으로, 클리퍼 칩(Clipper Chip)이라는 IC 칩에 내장되어 있다. 80비트의 Key를 사용하여 64비트 블록을 암호화하며, 주로 전화기와 같은 음성 통신 장비에 삽입되어 음성 데이터를 암호화한다.

답

- ①
- ②

SECTION
115 서비스 공격 유형

필기 23.7, 23.5

1 서비스 거부(DoS; Denial of Service) 공격

- 서비스 거부 공격이란 표적이 되는 서버의 자원을 고갈시킬 목적으로 다수의 공격자 또는 시스템에서 **대량의 데이터를 한 곳의 서버에 집중적으로 전송함으로써**, 표적이되는 **서버의 정상적인 기능을 방해하는 것**이다.
- 주요 서비스 거부 공격의 유형
  - Ping of Death
  - SMURFING
  - SYN Flooding
  - TearDrop
  - LAND Attack
  - DDoS 공격

전문가의 조언

안전한 정보 시스템 환경을 구축하기 위해서는 먼저 서비스 거부 공격의 개념과 주요 유형에 대한 이해가 필요합니다. 서비스 거부 공격의 개념을 기억하고 주요 서비스 거부 공격들의 개별적인 특징을 정리해 두세요.

필기 24.7, 23.2, 22.4

2 Ping of Death(죽음의 핑)

- Ping of Death는 Ping 명령을 전송할 때 **패킷의 크기를 인터넷 프로토콜 허용 범위* 이상으로 전송하여** 공격 대상의 **네트워크를 마비시키는 서비스 거부 공격 방법**이다.
- 공격에 사용되는 큰 패킷은 수백 개의 패킷으로 분할되어 전송되는데, 공격 대상은 분할된 대량의 패킷을 수신함으로써 분할되어 전송된 패킷을 재조립해야 하는 부담과 분할되어 전송된 각각의 패킷들의 ICMP Ping 메시지*에 대한 응답을 처리하느라 시스템이 다운되게 된다.

인터넷 프로토콜 허용 범위

패킷 크기의 인터넷 프로토콜 허용 범위는 65,536바이트입니다.

ICMP Ping 메시지

ICMP Ping 메시지는 특정 IP로 패킷이 전송될 때 해당 IP의 노드가 현재 운영 중인지 확인을 요청하는 메시지로, 이를 수신한 노드가 운영 중이라면 Ping 메시지에 대한 응답으로 에코 응답 메시지를 전송합니다.

※ ICMP(인터넷 제어 메시지 프로토콜) : TCP/IP 기반의 인터넷 통신 서비스에서 인터넷 프로토콜(IP)에 결합되어 전송되는 프로토콜로, IP에 대해 통신 중에 발생하는 오류 처리와 전송 경로 변경, 에코 요청, 에코 응답 등을 제어하기 위한 메시지를 취급함

24.10, 필기 24.2, 23.5, 20.6

3 SMURFING(스머핑)

- SMURFING은 **IP나 ICMP의 특성을 악용하여 엄청난 양의 데이터를 한 사이트에 집중적으로 보냄으로써 네트워크를 불능 상태로 만드는 공격 방법**이다.
- 공격자는 송신 주소를 공격 대상지의 IP 주소로 위장하고 해당 네트워크 라우터의 브로드캐스트 주소*를 수신지로 하여 패킷을 전송하면, 라우터의 브로드캐스트 주소로 수신된 패킷은 해당 네트워크 내의 모든 컴퓨터로 전송된다.

브로드캐스트 주소

브로드캐스트 주소는 네트워크 내의 특정 호스트를 대상으로 패킷을 전송하는 것이 아니라 네트워크 내의 전체 호스트를 대상으로 패킷을 전송할 때 사용하는 주소입니다.

- 해당 네트워크 내의 모든 컴퓨터는 수신된 패킷에 대한 응답 메시지를 송신 주소인 공격 대상지로 집중적으로 전송하게 되는데, 이로 인해 공격 대상지는 네트워크 과부하로 인해 정상적인 서비스를 수행할 수 없게 된다.
- SMURFING 공격을 무력화하는 방법 중 하나는 각 네트워크 라우터에서 브로드캐스트 주소를 사용할 수 없게 미리 설정해 놓는 것이다.

필기 23.7

4 SYN Flooding

- TCP(Transmission Control Protocol)는 신뢰성 있는 전송을 위해 3-way-handshake※를 거친 후에 데이터를 전송하게 되는데, SYN Flooding은 공격자가 가상의 클라이언트로 위장하여 **3-way-handshake 과정을 의도적으로 중단시킴으로써** 공격 대상지인 **서버가 대기 상태에 놓여 정상적인 서비스를 수행하지 못하게 하는 공격 방법**이다.
- SYN Flooding에 대비하기 위해 수신지의 'SYN' 수신 대기 시간을 줄이거나 침입 차단 시스템을 활용한다.

3-way-handshake
신뢰성 있는 연결을 위해 송신지와 수신지 간의 통신에 앞서 3단계에 걸친 확인 작업을 수행한 후 통신을 수행합니다.
- 1단계 : 송신지에서 수신지로 'SYN' 패킷을 전송
- 2단계 : 수신지에서 송신지로 'SYN + ACK' 패킷을 전송
- 3단계 : 송신지에서 수신지로 'ACK' 패킷을 전송

5 TearDrop

- 데이터의 송 · 수신 과정에서 패킷의 크기가 커 여러 개로 분할되어 전송될 때 분할 순서를 알 수 있도록 Fragment Offset 값을 함께 전송하는데, TearDrop은 이 **Offset 값을 변경시켜 수신 측에**서 패킷을 재조립할 때 오류로 인한 **과부하를 발생시킴으로써 시스템이 다운되도록 하는 공격 방법**이다.
- TearDrop에 대비하기 위해 Fragment Offset이 잘못된 경우 해당 패킷을 폐기하도록 설정한다.

20.5, 필기 23.2

6 LAND Attack(Local Area Network Denial Attack)

- LAND Attack은 **패킷을 전송할 때 송신 IP 주소와 수신 IP 주소를 모두 공격 대상의 IP 주소로 하여** 공격 대상에게 전송하는 것으로, 이 패킷을 받은 공격 대상은 송신 IP 주소가 자신이므로 자신에게 응답을 수행하게 되는데, 이러한 패킷이 계속해서 전송될 경우 **자신에 대해 무한히 응답하게 하는 공격**이다.
- LAND Attack에 대비하기 위해 송신 IP 주소와 수신 IP 주소의 적절성을 검사한다.

필기 20.8

7 DDoS(Distributed Denial of Service, 분산 서비스 거부) 공격

- DDoS 공격은 **여러 곳에 분산된 공격 지점에서 한 곳의 서버에 대해 서비스 거부 공격을 수행하는 것**이다.
- 네트워크에서 취약점이 있는 호스트들을 탐색한 후 이들 호스트들에 분산 서비스 공격용 툴을 설치하여 에이전트(Agent)로 만든 후 DDoS 공격에 이용한다.
- **분산 서비스 공격용 툴** : 에이전트(Agent)의 역할을 수행하도록 설계된 프로그램으로 데몬(Daemon)이라고 부르며, 다음과 같은 종류가 있다.

종류	내용
Trin00	가장 초기 형태의 데몬으로, 주로 UDP Flooding 공격을 수행함
필기 20.8 TFN(Tribe Flood Network)	UDP Flooding 뿐만 아니라 TCP SYN Flood 공격, ICMP 응답 요청, 스머핑 공격 등을 수행함
TFN2K	TFN의 확장판
Stacheldraht	• 이전 툴들의 기능을 유지하면서, 공격자, 마스터, 에이전트가 쉽게 노출되지 않도록 암호화된 통신을 수행함 • 툴이 자동으로 업데이트됨

24.4, 22.10, 21.10, 21.4, 20.11

8 네트워크 침해 공격 관련 용어

용어	의미
21.4 세션 하이재킹(Session Hijacking)	• 상호 인증 과정을 거친 후 접속해 있는 서버와 서로 접속되어 클라이언트 사이의 세션 정보를 가로채는 공격 기법으로, 접속을 위한 인증 정보 없이도 가로챈 세션을 이용해 공격자가 원래의 클라이언트인 것처럼 위장하여 서버의 자원이나 데이터를 무단으로 사용함 • TCP 3-Way-Handshake 과정에 끼어듦으로써 클라이언트와 서버 간의 동기화된 시퀀스 번호를 가로채 서버에 무단으로 접근하는 TCP 세션 하이재킹이 대표적임
21.10 ARP 스푸핑(ARP Spoofing)	ARP*의 취약점을 이용한 공격 기법으로, 자신의 물리적 주소(MAC)*를 공격대상의 것으로 변조하여 공격 대상에게 도달해야 하는 데이터 패킷을 가로채거나 방해함
스미싱(Smishing)	• 문자 메시지(SMS)를 이용해 사용자의 개인 신용 정보를 빼내는 수법 • 초기에는 문자 메시지를 이용해 개인 비밀정보나 소액 결제를 유도하는 형태로 시작되었음 • 현재는 각종 행사 안내, 경품 안내 등의 문자 메시지에 링크를 걸어 안드로이드 앱 설치 파일인 apk 파일을 설치하도록 유도하여 사용자 정보를 빼가는 수법으로 발전하고 있음

ARP(Address Resolution Protocol, 주소 분석 프로토콜)
호스트의 IP 주소를 호스트와 연결된 네트워크 접속 장치의 물리적 주소(MAC Address)로 변환하는 기능을 합니다.

물리적 주소(MAC Address)
물리적 주소는 랜카드 제작사에서 랜카드(네트워크 접속장치)에 부여한 고유 번호입니다.

22.10 사회 공학(Social Engineering)	컴퓨터 보안에 있어서, 인간 상호 작용의 깊은 신뢰를 바탕으로 사람들을 속여 정상 보안 절차를 깨트리기 위한 비기술적 시스템 침입 수단
22.10 다크 데이터(Dark Data)	특정 목적을 가지고 데이터를 수집하였으나, 이후 활용되지 않고 저장만 되어있는 대량의 데이터를 의미함
22.10 타이포스쿼팅(Typosquatting)	네티즌들이 사이트에 접속할 때 주소를 잘못 입력하거나 철자를 빠뜨리는 실수를 이용하기 위해 이와 유사한 유명 도메인을 미리 등록하는 일로, URL 하이재킹(Hijacking)이라고도 함
스피어 피싱(Spear Phishing)	사회 공학의 한 기법으로, 특정 대상을 선정한 후 그 대상에게 일반적인 이메일로 위장한 메일을 지속적으로 발송하여, 발송 메일의 본문 링크나 첨부된 파일을 클릭하도록 유도해 사용자의 개인 정보를 탈취함
24.4 APT(Advanced Persistent Threats, 지능형 지속 위협)	• 다양한 IT 기술과 방식들을 이용해 조직적으로 특정 기업이나 조직 네트워크에 침투해 활동 거점을 마련한 뒤 때를 기다리면서 보안을 무력화시키고 정보를 수집한 다음 외부로 빼돌리는 형태의 공격 • 공격 방법 – 내부자에게 악성코드가 포함된 이메일을 오랜 기간 동안 꾸준히 발송해 한 번이라도 클릭되길 기다리는 형태 – 스턱스넷(Stuxnet)과 같이 악성코드가 담긴 이동식 디스크(USB) 등으로 전파하는 형태 – 악성코드에 감염된 P2P 사이트에 접속하면 악성코드에 감염되는 형태 등
무작위 대입 공격(Brute Force Attack)	암호화된 문서의 암호키를 찾아내기 위해 적용 가능한 모든 값을 대입하여 공격하는 방식
큐싱(Qshing)	QR코드(Quick Response Code)*를 통해 악성 앱의 다운로드를 유도하거나 악성 프로그램을 설치하도록 하는 금융사기 기법의 하나로, QR코드와 개인정보 및 금융정보를 낚는다(Fishing)는 의미의 합성 신조어
SQL 삽입(Injection) 공격	전문 스캐너 프로그램* 혹은 봇넷 등을 이용해 웹사이트를 무차별적으로 공격하는 과정에서 취약한 사이트가 발견되면 데이터베이스 등의 데이터를 조작하는 일련의 공격 방식
크로스 사이트 스크립팅(XSS; Cross Site Scripting)	• 네트워크를 통한 컴퓨터 보안 공격의 하나로, 웹 페이지의 내용을 사용자 브라우저에 표현하기 위해 사용되는 스크립트의 취약점을 악용한 해킹 기법 • 사용자가 특정 게시물이나 이메일의 링크를 클릭하면 악성 스크립트가 실행되어 페이지가 깨지거나, 사용자의 컴퓨터에 있는 로그인 정보나 개인 정보, 내부 자료 등이 해커에게 전달됨
20.11 스니핑(Sniffing)	네트워크의 중간에서 남의 패킷 정보를 도청하는 해킹 유형의 하나로 수동적 공격에 해당함

QR코드
QR코드는 각종 정보나 프로그램을 담은 격자무늬의 2차원 코드로, 스마트폰 카메라로 스캔하면 관련된 정보가 바로 확인되는 편리한 시스템입니다.

스캐너 프로그램
스캐너 프로그램은 서비스를 제공하는 서버의 상태를 확인하는 프로그램으로, 네트워크 상의 서버들을 스캐닝하면서 서버의 열려있는 포트, 제공 서비스, OS, 취약점 등의 정보를 수집합니다.

9 정보 보안 침해 공격 관련 용어

24.4, 23.4, 22.5, 필기 23.7, 23.2, 22.7, 22.4, 20.6

용어	의미
22.5 워터링홀 (Watering Hole)	목표 조직이 자주 방문하는 웹 사이트를 사전에 감염시켜 목표 조직의 일원이 웹 사이트에 방문했을 때 악성 코드에 감염되게 하는 웹 기반 공격
좀비(Zombie) PC	악성코드에 감염되어 다른 프로그램이나 컴퓨터를 조종하도록 만들어진 컴퓨터로, C&C(Command & Control) 서버의 제어를 받아 주로 DDoS 공격 등에 이용됨
C&C 서버	해커가 원격지에서 감염된 좀비 PC에 명령을 내리고 악성코드를 제어하기 위한 용도로 사용하는 서버를 말함
봇넷(Botnet)	악성 프로그램에 감염되어 악의적인 의도로 사용될 수 있는 다수의 컴퓨터들이 네트워크로 연결된 형태를 말함
23.4, 필기 23.2, 22.7, 22.4 웜(Worm)	네트워크를 통해 연속적으로 자신을 복제하여 시스템의 부하를 높임으로써 결국 시스템을 다운시키는 바이러스의 일종으로, 분산 서비스 거부 공격, 버퍼 오버플로 공격*, 슬래머* 등이 웜 공격의 한 형태임
제로 데이 공격 (Zero Day Attack)	보안 취약점이 발견되었을 때 발견된 취약점의 존재 자체가 널리 공표되기도 전에 해당 취약점을 통하여 이루어지는 보안 공격으로, 공격의 신속성을 의미함
필기 20.6 키로거 공격 (Key Logger Attack)	컴퓨터 사용자의 키보드 움직임을 탐지해 ID, 패스워드, 계좌번호, 카드번호 등과 같은 개인의 중요한 정보를 몰래 빼가는 해킹 공격
필기 21.8, 20.6 랜섬웨어 (Ransomware)	인터넷 사용자의 컴퓨터에 잠입해 내부 문서나 파일 등을 암호화해 사용자가 열지 못하게 하는 프로그램으로, 암호 해독용 프로그램의 전달을 조건으로 사용자에게 돈을 요구하기도 함
필기 23.7, 20.6 백도어 (Back Door, Trap Door)	• 시스템 설계자가 서비스 기술자나 유지 보수 프로그램 작성자(Programmer)의 액세스 편의를 위해 시스템 보안을 제거하여 만들어놓은 비밀 통로로, 컴퓨터 범죄에 악용되기도 함 • 백도어 탐지 방법 : 무결성 검사, 열린 포트 확인, 로그 분석, SetUID 파일 검사 등
23.4 트로이 목마 (Trojan Horse)	정상적인 기능을 하는 프로그램으로 위장하여 프로그램 내에 숨어 있다가 해당 프로그램이 동작할 때 활성화되어 부작용을 일으키는 것으로, 자기 복제 능력은 없음
24.4 Rootkit	• 시스템에 침입한 후 침입 사실을 숨긴 채 백도어, 트로이목마를 설치하고, 원격 접근, 내부 사용 흔적 삭제, 관리자 권한 획득 등 주로 불법적인 해킹에 사용되는 기능들을 제공하는 프로그램들의 모음임 • 컴퓨터의 운영체제에서 실행 파일과 실행 중인 프로세스를 숨김으로써 운영체제 검사 및 백신 프로그램의 탐지를 피할 수 있음

버퍼 오버플로 공격
버퍼 오버플로 공격은 버퍼의 크기보다 많은 데이터를 입력하여 프로그램이 비정상적으로 동작하도록 만드는 것입니다.

슬래머(Slammer)
슬래머는 SQL의 허점을 이용하여 SQL 서버를 공격하는 웜 바이러스의 형태로, SQL 슬래머라고도 합니다.

※ 정답 및 해설은 143쪽에 있습니다.

기출 따라잡기 Section 115

20년 11월

문제 1 스니핑(Sniffing)은 사전적 의미로 '코를 킁킁 거리다, 냄새를 맡다'이다. 네트워크 보안에서 스니핑에 대한 개념을 간략히 한 문장(1 문장)으로 쓰시오.

답 :

20년 5월

문제 2 다음은 네트워크 공격에 대한 패킷 로그를 표현한 것이다. 아래의 패킷 로그와 같이 공격자가 패킷의 출발지 주소(Address) 또는 포트(Port)를 임의로 변경하여 송신측 IP 주소 또는 포트를 동일하게 함으로써 송신 IP 주소가 자신이므로 자신에게 응답을 수행하게 되는데, 이러한 패킷을 계속 전송하여 자신에 대해 무한히 응답하게 하여 컴퓨터의 실행 속도를 느리게 하거나 동작을 마비시켜 서비스 거부 상태에 빠지도록 하는 공격 방법으로, 수신되는 패킷 중 출발지 주소 또는 포트와 목적지 주소 또는 포트를 검사하여 동일한 패킷들을 차단하여 이런 공격을 피할 수 있다. 이러한 서비스 공격 유형이 무엇인지 쓰시오.

```
source : 192.168.1.200
destination : 192.168.1.200
protocol : 6
src port : 21845
dst port : 21845
```

답 :

22년 10월

문제 3 다음 설명에서 괄호(①, ②)에 들어갈 알맞은 용어를 쓰시오.

- (①)은 컴퓨터 보안에 있어서, 인간 상호 작용의 깊은 신뢰를 바탕으로 사람들을 속여 정상 보안 절차를 깨트리기 위한 비기술적 시스템 침입 수단을 의미한다.
- (②)는 특정 목적을 가지고 데이터를 수집하였으나, 이후 활용되지 않고 저장만 되어있는 대량의 데이터를 의미한다. 미래에 사용될 가능성을 고려하여 저장 공간에서 삭제되지 않고 보관되어 있으나, 이는 저장 공간의 낭비뿐만 아니라 보안 위험을 초래할 수도 있다.

답

- ①
- ②

22년 5월

문제 4 **보안 위협에 대한 다음 설명에 해당하는 용어를 쓰시오.**

목표 조직이 자주 방문하는 웹 사이트를 사전에 감염시켜 목표 조직의 일원이 웹 사이트에 방문했을 때 악성 코드에 감염되게 한다. 이후에는 감염된 PC를 기반으로 조직의 중요 시스템에 접근하거나 불능으로 만드는 등의 영향력을 행사하는 웹 기반 공격이다.

답 :

22년 10월

문제 5 **보안 및 보안 위협에 대한 다음 설명에서 괄호에 들어갈 알맞은 용어를 쓰시오.**

(　　　)은 네티즌들이 사이트에 접속할 때 주소를 잘못 입력하거나 철자를 빠뜨리는 실수를 이용하기 위해 이와 유사한 유명 도메인을 미리 등록하는 것으로, URL 하이재킹(Hijacking)이라고도 한다. 유명 사이트들의 도메인을 입력할 때 발생할 수 있는 온갖 도메인 이름을 미리 선점해 놓고 이용자가 모르는 사이에 광고 사이트로 이동하게 만든다.

답 :

21년 4월

문제 6 **네트워크 및 인터넷 보안에 관련된 다음 설명에서 괄호에 공통으로 들어갈 알맞은 용어를 쓰시오.**

(　　　)은 '세션을 가로채다'라는 의미로, 정상적인 연결을 RST 패킷을 통해 종료시킨 후 재연결 시 희생자가 아닌 공격자에게 연결하는 공격 기법이다. TCP (　　　)은 공격자가 TCP 3-Way-Handshake 과정에 끼어듦으로써 서버와 상호 간의 동기화된 시퀀스 번호를 갖고 인가되지 않은 시스템의 기능을 이용하거나 중요한 정보에 접근할 수 있게 된다.

답 :

21년 10월

문제 7 보안 위협에 관한 다음 설명에서 괄호에 공통으로 들어갈 알맞은 용어를 쓰시오.

( ) 스푸핑은 로컬 네트워크(LAN)에서 사용하는 ( )의 취약점을 이용한 공격 기법으로, 자신의 물리적 주소(MAC)를 변조하여 다른 PC에게 도달해야 하는 데이터 패킷을 가로채거나 방해한다.

답 :

24년 4월

문제 8 보안 위협에 대한 다음 설명에 해당하는 용어를 쓰시오.

- 시스템에 침입한 후 침입 사실을 숨긴 채 백도어, 트로이목마를 설치하고, 원격 접근, 내부 사용 흔적 삭제, 관리자 권한 획득 등 주로 불법적인 해킹에 사용되는 기능들을 제공하는 프로그램들의 모음이다.
- 자신 또는 다른 소프트웨어의 존재를 감춰줌과 동시에 허가되지 않은 컴퓨터나 소프트웨어의 영역에 접근할 수 있게 하는 용도로 설계되었다.
- 이 프로그램이 설치되면 자신이 뚫고 들어온 모든 경로를 바꾸어 놓고, 명령어들을 은폐해 놓기 때문에 해커가 시스템을 원격에서 해킹하고 있어도 이 프로그램이 설치되어 있는 사실조차 감지하기 어렵다.
- 공격자가 보안 관리자나 보안 시스템의 탐지를 피하면서 시스템을 제어하기 위해 설치하는 악성 프로그램으로, 운영체제의 합법적인 명령어를 해킹하여 모아놓았다.
- 운영체제에서 실행 파일과 실행 중인 프로세스를 숨김으로써 운영체제 검사 및 백신 프로그램의 탐지를 피할 수 있다.

답 :

24년 4월

문제 9 다음 설명에 해당하는 용어를 쓰시오.

다양한 IT 기술과 방식들을 이용해 조직적으로 특정 기업이나 조직 네트워크에 침투해 활동 거점을 마련한 뒤 때를 기다리면서 보안을 무력화시키고 정보를 수집한 다음 외부로 빼돌리는 형태의 공격으로, 일반적으로 공격은 침투, 검색, 수집, 유출의 4단계로 실행된다.

- 침투(Infiltration) : 목표로 하는 시스템을 악성코드로 감염시켜 네트워크에 침투한다.
- 검색(Exploration) : 시스템에 대한 정보를 수집하고 기밀 데이터를 검색한다.
- 수집(Collection) : 보호되지 않은 시스템의 데이터를 수집하고, 시스템 운영을 방해하는 악성코드를 설치한다.
- 유출(Exfiltration) : 수집한 데이터를 외부로 유출한다.

답 :

24년 10월

문제 10 다음 설명에 해당하는 알맞은 용어를 쓰시오.

- IP나 ICMP의 특성을 악용하여 엄청난 양의 데이터를 한 사이트에 집중적으로 보냄으로써 네트워크를 불능 상태로 만드는 공격 방법이다.
- 공격자는 송신 주소를 공격 대상지의 IP 주소로 위장하고 해당 네트워크 라우터의 브로드캐스트 주소를 수신지로 하여 패킷을 전송하면, 라우터의 브로드캐스트 주소로 수신된 패킷은 해당 네트워크 내의 모든 컴퓨터로 전송된다.
- 해당 네트워크 내의 모든 컴퓨터는 수신된 패킷에 대한 응답 메시지를 송신 주소인 공격 대상지로 집중적으로 전송하게 되는데, 이로 인해 공격 대상지는 네트워크 과부하로 인해 정상적인 서비스를 수행할 수 없게 된다.

답 :

SECTION 116

서버 인증

전문가의 조언

보안 서버와 인증의 개념을 잘 이해하고 기억하세요. 그리고 인증 유형별로 사용되는 방법들에는 어떤 것들이 있는지 파악해 두세요.

인터넷 상에서 송·수신되는 개인정보

로그인 시 사용하는 사용자ID와 패스워드, 회원가입 시 등록한 이름, 전화번호, 인터넷 뱅킹 이용 시 등록한 계좌번호, 계좌 비밀번호 등이 있습니다.

SSL(Secure Socket Layer)

SSL은 데이터를 송·수신하는 두 컴퓨터 사이, 종단 간, 즉 TCP/IP 계층과 애플리케이션 계층(HTTP, TELNET, FTP 등) 사이에 위치하여 인증, 암호화, 무결성을 보장하는 업계 표준 프로토콜입니다.

1 보안 서버

- 보안 서버란 인터넷을 통해 **개인정보***를 **암호화하여 송·수신할 수 있는 기능을 갖춘 서버**를 말한다.
- 보안 서버의 기능
  - 서버에 SSL(Secure Socket Layer)* 인증서를 설치하여 전송 정보를 암호화하여 송·수신하는 기능
  - 서버에 암호화 응용 프로그램을 설치하고 전송 정보를 암호화하여 송·수신하는 기능

필기 23.5, 22.4

2 인증(認證, Authentication)

- 인증은 다중 사용자 컴퓨터 시스템이나 네트워크 시스템에서 **로그인을 요청한 사용자의 정보를 확인하고 접근 권한을 검증하는 보안 절차**이다.
- 인증에는 네트워크를 통해 컴퓨터에 접속하는 사용자의 등록 여부를 확인하는 것과 전송된 메시지의 위·변조 여부를 확인하는 것이 있다.
- 인증의 주요 유형
  - 지식 기반 인증(Something You Know)
  - 소유 기반 인증(Something You Have)
  - 생체 기반 인증(Something You Are)
  - 위치 기반 인증(Somewhere You Are)

필기 24.7, 24.2, 23.7, 23.2

3 지식 기반 인증(Something You Know)

- 지식 기반 인증은 **사용자가 기억하고 있는 정보를 기반으로 인증을 수행하는 것**이다.
- 사용자의 기억을 기반으로 하므로 관리 비용이 저렴하다.
- 사용자가 인증 정보를 기억하지 못하면 본인이라도 인증 받지 못한다.

• 지식 기반 인증 유형

유형	내용
고정된 패스워드(Password)	사용자가 알고 있는 비밀번호를 접속할 때마다 반복해서 입력함
패스 프레이즈(Passphrase)	일반 패스워드보다 길이가 길고 기억하기 쉬운 문장을 활용하여 비밀번호를 구성하는 방법
아이핀(i-PIN)	• 인터넷에서 주민등록번호 대신 쓸 수 있도록 만든 사이버 주민등록번호 • 사용자에 대한 신원확인을 완료한 후에 본인확인 기관에서 온라인으로 발행함

필기 24.7, 24.5, 22.4

4 소유 기반 인증(Something You Have)

• 소유 기반 인증은 **사용자가 소유하고 있는 것을 기반으로 인증을 수행하는 것**이다.
• 소유 기반 인증은 소유물이 쉽게 도용될 수 있으므로 지식 기반 인증 방식이나 생체 기반 인증 방식과 함께 사용된다.
• 소유 기반 인증 유형

유형	내용
신분증	사용자의 사진이 포함된 주민등록증, 운전면허증, 여권 등을 사용하여 사용자의 신분 확인
메모리 카드(토큰)	마그네틱 선에 보안 코드를 저장해서 사용하는 것으로, 카드 리더기를 통해서만 읽을 수 있음
스마트 카드	마이크로프로세서, 카드 운영체제, 메모리 등으로 구성되어 사용자의 정보뿐만 아니라 특정 업무를 처리할 수 있는 기능이 내장되어 있음
OTP(One Time Password)	• 사용자가 패스워드를 요청할 때마다 암호 알고리즘을 통해 새롭게 생성된 패스워드를 사용하는 것 • 한 번 사용된 패스워드는 폐기됨

전문가의 조언

신분증을 사용할 때 신분증의 사진과 사용자의 얼굴을 비교해 보거나 스마트카드 사용 시 추가 패스워드를 요구하는 것과 같이 소유 기반 인증은 지식 기반 인증이나 생체 기반 인증 방식과 함께 사용되는 경우가 많습니다.

5 생체 기반 인증(Something You Are)

• 생체 기반 인증은 **사용자의 고유한 생체 정보를 기반으로 인증을 수행하는 것**이다.
• 사용이 쉽고 도난의 위험도 적으며 위조가 어렵다.
• **생체 인증 대상** : 지문, 홍채/망막, 얼굴, 음성, 정맥 등

6 기타 인증 방법

필기 24.7, 22.4

인증 기법	내용
필기 24.7, 22.4 행위 기반 인증 (Something You Do)	사용자의 행동 정보를 이용해 인증 수행 예 서명, 동작
위치 기반 인증 (Somewhere You Are)	인증을 시도하는 위치의 적절성 확인 예 콜백※, GPS나 IP 주소를 이용한 위치 기반 인증

콜백(Call Back)
콜백은 상대방이 전화로 인증을 요청한 경우, 전화를 끊고 걸려온 번호로 다시 전화를 걸어 해당 전화번호가 유효한지 확인하는 방법입니다.

※ 정답 및 해설은 144쪽에 있습니다.

기출 따라잡기 Section 116

필기 23.7, 23.2

문제 1 인증의 유형 중 '지식'과 관계가 깊은 것으로, 패스워드를 사용하는 경우에 해당하는 인증 유형을 쓰시오.

답 :

필기 22년 4월

문제 2 다음 설명에 가장 알맞은 용어를 쓰시오.

- 자신의 신원(Identity)을 시스템에 증명하는 과정이다.
- 지식 기반, 소유 기반, 생체 기반, 위치 기반 등 다양한 유형이 있다.
- 아이디와 패스워드를 입력하는 과정이 가장 일반적인 예시라고 볼 수 있다.

답 :

SECTION 117

보안 솔루션

1 보안 솔루션

전문가의 조언

이번 섹션에서는 외부의 불법적인 침입으로부터 시스템을 보호하기 위한 각종 솔루션의 기능을 학습합니다. 어떤 보안 솔루션을 말하는지 구분할 수 있도록 각각의 기능을 잘 정리해 두세요.

- 보안 솔루션이란 접근 통제, 침입 차단 및 탐지 등을 수행하여 **외부로부터의 불법적인 침입을 막는 기술 및 시스템**을 말한다.
- 주요 보안 솔루션
  - 방화벽
  - 침입 탐지 시스템(IDS)
  - 침입 방지 시스템(IPS)
  - 데이터 유출 방지(DLP)
  - 웹 방화벽
  - VPN
  - NAC
  - ESM

2 방화벽(Firewall)

- 방화벽은 기업이나 조직 **내부의 네트워크와 인터넷 간에 전송되는 정보를 선별하여 수용 · 거부 · 수정하는 기능을 가진 침입 차단 시스템**이다.
- 내부 네트워크에서 외부로 나가는 패킷은 그대로 통과시키고, 외부에서 내부 네트워크로 들어오는 패킷은 내용을 엄밀히 체크하여 인증된 패킷만 통과시키는 구조이다.

필기 24.7, 22.7, 21.8

3 침입 탐지 시스템(IDS; Intrusion Detection System)

- 침입 탐지 시스템은 **컴퓨터 시스템의 비정상적인 사용, 오용, 남용 등을 실시간으로 탐지하는 시스템**이다.
- **오용 탐지**(Misuse Detection) : 미리 입력해 둔 공격 패턴이 감지되면 이를 알려준다.
- **이상 탐지**(Anomaly Detection) : 평균적인 시스템의 상태를 기준으로 비정상적인 행위나 자원의 사용이 감지되면 이를 알려준다.

4 침입 방지 시스템(IPS; Intrusion Prevention System)

- 침입 방지 시스템은 **비정상적인 트래픽을 능동적으로 차단하고 격리하는** 등의 방어 조치를 취하는 **보안 솔루션**이다.
- 침입 방지 시스템은 방화벽과 침입 탐지 시스템을 결합한 것이다.
- 침입 탐지 기능으로 패킷을 하나씩 검사한 후 비정상적인 패킷이 탐지되면 방화벽 기능으로 해당 패킷을 차단한다.

5 데이터 유출 방지(DLP; Data Leakage/Loss Prevention)

- 데이터 유출 방지는 **내부 정보의 외부 유출을 방지하는 보안 솔루션**이다.
- 사내 직원이 사용하는 PC와 네트워크상의 모든 정보를 검색하고 메일, 메신저, 웹하드, 네트워크 프린터 등의 사용자 행위를 탐지 · 통제해 외부로의 유출을 사전에 막는다.

6 웹 방화벽(Web Firewall)

- 웹 방화벽은 일반 방화벽이 탐지하지 못하는 SQL 삽입 공격*, Cross-Site Scripting(XSS)* 등의 **웹 기반 공격을 방어할 목적으로 만들어진 웹 서버에 특화된 방화벽**이다.
- 웹 관련 공격을 감시하고 공격이 웹 서버에 도달하기 전에 이를 차단해 준다.

SQL 삽입 공격
SQL 삽입 공격이란 전문 스캐너 프로그램 혹은 봇넷 등을 이용해 웹사이트를 무차별적으로 공격하는 과정에서 취약한 사이트가 발견되면 데이터베이스 등의 데이터를 조작하는 일련의 공격 방식을 말합니다.

Cross-Site Scripting(XSS)
Cross-Site Scripting이란 네트워크를 통한 컴퓨터 보안 공격의 하나로, 웹 페이지의 내용을 사용자 브라우저에 표현하기 위해 사용되는 스크립트의 취약점을 악용한 해킹 기법을 말합니다.

24.10, 22.7, 필기 20.9

7 VPN(Virtual Private Network, 가상 사설 통신망)

- VPN은 인터넷 등 통신 사업자의 **공중 네트워크와 암호화 기술을 이용하여 사용자가 마치 자신의 전용 회선을 사용하는 것처럼 해주는 보안 솔루션**이다.
- SSL VPN : PC에 VPN Client 프로그램을 설치하여 VPN 서버에 접속하는 방식으로, 암호화를 위해 SSL 프로토콜을 사용함
- IPSec VPN : VPN 서버가 설치된 각각의 네트워크를 서로 연결하는 방식으로, 암호화를 위해 IPSec 프로토콜을 사용함

8 NAC(Network Access Control)

- NAC은 **네트워크에 접속하는 내부 PC의** MAC 주소를 IP 관리 시스템에 등록한 후 **일관된 보안 관리 기능을 제공하는 보안 솔루션**이다.
- 내부 PC의 소프트웨어 사용 현황을 관리하여 불법적인 소프트웨어 설치를 방지한다.

22.10
9 SIEM(Security Information and Event Management)

- SIEM은 다양한 장비에서 발생하는 **로그 및 보안 이벤트를 통합하여 관리하는** 빅 데이터 기반의 **보안 솔루션**이다.
- 방화벽, IDS, IPS, 웹 방화벽, VPN 등에서 발생한 로그 및 보안 이벤트를 통합하여 관리함으로써 비용 및 자원을 절약할 수 있다.
- 장기간의 로그 및 보안 이벤트*를 수집 및 검색할 수 있는 빅데이터 기반의 통합 로그 수집 시스템이다.

ESM(Enterprise Security Management)
SIEM과 기능은 동일하지만 짧은 기간의 로그 및 보안 이벤트를 관리하는 보안 솔루션을 ESM(Enterprise Security Management)이라고 합니다.

23.4, 필기 21.5
10 SSH(Secure SHell, 시큐어 셸)

- SSH는 다른 컴퓨터에 로그인, 원격 명령 실행, 파일 복사 등을 수행할 수 있도록 다양한 기능을 지원하는 프로토콜 또는 이를 이용한 응용 프로그램이다.
- 데이터 암호화와 강력한 인증 방법으로 보안성이 낮은 네트워크에서도 안전하게 통신할 수 있다.
- 키(key)를 통한 인증 방법을 사용하려면 사전에 클라이언트의 공개키를 서버에 등록해야 한다.
- 기본적으로는 22번 포트를 사용한다.

23.7
11 템퍼 프루핑(Tamper Proofing)

- 템퍼 프루핑은 소프트웨어의 위·변조가 발생할 경우 소프트웨어를 오작동하게 만들어 악용을 방지하는 기술이다.
- 템퍼 프루핑은 해시 함수(Hash Function)*, 핑거 프린트(Fingerprint)*, 워터마킹(Watermarking)* 등의 보안 요소를 생성하여 소프트웨어에 삽입하고, 실행코드를 난독화하며, 실행 시 원본 비교 및 데이터 확인을 수행함으로써 소프트웨어를 보호한다.

해시 함수(Hash Function)
임의의 길이의 입력 데이터나 메시지를 고정된 길이의 값이나 키로 변환하는 알고리즘입니다.

핑거 프린트(Fingerprint)
쿠키 없이도 웹사이트에 방문한 방문자의 정보를 수집하는 기술입니다.

워터마킹(Watermarking)
디지털 데이터에 저작권 등의 정보를 삽입하여 관리하는 기술입니다.

23.10
12 OAuth(Open Authorization, 공개 인증)

- 인터넷 애플리케이션에서 사용자 인증에 사용되는 표준 인증 방법으로, 공개 API(OpenAPI)로 구현되었다.
- 인터넷 사용자가 웹사이트나 애플리케이션에 비밀번호를 제공하지 않고 OAuth를 사용해 자신에게 접근 권한을 부여할 수 있다.
- 2010년 ETF에서 1.0이 공식 표준안으로 발표되었다.

※ 정답 및 해설은 144쪽에 있습니다.

기출 따라잡기 Section 117

24년 7월, 22년 7월

문제 1 **네트워크 보안에 대한 다음 설명에서 괄호에 공통으로 들어갈 알맞은 용어를 영문 약어로 쓰시오.**

- (   )은 인터넷 등 통신 사업자의 공중 네트워크와 암호화 기술을 이용하여 사용자가 마치 자신의 전용 회선을 사용하는 것처럼 해주는 보안 솔루션이다.
- 암호화된 규격을 통해 인터넷망을 전용선의 사설망을 구축한 것처럼 이용하므로 비용 부담을 줄일 수 있다.
- (   )을 사용하면 두 장치 및 네트워크 사이에 암호화된 보안 터널이 생성되며, 터널에 사용되는 프로토콜에 따라 SSL (   )과 IPSec (   )으로 불린다.

답 :

22년 10월

문제 2 **다음 설명에 해당하는 알맞은 용어를 쓰시오.**

다양한 장비에서 발생하는 로그 및 보안 이벤트를 통합하여 관리할 수 있는 빅데이터 기반의 보안 솔루션으로, 방화벽, IDS, IPS, 웹 방화벽, VPN 등에서 발생한 로그 및 보안 이벤트를 통합하여 관리함으로써 비용 및 자원을 절약할 수 있는 특징이 있다. 또한 보안 솔루션 간의 상호 연동을 통해 종합적인 보안 관리 체계를 수립할 수 있다.

답 :

23년 4월
문제 3 다음 설명에 해당하는 알맞은 용어를 영문 3글자로 쓰시오.

- 다른 컴퓨터에 로그인, 원격 명령 실행, 파일 복사 등을 수행할 수 있도록 다양한 기능을 지원하는 프로토콜 또는 이를 이용한 응용 프로그램이다.
- 데이터 암호화와 강력한 인증 방법으로, 보안성이 낮은 네트워크에서도 안전하게 통신할 수 있다.
- 키(key)를 통한 인증 방법을 사용하려면 사전에 클라이언트의 공개키를 서버에 등록해야 한다.
- 기본적으로는 22번 포트를 사용한다.

답 :

23년 7월
문제 4 소프트웨어 데이터의 비정상적인 수정이 감지되면 소프트웨어를 오작동하게 만들어 악용을 방지하는 기술이다. 해시 함수, 핑거 프린트, 워터마킹 등의 보안 요소를 생성하여 소프트웨어에 삽입하고, 실행코드를 난독화하며, 실행 시 원본 비교 및 데이터 확인을 수행함으로써 소프트웨어를 보호하는 이 기술을 가리키는 용어를 쓰시오.

답 :

23년 10월
문제 5 다음 설명에 해당하는 용어를 〈보기〉에서 찾아 쓰시오.

- 인터넷 애플리케이션에서 사용자 인증에 사용되는 표준 인증 방법으로, 공개 API(OpenAPI)로 구현되었다.
- 인터넷 사용자가 웹사이트나 애플리케이션에 비밀번호를 제공하지 않고 OAuth를 사용해 자신에게 접근 권한을 부여할 수 있다.
- 2010년 ETF에서 1.0이 공식 표준안으로 발표되었다.

〈보기〉

• OpenID	• DEA	• OAuth	• SSPI
• SASL	• PEAP	• OIDC	• JAAS

답 :

예상문제 은행

문제 1 다음은 보안 요소에 대한 설명이다. 괄호(①~③)에 들어갈 알맞은 요소를 쓰시오.

보안 요소	설명
(①)	시스템 내의 정보는 오직 인가된 사용자만 수정할 수 있다.
(②)	시스템 내의 정보와 자원은 인가된 사용자에게만 접근이 허용된다.
(③)	인가받은 사용자는 언제라도 사용할 수 있다.
인증(Authentication)	시스템 내의 정보와 자원을 사용하려는 사용자가 합법적인 사용자인지를 확인하는 모든 행위이다.
부인 방지 (NonRepudiation)	데이터를 송 · 수신한 자가 송 · 수신 사실을 부인할 수 없도록 송 · 수신 증거를 제공한다.

답

- ①
- ②
- ③

문제 2 소프트웨어 개발 보안과 관련된 내용 중 Secure SDLC의 개념을 간략히 서술하시오.

답 :

문제 3 다음에 제시된 내용은 Secure SDLC의 수행 과정 중 어느 단계에서의 보안 활동인지 쓰시오.

> • 식별된 보안 요구사항들을 소프트웨어 설계서에 반영하고, 보안 설계서를 작성한다.
> • 소프트웨어에서 발생할 수 있는 위협을 식별하여 보안대책, 소요예산, 사고 발생 시 영향 범위와 대응책 등을 수립한다.
> • 네트워크, 서버, 물리적 보안, 개발 프로그램 등 환경에 대한 보안통제 기준을 수립한다.

답 :

문제 4 소프트웨어의 구현 단계에서 발생할 수 있는 보안 취약점들을 최소화하기 위해 보안 요소들을 고려하며 코드를 구현하는 것으로, 보안 취약점을 사전에 대응하여 안정성과 신뢰성을 확보하기 위해 사용되는 것은 무엇인지 쓰시오.

답 :

문제 5 데이터를 암호화할 때 두 개의 키를 이용하여 암호화하는 기법으로, 하나의 키는 데이터베이스 사용자에게 공개하고, 다른 하나의 키는 관리자가 관리한다. 비대칭 암호 기법이라고도 하며, 키의 분배가 용이하고 관리해야 할 키의 수가 적다는 특징을 갖고 있는 암호화 기법을 쓰시오.

답 :

문제 6 다음 암호 알고리즘에 대한 설명에서 괄호에 공통적으로 들어갈 가장 적합한 용어를 쓰시오.

- (   )는 임의의 길이의 입력 데이터나 메시지를 고정된 길이의 값이나 키로 변환하는 것을 의미하며, 이 변환 방법을 (   ) 알고리즘 또는 (   ) 함수라고 부른다.
- (   )는 데이터의 암호화, 무결성 검증을 위해 사용될 뿐만 아니라 정보보호의 다양한 분야에서 활용되며, 대표적인 (   ) 함수의 종류에는 SHA 시리즈, MD5, N-NASH, SNEFRU 등이 있다.

답 :

문제 7 1975년 미국 표준 기술 연구소(NBS)에서 발표한 개인키 암호화 알고리즘으로, 64비트의 블록 크기와 56비트의 키 길이를 갖는다. 이 알고리즘이 발표될 당시에 비해 현재의 컴퓨터는 성능이 향상되어 해독이 쉬워졌고, 3번을 반복해서 사용하는 알고리즘 또한 발표되었다. 이 설명이 가리키는 암호화 알고리즘을 쓰시오.

답 :

문제 8 다음 설명에서 괄호(①~⑤)에 들어갈 알맞은 용어를 〈보기〉에서 찾아 쓰시오.

- 전송 오류에는 감쇠, 지연 왜곡, 잡음 등 다양한 원인이 있으며, 이러한 오류를 검출하고 수정하는 것으로 알려진 대표적인 방식이 (①) 코드 방식이다.
- (①) 코드 방식은 데이터 단위에 (④) 비트를 추가하여 오류를 검출하여 교정이 가능한 코드로, 2bit의 오류를 검출할 수 있으며 1bit의 오류를 교정한다. 데이터 비트 외에 잉여 비트가 많이 필요하다는 단점이 있다.
- (①) 코드 방식은 수신측에서 오류를 정정하는 (②)에 해당한다. (②)는 데이터 전송 과정에서 오류가 발생하면 송신측에 재전송을 요구하는 (③)와는 달리 재전송 요구 없이 스스로 수정하기 때문에 연속적인 데이터 전송이 가능하다.
- (③)는 (④) 검사, (⑤) 등을 통해 오류를 검출하고 ARQ(Automatic Repeat reQuest)로 오류를 제어한다.
- (④) 검사는 오류 검사를 위해 데이터 비트 외에 1bit의 체크 비트를 추가하는 것으로, 1bit의 오류만 검출할 수 있다. 1의 개수에 따라 짝수 (④)와 홀수 (④)로 나뉜다.
- (⑤)는 다항식 코드를 사용하여 오류를 검출하는 방식이다. 동기식 전송에서 주로 사용되며, HDLC 프레임의 FCS(프레임 검사 순서 필드)에 사용되는 방식이다. 집단 오류를 검출할 수 있고, 검출률이 높으므로 가장 많이 사용한다.

〈보기〉

• NAK	• CRC	• FEC	• BCD
• Parity	• Hamming	• MD5	• BEC

답

- ①
- ②
- ③
- ④
- ⑤

문제 9 다음 〈보기〉에 나열된 암호화 알고리즘을 대칭키와 비대칭키 암호화 알고리즘으로 구분하시오.

〈보기〉

• RSA	• DES	• ARIA	• ECC	• SEED	• AES

답

- ① 대칭키 암호화 알고리즘 :
- ② 비대칭키 암호화 알고리즘 :

문제 10 서비스 거부 공격(DoS, Denial of Service)의 하나인 티어드롭 공격(Teardrop Attack)에 대해 간략히 설명하시오.

답 :

문제 11 다음 설명에 해당하는 서비스 공격 기법을 쓰시오.

- Ping 명령을 전송할 때 패킷의 크기를 인터넷 프로토콜 허용 범위 이상으로 전송하여 공격 대상의 네트워크를 마비시키는 서비스 거부 공격 방법이다.
- 공격에 사용되는 큰 패킷은 수백 개의 패킷으로 분할되어 전송되는데, 공격 대상은 분할된 대량의 패킷을 수신함으로써 분할되어 전송된 패킷을 재조립해야 하는 부담과 분할되어 전송된 각각의 패킷들의 메시지에 대한 응답을 처리하느라 시스템이 다운되게 된다.
- jolt, sPING, ICMP bug, IceNewk 등의 변종 공격에 대비하여 ICMP Ping 메시지가 전송되지 못하도록 방화벽에서 차단하는 기술이 개발되었다.

답 :

문제 12 서비스 거부(DoS) 공격 기법 중 TCP가 신뢰성 있는 전송을 위해 사용하는 3-way-handshake 과정을 의도적으로 중단시킴으로써 공격 대상지인 서버가 대기 상태에 놓여 정상적인 서비스를 수행하지 못하게 하는 공격 방법을 가리키는 용어를 쓰시오.

답 :

문제 13 **다음 설명에 부합하는 네트워크 공격 유형을 영문 4글자 약어로 쓰시오.**

> 여러 곳에 분산된 공격 지점에서 한 곳의 서버에 대해 분산 서비스 공격을 수행하는 네트워크 공격 유형으로, 네트워크에서 취약점이 있는 호스트들을 탐색한 후 이들 호스트들에 분산 서비스 공격용 툴을 설치하여 에이전트(Agent)로 만든 후 공격에 이용한다. 공격의 범위를 확대하기 위해 일부 호스트에 다수의 에이전트를 관리할 수 있는 핸들러(Handler) 프로그램을 설치하여 마스터(Master)로 지정한 후 공격에 이용하기도 한다.

답 :

문제 14 **인증(Authentication)에 대한 다음 설명에서 괄호(①, ②)에 들어갈 알맞은 용어를 쓰시오.**

인증은 다중 사용자 컴퓨터 시스템이나 네트워크 시스템에서 로그인을 요청한 사용자의 정보를 확인하고 접근 권한을 검증하는 보안 절차로, 네트워크를 통해 컴퓨터에 접속하는 사용자의 등록 여부를 확인하는 것과 전송된 메시지의 위·변조 여부를 확인하는 것이 있다. 인증의 주요 유형은 다음과 같다.

(①)	사용자가 기억하고 있는 정보를 기반으로 인증을 수행하는 것으로, 관리 비용이 저렴하나, 사용자가 인증 정보를 기억하지 못하면 본인이라도 인증 받지 못한다.
소유 기반 인증 (Something You Have)	사용자가 소유하고 있는 것을 기반으로 인증을 수행하는 것으로, 소유물이 쉽게 도용될 수 있으므로 (①) 방식이나 (②) 방식과 함께 사용된다.
(②)	사용자의 고유한 생체 정보를 기반으로 인증을 수행하는 것으로, 사용이 쉽고 도난의 위험도 적으며 위조가 어렵다.
행위 기반 인증 (Something You Do)	사용자의 행동 정보를 이용해 인증을 수행하는 것이다.
위치 기반 인증 (Somewhere You Are)	인증을 시도하는 위치의 적절성을 통해 인증을 수행하는 것이다.

답

- ①
- ②

정답 및 해설은 145 쪽에 있습니다.

문제 15 멀웨어(Malware)에 대한 다음 설명에서 괄호(①~③)에 들어갈 알맞은 용어를 〈보기〉에서 찾아 쓰시오.

- (①) : 윈도우나 응용 프로그램의 취약점 또는 E-mail 등을 통해 전파되며, (③)과(와) 같이 자기복제가 가능하며 네트워크를 통해 스스로 전파가 가능하다.
- (②) : 정상적인 응용 프로그램에 포함되어 실행되는 악성코드로, 정상적인 응용 프로그램으로 위장하고 있다가 활성화되면 공격자는 이를 이용하여 사용자의 컴퓨터를 조종할 수 있게 된다.
- (③) : 정상 파일을 감염시키며, 자기복제가 가능하다. 파일을 통해 감염되며 네트워크를 통해 스스로 전파되지는 못한다.

〈보기〉

• 웜	• 바이러스	• 트로이 목마

답
- ①
- ②
- ③

문제 16 정보 보안에 대한 다음 설명에 해당하는 용어를 쓰시오.

- 방화벽과 침입 탐지 시스템을 결합한 것이다.
- 비정상적인 트래픽을 능동적으로 차단하고 격리하는 등의 방어 조치를 취하는 보안 솔루션이다.
- 침입 탐지 기능으로 패킷을 하나씩 검사한 후 비정상적인 패킷이 탐지되면 방화벽 기능으로 해당 패킷을 차단한다.

답 :

예상문제 은행

문제 17 정보 보안에 대한 다음 설명에 해당하는 용어를 쓰시오.

- 내부 정보의 외부 유출을 방지하는 보안 솔루션이다.
- 사내 직원이 사용하는 PC와 네트워크상의 모든 정보를 검색하고 메일, 메신저, 웹하드, 네트워크 프린터 등의 사용자 행위를 탐지 · 통제해 외부로의 유출을 사전에 막는다.

답 :

문제 18 정보 보안에 대한 다음 설명에 해당하는 용어를 쓰시오.

- 인터넷 등 통신 사업자의 공중 네트워크와 암호화 기술을 이용하여 사용자가 마치 자신의 전용 회선을 사용하는 것처럼 해주는 보안 솔루션이다.
- 암호화된 규격을 통해 인터넷망을 전용선의 사설망을 구축한 것처럼 이용하므로 비용 부담을 줄일 뿐만 아니라 원격지의 지사, 영업소, 이동 근무자가 지역적인 제한 없이 업무를 수행할 수 있다.

답 :

문제 19 정보 보안에 대한 다음 설명에 해당하는 용어를 쓰시오.

- 네트워크에 접속하는 내부 PC의 MAC 주소를 IP 관리 시스템에 등록한 후 일관된 보안 관리 기능을 제공하는 보안 솔루션이다.
- 내부 PC의 소프트웨어 사용 현황을 관리하여 불법적인 소프트웨어 설치를 방지한다.
- 일괄적인 배포 관리 기능을 이용해 백신이나 보안 패치 등의 설치 및 업그레이드를 수행한다.
- 네트워크에 접속한 비인가된 시스템을 자동으로 검출하여 자산을 관리한다.

답 :

문제 20 AAA 서버에 관한 다음 설명에서 각 번호(①~③)에 들어갈 알맞는 용어를 〈보기〉에서 찾아 쓰시오.

AAA 서버는 사용자의 컴퓨터 자원 접근 처리와 서비스 제공에 있어서의 다음 3가지 기능을 제공하는 서버이다.
① – 접근하는 사용자의 신원을 검증하는 기능
② – 신원이 검증된 사용자에게 특정된 권한과 서비스를 허용하는 기능
③ – 사용자가 어떤 종류의 서비스를 이용했고, 얼마만큼의 자원을 사용했는지 기록 및 보관하는 기능

〈보기〉

• Application	• Authentication	• Avalanche
• Authorization	• Accounting	• Ascii

답
- ①
- ②
- ③

9 장 소프트웨어 개발 보안 구축 정답

[답안 작성 방법 안내]
'운영체제(OS; Operation System)'처럼 한글과 영문으로 제시되어 있는 경우 '운영체제', 'OS', 'Operation System' 중 1가지만 쓰면 됩니다.

Section 109

[문제 1]
가용성은 인가받은 사용자는 시스템 내의 정보와 자원을 언제라도 사용할 수 있음을 의미한다.

[문제 2]
Seven Touchpoints

[문제 3]
기밀성(Confidentiality), 무결성(Integrity), 가용성(Availability)

[문제 4]
무결성(Integrity)

Section 110

[문제 1]
SQL Injection은 웹 응용 프로그램에 SQL을 삽입하여 내부 데이터베이스 서버의 데이터를 유출 및 변조하고 관리자 인증을 우회하는 공격 기법이다.

[문제 2]
크로스사이트 스크립팅(XSS)

[문제 3]
메모리 버퍼 오버플로

Section 111

[문제 1]
하드코드된 암호화 키

비밀키(ScretKey), 문자열 암호화(encriptString) 등의 라이브러리명이나 클래스명으로 보아 암호키를 관리하는 코드로 유추할 수 있습니다. 또한 문제에 key가 암호키를 저장하는 변수라고 제시되었으며, key 변수에 직접 값이 입력된 것으로 보아 하드코드된 암호화 키임을 알 수 있습니다.

[문제 2]
① ㉢ ② ㉤ ③ ㉠

Section 112

[문제 1]
스택 가드(Stack Guard)

[문제 2]
널 포인터 역참조

Section 113

[문제 1]
private, default, public, protected

[문제 2]
캡슐화(Encapsulation)

Section 114

[문제 1]
MD5(Message-Digest algorithm 5)

[문제 2]
DES(Data Encryption Standard)

[문제 3]
AES(Advanced Encryption Standard)

[문제 4]
TKIP

[문제 5]
① IDEA(International Data Encryption Algorithm) ② Skipjack

Section 115

[문제 1]
스니핑은 네트워크의 중간에서 남의 패킷 정보를 도청하는 해킹 유형이다.

[문제 2]
LAND Attack(Local Area Network Denial Attack)

[문제 3]
① 사회 공학(Social Engineering) ② 다크 데이터(Dark Data)

[문제 4]
워터링홀(Watering Hole)

[문제 5]
타이포스쿼팅(Typosquatting)

[문제 6]
세션 하이재킹

[문제 7]
ARP(Address Resolution Protocol)

[문제 8]
Rootkit

[문제 9]
APT(Advanced Persistent Threats, 지능형 지속 위협)

[문제 10]
SMURFING

Section 116

[문제 1]
지식 기반 인증(Something You Know)

[문제 2]
인증(Authentication)

Section 117

[문제 1]
VPN

[문제 2]
SIEM(Security Information & Event Management)

[문제 3]
SSH

[문제 4]
템퍼 프루핑(Tamper Proofing)

[문제 5]
OAuth

예상문제은행 9장 소프트웨어 개발 보안 구축 정답

[문제 1]
① 무결성(Integrity) ② 기밀성(Confidentiality) ③ 가용성(Availability)

[문제 2]
Secure SDLC는 보안상 안전한 소프트웨어를 개발하기 위해 SDLC에 보안 강화를 위한 프로세스를 포함한 것을 의미한다.

[문제 3]
설계 단계

[문제 4]
시큐어 코딩(Secure Coding)

[문제 5]
공개키 암호화(Public Key Encryption) 기법

[문제 6]
해시(Hash)

[문제 7]
DES(Data Encryption Standard)

[문제 8]
① Hamming ② FEC ③ BEC ④ Parity ⑤ CRC

[문제 9]
① DES, ARIA, SEED, AES ② RSA, ECC

[문제 10]
TearDrop은 Offset 값을 변경시켜 수신 측에서 패킷을 재조립할 때 오류로 인한 과부하를 발생시킴으로써 시스템이 다운되도록 하는 공격 방법이다.

[문제 11]
Ping of Death(죽음의 핑)

[문제 12]
SYN Flooding

[문제 13]
DDoS

[문제 14]
① 지식 기반 인증(Something You Know) ② 생체 기반 인증(Something You Are)

[문제 15]
① 웜 ② 트로이 목마 ③ 바이러스

[문제 16]
침입 방지 시스템(IPS; Intrusion Prevention System)

[문제 17]
데이터 유출 방지(DLP; Data Leakage/Loss Prevention)

[문제 18]
VPN(Virtual Private Network, 가상 사설 통신망)

[문제 19]
NAC(Network Access Control)

[문제 20]
① Authentication ② Authorization ③ Accounting

memo

10 장

프로그래밍 언어 활용

SECTION 118

데이터 입·출력

수험생 여러분은 이미 필기시험을 준비하면서 C와 Java를 공부했기 때문에 여기서는 기본적인 문법을 생략하고 바로 실전 문제를 통해 코드를 읽고 해석하는 방법을 배울 수 있도록 구성했습니다. 실기시험에서는 코드를 읽고 해석해서 결과를 적어야 하니까요.
최대한 쉽고 자세하게 설명했지만 그래도 어렵다고 느껴지면 무료로 제공되는 동영상 강의를 참고하세요. 교재 제작에 참여한 저자가 초보자의 눈높이에서 아주 쉽게 설명했으니 믿고 보셔도 됩니다. 그래도 모자라는 부분이 있으면 필기시험을 준비할 때 공부했던 교재에서 4과목 2장 '프로그래밍 언어 활용' 부분을 참고하시면 됩니다.

1 데이터 입 · 출력의 개요

데이터 입 · 출력은 키보드로부터 데이터를 입력받아 화면이나 파일로 출력하는 것을 의미한다.

이번 섹션에서는 C와 Java의 기본적인 프로그램 구조를 이해하고 다음과 같은 내용이 포함된 프로그램 코드를 읽고 해석하는 방법을 배운다.

- 헝가리안 표기법
- 자료형
- C언어의 입 · 출력 함수 : scanf, printf
- Java의 입 · 출력 함수 : Scanner, nextInt, print, printf, println
- 서식 지정자와 제어 문자
- 연산자와 우선순위

2 C 문제

예제 다음은 키보드로 6과 4를 입력받아 두 수의 덧셈 결과를 출력하는 프로그램이다. 출력 결과를 확인하시오.

```
❶ #include <stdio.h>
❷ main()
❸ {
❹     int i, j, k;
❺     scanf("%d %d", &i, &j);
❻     k = i + j;
❼     printf("%d\n", k);
❽ }
```

코드 해설

❶ #include 〈stdio.h〉
C언어에는 함수들을 모아놓은 헤더 파일을 제공하는데, 헤더 파일을 사용하려면 '#include 〈stdio.h〉'와 같이 include문을 이용해 선언한 후 사용해야 한다. 'stdio.h'는 표준 입 · 출력과 관련된 함수를 정의해 놓은 헤더 파일이다. 사용하는 함수에 따라 포함시켜야 할 헤더 파일이 다르다. 여기서는

❺번 문장의 scanf( ) 함수와 ❼번 문장의 printf( ) 함수를 사용하기 때문에 포함시켰다. 무슨 함수를 쓸 때 어떤 헤더 파일을 포함시켜야 하는지는 문제 풀이와 관계없기 때문에 기억해 둘 필요는 없다. 별도로 학습하지도 않는다.

❷ main( )
모든 C 프로그램은 반드시 main( ) 함수가 포함되어 있어야 실행할 수 있다. 즉 'main( ){ }'는 모든 C 프로그램에 반드시 포함되어야 한다.

❸, ❽ { }
'{'이 나오면 반드시 어딘가에 '}'이 있어야 한다. 그러니까 ❸번의 '{'는 ❽번의 '}'와 짝이다. 프로그램을 중간에서 끝내는 특별한 제어문이 없으면 무조건 '{'에서 시작하여 '}'에서 프로그램이 종료된다. 따로 학습할 내용이 아니다. 약속이니까 그냥 외워두기 바란다.

❹ int i, j, k;
int는 정수 자료형을 의미하는 예약어이므로, 이제부터 이 프로그램에서 i, j, k는 정수형 변수로 사용하겠다는 의미이다. 자료형에는 int, long, short, float 등이 있으며, 이 부분을 우리는 정보처리기사 필기 교재에서 학습했다. C 프로그램 코딩 시 반드시 지켜야 할 것은 반드시 세미콜론(;)으로 문장을 끝내야 한다는 것이다. C 프로그램에서는 줄 수와 관계없이 세미콜론(;)이 나올 때 까지를 한 문장으로 인식하여 컴파일하기 때문에 문장 끝에 세미콜론(;)이 없으면 컴파일 시 에러가 발생한다.

❺ scanf("%d %d", &i, &j);
키보드로 입력받는 작업은 거의 scanf( ) 함수를 이용하므로 정확하게 알고 있어야 한다. '%d'는 입력받는 문자를 10진수로 받아들이겠다는 의미이다. '%d'가 두 개이므로 대응하는 변수도 두 개인 거다. 앞쪽의 '%d'는 '&i'에, 뒤쪽의 '%d'는 '&j'에 대응된다. 그러니까 i와 j는 각각 10진수를 입력받는다는 의미이다. 문제에서 6과 4가 입력되었다고 가정하였으므로 i에는 6이, j에는 4가 저장된다. 변수에 &(주소 연산자)를 붙였는데, scanf( ) 함수는 데이터를 입력받을 때 주소를 사용하기 때문이다.

❻ k = i + j;
k에 i와 j를 더한 값을 저장하는 처리문이다. 6과 4를 더한 값 10이 k에 저장된다. 처리문은 입 · 출력을 제외하고 무엇인가를 처리하는 모든 문장을 의미한다. 입 · 출력문, 제어문 등도 일종의 처리문이지만, 별도로 구분하여 그렇게 부르므로 입 · 출력문과 제어문을 제외한 모든 문장을 처리문이라고 보면 된다.

❼ printf("%d\n", k);
C 프로그램에서 화면에 출력할 때는 printf( ) 함수, 파일에 출력할 때는 fprintf( ) 함수 등을 사용한다. 여기서는 화면에 출력하므로 printf( ) 함수를 사용했다. scanf( ) 함수와 마찬가지로 형식 변환 문자 '%d'는 k를 10진수로 출력하겠다는 의미이다. '\n'은 제어문자라고 하는데, 출력 내용을 제어하는 문자이다. '\'와 그 뒤 한 문자는 화면에 출력하지 않고 그 문자에 정해진 명령대로 출력물을 제어한다. '\n'은 한 줄 띄우라는 의미이므로 k가 가지고 있는 값을 출력한 뒤에 커서를 다음 줄로 옮긴다.

결과 `10`

3 Java 문제

예제 다음은 입력받은 정수를 가지고 여러 연산을 수행한 후 출력하는 프로그램이다. 4가 입력되었다고 가정했을 때 출력 결과를 확인하시오.

```
❶ import java.util.Scanner;
❷ public class Test
❸ {
```

```
❹   public static void main(String[] args)
❺   {
❻     Scanner scan = new Scanner(System.in);
❼     int a = scan.nextInt();
❽     System.out.printf("a * 3 = %d\n", a * 3);
❾     System.out.println("a / 2 = " + (a / 2));
❿     System.out.print("a - 1 = " + (a - 1));
⓫     scan.close();
⓬   }
⓭ }
```

코드 해설

❶ import java.util.Scanner;

Java에는 메소드(함수)들을 모아놓은 클래스와 클래스를 모아놓은 패키지를 제공하는데, 패키지를 사용하려면 'import java.util.Scanner'와 같이 import문을 이용해 선언한 후 사용해야 한다. 'java.util.Scanner'는 입력과 관련된 메소드(함수)를 정의해 놓은 Scanner 클래스가 java 패키지 안의 util 패키지에 있다는 것을 의미한다. 여기서는 ❻번 문장에서 입력에 사용할 객체 변수를 생성할 때 사용하기 때문에 포함시켰다.

❷ public class Test

Java 프로그램은 아무리 작은 프로그램이라도 클래스 안에 속성(변수)과 메소드(함수)를 만들어서 실행한다.

- public class : 실행을 위한 클래스에 그대로 꼭 써야하는 예약어다. C언어에는 해당되는 부분이 없다.
- Test : 클래스 이름으로, 사용자가 원하는 이름을 임의로 지정하면 된다. 단 첫 글자는 대문자로 지정하는 것이 관례이다.

❸번의 중괄호 '{'에서 ⓭번의 '}'까지가 Test 클래스의 범위이다.

❹ public static void main(String[ ] args)

모든 C 프로그램은 반드시 main( ) 함수로부터 시작해야 한다. 마찬가지로 모든 Java 프로그램은 실행용으로 만든 클래스 안에 반드시 main( ) 메소드가 있어야 여기서부터 실행이 시작된다. 이걸 프로그램 실행 진입점이라고 한다. 그러니까 ❷, ❸, ❹, ❺, ⓬, ⓭번은 모든 Java 프로그램에 반드시 포함되어야 하는 것이다. C 프로그램의 함수를 Java와 같은 객체지향 언어에서는 메소드(Method)라고 부른다.

- public static : main( ) 메소드 앞에 반드시 써야 한다는 것을 알아두고 넘어가면 된다.
- void : 반환값이 없다는 의미이다.

❺번의 중괄호 '{'에서 ⓬번의 '}'까지가 main( ) 메소드의 범위이다.

❻ Scanner scan = new Scanner(System.in);

Java에서는 키보드로 입력받은 값을 변수에 저장하려면 먼저 Scanner 클래스를 이용해 키보드로부터 값을 입력받는 객체 변수를 생성한 후 이를 사용해야 한다. Scanner 클래스의 객체 변수 scan을 키보드로 입력받을 수 있도록 생성한다.

- Scanner : 입력에 사용할 객체 변수를 생성할 때 사용하는 클래스 이름이다. 그대로 적어준다.
- scan : 객체 변수명이다. 사용자 임의로 적어준다.
- new : 객체 생성 예약어이다. 그대로 적어준다.
- Scanner( ) : 클래스의 이름이다. ( )를 붙여 그대로 적어준다.
- System.in : 표준 입력장치, 즉 키보드를 의미한다. 키보드로부터 값을 입력받는 객체 변수를 생성할 것이므로 그대로 적어준다.

일단은 Java에서는 이렇게 시작하는구나? 정도로만 알아두세요. 새로운 내용이 나올 때마다 그때그때 빠놓지 않고 자세히 설명할 것입니다.

객체 변수, 정확히 말하면 heap 영역에 객체를 생성하고 생성된 객체가 있는 곳의 주소를 객체 변수에 저장하는 것입니다. Java에서는 주소를 제어할 수 없으므로 그냥 객체 변수를 생성한다고 이해해도 됩니다.

❼ int a = scan.nextInt( );

정수형 변수 a를 선언하고, 키보드로부터 정수 값을 입력받아 a에 저장한다. 4가 입력되었다고 가정하였으므로 a에는 4가 저장된다.

- a : 입력받은 값을 저장할 변수이다.
- scan.nextInt( )
  - scan : 입력에 사용할 객체 변수 이름이다. ❻번에서 객체 변수 생성 시 사용한 객체 변수 이름과 동일해야 한다.
  - nextInt( ) : 입력받은 값을 정수형으로 반환한다.

❽ System.out.printf("a * 3 = %d\n", a * 3);

System 클래스의 서브 클래스인 out 클래스의 메소드 printf( )를 사용해서 출력한다는 의미이다. printf( ) 메소드는 C 프로그램의 printf( ) 함수와 사용법이 동일하다. **a * 3 =** 을 출력한 후 a*3의 값인 **12**를 정수로 출력한다.

결과
```
a * 3 = 12
```

이어서 제어문자 '\n'에 의해 커서가 다음 줄의 처음으로 이동된다.

❾ System.out.println("a / 2 = " + (a / 2));

println( ) 메소드는 값이나 변수의 내용을 형식없이 출력한 후 커서를 다음 줄의 처음으로 이동한다. **a / 2 =** 을 출력한 후 a/2의 값인 **2**를 출력한다.

결과
```
a * 3 = 12
a / 2 = 2
```

println( ) 메소드를 사용했으므로 출력 후 커서가 다음 줄의 처음으로 이동된다.

❿ System.out.print("a – 1 = " + (a – 1));

print( ) 메소드는 값이나 변수의 내용을 형식없이 출력한다. **a – 1 =** 을 출력한 후 a–1의 값인 **3**을 출력한다.

결과
```
a * 3 = 12
a / 2 = 2
a – 1 = 3
```

⓫ scan.close( );

객체 변수 scan에 배정된 메모리를 해제한다. Scanner 클래스의 객체 변수는 임의의 메모리 영역을 확보하여 사용하는 것이므로 프로그램 종료 전에 close( ) 메소드를 이용하여 사용하던 메모리 영역을 해제해야 다른 프로그램이 해당 영역을 사용할 수 있다.

23.7, 21.10, 20.10, 필기 24.7, 21.8, 21.5

잠깐만요

헝가리안 표기법(Hungarian Notation)

헝가리안 표기법이란 변수명 작성 시 변수의 자료형을 알 수 있도록 자료형을 의미하는 문자를 포함하여 작성하는 방법입니다. 예를 들어 정수형 변수라는 것을 알 수 있도록 변수명에 int를 의미하는 i를 덧붙여 i_InputA, i_InputB, i_Result라고 하는 것처럼 말이죠.

예 int i_InputA : 정수형 변수

예 double d_Result : 배정도 실수형 변수

주요 자료형

종류	자료형	크기(C)	크기(Java)
정수형	int	4Byte	4Byte
문자형	char	1Byte	2Byte
실수형	float	4Byte	4Byte
	double	8Byte	8Byte

주요 서식 문자열

서식 문자열	의미
%d	정수형 10진수의 입 · 출력에 사용
%o	정수형 8진수의 입 · 출력에 사용
%x	정수형 16진수의 입 · 출력에 사용
%c	문자의 입 · 출력에 사용
%s	문자열의 입 · 출력에 사용
%f	• 소수점을 포함한 실수의 입 · 출력에 사용 • 출력 시 소수점 이하는 기본적으로 6자리가 출력됨

주요 제어문자

제어문자	기능
\n	커서를 다음 줄의 처음으로 이동
\t	커서를 일정 간격 띄움
\0	널 문자 출력

연산자 우선순위

대분류	중분류	연산자	결합규칙	우선 순위
단항 연산자	단항 연산자	!(논리 not) ~(비트 not) ++(증가) --(감소) sizeof(기타)	←	높음 ↑
이항 연산자	산술 연산자	* / %(나머지)	→	
		+ -		
	시프트 연산자	<< >>		
	관계 연산자	< <= >= >		
		==(같다) !=(같지 않다)		
	비트 연산자	&(비트 and) ^(비트 xor) |(비트 or)		
	논리 연산자	&&(논리 and) ||(논리 or)		
삼항 연산자	조건 연산자	? :	→	
대입 연산자	대입 연산자	= += -= *= /= %= <<= >>= 등	←	↓
순서 연산자	순서 연산자	,	→	낮음

※ 정답 및 해설은 241쪽에 있습니다.

기출 따라잡기 Section 118

1414951

20년 10월

문제 1 헝가리안 표기법(Hungarian Notation)에 대해 간략히 서술하시오.

답 :

1414952

이전기출

문제 2 다음 C언어로 구현된 프로그램을 분석하여 그 실행 결과를 쓰시오.

```
#include <stdio.h>
main()
{
    int i = 10, j = 10, k = 30;
    i /= j;
    j -= i;
    k %= j;
    printf("%d, %d, %d\n", i, j, k);
}
```

답 :

1414953

이전기출

문제 3 다음은 2개의 정수를 입력받아 합을 출력하는 Java 프로그램이다. 괄호에 공통으로 들어갈 가장 적합한 코드를 쓰시오.

```
import java.util.(        );

public class Test {
    public static void main(String args[]) {
        (        ) scan = new (        )(System.in);
        int a = scan.nextInt();
        int b = scan.nextInt();
        System.out.printf("%d", a + b);
        scan.close();
    }
}
```

답 :

출제예상

1414954

문제 4 다음 C언어로 구현된 프로그램을 분석하여 그 실행 결과를 쓰시오.

```
#include <stdio.h>
main()
{
     int result, a = 100, b = 200, c = 300;
     result = a < b ? b++ : --c;
     printf("%d, %d, %d\n", result, b, c);
}
```

답 :

출제예상

1414955

문제 5 다음 C언어의 〈코드〉와 〈입력〉을 보고 프로그램을 분석하여 그 실행 결과를 쓰시오.

〈코드〉

```
#include <stdio.h>
main() {
     int i, j;
     scanf("%o#%x", &i, &j);
     printf("%d %d", i, j);
}
```

〈입력〉

```
15#22
```

답 :

출제예상

1414956

문제 6 다음 C언어로 구현된 프로그램을 분석하여 그 실행 결과를 쓰시오.

```
#include <stdio.h>
main()
{
     int j = 024, k = 24, L = 0x24, hap;
     hap = j + k + L;
     printf("%d, %d, %d, %d\n", j, k, L, hap);
}
```

답 :

출제예상

1414957

문제 7 다음 C언어로 구현된 프로그램을 분석하여 그 실행 결과를 쓰시오.

```
#include <stdio.h>
main()
{
    int i = 5, j = 4, k = 1, L, m;
    L = i > 5 || j != 0;
    m = j <= 4 && k < 1;
    printf("%d, %d\n", L, m);
}
```

답 :

21년 10월

1414961

문제 8 다음 Java로 구현된 프로그램을 분석하여 그 실행 결과를 쓰시오. (단, 출력문의 출력 서식을 준수하시오.)

```
public class Test {
    public static void main(String[] args) {
        int w = 3, x = 4, y = 3, z = 5;
        if((w == 2 | w == y) & !(y > z) & (1 == x ^ y != z)) {
                w = x + y;
                if(7 == x ^ y != w)
                        System.out.println(w);
                else
                        System.out.println(x);
        }
        else {
                w = y + z;
                if(7 == y ^ z != w)
                        System.out.println(w);
                else
                        System.out.println(z);
        }
    }
}
```

답 :

어떤 문제를 해결하는 논리적인 절차를 알고리즘이라 하며, 이 알고리즘을 순서대로 처리하여 컴퓨터에게 특정 업무를 시키는 것이 컴퓨터 프로그램입니다. 이 문제에 적용된 알고리즘은 다음과 같습니다.

알고리즘의 이해

이 문제는 4620원에 포함된 1000원, 500원, 100원, 10원 단위의 개수를 구하는 문제입니다.

① 1000원 단위의 개수
4620/1000 → 4.620이지만 정수 나눗셈이므로 몫은 4, 즉 1000원 단위의 개수는 4입니다.

② 500원 단위의 개수
- 620원에 포함된 500원 단위의 개수를 구합니다.
- 4620%1000 → 620
- 620/500 → 1.24
  개수 : 1

③ 100원 단위의 개수
- 120원에 포함된 100원 단위의 개수를 구합니다.
- 4620%500 → 120
- 120/100 → 1.2
  개수 : 1

④ 10원 단위의 개수
- 20원에 포함된 10원 단위의 개수를 구합니다.
- 4620%100 → 20
- 20/10 → 2.0
  개수 : 2

23년 7월

문제 9 다음 C 언어로 구현된 프로그램과 〈처리조건〉을 참고하여 괄호(①~④)에 들어갈 알맞은 식을 쓰시오.

4440202

```
#include <stdio.h>
main() {
     int m = 4620;
     int a = ( ① );
     int b = ( ② );
     int c = ( ③ );
     int d = ( ④ );
     printf("1000원의 개수 : %d\n", a);
     printf("500원의 개수 : %d\n", b);
     printf("100원의 개수 : %d\n", c);
     printf("10원의 개수 : %d\n", d);
}
```

〈처리조건〉

괄호(①~④)의 식에 사용할 문자는 다음으로 제한한다.
- a, b, c, d, m, i, d
- +, −, /, *, %
- 0~9, (,)

답
- ①
- ②
- ③
- ④

20년 10월

문제 10 다음 C언어로 구현된 프로그램을 분석하여 그 실행 결과를 쓰시오.

1414960

```
#include <stdio.h>
main()
{
    int a = 5, b = 10, c = 15, d = 30, result;
    result = a * 3 + b > d || c - b / a <= d && 1;
    printf("%d\n", result);
}
```

답 :

SECTION 119

제어문

1 제어문의 개요

제어문은 서술된 순서에 따라 무조건 위에서 아래로 실행되는 프로그램의 순서를 변경할 때 사용하는 명령문이다.

이번 섹션에서는 C와 Java 각각 한 문제를 이용해 제어문이 포함된 코드를 읽고 해석하는 방법을 배운다. 이번 섹션을 공부하고 나면 배열과 if, switch, for, while 등의 제어문이 포함된 C나 Java 문제의 코드를 해석하여 답을 쓸 수 있다.

2 C 문제

24.10, 24.7, 24.4, 23.7, 23.4, 22.10, 22.7, 20.5, 필기 24.7, 24.5, 24.2, 22.7

예제 다음 C언어로 구현된 프로그램의 실행 결과를 확인하시오.

```
#include <stdio.h>
main() {
❶        int score[] = { 86, 53, 95, 76, 61 };
❷        char grade;
❸        char str[] = "Rank";
❹⓫⓯      for (int i = 0; i < 5; i++) {
❺⓬           switch (score[i] / 10) {
             case 10:      'score[i]/10'이 10일 경우 찾아오는 곳으로, 'A'를 저장하기 위해 그냥 다음 문장으로 이동한다.
             case 9:       'score[i]/10'이 9일 경우 찾아오는 곳이다.
                 grade = 'A';    grade에 'A'를 저장한다.
                 break;          switch문을 벗어나 ❾⓮번으로 이동한다.
❻            case 8:
❼                grade = 'B';
❽                break;
```

전문가의 조언

예제는 배열에 여러 개의 점수를 저장하고 각각의 점수에 해당하는 등급을 출력하는 문제입니다. 이 문제에 새롭게 추가된 예약어는 if, switch, for, while 그리고 배열입니다. for문으로 배열의 요소를 차례대로 확인하는 과정과 switch문으로 배열의 각 요소에 대한 등급을 부여되는 과정, 그리고 if문으로 출력에서 제외할 등급이 선별되는 과정을 하나하나 자세하게 설명했으니 코드를 한줄 한줄 따라가면서 무슨 의미인지 파악해 보세요. 동영상을 보고도 이해되지 않는 내용이 있으면 필기 교재 2권 46, 53, 60쪽을 참조하세요.

전문가의 조언

번호는 실행 순서를 의미합니다. ❹⓫⓯처럼 한 문장에 번호가 여러 개 있는 것은 ❹번째에 수행하고 ⓫번째, ⓯번째에 다시 수행한다는 의미입니다.

```
        case 7:            'score[i]/10'이 7일 경우 찾아오는 곳이다.
            grade = 'C';       grade에 'C'를 저장한다.
            break;             switch문을 벗어나 ❾⓮번으로 이동한다.
⓭      default: grade = 'F';
        }
❾⓮     if (grade != 'F')
❿          printf("%d is %c %s\n", i + 1,
                   grade, str);
    }
}
```

코드 해설

❶ int score[ ] = { 86, 53, 95, 76, 61 };
5개의 요소를 갖는 정수형 배열 score를 선언한다. 개수를 지정하지 않았으므로, 초기값으로 지정된 수만큼 배열의 요소가 만들어진다.

	[0]	[1]	[2]	[3]	[4]
score	86	53	95	76	61

- int : 배열에 저장할 자료의 형이다.
- score : 사용할 배열의 이름으로, 사용자가 임의로 지정한다.
- [ ] : 배열의 크기를 지정하는 것으로, 개수를 지정하지 않으면, 초기값으로 지정된 수만큼 배열의 요소가 만들어진다.

❷ 문자형 변수 grade를 선언한다.

❸ char str[ ] = "Rank";
- 문자형 배열 str을 선언하고 "Rank"로 초기화한다.
- 문자열을 저장하는 경우 문자열의 끝을 의미하는 널 문자('\0')가 추가로 저장되며, 출력 시 널 문자는 표시되지 않는다.

	[0]	[1]	[2]	[3]	[4]
str	'R'	'a'	'n'	'k'	'\0'

❹ for (int i = 0; i < 5; i++)
반복 변수 i가 0에서 시작하여 1씩 증가하면서 5보다 작은 동안 for의 { } 부분을 반복 수행한다. 즉 for의 { } 부분인 ❺~❿번 문장을 5번 반복 수행한다.
- for는 반복문을 의미하는 예약어로 그대로 입력한다.
- i = 0 : 초기값을 지정할 수식이다.
- i < 5 : 최종값으로 지정할 수식이다.
- i++ : 증가값으로 사용할 수식이다.

❺ switch (score[i] / 10)
score[i]를 10으로 나눈 결과에 해당하는 숫자를 찾아간다. 현재 i가 0이므로 score[0]인 86을 10으로 나눈 결과는 8.6이지만 C, Java에서 정수형 변수에 저장된 값의 나눗셈은 결과도 정수가 되므로 결과는 8이다. 8에 해당하는 ❻번으로 이동한다.
- switch는 switch문에 사용되는 예약어로, 그대로 입력한다.
- score[i]/10 : case들의 값 중 하나를 도출하는 수식이다. 변수를 적어도 된다.

❻ 'score[i]/10'이 8일 경우 찾아오는 곳이다.

❼ grade에 'B'를 저장한다.

❽ switch문을 벗어나 ❾번으로 이동한다.

for문
- for문은 초기값, 최종값, 증가값을 지정하는 수식을 이용해 정해진 횟수를 반복하는 제어문이다.
- 형식

```
for(초기값; 최종값; 증가값)
  실행할 문장;
```

switch문
- switch문은 조건에 따라 분기할 곳이 여러 곳인 경우 간단하게 처리할 수 있는 제어문이다.
- 형식

```
switch(수식)
{
case 레이블1:
   실행할 문장1;
   break;
case 레이블2:
   실행할 문장2;
   break;
     ⋮
defalut:
   실행할 문장3;
}
```

if문
- if문은 조건에 따라 실행할 문장을 달리하는 제어문입니다.
- 형식

```
if(조건식)
  조건이 참일 때 실행할 문장;
else
  조건이 거짓일 때 실행할 문장;
```

❾ if (grade != 'F')
grade가 'F'가 아니면 ❿번을 수행하고, 'F'이면 반복문의 처음인 ⓫번으로 이동한다. 현재 grade는 'B'이므로 ❿번으로 이동한다.
- if는 조건 판단문에 사용되는 예약어이므로 그대로 적는다.
- grade != 'F' : 조건식으로, 조건은 참(1) 또는 거짓(0)이 결과로 나올 수 있는 수식을 ( ) 안에 입력한다.

❿ printf("%d is %c %s\n", i + 1, grade, str);
i+1의 결과인 1을 정수(%d)로 출력한 후, 공백 한 칸과 is를 출력하고, 다시 공백 한 칸을 출력한다. 이어서 grade의 값 'B'를 문자(%c)로 출력하고 공백 한 칸을 출력한 후 str의 값 "Rank"를 문자열(%s)로 출력한다.

결과
```
1 is B Rank
```
이어서 제어문자 '\n'에 의해 커서가 다음 줄의 처음으로 이동된다.
for문의 반복이 아직 종료되지 않았으므로 제어는 ⓫번으로 이동한다.

⓫ 증가값(i++)에 의해 i는 1이 되고 최종값(i<5) 조건을 만족하므로 for의 { } 부분을 수행한다.
⓬ 현재 i가 1이므로 score[1]인 53을 10으로 나눈 결과 5에 해당하는 ⓭번으로 이동한다.
⓭ grade에 'F'를 저장한다.
⓮ grade가 'F'이므로 ❿번을 수행하지 않고 ⓯번으로 이동한다.

위와 같은 과정을 for문의 i가 5가 되어 최종값(i<5) 조건을 만족하지 않을 때까지 3번 더 반복한다.

반복문 실행에 따른 변수들의 변화는 다음과 같다.

i	score[i]	score[i]/10	grade	grade != 'F'	출력
0	86	8	'B'	참	1 is B Rank
1	53	5	'F'	거짓	
2	95	9	'A'	참	3 is A Rank
3	76	7	'C'	참	4 is C Rank
4	61	6	'F'	거짓	
5					

결과
```
1 is B Rank
3 is A Rank
4 is C Rank
```

3 Java 문제

24.7, 23.4, 22.10, 22.5, 21.4, 20.11, 20.10, 필기 23.7, 22.4, 22.3, 21.8

1415003

예제 다음 Java로 구현된 프로그램의 실행 결과를 확인하시오.

```
public class Test {
    public static void main(String[] args) {
❶       String str = "agile";
❷       int x[] = { 1, 2, 3, 4, 5 };
❸       char y[] = new char[5];
❹       int i = 0;
```

전문가의 조언

예제는 숫자 배열에 숫자를 저장하고, 문자열 변수에 저장된 문자열을 분리해 문자 배열에 옮긴 다음 숫자와 문자를 합쳐 출력하는 문제입니다. 이 문제에 새롭게 추가된 예약어는 String, while, length, charAt입니다. while문으로 문자열을 하나씩 분리해서 배열에 저장하는 과정과 향상된 for문으로 배열에 저장된 값을 출력하는 과정을 자세하게 설명했습니다. 코드를 한줄 한줄 따라가면서 무슨 의미인지 파악해 보세요. 동영상을 보고도 이해되지 않는 내용이 있으면 필기 교재 2권 61쪽을 참고하세요.

```
❺        while (i < str.length()) {
❻            y[i] = str.charAt(i);
❼            i++;
         }
❽        for (int p : x) {
❾            i--;
❿            System.out.print(y[i]);
⓫            System.out.print(p + " ");
         }
     }
}
```

코드 해설

❶ 문자열 변수 str을 선언하고 "agile"로 초기화한다.

❷ int x[ ] = { 1, 2, 3, 4, 5 };

5개의 요소를 갖는 정수 배열 x를 선언하고 초기화한다. 개수를 지정하지 않으면, 초기값으로 지정된 수만큼 배열의 요소가 만들어진다.

	[0]	[1]	[2]	[3]	[4]
x	1	2	3	4	5

❸ char y[ ] = new char[5];

5개의 요소를 갖는 문자 배열 y를 선언한다.

	[0]	[1]	[2]	[3]	[4]
y					

- Java에서 배열은 객체로 취급되며, 객체 변수는 'new' 명령을 이용해서 생성해야 한다. 배열을 선언하면서 초기값을 지정하는 경우에는 ❷번과 같이 선언하면서 지정하면 된다.
- char y[ ] : y는 문자형 배열 변수라는 의미이다. Java에서는 'char[ ] y'와 같이 대괄호를 자료형 바로 뒤에 적는 것을 선호하는데, C언어에서는 이렇게 표기할 수 없다.
- new char[5] : 5개의 요소를 갖는 문자형 배열을 생성한다.

❹ 정수형 변수 i를 선언하고 0으로 초기화한다.

❺ while (i < str.length( )) {

i가 str 변수의 길이보다 작은 동안 ❻~❼번을 반복 수행한다.

- while은 반복문에서 사용되는 예약어로 그대로 입력한다.
- (i < str.length( )) : 조건으로, 참이나 거짓을 결과로 갖는 수식을 조건에 입력한다. 참(1)을 직접 입력할 수도 있다.
  - length( ) 메소드 : 변수의 크기를 반환한다. str에는 5글자의 문자열이 저장되어 있으므로 str.length( )는 5이다.

❻ y[i] = str.charAt(i);

y[i]에 str의 i번째에 있는 문자를 저장한다.

❼ 'i = i + 1;'과 동일하다. i의 값을 1씩 누적시킨다.

❺~❼번 반복문의 수행에 따른 변수들의 변화는 다음과 같다.

i	str	str.length( )	str.charAt(i)	y[ ]
0	"agile"	5	a	'a' | | | |
1			g	'a' | 'g' | | |

전문가의 조언

while문

- while문은 조건이 참인 동안 실행한 문장을 반복 수행하는 제어문이다.
- 형식

```
while(조건)
   실행할 문장;
```

length( ) 메소드

length( ) 메소드는 배열 클래스의 속성으로 배열 요소의 개수가 저장되어 있습니다.

charAt( ) 메소드

charAt( ) 메소드는 문자열에서 지정된 위치의 문자를 반환합니다.

2			i	'a' 'g' 'i'
3			l	'a' 'g' 'i' 'l'
4			e	'a' 'g' 'i' 'l' 'e'
5				

❽ for (int p : x) {

향상된 반복문이다. p는 x 배열의 각 요소의 값을 차례로 받으면서 x 배열의 요소 수만큼 ❾~⓫번을 반복 수행한다. x 배열이 5개의 요소를 가지므로 각 요소를 p에 저장하면서 ❾~⓫번을 5회 수행한다.

- int p : x 배열의 각 요소를 일시적으로 저장하기 위해 선언한 변수이다. x 배열과 형이 같아야 한다. x 배열이 정수면 정수, 문자면 문자여야 한다.
- x : 배열의 이름이다.

❾ 'i = i − 1;'과 동일하다. i의 값을 1씩 감소시킨다.

❿ y[i]의 값을 출력한다.

⓫ p의 값을 출력하고, 이어서 공백 한 칸을 출력한다.

변수의 변화는 다음과 같다. ❺번 반복문을 수행한 후 i는 5였다가 ❾번을 수행한 후 i는 4가 되었다.

- **❽~⓫의 첫 번째 수행** : x 배열의 첫 번째 값이 p를 거쳐 y[4]의 값과 함께 출력된다.

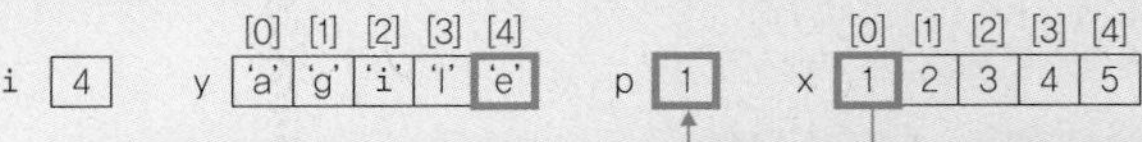

결과 e1

- **❽~⓫의 두 번째 수행** : x 배열의 두 번째 값이 p를 거쳐 y[3]의 값과 함께 출력된다.

[0] [1] [2] [3] [4]
i 3 y 'a' 'g' 'i' 'l' 'e' p 2 x 1 2 3 4 5

결과 e1 l2

- **❽~⓫의 세 번째 수행** : x 배열의 세 번째 값이 p를 거쳐 y[2]의 값과 함께 출력된다.

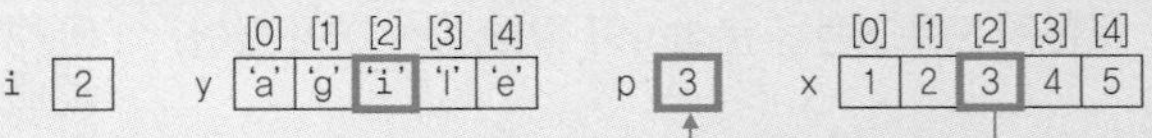

결과 e1 l2 i3

이런 방식으로 x 배열의 요소 수만큼 2번 더 반복한다.

❽~⓫번 반복문의 수행에 따른 변수들의 변화는 다음과 같다.

p	i	y[i]	출력
1	4	'e'	e1
2	3	'l'	e1 l2
3	2	'i'	e1 l2 i3
4	1	'g'	e1 l2 i3 g4
5	0	'a'	e1 l2 i3 g4 a5

23.4, 필기 23.5, 21.3

잠깐만요 break와 continue

- break : 반복문이나 switch문 안에서 break가 나오면 블록을 벗어납니다.
- continue : 반복문에서 continue가 나오면 continue 이후의 문장을 실행하지 않고 제어를 반복문의 처음으로 옮깁니다.

어떤 문제를 해결하는 논리적인 절차를 알고리즘이라 하며, 이 알고리즘을 순서대로 처리하여 컴퓨터에게 특정 업무를 시키는 것이 컴퓨터 프로그램입니다. 이 문제에 적용된 알고리즘은 다음과 같습니다.

알고리즘의 이해

10진수를 2진수로 변환하려면 10진수를 2로 나누어 나머지를 구한 후 저장하고, 다시 몫을 2로 나누어 나머지를 구해 저장하는 과정을 반복합니다. 몫이 0이 될 때까지 이 작업을 반복한 후 마지막에 구한 나머지부터 거꾸로 출력합니다.

※ 정답 및 해설은 245쪽에 있습니다.

기출 따라잡기 Section 119

20년 11월 1415051

문제 1 다음은 변수 n에 저장된 10진수를 2진수로 변환하여 출력하는 Java 프로그램이다. 프로그램을 분석하여 괄호(①, ②)에 들어갈 알맞은 답을 쓰시오.

```
public class Test {
    public static void main (String[] args) {
        int a[] = new int[8];
        int i = 0;
        int n = 10;
        while( (  ①  ) ) {
            a[i++] = (  ②  );
            n /= 2;
        }
        for(i = 7; i >= 0; i--)
            System.out.print(a[i]);
    }
}
```

답

• ①

• ②

20년 11월 1415052

문제 2 다음 Java로 구현된 프로그램을 분석하여 괄호(①~②)에 들어갈 알맞은 답을 쓰시오.

```
public class Test {
    public static void main(String[] args) {
        int ary[][] = new int[(  ①  )][(  ②  )];
        int n = 1;
        for(int i = 0; i < 3; i++) {
            for(int j = 0; j < 5; j++) {
                ary[i][j] = j * 3 + i + 1;
                System.out.print(ary[i][j] + " ");
            }
            System.out.println();
        }
    }
}
```

답

• ①

• ②

24년 4월

5440101

문제 3 다음 C 언어로 구현된 프로그램을 분석하여 그 실행 결과를 쓰시오.

```
#include <stdio.h>
#include <stdlib.h>

main(int argc, char *argv[]) {
    int v1 = 0;
    int v2 = 35;
    int v3 = 29;
    if (v1 > v2 ? v2 : v1)
        v2 = v2 << 2;
    else
        v3 = v3 << 2;
    printf("%d", v2 + v3);
    return 0;
}
```

답 :

20년 10월

1415054

문제 4 다음 Java로 구현된 프로그램을 분석하여 그 실행 결과를 쓰시오.

```
public class Test{
    public static void main(String[] args){
        int a = 0, sum = 0;
        while (a < 10) {
            a++;
            if (a % 2 == 1)
                continue;
            sum += a;
        }
        System.out.println(sum);
    }
}
```

답 :

24년 7월, 23년 7월, 22년 7월, 20년 5월

1415055

문제 5 다음 C언어로 구현된 프로그램을 분석하여 그 실행 결과를 쓰시오.

```
#include <stdio.h>
main( ) {
    int c = 1;
    switch (3) {
        case 1: c += 3;
        case 2: c++;
        case 3: c = 0;
        case 4: c += 3;
        case 5: c -= 10;
        default: c--;
    }
    printf("%d", c);
}
```

답 :

23년 4월

1451109

문제 6 다음은 2진수 101110을 10진수로 변환하는 C 언어 프로그램이다. 프로그램을 분석하여 괄호(①, ②)에 들어갈 알맞은 답을 쓰시오.

```
#include <stdio.h>
main() {
    int input = 101110;
    int di = 1;
    int sum = 0;
    while (1) {
        if (input == 0) break;
        sum = sum + (input ( ① ) ( ② )) * di;
        di = di * 2;
        input = input / 10;
    }
    printf("%d", sum);
}
```

답

- ①
- ②

전문가의 조언

알고리즘의 이해

2진수 형태로 입력된 숫자를 10진수로 변환하기 위한 과정은 다음과 같습니다.

① 101110을 10으로 나누어 몫과 나머지를 구한 후, 나머지에 2^0을 곱한 후 그 값을 누적합니다.
101110 / 10 → **몫** : 10111,
나머지 : 0 → $0 \times 2^0 = 0$
∴ **누적** : 0

② ①의 몫인 10111을 10으로 나누어 몫과 나머지를 구한 후, 나머지에 2^1을 곱한 후 그 값을 누적합니다.
10111 / 10 → **몫** : 1011,
나머지 : 1 → $1 \times 2^1 = 2$
∴ **누적** : 2

③ ②의 몫인 1011을 10으로 나누어 몫과 나머지를 구한 후, 나머지에 2^2를 곱한 후 그 값을 누적합니다.
1011 / 10 → **몫** : 101,
나머지 : 1 → $1 \times 2^2 = 4$
∴ **누적** : 6

위와 같은 과정을 몫이 0이 될 때까지 반복하면, 최종적으로 누적된 값이 10진수로 변환한 값이 됩니다.

22년 10월

3711957

문제 7 다음 C언어로 구현된 프로그램을 분석하여 그 실행 결과를 쓰시오. (단, 출력문의 출력 서식을 준수하시오.)

```
#include <stdio.h>
main() {
    int s, el = 0;
    for (int i = 6; i <= 30; i++) {
        s = 0;
        for (int j = 1; j <= i / 2; j++)
            if (i % j == 0)
                s = s + j;
        if (s == i)
            el++;
    }
    printf("%d", el);
}
```

답 :

알고리즘의 이해

어떤 정수의 약수 중 자신을 제외한 약수를 모두 합하면 자신과 같아지는 수, 즉 완전수가 있습니다. 예를 들어 6의 약수 1, 2, 3, 6 중 6을 제외한 1, 2, 3을 더하면 6이 되어 자신과 같아집니다. 이 문제는 6부터 30까지의 정수 중 이러한 약수를 갖는 수를 찾아 출력하는 알고리즘입니다.

22년 10월

3711958

문제 8 다음 JAVA로 구현된 프로그램을 분석하여 그 실행 결과를 쓰시오. (단, 출력문의 출력 서식을 준수하시오.)

```
public class Test {
    public static void main(String[] args) {
        int result[] = new int[5];
        int arr[] = { 77, 32, 10, 99, 50 };
        for(int i = 0; i < 5; i++) {
            result[i] = 1;
            for(int j = 0; j < 5; j++)
                if(arr[i] < arr[j])
                    result[i]++;
        }
        for(int k = 0; k < 5; k++)
            System.out.print(result[k]);
    }
}
```

답 :

알고리즘의 이해

어떤 점수에 대한 석차를 알려면 다른 점수들과 비교해 보면 됩니다. 다른 점수들과 비교하기 전에는 1등이고, 다른 점수와 비교하다가 자신보다 높은 점수가 있으면 석차를 1씩 증가시키면 됩니다. 여러 점수의 석차를 계산한다면 이런 작업을 모든 점수에 반복해 적용하면 됩니다.

알고리즘의 이해
1~999 사이의 수 중에서 3의 배수이면서 2의 배수인 수를 찾으려면, 숫자를 1에서 999까지 증가시키면서 각각의 숫자를 3과 2로 나누었을 때 나머지가 모두 0이면 3의 배수이면서 2의 배수이므로 그 때의 숫자를 저장합니다.

23년 7월, 22년 10월

3711959

문제 9 다음 JAVA로 구현된 프로그램을 분석하여 그 실행 결과를 쓰시오. (단, 출력문의 출력 서식을 준수하시오.)

```
public class Test {
    public static void main(String[] args) {
        int r = 0;
        for (int i = 1; i < 999; i++) {
            if (i % 3 == 0 && i % 2 == 0)
                r = i;
        }
        System.out.print(r);
    }
}
```

답 :

21년 4월

1415065

문제 10 다음 Java로 구현된 프로그램을 분석하여 그 실행 결과를 쓰시오. (단, 출력문의 출력 서식을 준수하시오.)

```
public class Test {
    public static void main(String[] args) {
        int j, i;
        for (j = 0, i = 0; i <= 5; i++) {
            j += i;
            System.out.print(i);
            if (i == 5) {
                System.out.print("=");
                System.out.print(j);
            }
            else
                System.out.print("+");
        }
    }
}
```

답 :

23년 7월 4440201

문제 11 다음 C 언어로 구현된 프로그램을 실행시킨 결과가 "43215"일 때, 〈처리조건〉을 참고하여 괄호에 들어갈 알맞은 식을 쓰시오.

```
#include <stdio.h>
main() {
    int n[] = { 5, 4, 3, 2, 1 };
    for (int i = 0; i < 5; i++)
        printf("%d", (          ) );
}
```

〈처리조건〉

괄호의 식에 사용할 문자는 다음으로 제한한다.

- n, i
- +, −, /, *, %
- 0~9, (,), [,]

답 :

21년 4월 1415066

문제 12 다음 Java로 구현된 프로그램을 분석하여 그 실행 결과를 쓰시오. (단, 출력문의 출력 서식을 준수하시오.)

```
public class Test {
    public static void main(String[] args) {
        int aa[][] = { {45, 50, 75},
                       {89} };
        System.out.println(aa[0].length);
        System.out.println(aa[1].length);
        System.out.println(aa[0][0]);
        System.out.println(aa[0][1]);
        System.out.println(aa[1][0]);
    }
}
```

답 :

전문가의 조언

알고리즘의 이해

배열에 순서대로 저장된 숫자 5, 4, 3, 2, 1을 4, 3, 2, 1, 5로 출력하는 문제입니다.

	n[0]	n[1]	n[2]	n[3]	n[4]
배열 n	5	4	3	2	1

→ 4, 3, 2, 1, 5

반복 변수 i를 이용하여 출력하는 데, i가 0이면 1번째, 즉 n[1]의 값 4를, i가 1이면 2번째, 즉 n[2]의 값 3을, i가 2면 3번째, 즉 n[3]의 값 2를, i가 3이면 4번째, 즉 n[4]의 값 1을, i가 4면 0번째, 즉 n[0]의 값 5를 출력해야 합니다.

즉, 반복 변수 i를 배열의 첨자에 이용하려면 (i+1)%5와 같이 사용하면 됩니다.

i=0, 1%5 → 1
i=1, 2%5 → 2
i=2, 3%5 → 3
i=3, 4%5 → 4
i=4, 5%5 → 0

알고리즘의 이해
원래의 수를 10으로 나누면, 오른쪽 끝의 한 자리를 제외한 나머지 숫자가 나눗셈의 '몫'이 되고, 오른쪽 끝의 한 자리는 '나머지'가 됩니다. 이렇게 계산된 '나머지'를 한 곳에 저장하고, 다음 나머지를 더하기 전에 10을 곱하여 자리수를 늘리는 작업을 반복하면 원래의 수를 역순으로 변환할 수 있습니다.

❶ 4321을 10으로 나누어 몫과 나머지를 구한 후, 나머지를 저장합니다.
4321/10 → 몫 : 432, 나머지 1 → **1 저장**

❷ ❶에서 구한 몫을 다시 10으로 나누어 몫과 나머지를 구합니다. 저장된 수에 10을 곱한 후 새로운 나머지 2를 더합니다.
432/10 → 몫 : 43, 나머지 2 → 1 × 10 + 2 = **12 저장**

❸ ❷에서 구한 몫을 다시 10으로 나누어 몫과 나머지를 구합니다. 저장된 수에 10을 곱한 후 새로운 나머지 3을 더합니다.
43/10 → 몫 : 4, 나머지 3 → 12 × 10 + 3 = **123 저장**

❹ 4/10 → 몫 : 0, 나머지 4 → 123 × 10 + 4 = **1234 저장**

22년 5월

3711963 

문제 13 다음은 정수를 역순으로 출력하는 C언어 프로그램이다. 예를 들어 1234의 역순은 4321이다. 단, 1230 처럼 0으로 끝나는 정수는 고려하지 않는다. 프로그램을 분석하여 괄호(①~③)에 들어갈 알맞은 연산자를 쓰시오.

```
#include <stdio.h>
int main() {
    int number = 1234;
    int div = 10, result = 0;

    while (number ( ① ) 0) {
        result = result * div;
        result = result + number ( ② ) div;
        number = number ( ③ ) div;
    }
    printf("%d", result);
}
```

답
- ①
- ②
- ③

SECTION 120

포인터

1 포인터의 개요

앞에서 어떤 수나 문자를 저장하기 위해 변수를 사용했다. 사실 이 변수는 기억장소의 어느 위치에 대한 이름이며 그 위치는 주소로도 표현할 수 있다. 우리는 친구 홍길동의 집에 모이기 위해 "홍길동이네 집으로 와"라고 말하기도 하지만 홍길동의 집 주소인 "서울시 마포구 서교동 00번지로 와"라고 말하기도 한다. C언어에서는 변수의 주소를 포인터라고 하고, 포인터를 저장할 수 있는 변수를 포인터 변수라고 한다. 변수의 주소인 포인터는 출력할 수도 있고 포인터가 가리키는 곳에 값을 저장하거나 읽어 오는 등 다양한 조작이 가능하다. 이런 기능 때문에 C언어는 주소를 제어할 수 있는 기능이 있다고 말한다.

이번 섹션에서는 포인터 변수를 활용하는 코드를 읽고 해석하는 방법을 배운다. 이번 섹션을 공부하고 나면, 문자열 처리, 배열의 요소 지정 등 포인터 변수를 활용하는 C 문제의 코드를 해석하여 답을 쓸 수 있다. Java는 포인터를 다룰 수 없기 때문에 이번 섹션에서는 제외했다.

2 C 문제

24.10, 24.7, 24.4, 23.4, 22.7, 21.10, 21.7, 20.11, 필기 23.2, 22.3, 21.8, 21.5

예제 다음 C언어로 구현된 프로그램의 실행 결과를 확인하시오.

```
#include <stdio.h>
main() {
❶   int a = 50;
❷   int *b = &a;
❸   *b = *b + 20;
❹   printf("%d, %d\n", a, *b);
❺   char *s;
❻   s = "gilbut";
```

전문가의 조언

예제는 포인터 변수를 생성한 후 포인터 변수를 활용하여 문자열이 저장된 배열의 값을 출력하는 문제입니다. 포인터 변수를 생성하고 포인터 변수를 이용해 기억장소에 접근하는 방법을 하나하나 자세하게 설명했으니 코드를 한줄 한줄 따라가면서 무슨 의미인지 파악해 보세요. 동영상을 보고도 이해되지 않는 내용이 있으면 필기 교재 2권 70쪽을 참조하세요.

```
❼   for (int i = 0; i < 6; i += 2) {
❽       printf("%c, ", s[i]);
❾       printf("%c, ", *(s + i));
❿       printf("%s\n", s + i);
    }
}
```

코드 해설

❶ 정수형 변수 a를 선언하고 50으로 초기화한다.
※ 주기억장치의 빈 공간 어딘가에 a라는 이름을 붙이고 그곳에 50을 저장한다.

메모리

주소	
0000	
⋮	
a 1000	50
⋮	
9999	

여기서 지정한 주소는 임의로 정한 것이며, 이해를 돕기 위해 주소를 실제 표현되는 16진수가 아니라 10진수로 표현했습니다.

❷ int *b = &a;

정수형 변수가 저장된 곳의 주소를 기억할 포인터 변수 b를 선언하고, a의 주소로 초기화한다. b에는 a의 주소가 저장된다.

- int : 포인터 변수가 가리키는 곳에 저장되는 값의 자료형을 입력한다. 정수형 변수 a가 저장된 곳의 주소를 기억할 것이므로 int를 사용한다.
- *b : 포인터 변수를 선언할 때는 변수명 앞에 *를 붙인다.
- &a : 변수의 주소를 알아낼 때는 변수 앞에 번지 연산자 &를 붙인다.

※ 변수 a의 주소가 b에 기억된다는 것은 b가 변수 a의 주소를 가리키고 있다는 의미이다.

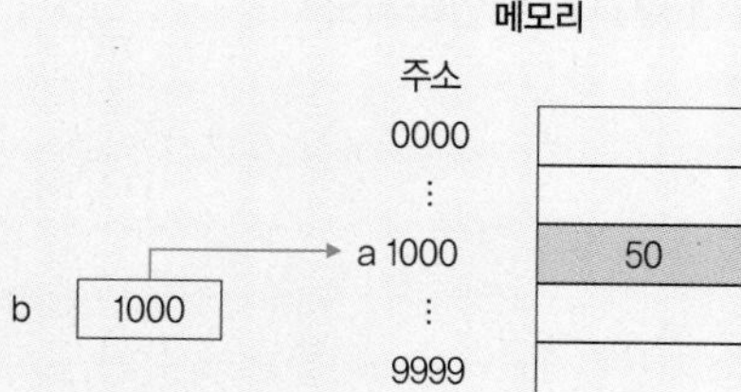

❸ *b = *b + 20;

b가 가리키는 곳의 값(*b)에 20을 더한다. b가 가리키는 곳이 a이므로 결국 a의 값도 바뀌는 것이다. 실행문에서 포인터 변수에 간접 연산자 *를 붙이면 해당 포인터 변수가 가리키는 곳의 값을 말한다.

※ b가 가리키는 곳의 값에 20을 더해 다시 b가 가리키는 곳에 저장한다. 그곳은 변수 a의 주소이므로 변수 a의 값도 저절로 변경되는 것이다.

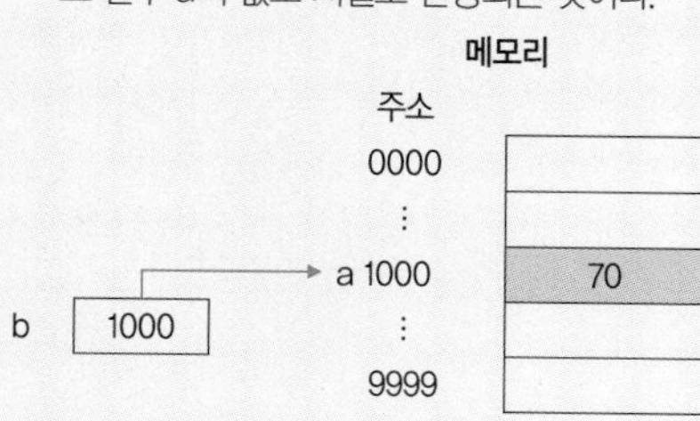

❹ printf("%d, %d\n", a, *b);
a의 값을 정수로 출력한 후 쉼표(,)와 공백 한 칸을 출력한다. 이어서 b가 가리키는 곳의 값(*b)을 정수로 출력한다.

결과 **70, 70**

❺ 문자형 변수가 저장된 곳의 주소를 기억할 포인터 변수 s를 선언한다.

❻ s = "gilbut";

- s는 주소를 기억하는 포인터 변수이므로 s에 "gilbut"가 기억되는 것이 아니라 "gilbut"라는 문자열이 메모리의 어딘가에 저장된 후 그 저장된 곳의 주소가 s에 기억된다.

메모리

주소							
0000							
⋮	1Byte	1Byte	1Byte	1Byte	1Byte	1Byte	1Byte
S [1000] → 1000	'g'	'i'	'l'	'b'	'u'	't'	'\0'
⋮	s &s[0] 1000	s+1 &s[1] 1001	s+2 &s[2] 1002	s+3 &s[3] 1003	s+4 &s[4] 1004	s+5 &s[5] 1005	s+6 &s[6] 1006
9999							

- 문자열을 저장하는 경우 문자열의 끝을 의미하는 널 문자('\0')가 추가로 저장되며, 출력 시 널 문자는 표시되지 않는다.

❼ 반복 변수 i가 0부터 2씩 증가하면서 6보다 작은 동안 ❽~❿번을 반복 수행한다. i가 0인 상태에서 ❽번으로 이동한다.

❽ printf("%c, ", s[i]);
s[i], 즉 s[0]의 값을 문자로 출력한 후, 쉼표(,)와 공백 한 칸을 출력한다.

결과 **g,**

❾ printf("%c, ", *(s + i));
(s+i), 즉 (s+0)이 가리키는 곳의 값을 문자로 출력한 후, 쉼표(,)와 공백 한 칸을 출력한다.

결과 **g, g,**

❿ printf("%s\n", s + i);
(s+i), 즉 (s+0)의 위치부터 문자열의 끝('\0')까지의 모든 문자를 하나의 문자열로 출력하고 커서를 다음 줄의 처음으로 옮긴다.

결과 **g, g, gilbut**

❼~❿번 반복문의 수행에 따른 변수들의 변화는 다음과 같다.

i	s[i]	s+i	*(s+i)	출력
0	'g'	1000	'g'	g, g, gilbut
2	'l'	1002	'l'	g, g, gilbut l, l, lbut
4	'u'	1004	'u'	g, g, gilbut l, l, lbut u, u, ut
6				

포인터 표기 방법
s에 저장된 값은 문자열의 시작 주소입니다. s의 값을 1 증가시킨다는 것은 현재 s가 가리키고 있는 문자의 주소에서 다음 문자의 주소로 가리키는 주소를 증가시킨다는 것입니다. 문자 자료형의 크기는 1Byte이므로 다음 물리적 메모리의 주소는 1Byte 증가한 곳을 가리키는 것입니다. 예제를 통해 문자열의 시작 주소에서 1번지씩, 즉 1Byte씩 증가시키는 것을 그림으로 확인하고, 배열과 같이 대괄호([ ])를 이용해서도 접근할 수 있다는 것도 알아두세요.

"gilbut"라는 문자열이 메모리에 저장될 때 문자로 저장되는 것이 아니라 해당 문자의 아스키 코드 값이 저장됩니다. 즉 'g'는 'g'에 해당하는 아스키 코드 값인 103이 저장된다는 것이죠. 그러므로 출력할 때 "%d"로 출력하면 10진 정수 103이, "%c"로 출력하면 문자 'g'가 출력됩니다.

※ 정답 및 해설은 257쪽에 있습니다.

기출 따라잡기 Section 120

23년 10월, 4월, 20년 11월 1415151

문제 1 다음 C 언어로 구현된 프로그램을 분석하여 그 실행 결과를 쓰시오.

```
#include <stdio.h>
main() {
    char *p = "KOREA";
    printf("%s\n", p);
    printf("%s\n", p + 3);
    printf("%c\n", *p);
    printf("%c\n", *(p + 3));
    printf("%c\n", *p + 2);
}
```

답 :

21년 7월 1415155

문제 2 다음 C언어로 구현된 프로그램을 분석하여 그 실행 결과를 쓰시오. (단, 출력문의 출력 서식을 준수하시오.)

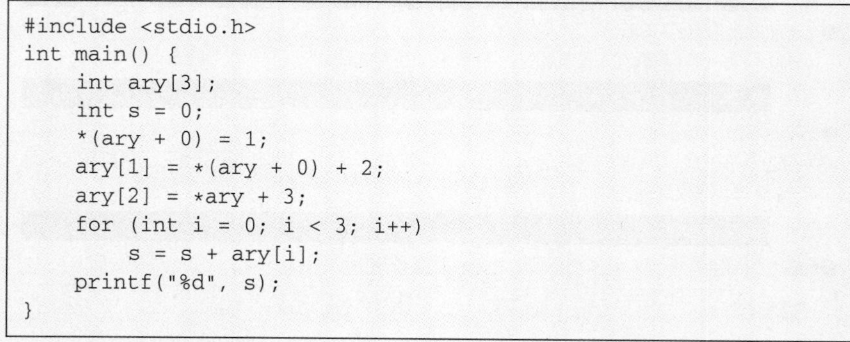

```
#include <stdio.h>
int main() {
    int ary[3];
    int s = 0;
    *(ary + 0) = 1;
    ary[1] = *(ary + 0) + 2;
    ary[2] = *ary + 3;
    for (int i = 0; i < 3; i++)
        s = s + ary[i];
    printf("%d", s);
}
```

답 :

21년 10월 1415156

문제 3 다음 C 언어로 구현된 프로그램을 분석하여 그 실행 결과를 쓰시오. (단, 출력문의 출력 서식을 준수하시오.)

```
#include <stdio.h>
int main() {
    int* array[3];
    int a = 12, b = 24, c = 36;
```

```
    array[0] = &a;
    array[1] = &b;
    array[2] = &c;
    printf("%d", *array[1] + **array + 1);
}
```

답 :

22년 7월

문제 4 다음 C언어로 구현된 프로그램을 분석하여 그 실행 결과를 쓰시오. (단, 출력문의 출력 서식을 준수하시오.)

3712054

```
#include <stdio.h>
int main( ) {
    int a[4] = { 0, 2, 4, 8 };
    int b[3];
    int* p;
    int sum = 0;
    for (int i = 1; i < 4; i++) {
        p = a + i;
        b[i - 1] = *p - a[i - 1];
        sum = sum + b[i - 1] + a[i];
    }
    printf("%d", sum);
}
```

답 :

23년 4월

문제 5 다음 C 언어로 구현된 프로그램을 분석하여 그 실행 결과를 쓰시오. (단, 출력문의 출력 서식을 준수하시오.)

1451103

```
#include <stdio.h>
main() {
    char* a = "qwer";
    char* b = "qwtety";
    for (int i = 0; a[i] != '\0'; i++)
        for (int j = 0; b[j] != '\0'; j++)
            if (a[i] == b[j])
                printf("%c", a[i]);
}
```

답 :

SECTION 121

구조체

1 구조체의 개요

배열이 자료의 형과 크기가 동일한 변수의 모임이라면 구조체는 자료의 종류가 다른 변수의 모임이라고 할 수 있다. 예를 들어 이름, 직위, 급여 등의 필드가 필요한 사원 자료를 하나의 단위로 관리하려면 문자와 숫자가 혼용되므로 배열로는 처리할 수 없다. 이런 경우 구조체를 사용하면 간단하게 처리할 수 있다.

이번 섹션에서는 구조체 변수와 구조체 포인터 변수를 활용하는 코드를 읽고 해석하는 방법을 배운다. 이번 섹션을 공부하고 나면, 구조체 정의, 구조체 변수 선언, 구조체 멤버 지정 등 구조체를 활용하는 C 문제의 코드를 해석하여 답을 쓸 수 있다. Java는 클래스가 구조체인데, Java의 클래스는 Section 154에서 학습하기 때문에 이번 섹션에서는 제외했다.

구조체의 정의

구조체를 정의한다는 것은 int나 char 같은 자료형을 하나 만드는 것을 의미한다.

예

```
struct sawon {
    char name[10];
    char jikwi[10];
    int  pay;
};
```

- struct : 구조체를 정의하는 예약어이다. 그대로 적으면 된다.
- sawon : 구조체의 이름으로 사용자가 임의로 정한다. 이렇게 정의하면 sawon이라는 자료형이 하나 생긴 것이다.
- 멤버 : 일반 변수를 선언하는 것과 동일하게 필요한 필드들을 임의로 선언하면 된다(name[10], jikwi[10], pay).

구조체 변수의 선언

정수형 변수를 사용하려면 'int a'와 같이 선언한 후 사용하는 것처럼 구조체 변수를 사용하려면 먼저 정의한 구조체에 대한 변수를 선언해야 한다.

예

```
struct sawon ansan, *seoul;
```

- struct : 구조체 변수를 선언하는 예약어이다. 그대로 적으면 된다.
- sawon ansan : 정의한 구조체 sawon 자료형으로 변수를 선언하는데 변수의 이름은 ansan이라는 의미이며, 사용자가 임의로 정하면 된다.
- *seoul : 구조체의 포인터 변수다. 'struct sawon *seoul'과 같이 별도로 지정할 수도 있다.

구조체 멤버의 지정

구조체의 멤버는 모든 요소들이 개별적인 이름을 가지고 있으므로 구조체 멤버를 지정할 때는 구조체 변수와 함께 멤버 이름을 지정해야 한다.

- **'.'의 의한 지정** : 구조체 일반 변수를 이용해 구조체 멤버를 지정할 때

```
ansan.name = "김한국";
ansan.jikwi = "대리";
ansan.pay = 4000000;
```

- **'->'에 의한 지정** : 구조체 포인터 변수를 이용해 구조체 멤버를 지정할 때

```
seoul->name = "홍길동";
seoul->jikwi = "과장";
seoul->pay = 5000000;
```

- 구조체의 포인터 변수는 일반 포인터 변수처럼 *를 사용하여 멤버를 지정할 수도 있다.

```
(*seoul).name = "홍길동";
(*ansan).jikwi = "과장";
(*ansan).pay = 5000000;
```

전문가의 조언

예제는 구조체를 정의하고 구조체 포인터 변수를 선언한 후 구조체 포인터 변수를 이용해 구조체에 저장된 값을 사용하는 문제입니다. 구조체를 정의하고 구조체 포인터 변수를 이용하는 방법을 하나하나 자세하게 설명했으니 코드를 한줄 한줄 따라가면서 무슨 의미인지 파악해 보세요. 잘 이해되지 않는 내용이 있으면 동영상 강의를 꼭 시청하세요.

24.10, 24.7, 23.10, 22.7, 21.10, 21.4, 필기 24.5, 23.5, 22.4

2 C 문제

1420001

예제 다음 C언어로 구현된 프로그램의 실행 결과를 확인하시오.

```
#include <stdio.h>
Ⓐ struct jsu {                  구조체 jsu를 정의한다.
      char nae[12];             12개의 요소를 갖는 문자 배열 nae를 선언한다.
      int os, db, hab, hhab;    정수형 변수 os, db, hab, hhab를 선언한다.
};

int main() {
❶    struct jsu st[3] = { {"데이터1", 95, 88}, {"데이터2", 84, 91}, {"데이터3", 86, 75} };
❷    struct jsu* p;
❸    p = &st[0];
❹    (p + 1)->hab = (p + 1)->os + (p + 2)->db;
❺    (p + 1)->hhab = (p + 1)->hab + p->os + p->db;
❻    printf("%d", (p + 1)->hab + (p + 1)->hhab);
}
```

코드 해설

Ⓐ 구조체 jsu의 구조

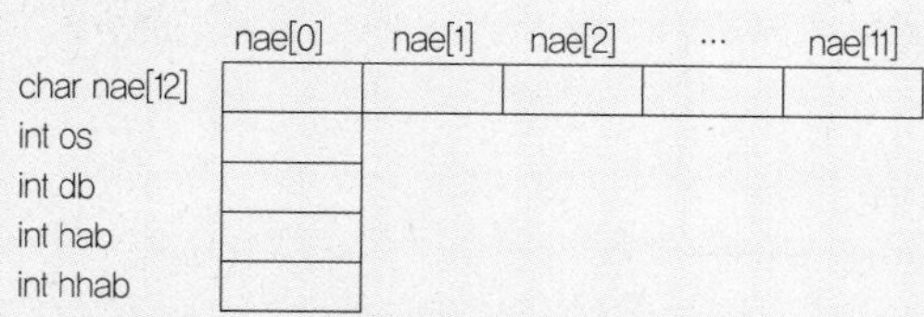

※ 위의 구조체는 다음과 같이 메모리의 연속된 공간에 저장된 후 사용된다.

nae[12] | os | db | hab | hhab

12Byte, 1Byte, 4Byte, 4Byte, 4Byte, 4Byte

모든 C 프로그램은 반드시 main( ) 함수에서 시작한다.

❶ 구조체 jsu 자료형으로 3개짜리 배열 st를 선언하고 초기화한다.

	char nae[12]	int os	int db	int hab	int hhab
st[0]	st[0].nae[0]~st[0].nae[11]	st[0].os	st[0].db	st[0].hab	st[0].hhab
st[1]	st[1].nae[0]~st[1].nae[11]	st[1].os	st[1].db	st[1].hab	st[1].hhab
st[2]	st[2].nae[0]~st[2].nae[11]	st[2].os	st[2].db	st[2].hab	st[2].hhab

↓

	char nae[12]									int os	int db	int hab	int hhab
st[0]	'데'	'이'	'터'	1	'\0'					95	88		
st[1]	'데'	'이'	'터'	2	'\0'					84	91		
st[2]	'데'	'이'	'터'	3	'\0'					86	75		

※ 문자열을 저장하는 경우 문자열의 끝을 의미하는 널 문자(\0)가 추가로 저장되며, 출력 시 널 문자는 표시되지 않는다. 영문, 숫자는 1Byte, 한글은 2Byte를 차지한다.

❷ 구조체 jsu의 포인터 변수 p를 선언한다.

❸ p에 st 배열의 첫 번째 요소의 주소를 저장한다.

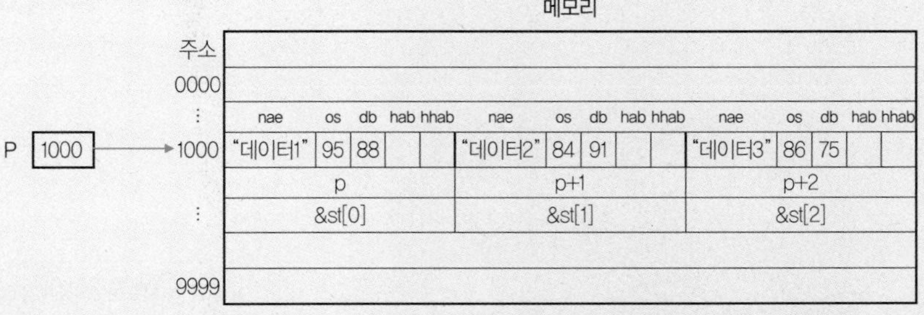

여기서 지정한 주소는 임의로 정한 것이며, 이해를 돕기 위해 주소를 실제 표현되는 16진수가 아니라 10진수로 표현했습니다.

❹ p+1이 가리키는 곳의 멤버 hab에 p+1이 가리키는 곳의 멤버 os 값과 p+2가 가리키는 곳의 멤버 db 값을 더한 후 저장한다. p가 st[0]을 가리키므로 p+1은 st[1]을 p+2는 st[2]를 가리킨다. 따라서 st[1]의 os 값 **84**와 st[2]의 db 값 **75**를 더한 값 **159**를 st[1]의 hab에 저장한다.

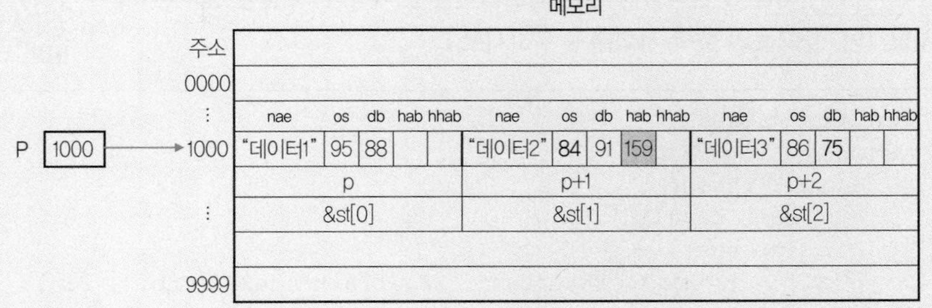

❺ p+1이 가리키는 곳의 멤버 hhab에 p+1이 가리키는 곳의 멤버 hab 값과 p가 가리키는 곳의 멤버 os와 db 값을 모두 더한 후 저장한다. st[1]의 hab 값 159, st[0]의 os와 db 값 95와 88을 모두 더한 값 **342**를 st[1]의 hhab에 저장한다.

메모리

주소	nae	os	db	hab	hhab	nae	os	db	hab	hhab	nae	os	db	hab	hhab
0000															
⋮															
P [1000] → 1000	"데이터1"	95	88			"데이터2"	84	91	159	342	"데이터3"	86	75		
	p					p+1					p+2				
⋮	&st[0]					&st[1]					&st[2]				
9999															

❻ p+1이 가리키는 곳의 멤버 hab와 hhab의 값을 더한 후 정수로 출력한다. **159**와 **342**를 더한 **501**이 출력된다.

결과 **501**

※ 정답 및 해설은 264쪽에 있습니다.

기출 따라잡기 Section 121

23년 10월, 21년 4월

1420051

문제 1 다음 C 언어로 구현된 프로그램을 분석하여 그 실행 결과를 쓰시오. (단, 출력문의 출력 서식을 준수하시오.)

```
#include <stdio.h>
main() {
    struct insa {
        char name[10];
        int age;
    } a[] = { "Kim", 28, "Lee", 38, "Park", 42, "Choi", 31 };
    struct insa* p;
    p = a;
    p++;
    printf("%s\n", p->name);
    printf("%d\n", p->age);
}
```

답 :

22년 7월 3712152

문제 2 다음 C언어로 구현된 프로그램을 분석하여 그 실행 결과를 쓰시오. (단, 출력문의 출력 서식을 준수하시오.)

```
#include <stdio.h>
struct A {
    int n;
    int g;
};
main( ) {
    struct A st[2];
    for (int i = 0; i < 2; i++) {
        st[i].n = i;
        st[i].g = i + 1;
    }
    printf("%d", st[0].n + st[1].g);
}
```

답 :

SECTION 122

사용자 정의 함수

1 사용자 정의 함수의 개요

사용자 정의 함수는 말 그대로 사용자가 직접 만들어 사용하는 함수이다.

이번 섹션에서는 C 문제를 이용해 사용자 정의 함수로 자료를 처리하는 코드를 읽고 해석하는 방법을 배운다. 이번 섹션을 공부하고 나면, 함수 포인터, 재귀 함수가 포함된 C 문제의 코드를 해석하여 답을 쓸 수 있다.

전문가의 조언

예제는 주어진 수를 포함하여 그보다 작은 수의 정수들의 곱을 계산하는, 즉 팩토리얼 문제입니다. 이 문제에서 새롭게 학습하는 내용은 함수 포인터와 재귀 함수입니다. 함수 포인터를 이용해 함수를 호출하는 과정과 재귀 함수를 이용해 팩토리얼을 구하는 과정을 하나하나 자세하게 설명했으니 코드를 한줄 한줄 따라가면서 무슨 의미인지 파악해 보세요.

24.10, 24.7, 24.4, 23.10, 23.7, 23.4, 22.10, 22.7, 22.5, 21.7, 20.10, 20.5, 필기 22.4, 22.3

2 C 문제

예제 다음은 재귀 함수를 이용해 팩토리얼(Factorial) 연산을 수행하는 C 프로그램이다. 그 실행 결과를 확인하시오.

```
#include <stdio.h>
int factorial(int n);

main() {
    int (*pf)(int);
    pf = factorial;
    printf("%d", pf(3));
}

int factorial(int n) {
    if (n <= 1)
        return 1;
    else
        return n * factorial(n - 1);
}
```

사용할 사용자 정의 함수를 선언하는 곳이다. main( ) 함수에서 사용할 factorial이란 함수를 이곳에서 정의하는 것이다. 즉 factorial 함수를 프로그램에서 만들어 사용하겠다는 의미이다.

- int : 사용할 함수의 반환값이 정수임을 알려준다. 그대로 적어준다.
- factorial : 함수의 이름이다. main( ) 함수 뒤에서 정의한 이름과 일치해야 한다.
- (int n) : 인수를 저장할 변수이다. 호출하는 곳에서 보내준 인수와 자료형이 일치해야 한다.

전문가의 조언

`int factorial(int n);`

만약 사용자 정의 함수를 main( ) 함수 이전에 정의하면 별도로 선언하지 않아도 됩니다. 그러니까 두 번째 줄의 **int factorial(int n);**을 지우고 main( ) 함수 뒤에서 여러 줄을 차지하는 **int factorial(int n) { … }**을 그 자리에 적어도 됩니다. C 언어는 main( ) 함수 이전에 다른 함수가 있으면 해당 함수를 인식하기는 하지만 실행은 main( ) 함수를 찾아서 거기서부터 실행하기 때문입니다. main( ) 함수 이전에 **int factorial(int n);** 처럼 함수의 형태만 미리 선언하여 컴파일러에게 사용될 함수에 대한 정보를 미리 알리는 것을 프로토타입이라고 합니다.

코드 해설

모든 C 프로그램은 반드시 main( ) 함수에서 시작한다.

```
main( ) {
❶ int (*pf)(int);
❷ pf = factorial;
❸ printf("%d", pf(3));
}
```

❶ int (*pf)(int);
정수형 인수 한 개를 받는 정수형 함수 포인터 pf를 선언한다.
- int : 함수의 반환값이 정수임을 알려준다.
- (*pf) : 함수가 저장된 곳의 위치를 저장하는 함수 포인터의 이름이다.
- (int) : 함수가 전달받을 인수의 자료형이다.

❷ factorial 함수의 시작 주소를 함수 포인터 pf에 저장한다. 즉 pf가 factorial( ) 함수의 시작 주소를 가리키고 있다는 것을 의미한다. 다음 그림에서 factorial( ) 함수가 할당된 공간의 주소는 임의로 정한 것이며, 이해를 돕기 위해 10진수로 표현했다.

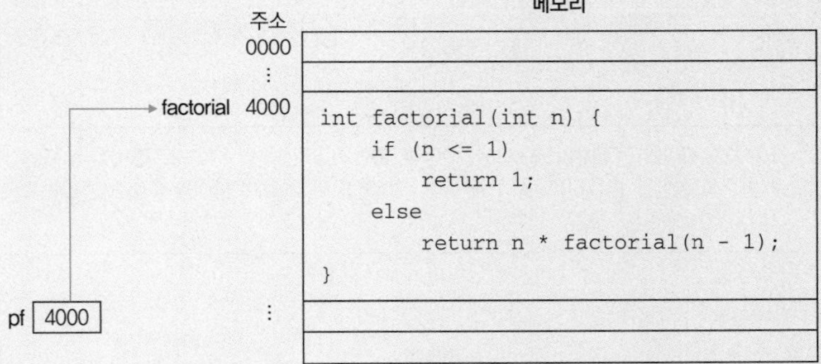

❸ 3을 인수로 하여 pf( ) 함수를 호출한 다음 돌려받은 값을 정수형으로 출력한다. pf에는 factorial( ) 함수의 시작 주소가 저장되어 있으므로 함수 포인터 pf를 호출하는 것은 factorial( ) 함수를 호출하는 것과 같은 의미이다.

```
❹ int factorial(int n) {
❺     if (n <= 1)
          return 1;
      else
❻         return n * factorial(n - 1);
}
```

❹ int factorial(int n) {
정수를 반환하는 factorial 함수의 시작점이다. ❸번에서 전달받은 3을 정수형 변수 n이 받는다.
- int : 함수의 반환값이 정수임을 알려준다.
- factorial : 함수의 이름이다. main( ) 함수 앞에서 선언한 이름과 일치해야 한다.
- (int n) : 호출하는 곳에서 보내준 인수를 저장할 변수이다. 호출하는 곳에서 보내준 인수와 자료형이 일치해야 한다.

❺ factorial 함수가 호출될 때 3을 전달받았으므로 n은 3이다. n의 값 3은 1보다 작거나 같지 않으므로 ❻번을 수행한다.

전문가의 조언

함수 포인터
- C언어에서 함수 이름은 해당 함수가 시작되는 주소를 의미합니다. 변수의 주소를 포인터 변수에 저장하는 것처럼 함수의 주소도 함수 포인터에 저장할 수 있을 뿐만 아니라 함수 포인터를 이용하여 함수를 호출할 수도 있습니다.
- 함수 포인터를 선언하는 방법은 함수를 선언하는 것과 동일한데, 포인터 변수임을 의미하는 *를 붙여주고 우선순위를 구분하기 위해 함수 포인터 이름과 함께 괄호로 묶어주는 것만 다릅니다.

전문가의 조언

- return은 반환할 값을 챙겨 함수를 종료하고 호출한 곳으로 돌아가는 예약어입니다.
- factorial( ) 함수 안에서 다시 factorial( ) 함수를 호출하는 것을 재귀 함수라고 합니다. 즉 재귀 함수란 자기가 자기를 호출하는 순환 프로그램을 의미합니다. 재귀 함수는 순환하는 만큼 반복하여 실행하면서 변수에 저장된 값을 추적하면 결과를 이해하기 쉽습니다.

❻ return n * factorial(n – 1);

n * factorial(n–1)을 연산한 후 함수를 호출했던 ❸번으로 결과를 반환한다. ❻번을 수행하기 위해 factorial( ) 함수를 호출하는데, 호출할 때 전달되는 값은 factorial(n–1)이므로 factorial(2)인 상태로 호출된다.

```
❼ int factorial(int n) {
❽     if (n <= 1)
          return 1;
      else
❾         return n * factorial(n - 1);
  }
```

factorial 함수가 호출될 때 2를 전달받았으므로 n은 2이다. ❽번의 조건을 만족하지 않으므로 ❾번을 수행한다. ❾번을 수행하기 위해 factorial( ) 함수를 호출하는데, 호출할 때 전달되는 값은 factorial(n–1)이므로 factorial(1)인 상태로 호출된다.

```
❿ int factorial(int n) {
⓫     if (n <= 1)
⓬         return 1;
      else
          return n * factorial(n - 1);
  }
```

factorial 함수가 호출될 때 1을 전달받았으므로 n은 1이다. ⓫번의 조건을 만족하므로 ⓬번을 수행한다. 'return 1;'이므로 함수의 실행을 종료하고 1을 반환하면서 제어를 factorial(1) 함수를 호출했던 ⓭번으로 옮긴다.

```
❼ int factorial(int n) {
❽     if (n <= 1)
          return 1;
      else
❾⓭           return n * factorial(n - 1);
  }
```

⓭ return n * factorial(n – 1);

⓬번에서 1을 반환하였으므로 2를 반환하면서 제어를 factorial(2) 함수를 호출했던 ⓮번으로 옮긴다.

return n * factorial(n – 1);
(n: ⓐ, factorial(n – 1): ⓑ)

- ⓐ : 2 ('factorial(n–1)'을 호출할 때 n은 2였으므로)
- ⓑ : 1 (⓬번에서 1을 반환하였으므로)

```
❹ int factorial(int n) {
❺     if (n <= 1)
          return 1;
      else
❻⓮        return n * factorial(n - 1);
  }
```

⓮ return n * factorial(n – 1);

⓭번에서 2를 반환하였으므로 6을 반환하면서 제어를 factorial(3) 함수를 호출했던 ⓯번으로 옮긴다.

```
return n * factorial(n - 1);
       3           2
```

```
main( ) {
❶      int (*pf)(int);
❷      pf = factorial;
❸⓯    printf("%d", pf(3));
}
```

⓯ ⓮번에서 6을 반환하였으므로 돌려받은 값 6을 정수형으로 출력하고 프로그램을 종료한다.

결과 6

지금까지의 재귀 함수 과정을 개괄적인 그림을 통해 살펴보자.

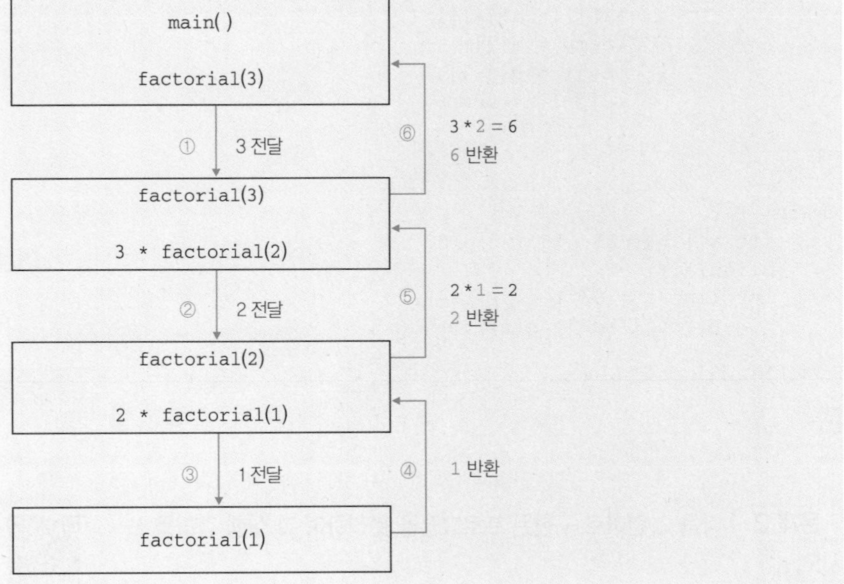

※ 정답 및 해설은 266쪽에 있습니다.

기출 따라잡기 Section 122

알고리즘의 이해

문제의 코드는 버블 정렬 알고리즘을 이용하여 배열 a에 저장된 값을 오름차순으로 정렬한 후 출력하는 프로그램입니다. 버블 정렬 알고리즘은 첫 번째 자료와 두 번째 자료를, 두 번째 자료와 세 번째 자료를, 세 번째 자료와 네 번째 자료를, … 이런 식으로 (마지막-1) 번째 자료와 마지막 자료를 비교하여 교환하면서 자료를 정렬합니다. 1회전을 수행하고 나면 가장 큰 자료가 맨 뒤로 이동하므로 2회전에서는 맨 끝에 있는 자료는 정렬에서 제외되고, 2회전을 수행하고 나면 끝에서 두 번째 자료까지는 정렬에서 제외됩니다. 이렇게 정렬을 1회전 수행할 때마다 정렬에서 제외되는 데이터가 하나씩 늘어납니다.

23년 4월, 20년 5월 1415251

문제 1 다음 C언어로 구현된 프로그램을 분석하여 그 실행 결과를 쓰시오.

```
#include <stdio.h>
void align(int a[]) {
    int temp;
    for (int i = 0; i < 4; i++)
        for (int j = 0; j < 4 - i; j++)
            if (a[j] > a[j+1]) {
                temp = a[j];
                a[j] = a[j+1];
                a[j+1] = temp;
            }
}

main( ) {
    int a[] = { 85, 75, 50, 100, 95 };
    align(a);
    for (int i = 0; i < 5; i++)
        printf("%d ", a[i]);
}
```

답 :

24년 4월 5440110

문제 2 다음 C 언어로 구현된 프로그램을 분석하여 그 실행 결과를 쓰시오.

```
#include <stdio.h>
#include <string.h>

void inverse(char *str, int len) {
    for(int i = 0, j = len - 1; i < j; i++, j--) {
        char ch = str[i];
        str[i] = str[j];
        str[j] = ch;
    }
}

int main() {
    char str[100] = "ABCDEFGH";
    int len = strlen(str);
    inverse(str, len);
    for(int i = 1; i < len; i += 2) {
        printf("%c", str[i]);
```

```
    }
    return 0;
}
```

답 :

23년 7월, 22년 7월

4440203

문제 3 다음 C 언어로 구현된 프로그램을 분석하여 "홍길동", "김철수", "박영희"를 차례로 입력했을 때 그 실행 결과를 쓰시오. (단, 출력문의 출력 서식을 준수하시오.)

```
#include <stdio.h>
char n[30];
char* getname() {
    printf("이름 입력 : ");
    gets(n);
    return n;
}

main() {
    char* n1 = getname();
    char* n2 = getname();
    char* n3 = getname();
    printf("%s\n", n1);
    printf("%s\n", n2);
    printf("%s\n", n3);
}
```

답 :

23년 10월, 22년 5월, 20년 10월

3712254

문제 4 다음 C언어로 구현된 프로그램을 분석하여 5를 입력했을 때 그 실행 결과를 쓰시오. (단, 출력문의 출력 서식을 준수하시오.)

```
#include <stdio.h>
int func(int a) {
    if (a <= 1) return 1;
    return a * func(a - 1);
}
int main() {
    int a;
    scanf("%d", &a);
    printf("%d", func(a));
}
```

답 :

전문가의 조언

알고리즘의 이해

- return은 반환할 값을 챙겨 함수를 종료하고 호출한 곳으로 돌아가는 예약어입니다.
- func( ) 함수 안에서 다시 func( ) 함수를 호출하므로 재귀 함수가 사용된 프로그램입니다. 재귀 함수란 자기가 자기를 호출하는 순환 프로그램을 의미합니다. 재귀 함수는 순환하는 만큼 반복하여 실행하면서 변수에 저장된 값을 추적하면 결과를 이해하기 쉽습니다.

24년 10월

문제 5 다음 C 언어로 구현된 프로그램을 분석하여 그 실행 결과를 쓰시오.

5440306

```
#include <stdio.h>
int func( ) {
    static int x = 0;
    x += 2;
    return x;
}

int main( ) {
    int x = 0;
    int sum= 0;
    for(int i = 0; i < 4; i++) {
        x++;
        sum += func( );
    }
    printf("%d", sum);
    return 0;
}
```

답 :

알고리즘의 이해

2~13195 사이의 소수 중에서 13195의 약수인 수를 찾아 저장한 후 그 중 가장 큰 수를 출력하는 프로그램입니다. 어떤 수 X를 2부터 X보다 1 작은 수까지 차례대로 나누었을 때 나눠 떨어지면 소수가 아닙니다. 또한 13195를 어떤 수 X로 나누었을 때 나머지가 0이 되면 X는 13195의 약수입니다.

- 2 : 소수, 13195의 약수 아님
- 5 : 소수, 13195의 약수
- 7 : 소수, 13195의 약수
- 11 : 소수, 13195의 약수 아님
- 13 : 소수, 13195의 약수
- 29 : 소수, 13195의 약수

22년 5월

문제 6 다음 C언어로 구현된 프로그램을 분석하여 그 실행 결과를 쓰시오. (단, 출력문의 출력 서식을 준수하시오.)

3712255

```
#include <stdio.h>
int isPrime(int number) {
    for (int i = 2; i < number; i++)
        if (number % i == 0) return 0;
    return 1;
}

int main() {
    int number = 13195;
    int max_div = 0;
    for (int i = 2; i < number; i++)
        if (isPrime(i) == 1 && number % i == 0) max_div = i;
    printf("%d", max_div);
}
```

답 :

21년 7월

1415256

문제 7 다음 C언어로 구현된 프로그램을 분석하여 그 실행 결과를 쓰시오. (단, 출력문의 출력 서식을 준수하시오.)

```
#include <stdio.h>
main() {
    int res = mp(2, 10);
    printf("%d", res);
}
int mp(int base, int exp) {
    int res = 1;
    for (int i = 0; i < exp; i++)
        res *= base;
    return res;
}
```

답 :

24년 10월

5440319

문제 8 다음 C 언어로 구현된 프로그램을 분석하여 그 실행 결과를 쓰시오. (5점)

```
#include <stdio.h>
void func(int** arr, int size) {
    for(int i = 0; i < size; i++) {
        *(*arr + i) = (*(*arr + i) + i) % size;
    }
}

int main( ){
    int arr[] = {3, 1, 4, 1, 5};
    int* p = arr;
    int** pp = &p;
    int num = 6;
    func(pp, 5);
    num = arr[2];
    printf("%d", num);
    return 0;
}
```

답 :

SECTION 123 Java의 클래스

1 Java 클래스의 개요

1415301

전문가의 조언

Java는 객체지향 언어이기 때문에 클래스를 만들고 결합하는 것이 프로그램의 전부라고 해도 과언이 아니지만, Java 프로그램 개발에서 사용하는 모든 클래스 활용법을 수록하고 학습하는 것은 아무래도 무리입니다. 이번 섹션에서는 시험에 출제되었던 상속이나 메소드 재정의와 같은 Java 클래스의 주요 활용 몇 가지를 확실하게 이해할 수 있도록 다룰 것입니다.

클래스는 객체 생성을 위한 필드(속성)와 메소드(함수)를 정의하는 설계도로, Java는 아무리 작은 프로그램이라도 클래스를 만들어서 사용해야 한다.

이번 섹션에서는 Java의 클래스를 정의하고 객체를 생성한 후 사용하는 기본적인 방법과 클래스 간의 상속 관계가 적용된 코드를 읽고 해석하는 방법을 배운다. 이번 섹션을 공부하고 나면 Java에서 클래스 간의 상속 관계가 적용된 코드를 해석하여 답을 쓸 수 있다.

클래스를 만들어 사용하는 순서는 다음과 같다.

1. 클래스 이름을 정하고 객체 생성을 위한 필드와 메소드를 정의한다. 마치 자동차를 만들기 위한 설계도와 같다. 이때 사용하는 명령이 class이다.
2. 객체를 생성한다. 자동차 설계도로 자동차를 만들어야 사용할 수 있듯이 클래스를 이용해 객체를 생성해야 프로그램에서 사용할 수 있다. 이때 사용하는 명령이 new이다.
3. 생성된 객체들을 이용하여 프로그램을 코딩하면 된다.

2 Java 문제 1

24.10, 24.7, 24.4, 22.10, 22.7, 22.5, 21.7, 20.10, 20.5, 필기 23.5, 23.2

1415302

전문가의 조언

- 예제는 실행에 앞서 번역 과정(Ⓐ~Ⓔ)을 통해 클래스나 메소드 등이 먼저 정의되고 이후에 실행 과정(❶~❼)을 통해 실제 작업을 위한 코드가 실행됩니다. 번역 과정은 컴퓨터 내부적으로 진행되기 때문에 진행 과정이 눈으로 확인되지는 않습니다. 다만 우리는 클래스와 메소드가 정의되는 과정을 이해함으로써 코드의 전체적인 구조를 파악하고, 실행 코드를 살펴볼 것입니다.
- Java의 '메소드'와 C언어의 '함수'는 서로 같은 개념이지만, 언어에 따라 부르는 명칭에 차이가 있습니다. Java에서 메소드는 C언어에서의 함수와 동일하다는 것을 염두에 두고 해설을 읽어보세요.

예제 다음은 Java에서 클래스를 만들고 객체를 생성해서 사용하는 간단한 프로그램이다. 어떤 일을 수행하는지 확인하시오.

```
Ⓐ   class ClassA {
Ⓑ       int a = 10;
Ⓒ ❹     int funcAdd(int x, int y) {
  ❺         return x + y + a;
        }
    }
```

```
Ⓓ public class Test {
Ⓔ     public static void main(String[] args) {
❶         int x = 3, y = 6, r;
❷         ClassA cal = new ClassA();
❸❻        r = cal.funcAdd(x, y);
❼         System.out.print(r);
      }
  }
```

코드 해설

Ⓐ class ClassA {
ClassA 클래스를 정의한다. Ⓑ~Ⓒ가 클래스의 범위이다.
- class : 클래스를 정의하는 명령어로, 꼭 써야 하는 예약어이다. 같은 파일에서 클래스를 정의할 때는 public을 두 번 사용하지 못한다. 실행 클래스에서 사용하므로 여기서는 사용할 수 없다. 그렇다는 것이다. 외우지는 마라.
- ClassA : 클래스 이름으로, 사용자가 원하는 이름을 임의로 지정할 수 있다. 단 첫 글자는 관례상 대문자로 지정한다.

Ⓑ 정수형 변수 a를 선언하고 10으로 초기화한다. Java에서는 클래스 안에 선언하는 변수를 클래스의 속성이라고 부른다.

Ⓒ int funcAdd(int x, int y) {
정수를 반환하는 funcAdd(int x, int y) 메소드를 정의한다. 호출문으로부터 정수형 인수 2개를 전달받아 각각 x와 y에 저장한다.
- int : 메소드의 반환값이 정수임을 알려준다.
- funcAdd : 메소드의 이름이다.
- (int x, int y) : 호출하는 곳에서 보내준 인수를 저장할 변수이다. 호출하는 곳에서 보내준 인수의 개수와 자료형이 일치해야 한다.

Ⓓ Test 클래스를 정의한다. 실행 클래스의 시작점으로 Java 프로그램은 아무리 작은 프로그램이라도 클래스를 만들어서 클래스 안에 실행문과 메소드(함수)를 만들고 실행해야 한다. 그리고 클래스 중에는 반드시 main( ) 메소드를 담고 있는 실행 클래스가 있어야 한다.

Ⓔ main( ) 메소드의 시작점이다. 여기서부터 실제 프로그램이 시작된다.

❶ 정수형 변수 x, y, r을 선언하고, x와 y를 각각 3과 6으로 초기화한다.

❷ ClassA cal = new ClassA( );
ClassA 클래스의 객체 변수 cal을 선언한다.
- ClassA : 클래스의 이름이다. 앞에서 정의한 클래스의 이름을 그대로 적어준다.
- cal : 객체 변수의 이름이다. 사용자가 원하는 이름을 적으면 된다.
- new : 객체 생성 예약어다. 그대로 적어준다.
- ClassA( ) : 생성자*이다.

❸ x와 y의 값 3과 6을 인수로 cal의 funcAdd( ) 메소드를 호출하여 반환받은 값을 r에 저장한다. cal은 ClassA 클래스의 객체 변수이므로 ClassA의 funcAdd( ) 메소드인 ❹번이 호출된다.

❹ 정수를 반환하는 funcAdd 메소드의 시작점이다. 호출문으로부터 정수형 인수 2개를 전달받아 각각 x와 y에 저장한다. ❸번에서 호출할 때 3과 6을 전달했으므로 x는 3, y는 6이다.

❺ x + y + a를 연산한 후 메소드를 호출했던 ❻번으로 결과를 반환한다. x + y의 값은 9이고, a는 메소드에 없으므로 소속된 클래스에서 찾는다. ClassA의 a의 값이 10이므로 x + y + a(3 + 6 + 10)의 값은 19가 된다.

❻ ❺번에서 19가 반환되었으므로 r에 19를 저장한다.

생성자(Constructor)
생성자는 객체 변수 생성에 사용되는 메소드로, 객체 변수를 생성하면서 초기화를 수행합니다. 클래스 안에 생성자를 정의하는 문장이 있다면 문장에 적힌 대로 객체 변수를 초기화하면서 생성하지만, 없으면 그냥 객체 변수만 생성하고 제어가 다음 줄로 넘어갑니다.

❼ r의 값 19를 출력한다.

결과 **19**

3 Java 문제 2

24.10, 24.4, 23.4, 22.7, 21.7, 20.7

예제 다음 Java 프로그램의 실행 결과를 확인하시오.

```
Ⓐ class ClassA {
Ⓑ ❺   ClassA() {
  ❻       System.out.print('A');
  ❼       this.prn();
  ❿   }
Ⓒ     void prn() {
          System.out.print('B');
      }
  }
Ⓓ class ClassB extends ClassA {
Ⓔ ❸   ClassB() {
  ❹       super();
  ⓫       System.out.print('D');
      }
Ⓕ ❽   void prn() {
  ❾       System.out.print('E');
      }
Ⓖ ⓭   void prn(int x) {
  ⓮       System.out.print(x);
      }
  }
  public class Test {
      public static void main(String[] args) {
  ❶       int x = 7;
  ❷       ClassB cal = new ClassB();
  ⓬       cal.prn(x);
  ⓯   }
  }
```

전문가의 조언

예제는 여러 메소드에 포함된 출력문을 실행하는 문제입니다. 이 문제에서 새롭게 학습하는 내용은 상속, 메소드 재정의(오버라이딩), 오버로딩입니다. 상속 관계에 있는 클래스 사이에서 메소드가 재정의되는 과정과 super나 this 예약어의 의미를 상세하게 설명했습니다. 코드를 한줄 한줄 짚어가면서 상황에 따라 달리 호출되는 메소드를 확실히 파악해 두세요.

[코드 수행 과정]

왼쪽의 코드는 다음과 같은 과정으로 AED7을 화면에 출력하는 코드입니다.

1. 부모 클래스와 부모 클래스에서 사용할 메소드를 정의합니다.
2. 자식 클래스와 자식 클래스에서 사용할 메소드를 정의하고 부모 클래스와 상속 관계를 설정합니다.
3. 부모 클래스에서 A를 출력합니다.
4. 자식 클래스에서 E를 출력합니다.
5. 자식 클래스에서 D를 출력합니다.
6. 자식 클래스에서 7을 출력합니다.

코드 해설

Ⓐ class ClassA {
ClassA 클래스를 정의한다. Ⓑ~Ⓒ가 클래스의 범위이다.

Ⓑ ClassA( ) {
ClassA 클래스에 속한 ClassA( ) 메소드를 정의한다. ClassA( ) 메소드는 클래스와 이름이 동일하다. 이와 같이 클래스와 이름이 동일한 메소드는 해당 클래스의 객체 변수 생성 시 자동으로 실행되는데, 이러한 메소드를 생성자(Constructor)라고 한다.

Ⓒ void prn( ) {
반환값 없는 메소드 prn( )을 정의한다.

Ⓓ class ClassB extends ClassA {
ClassB를 클래스 정의하고 부모 클래스로 ClassA를 지정하면서 ClassA에 속한 변수와 메소드를 상속받는다. ClassB 클래스는 ClassA의 변수와 메소드를 사용할 수 있게 된다. Ⓔ~Ⓖ가 클래스의 범위이다.

- extends **[클래스명]** : 클래스 정의 시 상속받을 클래스를 추가하는 예약어

Ⓔ ClassB( ) {
ClassB 클래스에 속한 ClassB( ) 메소드를 정의한다. ClassB( ) 메소드도 ClassB 클래스와 이름이 동일하므로 객체 변수 생성 시 자동으로 실행되는 생성자이다.

Ⓕ void prn( ) {
반환값 없는 메소드 prn( )을 정의한다. Ⓓ에서 ClassB 클래스는 ClassA 클래스의 메소드를 사용할 수 있다고 했으므로 ClassB 클래스에는 이름이 같은 메소드(Ⓒ, Ⓕ) prn( )이 두 개 존재하게 된다. 이와 같이 상속으로 인해 동일한 이름의 메소드가 여러 개인 경우, 부모 클래스에서 정의된 prn( ) 메소드(Ⓒ)는 자식 클래스의 prn( ) 메소드(Ⓕ)에 의해 재정의되어 자식 클래스의 prn 메소드(Ⓕ)만 사용되는데, 이를 메소드 오버라이딩 또는 메소드 재정의라고 한다.

Ⓖ void prn(int x) {
반환값 없는 메소드 prn(int x)를 정의한다. 메소드의 이름이 Ⓒ, Ⓕ와 같지만 '인수를 받는 자료형과 개수'가 다르므로 서로 다른 메소드이다. 즉 prn( )과 prn(int x)는 다른 메소드라는 것이다. 이렇게 이름은 같지만 인수를 받는 자료형과 개수를 달리하여 여러 기능을 정의하는 것을 오버로딩(Overloading)이라고 한다.

모든 Java 프로그램의 실행은 반드시 main( ) 메소드에서 시작한다.

❶ 정수형 변수 x를 선언하고 7로 초기화한다.

❷ ClassB cal = new ClassB( );
ClassB 클래스의 객체 변수 cal을 선언하고 ClassB 클래스의 생성자를 호출한다. ClassB 클래스에는 클래스명과 동일한 생성자가 정의되어 있으므로 생성자를 실행하기 위해 ❸번으로 이동한다.

- ClassB : 클래스의 이름이다. 앞에서 정의한 클래스의 이름을 그대로 적어준다.
- cal : 객체 변수의 이름이다. 사용자가 원하는 이름을 적으면 된다.
- new : 객체 생성 예약어다. 그대로 적어준다.
- ClassB( ) : 클래스와 이름이 동일한 메소드로, 생성자이다.

❸ ClassB 클래스의 생성자인 ClassB( ) 메소드의 시작점이다. 지금처럼 클래스 안에 생성자를 정의하는 문장이 있을 경우 객체가 생성될 때 자동으로 호출되어 실행된다.

❹ 부모 클래스의 생성자인 ClassA( ) 메소드를 호출한다. ❺번으로 이동한다.
※ super( ) : 부모 클래스의 생성자를 호출한다.

❺ ClassA 클래스의 생성자 ClassA( ) 메소드의 시작점이다.

❻ A를 출력한다.

결과 `A`

❼ 자신이 속한 ClassA 클래스의 prn( ) 메소드를 호출한다. ClassA 클래스의 prn( ) 메소드는 ClassB 클래스의 prn( ) 메소드에 의해 재정의되었으므로 ❽번으로 이동한다.

❽ 반환값 없는 prn( ) 메소드의 시작점이다.

전문가의 조언

객체 변수의 선언
- 객체 변수를 선언한다는 것은 클래스를 사용하기 위해 객체 변수를 생성하고 생성된 객체가 있는 곳의 주소를 객체 변수에 저장하는 것입니다.
- 기본 형식

클래스명 객체변수명 = new 생성자( )

- super : 상속한 부모 클래스를 가리키는 예약어

- this : 현재 실행중인 메소드가 속한 클래스를 가리키는 예약어

❾ E를 출력한 후 메소드가 종료되면 호출했던 ❼번의 다음 줄인 ❿번으로 이동한다.

결과 AE

❿ ClassA( ) 메소드가 종료되었으므로 호출했던 ❹번의 다음 줄인 ⓫번으로 이동한다.
⓫ D를 출력한 후 ClassB( ) 메소드가 종료되면 호출했던 ❷번의 다음 줄인 ⓬번으로 이동한다.

결과 AED

⓬ x의 값 7을 인수로 cal의 prn(int x) 메소드를 호출한다.* ⓭번으로 이동한다.
⓭ 반환값 없는 prn(int x) 메소드의 시작점이다. ⓬번에서 전달한 7을 x가 받는다.
⓮ x의 값 7을 출력한 후 prn(int x) 메소드가 종료되면 호출했던 ⓬번의 다음 줄인 ⓯번으로 이동하여 프로그램을 종료한다.

결과 AED7

전문가의 조언

ClassB( ) 클래스 안에는 prn( )과 prn(int x) 메소드가 있습니다. 메소드의 이름이 동일해도 '인수의 자료형과 개수'가 다르면 서로 다른 메소드입니다. 그러므로 ⓬번에서 호출되는 메소드는 ❽번의 prn( ) 메소드가 아닌 ⓭번의 prn(int x) 메소드입니다. 동일한 이름으로 인수만 달리하여 여러 기능을 정의하는 것을 오버로딩(Overloading)이라고 합니다.

※ 정답 및 해설은 279쪽에 있습니다.

기출 따라잡기 Section 123

20년 10월 1415351

문제 1 C++에서 생성자(Constructor)에 대해 간략히 서술하시오.

답 :

22년 10월, 20년 5월 1415352

문제 2 다음 Java로 구현된 프로그램을 분석하여 그 실행 결과를 쓰시오.

```
public class Test {
    static int[] arr() {
        int a[] = new int[4];
        int b = a.length;
        for(int i = 0; i < b; i++)
            a[i] = i;
        return a;
    }

    public static void main(String[] args) {
        int a[] = arr();
        for(int i = 0; i < a.length; i++)
            System.out.print(a[i] + " ");
    }
}
```

답 :

1415353

21년 7월, 20년 7월

문제 3 다음 Java로 구현된 프로그램을 분석하여 그 실행 결과를 쓰시오.

```
class A {
    int a;
    public A(int a) { this.a = a; }
    void display() { System.out.println("a=" + a); }
}
class B extends A {
    public B(int a) {
        super(a);
        super.display();
    }
}
public class Test {
    public static void main(String[] args) {
        B obj = new B(10);
    }
}
```

답 :

3712354

22년 7월

문제 4 다음 Java로 구현된 프로그램을 분석하여 그 실행 결과를 쓰시오. (단, 출력문의 출력 서식을 준수하시오.)

```
class Test {
    public static void main(String args[]) {
        cond obj = new cond(3);
        obj.a = 5;
        int b = obj.func( );
        System.out.print(obj.a + b);
    }
}

class cond {
    int a;
    public cond(int a) {
        this.a = a;
    }
    public int func( ) {
        int b = 1;
        for (int i = 1; i < a; i++)
            b += a * i;
        return a + b;
    }
}
```

답 :

22년 5월

3712355

문제 5 다음 Java로 구현된 프로그램을 분석하여 그 실행 결과를 쓰시오. (단, 출력문의 출력 서식을 준수하시오.)

```
class A {
    int a;
    int b;
}

public class Test {
    static void func1(A m) {
        m.a *= 10;
    }
    static void func2(A m) {
        m.a += m.b;
    }
    public static void main(String args[]) {
        A m = new A();
        m.a = 100;
        func1(m);
        m.b = m.a;
        func2(m);
        System.out.printf("%d", m.a);
    }
}
```

답 :

24년 4월, 23년 4월

5440111

문제 6 다음 Java로 구현된 프로그램의 실행 순서를 나열하시오(단, 같은 번호는 중복해서 작성하지 마시오).

```
   class Parent {
       int x, y;

①      Parent(int x, int y) {
           this.x = x;
           this.y = y;
       }

②      int getX() {
           return x*y;
       }
   }

   class Child extends Parent {
       int x;

③      Child(int x) {
           super(x+1, x);
           this.x = x;
       }

④      int getX(int n) {
           return super.getX() + n;
       }
   }

   public class Main {
⑤      public static void main(String[] args) {
⑥          Parent parent = new Child(10);
⑦          System.out.println(parent.getX());
       }
   }
```

답 :

SECTION
124 Java의 활용

1 추상 클래스와 형 변환의 개요

1415401

추상 메소드는 자식 클래스에서 재정의해야만 사용할 수 있는 메소드를 의미하며, 이런 메소드를 하나 이상 포함하는 클래스를 추상 클래스라고 한다. 그리고 이렇게 재정의한 메소드를 부모 클래스의 객체 변수를 통해 사용하려면 부모 클래스의 객체 변수를 선언할 때 자식 클래스의 생성자를 이용해야 하는데, 이것을 클래스의 형 변환이라고 한다.

이번 섹션에서는 Java 상속을 기반으로 하여 추상 클래스와 추상 메소드, 그리고 형 변환이 적용된 코드를 읽고 해석하는 방법을 배운다.

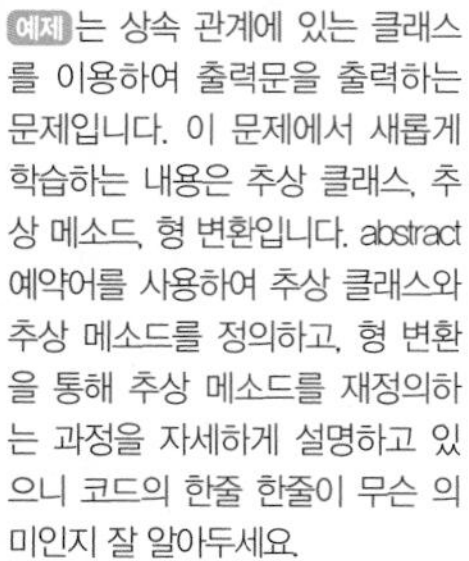

예제는 상속 관계에 있는 클래스를 이용하여 출력문을 출력하는 문제입니다. 이 문제에서 새롭게 학습하는 내용은 추상 클래스, 추상 메소드, 형 변환입니다. abstract 예약어를 사용하여 추상 클래스와 추상 메소드를 정의하고, 형 변환을 통해 추상 메소드를 재정의하는 과정을 자세하게 설명하고 있으니 코드의 한줄 한줄이 무슨 의미인지 잘 알아두세요.

[코드 수행 과정]

오른쪽의 코드는 다음과 같은 과정으로 Chicken is animal과 Zoo를 출력하는 코드입니다.

1. 부모 클래스를 추상 클래스로 정의하고, 사용할 메소드와 추상 메소드를 정의합니다.
2. 자식 클래스와 자식 클래스에서 사용할 메소드를 정의하고 부모 클래스와 상속 관계를 설정합니다.
3. 자식 클래스에서 Chicken is animal을 출력합니다.
4. 부모 클래스에서 Zoo를 출력합니다.

2 Java 문제

23.10, 23.4, 20.11, 20.10, 20.7

1415402

예제 다음 Java 프로그램의 실행 결과를 확인하시오.

```
Ⓐ abstract class Animal {
Ⓑ     String a = " is animal";
Ⓒ     abstract void look();
Ⓓ ❽  void show() {
  ❾      System.out.println("Zoo");
      }
  }
Ⓔ class Chicken extends Animal {
Ⓕ ❷  Chicken() {
  ❸      look();
  ❻  }
Ⓖ ❹  void look() {
  ❺      System.out.println("Chicken" + a);
      }
```

```
Ⓗ    void display() {
          System.out.println("two wings");
     }
  }
  public class Test {
     public static void main(String[] args) {
❶        Animal a = new Chicken();
❼        a.show();
❿    }
  }
```

코드 해설

Ⓐ abstract class Animal {
추상 클래스 Animal을 정의한다.
- **abstract [클래스 정의부]** : abstract는 추상 클래스를 정의하는 명령어로, 추상 클래스 정의 시 꼭 써야하는 예약어이다.

※ 추상 클래스는 내부에 실행 코드가 없는 추상 메소드를 포함하기 때문에 객체 변수의 생성자로 사용할 수 없다. 예 Animal a = new Animal( ); ← 오류 발생

Ⓑ 문자열 변수 a를 선언하고 " is animal"로 초기화한다.

Ⓒ abstract void look( );
추상 메소드 look( )을 정의한다.
- **abstract [메소드 정의부]** : abstract는 추상 메소드를 정의하는 명령어로, 추상 메소드 정의 시 꼭 써야하는 예약어이다.

※ 추상 메소드는 선언만 있고 내부에 실행 코드가 없는 메소드로, 이후 상속 관계가 설정된 자식 클래스에서 재정의한 후 사용한다.

Ⓓ 반환값 없는 메소드 show( )를 정의한다.

Ⓔ 클래스 Chicken을 정의하고 부모 클래스로 Animal을 지정하면서 Animal에 속한 변수와 메소드를 상속받는다.

Ⓕ Chicken 클래스에 속한 Chicken( ) 메소드를 정의한다. Chicken 클래스와 이름이 동일하므로 객체 변수 생성 시 자동으로 실행되는 생성자이다.

Ⓖ 반환값 없는 메소드 look( )을 정의한다. look( ) 메소드는 Ⓒ에서 정의된 추상 메소드(Ⓒ)를 재정의하는 것이다.

Ⓗ 반환값 없는 메소드 display( )를 정의한다.

모든 Java 프로그램은 반드시 main( ) 메소드에서 시작한다.

❶ Animal a = new Chicken( );
Chicken 클래스의 생성자를 이용하여 Animal 클래스의 객체 변수 a를 선언한다.
- **[부모클래스명] [객체변수명] = new [자식클래스생성자( )]** : 부모 클래스의 객체 변수를 선언하면서 자식 클래스의 생성자를 사용하면 형 변환이 발생한다.
- 이렇게 형 변환이 발생했을 때 부모 클래스와 자식 클래스에 동일한 속성이나 메소드가 있으면 자식 클래스의 속성이나 메소드로 재정의된다.

※ 객체 변수 a는 Animal 클래스의 객체 변수이다. Animal 클래스는 실행 코드가 없는 추상 메소드 look( )으로 인해 객체 변수의 생성이 불가능해야 하지만, 형 변환으로 인해 look( ) 메소드가 Chicken 클래스에서 재정의되었으므로 객체 변수의 생성이 가능해진 것이다.

추상 메소드의 재정의
추상 메소드는 부모 클래스가 자식 클래스에게 주는 의무와 같습니다. 부모 클래스와 상속 관계에 있다면 반드시 부모 클래스의 추상 메소드를 재정의해야 합니다. 그렇지 않으면 프로그램에 오류가 발생합니다.

형 변환은 부모 클래스의 구조를 가지면서 자식 클래스의 속성이나 메소드로 재정의하고 싶을 때 사용하는 기법입니다. 만약 부모 클래스의 구조를 가져야 할 이유가 없다면 부모 클래스를 상속받아 재정의하고 있는 자식 클래스의 구조로 객체 변수를 만들어 사용하면 됩니다.
예 Chicken a = new Chicken( )

❷ Chicken 클래스의 생성자인 Chicken( ) 메소드의 시작점이다. 클래스 안에 생성자를 정의하는 문장이 있으므로 Chicken 클래스의 객체가 생성될 때 자동으로 호출되어 실행된다.

❸ look( ) 메소드를 호출한다. ❹번으로 이동한다.

look( ) 메소드는 a 객체의 자료형이 Animal이므로 Animal 클래스의 look( )이라고 생각할 수 있지만 ❶번에서 클래스 형 변환이 발생하였고, look( ) 메소드가 자식 클래스에서 재정의되었으므로 Chicken 클래스의 look( ) 메소드가 수행된다.

※ Animal 클래스의 look( ) 메소드는 실행 코드가 정의되지 않은 추상 메소드로, 코드를 실행할 때 실행 코드가 저장된 메모리 위치를 참조할 수 없는데, 재정의가 이루어지면 다음 그림과 같이 Chicken 클래스의 look( ) 메소드를 가리키게 된다.

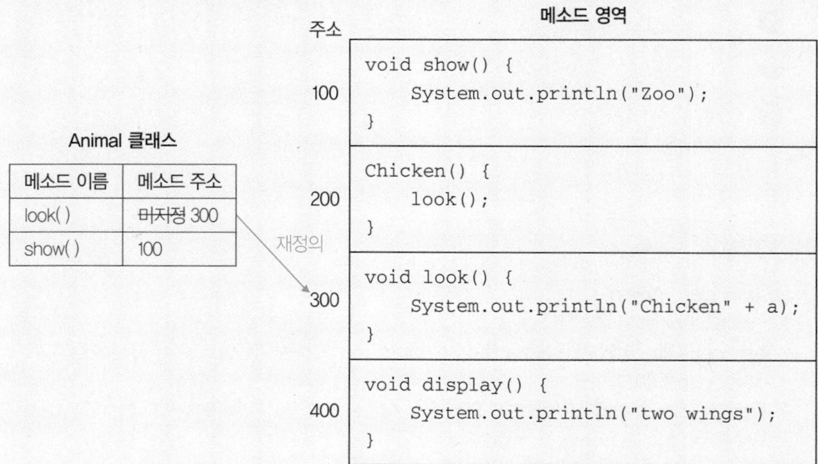

❹ 반환값 없는 look( ) 메소드의 시작점이다.

❺ **Chicken**과 a의 값 **is animal**을 출력한 후 커서를 다음 줄의 처음으로 옮긴다. 이어서 메소드가 종료되면 호출했던 ❸번의 다음 줄인 ❻번으로 이동한다.

결과

```
Chicken is animal
```

※ Ⓔ에서 Chicken 클래스가 Animal 클래스의 변수와 메소드를 상속받았으므로 Animal 클래스의 a 변수의 값을 사용할 수 있습니다.

❻ Chicken( ) 메소드가 종료되었으므로 호출했던 ❶번의 다음 줄인 ❼번으로 이동한다.

❼ a의 show( ) 메소드를 호출한다. a는 Animal 클래스의 객체 변수이므로 Animal의 show( ) 메소드인 ❽이 호출된다.

❽ 반환값 없는 show( ) 메소드의 시작점이다.

❾ **Zoo**를 출력한 후 메소드가 종료되면 호출했던 ❼번의 다음 줄인 ❿번으로 이동하여 프로그램을 종료한다.

결과

```
Chicken is animal
Zoo
```

※ 정답 및 해설은 285쪽에 있습니다.

기출 따라잡기 Section 124

23년 10월, 20년 7월

1415451

문제 1 다음 Java로 구현된 프로그램을 분석하여 괄호에 들어갈 알맞은 답을 쓰시오.

```
class Parent {
    void show() { System.out.println("parent"); }
}
class Child extends Parent {
    void show() { System.out.println("child"); }
}
public class Test {
    public static void main(String[] args) {
        Parent pa = (      ) Child();
        pa.show();
    }
}
```

답 :

23년 4월, 20년 10월

1415452

문제 2 다음 Java로 구현된 프로그램을 분석하여 그 실행 결과를 쓰시오.

```
abstract class Vehicle {
    String name;
    abstract public String getName(String val);
    public String getName() {
        return "Vehicle name : " + name;
    }
}
class Car extends Vehicle {
    private String name;
    public Car(String val) {
        name = super.name = val;
    }
    public String getName(String val) {
        return "Car name : " + val;
    }
    public String getName(byte[] val) {
        return "Car name : " + val;
    }
}
```

```
public class Test {
    public static void main(String[] args) {
        Vehicle obj = new Car("Spark");
        System.out.print(obj.getName());
    }
}
```

답 :

24년 10월, 23년 10월, 20년 11월

1415453

문제 3 다음 Java로 구현된 프로그램을 분석하여 그 실행 결과를 쓰시오.

```
class Parent {
    int compute(int num) {
        if(num <= 1) return num;
        return compute(num - 1) + compute(num - 2);
    }
}

class Child extends Parent {
    int compute(int num) {
        if(num <= 1) return num;
        return compute(num - 1) + compute(num - 3);
    }
}

public class Test {
    public static void main(String[] args) {
        Parent obj = new Child();
        System.out.print(obj.compute(4));
    }
}
```

답 :

SECTION 125

Python의 활용 1

1 Python의 개요

Python은 객체지향 기능을 지원하는 스크립트 언어로, 다른 언어에 비해 문법이 간단하다는 장점이 있다.

Python을 C, Java와 비교했을 때 기본 작성법의 차이점은 다음과 같다.

- 변수의 자료형에 대한 선언이 없다.
- 문자와 문자열을 작은따옴표(' '), 큰따옴표(" ")로 구분 없이 사용할 수 있으며, 3개의 작은따옴표(''' '''), 3개의 큰따옴표(""" """)로도 묶어 표현할 수 있다.
- 문장의 끝을 의미하는 세미콜론(;)을 사용할 필요가 없다.
- if나 for와 같이 코드 블록을 포함하는 명령문을 작성할 때 중괄호({ }) 대신 콜론(:)과 여백으로 구분한다.

이번 섹션에서는 C, Java에서 배웠던 자료형, 입 · 출력, 제어문이 Python에서는 어떻게 수행되는지 학습하고, Python에서만 기본적으로 제공하는 기능이 포함된 프로그램 코드를 읽고 해석하는 방법을 학습한다. 이번 섹션에서 배울 내용은 다음과 같다.

- **자료형** : 리스트(List), 세트(Set)
- **입 · 출력 함수** : input, print
- 슬라이스(Slice)
- Range

전문가의 조언

Python에서도 C, Java와 마찬가지로 기본적인 문법은 생략하고 바로 실전 문제를 통해 코드를 읽고 해석하는 방법을 학습할 것입니다. 본문에 수록된 내용들은 C와 Java를 충분히 학습하였다는 전제하에 진행되므로 학습에 어려움을 느끼는 수험생들은 앞의 C와 Java 섹션들을 먼저 공부한 후 본 섹션의 학습을 진행하는 것이 좋습니다.

2 Python 문제 1

24.10, 24.7, 24.4, 23.10, 23.7, 21.10, 21.7, 21.4, 20.11, 필기 24.7, 24.5, 24.2, 21.8

예제 다음 Python으로 구현된 프로그램에 "xyz321-opq654"를 입력했을 때 그 실행 결과를 확인하시오.

```
❶ x, y = input('입력 :').split('-')
❷ a = [ 'abc123', 'def456', 'ghi789' ]
❸ a.append(x)
❹ a.append(y)
❺ a.remove('def456')
```

전문가의 조언

는 리스트 자료형에 저장된 값을 출력하는 문제입니다. 이 문제에 새롭게 추가된 예약어는 input, split, print, range, append, remove 입니다. 코드를 한줄 한줄 따라가면서 무슨 의미인지 파악해 보세요. 동영상을 보고도 이해되지 않는 내용이 있으면 필기 교재 2권 83쪽을 참조하세요.

```
❻ print(a[1][-3:], a[2][:-3], sep = ',')
❼ for i in range(3, 6):
❽     print(i, end = ' ')
```

input( ) 함수
- input( ) 함수는 Python의 표준 입력 함수로, 키보드로 입력받아 변수에 저장하는 함수입니다.
- 입력되는 값은 문자열로 취급되어 저장됩니다.
- 형식1

변수 = input(출력문자)

- 형식2

변수1, 변수2, … = input(출력문자).split(분리문자)

전문가의 조언

C, Java와는 달리 Python은 배열 대신 리스트 자료형을 사용합니다. 리스트는 필요에 따라 개수를 늘리거나 줄일 수 있으므로 리스트를 선언할 때 크기를 적지 않습니다. 또한, 같은 자료형만 저장할 수 있는 배열과 달리 다양한 자료형을 저장할 수 있습니다.

예 a = [3, 1.234, 'ABC']

append( ) 메소드
append( ) 메소드는 리스트의 마지막에 값을 추가합니다.

remove( ) 메소드
remove( ) 메소드는 리스트에서 값을 찾아 삭제합니다

전문가의 조언

슬라이스(Slice)와 Range에 대한 형식과 자세한 설명은 204쪽의 [잠깐만요]를 참조하세요.

print( ) 함수
- 형식

print(출력값1, 출력값2, …, sep = 분리문자, end = 종료문자)

- 'sep'는 여러 값을 출력할 때 값과 값 사이를 구분하기 위해 출력하는 문자로, 생략할 경우 기본값은 공백 한 칸(' ')입니다.
- 'end'는 맨 마지막에 표시할 문자로, 생략할 경우 기본값은 줄 나눔입니다.

코드 해설

❶ x, y = input('입력 :'). split('-')
화면에 **입력 :** 이 출력되고 그 뒤에서 커서가 깜박거리며 입력을 기다린다. 키보드로 값을 입력하고 엔터를 누르면 입력된 값이 split로 지정된 분리문자인 '-'를 기준으로 **xyz321**은 변수 x에 저장되고, **opq654**는 변수 y에 저장된다.
- x, y : 입력되는 값이 저장될 변수이다.
- input( ).split('-') : 분리문자 '-'를 기준으로 입력된 값을 변수 x와 y에 나눠서 저장한다.
- '입력 :' : 입력 시 화면에 출력되는 문자로, 생략이 가능하다.

❷ a = ['abc123', 'def456', 'ghi789']
리스트 a를 선언하면서 초기값을 지정한다. 초기값으로 지정된 수만큼 리스트의 요소가 만들어진다.

	[0]	[1]	[2]
a	'abc123'	'def456'	'ghi789'

❸ a.append(x)
a 리스트의 마지막에 x의 값 "xyz321"을 추가한다.

	[0]	[1]	[2]	[3]
a	'abc123'	'def456'	'ghi789'	'xyz321'

❹ a.append(y)
a 리스트의 마지막에 y의 값 'opq654'를 추가한다.

	[0]	[1]	[2]	[3]	[4]
a	'abc123'	'def456'	'ghi789'	'xyz321'	'opq654'

❺ a.remove('def456')
a 리스트에서 "def456"을 찾아 삭제하고, 이후의 요소들을 하나씩 앞으로 이동시킨다.

	[0]	[1]	[2]	[3]
a	'abc123'	'ghi789'	'xyz321'	'opq654'

❻ print(a[1][-3:], a[2][:-3], sep = ',')
a[1]과 a[2]의 요소들을 슬라이스(slice)하고, 쉼표(,)로 구분하여 출력한다. 이어서 커서를 다음 줄의 처음으로 옮긴다.
- a[1][-3:] : a[1]에 저장된 문자열 "ghi789"의 -3 위치부터 마지막 요소까지 추출한다.

a[1]	g	h	i	7	8	9
	-6	-5	-4	-3	-2	-1

※ 최종위치가 생략된 경우 초기위치로 지정된 위치부터 마지막 요소까지의 모든 값이 반환됩니다.
- a[2][:-3] : a[2]에 저장된 문자열 "xyz321"의 맨 처음 요소부터 -4까지의 요소들을 추출한다.

	0	1	2	3	4	5
a[2]	x	y	z	3	2	1
	-6	-5	-4	-3	-2	-1

※ 초기위치가 생략된 경우 요소의 맨 처음 요소부터 최종위치(-3)에서 1을 뺀 위치(-4)까지의 모든 값이 반환됩니다.
- sep = ',' : 분리문자로 쉼표(,)를 지정한다. 출력할 값들을 쉼표로 구분하여 출력한다.

결과 789,xyz

❼ for i in range(3, 6):
3에서 5(6-1)까지 순서대로 i에 저장하며 ❽번을 반복 수행한다.
- i : 반복 변수로 range에서 생성되는 값을 순서대로 저장한다.
- in : for와 함께 사용되는 예약어로 그대로 입력한다.
- range(3, 6) : 3부터 5(6-1)까지의 연속적인 숫자를 생성한다.

• 콜론(:) : for문이 반복할 코드가 다음 줄부터 시작한다는 의미이다. 반드시 입력해야 한다.

❽ print(i, end = ' ')

i의 값을 출력하고 종료문자로 공백 한 칸이 출력된다. ❼번에서 i는 3에서 5까지 순서대로 저장한다고 하였으므로, 3 4 5가 출력된다.

결과
```
789,xyz
3 4 5
```

23.4, 22.7, 20.7, 필기 22.3

3 Python 문제 2

3712503

예제 다음 Python 프로그램의 실행 결과를 확인하시오.

```
❶ a = {'apple', 'lemon', 'banana'}
❷ a.update( {'kiwi', 'banana'} )
❸ a.remove('lemon')
❹ a.add('apple')
❺ for i in a:
❻     print("과일명 : %s" % i)
```

코드 해설

❶ a = {'apple', 'lemon', 'banana'}

세트 a를 선언하면서 초기값을 지정한다. 초기값으로 지정된 수만큼 세트의 요소가 만들어진다.

a | 'apple' | 'lemon' | 'banana' |

❷ a.update({'kiwi', 'banana'})

a 세트에 새로운 세트를 추가하여 확장한다. 새로운 세트 {'kiwi', 'banana'}가 추가되어야 하지만 'banana'는 이미 a 세트에 있으므로 'kiwi'만 추가된다.

a | 'apple' | 'lemon' | 'banana' | 'kiwi' |

❸ a.remove('lemon')

a 세트에서 'lemon'을 제거한다.

a | 'apple' | 'banana' | 'kiwi' |

❹ a.add('apple')

a 세트에 'apple'을 추가한다. a 세트에는 이미 'apple'이 존재하므로 a 세트의 요소는 변하지 않는다.

❺ for i in a:

a 세트의 각 요소의 값을 차례로 i에 저장하면서 a 세트의 요소 수만큼 ❻번을 반복 수행한다.

• i : a 세트의 각 요소가 일시적으로 저장될 변수이다.
• a : 세트의 이름이다.

❻ **과일명 :** 과 i의 값을 출력한 후 커서를 다음 줄의 처음으로 옮긴다. for문에 의한 변수의 변화는 다음과 같다.

• **❺~❻번의 첫 번째 수행** : a 세트의 첫 번째 값이 i를 거쳐 출력된다.

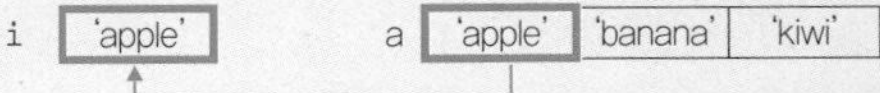

결과
```
과일명 : apple
```

전문가의 조언

예제는 세트 자료형에 저장된 값을 출력하는 문제입니다. 이 문제에 새롭게 추가된 예약어는 update, add이며, 리스트의 요소를 다루는 과정을 자세하게 설명했으니 코드를 한줄 한줄 따라가면서 무슨 의미인지 잘 파악해 보세요.

전문가의 조언

세트(set)
세트는 수학에서 배우는 집합(set)과 같은 Python의 자료형으로, 중괄호{ }를 이용하여 리스트와 같이 다양한 요소들을 저장할 수 있습니다. 세트는 순서가 정해져 있지 않으며(unordered), 중복된 요소는 저장되지 않는다는 특징이 있습니다.

update( ) 메소드
update( ) 메소드는 기존 세트에 새로운 세트를 추가하여 확장합니다.

remove( ) 메소드
remove( ) 메소드는 세트에서 값을 찾아 삭제합니다.

add( ) 메소드
add( ) 메소드는 세트에 새로운 값을 추가합니다.

전문가의 조언

Range를 사용하지 않은 Python의 for문은 Java의 향상된 for문과 사용법이 동일합니다. a 세트의 위치에는 세트 자료형 외에도 리스트와 같은 순차형 객체가 올 수 있습니다.

전문가의 조언

세트 자료형은 순서가 정해져 있지 않으므로 세트 a에 저장된 'apple', 'lemon', 'banana'의 출력 순서는 실행할 때마다 달라질 수 있습니다.

• ❺~❻번의 두 번째 수행 : a 세트의 두 번째 값이 i를 거쳐 출력된다.

i 'banana'   a 'apple' 'banana' 'kiwi'

결과
```
과일명 : apple
과일명 : banana
```

• ❺~❻번의 세 번째 수행 : a 세트의 세 번째 값이 i를 거쳐 출력된다.

i 'kiwi'   a 'apple' 'banana' 'kiwi'

결과
```
과일명 : apple
과일명 : banana
과일명 : kiwi
```

22.5

잠깐만요

Range

• Range는 연속된 숫자를 생성하는 것으로, 리스트나 반복문에서 많이 사용됩니다.

• 형식

range(최종값)	0에서 '최종값'–1까지 연속된 숫자를 생성한다.
range(초기값, 최종값)	'초기값'에서 '최종값'–1까지 연속된 숫자를 생성한다.
range(초기값, 최종값, 증가값)	• '초기값'에서 '최종값'–1까지 '증가값'만큼 증가하면서 숫자를 생성한다. • '증가값'이 음수인 경우 '초기값'에서 '최종값'+1까지 '증가값'만큼 감소하면서 숫자를 생성한다.

슬라이스(Slice)

• 슬라이스는 문자열이나 리스트와 같은 순차형 객체에서 일부를 잘라(slicing) 반환하는 기능입니다.

• 형식

객체명[초기위치:최종위치]	'초기위치'에서 '최종위치'–1까지의 요소들을 가져온다.
객체명[초기위치:최종위치:증가값]	• '초기위치'에서 '최종위치'–1까지 '증가값'만큼 증가하면서 해당 위치의 요소들을 가져온다. • '증가값'이 음수인 경우 '초기위치'에서 '최종위치'+1까지 '증가값' 만큼 감소하면서 해당 위치의 요소들을 가져온다.

• 슬라이스는 일부 인수를 생략하여 사용할 수 있습니다.

객체명[:] 또는 객체명[::]	객체의 모든 요소를 반환한다.
객체명[초기위치:]	객체의 '초기위치'에서 마지막 위치까지의 요소들을 반환한다.
객체명[:최종위치]	객체의 0번째 위치에서 '최종위치'–1까지의 요소들을 반환한다.
객체명[::증가값]	객체의 0번째 위치에서 마지막 위치까지 '증가값'만큼 증가하면서 해당 위치의 요소들을 반환한다.

리스트 관련 주요 메소드

형식	내용
22.5 pop(위치)	리스트의 '위치'에 있는 값을 출력하고 해당 요소를 삭제한다. 예 [10, 11, 12].pop(1) → 11 출력 → [10, 12]
index(값)	리스트에서 '값'이 저장된 요소의 위치를 반환한다. 예 [10, 11, 12].index(12) → 2
count(값)	리스트에서 '값'이 저장되어 있는 요소들의 개수를 반환한다. 예 [1, 0, 1, 0, 0].count(0) → 3
22.5 extend(리스트)	리스트의 끝에 새로운 '리스트'를 추가하여 확장한다. 예 ['a', 'b'].extend(['c', 'd']) → ['a', 'b', 'c', 'd']
22.5 reverse( )	리스트의 순서를 역순으로 뒤집는다. 예 [1, 2, 3].reverse( ) → [3, 2, 1]
sort( )	• 리스트를 정렬하며, 기본값은 오름차순이다. • reverse 속성을 이용하여 정렬 방식을 지정할 수 있다. – True : 내림차순, False : 오름차순 예 [2, 1, 3].sort( ) → [1, 2, 3] [2, 1, 3].sort(reverse = True) → [3, 2, 1]
copy( )	리스트를 복사한다.* 예 a = [1, 2, 3] b = a.copy( ) → a [1 | 2 | 3], b [1 | 2 | 3]

세트 관련 주요 메소드

형식	내용
pop( )	세트의 값을 출력하고 요소를 삭제한다.* 예 {10, 11, 12}.pop( ) → 10 출력 → {11, 12}
add(값)	세트에 '값'을 추가한다. 예 {10, 11, 12}.add(13) → {10, 11, 12, 13}
update(세트)	세트에 새로운 '세트'를 추가하여 확장한다. 예 {'a', 'b', 'c'}.update({'c', 'd'}) → {'a', 'b', 'c', 'd'}
remove(값)	세트에서 '값'을 찾아 해당 요소를 삭제한다. 예 {10, 11, 12}.remove(10) → {11, 12}

리스트의 복사
copy 메소드를 사용하지 않고 '새로운 리스트 = 기존의 리스트' 형식으로 리스트를 복사하면 두 개의 리스트가 같은 메모리를 공유하기 때문에 어느 한 쪽의 리스트에서 작업을 수행하면 다른 리스트에도 작업 내용이 그대로 반영됩니다. 리스트를 복사한 후 서로 별개의 자료 공간으로 사용하려면 반드시 copy( ) 메소드를 이용해야 합니다.

pop( )
세트의 pop( )은 리스트와 달리 인수를 입력하지 못하며, pop( ) 사용 시 어떤 요소가 출력되고 삭제될지 알 수 없습니다. 예에서는 10을 출력하고 삭제한다고 표현했으나, 실제로는 10이 아닌 11이나 12가 출력되고 삭제될 수 있습니다.

※ 정답 및 해설은 291쪽에 있습니다.

기출 따라잡기 Section 125

23년 4월, 20년 7월

1415551

문제 1 다음 Python으로 구현된 프로그램을 분석하여 그 실행 결과를 쓰시오.

```
asia = {'한국', '중국', '일본'}
asia.add('베트남')
asia.add('중국')
asia.remove('일본')
asia.update({'한국', '홍콩', '태국'})
print(asia)
```

답 :

20년 11월

1415552

문제 2 다음 Python으로 구현된 프로그램을 분석하여 그 실행 결과를 쓰시오.

```
lol = [[1,2,3], [4,5], [6,7,8,9]]
print(lol[0])
print(lol[2][1])
for sub in lol:
    for item in sub:
        print(item, end=' ')
    print()
```

답 :

21년 10월

1415554

문제 3 다음 Python으로 구현된 프로그램을 분석하여 그 실행 결과를 쓰시오. (단, 출력문의 출력 서식을 준수하시오.)

```
x, y = 100, 200
print(x==y)
```

답 :

21년 7월

1415555

문제 4 다음 Python으로 구현된 프로그램을 분석하여 그 실행 결과를 쓰시오. (단, 출력문의 출력 서식을 준수하시오.)

```
a = 100
result = 0
for i in range(1,3):
    result = a >> i
    result = result + 1
print(result)
```

답 :

24년 4월, 21년 4월

1415556

문제 5 다음 Python으로 구현된 프로그램을 분석하여 그 실행 결과를 쓰시오. (단, 출력문의 출력 서식을 준수하시오.)

```
class CharClass:
   a = ['Seoul', 'Kyeongi', 'Inchon', 'Daejeon', 'Daegu', 'Pusan'];
myVar = CharClass()
str01 = ' '
for i in myVar.a:
   str01 = str01 + i[0]
print(str01)
```

답 :

23년 7월, 22년 7월

3712556

문제 6 다음 Python으로 구현된 프로그램을 분석하여 그 실행 결과를 쓰시오. (단, 출력문의 출력 서식을 준수하시오.)

```
a = "REMEMBER NOVEMBER"
b = a[0:3] + a[12:16]
c = "R AND %s" % "STR"
print(b + c)
```

답 :

22년 5월

3712557

문제 7 다음은 Python의 리스트 객체에 속한 메소드들에 대한 설명이다. 각 괄호(①~③)에 해당하는 메소드의 이름을 〈보기〉에서 찾아 쓰시오.

> Python에서는 여러 요소들을 한 개의 이름으로 처리할 때 리스트(List)를 사용하며, 각 요소에는 정수, 실수, 문자열 등 다양한 자료형을 섞어 저장할 수 있다. 또한 리스트는 메소드를 활용하여 요소를 추가 및 삭제할 수 있을 뿐만 아니라 정렬하거나 다른 리스트와 병합하는 등의 다양한 작업을 손쉽게 수행할 수 있다.
>
> - (①) : 기존 리스트에 인수의 요소들을 추가하여 확장하는 메소드로, 여러 값을 한 번에 추가할 수 있다.
> - (②) : 리스트에서 맨 마지막 또는 인수의 값에 해당하는 위치의 요소를 삭제한 후 반환한다.
> - (③) : 리스트에 저장된 각 요소들의 순서를 역순으로 뒤집어 저장하는 메소드이다.

〈보기〉

• pop( )	• push( )	• reverse( )	• index( )
• write( )	• sort( )	• extend( )	• copy( )

답

• ①　　　　• ②　　　　• ③

23년 10월

4440316

문제 8 다음 Python 프로그램과 그 〈실행결과〉를 분석하여 괄호에 들어갈 알맞은 예약어를 쓰시오. (〈실행결과〉 첫 번째 라인의 '5 10'은 입력받은 값에 해당한다.)

```
x, y = input("x, y의 값을 공백으로 구분하여 입력 : ").(        )(' ')
print("x의 값 :", x)
print("y의 값 :", y)
```

〈실행결과〉

```
x, y의 값을 공백으로 구분하여 입력 : 5 10
x의 값 : 5
y의 값 : 10
```

답 :

SECTION 126

Python의 활용 2

1 Python 문제 1

24.10, 24.7, 22.10, 필기 23.7, 22.7, 22.4

예제 다음 Python 프로그램의 실행 결과를 확인하시오.

```
❶ a = [1, 2, 3, 4, 5]
❷ x = 100
❸ if x == 10:
❹     a = list(map(lambda num : num + 10, a))
❺ elif x == 50:
❻     a = list(map(lambda num : num + 50, a))
❼ else:
❽     a = list(map(lambda num : num + 100, a))
❾ print(a)
```

> **전문가의 조언**
>
> 예제는 리스트 자료형에 저장된 값에 일정한 값을 더하는 문제입니다. 이 문제에 새롭게 추가된 예약어는 if, map, lambda이며, map 함수를 이용해 람다 식을 처리하는 과정을 자세하게 설명했으니 코드를 한줄 한줄 따라가면서 무슨 의미인지 잘 파악해 보세요.

코드 해설

❶ 5개의 요소를 갖는 리스트 a를 선언하고 초기화한다.

❷ 변수 x에 100을 저장한다.

❸ x가 10이면 ❹번으로 이동하고, 아니면 ❺번으로 이동한다. x의 값은 10이 아니므로 ❺번으로 이동한다.

❺ x가 50이면 ❻번으로 이동하고, 아니면 ❼번의 다음 줄인 ❽번으로 이동한다. x의 값은 50도 아니므로 ❽번으로 이동한다.

❽ a의 각 요소에 100을 더하는 람다 식을 적용한 후, 100씩 더해진 값들을 다시 리스트로 구성하여 a에 저장한다.

a = list(map(lambda num : num + 100, a))

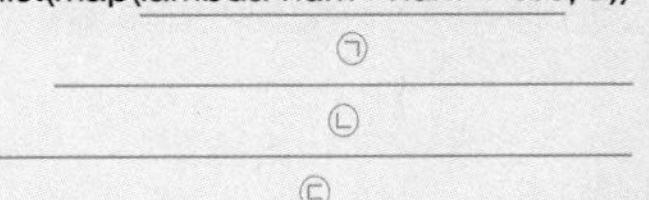

- ㉠ lambda num : num + 100 : 인수로 입력된 값에 100을 더하는 람다 식을 정의한다.
- ㉡ map(㉠, a) : 리스트 a의 각 요소를 ㉠에 적용한다.

a	**1**	2	3	4	5	→	lambda 1 : 1 + 100	→	**101 반환**
a	1	**2**	3	4	5	→	lambda 2 : 2 + 100	→	**102 반환**
a	1	2	**3**	4	5	→	lambda 3 : 3 + 100	→	**103 반환**
a	1	2	3	**4**	5	→	lambda 4 : 4 + 100	→	**104 반환**
a	1	2	3	4	**5**	→	lambda 5 : 5 + 100	→	**105 반환**

> **map( ) 함수**
>
> map(함수, 리스트)은 리스트의 요소를 지정된 함수로 처리해 주는 함수입니다.

• ⓒ a = list(ⓛ) : ⓛ의 실행 결과로 반환되는 값들을 리스트로 구성하여 a에 저장한다.

a	101	102	103	104	105

❾ a를 출력한다. a는 리스트이므로, 리스트를 선언할 때와 같은 형태와 순서로 출력한다.

결과 [101, 102, 103, 104, 105]

3712631

잠깐만요 람다 식(Lambda Expression)

• 어떤 문제를 해결하기 위한 과정을 수학식으로 표현한 것을 람다 식이라고 합니다.
• 프로그래밍 언어에서 람다 식은 수학적 연산을 수행하는 함수나 메소드를 간소화할 때 사용합니다.
• 형식

```
lambda 변수명 : 수학식
```

– **변수명** : 인수로 전달받은 값을 저장할 변수의 이름을 지정
– **수학식** : 수행할 연산을 하나의 식으로 풀어 입력

• 예를 들어 다음과 같은 코드가 있다고 가정합니다.

```
def func(x):
    return x * x - 3
print(func(10))
```

결과 97

• 위의 func( ) 함수는 다음과 같이 람다 식으로 수정하여 사용할 수 있습니다.

```
func = lambda x : x * x - 3
print(func(10))
```

결과 97

2 Python 문제 2

3712602

전문가의 조언

예제는 두 수를 교환하는 문제입니다. 이 문제에서 새롭게 추가된 예약어는 class, def, self이며, 메소드를 정의하고 호출하는 과정을 자세하게 설명했으니 코드를 한줄 한줄 따라가면서 무슨 의미인지 잘 파악해 보세요.

예제 다음은 두 수를 교환하는 프로그램을 Python으로 구현한 것이다.

```
class Cls:
    x, y = 10, 20
❹   def chg(self):
❺       temp = self.x
❻       self.x = self.y
❼       self.y = temp
```

- class Cls: — Cls 클래스 정의부의 시작점이다. 여기서부터 ❼번까지가 클래스 정의부에 해당한다.
- x, y = 10, 20 — Cls 클래스의 변수(속성) x와 y를 선언하고, 각각 10과 20으로 초기화한다.
- ❹ def chg(self): — def는 Python에서 메소드를 정의하는 예약어이다. 매개 변수를 지정한 후 메소드에 속한 실행 코드들은 콜론(:)과 여백으로 구분한다.

```
❶ a = Cls( )
❷ print(a.x, a.y)
❸ a.chg( )
❽ print(a.x, a.y)
```

코드 해설

❶ Cls 클래스의 객체 a를 생성한다. 객체 a는 Cls의 속성 x, y와 메소드 chg( )를 갖는다.
- a : 사용자 정의 변수다. 사용자가 임의로 지정한다.
- Cls( ) : 클래스의 이름이다. 괄호( )를 붙여 그대로 적는다.

	a.x	a.y
a	10	20

❷ a 객체의 속성 x와 y를 출력한다.
- 객체와 속성은 .(마침표)로 연결한다.

결과 `10 20`

❸ a 객체의 메소드 chg를 호출한다. ❹번으로 이동한다.
- 객체와 메소드는 .(마침표)로 연결한 후 괄호( )를 붙여 적는다.

❹ a 객체의 메소드 chg의 시작점이다. 별도로 사용되는 인수가 없으므로 괄호( )에는 self만 적는다.

❺ a 객체의 속성 x의 값을 temp에 저장한다.
- self : 메소드 안에서 사용되는 self는 자신이 속한 클래스를 의미한다.
- self.x : a.x와 동일하다.

temp [10]

	a.x	a.y
a	10	20

❻ a 객체의 속성 y의 값을 a 객체의 속성 x에 저장한다.

temp [10]

	a.x	a.y
a	20	20

❼ temp의 값을 a 객체의 속성 y에 저장한다. 메소드 chg가 종료되었으므로 메소드를 호출한 다음 문장인 ❽번으로 제어를 옮긴다.

temp [10]

	a.x	a.y
a	20	10

❽ a 객체의 속성 x와 y를 출력한다.

결과
```
10 20
20 10
```

24.10, 24.7, 22.5, 필기 23.2

잠깐만요 클래스 없는 메소드의 사용

3712632

C언어의 사용자 정의 함수와 같이 클래스 없이 메소드만 단독으로 사용할 수 있습니다.

예제 다음 프로그램의 실행 결과를 확인하시오.

```
def calc(x, y):  ❸
    x *= 3  ❹
    y /= 3  ❺
```

❸ 메소드 calc의 시작점이다. ❷번에서 calc(a, b)라고 했으므로 x는 a의 값 3을 받고, y는 b의 값 12를 받는다.

❹ x = x * 3이므로 x는 9가 된다.

❺ y = y / 3이므로 y는 4가 된다.

전문가의 조언

클래스 없이 메소드만 단독으로 사용된 코드의 결과를 묻는 문제가 출제되었습니다. 클래스 정의만 없을뿐 앞서 학습한 메소드를 정의하고 호출하는 과정은 크게 다르지 않습니다. 복습한다는 생각으로 주어진 예제를 읽어보세요.

Python에서는 나눗셈을 할 때 자동으로 자료형이 float로 변환되기 때문에 y /= 3의 결과로 4가 아닌 4.0이 출력됩니다.

print(x, y) ❻	결과* 9 4.0
return x ❼	x의 값을 반환한다. x의 값 9를 ❷번의 a에 저장한 후 제어를 ❽번으로 옮긴다.
a, b = 3, 12 ❶	변수 a와 b에 3과 12를 저장한다.
a = calc(a, b) ❷	a, b 즉 3과 12를 인수로 하여 calc 메소드를 호출한 결과를 a에 저장한다. ❸번으로 이동한다.
print(a, b) ❽	결과 9 4.0 9 12

※ 정답 및 해설은 295쪽에 있습니다.

기출 따라잡기 Section 126

24년 10월

문제 1 다음 Python으로 구현된 프로그램을 분석하여 그 실행 결과를 쓰시오.

5440302

```
def func(lst):
    for i in range(len(lst) // 2):
        lst[i], lst[-i-1] = lst[-i-1], lst[i]
lst = [1,2,3,4,5,6]
func(lst)
print(sum(lst[::2]) - sum(lst[1::2]))
```

답 :

24년 10월

문제 2 다음 Python으로 구현된 프로그램을 분석하여 그 실행 결과를 쓰시오.

5440312

```
def func(value):
    if type(value) == type(100):
        return 100
    elif type(value) == type(""):
        return len(value)
    else:
        return 20
a = "100.0"
b = 100.0
c = (100, 200)
print(func(a) + func(b) + func(c))
```

답 :

SECTION 127

예외 처리

1416100

1 예외 처리(Exception Handling)

> **전문가의 조언**
> 예외 처리의 개념, 그리고 Java에서의 예외 처리 방법과 Java의 주요 예외 처리 객체들의 개별적인 예외 발생 원인을 파악해 두세요.
>
> 예외(Exception)
> 예외란 프로그램의 정상적인 실행을 방해하는 조건이나 상태를 말합니다.

- 예외* 처리는 예외가 발생했을 때 프로그래머가 해당 문제에 대비해 작성해 놓은 처리 루틴이 수행되도록 하는 것이다.
- 예외가 발생했을 때 일반적인 처리 루틴은 프로그램을 종료시키거나 로그(Log)를 남기는 것이다.
- C++, Ada, Java, 자바스크립트와 같은 언어에는 예외 처리 기능이 내장되어 있다.
- 필요한 경우 조건문을 이용해 예외 처리 루틴을 작성한다.
- 대표적인 예외의 원인
  - 컴퓨터 하드웨어 문제
  - 운영체제의 설정 실수
  - 라이브러리 손상
  - 사용자의 입력 실수
  - 받아들일 수 없는 연산
  - 할당하지 못하는 기억장치 접근

24.10, 필기 24.2, 23.7, 23.2

2 Java의 예외 처리

- JAVA는 예외를 객체로 취급하며, 예외와 관련된 클래스를 java.lang 패키지에서 제공한다.
- JAVA에서는 try ~ catch 문을 이용해 예외를 처리한다.
- try 블록 코드를 수행하다 예외가 발생하면 예외를 처리하는 catch 블록으로 이동하여 예외 처리 코드를 수행하므로 예외가 발생한 이후의 코드는 실행되지 않는다.
- catch 블록에서 선언한 변수는 해당 catch 블록에서만 유효하다.
- try ~ catch 문 안에 또 다른 try ~ catch 문을 포함할 수 있다.
- try ~ catch 문 안에서는 실행 코드가 한 줄이라도 중괄호({ })를 생략할 수 없다.

기본 형식

```
try {
    예외가 발생할 가능성이 있는 코드;
}
catch ( 예외객체1 매개변수 ) {
    예외객체1에 해당하는 예외 발생 시 처리 코드;
}
catch ( 예외객체2 매개변수 ) {
    예외객체2에 해당하는 예외 발생 시 처리 코드;
}
catch ( 예외객체n 매개변수) {
    예외객체n에 해당하는 예외 발생 시 처리 코드;
}
catch (Exception 매개변수) {
    예외객체1~n에 해당하지 않는 예외 발생 시 처리 코드;
}
finally {
    예외의 발생 여부와 관계없이 무조건 처리되는 코드;*
}
```

전문가의 조언

일반적으로 예외가 발생한 경우에는 'try문 → 해당 예외 catch문 → finally문' 순으로 진행되며, 예외가 발생하지 않은 경우에는 'try문 → finally문' 순으로 진행됩니다. finally문은 예외 발생과 관계없이 무조건 수행되는 블록으로, 생략이 가능합니다.

24.10, 필기 24.2, 23.7, 23.2

3 JAVA의 주요 예외 객체

예외 객체	발생 원인
ClassNotFoundException	클래스를 찾지 못한 경우
NoSuchMethodException	메소드를 찾지 못한 경우
FileNotFoundException	파일을 찾지 못한 경우
InterruptedIOException	입 · 출력 처리가 중단된 경우
필기 24.2, 23.7, 23.2 ArithmeticException	0으로 나누는 등의 산술 연산에 대한 예외가 발생한 경우
IllegalArgumentException	잘못된 인자를 전달한 경우
필기 24.2, 23.7 NumberFormatException	숫자 형식으로 변환할 수 없는 문자열을 숫자 형식으로 변환한 경우
ArrayIndexOutOfBoundsException	배열의 범위를 벗어난 접근을 시도한 경우
NegativeArraySizeException	0보다 작은 값으로 배열의 크기를 지정한 경우
24.10 NullPointerException	존재하지 않는 객체를 참조한 경우

※ 정답 및 해설은 297쪽에 있습니다.

기출 따라잡기 Section 127

1416151

출제예상

문제 1 프로그램 코딩과 관련된 다음 설명에서 괄호에 공통으로 들어갈 가장 적합한 용어를 쓰시오.

> 프로그램의 정상적인 실행을 방해하는 조건이나 상태를 (　　　)라고 하며, (　　　)가 발생했을 때 일반적인 처리 루틴은 프로그램을 종료시키거나 로그를 남기도록 하는 것이다. C++, Ada, Java, 자바스크립트와 같은 언어에는 (　　　)를 처리하기 위한 기능이 내장되어 있다. (　　　)는 컴퓨터 하드웨어 문제, 운영체제의 설정 실수, 라이브러리 손상 등 다양한 원인에 의해 발생할 수 있다.

답 :

5440317

24년 10월

문제 2 다음 Java로 구현된 프로그램을 분석하여 그 실행 결과를 쓰시오.

```
public class Main {
    public static void main(String[] args) {
        int sum = 0;
        try {
            func( );
        }
        catch (NullPointerException e) {
            sum = sum + 1;
        }
        catch (Exception e) {
            sum = sum + 10;
        }
        finally {
            sum = sum + 100;
        }
        System.out.print(sum);
    }

    static void func( ) throws Exception {
        throw new NullPointerException( );
    }
}
```

답 :

출제예상

1416153

문제 3 다음 ①~④의 사례에 가장 적합한 Java의 예외 객체를 〈보기〉에서 찾아 기호(㉠~㉩)로 쓰시오.

① 입 · 출력 처리가 중단된 경우 ② 잘못된 호출문으로 인해 잘못된 인자를 전달한 경우 ③ 배열을 a[10]으로 선언한 후 a[11]에 값을 저장한 경우 ④ 존재하지 않은 클래스에 접근한 경우

〈보기〉

㉠ ClassNotFoundException ㉡ NoSuchMethodException ㉢ FileNotFoundException ㉣ InterruptedIOException ㉤ ArithmeticException ㉥ IllegalArgumentException ㉦ NumberFormatException ㉧ ArrayIndexOutOfBoundsException ㉨ NegativeArraySizeException ㉩ NullPointerException

답

- ①
- ②
- ③
- ④

예상문제 은행

1431001

문제 1 프로그래밍 언어의 종류 중 하나로, 일련의 처리 절차를 정해진 문법에 따라 순서대로 기술해 나가는 언어이며, 주로 객체지향 프로그래밍 언어와 비교된다. 데이터를 중심으로 프로시저를 구현하며, 프로그램 전체가 유기적으로 연결되어 있는 특징이 있다. 이 설명에 해당하는 프로그래밍 언어의 종류를 쓰시오.

답 :

1431002

문제 2 선언형 프로그래밍 언어는 프로그램이 수행해야 할 문제를 기술하는 언어로, 목표를 명시하고 알고리즘은 명시하지 않는 특징이 있다. 다음에서 선언형 프로그램 언어를 모두 골라 쓰시오.

HTML, LISP, FORTRAN, COBOL, XML, Haskell, C, Java

답 :

1431003

문제 3 다음 설명에 가장 적합한 프로그래밍 언어의 종류를 쓰시오.

- 부품을 조립하듯 객체들을 조립해서 프로그램을 작성할 수 있도록 한 프로그래밍 기법이다.
- 프로시저보다는 명령과 데이터로 구성된 객체를 중심으로 프로그래밍 한다.
- 코드의 재활용성이 높고 상속을 통한 재사용과 시스템의 확장이 용이하다.

답 :

1431004

문제 4 수치 계산이나 논리 연산에 특화되어 있어 과학 기술 계산용으로 주로 사용되며, PASCAL과 C언어의 모체가 된 절차적 프로그래밍 언어는 무엇인지 쓰시오.

답 :

1431005

문제 5 다음 설명에 가장 적합한 프로그래밍 언어의 종류를 쓰시오.

- HTML 문서 안에 직접 프로그래밍 언어를 삽입하여 사용하는 것으로, 기계어로 컴파일 되지 않고 별도의 번역기가 소스를 분석하여 동작하게 하는 언어이다.
- 게시판 입력, 상품 검색, 회원 가입 등과 같은 데이터베이스 처리 작업을 수행하기 위해 주로 사용한다.
- 클라이언트의 웹 브라우저에서 해석되어 실행되는 클라이언트용 언어와 서버에서 해석되어 실행된 후 결과만 클라이언트로 보내는 서버용 언어가 있다.

답 :

1431006

문제 6 서버용 스크립트 언어의 하나로, Linux, Unix, Windows 운영체제에서 사용된다. C, Java 언어의 문법과 유사하여 배우기가 쉽고, 웹페이지 제작에 많이 사용된다. 이 설명에 해당하는 프로그래밍 언어를 쓰시오.

답 :

1415053

문제 7 다음 Java로 구현된 프로그램을 분석하여 그 실행 결과를 쓰시오.

```
public class Test {
    public static void main(String[] args) {
        int i = 0, c = 0;
        while (i < 10) {
            i++;
            c *= i;
        }
        System.out.println(c);
    }
}
```

답 :

5440209

문제 8 다음 C 언어로 구현된 프로그램을 분석하여 그 실행 결과를 쓰시오.

```
#include <stdio.h>

int main( ) {
        int arr[3][3] = {1, 2, 3, 4, 5, 6, 7, 8, 9};
        int* parr[2] = {arr[1], arr[2]};
        printf("%d", parr[1][1] + *(parr[1]+2) + **parr);
}
```

답 :

3712651

문제 9 다음 Python으로 구현된 프로그램을 분석하여 그 실행 결과를 쓰시오. (단, 출력문의 출력 서식을 준수하시오.)

```
def func(num1, num2 = 2):
    print('a =', num1, 'b =', num2)
func(20)
```

답 :

1431011

문제 10 다음 Java로 구현된 프로그램을 분석하여 그 실행 결과를 쓰시오.

```
public class Problem {
    public static void main(String[] args) {
        int a = 035, b = 0x35, c = 35;
        System.out.printf("%d\n", a);
        System.out.printf("%d\n", b);
        System.out.printf("%d\n", c);
    }
}
```

답 :

1431012

문제 11 다음 Java로 구현된 프로그램을 분석하여 그 실행 결과를 쓰시오.

```
public class Problem {
    public static void main(String[] args) {
        int j, k, L, result;
        j = 10;
        k = 20;
        L = 30;
        result = j < k ? k++ : --L;
        System.out.printf("%d %d %d\n", result, k, L);
    }
}
```

답 :

1431013

문제 12 다음 Python으로 구현된 프로그램을 분석하여 그 실행 결과를 쓰시오.

```
a = sum = 0
while a < 10:
    a += 1
    if a%2 == 1:
        continue
    sum += a
print(sum)
```

답 :

1431014

문제 13 다음 Python으로 구현된 프로그램을 분석하여 그 실행 결과를 쓰시오.

```
a, b = 2, 3
c = a & b
print(c)
```

답 :

1431015

문제 14 다음 Java로 구현된 프로그램을 분석하여 그 실행 결과를 쓰시오.

```
public class Problem {
    public static void main(String[] args) {
        int a, b = 10;
        a = 20 % 11 / 3 * 5 - b;
        System.out.printf("%d\n", a);
    }
}
```

답 :

1431016

문제 15 다음 Python으로 구현된 프로그램을 분석하여 그 실행 결과를 쓰시오.

```
hap = 0
for i in range(1, 11):
    hap += i
print(i, hap)
```

답 :

1431017

문제 16 다음 Java로 구현된 프로그램을 분석하여 그 실행 결과를 쓰시오.

```
public class Problem {
    public static void main(String[] args){
        int a, b, c, hap;
        a = b = c = 2;
        hap = ++a | b-- & c--;
        System.out.printf("%d %d %d %d", hap, a, b, c);
    }
}
```

답 :

5440201

문제 17 다음 Java로 구현된 프로그램을 분석하여 그 실행 결과를 쓰시오.

```
public class Test {
        public static void main(String[] args) {
                String str = "ITISTESTSTRING";
                String[] result = str.split("T");
                System.out.print(result[3]);
        }
}
```

답 :

5440310

문제 18 다음 C 언어로 구현된 프로그램을 분석하여 그 실행 결과를 쓰시오.

```
#include <stdio.h>
struct Node {
     int value;
     struct Node* next;
};

void func(struct Node* node){
     while(node != NULL && node -> next != NULL) {
            int t = node -> value;
            node -> value = node -> next -> value;
            node -> next -> value = t;
            node = node -> next -> next;
     }
}

int main( ) {
     struct Node n1 = {1, NULL};
     struct Node n2 = {2, NULL};
     struct Node n3 = {3, NULL};
     n1.next = &n3;
     n3.next = &n2;
     func(&n1);
     struct Node* current = &n1;
     while(current != NULL){
            printf("%d", current -> value);
            current = current -> next;
     }
     return 0;
}
```

답 :

1415252

문제 19 다음 C언어로 구현된 프로그램을 분석하여 그 실행 결과를 쓰시오.

```
#include <stdio.h>
int r1() {
    return 4;
}
int r10() {
    return (30 + r1());
}
int r100() {
    return (200 + r10());
}
int main() {
    printf("%d\n", r100());
    return 0;
}
```

답 :

1431021

문제 20 다음 Java로 구현된 프로그램을 분석하여 그 실행 결과를 쓰시오.

```
public class Problem {
    public static void main(String[] args){
        int i = 0, hap = 0;
        do{
            ++i;
            hap += i;
        } while(i < 5);
        System.out.printf("%d, %d\n", i, hap);
    }
}
```

답 :

1431022

문제 21 다음 C언어로 구현된 프로그램을 분석하여 그 실행 결과를 쓰시오.

```
#include <stdio.h>
main() {
     int a, hap = 0;
     for (a = 0; a < 10; ++a, hap += a);
     printf("%d, %d\n", a, hap);
}
```

답 :

1431023

문제 22 다음 Java로 구현된 프로그램을 분석하여 그 실행 결과를 쓰시오.

```
public class Problem {
    public static void main(String[] args){
        String str;
        str = "Power overwhelming!";
        System.out.printf("%8.4s\n", str);
    }
}
```

답 :

1431024

문제 23 다음 Python으로 구현된 프로그램을 분석하여 그 실행 결과를 쓰시오.

```
a, c = 32, -3
b = a << 2
a >>= 3
c = c << 2
print(a, b, c)
```

답 :

1451101

문제 24 다음 JAVA로 구현된 프로그램을 분석하여 그 실행 결과를 쓰시오.

```
class Static {
    public int a = 20;
    static int b = 0;
}
public class Test {
    public static void main(String[] args) {
        int a = 10;
        Static.b = a;
        Static st = new Static();
        System.out.println(Static.b++);
        System.out.println(st.b);
        System.out.println(a);
        System.out.print(st.a);
    }
}
```

답 :

1431026

문제 25 다음 C언어로 구현된 프로그램을 분석하여 그 실행 결과를 쓰시오.

```
#include <stdio.h>
main() {
    int a = 2, b = 3, c = 4, d, e;
    d = a & b & ~b;
    e = a | b & c;
    printf("%d %d", d, e);
}
```

답 :

1431027

문제 26 다음 Java로 구현된 프로그램을 분석하여 그 실행 결과를 쓰시오.

```
public class Problem {
        public static void main(String[] args){
                int i, hap = 0;
                for(i = 1; i <= 10; ++i, hap += i);
                System.out.printf("%d, %d\n", i, hap);
        }
}
```

답 :

1431028

문제 27 다음은 1부터 100까지의 합을 구하는 Python 프로그램이다. 괄호 안에 들어갈 알맞은 답을 적어 프로그램을 완성하시오.

```
i, hap = 0, 0
while (    ):
    i += 1
    hap += i
    if i >= 100:
        break
print(hap)
```

답 :

4440309

문제 28 다음 C 언어로 구현된 프로그램을 분석하여 그 실행 결과를 쓰시오.

```
#include <stdio.h>
int isPerfectNum(int num) {
    int sum = 0;
    for (int i = 1; i < num; i++) {
        if (num % i == 0)
            sum += i;
    }
    if (num == sum) return 1;
    else return 0;
}
main() {
    int r = 0;
    for (int i = 1; i <= 100; i++)
        if (isPerfectNum(i))
            r += i;
    printf("%d", r);
}
```

답 :

1431030

문제 29 다음 C언어로 구현된 프로그램을 분석하여 그 실행 결과를 쓰시오.

```
#include <stdio.h>
main() {
    int a, b = 10;
    for (a = 0; a < 5; ++a, b -= a);
    printf("%d, %d", a, b);
}
```

답 :

1431031

문제 30 다음은 키보드로 입력받은 숫자의 홀 · 짝 여부를 판단하는 Java 프로그램이다. 괄호에 들어갈 알맞은 변수(Variable)나 조건식을 적어 프로그램을 완성하시오.

```
import java.util.Scanner;

public class Problem {
    public static void main(String[] args){
        int inNum;
        Scanner scan01 = new Scanner(System.in);
        inNum = scan01.nextInt();
        if((      ) == 0)
            System.out.printf("%d= 짝수입니다.\n", inNum);
        else
            System.out.printf("%d= 홀수입니다.\n", inNum);
        scan01.close();
    }
}
```

답 :

예상문제 은행

4440214

문제 31 다음 JAVA로 구현된 프로그램을 분석하여 그 실행 결과를 쓰시오.

```
public class Test {
    public static void main(String[] args) {
        String str1 = "Programming";
        String str2 = "Programming";
        String str3 = new String("Programming");
        System.out.println(str1==str2);
        System.out.println(str1==str3);
        System.out.println(str1.equals(str3));
        System.out.println(str2.equals(str3));
    }
}
```

답 :

1431033

문제 32 다음 Python으로 구현된 프로그램을 분석하여 그 실행 결과를 쓰시오.

```
str = 'Sinagong'
n = len(str)
st = list()
for k in range(n):
    st.append(str[k])
for k in range(n-1, -1, -1):
    print(st[k], end = '')
```

답 :

1431034

문제 33 다음 Java로 구현된 프로그램을 분석하여 그 실행 결과를 쓰시오.

```
public class Problem {
    public static void main(String[] args){
        int a, b, c;
        a = 10;
        b = 20;
        c = prnt(a, b);
        System.out.printf("a=%d, b=%d, c=%d\n", a, b, c);
    }

    static int prnt(int x, int y)
    {
        int z;
        if (x == y) z = x + y;
        else z = x - y;
        return(z);
    }
}
```

답 :

1431035

문제 34 다음 Python으로 구현된 프로그램을 분석하여 그 실행 결과를 쓰시오.

```
a = [[1, 1, 0, 1, 0],
     [1, 0, 1, 0]]
tot, totsu = 0, 0
for i in a:
    for j in i:
        tot += j
    totsu = totsu + len(i)
print(totsu, tot)
```

답 :

1431036

문제 35 다음 Java로 구현된 프로그램을 분석하여 그 실행 결과를 쓰시오.

```
class IntClass{
    int a;
    int b;
    int c;
}

public class Problem {
    public static void main(String[] args){
        IntClass myVar = new IntClass();
        myVar.a = 10;
        myVar.b = 20;
        prnt(myVar);
        System.out.printf("a=%d, b=%d, c=%d\n", myVar.a, myVar.b, myVar.c);
    }

    static void prnt(IntClass myVar)
    {
        myVar.a += 30;
        myVar.b -= 30;
        if (myVar.a <= myVar.b)
            myVar.c = myVar.a + myVar.b;
        else
            myVar.c = myVar.a - myVar.b;
    }
}
```

답 :

1431037

문제 36 다음 C언어로 구현된 프로그램을 분석하여 그 실행 결과를 쓰시오.

```
#include <stdio.h>
main() {
    int numAry[] = { 0,0,0,0,3 };
    int i, j;
    for (j = 4; j >= 0; --j)
        for (i = 4; i > j; --i)
            numAry[j] += numAry[i];
    for (j = 0; j < 5; ++j)
        printf("%d ", numAry[j]);
}
```

답 :

1431038

문제 37 다음 C언어로 구현된 프로그램을 분석하여 그 실행 결과를 쓰시오.

```
#include <stdio.h>
void prnt(int *a, int *b, int *c);

main() {
     int a = 0, b = 5, c = 0;
     prnt(&a, &b, &c);
     printf("a=%d, b=%d, c=%d\n", a, b, c);
}

void prnt(x, y, z)
int *x, *y, *z;
{
     while (*x < *y) {
            ++*x;
            *z = *z + *x;
            prnt(x, y, z);
     }
}
```

답 :

1431039

문제 38 다음 Java로 구현된 프로그램을 분석하여 그 실행 결과를 쓰시오.

```
public class Problem {
    static int Stack[] = new int[5];
    static int Top = -1;

    public static void main(String[] args){
        push(100);
        push(110);
        push(120);
        pop();
        push(130);
        push(140);
        pop();

    }
    static void push(int i) {
        Top++;
        if (Top >= 5)
            System.out.printf("overflow");
        else
            Stack[Top] = i;
    }

    static void pop() {
        if (Top < 0)
            System.out.printf("underflow");
        else
            System.out.printf("%d제거\n", Stack[Top--]);
    }
}
```

답 :

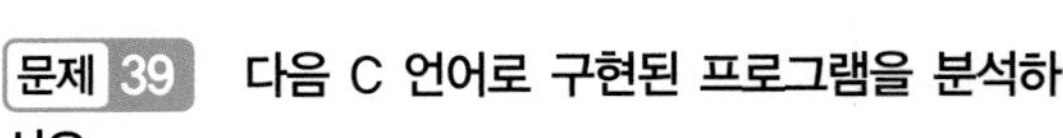

4440209

문제 39 다음 C 언어로 구현된 프로그램을 분석하여 그 실행 결과를 쓰시오.

```
#include <stdio.h>
#define MAX_SIZE 10

int isWhat[MAX_SIZE];
int point = -1;

int isEmpty() {
   if (point == -1) return 1;
   return 0;
}

int isFull() {
   if (point == 10) return 1;
   return 0;
}

void into(int num) {
   if (isFull() == 1) printf("Full");
   else isWhat[++point] = num;
}

int take() {
   if (isEmpty() == 1) printf("Empty");
   else return isWhat[point--];
   return 0;
}

main() {
   into(5); into(2);
   while (!isEmpty()) {
     printf("%d", take());
     into(4); into(1); printf("%d", take());
     into(3); printf("%d", take()); printf("%d", take());
     into(6); printf("%d", take()); printf("%d", take());
   }
}
```

답 :

예상문제 은행

5440113

문제 40 다음 C 언어로 구현된 프로그램을 분석하여 그 실행 결과를 쓰시오.

```
#include <stdio.h>
#include <ctype.h>

int main( ) {
    char *p = "It is 8";
    char result[100];
    int i;
    for(i = 0; p[i] != '\0'; i++) {
        if(isupper(p[i]))
            result[i] = (p[i] - 'A'+ 5) % 25 + 'A';
        else if(islower(p[i]))
            result[i] = (p[i] - 'a'+ 10) % 26 + 'a';
        else if(isdigit(p[i]))
            result[i] = (p[i] - '0'+ 3) % 10 + '0';
        else if(!(isupper(p[i]) || islower(p[i]) || isdigit(p[i])))
            result[i] = p[i];
    }
    result[i] = '\0';
    printf("변환된 문자열 : %s\n", result);
    return 0;
}
```

답 :

5440205

문제 41 다음 C 언어로 구현된 프로그램을 분석하여 그 실행 결과를 쓰시오.

```
#include <stdio.h>
void swap(int a, int b) {
    int t = a;
    a = b;
    b = t;
}

int main( ) {
    int a = 11;
    int b = 19;
    swap(a, b);
    switch(a) {
```

```
        case 1:
            b += 1;
        case 11:
            b += 2;
        deafult:
            b += 3;
            break;
    }
    printf("%d", a-b);
}
```

답 :

5440206

문제 42 다음 C 언어로 구현된 프로그램을 분석하여 그 실행 결과를 쓰시오.

```
#include <stdio.h>
void func(char *d, char *s) {
    while (*s) {
        *d = *s;
        d++;
        s++;
    }
    *d = '\0';
}

int main( ) {
    char* str1 = "first";
    char str2[50] = "teststring";
    int result = 0;
    func(str2, str1);
    for (int i = 0; str2[i] != '\0'; i++) {
        result += i;
    }
    printf("%d\n", result);
    return 0;
}
```

답 :

5440202

문제 43 다음 Java로 구현된 프로그램을 분석하여 그 실행 결과를 쓰시오.

```
public class Test {
    public static void check(int[] x, int[] y)
    {
        if(x == y) System.out.print("O");
        else System.out.print("N");
    }
    public static void main(String[] args) {
        int a[] = new int[] {1, 2, 3, 4};
        int b[] = new int[] {1, 2, 3, 4};
        int c[] = new int[] {1, 2, 3};
        check(a, b);
        check(b, c);
        check(a, c);
    }
}
```

답 :

5440207

문제 44 다음 Java로 구현된 프로그램을 분석하여 그 실행 결과를 쓰시오.

```
interface Number {
    int sum(int[] a, boolean odd);
}

public class Test {
    public static void main(String[] args) {
        int a[] = {1, 2, 3, 4, 5, 6, 7, 8, 9};
        OENumber OE = new OENumber( );
        System.out.print(OE.sum(a, true) + ", " + OE.sum(a, false));
    }
}

class OENumber implements Number {
    public int sum(int[] a, boolean odd) {
        int result = 0;
        for (int i = 0; i < a.length; i++) {
            if ((odd && a[i] % 2 != 0) || (!odd && a[i] % 2 == 0)) {
                result += a[i];
            }
        }
        return result;
    }
}
```

답 :

정답 및 해설은 340쪽에 있습니다.

문제 45 다음 Java로 구현된 프로그램을 분석하여 그 실행 결과를 쓰시오.

```
public class Test {
    public static String rf(String str, int index, boolean[] seen) {
        if(index < 0) return "";
        char c = str.charAt(index);
        String result = rf(str, index-1, seen);
        if(!seen[c]) {
            seen[c] = true;
            return c + result;
        }
        return result;
    }

    public static void main(String[] args) {
        String str = "abacabcd";
        int len = str.length( );
        boolean[] seen = new boolean[256];
        System.out.print(rf(str, len-1, seen));
    }
}
```

답 :

5440203

문제 46 다음 Python으로 구현된 프로그램을 분석하여 그 실행 결과를 쓰시오.

```
def cnt(str, p):
    result = 0;
    for i in range(len(str)):
        sub = str[i:i+len(p)]
        if sub == p:
            result += 1
    return result
str = "abdcabcabca"
p1 = "ca"
p2 = "ab"
print(f'ab{cnt(str, p1)} ca{cnt(str, p2)}')
```

답 :

이 문제에는 메소드에서 사용할 자료형이 메소드를 선언하는 시점이 아니라 호출하는 시점에서 정해지는 제너릭(Generic) 기법이 적용되었습니다. 또한 제너릭 기법은 컴파일 과정에서만 적용되므로, 실행 과정에서는 컴파일 때 결정된 자료형이 제거되고 기본 자료형인 Object 형으로 변환되는 타입 소거(Type Erasure)가 발생합니다. 이로 인해 컴파일 과정에서 제너릭 Collection 클래스의 자료형이 Integer로 결정되어 ❼번에서 호출되는 메소드가 print(Integer a)라고 생각할 수 있지만 타입 소거로 인해 실행 과정에서 제너릭 Collection 클래스의 자료형이 Object로 인식되므로 print(Object a)가 호출되어 결과적으로 B0이 출력되게 됩니다.

5440318

문제 47 다음 Java로 구현된 프로그램을 분석하여 그 실행 결과를 쓰시오.

```
class Printer {
    void print(Integer a) {
        System.out.print("A" + a);
    }
    void print(Object a) {
        System.out.print("B" + a);
    }
    void print(Number a) {
        System.out.print("C" + a);
    }
}

public class Main {
    public static void main(String[] args) {
        new Collection<>(0).print( );
    }
    public static class Collection<T> {
        T value;
        public Collection(T t) {
            value = t;
        }
        public void print( ) {
            new Printer( ).print(value);
        }
    }
}
```

답 :

5440301

문제 48 다음 Java로 구현된 프로그램을 분석하여 그 실행 결과를 쓰시오.

```
public class Main{
    static String[] x = new String[3];
    static void func(String[] x, int y) {
        for(int i = 1; i < y; i++) {
            if(x[i-1].equals(x[i])) {
                System.out.print("O");
            }
            else {
                System.out.print("N");
            }
        }
```

```
        for (String z : x) {
            System.out.print(z);
        }
    }

    public static void main(String[] args) {
        x[0] = "A";
        x[1] = "A";
        x[2] = new String("A");
        func(x, 3);
    }
}
```

답 :

1431050

문제 49 다음 Java로 구현된 프로그램을 분석하여 그 실행 결과를 쓰시오. (단, 출력문의 출력 서식을 준수하시오.)

```
class Connection {
    private static Connection _inst = null;
    private int count = 0;
    public static Connection get() {
        if(_inst == null) {
            _inst = new Connection();
            return _inst;
        }
        return _inst;
    }
    public void count() { count++; }
    public int getCount() { return count; }
}

public class Test {
    public static void main(String[] args) {
        Connection conn1 = Connection.get();
        conn1.count();
        Connection conn2 = Connection.get();
        conn2.count();
        Connection conn3 = Connection.get();
        conn3.count();
        System.out.print(conn1.getCount());
    }
}
```

답 :

정답 및 해설은 359쪽에 있습니다.

3731050

문제 50 다음 C언어로 구현된 프로그램을 분석하여 배열 ⟨mines⟩의 각 칸에 들어갈 값을 쓰시오.

```
#include <stdio.h>
main( ) {
    int field[4][4] = { {0,1,0,1}, {0,0,0,1}, {1,1,1,0}, {0,1,1,1} };
    int mines[4][4] = { {0,0,0,0}, {0,0,0,0}, {0,0,0,0}, {0,0,0,0} };
    int w = 4, h = 4;
    for (int y = 0; y < h; y++) {
        for (int x = 0; x < w; x++) {
            if (field[y][x] == 0) continue;
            for (int j = y - 1; j <= y + 1; j++) {
                for (int i = x - 1; i <= x + 1; i++) {
                    if (chkover(w, h, j, i) == 1)
                        mines[j][i] += 1;
                }
            }
        }
    }
}

int chkover(int w, int h, int j, int i) {
    if (i >= 0 && i < w && j >= 0 && j < h) return 1;
    return 0;
}
```

배열 ⟨field⟩

0	1	0	1
0	0	0	1
1	1	1	0
0	1	1	1

배열 ⟨mines⟩

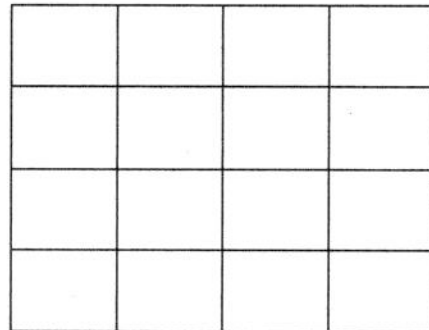

답 :

10장 프로그래밍 언어 활용 정답

Section 118

[문제 1]

헝가리안 표기법은 변수 작성 시 변수명에 자료형을 암시하는 문자를 덧붙여 작성하는 표기법이다.

[문제 2]

1, 9, 3

```
#include <stdio.h>
main( )
{
    int i = 10, j = 10, k = 30;
    i /= j;     i = i / j와 같다. 즉 i = 10 / 10으로 i에는 1이 저장된다.
    j -= i;     j = j - i와 같다. 즉 j = 10 - 1로 j에는 9가 저장된다.
    k %= j;     k = k % j와 같다. 즉 k = 30 % 9로 k에는 3이 저장된다.
    printf("%d, %d, %d\n", i, j, k);  결과 1, 9, 3
}
```

[문제 3]

Scanner

```
import java.util.Scanner;

public class Test {
    public static void main(String args[ ]) {
        Scanner scan = new Scanner(System.in);   Scanner 클래스의 객체 변수 scan을 키보드로 입력받을 수 있도록 생성한다.
                                                 System.in은 표준 입력장치, 즉 키보드를 의미한다.
        int a = scan.nextInt( );          정수형 변수 a를 선언하고, 키보드로부터 정수형 값을 입력받아 a에 저장한다.
        int b = scan.nextInt( );          정수형 변수 b를 선언하고, 키보드로부터 정수형 값을 입력받아 b에 저장한다.
        System.out.printf("%d", a + b);   화면에 a와 b의 합을 출력한다.
        scan.close( );                    scan 객체가 확보한 메모리 영역을 해제한다.
    }
}
```

[문제 4]

200, 201, 300

```
#include <stdio.h>
main( )
{
  int result, a = 100, b = 200, c = 300;
  result = a < b ? b++ : --c;   b++은 후치 연산이고 --c는 전치 연산이므로 a가 b보다 작으면 result에 b의 값 200을 저장한 후 b를 1 증가
                                시키고(b++) 그렇지 않으면 c에서 1을 뺀(--c) 값 299를 저장한다.
  printf("%d, %d, %d\n", result, b, c);   결과 200, 201, 300
}
```

[문제 5]

13 34

```
#include <stdio.h>
main(){
    int i, j;
    scanf("%o#%x", &i, &j);
    printf("%d %d", i, j);
}
```

scanf("%o#%x", &i, &j); : '#'을 기준으로 입력값을 구분하여 앞에 입력된 수는 정수형 8진수로, 뒤에 입력된 수는 정수형 16진수로 각각 변수 i와 j에 저장한다.

printf("%d %d", i, j); : 8진수 15를 10진수로 변환하여 출력한 다음 공백을 한 칸 띄우고, 16진수 22를 10진수로 변환하여 출력한다.

- 8진수 15를 10진수로 변환하면 $1 \times 8^1 + 5 \times 8^0 = 13$이다.
- 16진수 22를 10진수로 변환하면 $2 \times 16^1 + 2 \times 16^0 = 34$이다.

결과 13 34

[문제 6]

20, 24, 36, 80

```
#include <stdio.h>
main()
{
    int j = 024, k = 24, L = 0x24, hap;
    hap = j + k + L;
    printf("%d, %d, %d, %d\n", j, k, L, hap);
}
```

int j = 024, k = 24, L = 0x24, hap; : 정수형 변수 j, k, L, hap를 선언하면서 j에는 8진수 24, k에는 10진수 24, L에는 16진수 24를 저장한다.

※ Java도 C언어와 마찬가지로 8진수는 숫자 앞에 0을, 16진수는 숫자 앞에 0x를 붙인다.

※ Python은 8진수는 숫자 앞에 0o, 16진수는 숫자 앞에 0x를 붙인다.

hap = j + k + L; : hap에는 j, k, L의 값이 10진수로 변환되어 더해진(20+24+36) 결과(80)가 저장된다.

- 8진수 24를 10진수로 변환하면 $2 \times 8^1 + 4 \times 8^0 = 20$이다.
- 16진수 24를 10진수로 변환하면 $2 \times 16^1 + 4 \times 16^0 = 36$이다.

printf("%d, %d, %d, %d\n", j, k, L, hap); 결과 20, 24, 36, 80

[문제 7]

1, 0

```
#include <stdio.h>
main()
{
    int i = 5, j = 4, k = 1, L, m;
    L = i > 5 || j != 0;
    m = j <= 4 && k < 1;
    printf("%d, %d\n", L, m);
}
```

L = i > 5 || j != 0; : 관계 연산자와 논리 연산자가 있으면 관계 연산자를 먼저 수행한다. 'i > 5'는 거짓이고 'j != 0'은 참이므로 0(거짓) || 1(참) = 1(참)이 되어 L에 1이 저장된다.

m = j <= 4 && k < 1; : 'j <= 4'는 참이고 'k < 1'은 거짓이므로 1(참) && 0(거짓) = 0(거짓)이 되어 m에 0이 저장된다.

printf("%d, %d\n", L, m); 결과 1, 0

[문제 8]

7

```
public class Test {
   public static void main(String[ ] args) {
❶      int w = 3, x = 4, y = 3, z = 5;
❷      if((w == 2 | w == y) & !(y > z) & (1 == x ^ y != z)) {
❸               w = x + y;
❹               if(7 == x ^ y != w)
❺                        System.out.println(w);
               else
                        System.out.println(x);
      } ❻
      else {
               w = y + z;
               if(7 == y ^ z != w)
                        System.out.println(w);
               else
                        System.out.println(z);
      } ❼
   }
}
```

❶ 정수형 변수 w, x, y, z를 선언하고 각각 3, 4, 3, 5로 초기화한다.

❷ 조건이 참이면 ❸번부터 ❻번 이전까지의 문장을, 거짓이면 ❻번 아래 else의 다음 문장부터 ❼번 이전까지의 문장을 수행한다. 연산자 우선순위에 따라 다음의 순서로 조건의 참/거짓을 확인한다.

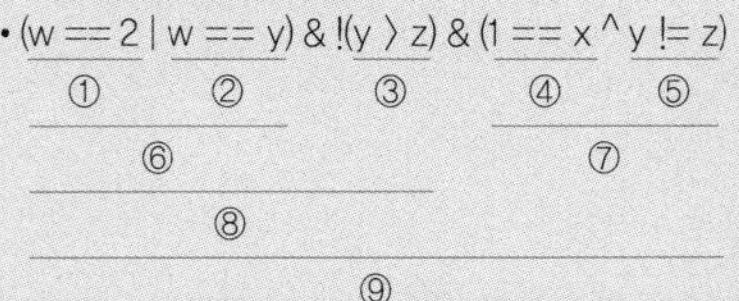

- ① : w의 값 3과 2는 같지 않으므로 거짓(0)이다.
- ② : w의 값 3과 y의 값 3은 같으므로 참(1)이다.
- ③ : y의 값 3은 z의 값 5보다 크지 않으므로 거짓(0)이지만, 앞에 !(논리 not)가 있으므로 참(1)이다.
- ④ : 1과 x의 값 4는 같지 않으므로 거짓(0)이다.
- ⑤ y의 값 3과 z의 값 5는 같지 않으므로 참(1)이다.
- ⑥ ① | ② : ①의 결과 0과 ②의 결과 1을 |(비트 or) 연산하면

```
  0 0 0 0 (0)
| 0 0 0 1 (1)
-------------
  0 0 0 1 (1)
```

이므로 결과는 1이다.

- ⑦ ④ ^ ⑤ : ④의 결과 0과 ⑤의 결과 1을 ^(비트 xor) 연산하면

```
  0 0 0 0 (1)
^ 0 0 0 1 (1)
-------------
  0 0 0 1 (1)
```

이므로 결과는 1이다.

- ⑧ ⑥ & ③ : ⑥의 결과 1과 ③의 결과 1을 &(비트 and) 연산하면

```
  0 0 0 1 (1)
& 0 0 0 1 (1)
-------------
  0 0 0 1 (1)
```

이므로 결과는 1이다.

- ⑨ ⑧ & ⑦ : ⑧의 결과 1과 ⑦의 결과 1을 &(비트 and) 연산하면 결과는 1이다.

∴ 최종 결과는 1이며, 1은 조건에서 참을 의미하므로 ❸번으로 이동한다.

❸ w에 x와 y의 합을 저장한다. (w=7)

❹ 조건이 참이면 ❺번 문장을, 거짓이면 ❺번 아래 else 다음 문장을 수행한다. 연산자 우선순위에 따라 다음의 순서로 조건의 참/거짓을 확인한다.

- 7 == x ^ y != w
  ① ②
  ③
- ① : 7과 x의 값 4는 같지 않으므로 결과는 거짓(0)이다.
- ② : y의 값 3과 w의 값 7은 같지 않으므로 결과는 참(1)이다.
- ③ ① ^ ② : ①의 결과 0과 ②의 결과 1을 ^(비트 xor) 연산하면 결과는 1이다.

∴ 최종 결과는 1이며, 1은 조건에서 참을 의미하므로 ❺번 문장을 수행한다.

❺ w의 값 7을 출력하고 커서를 다음 줄의 처음으로 옮긴다. 모든 if문이 종료되었으므로 ❼번으로 이동하여 프로그램을 종료한다.

결과
```
7
```

[문제 9]

① m / 1000 ② m % 1000 / 500 ③ m % 500 / 100 ④ m % 100 / 10

```
#include <stdio.h>
main( ) {
❶   int m = 4620;
❷   int a = m / 1000;
❸   int b = m % 1000 / 500;
❹   int c = m % 500 / 100;
❺   int d = m % 100 / 10;
❻   printf("1000원의 개수 : %d\n", a);
❼   printf("500원의 개수 : %d\n", b);
❽   printf("100원의 개수 : %d\n", c);
❾   printf("10원의 개수 : %d\n", d);
}
```

❶ 정수형 변수 m을 선언하고 4620으로 초기화한다.

❷ 정수형 변수 a를 선언하고 'm / 1000'의 값 4로 초기화한다.

❸ 정수형 변수 b를 선언하고 'm % 1000 / 500'의 값 1로 초기화한다.

❹ 정수형 변수 c를 선언하고 'm % 500 / 100'의 값 1로 초기화한다.

❺ 정수형 변수 d를 선언하고 'm % 100 / 10'의 값 2로 초기화한다.

❻ 화면에 **1000원의 개수 :** 과 a의 값 **4**를 출력하고 커서를 다음 줄의 처음으로 옮긴다.

결과
```
1000원의 개수 : 4
```

❼ 화면에 **500원의 개수 :** 과 b의 값 **1**을 출력하고 커서를 다음 줄의 처음으로 옮긴다.

결과
```
1000원의 개수 : 4
500원의 개수 : 1
```

❽ 화면에 **100원의 개수 :** 과 c의 값 **1**을 출력하고 커서를 다음 줄의 처음으로 옮긴다.

결과
```
1000원의 개수 : 4
500원의 개수 : 1
100원의 개수 : 1
```

❾ 화면에 **10원의 개수 :** 과 d의 값 **2**를 출력하고 커서를 다음 줄의 처음으로 옮긴다.

결과
```
1000원의 개수 : 4
500원의 개수 : 1
100원의 개수 : 1
10원의 개수 : 2
```

[문제 10]

1

```
#include <stdio.h>
main( )
{
    int a = 5, b = 10, c = 15, d = 30, result;
❶   result = a * 3 + b > d || c - b / a <= d && 1;
    printf("%d\n", result);    결과 1
}
```

❶ 변수에 값을 대입하면 수식은 다음과 같다

5 * 3 + 10 > 30 || 15 - 10 / 5 <= 30 && 1;

① ② ③ ④ ⑤ ⑥ ⑦ ⑧

① 5 * 3 = 15

② 10 / 5 = 2

③ 15 + 10 = 25

④ 15 - 2 = 13

⑤ 25 > 30 = 거짓

⑥ 13 <= 30 = 참

⑦ 참(⑥) && 1(참) = 둘 다 참이므로 결과는 참이다.

⑧ 거짓(⑤) || 참(⑦) = 둘 중 하나라도 참이면 참이므로 참(1)이 result에 저장된다.

Section 119

[문제 1]

① n > 0 ② n % 2

```
public class Test {
    public static void main(String[ ] args) {
❶       int a[ ] = new int[8];
❷       int i = 0;
❸       int n = 10;
❹       while(n > 0) {
❺           a[i++] = n % 2;
❻           n /= 2;
        }
❼       for(i = 7; i >= 0; i--)
❽           System.out.print(a[i]);
    }
}
```

❶ 8개의 요소를 갖는 정수형 배열 a를 선언한다.

배열 a | 0 | 0 | 0 | 0 | 0 | 0 | 0 | 0 |

※ Java는 배열 선언 시 초기값을 지정하지 않으면, 배열의 모든 요소에 자동으로 0이 저장된다.

❷ 정수형 변수 i를 선언하고 0으로 초기화한다.

❸ 정수형 변수 n을 선언하고 10으로 초기화한다.

❹ n이 0보다 큰 동안 ❺~❻번을 반복 수행한다.

❺ i++은 후치 증가 연산자이므로, a[i]에 n을 2로 나눈 나머지를 저장한 후, i의 값을 1 증가시킨다.

❻ 'n = n / 2;'와 동일하다. n을 2로 나눈 값을 n에 저장한다.

while 반복문 실행에 따른 변수들의 변화는 다음과 같다.

i	n	n % 2	a[8]
0	10	0	**0** 0 0 0 0 0 0 0
1	5	1	0 **1** 0 0 0 0 0 0
2	2	0	0 1 **0** 0 0 0 0 0
3	1	1	0 1 0 **1** 0 0 0 0
4	0		

❼ 반복 변수 i가 7에서 시작하여 1씩 감소하면서 0보다 크거나 같은 동안 ❽번을 반복 수행한다.

❽ a[i]의 값을 출력한다.

for 반복문 실행에 따른 변수들의 변화는 다음과 같다.

배열 a | 0 | 1 | 0 | 1 | 0 | 0 | 0 | 0 |

i	출력
7	**0**
6	0 **0**
5	0 0 **0**
4	0 0 0 **0**
3	0 0 0 0 **1**
2	0 0 0 0 1 **0**
1	0 0 0 0 1 0 **1**
0	0 0 0 0 1 0 1 **0**
−1	

[문제 2]

① 3 ② 5

```
public class Test {
  public static void main(String[ ] args) {
❶     int ary[ ][ ] = new int[3][5];
❷     int n = 1;
❸     for(int i = 0; i < 3; i++) {
❹        for(int j = 0; j < 5; j++) {
❺           ary[i][j] = j * 3 + i + 1;
❻           System.out.print(ary[i][j] + " ");
         }
❼        System.out.println( );
      }
   }
}
```

❶ 3행 5열의 요소를 갖는 정수형 2차원 배열 ary를 선언한다.
❷ 정수형 변수 n을 선언하고 1로 초기화한다.
❸ 반복 변수 i가 0에서 시작하여 1씩 증가하면서 3보다 작은 동안 ❹~❼번을 반복 수행한다.
❹ 반복 변수 j가 0에서 시작하여 1씩 증가하면서 5보다 작은 동안 ❺~❻번을 반복 수행한다.
❺ ary[i][j]에 j*3+i+1을 연산한 값을 저장한다.
❻ ary[i][j]의 값을 출력하고 공백을 한 칸 띄운다.
❼ println( ) 메소드를 사용했으므로 커서가 다음 줄의 처음으로 이동된다.
※ 반복문 실행에 따른 변수들의 변화는 다음과 같다.

n	i	j	ary[3][5]	출력
1	0	0 1 2 3 4 5	1 4 7 10 13 	**1 4 7 10 13**
	1	0 1 2 3 4 5	1 4 7 10 13 2 5 8 11 14 	1 4 7 10 13 **2 5 8 11 14**
	2	0 1 2 3 4 5	1 4 7 10 13 2 5 8 11 14 3 6 9 12 15	1 4 7 10 13 2 5 8 11 14 **3 6 9 12 15**
	3			

[문제 3]

151

```
#include <stdio.h>
#include <stdlib.h>

main(int argc, char *argv[]) {
❶ int v1 = 0;
❷ int v2 = 35;
❸ int v3 = 29;
❹ if (v1 > v2 ? v2 : v1)
     v2 = v2 << 2;
  else
❺    v3 = v3 << 2;
❻ printf("%d", v2 + v3);
❼ return 0;
}
```

❶ 정수형 변수 v1을 선언하고 0으로 초기화한다.
❷ 정수형 변수 v2를 선언하고 35로 초기화한다.
❸ 정수형 변수 v3을 선언하고 29로 초기화한다.

❹ v1이 v2보다 크면 v2의 값을 조건으로 사용하고 그렇지 않으면 v1의 값을 조건으로 사용한다. 조건은 결과가 0이면 거짓이고, 나머지는 참이다. 0은 35보다 크지 않으므로 v1의 값 0을 조건으로 사용한다. 조건의 결과가 0, 즉 거짓이므로 ❺번 문장으로 이동한다.

❺ <<는 왼쪽 시프트 연산자로, v3에 저장된 값을 왼쪽으로 2비트 이동시킨 후 v3에 저장한다. 정수는 4Byte를 사용하므로 29를 4Byte 2진수로 변환하여 계산하면 된다.

- 29를 4Byte 2진수로 표현하면 다음과 같다.

	32	31	30	29	…	9	8	7	6	5	4	3	2	1
29	0	0	0	0	…	0	0	0	0	1	1	1	0	1
	부호 비트				…		2^7	2^6	2^5	2^4	2^3	2^2	2^1	2^0
							128	64	32	16	8	4	2	1

- 부호를 제외한 전체 비트를 왼쪽으로 2비트 이동시킨다. 양수이므로 패딩 비트(빈자리)에는 0이 채워진다.

	32	31	30	29	…	9	8	7	6	5	4	3	2	1	
116	0	0	0	0	…	0	0	1	1	1	0	1	0	0	패딩 비트
	부호 비트				…		2^7	2^6	2^5	2^4	2^3	2^2	2^1	2^0	
							128	64	32	16	8	4	2	1	

- 이동된 값을 10진수로 변환하면 116이다. v3에는 116이 저장된다.

❻ v2+v3의 결과 **151**을 정수형으로 출력한다.

결과 **151**

❼ main( ) 함수에서의 'return 0'은 프로그램의 종료를 의미한다.

[문제 4]

30

```
public class Test{
   public static void main(String[ ] args){
❶      int a = 0, sum = 0;
❷      while (a < 10) {
❸         a++;
❹         if (a%2 == 1)
❺            continue;
❻         sum += a;
       }
❼      System.out.println(sum);
   }
}
```

❶ 정수형 변수 a와 sum을 선언하고 각각 0으로 초기화한다.

❷ a가 10보다 작은 동안 ❸~❻번을 반복 수행한다.

❸ 'a = a + 1;'과 동일하다. a의 값에 1을 누적시킨다.

❹ a%2 즉 a를 2로 나눈 나머지가 1이면 ❺번을 수행하고, 아니면 ❻번으로 이동한다.

❺ while문의 시작점인 ❷번으로 제어를 이동시킨다.

❻ 'sum = sum + a;'와 동일하다. sum에 a의 값을 누적시킨다.

반복문 실행에 따른 변수들의 변화는 다음과 같다.

a	sum
0	0
1	
2	2
3	
4	6
5	
6	12
7	
8	20
9	
10	30

❼ sum의 값을 출력한 후 커서가 다음 줄의 처음으로 이동된다.

결과 `30`

[문제 5]

-8

```
#include <stdio.h>
main() {
❶ int c = 1;
❷ switch (3) {
   case 1: c += 3;
   case 2: c++;
❸ case 3: c = 0;
❹ case 4: c += 3;
❺ case 5: c -= 10;
❻ default: c--;
   }
❼ printf("%d", c);
}
```

모든 case문에 break문이 생략되었으므로, switch문의 인수와 일치하는 'case 3' 문장부터 switch문이 종료될 때까지 모든 문장이 실행된다.

❶ 정수형 변수 c를 선언하고 1로 초기화한다. → c = 1
❷ 3에 해당하는 숫자를 찾아간다. 'case 3' 문장으로 이동한다.
❸ c의 값을 0으로 치환한다. → c = 0
❹ 'c = c + 3'과 동일하다. c의 값에 3을 더한다. → c = 3
❺ 'c = c − 10'과 동일하다. c의 값에서 10을 뺀다. → c = −7
❻ 'c = c − 1'과 동일하다. c의 값에서 1을 뺀다. → c = −8
❼ c의 값을 정수형으로 출력한다.

결과 `-8`

[문제 6]

① %　　② 10

```
#include <stdio.h>
main() {
❶  int input = 101110;
❷  int di = 1;
❸  int sum = 0;
❹  while (1) {
❺      if (input == 0) break;
❻      sum = sum + (input % 10) * di;
❼      di = di * 2;
❽      input = input / 10;
    }
❾  printf("%d", sum);
}
```

❶ 정수형 변수 input을 선언하고 101110으로 초기화한다.
❷ 정수형 변수 di를 선언하고 1로 초기화한다. di는 2^0(=1)부터 2^5(=32)의 값이 저장될 변수이다.
❸ 정수형 변수 sum을 선언하고 0으로 초기화한다. sum에는 2진수의 각 자리와 di를 곱한 값이 누적된다.

❹ ❺~❽번을 무한 반복하다가 ❺번에서 break를 만나면 반복문을 벗어나 ❾번으로 이동한다.

❺ input의 값이 0이면 반복문을 벗어나 ❾번으로 이동한다. input이 0이라는 의미는 더 이상 10으로 나눌 2진수가 없다는 것을 의미한다.

❻ sum에 input을 10으로 나눈 나머지에 di를 곱한 값을 누적시킨다.

❼ di에 2를 곱한다. 2의 제곱수를 1씩 증가시키는 과정이다. ($2^0 \times 2 = 2^1$, $2^1 \times 2 = 2^2$, …, $2^4 \times 2 = 2^5$)

❽ input을 10으로 나눈다. 다음 계산을 위해 2진수를 10으로 나눈 몫을 구하는 과정이다. 반복문 실행에 따른 변수들의 변화는 다음과 같다.

input	di	(input%10)*di	sum
101110	1	0	0
10111	2	2	0
1011	4	4	2
101	8	8	6
10	16	0	14
1	32	32	14
0			46

❾ sum의 값 46을 정수로 출력한다.

결과 **46**

[문제 7]

2

```
#include <stdio.h>
main( ) {
❶ int s, el = 0;
❷ for (int i = 6; i <= 30; i++) {
❸     s = 0;
❹     for (int j = 1; j <= i / 2; j++)
❺         if (i % j == 0)
❻             s = s + j;
❼     if (s == i)
❽         el++;
   }
❾ printf("%d", el);
}
```

❶ 정수형 변수 s, el을 선언하고, el은 0으로 초기화한다.

❷ 반복 변수 i가 6부터 1씩 증가하면서 30보다 작거나 같은 동안 ❸~❽번을 반복 수행한다.

❸ s에 0을 저장한다.

❹ 반복 변수 j가 1부터 1씩 증가하면서 i/2보다 작거나 같은 동안 ❺, ❻번을 반복 수행한다.

❺ i를 j로 나눈 나머지가 0이면 j가 약수이므로, ❻번으로 이동하고, 아니면 반복문의 처음인 ❹번으로 이동한다.

❻ s에 j의 값을 누적시킨다. 구해진 약수를 더하는 과정이다.

❼ s와 i의 값이 같으면 약수를 모두 더한 값과 자신이 같은 수를 찾은 것이므로, ❽번으로 이동하고, 아니면 반복문의 처음인 ❷번으로 이동한다.

❽ 'el = el + 1;'과 동일하다. 약수를 모두 더한 값과 자신이 같은 수의 개수를 누적시키는 과정이다.
반복문 실행에 따른 변수들의 변화는 다음과 같다.

i	j	s	el
			0
6		0	
	1	1	
	2	3	
	3	6	
	4		1

7		0	
	1	1	
	2		
	3		
	4		
⋮	⋮	⋮	⋮
28		0	
	1	1	
	2	3	
	3		
	4	7	
	5		
	6		
	7	14	
	⋮	⋮	⋮
	14	28	
	15		2
⋮	⋮	⋮	⋮
31			

❾ e1의 값 2를 정수로 출력한다.

결과 **2**

[문제 8]

24513

```
public class Test {
   public static void main(String[ ] args) {
❶     int result[ ] = new int[5];
❷     int arr[ ] = { 77, 32, 10, 99, 50 };
❸     for(int i = 0; i < 5; i++) {
❹        result[i] = 1;
❺        for(int j = 0; j < 5; j++)
❻           if(arr[i] < arr[j])
❼              result[i]++;
      }
❽     for(int k = 0; k < 5; k++)
❾        System.out.print(result[k]);
   }
}
```

❶ 5개의 요소를 갖는 정수형 배열 result를 선언한다.

	[0]	[1]	[2]	[3]	[4]
result	0	0	0	0	0

※ Java에서는 배열을 선언하고 초기화하지 않으면 배열의 모든 요소가 0으로 초기화됩니다.

❷ 정수형 배열 arr을 선언하고 초기화한다. 초기화 값의 개수로 배열의 크기가 정해진다.

	[0]	[1]	[2]	[3]	[4]
arr	77	32	10	99	50

❸ 반복 변수 i가 0부터 1씩 증가하면서 5보다 작은 동안 ❹~❼번을 반복 수행한다.

❹ 다른 점수들과 비교하기 전까지 모든 점수의 석차는 1등이므로, result[i]에 1을 저장한다.

❺ 반복 변수 j가 0부터 1씩 증가하면서 5보다 작은 동안 ❻, ❼번을 반복 수행한다.

❻ 현재 점수(arr[i])가 비교 점수(arr[j])보다 작으면 석차를 1 증가시키기 위해 ❼번으로 이동하고, 아니면 반복문의 시작인 ❺번으로 이동한다.

❼ 'result[i] = result[i] + 1;'과 동일하다. i번째 점수의 석차를 1씩 증가시킨다.
반복문 실행에 따른 변수들의 변화는 다음과 같다.

i	j	arr[i]	arr[j]	result				
				[0]	[1]	[2]	[3]	[4]
0				1	0	0	0	0
	0	77	77					
	1		32					
	2		10					
	3		99	2	0	0	0	0
	4		50					
	5							
1				2	1	0	0	0
	0	32	77	2	2	0	0	0
	1		32					
	2		10					
	3		99	2	3	0	0	0
	4		50	2	4	0	0	0
	5							
2				2	4	1	0	0
	0	10	77	2	4	2	0	0
	1		32	2	4	3	0	0
	2		10					
	3		99	2	4	4	0	0
	4		50	2	4	5	0	0
	5							
3				2	4	5	1	0
	0	99	77					
	1		32					
	2		10					
	3		99					
	4		50					
	5							
4				2	4	5	1	1
	0	50	77	2	4	5	1	2
	1		32					
	2		10					
	3		99	2	4	5	1	3
	4		50					
	5							
5								

❽ 반복 변수 k가 0부터 1씩 증가하면서 5보다 작은 동안 ❾번을 반복 수행한다.
❾ result[k]의 값을 출력한다.

결과 **24513**

[문제 9]

996

```
public class Test {
    public static void main(String[ ] args) {
❶       int r = 0;
❷       for (int i = 1; i < 999; i++) {
❸           if (i % 3 == 0 && i % 2 == 0)
❹               r = i;
        }
❺       System.out.print(r);
    }
}
```

❶ 정수형 변수 r을 선언하고 0으로 초기화한다.

❷ 반복 변수 i가 1부터 1씩 증가하면서 999보다 작은 동안 ❸, ❹번을 반복 수행한다.

❸ i를 3과 2로 나눈 나머지가 모두 0이면, 3의 배수이면서 2의 배수이므로 i를 저장하기 위해 ❹번으로 이동하고, 아니면 반복문의 시작인 ❷번으로 이동한다.

❹ r에 i의 값을 저장한다.

반복문 실행에 따른 변수들의 변화는 다음과 같다.

i	i%3	i%2	r
			0
1	1	1	
2	2	0	
3	0	1	
4	1	0	
5	2	1	
6	0	0	6
7	1	1	
⋮	⋮	⋮	⋮
995	2	1	
996	0	0	996
997	1	1	
998	2	0	
999			

❺ r의 값을 출력한다.

결과 996

[문제 10]

0+1+2+3+4+5=15

```
public class Test {
   public static void main(String[ ] args) {
❶      int j, i;
❷      for (j = 0, i = 0; i <= 5; i++) {
❸         j += i;
❹         System.out.print(i);
❺         if (i == 5) {
❻            System.out.print("=");
❼            System.out.print(j);
          }
          else
❽            System.out.print("+");
      }
   }
}
```

❶ 정수형 변수 j, i를 선언한다.

❷ 반복 변수 i가 0부터 1씩 증가하면서 5보다 작거나 같은 동안 ❸~❽번을 반복 수행한다. i가 0으로 초기화될 때 j도 0으로 초기화된다.

❸ 'j = j + i;'와 동일하다. j에 i의 값을 누적시킨다.

❹ i의 값을 출력한다.

❺ i가 5와 같으면 ❻, ❼번을 수행하고, 아니면 ❽번을 수행한다.

❻ =을 출력한다.

❼ j의 값을 출력한다.

❽ +를 출력한다.

※ 반복문 실행에 따른 변수들의 변화는 다음과 같다.

i	j	출력
0	0	**0+**
1	1	0+**1+**
2	3	0+1+**2+**
3	6	0+1+2+**3+**
4	10	0+1+2+3+**4+**
5	15	0+1+2+3+4+**5=15**
6		

[문제 11]

n[(i + 1) % 5]

```
#include <stdio.h>
main( ) {
❶   int n[ ] = { 5, 4, 3, 2, 1 };
❷   for (int i = 0; i < 5; i++)
❸      printf("%d", n[(i + 1) % 5]);
}
```

❶ 5개의 요소를 갖는 정수형 배열 n을 선언하고 초기화한다.

	[0]	[1]	[2]	[3]	[4]
n	5	4	3	2	1

❷ 반복 변수 i가 0부터 1씩 증가하면서 5보다 작은 동안 ❸번을 반복 수행한다.

❸ n[(i + 1) % 5]의 값을 정수로 출력한다. 반복문 실행에 따른 변수들의 변화는 다음과 같다.

i	(i+1)%5	출력
0	1	4
1	2	43
2	3	432
3	4	4321
4	0	43215
5		

[문제 12]

3

1

45

50

89

```
public class Test {
   public static void main(String[ ] args) {
❶     int aa[ ][ ] = { {45, 50, 75},
                     {89} };
❷     System.out.println(aa[0].length);
❸     System.out.println(aa[1].length);
❹     System.out.println(aa[0][0]);
❺     System.out.println(aa[0][1]);
❻     System.out.println(aa[1][0]);
   }
}
```

❶ 4개의 요소를 갖는 정수형 2차원 배열 aa를 선언한다.

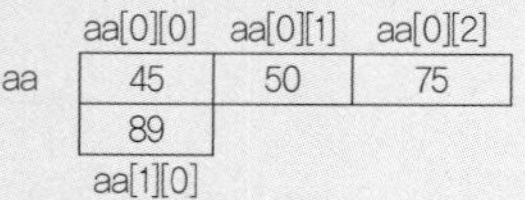

❷ aa[0] 배열의 길이 3을 출력하고 커서를 다음 줄의 처음으로 옮긴다.

• length : length는 배열 클래스의 속성으로, 배열 요소의 개수가 저장되어 있다. aa[0] 배열은 2차원 배열 aa의 첫 번째 행을 가리키는 것이므로, aa[0].length는 첫 번째 행의 요소 수 3을 가지고 있다.

결과
```
3
```

❸ aa[1] 배열의 길이 1을 출력하고 커서를 다음 줄의 처음으로 옮긴다.

• aa[1] 배열은 2차원 배열 aa의 두 번째 행을 가리키는 것이므로, aa[1].length는 두 번째 행의 요소 수 1을 가지고 있다.

결과
```
3
1
```

❹ aa[0][0]의 값 45를 출력하고 커서를 다음 줄의 처음으로 옮긴다.

결과
```
3
1
45
```

❺ aa[0][1]의 값 50을 출력하고 커서를 다음 줄의 처음으로 옮긴다.

결과
```
3
1
45
50
```

❻ aa[1][0]의 값 89를 출력하고 커서를 다음 줄의 처음으로 옮긴다.

결과
```
3
1
45
50
89
```

[문제 13]

① != 또는 > ② % ③ /

```
#include <stdio.h>
int main( ) {
❶    int number = 1234;
❷    int div = 10, result = 0;

❸    while (number != 0) {
❹        result = result * div;
❺        result = result + number % div;
❻        number = number / div;
     }
❼    printf("%d", result);
}
```

❶ 정수형 변수 number를 선언하고 1234로 초기화한다.
❷ 정수형 변수 div와 result를 선언하고 각각 10과 0으로 초기화한다.
❸ number가 몫의 역할을 하므로 0이 될 때까지 ❹~❻번을 반복 수행한다.
❹ 새로운 나머지를 더하기 전에 기존의 나머지가 저장된 result에 10을 곱한다.
❺ 새로운 나머지를 result에 더한다.
❻ 다음 나머지를 구하기 위해 number를 10으로 나눈다.
반복문 실행에 따른 변수들의 변화는 다음과 같다.

number	div	result
1234 123	10	0 0 4
  12		40 43
  1		430 432
  0		4320 4321

❼ result의 값 4321을 정수로 출력한다.

결과 4321

Section 120

[문제 1]

KOREA

EA

K

E

M

```
#include <stdio.h>
main( ) {
❶     char *p = "KOREA";
❷     printf("%s\n", p);
❸     printf("%s\n", p + 3);
❹     printf("%c\n", *p);
❺     printf("%c\n", *(p + 3));
❻     printf("%c\n", *p + 2);
}
```

❶ 문자형 포인터 변수 p를 선언하고, 문자열 "KOREA"가 저장된 곳의 주소를 저장한다. 주소는 임의로 정한 것이다.

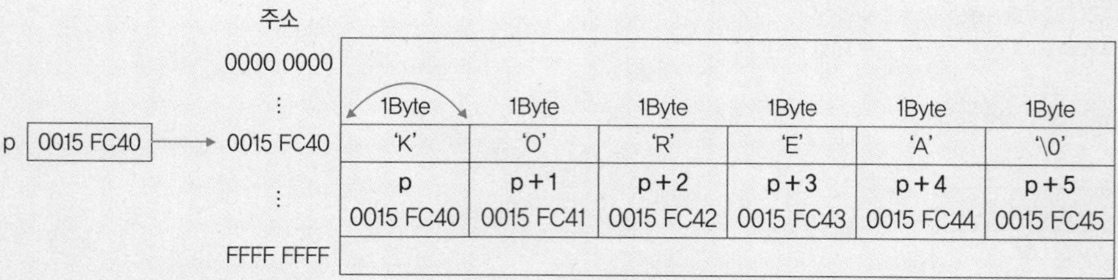

※ 문자열을 저장하는 경우 문자열의 끝을 의미하는 널 문자('\0')가 추가로 저장되며, 출력 시 널 문자는 표시되지 않습니다.

❷ p의 위치부터 문자열의 끝('\0')까지 모든 문자를 하나의 문자열로 출력하고 커서를 다음 줄의 처음으로 옮긴다.

결과
```
KOREA
```

❸ 'p+3'의 위치부터 문자열의 끝('\0')까지 모든 문자를 하나의 문자열로 출력하고 커서를 다음 줄의 처음으로 옮긴다.

결과
```
KOREA
EA
```

❹ p가 가리키는 곳의 값을 문자로 출력하고 커서를 다음 줄의 처음으로 옮긴다.

결과
```
KOREA
EA
K
```

❺ (p+3)이 가리키는 곳의 값을 문자로 출력하고 커서를 다음 줄의 처음으로 옮긴다.

결과
```
KOREA
EA
K
E
```

❻ p가 가리키는 곳의 값에 2를 더한 값을 문자로 출력하고 커서를 다음 줄의 처음으로 옮긴다.

※ "KOREA"라는 문자열이 메모리에 저장될 때 문자로 저장되는 것이 아니라 해당 문자의 아스키 코드 값이 저장됩니다. 즉 'K'는 'K'에 해당하는 아스키 코드 값인 75가 저장됩니다. 그러므로 p가 가리키는 곳의 값인 75에 2를 더한 77을 문자로 출력한다는 것은 알파벳 순서상 'K'의 다다음 문자인 'M'을 출력한다는 의미입니다.

결과
```
KOREA
EA
K
E
M
```

[문제 2]

8

```
#include <stdio.h>
int main( ) {
❶   int ary[3];
❷   int s = 0;
❸   *(ary + 0) = 1;
❹   ary[1] = *(ary + 0) + 2;
❺   ary[2] = *ary + 3;
❻   for (int i = 0; i < 3; i++)
❼       s = s + ary[i];
❽   printf("%d", s);
}
```

❶ 3개의 요소를 갖는 정수형 배열 ary를 선언한다. 주소는 임의로 정한 것이다.

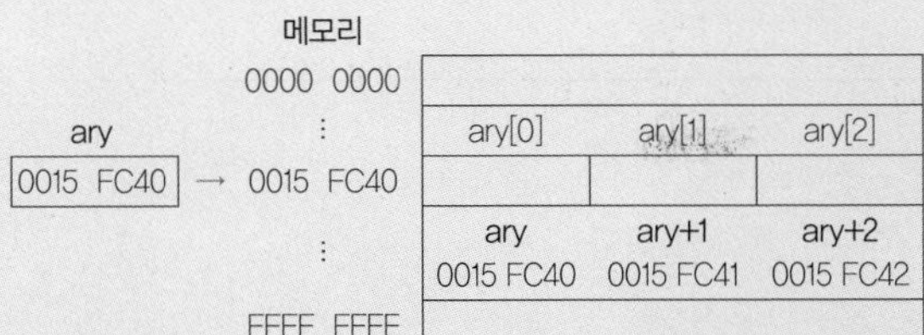

❷ 정수형 변수 s를 선언하고 0으로 초기화한다.

❸ ary+0이 가리키는 곳에 1을 저장한다.

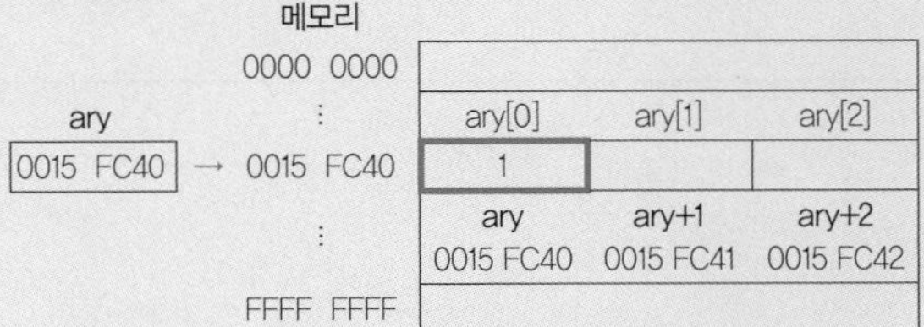

❹ ary[1]에 ary+0이 가리키는 곳의 값 1에 2를 더한 값을 저장한다.

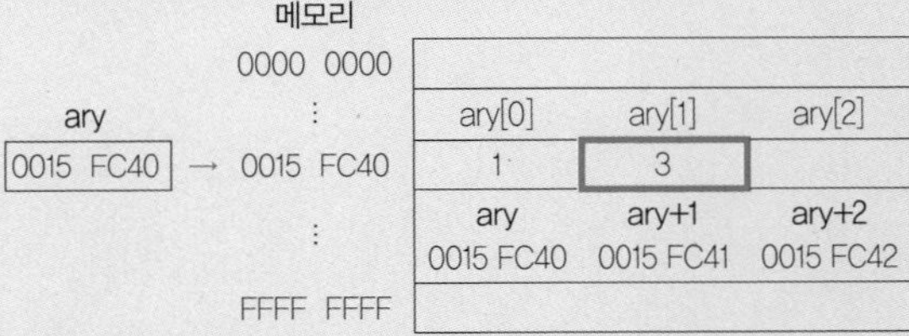

❺ ary[2]에 ary가 가리키는 곳의 값 1에 3을 더한 값을 저장한다.

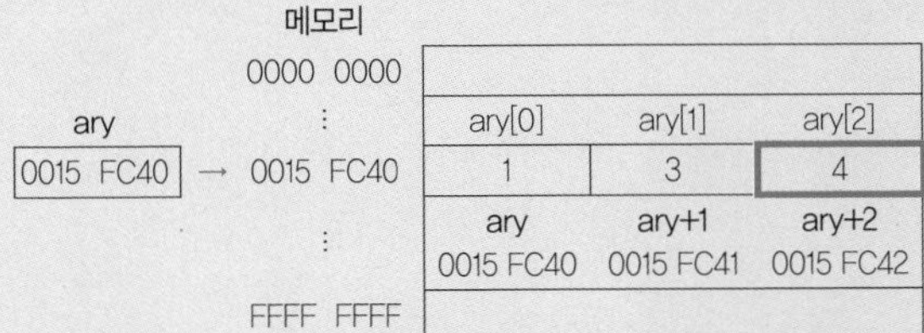

❻ 반복 변수 i가 0에서 시작하여 1씩 증가하면서 3보다 작은 동안 ❼번을 반복 수행한다.

❼ s에 ary[i]의 값을 누적한다.

반복문 실행에 따른 변수들의 변화는 다음과 같다.

i	ary[i]	s
0	1	1
1	3	4
2	4	8
3		

❽ s의 값을 출력한다.

결과 8

[문제 3]

37

```
#include <stdio.h>
int main(){
❶    int* array[3];
❷    int a = 12, b = 24, c = 36;
❸    array[0] = &a;
❹    array[1] = &b;
❺    array[2] = &c;
❻    printf("%d", *array[1] + **array + 1);
}
```

❶ 3개의 요소를 갖는 정수형 포인터 배열 `array`를 선언한다. 주소는 임의로 정한 것이다.

메모리

	주소			
	0000			
	⋮	첫 번째	두 번째	세 번째
array	0500			
		array[0]	array[1]	array[2]
	⋮			
	1000			
	⋮			
	2000			
	⋮			
	3000			
	⋮			
	9999			

❷ 정수형 변수 a, b, c에 각각 12, 24, 36을 저장한다.

메모리

	주소			
	0000			
	⋮	첫 번째	두 번째	세 번째
array	0500			
		array[0]	array[1]	array[2]
	⋮			
a	1000	12		
	⋮			
b	2000	24		
	⋮			
c	3000	36		
	⋮			
	9999			

❸ `array[0]`에 a의 주소를 저장한다.

❹ `array[1]`에 b의 주소를 저장한다.

❺ `array[2]`에 c의 주소를 저장한다.

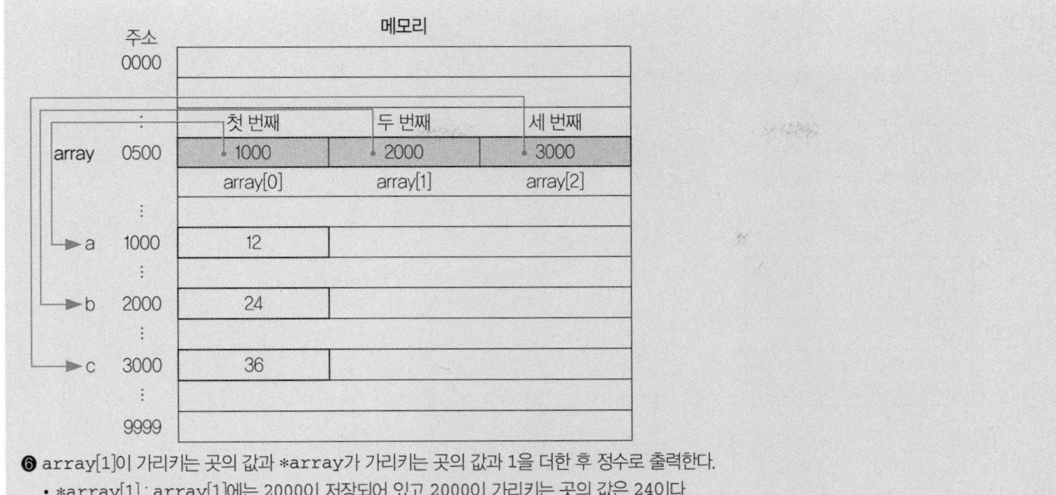

❻ array[1]이 가리키는 곳의 값과 *array가 가리키는 곳의 값과 1을 더한 후 정수로 출력한다.

- *array[1] : array[1]에는 2000이 저장되어 있고 2000이 가리키는 곳의 값은 24이다.
- **array
  - array : 배열의 이름만 지정하면 배열의 첫 번째 요소의 주소인 &array[0], 즉 500을 의미한다.
  - *array : array는 500이고 500이 가리키는 곳의 값은 1000이다.
  - **array : *array는 1000이고 1000이 가리키는 곳의 값은 12이다.

∴ 24 + 12 + 1 = 37

결과 **37**

[문제 4]

22

```
#include <stdio.h>
int main() {
❶    int a[4] = { 0, 2, 4, 8 };
❷    int b[3];
❸    int* p;
❹    int sum = 0;
❺    for (int i = 1; i < 4; i++) {
❻        p = a + i;
❼        b[i - 1] = *p - a[i - 1];
❽        sum = sum + b[i - 1] + a[i];
     }
❾    printf("%d", sum);
}
```

❶ 4개의 요소를 갖는 정수형 배열 a를 선언하고 초기화한다.

	[0]	[1]	[2]	[3]
a	0	2	4	8

❷ 3개의 요소를 갖는 정수형 배열 b를 선언한다.

	[0]	[1]	[2]
b			

❸ 정수형 포인터 변수 p를 선언한다.
❹ 정수형 변수 sum을 선언하고 0으로 초기화한다.
❺ 반복 변수 i가 1부터 1씩 증가하면서 4보다 작은 동안 ❻~❽번을 반복 수행한다.

첫 번째 반복 (i = 1)
❻ p에 a+1의 주소를 저장한다. p에 a 배열의 두 번째 요소인 a[1]의 주소를 저장한다.
❼ b[0]에 p가 가리키는 곳의 값 2에서 a[0]의 값 0을 뺀 2를 저장한다.
❽ sum에 b[0]의 값 2와 a[1]의 값 2를 더한 값 4를 누적한다.

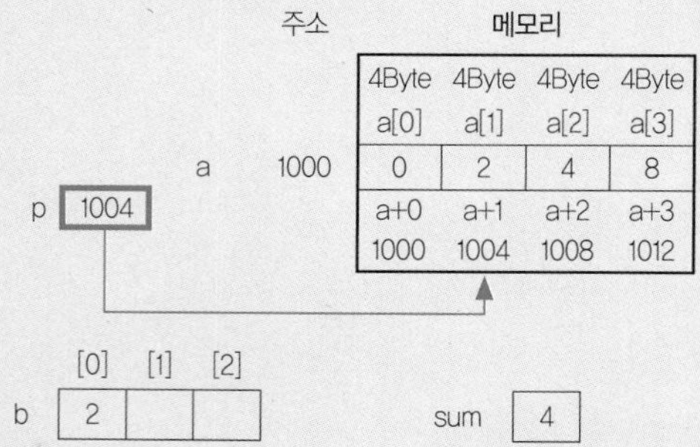

두 번째 반복 (i = 2)
• p에 a+2의 주소인 1008을 저장한다.

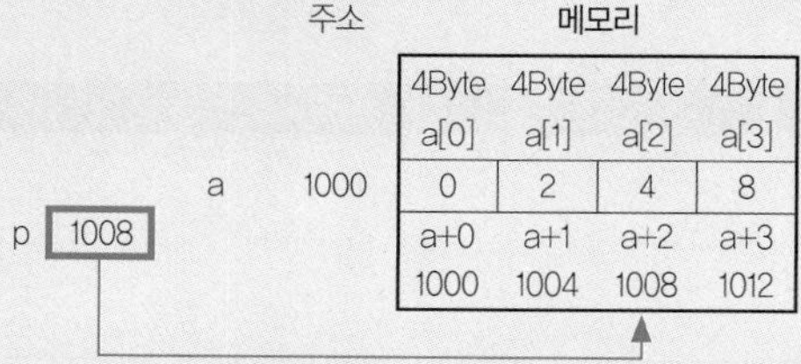

• b[1]에 p가 가리키는 곳의 값 4에서 a[1]의 값 2를 뺀 값인 2를 저장한다.
• sum에 b[1]의 값 2와 a[2]의 값 4를 더한 값 6을 누적한다.

세 번째 반복 (i = 3)
• p에 a+3의 주소인 1012를 저장한다.

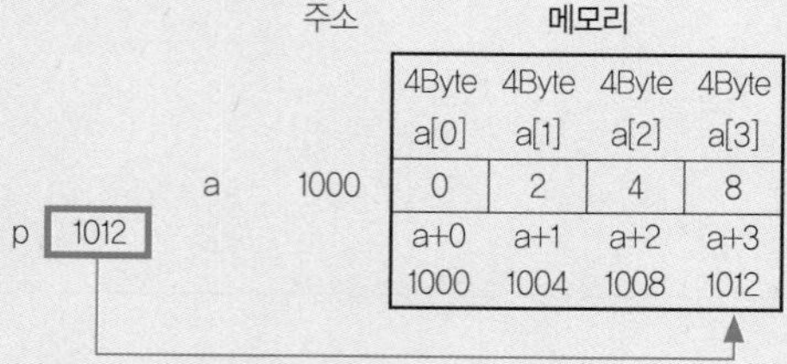

• b[2]에 p가 가리키는 곳의 값 8에서 a[2]의 값 4를 뺀 값인 4를 저장한다.
• sum에 b[2]의 값 4와 a[3]의 값 8을 더한 값 12를 누적한다.

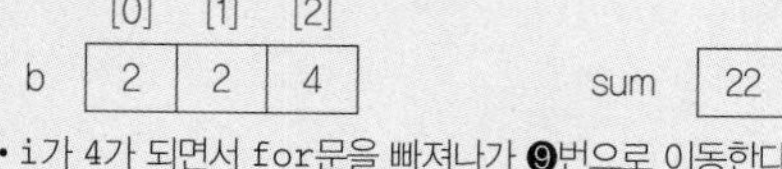

• i가 4가 되면서 for문을 빠져나가 ❾번으로 이동한다.
❾ sum의 값 22를 정수로 출력한다.

결과 22

[문제 5]

qwe

```
#include <stdio.h>
main() {
❶    char* a = "qwer";
❷    char* b = "qwtety";
❸    for (int i = 0; a[i] != '\0'; i++)
❹        for (int j = 0; b[j] != '\0'; j++)
❺            if (a[i] == b[j])
❻                printf("%c", a[i]);
}
```

❶ 문자형 포인터 변수 a를 선언하고 "qwer"이 저장된 곳의 시작 주소를 가리키도록 초기화한다.

※ 다음 그림에서 "qwer"이 저장된 주소는 임의로 정한 것이며, 이해를 돕기 위해 10진수로 표현했습니다.

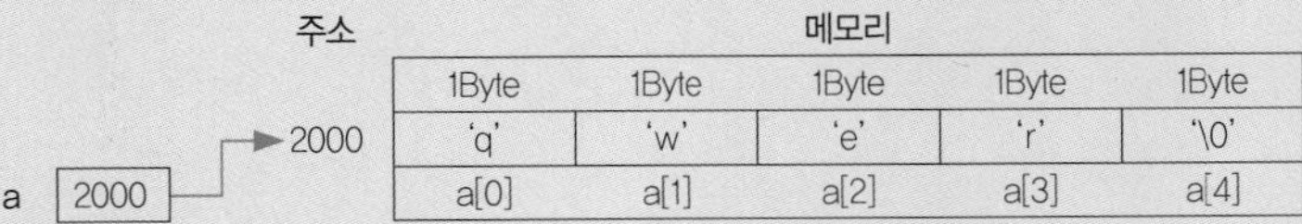

❷ 문자형 포인터 변수 b를 선언하고 "qwtety"가 저장된 곳의 시작 주소를 가리키도록 초기화한다.

※ 다음 그림에서 "qwtety"가 저장된 주소는 임의로 정한 것이며, 이해를 돕기 위해 10진수로 표현했습니다.

주소 / 메모리

	1Byte	1Byte	1Byte	1Byte	1Byte	1Byte	1Byte
3000	'q'	'w'	't'	'e'	't'	'y'	'\0'
b 3000	b[0]	b[1]	b[2]	b[3]	b[4]	b[5]	b[6]

❸ 반복 변수 i가 0부터 1씩 증가하면서 a[i]가 널 문자가 아닌 동안 ❹~❻번을 반복 수행한다. 널 문자(\0)는 문자열의 끝을 의미한다.

❹ 반복 변수 j가 0부터 1씩 증가하면서 b[j]가 널 문자가 아닌 동안 ❺~❻번을 반복 수행한다.

❺ a[i]와 b[j]의 값이 같으면 ❻번을 수행한다.

❻ a[i]의 값을 문자로 출력한다.

반복문 실행에 따른 변수들의 변화는 다음과 같다.

a[i]	b[j]	출력
q	q w t e t y \0	**q**
w	q w t e t y \0	q**w**
e	q w t e t y \0	qw**e**

r	q w t e t y \0	
\0		

Section **121**

[문제 1]

Lee

38

```
#include <stdio.h>
main( ) {
❶   struct insa {
❷       char name[10];
❸       int age;
❹   } a[ ] = { "Kim", 28, "Lee", 38, "Park", 42, "Choi", 31 };
❺   struct insa* p;
❻   p = a;
❼   p++;
❽   printf("%s\n", p->name);
❾   printf("%d\n", p->age);
}
```

❶ 구조체 insa를 정의한다.
구조체의 멤버를 지정할 때는 **[변수명].[멤버이름]**으로 지정하지만, 포인터 변수를 이용해 구조체의 멤버를 지정할 때는 **[변수명]->[멤버이름]**으로 지정한다.

- **구조체**(struct) : 배열이 자료의 형과 크기가 동일한 변수의 모임이라면, 구조체는 자료의 종류가 다른 변수의 모임임
- **멤버**(member) : 일반 변수를 선언하는 것과 동일하게 필요한 변수들을 임의로 선언하면 됨

❷ insa의 멤버로 10개의 요소를 갖는 문자형 배열 name을 선언한다.
❸ insa의 멤버로 정수형 변수 age를 선언한다.
❹ insa 구조체의 형태로 a 배열을 선언하고 초기화한다. 배열의 크기를 지정하지 않았으므로 초기값으로 지정된 수만큼 배열의 요소가 만들어진다.

	char name[10]	int age
insa[0]	insa[0].name[0]~insa[0].name[9]	insa[0].age
insa[1]	insa[1].name[0]~insa[1].name[9]	insa[1].age
insa[2]	insa[2].name[0]~insa[2].name[9]	insa[2].age
insa[3]	insa[3].name[0]~insa[3].name[9]	insa[3].age

↓

	char name[10]										int age
insa[0]	'K'	'i'	'm'	'\0'							28
insa[1]	'L'	'e'	'e'	'\0'							38
insa[2]	'P'	'a'	'r'	'k'	'\0'						42
insa[3]	'C'	'h'	'o'	'i'	'\0'						31

※ 문자열을 저장하는 경우 문자열의 끝을 의미하는 널 문자(\0)가 추가로 저장되며, 출력 시 널 문자는 표시되지 않는다.

❺ insa 구조체를 가리키는 포인터 변수 p를 선언한다.
❻ p에 a를 저장한다. a는 배열명이므로 배열의 시작 위치인 a[0]의 주소가 p에 저장된다. 주소는 임의로 정한 것이다.

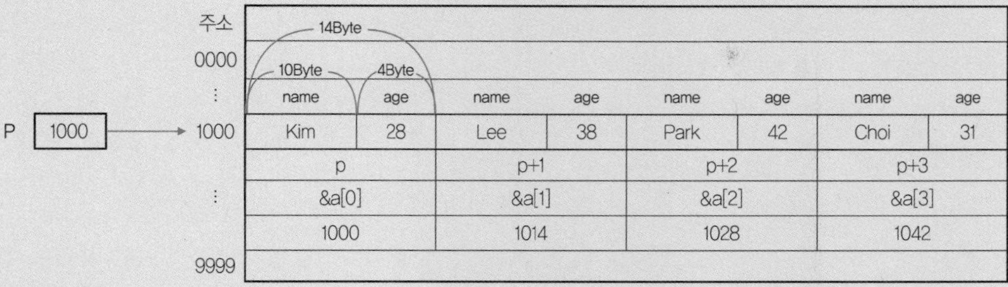

❼ 'p = p + 1;'과 동일하다. p의 값을 1 증가시킨다. 주소에 1을 더하는 것은 다음 자료를 가리키라는 것을 의미하므로, p는 a[1]의 주소를 가리키게 된다.

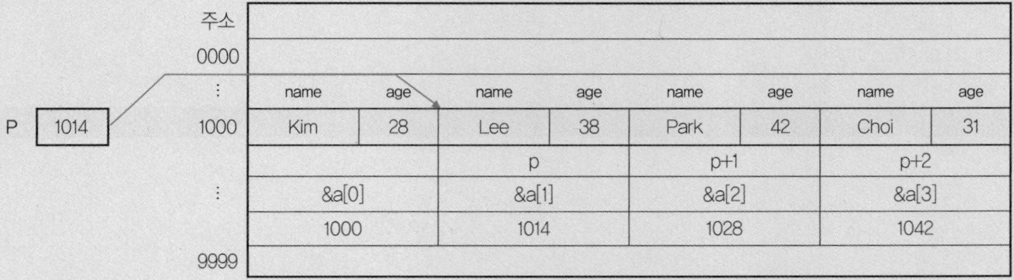

❽ p가 가리키는 곳의 멤버 name을 문자열 형태로 출력한다. 이어서 커서를 다음 줄의 처음으로 옮긴다.

결과
```
Lee
```

❾ p가 가리키는 곳의 멤버 age를 정수형으로 출력한다. 이어서 커서를 다음 줄의 처음으로 옮긴다.

결과
```
Lee
38
```

[문제 2]

2

```
#include <stdio.h>
struct A {                 구조체 A를 정의한다.
    int n;                 A의 멤버로 정수형 변수 n을 선언한다.
    int g;                 A의 멤버로 정수형 변수 g를 선언한다.
};
main() {
❶   struct A st[2];
❷   for (int i = 0; i < 2; i++) {
❸       st[i].n = i;
❹       st[i].g = i + 1;
    }
❺   printf("%d", st[0].n + st[1].g);
}
```

모든 C 프로그램은 반드시 main( ) 함수에서 시작한다.

❶ A 구조체 형태로 배열 st를 선언한다.

	int n	int g
st[0]		
st[1]		

❷ 반복 변수 i가 0부터 1씩 증가하면서 2보다 작은 동안 ❸, ❹번을 반복 수행한다.

❸ st[i].n에 i의 값을 저장한다.

❹ st[i].g에 i+1의 값을 저장한다.

반복문 실행에 따른 변수들의 변화는 다음과 같다.

- 1회전 (i = 0)

	int n	int g
st[0]	0	1
st[1]		

- 2회전 (i = 1)

	int n	int g
st[0]	0	1
st[1]	1	2

- i가 2가 되면서 for문을 빠져나가 ❺번으로 이동한다.

❺ 0+2의 결과인 2를 정수로 출력한다.

결과 2

Section **122**

[문제 1]

50 75 85 95 100

모든 C 프로그램은 반드시 main( ) 함수에서 시작한다.

```
main( ) {
❶ int a[ ] = { 85, 75, 50, 100, 95 };
❷ align(a);
   for (int i = 0; i < 5; i++)
      printf("%d ", a[i]);
}
```

❶ 배열을 선언할 때 사용할 개수를 정하지 않으면 초기값으로 지정된 수만큼 배열의 요소가 만들어진다.

	a[0]	a[1]	a[2]	a[3]	a[4]
배열 a	85	75	50	100	95

❷ a를 인수로 하여 함수 align( )을 호출한다. 인수로 배열의 이름을 지정하면 배열의 시작 주소가 인수로 전달된다. 그러니까 align(a)는 align(&a[0])과 같은 의미다.

```
❸ void align(int a[ ]) {
❹    int temp;
❺    for (int i = 0; i < 4; i++)
❻       for (int j = 0; j < 4 - i; j++)
❼          if (a[j] > a[j+1]) {
❽             temp = a[j];
❾             a[j] = a[j+1];
❿             a[j+1] = temp;
⓫          }
⓬ }
```

❸ 반환값이 없는 `align()` 함수의 시작점이다. ❷번에서 'align(a)'라고 했으므로 정수형 배열 a는 `main()` 함수의 a 배열의 시작 주소를 받는다.

	a[0]	a[1]	a[2]	a[3]	a[4]
배열 a	85	75	50	100	95

❹ 정수형 변수 `temp`를 선언한다.
❺ 반복 변수 `i`가 0에서 시작하여 1씩 증가하면서 4보다 작은 동안 ❻번을 반복하여 수행한다.
❻ 반복 변수 `j`가 0에서 시작하여 1씩 증가하면서 `4-i`보다 작은 동안 ❼번을 반복하여 수행한다.
❼ `a[j]`가 `a[j+1]`보다 크면 ❽~❿번 사이의 문장을 실행한다.
반복문 실행에 따른 변수들의 변화는 다음과 같다.

i	j	a[j]	a[j+1]	temp	배열 a
0	0	85	75	85	a[0] a[1] a[2] a[3] a[4]
	1	75	85	85	~~85~~ ~~75~~ ~~50~~ ~~100~~ ~~95~~
	2	85	50	100	75 ~~85~~ 85 95 100
	3	50	85		50 (a[1])
	4	85	100		
		100	95		
		95	100		
1	0	75	50	75	a[0] a[1] a[2] a[3] a[4]
	1	50	75		~~75~~ ~~50~~ 85 95 100
	2	75	85		50 75
	3	85	95		
2	0	50	75		a[0] a[1] a[2] a[3] a[4]
	1	75	85		50 75 85 95 100
	2				
3	0	50	75		a[0] a[1] a[2] a[3] a[4]
	1				50 75 85 95 100
4					

⓫ `if`문의 끝이다.
⓬ 함수를 마치고 align(a) 함수를 호출했던 `main()` 함수로 제어를 옮긴다. a 배열의 주소를 받아서 처리했으므로 `main()` 함수에 있는 a 배열에 정렬의 결과가 그대로 반영되어 있다. 즉 정렬 결과를 반환할 필요가 없다.

```
main() {
❶ int a[] = { 85, 75, 50, 100, 95 };
❷ align(a);
⓭ for (int i = 0; i < 5; i++)
⓮     printf("%d ", a[i]);
}
```

⓭ 반복 변수 `i`가 0에서 시작하여 1씩 증가하면서 5보다 작은 동안 ⓮번을 반복 수행한 후 프로그램을 종료한다.
⓮ `a[i]`의 값을 정수로 출력한 후 한 칸을 띄운다.

결과 **50 75 85 95 100**

※ ❷번에서 인수로 배열의 이름, 즉 배열의 시작 주소가 전달되었으므로 호출된 `align()` 함수에서의 값의 변화는 `main()` 함수의 a 배열에도 영향을 준다. 그러므로 출력되는 a 배열의 값은 정렬이 수행된 후의 값이 출력된다.

[문제 2]
GECA

```
#include <stdio.h>
#include <string.h>

❹ void inverse(char *str, int len) {
❺     for(int i = 0, j = len - 1; i < j; i++, j--) {
❻         char ch = str[i];
❼         str[i] = str[j];
❽         str[j] = ch;
      }
}❾

int main() {
❶     char str[100] = "ABCDEFGH";
❷     int len = strlen(str);
❸     inverse(str, len);
❿     for(int i = 1; i < len; i += 2) {
⓫         printf("%c", str[i]);
      }
⓬     return 0;
}
```

모든 C 언어 프로그램 반드시 main( ) 함수에서 시작한다.

❶ 100개의 요소를 갖는 문자형 배열 str을 선언하고, "ABCDEFGH"로 초기화한다.

	[0]	[1]	[2]	[3]	[4]	[5]	[6]	[7]
str	'A'	'B'	'C'	'D'	'E'	'F'	'G'	'H'

❷ 정수형 변수 len을 선언하고, str의 길이인 8로 초기화한다.
- strlen( ) : 문자열의 길이를 반환한다.

❸ str과 len을 인수로 하여 inverse( ) 함수를 호출한다. 인수로 배열의 이름을 지정하면 배열의 시작 주소가 인수로 전달된다.

❹ 반환값이 없는 inverse 함수의 시작점이다. 문자형 포인터 변수 str은 str 배열의 시작 주소를 받고, 정수형 변수 len은 8을 받는다.

❺ 반복 변수 i는 0에서 시작하여 1씩 증가하고, 반복 변수 j는 len-1, 즉 7에서 시작하여 -1씩 증가하면서, i가 j보다 작은 동안 ❻~❽번을 반복 수행한다.

❻ 문자형 변수 ch에 str[i]의 값을 저장한다.

❼ str[i]에 str[j]의 값을 저장한다.

❽ str[j]에 ch의 값을 저장한다. ❻~❽은 str[i]와 str[j]의 값을 교환하는 과정이다.
반복문의 실행에 따른 변수들의 변화는 다음과 같다.

i	j	str[i]	str[j]	ch	배열 str
0	7	'A' 'H'	'H' 'A'	'A'	[0] [1] [2] [3] [4] [5] [6] [7] 'A' 'B' 'C' 'D' 'E' 'F' 'G' 'H' 'H' 'A'
1	6	'B' 'G'	'G' 'B'	'B'	[0] [1] [2] [3] [4] [5] [6] [7] 'H' 'B' 'C' 'D' 'E' 'F' 'G' 'A' 'G' 'B'
2	5	'C' 'F'	'F' 'C'	'C'	[0] [1] [2] [3] [4] [5] [6] [7] 'H' 'G' 'C' 'D' 'E' 'F' 'B' 'A' 'F' 'C'
3	4	'D' 'E'	'E' 'D'	'D'	[0] [1] [2] [3] [4] [5] [6] [7] 'H' 'G' 'F' 'D' 'E' 'C' 'B' 'A' 'E' 'D'
4	5				

❾ 함수를 마치고 inverse(str, len) 함수를 호출했던 main( ) 함수로 제어를 옮긴다. str 배열의 주소를 받아서 처리했으므로 main( ) 함수에 있는 str 배열에 자리 바꿈의 결과가 그대로 반영되어 있다.

❿ 반복 변수 i가 1에서 시작하여 2씩 증가하면서, len보다 작은 동안, 즉 8보다 작은 동안 ⓫번을 반복 수행한다.

⓫ str[i]의 값을 문자형으로 출력한다.

반복문의 실행에 따른 변수들의 변화는 다음과 같다.

i	str[i]	배열 str	출력
1	'G'	[0] [1] [2] [3] [4] [5] [6] [7] 'H' 'G' 'F' 'E' 'D' 'C' 'B' 'A'	G
3	'E'		GE
5	'C'		GEC
7	'A'		GECA
9			

⓬ main( ) 함수에서의 'return 0'은 프로그램의 종료를 의미한다.

[문제 3]

박영희

박영희

박영희

```
#include <stdio.h>
char n[30];
```

30개의 요소를 갖는 문자형 배열 n을 전역변수로 선언한다. 전역변수이기 때문에 이 프로그램 안에서는 어디서든 사용할 수 있으며, 저장된 값이 유지된다.

```
❷❽⓮ char* getname( ) {
❸❾⓯        printf("이름 입력 : ");
❹❿⓰        gets(n);
❺⓫⓱        return n;
}

main( ) {
❶❻ char* n1 = getname( );
❼⓬ char* n2 = getname( );
⓭⓲ char* n3 = getname( );
⓳      printf("%s\n", n1);
⓴      printf("%s\n", n2);
㉑      printf("%s\n", n3);
}
```

모든 C언어 프로그램은 반드시 main( ) 함수에서 시작한다.

❶ 문자형 포인터 변수 n1을 선언하고 getname( ) 함수를 호출한 후 돌려받은 값으로 초기화한다.

❷ 문자형 포인터 값을 반환하는 getname( ) 함수의 시작점이다.

❸ 화면에 **이름 입력 :** 을 출력한다.

결과 **이름 입력 :**

❹ 사용자로부터 문자열을 입력받아 n에 저장한다. 문제에서 처음에 **홍길동**을 입력한다고 하였으므로 n에는 **홍길동**이 저장된다.

결과 **이름 입력 : 홍길동**

※ 다음 그림에서 배열 n의 주소는 임의로 정한 것이며, 이해를 돕기 위해 10진수로 표현했습니다.

※ 문자열을 저장하는 경우 문자열의 끝을 의미하는 널 문자(\0)가 추가로 저장되며, 출력 시 널 문자는 표시되지 않습니다.

주소 **메모리**

주소	n[0]	n[1]	n[2]	n[3]	n[4]	n[5]	n[6]
n 1000	홍		길		동		\0
	1000	1001	1002	1003	1004	1005	1006

❺ n의 시작 주소를 함수를 호출했던 ❶번으로 반환한다.

❻ ❺번에서 돌려받은 주소값을 n1에 저장한다.

주소 **메모리**

주소	n[0]	n[1]	n[2]	n[3]	n[4]	n[5]	n[6]
n1 [1000] → n 1000	홍		길		동		\0
	1000	1001	1002	1003	1004	1005	1006

❼ 문자형 포인터 변수 n2을 선언하고 getname( ) 함수를 호출한 후 돌려받은 값으로 초기화한다.

❽ 문자형 포인터 값을 반환하는 getname( ) 함수의 시작점이다.

❾ 화면에 **이름 입력 :** 을 출력한다.

결과
```
이름 입력 : 홍길동
이름 입력 :
```

❿ 사용자로부터 문자열을 입력받아 n에 저장한다. 문제에서 두 번째로 **김철수**를 입력한다고 하였으므로 n에는 **김철수**가 저장된다.

결과
```
이름 입력 : 홍길동
이름 입력 : 김철수
```

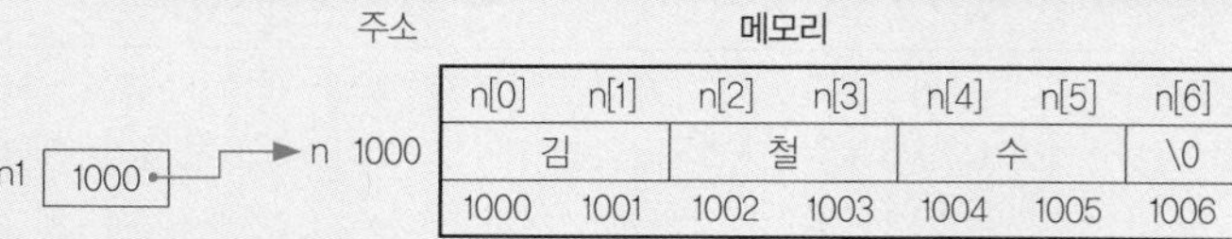

⓫ n의 시작 주소를 함수를 호출했던 ❼번으로 반환한다.

⓬ ⓫번에서 돌려받은 주소값을 n2에 저장한다.

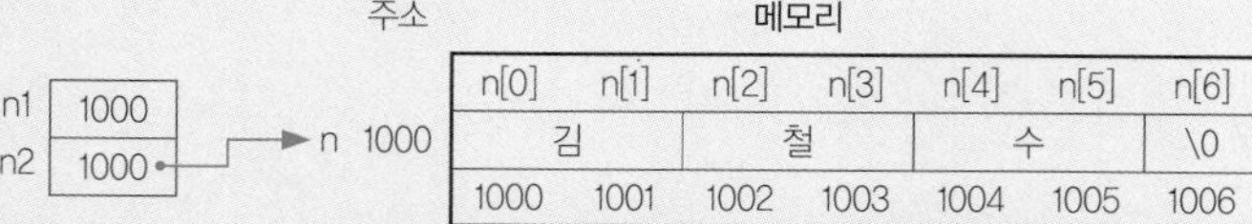

⓭ 문자형 포인터 변수 n3을 선언하고 getname( ) 함수를 호출한 후 돌려받은 값으로 초기화한다.

⓮ 문자형 포인터 값을 반환하는 getname( ) 함수의 시작점이다.

⓯ 화면에 **이름 입력 :** 을 출력한다.

결과
```
이름 입력 : 홍길동
이름 입력 : 김철수
이름 입력 :
```

⓰ 사용자로부터 문자열을 입력받아 n에 저장한다. 문제에서 세 번째로 **박영희**를 입력한다고 하였으므로 n에는 **박영희**가 저장된다.

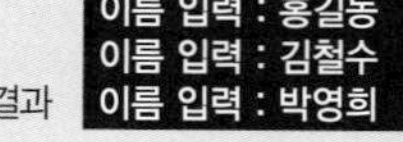

결과
```
이름 입력 : 홍길동
이름 입력 : 김철수
이름 입력 : 박영희
```

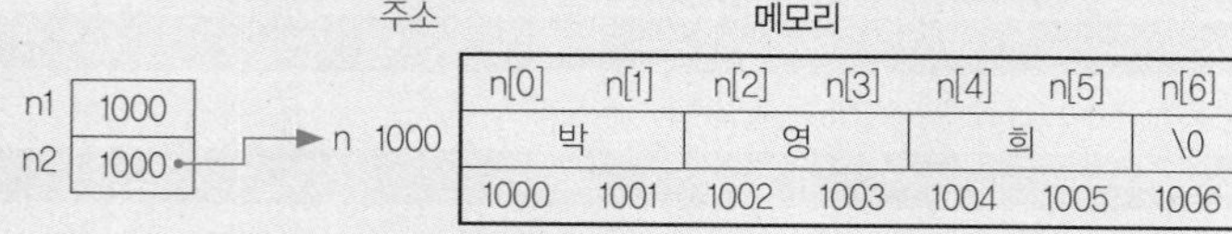

⓱ n의 시작 주소를 함수를 호출했던 ⓭번으로 반환한다.

⓲ ⓱번에서 돌려받은 주소값을 n3에 저장한다.

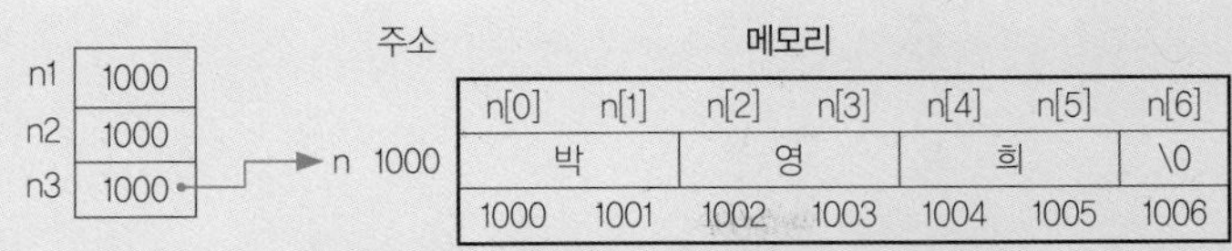

⑲ n1이 가리키는 곳의 문자열 **박영희**를 출력한 후 커서를 다음 줄의 처음으로 옮긴다.

결과
```
박영희
```

⑳ n2가 가리키는 곳의 문자열 **박영희**를 출력한 후 커서를 다음 줄의 처음으로 옮긴다.

결과
```
박영희
박영희
```

㉑ n3이 가리키는 곳의 문자열 **박영희**를 출력한 후 커서를 다음 줄의 처음으로 옮긴다.

결과
```
박영희
박영희
박영희
```

[문제 4]

120

모든 C언어 프로그램은 반드시 main( ) 함수에서 시작한다.

```
   int main( ) {
❶      int a;
❷      scanf("%d", &a);
❸      printf("%d", func(a));
   }
```

❶ 정수형 변수 a를 선언한다.
❷ 정수를 입력받아 a에 저장한다. 5가 입력되었다고 가정하였으므로 a에는 5가 저장된다.
❸ a의 값 5를 인수로 하여 func( ) 함수를 호출한 후 돌려받은 값을 정수로 출력한다.

```
❹ int func(int a) {
❺      if (a <= 1) return 1;
❻      return a * func(a - 1);
   }
```

❹ 정수를 반환하는 func( ) 함수의 시작점이다. ❸번에서 전달받은 5를 a가 받는다.
❺ a가 1보다 작거나 같으면 함수를 호출했던 곳으로 1을 반환하고 함수를 종료한다. a의 값 5는 1보다 작거나 같지 않으므로 ❻번으로 이동한다.
❻ a-1을 인수로 하여 func( ) 함수를 호출한 후 돌려받은 값과 a를 곱하여 함수를 호출했던 곳으로 반환하고 함수를 종료한다. a가 1보다 큰 동안 자신을 호출하는 과정이 수행되다 a가 1보다 작거나 같아지면 1이 반환되면서 호출했던 과정을 복귀한다. 이 때 반환된 값은 먼저 호출된 func( ) 함수에 반환할 값으로 계산된다는 것을 염두에 두고 전체 과정을 개괄적으로 살펴보자.

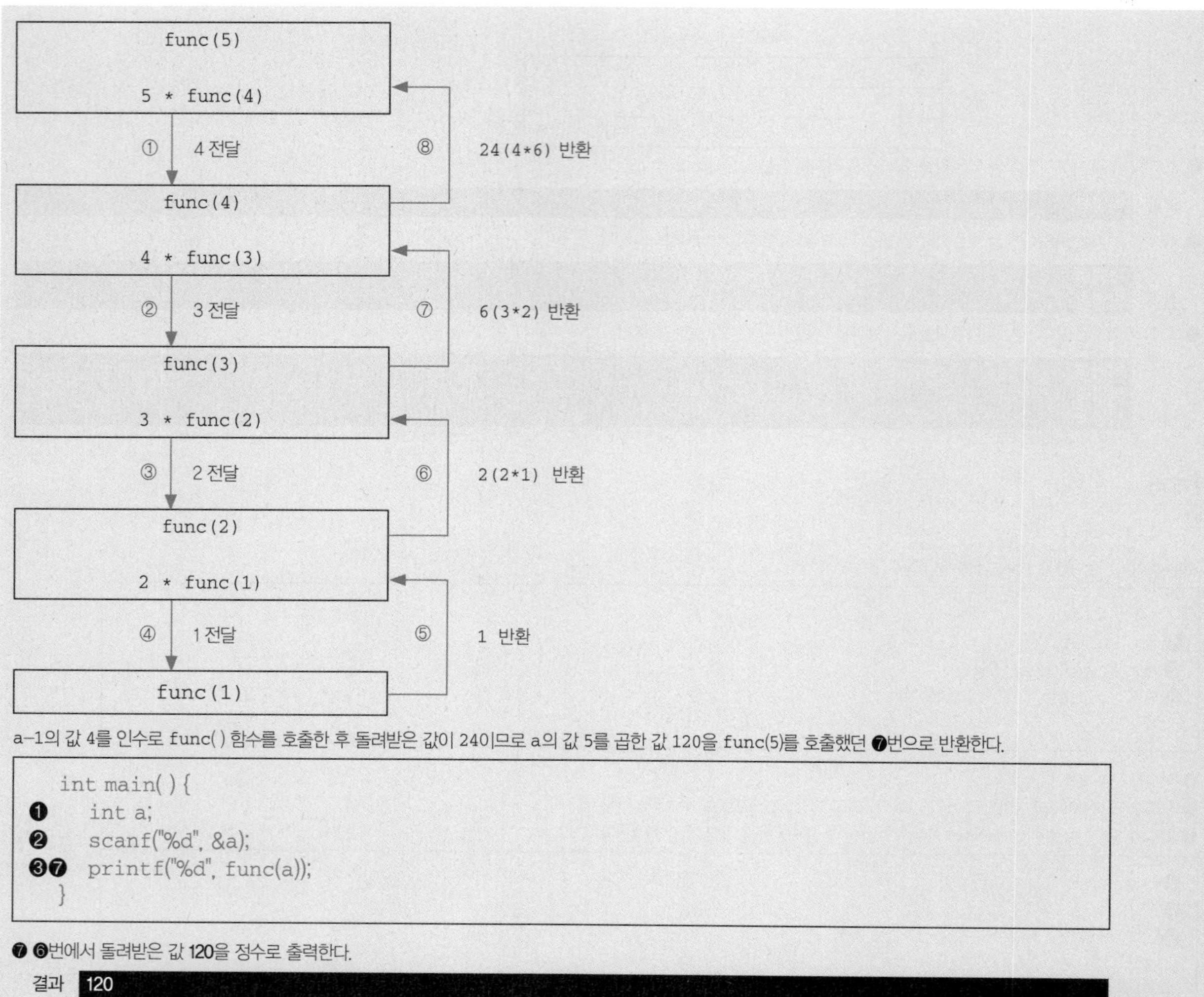

a-1의 값 4를 인수로 func( ) 함수를 호출한 후 돌려받은 값이 24이므로 a의 값 5를 곱한 값 120을 func(5)를 호출했던 ❼번으로 반환한다.

```
   int main( ) {
❶     int a;
❷     scanf("%d", &a);
❸❼   printf("%d", func(a));
   }
```

❼ ❻번에서 돌려받은 값 120을 정수로 출력한다.

결과 120

[문제 5]

20

```
#include <stdio.h>
❻ int func( ) {
❼   static int x = 0;
❽   x += 2;
❾   return x;
}

int main( ) {
❶   int x = 0;
❷   int sum= 0;
❸   for(int i = 0; i < 4; i++) {
❹     x++;
❺     sum += func( );
    }
❿   printf("%d", sum);
⓫   return 0;
}
```

모든 C 언어 프로그램은 반드시 main( ) 함수에서 시작한다.

❶ 정수형 변수 x를 선언하고, 0으로 초기화한다.

❷ 정수형 변수 sum을 선언하고, 0으로 초기화한다.

❸ 반복 변수 i가 0부터 1씩 증가하면서 4보다 작은 동안 ❹, ❺번을 반복 수행한다.

❹ 'x = x + 1;'과 동일하다. x의 값을 1씩 누적시킨다.

❺ 'sum = sum + func( );'과 동일하다. sum에 func( ) 함수를 호출한 후 반환받은 값을 누적시킨다. ❻번으로 이동한다.

❻ 정수를 반환하는 func( ) 함수의 시작점이다.

❼ 정수형 static 변수 x를 선언하고, 0으로 초기화한다. static 변수의 초기화는 처음에 한 번만 수행되며, static으로 선언된 변수는 전역 변수로, 코드가 실행되는 동안 어디에서든 접근할 수 있다.

❽ 'x = x + 2;'와 동일하다. x의 값을 2씩 누적시킨다.

❾ x의 값을 함수를 호출했던 ❺번으로 반환한다.

※ 반복문의 실행에 따른 변수들의 변화는 다음과 같다.

main( ) 함수			func( ) 함수
x	sum	i	static x
0 1 2 3 4	0 2 6 12 20	0 1 2 3 4	0 2 4 6 8

❿ sum의 값 20을 출력한다.

결과 **20**

[문제 6]

29

```
   #include <stdio.h>
❺  int isPrime(int number) {
❻      for (int i = 2; i < number; i++)
❼          if (number % i == 0) return 0;
❽      return 1;
   }

   int main() {
❶      int number = 13195;
❷      int max_div = 0;
❸      for (int i = 2; i < number; i++)
❹❾         if (isPrime(i) == 1 && number % i == 0) max_div = i;
❿      printf("%d", max_div);
}
```

모든 C언어 프로그램은 반드시 main( ) 함수에서 시작한다.

❶ 정수형 변수 number를 선언하고 13195로 초기화한다.

❷ 정수형 변수 max_div를 선언하고 0으로 초기화한다.

❸ 반복 변수 i가 2부터 1씩 증가하면서 number보다 작은 동안 ❹번을 반복 수행한다.

첫 번째 반복

❹ i의 값 2를 인수로 isPrime을 호출한 결과가 1이고 number를 i로 나눈 나머지가 0이면 max_div에 i의 값을 저장한다.

❺ 정수를 반환하는 isPrime( ) 함수의 시작점이다. ❹번에서 전달받은 2를 number가 받는다.

❻ 반복 변수 i가 2부터 1씩 증가하면서 2보다 작은 동안 ❼번을 반복 수행한다. i의 값 2는 2보다 작지 않으므로 ❼번을 수행하지 않고 ❽번으로 이동한다.

❽ 1을 반환하면서 함수를 호출했던 ❾번으로 이동한다.

❾ ❽번에서 돌려받은 값은 1이지만, number의 값 13195를 i의 값 2로 나눈 나머지는 1이므로 max_div = i를 수행하지 않고 ❸번으로 돌아가 i의 값을 1 증가시킨다.

두 번째 반복

❹ i의 값 3을 인수로 isPrime을 호출한 결과가 1이고 number를 i로 나눈 나머지가 0이면 max_div에 i의 값을 저장한다.

❺ ❹번에서 전달받은 3을 number가 받는다.

❻ 반복 변수 i가 2부터 1씩 증가하면서 3보다 작은 동안 ❼번을 반복 수행한다.

❼ 3을 i로 나눈 나머지가 0이면 0을 반환하면서 함수를 호출했던 ❾번으로 이동한다.

❻~❼번 반복문 실행에 따른 변수들의 변화는 다음과 같다.

number	i
3	2 3

❽ 1을 반환하고 함수를 호출했던 ❾번으로 이동한다.

❾ ❽번에서 돌려받은 값은 1이지만, number의 값 13195를 i의 값 3으로 나눈 나머지는 1이므로 max_div = i를 수행하지 않고 ❸번으로 돌아가 i의 값을 1 증가시킨다.

세 번째 반복

❹ i의 값 4를 인수로 isPrime을 호출한 결과가 1이고 number를 i로 나눈 나머지가 0이면 max_div에 i의 값을 저장한다.

❺ ❹번에서 전달받은 4를 number가 받는다.

❻ 반복 변수 i가 2부터 1씩 증가하면서 4보다 작은 동안 ❼번을 반복 수행한다.

❼ 4를 i로 나눈 나머지가 0이면 0을 반환하면서 함수를 호출했던 ❾번으로 이동한다.

❻~❼번 반복문 실행에 따른 변수들의 변화는 다음과 같다.

number	i
4	2

❾ ❽번에서 돌려받은 값이 0이고, number의 값 13195를 i의 값 4로 나눈 나머지는 3이므로 max_div = i를 수행하지 않고 ❸번으로 돌아가 i의 값을 1 증가시킨다.

네 번째 반복

❹ i의 값 5를 인수로 isPrime을 호출한 결과가 1이고 number를 i로 나눈 나머지가 0이면 max_div에 i의 값을 저장한다.
❺ ❹번에서 전달받은 5를 number가 받는다.
❻ 반복 변수 i가 2부터 1씩 증가하면서 5보다 작은 동안 ❼번을 반복 수행한다.
❼ 5를 i로 나눈 나머지가 0이면 0을 반환하고 함수를 호출했던 ❾번으로 이동한다.
❻~❼번 반복문 실행에 따른 변수들의 변화는 다음과 같다.

number	i
5	2 3 4 5

❽ 1을 반환하고 함수를 호출했던 ❾번으로 이동한다.
❾ ❽번에서 돌려받은 값이 1이고, number의 값 13195를 i의 값 5로 나눈 나머지도 0이므로 max_div에 5를 저장한 후 ❸번으로 돌아가 i의 값을 1 증가시킨다.

위의 과정을 통해 다음 사항들을 알 수 있다.

- isPrime( ) 함수는 인수를 2에서 시작하여 전달받은 수보다 1 작을 때까지 나눴을 때 끝까지 나머지가 0이 아니면 1을 반환하는 것으로 보아 소수를 찾는 함수임을 알 수 있다.
- ❾번에서 isPrime(i)가 1이라는 것은 i가 소수임을 의미하고, number를 i로 나눈 나머지가 0이라는 것은 i가 number의 약수라는 의미이므로, max_div에는 소수이자 number의 약수인 수가 저장된다.
- i의 값이 1씩 증가하면서 number보다 1 작을 때까지 위 과정을 수행하므로 number의 소수로 된 약수 중 가장 큰 소수에 해당하는 값이 max_div에 저장된다.
- 13195의 소수로 된 약수는 5, 7, 13, 29이며, 이 중 가장 큰 소수인 29가 최종적으로 max_div에 저장된다.
- 자세한 값의 변화는 다음 표를 통해 확인하자.

main( ) 함수			isPrime( ) 함수		
number	i	max_div	number	i	반환값
13195	2	0	2	2	1
	3		3	2 3	1
	4		4	2	0
	5	5	5	2 3 4 5	1
	⋮	⋮	⋮	⋮	⋮
	29	29	29	2 3 4 ⋮ 28 29	1
	⋮		⋮	⋮	⋮
	13194		13194	2	0
	13195				

❿ max_div의 값 29를 정수로 출력한다.

결과 29

[문제 7]
1024

모든 C언어 프로그램은 반드시 main( ) 함수에서 시작한다.

```
     #include <stdio.h>
     main( ) {
❶❼       int res = mp(2, 10);
❽        printf("%d", res);
     }
❷   int mp(int base, int exp) {
❸       int res = 1;
❹       for (int i = 0; i < exp; i++)
❺           res *= base;
❻   return res;
   }
```

❶ 정수형 변수 res를 선언하고, 2와 10을 인수로 mp( ) 함수를 호출한 후 돌려받은 값을 res에 저장한다.
❷ 정수를 반환하는 mp( ) 함수의 시작점이다. ❶번에서 전달받은 2와 10을 base와 exp가 받는다.
❸ 정수형 변수 res를 선언하고 1로 초기화한다.
❹ 반복 변수 i가 0에서 시작하여 1씩 증가하면서 10보다 작은 동안 ❺번을 반복 수행한다.
❺ 'res = res * base;'와 동일하다. res와 base를 곱한 값을 res에 저장한다.
반복문 실행에 따른 변수들의 값의 변화는 다음과 같다.

base	exp	i	res
2	10		
		0	1
		1	2
		2	4
		3	8
		4	16
		5	32
		6	64
		7	128
		8	256
		9	512
		10	1024

❻ res의 값 1024를 mp( )를 호출했던 ❼번으로 반환한다.
❼ ❻번으로부터 반환받은 값 1024를 res에 저장한다.
❽ res의 값을 정수로 출력한다.

결과 **1024**

[문제 8]

1

```
#include <stdio.h>
❻ void func(int** arr, int size) {
❼     for(int i = 0; i < size; i++) {
❽         *(*arr + i) = (*(*arr + i) + i) % size;
      }
} ❾

int main( ){
❶ int arr[] = {3, 1, 4, 1, 5};
❷ int* p = arr;
❸ int** pp = &p;
❹ int num = 6;
❺ func(pp, 5);
❿ num = arr[2];
⓫ printf("%d", num);
⓬ return 0;
}
```

모든 C 언어 프로그램은 반드시 main( ) 함수에서 시작한다.

❶ 5개의 요소를 갖는 정수형 배열 arr을 선언한다. 이후 그림에서 지정한 주소는 임의로 정한 것이며, 이해를 돕기 위해 10진수로 표현했다.

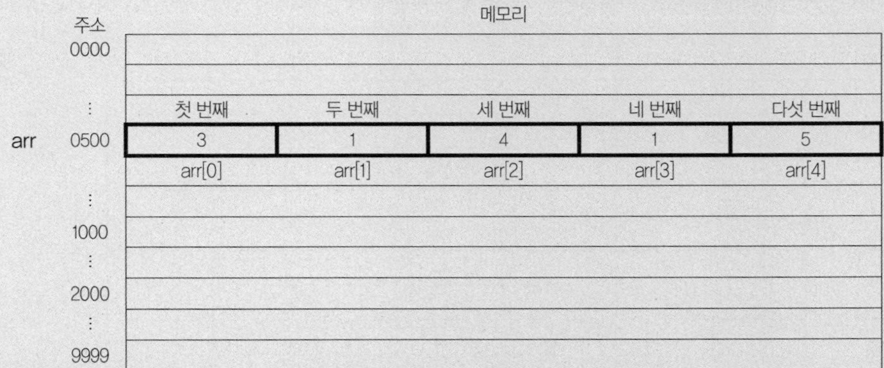

❷ 정수형 포인터 변수 p를 선언하고, arr의 주소로 초기화한다. p는 arr의 시작 주소를 가리킨다.

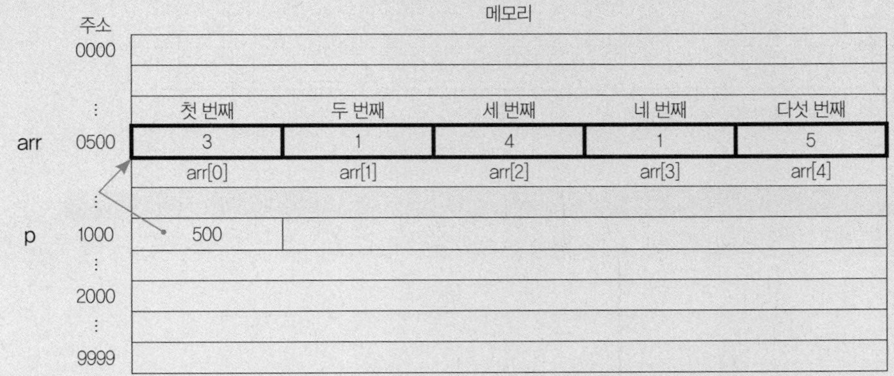

❸ 정수형 이중포인터 변수 pp를 선언하고, 포인터 변수 p의 주소를 저장한다. p가 arr의 시작 주소를 가리키고 있으므로, p의 주소를 가리키는 pp도 arr의 시작 주소를 가리킨다.

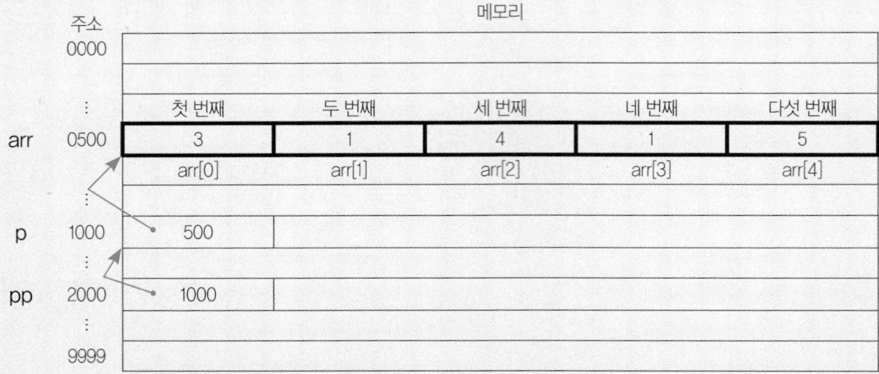

❹ 정수형 변수 num을 선언하고, 초기값으로 6을 저장한다.
❺ pp와 5를 인수로 func( ) 함수를 호출한다. ❻번으로 이동한다.
❻ 반환값이 없는 func( ) 함수의 시작점이다. ❺번에서 전달한 pp를 arr이, 5를 size가 받는다.
❼ 반복 변수 i가 0부터 1씩 증가하면서 size보다 작은 동안 ❽번을 반복 수행한다.
❽ '*(*arr + i) = (*(*arr + i) + i) % size'는 'arr[i] = (arr[i] + i) % size'와 동일하다.

- *arr : 이중포인터 변수 arr에는 main( ) 함수에서 전달된 이중포인터 변수 pp가 저장되어 있으므로, arr이 가리키는 곳은 arr 배열의 시작 주소이다.
- *arr + i : arr 배열의 시작 주소에 i를 더한다는 것은 arr 배열의 i 번째 요소를 의미하므로, arr[i]와 같다.
- *(*arr + i) : arr[i]의 값을 의미한다.

※ 반복문의 실행에 따른 변수들의 변화는 다음과 같다.

size	i	arr[i]	arr[i]+i	(arr[i]+i) % size	arr 배열
5	0	3	3	3	~~3~~→3, 1, 4, 1, 5
	1	1	2	2	3, ~~1~~→2, 4, 1, 5
	2	4	6	1	3, 2, ~~4~~→1, 1, 5
	3	1	4	4	3, 4, 1, ~~1~~→4, 5
	4	5	9	4	3, 4, 1, 0, ~~5~~→4
	5				3, 4, 1, 0, 4

❾ func( ) 함수가 종료되면, func( ) 함수를 호출했던 ❿번으로 제어를 옮긴다.
❿ arr[2]의 값 1을 num에 저장한다.
⓫ num의 값 1을 출력한다.

결과

```
1
```

⓬ main( ) 함수에서의 'return 0'은 프로그램의 종료를 의미한다.

Section 123

[문제 1]

생성자는 객체 변수를 생성하면서 초기화를 수행하는 메소드이다.

[문제 2]

0 1 2 3

모든 Java 프로그램은 반드시 main( ) 메소드에서 시작한다.

```
public static void main(String[ ] args) {
❶   int a[ ] = arr( );
    for(int i = 0; i < a.length; i++)
        System.out.print(a[i] + " ");
}
```

❶ 정수형 배열 a를 선언하고, 인수 없이 arr( ) 메소드를 호출한 다음 돌려받은 값을 배열 a에 저장한다.

```
❷   static int[ ] arr( ) {
❸       int a[ ] = new int[4];
❹       int b = a.length;
❺       for(int i = 0; i < b; i++)
❻           a[i] = i;
❼       return a;
    }
```

❷ 메소드의 반환값이 정수형 배열인 arr( ) 메소드의 시작점이다.
❸ 4개의 요소를 갖는 정수형 배열 a를 선언한다.
❹ 정수형 변수 b를 선언하고 배열 a의 길이 4로 초기화한다.
- length : length는 배열 클래스의 속성으로 배열 요소의 개수가 저장되어 있다. a 배열은 4개의 요소를 가지므로 a.length는 4를 가지고 있다.

❺ 반복 변수 i가 0에서 시작하여 1씩 증가하면서 b보다 작은 동안 ❻번 문장을 반복 수행한다.
❻ a[i]에 반복 변수 i의 값을 저장한다.

	a[0]	a[1]	a[2]	a[3]
a[ ]	0	1	2	3

❼ 배열 a에 저장된 값들을 호출한 곳(main( ) 메소드)으로 반환한다.

```
public static void main(String[ ] args) {
❶❽ int a[ ] = arr( );
❾   for(int i = 0; i < a.length; i++)
❿   System.out.print(a[i] + " ");
}
```

❽ arr( ) 메소드로부터 반환받은 값들을 main( ) 메소드의 배열 a에 저장한다.
❾ 반복 변수 i가 0에서 시작하여 1씩 증가하면서 a 배열의 길이 4보다 작은 동안 ❿번 문장을 반복 수행한다.
❿ a[i]의 값과 공백 한 칸을 출력한다.

[문제 3]

a=10

모든 Java 프로그램은 반드시 main( ) 메소드에서 시작한다.

```
    class A {                                    클래스 A를 정의한다.
       int a;
❹      public A(int a) { ❺ this.a = a; }
❼      void display( ) { ❽ System.out.println("a=" + a); }
    }
    class B extends A {                          클래스 B를 정의하고 부모 클래스로 A를 지정하면서 A에 속한 변수와 메소드를 상속받는다.
❷      public B(int a) {
❸         super(a);
❻         super.display( );
       } ❾
    }
    public class Test {
       public static void main(String[ ] args) {
❶         B obj = new B(10);
       } ❿
    }
```

❶ B obj = new B(10);
클래스 B의 객체 변수 obj를 선언하고 생성자에 인수 10을 전달한다.

❷ B 클래스의 생성자 B( )의 시작점이다. ❶번에서 전달받은 10을 정수형 변수 a가 받는다.

❸ 부모 클래스의 생성자를 호출하며 인수로 a의 값 10을 전달한다.
※ super : 상속한 부모 클래스를 가리키는 예약어

❹ 생성자 A( )의 시작점이다. ❸번에서 전달받은 10을 생성자 A( )의 변수 a가 받는다.

❺ 메소드가 속한 A 클래스의 a에 A( ) 생성자의 변수 a의 값 10을 저장한다. 생성자가 종료되면 호출했던 ❸번의 다음 줄인 ❻번으로 간다.
※ this : 현재의 실행중인 메소드가 속한 클래스를 가리키는 예약어. 즉 'A.a'와 같은 의미이다.

❻ 부모 클래스의 메소드 display( )를 호출한다.

❼ A 클래스의 메소드 display( )의 시작점이다.

❽ "a="를 출력한 후 a의 값을 출력해야 하지만, 메소드에서 별도로 생성한 'a'라는 변수가 없으므로 클래스의 변수 a의 값 10을 출력하고, 다음 줄의 처음으로 커서를 이동시킨다.
※ 생성자나 메소드 안에서 생성된 변수는 생성자나 메소드를 벗어나서 사용하지 못하기 때문에 여기서는 생성자 A( )에 속한 a가 아닌 클래스 A에 속한 a를 출력한다.

결과 a=10

메소드를 호출했던 ❻번의 다음 줄인 ❾번으로 이동하고 이어서 B 클래스를 호출했던 ❶번의 다음 줄인 ❿번으로 이동하여 프로그램을 종료한다.

[문제 4]

61

```
   class Test {
       public static void main(String args[ ]) {
❶          cond obj = new cond(3);
❹          obj.a = 5;
❺⓫         int b = obj.func( );
⓬          System.out.print(obj.a + b);
       }
   }

   class cond {                                클래스 cond를 정의한다.
       int a;                                  정수형 변수 a를 선언한다.
❷      public cond(int a) {
❸          this.a = a;
       }
❻      public int func( ) {
❼          int b = 1;
❽          for (int i = 1; i < a; i++)
❾              b += a * i;
❿          return a + b;
       }
   }
```

모든 Java 프로그램은 반드시 main( ) 메소드에서 시작한다.

❶ 3을 인수로 생성자를 호출하여 cond 클래스의 객체 변수 obj를 선언한다.

❷ cond 클래스 생성자의 시작점이다. ❶번에서 전달받은 3을 a가 받는다.

❸ cond 클래스의 a에 3을 저장한다. 생성자가 종료되면 호출했던 ❶번의 다음 줄인 ❹번으로 이동한다. → obj.a = 3

- this : 현재의 실행중인 메소드가 속한 클래스를 가리키는 예약어이다. 여기에서는 cond 클래스의 객체 변수 obj의 생성자로 호출되었으므로 'obj.a'와 같은 의미이다.

❹ obj.a에 5를 저장한다. → obj.a = 5

❺ 정수형 변수 b를 선언하고 obj.func( ) 메소드를 호출한 후 돌려받은 값으로 초기화한다.

❻ 정수를 반환하는 func( ) 메소드의 시작점이다.

❼ 정수형 변수 b를 선언하고 1로 초기화한다.

❽ 반복 변수 i가 1부터 1씩 증가하면서 a보다 작은 동안 ❾번을 반복 수행한다. func( ) 메소드에는 별도로 생성한 'a'라는 변수가 없으므로 cond 클래스의 a를 가져와 사용한다. 즉 ❾번은 5보다 작은 동안 반복 수행된다.

❾ 'b = b + (a * i);'와 동일하다. a에 i를 곱한 값을 b에 누적시킨다.
반복문 실행에 따른 변수들의 변화는 다음과 같다.

a	i	b
5		1
	1	6
	2	16
	3	31
	4	51
	5	

❿ 5와 51을 더한 값 56을 메소드를 호출했던 ⓫번으로 반환한다.

⓫ b에 56이 저장된다.

⓬ 5+56의 결과인 **61**을 출력한다.

결과 **61**

[문제 5]

2000

```
   class A {                                  클래스 A를 정의한다.
      int a;                                  클래스 A에는 정수형 변수 a와 b가 선언되어 있다.
      int b;
   }

   public class Test {
❹     static void func1(A m) {
❺        m.a *= 10;
      }
❽     static void func2(A m) {
❾        m.a += m.b;
      }
      public static void main(String args[ ]) {
❶        A m = new A( );
❷        m.a = 100;
❸        func1(m);
❻        m.b = m.a;
❼        func2(m);
❿        System.out.printf("%d", m.a);
      }
   }
```

모든 Java 프로그램은 반드시 main( ) 메소드에서 시작한다.

❶ 클래스 A의 객체 변수 m을 선언한다.

	int a	int b
객체 변수 m		

❷ 객체 변수 m의 변수 a에 100을 저장한다.

	int a	int b
객체 변수 m	100	

❸ 객체 변수 m의 시작 주소를 인수로 하여 func1 메소드를 호출한다.

❹ 반환값이 없는 func1( ) 메소드의 시작점이다. ❸번에서 전달받은 객체 변수의 주소는 m이 받는다.

※ 객체 변수나 배열의 이름은 객체 변수나 배열의 시작 주소를 가리키므로, 인수로 전달하는 경우 메소드에서 변경된 값이 main( )의 객체 변수나 배열에도 적용된다는 점을 염두에 두세요.

❺ 'm.a = m.a * 10;'과 동일하다. m.a에 10을 곱한 값을 m.a에 저장한다. 메소드가 종료되었으므로 메소드를 호출했던 ❸번의 다음 줄인 ❻번으로 이동한다.

	int a	int b
객체 변수 m	1000	

❻ m.b에 m.a의 값 1000을 저장한다.

	int a	int b
객체 변수 m	1000	1000

❼ 객체 변수 m의 시작 주소를 인수로 하여 func2 메소드를 호출한다.

❽ 반환값이 없는 func2( ) 메소드의 시작점이다. ❼번에서 전달받은 객체 변수의 주소는 m이 받는다.

❾ 'm.a = m.a + m.b;'와 동일하다. m.a와 m.b를 합한 값을 m.a에 저장한다. 메소드가 종료되었으므로 메소드를 호출했던 ❼번의 다음 줄인 ❿번으로 이동한다.

	int a	int b
객체 변수 m	2000	1000

❿ m.a의 값 **2000**을 정수로 출력한다.

결과 **2000**

[문제 6]

⑤, ⑥, ③, ①, ⑦, ②

```
     class Parent {
        int x, y;

①    ❺ Parent(int x, int y) {
     ❻     this.x = x;
     ❼     this.y = y;
        }

②    ❿ int getX( ) {
     ⓫     return x*y;
        }
     }

     class Child extends Parent {
        int x;

③    ❸ Child(int x) {
     ❹     super(x+1, x);
     ❽     this.x = x;
        }

④      int getX(int n) {
           return super.getX( ) + n;
        }
     }

     public class Main {
⑤    ❶ public static void main(String[ ] args) {
⑥    ❷     Parent parent = new Child(10);
⑦    ❾⓬   System.out.println(parent.getX( ));
        }
     }
```

❶ 모든 Java 프로그램은 반드시 main( ) 메소드에서 시작한다.

❷ Child 클래스의 생성자를 이용하여 Parent 클래스의 객체 변수 parent를 선언한다. 10을 인수로 하여 Child 클래스의 생성자를 호출한다.

- **[부모클래스명] [객체변수명] = new [자식클래스생성자( )]** : 부모 클래스의 객체 변수를 선언하면서 자식 클래스의 생성자를 사용하면 형 변환이 발생한다.
- 이렇게 형 변환이 발생했을 때 부모 클래스와 자식 클래스에 동일한 속성이나 메소드가 있으면 자식 클래스의 속성이나 메소드로 재정의된다.

❸ Child 클래스의 생성자인 Child( ) 메소드의 시작점이다. ❷번에서 전달한 10을 x가 받는다.

<table>
<tr><th colspan="2">객체 변수 parent</th></tr>
<tr><th colspan="2">Child</th></tr>
<tr><th rowspan="2">x</th><th>Child(int x)</th></tr>
<tr><th>x</th></tr>
<tr><td></td><td>10</td></tr>
</table>

❹ 부모 클래스의 생성자를 호출하며, 인수로 `x+1`과 `x`의 값을 전달한다.
- super : 상속한 부모 클래스를 가리키는 예약어

❺ 부모 클래스인 `Parent` 클래스의 생성자 `Parent( )`의 시작점이다. ❹번에서 전달한 `x+1`의 값 11을 `x`가 받고, `x`의 값 10을 `y`가 받는다.

객체 변수 parent					
Parent				Child	
x	y	Parent(int x, int y)		x	Child(int x)
		x	y		x
		11	10		10

❻ '`Parent.x = x;`'와 동일하다. `Parent.x`에 `x`의 값 11을 저장한다.
- this : 현재 실행중인 메소드가 속한 클래스를 가리키는 예약어

❼ `Parent.y`에 `y`의 값 10을 저장한다. 생성자가 종료되면 생성자를 호출했던 ❹번의 다음 줄인 ❽번으로 이동한다.

객체 변수 parent					
Parent				Child	
x	y	Parent(int x, int y)		x	Child(int x)
		x	y		x
11	10	11	10		10

❽ '`Child.x = x;`'와 동일하다. `Child.x`에 `x`의 값 10을 저장한다. 생성자가 종료되면 생성자를 호출했던 ❷번의 다음 줄인 ❾번으로 이동한다.

객체 변수 parent					
Parent				Child	
x	y	Parent(int x, int y)		x	Child(int x)
		x	y		x
11	10	11	10	10	10

❾ `parent.getX( )` 메소드를 호출하여 반환받은 값을 출력한다.
❷번에서 형 변환이 발생했으므로 부모 클래스와 자식 클래스에 동일한 속성이나 메소드가 있으면 자식 클래스의 속성이나 메소드로 재정의 되지만 `Parent` 클래스의 `int getX( )` 메소드와 `Child` 클래스의 `int getX(int n)` 메소드는 같은 메소드가 아니다. 이름이 같아도 인수가 다르면 같은 메소드가 아니다. ❿번을 호출한다.

❿ 정수를 반환하는 `getX( )` 메소드의 시작점이다.

⓫ `x*y`의 값 110을 함수를 호출했던 ⓬번으로 반환한다.

객체 변수 parent					
Parent				Child	
x	y	Parent(int x, int y)		x	Child(int x)
		x	y		x
11	10	11	10	10	10

⓬ ⓫번으로부터 반환받은 값 110을 출력한다.

결과 **110**

Section 124

[문제 1]

new

```
class Parent {                                          클래스 Parent를 정의한다.
   void show( ) { System.out.println("parent"); }
}
class Child extends Parent {        클래스 Child를 정의하고 부모 클래스로 Parent를 지정하면서 Parent에 속한 변수와 메소드를 상속받는다.
❸ void show( ) { ❹ System.out.println("child"); }
}
public class Test {
   public static void main(String[ ] args) {
❶     Parent pa = new Child( );
❷     pa.show( );
   } ❺
}
```

모든 Java 프로그램은 반드시 main( ) 메소드에서 시작한다.

❶ Parent pa = new Child( );
Child 클래스의 생성자를 이용하여 Parent 클래스의 객체 변수 pa를 선언한다.

❷ Pa의 show( ) 메소드를 호출한다. ❸번으로 이동한다.
pa.show( )는 pa 객체의 자료형이 Parent이므로 Parent.show( )라고 생각할 수 있지만 ❶번에서 클래스 형 변환이 발생하였고, show( ) 메소드가 자식 클래스에서 재정의되었으므로 Child 클래스의 show( ) 메소드가 수행된다.

❸ Child 클래스의 show( ) 메소드의 시작점이다.

❹ 화면에 문자열 **child**를 출력하고, 다음 줄의 처음으로 커서를 이동시킨다. show( ) 메소드가 종료되었으므로 메소드를 호출했던 ❷번의 다음 줄인 ❺번으로 이동하여 프로그램을 종료한다.

결과 child

[문제 2]

Vehicle name : Spark

※ **답안 작성 시 주의 사항** : 프로그램의 실행 결과는 부분 점수가 없으므로 정확하게 작성해야 합니다. 예를 들어, 출력값들을 줄을 나눠 다음과 같이 썼을 경우 부분 점수 없이 완전히 틀린 것으로 간주됩니다.

Vehicle name :
Spark

```
abstract class Vehicle {     추상 클래스 Vehicle을 정의한다.
   String name;
   abstract public String getName(String val);     추상 메소드 getName(String val)을 정의한다.
❺ public String getName( ) {
❻     return "Vehicle name : " + name;
   }
}
class Car extends Vehicle {     클래스 Car를 정의하고 부모 클래스로 Vehicle을 지정하면서 Vehicle에 속한 변수와 메소드를 상속받는다.
   private String name;
❷ public Car(String val) {
❸     name = super.name = val;
   }
   public String getName(String val) {
      return "Car name : " + val;
   }
   public String getName(byte[ ] val) {
      return "Car name : " + val;
   }
}
public class Test {
   public static void main(String[ ] args) {
❶     Vehicle obj = new Car("Spark");
❹❼    System.out.print(obj.getName( ));
   }
}
```

모든 Java 프로그램은 반드시 main( ) 메소드에서 시작한다.

❶ **Vehicle obj = new Car("Spark");**

Car 클래스의 생성자를 이용하여 Vehicle 클래스의 객체 변수 obj를 선언하고, "Spark"를 인수로 Car 클래스의 생성자를 호출한다.

- **[부모클래스명] [객체변수명] = new [자식클래스생성자( )]** : 부모 클래스의 객체 변수를 선언하면서 자식 클래스의 생성자를 사용하면 형 변환이 발생한다.
- 이렇게 형 변환이 발생했을 때 부모 클래스와 자식 클래스에 동일한 속성이나 메소드가 있으면 부모클래스의 속성이나 메소드가 자식 클래스의 속성이나 메소드로 재정의된다.

❷ 클래스 Car의 생성자 Car( )의 시작점이다. ❶번에서 전달받은 "Spark"를 val에 저장한다.

❸ name = super.name = val;

val의 값 "Spark"를 부모 클래스인 Vehicle 클래스의 변수 name과 Car 클래스의 변수 name에 저장한다. 이어서 Car( )를 호출했던 다음 줄인 ❹번으로 이동한다.

※ super : 상속 관계에 있는 부모 클래스를 가리키는 예약어로, 여기서는 Vehicle 클래스를 가리킨다.

❹ 객체 변수 obj의 getName( ) 메소드를 호출한다. 즉 Vehicle 클래스의 getName( ) 메소드를 호출한다.

※ 형 변환으로 인해 호출되는 메소드가 Car 클래스의 getName( )이라고 생각할 수 있지만, 메소드의 이름이 동일해도 '인수의 자료형과 개수'가 다르면 서로 다른 메소드이다. 때문에 getName( ) 메소드는 Vehicle 클래스와 Car 클래스의 getName(String val)이나 Car 클래스의 getName(Byte[ ] val) 메소드가 아닌 Vehicle 클래스의 getName( ) 메소드이다.

❺ getName( ) 메소드의 시작점이다.

❻ 문자열 "Vehicle name : "과 변수 name에 저장된 값 "Spark"를 붙여 메소드를 호출했던 ❼번으로 반환한다.

❼ ❻번에서 반환받은 값을 출력하고 프로그램을 종료한다.

결과 Vehicle name : Spark

[문제 3]

1

```
class Parent {                         클래스 Parent를 정의한다.
   int compute(int num) {
      if(num <= 1) return num;
         return compute(num - 1) + compute(num - 2);
   }
}

class Child extends Parent {     클래스 Child를 정의하고 부모 클래스로 Parent를 지정하면서 Parent에 속한 변수와 메소드를 상속받는다.
❸ int compute(int num) {
❹    if(num <= 1) return num;
❺    return compute(num - 1) + compute(num - 3);
   }
}

public class Test {
   public static void main(String[ ] args) {
❶     Parent obj = new Child( );
❷     System.out.print(obj.compute(4));
   }
}
```

모든 Java 프로그램은 반드시 main( ) 메소드에서 시작한다.

❶ **Parent obj = new Child();**
클래스 Child로 형 변환이 수행된 클래스 Parent의 객체 변수 obj를 선언한다.

❷ System.out.print(obj.compute(4));
obj.compute( )는 obj 객체의 자료형이 Parent이므로 Parent.compute( )라고 생각할 수 있지만 ❶번에서 클래스 형 변환이 발생하였고, compute( ) 메소드가 자식 클래스에서 재정의되었으므로 자식 클래스 Child의 compute( ) 메소드가 수행된다. 4를 인수로 하여 Child의 compute( )를 호출하고 돌려받은 값을 출력한다.

❸ compute( ) 메소드의 시작점이다. ❷번에서 전달한 값을 정수형 변수 num이 받는다.

❹ num이 1보다 작거나 같으면 num의 값을 반환하고 메소드를 종료한다. num의 값이 4이므로 ❺번으로 이동한다.

❺ compute(3)을 호출하여 돌려받은 값과 compute(1)을 호출하여 돌려받은 값을 더한 후 반환해야 하므로 먼저 compute(3)을 호출한다.

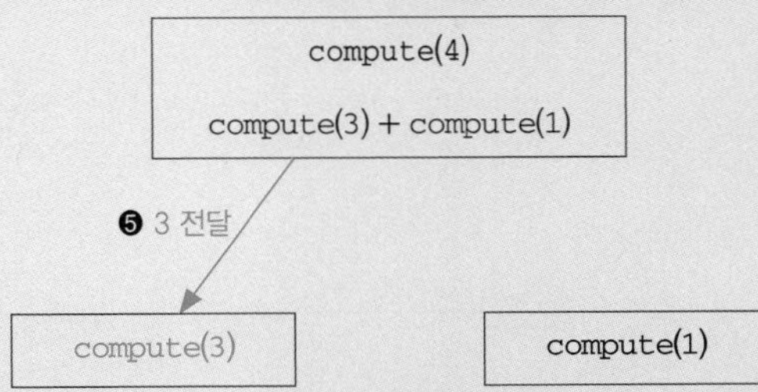


```
class Child extends Parent {
     int compute(int num) {
❻        if(num <= 1) return num;
❼        return compute(num - 1) + compute(num - 3);
     }
}
```

❺번에서 인수로 3이 전달되었으므로 num은 3이다. ❻번에서 num이 1보다 작거나 같지 않으므로 num을 반환하지 않고, ❼번을 수행한다. compute(2)와 compute(0)을 호출하여 돌려받은 값을 더한 후 반환해야 하므로 먼저 compute(2)를 호출한다.

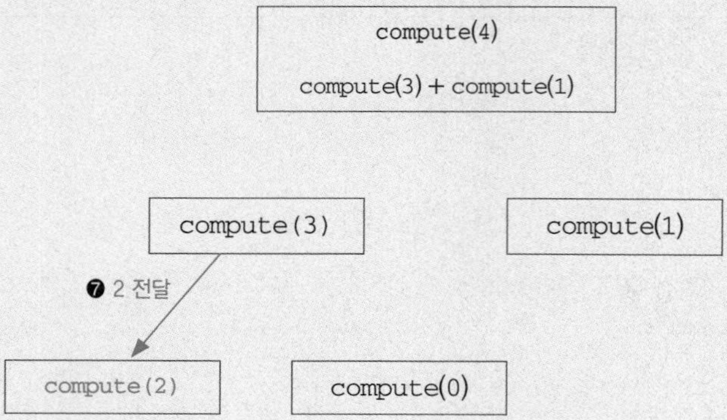

compute(4)

compute(3) + compute(1)

compute(3)

compute(1)

❼ 2 전달

compute(2)

compute(0)

```
class Child extends Parent {
    int compute(int num) {
❽       if(num <= 1) return num;
❾       return compute(num - 1) + compute(num - 3);
    }
}
```

❼번에서 인수로 2가 전달되었으므로 num은 2이다. ❽번에서 num이 1보다 작거나 같지 않으므로 num을 반환하지 않고, ❾번을 수행한다. compute(1)과 compute(-1)을 호출하여 돌려받은 값을 더한 후 반환해야 하므로 먼저 compute(1)을 호출한다.

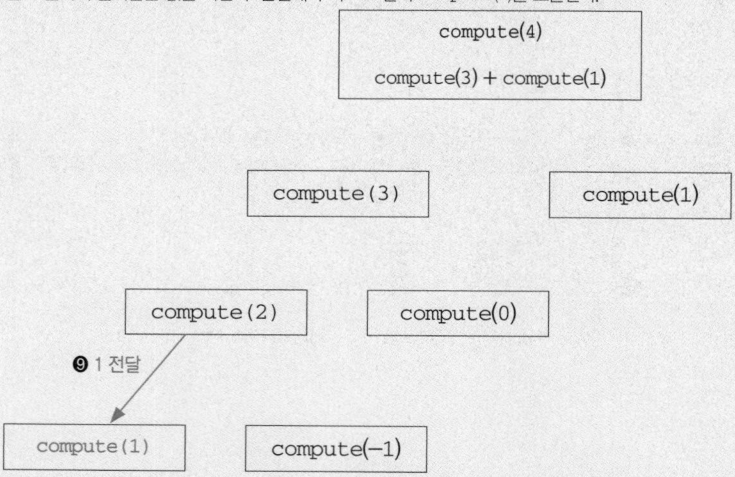

compute(4)

compute(3) + compute(1)

compute(3)

compute(1)

compute(2)

compute(0)

❾ 1 전달

compute(1)

compute(-1)

```
class Child extends Parent {
    int compute(int num) {
❿       if(num <= 1) return num;
        return compute(num - 1) + compute(num - 3);
    }
}
```

❾번에서 인수로 1이 전달되었으므로 num은 1이다. ❿번에서 num은 1보다 작거나 같으므로 num의 값을 compute(1)을 호출했던 곳으로 반환한다.

※ compute( ) 메소드를 호출할 때 전달되는 인수가 1보다 작거나 같으면 인수의 값(num)을 그대로 반환한다는 것을 알 수 있다. 그러면 1보다 작은 값을 인수로 받아 호출되는 모든 compute( ) 메소드의 반환값을 다음과 같이 유추할 수 있다.

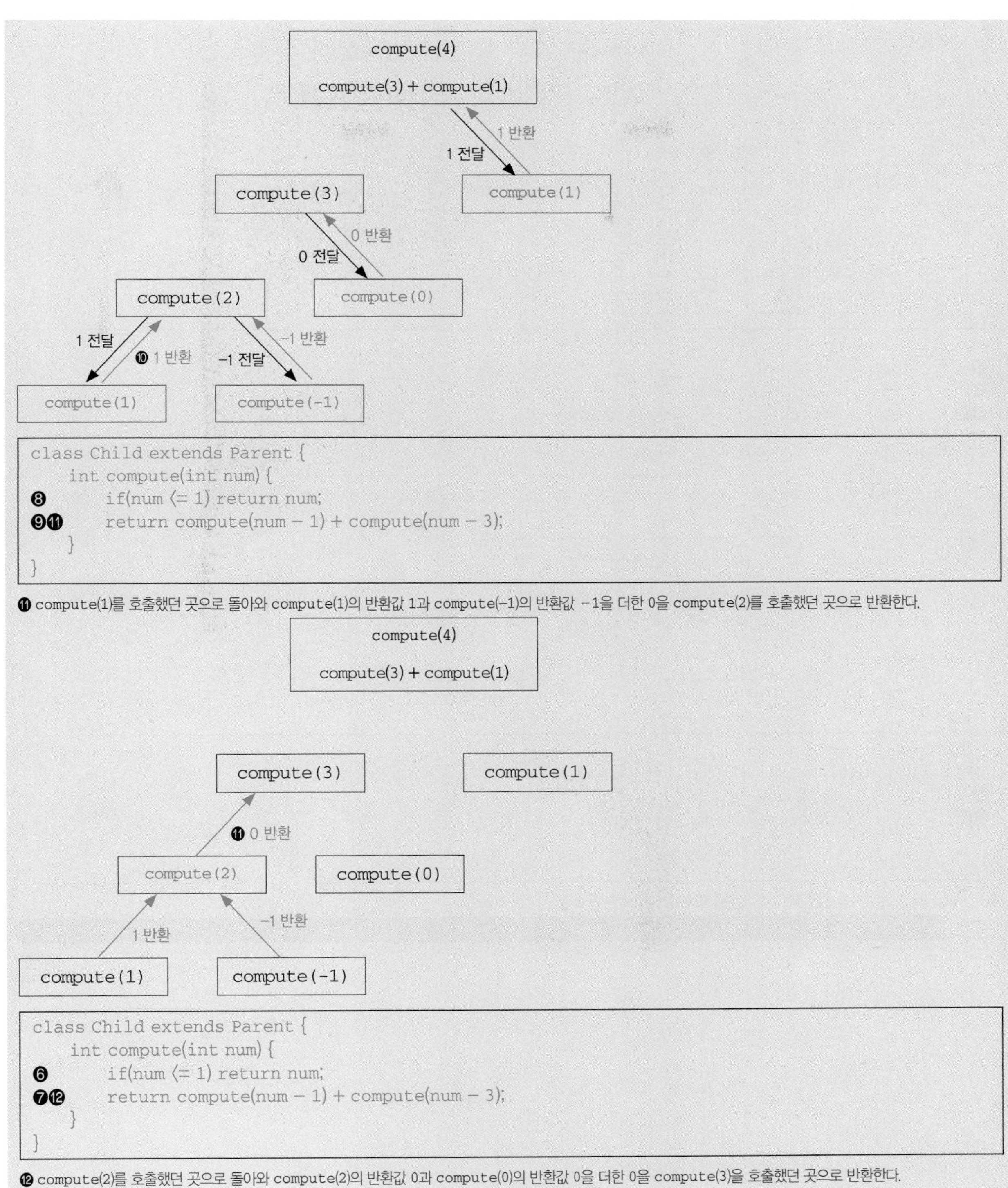


```
class Child extends Parent {
    int compute(int num) {
❽       if(num <= 1) return num;
❾⓫      return compute(num - 1) + compute(num - 3);
    }
}
```

⓫ compute(1)를 호출했던 곳으로 돌아와 compute(1)의 반환값 1과 compute(–1)의 반환값 –1을 더한 0을 compute(2)를 호출했던 곳으로 반환한다.


```
class Child extends Parent {
    int compute(int num) {
❻       if(num <= 1) return num;
❼⓬      return compute(num - 1) + compute(num - 3);
    }
}
```

⓬ compute(2)를 호출했던 곳으로 돌아와 compute(2)의 반환값 0과 compute(0)의 반환값 0을 더한 0을 compute(3)을 호출했던 곳으로 반환한다.

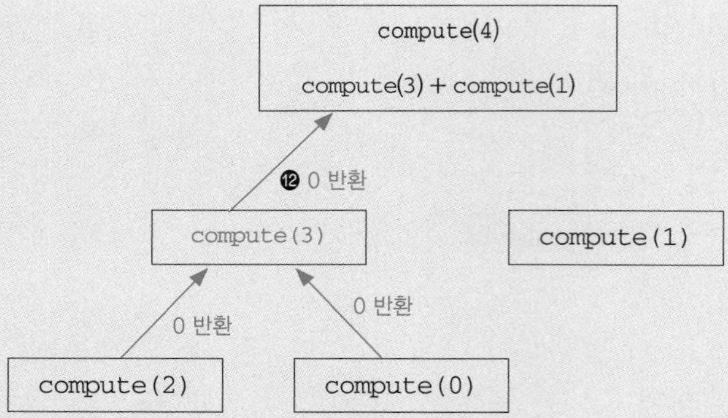

compute(4)

compute(3) + compute(1)

⓬ 0 반환

compute(3)　　compute(1)

0 반환　　0 반환

compute(2)　　compute(0)

```
class Child extends Parent {
❸    int compute(int num) {
❹        if(num <= 1) return num;
❺⓭      return compute(num - 1) + compute(num - 3);
    }
}
```

⓭ compute(3)을 호출했던 곳으로 돌아와 compute(3)의 반환값 0과 compute(1)의 반환값 1을 더한 1을 가지고 compute(4)를 처음 호출했던 main( ) 메소드로 돌아간다.

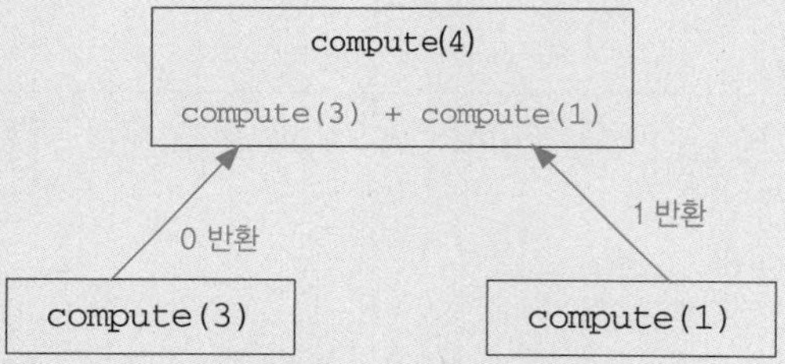

compute(4)

compute(3) + compute(1)

0 반환　　1 반환

compute(3)　　compute(1)

```
public class Test {
    public static void main(String[ ] args) {
❶        Parent obj = new Child( );
❷⓮      System.out.print(obj.compute(4));
    }
}
```

⓮ compute(4)를 호출하고 반환받은 값인 1을 출력하고 프로그램을 종료한다.

결과 1

Section 125

[문제 1]

{'한국', '중국', '베트남', '홍콩', '태국'}

※ **답안 작성 시 주의 사항** : 프로그램의 실행 결과는 부분 점수가 없으므로 정확하게 작성해야 합니다. 결과는 반드시 중괄호{ }로 묶어야 하고, 중괄호 안의 문자들은 각기 작은따옴표로 묶어줘야 합니다. 단 출력 순서는 실행할 때마다 변경되므로 관계없으며, 5개의 요소만 정확하게 포함되어 있으면 됩니다.

세트는 수학에서 배우는 집합(set)과 동일한 역할을 하는 Python의 자료형으로, 중괄호{ }를 이용하여 리스트와 같이 다양한 요소들을 저장할 수 있다. 세트는 순서가 정해져 있지 않으며(unordered), 중복된 요소는 저장되지 않는다는 특징이 있다.

```
❶ asia = {'한국', '중국', '일본'}
❷ asia.add('베트남')
❸ asia.add('중국')
❹ asia.remove('일본')
❺ asia.update({'한국', '홍콩', '태국'})
❻ print(asia)
```

❶ 세트 asia에 '한국', '중국', '일본'의 3개 요소를 저장한다.

asia	'한국'	'중국'	'일본'

❷ 세트 asia에 '베트남'을 추가한다.

asia	'한국'	'중국'	'일본'	'베트남'

❸ 세트 asia에 '중국'을 추가한다. asia에는 이미 '중국' 요소가 있으므로 무시된다.

❹ 세트 asia에서 '일본'을 제거한다.

asia	'한국'	'중국'	'베트남'

❺ 세트 asia에 새로운 세트를 추가하여 확장한다. 새로운 세트 {'한국', '홍콩', '태국'}의 요소 중 '한국'은 이미 asia에 있으므로 무시된다.

asia	'한국'	'중국'	'베트남'	'홍콩'	'태국'

❻ 세트 asia를 출력한다. 세트는 순서가 정해져 있지 않으므로 출력되는 요소들의 순서는 바뀔 수 있다.

결과 {'한국', '중국', '베트남', '홍콩', '태국'}

[문제 2]

[1, 2, 3]

7

1 2 3

4 5

6 7 8 9

```
❶ lol = [[1, 2, 3], [4, 5], [6, 7, 8, 9]]
❷ print(lol[0])
❸ print(lol[2][1])
❹ for sub in lol:
❺     for item in sub:
❻         print(item, end=' ')
❼     print( )
```

❶ 다음과 같은 행과 열을 갖는 2차원 리스트 lol이 선언되고

리스트 lol				
	[0][0]	[0][1]	[0][2]	
	[1][0]	[1][1]		
	[2][0]	[2][1]	[2][2]	[2][3]

다음과 같이 초기화된다.

리스트 lol	1	2	3	
	4	5		
	6	7	8	9

❷ 리스트 lol의 0번째 행을 출력한다. 2차원 리스트에서 각각의 행은 1차원 리스트이므로 0번째 행의 요소들을 리스트 형태로 출력한다. 이어서 커서를 다음 줄의 처음으로 옮긴다.

결과
```
[1, 2, 3]
```

❸ lol[2][1]의 값을 출력한 후 커서를 다음 줄의 처음으로 옮긴다.

결과
```
[1, 2, 3]
7
```

❹ 리스트 lol의 행 수만큼 ❺~❼번을 반복 수행한다. lol 리스트가 3행이므로 각 행을 sub에 저장하면서 ❺~❼번을 3회 수행한다.
- sub : 리스트 lol의 각 행이 일시적으로 저장될 변수이다. sub는 1차원 리스트로 선언된다.
- lol : 리스트의 이름이다.

❺ 리스트 sub의 요소 수만큼 ❻번을 반복 수행한다. sub 리스트가 차례로 3개, 2개, 4개의 요소를 가지므로 각 요소를 item에 저장하면서 ❻번을 3회, 2회, 4회 수행한다.
- item : 리스트 sub의 각 요소가 일시적으로 저장될 변수이다.
- sub : 리스트의 이름이다.

❻ item의 값을 출력하고 공백을 한 칸 띄운다.

❼ 커서를 다음 줄의 처음으로 옮긴다.

반복문 실행에 따른 변수들의 변화는 다음과 같다.

sub[ ]	item	출력
[1, 2, 3]	1 2 3	**1 2 3**
[4, 5]	4 5	1 2 3 **4 5**
[6, 7, 8, 9]	6 7 8 9	1 2 3 4 5 **6 7 8 9**

[문제 3]

False

```
❶ x, y = 100, 200
❷ print(x==y)
```

❶ 변수 x, y를 선언하고 각각 100, 200으로 초기화한다.

❷ x의 값 100과 y의 값 200이 같으면 참(True)을, 같지 않으면 거짓(False)을 출력한다.

결과
```
False
```

[문제 4]

26

```
❶ a = 100
❷ result = 0
❸ for i in range(1,3):
❹     result = a >> i
❺     result = result + 1
❻ print(result)
```

❶ 변수 a에 100을 저장한다.

❷ 변수 result에 0을 저장한다.

❸ 반복 변수 i가 1에서 시작하여 1씩 증가하면서 3보다 작은 동안 ❹, ❺번을 반복 수행한다.

❹ >>는 오른쪽 시프트 연산자이므로, a에 저장된 값을 오른쪽으로 i비트 이동시킨 다음 그 값을 result에 저장한다. 정수는 4Byte이므로 100을 4Byte 2진수로 변환하여 계산하면 된다.

❺ result의 값에 1을 누적시킨다.

❸~❺ 반복 과정은 다음과 같다.

반복문 1회 수행(i = 1)

• result = a >> i

– a의 값 100을 4Byte 2진수로 표현하면 다음과 같다.

	32	31	30	29	…	9	8	7	6	5	4	3	2	1
100	0	0	0	0	…	0	0	1	1	0	0	1	0	0
	부호 비트				…		2^7	2^6	2^5	2^4	2^3	2^2	2^1	2^0
					…		128	64	32	16	8	4	2	1

– i는 1이므로 부호를 제외한 전체 비트를 오른쪽으로 1비트 이동시킨다. 양수이므로 패딩 비트(빈자리)에는 0이 채워진다.

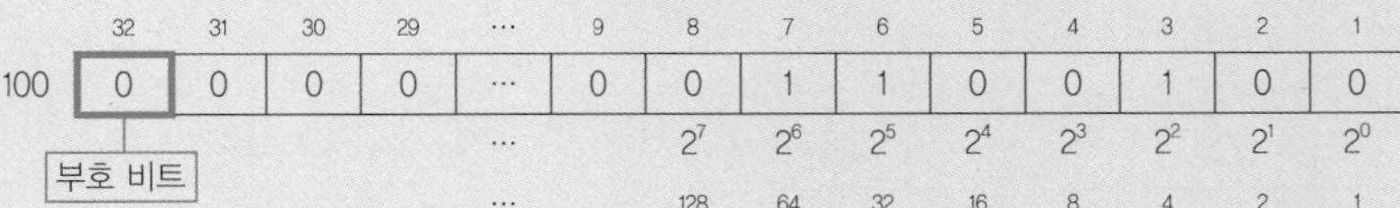

	32	31	30	29	…	9	8	7	6	5	4	3	2	1
50	0	0	0	0	…	0	0	0	1	1	0	0	1	0
	부호 비트	패딩 비트			…		2^7	2^6	2^5	2^4	2^3	2^2	2^1	2^0
					…		128	64	32	16	8	4	2	1

– 이동된 값을 10진수로 변환하면 50이다. result에는 50이 저장된다.

• result = result + 1

– result의 값 50에 1을 더하면 result는 51이 된다.

반복문 2회 수행(i = 2)

• result = a >> i

– i는 2이므로 a의 값 100을 오른쪽으로 2비트 이동시킨다. 양수이므로 패딩 비트(빈자리)에는 0이 채워진다.

	32	31	30	29	…	9	8	7	6	5	4	3	2	1
25	0	0	0	0	…	0	0	0	0	1	1	0	0	1
	부호 비트	패딩 비트			…		2^7	2^6	2^5	2^4	2^3	2^2	2^1	2^0
					…		128	64	32	16	8	4	2	1

– 이동된 값을 10진수로 변환하면 25다. result에는 25가 저장된다.

• result = result + 1

– result의 값 25에 1을 더하면 result는 26이 된다.

❻ result의 값 **26**을 출력한다.

결과 **26**

[문제 5]

SKIDDP

```
    class CharClass:                                        클래스 CharClass를 정의한다.
        a = ['Seoul', 'Kyeongi', 'Inchon', 'Daejeon', 'Daegu', 'Pusan'];
                                                            클래스의 속성(변수) a에 6개의 요소를 리스트로 저장한다.
❶   myVar = CharClass( )
❷   str01 = ''
❸   for i in myVar.a:
❹       str01 = str01 + i[0]
❺   print(str01)
```

❶ CharClass의 객체 변수 myVar를 선언한다.

	myVar.a[0]	myVar.a[1]	myVar.a[2]	myVar.a[3]	myVar.a[4]	myVar.a[5]
myVar.a	'Seoul'	'Kyeongi'	'Inchon'	'Daejeon'	'Daegu'	'Pusan'

❷ 변수 str01을 선언하고, 작은 따옴표 두 개를 이어붙인 빈 문자열을 저장한다.

※ Python은 자료형을 별도로 선언하지 않으므로, 이와 같은 방식으로 해당 변수가 어떤 형식으로 사용될 것인지 지정할 수 있다. 여기서는 ❹번의 연산에서 + 기호로 문자 더하기 연산을 수행하기 위해 지정하였다.

❸ 객체 변수 myVar의 리스트 a의 요소 수만큼 ❹번 문장을 반복 수행한다. 리스트 a는 6개의 요소를 가지므로 각 요소를 i에 할당하면서 다음 문장을 6회 수행한다.

❹ str01과 i에 저장된 문자열의 첫 번째 글자(i[0])를 더하여 str01에 저장한다. 즉 str01에 저장된 문자 뒤에 i에 저장된 문자열의 첫 번째 글자가 덧붙여진다.

- 1회 : i에 myVar.a[0]이 저장되고 i의 0번째 글자 S가 str01에 저장된다.

str01		i[0]	i[1]	i[2]	i[3]	i[4]		i
'S'	←	'S'	'e'	'o'	'u'	'l'	←	'Seoul'

- 2회 : i에 myVar.a[1]이 저장되고 i의 0번째 글자 K가 str01에 더해진다.

str01		i[0]	i[1]	i[2]	i[3]	i[4]	i[5]	i[6]		i
'SK'	←	'K'	'y'	'e'	'o'	'n'	'g'	'i'	←	'Kyeongi'

- 3회 : i에 myVar.a[2]가 저장되고 i의 0번째 글자 I가 str01에 더해진다.

str01		i[0]	i[1]	i[2]	i[3]	i[4]	i[5]		i
'SKI'	←	'I'	'n'	'c'	'h'	'o'	'n'	←	'Inchon'

- 4회 : i에 myVar.a[3]이 저장되고 i의 0번째 글자 D가 str01에 더해진다.

str01		i[0]	i[1]	i[2]	i[3]	i[4]	i[5]	i[6]		i
'SKID'	←	'D'	'a'	'e'	'j'	'e'	'o'	'n'	←	'Daejeon'

- 5회 : i에 myVar.a[4]가 저장되고 i의 0번째 글자 D가 str01에 더해진다.

str01		i[0]	i[1]	i[2]	i[3]	i[4]		i
'SKIDD'	←	'D'	'a'	'e'	'g'	'u'	←	'Daegu'

- 6회 : i에 myVar.a[5]가 저장되고 i의 0번째 글자 P가 str01에 더해진다.

str01		i[0]	i[1]	i[2]	i[3]	i[4]		i
'SKIDDP'	←	'P'	'u'	's'	'a'	'n'	←	'Pusan'

결과 SKIDDP

[문제 6]

REMEMBER AND STR

```
❶ a = "REMEMBER NOVEMBER"
❷ b = a[0:3] + a[12:16]
❸ c = "R AND %s" % "STR"
❹ print(b + c)
```

❶ 변수 a를 선언하고 "REMEMBER NOVEMBER"로 초기화한다.

❷ a에 저장된 문자열의 0부터 2번째 위치까지의 문자열과 12부터 15번째 위치까지의 문자열을 합쳐 b에 저장한다.

	[0]	[1]	[2]	[3]	[4]	[5]	[6]	[7]	[8]	[9]	[10]	[11]	[12]	[13]	[14]	[15]	[16]
a	'R'	'E'	'M'	'E'	'M'	'B'	'E'	'R'		'N'	'O'	'V'	'E'	'M'	'B'	'E'	'R'

b = REMEMBE

❸ c에 "R AND STR"을 저장한다. %s는 서식 문자열로, % 뒤쪽의 "STR"이 대응된다.

• "R AND %s" % "STR"

❹ b와 c에 저장된 문자열을 합쳐 출력한다.

결과 REMEMBER AND STR

[문제 7]

① extend( ) ② pop( ) ③ reverse( )

[문제 8]

split

Section 126

[문제 1]

3

```
❸ def func(lst):    // def는 Python에서 메소드를 정의하는 예약어이다. 매개 변수를 지정한 후 메소드에 속한 실행 코드들은 콜론(:)과 여백으로 구분한다.
❹     for i in range(len(lst) // 2):
❺         lst[i], lst[-i-1] = lst[-i-1], lst[i]
❶ lst = [1,2,3,4,5,6]
❷ func(lst)
❻ print(sum(lst[::2]) - sum(lst[1::2]))
```

func( ) 메소드 정의부의 다음 줄인 4번째 줄부터 실행한다.

❶ 리스트 lst를 선언하면서 초기값을 지정한다. 초기값으로 지정된 수만큼 리스트의 요소가 만들어진다.

	[0]	[1]	[2]	[3]	[4]	[5]
lst	1	2	3	4	5	6
	[-6]	[-5]	[-4]	[-3]	[-2]	[-1]

❷ lst를 인수로 func( ) 메소드를 호출한다. ❸번으로 이동한다.

❸ func( ) 메소드의 시작점이다. ❷번에 전달한 lst를 lst가 받는다.

❹ 반복 변수 i에 0부터 lst의 길이를 2로 나눈 몫인 3-1까지 순차적으로 저장하며 ❺번을 반복 수행한다.

※ len( ) : 문자열이나 리스트의 길이를 반환함

※ // : 몫을 구하는 연산자

❺ lst[i]에 lst[-i-1]의 값을, lst[-i-1]에 lst[i]의 값을 저장한다. 즉 lst[i]와 lst[-i-1]의 값을 서로 교환한다.

※ 반복문 실행에 따른 변수들의 변화는 다음과 같다.

i	lst[i]	lst[-i-1]	리스트 lst
			[0] [1] [2] [3] [4] [5] 1 2 3 4 5 6 [-6] [-5] [-4] [-3] [-2] [-1]
0	1	6	~~1~~ 2 3 4 5 ~~6~~ 6 → 1
1	2	5	6 ~~2~~ 3 4 ~~5~~ 1 5 → 2
2	3	4	6 5 ~~3~~ ~~4~~ 2 1 4 → 3

❻ 'sum(lst[::2]) – sum(lst[1::2])'의 결과인 **3**을 출력한다.

sum(lst[::2]) – sum(lst[1::2])
㉠ ㉡

• ㉠ : lst의 0번째 위치부터 마지막 위치까지 2씩 증가한 0, 2, 4번째 요소인 6, 4, 2의 합은 12임
• ㉡ : lst의 1번째 위치부터 마지막 위치까지 2씩 증가한 1, 3, 5번째 요소인 5, 3, 1의 합은 9임

※ **객체명[::증가값]** : 객체의 0번째 위치에서 마지막 위치까지 '증가값'만큼 증가하면서 해당 위치의 요소들을 가져옴
※ **객체명[초기위치:최종위치:증가값]** : '초기위치'에서 '최종위치'–1까지 '증가값'만큼 증가하면서 해당 위치의 요소들을 가져옴

결과 3

[문제 2]
45

```
❺⓫⓯    def func(value):         // def는 Python에서 메소드를 정의하는 예약어이다. 매개 변수를 지정한 후 메소드에 속한 실행 코드들은 콜론(:)과 여백으로 구분한다.
❻⓲        if type(value) == type(100):
❼⓳            return 100
❽          elif type(value) == type(" "):
❾              return len(value)
⓲⓬⓰        else:
⓳⓭⓱            return 20
❶          a = "100.0"
❷          b = 100.0
❸          c = (100, 200)
❹❿⓮⓲      print(func(a) + func(b) + func(c))
```

func( ) 메소드 정의부의 다음 줄인 8번째 줄부터 실행한다.

❶ 변수 a에 문자열 "100.0"을 저장한다.
❷ 변수 b에 실수형 100.0을 저장한다.
❸ 변수 c에 튜플형 (100, 200)을 저장한다.
❹ a, b, c를 각각 인수로 func( ) 함수를 호출한 후 반환받은 값을 모두 더한 값을 출력한다. 먼저 a를 인수로 func( ) 함수를 호출한다. ❺번으로 이동한다.
❺ func( ) 메소드의 시작점이다. ❹번에 전달한 a를 value가 받는다.
❻ value와 100의 자료형이 같으면 ❼번으로 이동하고, 아니면 ❽번으로 이동한다. value의 값 "100.0"은 문자형이고, 100은 정수형으로 자료형이 같지 않으므로 ❽번으로 이동한다.

※ type( ) : 인수의 자료형을 반환함
• **정수형** : 〈class 'int'〉를 반환함
• **실수형** : 〈class 'float'〉를 반환함
• **문자형** : 〈class 'str'〉을 반환함

❽ value와 ""의 자료형이 같으면 ❾번으로 이동하고, 아니면 else문으로 이동한다. value의 값 "100.0"과 ""은 모두 문자형으로 자료형이 같으므로 ❾번으로 이동한다.
❾ 함수를 호출했던 ❿번으로 value의 길이인 5를 반환한다.
※ len( ) : 문자열이나 리스트의 길이를 반환함
❿ b를 인수로 func( ) 함수를 호출한다. ⓫번으로 이동한다.
⓫ func( ) 메소드의 시작점이다. ❿번에 전달한 b를 value가 받는다.
⓬ value의 값 100.0은 실수형으로, 정수형이나 문자형이 아니므로 else문이 수행되어 ⓭번으로 이동한다.
⓭ 함수를 호출했던 ⓮번으로 20을 반환한다.
⓮ c를 인수로 func( ) 함수를 호출한다. ⓯번으로 이동한다.
⓯ func( ) 메소드의 시작점이다. ⓮번에 전달한 c를 value가 받는다.
⓰ value의 값 (100, 200)은 튜플형으로, 실수형이나 문자형이 아니므로 else문이 수행되어 ⓱번으로 이동한다.
⓱ 함수를 호출했던 ⓲번으로 20을 반환한다.
⓲ 'func(a) + func(b) + func(c)'의 결과인 **45**를 출력한다.

func(a) + func(b) + func(c)
㉠ ㉡ ㉢

- ㉠ : ❾번에서 반환받은 값 5
- ㉡ : ⓭번에서 반환받은 값 20
- ㉢ : ⓱번에서 반환받은 값 20

결과 45

Section **127**

[문제 1]
예외(Exception)

[문제 2]
101

```
public class Main {
   public static void main(String[] args) {
❶     int sum = 0;
❷     try {
❸        func( );
      }
❻     catch (NullPointerException e) {
❼        sum = sum + 1;
      }
      catch (Exception e) {
         sum = sum + 10;
      }
❽     finally {
❾        sum = sum + 100;
      }
❿     System.out.print(sum);
   }

❹ static void func( ) throws Exception {
❺     throw new NullPointerException( );
   }
}
```

모든 Java 프로그램은 반드시 main( ) 메소드에서 시작한다.

❶ 정수형 변수 sum을 선언하고, 0으로 초기화한다.

❷ 예외 구문의 시작이다.

❸ func( ) 메소드를 호출한다. ❹번으로 이동한다.

❹ 강제로 예외를 발생시키는 func( ) 메소드의 시작점이다.

❺ NullPointerException 예외를 강제로 발생시킨다. 예외가 발생되었으므로 try 블록이 종료되고 catch 블록으로 제어가 이동된다. ❻번으로 이동한다.

※ throw : 강제로 예외를 발생시키는 키워드

※ NullPointerException : Null을 가진 객체를 참조하는 경우 사용하는 예외 객체

❻ NullPointerException에 해당하는 예외를 다루는 catch문의 시작이다.

❼ sum에 1을 더한다. sum은 1이다. try~catch문이 종료되었으므로 ❽번으로 이동한다.

❽ try~catch문이 모두 종료되면 실행되는 finally문의 시작이다.

❾ sum에 100을 더한다. sum은 101이다.

❿ sum의 값 101을 출력한다.

결과 101

[문제 3]

① ㉣ ② ㉥ ③ ㉧ ④ ㉠

③ • Java에서 배열 a[10]을 선언한다는 것은 다음과 같이 a[0]부터 a[9]까지 10개의 요소를 가진 배열 객체를 생성한다는 의미입니다.

배열 a	a[0]	a[1]	a[2]	a[3]	a[4]	a[5]	a[6]	a[7]	a[8]	a[9]

• 사용자는 a[0]~a[9]에만 접근하여 값을 저장하거나 사용할 수 있는데, 이 때 a[10]에 값을 저장하게 되면 범위를 벗어난 배열 주소에 접근한 것이 되어 예외 ArrayIndexOutOfBoundsException이 발생하게 됩니다.

예상문제은행 10장 프로그래밍 언어 활용 정답

[문제 1]

절차적 프로그래밍 언어

[문제 2]

HTML, LISP, XML, Haskell

[문제 3]

객체지향 프로그래밍 언어

[문제 4]

ALGOL

[문제 5]

스크립트 언어(Script Language)

[문제 6]

PHP(Professional Hypertext Preprocessor)

[문제 7]

0

```
public class Test {
   public static void main(String[ ] args) {
❶      int i = 0, c = 0;
❷      while (i < 10) {
❸         i++;
❹         c *= i;
       }
❺      System.out.println(c);
   }
}
```

❶ 정수형 변수 i와 c를 선언하고 각각 0으로 초기화한다.

❷ i가 10보다 작은 동안 ❸, ❹번을 반복 수행한다.

❸ 'i = i + 1'과 동일하다. i의 값에 1을 누적시킨다.

❹ 'c = c * i'와 동일하다. c * i의 값을 c에 저장한다.

❺ c의 값을 화면에 출력한 후 커서가 다음 줄의 처음으로 이동된다.

결과 0

※ 반복문 실행에 따른 변수들의 변화는 다음과 같다.

i	c
0	0
1	0
2	0
3	0
4	0
5	0
6	0
7	0
8	0
9	0
10	0

[문제 8]

21

```
#include <stdio.h>

int main( ) {
❶   int arr[3][3] = {1, 2, 3, 4, 5, 6, 7, 8, 9};
❷   int* parr[2] = {arr[1], arr[2]};
❸   printf("%d", parr[1][1] + *(parr[1]+2) + **parr);
}
```

❶ 3행 3열의 크기를 갖는 정수형 배열 arr을 선언하고, 초기화한다.

		arr[0][0]	arr[0][1]	arr[0][2]
배열 arr	arr[0]	1	2	3
	arr[1]	4	5	6
	arr[2]	7	8	9
		arr[2][0]	arr[2][1]	arr[2][2]

❷ 2개의 요소를 갖는 정수형 포인터 배열 parr을 선언하고, parr[0]에 배열 arr의 두 번째 행의 시작 주소를, parr[1]에 배열 arr의 세 번째 행의 시작 주소를 저장한다.

※ 2차원 배열에서 배열명은 첫 번째 행의 시작 주소를 가리킵니다. 즉 arr은 첫 번째 행의 시작 주소를 가리키고, arr[1]은 두 번째 행의 시작 주소를, arr[2]는 세 번째 행의 시작 주소를 가리킵니다.

메모리

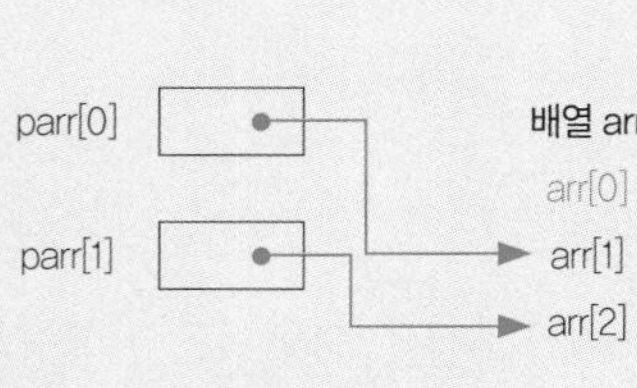

	parr[0][0] parr[0]+0	parr[0][1] parr[0]+1	parr[0][2] parr[0]+2
arr[0]	1	2	3
arr[1]	4	5	6
arr[2]	7	8	9
	parr[1]+0 parr[1][0]	parr[1]+1 parr[1][1]	parr[1]+2 parr[1][2]

❸ printf("%d", parr[1][1] + *(parr[1]+2) + **parr);
(㉠: parr[1][1], ㉡: *(parr[1]+2), ㉢: **parr)

- ㉠ : parr[1]은 arr 배열의 세 번째 행의 시작 주소를 가리키므로, parr[1][1]은 3행의 두 번째 열의 값 8입니다.
- ㉡ : parr[1]은 arr 배열의 세 번째 행의 시작 주소를 가리키고, 여기에 주소 2를 더하면 3행의 세 번째 열이므로 값은 9입니다.
- ㉢ : *parr은 parr[0]을 의미하며, **parr은 parr[0][0], 즉 arr[1][0]인 2행의 첫 번째 열이므로 값은 4입니다.
- 8+9+4의 결과를 정수형으로 출력합니다.

결과 `21`

[문제 9]

a = 20 b = 2

```
❷ def func(num1, num2 = 2):
❸     print('a =', num1, 'b =', num2)
❶ func(20)
```

func( ) 메소드를 정의하는 부분의 다음 줄인 3번째 줄부터 실행한다.

❶ 20을 인수로 func( ) 메소드를 호출한다.

❷ func( ) 메소드의 시작점이다. ❶번에서 전달받은 20을 num1이 받는다.

- func( ) 메소드의 매개 변수는 num1, num2 두 개지만 num2는 메소드 정의 시 초기값이 지정되었다.
- 전달된 인수는 매개 변수에 차례로 전달되므로 인수가 하나만 주어지면 num1이 인수를 전달받고, 두 개의 인수가 주어지면 num1과 num2가 차례로 인수를 전달받는다.

❸ a =와 num1의 값 20, b =와 num2의 값 2를 차례대로 출력한다.

결과 `a = 20 b = 2`

[문제 10]

29

53

35

```
public class Problem {
   public static void main(String[ ] args) {
      int a = 035, b = 0x35, c = 35;
      System.out.printf("%d\n", a);
      System.out.printf("%d\n", b);
      System.out.printf("%d\n", c);
   }
}
```

- `int a = 035, b = 0x35, c = 35;` : 정수형 변수 a, b, c를 선언하면서 a에는 8진수 35, b에는 16진수 35, c에는 10진수 35를 저장한다.
  ※ C언어도 Java와 마찬가지로 8진수는 숫자 앞에 0을, 16진수는 숫자 앞에 0x를 붙이고, Python은 8진수는 숫자 앞에 0o를, 16진수는 숫자 앞에 0x를 붙인다.
- `System.out.printf("%d\n", a);` : 결과 29
  8진수 35를 10진수로 변환하면 $3 \times 8^1 + 5 \times 8^0 = 29$이다.
- `System.out.printf("%d\n", b);` : 결과 53
  16진수 35를 10진수로 변환하면 $3 \times 16^1 + 5 \times 16^0 = 53$이다.
- `System.out.printf("%d\n", c);` : 결과 35

[문제 11]

20 21 30

```
public class Problem {
   public static void main(String[ ] args) {
      int j, k, L, result;
      j = 10;
      k = 20;
      L = 30;
      result = j < k ? k++ : --L;
      System.out.printf("%d %d %d\n", result, k, L);
   }
}
```

- `result = j < k ? k++ : --L;` : j가 k보다 작으면 k++의 값을 result에 저장하고 그렇지 않으면 --L의 값을 result에 저장한다.
- `System.out.printf("%d %d %d\n", result, k, L);` : 결과 20 21 30
  k++은 후치 연산이므로 20을 result에 저장한 후 1 증가한다.

[문제 12]

30

문제의 코드는 변수 a가 10이 될 때까지 0부터 1씩 증가하면서 2로 나눈 나머지가 1이 아닌 경우에만 a의 값을 sum에 누적하는 프로그램입니다. 즉 0부터 10까지의 짝수만 sum에 누적하게 되므로, 2, 4, 6, 8, 10이 차례로 sum에 누적되어 마지막에는 **30**이 출력됩니다.

❶ `a = sum = 0`	sum에 0을 저장하고, a에 sum의 값을 저장한다. 결국 a와 sum은 모두 0을 저장한다.
❷ `while a < 10:`	a가 10보다 작은 동안 ❸~❻번 문장을 반복 수행한다.
❸ `    a += 1`	'a = a + 1'과 동일하다. a의 값을 1씩 누적시킨다.
❹ `    if a%2 == 1:`	a를 2로 나눈 나머지가 1이면 ❺번을 수행한다.
❺ `        continue`	제어가 while문의 시작점인 ❷번으로 이동한다.
❻ `    sum += a`	'sum = sum + a'와 동일하다. sum에 a를 누적한다.
❼ `print(sum)`	결과 **30**

※ 반복문 실행에 따른 변수들의 변화는 다음과 같습니다.

a	a%2	sum	출력
0		0	30
1	1		
2	0	2	
3	1		
4	0	6	
5	1		
6	0	12	
7	1		
8	0	20	
9	1		
10	0	30	

[문제 13]

2

`a, b = 2, 3`	a와 b에 각각 2와 3을 저장한다.

`c = a & b`	&(비트 and)는 두 비트가 모두 1일 때만 1이 되는 비트 연산자이다.
	Python에서 정수형 변수는 자료형의 크기가 무제한이지만, 계산을 위해 C, Java와 같이 4바이트라고 가정한다. 각 변수의 값을 4바이트 2진수로 변환한 다음 각 비트를 연산한다.
	`2 = 0000 0000 0000 0000 0000 0000 0000 0010`
	`3 = 0000 0000 0000 0000 0000 0000 0000 0011`
	`&   0000 0000 0000 0000 0000 0000 0000 0010`
	0000 0000 0000 0000 0000 0000 0000 0010은 10진수로 2이다.

`print(c)`	결과 **2**

[문제 14]

5

```
public class Problem {
    public static void main(String[ ] args) {
        int a, b = 10;
        a = 20 % 11 / 3 * 5 - b;
        System.out.printf("%d\n", a);
    }
}
```

연산식이 복잡할 때는 우선순위에 맞게 괄호로 묶은 다음 계산하면 쉽다. 연산자의 우선 순위가 같은 때는 좌에서 우로, 대입 연산자는 우선순위가 가장 낮다.

a = (((20 % 11) / 3) * 5) - 10
 = (9 / 3) * 5 - 10
 = 15 - 10 = 5

결과 5

[문제 15]

10 55

```
hap = 0
for i in range(1, 11):
    hap += i
print(i, hap)
```

- for i in range(1, 11): 반복 변수 i에 1부터 10까지 순서대로 저장하며 다음 문장을 반복 수행한다.
- hap += i: hap에 i를 누적한다.
- print(i, hap): 결과 10 55

※ 반복문 실행에 따른 변수들의 변화는 다음과 같습니다.

반복 횟수	i	hap
		0
1	1	1
2	2	3
3	3	6
4	4	10
5	5	15
6	6	21
7	7	28
8	8	36
9	9	45
10	10	55

[문제 16]

3 3 1 1

```
public class Problem {
    public static void main(String[ ] args) {
        int a, b, c, hap;
        a = b = c = 2;
        hap = ++a | b-- & c--;
        System.out.printf("%d %d %d %d", hap, a, b, c);
    }
}
```

변수 a, b, c에 2를 저장한다.

++a는 전치 연산이므로 a값을 1 증가시킨 후 연산에 참여하고, b--와 c--는 후치 연산이므로 연산에 참여한 후 b값과 c값을 각각 1씩 감소시킨다.

비트 연산자의 우선 순위는 &, ^, |이므로 계산 순서는 다음과 같다.

hap = ++a | b-- & c--;

(b-- & c-- → ⓐ, ++a | ⓐ → ⓑ)

ⓐ &(비트 and)는 두 비트가 모두 1일 때만 1이 되는 비트 연산자이다.

Java에서 정수형 변수는 4바이트이므로 각 변수의 값을 4바이트 2진수로 변환한 다음 각 비트를 연산한다.

```
  2 = 0000 0000 0000 0000 0000 0000 0000 0010
  2 = 0000 0000 0000 0000 0000 0000 0000 0010
&     0000 0000 0000 0000 0000 0000 0000 0010 = 10진수로 2이다.
```

ⓑ |(비트 or)는 두 비트 중 한 비트라도 1이면 1이 되는 비트 연산자이다.

```
  3    = 0000 0000 0000 0000 0000 0000 0000 0011
  ⓐ(2) = 0000 0000 0000 0000 0000 0000 0000 0010
|        0000 0000 0000 0000 0000 0000 0000 0011 = 10진수로 3이다.
```

결과 3 3 1 1

[문제 17]

S

```
public class Test {
    public static void main(String[] args) {
❶       String str = "ITISTESTSTRING";
❷       String[] result = str.split("T");
❸       System.out.print(result[3]);
    }
}
```

❶ 문자열 객체 str을 선언하고, "ITISTESTSTRING"으로 초기화한다.

❷ 문자열 배열 result를 선언하고, str에 저장된 문자열을 'T'를 기준으로 분리하여 각각의 요소를 초기화한다. 배열을 선언할 때 배열의 크기를 지정하지 않으면 초기값의 크기로 배열의 요소가 만들어진다.

- A.split("분리문자") : A 문자열을 '분리문자'를 기준으로 분리하여 반환함, '분리문자'를 생략하면 공백을 기준으로 문자열을 분리함

	[0]	[1]	[2]	[3]	[4]
result	I	IS	ES	S	RING

❸ result[3]의 값을 출력한다.

결과 S

[문제 18]

312

```
#include <stdio.h>
struct Node {                          // Node 구조체를 정의한다.
    int value;                         // 정수형 변수 value를 선언한다.
    struct Node *next;                 // Node 구조체의 포인터 변수 next를 선언한다.
};
```

struct Node

int value (4Byte)	struct Node *next (4Byte)
데이터를 저장할 멤버	다음 노드의 주소를 저장할 포인터

```
int main( ) {
❶  struct Node n1 = {1, NULL};
❷  struct Node n2 = {2, NULL};
❸  struct Node n3 = {3, NULL};
❹  n1.next = &n3;
❺  n3.next = &n2;
❻  func(&n1);
    struct Node* current = &n1;
    while(current != NULL){
        printf("%d", current -> value);
        current = current -> next;
    }
    return 0;
}
```

모든 C 언어 프로그램은 반드시 main( ) 함수에서 시작한다.

❶ Node 자료형 변수 n1을 선언하고, Node의 value에 1을 Node의 next에 NULL을 저장한다. n1이 가리키고 있는 1008 번지는 Node 구조체의 크기만큼 할당된 공간이므로 n1은 1008번지 이후의 8Byte를 의미한다. (이후 그림에서 지정한 주소는 임의로 정한 것이며, 이해를 돕기 위해 10진수로 표현했다.)

※ NULL은 값이 없음을 의미하며, next에 NULL이 저장되어 있는 것은 어떤 곳도 가리키지 않고 있음을 의미합니다.

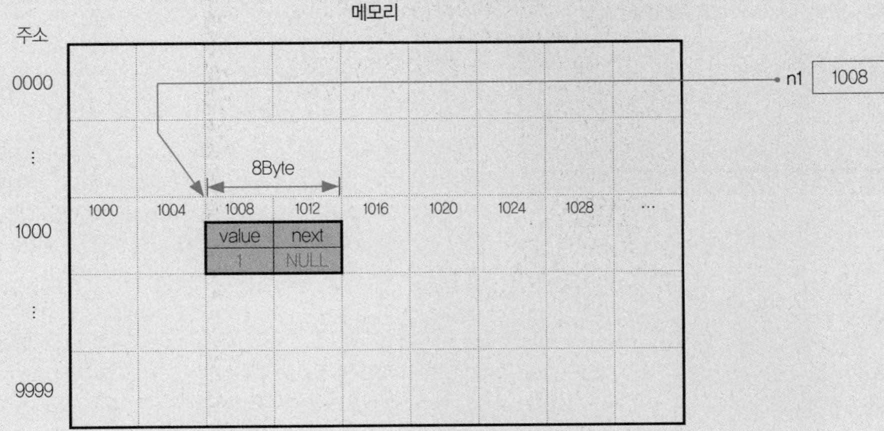

❷ Node 자료형 변수 n2를 선언하고, Node의 value에 2를 Node의 next에 NULL을 저장한다.

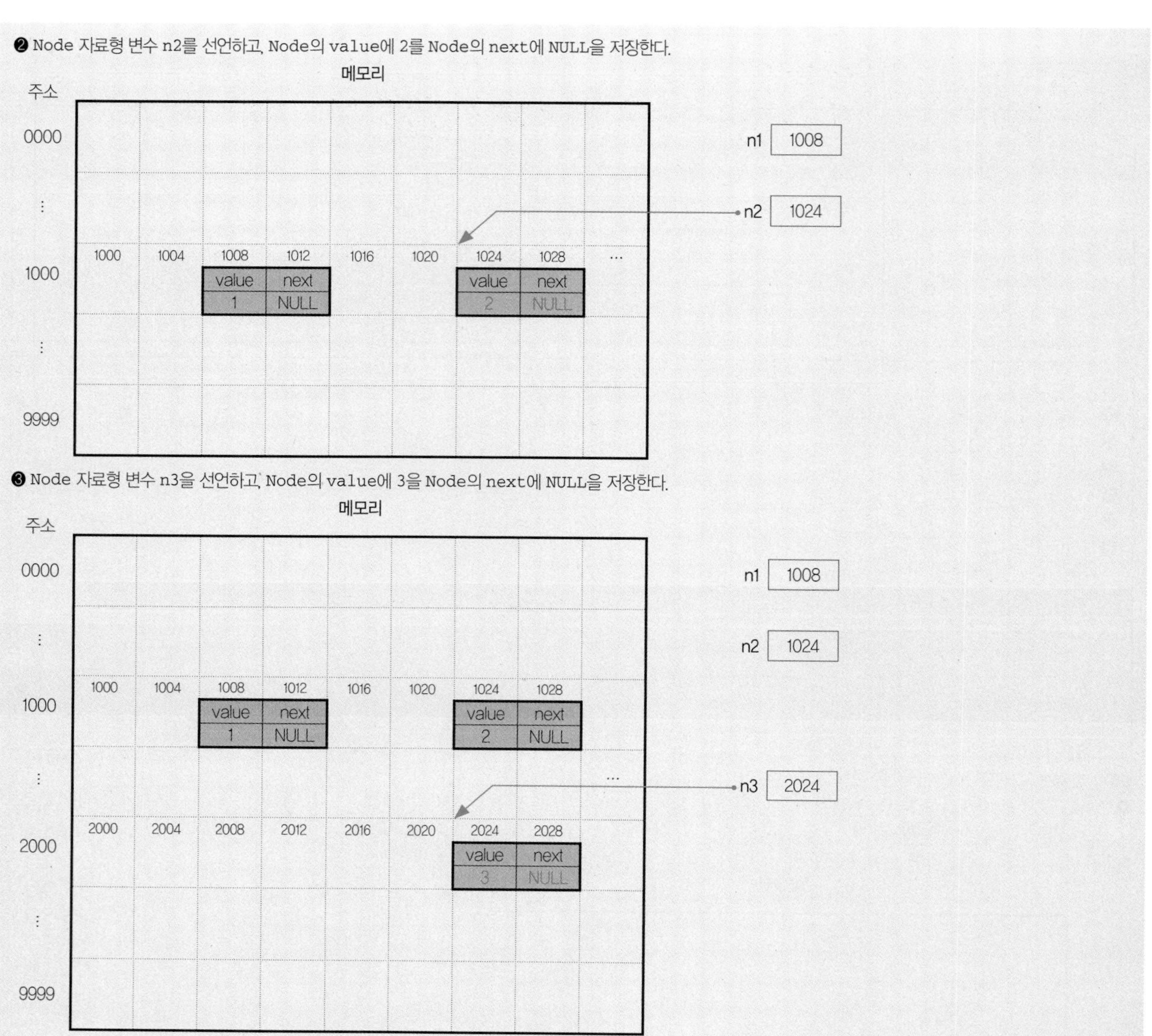

❸ Node 자료형 변수 n3을 선언하고, Node의 value에 3을 Node의 next에 NULL을 저장한다.

❹ n1의 next에 n3의 주소를 저장한다. next는 다음 노드의 주소를 가리키는 것이므로, 이제 n1의 다음 노드는 n3이다.

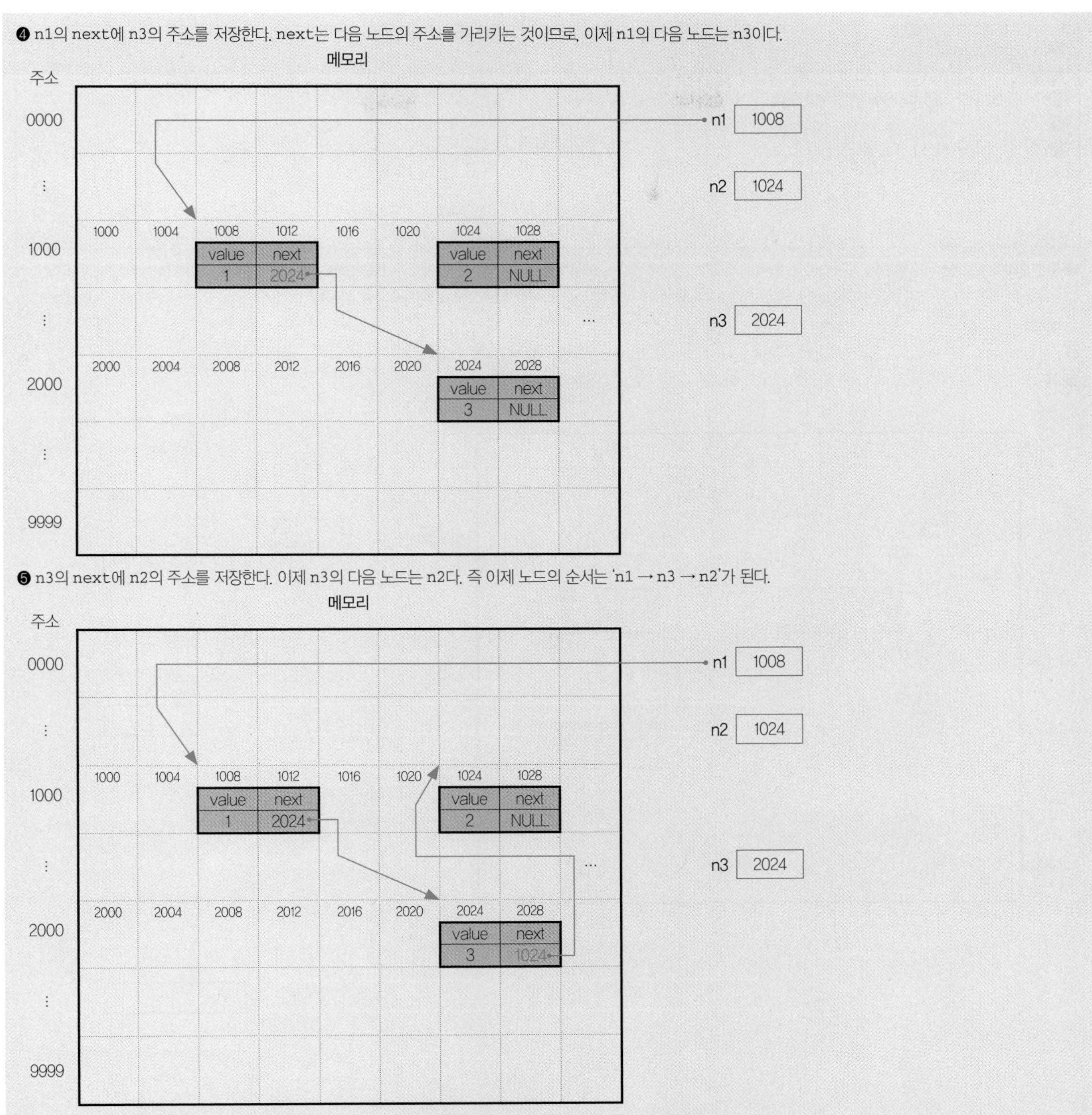

❺ n3의 next에 n2의 주소를 저장한다. 이제 n3의 다음 노드는 n2다. 즉 이제 노드의 순서는 'n1 → n3 → n2'가 된다.

❻ n1의 주소를 인수로 func( ) 함수를 호출한다.

```
❼ void func(struct Node* node){
❽⓭   while(node != NULL && node -> next != NULL) {
❾        int t = node -> value;
❿        node -> value = node -> next -> value;
⓫        node -> next -> value = t;
⓬        node = node -> next -> next;
     }
}
```

❼ 반환값이 없는 func( ) 함수의 시작점이다. Node 자료형 포인터 변수 node가 ❻번에서 전달한 n1의 주소를 받는다. 포인터 변수의 크기는 4Byte이므로 메모리의 어딘가에 4Byte 크기의 공간이 할당된다. 포인터 변수 node의 용도는 리스트 구조에서 첫 번째 노드의 주소를 저장하는 것이다.

node | 1008

❽ node가 NULL이 아니고 node가 가리키는 곳의 next가 NULL이 아닌 동안 ❾~⓬번을 반복 수행한다.

❾ 정수형 변수 t를 선언하고, node가 가리키는 곳의 value 값인 1로 초기화한다.

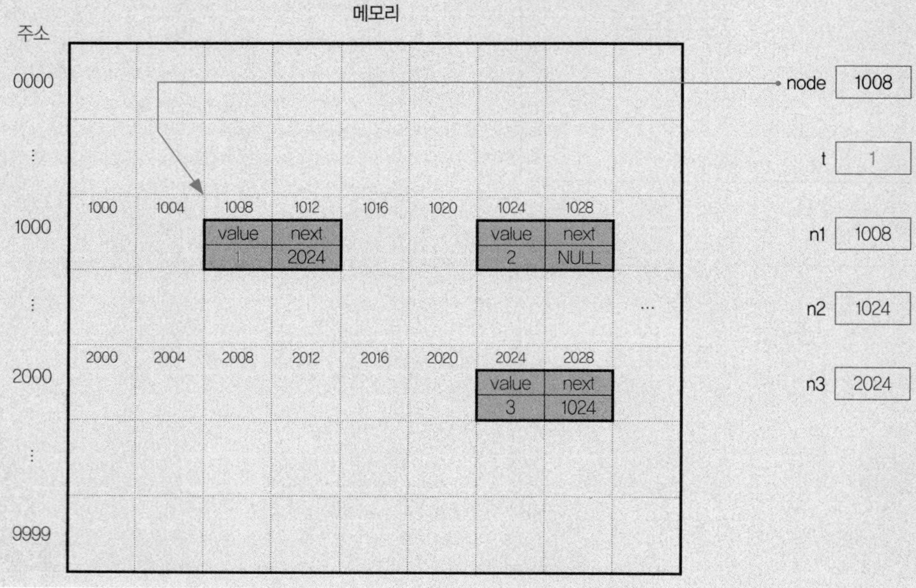

⑩ node가 가리키는 곳의 value에 node가 가리키는 곳의 next가 가리키는 곳의 value의 값인 3을 저장한다.

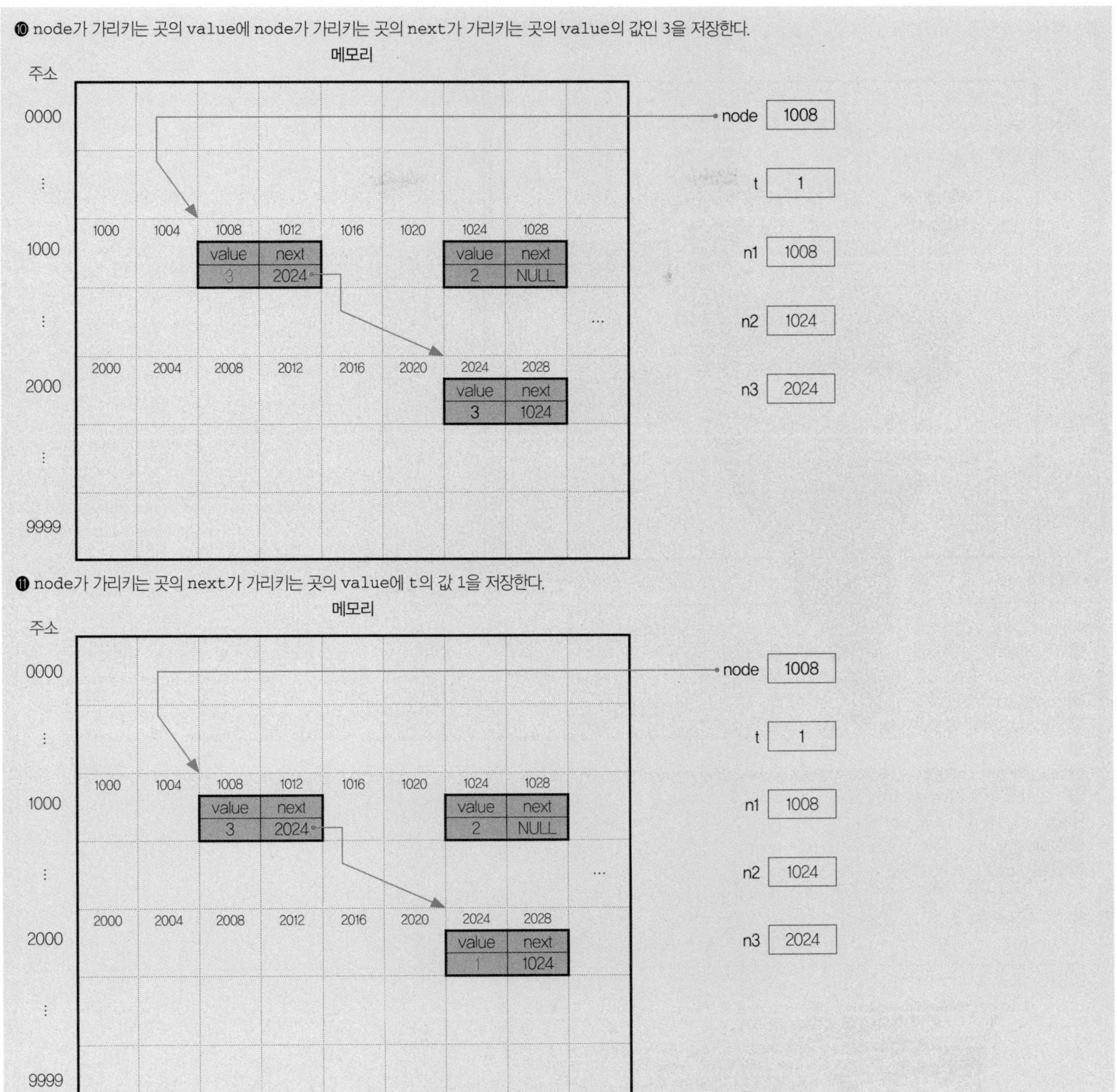

⑪ node가 가리키는 곳의 next가 가리키는 곳의 value에 t의 값 1을 저장한다.

⑫ node에 node가 가리키는 곳의 next가 가리키는 곳의 next의 값인 1024를 저장한다.

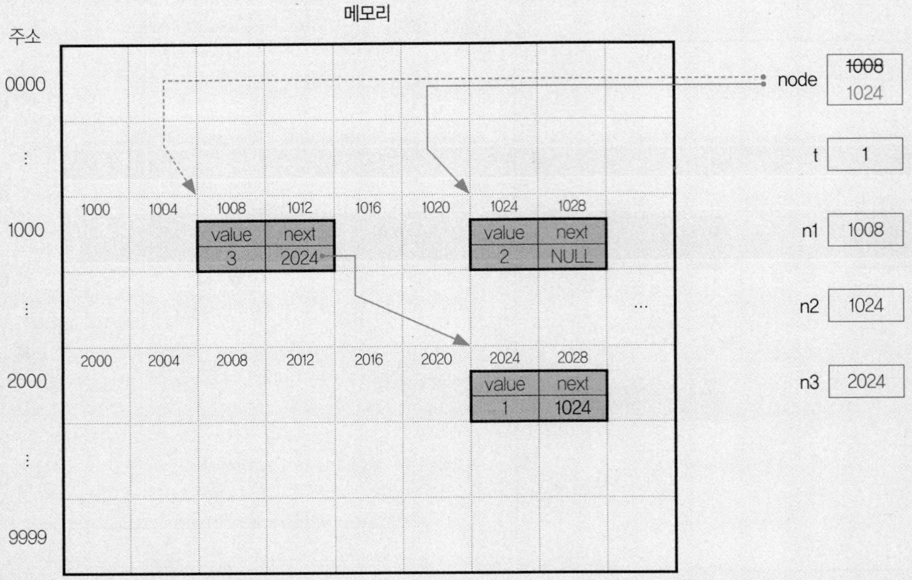

⑬ 현재 node의 값은 1024로, NULL은 아니지만 node -> next가 NULL이므로 반복문이 종료된다. 제어를 func( ) 함수를 호출했던 ⑭번으로 옮긴다.

```
int main( ) {
❶     struct Node n1 = {1, NULL};
❷     struct Node n2 = {2, NULL};
❸     struct Node n3 = {3, NULL};
❹     n1.next = &n3;
❺     n3.next = &n2;
❻     func(&n1);
⓮     struct Node* current = &n1;
⓯㉒         while(current != NULL){
⓰⓲⓴             printf("%d", current -> value);
⓱⓳㉑             current = current -> next;
            }
㉓     return 0;
}
```

⑭ Node 자료형 포인터 변수 current를 선언하고, n1의 주소로 초기화한다.

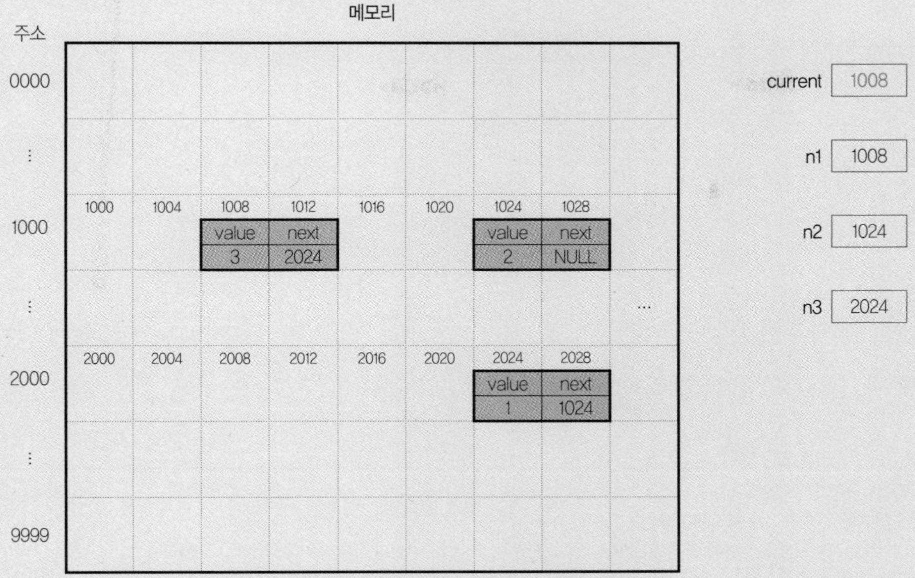

메모리

주소									
0000									
⋮									
1000	1000	1004	1008 value / 3	1012 next / 2024	1016	1020	1024 value / 2	1028 next / NULL	
⋮									…
2000	2000	2004	2008	2012	2016	2020	2024 value / 1	2028 next / 1024	
⋮									
9999									

current 1008

n1 1008

n2 1024

n3 2024

⑮ current가 NULL이 아닌 동안 ⑯, ⑰번을 반복 수행한다.

⑯ current가 가리키는 곳의 value의 값 3을 정수형으로 출력한다.

결과 3

⑰ current에 current가 가리키는 곳의 next의 값인 **2024**를 저장한다.

current 2024

⑱ current가 가리키는 곳의 value의 값 1을 정수형으로 출력한다.

결과 31

⑲ current에 current가 가리키는 곳의 next인 **1024**를 저장한다.

current 1024

⑳ current가 가리키는 곳의 value의 값 2를 정수형으로 출력한다.

결과 312

㉑ current에 current가 가리키는 곳의 next의 값인 NULL을 저장한다.

current NULL

㉒ current가 NULL이므로 반복문이 종료된다. 제어를 ㉓번으로 옮긴다.

㉓ main( ) 함수에서의 'return 0'은 프로그램의 종료를 의미한다..

[문제 19]

234

```
#include <stdio.h>
int r1( ) {
  ❹ return 4;          4 반환
}
int r10( ) {
  ❸❺ return (30 + r1( ));          34(30 + 4) 반환
}
int r100( ) {
  ❷❻ return (200 + r10( ));          234(200 + 34) 반환
}
int main( ) {
  ❶❼ printf("%d\n", r100( ));
  ❽  return 0;
}
```

모든 C 프로그램은 반드시 main( ) 함수에서 시작한다.

❶ 인수 없이 r100( ) 함수를 호출한 다음 반환받은 값을 화면에 출력한다. ❷번으로 이동한다.

❷ r10( ) 함수를 호출하여 반환받은 값에 200을 더한 후 r100( ) 함수를 호출한 ❶번으로 반환한다. r10( ) 함수를 호출하기 위해 ❸번으로 이동한다.

❸ r1( ) 함수를 호출하여 반환받은 값에 30을 더한 후 r10( ) 함수를 호출한 ❷번으로 반환한다. r1( ) 함수를 호출하기 위해 ❹번으로 이동한다.

❹ 반환값 4를 가지고 r1( ) 함수를 호출했던 ❺번으로 이동한다.

❺ ❹번에서 반환받은 값 4에 30을 더한 34를 가지고 r10( ) 함수를 호출했던 ❻번으로 이동한다.

❻ ❺번에서 반환받은 값 34에 200을 더한 234를 가지고 r100( ) 함수를 호출했던 ❼번으로 이동한다.

❼ ❻번에서 반환받은 값 234를 정수로 출력하고 커서를 다음 줄로 이동한다.

결과 234

❽ main( ) 함수에서의 'return 0'은 프로그램의 종료를 의미한다.

[문제 20]

5, 15

```
public class Problem {
  public static void main(String[ ] args) {
❶    int i = 0, hap = 0;
❷    do {                       do~while 반복문의 시작점이다. ❸~❹번 문장을 반복하여 수행한다.
❸      ++i;                     'i = i + 1;'과 동일하다. i의 값을 1씩 누적시킨다.
❹      hap += i;                'hap = hap + i;'와 동일하다. i의 값을 hap에 누적시킨다.
❺    } while(i < 5);            i가 5보다 작은 동안 ❸~❹번 문장을 반복하여 수행한다.
❻    System.out.printf("%d, %d\n", i, hap);
  }
}
```

결과 5, 15

i가 5가 되었을 때 5를 hap에 누적한 다음 do~while문을 탈출하기 때문에 i는 5로 끝난다.

※ 반복문 실행에 따른 변수들의 변화는 다음과 같습니다.

반복 횟수	i	hap
	0	0
1	1	1
2	2	3
3	3	6
4	4	10
5	5	15

[문제 21]

10, 55

```
#include <stdio.h>
main( ) {
    int a, hap = 0;
    for (a = 0; a < 10; ++a, hap += a);
    printf("%d, %d\n", a, hap);
}
```

반복문 for는 for(식1; 식2; 식3)와 같이 초기값, 최종값, 증가값으로 사용할 식을 '식1', '식2', '식3'에 적는데, 여기서는 증가값을 지정하는 '식3' 자리에 수식 두 개가 콤마(,) 연산자로 나열되어 있다. 이건 나열된 두 식을 차례대로 수행하라는 의미이므로 '++a'와 'hap += a'를 순서대로 수행한 후 '식2'를 확인한다.

결과 10, 55

주의할 점은 반복문을 벗어날 때 반복 변수는 'a < 10'의 결과가 거짓이 되도록 증가한 후 빠져 나간다는 것이다. 여기서는 a가 10보다 작은 동안에는 반복문을 수행하고, a가 1 증가하여 10이 되었을 때 'hap += a'를 수행한 다음 반복문을 탈출한다.

※ 반복문 실행에 따른 변수들의 변화는 다음과 같습니다.

반복 횟수	a	hap
		0
1	0	
2	1	1
3	2	3
4	3	6
5	4	10
6	5	15
7	6	21
8	7	28
9	8	36
10	9	45
	10	55

[문제 22]

Powe

```
public class Problem {
    public static void main(String[ ] args) {
        String str;                              문자열 변수 str을 선언한다.
        str = "Power overwhelming!";             str 변수에 "Power overwhelming!"를 저장한다.
        System.out.printf("%8.4s\n", str);       결과     Powe
    }
}
```

%s는 문자열을 출력하는 서식 문자열이고, %8.4s는 8자리를 확보한 다음 str에 저장된 문자열 "Power overwhelming!" 중 앞의 4글자를 오른쪽에서부터 출력하므로 결과는 앞에 4칸 공백이 있는 "   **Powe**"가 된다.

[문제 23]

4 128 -12

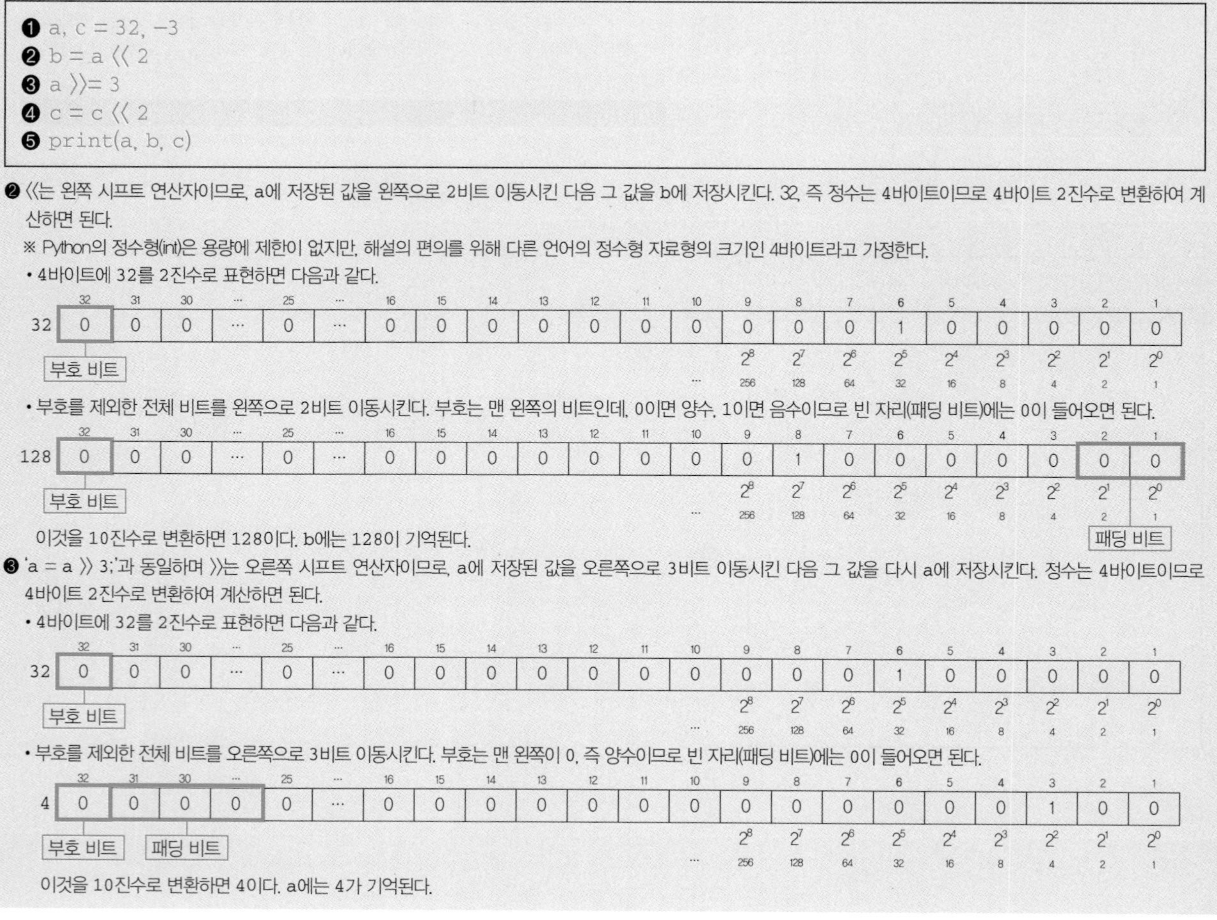

```
❶ a, c = 32, -3
❷ b = a << 2
❸ a >>= 3
❹ c = c << 2
❺ print(a, b, c)
```

❷ <<는 왼쪽 시프트 연산자이므로, a에 저장된 값을 왼쪽으로 2비트 이동시킨 다음 그 값을 b에 저장시킨다. 32, 즉 정수는 4바이트이므로 4바이트 2진수로 변환하여 계산하면 된다.

※ Python의 정수형(int)은 용량에 제한이 없지만, 해설의 편의를 위해 다른 언어의 정수형 자료형의 크기인 4바이트라고 가정한다.

• 4바이트에 32를 2진수로 표현하면 다음과 같다.

	32	31	30	…	25	…	16	15	14	13	12	11	10	9	8	7	6	5	4	3	2	1
32	0	0	0	…	0	…	0	0	0	0	0	0	0	0	0	0	1	0	0	0	0	0
														2^8	2^7	2^6	2^5	2^4	2^3	2^2	2^1	2^0
													…	256	128	64	32	16	8	4	2	1

부호 비트

• 부호를 제외한 전체 비트를 왼쪽으로 2비트 이동시킨다. 부호는 맨 왼쪽의 비트인데, 0이면 양수, 1이면 음수이므로 빈 자리(패딩 비트)에는 0이 들어오면 된다.

	32	31	30	…	25	…	16	15	14	13	12	11	10	9	8	7	6	5	4	3	2	1
128	0	0	0	…	0	…	0	0	0	0	0	0	0	0	1	0	0	0	0	0	0	0
														2^8	2^7	2^6	2^5	2^4	2^3	2^2	2^1	2^0
													…	256	128	64	32	16	8	4	2	1

부호 비트 　 패딩 비트

이것을 10진수로 변환하면 128이다. b에는 128이 기억된다.

❸ 'a = a >> 3;'과 동일하며 >>는 오른쪽 시프트 연산자이므로, a에 저장된 값을 오른쪽으로 3비트 이동시킨 다음 그 값을 다시 a에 저장시킨다. 정수는 4바이트이므로 4바이트 2진수로 변환하여 계산하면 된다.

• 4바이트에 32를 2진수로 표현하면 다음과 같다.

	32	31	30	…	25	…	16	15	14	13	12	11	10	9	8	7	6	5	4	3	2	1
32	0	0	0	…	0	…	0	0	0	0	0	0	0	0	0	0	1	0	0	0	0	0
														2^8	2^7	2^6	2^5	2^4	2^3	2^2	2^1	2^0
													…	256	128	64	32	16	8	4	2	1

부호 비트

• 부호를 제외한 전체 비트를 오른쪽으로 3비트 이동시킨다. 부호는 맨 왼쪽이 0, 즉 양수이므로 빈 자리(패딩 비트)에는 0이 들어오면 된다.

	32	31	30	…	25	…	16	15	14	13	12	11	10	9	8	7	6	5	4	3	2	1
4	0	0	0	0	0	…	0	0	0	0	0	0	0	0	0	0	0	0	0	1	0	0
														2^8	2^7	2^6	2^5	2^4	2^3	2^2	2^1	2^0
													…	256	128	64	32	16	8	4	2	1

부호 비트 　 패딩 비트

이것을 10진수로 변환하면 4이다. a에는 4가 기억된다.

❹ <<는 왼쪽 시프트 연산자이므로, c에 저장된 값 -3을 왼쪽으로 2비트 이동시킨 다음 그 값을 c에 저장시킨다.

• C언어, Java, Python은 2의 보수법을 사용하므로 4바이트에 음수 -3을 2진수로 표현하면 다음과 같다.

	32	31	30	…	20	…	16	15	14	13	12	11	10	9	8	7	6	5	4	3	2	1
-3	1	1	1	…	1	…	1	1	1	1	1	1	1	1	1	1	1	1	1	1	0	1
	부호 비트													2^8	2^7	2^6	2^5	2^4	2^3	2^2	2^1	2^0
													…	256	128	64	32	16	8	4	2	1

• 부호를 제외한 전체 비트를 왼쪽으로 2비트 이동시킨다. 음수는 빈 자리(패딩 비트)에 왼쪽 시프트일 때는 0이, 오른쪽 시프트일 때는 1이 들어온다.

	32	31	30	…	20	…	16	15	14	13	12	11	10	9	8	7	6	5	4	3	2	1
-12	1	1	1	…	1	…	1	1	1	1	1	1	1	1	1	1	1	1	0	1	0	0
	부호 비트													2^8	2^7	2^6	2^5	2^4	2^3	2^2	2^1	2^0
													…	256	128	64	32	16	8	4	2	1
																					패딩 비트	

원래의 값을 알기 위해서는 …1111 0100에 대한 2의 보수를 구한다. …0000 1100은 10진수로 12이고 원래 음수였으므로 -를 붙이면 -12이다. c에는 -12가 기억된다.

❺ 결과 **4 128 -12**

[문제 24]

10

11

10

20

```
class Static {                         클래스 Static을 정의한다.
  public int a = 20;                   정수형 변수 a와 b를 선언하고 각각 20과 0으로 초기화한다.
Ⓐ static int b = 0;                    static으로 선언된 변수 b는 메모리의 static 영역에 할당되며, 코드가 수행되는 동안 공유된다.
}
public class Test {
  public static void main(String[ ] args) {
❶   int a = 10;
❷   Static.b = a;
❸   Static st = new Static( );
❹   System.out.println(Static.b++);
❺   System.out.println(st.b);
❻   System.out.println(a);
❼   System.out.print(st.a);
  }
}
```

Ⓐ 정수형 static 변수 b를 선언하고 0으로 초기화한다. static으로 선언된 변수는 main( ) 메소드가 시작되기 전에 메모리의 static 영역에 할당된다. static으로 선언된 변수는 객체 변수 선언 없이 사용할 수 있으므로 클래스의 이름을 통해 Static.b와 같이 접근할 수 있다.

※ 대문자로 시작하는 Static은 클래스의 이름이고, 소문자로 시작하는 static은 예약어이므로 혼동하지 않도록 주의하세요.

모든 Java 프로그램은 반드시 main( ) 메소드에서 시작한다.

❶ 정수형 변수 a를 선언하고 10으로 초기화한다.

a	10

❷ Static.b에 a의 값 10을 저장한다.

Static.b	10

❸ 객체 변수 st를 선언한다. 객체 변수를 선언한다는 것은 클래스의 정의부를 바탕으로 새로운 인스턴스를 생성하여 메모리를 배정하고 그 메모리의 주소를 변수명 st에 연결하는 것을 의미한다. 하지만 Static 클래스의 변수 b는 프로그램 전체 영역에서 공유되는 변수이므로 새로 메모리에 할당되지 않고 Static.b와 같은 메모리를 공유한다.

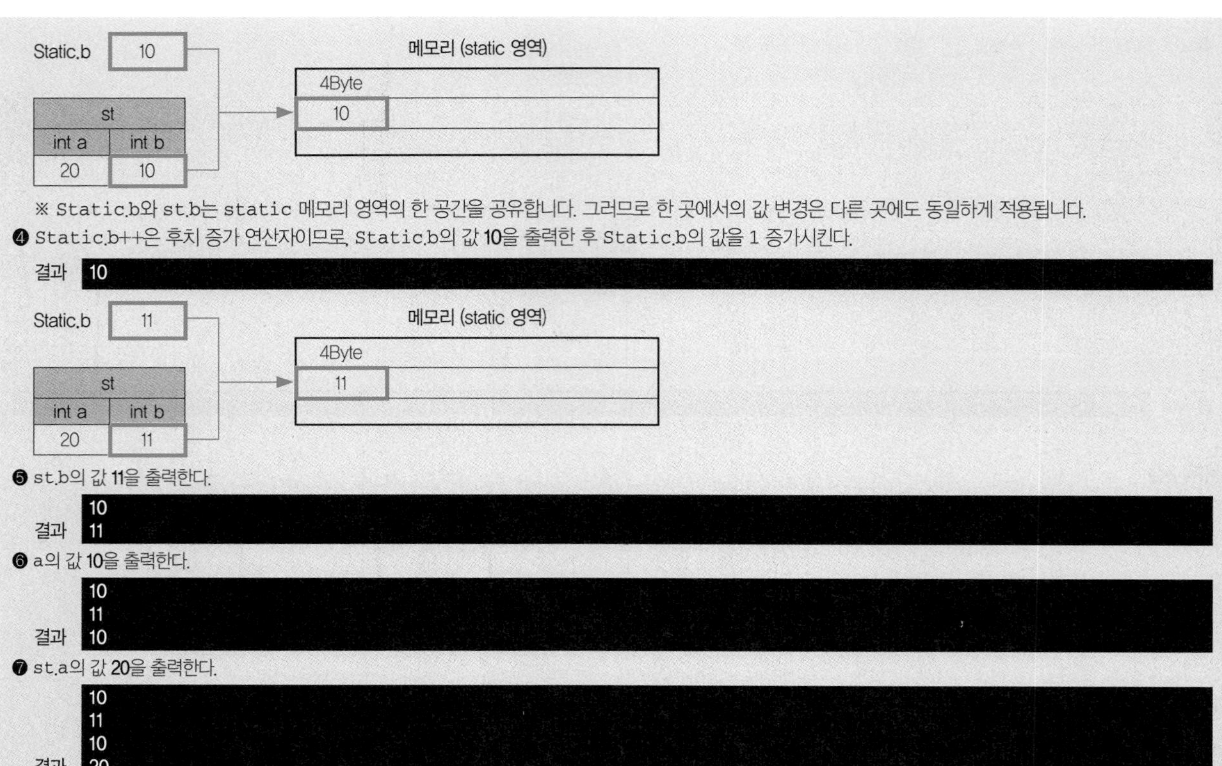

Static.b
10
메모리 (static 영역)
4Byte
10
st
int a
int b
20
10
※ Static.b와 st.b는 static 메모리 영역의 한 공간을 공유합니다. 그러므로 한 곳에서의 값 변경은 다른 곳에도 동일하게 적용됩니다.
❹ Static.b++은 후치 증가 연산자이므로, Static.b의 값 10을 출력한 후 Static.b의 값을 1 증가시킨다.
결과
10
Static.b
11
메모리 (static 영역)
4Byte
11
st
int a
int b
20
11
❺ st.b의 값 11을 출력한다.
결과
10
11
❻ a의 값 10을 출력한다.
결과
10
11
10
❼ st.a의 값 20을 출력한다.
결과
10
11
10
20

[문제 25]

0 2

```
#include <stdio.h>
main( ) {
    int a = 2, b = 3, c = 4, d, e;
    d = a & b & ~b;
    e = a | b & c;
    printf("%d %d", d, e);
}
```

정수형 변수 a, b, c, d, e를 선언하면서 a에는 2, b에는 3, c에는 4를 저장한다.

비트 연산자의 우선 순위는 ~, &, |이므로 계산 순서는 다음과 같다.

d = a & b & ~b (ⓑ: a & b, ⓐ: ~b, ⓒ: ⓑ & ⓐ)

ⓐ ~(비트 not)는 각 비트의 부정을 만드는 연산자이다.

Java에서 정수형 변수는 4바이트이므로 각 변수의 값을 4바이트 2진수로 변환한 다음 각 비트를 연산한다.

3 = 0000 0000 0000 0000 0000 0000 0000 0011
~ 1111 1111 1111 1111 1111 1111 1111 1100

ⓑ &(비트 and)는 두 비트가 모두 1일 때만 1이 되는 비트 연산자이다.

2 = 0000 0000 0000 0000 0000 0000 0000 0010
3 = 0000 0000 0000 0000 0000 0000 0000 0011
& 0000 0000 0000 0000 0000 0000 0000 0010 = 10진수로 2이다.

ⓒ ⓑ와 ⓐ의 결과를 & 연산한다.

ⓐ(~3) = 1111 1111 1111 1111 1111 1111 1111 1100
ⓑ (2) = 0000 0000 0000 0000 0000 0000 0000 0010
& 0000 0000 0000 0000 0000 0000 0000 0000 = 10진수로 0이다.

비트 연산자의 우선 순위는 ~, &, |이므로 계산 순서는 다음과 같다.

e = a | b&c (ⓐ: b&c, ⓑ: a | ⓐ)

ⓐ &(비트 and)는 두 비트가 모두 1일 때만 1이 되는 비트 연산자이다.

3 = 0000 0000 0000 0000 0000 0000 0000 0011
4 = 0000 0000 0000 0000 0000 0000 0000 0100
& 0000 0000 0000 0000 0000 0000 0000 0000 = 10진수로 0이다.

ⓑ |(비트 or)는 두 비트 중 한 비트라도 1이면 1이 되는 비트 연산자이다.

2 = 0000 0000 0000 0000 0000 0000 0000 0010
ⓐ(0) = 0000 0000 0000 0000 0000 0000 0000 0000
| 0000 0000 0000 0000 0000 0000 0000 0010 = 10진수로 2이다.

결과 0 2

[문제 26]

11, 65

```
public class Problem {
    public static void main(String[] args) {
        int i, hap = 0;
        for(i = 1; i <= 10; ++i, hap += i);
        System.out.printf("%d, %d\n", i, hap);
    }
}
```

반복문 for는 for(식1; 식2; 식3)와 같이 초기값, 최종값, 증가값으로 사용할 식을 '식1', '식2', '식3'에 적는데, 여기서는 증가값을 지정하는 '식3' 자리에 수식 두 개가 콤마(,) 연산자로 나열되어 있다. 이건 나열된 두 식을 차례대로 수행하라는 의미이므로 '++i'와 'hap += i'를 순서대로 수행한 후 '식2'를 확인한다.

결과 **11, 65**

주의할 점은 반복문을 벗어날 때 반복 변수는 'i <= 10'의 결과가 거짓이 되도록 증가한 후 빠져 나간다는 것이다. 여기서는 i가 10보다 작거나 같은 동안에는 반복문을 수행하고, i가 1 증가하여 11이 되었을 때 'hap += i'를 수행한 후 반복문을 탈출한다.

※ 반복문 실행에 따른 변수들의 변화는 다음과 같습니다.

반복 횟수	i	hap
		0
1	1	
2	2	2
3	3	5
4	4	9
5	5	14
6	6	20
7	7	27
8	8	35
9	9	44
10	10	54
	11	65

[문제 27]

1 또는 True

※ **답안 작성 시 주의 사항** : Python에서 참을 의미하는 True는 대소문자를 구분하므로 정확히 작성해야 합니다. 예를 들어 소문자로 true나 대문자로 TRUE로 작성하지 않도록 주의하세요.

	코드	설명
	`i, hap = 0, 0`	
	`while True:`	while은 조건을 만족하는 동안 반복하는데, 조건이 True, 즉 참이므로 무한 반복한다. 결국 ❸번의 조건을 만족하여 break를 만나기 전까지 ❶~❸ 사이의 문장을 반복하여 수행한다.
❶	`    i += 1`	'i = i + 1'과 동일하다. i에 1씩 누적시킨다.
❷	`    hap += i`	'hap = hap + i'와 동일하다. i의 값을 hap에 누적시킨다.
❸	`    if i >= 100:`	i가 100보다 크거나 같으면 제어가 ❹번으로 이동하여 반복문(while)을 빠져나온다.
❹	`        break`	
❺	`print(hap)`	결과 5050

※ 반복문 실행에 따른 변수들의 변화는 다음과 같습니다.

i	hap
0	0
1	1
2	3
3	6
4	10
5	15
⋮	⋮
96	4656
97	4753
98	4851
99	4950
100	5050

[문제 28]

34

```
   #include <stdio.h>
❹     int isPerfectNum(int num) {
❺     int sum = 0;
❻     for (int i = 1; i < num; i++) {
❼        if (num % i == 0)
❽            sum += i;
       }
❾     if (num == sum) return 1;
❿     else return 0;
   }
   main( ) {
❶     int r = 0;
❷     for (int i = 1; i <= 100; i++)
❸⓫       if (isPerfectNum(i))
⓬            r += i;
⓭     printf("%d", r);
   }
```

모든 C 언어 프로그램은 반드시 main( ) 함수에서 시작한다.

❶ 정수형 변수 r을 선언하고 0으로 초기화한다.

❷ 반복 변수 i가 1부터 1씩 증가하면서 100보다 작거나 같은 동안 ❸~⓬번을 반복 수행한다.

❸ i의 값을 인수로 isPerfectNum( ) 함수를 호출한 후 돌려받은 값이 참(1)이면 ⓬번으로 이동하고, 아니면 반복문의 시작인 ❷번으로 이동한다.

❹ 정수를 반환하는 isPerfectNum( ) 함수의 시작점이다. ❸번에서 전달받은 i의 값을 num이 받는다.

❺ 정수형 변수 sum을 선언하고 0으로 초기화한다.

❻ 반복 변수 i가 1부터 1씩 증가하면서 num보다 작은 동안 ❼, ❽번을 반복 수행한다.

❼ num을 i로 나눈 나머지가 0이면 ❽번으로 이동한다.

❽ 'sum = sum + i;'와 동일하다. sum에 i의 값을 누적시킨다.

※ ❻, ❼번은 ❸번에서 전달받은 인수에서 자기를 제외한 약수를 찾는 과정이며, ❽번은 찾은 약수를 sum에 누적하는 과정이다.

❾ num과 sum의 값이 같으면 함수를 호출했던 ⓫번으로 1(참)을 반환하고, 같지 않으면 ❿번으로 이동한다.

❿ 함수를 호출했던 ⓫번으로 0(거짓)을 반환한다.

※ 자기를 제외한 약수의 합이 자기와 같은 수를 완전수(Perfect Number)라고 한다. ❾, ❿번은 인수가 완전수임을 확인하는 과정으로, 완전수이면 참(1)을, 완전수가 아니면 거짓(0)을 반환한다. (예 6의 약수는 1, 2, 3이며, 1+2+3은 6과 같으므로 6은 완전수이다.)

⓫ ❾, ❿번에서 돌려받은 값이 1(참)이면 ⓬번으로 이동하고, 0(거짓)이면 반복문의 시작인 ❷번으로 이동한다.

⓬ 'r = r + i;'와 동일하다. r에 i의 값을 누적시킨다.

⓭ r의 값을 정수로 출력한다.

결과 34

※ ⓫~⓭번을 통해 r에 완전수를 누적하고, ❷번을 통해 100까지 반복하는 것으로, 이 코드는 결국 1부터 100까지 중에서 완전수를 찾아 그 수들의 합을 출력하는 것임을 알 수 있다.

반복문 실행에 따른 변수들의 변화는 다음과 같다.

main( )		isPerfectNum( )		
i	r	num	i	sum
1	0	1	1	0
2		2	1 2	0 1
3		3	1 2 3	0 1
⋮	⋮	⋮	⋮	⋮
6	6	6	1 2 3 4 5 6	0 1 3 6
⋮	⋮	⋮	⋮	⋮
28	34	28	1 2 3 ⋮ 27 28	0 1 3 7 14 28
⋮		⋮	⋮	⋮
100		100	1 2 3 ⋮ 99 100	0 1 3 7 12 ⋮ 117

[문제 29]

5, −5

```
#include <stdio.h>
main( ) {
   int a, b = 10;
   for (a = 0; a < 5; ++a, b -= a);
   printf("%d, %d", a, b);
}
```

for (a = 0; a < 5; ++a, b -= a); : 반복문 for는 for(식1; 식2; 식3)와 같이 초기값, 최종값, 증가값으로 사용할 식을 '식1', '식2', '식3'에 적는데, 여기서는 증가값을 지정하는 '식3' 자리에 수식 두 개가 콤마(,) 연산자로 나열되어 있다. 이건 나열된 두 식을 차례대로 수행하라는 의미이므로 '++a'와 'b -= a'를 순서대로 수행한 후 '식2'를 확인한다.

printf("%d, %d", a, b); : 결과 **5, −5**

주의할 점은 반복문을 벗어날 때 반복 변수는 'a < 5'의 결과가 거짓이 되도록 증가한 후 빠져 나간다는 것이다. 여기서는 a가 5보다 작은 동안에는 반복문을 수행하고, a가 1 증가하여 5가 되었을 때 'b =− a'를 수행한 다음 반복문을 탈출한다.

※ 반복문 실행에 따른 변수들의 변화는 다음과 같습니다.

a	b
0	10
1	9
2	7
3	4
4	0
5	−5

[문제 30]

inNum % 2

```
import java.util.Scanner;

public class Problem {
   public static void main(String[ ] args) {
      int inNum;
❶     Scanner scan01 = new Scanner(System.in);
❷     inNum = scan01.nextInt();
❸     if(inNum % 2 == 0)
❹        System.out.printf("%d= 짝수입니다.\n", inNum);
❺     else
❻        System.out.printf("%d= 홀수입니다.\n", inNum);
      scan01.close();
   }
}
```

- import java.util.Scanner; : Scanner( ) 메소드가 정의되어 있는 헤더 파일이다.
- ❶ Scanner 클래스의 객체 변수 scan01을 키보드로 입력받을 수 있도록 생성한다. System.in은 표준 입력장치, 즉 키보드를 의미한다.
- ❷ 키보드로부터 정수형 값을 입력받아 inNum에 저장한다.
- ❸ inNum을 2로 나눈 나머지가 0이면 ❹번을 실행하고, 아니면 ❺번의 다음 문장인 ❻번을 실행한다.
- ❹ 결과(입력한 값이 2이라면) **2= 짝수입니다.**
- ❺ ❸번의 조건이 거짓일 경우 실행할 문장의 시작점이다.
- ❻ 결과(입력한 값이 3이라면) **3= 홀수입니다.**
- scan01.close(); : Scanner 클래스의 객체 변수는 임의의 메모리 영역을 확보하여 사용하는 것이므로 프로그램 종료 전에 사용하던 메모리 영역을 해제해야 다른 프로그램이 해당 영역을 사용할 수 있다.

[문제 31]

true

false

true

true

```
public class Test {
  public static void main(String[ ] args) {
❶   String str1 = "Programming";
❷   String str2 = "Programming";
❸   String str3 = new String("Programming");
❹   System.out.println(str1==str2);
❺   System.out.println(str1==str3);
❻   System.out.println(str1.equals(str3));
❼   System.out.println(str2.equals(str3));
  }
}
```

❶ 문자열 객체 str1을 선언하고 "Programming"으로 초기화한다.

❷ 문자열 객체 str2를 선언하고 "Programming"으로 초기화한다.

※ 같은 문자열을 저장하는 문자열 객체는 동일한 주소를 갖는다.

❸ 문자열 객체 str3를 선언하고 "Programming"으로 초기화한다.

※ ❶, ❷와 달리 new String( )을 사용하는 경우 새로운 메모리 공간을 할당하여 문자열을 저장한다. 즉 str1과 str2는 동일한 주소를 저장하고, str3은 다른 주소를 저장하고 있다.

❹ str1과 str2가 같으면 참을 의미하는 true를, 아니면 거짓을 의미하는 false를 출력한다. str1과 str2는 같은 주소를 저장하고 있으므로 true를 출력한다.

결과
```
true
```

❺ str1과 str3이 같으면 참을 의미하는 true를, 아니면 거짓을 의미하는 false를 출력한다. str1과 str3는 다른 주소를 저장하고 있으므로 false를 출력한다.

결과
```
true
false
```

❻ str1에 저장된 문자열과 str3에 저장된 문자열을 비교하여 같으면 참을 의미하는 true를, 아니면 거짓을 의미하는 false를 출력한다. str1과 str3에 저장된 문자열은 모두 "Programming"이므로 true를 출력한다.

- A.equals(B) : A 문자열과 B 문자열을 비교하여 두 데이터가 같으면 참을, 아니면 거짓을 반환한다.

결과
```
true
false
true
```

❼ str2에 저장된 문자열과 str3에 저장된 문자열을 비교하여 같으면 참을 의미하는 true를, 아니면 거짓을 의미하는 false를 출력한다. str2와 str3에 저장된 문자열은 모두 "Programming"이므로 true를 출력한다.

결과
```
true
false
true
true
```

[문제 32]

gnoganiS

```
  str = 'Sinagong'
❶ n = len(str)
❷ st = list()
❸ for k in range(n):
❹     st.append(str[k])
❺ for k in range(n-1, -1, -1):
❻     print(st[k], end = '')
```

❶ 문자열 변수 str의 길이인 8을 변수 n의 초기값으로 할당한다.

※ len( )은 문자열이나 배열의 길이를 반환한다.

❷ 변수 st를 비어있는 리스트로 선언한다.

❸ 반복 변수 k에 0부터 n-1까지 순차적으로 저장하며 다음 문장을 반복 수행한다.

※ range( )는 연속된 숫자를 생성한다.

❹ str에서 k번째에 있는 문자를 리스트 st에 추가한다. 결과적으로, 문자열 변수 str의 값을 st[0]~st[7] 순으로 앞에서부터 차례로 한 글자씩 저장한다.

• 1회 : 리스트 st

st[0]
'S'

← 문자열 str

str[0]	str[1]	str[2]	str[3]	str[4]	str[5]	str[6]	str[7]
'S'	'i'	'n'	'a'	'g'	'o'	'n'	'g'

• 2회 : 리스트 st

st[1]
'i'

← 문자열 str

str[0]	str[1]	str[2]	str[3]	str[4]	str[5]	str[6]	str[7]
'S'	'i'	'n'	'a'	'g'	'o'	'n'	'g'

⋮

• 8회 : 리스트 st

st[7]
'g'

← 문자열 str

str[0]	str[1]	str[2]	str[3]	str[4]	str[5]	str[6]	str[7]
'S'	'i'	'n'	'a'	'g'	'o'	'n'	'g'

❺ 반복 변수 k는 n-1부터 0까지 -1씩 순차적으로 저장하며 다음 문장을 반복 수행한다.

• 1회 : 출력 g ← 문자열 st

st[0]	st[1]	st[2]	st[3]	st[4]	st[5]	st[6]	st[7]
'S'	'i'	'n'	'a'	'g'	'o'	'n'	'g'

• 2회 : 출력 gn ← 문자열 st

st[0]	st[1]	st[2]	st[3]	st[4]	st[5]	st[6]	st[7]
'S'	'i'	'n'	'a'	'g'	'o'	'n'	'g'

⋮

• 8회 : 출력 gnoganiS ← 문자열 st

st[0]	st[1]	st[2]	st[3]	st[4]	st[5]	st[6]	st[7]
'S'	'i'	'n'	'a'	'g'	'o'	'n'	'g'

결과 gnoganiS

[문제 33]

a=10, b=20, c=-10

```
public class Problem {
  public static void main(String[ ] args) {
❶     int a, b, c;
❷     a = 10;
❸     b = 20;
❹❿    c = prnt(a, b);
⓫     System.out.printf("a=%d, b=%d, c=%d\n", a, b, c);
  }

❺ static int prnt(int x, int y)
  {
❻     int z;
❼     if (x == y) z = x + y;
❽     else z = x - y;
❾     return(z);
  }
}
```

❹❿ 정수형 변수 a, b를 인수로 하여 prnt() 메소드를 호출한 결과를 c에 저장한다. ❺번으로 이동한다.

⓫ 결과 a=10, b=20, c=-10

a와 b는 원래의 값 **10**과 **20**을 그대로 출력하고 c는 리턴값 -10을 받았으므로 **-10**을 출력한다.

❺ 실행 클래스 안에 메소드를 정의할 때는 static을 붙여야 한다.
- int : 메소드의 리턴값이 정수형 변수라는 의미이다.
- prnt : 메소드의 이름이다. 사용자가 임의로 적으면 된다.
- (int x, int y) : 메소드의 인수로 정수형 x는 a의 값 10을 받고, 정수형 y는 b의 값 20을 받는다.

❼ x와 y의 값이 같으면 x+y의 값을 z에 저장하고, 아니면 ❽번으로 이동한다.

❽ x-y의 값을 z에 저장한다. x와 y가 같지 않으므로 x-y의 값 -10을 z에 저장한다.

❾ z의 값을 가지고 prnt() 메소드를 호출했던 ❿번으로 이동한다.

[문제 34]

9 5

❶ `a = [[1, 1, 0, 1, 0],` `[1, 0, 1, 0]],`	다음과 같은 행과 열을 갖는 2차원 리스트 a가 선언되고 다음과 같이 초기화된다.
`tot, totsu = 0, 0`	
❷ `for i in a:`	리스트 a의 행 수만큼 ❸~❺번을 반복 수행한다. • i : 리스트 a의 한 개의 행이 할당될 변수를 입력한다. i는 1차원 리스트로 선언된다. • a : 리스트 a가 2행이므로 각 행을 1차원 리스트 i에 할당하면서 ❸~❺번을 2회 수행한다.
❸ `for j in i:`	리스트 i의 요소 수만큼 ❹번을 반복 수행한다. • j : 리스트 i의 각 요소가 할당될 변수를 입력한다. • i : i는 5개 혹은 4개의 요소를 가지므로 각 요소를 j에 할당하면서 ❹번을 반복 수행한다.
❹ `tot += j`	'tot = tot + j'와 동일하다. j를 tot에 누적한다.
❺ `totsu = totsu + len(i)`	리스트 i의 크기, 즉 각 행의 요소 수가 totsu에 누적된다.
❻ `print(totsu, tot)`	결과 **9 5**

리스트 a

	a[0][0]	a[0][1]	a[0][2]	a[0][3]	a[0][4]
리스트 a	1	1	0	1	0
	1	0	1	0	
	a[1][0]	a[1][1]	a[1][2]	a[1][3]	

※ 반복문 실행에 따른 변수들의 변화는 다음과 같습니다.

tot	totsu	j	리스트 i	리스트 a
0	0			1 1 0 1 0 1 0 1 0
1	5	1	1 1 0 1 0	
2		1		
2		0		
3		1		
3		0		
4	9	1	1 0 1 0	
4		0		
5		1		
5		0		

[문제 35]

a=40, b=-10, c=50

```
❶ class IntClass{
❷     int a;
❸     int b;
❹     int c;
   }

public class Problem {
   public static void main(String[ ] args) {
❺     IntClass myVar = new IntClass();
❻     myVar.a = 10;
❼     myVar.b = 20;
❽     prnt(myVar);
⓰     System.out.printf("a=%d, b=%d, c=%d\n", myVar.a, myVar.b, myVar.c);
   }

❾ static void prnt(IntClass myVar)
   {
❿     myVar.a += 30;
⓫     myVar.b -= 30;
⓬     if (myVar.a <= myVar.b)
⓭         myVar.c = myVar.a + myVar.b;
⓮     else
⓯         myVar.c = myVar.a - myVar.b;
   }
}
```

❶ IntClass 클래스를 정의한다. class 외부에 선언되었으므로 static을 붙이지 않는다.

❺ IntClass 객체 변수 myVar을 선언한다.

❽ 객체 변수 myVar을 인수로 하여 prnt() 메소드를 호출한다. ❾번으로 이동한다.

⓰ 결과 **a=40, b=-10, c=50**
myVar.a는 ❿번을 수행한 후의 값인 **40**을, myVar.b는 ⓫번을 수행한 후의 값인 **-10**을, myVar.c는 ⓬번 조건을 만족하지 못해 ⓯번을 수행한 후의 값인 **50**을 출력한다.

❾ 실행 클래스 안에 메소드를 정의할 때는 static을 붙여야 한다.
- void : 리턴값이 없으므로 void를 붙인다.
- prnt : 메소드의 이름이다. 사용자가 임의로 적으면 된다.
- (IntClass myVar) : 메소드의 인수로 IntClass 클래스의 객체 변수 myVar을 받는다. ❽번에서 호출할 때 사용한 개체 변수명과 동일해도 되고 그렇지 않아도 된다.

※ 사용자 정의 함수(메소드) 호출에 따른 변수들의 변화는 다음과 같습니다.

myVar.a	myVar.b	myVar.c
10	20	50
40	-10	

[문제 36]

24 12 6 3 3

```
#include <stdio.h>
main( ) {
    int numAry[ ] = { 0,0,0,0,3 };
```

배열을 선언할 때 사용할 개수를 생략하고 초기값을 지정하면, 초기값으로 지정된 값의 수와 같은 크기의 배열이 선언된다.

	첫 번째	두 번째	세 번째	네 번째	다섯 번째
배열 numAry	0	0	0	0	3
	numAry[0]	numAry[1]	numAry[2]	numAry[3]	numAry[4]

```
    int i, j;
    for (j = 4; j >= 0; --j)
        for (i = 4; i > j; --i)
            numAry[j] += numAry[i];
    for (j = 0; j < 5; ++j)
        printf("%d ", numAry[j]);
}
```

numAry[j]의 값을 출력한다.

※ 반복문 실행에 따른 변수들의 변화는 다음과 같습니다.

j	i	numAry[i]	numAry[j]	numAry[j] += numAry[i]	배열 numAry	출력
4	4					
3	4	3	0	3		
	3					
2	4	3	0	3		
	3	3	3	6		
	2					
1	4	3	0	3	0 0 0 0 3 3 3 3 3 6 6 6 12 12 24	
	3	3	3	6		
	2	6	6	12		24 12 6 3 3
	1					
0	4	3	0	3		
	3	3	3	6		
	2	6	6	12		
	1	12	12	24		
	0					
-1						

[문제 37]

a=5, b=5, c=15

```
   #include<stdio.h>
❶ void prnt(int *a, int *b, int *c);
```

사용할 함수를 선언하는 곳이다.

- void : 리턴값이 없으므로 void를 붙인다.
- (int *a, int *b, int *c) : 함수에서 사용할 인수이다. 정수형 포인터 변수 3개를 사용한다는 뜻인데, 호출하는 곳에서 보내준 인수의 순서와 자료형이 일치해야 한다.

```
   main( ) {
❷     int a = 0, b = 5, c = 0;
❸     prnt(&a, &b, &c);
❿     printf("a=%d, b=%d, c=%d\n", a, b, c);
   }
```

❸ 정수형 변수 a, b, c의 주소를 인수로 하여 prnt( ) 함수를 호출한다. 제어가 ❹번으로 이동한다.

❿ 결과 **a=5, b=5, c=15**

```
❹ void prnt(x, y, z)
❺ int *x, *y, *z;
   {
❻     while (*x < *y) {
❼         ++*x;
❽         *z = *z + *x;
❾         prnt(x, y, z);
       }
   }
```

❺ 인수로 받은 x, y, z가 정수형 변수의 주소를 저장할 수 있는 정수형 포인터 변수라고 선언한다.

❼ x가 가리키는 곳의 값을 1 증가시킨다.

❽ z가 가리키는 곳의 값과 x가 가리키는 곳의 값을 더해서 z가 가리키는 곳에 저장한다.

❹ 함수의 리턴 값이 없으므로 void를 붙인다. ❸번에서 prnt(&a, &b, &c)라고 했으므로 x는 a의 주소를 받고 y는 b의 주소를 받으며, z는 c의 주소를 받는다. 이제 x는 a 변수의 주소를 가리키고, y는 b 변수의 주소를 가리키며, z는 c 변수의 주소를 가리킨다.

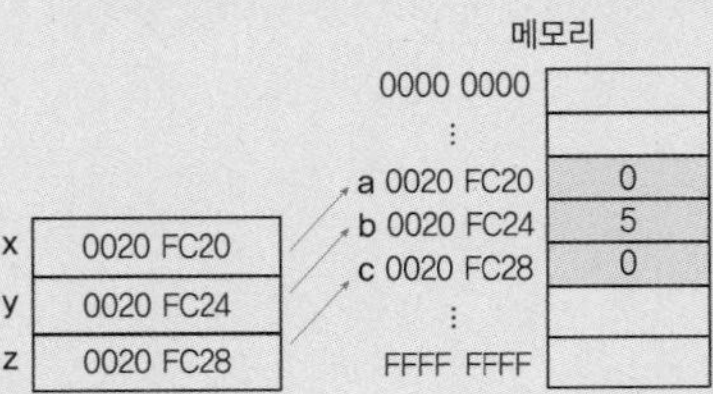

❾ 여기서부터 자기가 자기를 호출하는 순환 프로그램이 시작된다. 순환 프로그램은 순환하는 만큼 반복하여 실행하면서 변수에 저장된 값을 추적하면 결과를 알 수 있다.

- 메모리에 저장된 변수의 값이 아래와 같은 상태에서 prnt( )를 호출한다.

①회

```
prnt( ){
  while (*x < *y) {
    ++*x;
    *z = *z + *x;
    prnt(x, y, z); }
}
```

			메모리
x	0020 FC20	a 0020 FC20	~~0~~ 1
y	0020 FC24	b 0020 FC24	5
z	0020 FC28	c 0020 FC28	~~0~~ 1

• 메모리에 저장된 변수의 값이 아래와 같은 상태에서 prnt()를 호출한다.

②회

```
prnt( ){
  while (*x < *y) {
    ++*x;
    *z = *z + *x;
    prnt(x, y, z); }
}
```

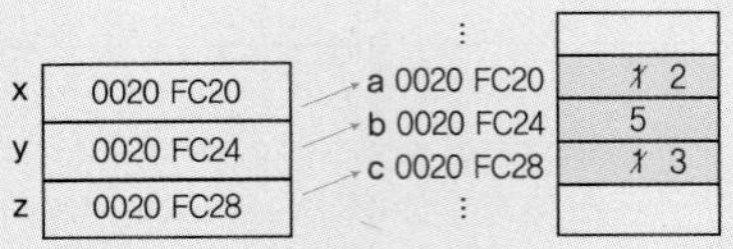

x	0020 FC20	→	a 0020 FC20	~~1~~ 2
y	0020 FC24	→	b 0020 FC24	5
z	0020 FC28	→	c 0020 FC28	~~1~~ 3

• 메모리에 저장된 변수의 값이 아래와 같은 상태에서 prnt()를 호출한다.

③회

```
prnt( ){
  while (*x < *y) {
    ++*x;
    *z = *z + *x;
    prnt(x, y, z); }
}
```

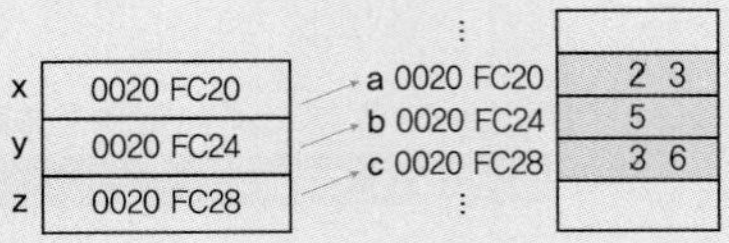

x	0020 FC20	→	a 0020 FC20	~~2~~ 3
y	0020 FC24	→	b 0020 FC24	5
z	0020 FC28	→	c 0020 FC28	~~3~~ 6

• 메모리에 저장된 변수의 값이 아래와 같은 상태에서 prnt()를 호출한다.

④회

```
prnt( ){
  while (*x < *y) {
    ++*x;
    *z = *z + *x;
    prnt(x, y, z); }
}
```

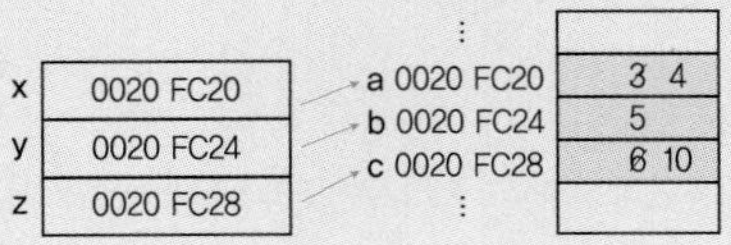

x	0020 FC20	→	a 0020 FC20	~~3~~ 4
y	0020 FC24	→	b 0020 FC24	5
z	0020 FC28	→	c 0020 FC28	~~6~~ 10

• 메모리에 저장된 변수의 값이 아래와 같은 상태에서 prnt()를 호출한다.

⑤회

```
prnt( ){
  while (*x < *y) {
    ++*x;
    *z = *z + *x;
    prnt(x, y, z); }
}
```

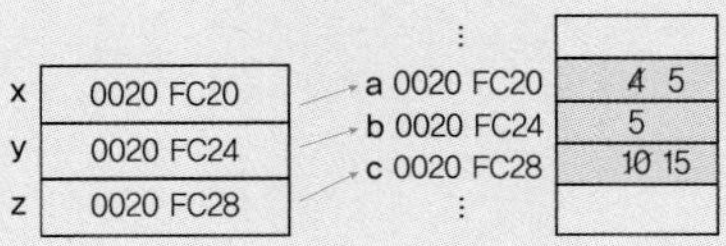

x	0020 FC20	→	a 0020 FC20	~~4~~ 5
y	0020 FC24	→	b 0020 FC24	5
z	0020 FC28	→	c 0020 FC28	~~10~~ 15

• 메모리에 저장된 변수의 값이 아래와 같은 상태에서 prnt()를 호출한다.

⑥회

```
prnt( ){
  while (*x < *y) {
    ++*x;
    *z = *z + *x;
    prnt(x, y, z); }
}
```

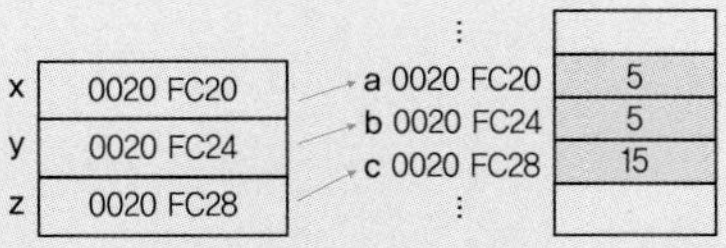

x	0020 FC20	→	a 0020 FC20	5
y	0020 FC24	→	b 0020 FC24	5
z	0020 FC28	→	c 0020 FC28	15

x가 가리키는 곳의 값이 y가 가리키는 곳의 값보다 작지 않다는 것은 ①회~⑤회에서 비교하는 조건도 모두 동일한 상태로 while문의 조건을 비교한다는 것이다.

• 일단 x가 가리키는 곳의 값이 y가 가리키는 곳의 값보다 작지 않으므로 ⑥회 prnt() 함수의 while 조건에 어긋나 while문을 빠져나와 함수의 실행을 종료하고, 제어를 ⑤회 prnt() 함수로 옮긴다.
• x가 가리키는 곳의 값이 y가 가리키는 곳의 값보다 작지 않으므로 ⑤회 prn() 함수에서도 while 조건에 어긋나므로 함수의 실행을 종료하고, 제어를 ④회 prnt() 함수로 옮긴다.
• 역시 x가 가리키는 곳의 값이 y가 가리키는 곳의 값보다 작지 않으므로 ④회 prnt() 함수에서도 while 조건에 어긋나므로 함수의 실행을 종료하고, 제어를 ③회 prnt() 함수로 옮긴다.
• x가 가리키는 곳의 값이 y가 가리키는 곳의 값보다 작지 않으므로 ③회 prn() 함수에서도 while 조건에 어긋나므로 함수의 실행을 종료하고, 제어를 ②회 prnt() 함수로 옮긴다.
• x가 가리키는 곳의 값이 y가 가리키는 곳의 값보다 작지 않으므로 ②회 prnt() 함수에서도 while 조건에 어긋나므로 함수의 실행을 종료하고, 제어를 ①회 prnt() 함수로 옮긴다.
• x가 가리키는 곳의 값이 y가 가리키는 곳의 값보다 작지 않으므로 ①회 prnt() 함수에서도 while 조건에 어긋나므로 함수의 실행을 종료하고, 처음 prnt() 함수를 호출한 ❸번으로 돌아간다.

※ Java와 Python에서는 포인터 변수를 사용할 수 없습니다.

[문제 38]

120제거

140제거

```
❶ public class Problem {
❷          static int Stack[ ] = new int[5];
❸          static int Top = -1;

❹          public static void main(String[ ] args) {
❺             push(100);
❼             push(110);
❾             push(120);
⓫             pop();
⓭             push(130);
⓯             push(140);
⓱             pop();

           }
❻ ❽ ❿ ⓮ ⓰ static void push(int i) {
           ⓐ Top++;
           ⓑ if (Top >= 5)
           ⓒ     System.out.printf("overflow");
           ⓓ else
           ⓔ     Stack[Top] = i;
           }

⓬ ⓲        static void pop() {
           ⓐ if (Top < 0)
           ⓑ     System.out.printf("underflow");
           ⓒ else
           ⓓ     System.out.printf("%d제거\n", Stack[Top--]);
           }
}
```

❷ 5개의 요소를 갖는 정수형 배열 Stack을 선언한다.

❸ 전역 변수 Top을 선언하면서 초기값으로 -1을 할당한다. 전역 변수이기 때문에 Problem 클래스 안에서는 어디서든 사용할 수 있으며 저장된 값이 유지된다.

Stack

0	1	2	3	4

Top: -1

출력결과

❺ 100을 인수로 하여 push 메소드를 호출한다. 제어를 ❻번으로 이동한다.

❻ push 메소드의 시작점이다. ❺번에서 보낸 100을 i가 받는다.

ⓐ Top의 값을 1 증가시킨다.

ⓑ Top이 5보다 크거나 같지 않으므로 ⓔ번으로 이동한다.

ⓔ Stack[0]에 100을 저장한다.

Stack

0	1	2	3	4
100				

Top: 0

출력결과

❼ 110을 인수로 하여 push 메소드를 호출한다. 제어를 ❽번으로 이동한다.

❽ ❼번에서 보낸 110을 i가 받는다.

ⓐ Top의 값을 1 증가시킨다.

ⓑ Top이 5보다 크거나 같지 않으므로 ⓔ번으로 이동한다.

ⓔ Stack[1]에 110을 저장한다.

Stack				
100	110			

Top
1

출력결과

⑨ 120을 인수로 하여 push 메소드를 호출한다. 제어를 ⑩번으로 이동한다.
⑩ ⑨번에서 보낸 120을 i가 받는다.
ⓐ Top의 값을 1 증가시킨다.
ⓑ Top이 5보다 크거나 같지 않으므로 ⓔ번으로 이동한다.
ⓔ Stack[2]에 120을 저장한다.

Stack				
100	110	120		

Top
2

출력결과

⑪ pop 메소드를 호출한다. 제어를 ⑫번으로 이동한다.
ⓐ Top이 0 보다 작지 않으므로 ⓓ번으로 이동한다.
ⓓ **출력 : 120제거**를 출력하고 다음 줄로 커서를 옮긴다.

- Top--는 후치 연산자이기 때문에 Stack[2]의 값을 출력한 다음 1 감소한다.
- 출력을 했다고 없어지는 것이 아니고 Top의 위치가 1이 되었기 때문에 다음에 push를 하면 Stack[2]에 값이 저장되므로 자연스럽게 없어지게 된다.
- ⓓ번 실행 후 변수의 변화는 다음과 같다.

Stack				
100	110	120		

Top
1

출력결과
120 제거

⑬ 130을 인수로 하여 push 메소드를 호출한다. 제어를 ⑭번으로 이동한다.
⑭ ⑬번에서 보낸 130을 i가 받는다.
ⓐ Top의 값을 1 증가시킨다.
ⓑ Top이 5보다 크거나 같지 않으므로 ⓔ번으로 이동한다.
ⓔ Stack[2]에 130을 저장한다.

Stack				
100	110	130		

Top
2

출력결과
120 제거

⑮ 140을 인수로 하여 push 메소드를 호출한다. 제어를 ⑯번으로 이동한다.
⑯ ⑮번에서 보낸 140을 i가 받는다.
ⓐ Top의 값을 1 증가시킨다.
ⓑ Top이 5보다 크거나 같지 않으므로 ⓔ번으로 이동한다.
ⓔ Stack[3]에 140을 저장한다.

Stack				
100	110	130	140	

Top
3

출력결과
120 제거

⑰ pop 메소드를 호출한다. 제어를 ⑱번으로 이동한다.
ⓐ Top이 0 보다 작지 않으므로 ⓓ번으로 이동한다.
ⓓ **출력 : 140제거**를 출력하고 다음 줄로 커서를 옮긴다.

- Top--는 후치 연산자이기 때문에 Stack[3]의 값을 출력한 다음 1 감소한다.
- 출력을 했다고 없어지는 것이 아니고 Top의 위치가 2가 되었기 때문에 다음에 push를 하면 Stack[3]에 값이 저장되므로 자연스럽게 없어지게 된다.
- ⓓ번 실행 후 변수의 변화는 다음과 같다.

Stack				
100	110	130	140	

Top
2

출력결과
120 제거
140 제거

[문제 39]

213465

이 문제에서 into( )는 isWhat 배열에 값을 저장하는 함수이고, take( )는 isWhat 배열의 값을 출력하는 함수입니다. 코드가 실행되는 과정을 개괄적으로 살펴보면 다음과 같습니다.

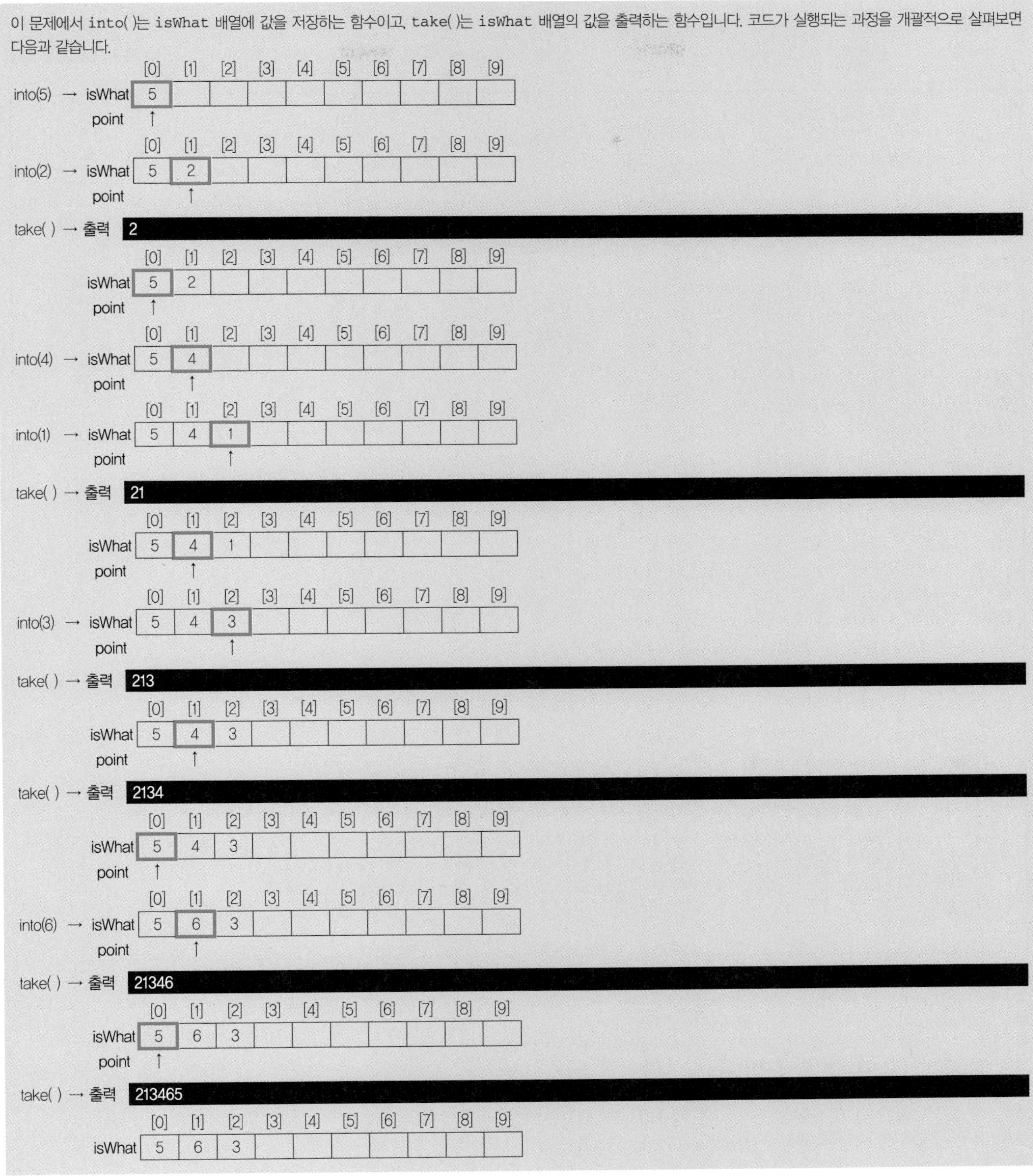

• point는 isWhat 배열에 저장될 값이나 배열에서 출력될 값의 위치를 지정하는 변수입니다. point가 -1이 되면, 즉 point가 isWhat 배열을 벗어나면 프로그램이 종료됩니다.
• into( ) 함수가 isWhat 배열에 값을 저장하기 전에 isFull( ) 함수가 호출되어 isWhat 배열을 검사합니다. isWhat 배열이 모두 채워져 있으면 화면에 Full을 출력합니다.
• take( ) 함수가 isWhat 배열의 값을 출력하기 전에 isEmpty( ) 함수가 호출되어 isWhat 배열을 검사합니다. isWhat 배열이 비어 있으면 화면에 Empty를 출력합니다.

```
#include <stdio.h>
#define MAX_SIZE 10              10을 MAX_SIZE로 정의한다. 프로그램 안에서 MAX_SIZE는 숫자 10과 동일하다.
int isWhat[MAX_SIZE];            10개의 요소를 갖는 배열 isWhat을 정수형 전역변수로 선언한다.
                                        [0] [1] [2] [3] [4] [5] [6] [7] [8] [9]
                                 isWhat |   |   |   |   |   |   |   |   |   |   |

int point = -1;                  point를 정수형 전역변수로 선언하고 -1로 초기화한다.
⓫⓲  int isEmpty() {
⓬⓳     if (point == -1) return 1;
⓭⓴     return 0;
}

❹        int isFull() {
❺             if (point == 10) return 1;
❻             return 0;
}
❷        void into(int num) {
❸❼       if (isFull() == 1) printf("Full");
❽             else isWhat[++point] = num;
}

⓰        int take() {
⓱㉑      if (isEmpty() == 1) printf("Empty");
㉒             else return isWhat[point--];
               return 0;
}

main() {
    ❶              into(5); ❾ into(2);
    ❿⓮㉝           while (!isEmpty()) {
             ⓯㉓   printf("%d", take());
             ㉔            into(4);  ㉕ into(1);  ㉖ printf("%d", take());
             ㉗            into(3);  ㉘ printf("%d", take());  ㉙ printf("%d", take());
             ㉚            into(6);  ㉛ printf("%d", take());  ㉜ printf("%d", take());
    } ㉞
}
```

모든 C언어 프로그램은 반드시 main( ) 함수에서 시작한다.
❶ 5를 인수로 into( ) 함수를 호출한다.
❷ 반환값이 없는 into( ) 함수의 시작점이다. ❶번에서 전달받은 5를 num이 받는다.
❸ isFull( ) 함수를 호출하고 반환받은 값이 1이면 화면에 Full을 출력하고, 아니면 ❽번으로 이동한다.
❹ 정수를 반환하는 isFull( ) 함수의 시작점이다.
❺ point의 값이 10이면 함수를 호출했던 ❸번으로 1을 반환하고 아니면 ❻번으로 이동한다. point의 값이 -1이므로 ❻번으로 이동한다.
❻ 함수를 호출했던 ❸번으로 0을 반환한다.
❼ ❻번에서 반환받은 값이 0이므로, ❽번으로 이동한다.
❽ isWhat[point]에 num의 값 5를 저장하는데, ++point는 전치연산이므로 point의 값이 먼저 1 증가되어 isWhat[0]에 5를 저장한다. into( ) 함수가 종료되었

으므로 함수를 호출했던 ❶번의 다음 코드인 ❾번으로 이동한다.

	[0]	[1]	[2]	[3]	[4]	[5]	[6]	[7]	[8]	[9]	
isWhat	5										point = 0

❾ 2를 인수로 into( ) 함수를 호출한다. 앞서 진행된 ❷~❽번 과정을 반복하면 point는 1이 되고, isWhat[1]에는 2가 저장된다.

	[0]	[1]	[2]	[3]	[4]	[5]	[6]	[7]	[8]	[9]	
isWhat	5	2									point = 1

※ into( ) 함수의 역할은 인수로 전달된 값을 현재 isWhat 배열에 저장된 마지막 값 뒤에 저장하는 일이다.

❿ isEmpty( )를 호출한 후 not 연산을 수행한 결과가 참(1)이면 ⓯~㉜번을 반복 수행한다.

⓫ 정수를 반환하는 isEmpty( ) 함수의 시작점이다.

⓬ point가 -1이면 함수를 호출했던 ⓮번으로 1을 반환하고, 아니면 ⓭번으로 이동한다. point의 값은 1이므로 ⓭번으로 이동한다.

⓭ 함수를 호출했던 ⓮번으로 0을 반환한다.

⓮ ⓭번에서 돌려받은 값 0(거짓)에 대한 not 연산은 1(참)이므로 ⓯번으로 이동한다.

⓯ take( ) 함수를 호출한 후 반환받은 값을 정수로 출력한다.

⓰ take( ) 함수의 시작점이다.

⓱ isEmpty( ) 함수를 호출한 후 반환받은 값이 1이면 Empty를 출력하고, 아니면 ㉒번으로 이동한다.

⓲ 정수를 반환하는 isEmpty( ) 함수의 시작점이다.

⓳ point가 -1이면 함수를 호출했던 ㉑번으로 1을 반환하고, 아니면 ⓴번으로 이동한다. point의 값은 1이므로 ⓴번으로 이동한다.

⓴ 함수를 호출했던 ㉑번으로 0을 반환한다.

㉑ ⓴번에서 반환받은 값이 0이므로 ㉒번으로 이동한다.

㉒ 함수를 호출했던 ㉓번으로 isWhat[point]의 값을 반환한다. point--는 후치연산이므로 먼저 isWhat[1]의 값 2를 반환하고, point의 값이 감소되어 point의 값은 0이 된다.

㉓ ㉒번에서 반환받은 값 2를 정수로 출력한다.

결과 2

㉔ 4를 인수로 into( ) 함수를 호출한다. ❷~❽번 과정을 반복하면 point는 1이 되고, isWhat[1]에는 4가 저장된다.

	[0]	[1]	[2]	[3]	[4]	[5]	[6]	[7]	[8]	[9]	
isWhat	5	4									point = 1

㉕ 1을 인수로 into( ) 함수를 호출한다. ❷~❽번 과정을 반복하면 point는 2가 되고, isWhat[2]에는 1이 저장된다.

	[0]	[1]	[2]	[3]	[4]	[5]	[6]	[7]	[8]	[9]	
isWhat	5	4	1								point = 2

㉖ ⓯~㉓번 과정을 반복하면 point는 1이 되고, isWhat[2]의 값 1이 출력된다.

결과 21

※ take( ) 함수의 역할은 현재 isWhat 배열에 저장된 마지막 값을 출력하는 것이다.

㉗ 3을 인수로 into( ) 함수를 호출한다. ❷~❽번 과정을 반복하면 point는 2가 되고, isWhat[2]에는 3이 저장된다.

	[0]	[1]	[2]	[3]	[4]	[5]	[6]	[7]	[8]	[9]	
isWhat	5	4	3								point = 2

㉘ ⓯~㉓번 과정을 반복하면 point는 1이 되고, isWhat[2]의 값 3이 출력된다.

결과 213

㉙ ⓯~㉓번 과정을 반복하면 point는 0이 되고, isWhat[1]의 값 4가 출력된다.

결과 2134

㉚ 6을 인수로 into( ) 함수를 호출한다. ❷~❽번 과정을 반복하면 point는 1이 되고, isWhat[1]에는 6이 저장된다.

	[0]	[1]	[2]	[3]	[4]	[5]	[6]	[7]	[8]	[9]	
isWhat	5	6									point = 1

㉛ ⓯~㉓번 과정을 반복하면 point는 0이 되고, isWhat[1]의 값 6이 출력된다.

결과 21346

㉜ ⓯~㉓번 과정을 반복하면 point는 -1이 되고, isWhat[0]의 값 5가 출력된다. 반복문이 종료되었으므로 while문의 처음인 ㉝번으로 이동한다.

결과 213465

㉝ ❿~⓮번 과정을 반복한다. 이 때 point의 값이 -1이므로 ⓬번에서 1(참)이 반환되어 not 연산을 수행하므로 while(0)이 되어 반복이 종료된다. 이어서 ㉞번으로 이동하여 프로그램이 종료된다.

[문제 40]

변환된 문자열 : Nd sc 1

```
#include <stdio.h>
#include <ctype.h>

int main( ) {
❶ char *p = "It is 8";
❷ char result[100];
❸ int i;
❹ for(i = 0; p[i] != '\0'; i++) {
❺     if(isupper(p[i]))
❻         result[i] = (p[i] - 'A'+ 5) % 25 + 'A';
❼     else if(islower(p[i]))
❽         result[i] = (p[i] - 'a'+ 10) % 26 + 'a';
❾     else if(isdigit(p[i]))
❿         result[i] = (p[i] - '0'+ 3) % 10 + '0';
⓫     else if(!(isupper(p[i]) || islower(p[i]) || isdigit(p[i])))
⓬         result[i] = p[i];
   }
⓭ result[i] = '\0';
⓮ printf("변환된 문자열 : %s\n", result);
⓯ return 0;
}
```

❶ 문자형 포인터 변수 p를 선언하고, 문자열 "It is 8"이 저장된 곳의 주소를 저장한다. (다음 그림에서 지정한 주소는 임의로 정한 것이며, 이해를 돕기 위해 10진수로 표현했음)

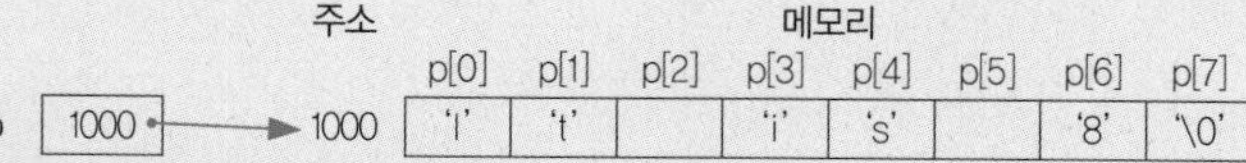

❷ 100개의 요소를 갖는 문자형 배열 result를 선언한다.

❸ 정수형 변수 i를 선언한다.

❹ 반복 변수 i가 0에서 시작하여 1씩 증가하면서 p[i]가 널 문자('\0')가 아닌 동안 ❺~⓬번을 반복 수행한다.

❺ p[i]의 값이 대문자이면 ❻번을 수행하고, 아니면 ❼번을 수행한다.

- isupper( ) : 인수가 대문자이면 참을 반환하는 함수

❻ (p[i] – 'A' + 5) % 25 + 'A'의 결과를 result[i]에 저장한 후 반복문의 처음인 ❹번으로 이동한다.

※ "It is 8"이라는 문자열이 메모리에 저장될 때는 각각의 문자에 해당하는 아스키코드 값이 저장되며, 계산식에 사용되는 문자 'A'도 아스키코드 값으로 변환되어 계산됩니다. 즉 'A'는 'A'에 해당하는 아스키코드 값인 65로 처리됩니다. 알파벳 대문자의 아스키코드 값은 'A(65)' ~ 'Z(90)'이며, 알파벳 소문자의 아스키코드 값은 'a(97)' ~ 'z(122)'입니다.

※ i가 0일 때, p[i]에 "I"가 저장되어 있으므로, ('I' – 'A' + 5) % 25 + 'A', 즉 (73 – 65 + 5) % 25 + 65의 결과인 78이 result[0]에 저장됩니다.

❼ p[i]의 값이 소문자이면 ❽번을 수행하고, 아니면 ❾번을 수행한다.

- islower( ) : 인수가 소문자이면 참을 반환하는 함수

❽ (p[i] – 'a' + 10) % 26 + 'a'의 결과를 result[i]에 저장한 후 반복문의 처음인 ❹번으로 이동한다.

※ i가 1일 때, p[i]에 "t"가 저장되어 있으므로, ('t' – 'a' + 10) % 26 + 'a', 즉 (116 – 97 + 10) % 26 + 97의 결과인 100이 result[1]에 저장됩니다.

❾ p[i]의 값이 숫자이면 ❿번을 수행하고, 아니면 ⓫번을 수행한다.

- isdigit( ) : 인수가 숫자이면 참을 반환하는 함수

❿ (p[i] – '0' + 3) % 10 + '0'의 결과를 result[i]에 저장한 후 반복문의 처음인 ❹번으로 이동한다.

※ i가 6일 때, p[i]에 "8"이 저장되어 있으므로, ('8' – '0' + 3) % 10 + '0', 즉 (8 – 0 + 3) % 10 + 0의 결과인 1이 result[6]에 저장됩니다.

⓫ p[i]의 값이 대문자 또는 소문자 또는 숫자가 아니면 ⓬번을 수행하고, 아니면 반복문의 처음인 ❹번으로 이동한다.

⓬ p[i]를 result[i]에 저장한 후 반복문의 처음인 ❹번으로 이동한다.

반복문 실행에 따른 변수들의 변화는 다음과 같다.

i	p[i]	result[i]	배열 result
0	'I'	78	
1	't'	100	
2	' '		
3	'i'	115	[0] [1] [2] [3] [4] [5] [6] … '78' '100' ' ' '115' '99' ' ' '1' …
4	's'	99	
5	' '		
6	'8'	1	
7	'\0'		

⓭ `result[i]`에 널 문자('\0')를 저장한다.

	p[0]	p[1]	p[2]	p[3]	p[4]	p[5]	p[6]	p[7]
result	'78'	'100'	' '	'115'	'99'	' '	'1'	'\0'

⓮ **변환된 문자열 :** 을 출력한 후 `result`의 값을 문자열로 출력한다. 배열 `result`에 저장된 아스키코드에 해당하는 문자들이 출력됩니다.

결과 **변환된 문자열 : Nd sc 1**

⓯ `main( )` 함수에서의 'return 0'은 프로그램의 종료를 의미한다.

[문제 41]

–13

```
#include <stdio.h>
❹ void swap(int a, int b) {
❺       int t = a;
❻       a = b;
❼       b = t;
}

  int main( ) {
❶       int a = 11;
❷       int b = 19;
❸       swap(a, b);
❽       switch(a) {
             case 1:
                  b += 1;
❾            case 11:
                  b += 2;
❿            deafult:
⓫                 b += 3;
⓬                 break;
        }
⓭       printf("%d", a-b);
}
```

모든 C 언어 프로그램은 반드시 main( ) 함수에서 시작한다.

❶ 정수형 변수 a를 선언하고, 11로 초기화한다.
❷ 정수형 변수 b를 선언하고, 19로 초기화한다.
❸ a와 b를 인수로 swap( ) 함수를 호출한다. ❹번으로 이동한다.
❹ 반환값이 없는 swap( ) 함수의 시작점이다. ❸번에서 전달한 a와 b를 a와 b가 받는다.
❺ ~ ❼ 임시 변수 t를 사용하여 a와 b의 값을 교환하는 과정이다.

※ swap( ) 함수를 호출할 때 a, b 변수의 주소를 전달한 것이 아니므로 swap( ) 함수에서 a, b의 교환은 main( ) 함수의 a, b 변수에 영향을 주지 않습니다.

main( ) 함수		swap( ) 함수		
a	b	a	b	t
11	19	19	11	11

❽ a의 값 11에 해당하는 숫자를 찾아간다. ❾번으로 이동한다.
❾ a가 11일 경우 찾아오는 곳이다. ❿번을 실행한다.
❿ 'b = b + 2;'와 동일하다. b의 값에 2를 더한다. b에는 21이 저장된다. break문이 없으므로, break문을 만날 때까지 모든 문장이 실행된다. ⓫번으로 이동한다.
⓫ a의 값에 해당하는 case문이 없는 경우 찾아오는 곳이지만 ❿번 문장 수행 후 break문이 없어 실행되는 문장이다. ⓬번을 실행한다.
⓬ 'b = b + 3;'과 동일하다. b의 값에 3을 더한다. b에는 24가 저장된다.
⓭ switch문을 벗어나 ⓮번으로 이동한다.
⓮ 11-24의 결과를 정수형으로 출력한다.

결과 -13

[문제 42]

10

```
#include <stdio.h>
❺ void func(char *d, char *s) {
❻       while (*s) {
❼             *d = *s;
❽             d++;
❾             s++;
        }
❿       *d = '\0';
   }

   int main( ) {
❶       char* str1 = "first";
❷       char str2[50] = "teststring";
❸       int result = 0;
❹       func(str2, str1);
⓫       for (int i = 0; str2[i] != '\0'; i++) {
⓬             result += i;
        }
⓭       printf("%d\n", result);
⓮       return 0;
   }
```

모든 C 언어 프로그램은 반드시 main( ) 함수에서 시작한다.

❶ 문자형 포인터 변수 str1을 선언하고, "first"가 저장된 주소로 초기화한다.

❷ 50개의 요소를 갖는 문자형 배열 str2를 선언하고, "teststring"가 저장된 주소로 초기화한다.

(이후 그림에서 지정한 주소는 임의로 정한 것이며, 이해를 돕기 위해 10진수로 표현했습니다.)

	주소	메모리											
str1	1000	'f'	'i'	'r'	's'	't'	'\0'						
str2	2000	't'	'e'	's'	't'	's'	't'	'r'	'i'	'n'	'g'	'\0'	

❸ 정수형 변수 `result`를 선언하고, 0으로 초기화한다.

❹ `str2`와 `str1`을 인수로 `func()` 함수를 호출한다. ❺번으로 이동한다.

※ 인수로 포인터 변수나 배열의 이름을 지정하면 포인터 변수나 배열의 시작 주소가 인수로 전달됩니다.

❺ 반환값이 없는 `func()` 함수의 시작점이다. ❹번에서 전달한 `str2`와 `str1`을 문자형 포인터 변수 `d`와 `s`가 받는다.

d: 2000 → str2, s: 1000 → str1

	주소	메모리										
		1byte	1byte	1byte	1byte	1byte	1byte	1byte	1byte	1byte	1byte	1byte
str1	1000	'f'	'i'	'r'	's'	't'	'\0'					
		d+0	d+1	d+2	d+3	d+4	d+5					
		1000	1001	1002	1003	1004	1005					
str2	2000	't'	'e'	's'	't'	's'	't'	'r'	'i'	'n'	'g'	'\0'
		s+0	s+1	s+2	s+3	s+4	s+5	s+6	s+7	s+8	s+9	s+10
		2000	2001	2002	2003	2004	2005	2006	2007	2008	2009	2010

❻ `s`가 가리키는 값이 널 문자('\0')가 아닌 동안 ❼~❾번을 반복 수행한다.

❼ `s`가 가리키는 곳의 값을 `d`가 가리키는 곳에 저장한다.

❽ 'd = d + 1;'과 동일하다. `d`가 가리키는 곳의 주소를 1씩 증가시킨다.

❾ 's = s + 1;'과 동일하다. `s`가 가리키는 곳의 주소를 1씩 증가시킨다.

반복문 실행에 따른 변수들의 변화는 다음과 같다.

s	d	*s	*d
1000	2000	'f'	
1001	2001	'i'	
1002	2002	'r'	
1003	2003	's'	
1004	2004	't'	
1005	2005	'\0'	

1byte	1byte	1byte	1byte	1byte	1byte	1byte	1byte	1byte	1byte	1byte
'f'	'i'	'r'	's'	't'	't'	'r'	'i'	'n'	'g'	'\0'
s+0	s+1	s+2	s+3	s+4	s+5	s+6	s+7	s+8	s+9	s+10
2000	2001	2002	2003	2004	2005	2006	2007	2008	2009	2010

❿ `d`가 가리키는 곳에 널 문자('\0')를 저장한다. `while`문이 종료될 때 `d`가 가리키는 곳의 주소가 2005였으므로, 2005 번지에 '\0'을 저장한다. 널 문자('\0')는 문자열의 끝을 의미하므로, `d`가 가리키는 곳에 저장된 문자열은 "`first`"가 된다. `func()` 함수가 종료되었으므로, 함수를 호출했던 ❹번의 다음 문장인 ⓫번으로 이동한다.

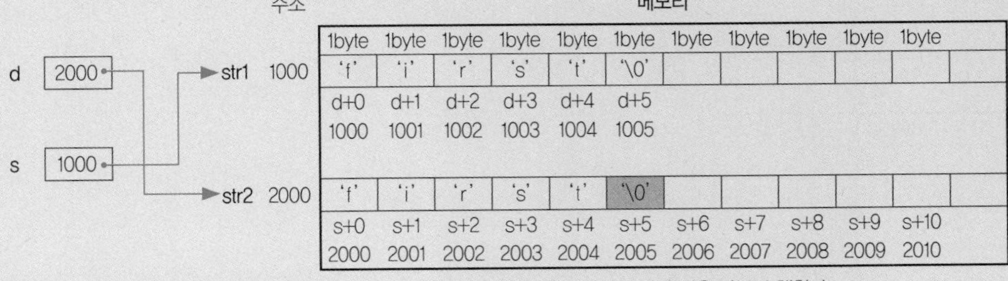

⓫ 반복 변수 `i`가 0에서 시작하여 1씩 증가하면서 `str2[i]`가 널 문자('\0')가 아닌 동안 ⓬번을 반복 수행한다.

⓬ '`result = result + i;`'와 동일하다. `result`에 `i`의 값을 누적시킨다.

반복문 실행에 따른 변수들의 변화는 다음과 같다.

i	str2[i]	result	배열 str2
0	'f'	0	
1	'i'	1	
2	'r'	3	
3	's'	6	
4	't'	10	
5	'\0'		

1byte	1byte	1byte	1byte	1byte	1byte	1byte	1byte	1byte	1byte	1byte
'f'	'i'	'r'	's'	't'	'\0'					
s+0	s+1	s+2	s+3	s+4	s+5	s+6	s+7	s+8	s+9	s+10
2000	2001	2002	2003	2004	2005	2006	2007	2008	2009	2010

⓭ result의 값을 출력한다.

결과 `10`

⓮ main( ) 함수에서의 'return 0'은 프로그램의 종료를 의미한다.

[문제 43]

NNN

```
public class Test {
❺❽⓫   public static void check(int[ ] x, int[ ] y)
      {
❻❾⓬       if(x == y) System.out.print("O");
          else System.out.print("N");
      }
      public static void main(String[ ] args) {
❶         int a[ ] = new int[ ]{1, 2, 3, 4};
❷         int b[ ] = new int[ ]{1, 2, 3, 4};
❸         int c[ ] = new int[ ]{1, 2, 3};
❹         check(a, b);
❼         check(b, c);
❿         check(a, c);
      }
}
```

모든 Java 프로그램은 반드시 main( ) 메소드에서 시작한다.

❶ 정수형 배열 a를 선언하고 초기화한다.

(이후 그림에서 a, b, c가 저장된 주소는 임의로 정한 것이며, 이해를 돕기 위해 10진수로 표현했습니다.)

a: 1000 → 주소 1000

4Byte	4Byte	4Byte	4Byte
1	2	3	4
a[0]	a[1]	a[2]	a[3]

❷ 정수형 배열 b를 선언하고 초기화한다.

	주소	메모리			
a: 1000		4Byte	4Byte	4Byte	4Byte
	1000	1	2	3	4
b: 2000 → 2000		a[0]	a[1]	a[2]	a[3]
	2000	1	2	3	4
		b[0]	b[1]	b[2]	b[3]

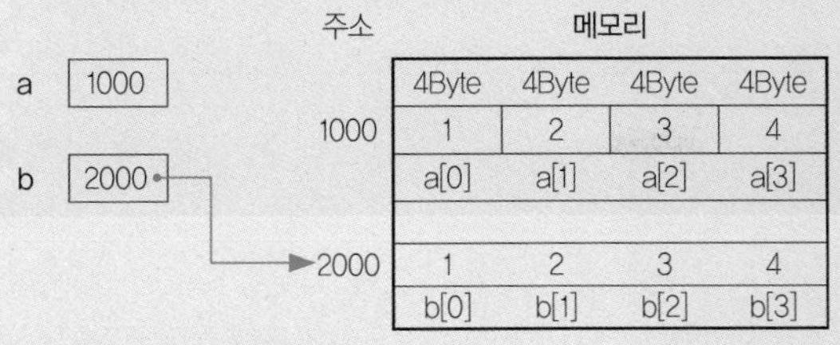

❸ 정수형 배열 c를 선언하고 초기화한다.

	주소	메모리			
a: 1000		4Byte	4Byte	4Byte	4Byte
	1000	1	2	3	4
b: 2000		a[0]	a[1]	a[2]	a[3]
c: 3000 → 3000	2000	1	2	3	4
		b[0]	b[1]	b[2]	b[3]
	3000	1	2	3	
		c[0]	c[1]	c[2]	

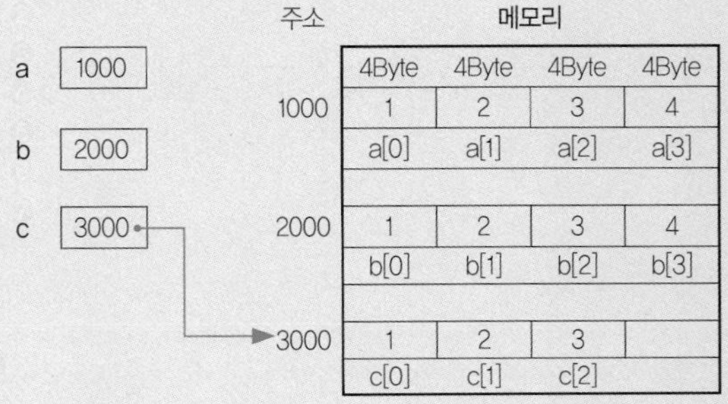

❹ a와 b를 인수로 check( ) 메소드를 호출한다. ❺번으로 이동한다.

※ 인수로 배열의 이름을 지정하면 배열의 시작 주소가 인수로 전달됩니다.

❺ 반환값이 없는 check( ) 메소드의 시작점이다. ❹번에서 전달한 a와 b 배열의 주소를 x와 y가 받는다.

❻ x와 y가 같으면 O를 출력하고, 다르면 N을 출력한다. x와 y는 값과 관계없이 주소가 다르므로 서로 다른 객체이다. N을 출력하고 if문이 종료되어, check( )를 호출했던 ❹번 아래 문장으로 제어를 옮긴다.

결과 `N`

❼ b와 c를 인수로 check( ) 메소드를 호출한다. ❽번으로 이동한다.
❽ 반환값이 없는 check( ) 메소드의 시작점이다. ❼번에서 전달한 b와 c 배열의 주소를 x와 y가 받는다.
❾ x와 y는 서로 다른 객체이므로 N을 출력한다. if문이 종료되어 check( )를 호출했던 ❼번 아래 문장으로 제어를 옮긴다.

결과 `NN`

❿ a와 c를 인수로 check( ) 메소드를 호출한다. ⓫번으로 이동한다.
⓫ 반환값이 없는 check( ) 메소드의 시작점이다. ❿번에서 전달한 a와 c 배열의 주소를 x와 y가 받는다.
⓬ x와 y는 서로 다른 객체이므로 N을 출력한다. if문이 종료되어 check( )를 호출했던 ❿번 아래 문장으로 제어를 옮겨 프로그램을 종료한다.

결과 `NNN`

[문제 44]

25, 20

```
Ⓐ interface Number {
Ⓑ     int sum(int[ ] a, boolean odd);
}

public class Test {
    public static void main(String[ ] args) {
❶       int a[ ] = {1, 2, 3, 4, 5, 6, 7, 8, 9};
❷       OENumber OE = new OENumber( );
❸❿⓱     System.out.print(OE.sum(a, true) + ", " + OE.sum(a, false));
    }
}

Ⓒ class OENumber implements Number {
Ⓓ❹⓫   public int sum(int[ ] a, boolean odd) {
  ❺⓬       int result = 0;
  ❻⓭       for (int i = 0; i < a.length; i++) {
  ❼⓮           if ((odd && a[i] % 2 != 0) || (!odd && a[i] % 2 == 0)) {
  ❽⓯               result += a[i];
                }
            }
  ❾⓰       return result;
    }
}
```

Ⓐ 인터페이스 Number를 선언한다.

Ⓑ 정수를 반환하는 sum( )을 선언한다. 인터페이스에 선언된 메소드는 선언만 있고 내부에 실행 코드가 없는 추상 메소드이므로, 이후 상속 관계가 설정된 자식 클래스에서 재정의한 후 사용한다.

Ⓒ Number 인터페이스를 상속받는 클래스 OENumber를 정의한다.

Ⓓ 정수를 반환하는 sum( )을 정의한다. sum( ) 메소드는 Ⓑ에서 선언된 추상 메소드(Ⓑ)를 재정의하는 것이다.

※ 추상 메소드는 부모 클래스가 자식 클래스에게 주는 의무와 같습니다. 부모 클래스와 상속 관계에 있다면 반드시 부모 클래스의 추상 메소드를 재정의해야 합니다. 그렇지 않으면 오류가 발생합니다.

모든 Java 프로그램 반드시 main( ) 메소드에서 시작한다.

❶ 정수형 배열 a를 선언하고 초기화한다. 배열을 선언할 때 배열의 크기를 지정하지 않으면, 초기값의 개수로 배열의 크기가 결정된다.

	[0]	[1]	[2]	[3]	[4]	[5]	[6]	[7]	[8]
a	1	2	3	4	5	6	7	8	9

❷ 클래스 OENumber의 객체 변수 OE를 선언한다.

❸ a와 논리값 true를 인수로 OE의 sum( ) 메소드를 호출한 후 돌려받은 값을 출력한다. ❹번으로 이동한다.

※ 인수로 배열의 이름을 지정하면 배열의 시작 주소가 전달됩니다.

❹ 정수를 반환하는 sum( ) 메소드의 시작점이다. ❸번에서 전달한 a 배열의 시작 주소와 논리값 true를 a와 odd가 받는다.

❺ 정수형 변수 result를 선언하고, 0으로 초기화한다.

❻ 반복 변수 i가 0에서 시작하여 1씩 증가하면서 a 배열의 길이인 9보다 작은 동안 ❼, ❽번을 반복 수행한다.

- length : 배열 클래스의 속성으로, 배열 요소의 개수가 저장되어 있음

❼ odd가 참(true)이고 a[i]를 2로 나눈 나머지가 0이 아니거나 odd가 거짓(false)이고 a[i]를 2로 나눈 나머지가 0이면 ❽번을 수행하고 아니면 반복문의 시작인 ❻번으로 이동한다.

❽ 'result = result + a[i];'와 같다. result에 a[i]의 값을 누적시킨다.

반복문 실행에 따른 변수들의 변화는 다음과 같다.

i	odd	a[i]	a[i] % 2	result
0	true	1	1	0
1		2	0	1
2		3	1	4
3		4	0	
4		5	1	9
5		6	0	
6		7	1	16
7		8	0	
8		9	1	25
9				

❾ 함수를 호출했던 ❿번으로 result의 값 25를 반환한다.

❿ ❾번으로부터 반환받은 값 25를 출력하고 콤마와 공백 한 칸을 출력한다. 이어서 a와 논리값 false를 인수로 OE의 sum( ) 메소드를 호출한 후 돌려받은 값을 출력한다. ⓫번으로 이동한다.

결과 25,

⓫ 정수를 반환하는 sum( ) 메소드의 시작점이다. ❿번에서 전달한 a 배열의 시작 주소와 논리값 false를 a와 odd가 받는다.

⓬ 정수형 변수 result를 선언하고, 0으로 초기화한다.

⓭ 반복 변수 i가 0에서 시작하여 1씩 증가하면서 a 배열의 길이인 9보다 작은 동안 ⓮, ⓯번을 반복 수행한다.

⓮ odd가 참(true)이고 a[i]를 2로 나눈 나머지가 0이 아니거나 odd가 거짓(false)이고 a[i]를 2로 나눈 나머지가 0이면 ⓯번을 수행하고 아니면 반복문의 시작인 ⓭번으로 이동한다.

⓯ 'result = result + a[i];'와 같다. result에 a[i]의 값을 누적시킨다.

반복문 실행에 따른 변수들의 변화는 다음과 같다.

i	odd	a[i]	a[i] % 2	result
0	false	1	1	0
1		2	0	2
2		3	1	
3		4	0	6
4		5	1	
5		6	0	12
6		7	1	
7		8	0	20
8		9	1	
9				

⓰ 함수를 호출했던 ⓱번으로 result의 값 20을 반환한다.

⓱ ⓰번으로부터 반환받은 값 20을 출력한 후 프로그램을 종료한다.

결과 25, 20

[문제 45]

dcba

```
   public static void main(String[] args) {
❶      String str = "abacabcd";
❷      int len = str.length( );
❸      boolean[] seen = new boolean[256];
❹      System.out.print(rf(str, len-1, seen));
   }
```

모든 Java 프로그램 반드시 main( ) 메소드에서 시작한다.

❶ 문자열 객체 str을 선언하고, "abacabcd"로 초기화한다.

	[0]	[1]	[2]	[3]	[4]	[5]	[6]	[7]
str	'a'	'b'	'a'	'c'	'a'	'b'	'c'	'd'

❷ 정수형 변수 len을 선언하고 str의 길이인 8로 초기화한다.

- length : 배열 클래스의 속성으로 배열 요소의 개수가 저장되어 있음

❸ 256개의 요소를 갖는 논리형 배열 seen을 선언한다. 논리형 배열의 요소에는 true나 false 중 하나를 저장할 수 있으며, 기본값은 false이다.

	[0]	[1]	[2]	[3]	[4]	…	[253]	[254]	[255]
seen	false	false	false	false	false	…	false	false	false

❹ rf(str, 7 seen) 메소드를 호출한다.

※ 인수로 배열의 이름을 지정하면 배열의 시작 주소가 전달됩니다.

```
❺ public static String rf(String str, int index, boolean[] seen) {      // index = 7, c = 'd'
❻     if(index < 0) return "";
❼     char c = str.charAt(index);
❽     String result = rf(str, index-1, seen);
```

❺ 문자열을 반환하는 rf( ) 메소드의 시작점이다. ❹번에서 전달한 str, 7, seen을 str, index, seen이 받는다.

❻ index가 0보다 작으면 빈 문자열을 반환한다. index가 7이므로 다음 문장을 수행한다.

❼ 문자형 변수 c를 선언하고, str 문자열에서 index 위치에 있는 문자로 초기화한다. index가 7이므로 c에는 'd'가 저장된다.

❽ 문자열 변수 result를 선언하고, rf(str, 6, seen) 메소드를 호출한 후 반환받은 값으로 초기화한다.

```
❾ public static String rf(String str, int index, boolean[] seen) {      // index = 6, c = 'c'
❿     if(index < 0) return "";
⓫     char c = str.charAt(index);
⓬     String result = rf(str, index-1, seen);
```

❾ 문자열을 반환하는 rf( ) 메소드의 시작점이다. ❽번에서 전달한 str, 6, seen을 str, index, seen이 받는다.

❿ index가 6이므로 다음 문장을 수행한다.

⓫ 문자형 변수 c를 선언하고, str[6]의 값 'c'로 초기화한다.

⓬ 문자열 변수 result를 선언하고, rf(str, 5, seen) 메소드를 호출한 후 반환받은 값으로 초기화한다.

```
⓭ public static String rf(String str, int index, boolean[] seen) {      // index = 5, c = 'b'
⓮     if(index < 0) return "";
⓯     char c = str.charAt(index);
⓰     String result = rf(str, index-1, seen);
```

⓭ 문자열을 반환하는 rf( ) 메소드의 시작점이다. ⓬번에서 전달한 str, 5, seen을 str, index, seen이 받는다.

⓮ index가 5이므로 다음 문장을 수행한다.

⓯ 문자형 변수 c를 선언하고, str[5]의 값 'b'로 초기화한다.

⓰ 문자열 변수 result를 선언하고, rf(str, 4, seen) 메소드를 호출한 후 반환받은 값으로 초기화한다.

```
⑰  public static String rf(String str, int index, boolean[] seen) {     // index = 4, c = 'a'
⑱      if(index < 0) return "";
⑲      char c = str.charAt(index);
⑳      String result = rf(str, index-1, seen);
```

⑰ 문자열을 반환하는 rf( ) 메소드의 시작점이다. ⑯번에서 전달한 str, 4, seen을 str, index, seen이 받는다.
⑱ index가 4이므로 다음 문장을 수행한다.
⑲ 문자형 변수 c를 선언하고, str[4]의 값 'a'로 초기화한다.
⑳ 문자열 변수 result를 선언하고, rf(str, 3, seen) 메소드를 호출한 후 반환받은 값으로 초기화한다.

```
㉑  public static String rf(String str, int index, boolean[] seen) {     // index = 3, c = 'c'
㉒      if(index < 0) return "";
㉓      char c = str.charAt(index);
㉔      String result = rf(str, index-1, seen);
```

㉑ 문자열을 반환하는 rf( ) 메소드의 시작점이다. ⑳번에서 전달한 str, 3, seen을 str, index, seen이 받는다.
㉒ index가 3이므로 다음 문장을 수행한다.
㉓ 문자형 변수 c를 선언하고, str[3]의 값 'c'로 초기화한다.
㉔ 문자열 변수 result를 선언하고, rf(str, 2, seen) 메소드를 호출한 후 반환받은 값으로 초기화한다.

```
㉕  public static String rf(String str, int index, boolean[] seen) {     // index = 2, c = 'a'
㉖      if(index < 0) return "";
㉗      char c = str.charAt(index);
㉘      String result = rf(str, index-1, seen);
```

㉕ 문자열을 반환하는 rf( ) 메소드의 시작점이다. ㉔번에서 전달한 str, 2, seen을 str, index, seen이 받는다.
㉖ index가 2이므로 다음 문장을 수행한다.
㉗ 문자형 변수 c를 선언하고, str[2]의 값 'a'로 초기화한다.
㉘ 문자열 변수 result를 선언하고, rf(str, 1, seen) 메소드를 호출한 후 반환받은 값으로 초기화한다.

```
㉙  public static String rf(String str, int index, boolean[] seen) {     // index = 1, c = 'b'
㉚      if(index < 0) return "";
㉛      char c = str.charAt(index);
㉜      String result = rf(str, index-1, seen);
```

㉙ 문자열을 반환하는 rf( ) 메소드의 시작점이다. ㉘번에서 전달한 str, 1, seen을 str, index, seen이 받는다.
㉚ index가 1이므로 다음 문장을 수행한다.
㉛ 문자형 변수 c를 선언하고, str[1]의 값 'b'로 초기화한다.
㉜ 문자열 변수 result를 선언하고, rf(str, 0, seen) 메소드를 호출한 후 반환받은 값으로 초기화한다.

```
㉝  public static String rf(String str, int index, boolean[] seen) {     // index = 0, c = 'a'
㉞      if(index < 0) return "";
㉟      char c = str.charAt(index);
㊱      String result = rf(str, index-1, seen);
```

㉝ 문자열을 반환하는 rf( ) 메소드의 시작점이다. ㉜번에서 전달한 str, 0, seen을 str, index, seen이 받는다.
㉞ index가 0이므로 다음 문장을 수행한다.
㉟ 문자형 변수 c를 선언하고, str[0]의 값 'a'로 초기화한다.
㊱ 문자열 변수 result를 선언하고, rf(str, -1, seen) 메소드를 호출한 후 반환받은 값으로 초기화한다.

```
㊲ public static String rf(String str, int index, boolean[] seen) {      // index = -1
㊳     if(index < 0) return "";
       char c = str.charAt(index);
       String result = rf(str, index-1, seen);
```

㊲ 문자열을 반환하는 `rf()` 메소드의 시작점이다. ㊱번에서 전달한 `str`, -1, `seen`을 `str`, `index`, `seen`이 받는다.

㊳ `index`가 0보다 작으므로 빈 문자열을 반환하면서 제어를 `rf(str, -1, seen)`을 호출했던 ㊴번으로 옮긴다.

```
㉝   public static String rf(String str, int index, boolean[] seen) {      // index = 0, c = 'a'
㉞       if(index < 0) return "";
㉟       char c = str.charAt(index);
㊱㊴     String result = rf(str, index-1, seen);
 ㊵      if(!seen[c]) {
 ㊶          seen[c] = true;
 ㊷          return c + result;
         }
 ㊸      return result;
     }
```

㊴ ㊳번에서 반환받은 빈 문자열로 `result`를 초기화한다.

result	

㊵ seen[c]의 값이 거짓(`false`)이면 ㊶, ㊷번 문장을 수행한다. c에는 현재 'a'가 저장되어 있으며 'a'에 해당하는 아스키코드 값이 97이므로, seen[97]의 값을 확인한다. 배열 `seen`의 모든 요소에는 초기값으로 `false`가 저장되어 있으므로, 조건을 만족하여 ㊶, ㊷번 문장을 수행한다.

※ 문자가 메모리에 저장될 때는 각각의 문자에 해당하는 아스키코드 값이 저장되며, 위치 값에 사용되는 문자 'a'도 아스키코드 값으로 변환되어 사용됩니다. 즉 'a'는 'a'에 해당하는 아스키코드 값인 97로 변환됩니다.

- 알파벳 소문자의 아스키코드 값은 'a(97)' ~ 'z(122)'입니다.
- 알파벳 대문자의 아스키코드 값은 'A(65)' ~ 'Z(90)'입니다.

	[0]	[1]	[2]	…	[97]	[98]	[99]	[100]	…	[253]	[254]	[255]
seen	false	false	false	…	false	false	false	false	…	false	false	false

㊶ 논리값 `true`(참)를 seen[97]에 저장한다.

	[0]	[1]	[2]	…	[97]	[98]	[99]	[100]	…	[253]	[254]	[255]
seen	false	false	false	…	true	false	false	false	…	false	false	false

㊷ c의 값 'a'를 `result`의 앞쪽에 덧붙인다.

result	a

㊸ `result`를 반환하면서 제어를 `rf(str, 0, seen)`을 호출했던 ㊹번으로 제어를 옮긴다.

```
㉙   public static String rf(String str, int index, boolean[] seen) {      // index = 1, c = 'b'
㉚       if(index < 0) return "";
㉛       char c = str.charAt(index);
㉜㊹     String result = rf(str, index-1, seen);
 ㊺      if(!seen[c]) {
 ㊻          seen[c] = true;
 ㊼          return c + result;
         }
 ㊽      return result;
     }
```

㊹ ㊸번에서 반환받은 `result` 값으로 `result`를 초기화한다.

result	a

㊺ seen[c]의 값이 거짓(`false`)이면 ㊻, ㊼번 문장을 수행한다. c에는 현재 'b'가 저장되어 있으며 'b'에 해당하는 아스키코드 값이 98이므로, seen[98]의 값을 확인한다. 배열 `seen`의 모든 요소에는 초기값으로 `false`가 저장되어 있으므로, 조건을 만족하여 ㊻, ㊼번 문장을 수행한다.

㊻ 논리값 true(참)를 seen[98]에 저장한다.

	[0]	[1]	[2]	…	[97]	[98]	[99]	[100]	…	[253]	[254]	[255]
seen	false	false	false	…	true	true	false	false	…	false	false	false

㊼ c의 값 'b'를 result의 앞쪽에 덧붙인다.

result	ba

㊽ result를 반환하면서 rf(str, 1, seen)을 호출했던 ㊾번으로 제어를 옮긴다.

```
㉕     public static String rf(String str, int index, boolean[] seen) {      // index = 2, c = 'a'
㉖         if(index < 0) return "";
㉗         char c = str.charAt(index);
㉘㊾       String result = rf(str, index-1, seen);
㊿         if(!seen[c]) {
               seen[c] = true;
               return c + result;
           }
(51)       return result;
       }
```

㊾ ㊽번에서 반환받은 result 값으로 result를 초기화한다.

result	ba

㊿ seen[c]의 값이 거짓(false)이면 중괄호 안의 문장을 수행한다. c에는 현재 'a'가 저장되어 있으며 'a'에 해당하는 아스키코드 값이 97이므로, seen[97]의 값을 확인한다. seen[97]의 값이 참(true)이므로, 조건을 만족하지 않아 (51)번으로 제어를 옮긴다.

	[0]	[1]	[2]	…	[97]	[98]	[99]	[100]	…	[253]	[254]	[255]
seen	false	false	false	…	true	true	false	false	…	false	false	false

(51) result를 반환하면서 rf(str, 2, seen)을 호출했던 (52)번으로 제어를 옮긴다.

```
㉑     public static String rf(String str, int index, boolean[] seen) {      // index = 3, c = 'c'
㉒         if(index < 0) return "";
㉓         char c = str.charAt(index);
㉔(52)     String result = rf(str, index-1, seen);
(53)       if(!seen[c]) {
(54)           seen[c] = true;
(55)           return c + result;
           }
(56)       return result;
       }
```

(52) (51)번에서 반환받은 result 값으로 result를 초기화한다.

result	ba

(53) seen[c]의 값이 거짓(false)이면 (54), (55)번 문장을 수행한다. c에는 현재 'c'가 저장되어 있으며 'c'에 해당하는 아스키코드 값이 99이므로, seen[99]의 값을 확인한다. 배열 seen의 모든 요소에는 초기값으로 false가 저장되어 있으므로, 조건을 만족하여 (54), (55)번 문장을 수행한다.

(54) 논리값 true(참)를 seen[99]에 저장한다.

	[0]	[1]	[2]	…	[97]	[98]	[99]	[100]	…	[253]	[254]	[255]
seen	false	false	false	…	true	true	true	false	…	false	false	false

(55) c의 값 'c'를 result의 앞쪽에 덧붙인다.

result	cba

(56) result를 반환하면서 rf(str, 3, seen)을 호출했던 (57)번으로 제어를 옮긴다.

```
⑰    public static String rf(String str, int index, boolean[] seen) {      // index = 4, c = 'a'
⑱        if(index < 0) return "";
⑲        char c = str.charAt(index);
⑳(57)    String result = rf(str, index-1, seen);
(58)      if(!seen[c]) {
              seen[c] = true;
              return c + result;
          }
(59)      return result;
     }
```

(57) (56)번에서 반환받은 result 값으로 result를 초기화한다.

result	cba

(58) seen[c]의 값이 거짓(false)이면 중괄호 안의 문장을 수행한다. c에는 현재 'a'가 저장되어 있으며 'a'에 해당하는 아스키코드 값이 97이므로, seen[97]의 값을 확인한다. seen[97]의 값이 참(true)이므로, 조건을 만족하지 않아 제어를 (59)으로 옮긴다.

	[0]	[1]	[2]	…	[97]	[98]	[99]	[100]	…	[253]	[254]	[255]
seen	false	false	false	…	true	true	true	false	…	false	false	false

(59) result를 반환하면서 rf(str, 4, seen)을 호출했던 (60)번으로 제어를 옮긴다.

```
⑬    public static String rf(String str, int index, boolean[] seen) {      // index = 5, c = 'b'
⑭        if(index < 0) return "";
⑮        char c = str.charAt(index);
⑯(60)    String result = rf(str, index-1, seen);
(61)      if(!seen[c]) {
              seen[c] = true;
              return c + result;
          }
(62)      return result;
     }
```

(60) (59)번에서 반환받은 result 값으로 result를 초기화한다.

result	cba

(61) seen[c]의 값이 거짓(false)이면 중괄호 안의 문장을 수행한다. c에는 현재 'b'가 저장되어 있으며 'b'에 해당하는 아스키코드 값이 98이므로, seen[98]의 값을 확인한다. seen[98]의 값이 참(true)이므로, 조건을 만족하지 않아 (62)번으로 제어를 옮긴다.

	[0]	[1]	[2]	…	[97]	[98]	[99]	[100]	…	[253]	[254]	[255]
seen	false	false	false	…	true	true	true	false	…	false	false	false

(62) result를 반환하면서 rf(str, 5, seen)을 호출했던 (63)번으로 제어를 옮긴다.

```
⑨    public static String rf(String str, int index, boolean[] seen) {      // index = 6, c = 'c'
⑩        if(index < 0) return "";
⑪        char c = str.charAt(index);
⑫(63)    String result = rf(str, index-1, seen);
(64)      if(!seen[c]) {
              seen[c] = true;
              return c + result;
          }
(65)      return result;
     }
```

⑬ ⑫번에서 반환받은 result 값으로 result를 초기화한다.

result | cba

⑭ seen[c]의 값이 거짓(false)이면 중괄호 안의 문장을 수행한다. c에는 현재 'c'가 저장되어 있으며 'c'에 해당하는 아스키코드 값이 99이므로, seen[99]의 값을 확인한다. seen[99]의 값이 참(true)이므로, 조건을 만족하지 않아 ⑮번으로 제어를 옮긴다.

	[0]	[1]	[2]	···	[97]	[98]	[99]	[100]	···	[253]	[254]	[255]
seen	false	false	false	···	true	true	true	false	···	false	false	false

⑮ result를 반환하면서 rf(str, 6, seen)을 호출했던 ⑯번으로 제어를 옮긴다.

```
❺    public static String rf(String str, int index, boolean[] seen) {      // index = 7, c = 'd'
❻        if(index < 0) return "";
❼        char c = str.charAt(index);
❽⑯      String result = rf(str, index-1, seen);
  ⑰      if(!seen[c]) {
  ⑱          seen[c] = true;
  ⑲          return c + result;
         }
  ⑳      return result;
     }
```

⑯ ⑮번에서 반환받은 result 값으로 result를 초기화한다.

result | cba

⑰ seen[c]의 값이 거짓(false)이면 ⑱, ⑲번 문장을 수행한다. c에는 현재 'd'가 저장되어 있으며 'd'에 해당하는 아스키코드 값이 100이므로, seen[100]의 값을 확인한다. 배열 seen의 모든 요소에는 초기값으로 false가 저장되어 있으므로, 조건을 만족하여 ⑱, ⑲번 문장을 수행한다.

⑱ 논리값 true(참)를 seen[100]에 저장한다.

	[0]	[1]	[2]	···	[97]	[98]	[99]	[100]	···	[253]	[254]	[255]
seen	false	false	false	···	true	true	true	true	···	false	false	false

⑲ c의 값 'd'를 result의 앞쪽에 덧붙인다.

result | dcba

⑳ result를 반환하면서 rf(str, 7, seen)을 호출했던 ㉑번으로 제어를 옮긴다.

```
     public static void main(String[] args) {
❶        String str = "abacabcd";
❷        int len = str.length( );
❸        boolean[] seen = new boolean[256];
❹㉑      System.out.print(rf(str, len-1, seen));
     }
```

㉑ ⑳번에서 반환받은 result의 값을 출력한다.

결과 | dcba

[문제 46]

ab3 ca3

```
❺⓭  def cnt(str, p):
❻⓮    result = 0;
❼⓯    for i in range(len(str)):
❽⓰       sub = str[i:i+len(p)]
❾⓱       if sub == p:
❿⓲          result += 1
⓫⓳    return result
❶    str = "abdcabcabca"
❷    p1 = "ca"
❸    p2 = "ab"
❹⓬⓴  print(f'ab{cnt(str, p1)} ca{cnt(str, p2)}')
```

`cnt()` 메소드 정의부의 다음 줄인 8번째 줄부터 실행한다.

❶ 변수 `str`을 선언하고, "`abdcabcabca`"로 초기화한다.

❷ 변수 `p1`을 선언하고, "`ca`"로 초기화한다.

❸ 변수 `p2`를 선언하고, "`ab`"로 초기화한다.

❹ ab를 출력하고 `str`과 `p1`을 인수로 `cnt()` 메소드를 호출한다. ❺번으로 이동한다.

※ **f-string 포맷** : f'문자열{표현식}'의 형식으로, 예약어 f 뒤의 작은따옴표 안의 문자열은 그대로 출력하고 중괄호 안의 표현식은 그 결과 값을 출력한다.

결과 ab

❺ `cnt()` 메소드의 시작점이다. ❹번에 전달한 `str`과 `p1`을 `str`과 `p`가 받는다.

❻ 변수 `result`를 선언하고, 0으로 초기화한다.

❼ `i`에 0부터 `str` 변수의 길이인 11보다 1작은 10까지의 숫자를 순서대로 저장하며, ❽~❿번을 반복 수행한다.

※ `len()`은 문자열이나 배열의 길이를 반환한다.

❽ 변수 `sub`를 선언하고, `str`의 `i` 번째부터 `i`에 'p의 길이인 2를 더한 것' − 1 만큼, 즉 `i` 번째부터 2개의 문자를 추출해 저장한다.

※ 객체명[초기위치:최종위치] : 객체의 '초기위치'에서 '최종위치'−1까지의 요소를 반환함

❾ `sub`와 `p`가 같으면 ❿번을 수행하고, 아니면 반복문의 시작인 ❼번으로 이동한다.

❿ '`result = result + 1;`'과 동일하다. `result`의 값을 1씩 누적시킨다.

반복문 실행에 따른 변수들의 변화는 다음과 같다.

cnt( ) 메소드					
str	p	i	sub	result	반환값
		0	ab		3
		1	bd		
		2	dc		
		3	ca	1	
0 1 2 3 4 5 6 7 8 9 10		4	ab		
a b d c a b c a b c a	ca	5	bc		
		6	ca	2	
		7	ab		
		8	bc		
		9	ca	3	
		10	a		

⓫ `result` 값 3을 `cnt( )`를 호출했던 ⓬번으로 반환한다.

⓬ ⓫번으로부터 반환받은 값 3을 출력하고 한 칸을 띄운 후 ca를 출력한다. 이어서 `str`과 `p2`를 인수로 `cnt( )` 메소드를 호출한다. ⓭번으로 이동한다.

결과 ab3 ca

⓭ `cnt( )` 메소드의 시작점이다. ⓬번에 전달한 `str`과 `p2`를 `str`과 `p`가 받는다.

⓮ 변수 `result`를 선언하고, 0으로 초기화한다.

⓯ `i`에 0부터 `str` 변수의 길이인 11보다 1 작은 10까지의 숫자를 순서대로 저장하며, ⓰~⓲번을 반복 수행한다.

⓰ 변수 `sub`를 선언하고, `str`의 `i` 번째부터 2개의 문자를 추출해 저장한다.

⓱ `sub`와 `p`가 같으면 ⓲번을 수행하고, 아니면 반복문의 시작인 ⓯번으로 이동한다.

⓲ '`result = result + 1;`'과 동일하다. `result`의 값을 1씩 누적시킨다.

반복문 실행에 따른 변수들의 변화는 다음과 같다.

cnt( ) 메소드					
str	p	i	sub	result	반환값
0 1 2 3 4 5 6 7 8 9 10 a b d c a b c a b c a	ab	0	ab	1	3
		1	bd		
		2	dc		
		3	ca		
		4	ab	2	
		5	bc		
		6	ca		
		7	ab	3	
		8	bc		
		9	ca		
		10	a		

⓳ `result` 값 3을 `cnt( )`를 호출했던 ⓴번으로 반환한다.

⓴ ⓳번으로부터 반환받은 값 3을 출력한다.

결과 ab3 ca3

[문제 47]

B0

```
class Printer {                          // Printer 클래스를 정의한다.
Ⓐ     void print(Integer a) {
         System.out.print("A" + a);
      }
Ⓑ❽   void print(Object a) {
 ❾      System.out.print("B" + a);
      }
Ⓒ     void print(Number a) {
         System.out.print("C" + a);
      }
}

public class Main {
      public static void main(String[] args) {
❶        new Collection<>(0).print( );
      } ⓫
❷     public static class Collection<T> {
❸        T value;
❹        public Collection(T t) {
❺           value = t;
         }
❻        public void print( ) {
❼           new Printer( ).print(value);
         } ❿
      }
}
```

Ⓐ 반환값이 없는 메소드 print(Integer a)를 정의한다. 인수가 Integer 형일 때 호출되며, 전달된 인수 앞에 "A"를 붙여 출력하는 코드가 포함되어 있다.

Ⓑ 반환값이 없는 메소드 print(Object a)를 정의한다. 인수가 Object 형일 때 호출되며, 전달된 인수 앞에 "B"를 붙여 출력하는 코드가 포함되어 있다.

Ⓒ 반환값이 없는 메소드 print(Number a)를 정의한다. 인수가 Number 형일 때 호출되며, 전달된 인수 앞에 "C"를 붙여 출력하는 코드가 포함되어 있다.

※ Ⓐ, Ⓑ, Ⓒ가 메소드 이름은 같지만 '인수를 받는 자료형'이 다르므로 서로 다른 메소드입니다. 즉 print(Integer a)와 print(Object a), print(Number a)는 다른 메소드라는 것입니다. 이렇게 이름은 같지만 인수를 받는 자료형을 달리하여 여러 기능을 정의하는 것을 오버로딩(Overloading)이라고 합니다.

모든 Java 프로그램은 반드시 main( ) 메소드에서 시작한다.

❶ 제너릭 클래스인 Collection 클래스를 사용하여 print( ) 메소드를 호출한다. 먼저 0을 인수로 Collection 클래스를 호출하여 생성자를 실행한 후 Collection 클래스의 print( ) 메소드를 호출한다. ❷번으로 이동한다.

※ **제너릭(Generic)** : 메소드에서 사용할 자료형을 메소드를 선언할 때가 아니라 생성하거나 호출할 때 정하는 기법

❷ 제너릭 클래스의 시작점이다. ❶번에서 전달한 0이 정수이므로, 제너릭 클래스의 제너릭 자료형 T는 Integer로 결정된다. 하지만 이는 컴파일 과정에서만 유효한 것으로 컴파일 후 실행 과정에서 T는 Object로 취급된다.

❸ 'Object value'와 동일하다. Object형 변수 value를 선언한다.

❹ 제너릭 Collection 클래스의 생성자이다. 자료형 T는 Object이며, ❶번에서 전달한 0을 t가 받는다.

public Collection(T t)

- T : 자료형으로, 호출될 때의 자료형으로 자동 지정됨
- i : 인수

❺ value에 t의 값 0을 저장한다.

❻ 제너릭 Collection 클래스의 print( ) 메소드의 시작점이다.

❼ Printer 객체를 생성하고, value를 인수로 print( ) 메소드를 호출한다. value의 자료형이 Object이므로 Printer 클래스의 print(Object a) 메소드를 호출한다. ❽번으로 이동한다.

❽ 반환값이 없는 print(Object a) 메소드의 시작점이다. ❼번에서 전달한 value를 a가 받는다.
❾ a의 값 0 앞에 문자 'B'를 덧붙여 출력한다. 메소드가 종료되면, 호출했던 ❿번으로 이동한다.

결과 `B0`

❿ 메소드가 종료되면, 호출했던 ⓫번으로 이동한 후 프로그램을 종료한다.

[문제 48]

OOAAA

```
public class Main{
Ⓐ   static String[] x = new String[3];
❺   static void func(String[] x, int y) {
❻       for(int i = 1; i < y; i++) {
❼           if(x[i-1].equals(x[i])) {
❽               System.out.print("O");
            }
            else {
❾               System.out.print("N");
            }
        }
❿       for (String z : x) {
⓫           System.out.print(z);
        }
    }

    public static void main(String[] args) {
❶       x[0] = "A";
❷       x[1] = "A";
❸       x[2] = new String("A");
❹       func(x, 3);
    }
}
```

Ⓐ 3개의 요소를 갖는 문자형 배열 x를 Main 클래스 어디에서든 접근할 수 있는 전역 변수로 선언한다.

모든 Java 프로그램은 반드시 main( ) 메소드에서 시작한다.

❶ x[0]에 "A"를 저장한다. 이후 그림에서 지정한 주소는 임의로 정한 것이며, 이해를 돕기 위해 10진수로 표현했다.)

메모리

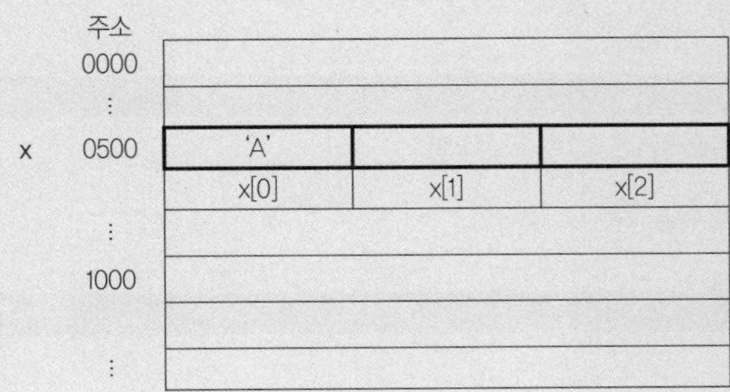

❷ x[1]에 "A"를 저장한다.

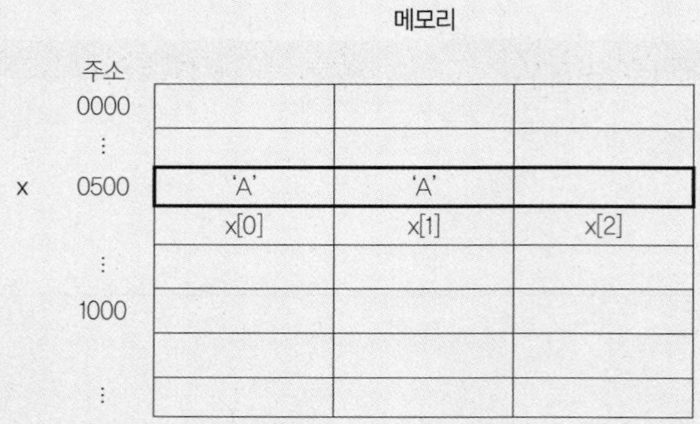

메모리

	주소			
	0000			
	⋮			
x	0500	'A'	'A'	
		x[0]	x[1]	x[2]
	⋮			
	1000			
	⋮			

❸ new 키워드로 인해 새로운 메모리 영역을 확보하여 "A"를 저장한다.

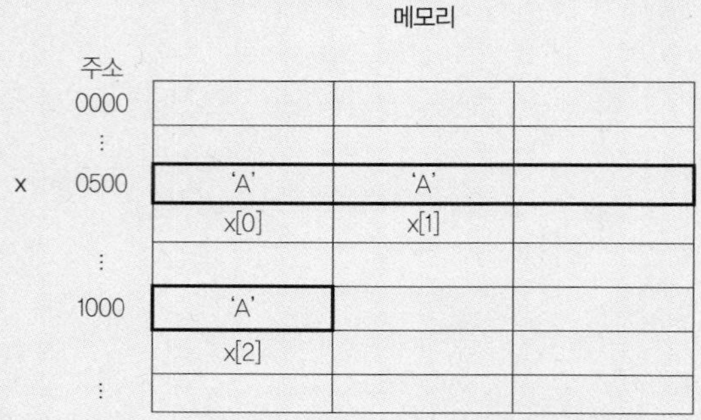

메모리

	주소			
	0000			
	⋮			
x	0500	'A'	'A'	
		x[0]	x[1]	
	⋮			
	1000	'A'		
		x[2]		
	⋮			

❹ 배열 x의 주소와 3을 인수로 func( ) 메소드를 호출한다. ❺번으로 이동한다.
※ 인수로 배열의 이름을 지정하면 배열의 시작 주소가 인수로 전달됩니다.

❺ 반환값이 없는 func( ) 메소드의 시작점이다. ❹번에서 전달한 배열의 주소와 3을 x와 y가 받는다.

❻ 반복 변수 i가 1에서 시작하여 1씩 증가하면서, i가 y보다 작은 동안 ❼~❾번을 반복 수행한다.

❼ x[i-1]과 x[i]가 같으면 ❽번을 수행하고, 아니면 ❾번을 수행한다.
※ A.equals(B) : A 문자열과 B 문자열을 비교하여 두 데이터가 같으면 참을, 아니면 거짓을 반환함

❽ 영문자 O를 출력한다.

❾ 영문자 N을 출력한다.
※ 반복문의 실행에 따른 변수들의 변화는 다음과 같다.

y	i	x[i-1]	x[i]	equals( )	출력
3	1	'A'	'A'	True	O
	2	'A'	'A'	True	OO
	3				

결과 OO

❿ x 배열의 요소 수만큼 ⓫번을 반복 수행한 후 func( ) 메소드를 호출했던 ❹번의 다음 줄로 이동하여 프로그램을 종료한다.
- String z : 문자열 x의 각 요소가 할당될 변수
- x : 문자열 변수로, 문자열 변수가 배열이며, 3개의 요소를 가지므로 각 요소를 z에 할당하면서 ⓫번을 3회 수행함

⓫ z의 값을 3번 출력한다. 즉 x 배열의 요소가 순서대로 출력된다.

결과 OOAAA

[문제 49]

3

이 문제는 객체 변수 _inst가 사용하는 메모리 공간을 객체 변수 conn1, conn2, conn3이 공유함으로써 메모리 낭비를 방지하는 싱글톤(Singleton) 개념을 Java로 구현한 문제입니다.

```
class Connection {                          클래스 Connection을 정의한다.
Ⓐ    private static Connection _inst = null;
Ⓑ    private int count = 0;
❷❿⓱      public static Connection get( ) {
❸⓫⓲          if(_inst == null) {
❹                 _inst = new Connection( );
❺                 return _inst;
              }
⓬⓳          return _inst;
          }
❽⓯㉒      public void count( ) { count++; }
㉔        public int getCount( ) { return count; }
}

public class Test {
     public static void main(String[ ] args) {
❶❻        Connection conn1 = Connection.get( );
❼         conn1.count( );
❾⓭        Connection conn2 = Connection.get( );
⓮         conn2.count( );
⓰⓴        Connection conn3 = Connection.get( );
㉑         conn3.count( );
㉓㉕        System.out.print(conn1.getCount( ));
     }
}
```

Ⓐ Connection 클래스의 객체 변수 _inst를 선언하고 null로 초기화한다.

※ 객체 변수를 생성한다는 것은 Connection _inst = new Connection( );과 같이 객체 생성 예약어인 new를 통해 heap 영역에 공간을 확보하여 Connection 클래스의 내용을 저장한 후 그 주소를 객체 변수에 저장하는 것인데, Ⓐ에서는 객체 생성 예약어인 new가 생략되었으므로 생성이 아닌 선언만 합니다. 객체 변수를 선언만 하게 되면 heap이 아닌 stack 영역에 내용 없이 저장되어 사용이 불가능합니다. 이후 ❹번과 같이 객체 생성 예약어인 new가 사용되어야만 heap 영역에 내용이 저장되고 그 주소도 객체 변수에 전달되면서 사용 가능한 객체 변수가 됩니다.

Ⓑ 정수형 변수 count를 선언하고, 0으로 초기화한다.

stack 영역	
변수	값
_inst	null
count	0

heap 영역	
주소	내용

모든 Java 프로그램은 반드시 main( ) 메소드에서 시작한다.

❶ Connection 클래스의 객체 변수 conn1을 선언하고, get( ) 메소드를 호출한 결과를 저장한다.

※ Ⓐ에서와 같이 객체 변수를 선언만 하였으므로 객체 변수 conn1은 stack 영역에 생성됩니다.

stack 영역	
변수	값
_inst	null
count	0
conn1	

heap 영역	
주소	내용

❷ Connection 형을 반환하는 get( ) 메소드의 시작점이다.

❸ _inst가 null이면 ❹, ❺번을 수행하고, 아니면 ⓬번으로 이동한다. _inst가 null이므로 ❹번으로 이동한다.

❹ Connection 클래스의 내용을 heap 영역에 저장하고 그 주소를 _inst에 저장한다.

※ Ⓐ에서 객체 변수 _inst는 이미 선언되었으므로, Connection _inst = new Connection( );과 같이 작성하지 않고 앞쪽의 클래스명을 생략하여 _inst = new Connection( );과 같이 작성합니다. 생성 예약어인 new를 통해 heap 영역에 공간을 확보하고 Connection 클래스의 내용을 저장한 후 그 주소를 객체 변수 _inst에 저장합니다. 이제 객체 변수 _inst는 Connection( ) 클래스의 내용이 저장된 heap 영역을 가리키게 됩니다.

stack 영역	
변수	값
_inst	100
count	0
conn1	

heap 영역	
주소	내용
0	
100	private static Connection _inst private int count = 0 static public Connection get() { ··· } public void count() { ··· } public int getCount() { ··· }
200	
300	

❺ _inst에 저장된 값을 메소드를 호출했던 ❻번으로 반환한다.

❻ ❺번에서 돌려받은 _inst의 값을 conn1에 저장한다. _inst에는 Connection( ) 클래스의 내용이 저장된 heap 영역의 주소가 저장되어 있으며, conn1에도 동일한 주소가 저장되므로 이후 _inst와 conn1은 같은 heap 영역의 주소를 가리키게 된다.

stack 영역	
변수	값
_inst	100
count	0
conn1	100

heap 영역	
주소	내용
0	
100	private static Connection _inst private int count = 0 static public Connection get() { ··· } public void count() { ··· } public int getCount() { ··· }
200	
300	

❼ conn1의 count( ) 메소드를 호출한다. conn1은 Connection( ) 클래스의 객체 변수이므로 Connection 클래스의 count( ) 메소드를 호출한다는 의미이다.

❽ 반환값이 없는 count( ) 메소드의 시작점이다. count의 값에 1을 더한 후 count( ) 메소드를 호출했던 ❼번으로 돌아가 다음 문장인 ❾번을 수행한다.

stack 영역	
변수	값
_inst	100
count	1
conn1	100

heap 영역	
주소	내용
0	
100	private static Connection _inst private int count = 0 static public Connection get() { ··· } public void count() { ··· } public int getCount() { ··· }
200	
300	

❾ Connection 클래스의 객체 변수 conn2를 선언하고, get( ) 메소드를 호출한 결과를 저장한다.

stack 영역	
변수	값
_inst	100
count	1
conn1	100
conn2	

heap 영역	
주소	내용
0	
100	private static Connection _inst private int count = 0 static public Connection get() { ··· } public void count() { ··· } public int getCount() { ··· }
200	
300	

❿ Connection 형을 반환하는 get( ) 메소드의 시작점이다.

⓫ _inst가 null이면 ❹, ❺번을 수행하고, 아니면 ⓬번으로 이동한다. _inst에는 ❹번에서 저장한 heap 영역의 주소가 저장되어 있어 null이 아니므로 ⓬번으로 이동한다.

⓬ _inst에 저장된 값을 메소드를 호출했던 ⓭번으로 반환한다.

⓭ ⓬번에서 돌려받은 _inst의 값을 conn2에 저장한다.

stack 영역	
변수	값
_inst	100
count	1
conn1	100
conn2	100

heap 영역	
주소	내용
0	
100	private static Connection _inst private int count = 0 static public Connection get() { ··· } public void count() { ··· } public int getCount() { ··· }
200	
300	

⓮ conn2의 count( ) 메소드를 호출한다.

⓯ 반환값이 없는 count( ) 메소드의 시작점이다. count의 값에 1을 더한 후 count( ) 메소드를 호출했던 ⓮번으로 돌아가 다음 문장인 ⓰번을 수행한다.

stack 영역	
변수	값
_inst	100
count	2
conn1	100
conn2	100

heap 영역	
주소	내용
0	
100	private static Connection _inst private int count = 0 static public Connection get() { ··· } public void count() { ··· } public int getCount() { ··· }
200	
300	

⓰ Connection 클래스의 객체 변수 conn3을 선언하고, get( ) 메소드를 호출한 결과를 저장한다.

stack 영역	
변수	값
_inst	100
count	2
conn1	100
conn2	100
conn3	

heap 영역	
주소	내용
0	
100	private static Connection _inst private int count = 0 static public Connection get() { ··· } public void count() { ··· } public int getCount() { ··· }
200	
300	

⑰ Connection 형을 반환하는 get() 메소드의 시작점이다.
⑱ _inst가 null이면 ④, ⑤번을 수행하고, 아니면 ⑲번으로 이동한다. _inst가 null이 아니므로 ⑲번으로 이동한다.
⑲ _inst에 저장된 값을 메소드를 호출했던 ⑳번으로 반환한다.
⑳ ⑲번에서 돌려받은 _inst의 값을 conn3에 저장한다.

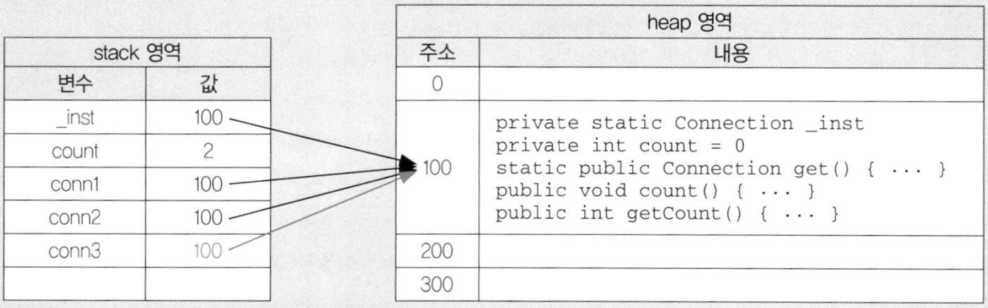

stack 영역	
변수	값
_inst	100
count	2
conn1	100
conn2	100
conn3	100

heap 영역	
주소	내용
0	
100	private static Connection _inst private int count = 0 static public Connection get() { ... } public void count() { ... } public int getCount() { ... }
200	
300	

㉑ conn3 객체 변수의 count() 메소드를 호출한다.
㉒ 반환값이 없는 count() 메소드의 시작점이다. count의 값에 1을 더한 후 count() 메소드를 호출했던 ㉑번으로 돌아가 다음 문장인 ㉓번을 수행한다.

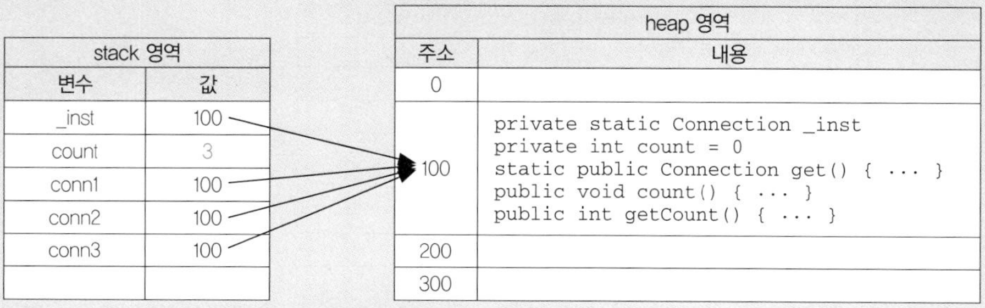

stack 영역	
변수	값
_inst	100
count	3
conn1	100
conn2	100
conn3	100

heap 영역	
주소	내용
0	
100	private static Connection _inst private int count = 0 static public Connection get() { ... } public void count() { ... } public int getCount() { ... }
200	
300	

㉓ conn1의 getCount() 메소드를 호출하고 돌려받은 값을 출력한다.
㉔ 정수를 반환하는 getCount() 메소드의 시작점이다. count의 값 3을 메소드를 호출했던 ㉕번으로 반환한다.
※ 객체 변수 _inst, conn1, conn2, conn3은 모두 같은 heap 영역의 주소를 가리키고 있으므로 해당 heap 영역에 저장된 내용을 공유하게 됩니다.
㉕ 화면에 3을 출력한다.

결과 3

[문제 50]

1	1	3	2
3	4	5	3
3	5	6	4
3	5	5	3

```
#include <stdio.h>
main() {
❶    int field[4][4] = { {0,1,0,1}, {0,0,0,1}, {1,1,1,0}, {0,1,1,1} };
❷    int mines[4][4] = { {0,0,0,0}, {0,0,0,0}, {0,0,0,0}, {0,0,0,0} };
❸    int w = 4, h = 4;
❹    for (int y = 0; y < h; y++) {
❺        for (int x = 0; x < w; x++) {
❻            if (field[y][x] == 0) continue;
❼            for (int j = y - 1; j <= y + 1; j++) {
❽                for (int i = x - 1; i <= x + 1; i++) {
❾⓭                    if (chkover(w, h, j, i) == 1)
⓮                        mines[j][i] += 1;
                 }
             }
         }
     }
}

❿ int chkover(int w, int h, int j, int i) {
⓫     if (i >= 0 && i < w && j >= 0 && j < h) return 1;
⓬     return 0;
   }
```

[알고리즘의 이해]

문제의 코드는 배열 field의 요소가 0이 아닌, 즉 1인 경우, 배열 mines에서 해당 위치를 중심으로 3행 3열의 범위에 1을 더하는 프로그램입니다.

- w와 h는 배열의 행과 열의 길이가 저장된 변수입니다.
- y와 x는 배열 field의 행과 열 위치를 지정해 주는 변수입니다.
- j와 i는 배열 mines에서 1을 더할 범위의 행과 열 위치를 지정해 주는 변수입니다.
- chkover( ) 함수는 j와 i가 배열의 크기를 벗어나는지 검사하는 함수입니다. 벗어났다고 판단되면 0을 반환하여 해당 위치에는 1을 더하지 않도록 합니다.

반복문 수행에 따라 배열 mines에 저장되는 값은 다음과 같습니다.

- 배열 field에서 1의 위치

배열 〈field〉

0	1	0	1
0	0	0	1
1	1	1	0
0	1	1	1

• 배열 field의 요소가 1인 위치에 대한 배열 mines의 값 변화

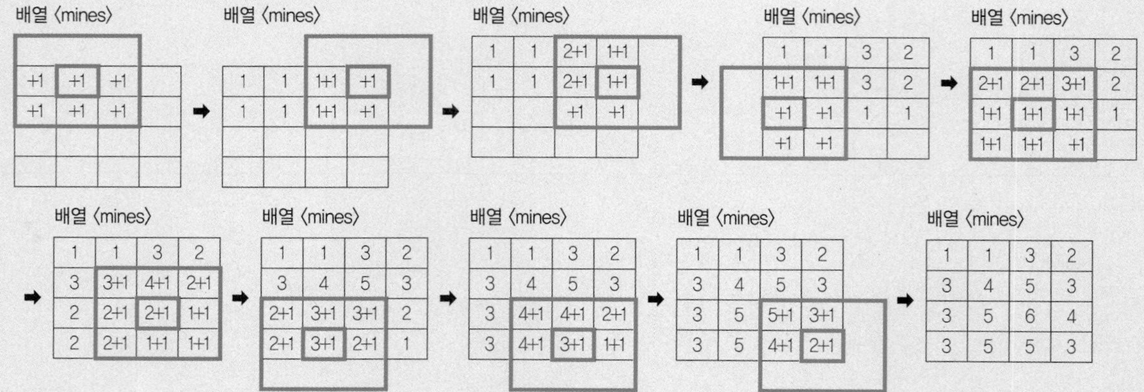

모든 C 프로그램은 반드시 main( ) 함수에서 시작한다.

❶ 4행 4열의 2차원 배열 field를 선언하고 초기화한다.

배열 〈field〉

0	1	0	1
0	0	0	1
1	1	1	0
0	1	1	1

❷ 4행 4열의 2차원 배열 mines를 선언하고 초기화한다.

배열 〈mines〉

0	0	0	0
0	0	0	0
0	0	0	0
0	0	0	0

❸ 정수형 변수 w와 h를 선언하고, 각각 4로 초기화한다.

❹ 반복 변수 y가 0부터 1씩 증가하면서 h의 값 4보다 작은 동안 ❺~⓮번을 반복 수행한다.

❺ 반복 변수 x가 0부터 1씩 증가하면서 w의 값 4보다 작은 동안 ❻~⓮번을 반복 수행한다.

❻ filed[y][x]의 값이 0이면 ❼번 이후의 코드를 실행하지 않고 반복문의 처음인 ❺번으로 이동하고, 0이 아니면 ❼번으로 이동한다.

❼ 반복 변수 j가 y-1부터 1씩 증가하면서 y+1보다 작거나 같은 동안 ❽~⓮번을 반복 수행한다.

❽ 반복 변수 i가 x-1부터 1씩 증가하면서 x+1보다 작거나 같은 동안 ❾~⓮번을 반복 수행한다.

❾ w, h, j, i의 값을 인수로 chkover( ) 함수를 호출한 결과가 1이면 ⓮번으로 이동하고, 아니면 반복문의 시작인 ❽번으로 이동한다.

❿ 정수를 반환하는 chkover( ) 함수의 시작점이다. ❾번에서 전달받은 값을 w, h, j, i가 받는다.

⓫ i와 j가 0보다 크거나 같고, w와 h의 값인 4보다 작으면 함수를 호출했던 ⓭번으로 1을 반환하며 함수를 종료하고, 아니면 ⓬번으로 이동한다.

⓬ 함수를 호출했던 ⓭번으로 0을 반환하고 함수를 종료한다.

⓭ ⓫번에서 1을 반환받았으면 ⓮번으로, ⓬번에서 0을 반환받았으면 ❽번으로 이동한다.

⓮ 'mines[j][i] = mines[j][i] + 1'과 동일하다. mines[j][i]에 1을 누적시킨다.

11 장

응용 SW 기초 기술 활용

SECTION 128

운영체제의 개념

운영체제에 대한 기본적인 내용들입니다. 기초를 튼튼히 한다는 마음가짐으로 공부하세요.

자원
자원은 시스템에서 사용할 수 있는 CPU, 주기억장치, 보조기억장치, 프린터, 파일 및 정보 등을 의미합니다.

필기 20.8

1 운영체제(OS; Operating System)

- 운영체제는 **컴퓨터 시스템의 자원***들을 **효율적으로 관리**하며, 사용자가 컴퓨터를 **편리하고 효과적으로 사용할 수 있도록 환경을 제공하는 여러 프로그램의 모임**이다.
- 컴퓨터 사용자와 컴퓨터 하드웨어 간의 인터페이스로 동작하는 시스템 소프트웨어의 일종이다.
- 다른 응용 프로그램이 유용한 작업을 할 수 있도록 환경을 제공해준다.
- 운영체제는 프로세스, 기억장치, 주변장치, 파일 등을 관리하는 기능을 수행한다.
- 운영체제의 종류 : Windows, UNIX, LINUX, MacOS, MS-DOS 등

2 운영체제의 목적

운영체제의 목적에는 처리 능력 향상, 사용 가능도 향상, 신뢰도 향상, 반환 시간 단축 등이 있다.

처리 능력(Throughput)	일정 시간 내에 시스템이 처리하는 일의 양
반환 시간 (Turn Around Time)	시스템에 작업을 의뢰한 시간부터 처리가 완료될 때까지 걸린 시간
사용 가능도(Availability)	시스템을 사용할 필요가 있을 때 즉시 사용 가능한 정도
신뢰도(Reliability)	시스템이 주어진 문제를 정확하게 해결하는 정도

필기 20.8

3 운영체제의 기능

- 프로세서(처리기, Processor), 기억장치(주기억장치, 보조기억장치), 입 · 출력장치, 파일 및 정보 등의 자원을 관리한다.
- 자원을 효율적으로 관리하기 위해 자원의 스케줄링 기능을 제공한다.
- 사용자와 시스템 간의 편리한 인터페이스를 제공한다.
- 시스템의 각종 하드웨어와 네트워크를 관리 · 제어한다.
- 데이터를 관리하고, 데이터 및 자원의 공유 기능을 제공한다.

※ 정답 및 해설은 469쪽에 있습니다.

기출 따라잡기 Section 128

필기 20년 8월

문제 1 다음이 설명하는 용어가 무엇인지 쓰시오.

- 컴퓨터 시스템의 자원들을 효율적으로 관리하며, 사용자가 컴퓨터를 편리하고 효과적으로 사용할 수 있도록 환경을 제공하는 여러 프로그램의 모임이다.
- 다중 사용자와 다중 응용 프로그램 환경 하에서 자원의 현재 상태를 파악하고, 자원 분배를 위한 스케줄링을 담당한다.
- CPU, 메모리 공간, 기억장치, 입 · 출력장치 등의 자원을 관리한다.
- 입 · 출력장치와 사용자 프로그램을 제어한다.

답 :

출제예상

문제 2 운영체제(OS)는 컴퓨터 시스템의 자원들을 효율적으로 관리하며, 사용자가 컴퓨터를 편리하고 효과적으로 사용할 수 있도록 환경을 제공하는 여러 프로그램의 모임이다. 운영체제의 목적 4가지를 쓰시오.

답 :

SECTION 129

운영체제의 종류

어떤 운영체제를 말하는지 알아낼 수 있도록 각 운영체제의 특징을 잘 정리하세요.

1 Windows

- Windows는 1990년대 **마이크로소프트(Microsoft) 사가 개발한 운영체제**이다.
- Windows의 주요 특징

특징	설명
그래픽 사용자 인터페이스(GUI; Graphic User Interface)	키보드로 명령어를 직접 입력하지 않고, 마우스로 아이콘이나 메뉴를 선택하여 모든 작업을 수행하는 방식
선점형 멀티태스킹(Preemptive Multi-Tasking)	동시에 여러 개의 프로그램을 실행하는 멀티태스킹을 하면서 운영체제가 각 작업의 CPU 이용 시간을 제어하여 응용 프로그램 실행중 문제가 발생하면 해당 프로그램을 강제 종료시키고 모든 시스템 자원을 반환하는 방식
PnP(Plug and Play, 자동 감지 기능)	컴퓨터 시스템에 프린터나 사운드 카드 등의 하드웨어를 설치했을 때, 해당 하드웨어를 사용하는 데 필요한 시스템 환경을 운영체제가 자동으로 구성해 주는 기능
OLE(Object Linking and Embedding)	다른 여러 응용 프로그램에서 작성된 문자나 그림 등의 개체(Object)를 현재 작성 중인 문서에 자유롭게 연결(Linking)하거나 삽입(Embedding)하여 편집할 수 있게 하는 기능
255자의 긴 파일명	\ / * ? " 〈 〉 |를 제외한 모든 문자 및 공백을 사용하여 최대 255자까지 파일 이름을 지정할 수 있음
Single-User 시스템*	컴퓨터 한 대를 한 사람만이 독점해서 사용함

Single-User/Multi-User 시스템
Windows 10과 같은 개인용은 하나의 컴퓨터를 한 사람이 사용하는 Single-User 시스템이고, UNIX, LINUX, Windows NT와 같은 서버용은 하나의 컴퓨터를 동시에 여러 사람이 사용하는 Multi-User 시스템입니다.

2 UNIX

20.11

- UNIX는 1960년대 **AT&T 벨(Bell) 연구소, MIT, General Electric이 공동 개발한 운영체제**이다.
- 시분할 시스템(Time Sharing System)을 위해 설계된 대화식 운영체제이다.
- 소스가 공개된 개방형 시스템(Open System)이다.
- 대부분 C 언어로 작성되어 있어 이식성이 높으며 장치, 프로세스 간의 호환성이 높다.

- 다중 사용자(Multi-User), 다중 작업(Multi-Tasking)을 지원한다.
- 트리(Tree) 구조의 파일 시스템을 갖는다.

3 UNIX 시스템의 구성

필기 20.9, 20.6

구성 요소	설명
필기 20.9 커널(Kernel)	• 하드웨어를 보호하고, 프로그램과 하드웨어 간의 인터페이스 역할을 담당함 • UNIX의 가장 핵심적인 부분임 • 프로세스(CPU 스케줄링) 관리, 기억장치 관리, 파일 관리, 입·출력 관리, 프로세스간 통신, 데이터 전송 및 변환 등 여러 가지 기능을 수행함
필기 20.6 쉘(Shell)	• 사용자의 명령어를 인식하여 프로그램을 호출하고 명령을 수행하는 명령어 해석기임 • 시스템과 사용자 간의 인터페이스를 담당함 • 종류 : Bourne Shell, C Shell, Korn Shell
유틸리티 프로그램 (Utility Program)	• 일반 사용자가 작성한 응용 프로그램을 처리하는 데 사용함 • DOS에서의 외부 명령어에 해당됨 • 종류 : 에디터, 컴파일러, 인터프리터, 디버거 등

4 LINUX

- LINUX는 1991년 **리누스 토발즈(Linus Torvalds)가 UNIX를 기반으로 개발한 운영체제**이다.
- 프로그램 소스 코드가 무료로 공개되어 있기 때문에 프로그래머가 원하는 기능을 추가할 수 있다.
- 다양한 플랫폼에 설치하여 사용이 가능하며, 재배포가 가능하다.
- UNIX와 완벽하게 호환된다.
- 대부분의 특징이 UNIX와 동일하다.

5 MacOS

- MacOS는 1980년대 **애플(Apple) 사가 UNIX를 기반으로 개발한 운영체제**이다.
- 아이맥(iMac)과 맥북(MacBook) 등 애플 사에서 생산하는 제품에서만 사용이 가능하다.
- 드라이버 설치 및 install과 uninstall의 과정이 단순하다.

6 Android

20.7

- Android는 **구글(Google) 사에서 개발한** 리눅스 커널 기반의 개방형 **모바일 운영체제**이다.
- 모든 코드가 공개된 개방형 소프트웨어이다.
- 자바와 코틀린으로 애플리케이션을 작성한다.
- 스마트폰 등의 휴대용 장치에서 주로 사용된다.

7 iOS

- iOS는 **애플(Apple) 사에서 개발한** 유닉스 기반의 **모바일 운영체제**이다.
- 아이폰, 아이팟 터치, 아이패드 등에 내장된다.
- 애플사 고유의 모바일 운영체제로 타사 제품은 iOs를 탑재할 수 없다.

※ 정답 및 해설은 469쪽에 있습니다.

기출 따라잡기 Section 129

20년 7월

문제 1 리눅스의 커널 위에서 동작하며, 자바와 코틀린으로 애플리케이션을 작성하는 등 휴대용 장치에서 주로 사용되는 운영체제를 쓰시오.

답 :

20년 11월

문제 2 다음 설명과 가장 부합하는 운영체제(OS)의 종류를 쓰시오.

- 1960년대 AT&T 벨(Bell) 연구소가 MIT, General Electric 사와 함께 공동 개발한 운영체제이다.
- 시분할 시스템(Time Sharing System)을 위해 설계된 대화식 운영체제이다.
- 대부분 C 언어로 작성되어 있어 이식성이 높으며 장치, 프로세스 간의 호환성이 높다.
- 트리 구조의 파일 시스템을 갖는다.

답 :

필기 20년 9월

문제 3 다음이 설명하는 UNIX 시스템의 구성 요소를 쓰시오.

- UNIX의 가장 핵심적인 부분으로, 컴퓨터가 부팅될 때 주기억장치에 적재된 후 상주하면서 실행된다.
- 프로세스(CPU 스케줄링) 관리, 기억장치 관리, 파일 관리, 입·출력 관리, 프로세스간 통신, 데이터 전송 및 변환 등 여러 가지 기능을 수행한다.

답 :

필기 20년 6월

문제 4 다음의 괄호에 공통적으로 들어갈 UNIX 시스템의 구성 요소를 쓰시오.

- (   )은 사용자의 명령어를 인식하여 프로그램을 호출하고 명령을 수행하는 명령어 해석기이다.
- 시스템과 사용자 간의 인터페이스를 담당한다.
- (   )의 종류에는 Bourne (   ), C (   ), Korn (   ) 등이 있다.

답 :

출제예상

문제 5 1990년대 마이크로소프트 사가 개발하였으며, GUI, 선점형 멀티태스킹, OLE, PnP 등의 특징을 갖고 있는 운영체제를 쓰시오.

답 :

출제예상

문제 6 키보드로 명령어를 직접 입력하지 않고, 마우스로 아이콘이나 메뉴를 선택하여 모든 작업을 수행하는 방식을 의미하는 Windows의 특징을 쓰시오.

답 :

출제예상

문제 7 다음이 설명하는 Windows의 특징을 쓰시오.

- 컴퓨터 시스템에 프린터나 사운드 카드 등의 하드웨어를 설치했을 때, 해당 하드웨어를 사용하는 데 필요한 시스템 환경을 운영체제가 자동으로 구성해 주는 기능이다.
- 운영체제가 하드웨어의 규격을 자동으로 인식하여 동작하게 해주므로 PC 주변장치를 연결할 때 사용자가 직접 환경을 설정하지 않아도 된다.
- 이 기능을 활용하기 위해서는 하드웨어와 소프트웨어 모두 이 기능을 지원하여야 한다.

답 :

출제예상

문제 8 다음이 설명하는 운영체제(OS)를 쓰시오.

- 1991년 Linus Torvalds가 UNIX를 기반으로 개발한 운영체제이다.
- 프로그램 소스 코드가 무료로 공개되어 있기 때문에 프로그래머가 원하는 기능을 추가할 수 있고, 다양한 플랫폼에 설치하여 사용이 가능하며, 재배포가 가능하다.

답 :

출제예상

문제 9 1980년대 애플(Apple) 사가 UNIX를 기반으로 개발하였으며, 아이맥과 맥북 등 애플 사에서 생산하는 제품에서만 사용이 가능하고, 드라이버 설치 및 install과 uninstall의 과정이 단순한 운영체제를 쓰시오.

답 :

SECTION 130

기억장치 관리

1416400 

1 기억장치의 관리 전략

전문가의 조언

기억장치의 관리 전략에는 반입(Fetch), 배치(Placement), 교체(Replacement) 전략이 있다는 것과 각각의 의미, 그리고 배치 전략의 종류를 알아두세요.

- 기억장치의 관리 전략은 보조기억장치의 프로그램이나 데이터를 주기억장치에 적재시키는 시기, 적재 위치 등을 지정하여 한정된 주기억장치의 공간을 효율적으로 사용하기 위한 것이다.
- 종류
  - 반입(Fetch) 전략
  - 배치(Placement) 전략
  - 교체(Replacement) 전략

2 반입(Fetch) 전략

반입 전략은 보조기억장치에 보관중인 **프로그램이나 데이터를 언제 주기억장치로 적재할 것인지를 결정**하는 전략이다.

기법	내용
요구 반입 (Demand Fetch)	실행중인 프로그램이 특정 프로그램이나 데이터 등의 참조를 요구할 때 적재하는 방법
예상 반입 (Anticipatory Fetch)	실행중인 프로그램에 의해 참조될 프로그램이나 데이터를 미리 예상하여 적재하는 방법

필기 24.7, 24.5, 23.7, 22.3, 21.3, 20.8

3 배치(Placement) 전략

배치 전략은 새로 반입되는 **프로그램이나 데이터를 주기억장치의 어디에 위치시킬 것인지를 결정**하는 전략이다.

기법	내용
필기 21.3 최초 적합 (First Fit)	프로그램이나 데이터가 들어갈 수 있는 크기의 빈 영역 중에서 첫 번째 분할 영역에 배치시키는 방법
최적 적합 (Best Fit)	프로그램이나 데이터가 들어갈 수 있는 크기의 빈 영역 중에서 단편화*를 가장 작게 남기는 분할 영역에 배치시키는 방법

필기 20.8 최악 적합 (Worst Fit)	프로그램이나 데이터가 들어갈 수 있는 크기의 빈 영역 중에서 단편화를 가장 많이 남기는 분할 영역에 배치시키는 방법

예제 기억장치 상태가 다음 표와 같다. 기억장치 관리 전략으로 First Fit, Best Fit, Worst Fit 방법을 사용하려 할 때, 각 방법에 대하여 10K의 프로그램이 할당받게 되는 영역의 번호는?

영역 번호	영역 크기	상태
1	5K	공백
2	14K	공백
3	10K	사용 중
4	12K	공백
5	16K	공백

① 먼저 10K가 적재될 수 있는지 각 영역의 크기를 확인한다.
② First Fit : 빈 영역 중에서 10K의 프로그램이 들어갈 수 있는 첫 번째 영역은 2번이다.
③ Best Fit : 빈 영역 중에서 10K 프로그램이 들어가고 단편화를 가장 작게 남기는 영역은 4번이다.
④ Worst Fit : 빈 영역 중에서 10K 프로그램이 들어가고 단편화를 가장 많이 남기는 영역은 5번이다.

잠깐만요 **단편화**

단편화는 주기억장치의 분할된 영역에 프로그램이나 데이터를 할당할 경우, 분할된 영역이 프로그램이나 데이터보다 작거나 커서 생기는 빈 기억 공간을 의미합니다.

- **내부 단편화** : 분할된 영역이 할당될 프로그램의 크기보다 크기 때문에 프로그램이 할당된 후 사용되지 않고 남아 있는 빈 공간
- **외부 단편화** : 분할된 영역이 할당될 프로그램의 크기보다 작기 때문에 프로그램이 할당될 수 없어 사용되지 않고 빈 공간으로 남아있는 분할된 전체 영역

4 교체(Replacement) 전략

- 교체 전략은 주기억장치의 모든 영역이 이미 사용중인 상태에서 새로운 프로그램이나 데이터를 주기억장치에 배치하려고 할 때, **이미 사용되고 있는 영역 중에서 어느 영역을 교체하여 사용할 것인지를 결정**하는 전략이다.
- 종류 : FIFO, OPT, LRU, LFU, NUR, SCR 등

※ 정답 및 해설은 469쪽에 있습니다.

기출 따라잡기 Section 130

필기 20년 8월

문제 1 메모리 관리 기법 중 Worst Fit 방법을 사용할 경우 10K 크기의 프로그램 실행을 위해서는 어느 부분에 할당되어야 하는지 영역 번호로 쓰시오.

영역 번호	메모리 크기	사용 여부
NO1	8K	FREE
NO2	12K	FREE
NO3	10K	IN USE
NO4	20K	IN USE
NO5	16K	FREE

답 :

필기 24년 7월, 5월, 23년 7월, 22년 3월

문제 2 빈 기억공간의 크기가 20KB, 16KB, 8KB, 40KB 일 때 기억장치 배치 전략으로 "Best Fit"을 사용하여 17KB의 프로그램을 적재할 경우 내부 단편화의 크기는 얼마인지 쓰시오.

답 :

출제예상

문제 3 주기억장치의 모든 영역이 이미 사용중인 상태에서 새로운 프로그램이나 데이터를 주기억장치에 배치하려고 할 때, 이미 사용되고 있는 영역 중에서 어느 영역을 사용할 것인지를 결정하는 기억장치 관리 전략을 쓰시오.

답 :

SECTION 131

가상기억장치 구현 기법

전문가의 조언

가상기억장치의 개념을 숙지하고, 페이징 기법과 세그먼테이션 기법의 차이점에는 어떤 것들이 있는지 파악해 두세요.

블록
블록은 보조기억장치와 주기억장치 간에 전송되는 데이터의 최소 단위입니다.

1 가상기억장치(Virtual Memory)

- 가상기억장치는 **보조기억장치의 일부를 주기억장치처럼 사용하는 것**으로, 용량이 작은 주기억장치를 마치 큰 용량을 가진 것처럼 사용하는 기법이다.
- 프로그램을 여러 개의 작은 블록* 단위로 나누어서 가상기억장치에 보관해 놓고, 프로그램 실행 시 요구되는 블록만 주기억장치에 불연속적으로 할당하여 처리한다.
- 주기억장치의 이용률과 다중 프로그래밍의 효율을 높일 수 있다.
- 블록 단위로 나누어 사용하므로 연속 할당 방식에서 발생할 수 있는 단편화를 해결할 수 있다.
- 가상기억장치의 일반적인 구현 방법 : 페이징 기법, 세그먼테이션 기법

전문가의 조언

페이징 기법과 세그먼테이션 기법의 가장 큰 차이점은, 페이징 기법에서 사용하는 페이지는 크기가 동일하지만, 세그먼테이션 기법에서 사용하는 세그먼트는 크기가 일정하지 않다는 것입니다.

페이지의 크기
일반적으로 페이지의 크기는 1~4KB입니다.

내부 단편화는 발생할 수 있다?
페이지 크기가 4KB이고, 사용할 프로그램이 17KB라면 프로그램은 페이지 단위로 4KB씩 나누어지게 됩니다. 이때 마지막 페이지의 실제 용량은 1KB(17KB – 16KB)가 되고, 이것이 주기억장치에 적재되면 3KB의 내부 단편화가 발생됩니다.

주소 변환
주소 변환은 가상기억장치에 있는 프로그램이 주기억장치에 적재되어 실행될 때 논리적인 가상주소를 물리적인 실기억주소로 변환하는 것으로, 주소 사상 또는 주소 매핑(Mapping)이라고도 합니다. 이때 연속적인 가상주소가 반드시 연속적인 실기억주소로 변환되지 않아도 되는데, 이를 인위적 연속성(Artificial Contiguity)이라고 합니다.

필기 23.2, 21.3

2 페이징(Paging) 기법

- 페이징 기법은 가상기억장치에 보관되어 있는 **프로그램과 주기억장치의 영역을 동일한 크기로 나눈 후** 나눠진 프로그램을 동일하게 나눠진 **주기억장치의 영역에 적재시켜 실행**하는 기법이다.
- 프로그램을 일정한 크기로 나눈 단위를 페이지(Page)*라고 하고, 페이지 크기로 일정하게 나누어진 주기억장치의 단위를 페이지 프레임(Page Frame)이라고 한다.
- 외부 단편화는 발생하지 않으나 내부 단편화는 발생할 수 있다.*
- 주소 변환*을 위해서 페이지의 위치 정보를 가지고 있는 페이지 맵 테이블(Page Map Table)이 필요하다.
- 페이지 맵 테이블 사용으로 비용이 증가하고, 처리 속도가 감소된다.

필기 23.2, 21.3

3 세그먼테이션(Segmentation) 기법

- 세그먼테이션 기법은 가상기억장치에 보관되어 있는 **프로그램을 다양한 크기의 논리적인 단위로 나눈 후 주기억장치에 적재시켜 실행**시키는 기법이다.
- 프로그램을 배열이나 함수 등과 같은 논리적인 크기로 나눈 단위를 세그먼트(Segment)라고 하며, 각 세그먼트는 고유한 이름과 크기를 갖는다.

- 세그먼테이션 기법을 이용하는 궁극적인 이유는 기억공간을 절약하기 위해서이다.
- 주소 변환을 위해서 세그먼트가 존재하는 위치 정보를 가지고 있는 세그먼트 맵 테이블(Segment Map Table)이 필요하다.
- 내부 단편화는 발생하지 않으나 외부 단편화는 발생할 수 있다.

※ 정답 및 해설은 470쪽에 있습니다.

기출 따라잡기 Section 131

필기 23년 2월, 21년 3월

문제 1 **다음은 가상기억장치의 구현 방법에 대한 설명이다. 괄호(①, ②)에 들어갈 알맞은 용어를 쓰시오.**

가상기억장치의 일반적인 구현 방법은 블록의 종류에 따라 (①) 기법과 (②) 기법으로 나눌 수 있다. (①) 기법은 프로그램을 고정된 크기의 일정한 블록으로 나누고, (②)은 가변적인 크기의 블록으로 나눈다.

답

- ①
- ②

출제예상

문제 2 **가상기억장치(Virtual Memory)의 개념을 간략히 서술하시오.**

답 :

SECTION 132 페이지 교체 알고리즘

전문가의 조언

페이지 교체 알고리즘들의 개별적인 특징과 교체 원리를 학습하세요. 특히 FIFO와 LRU의 알고리즘은 페이지 부재수를 구하는 방법을 확실히 숙지하세요. 영문 약어를 풀어서 이해하면 기억하기 쉽습니다.

페이지 부재(Page Fault)
페이지 부재는 CPU가 액세스한 가상 페이지가 주기억장치에 없는 경우를 말합니다. 페이지 부재가 발생하면 해당 페이지를 디스크에서 주기억장치로 가져와야 합니다.

필기 21.8

1 페이지 교체 알고리즘

- **페이지 부재(Page Fault)*가 발생하면** 가상기억장치에서 필요한 페이지를 찾아 주기억장치에 적재해야 하는데, 이때 주기억장치의 모든 페이지 프레임이 사용중이면 **어떤 페이지 프레임을 선택하여 교체할 것인지를 결정**하는 기법이 페이지 교체 알고리즘이다.
- **종류** : OPT, FIFO, LRU, LFU, NUR, SCR 등

2 OPT(OPTimal replacement, 최적 교체)

- OPT는 **앞으로 가장 오랫동안 사용하지 않을 페이지를 교체**하는 기법이다.
- 벨레이디(Belady)가 제안한 것이다.
- 페이지 부재 횟수가 가장 적게 발생하는 가장 효율적인 알고리즘이다.

필기 24.7, 24.5, 27.2, 23.7, 23.2, 22.7, 22.3, 20.9, 20.6

3 FIFO(First In First Out)

- FIFO는 각 페이지가 주기억장치에 적재될 때마다 그때의 시간을 기억시켜 **가장 먼저 들어와서 가장 오래 있었던 페이지를 교체**하는 기법이다.
- 이해하기 쉽고, 프로그래밍 및 설계가 간단하다.

예제 다음의 참조 페이지를 세 개의 페이지 프레임을 가진 기억장치에서 FIFO 알고리즘을 사용하여 교체했을 때 페이지 부재의 수는? (단, 초기 페이지 프레임은 모두 비어 있는 상태이다.)

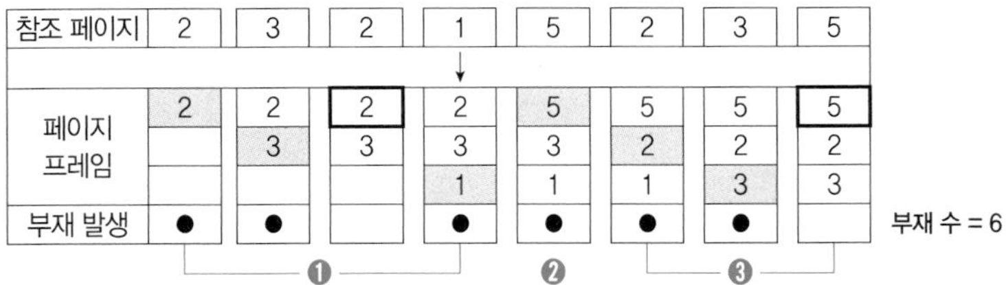

참조 페이지	2	3	2	1	5	2	3	5
				↓				
페이지 프레임	2	2	2	2	5	5	5	5
		3	3	3	3	2	2	2
				1	1	1	3	3
부재 발생	●	●		●	●	●	●	

부재 수 = 6

❶ 참조 페이지를 각 페이지 프레임에 차례로 적재시키되 이미 적재된 페이지는 해당 위치의 페이지 프레임을 사용한다.

❷ 사용할 페이지 프레임이 없을 경우 가장 먼저 들어와서 오래 있었던 페이지 2를 제거한 후 5를 적재한다.

❸ 그 다음에 적재된 페이지 3을 제거한 후 2를 적재하며, 같은 방법으로 나머지 참조 페이지를 수행한다.

24.10, 24.4, 필기 22.4

4 LRU(Least Recently Used)

- LRU는 **최근에 가장 오랫동안 사용하지 않은 페이지를 교체**하는 기법이다.
- 각 페이지마다 계수기(Counter)*나 스택(Stack)을 두어 현시점에서 가장 오랫동안 사용하지 않은, 즉 가장 오래전에 사용된 페이지를 교체한다.

계수기(Counter)
계수기는 각 페이지별로 존재하는 논리적 시계(Logical Clock)로, 해당 페이지가 사용될 때마다 0으로 클리어 시킨 후 시간을 증가시켜서 시간이 가장 오래된 페이지를 교체합니다.

예제 다음의 참조 페이지를 세 개의 페이지 프레임을 가진 기억장치에서 LRU 알고리즘을 사용하여 교체했을 때 페이지 부재의 수는? (단, 초기 페이지 프레임은 모두 비어 있는 상태이다.)

참조 페이지	2	3	2	1	5	2	3	5
페이지 프레임	2	2	2	2	2	2	2	2
		3	3	3	5	5	5	5
				1	1	1	3	3
부재 발생	●	●		●	●		●	

부재 수 = 5

❶ 참조 페이지를 각 페이지 프레임에 차례로 적재시키되 이미 적재된 페이지는 해당 위치의 페이지 프레임을 사용한다.

❷ 사용할 페이지 프레임이 없을 경우 현재 시점에서 가장 오랫동안 사용되지 않은 페이지 3을 제거한 후 5를 적재한다.

❸ 같은 방법으로 나머지 참조 페이지를 수행한다.

24.4

5 LFU(Least Frequently Used)

- LFU는 **사용 빈도가 가장 적은 페이지를 교체**하는 기법이다.
- 활발하게 사용되는 페이지는 사용 횟수가 많아 교체되지 않고 사용된다.

6 NUR(Not Used Recently)

- NUR은 LRU와 비슷한 알고리즘으로, **최근에 사용하지 않은 페이지를 교체**하는 기법이다.
- 최근에 사용되지 않은 페이지는 향후에도 사용되지 않을 가능성이 높다는 것을 전제로 LRU에서 나타나는 시간적인 오버헤드를 줄일 수 있다.
- 최근의 사용 여부를 확인하기 위해서 각 페이지마다 두 개의 비트, 즉 참조 비트(Reference Bit)*와 변형 비트(Modified Bit, Dirty Bit)*가 사용된다.

- **참조 비트** : 페이지가 호출되지 않았을 때는 0, 호출되었을 때는 1로 지정됨
- **변형 비트** : 페이지 내용이 변경되지 않았을 때는 0, 변경되었을 때는 1로 지정됨

• 다음과 같이 참조 비트와 변형 비트의 값에 따라 교체될 페이지의 순서가 결정된다.

참조 비트	0	0	1	1
변형 비트	0	1	0	1
교체 순서	1	2	3	4

7 SCR(Second Chance Replacement, 2차 기회 교체)

• SCR은 **가장 오랫동안 주기억장치에 있던 페이지 중 자주 사용되는 페이지의 교체를 방지**하기 위한 기법이다.
• FIFO 기법의 단점을 보완하는데 사용된다.

※ 정답 및 해설은 470쪽에 있습니다.

기출 따라잡기 Section 132

필기 24년 7월, 5월, 2월, 23년 7월, 2월, 22년 7월, 3월, 20년 9월, 6월

문제 1 4개의 페이지를 수용할 수 있는 주기억장치가 있으며, 초기에는 모두 비어 있다고 가정한다. 다음의 순서로 페이지 참조가 발생할 때, FIFO 페이지 교체 알고리즘을 사용할 경우 페이지 결함의 발생 횟수를 구하시오.

페이지 참조 순서 : 1, 2, 3, 1, 2, 4, 5, 1

답 :

24년 10월, 필기 22년 4월

문제 2 3개의 페이지를 수용할 수 있는 주기억장치가 있으며, 초기에는 모두 비어 있다고 가정한다. 다음의 순서로 페이지 참조가 발생할 때, LRU 페이지 교체 알고리즘을 사용할 경우 몇 번의 페이지 부재(Page Fault)가 발생하는지 쓰시오.

페이지 참조 순서 : 7 0 1 2 0 3 0 4 2 3 0 3 2 1 2 0 1 7 0 1

답 :

24년 4월

문제 3 3개의 페이지를 수용할 수 있는 주기억장치가 있으며, 초기에는 모두 비어 있다고 가정한다. 다음의 순서로 페이지 참조가 발생할 때, LRU와 LFU 페이지 교체 알고리즘을 사용하면 각각 발생하는 페이지 결함의 횟수를 쓰시오.

LRU	페이지 참조 순서
	1, 2, 3, 1, 2, 4, 5, 1
LFU	페이지 참조 순서
	1, 2, 3, 1, 2, 4, 1, 2, 3, 4

답

- ① LRU :
- ② LFU :

SECTION 133

가상기억장치 기타 관리 사항

1416800

전문가의 조언

가상기억장치를 구현할 때 시스템의 성능에 영향을 미치는 페이지 크기나 Locality, 워킹 셋, 스래싱, 페이지 부재 빈도 등에 대해 알아두세요.

전문가의 조언

페이지 크기가 작으면 페이지의 수는 늘어나고, 페이지 크기가 크면 페이지의 수는 줄어듭니다.

필기 21.5

1 페이지 크기

페이징 기법을 사용하면 프로그램을 페이지 단위로 나누게 되는데, 페이지의 크기에 따라 시스템에 미치는 영향이 다르다.

필기 21.5 **페이지 크기가 작을 경우**	• 페이지 단편화가 감소되고, 한 개의 페이지를 주기억장치로 이동시키는 시간이 줄어듦 • 불필요한 내용이 주기억장치에 적재될 확률이 적으므로 효율적인 워킹 셋을 유지할 수 있음 • 페이지 정보를 갖는 페이지 맵 테이블의 크기가 커지고, 매핑 속도가 늦어짐 • 디스크 접근 횟수가 많아져서 전체적인 입 · 출력 시간은 늘어남
페이지 크기가 클 경우	• 페이지 정보를 갖는 페이지 맵 테이블의 크기가 작아지고, 매핑 속도가 빨라짐 • 디스크 접근 횟수가 줄어들어 전체적인 입 · 출력의 효율성이 증가됨 • 페이지 단편화가 증가되고, 한 개의 페이지를 주기억장치로 이동시키는 시간이 늘어 남

필기 21.5

2 Locality

- Locality(국부성, 지역성, 구역성, 국소성)는 **프로세스가 실행되는 동안 주기억장치를 참조할 때 일부 페이지만 집중적으로 참조하는 성질**이 있다는 이론이다.
- 스래싱을 방지하기 위한 워킹 셋 이론의 기반이 되었다.
- 가상기억장치 관리와 캐시 메모리 시스템의 이론적인 근거이다.
- 데닝(Denning) 교수에 의해 Locality의 개념이 증명되었다.
- Locality의 종류

시간 구역성* (Temporal Locality)	프로세스가 실행되면서 하나의 페이지를 일정 시간 동안 집중적으로 액세스하는 현상
필기 21.5 **공간 구역성*** (Spatial Locality)	프로세스 실행 시 일정 위치의 페이지를 집중적으로 액세스하는 현상

시간 구역성/공간 구역성

시간 구역성은 한 번 참조한 페이지는 가까운 시간 내에 계속 참조할 가능성이 높음을 의미하고, 공간 구역성은 어느 하나의 페이지를 참조하면 그 근처의 페이지를 계속 참조할 가능성이 높음을 의미합니다.

필기 21.3

3 워킹 셋(Working Set)

- 워킹 셋은 **프로세스가 일정 시간 동안 자주 참조하는 페이지들의 집합**이다.
- 데닝(Denning)이 제안한 프로그램의 움직임에 대한 모델로, 프로그램의 Locality 특징을 이용한다.
- 자주 참조되는 워킹 셋을 주기억장치에 상주시킴으로써 페이지 부재 및 페이지 교체 현상이 줄어들어 프로세스의 기억장치 사용이 안정된다.

필기 21.5

4 스래싱(Thrashing)

- 스래싱은 **프로세스의 처리 시간보다 페이지 교체에 소요되는 시간이 더 많아지는 현상**이다.
- 다중 프로그래밍 시스템이나 가상기억장치를 사용하는 시스템에서 하나의 프로세스 수행 과정 중에 자주 페이지 부재(Page Fault)*가 발생함으로써 나타나며, 전체 시스템의 성능이 저하된다.
- 다중 프로그래밍의 정도*가 높아짐에 따라 CPU의 이용률은 어느 특정 시점까지는 높아지지만, 다중 프로그래밍의 정도가 더욱 커지면 스래싱이 나타나고, CPU의 이용률은 급격히 감소하게 된다.

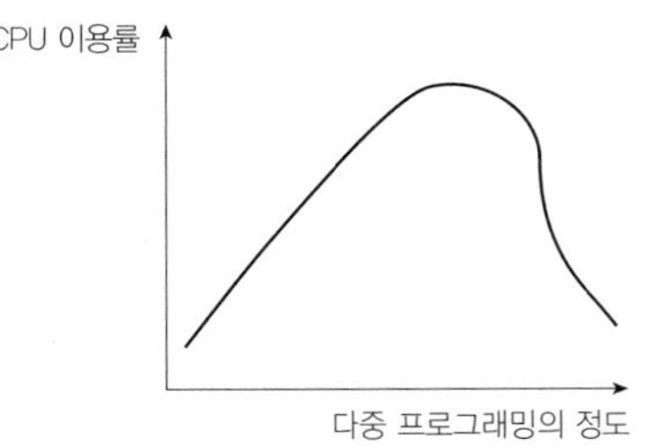

페이지 부재(Page Fault)
페이지 부재는 프로세스 실행 시 참조할 페이지가 주기억장치에 없는 현상이며, 페이지 부재가 일어나는 횟수를 페이지 부재 빈도(PFF; Page Fault Frequency)라고 합니다.

다중 프로그래밍의 정도
얼마나 많은 프로그램이 동시에 수행되는가를 나타내는 것으로, 다중 프로그래밍의 정도를 높인다는 것은 동시에 수행하는 프로그램의 수를 늘린다는 것입니다.

※ 정답 및 해설은 471쪽에 있습니다.

기출 따라잡기 Section 133

출제예상

문제 1 Denning이 제안한 프로그램의 움직임에 관한 모델로, 프로세스를 효과적으로 실행하기 위하여 주기억장치에 유지되어야 하는 페이지들의 집합을 의미하는 용어를 쓰시오.

답 :

필기 21년 3월

문제 2 하나의 프로세스가 작업을 수행하는 과정에서 지나치게 많은 페이지 부재(Page Fault) 발생으로 인해 프로세스 수행에 소요되는 시간보다 페이지 이동에 소요되는 시간이 더 커지는 현상을 쓰시오.

답 :

출제예상

문제 3 실행중인 프로세스는 메모리의 일정 부분만을 집중적으로 참조한다는 성질을 의미하는 용어를 쓰시오.

답 :

SECTION 134

프로세스의 개요

1416900  

1 프로세스(Process)

전문가의 조언
다양하게 표현되는 프로세스의 정의를 모두 파악해 두세요.

- 프로세스는 일반적으로 프로세서에 의해 처리되는 사용자 프로그램, 시스템 프로그램, 즉 **실행중인 프로그램**을 의미한다.
- 프로세스는 다음과 같이 여러 가지로 정의할 수 있다.
  - PCB를 가진 프로그램
  - 실기억장치에 저장된 프로그램
  - 프로세서가 할당되는 실체로서, 디스패치가 가능한 단위
  - 프로시저*가 활동중인 것
  - 비동기적 행위*를 일으키는 주체
  - 지정된 결과를 얻기 위한 일련의 계통적 동작
  - 목적 또는 결과에 따라 발생되는 사건들의 과정
  - 운영체제가 관리하는 실행 단위

프로시저
한 프로그램은 여러 개의 작은 프로그램으로 분할될 수 있는데, 이때 분할된 작은 프로그램을 의미하며, 부프로그램이라고도 합니다.

비동기적 행위
다수의 프로세스가 서로 규칙적이거나 연속적이지 않고 독립적으로 실행되는 것을 말합니다.

2 PCB(Process Control Block, 프로세스 제어 블록)

전문가의 조언
PCB에 저장되는 정보에는 어떤 것들이 있는지 정리하세요.

- PCB는 **운영체제가 프로세스에 대한 중요한 정보를 저장해 놓는 곳**이다.
- 각 프로세스가 생성될 때마다 고유의 PCB가 생성되고, 프로세스가 완료되면 PCB는 제거된다.
- PCB에 저장되어 있는 정보
  - 프로세스의 현재 상태
  - 포인터*
  - 프로세스 고유 식별자
  - 스케줄링 및 프로세스의 우선순위
  - CPU 레지스터 정보
  - 주기억장치 관리 정보
  - 입 · 출력 상태 정보
  - 계정 정보

포인터
- 부모 프로세스에 대한 포인터
- 자식 프로세스에 대한 포인터
- 프로세스가 위치한 메모리에 대한 포인터
- 할당된 자원에 대한 포인터

여러 단계로 구분되는 프로세스의 상태들을 기억하고, 어떤 상태를 말하는지 찾아낼 수 있도록 각각의 특징을 정리해 두세요.

20.11, 필기 23.5, 20.6

3 프로세스 상태 전이

- 프로세스 상태 전이는 프로세스가 시스템 내에 존재하는 동안 프로세스의 상태가 변하는 것을 의미한다.
- 프로세스의 상태는 다음과 같이 상태 전이도로 표시할 수 있다.

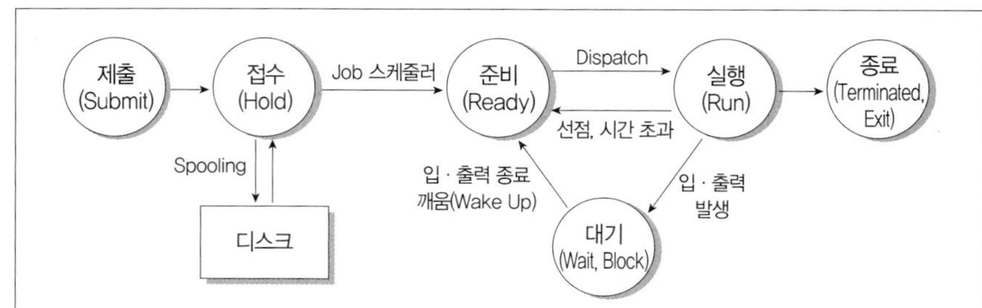

상태	내용
제출(Submit)	작업을 처리하기 위해 사용자가 작업을 시스템에 제출한 상태
접수(Hold)	제출된 작업이 스풀 공간인 디스크의 할당 위치에 저장된 상태
준비(Ready)	프로세스가 프로세서를 할당받기 위해 기다리고 있는 상태
실행(Run)	준비상태 큐에 있는 프로세스가 프로세서를 할당받아 실행되는 상태
대기(Wait), 블록(Block)	프로세스에 입 · 출력 처리가 필요하면 현재 실행 중인 프로세스가 중단되고, 입 · 출력 처리가 완료될 때까지 대기하고 있는 상태
종료 (Terminated, Exit)	프로세스의 실행이 끝나고 프로세스 할당이 해제된 상태

필기 21.8

4 프로세스 상태 전이 관련 용어

용어	내용
필기 21.8 Dispatch	준비 상태에서 대기하고 있는 프로세스 중 하나가 프로세서를 할당받아 실행 상태로 전이되는 과정
Wake Up	입 · 출력 작업이 완료되어 프로세스가 대기 상태에서 준비 상태로 전이 되는 과정
Spooling	입 · 출력장치의 공유 및 상대적으로 느린 입 · 출력장치의 처리 속도를 보완하고 다중 프로그래밍 시스템의 성능을 향상시키기 위해 입 · 출력할 데이터를 직접 입 · 출력장치에 보내지 않고 나중에 한꺼번에 입 · 출력하기 위해 디스크에 저장하는 과정

교통량 제어기 (Traffic Controller)	프로세스의 상태에 대한 조사와 통보 담당

필기 20.6

5 스레드(Thread)

- 스레드는 **시스템의 여러 자원을 할당받아 실행하는 프로그램의 단위** 또는 프로세스 내에서의 작업 단위로 사용된다.
- 하나의 프로세스에 하나의 스레드가 존재하는 경우에는 단일 스레드, 하나 이상의 스레드가 존재하는 경우에는 다중 스레드라고 한다.
- 프로세스의 일부 특성을 갖고 있기 때문에 경량(Light Weight) 프로세스라고도 한다.
- 스레드 기반 시스템에서 스레드는 독립적인 스케줄링의 최소 단위로서 프로세스의 역할을 담당한다.

전문가의 조언

스레드는 개념을 서술할 수 있을 정도로 알아두세요.

※ 정답 및 해설은 471쪽에 있습니다.

기출 따라잡기 Section 134

20년 11월

문제 1 다음은 프로세스 상태 전이도이다. 빈 칸(①~③)에 들어갈 알맞은 상태를 쓰시오.

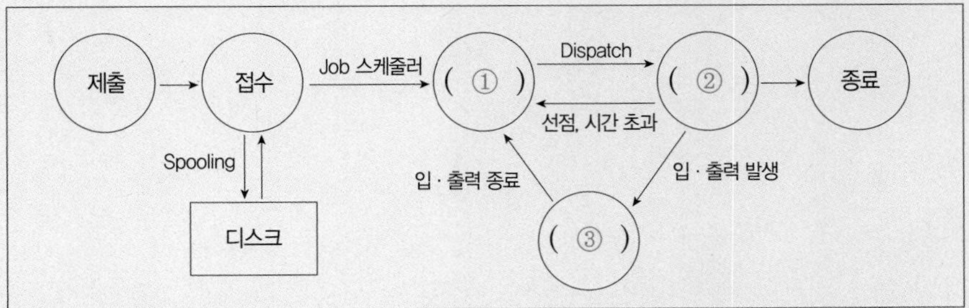

답

- ①
- ②
- ③

필기 20년 6월

문제 2 시스템의 여러 자원을 할당받아 실행하는 프로그램 단위 또는 프로세스 내에서의 작업 단위로, 프로세스의 일부 특성을 갖고 있기 때문에 경량(Light Weight) 프로세스라고도 불리는 것은 무엇인지 쓰시오.

답 :

출제예상

문제 3 다음 설명은 무엇에 대한 정의인지 쓰시오.

- 실행중인 프로그램이다.
- 프로시저가 활동 중인 것이다.
- 비동기적 행위를 일으키는 주체이다.
- PCB의 존재로서 명시되는 것이다.

답 :

출제예상

문제 4 프로세스 상태 전이는 프로세스가 시스템 내에 존재하는 동안 프로세스의 상태가 변하는 것을 의미한다. 준비 상태에서 대기하고 있는 프로세스 중 하나가 스케줄링되어 중앙처리장치를 할당받아 실행 상태로 전이되는 과정을 무엇이라 하는지 쓰시오.

답 :

SECTION 135

스케줄링

1417000

1 스케줄링(Scheduling)

전문가의 조언

스케줄링은 CPU나 자원을 효율적으로 사용하기 위한 정책입니다. 이를 중심으로 스케줄링의 개념, 종류, 목적을 정리하세요.

- 스케줄링은 프로세스가 생성되어 실행될 때 필요한 **시스템의 여러 자원을 해당 프로세스에게 할당하는 작업**을 의미한다.
- 프로세스가 생성되어 완료될 때까지 프로세스는 여러 종류의 스케줄링 과정을 거치게 된다.
- 스케줄링의 종류

장기 스케줄링	어떤 프로세스가 시스템의 자원을 차지할 수 있도록 할 것인가를 결정하여 준비상태 큐로 보내는 작업
중기 스케줄링	어떤 프로세스들이 CPU를 할당받을 것인지 결정하는 작업
단기 스케줄링	프로세스가 실행되기 위해 CPU를 할당받는 시기와 특정 프로세스를 지정하는 작업

2 스케줄링의 목적

목적	내용
공정성	모든 프로세스에 공정하게 할당함
처리율 증가	단위 시간당 프로세스를 처리하는 비율을 증가시킴
CPU 이용률 증가	CPU가 순수하게 프로세스를 실행하는 데 사용되는 시간 비율을 증가시킴
우선순위 제도	우선순위가 높은 프로세스를 먼저 실행함
오버헤드 최소화	오버헤드를 최소화함
응답 시간 최소화	작업을 지시하고, 반응하기 시작하는 시간을 최소화함
반환 시간 최소화	프로세스를 제출한 시간부터 실행이 완료될 때까지 걸리는 시간을 최소화함
대기 시간 최소화	프로세스가 준비상태 큐에서 대기하는 시간을 최소화함
균형 있는 자원의 사용	메모리, 입·출력장치 등의 자원을 균형 있게 사용함
무한 연기 회피	자원을 사용하기 위해 무한정 연기되는 상태를 회피함

전문가의 조언

선점 스케줄링과 비선점 스케줄링의 개념과 특징을 구분할 수 있도록 파악하고, 각각의 스케줄링에는 어떤 알고리즘들이 있는지 알아두세요.

비선점의 영어 표현

비선점은 Non-Preemption이나 Non-Preemptive로 표현할 수 있습니다.

3 비선점(Non-Preemptive)* 스케줄링

- 비선점 스케줄링은 **이미 할당된 CPU를 다른 프로세스가 강제로 빼앗아 사용할 수 없는 스케줄링 기법**이다.
- 프로세스가 CPU를 할당받으면 해당 프로세스가 완료될 때까지 CPU를 사용한다.
- 프로세스 응답 시간의 예측이 용이하다.
- 일괄 처리 방식에 적합하다.
- **종류** : FCFS, SJF, 우선순위, HRN, 기한부 등

4 선점(Preemptive) 스케줄링

- 선점 스케줄링은 하나의 프로세스가 CPU를 할당받아 실행하고 있을 때 **우선순위가 높은 다른 프로세스가 CPU를 강제로 빼앗아 사용할 수 있는 스케줄링 기법**이다.
- 우선순위가 높은 프로세스를 빠르게 처리할 수 있다.
- 주로 빠른 응답 시간을 요구하는 대화식 시분할 시스템에 사용된다.
- 많은 오버헤드(Overhead)를 초래한다.
- **종류** : Round Robin, SRT, 선점 우선순위, 다단계 큐, 다단계 피드백 큐 등

※ 정답 및 해설은 472쪽에 있습니다.

기출 따라잡기 Section 135

출제예상

문제 1 프로세스가 생성되어 실행될 때 필요한 시스템의 여러 자원을 해당 프로세스에게 할당하는 작업으로, 공정성, 처리율 증가, CPU 이용률 증가, 응답 시간 및 반환 시간 최소화를 목적으로 하는 것은 무엇인지 쓰시오.

답 :

출제예상

문제 2 다음 〈보기〉에서 비선점 스케줄링의 종류를 모두 골라 쓰시오.

〈보기〉

• Round Robin	• 기한부	• FCFS
• 다단계 큐	• HRN	• 우선순위
• SRT	• SJF	• 선점 우선순위

답 :

SECTION 136

주요 스케줄링 알고리즘

FCFS(FIFO)가 비선점 기법이라는 것과 준비상태 큐에 도착한 순서대로 할당받는다는 것을 기억하세요.

1 FCFS(First Come First Service, 선입 선출) = FIFO(First In First Out)

- FCFS는 **준비상태 큐에 도착한 순서에 따라 차례로 CPU를 할당하는 기법**이다.
- 가장 간단한 알고리즘이다.

예제 다음과 같은 프로세스들이 차례로 준비상태 큐에 들어왔다고 가정할 때, FCFS 기법을 이용하여 평균 실행 시간, 평균 대기 시간, 평균 반환 시간을 구하시오(제출시간은 없으며 시간의 단위는 초임).

프로세스 번호	P1	P2	P3
실행 시간	20	4	6

① 실행 시간을 이용하여 다음과 같이 각 프로세스의 대기 시간과 반환 시간을 구한다.

- 대기 시간 : 프로세스가 대기한 시간으로, 바로 앞 프로세스까지의 진행 시간으로 계산
- 반환 시간 : 프로세스의 대기 시간과 실행 시간의 합

② 실행 시간, 대기 시간, 반환 시간의 평균은 '각 프로세스 시간의 합/프로세스의 개수'를 이용한다.

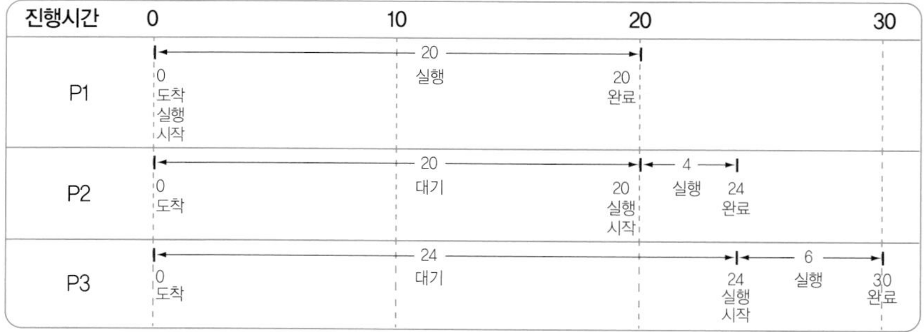

- 평균 실행 시간 : (20+4+6)/3 = 10
- 평균 대기 기간 : (0+20+24)/3 = 14.6
- 평균 반환 시간 : (20+24+30)/3 = 24.6

22.10, 필기 20.9

2 SJF(Shortest Job First, 단기 작업 우선)

SJF는 준비상태 큐에서 기다리고 있는 프로세스들 중에서 실행 시간이 가장 짧은 프로세스에게 먼저 CPU를 할당한다는 것을 꼭 기억하세요.

- SJF는 **준비상태 큐에서** 기다리고 있는 프로세스들 중에서 **실행 시간이 가장 짧은 프로세스에게 먼저 CPU를 할당하는 기법**이다.
- 가장 적은 평균 대기 시간을 제공하는 최적 알고리즘이다.

예제 다음과 같은 프로세스들이 차례로 준비상태 큐에 들어왔다고 가정할 때, SJF 기법을 이용하여 평균 실행 시간, 평균 대기 시간, 평균 반환 시간을 구하시오(제출 시간이 없을 경우).

프로세스 번호	P1	P2	P3
실행 시간	20	4	6

① 아래와 같이 실행 시간이 짧은 프로세스를 먼저 처리하도록 이동시킨 후 각 프로세스의 대기 시간과 반환 시간을 구한다.

② 실행시간, 대기 시간, 반환 시간, 각 시간의 평균은 FCFS의 예제와 동일한 방법으로 구한다.

진행시간	0	10	20	30
P2	0 도착 실행 시작 ← 4 (실행) → 4 완료			
P3	0 도착 ← 4 (대기) → 4 실행 시작 ← 6 (실행) → 10 완료			
P1	0 도착 ← 10 (대기) →	10 실행 시작 ← 20 (실행) →		30 완료

- 평균 실행 시간 : (4+6+20)/3 = 10
- 평균 대기 기간 : (0+4+10)/3 = 4.6
- 평균 반환 시간 : (4+10+30)/3 = 14.6

20.5, 필기 24.7, 23.5, 22.4, 20.8, 20.6

3 HRN(Highest Response-ratio Next)

전문가의 조언

HRN의 우선순위 계산식을 쓰는 문제가 출제되었습니다. 우선순위 계산식을 확실히 숙지하고 예제를 통하여 우선순위를 직접 구해 보세요.

HRN은 **대서서**입니다.

$$\frac{\textbf{대}\text{기시간} + \textbf{서}\text{비스 시간}}{\textbf{서}\text{비스 시간}}$$

- HRN은 **대기 시간과 서비스(실행) 시간을 이용하는 기법**이다.
- 실행 시간이 긴 프로세스에 불리한 SJF 기법을 보완하기 위한 것이다.
- 우선순위를 계산하여 그 숫자가 가장 높은 것부터 낮은 순으로 우선순위가 부여된다.
- 우선순위 계산식

$$\text{우선순위 계산식} = \frac{\text{대기 시간} + \text{서비스 시간}}{\text{서비스 시간}}$$

예제 다음과 같은 프로세스가 HRN 기법으로 스케줄링될 때 우선순위를 계산하시오.

프로세스 번호	P1	P2	P3
실행 시간	20	4	6
대기 시간	10	20	10
우선순위 계산	(20+10)/20=1.5	(4+20)/4=6	(6+10)/6=2.6
우선순위	P2 → P3 → P1		

4 RR(Round Robin)

22.10

- RR은 각 프로세스를 **시간 할당량(Time Slice, Quantum) 동안만 실행한 후** 실행이 완료되지 않으면 **다음 프로세스에게 CPU를 넘겨주는 기법**이다.
- 시분할 시스템(Time Sharing System)을 위해 고안된 방식으로, 할당되는 시간의 크기가 작으면 작은 프로세스들에게 유리하다.
- 할당되는 시간이 클 경우 FCFS 기법과 같아지고, 할당되는 시간이 작을 경우 문맥 교환 및 오버헤드가 자주 발생되어 요청된 작업을 신속히 처리할 수 없다.

예제 다음과 같은 프로세스들이 차례로 준비상태 큐에 들어왔다고 가정할 때, 평균 대기 시간, 평균 반환 시간을 구하시오(단, Time Slice는 4초이다).

프로세스 번호	P1	P2	P3
실행 시간	20	4	6

① 주어진 시간 할당량(Time Slice) 동안 실행되지 못할 경우 준비상태 큐의 가장 마지막으로 재배치하여 차례를 기다리므로 다음과 같이 표시할 수 있다.

진행 시간 →	0	4	8	12	16	18	22	26
프로세스 번호	P1	P2	P3	P1	P3	P1	P1	P1
실행 시간	4	4	4	4	2	4	4	4

※ 색 동그라미는 프로세스가 완료됨을 표시한 것이다(P2 → 8초, P3 → 18초, P1 → 30초).

② 반환 시간 : 각 프로세스가 완료되는 시간을 이용하여 구한다.

③ 대기 시간 : 대기 시간을 구하고자 하는 프로세스의 가장 마지막 실행이 시작되기 전까지의 진행 시간을 이용하여 구하되, 해당 프로세스가 앞에서 여러 번 실행되었을 경우 실행된 시간은 제외한다.

프로세스 번호	P1	P2	P3	평균
반환 시간	30	8	18	$\frac{56}{3}$ = 18.6
대기 시간	26 – 16 = 10	4	16 – 4 = 12	$\frac{26}{3}$ = 8.6

24.7, 22.10

5 SRT(Shortest Remaining Time)

- SRT는 **현재 실행중인 프로세스의 남은 시간과** 준비상태 큐에 **새로 도착한 프로세스의 실행 시간을 비교하여 가장 짧은 실행 시간을 요구하는 프로세스에게** CPU를 **할당하는 기법**이다.
- 시분할 시스템에 유용하며, 준비상태 큐에 있는 각 프로세스의 실행 시간을 추적하여 보유하고 있어야 하므로 오버헤드가 증가한다.

예제 다음과 같은 프로세스들이 차례로 준비상태 큐에 들어왔다고 가정할 때, SRT 기법을 이용하여 평균 대기 시간, 평균 반환 시간을 구하시오.

프로세스 번호	A	B	C	D
도착 시간	0	1	2	3
실행 시간	8	4	9	5

① 아래와 같이 현재 실행중인 프로세스의 남은 시간과 준비상태 큐에 새로 도착한 프로세스의 실행 시간을 비교하여 가장 짧은 실행 시간을 요구하는 프로세스를 먼저 처리하도록 이동시킨 후 대기 시간과 반환 시간을 구한다.

② 실행이 마무리되지 못한 경우 준비상태 큐에 재배치하여 차례를 기다리므로 다음과 같이 표시할 수 있다.

진행 시간 →	0	1	5	10	17	26
프로세스	A	B	D	A	C	
실행 시간	1	4	5	7	9	
남은 시간	7	0	0	0	0	

※ 색 동그라미는 프로세스가 완료됨을 표시한 것이다(A → 17초, B → 5초, C → 26초, D → 10초).

③ 반환 시간 : '완료 시간 – 대기 시간'으로 구한다.

④ 대기 시간 : '완료 시간 – 도착 시간 – 실행 시간'으로 구한다.

프로세스 번호	A	B	C	D	평균
반환 시간	17	4	24	7	52/4 = 13
대기 시간	9	0	15	2	26/4 = 6.5

※ 정답 및 해설은 472쪽에 있습니다.

기출 따라잡기 Section 136

20년 5월

문제 1 HRN 비선점형 스케줄링의 우선순위를 구하는 계산식을 쓰시오.

답 :

24년 7월

문제 2 준비상태 큐에 각 프로세스의 도착 시간과 실행 시간이 다음과 같을 때 SRT(Shortest Remaining Time)로 스케줄링 할 때 평균 대기 시간을 쓰시오. (5점)

프로세스	도착 시간	실행 시간
A	0	8
B	1	4
C	2	9
D	3	5

답 :

필기 22년 4월, 20년 6월

문제 3 다음이 설명하고 있는 비선점 스케줄링 알고리즘의 명칭을 쓰시오.

- 실행 시간이 긴 프로세스에 불리한 SJF 기법을 보완하기 위한 것으로, 대기 시간과 서비스(실행) 시간을 이용하는 기법이다.
- 우선순위 계산 공식을 이용하여 서비스(실행) 시간이 짧은 프로세스나 대기 시간이 긴 프로세스에게 우선순위를 주어 CPU를 할당한다.
- 우선순위를 계산하여 그 숫자가 가장 높은 것부터 낮은 순으로 우선순위가 부여된다.

답 :

필기 24년 7월, 23년 5월, 20년 8월

문제 4 HRN 방식으로 스케줄링 할 경우, 입력된 작업이 다음과 같을 때 처리되는 작업 순서를 나열하시오.

작업	대기 시간	서비스(실행) 시간
A	5	20
B	40	20
C	15	45
D	20	2

답 : (　　　) → (　　　) → (　　　) → (　　　)

22년 10월

문제 5 스케줄링에 대한 다음 설명에서 괄호(①~③)에 들어갈 알맞은 용어를 쓰시오.

- (①)는 준비상태 큐에서 기다리고 있는 프로세스들 중에서 실행 시간이 가장 짧은 프로세스에게 먼저 CPU를 할당하는 기법이다. 가장 적은 평균 대기 시간을 제공하는 최적 알고리즘이지만, 실행 시간이 긴 프로세스는 실행 시간이 짧은 프로세스에게 할당 순위가 밀려 무한 연기 상태가 발생될 수 있다.
- (②)은 시분할 시스템을 위해 고안된 방식으로, 준비상태 큐에 먼저 들어온 프로세스가 먼저 CPU를 할당받지만 각 프로세스는 시간 할당량 동안만 실행한 후 실행이 완료되지 않으면 다음 프로세스에게 CPU를 넘겨주고 준비상태 큐의 가장 뒤로 배치된다. 할당되는 시간이 작을 경우 문맥 교환 및 오버헤드가 자주 발생되어 요청된 작업을 신속히 처리할 수 없다.
- (③)는 현재 실행중인 프로세스의 남은 시간과 준비상태 큐에 새로 도착한 프로세스의 실행 시간을 비교하여 가장 짧은 실행 시간을 요구하는 프로세스에게 CPU를 할당하는 기법으로, 시분할 시스템에 유용하다. 준비상태 큐에 있는 각 프로세스의 실행 시간을 추적하여 보유하고 있어야 하므로 오버헤드가 증가한다.

답

- ①
- ②
- ③

SECTION 137

환경 변수

전문가의 조언

환경 변수를 이용하는 소프트웨어를 만든 경우 소프트웨어가 실행될 때 시스템에 저장된 환경 변수를 불러와 사용하게 됩니다. 예를 들어 'USERNAME'이라는 환경 변수를 이용하여 "[USERNAME]님 안녕하세요"라는 메시지를 출력하는 소프트웨어를 만든 경우, 'USERNAME'에 'Sinagong'이 저장된 PC에서 소프트웨어를 실행하면 "Sinagong님 안녕하세요"가 출력되고, 'Gilbut'이 저장된 PC에서 실행하면 "Gilbut님 안녕하세요"가 출력됩니다.

변수(Variable)
변수는 컴퓨터가 명령을 처리하는 도중 발생하는 값을 저장하기 위한 공간으로, 변할 수 있는 값을 의미합니다.

시스템 환경 변수
시스템 환경 변수는 적용되는 범위가 모듈이나 실행 프로세스 내인 경우 내부 환경 변수, 모듈 외인 경우 외부 환경 변수로 구분합니다.

1 환경 변수(Environment Variable)

- 환경 변수*란 **시스템 소프트웨어의 동작에 영향을 미치는 동적인 값들의 모임**을 의미한다.
- 환경 변수는 변수명과 값으로 구성된다.
- 환경 변수는 시스템의 기본 정보를 저장한다.
- 환경 변수는 자식 프로세스에 상속된다.
- 환경 변수는 시스템 전반에 걸쳐 적용되는 시스템 환경 변수*와 사용자 계정 내에서만 적용되는 사용자 환경 변수로 구분된다.

2 Windows의 주요 환경 변수

- Windows에서 환경 변수를 명령어나 스크립트에서 사용하려면 변수명 앞뒤에 '%'를 입력해야 한다.
- Windows에서 set을 입력하면 모든 환경 변수와 값을 출력한다.

환경 변수	용도
%ALLUSERSPROFILE%	모든 사용자의 프로필이 저장된 폴더
%APPDATA%	설치된 프로그램의 필요 데이터가 저장된 폴더
%COMSPEC%	기본 명령 프롬프트로 사용할 프로그램명
%HOMEDRIVE%	로그인한 계정의 정보가 저장된 드라이브
%HOMEPATH%	로그인한 계정의 기본 폴더
%LOGONSERVER%	로그인한 계정이 접속한 서버명
%PATH%	실행 파일을 찾는 경로
%PATHEXT%	cmd에서 실행할 수 있는 파일의 확장자 목록
%PROGRAMFILES%	기본 프로그램의 설치 폴더
%SYSTEMDRIVE%	Windows가 부팅된 드라이브
%SYSTEMROOT%	부팅된 운영체제가 들어 있는 폴더

%TEMP% 또는 %TMP%	임시 파일이 저장되는 폴더
%USERDOMAIN%	로그인한 시스템의 도메인명
%USERNAME%	로그인한 계정 이름
%USERPROFILE%	로그인한 유저의 프로필이 저장된 폴더명

필기 20.9

3 UNIX / LINUX의 주요 환경 변수

- UNIX나 LINUX에서 환경 변수를 명령어나 스크립트에서 사용하려면 변수명 앞에 '$'를 입력해야 한다.
- UINIX나 LINUX에서는 set, env, printenv, setenv 중 하나를 입력하면 모든 환경 변수와 값을 표시한다.

환경 변수	용도
$DISPLAY	현재 X 윈도* 디스플레이 위치
$HOME	사용자의 홈 디렉터리
$LANG	프로그램 사용 시 기본적으로 지원되는 언어
$MAIL	메일을 보관하는 경로
$PATH	실행 파일을 찾는 경로
$PS1	쉘 프롬프트 정보
$PWD	현재 작업하는 디렉터리
$TERM	로긴 터미널 타입
$USER	사용자의 이름

X 윈도
X 윈도는 UNIX 계열의 운영체제에서 사용되는 GUI(Graphical User Interface) 기반의 시스템 소프트웨어를 의미합니다.
※ GUI(Graphic User Interface)
키보드로 명령어를 직접 입력하지 않고, 마우스로 아이콘이나 메뉴를 선택하여 모든 작업을 수행하는 방식

※ 정답 및 해설은 473쪽에 있습니다.

기출 따라잡기 Section 137

필기 20년 9월

문제 1 다음 보기에서 UNIX SHELL 환경 변수를 출력하는 명령어를 모두 골라 쓰시오.

• set	• configenv	• admintool	• env
• printenv	• pkginfo	• setenv	• badblocks

답 :

출제예상

문제 2 시스템 소프트웨어의 동작에 영향을 미치는 동적인 값들의 모임으로, 변수명과 값으로 구성되고, 시스템의 기본 정보를 저장하는 것은 무엇인지 쓰시오.

답 :

출제예상

문제 3 다음은 UNIX와 LINUX에서 사용되는 주요 환경 변수에 대한 설명이다. 괄호(①, ②)에 들어갈 알맞은 환경 변수를 쓰시오.

$DISPLAY	현재 X 윈도 디스플레이 위치
(①)	프로그램 사용 시 기본적으로 지원되는 언어
$PATH	실행 파일을 찾는 경로
(②)	현재 작업하는 디렉터리

답

• ①

• ②

출제예상

문제 4 환경 변수에 대한 다음 설명에서 괄호(①, ②)에 들어갈 알맞은 기호를 쓰시.

> 환경 변수(Environment Variable)란 시스템 소프트웨어의 동작에 영향을 미치는 동적인 값들의 모임이다. Windows에서 환경 변수를 명령어나 스크립트에서 사용하려면 변수명 앞뒤에 (①)를 입력해야 하고, UNIX나 LINUX에서는 변수명 앞에 (②)를 입력해야 한다.

답

• ①

• ②

SECTION 138

운영체제 기본 명령어

1 Windows 기본 명령어

명령어	기능
DIR*	현재 디렉터리의 파일 목록을 표시함 예 dir → 현재 디렉터리의 파일 목록을 표시한다.
COPY	파일을 복사함 예 copy abc.txt gilbut → abc.txt 파일을 gilbut 디렉터리로 복사한다.
DEL	파일을 삭제함 예 del abc.txt → abc.txt 파일을 삭제한다.
TYPE	파일의 내용을 표시함 예 type abc.txt → abc.txt 파일의 내용을 표시한다.
REN	파일의 이름을 변경함 예 ren abc.txt 123.txt → abc.txt 파일의 이름을 123.txt로 변경한다.
MD	디렉터리를 생성함 예 md gilbut → gilbut 디렉터리를 생성한다.
CD	동일한 드라이브에서 디렉터리의 위치를 변경함 예 cd gilbut → 디렉터리의 위치를 gilbut으로 변경한다.
CLS	화면의 내용을 지움 예 cls → 화면에 표시되어 있는 모든 내용을 지운다.
ATTRIB	파일의 속성*을 변경함 예 attrib +r abc.txt → abc.txt의 파일 속성을 읽기 전용으로 변경한다.
FIND	파일에서 문자열을 찾음 예 find "123" abc.txt → abc.txt에서 "123"이 포함된 문자열을 찾는다.
CHKDSK	디스크 상태를 점검함 예 chkdsk → 현재 드라이브의 상태를 점검한다.
FORMAT	디스크 표면을 트랙과 섹터로 나누어 초기화함 예 format c: → c 드라이브를 초기화한다.
MOVE	파일을 이동함 예 move abc.txt gilbut → abc.txt 파일을 gilbut 디렉터리로 이동한다.

전문가의 조언

Windows와 UNIX/LINUX에서 사용하는 명령어를 구분할 수 있어야 하고, 각 명령어들의 개별적인 기능을 알고 있어야 합니다.

전문가의 조언

명령어 뒤에 "/?"를 입력하면 해당 명령어의 옵션이 표시됩니다.
예 DIR/?

DIR의 옵션
- /P : 목록을 한 화면 단위로 표시
- /W : 목록을 가로로 나열하여 표시
- /O : 지정한 정렬 방식으로 파일 목록 표시(D : 날짜/시간, E : 확장자, N : 파일 이름, S : 파일 크기)
- /S : 하위 디렉터리의 정보까지 표시
- /A : 지정한 속성이 설정된 파일 목록 표시

속성의 종류
- R : 읽기 전용 속성
- A : 저장/백업 속성
- S : 시스템 파일 속성
- H : 숨김 파일

※ 속성을 지정할 때는 속성 앞에 +를, 해제할 때는 속성 앞에 –를 입력합니다.

명령어 뒤에 "--help"를 입력하면 해당 명령어의 옵션이 표시됩니다.
예 cat --help

chmod의 문자열 모드

사용자
- u : user(소유자)
- g : group(그룹)
- o : other(다른 사용자)
- a : all(모두)

설정기호
- + : 권한 추가
- − : 권한 삭제
- = : 권한 부여

권한
- r : read(읽기)
- w : write(쓰기)
- x : excute(실행)

ls로 파일 목록을 표시했을 때 파란색 파일은 실행 파일, 흰색 파일은 비실행 파일을 의미합니다.

23.10, 20.7, 필기 24.7, 24.5, 23.7, 23.5, 22.7, 20.8

2 UNIX/LINUX 기본 명령어

명령어	기능
cat	파일 내용을 화면에 표시함 예 cat abc.txt → abc.txt 파일 내용을 화면에 표시한다.
cd	디렉터리의 위치를 변경함 예 cd gilbut → gilbut 디렉터리로 이동한다.
23.10, 20.7 chmod	파일의 보호 모드*를 설정하여 파일의 사용 허가를 지정함 예 chmod u=rwx abc.txt → user(u)에게 abc.txt 파일의 읽기(r), 쓰기(w), 실행(x) 권한을 부여(=)한다.
chown	파일 소유자와 그룹을 변경함 예 chown member1 abc.txt → abc.txt 파일의 소유자를 member1로 변경한다.
cp	파일을 복사함 예 cp abc.txt gilbut/abc2.txt → abc.txt 파일을 gilbut 디렉터리에 abc2.txt로 이름을 변경하여 복사한다.
rm	파일을 삭제함 예 rm abc.txt → abc.txt 파일을 삭제한다.
find	파일을 찾음 예 find abc.txt → abc.txt 파일을 찾는다.
fsck	파일 시스템을 검사하고 보수함 예 fsck /dev/sda1 → /dev/sda1에 기록된 모든 파일 시스템을 검사하고 보수한다.
kill	PID(프로세스 고유 번호)를 이용하여 프로세스를 종료함 예 kill 1234 → PID가 1234인 프로세스를 종료한다.
필기 23.5, 22.7, … fork	새로운 프로세스를 생성함 예 fork( ) → 새로운 프로세스를 생성한다.
killall	프로세스의 이름을 이용하여 프로세스를 종료함 예 killall gilbut → 프로세스 이름이 gilbut인 모든 프로세스를 종료한다.
ls*	현재 디렉터리의 파일 목록을 표시함 예 ls → 현재 디렉터리의 파일 목록을 표시한다.
mkdir	디렉터리를 생성함 예 mkdir gilbut → gilbut 디렉터를 생성한다.
rmdir	디렉터리를 삭제함 예 rmdir gilbut → gilbut 디렉터를 삭제한다.
필기 24.7, 24.5, 23.7 uname	시스템의 이름과 버전, 네트워크 호스트명 등의 시스템 정보를 표시함

mv	파일을 이동함 예 mv abc.txt gilbut/abc2.txt → abc.txt 파일을 gilbut 디렉터리에 abc2.txt로 이름을 변경하여 이동한다.
ps	현재 실행중인 프로세스를 표시함 예 ps → 현재 실행중인 프로세스를 표시한다.
pwd	현재 작업중인 디렉터리 경로를 화면에 표시함 예 pwd → 현재 작업중인 디렉터리 경로를 화면에 표시한다.
top	시스템의 프로세스와 메모리 사용 현황을 표시함 예 top → 시스템의 프로세스와 메모리 사용 현황을 표시한다.
who	현재 시스템에 접속해 있는 사용자를 표시함 예 who → 현재 시스템에 접속해 있는 사용자를 표시한다.

예제 UNIX 기반 시스템에서 'batch.sh' 파일에 대해 소유자와 그룹에게는 전체 권한, 기타 사용자에게는 읽기와 실행 권한만 부여하는 명령문을 8진법 숫자를 이용하여 작성하시오.

해설

- UNIX에서는 파일의 권한(permission)을 10자리로 표현하는데 1번째 자리는 디렉터리(d) 또는 파일(–)을, 2~4번째 자리는 소유자(Owner) 권한을, 5~7번째 자리는 그룹(Group) 권한을, 8~10번째 자리는 기타 사용자(Other) 권한을 의미합니다.
- 각 자리는 r(읽기), w(쓰기), x(실행), –(권한없음)으로 표시합니다.

  – 파일 구분(–) : 파일을 의미
  – 소유자(rwx) : 읽기, 쓰기, 실행 가능
  – 그룹(rwx) : 읽기, 쓰기, 실행 가능
  – 기타 사용자(r–x) : 읽기, 실행만 가능
- 권한을 변경하는 chmod 명령어는 위의 권한 표현 방식을 8진수로 변경하여 사용할 수 있습니다.
- 변경 방법은 파일 구분을 제외한 각 권한을 권한있음(1)과 권한없음(0)으로 바꾼 뒤 8진수로 변환하여 chmod 명령어의 매개 변수로 사용하면 됩니다.

예 rwx rwx r-x

↓ ('-'는 0, 나머지는 1로 바꾸어 준다.)

111 111 101

↓ (3자리 2진수를 8진수로 변환한다. 111 = 7, 101 = 5)

7 7 5

↓ (chmod 명령문을 완성한다.)

chmod 775 batch.sh

※ 정답 및 해설은 473쪽에 있습니다.

기출 따라잡기 Section 138

23년 10월, 20년 7월

문제 1 리눅스 또는 유닉스에서 'a.txt' 파일에 대해 다음 〈처리 조건〉과 같이 권한을 부여하고자 한다. 〈처리 조건〉을 준수하여 적합한 명령문을 작성하시오.

〈처리 조건〉

- 사용자에게 읽기, 쓰기, 실행 권한을 부여한다.
- 그룹에게 읽기, 실행 권한을 부여한다.
- 기타 사용자에게 실행 권한을 부여한다.
- 한 줄로 작성하고, 8진법 숫자를 이용한 명령문을 이용한다.

답 :

출제예상

문제 2 Windows에서 사용하는 dir 명령어의 기능을 간략히 서술하시오.

답 :

출제예상

문제 3 UNIX에서 현재 시스템의 프로세스와 메모리 사용 현황을 표시할 때 사용하는 명령어를 쓰시오.

답 :

출제예상

문제 4 Windows에서 디스크 표면을 트랙과 섹터로 나누어 초기화할 때 사용하는 명령어를 쓰시오.

답 :

필기 23년 5월, 22년 7월, 20년 8월

문제 5 UNIX의 명령어 중 fork의 기능을 간략히 서술하시오.

답 :

출제예상

문제 6 Windows의 명령 프롬프트에서 file.txt 파일의 읽기 전용 속성은 해제하고 숨김 속성은 지정하려고 한다. 이에 알맞은 명령문을 작성하시오.

답 :

출제예상

문제 7 UNIX에서 abc.txt 파일에 대해 다른 사용자의 읽기, 쓰기 권한을 제거하는 명령문을 작성하시오.

답 :

출제예상

문제 8 Windows의 명령 프롬프트에서 C 드라이브에 있는 file1.txt 파일을 file2.txt로 이름을 변경하여 D 드라이브로 이동하는 명령문을 작성하시오.

답 :

출제예상

문제 9 UNIX의 명령어에 대한 다음 물음에 답하시오.

① text1이라는 디렉터리를 생성하는 명령문을 작성하시오.

답 :

② text2라는 디렉터리를 삭제하는 명령문을 작성하시오.

답 :

출제예상

문제 10 Windows의 명령 프롬프트에서 file.txt 파일의 내용 중 '가나다' 문자열을 찾는 명령문을 작성하시오.

답 :

출제예상

문제 11 UNIX에서 현재 디렉터리에 있는 file1.txt 파일을 dir 디렉터리로 이동하되 파일명을 file2.txt로 변경하여 이동시키려고 한다. 이에 알맞은 명령문을 작성하시오.

답 :

SECTION
139 인터넷

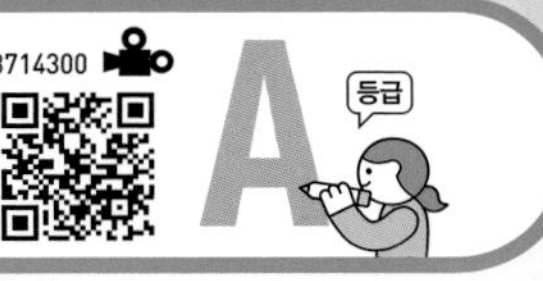

1 인터넷(Internet)

- 인터넷이란 TCP/IP 프로토콜을 기반으로 하여 **전 세계 수많은 컴퓨터와 네트워크들이 연결된 광범위한 컴퓨터 통신망**이다.
- 인터넷에 연결된 모든 컴퓨터는 고유한 IP 주소를 갖는다.

전문가의 조언
인터넷은 어려운 내용은 아닙니다. IPv6 주소의 개념과 구성을 중심으로 인터넷, IP 주소, 서브네팅의 특징을 정리하세요.

21.4, 필기 21.8
2 IP 주소(Internet Protocol Address)

- IP 주소는 **인터넷에 연결된 모든 컴퓨터 자원을 구분하기 위한 고유한 주소**이다.
- 8비트씩 4부분, 총 32비트로 구성되어 있다.
- IP 주소는 네트워크 부분의 길이에 따라 다음과 같이 A 클래스에서 E 클래스까지 총 5단계로 구성되어 있다.

A Class	• 국가나 대형 통신망에 사용(0~127로 시작*) • 2^{24} = 16,777,216개의 호스트 사용 가능	1 8 9 16 17 24 25 32bit
B Class	• 중대형 통신망에 사용(128~191로 시작) • 2^{16} = 65,536개의 호스트 사용 가능	
C Class	• 소규모 통신망에 사용(192~223으로 시작) • 2^{8} = 256개의 호스트 사용 가능	
D Class	멀티캐스트*용으로 사용(224~239로 시작)	네트워크 부분 호스트 부분
E Class	실험적 주소이며 공용되지 않음	

A Class의 실직적인 네트워크 주소
A Class의 네트워크 주소는 0~127로 시작하지만, 0번과 127번은 예약된 주소이므로 실질적으로는 1~126으로 시작합니다.

멀티캐스트(Multicast)
멀티캐스트란 한 명 이상의 송신자들이 특정한 한 명 이상의 수신자들에게 데이터를 전송하는 방식으로, 인터넷 화상 회의 등에서 사용됩니다.

필기 21.8, 20.8
3 서브네팅(Subnetting)

- 서브네팅은 할당된 **네트워크 주소**를 다시 **여러 개의 작은 네트워크로 나누어 사용하는 것**을 말한다.
- 4바이트의 IP 주소 중 네트워크 주소와 호스트 주소를 구분하기 위한 비트를 서브넷 마스크(Subnet Mask)라고 하며, 이를 변경하여 네트워크 주소를 여러 개로 분할하여 사용한다.
- 서브넷 마스크는 각 클래스마다 다르게 사용된다.

22.10, 22.7, 필기 24.2, 23.5, 23.2, 21.8, 20.8

잠깐만요 서브네팅(Subnetting)의 예

예제 192.168.1.0/24 네트워크를 FLSM 방식을 이용하여 3개의 Subnet으로 나누었을 때, 두 번째 네트워크의 브로드캐스트 IP주소를 10진수 방식으로 쓰시오.

192.168.1.0/24에서 '/24'는 서브넷 마스크를 의미합니다. 즉 서브넷 마스크는 1의 개수가 24개라는 것으로 이를 2진수로 표현하면 다음과 같습니다.

11111111	11111111	11111111	00000000
255	255	255	0

서브넷 마스크를 Subnet으로 나눌 때는 서브넷 마스크가 0인 부분, 즉 마지막 8비트를 이용하면 됩니다. Subnet으로 나눌 때 "3개의 Subnet으로 나눈다"는 것처럼 네트워크가 기준일 때는 왼쪽을 기준으로 나눌 네트워크 수에 필요한 비트를 할당하고 나머지 비트로 호스트를 구성하면 됩니다. 3개의 Subnet으로 구성하라 했으니 8비트 중 3을 표현하는데 필요한 2(2^2=4)비트를 제외하고 나머지 6비트를 호스트로 구성하면 됩니다.

- 네트워크 개수 = 4(=$2^{2(\text{필요한 비트 수})}$)
- 호스트 개수 = 64(=$2^{6(\text{남은 비트 수})}$)
- 문제에서 FLSM(Fixed Length Subnet Mask), 즉 고정된 크기로 주소를 할당하라고 했으므로 다음 표와 같이 64개의 호스트를 갖는 4개의 네트워크로 나눌 수 있으나 문제에서 3개의 Subnet을 구성하라 하였으므로 4번 네트워크는 사용되지 않습니다.
- 네트워크별로 첫 번째 주소는 네트워크 주소이고, 마지막 주소는 브로드캐스트 주소입니다.

네트워크	네트워크 주소	브로드캐스트 주소
1	192.168.1.0	192.168.1.63
2	192.168.1.64	192.168.1.127
3	192.168.1.128	192.168.1.191
4	192.168.1.192	192.168.1.255

∴ 3개의 Subnet으로 나누어진 위의 네트워크에서 두 번째 네트워크의 브로드캐스트 주소는 192.168.1.127입니다.

21.4, 20.11, 필기 24.7, 24.2, 23.7, 23.2, 23.7, 23.2, 21.3, 20.8, 20.6

4 IPv6(Internet Protocol version 6)

- IPv6은 현재 사용하고 있는 IP 주소 체계인 IPv4의 주소 부족 문제를 해결하기 위해 개발되었다.
- 128비트의 긴 주소를 사용하여 주소 부족 문제를 해결할 수 있다.
- IPv4에 비해 자료 전송 속도가 빠르다.
- 인증성*, 기밀성*, 데이터 무결성*의 지원으로 보안 문제를 해결할 수 있다.
- 주소의 확장성, 융통성, 연동성이 뛰어나다.
- 실시간 흐름 제어로 향상된 멀티미디어 기능을 지원한다.
- 패킷 크기를 확장할 수 있으므로 패킷 크기에 제한이 없다.
- 기본 헤더* 뒤에 확장 헤더를 더함으로써 더욱 다양한 정보의 저장이 가능해져 네트워크 기능 확장이 용이하다.
- IPv4와 호환성이 뛰어나다.

- **인증성** : 사용자의 식별과 접근 권한 검증
- **기밀성** : 시스템 내의 정보와 자원은 인가된 사용자에게만 접근 허용
- **무결성** : 시스템 내의 정보는 인가된 사용자만 수정 가능

헤더(Header)
헤더는 패킷 전송 시 제일 앞에 배치되는 영역으로, IP 주소의 버전, 인증 정보, 패킷에 대한 정보, 출발 주소, 도착 주소 등의 다양한 정보를 포함합니다.

필기 20.6

5 IPv6의 구성

- 16비트씩 8부분, 총 128비트로 구성되어 있다.
- 각 부분을 16진수로 표현하고, 콜론(:)으로 구분한다.
- IPv6은 다음과 같이 세 가지 주소 체계로 나누어진다.

필기 20.6 **유니캐스트(Unicast)**	단일 송신자와 단일 수신자 간의 통신(1 대 1 통신에 사용)
필기 20.6 **멀티캐스트(Multicast)**	단일 송신자와 다중 수신자 간의 통신(1 대 다 통신에 사용)
필기 20.6 **애니캐스트(Anycast)**	단일 송신자와 가장 가까이 있는 단일 수신자 간의 통신 (1 대 1 통신에 사용)

6 도메인 네임(Domain Name)

- 도메인 네임은 **숫자로 된 IP 주소**를 사람이 이해하기 쉬운 **문자 형태로 표현**한 것이다.
- 호스트 컴퓨터 이름, 소속 기관 이름, 소속 기관의 종류, 소속 국가명 순으로 구성*되며, 왼쪽에서 오른쪽으로 갈수록 상위 도메인을 의미한다.
- 문자로 된 도메인 네임을 컴퓨터가 이해할 수 있는 IP 주소로 변환하는 역할을 하는 시스템을 DNS(Domain Name System)라고 하며 이런 역할을 하는 서버를 DNS 서버라고 한다.

도메인 네임의 구성

www.sinagong.co.kr

- 호스트 컴퓨터 이름
- 소속 기관이름
- 소속 기관 종류
- 소속 국가

※ 정답 및 해설은 474쪽에 있습니다.

기출 따라잡기 Section 139

20년 11월, 필기 23년 7월, 2월

문제 1 네트워크 및 인터넷과 관련된 다음 설명에 해당하는 용어를 영문(Full name 또는 약어)으로 쓰시오.

- 현재 사용하고 있는 IP 주소 체계인 IPv4의 주소 부족 문제를 해결하기 위해 개발되었다.
- 각 부분을 16진수로 표현하고, 콜론(:)으로 구분한다.
- 인증성, 기밀성, 데이터 무결성의 지원으로 보안 문제를 해결할 수 있다.
- 주소의 확장성, 융통성, 연동성이 뛰어나며, 실시간 흐름 제어로 향상된 멀티미디어 기능을 지원한다.

답 :

21년 4월, 필기 20년 8월, 6월

문제 2 인터넷에 대한 다음 설명에서 괄호(①, ②)에 들어갈 알맞은 답을 쓰시오.

1. IPv6는 (①) 비트의 주소를 가지며, 인증성, 기밀성, 데이터 무결성의 지원으로 보안 문제를 해결할 수 있고, 주소의 확장성, 융통성, 연동성이 뛰어나다.
2. IPv4는 32 비트의 주소를 가지며 (②) 비트씩 4부분, 총 32비트로 구성되어 있다. IPv4는 네트워크 부분의 길이에 따라 A 클래스에서 E 클래스까지 총 5단계로 구성되어 있다.

답

- ①
- ②

필기 20년 6월

문제 3 IPv4의 주소 부족 문제를 해결하기 위해 개발된 IPv6의 주소 체계 세 가지를 쓰시오.

답 :

필기 24년 2월, 23년 5월, 21년 8월, 20년 8월

문제 4 200.1.1.0/24 네트워크를 FLSM 방식을 이용하여 10개의 Subnet으로 나누고, ip subnet-zero를 적용했다. 이때 서브네팅된 네트워크 중 10번째 네트워크의 broadcast IP 주소를 쓰시오.

답 :

22년 7월

문제 5 서브네팅(Subnetting)에 대한 다음 설명에서 괄호(①, ②)에 들어갈 알맞은 답을 쓰시오.

> 현재 IP 주소가 192.168.1.132이고, 서브넷 마스크가 255.255.255.192일 때, 네트워크 주소는 192.168.1.(①)이고, 해당 네트워크에서 네트워크 주소와 브로드캐스트 주소를 제외한 사용 가능 호스트의 수는 (②)개이다.

답

- ①
- ②

SECTION 140

OSI 참조 모델

전문가의 조언

OSI 7계층의 전체적인 순서와 하위 계층 또는 상위 계층을 구분할 수 있어야 합니다. 꼭 외우세요. 하위 계층부터 '물 → 데 → 네 → 전 → 세 → 표 → 응!'

OSI 참조 모델의 기본 개념

OSI 참조 모델은 특정 시스템에 대한 프로토콜의 의존도를 줄이고, 장래의 기술 진보 등에 따른 프로토콜의 확장성을 고려해 보편적인 개념과 용어를 사용하여 컴퓨터 통신망의 논리 구조를 규정하고 있습니다. 이 개념에 따라 OSI 참조 모델은 통신 회선(물리 매체)에 결합된 하나 이상의 개방형 시스템이, 통신망 상에서 특정한 업무를 분산하여 수행하기 위한 시스템 간의 협동적인 동작에 대하여 규정하고 있습니다. 이 협동적인 동작에는 프로세스 간의 통신, 데이터의 기억, 프로세스 및 자원의 관리, 안전 보호 및 프로그램의 지원 등이 있습니다.

1 OSI(Open System Interconnection) 참조 모델

- OSI 참조 모델*은 다른 시스템 간의 원활한 통신을 위해 ISO(**국제표준화기구**)**에서 제안한 통신 규약**(Protocol)이다.
- OSI 7계층은 1~3 계층을 하위 계층, 4~7 계층을 상위 계층이라고 한다.
  - 하위 계층 : 물리 계층 → 데이터 링크 계층 → 네트워크 계층
  - 상위 계층 : 전송 계층 → 세션 계층 → 표현 계층 → 응용 계층

20.5, 필기 23.5

2 물리 계층(Physical Layer)

- 물리 계층은 전송에 필요한 두 장치 간의 실제 접속과 절단 등 기계적, 전기적, 기능적, 절차적 특성에 대한 규칙을 정의한다.
- 물리적 전송 매체와 전송 신호 방식을 정의한다.
- RS-232C, X.21 등의 표준이 있다.
- **관련 장비** : 리피터, 허브

21.10, 필기 24.2, 23.7, 21.3, 20.8

3 데이터 링크 계층(Data Link Layer)

- 데이터 링크 계층은 두 개의 인접한 개방 시스템들 간에 신뢰성 있고 효율적인 정보 전송을 할 수 있도록 시스템 간 연결 설정과 유지 및 종료를 담당한다.
- 송신 측과 수신 측의 속도 차이 해결을 위한 흐름 제어 기능을 한다.
- 프레임의 시작과 끝을 구분하기 위한 프레임의 동기화 기능을 한다.
- 오류의 검출과 회복을 위한 오류 제어 기능을 한다.
- 프레임의 순서적 전송을 위한 순서 제어 기능을 한다.
- HDLC, LAPB, LLC, MAC, LAPD, PPP 등의 표준이 있다.
- **관련 장비** : 랜카드, 브리지, 스위치

21.10, 필기 21.5

4 네트워크 계층(Network Layer, 망 계층)

- 네트워크 계층은 개방 시스템들 간의 네트워크 연결을 관리하는 기능과 데이터의 교환 및 중계 기능을 한다.

- 네트워크 연결을 설정, 유지, 해제하는 기능을 한다.
- 경로 설정(Routing), 데이터 교환 및 중계, 트래픽 제어, 패킷 정보 전송을 수행한다.
- X.25, IP 등의 표준이 있다.
- **관련 장비** : 라우터

필기 24.7, 23.2, 20.9, 20.6

5 전송 계층(Transport Layer)

- 전송 계층은 논리적 안정과 균일한 데이터 전송 서비스를 제공함으로써 종단 시스템(End-to-End) 간에 투명한 데이터 전송을 가능하게 한다.
- OSI 7계층 중 하위 3계층과 상위 3계층의 인터페이스(Interface)를 담당한다.
- 종단 시스템(End-to-End) 간의 전송 연결 설정, 데이터 전송, 연결 해제 기능을 한다.
- 주소 설정, 다중화(분할 및 재조립), 오류 제어, 흐름 제어를 수행한다.
- TCP, UDP 등의 표준이 있다.
- **관련 장비** : 게이트웨이

필기 22.7

6 세션 계층(Session Layer)

- 세션* 계층은 송 · 수신 측 간의 관련성을 유지하고 대화 제어를 담당한다.
- 대화(회화) 구성 및 동기 제어, 데이터 교환 관리 기능을 한다.
- 대화의 생성, 관리, 종료를 위해 토큰*을 사용한다.
- 동기점은 오류가 있는 데이터의 회복을 위해 사용하는 것으로, 종류에는 소동기점*과 대동기점*이 있다.

21.10

7 표현 계층(Presentation Layer)

- 표현 계층은 응용 계층으로부터 받은 데이터를 세션 계층에 보내기 전에 통신에 적당한 형태로 변환하고, 세션 계층에서 받은 데이터는 응용 계층에 맞게 변환하는 기능을 한다.
- 서로 다른 데이터 표현 형태를 갖는 시스템 간의 상호 접속을 위해 필요한 계층이다.
- 코드 변환, 데이터 암호화, 데이터 압축, 구문 검색, 정보 형식(포맷) 변환, 문맥관리 기능을 한다.

세션(Session)
세션이란 두 이용자 사이의 연결을 의미합니다. 세션 계층은 연결을 원하는 두 이용자 사이의 세션 설정 및 유지를 가능하게 함으로써 두 이용자 간의 대화를 관리하고, 파일 복구 등의 기능을 지원합니다.

토큰(Token)
송수신 간의 대화를 관리하기 위해 사용되는 특수한 메시지입니다.
- **데이터 토큰** : 데이터의 전송 권한을 부여할 때 사용
- **해제 토큰** : 연결 해제를 제어할 때 사용
- **동기 토큰** : 동기 처리가 필요한 경우 사용

소동기점(Minor Synchronization Point)
소동기점은 하나의 대화 단위 내에서 데이터의 전달을 제어하는 역할을 하며, 수신 측으로부터 확인 신호(ACK)를 받지 않습니다.

대동기점(Major Synchronization Point)
대동기점은 전송하는 각 데이터의 처음과 끝에 사용하여 전송하는 데이터 단위를 대화 단위로 구성하는 역할을 하며, 수신 측으로부터 반드시 전송한 데이터에 대한 확인 신호(ACK)를 받습니다.

8 응용 계층(Application Layer)

- 응용 계층은 사용자(응용 프로그램)가 OSI 환경에 접근할 수 있도록 서비스를 제공한다.
- 응용 프로세스 간의 정보 교환, 전자 사서함, 파일 전송, 가상 터미널 등의 서비스를 제공한다.

※ 정답 및 해설은 476쪽에 있습니다.

기출 따라잡기 Section 140

20년 5월, 필기 23년 5월

문제 1 다음이 설명하는 OSI 참조 모델의 계층을 쓰시오.

- 다양한 전송매체를 통해 비트 스트림을 전송한다.
- 전송에 필요한 두 장치 간의 실제 접속과 절단 등 기계적, 전기적, 기능적, 절차적 특성에 대한 규칙을 정의한다.

답 :

필기 21년 3월, 20년 8월

문제 2 OSI-7 Layer에서 링크의 설정과 유지 및 종료를 담당하며, 노드간의 오류 제어와 흐름 제어 기능을 수행하는 계층을 쓰시오.

답 :

필기 24년 7월, 20년 9월, 6월

문제 3 OSI 7계층에서 단말기 사이에 오류 수정과 흐름 제어를 수행하여 신뢰성 있고 명확한 데이터를 전달하는 계층을 쓰시오.

답 :

필기 22년 7월

문제 4 OSI 7계층 중 다음 설명에 해당하는 계층을 쓰시오.

• 두 응용 프로세스 간의 통신에 대한 제어 구조를 제공한다.
• 연결의 생성, 관리, 종료를 위해 토큰을 사용한다.

답 :

21년 10월, 필기 23년 7월

문제 5 OSI 7 Layer에 대한 다음 설명에서 각 번호(①~③)에 해당하는 계층(Layer)을 쓰시오.

OSI 7 Layer는 다른 시스템 간의 원활한 통신을 위해 ISO(국제표준화기구)에서 제안한 통신 규약(Protocol)이다.

① – 물리적으로 연결된 두 개의 인접한 개방 시스템들 간에 신뢰성 있고 효율적인 정보 전송을 할 수 있도록 연결 설정, 데이터 전송, 오류 제어 등의 기능을 수행한다.

② – 개방 시스템들 간의 네트워크 연결을 관리하며, 경로 제어, 패킷 교환, 트래픽 제어 등의 기능을 수행한다.

③ – 서로 다른 데이터 표현 형태를 갖는 시스템 간의 상호 접속을 위해 필요한 계층으로, 코드 변환, 데이터 암호화, 데이터 압축, 구문 검색 등의 기능을 수행한다.

답

• ①
• ②
• ③

SECTION 141

네트워크 관련 장비

전문가의 조언

네트워크 구축에 필요한 장비들의 개별적인 기능이 중요합니다. 어떤 네트워크를 연결하는가와, OSI 참조 모델의 어떤 계층에서 동작하는 장비인지를 중심으로 각 장비의 특징을 확실하게 알고 넘어가야 합니다.

1 네트워크 인터페이스 카드(NIC; Network Interface Card)

- 네트워크 인터페이스 카드는 컴퓨터와 컴퓨터 또는 컴퓨터와 네트워크를 연결하는 장치이다.
- 정보 전송 시 정보가 케이블을 통해 전송될 수 있도록 정보 형태를 변경한다.
- 이더넷 카드(LAN 카드) 혹은 네트워크 어댑터라고도 한다.

2 허브(Hub)

- 허브는 한 사무실이나 가까운 거리의 컴퓨터들을 연결하는 장치로, 각각의 **회선을 통합하여 관리**한다.
- 허브는 신호 증폭 기능을 하는 리피터의 역할을 포함한다.
- 허브 종류
  - 더미 허브(Dummy Hub) : 네트워크에 흐르는 모든 데이터를 단순히 연결하는 기능만 제공하는 허브
  - 스위칭 허브(Switching Hub) : 네트워크상에 흐르는 데이터의 유무 및 흐름을 제어하여 각각의 노드가 허브의 최대 대역폭을 사용할 수 있는 지능형 허브

3 리피터(Repeater)

- 리피터는 거리가 증가할수록 감쇠하는 디지털 신호의 장거리 전송을 위해 **수신한 신호를 재생시키거나 출력 전압을 높여 전송하는 장치**이다.
- OSI 참조 모델의 물리 계층에서 동작하는 장비이다.
- 전송 거리의 연장 또는 배선의 자유도를 높이기 위한 용도로 사용된다.

4 브리지(Bridge)

- 브리지는 **LAN과 LAN을 연결하거나 LAN 안에서의 컴퓨터 그룹을 연결하는 장치**이다.

- 네트워크의 수많은 단말기들에 의해 발생되는 트래픽 병목 현상을 줄일 수 있다.
- 네트워크를 분산적으로 구성할 수 있어 보안성을 높일 수 있다.
- 브리지를 이용한 서브넷(Subnet) 구성 시 전송 가능한 회선 수는 브리지가 n개일 때, n(n−1)/2개이다.

5 스위치(Switch)

- 스위치는 브리지와 같이 **LAN과 LAN을 연결하여 훨씬 더 큰 LAN을 만드는 장치**이다.
- 하드웨어를 기반으로 처리하므로 전송 속도가 빠르다.
- 포트마다 서로 다른 전송 속도를 지원하게 제어할 수 있다.
- 수십에서 수백 개의 포트를 제공한다.
- OSI 참조 모델의 데이터 링크 계층에서 사용된다.

필기 21.5

6 라우터(Router)

- 라우터는 브리지와 같이 LAN과 LAN의 연결 기능에 **데이터 전송의 최적 경로를 선택**하는 기능이 추가된 장치이다.
- 서로 다른 LAN 또는 LAN과 WAN을 연결하는 기능도 한다.
- OSI 참조 모델의 네트워크 계층에서 동작하는 장비이다.
- 3계층, 즉 네트워크 계층까지의 프로토콜 구조가 다른 네트워크 간의 연결을 위해 프로토콜 변환 기능을 수행한다.

7 게이트웨이(Gateway)

- 게이트웨이는 OSI 전 계층의 **프로토콜 구조가 다른 네트워크를 연결하는 장치**이다.
- LAN에서 다른 네트워크에 데이터를 보내거나 다른 네트워크로부터 데이터를 받아들이는 출입구 역할을 한다.
- 세션 계층, 표현 계층, 응용 계층 간을 연결하여 데이터 형식 변환, 주소 변환, 프로토콜 변환 등을 수행한다.

※ 정답 및 해설은 476쪽에 있습니다.

기출 따라잡기 Section 141

출제예상

문제 1 다음이 설명하는 네트워크 관련 장비를 쓰시오.

- 디지털 회선의 중간에 위치하는 것으로, 거리가 증가할수록 감쇠하는 디지털 신호의 장거리 전송을 위해 수신한 신호를 새로 재생시키거나 출력 전압을 높여 전송하는 장치이다.
- OSI 참조 모델의 물리 계층에서 동작하는 장비이다.

답 :

출제예상

문제 2 프로토콜이 다른 네트워크를 연결시켜 주는 장치로, 응용 계층을 연결하여 데이터 형식의 변환 및 프로토콜의 변환 등을 수행한다. 주로 LAN에서 다른 네트워크에 데이터를 보내거나 다른 네트워크로부터 데이터를 받아들이는 출입구 역할을 하는 네트워크 관련 장비를 쓰시오.

답 :

출제예상

문제 3 한 사무실이나 가까운 거리의 컴퓨터들을 연결하는 장치로, 각 회선을 통합적으로 관리하며, 신호 증폭 기능을 하는 리피터(Repeater)의 역할도 포함하는 네트워크 관련 장비를 쓰시오.

답 :

출제예상

문제 4 다음이 설명하는 네트워크 관련 장비를 쓰시오.

- 리피터와 동일한 기능을 수행하지만, 단순 신호 증폭뿐만 아니라 네트워크 분할을 통해 트래픽을 감소시키며, 물리적으로 다른 네트워크를 연결할 때 사용한다.
- 데이터 링크 계층 중 MAC(Media Access Control) 계층에서 사용된다.
- 네트워크를 분산적으로 구성할 수 있어 보안성을 높일 수 있다.

답 :

출제예상

문제 5 다음이 설명하는 네트워크 관련 장비를 쓰시오.

- 인터넷에 접속할 때 반드시 필요한 장비로, 가장 최적의 경로를 설정하여 전송한다.
- OSI 참조 모델의 네트워크 계층에서 동작한다.
- 접속 가능한 경로에 대한 정보를 라우팅 제어표(Routing Table)에 저장하여 보관한다.

답 :

출제예상

문제 6 브리지(Bridge)는 LAN과 LAN을 연결하거나 LAN 안에서의 컴퓨터 그룹을 연결하는 기능을 수행한다. 브리지를 이용한 서브넷(Subnet) 구성 시 브리지가 15개일 경우 전송 가능한 회선 수는 몇 개인지 계산식과 함께 쓰시오.

답

- ① 계산식 :
- ② 답 :

SECTION 142

TCP/IP

전문가의 조언

프로토콜이란 두 개체 간에 합의된 약속이란 의미를 가지고 있습니다. 프로토콜의 개념을 확실히 알고, 기본 요소 세 가지를 꼭 외우세요.

프로토콜

1965년 톰 마릴(Tom Marill)이 컴퓨터가 메시지를 전달하고, 메시지가 제대로 도착했는지 확인하며, 도착하지 않았을 경우 메시지를 재전송하는 일련의 방법을 '기술적 은어'란 뜻의 프로토콜로 정의하였습니다.

20.10, 20.5

1 프로토콜(Protocol)

- 프로토콜*은 서로 다른 기기들 간의 **데이터 교환을 원활하게 수행할 수 있도록 표준화시켜 놓은 통신 규약**이다.
- 프로토콜의 기본 요소

20.5 **구문(Syntax)**	전송하고자 하는 데이터의 형식, 부호화, 신호 레벨 등을 규정함
20.5 **의미(Semantics)**	두 기기 간의 효율적이고 정확한 정보 전송을 위한 협조 사항과 오류 관리를 위한 제어 정보를 규정함
20.5 **시간(Timing)**	두 기기 간의 통신 속도, 메시지의 순서 제어 등을 규정함

- **프로토콜의 기능** : 단편화와 재결합, 캡슐화, 흐름 제어, 오류 제어, 동기화, 순서 제어, 주소 지정, 다중화, 경로 제어, 전송 서비스 등

전문가의 조언

TCP와 IP의 기능, TCP/IP를 구성하는 계층을 구분할 수 있어야 합니다. TCP와 IP의 기능과 TCP/IP의 계층이 OSI 7계층의 어느 계층에 대응되는지를 잘 알아두세요.

연결형 통신

연결형 통신은 송·수신 측 간을 논리적으로 연결한 후 데이터를 전송하는 방식으로, 가상 회선 방식이 대표적입니다. 데이터 전송의 안정성과 신뢰성이 보장되지만, 연결 설정 지연이 일어나며, 회선 이용률이 낮아질 수 있습니다.

비연결형 통신

비연결형 통신은 송·수신 측 간에 논리적 연결 없이 독립적으로 데이터를 전송하는 방식으로, 데이터그램 방식이 대표적입니다.

24.7, 23.4, 21.7, 필기 21.3

2 TCP/IP(Transmission Control Protocol/Internet Protocol)

TCP/IP는 인터넷에 연결된 **서로 다른 기종의 컴퓨터들이 데이터를 주고받을 수 있도록 하는 표준 프로토콜**이다.

프로토콜	내용
필기 21.3 TCP(Transmission Control Protocol)	• OSI 7계층의 전송 계층에 해당함 • 가상 회선 방식을 기반으로 하는 연결형* 서비스를 제공함 • 패킷의 다중화, 순서 제어, 오류 제어, 흐름 제어 기능을 제공함
IP(Internet Protocol)	• OSI 7계층의 네트워크 계층에 해당함 • 데이터그램 방식을 기반으로 하는 비연결형* 서비스를 제공함 • 패킷의 분해/조립, 주소 지정, 경로 선택 기능을 제공함

3 TCP/IP의 구조*

OSI	TCP/IP	기능
응용 계층 표현 계층 세션 계층	응용 계층	• 응용 프로그램 간의 데이터 송 · 수신 제공 • TELNET, FTP, SMTP, SNMP, DNS, HTTP 등
전송 계층	전송 계층	• 호스트들 간의 신뢰성 있는 통신 제공 • TCP, UDP, RTCP
네트워크 계층	인터넷 계층	• 데이터 전송을 위한 주소 지정, 경로 설정을 제공함 • IP, ICMP, IGMP, ARP, RARP
데이터 링크 계층 물리 계층	네트워크 액세스 계층	• 실제 데이터(프레임)를 송 · 수신하는 역할 • Ethernet, IEEE 802, HDLC, X.25, RS-232C, ARQ 등

TCP/IP 계층 구조
네트워크 액세스 계층을 물리 계층과 데이터 링크 계층으로 세분화하여 물리 계층, 데이터 링크 계층, 인터넷 계층, 전송 계층, 응용 계층 이렇게 5계층으로 구분하기도 합니다.

4 응용 계층의 주요 프로토콜 22.7

프로토콜	내용
FTP(File Transfer Protocol)	컴퓨터와 컴퓨터 또는 컴퓨터와 인터넷 사이에서 파일을 주고받을 수 있도록 하는 원격 파일 전송 프로토콜
SMTP(Simple Mail Transfer Protocol)	전자 우편을 교환하는 서비스
TELNET	• 멀리 떨어져 있는 컴퓨터에 접속하여 자신의 컴퓨터처럼 사용할 수 있도록 해주는 서비스 • 프로그램을 실행하는 등 시스템 관리 작업을 할 수 있는 가상의 터미널(Virtual Terminal) 기능을 수행함
SNMP(Simple Network Management Protocol)	TCP/IP의 네트워크 관리 프로토콜로, 라우터나 허브 등 네트워크 기기의 네트워크 정보를 네트워크 관리 시스템에 보내는 데 사용되는 표준 통신 규약
DNS(Domain Name System)	도메인 네임을 IP 주소로 매핑(Mapping)하는 시스템
22.7 HTTP(HyperText Transfer Protocol)	월드 와이드 웹(WWW)에서 HTML 문서를 송수신 하기 위한 표준 프로토콜

필기 24.7, 24.5, 24.2, 23.7, 21.5, 21.3, 20.9, 20.8, 20.6

5 전송 계층의 주요 프로토콜

프로토콜	내용
필기 24.7, 24.5, 23.7, 21.5, 20.8, 20.6 TCP (Transmission Control Protocol)*	• 양방향 연결(Full Duplex Connection)형 서비스를 제공함 • 가상 회선 연결(Virtual Circuit Connection) 형태의 서비스를 제공함 • 스트림 위주의 전달(패킷 단위)을 함 • 신뢰성 있는 경로를 확립하고 메시지 전송을 감독함 • 순서 제어, 오류 제어, 흐름 제어 기능을 함 • 패킷의 분실, 손상, 지연이나 순서가 틀린 것 등이 발생할 때 투명성이 보장되는 통신을 제공함 • TCP 프로토콜의 헤더는 기본적으로 20Byte에서 60Byte까지 사용할 수 있는데, 선택적으로 40Byte를 더 추가할 수 있으므로 최대 100Byte까지 크기를 확장할 수 있음
필기 24.2, 21.3, 20.9 UDP (User Datagram Protocol)	• 데이터 전송 전에 연결을 설정하지 않는 비연결형 서비스를 제공함 • TCP에 비해 상대적으로 단순한 헤더 구조를 가지므로, 오버헤드가 적고, 흐름 제어나 순서 제어가 없어 전송 속도가 빠름 • 고속의 안정성 있는 전송 매체를 사용하여 빠른 속도를 필요로 하는 경우, 동시에 여러 사용자에게 데이터를 전달할 경우, 정기적으로 반복해서 전송할 경우에 사용함 • 실시간 전송에 유리하며, 신뢰성보다는 속도가 중요시되는 네트워크에서 사용됨 • UDP 헤더에는 Source Port Number, Destination Port Number, Length, Checksum 등이 포함됨
RTCP (Real-Time Control Protocol)	• RTP(Real-time Transport Protocol) 패킷의 전송 품질을 제어하기 위한 제어 프로토콜 • 세션(Session)에 참여한 각 참여자들에게 주기적으로 제어 정보를 전송함 • 하위 프로토콜은 데이터 패킷과 제어 패킷의 다중화(Multiplexing)를 제공함 • 데이터 전송을 모니터링하고 최소한의 제어와 인증 기능만을 제공함 • RTCP 패킷은 항상 32비트의 경계로 끝남

23.4, 21.4, 20.10, 필기 24.5, 24.2, 23.7, 22.7, 22.3, 20.9, 20.6

6 인터넷 계층의 주요 프로토콜

프로토콜	내용
IP(Internet Protocol)	• 전송할 데이터에 주소를 지정하고, 경로를 설정하는 기능을 함 • 비연결형인 데이터그램 방식을 사용하는 것으로 신뢰성이 보장되지 않음*
23.4, 20.10, 필기 22.3 ICMP(Internet Control Message Protocol, 인터넷 제어 메시지 프로토콜)	• IP와 조합하여 통신중에 발생하는 오류의 처리와 전송 경로 변경 등을 위한 제어 메시지를 관리하는 역할을 함 • 헤더는 8Byte로 구성됨
IGMP(Internet Group Management Protocol, 인터넷 그룹 관리 프로토콜)	멀티캐스트를 지원하는 호스트나 라우터 사이에서 멀티캐스트 그룹 유지를 위해 사용됨
필기 24.5, 24.2, 23.7, 22.7, 20.9, 20.6 ARP(Address Resolution Protocol, 주소 분석 프로토콜)	호스트의 IP 주소를 호스트와 연결된 네트워크 접속 장치의 물리적 주소*(MAC Address)로 바꿈
21.4 RARP(Reverse Address Resolution Protocol)	ARP와 반대로 물리적 주소를 IP 주소로 변환하는 기능을 함

IP의 비신뢰성
비신뢰성이란 패킷이 목적지에 성공적으로 도달하는 것을 보장하지 못한다는 의미입니다.

물리적 주소(MAC Address)
물리적 주소는 랜 카드 제작사에서 랜 카드에 부여한 고유 번호입니다.

23.4, 필기 21.3

7 네트워크 액세스 계층의 주요 프로토콜

프로토콜	내용
필기 21.3 Ethernet(IEEE 802.3)	CSMA/CD 방식의 LAN
IEEE 802	LAN을 위한 표준 프로토콜
HDLC	비트 위주의 데이터 링크 제어 프로토콜
X.25	패킷 교환망을 통한 DTE와 DCE 간의 인터페이스를 제공하는 프로토콜
RS-232C	공중 전화 교환망(PSTN)을 통한 DTE와 DCE 간의 인터페이스를 제공하는 프로토콜
L2TP(Layer 2 Tunneling Protocol)	• PPTP*와 L2F*의 기술적 장점들을 결합하여 만들어진 터널링 프로토콜 • 자체적으로 암호화 및 인증 기능을 제공하지 않아 다른 보안 프로토콜과 함께 사용되는 경우가 많음

PPTP(Point to Point Tunneling Protocol)
PPP 패킷을 IP 패킷에 캡슐화하여 통과시키기 위한 터널링 프로토콜

L2F(Layer 2 Forwarding)
인터넷을 통한 VPN(가상 사설망) 연결을 위해 개발된 터널링 프로토콜

※ 정답 및 해설은 476쪽에 있습니다.

기출 따라잡기 Section 142

20년 10월

문제 1 다음 네트워크 관련 설명의 괄호에 들어갈 알맞은 용어를 쓰시오.

> 심리학자 톰 마릴은 컴퓨터가 메시지를 전달하고, 메시지가 제대로 도착했는지 확인하며, 도착하지 않았을 경우 메시지를 재전송하는 일련의 방법을 '기술적 은어'를 뜻하는 (   )이라는 용어로 정의하였다.

답 :

20년 5월

문제 2 프로토콜은 서로 다른 기기들 간의 데이터 교환을 원활하게 수행할 수 있도록 표준화시켜 놓은 통신 규약이다. 프로토콜의 기본 요소 3가지를 쓰시오.

답 :

23년 4월, 20년 10월, 필기 22년 3월

문제 3 다음 설명에 해당하는 알맞은 용어를 쓰시오.

> IP(Internet Protocol)의 주요 구성원 중 하나로, OSI 7계층의 네트워크 계층에 속한다. 네트워크 컴퓨터의 운영체제에서 오류 메시지를 수신하거나, 전송 경로를 변경하는 등 오류 처리를 위한 제어 메시지를 주로 취급한다. 관련된 도구로 traceroute, ping이 있으며, ping of death와 같은 네트워크 공격 기법에 활용되기도 한다.

답 :

23년 4월

문제 4 다음 설명에 해당하는 알맞은 용어를 쓰시오.

> 데이터 링크 계층의 프로토콜 중 하나로, 터널링 프로토콜인 PPTP와 VPN의 구현에 사용하는 L2F의 기술적 장점들을 결합하여 만든 프로토콜이다. 자체적으로 암호화 및 인증 기능을 제공하지 않아 다른 보안 프로토콜과 함께 사용되는 경우가 많다.

답 :

21년 4월

문제 5 네트워크 및 인터넷과 관련된 다음 설명에 해당하는 용어를 쓰시오.

> 인터넷 환경에서의 호스트 상호 간 통신에서 연결된 네트워크 접속 장치의 물리적 주소인 MAC 주소를 이용하여 IP 주소를 찾는 인터넷 계층의 프로토콜로, 역순 주소 결정 프로토콜이라 불린다.

답 :

22년 7월

문제 6 인터넷에 대한 다음 설명에서 괄호에 들어갈 알맞은 용어를 쓰시오.

> 인터넷이란 TCP/IP 프로토콜을 기반으로 하여 전 세계 수많은 컴퓨터와 네트워크들이 연결된 광범위한 컴퓨터 통신망이다.
> • ( ) : 월드 와이드 웹(WWW)에서 HTML 문서를 송수신 하기 위한 표준 프로토콜로, GET과 POST 메소드를 통해 메시지를 주고 받는다.

답 :

24년 7월, 23년 4월, 21년 7월

문제 7 네트워크에 관련된 다음 설명에서 괄호(①, ②)에 들어갈 알맞은 용어를 〈보기〉에서 찾아 쓰시오.

> • (①) : 연결형 통신에서 주로 사용되는 방식으로, 출발지와 목적지의 전송 경로를 미리 연결하여 논리적으로 고정한 후 통신하는 방식
> • (②) : 비연결형 통신에서 주로 사용되는 방식으로, 사전에 접속 절차를 수행하지 않고 헤더에 출발지에서 목적지까지의 경로 지정을 위한 충분한 정보를 붙여서 개별적으로 전달하는 방식

〈보기〉

• 회선 교환 방식	• 데이터그램 방식
• 가상 회선 방식	• 메시지 교환 방식

답

• ①

• ②

SECTION 143

네트워크 관련 신기술

문제에 제시된 내용이 무슨 용어를 말하는지 맞힐 수 있을 정도로 학습하세요.

클라우드(구름, Cloud)
클라우드는 네트워크 상에 숨겨진 다양한 기기들이 공유되어 있는 인터넷 환경을 말합니다.

ICT(Information Communication Technology)
ICT는 정보기술과 통신기술을 합한 말로, 정보 · 통신기기의 운영 및 관리에 필요한 소프트웨어 기술과 하드웨어 기술을 이용하여 정보를 수집, 생산, 가공, 활용하는 모든 방법을 통틀어 일컫는 말입니다.

스마트 그리드(Smart Grid)
스마트 그리드는 전기의 생산부터 소비까지의 전 과정에 정보통신 기술을 접목하여 에너지 효율성을 높이는 지능형 전력망 시스템입니다.

24.10, 22.10, 21.7, 20.7, 필기 24.7, 24.2, 23.7, 23.2, 22.7, 22.4, 21.3, 20.9, 20.8, 20.6

1 네트워크 관련 신기술

용어	설명
IoT (Internet of Things, 사물 인터넷)	정보 통신 기술을 기반으로 실세계(Physical World)와 가상 세계(Virtual World)의 다양한 사물들을 인터넷으로 서로 연결하여 진보된 서비스를 제공하기 위한 서비스 기반 기술
M2M(Machine to Machine, 사물 통신)	• 무선 통신을 이용한 기계와 기계 사이의 통신 • 변압기 원격 감시, 전기, 가스 등의 원격 검침, 무선 신용카드 조회기, 무선 보안단말기, 버스 운행 시스템, 위치 추적 시스템, 시설물 관리 등을 무선으로 통합하여 상호 작용하는 통신
모바일 컴퓨팅 (Mobile Computing)	휴대형 기기로 이동하면서 자유로이 네트워크에 접속하여 업무를 처리할 수 있는 환경
클라우드* 컴퓨팅 (Cloud Computing)	각종 컴퓨팅 자원을 중앙 컴퓨터에 두고 인터넷 기능을 가진 단말기로 언제 어디서나 인터넷을 통해 컴퓨터 작업을 수행할 수 있는 가상화된 환경
그리드 컴퓨팅 (Grid Computing)	지리적으로 분산되어 있는 컴퓨터를 초고속 인터넷망으로 연결하여 공유함으로써 하나의 고성능 컴퓨터처럼 활용하는 기술
모바일 클라우드 컴퓨팅 (MCC; Mobile Cloud Computing)	소비자와 소비자의 파트너가 클라우드 서비스를 이용하여 모바일 기기로 클라우드 컴퓨팅 인프라를 구성하여 여러 가지 정보와 자원을 공유하는 ICT* 기술
인터클라우드 컴퓨팅 (Inter-Cloud Computing)	각기 다른 클라우드 서비스를 연동하거나 컴퓨팅 자원의 동적 할당이 가능하도록 여러 클라우드 서비스 제공자들이 제공하는 클라우드 서비스나 자원을 연결하는 기술
필기 24.2, 23.7, 22.7, 22.4, 20.8 **메시 네트워크** (Mesh Network)	• 차세대 이동통신, 홈네트워킹, 공공 안전 등 특수 목적을 위한 새로운 방식의 네트워크 기술 • 대규모 디바이스의 네트워크 생성에 최적화되어 있음
와이선(Wi-SUN)	스마트 그리드*와 같은 장거리 무선 통신을 필요로 하는 사물 인터넷(IoT) 서비스를 위한 저전력 장거리(LPWA; Low-Power Wide Area) 통신 기술
NDN(Named Data Networking)	• 콘텐츠 자체의 정보와 라우터 기능만으로 데이터 전송을 수행하는 기술 • 클라이언트와 서버가 패킷의 헤더에 내장되어 있는 주소 정보를 이용하여 연결되던 기존의 IP(Internet Protocol) 망을 대체할 새로운 인터넷 아키텍처로 떠오르고 있음

NGN(Next Generation Network, **차세대 통신망**)	• ITU-T에서 개발하고 있는 유선망 기반의 차세대 통신망 • 유선망뿐만 아니라 이동 사용자를 목표로 하며, 이동통신에서 제공하는 완전한 이동성(Full Mobility) 제공을 목표로 개발되고 있음
필기 24.2, 23.2 SDN(Software Defined Networking, **소프트웨어 정의 네트워킹**)	네트워크를 컴퓨터처럼 모델링하여 여러 사용자가 각각의 소프트웨어로 네트워킹을 가상화하여 제어하고 관리하는 네트워크
NFC(Near Field Communication, **근거리 무선 통신**)	• 고주파(HF)를 이용한 근거리 무선 통신 기술 • 아주 가까운 거리에서 양방향 통신을 지원하는 RFID* 기술의 일종임
UWB(Ultra WideBand, **초광대역**)	• 짧은 거리에서 많은 양의 디지털 데이터를 낮은 전력으로 전송하기 위한 무선 기술로 무선 디지털 펄스라고도 함 • 0.5m/W 정도의 저전력으로 많은 양의 데이터를 1km의 거리까지 전송할 수 있을 뿐만 아니라, 땅속이나 벽면 뒤로도 전송이 가능함
필기 20.6 **피코넷**(PICONET)	여러 개의 독립된 통신장치가 블루투스* 기술이나 UWB 통신 기술을 사용하여 통신망을 형성하는 무선 네트워크 기술
WBAN(Wireless Body Area Network)	웨어러블(Wearable) 또는 몸에 심는(Implant) 형태의 센서나 기기를 무선으로 연결하는 개인 영역 네트워킹 기술
GIS(Geographic Information System, **지리 정보 시스템**)	• 지리적인 자료를 수집 · 저장 · 분석 · 출력할 수 있는 컴퓨터 응용 시스템 • 위성을 이용해 모든 사물의 위치 정보를 제공해 줌
USN(Ubiquitous Sensor Network, **유비쿼터스 센서 네트워크**)	• 각종 센서로 수집한 정보를 무선으로 수집할 수 있도록 구성한 네트워크 • 필요한 모든 것에 RFID 태그를 부착하고, 이를 통하여 사물의 인식정보는 물론 주변의 환경정보까지 탐지하여 이를 네트워크에 연결하여 정보를 관리함
SON(Self Organizing Network, **자동 구성 네트워크**)	주변 상황에 맞추어 스스로 망을 구성하는 네트워크로, 통신망 커버리지 및 전송 용량 확장의 경제성 문제를 해결하고, 망의 운영과 관리의 효율성을 높임
24.10, 21.7 **애드 혹 네트워크**(Ad-hoc Network)	• 재난 현장과 같이 별도의 고정된 유선망을 구축할 수 없는 장소에서 모바일 호스트(Mobile Host)만을 이용하여 구성한 네트워크 • 망을 구성한 후 단기간 사용되는 경우나 유선망을 구성하기 어려운 경우에 적합함
네트워크 슬라이싱(Network Slicing)	네트워크에서 하나의 물리적인 코어 네트워크 인프라(Infrastructure)를 독립된 다수의 가상 네트워크로 분리하여 각각의 네트워크를 통해 다양한 고객 맞춤형 서비스를 제공하는 것을 목적으로 하는 네트워크 기술
저전력 블루투스 기술(BLE; Bluetooth Low Energy)	일반 블루투스와 동일한 2.4GHz 주파수 대역을 사용하지만 연결되지 않은 대기 상태에서는 절전모드를 유지하는 기술

RFID
(Radio Frequency IDentification)
RFID는 사물에 전자 태그를 부착하고 무선 통신을 이용하여 사물의 정보 및 주변 정보를 감지하는 센서 기술입니다.

블루투스(Bluetooth)
블루투스는 근거리에서 데이터 통신을 무선으로 가능하게 해주는 기술입니다.

용어	설명
필기 20.9 **파장 분할 다중화(WDM, Wavelength Division Multiplexing)**	• 광섬유를 이용한 통신기술의 하나로, 파장이 서로 다른 복수의 신호를 보냄으로써 여러 대의 단말기가 동시에 통신 회선을 사용할 수 있도록 하는 것 • 파장이 다른 광선끼리는 서로 간섭을 일으키지 않는 성질을 이용한 기술임
필기 20.9 **소프트웨어 정의 데이터 센터(SDDC, Software Defined Data Center)**	• 데이터 센터의 모든 자원을 가상화하여 인력의 개입없이 소프트웨어 조작만으로 관리 및 제어되는 데이터 센터를 의미함 • 컴퓨팅, 네트워킹, 스토리지, 관리 등을 모두 소프트웨어로 정의함 • 다양한 소프트웨어 정의 기술*이 사용됨
20.7 **개방형 링크드 데이터(LOD, Linked Open Data)**	• Linked Data와 Open Data의 합성어로, 누구나 사용할 수 있도록 웹상에 공개된 연계 데이터를 의미함 • 웹상에 존재하는 데이터를 개별 URI(인터넷 식별자)*로 식별하고, 각 URI에 링크 정보를 부여함으로써 상호 연결된 웹을 지향하는 모형임
22.10, 필기 24.7 **SSO(Single Sign On)**	• 한 번의 로그인으로 개인이 가입한 모든 사이트를 이용할 수 있게 해주는 시스템 • 개인정보를 각 사이트마다 일일이 기록해야 하던 불편함을 해소할 수 있음 • 기업에서는 회원에 대한 통합관리가 가능해 마케팅을 극대화시킬 수 있음

소프트웨어 정의 기술(SDE, SDx, Software-Defined Everything)
소프트웨어 정의 기술은 소프트웨어 기술을 활용하여 컴퓨팅, 네트워킹, 스토리지 등의 다양한 자원을 가상화하는 기술입니다. 하드웨어와 독립되어 있고 유연한 제어가 가능하므로 비용을 절감할 수 있고 운영이 편리합니다.

인터넷 식별자(URI, Uniform Resource Identifier)
인터넷 식별자는 인터넷에서 서비스되는 텍스트, 비디오, 음악 등의 다양한 자료들의 식별을 위해 사용되는 체계입니다. 네트워크상의 위치 식별을 위한 URL(Uniform Resource Locators), 고유 이름의 식별인 URN(Uniform Resource Names), 그리고 자료의 메타데이터인 URC(Uniform Resource Characteristics)가 인터넷 식별자에 포함됩니다.

잠깐만요 클라우드 컴퓨팅의 서비스 유형

• IaaS(Infrastructure as a Service) : 서버, 스토리지, 네트워크 등의 하드웨어 자원을 가상화하여 사용자에게 제공하는 서비스

• PaaS(Platform as a Service) : 런타임, 미들웨어, OS와 같은 소프트웨어 작성을 위한 플랫폼을 가상화하여 사용자에게 제공하는 서비스

• SaaS(Software as a Service) : 사용자가 필요로 하는 소프트웨어를 가상화하여 제공하는 서비스

전통적인 IT	IaaS	PaaS	SaaS
애플리케이션	애플리케이션	애플리케이션	애플리케이션
데이터	데이터	데이터	데이터
런타임	런타임	런타임	런타임
미들웨어	미들웨어	미들웨어	미들웨어
운영체제	운영체제	운영체제	운영체제
가상화	가상화	가상화	가상화
서버	서버	서버	서버
스토리지	스토리지	스토리지	스토리지
네트워크	네트워크	네트워크	네트워크
기업관리 영역 (애플리케이션~네트워크)	기업관리 영역 (애플리케이션~운영체제) 서비스 영역 (가상화~네트워크)	기업관리 영역 (애플리케이션~데이터) 서비스 영역 (런타임~네트워크)	서비스 영역 (애플리케이션~네트워크)

※ 정답 및 해설은 477쪽에 있습니다.

기출 따라잡기 Section 143

20년 7월

문제 1 다음 설명에서 가리키는 용어를 쓰시오.

가. 정의

웹상에 존재하는 데이터를 개별 URI(Uniform Resource Identifier)로 식별하고, 각 URI에 링크 정보를 부여함으로써 상호 연결된 웹을 지향하는 모형이다. 링크 기능이 강조된 시맨틱웹의 모형에 속한다고 볼 수 있으며 팀 버너스 리의 W3C를 중심으로 발전하고 있다.

나. 주요 기능

1. 공개된 데이터를 이용하면 내가 원하는 데이터가 이미 존재하는지, 어디에 존재하는지 알 수 있다.
2. URI로 구별되는 데이터 리소스의 자유로운 접근 및 이용이 가능하므로 큰 노력 없이 데이터의 매쉬업이 가능하다.
3. 내가 만든 데이터가 아니라도 URI를 이용하여 링크만 해주면 이용할 수 있다.

다. 4대 원칙

1. 통합 자원 식별자(URI)를 사용한다.
2. URI는 HTTP 프로토콜을 통해 접근할 수 있어야 한다.
3. RDF나 스파클 같은 표준을 사용한다.
4. 풍부한 링크 정보가 있어야 한다.

라. Linked Data와 Open Data를 결합한 용어이다.

답 :

필기 24년 2월, 23년 7월, 22년 7월, 4월, 20년 8월

문제 2 기존 무선 랜의 한계 극복을 위해 등장하였으며, 대규모 디바이스의 네트워크 생성에 최적화되어 차세대 이동통신, 홈네트워킹, 공공 안전 등의 특수목적에 사용되는 새로운 방식의 네트워크 기술을 쓰시오.

답 :

필기 20년 6월

문제 3 여러 개의 독립된 통신장치가 UWB(Ultra Wide Band) 기술 또는 블루투스(Bluetooth) 기술을 사용하여 통신망을 형성하는 무선 네트워크 기술을 쓰시오.

답 :

22년 10월, 필기 24년 7월

문제 4 다음 설명에서 괄호에 들어갈 알맞은 용어를 쓰시오.

> (　　　)는 한 번의 로그인으로 개인이 가입한 모든 사이트를 이용할 수 있게 해주는 시스템을 말한다. 개인의 경우, 사이트에 접속하기 위하여 아이디와 패스워드는 물론 이름, 전화번호 등 개인정보를 각 사이트마다 일일이 기록해야 하던 것이 한 번의 작업으로 끝나므로 불편함이 해소되며, 기업에서는 회원에 대한 통합관리가 가능해 마케팅을 극대화시킬 수 있다는 장점이 있다.

답 :

필기 20년 9월

문제 5 다음이 설명하는 용어를 쓰시오.

- 컴퓨팅, 네트워킹, 스토리지, 관리 등을 모두 소프트웨어로 정의한다.
- 인력의 개입 없이 소프트웨어 조작만으로 자동 제어 관리한다.
- 데이터 센터 내 모든 자원을 가상화하여 서비스한다.
- 특정 하드웨어와 상관없이 독립적으로 서비스를 제공할 수 있다.

답 :

24년 10월, 21년 7월

문제 6 네트워크 및 인터넷과 관련된 다음 설명에 해당하는 용어를 쓰시오.

- 재난 및 군사 현장과 같이 별도의 고정된 유선망을 구축할 수 없는 장소에서 모바일 호스트(Mobile Host)만을 이용하여 구성한 네트워크이다.
- 망을 구성한 후 단기간 사용되는 경우나 유선망을 구성하기 어려운 경우에 적합하다.
- 멀티 홉 라우팅 기능을 지원한다.

답 :

SECTION 144

네트워크 구축

1417900

1 네트워크(Network)

> **전문가의 조언**
> 네트워크 설치 형태에 따른 망(Network)들의 개별적인 특징을 그림과 연관지어 알아두세요.

- 네트워크는 **두 대 이상의 컴퓨터를** 전화선이나 케이블 등으로 **연결하여 자원을 공유하는 것**을 말한다.
- 네트워크는 다른 컴퓨터의 데이터, 프로그램, 주변장치, 인터넷 등을 공유하기 위해 사용한다.
- 네트워크 설치 구조는 장치들의 물리적 위치에 따라서 성형, 링형, 버스형, 계층형, 망형으로 나누어진다.
- 네트워크는 사이트들이 분포되어 있는 지리적 범위에 따라 LAN과 WAN으로 분류된다.

2 성형(Star, 중앙 집중형)

- 성형은 **중앙에 중앙 컴퓨터가 있고, 이를 중심으로 단말장치들이 연결되는 중앙 집중식의 네트워크 구성 형태**이다.
- 포인트 투 포인트(Point-to-Point) 방식으로 회선을 연결한다.
- 단말장치의 추가와 제거가 쉽다.
- 하나의 단말장치가 고장나더라도 다른 단말장치에는 영향을 주지 않지만, 중앙 컴퓨터가 고장나면 전체 통신망의 기능이 정지된다.

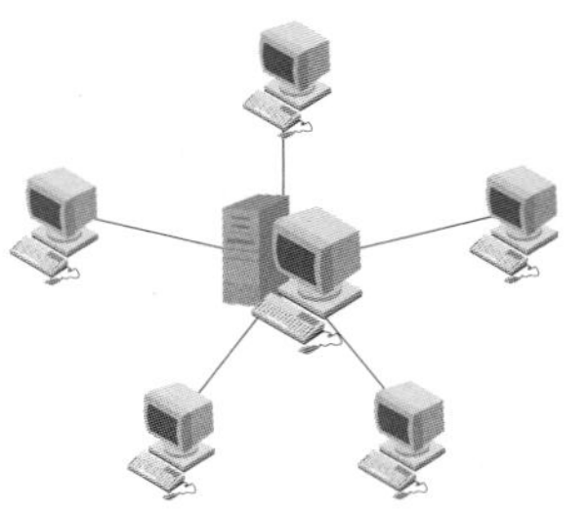
성형

3 링형(Ring, 루프형)

- 링형은 **컴퓨터와 단말장치들을 서로 이웃하는 것끼리 연결시킨 포인트 투 포인트(Point-to-Point) 방식의 구성 형태**이다.
- 단말장치의 추가/제거 및 기밀 보호가 어렵다.
- 각 단말장치에서 전송 지연이 발생할 수 있다.

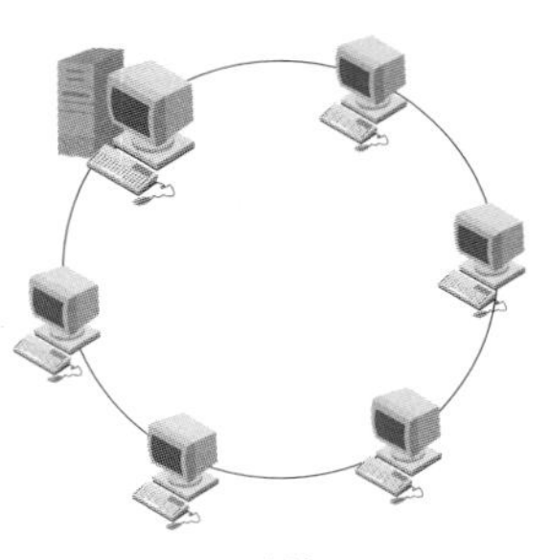
링형

- 중계기의 수가 많아진다.
- 데이터는 단방향 또는 양방향으로 전송할 수 있다.

필기 23.2, 21.3, 20.8

4 버스형(Bus)

- 버스형은 **한 개의 통신 회선에 여러 대의 단말장치가 연결되어 있는 형태**이다.
- 단말장치의 추가와 제거가 용이하다.
- 단말장치가 고장나더라도 통신망 전체에 영향을 주지 않기 때문에 신뢰성을 높일 수 있다.
- 기밀 보장이 어렵다.
- 통신 회선의 길이에 제한이 있다.

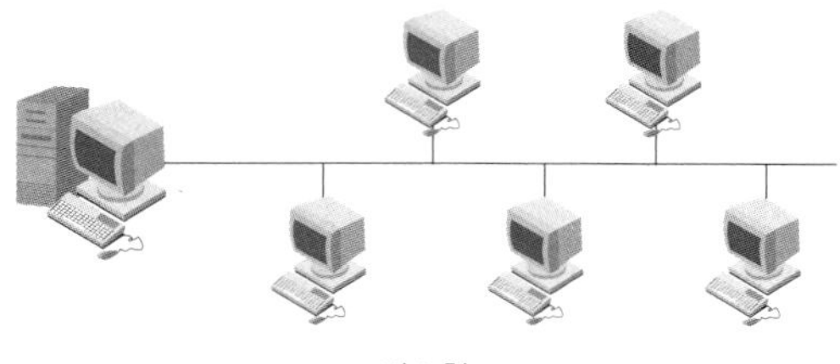

버스형

5 계층형(Tree, 분산형)

- 계층형은 **중앙 컴퓨터와 일정 지역의 단말장치까지는 하나의 통신 회선으로 연결시키고, 이웃하는 단말장치는 일정 지역 내에 설치된 중간 단말장치로부터 다시 연결시키는 형태**이다.
- 분산 처리 시스템을 구성하는 방식이다.

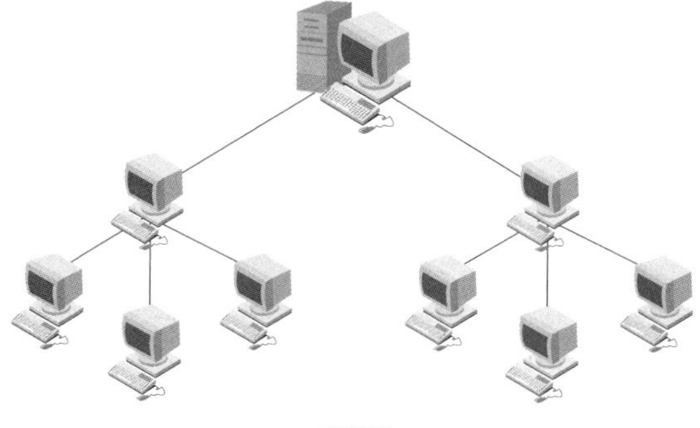

계층형

6 망형(Mesh)

- 망형은 **모든 지점의 컴퓨터와 단말장치를 서로 연결한 형태**로, 노드의 연결성이 높다.
- 많은 단말장치로부터 많은 양의 통신을 필요로 하는 경우에 유리하다.
- 통신 회선의 총 경로가 가장 길다.
- 통신 회선 장애 시 다른 경로를 통하여 데이터를 전송할 수 있다.
- 모든 노드를 망형으로 연결하려면 노드의 수가 n개일 때, n(n−1)/2개의 회선이 필요하고 노드당 n−1개의 포트가 필요하다.

예제 25개의 노드를 망형으로 연결하려고 할 때 필요한 회선의 수와 노드당 필요한 포트의 수는?

회선 수 = $\frac{n(n-1)}{2} = \frac{25(25-1)}{2} = \frac{600}{2}$ = 300(개), 포트 수 = n−1 = 24(개)

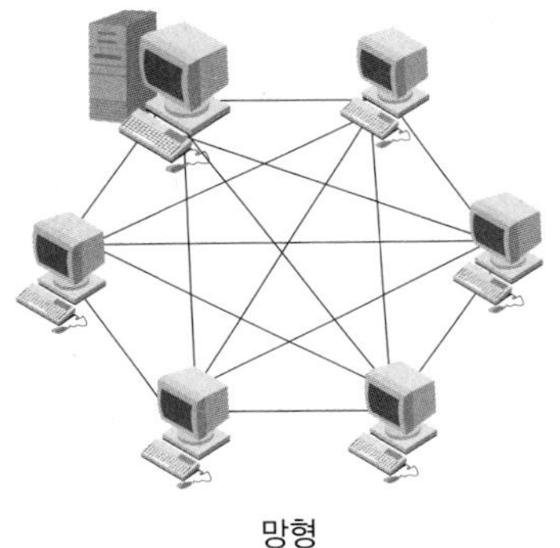

망형

7 네트워크의 분류

분류	내용
근거리 통신망 (LAN; Local Area Network)	• 회사, 학교, 연구소 등에서 비교적 가까운 거리에 있는 컴퓨터, 프린터, 저장장치 등과 같은 자원을 연결하여 구성함 • 주로 자원 공유를 목적으로 사용함 • 사이트 간의 거리가 짧아 데이터의 전송 속도가 빠르고, 에러 발생율이 낮음 • 주로 버스형이나 링형 구조를 사용함
광대역 통신망 (WAN; Wide Area Network)	• 국가와 국가 혹은 대륙과 대륙 등과 같이 멀리 떨어진 사이트들을 연결하여 구성함 • 사이트 간의 거리가 멀기 때문에 통신 속도가 느리고, 에러 발생률이 높음 • 일정한 지역에 있는 사이트들을 근거리 통신망으로 연결한 후 각 근거리 통신망을 연결하는 방식을 사용함

8 LAN의 표준안

필기 20.6

• IEEE 802의 주요 표준 규격

표준 규격	내용
802.1	전체의 구성, OSI 참조 모델과의 관계, 통신망 관리 등에 관한 규약
802.2	논리 링크 제어(LLC) 계층에 관한 규약
802.3	CSMA/CD 방식의 매체 접근 제어 계층에 관한 규약
802.4	토큰 버스 방식의 매체 접근 제어 계층에 관한 규약
802.5	토큰 링 방식의 매체 접근 제어 계층에 관한 규약
802.6	도시형 통신망(MAN)에 관한 규약
802.9	종합 음성/데이터 네트워크에 관한 규약
802.11	무선 LAN에 관한 규약

• 802.11의 버전

버전	내용
802.11 (초기 버전)	2.4GHz 대역 전파와 CSMA/CA 기술을 사용해 최고 2Mbps까지의 전송 속도를 지원함
802.11a	5GHz 대역의 전파를 사용하며, OFDM 기술을 사용해 최고 54Mbps까지의 전송 속도를 지원함
802.11b	802.11 초기 버전의 개선안으로 등장하였으며, 초기 버전의 대역 전파와 기술을 사용해 최고 11Mbps의 전송 속도로 기존에 비해 5배 이상 빠르게 개선되었음
필기 20.6 802.11e	802.11의 부가 기능 표준으로, QoS 기능이 지원되도록 하기 위해 매체 접근 제어(MAC) 계층에 해당하는 부분을 수정하였음
802.11g	2.4GHz 대역의 전파를 사용하지만 5GHz 대역의 전파를 사용하는 802.11a와 동일한 최고 54Mbps까지의 전송 속도를 지원함
802.11n	2.4GHz 대역과 5GHz 대역을 사용하는 규격으로, 최고 600Mbps까지의 전송 속도를 지원함

23.10, 20.11

9 NAT(Network Address Translation, 네트워크 주소 변환)

- NAT은 **한 개의 정식 IP 주소에 대량의 가상 사설 IP 주소를 할당 및 연결**하는 기능이다.
- 한 개의 IP 주소를 사용해서 외부에 접속할 수 있는 노드가 어느 시점에 한 개로 제한되는 문제가 있지만 IP 마스커레이드*(Masquerade)를 이용하여 해결할 수 있다.

IP 마스커레이드
IP 마스커레이드는 리눅스(LINUX)의 NAT 기능으로, 리눅스 서버를 통해 다른 네트워크에 접속할 수 있도록 해줍니다.

※ 정답 및 해설은 477쪽에 있습니다.

기출 따라잡기 Section 144

필기 21년 3월, 20년 8월

문제 1 다음 LAN의 네트워크 토폴로지(Topology)를 쓰시오.

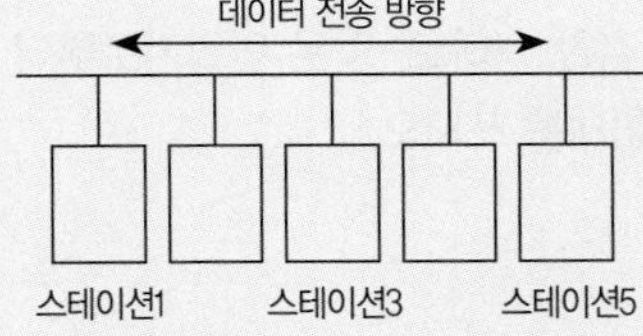

답 :

23년 10월, 20년 11월

문제 2 네트워크에 대한 다음 설명에 해당하는 용어를 쓰시오.

- 우리말로 번역하면 '네트워크 주소 변환'이라는 의미의 영문 3글자 약자이다.
- 1개의 정식 IP 주소에 대량의 가상 사설 IP 주소를 할당 및 연결하는 방식이다.
- 1개의 IP 주소를 사용해서 외부에 접속할 수 있는 노드가 어느 시점에 1개로 제한되는 문제가 있으나, 이때는 IP 마스커레이드(Masquerade)를 이용하면 된다.

답 :

출제예상

문제 3 중앙에 호스트 컴퓨터가 있고 이를 중심으로 터미널들이 연결되는 네트워크 구성 형태(Topology)를 쓰시오.

답 :

출제예상

문제 4 컴퓨터와 단말장치들을 서로 이웃하는 것끼리 Point-to-Point 방식으로 연결시킨 형태로, 두 노드 사이의 채널이 고장나면 전체 네트워크가 손상될 수 있는 단점을 가지는 토폴로지를 쓰시오.

답 :

필기 20년 6월

문제 5 IEEE 802.11 워킹 그룹의 무선 LAN 표준화 현황 중 QoS 강화를 위해 MAC 지원 기능을 채택한 규격을 쓰시오.

답 :

출제예상

문제 6 모든 지점의 컴퓨터와 단말장치를 서로 연결한 형태로, 많은 단말기로부터 많은 양의 통신을 필요로 하는 경우에 유리한 네트워크 형태를 쓰시오.

답 :

SECTION 145

경로 제어 / 트래픽 제어

1 경로 제어(Routing)

- 경로 제어는 송 · 수신 측 간의 **전송 경로 중에서 최적 패킷 교환 경로***를 결정하는 기능**이다.
- 경로 제어는 경로 제어표(Routing Table)*를 참조해서 이루어지며, 라우터에 의해 수행된다.
- 경로 제어 요소
  - 성능 기준
  - 경로의 결정 시간과 장소
  - 정보 발생지
  - 경로 정보의 갱신 시간

24.7, 24.4, 23.10, 22.7, 20.10, 필기 21.5, 20.8, 20.6

2 경로 제어 프로토콜(Routing Protocol)

프로토콜	내용
24.7, 24.4, 23.10, 22.7, …, 필기 21.5, … IGP (Interior Gateway Protocol, 내부 게이트웨이 프로토콜)	• 하나의 자율 시스템(AS)* 내의 라우팅에 사용되는 프로토콜 • RIP(Routing Information Protocol) – 현재 가장 널리 사용되는 라우팅 프로토콜로 거리 벡터 라우팅 프로토콜이라고도 불리며, 최단 경로 탐색에 Bellman-Ford 알고리즘*이 사용됨 – 소규모 동종의 네트워크(자율 시스템, AS) 내에서 효율적인 방법 – 최대 홉(Hop)* 수를 15로 제한하므로 15 이상의 경우는 도달할 수 없는 네트워크를 의미하는데 이것은 대규모 네트워크에서는 RIP를 사용할 수 없음을 의미함 – 홉 카운트(Hop Count), 즉 라우터의 수를 기준으로 가장 적은 수의 라우터를 거쳐가는 경로를 최적 경로로 선택함 – 라우팅 정보를 30초마다 네트워크 내의 모든 라우터에 알리며, 180초 이내에 새로운 라우팅 정보가 수신되지 않으면 해당 경로를 이상 상태로 간주함 • OSPF(Open Shortest Path First protocol) – RIP의 단점을 해결하여 새로운 기능을 지원하는 인터넷 프로토콜로, 대규모 네트워크에서 많이 사용됨 – 인터넷 망에서 이용자가 최단 경로를 선정할 수 있도록 라우팅 정보에 노드 간의 거리 정보, 링크 상태 정보를 실시간으로 반영하여 최단 경로로 라우팅을 지원함 – 최단 경로 탐색에 다익스트라(Dijkstra) 알고리즘을 사용함

전문가의 조언

인터넷이 확산되면서 네트워크 간 경로 제어나 트래픽 제어의 중요성이 날로 커지고 있습니다. 경로 제어와 트래픽 제어의 의미를 중심으로 사용되는 프로토콜이나 기능 등을 정리해 두세요.

최적 패킷 교환 경로

최적 패킷 교환 경로는 어느 한 경로에 데이터의 양이 집중하는 것을 피하면서, 최저의 비용으로 최단 시간에 송신할 수 있는 경로를 의미합니다.

경로 제어표(Routing Table)

경로 제어표는 일반적으로 라우팅 테이블이라고 하며, 다음 홉 주소, 메트릭(Metric), 목적지(수신지) 주소가 저장됩니다.

자율 시스템(AS; Autonomous System)

자율 시스템은 하나의 도메인에 속하는 라우터들의 집합을 말합니다. 그러니까 하나의 자율 시스템에 속한다는 것은 하나의 도메인에 속한다는 것과 같은 의미입니다.

밸만-포드 알고리즘(Bellman-Ford Algorithm)

밸만-포드 알고리즘은 두 노드 간의 최단 경로를 구하는 알고리즘입니다. 예를 들어, A, B, C 노드가 있을 때 A와 C 노드 간의 최단 경로를 구한다면 A와 C 사이에 있는 B 노드까지의 거리를 먼저 구한 후 가중치를 더하여 실제 거리를 구하는 방식을 사용합니다. 이와 유사한 다익스트라 알고리즘(Dijkstra Algorithm)과는 다르게 가중치가 음수인 경우도 처리할 수 있다는 장점이 있습니다.

홉(Hop)

홉이란 데이터가 목적지까지 전달되는 과정에서 거치는 네트워크의 수를 의미합니다. 예를 들어, 어떤 목적지까지의 홉이 3이라면, 그 목적지까지 가기 위해서는 세 개의 네트워크를 경유함을 의미합니다.

22.7, 20.10, 필기 20.8, 20.6 IGP (Interior Gateway Protocol, 내부 게이트웨이 프로토콜)	– 라우팅 정보에 변화가 생길 경우 변화된 정보만 네트워크 내의 모든 라우터에 알림 – 하나의 자율 시스템(AS)에서 동작하면서 내부 라우팅 프로토콜의 그룹에 도달함
22.7 EGP (Exterior Gateway Protocol, 외부 게이트웨이 프로토콜)	자율 시스템(AS) 간의 라우팅, 즉 게이트웨이 간의 라우팅에 사용되는 프로토콜
22.7 BGP (Border Gateway Protocol)	• 자율 시스템(AS) 간의 라우팅 프로토콜로, EGP의 단점을 보완하기 위해 만들어졌음 • 초기에 BGP 라우터들이 연결될 때에는 전체 경로 제어표(라우팅 테이블)를 교환하고, 이후에는 변화된 정보만을 교환함

3 트래픽 제어(Traffic Control)

- 트래픽 제어는 네트워크의 보호, 성능 유지, 네트워크 자원의 효율적인 이용을 위해 **전송되는 패킷의 흐름 또는 그 양을 조절하는 기능**이다.
- 종류
  - 흐름 제어
  - 폭주(혼합) 제어
  - 교착상태 방지

필기 20.9

4 흐름 제어(Flow Control)

흐름 제어*란 네트워크 내의 원활한 흐름을 위해 **송 · 수신 측 사이에 전송되는 패킷의 양이나 속도를 규제하는 기능**이다.

기법	내용
필기 20.9 정지–대기 (Stop–and–Wait)	• 수신 측의 확인 신호(ACK)를 받은 후에 다음 패킷을 전송하는 방식 • 한 번에 하나의 패킷만을 전송할 수 있음
슬라이딩 윈도우 (Sliding Window)	• 확인 신호, 즉 수신 통지를 이용하여 송신 데이터의 양을 조절하는 방식 • 수신 측의 확인 신호를 받지 않더라도 미리 정해진 패킷의 수만큼 연속적으로 전송하는 방식으로, 한 번에 여러 개의 패킷을 전송할 수 있어 전송 효율이 좋음 • 송신 측은 수신 측으로부터 확인 신호(ACK) 없이도 보낼 수 있는 패킷의 최대치를 미리 약속받는데, 이 패킷의 최대치가 윈도우 크기(Window Size)를 의미함

*흐름 제어
수신 측에서는 수신된 데이터를 버퍼에 저장한 후 순차적으로 처리해서 상위 계층으로 전달하는데, 송신 측의 속도가 수신 측보다 빠르면 수신된 데이터양이 제한된 버퍼를 초과할 수 있으며, 이로 인해 이후 수신 데이터가 손실될 수 있습니다. 이러한 상황은 송신 측과 수신 측의 전송 속도를 적절히 조절하여 예방할 수 있는데 이것을 흐름 제어라고 합니다.

슬라이딩 윈도우 (Sliding Window)	• 윈도우 크기(Window Size)는 상황에 따라 변함. 즉, 수신 측으로부터 이전에 송신한 패킷에 대한 긍정 수신 응답(ACK)이 전달된 경우 윈도우 크기는 증가하고, 수신 측으로부터 이전에 송신한 패킷에 대한 부정 수신 응답(NAK)이 전달된 경우 윈도우 크기는 감소함

5 폭주 제어(Congestion Control)

흐름 제어(Flow Control)가 송 · 수신 측 사이의 패킷 수를 제어하는 기능이라면, 폭주 제어*는 네트워크 내의 패킷 수를 조절하여 네트워크의 오버플로(Overflow)를 방지하는 기능을 한다.

기법	내용
느린 시작 (Slow Start)	• 윈도우의 크기를 1, 2, 4, 8, …과 같이 2배씩 지수적으로 증가시켜 초기에는 느리지만 갈수록 빨라짐 • 전송 데이터의 크기가 임계 값에 도달하면 혼잡 회피 단계로 넘어감
혼잡 회피 (Congestion Avoidance)	느린 시작(Slow Start)의 지수적 증가가 임계 값에 도달되면 혼잡으로 간주하고 회피를 위해 윈도우의 크기를 1씩 선형적으로 증가시켜 혼잡을 예방하는 방식

폭주 제어
송신 측에서 전송한 데이터는 수신 측에 도착할 때까지 여러 개의 라우터를 거치는데, 데이터의 양이 라우터가 처리할 수 있는 양을 초과하면 초과된 데이터는 라우터가 처리하지 못합니다. 송신 측에서는 라우터가 처리하지 못한 데이터를 손실 데이터로 간주하고 계속 재전송하게 되므로 네트워크는 더욱 더 혼잡하게 됩니다. 이러한 상황은 송신 측의 전송 속도를 적절히 조절하여 예방할 수 있는데 이것을 폭주 제어라고 합니다.

※ 정답 및 해설은 478쪽에 있습니다.

기출 따라잡기 Section 145

24년 4월, 20년 10월, 필기 21년 5월

문제 1 다음 설명에 해당하는 라우팅 프로토콜(Routing Protocol)을 쓰시오.

- RIP의 단점을 해결하여 새로운 기능을 지원하는 인터넷 프로토콜이다.
- 인터넷 망에서 이용자가 최단 경로를 선정할 수 있도록 라우팅 정보에 노드 간의 거리 정보, 링크 상태 정보를 실시간으로 반영하여 최단 경로로 라우팅을 지원한다.
- 대규모 네트워크에서 많이 사용된다.
- 최단 경로 탐색에 Dijkstra 알고리즘을 사용한다.
- 라우팅 정보에 변화가 생길 경우 변화된 정보만 네트워크 내의 모든 라우터에 알린다.
- 링크 스테이트 라우팅 알고리즘을 사용하며, 하나의 자율 시스템(AS)에서 동작하면서 내부 라우팅 프로토콜의 그룹에 도달한다.

답 :

23년 10월, 필기 20년 9월, 6월

문제 2 **다음이 설명하는 프로토콜을 쓰시오.**

- 거리 벡터 라우팅 프로토콜이라고도 불리며, 최단 경로 탐색에 Bellman-Ford 알고리즘이 사용된다.
- 소규모 동종의 네트워크 내에서는 효율적이나, 최대 홉(Hop) 수가 제한되므로 대규모 네트워크에서는 사용할 수 없다.
- 일정 시간 동안 라우팅 정보가 갱신되지 않으면 해당 경로를 이상 상태로 간주한다.

답 :

필기 20년 9월

문제 3 **TCP 흐름 제어 기법 중 프레임이 손실되었을 때, 손실된 프레임 1개를 전송하고 수신자의 응답을 기다리는 방식으로 한 번에 프레임 1개만 전송할 수 있는 기법을 쓰시오.**

답 :

24년 7월

문제 4 **다음 그림에서 Ⓐ~Ⓕ는 라우터이고, 각 링크 상의 숫자는 가중치 값을 나타낼 때 RIP(Routing Information Protocol)을 이용한 A에서 F까지의 최적 경로를 쓰시오.**

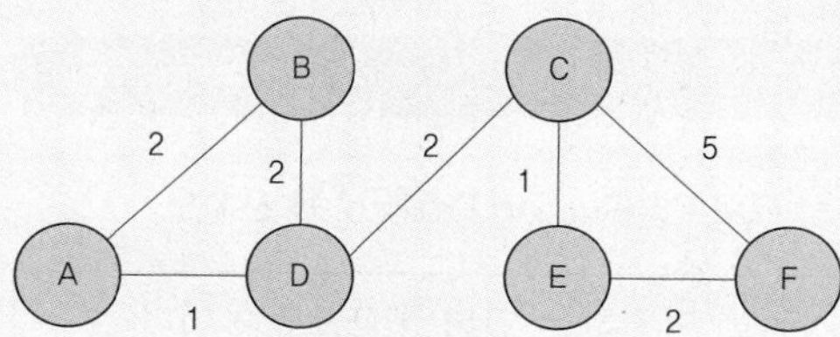

답 :

SECTION 146

SW 관련 신기술

1418200 

1 SW 관련 신기술

20.11, 필기 24.5, 24.2, 23.7, 20.9, 20.8

용어	설명
인공지능(AI; Artificial Intelligence)	• 인간의 두뇌와 같이 컴퓨터 스스로 추론, 학습, 판단 등 인간지능적인 작업을 수행하는 시스템 • 인공지능의 응용 분야 : 패턴 인식, 전문가 시스템, 로봇 공학 등
뉴럴링크(Neuralink)	• 미국의 전기자동차 회사 테슬라(Tesla)의 CEO 일론 머스크(Elon Musk)가 사람의 뇌와 컴퓨터를 결합하는 기술을 개발하기 위해 2017년 3월 설립한 회사 • 뉴럴링크가 개발하고 있는 기술은 '신경 레이스(Neural Lace)'로, 작은 전극을 뇌에 이식함으로써 생각을 업로드하고 다운로드하는 것을 목표로 삼고 있음
딥 러닝(Deep Learning)	인간의 두뇌를 모델로 만들어진 인공 신경망(ANN; Artificial Neural Network)을 기반으로 하는 기계 학습 기술
전문가 시스템(Expert System)	의료 진단 등과 같은 특정 분야의 전문가가 수행하는 고도의 업무를 지원하기 위한 컴퓨터 응용 프로그램
증강현실(AR; Augmented Reality)*	실제 촬영한 화면에 가상의 정보를 부가하여 보여주는 기술로, 혼합 현실(MR; Mixed Reality)이라고도 부름
20.11 블록체인(Blockchain)	P2P* 네트워크를 이용하여 온라인 금융 거래 정보를 온라인 네트워크 참여자(Peer)의 디지털 장비에 분산 저장하는 기술
분산 원장 기술(DLT; Distributed Ledger Technology)	중앙 관리자나 중앙 데이터 저장소가 존재하지 않고 P2P 망 내의 참여자들에게 모든 거래 목록이 분산 저장되어 거래가 발생할 때마다 지속적으로 갱신되는 디지털 원장을 의미함
해시(Hash)	임의의 길이의 입력 데이터나 메시지를 고정된 길이의 값이나 키로 변환하는 것
양자 암호키 분배(QKD; Quantum Key Distribution)	• 양자 통신을 위해 비밀키를 분배하여 관리하는 기술 • 두 시스템이 암호 알고리즘 동작을 위한 비밀키를 안전하게 공유하기 위해 양자 암호키 분배 시스템을 설치하여 운용하는 방식으로 활용됨
프라이버시 강화 기술(PET; Privacy Enhancing Technology)	• 개인정보 침해 위험을 관리하기 위한 핵심 기술 • 암호화, 익명화 등 개인정보를 보호하는 기술에서 사용자가 직접 개인정보를 통제하기 위한 기술까지 다양한 사용자 프라이버시 보호 기술을 통칭함

전문가의 조언

문제에 제시된 내용이 무슨 용어를 말하는지 맞힐 수 있을 정도로 학습하세요.

증강현실 사용 예

- 스포츠 중계 시 등장 선수의 소속 국가나 정보를 보여주거나, 화장한 자신의 모습을 미리 보고, 옷을 가상으로 입어보고 구매할 수 있습니다.
- 스마트폰으로 거리를 비추면 커피숍이나 약국 등의 정보가 화면에 부가적으로 표시됩니다.

P2P(Peer-to-Peer)

P2P는 개인 대 개인이라는 의미를 가지며, 네트워크에서 개인 대 개인이 PC를 이용하여 서로 데이터를 공유하는 방식을 의미합니다.

공통 평가 기준(CC; Common Criteria)	• 1999년 6월 8일 ISO 15408 표준으로 채택된 정보 보호 제품 평가 기준 • 정보화 순기능 역할을 보장하기 위해 정보화 제품의 정보 보호 기능과 이에 대한 사용 환경 등급을 정한 기준
개인정보 영향평가 제도(PIA; Privacy Impact Assessment)	개인 정보를 활용하는 새로운 정보시스템의 도입 및 기존 정보시스템의 중요한 변경 시 시스템의 구축 · 운영이 기업의 고객은 물론 국민의 사생활에 미칠 영향에 대해 미리 조사 · 분석 · 평가하는 제도
그레이웨어(Grayware)	소프트웨어를 제공하는 입장에서는 악의적이지 않은 유용한 소프트웨어라고 주장할 수 있지만 사용자 입장에서는 유용할 수도 있고 악의적일 수도 있는 애드웨어*, 트랙웨어*, 기타 악성 코드나 악성 공유웨어를 말함
필기 24.2, 20.9 **매시업(Mashup)**	웹에서 제공하는 정보 및 서비스를 이용하여 새로운 소프트웨어나 서비스, 데이터베이스 등을 만드는 기술. 즉 다수의 정보원이 제공하는 콘텐츠를 조합하여 하나의 서비스로 제공하는 웹 사이트 또는 애플리케이션을 말함
리치 인터넷 애플리케이션(RIA; Rich Internet Application)	플래시 애니메이션 기술과 웹 서버 애플리케이션 기술을 통합하여 기존 HTML 보다 역동적이고 인터랙티브한 웹 페이지를 제공하는 신개념의 플래시 웹 페이지 제작 기술
시맨틱 웹(Semantic Web)	컴퓨터가 사람을 대신하여 정보를 읽고 이해하고 가공하여 새로운 정보를 만들어 낼 수 있도록 이해하기 쉬운 의미를 가진 차세대 지능형 웹
필기 24.5, 23.7 **증발품(Vaporware)**	판매 계획 또는 배포 계획은 발표되었으나 실제로 고객에게 판매되거나 배포되지 않고 있는 소프트웨어
오픈 그리드 서비스 아키텍처(OGSA; Open Grid Service Architecture)	애플리케이션 공유를 위한 웹 서비스를 그리드* 상에서 제공하기 위해 만든 개방형 표준
필기 20.9 **서비스 지향 아키텍처(SOA; Service Oriented Architecture)**	• 기업의 소프트웨어 인프라인 정보시스템을 공유와 재사용이 가능한 서비스 단위나 컴포넌트 중심으로 구축하는 정보기술 아키텍처 • SOA 기반 애플리케이션 구성 계층 – 표현(Presentation) 계층 – 업무 프로세스(Biz-Process) 계층 – 서비스 중간(Service Intermediary) 계층 – 애플리케이션(Application) 계층 – 데이터 저장(Persistency) 계층
서비스형 소프트웨어(SaaS; Software as a Service)	소프트웨어의 여러 기능 중에서 사용자가 필요로 하는 서비스만 이용할 수 있도록 한 소프트웨어

• **애드웨어(Adware)** : 소프트웨어 자체에 광고를 포함하여 이를 보는 대가로 무료로 사용하는 소프트웨어
• **트랙웨어(Trackware)** : 적절한 사용자 동의 없이 사용자 정보를 수집하는 프로그램으로 스파이웨어(Spyware)라고도 불림

그리드(Grid)
그리드는 한 번에 한 곳만 연결할 수 있던 기존의 웹(WWW)과는 달리 동시에 여러 곳에 연결할 수 있는 인터넷 망 구조입니다.

소프트웨어 에스크로 (Software Escrow)	소프트웨어 개발자의 지식재산권을 보호하고 사용자는 저렴한 비용으로 소프트웨어를 안정적으로 사용 및 유지보수 할 수 있도록 소스 프로그램과 기술 정보 등을 제3의 기관에 보관하는 것
복잡 이벤트 처리 (CEP; Complex Event Processing)	실시간으로 발생하는 많은 사건들 중 의미가 있는 것만을 추출할 수 있도록 사건 발생 조건을 정의하는 데이터 처리 방법
필기 24.5, 20.8 **디지털 트윈 (Digital Twin)**	• 현실속의 사물을 소프트웨어로 가상화한 모델 • 자동차, 항공, 에너지, 국방, 헬스케어 등 여러 분야에서 주목 받고 있음 • 실제 물리적인 자산을 소프트웨어로 가상화함으로써 실제 자산의 특성에 대한 정확한 정보를 얻을 수 있음 • 자산 최적화, 돌발사고 최소화, 생산성 증가 등 설계부터 제조, 서비스에 이르는 모든 과정의 효율성을 향상시킬 수 있음

※ 정답 및 해설은 478쪽에 있습니다.

기출 따라잡기 Section 146

20년 11월

문제 1 **피투피(P2P) 네트워크를 이용하여 온라인 금융거래 정보를 온라인 네트워크 참여자(Peer)의 디지털 장비에 분산 저장하는 기술을 쓰시오.**

답 :

필기 24년 2월, 20년 8월

문제 2 **다음 괄호에 공통적으로 들어갈 알맞은 기술을 쓰시오.**

- (　　　)은 웹에서 제공하는 정보 및 서비스를 이용하여 새로운 소프트웨어나 서비스, 데이터베이스 등을 만드는 기술이다.
- 구글 지도에 부동산 매물 정보를 결합한 구글의 하우징맵스(Housing Maps)가 대표적인 (　　　)이다.

답 :

필기 20년 9월

문제 3 다음에서 설명하는 용어를 쓰시오.

- 기업의 소프트웨어 인프라인 정보시스템을 공유와 재사용이 가능한 서비스 단위나 컴포넌트 중심으로 구축하는 정보기술 아키텍처이다.
- 이 아키텍처 기반 애플리케이션은 표현(Presentation) 계층, 업무 프로세스(Biz-Process) 계층, 서비스 중간(Service Intermediary) 계층, 애플리케이션(Application) 계층, 데이터 저장(Persistency) 계층으로 구성한다.

답 :

필기 24년 5월, 20년 8월

문제 4 물리적인 사물과 컴퓨터에 동일하게 표현되는 가상의 모델로, 실제 물리적인 자산 대신 소프트웨어로 가상화함으로써 실제 자산의 특성에 대한 정확한 정보를 얻을 수 있고, 자산 최적화, 돌발사고 최소화, 생산성 증가 등 설계부터 제조, 서비스에 이르는 모든 과정의 효율성을 향상시킬 수 있는 모델을 쓰시오.

답 :

필기 24년 5월, 23년 7월

문제 5 판매 계획 또는 배포 계획은 발표되었으나 실제로 고객에게 판매되거나 배포되지 않고 있는 소프트웨어를 의미하는 용어를 쓰시오.

답 :

SECTION 147

소프트웨어 개발 보안 활동 관련 법령 및 규정

1 개인정보 보호 관련 법령

전문가의 조언

개인정보 보호 관련 법령과 IT 기술 관련 규정에는 어떤 것들이 있는지 알아두세요. 각각의 명칭을 통해 어렵지 않게 특징을 알 수 있으니 편하게 학습하시면 됩니다.

- **개인정보 보호법** : 개인정보의 처리 및 보호에 관한 사항을 정함으로써 개인의 자유와 권리를 보호함
- **정보통신망 이용촉진 및 정보보호 등에 관한 법률** : 정보통신망의 이용 촉진 및 정보 통신 서비스를 이용하는 이용자들의 개인정보를 보호함
- **신용정보의 이용 및 보호에 관한 법률** : 개인 신용정보의 효율적 이용과 체계적인 관리를 통해 정보의 오남용을 방지함
- **위치정보의 보호 및 이용 등에 관한 법률** : 개인 위치정보의 안전한 이용 환경을 조성하여 정보의 유출이나 오남용을 방지함
- **표준 개인정보 보호 지침** : 개인정보의 처리에 관한 기준, 개인정보 침해의 유형 및 예방조치 등에 관한 세부사항을 규정함
- **개인정보의 안전성 확보 조치 기준** : 개인정보 처리자가 개인정보를 처리하는 데 있어 개인정보가 분실, 도난, 유출, 위조, 변조, 훼손되지 않도록 안전성 확보에 필요한 기술적, 관리적, 물리적 안전조치에 관한 최소한의 기준을 규정함
- **개인정보 영향평가에 관한 고시** : 개인정보 영향평가를 위한 평가기관의 지정, 영향평가의 절차 등에 관한 세부기준을 규정함

2 IT 기술 관련 규정

22.5

- **RFID 프라이버시 보호 가이드라인** : RFID 시스템의 이용자들의 프라이버시를 보호하고 안전한 RFID 이용 환경을 조성하기 위한 가이드라인
- **위치정보의 보호 및 이용 등에 관한 법률** : 개인 위치정보의 유출 및 오남용을 방지하기 위한 법률
- **위치정보의 관리적, 기술적 보호조치 권고 해설서** : 개인 위치정보의 누출, 변조, 훼손 등을 방지하기 위해 위치정보 사업자 및 위치기반 서비스 사업자가 준수해야 하는 관리적, 기술적 보호조치의 구체적인 기준
- **바이오정보*** **보호 가이드라인** : 개인 바이오정보의 보호와 안전한 활용을 위한 원칙 및 조치사항

바이오정보

바이오정보는 지문, 홍채, 음성, 필적 등 개인을 식별할 수 있는 신체적 또는 행동적 특징에 관한 정보를 의미합니다.

뉴미디어 서비스
뉴미디어 서비스는 클라우드 컴퓨팅 서비스, 소셜 네트워크 서비스, 소셜 커머스 서비스, 스마트폰 활용 서비스 등을 의미합니다.

- 뉴미디어 서비스* 개인정보 보호 가이드라인 : 뉴미디어 서비스 이용 및 제공 시 개인 정보의 침해사고를 예방하기 위한 준수사항
- 정보보호 관리 체계(ISMS; Information Security Management System)
  - 정보 자산을 안전하게 보호하기 위한 보호 절차와 대책으로, 조직에 맞는 정보보호 정책을 수립하고, 위험에 상시 대응하는 여러 보안 대책을 통합하여 관리한다.
  - 한국인터넷진흥원(KISA)에서는 공공 기관과 민간 기업을 대상으로 정보보호 관리 체계를 평가하고 인증하는 업무를 수행하고 있다.

※ 정답 및 해설은 478쪽에 있습니다.

기출 따라잡기 Section 147

22년 5월

문제 1 **정보보호에 대한 다음 설명에 해당하는 용어를 영문 약어로 쓰시오.**

정보 자산을 안전하게 보호하기 위한 보호 절차와 대책으로, 정보보호 관리 체계라고 한다. 조직에 맞는 정보보호 정책을 수립하고, 위험에 상시 대응하는 여러 보안 대책을 통합 관리한다. 공공 부문과 민간 기업 부문에서 이것을 평가하고 인증하는 사업을 한국인터넷진흥원(KISA)에서 운영중이다.

답 :

출제예상

문제 2 **다음이 설명하는 IT 기술 관련 규정을 쓰시오.**

지문, 홍채, 음성, 필적 등 개인을 식별할 수 있는 신체적 또는 행동적 특징에 관한 정보의 보호와 안전한 활용을 위한 원칙 및 조치사항의 안내를 목적으로 한다.

답 :

출제예상

문제 3 **개인정보의 처리 및 보호에 관한 사항을 정함으로써 개인의 자유와 권리를 보호하는 것을 목적으로 하는 소프트웨어 개발 보안 활동 관련 법령을 쓰시오.**

답 :

HW 관련 신기술

3715200

1 HW 관련 신기술

22.10, 22.5, 필기 24.7, 21.5

용어	설명
필기 24.7 고가용성 (HA; High Availability)	긴 시간동안 안정적인 서비스 운영을 위해 장애 발생 시 즉시 다른 시스템으로 대체 가능한 환경을 구축하는 메커니즘
3D Printing (Three Dimension Printing)	• 대상을 평면에 출력하는 것이 아니라 손으로 만질 수 있는 실제 물체로 만들어내는 것 • 아주 얇은 두께로 한층한층 쌓아 하나의 형태를 만들어내는 기술을 이용함
4D Printing (Fourth Dimension Printing)	특정 시간이나 환경 조건이 갖추어지면 스스로 형태를 변화시키거나 제조되는 자가 조립(Self-Assembly) 기술이 적용된 제품을 3D Printing하는 기술
22.5 RAID (Redundant Array of Inexpensive Disk, Redundant Array of Independent Disk)	• 여러 개의 하드디스크로 디스크 배열을 구성하여 파일을 구성하고 있는 데이터 블록들을 서로 다른 디스크들에 분산 저장할 경우, 그 블록들을 여러 디스크에서 동시에 읽거나 쓸 수 있으므로 디스크의 속도가 매우 향상되는데, 이 기술을 RAID라고 함 • **주요 RAID 레벨** – RAID 0 : 스트라이핑*을 적용한 방식으로, 디스크의 개수만큼 읽기/쓰기 성능이 향상됨 – RAID 1 : 미러링*을 적용한 방식으로, 디스크 손상을 대비할 수 있지만, 데이터를 동시에 기록하므로 쓰기 성능이 저하될 수 있음 – RAID 5 : 스트라이핑을 적용한 디스크에 오류 검출을 위한 패리티*를 저장하는 방식으로, 스트라이핑으로 인한 읽기 성능은 향상되지만, 쓰기 성능은 패리티의 연산과 저장으로 인해 저하될 수 있음 – RAID 6 : 이중 패리티를 추가하여 안정성을 높인 방식으로, 금융업과 같이 데이터 손상이 치명적인 결과를 불러일으키는 산업에서 주로 사용함
4K 해상도	• 차세대 고화질 모니터의 해상도를 지칭하는 용어 • 가로 픽셀 수가 3840이고, 세로 픽셀 수가 2160인 영상의 해상도를 말하는데, 이는 Full HDTV(1920×1080)의 가로 · 세로 2배, 총 4배에 해당하는 초고화질의 영상임
필기 21.5 앤 스크린(N-Screen)	N개의 서로 다른 단말기에서 동일한 콘텐츠를 자유롭게 이용할 수 있는 서비스

문제에 제시된 내용이 무슨 용어를 말하는지 맞힐 수 있을 정도로 학습하세요.

스트라이핑(Striping)
스트라이핑은 여러 개의 디스크에 데이터를 나누어 기록하고 사용하는 방식입니다. 속도가 크게 개선되지만 하나의 디스크만 손상돼도 전체 파일을 사용하지 못한다는 단점이 있습니다.

미러링(Mirroring)
미러링은 동일한 데이터를 저장하고 있는 디스크를 구성하는 방식입니다. 디스크 A에 데이터가 저장되었다면 동일한 데이터를 저장하는 디스크 B를 만들어 디스크 A가 손상되었을 때를 대비할 수 있습니다.

패리티(Parity)
패리티는 데이터의 오류를 검출하기 위해 데이터 비트 외에 1비트의 패리티 체크 비트를 할당하는 방법입니다.

컴패니언 스크린 (Companion Screen)	• TV 방송 시청 시 방송 내용을 공유하며 추가적인 기능을 수행할 수 있는 스마트폰, 태블릿PC 등을 의미함 • 앤 스크린(N Screen)의 한 종류로, 세컨드 스크린(Second Screen)이라고도 불림
신 클라이언트 PC (Thin Client PC)	• 하드디스크나 주변장치 없이 기본적인 메모리만 갖추고 서버와 네트워크로 운용되는 개인용 컴퓨터 • 서버 기반 컴퓨팅과 관계가 깊음
패블릿(Phablet)	폰(Phone)과 태블릿(Tablet)의 합성어로, 태블릿 기능을 포함한 5인치 이상의 대화면 스마트폰
C형 유에스비 (Universal Serial Bus Type-C, USB Type-C, USB-C)	• 범용 인터페이스 규격인 USB(Universal Serial Bus)의 표준 중 하나임 • 기존 A형에 비하여 크기가 작고, 24핀으로 위아래의 구분이 없어 어느 방향으로든 연결이 가능함
멤스 (MEMS; Micro-Electro Mechanical Systems)	초정밀 반도체 제조 기술을 바탕으로 센서, 액추에이터(Actuator) 등 기계 구조를 다양한 기술로 미세 가공하여 전기기계적 동작을 할 수 있도록 한 초미세 장치
22.10 트러스트존 기술 (TrustZone Technology)	하나의 프로세서(Processor) 내에 일반 애플리케이션을 처리하는 일반 구역(Normal World)과 보안이 필요한 애플리케이션을 처리하는 보안 구역(Secure World)으로 분할하여 관리하는 하드웨어 기반의 보안 기술
엠디스크(M-DISC, Millennial DISC)	• 한 번의 기록만으로 자료를 영구 보관할 수 있는 광 저장장치 • 디스크 표면의 무기물층에 레이저를 이용해 자료를 조각해서 기록함 • 시간이 지나도 변하지 않는 금속 활자처럼 빛, 열, 습기 등의 외부 요인에 영향을 받지 않음
멤리스터(Memristor)	• 메모리(Memory)와 레지스터(Resister)의 합성어로, 전류의 방향과 양 등 기존의 경험을 모두 기억하는 특별한 소자 • 레지스터(Resister), 커패시터(Capacitor), 인덕터(Inductor)에 이어 네 번째 전자회로 구성 요소라 불리고 있음

※ 정답 및 해설은 479쪽에 있습니다.

기출 따라잡기 Section 148

22년 5월

문제 1 다음 설명의 RAID에 해당하는 레벨(Level)을 답 란의 괄호 안에 숫자로 쓰시오.

> 여러 개의 하드디스크로 디스크 배열을 구성하고, 파일을 구성하는 데이터 블록들을 서로 다른 디스크에 분산하여 저장할 경우 저장된 블록들을 여러 디스크에서 동시에 읽고 쓸 수 있으므로 디스크의 속도가 매우 향상되는데, 이 기술을 RAID라고 한다.
> 레이드 방식 중 패리티가 없는 스트라이핑된 2개 이상의 디스크를 병렬로 연결하여 구성하는 이 방식은 디스크의 개수가 증가할수록 입·출력 속도 및 저장 용량이 배로 증가하지만, 하나의 디스크만 손상되어도 전체 데이터가 유실되는 문제가 발생한다.

답 : Level (　　　)

필기 21년 5월

문제 2 다음에서 설명하는 용어를 쓰시오.

> PC, TV, 휴대폰 등 여러 개의 서로 다른 단말기에서 동일한 콘텐츠를 자유롭게 이용할 수 있는 서비스이다.

답 :

22년 10월

문제 3 보안 및 보안 위협에 대한 다음 설명에서 괄호에 들어갈 알맞은 용어를 쓰시오.

> (　　　)은 칩 설계회사인 ARM(Advanced RISC Machine)에서 개발한 기술로, 하나의 프로세서(Processor) 내에 일반 애플리케이션을 처리하는 일반 구역(Normal World)과 보안이 필요한 애플리케이션을 처리하는 보안 구역(Secure World)으로 분할하여 관리하는 하드웨어 기반의 보안 기술이다.

답 :

SECTION 149

Secure OS

전문가의 조언

Secure OS와 참조 모니터의 개념을 중심으로 기능이나 특징을 정리하세요.

커널(Kernel)
커널은 컴퓨터가 부팅될 때 주기억장치에 적재된 후 실행된 상태로 상주하면서 하드웨어를 보호하고, 프로그램과 하드웨어 간의 인터페이스 역할을 담당합니다.

TCB(Trusted Computing Base)
TCB는 운영체제(OS), 하드웨어, 소프트웨어, 펌웨어 등 컴퓨터 시스템 내의 모든 장치가 보안 정책을 따르도록 설계한 보호 메커니즘입니다.

필기 21.5, 20.9

1 Secure OS

- Secure OS는 기존의 운영체제(OS)에 내재된 보안 취약점을 해소하기 위해 **보안 기능을 갖춘 커널*을 이식하여 외부의 침입으로부터 시스템 자원을 보호하는 운영체제**를 의미한다.
- 보안 커널은 보안 기능을 갖춘 커널을 의미하며, TCB*를 기반으로 참조 모니터의 개념을 구현하고 집행한다.
- 보호 방법을 구현하기 복잡한 것부터 차례로 분류하면 다음과 같다.
  - 암호적 분리(Cryptographic Separation) : 내부 정보를 암호화하는 방법
  - 논리적 분리(Logical Separation) : 프로세스의 논리적 구역을 지정하여 구역을 벗어나는 행위를 제한하는 방법
  - 시간적 분리(Temporal Separation) : 동일 시간에 하나의 프로세스만 수행되도록 하여 동시 실행으로 발생하는 보안 취약점을 제거하는 방법
  - 물리적 분리(Physical Separation) : 사용자별로 특정 장비만 사용하도록 제한하는 방법
- Secure OS의 보안 기능
  - 식별 및 인증
  - 임의적/강제적 접근통제
  - 객체 재사용 보호
  - 완전한 조정
  - 신뢰 경로
  - 감사 및 감사기록 축소 등

2 참조 모니터(Reference Monitor)

- 참조 모니터는 **보호 대상 객체에 대한 접근통제를 수행하는 추상머신**이며, 이것을 실제로 구현한 것이 보안 커널이다.
- 참조 모니터는 보안 커널 데이터베이스(SKDB; Security Kernel Database)를 참조하여 객체에 대한 접근 허가 여부를 결정한다.

• 참조 모니터와 보안 커널의 특징

격리성(Isolation)	부정 조작이 불가능해야 함
검증가능성(Verifiability)	적절히 구현되었다는 것을 확인할 수 있어야 함
완전성(Completeness)	우회가 불가능해야 함

※ 정답 및 해설은 479쪽에 있습니다.

기출 따라잡기 Section 149

필기 20년 9월

문제 1 컴퓨터 운영체제의 커널(Kernel)에 보안 기능을 추가한 것으로, 운영체제의 보안상 결함으로 인하여 발생 가능한 각종 해킹으로부터 시스템을 보호하기 위하여 사용되는 운영체제를 쓰시오.

답 :

출제예상

문제 2 보호 대상 객체에 대한 접근통제를 수행하는 추상머신인 참조 모니터(Reference Monitor)의 특징 3가지를 쓰시오.

답 :

SECTION 150

DB 관련 신기술

1418700

전문가의 조언

문제에 제시된 내용이 무슨 용어를 말하는지 맞힐 수 있을 정도로 학습하세요.

20.11, 20.5, 필기 24.5, 23.7, 23.5, 23.2, 22.4, 20.9, 20.8, 20.6

1 DB 관련 신기술

용어	설명
빅데이터(Big Data)	• 기존의 관리 방법이나 분석 체계로는 처리하기 어려운 막대한 양의 정형 또는 비정형 데이터 집합 • 빅테이터가 주목받고 있는 이유는 기업이나 정부, 포털 등이 빅데이터를 효과적으로 분석함으로써 미래를 예측해 최적의 대응 방안을 찾고, 이를 수익으로 연결하여 새로운 가치를 창출하기 때문임
브로드 데이터(Broad Data)	다양한 채널에서 소비자와 상호 작용을 통해 생성된 것으로, 기업 마케팅에 있어 효율적이고 다양한 데이터이며, 이전에 사용하지 않거나 알지 못했던 새로운 데이터나 기존 데이터에 새로운 가치가 더해진 데이터
메타 데이터(Meta Data)	• 일련의 데이터를 정의하고 설명해 주는 데이터 • 컴퓨터에서는 데이터 사전의 내용, 스키마 등을 의미함 • HTML 문서에서는 메타 태그 내의 내용이 메타 데이터임
디지털 아카이빙(Digital Archiving)	• 디지털 정보 자원을 장기적으로 보존하기 위한 작업 • 아날로그 콘텐츠는 디지털로 변환한 후 압축해서 저장하고, 디지털 콘텐츠도 체계적으로 분류하고 메타 데이터를 만들어 DB화하는 작업임
20.11, 필기 23.2, 22.4, 20.6 하둡(Hadoop)	• 오픈 소스를 기반으로 한 분산 컴퓨팅 플랫폼 • 일반 PC급 컴퓨터들로 가상화된 대형 스토리지를 형성하고 그 안에 보관된 거대한 데이터 세트를 병렬로 처리할 수 있도록 개발된 자바 소프트웨어 프레임워크 • 구글, 야후 등에 적용되고 있음
필기 24.5, 23.5, 20.9 맵리듀스(MapReduce)	• 대용량 데이터를 분산 처리하기 위한 목적으로 개발된 프로그래밍 모델 • 흩어져 있는 데이터를 연관성 있는 데이터 분류로 묶는 Map 작업을 수행한 후 중복 데이터를 제거하고 원하는 데이터를 추출하는 Reduce 직업을 수행함 • Google에 의해 고안되었으며, 대표적인 대용량 데이터 처리를 위한 병렬 처리 기법으로 많이 사용되고 있음
필기 20.9 타조(Tajo)	오픈 소스 기반 분산 컴퓨팅 플랫폼인 아파치 하둡(Apache Hadoop) 기반의 분산 데이터 웨어하우스* 프로젝트
데이터 다이어트(Data Diet)	데이터를 삭제하는 것이 아니라 압축하고, 중복된 정보는 중복을 배제하고, 새로운 기준에 따라 나누어 저장하는 작업

데이터 웨어하우스(Data Warehouse)

데이터 웨어하우스는 정보(Data)와 창고(Warehouse)의 합성어로, 기업의 의사결정 과정에 효과적으로 사용될 수 있도록 여러 시스템에 분산되어 있는 데이터를 주제별로 통합 · 축적해 놓은 데이터베이스입니다.

20.5, 필기 24.5, 23.7, 20.8 **데이터 마이닝 (Data Mining)**	대량의 데이터를 분석하여 데이터에 내재된 변수 사이의 상호 관계를 규명하여 일정한 패턴을 찾아내는 기법
필기 20.9 **OLAP(Online Analytical Processing)**	• 다차원으로 이루어진 데이터로부터 통계적인 요약 정보를 분석하여 의사결정에 활용하는 방식 • OLAP 연산 : Roll-up, Drill-down, Drill-through, Drill-across, Pivoting, Slicing, Dicing

※ 정답 및 해설은 479쪽에 있습니다.

기출 따라잡기 Section 150

20년 11월, 필기 23년 2월, 22년 4월, 20년 6월

문제 1 분산 컴퓨팅에 대한 다음 설명에 해당하는 용어를 쓰시오.

- 오픈 소스 기반 분산 컴퓨팅 플랫폼이다.
- 분산 저장된 데이터들은 클러스터 환경에서 병렬 처리된다.
- 일반 PC급 컴퓨터들로 가상화된 대형 스토리지를 형성하고 그 안에 보관된 거대한 데이터 세트를 병렬로 처리할 수 있도록 개발되었다.
- 더그 커팅과 마이크 캐퍼렐라가 개발했으며, 구글의 맵리듀스(MapReduce) 엔진을 사용하고 있다.

답 :

20년 5월, 필기 24년 5월, 23년 7월, 20년 8월

문제 2 데이터 마이닝(Data Mining)의 개념을 간략히 서술하시오.

답 :

필기 24년 5월, 23년 7월, 20년 9월

문제 3 다음에서 설명하는 용어를 쓰시오.

- 대용량 데이터를 분산 처리하기 위한 목적으로 개발된 프로그래밍 모델이다.
- Google에 의해 고안된 기술로, 대표적인 대용량 데이터 처리를 위한 병렬 처리 기법을 제공한다.
- 임의의 순서로 정렬된 데이터를 분산 처리하고 이를 다시 합치는 과정을 거친다.

답 :

필기 20년 9월

문제 4 다음 보기에서 데이터웨어하우스의 기본적인 OLAP(on-line analytical processing) 연산에 해당하는 것을 모두 골라 기호(㉠~㉣)로 쓰시오.

㉠ translate	㉡ roll-up
㉢ dicing	㉣ drill-down

답 :

SECTION 151

회복 / 병행제어

1418800

1 회복(Recovery)

20.11, 필기 24.7, 23.5, 21.3, 20.8

- 회복은 트랜잭션들을 수행하는 도중 장애가 발생하여 **데이터베이스가 손상되었을 때 손상되기 이전의 정상 상태로 복구하는 작업**이다.
- 회복 기법의 종류

회복 기법	설명
연기 갱신 기법 (Deferred Update)	• 트랜잭션이 성공적으로 완료될 때까지 데이터베이스에 대한 실질적인 갱신을 연기하는 방법 • 트랜잭션이 수행되는 동안 갱신된 내용은 일단 Log에 보관됨 • 트랜잭션의 부분 완료 시점에 Log에 보관한 갱신 내용을 실제 데이터베이스에 기록함 • Redo* 작업만 가능함
20.11, 필기 24.7, 20.8 즉각 갱신 기법 (Immediate Update)	• 트랜잭션이 데이터를 갱신하면 트랜잭션이 부분 완료되기 전이라도 즉시 실제 데이터베이스에 반영하는 방법 • 장애가 발생하여 회복 작업할 경우를 대비하여 갱신된 내용들은 Log에 보관시킴 • Redo와 Undo* 모두 사용 가능함
그림자 페이지 대체 기법 (Shadow Paging)	갱신 이전의 데이터베이스를 일정 크기의 페이지 단위로 구성하여 각 페이지마다 복사본인 그림자 페이지를 별도 보관해 놓고, 실제 페이지를 대상으로 갱신 작업을 수행하다가 장애가 발생하여 트랜잭션 작업을 Rollback시킬 때는 갱신 이후의 실제 페이지 부분을 그림자 페이지로 대체하여 회복시키는 기법
검사점 기법 (Check Point)	트랜잭션 실행 중 특정 단계에서 재실행할 수 있도록 갱신 내용이나 시스템에 대한 상황 등에 관한 정보와 함께 검사점을 로그에 보관해 두고, 장애 발생 시 트랜잭션 전체를 철회하지 않고 검사점부터 회복 작업을 수행하여 회복시간을 절약하도록 하는 기법

전문가의 조언

회복은 말 그대로 원래의 상태로 복구하는 것입니다. 회복 기법의 종류별 특징을 확실히 정리해 두세요.

재시도(Redo)

덤프와 로그를 이용하여 가장 최근의 정상적인 데이터베이스로 회복시킨 후 트랜잭션을 재실행 시킵니다.

※ **덤프(Dump)** : 주기적으로 데이터베이스 전체를 복사해 두는 것

※ **로그(Log)** : 갱신되기 전후의 내용을 기록하는 별도의 파일로, 저널(Journal)이라고도 함

취소(Undo)

로그(Log)에 보관한 정보를 이용하여 가장 최근에 변경된 내용부터 거슬러 올라가면서 트랜잭션 작업을 취소하여 원래의 데이터베이스로 복구합니다.

21.7, 필기 21.8, 21.5, 20.9, 20.8

2 병행제어(Concurrency Control)

다중 프로그래밍의 이점
- 프로세서의 이용률 증가
- 전체 트랜잭션의 작업 처리율 향상

- 병행제어란 다중 프로그램의 이점*을 활용하여 동시에 여러 개의 트랜잭션을 병행수행할 때, **동시에 실행되는** 트랜잭션들이 데이터베이스의 일관성을 파괴하지 않도록 **트랜잭션 간의 상호 작용을 제어하는** 것이다.
- 병행제어 없이 트랜잭션들이 데이터베이스에 동시에 접근하도록 허용할 경우 갱신 분실*, 비완료 의존성*, 모순성, 연쇄 복귀* 등의 문제가 발생한다.
- 병행제어 기법의 종류

- **갱신 분실(Lost Update)** : 두 개 이상의 트랜잭션이 같은 자료를 공유하여 갱신할 때 갱신 결과의 일부가 없어지는 현상
- **비완료 의존성(Uncommitted Dependency)** : 하나의 트랜잭션 수행이 실패한 후 회복되기 전에 다른 트랜잭션이 실패한 갱신 결과를 참조하는 현상
- **연쇄 복귀(Cascading Rollback)** : 병행수행되던 트랜잭션들 중 어느 하나에 문제가 생겨 Rollback하는 경우 다른 트랜잭션도 함께 Rollback되는 현상

기법	설명
21.7, 필기 20.9, 20.8 로킹(Locking)	• 트랜잭션들이 어떤 로킹 단위를 액세스하기 전에 Lock(잠금)을 요청해서 Lock이 허락되어야만 그 로킹 단위를 액세스할 수 있도록 하는 기법 • 주요 데이터의 액세스를 상호 배타적으로 함
필기 21.8 타임 스탬프 순서(Time Stamp Ordering)	• 트랜잭션과 트랜잭션이 읽거나 갱신한 데이터에 대해 트랜잭션이 실행을 시작하기전에 시간표(Time Stamp)를 부여하여 부여된 시간에 따라 트랜잭션 작업을 수행하는 기법 • 직렬성 순서를 결정하기 위해 트랜잭션 간의 처리 순서를 미리 선택하는 기법들 중에서 가장 보편적인 방법임
최적 병행수행(검증 기법, 확인 기법, 낙관적 기법)	병행수행하고자 하는 대부분의 트랜잭션이 판독 전용(Read Only) 트랜잭션일 경우, 트랜잭션 간의 충돌률이 매우 낮아서 병행제어 기법을 사용하지 않고 실행되어도 이 중의 많은 트랜잭션은 시스템의 상태를 일관성 있게 유지한다는 점을 이용한 기법
다중 버전 기법	• 타임 스탬프의 개념을 이용하는 기법 • 다중 버전 타임 스탬프 기법이라고도 함 • 타임 스태프 기법은 트랜잭션 및 데이터들이 이용될 때의 시간을 시간표로 관리하지만, 다중 버전 기법은 갱신될 때마다의 버전을 부여하여 관리함

필기 24.7, 24.5, 24.2, 23.2, 21.8, 21.3, 20.9, 20.8, 20.6

3 로킹 단위(Locking Granularity)

- 로킹 단위는 병행제어에서 **한꺼번에 로킹할 수 있는 객체의 크기**를 의미한다.
- 데이터베이스, 파일, 레코드, 필드 등이 로킹 단위가 될 수 있다.
- 로킹 단위가 크면 로크 수가 작아 관리하기 쉽지만 병행성 수준이 낮아진다.
- 로킹 단위가 작으면 로크 수가 많아 관리하기 복잡해 오버헤드가 증가하지만 병행성 수준*이 높아진다.

병행성 수준
병행성 수준이 낮다는 것은 데이터베이스 공유도가 감소한다는 의미이고, 병행성 수준이 높다는 것은 데이터베이스 공유도가 증가한다는 의미입니다.

※ 정답 및 해설은 479쪽에 있습니다.

기출 따라잡기 Section 151

20년 11월

문제 1 데이터베이스 회복(Recovery) 기법에 관련된 다음 설명에서 괄호에 공통으로 들어갈 알맞은 답을 쓰시오.

(   )은 트랜잭션이 데이터를 변경하면 트랜잭션이 부분 완료되기 전이라도 즉시 실제 DB에 그 내용을 반영하는 기법으로, 장애가 발생하여 회복 작업할 경우를 대비하여 갱신된 내용들을 로그(Log)에 보관시킨다. (   )에서 회복 작업을 수행할 경우 Redo와 Undo 모두 수행이 가능하다.

답 :

21년 7월, 필기 20년 8월, 9월, 6월

문제 2 데이터베이스의 병행제어(Concurrency Control) 기법 중 하나로, 접근한 데이터에 대한 연산을 모두 마칠 때까지 추가적인 접근을 제한함으로써 상호 배타적으로 접근하여 작업을 수행하도록 하는 기법을 쓰시오.

답 :

필기 23년 5월, 21년 3월

문제 3 다음에서 설명하는 용어를 쓰시오.

트랜잭션들을 수행하는 도중 장애로 인해 손상된 데이터베이스를 손상되기 이전의 정상적인 상태로 복구시키는 작업이다.

답 :

출제예상

문제 4 회복 기법 중 트랜잭션이 성공적으로 완료될 때까지 데이터베이스에 대한 실질적인 갱신을 연기하는 방법으로 Redo 작업만 가능한 기법을 쓰시오.

답 :

SECTION 152

교착상태

전문가의 조언

교착상태가 무엇인지 이해하고, 교착상태 발생 조건의 종류와 각각의 의미를 정확하게 파악하세요.

교착상태와 무한 연기

교착상태와 무한 연기는 무한정 기다리는 현상입니다. 하지만 전혀 가능성이 없는 상태에서 기다리는 교착상태와 달리, 무한 연기는 그래도 가능성이 있는 상태에서 기다리는 것을 의미합니다.

1 교착상태(Dead Lock)

교착상태*는 상호 배제에 의해 나타나는 문제점으로, 둘 이상의 프로세스들이 자원을 점유한 상태에서 **서로 다른 프로세스가 점유하고 있는 자원을 요구하며 무한정 기다리는 현상**을 의미한다.

필기 22.7, 21.3, 20.6

2 교착상태 발생의 필요 충분 조건

교착상태가 발생하기 위해서는 다음의 네 가지 조건이 충족되어야 하는데, 이 네 가지 조건 중 하나라도 충족되지 않으면 교착상태가 발생하지 않는다.

조건	설명
필기 22.7, 21.3, 20.6 상호 배제 (Mutual Exclusion)	한 번에 한 개의 프로세스만이 공유 자원을 사용할 수 있어야 함
필기 22.7, 21.3, 20.6 점유와 대기 (Hold and Wait)	최소한 하나의 자원을 점유하고 있으면서 다른 프로세스에 할당되어 사용되고 있는 자원을 추가로 점유하기 위해 대기하는 프로세스가 있어야 함
필기 22.7, 21.3 비선점 (Non-preemption)	다른 프로세스에 할당된 자원은 사용이 끝날 때까지 강제로 빼앗을 수 없어야 함
필기 22.7, 20.6 환형 대기 (Circular Wait)	공유 자원과 공유 자원을 사용하기 위해 대기하는 프로세스들이 원형으로 구성되어 있어 자신에게 할당된 자원을 점유하면서 앞이나 뒤에 있는 프로세스의 자원을 요구해야 함

필기 24.7, 24.2, 23.2, 21.5, 20.6

3 교착상태의 해결 방법

기법	설명
예방 기법 (Prevention)	• 교착상태가 발생하지 않도록 사전에 시스템을 제어하는 방법 • 교착상태 발생의 네 가지 조건 중에서 어느 하나를 제거함으로써 수행됨 • 자원의 낭비가 가장 심한 기법임
필기 24.7, 24.2, 23.2, … 회피 기법 (Avoidance)	• 교착상태가 발생할 가능성을 배제하지 않고 교착상태가 발생하면 적절히 피해나가는 방법 • 주로 은행원 알고리즘(Banker's Algorithm)이 사용됨 • 은행원 알고리즘(Banker's Algorithm) : E. J. Dijkstra가 제안한 것으로, 은행에서 모든 고객의 요구가 충족되도록 현금을 할당하는 데서 유래한 기법

발견 기법 (Detection)	• 시스템에 교착상태가 발생했는지 점검하여 교착상태에 있는 프로세스와 자원을 발견하는 것 • 교착상태 발견 알고리즘과 자원 할당 그래프 등을 사용할 수 있음
회복 기법 (Recovery)	교착상태를 일으킨 프로세스를 종료하거나 교착상태의 프로세스에 할당된 자원을 선점하여 프로세스나 자원을 회복하는 것

※ 정답 및 해설은 480쪽에 있습니다.

기출 따라잡기 Section 152

필기 22년 7월, 21년 3월, 20년 6월

문제 1 교착 상태(DeadLock) 발생의 필요 충분 조건 4가지를 쓰시오.

답 :

필기 24년 7월, 2월, 23년 2월, 21년 3월, 20년 6월

문제 2 은행가 알고리즘(Banker's Algorithm)은 교착상태(DeadLock)의 해결 방법 중 어떤 기법에 해당하는지 쓰시오.

답 :

출제예상

문제 3 교착상태(DeadLock)의 해결 방법 중 교착상태가 발생하지 않도록 사전에 시스템을 제어하는 방법으로 자원 낭비가 가장 심한 기법을 쓰시오.

답 :

출제예상

문제 4 다음은 교착상태(DeadLock) 발생의 필요 충분 조건에 대한 설명이다. 괄호(①, ②)에 들어갈 가장 알맞은 조건을 쓰시오.

비선점	다른 프로세스에 할당된 자원은 사용이 끝날 때까지 강제로 빼앗을 수 없어야 한다.
(①)	공유 자원과 공유 자원을 사용하기 위해 대기하는 프로세스들이 원형으로 구성되어 있어 자신에게 할당된 자원을 점유하면서 앞이나 뒤에 있는 프로세스의 자원을 요구해야 한다.
상호 배제	한 번에 한 개의 프로세스만이 공유 자원을 사용할 수 있어야 한다.
(②)	최소한 하나의 자원을 점유하고 있으면서 다른 프로세스에 할당되어 사용되고 있는 자원을 추가로 점유하기 위해 대기하는 프로세스가 있어야 한다.

답

• ①

• ②

예상문제 은행

문제 1 다음이 설명하는 Windows의 특징을 쓰시오.

- 동시에 여러 개의 프로그램을 실행하는 멀티태스킹을 하면서 운영체제가 각 작업의 CPU 이용 시간을 제어하여 응용 프로그램 실행중 문제가 발생하면 해당 프로그램을 강제 종료시키고 모든 시스템 자원을 반환하는 방식이다.
- 하나의 응용 프로그램이 CPU를 독점하는 것을 방지할 수 있어 시스템 다운 현상 없이 더욱 안정적인 작업을 할 수 있다.

답 :

문제 2 다른 여러 응용 프로그램에서 작성된 문자나 그림 등의 개체를 현재 작성 중인 문서에 자유롭게 연결하거나 삽입하여 편집할 수 있게 하는 기능을 의미하는 Windows의 특징을 쓰시오.

답 :

문제 3 리눅스 또는 유닉스에서 'file.txt' 파일에 대해 다음 〈처리 조건〉과 같이 권한을 부여하고자 한다. 〈처리 조건〉을 준수하여 적합한 명령문을 작성하시오.

〈처리 조건〉

- 사용자에게 읽기, 쓰기, 실행 권한을 부여한다.
- 그룹에게 읽기, 쓰기, 실행 권한을 부여한다.
- 기타 사용자에게 읽기, 실행 권한을 부여한다.
- 한 줄로 작성하고, 8진법 숫자를 이용한 명령문을 이용한다.

답 :

문제 4 UNIX에서 사용하는 명령어 중 find의 기능을 간략히 서술하시오.

답 :

문제 5 UNIX에서 media1.txt 파일의 소유자를 user12로 변경하려고 한다. 알맞은 명령문을 작성하시오.

답 :

문제 6 Windows의 명령 프롬프트에서 현재 디렉터리의 파일 목록을 한 화면 단위로 표시하려고 한다. 알맞은 명령문을 작성하시오.

답 :

문제 7 다음은 운영체제의 성능을 평가하는 기준에 대한 설명이다. 괄호(①, ②)에 들어갈 알맞은 기준을 쓰시오.

처리 능력 (Throughput)	일정 시간 내에 시스템이 처리하는 일의 양을 의미한다.
(①)	시스템에 작업을 의뢰한 시간부터 처리가 완료될 때까지 걸린 시간을 의미한다.
사용 가능도 (Availability)	시스템을 사용할 필요가 있을 때 즉시 사용 가능한 정도를 의미한다.
(②)	시스템이 주어진 문제를 정확하게 해결하는 정도를 의미한다.

답

- ①
- ②

문제 8 보조기억장치(하드디스크)의 일부를 주기억장치처럼 사용하는 것으로, 용량이 작은 주기억장치를 마치 큰 용량을 가진 것처럼 사용하는 기법을 쓰시오.

답 :

문제 9 **다음은 페이지 교체 알고리즘의 종류별 특징에 대한 설명이다. 괄호(①~③)에 들어갈 알맞은 종류를 쓰시오.**

(①)	사용 빈도가 가장 적은 페이지를 교체하는 기법
LRU	각 페이지마다 계수기(Counter)나 스택(Stack)을 두어 현시점에서 가장 오랫동안 사용하지 않은, 즉 가장 오래전에 사용된 페이지를 교체하는 기법
(②)	앞으로 가장 오랫동안 사용하지 않을 페이지를 교체하는 기법
NUR	LRU와 비슷한 알고리즘으로, 최근에 사용하지 않은 페이지를 교체하는 기법
(③)	각 페이지가 주기억장치에 적재될 때마다 그때의 시간을 기억시켜 가장 먼저 들어와서 가장 오래 있었던 페이지를 교체하는 기법

답

- ①
- ②
- ③

문제 10 **다음은 Locality(국부성)에 대한 설명이다. 괄호(①, ②)에 들어갈 알맞은 용어를 쓰시오.**

Locality는 프로세스가 실행되는 동안 주기억장치를 참조할 때 일부 페이지만 집중적으로 참조하는 성질이 있다는 이론으로, 데닝(Denning) 교수에 의해 Locality의 개념이 증명되었다. Locality의 종류에는 (①)과 (②)이 있다.

(①)	프로세스가 실행되면서 하나의 페이지를 일정 시간 동안 집중적으로 액세스하는 현상이다.
(②)	프로세스 실행 시 일정 위치의 페이지를 집중적으로 액세스하는 현상이다.

답

- ①
- ②

문제 11 다음은 프로세스 스케줄링의 기법에 대한 설명이다. 괄호(①, ②)에 들어갈 알맞은 기법을 쓰시오.

(①)	• 이미 할당된 CPU를 다른 프로세스가 강제로 빼앗아 사용할 수 없는 스케줄링 기법이다. • 프로세스가 CPU를 할당받으면 해당 프로세스가 완료될 때까지 CPU를 사용한다. • 종류 : FCFS, SJF, 우선순위, HRN, 기한부 등
(②)	• 하나의 프로세스가 CPU를 할당받아 실행하고 있을 때 우선순위가 높은 다른 프로세스가 CPU를 강제로 빼앗아 사용할 수 있는 스케줄링 기법이다. • 주로 빠른 응답 시간을 요구하는 대화식 시분할 시스템에 사용된다. • 종류 : Round Robin, SRT, 선점 우선순위, 다단계 큐, 다단계 피드백 큐 등

답

• ①

• ②

문제 12 SJF(Shortest Job First) 스케줄링에서 다음과 같은 프로세스가 차례로 큐에 도착하였을 때, 평균 반환 시간과 평균 대기 시간을 계산하시오.

프로세스	실행 시간
P-1	4
P-2	2
P-3	6
P-4	5

답

• ① 평균 반환 시간 :

• ② 평균 대기 시간 :

문제 13 HRN 방식으로 스케줄링 할 경우, 입력된 작업이 다음과 같을 때 처리되는 작업 순서를 나열하시오.

작업	대기 시간	서비스(실행) 시간
A	5	5
B	10	8
C	15	10
D	20	8

답 : ( ) → ( ) → ( ) → ( )

문제 14 다음이 설명하고 있는 비선점 스케줄링 알고리즘을 쓰시오.

- 준비상태 큐에서 기다리고 있는 프로세스들 중에서 실행 시간이 가장 짧은 프로세스에게 먼저 CPU를 할당하는 기법이다.
- 가장 적은 평균 대기 시간을 제공하는 최적 알고리즘이다.
- 실행 시간이 긴 프로세스는 실행 시간이 짧은 프로세스에게 할당 순위가 밀려 무한 연기 상태가 발생될 수 있다.

답 :

문제 15 다음은 Windows에서 사용되는 주요 환경 변수에 대한 설명이다. 괄호(①, ②)에 들어갈 알맞은 환경 변수를 쓰시오.

%APPDATA%	설치된 프로그램의 필요 데이터가 저장된 폴더
(①)	로그인한 계정의 정보가 저장된 드라이브
%PATH%	실행 파일을 찾는 경로
(②)	기본 프로그램의 설치 폴더

답

- ①
- ②

문제 16 HDLC(High-level Data Link Control)에 대한 다음 설명에서 괄호(①~⑤)에 들어갈 알맞은 용어를 〈보기〉에서 찾아 쓰시오.

- HDLC는 비트(Bit) 위주의 프로토콜로, 각 프레임에 데이터 흐름을 제어하고 오류를 검출할 수 있는 비트 열을 삽입하여 전송한다. 포인트 투 포인트(Point-to-Point) 및 멀티 포인트(Multi-Point), 루프(Loop) 등 다양한 데이터 링크 형태에 동일하게 적용이 가능하다는 특징이 있다.
- HDLC의 프레임 구조는 헤더, 텍스트, 트레일러로 구분되며, 헤더는 다시 플래그, 주소부, 제어부로 구분할 수 있는데, 제어부는 프레임의 종류를 식별하기 위해 사용한다. 제어부의 첫 번째, 두 번째 비트를 사용하여 (①) 프레임, (②) 프레임, (③) 프레임으로 구분한다.
- (①) 프레임은 I 프레임으로 불리며, 제어부가 '0'으로 시작하는 프레임으로, 사용자 데이터를 전달하거나 피기백킹(Piggybacking) 기법을 통해 데이터에 대한 확인 응답을 보낼 때 사용된다.
- (②) 프레임은 S 프레임으로 불리며, 제어부가 '10'으로 시작하는 프레임으로, 오류 제어와 흐름 제어를 위해 사용된다.
- (③) 프레임은 U 프레임으로 불리며, 제어부가 '11'로 시작하는 프레임으로, 링크의 동작 모드 설정과 관리를 한다.
- (③) 프레임에서 설정할 수 있는 동작 모드에는 표준 응답 모드, (④), (⑤)의 세 가지로 구분된다.
- 표준 응답 모드는 반이중 통신을 하는 포인트 투 포인트(Point-to-Point) 또는 멀티 포인트(Multi-Point) 불균형 링크 구성에 사용되며, 종국은 주국의 허가(Poll)가 있을 때에만 송신하는 특징이 있다.
- (④)는 포인트 투 포인트(Point-to-Point) 균형 링크에서 사용되며, 혼합국끼리 허가 없이 언제나 전송할 수 있다.
- (⑤)는 전이중 통신을 하는 포인트 투 포인트(Point-to-Point) 불균형 링크 구성에 사용되며, 종국은 주국의 허가(Poll) 없이도 송신이 가능하지만 링크 설정이나 오류 복구 등의 제어 기능은 주국만 가능하다.

〈보기〉

- 비동기 응답 모드
- 주소부
- 제어부
- ARQ
- 정보
- 비번호
- 감독
- 플래그
- 비동기 균형 모드

답

- ①
- ②
- ③
- ④
- ⑤

문제 17 다음 설명에 해당하는 프로토콜을 쓰시오.

> 자료를 일정한 크기로 정하여 순서대로 전송하는 자료의 전송 방식으로, 셀이라 부르는 53Byte의 고정 길이 패킷을 이용하여 처리가 단순하고 고속망에 적합하다. 또한 연속적으로 셀을 보낼 때 다중화를 하지 않고 셀 단위로 동기가 이루어지지만 경우에 따라 동기식 시간 분할 다중화를 사용하기도 한다. CBR, VBR의 처리가 가능하며, B-ISDN과 결합하여 서비스를 제공하기도 한다.

답 :

문제 18 OSI-7계층에서 종단 간 신뢰성 있고 효율적인 데이터를 전송하기 위해 오류 검출과 복구, 흐름 제어를 수행하는 계층을 쓰시오.

답 :

문제 19 다음이 설명하는 OSI 참조 모델의 계층을 쓰시오.

> • 물리적 계층의 신뢰도를 높여 주고 링크의 확립 및 유지할 수 있는 수단을 제공한다.
> • 에러 제어, 흐름 제어 등의 기능을 수행한다.
> • 대표적 프로토콜로는 HDLC, BSC 등이 있다.

답 :

문제 20 응용 프로세스 간의 정보 교환, 전자 사서함, 파일 전송, 가상 터미널 등 사용자(응용 프로그램)가 OSI 환경에 접근할 수 있도록 서비스를 제공하는데 사용되는 OSI 참조 모델의 계층을 쓰시오.

답 :

문제 21 LAN과 LAN을 연결하거나 LAN 안에서의 컴퓨터 그룹을 연결하는 기능을 수행하고, 네트워크의 수많은 단말기들에 의해 발생되는 트래픽 병목 현상을 줄일 수 있는 네트워크 관련 장비를 쓰시오.

답 :

문제 22 다음이 설명하는 네트워크 관련 장비의 이름을 쓰시오.

- OSI 전 계층의 프로토콜 구조가 다른 네트워크의 연결을 수행한다.
- 세션 계층, 표현 계층, 응용 계층 간을 연결하여 데이터 형식 변환, 주소 변환, 프로토콜 변환 등을 수행한다.
- LAN에서 다른 네트워크에 데이터를 보내거나 다른 네트워크로부터 데이터를 받아들이는 출입구 역할을 한다.

답 :

문제 23 다음이 설명하는 프로토콜을 쓰시오.

- 컴퓨터와 컴퓨터 또는 컴퓨터와 인터넷 사이에서 파일을 주고받을 수 있도록 하는 원격 파일 전송 프로토콜이다.
- TCP/IP 응용 계층의 주요 프로토콜이다.

답 :

문제 24 다음 괄호(①, ②)에 들어갈 알맞은 TCP/IP 인터넷 계층의 프로토콜을 쓰시오.

(①)는 TCP/IP에서 사용되는 논리 주소를 물리 주소(MAC Address)로 변환시켜주는 프로토콜이고, (②)는 호스트의 물리 주소를 통하여 논리 주소인 IP 주소를 얻어오기 위해 사용되는 프로토콜이다.

답

- ①
- ②

문제 25 비연결형인 데이터그램 방식을 사용하고, 전송할 데이터의 주소 지정, 경로 설정 등의 기능을 제공하는 TCP/IP 인터넷 계층의 프로토콜을 쓰시오.

답 :

문제 26 프로토콜(Protocol)은 서로 다른 기기들 간의 데이터 교환이 원활하게 이루어지도록 표준화시켜 놓은 통신 규약으로, 기본 요소로는 구문(Syntax), 의미(Semantics), 시간(Timing)이 있다. 세 가지 기본 요소의 개념을 간략히 서술하시오.

답

- ① 구문(Syntax) :
- ② 의미(Semantics) :
- ③ 시간(Timing) :

문제 27 다음에서 설명하는 용어를 쓰시오.

- 인터넷 상에서 서버 및 회선, 플랫폼, 소프트웨어 등과 같은 정보기술 자원을 소유하지 않고 서비스 형태로 빌려 쓰는 방식이다.
- 매우 큰 가상화된 컴퓨팅 환경이다.

답 :

문제 28 지리적으로 분산된 컴퓨터 자원을 초고속 인터넷망을 통해 격자 구조로 연결하여 공유함으로써 하나의 고성능 컴퓨터처럼 사용하는 방법을 쓰시오.

답 :

문제 29 다음에서 설명하는 용어를 쓰시오.

모든 사물에 부착된 RFID 태그 또는 센서를 통해 탐지된 사물의 인식 정보는 물론 주변의 온도, 습도, 위치 정보, 압력, 오염 및 균열 정도 등과 같은 환경 정보를 실시간으로 네트워크와 연결하여 수집하고 관리하는 네트워크 시스템이다.

답 :

문제 30 다음에서 설명하는 용어를 쓰시오.

- 정보 통신 기술을 기반으로 실세계(Physical World)와 가상 세계(Virtual World)의 다양한 사물들을 인터넷으로 서로 연결하여 진보된 서비스를 제공하기 위한 서비스 기반 기술이다.
- 유비쿼터스 공간을 구현하기 위한 컴퓨팅 기기들이 환경과 사물에 심겨 환경이나 사물 그 자체가 지능화되는 것부터 사람과 사물, 사물과 사물 간에 지능 통신을 할 수 있는 엠투엠(M2M; Machine to Machine)의 개념을 인터넷으로 확장하여 사물은 물론, 현실과 가상 세계의 모든 정보와 상호 작용하는 개념으로 진화했다.

답 :

문제 31 통신망(Communication Network)은 정보를 전달하기 위해서 통신 규약에 의해 연결한 통신 설비의 집합이다. 다음 설명에 해당하는 통신망의 구성 형태를 쓰시오.

(①)	중앙 컴퓨터와 일정지역의 단말장치까지는 하나의 통신 회선으로 연결하고, 이웃하는 단말장치는 일정 지역 내에 설치된 중간 단말장치로부터 다시 연결하는 형태이다.
(②)	중앙에 중앙 컴퓨터가 있고 이를 중심으로 단말장치들이 연결되는 중앙 집중식의 네트워크 구성 형태로, 각 단말장치들은 중앙 컴퓨터를 통하여 데이터를 교환한다.
(③)	모든 지점의 컴퓨터와 단말장치를 서로 연결한 형태로, 많은 단말장치로부터 많은 양의 통신을 필요로 하는 경우에 유리하다.
(④)	서로 이웃하는 컴퓨터 또는 단말장치들을 포인트 투 포인트(Point-to-Point) 방식으로 연결시킨 형태로, 양방향인 경우 양쪽 방향으로 접근이 가능하여 통신 회선 장애에 대한 융통성이 있다.

답
- ①
- ②
- ③
- ④

문제 32 25개의 구간을 망형(Mesh)으로 연결하면 필요한 회선의 수는 몇 회선인지 계산식과 함께 쓰시오.

답
- ① 계산식 :
- ② 답 :

문제 33 현재 가장 널리 사용되는 라우팅 프로토콜로, 거리 벡터 라우팅 프로토콜이라고도 불리며, 최대 홉수를 15로 제한한 라우팅 프로토콜을 쓰시오.

답 :

문제 34 다음이 설명하고 있는 라우팅 프로토콜을 쓰시오.

- 링크 상태 알고리즘을 사용하는 대규모 네트워크에 적합한 내부 라우팅 프로토콜(IGP)이다.
- IGP의 한계를 극복하기 위해 IETF에서 고안한 것으로, 네트워크의 변화가 있을 때만 갱신하므로 대역을 효과적으로 사용할 수 있다.
- 최단 경로 탐색에 다익스트라(Dijkstra) 알고리즘을 사용한다.

답 :

문제 35 수신 측의 확인 신호를 받지 않더라도 미리 정해진 패킷의 수만큼 연속적으로 전송하는 방식으로, 한 번에 여러 개의 프레임을 나누어 전송할 경우 효율적인 흐름 제어 기법을 쓰시오.

답 :

문제 36 다음이 설명하는 용어를 쓰시오.

소프트웨어 개발자의 지식재산권을 보호하고 사용자는 저렴한 비용으로 소프트웨어를 안정적으로 사용 및 유지보수 할 수 있도록 소스 프로그램과 기술 정보 등을 제3의 기관에 보관하는 것이다.

답 :

문제 37 다음이 설명하는 최신 정보 기술을 쓰시오.

- 정보들 사이의 연관성을 컴퓨터가 이해하고 처리할 수 있는 에이전트 프로그램을 통해 사용자가 원하는 정보를 찾아 제공한다.
- 컴퓨터들끼리 정보를 주고받으면서 자체적으로 필요한 일을 처리할 수 있다.
- 차세대 지능형 웹이다.

답 :

문제 38 다음이 설명하는 소프트웨어를 쓰시오.

소프트웨어를 제공하는 입장에서는 악의적이지 않은 유용한 소프트웨어라고 주장할 수 있지만 사용자 입장에서는 유용할 수도 있고 악의적일 수도 있는 소프트웨어이다.

답 :

문제 39 플래시 애니메이션 기술과 웹 서버 애플리케이션 기술을 통합하여 기존 HTML 보다 역동적이고 인터랙티브한 웹 페이지를 제공하는 신개념의 플래시 웹 페이지 제작 기술을 의미하는 용어를 쓰시오.

답 :

문제 40 하나의 프로세서 내에 일반 애플리케이션을 처리하는 일반 구역(Normal World)과 보안이 필요한 애플리케이션을 처리하는 보안 구역(Secure World)으로 분할하여 관리하는 하드웨어 기반의 보안 기술을 쓰시오.

답 :

문제 41 초정밀 반도체 제조 기술을 바탕으로 센서, 액추에이터(Actuator) 등 기계 구조를 다양한 기술로 미세 가공하여 전기기계적 동작을 할 수 있도록 한 초미세 장치를 쓰시오.

답 :

문제 42 다음에서 설명하는 용어를 쓰시오.

- 일련의 데이터를 정의하고 설명해 주는 데이터이다.
- 컴퓨터에서는 데이터 사전의 내용, 스키마 등을 의미한다.

답 :

문제 43 경로 제어 프로토콜(Routing Protocol)에 대한 다음 설명에서 괄호(①~④)에 들어갈 알맞은 용어를 〈보기〉에서 찾아 쓰시오.

경로 제어 프로토콜은 크게 자율 시스템 내부의 라우팅에 사용되는 (①) 와 자율 시스템 간의 라우팅에 사용되는 (②)로 구분할 수 있다.
(①)는 소규모 동종 자율 시스템에서 효율적인 RIP와 대규모 자유 시스템에서 많이 사용되는 (③)로 나누어진다. (③)는 링크 상태(Link State)를 실시간으로 반영하여 최단 경로로 라우팅을 지원하는 특징이 있다.
(④)는 (②)의 단점을 보완하여 만들어진 라우팅 프로토콜로, 처음 연결될 때는 전체 라우팅 테이블을 교환하고, 이후에는 변화된 정보만을 교환한다.

〈보기〉

• BGP	• AS	• HOP	• OSPF
• NAT	• ISP	• EGP	• IGP

답

- ①
- ②
- ③
- ④

11장 응용 SW 기초 기술 활용 정답

[답안 작성 방법 안내]

'운영체제(OS; Operation System)'처럼 한글과 영문으로 제시되어 있는 경우 '운영체제', 'OS', 'Operation System' 중 1가지만 쓰면 됩니다.

Section 128

[문제 1]

운영체제(OS; Operating System)

[문제 2]

처리 능력 향상, 사용 가능도 향상, 신뢰도 향상, 반환 시간 단축

Section 129

[문제 1]

안드로이드(Android)

[문제 2]

UNIX(유닉스)

[문제 3]

커널(Kernel)

[문제 4]

쉘(Shell)

[문제 5]

윈도우(Windows)

[문제 6]

그래픽 사용자 인터페이스(GUI; Graphic User Interface)

[문제 7]

PnP(Plug and Play, 자동 감지 기능)

[문제 8]

LINUX(리눅스)

[문제 9]

MacOS

Section 130

[문제 1]

NO5

최악 적합(Worst Fit)은 단편화가 가장 많이 남는 영역에 할당하는 것으로 사용되지 않은 영역(FREE) 중 크기가 가장 큰 영역은 NO5입니다.

[문제 2]

3KB

최적 적합(Best-Fit)은 데이터가 들어갈 수 있는 크기의 빈 영역 중 단편화를 가장 적게 남기는 분할 영역에 배치시키는 방법으로, 17KB보다 큰 기억공간 중 가장 작은 기억공간인 20KB에 배치됩니다. 이 때 발생하는 내부 단편화는 3KB(20KB-17KB)입니다.

[문제 3]

교체(Replacement) 전략

Section 131

[문제 1]

① 페이징(Paging) ② 세그먼테이션(Segmentation)

[문제 2]

가상기억장치는 보조기억장치의 일부를 주기억장치처럼 사용하는 것이다.

Section 132

[문제 1]

6

4개의 페이지를 수용할 수 있는 주기억장치이므로 아래 그림과 같이 4개의 페이지 프레임으로 표현할 수 있습니다.

참조 페이지	1	2	3	1	2	4	5	1
페이지 프레임	1	1	1	1	1	1	5	5
		2	2	2	2	2	2	1
			3	3	3	3	3	3
						4	4	4
부재 발생	●	●	●			●	●	●

참조 페이지가 페이지 테이블에 없을 경우 페이지 결함(부재)이 발생됩니다. 초기에는 모든 페이지가 비어 있으므로 처음 1, 2, 3 페이지 적재 시 페이지 결함이 발생됩니다. 다음 참조 페이지 1, 2는 이미 적재되어 있으므로 그냥 참조하고, 참조 페이지 4를 적재할 때 페이지 결함이 발생됩니다. FIFO 기법은 가장 먼저 들어와 있었던 페이지를 교체하는 기법이므로 참조 페이지 5를 적재할 때에는 1을 제거한 후 5를 가져오게 됩니다. 이러한 과정으로 모든 페이지에 대한 요구를 처리하고 나면 총 페이지 결함 발생 횟수는 6회입니다.

[문제 2]

12

3개의 페이지를 수용할 수 있는 주기억장치이므로 아래 그림과 같이 3개의 페이지 프레임으로 표현할 수 있습니다.

참조 페이지	7	0	1	2	0	3	0	4	2	3	0	3	2	1	2	0	1	7	0	1
페이지 프레임	7	7	7	2	2	2	2	4	4	4	0	0	0	1	1	1	1	1	1	1
		0	0	0	0	0	0	0	0	3	3	3	3	3	3	0	0	0	0	0
			1	1	1	3	3	3	2	2	2	2	2	2	2	2	2	7	7	7
부재 발생	●	●	●	●		●		●	●	●	●			●		●		●		

참조 페이지가 페이지 테이블에 없으면 페이지 결함(부재)이 발생합니다. 초기에는 모든 페이지가 비어 있으므로 처음 7, 0, 1 페이지 적재 시 페이지 결함이 발생합니다. LRU 기법은 최근에 가장 오랫동안 사용되지 않은 페이지를 교체하는 기법이므로, 참조 페이지 2를 적재할 때 7을 제거한 후 2를 가져옵니다. 이러한 과정으로 모든 페이지에 대한 요구를 처리하고 나면 총 페이지 결함의 발생 횟수는 12회입니다.

[문제 3]

① 6　② 6

① LRU(Least Recently Used) 기법

3개의 페이지를 수용할 수 있는 주기억장치이므로 아래 그림과 같이 3개의 페이지 프레임으로 표현할 수 있습니다.

참조 페이지	1	2	3	1	2	4	5	1
페이지 프레임	1	1	1	1	1	1	5	5
		2	2	2	2	2	2	1
			3	3	3	4	4	4
부재 발생	●	●	●			●	●	●

참조 페이지가 페이지 테이블에 없으면 페이지 결함(부재)이 발생합니다. 초기에는 모든 페이지가 비어 있으므로 처음 1, 2, 3페이지 적재 시 페이지 결함이 발생합니다. 다음 참조 페이지 1, 2는 이미 적재되어 있으므로 그냥 참조합니다. LRU 기법은 최근에 가장 오랫동안 사용되지 않은 페이지를 교체하는 기법이므로, 참조 페이지 4를 적재할 때 3을 제거한 후 4를 가져옵니다. 이러한 과정으로 모든 페이지에 대한 요구를 처리하고 나면 총 페이지 결함의 발생 횟수는 6회입니다.

② LFU(Least Frequently Used) 기법

3개의 페이지를 수용할 수 있는 주기억장치이므로 아래 그림과 같이 3개의 페이지 프레임으로 표현할 수 있습니다.

참조 페이지	1	2	3	1	2	4	1	2	3	4
페이지 프레임	1	1	1	1	1	1	1	1	1	1
		2	2	2	2	2	2	2	2	2
			3	3	3	4	4	4	3	4
부재 발생	●	●	●			●			●	●

참조 페이지가 페이지 테이블에 없으면 페이지 결함(부재)이 발생합니다. 초기에는 모든 페이지가 비어 있으므로 처음 1, 2, 3페이지 적재 시 페이지 결함이 발생합니다. 다음 참조 페이지 1, 2는 이미 적재되어 있으므로 그냥 참조합니다. LFU 기법은 사용 빈도가 가장 적은 페이지를 교체하는 기법이므로, 참조 페이지 4를 적재할 때 3을 제거한 후 4를 가져옵니다. 마지막 3, 4페이지를 적재할 때도 사용 빈도가 적은 4와 3을 제거한 후 가져옵니다. 이러한 과정으로 모든 페이지에 대한 요구를 처리하고 나면 총 페이지 결함의 발생 횟수는 6회입니다.

Section 133

[문제 1]

워킹 셋(Working Set)

[문제 2]

스래싱(Thrashing)

[문제 3]

Locality(국부성)

Section 134

[문제 1]

① 준비(Ready)　② 실행(Run)　③ 대기(Wait)

[문제 2]

스레드(Thread)

[문제 3]

프로세스(Process)

[문제 4]

Dispatch

Section 135

[문제 1]

스케줄링(Scheduling)

[문제 2]

기한부, FCFS, HRN, 우선순위, SJF

Section 136

[문제 1]

$$\frac{\text{대기 시간} + \text{서비스 시간}}{\text{서비스 시간}}$$

[문제 2]

6.5

SRT는 현재 실행중인 프로세스의 남은 시간과 준비상태 큐에 새로 도착한 프로세스의 실행 시간을 비교하여 가장 짧은 실행 시간을 요구하는 프로세스에게 CPU를 할당하는 기법으로, 실행이 마무리되지 못한 경우 준비상태 큐에 재배치하여 차례를 기다리므로 다음과 같이 표시할 수 있다.

프로세스	A	B	C	D
도착 시간	0	1	2	3
실행 시간	8	4	9	5

진행 시간 →	0	1	5	10	17	26
프로세스	A	B	D	A	C	
실행 시간	1	4	5	7	9	
남은 시간	7	0	0	0	0	

※ 원문자는 프로세스가 완료됨을 표시한 것입니다.

※ 대기 시간은 '완료 시간 – 도착 시간 – 실행 시간'으로 구할 수 있으며, 프로세스별 대기 시간은 다음과 같습니다.

- A : 17 – 0 – 8 = 9
- B : 5 – 1 – 4 = 0
- C : 26 – 2 – 9 = 15
- D : 10 – 3 – 5 = 2

※ 평균 대기 시간 = 전체 대기 시간 / 프로세스의 수 = 26 / 4 = 6.5

[문제 3]

HRN(Highest Response–ratio Next)

[문제 4]

D → B → C → A

HRN 방식의 계산식은 '(대기 시간 + 서비스 시간)/서비스 시간'입니다.

- A 작업 : (5 + 20) / 20 = 1.25
- B 작업 : (40 + 20) / 20 = 3
- C 작업 : (15 + 45) / 45 = 1.33…
- D 작업 : (20 + 2) / 2 = 11

숫자가 가장 높은 것부터 낮은 순으로 우선순위가 부여됩니다.

[문제 5]

① SJF(Shortest Job First)

② RR(Round Robin)

③ SRT(Shortest Remaining Time)

Section 137

[문제 1]

set, env, printenv, setenv

[문제 2]

환경 변수(Environment Variable)

[문제 3]

① $LANG ② $PWD

[문제 4]

① % ② $

Section 138

[문제 1]

chmod 751 a.txt

사용자는 읽기, 쓰기, 실행 권한이 모두 있으므로 rwx
그룹은 읽기, 실행 권한만 있으므로 r−x
기타 사용자는 실행 권한만 있으므로 −−x가 됩니다.
이를 8진수로 변환하는 과정은 다음과 같습니다.

```
rwx r−x −−x
    ↓        ('−'는 0, 나머지는 1로 바꾸어 준다.)
111 101 001
    ↓        (3자리 2진수를 8진수로 변환한다. 111 = 7, 101 = 5, 001 = 1)
7   5   1
    ↓        (chmod 명령문을 완성한다.)
chmod 751 a.txt
```

[문제 2]

dir은 현재 디렉터리의 파일 목록을 표시하는 명령어이다.

[문제 3]
top

[문제 4]
format

[문제 5]
fork는 새로운 프로세스를 생성하는 명령어이다.

[문제 6]
attrib −r +h file.txt

[문제 7]
chmod o−rw abc.txt

[문제 8]
move file1.txt d:\file2.txt

[문제 9]
① mkdir text1　　② rmdir text2

[문제 10]
find "가나다" file.txt

[문제 11]
mv file1.txt dir/file2.txt

Section 139

[문제 1]
IPv6(Internet Protocol version 6)

[문제 2]
① 128　　② 8

[문제 3]
유니캐스트(Unicast), 멀티캐스트(Multicast), 애니캐스트(Anycast)

[문제 4]
200.1.1.159

- 200.1.1.0/24 네트워크의 서브넷 마스크는 1의 개수가 24개, 즉 11111111 11111111 11111111 00000000 → 255.255.255.0인 C 클래스에 속하는 네트워크입니다. 이 네트워크를 10개의 Subnet으로 나눠야 하는데, Subnet을 나눌 때는 서브넷 마스크가 0인 부분, 즉 마지막 8비트를 이용해 나눠야 합니다. "10개의 Subnet으로 나눈다"는 것은, 네트워크 기준일 때는 서브넷 마스크의 왼쪽을 기준으로 10개가 포함된 Bit 만큼을 네트워크로 할당하고, 나머지 비트를 호스트로 할당하면 됩니다. 10개가 포함되는 비트는 2^4=16(2^3은 8로 10개를 포함 못함)이므로 4비트를 제외한 나머지 4비트로 호스트를 구성합니다.

네트워크 ID				호스트 ID			
0	0	0	0	0	0	0	0

- 호스트ID가 4Bit로 설정되었고, 문제에서 FLSM(Fixed Length Subnet Mask), 즉 고정된 크기로 주소를 할당하라고 했으므로 10개의 네트워크에 고정된 크기인 16개(2^4=16)씩 할당하면 다음과 같습니다.

네트워크(ID)	호스트 수	IP 주소 범위
1(0000)	16	200.1.1.0 ~ 200.1.1.15
2(0001)	16	200.1.1.16 ~ 200.1.1.31
3(0010)	16	200.1.1.32 ~ 200.1.1.47
4(0011)	16	200.1.1.48 ~ 200.1.1.63
5(0100)	16	200.1.1.64 ~ 200.1.1.79
6(0101)	16	200.1.1.80 ~ 200.1.1.95
7(0110)	16	200.1.1.96 ~ 200.1.1.111
8(0111)	16	200.1.1.112 ~ 200.1.1.127
9(1000)	16	200.1.1.128 ~ 200.1.1.143
10(1001)	16	200.1.1.144 ~ 200.1.1.159

※ 'subnet-zero'는 Subnet 부분이 모두 0인 네트워크를 의미하며 일반적으로 사용하지 않는데, IP 주소가 부족할 경우 'ip subnet-zero'를 적용하여 이 부분도 IP 주소로 사용할 수 있도록 합니다.

※ broadcast 주소는 해당 IP 주소 범위에서 가장 마지막 주소를 의미합니다.

[문제 5]

① 128 ② 62

- 192.168.1.132는 192로 시작하므로 C 클래스에 속한 주소이며, C 클래스의 기본 서브넷 마스크는 255.255.255.0입니다. 이를 2진수로 표현하면 11111111 11111111 11111111 00000000으로, 1의 개수가 24개입니다.
- 문제에 주어진 서브넷 마스크 255.255.255.192를 2진수로 표현하면 11111111 11111111 11111111 11000000으로, C 클래스의 기본 서브넷 마스크보다 1의 개수가 2개, 즉 2비트가 많습니다. 이 2비트를 이용해 네트워크의 개수와 네트워크 안에 포함된 호스트의 개수를 계산합니다.
- 네트워크 개수 = 4($2^{2(추가된\ 비트\ 수)}$)
- 호스트 개수 = 256/네트워크 개수 = 256/4 = 64
- 다음 표와 같이 64개의 호스트를 갖는 4개의 네트워크로 나눌 수 있습니다.
- 네트워크별로 첫 번째 주소는 네트워크 주소이고, 마지막 주소는 브로드캐스트 주소입니다.

네트워크	네트워크 주소	브로드캐스트 주소
1	192.168.1.0	192.168.1.63
2	192.168.1.64	192.168.1.127
3	192.168.1.128	192.168.1.191
4	192.168.1.192	192.168.1.255

- 192.168.1.132는 세 번째 네트워크에 포함되어 있으며, 세 번째 네트워크의 네트워크 주소는 192.168.1.128입니다.
- 호스트의 수는 네트워크마다 64개의 호스트를 가지므로 64개이지만, 문제에서 네트워크 주소와 브로드캐스트 주소를 제외한다고 하였으므로 사용 가능 호스트의 수는 62개입니다.

Section 140

[문제 1]

물리 계층(Physical Layer)

[문제 2]

데이터 링크 계층(Data Link Layer)

[문제 3]

전송 계층(Transport Layer)

'단말기 사이', 즉 종단 시스템(End-to-End) 간에 오류 수정과 흐름 제어를 수행하는 계층은 전송 계층입니다.

[문제 4]

세션 계층(Session Layer)

[문제 5]

① 데이터 링크 계층(Data Link Layer)
② 네트워크 계층(Network Layer, 망 계층)
③ 표현 계층(Presentation Layer)

Section 141

[문제 1]

리피터(Repeater)

[문제 2]

게이트웨이(Gateway)

[문제 3]

허브(Hub)

[문제 4]

브리지(Bridge)

[문제 5]

라우터(Router)

[문제 6]

① 15(15-1) / 2　　② 105

Section 142

[문제 1]

프로토콜(Protocol)

[문제 2]

구문(Syntax), 의미(Semantics), 시간(Timing)

[문제 3]

ICMP(Internet Control Message Protocol)

[문제 4]
L2TP(Layer 2 Tunneling Protocol)

[문제 5]
RARP(Reverse Address Resolution Protocol)

[문제 6]
HTTP(HyperText Transfer Protocol)

[문제 7]
① 가상 회선 방식
② 데이터그램 방식

Section 143

[문제 1]
개방형 링크드 데이터(LOD; Linked Open Data)

[문제 2]
메시 네트워크(Mesh Network)

[문제 3]
피코넷(PICONET)

[문제 4]
SSO(Single Sign On)

[문제 5]
소프트웨어 정의 데이터 센터(SDDC; Software Defined Data Center)

[문제 6]
애드혹 네트워크(Ad-hoc Network)

Section 144

[문제 1]
버스형(Bus)

[문제 2]
NAT(Network Address Translation)

[문제 3]
성형(Star)

[문제 4]
링형(Ring, 루프형)

[문제 5]
802.11e

[문제 6]
망형(Mesh)

Section **145**

[문제 1]
OSPF(Open Shortest Path First protocol)

[문제 2]
RIP(Routing Information Protocol)

[문제 3]
정지-대기(Stop-and-Wait)

[문제 4]
A → D → C → F

RIP은 홉 카운트(Hop Count), 즉 라우터의 수를 기준으로 가장 적은 수의 라우터를 거쳐가는 경로를 최적 경로로 선택합니다. 문제의 그림에서 확인할 수 있는 A에서 F까지의 경로는 다음과 같습니다.

- A → B → D → C → E → F
- A → B → D → C → F
- A → D → C → E → F
- A → D → C → F

∴ 가장 적은 수의 라우터를 거쳐가는 A → D → C → F가 최적 경로입니다.

Section **146**

[문제 1]
블록체인(Blockchain)

[문제 2]
매시업(Mashup)

[문제 3]
서비스 지향 아키텍처(SOA; Service Oriented Architecture)

[문제 4]
디지털 트윈(Digital Twin)

[문제 5]
증발품(Vaporware)

Section **147**

[문제 1]
ISMS

[문제 2]
바이오정보 보호 가이드라인

[문제 3]
개인정보 보호법

Section 148

[문제 1]
0

[문제 2]
앤 스크린(N-Screen)

[문제 3]
트러스트존 기술(TrustZone Technology)

Section 149

[문제 1]
Secure OS

[문제 2]
격리성(Isolation), 검증가능성(Verifiability), 완전성(Completeness)

Section 150

[문제 1]
하둡(Hadoop)

[문제 2]
데이터 마이닝은 대량의 데이터를 분석하여 데이터에 내재된 변수 사이의 상호관계를 규명하여 일정한 패턴을 찾아내는 기법이다.

[문제 3]
맵리듀스(MapReduce)

[문제 4]
ⓛ, ⓒ, ⓡ

Section 151

[문제 1]
즉각 갱신 기법(Immediate Update)

[문제 2]
로킹(Locking)

[문제 3]
회복(Recovery)

[문제 4]
연기 갱신 기법(Deferred Update)

Section 152

[문제 1]
상호 배제(Mutual Exclusion), 점유와 대기(Hold and Wait), 비선점(Non–preemption), 환형 대기(Circular Wait)

[문제 2]
회피 기법(Avoidance)

[문제 3]
예방 기법(Prevention)

[문제 4]
① 환형 대기(Circular Wait) ② 점유와 대기(Hold and Wait)

예상문제은행 11 장 응용 SW 기초 기술 활용 정답

[문제 1]
선점형 멀티태스킹(Preemptive Multi–Tasking)

[문제 2]
OLE(Object Linking and Embedding)

[문제 3]
chmod 775 file.txt

사용자는 읽기, 쓰기, 실행 권한이 모두 있으므로 rwx
그룹도 읽기, 쓰기, 실행 권한이 모두 있으므로 rwx
기타 사용자는 읽기, 실행 권한만 있으므로 r–x가 됩니다.
이를 8진수로 변환하는 과정은 다음과 같습니다.

rwx rwx r–x
↓ ('–'는 0, 나머지는 1로 바꾸어 준다.)
111 111 101
↓ (3자리 2진수를 8진수로 변환한다. 111 = 7, 111 = 7, 101 = 5)
7 7 5
↓ (chmod 명령문을 완성한다.)
chmod 775 file.txt

[문제 4]
find는 파일을 찾을 때 사용하는 명령어이다.

[문제 5]
chown user12 media1.txt

[문제 6]
dir/p

[문제 7]
① 반환 시간(Turn Around Time) ② 신뢰도(Reliability)

[문제 8]
가상기억장치(Virtual Memory)

[문제 9]
① LFU(Least Frequently Used) ② OPT(OPTimal replacement) ③ FIFO(First In First Out)

[문제 10]
① 시간 구역성(Temporal Locality) ② 공간 구역성(Spatial Locality)

[문제 11]
① 비선점(Non–Preemptive) 스케줄링 ② 선점(Preemptive) 스케줄링

[문제 12]
① 9 ② 4.75

SJF는 준비상태 큐에서 기다리고 있는 프로세스들 중에서 실행 시간이 가장 짧은 프로세스에게 먼저 CPU를 할당하는 기법입니다. 그러므로 프로세스 수행 순서는 다음과 같습니다.

※ 대기 시간은 바로 앞 프로세스의 반환 시간이고, 반환 시간은 프로세스의 '대기 시간 + 실행 시간'입니다.

프로세스	실행 시간	대기 시간	반환 시간
P–2	2	0	2
P–1	4	2	6
P–4	5	6	11
P–3	6	11	17

∴ 평균 대기 시간 = (0+2+6+11)/4 = 4.75

∴ 평균 반환 시간 = (2+6+11+17)/4 = 9

[문제 13]
D → C → B → A

HRN 방식의 계산식은 '(대기 시간 + 서비스 시간)/서비스 시간'입니다.

- **A 작업** : (5 + 5) / 5 = 2
- **B 작업** : (10 + 8) / 8 = 2.25
- **C 작업** : (15 + 10) / 10 = 2.5
- **D 작업** : (20 + 8) / 8 = 3.5

숫자가 가장 높은 것부터 낮은 순으로 우선순위가 부여됩니다.

[문제 14]
SJF(Shortest Job First)

[문제 15]
① %HOMEDRIVE% ② %PROGRAMFILES%

[문제 16]
① 정보 ② 감독 ③ 비번호 ④ 비동기 균형 모드 ⑤ 비동기 응답 모드

[문제 17]
ATM(Asynchronous Transfer Mode, 비동기 전송 방식)

[문제 18]
전송 계층(Transport Layer)

[문제 19]
데이터 링크 계층(Data Link Layer)

[문제 20]
응용 계층(Application Layer)

[문제 21]
브리지(Bridge)

[문제 22]
게이트웨이(Gateway)

[문제 23]
FTP(File Transfer Protocol)

[문제 24]
① ARP(Address Resolution Protocol) ② RARP(Reverse Address Resolution Protocol)

[문제 25]
IP(Internet Protocol)

[문제 26]
① 구문은 전송하고자 하는 데이터의 형식, 부호화, 신호 레벨 등을 규정한다.
② 의미는 두 기기 간의 효율적이고 정확한 정보 전송을 위한 협조 사항과 오류 관리를 위한 제어 정보를 규정한다.
③ 시간은 두 기기 간의 통신 속도, 메시지의 순서 제어 등을 규정한다.

[문제 27]
클라우드 컴퓨팅(Cloud Computing)

[문제 28]
그리드 컴퓨팅(Grid Computing)

[문제 29]
USN(Ubiquitous Sensor Network, 유비쿼터스 센서 네트워크)

[문제 30]
IoT(Internet of Things, 사물 인터넷)

[문제 31]
① 계층형(Tree) ② 성형(Star) ③ 망형(Mesh) ④ 링형(Ring)

[문제 32]

① 계산식 : 25(25 − 1) / 2

② 답 : 300

망형 연결 시 필요한 회선의 수는 'n(n−1)/2'입니다.

[문제 33]

RIP(Routing Information Protocol)

[문제 34]

OSPF(Open Shortest Path First protocol)

[문제 35]

슬라이딩 윈도우(Sliding Window)

[문제 36]

소프트웨어 에스크로(Software Escrow)

[문제 37]

시맨틱 웹(Semantic Web)

[문제 38]

그레이웨어(Grayware)

[문제 39]

리치 인터넷 애플리케이션(RIA; Rich Internet Application)

[문제 40]

트러스트존 기술(TrustZone Technology)

[문제 41]

멤스(MEMS; Micro-Electro Mechanical Systems)

[문제 42]

메타 데이터(Meta Data)

[문제 43]

① IGP ② EGP ③ OSPF ④ BGP

memo

12 장

제품 소프트웨어 패키징

SECTION 153

소프트웨어 패키징

1419100

전문가의 조언

일반적으로 패키징(Packaging)이란 관련된 것들을 하나로 묶는 것을 말하며, 소프트웨어 패키징이란 기능별로 생성한 실행 파일들을 묶어 배포용 설치 파일을 만드는 것입니다. 소프트웨어를 패키징 할 때는 웹, 모바일, PC 등 소프트웨어가 사용될 단말기의 종류, 윈도우, 유닉스, 안드로이드 등 소프트웨어가 실행될 운영체제의 종류, CPU, RAM 등 하드웨어의 최소 사양 등을 정의하여 패키징을 수행합니다. 이번 섹션에서는 패키징의 개념과 패키징 작업 순서를 학습합니다.

전문가의 조언

최근에는 Eclipse, Visual Studio, Xcode, Android Studio 등의 IDE 도구가 프로그램 코딩부터 배포까지 대부분의 과정을 지원하며, 별도의 버전 관리 프로그램을 연동하면 버전 관리 작업까지도 지원하기 때문에 별도의 패키징 도구를 사용하지 않습니다. 패키징된 소프트웨어는 사용자가 직접 다운받아 설치할 수 있도록 웹 사이트나 앱 스토어 등에 등록되어 배포됩니다.

빌드(Build)

빌드는 소스 코드 파일들을 컴퓨터에서 실행할 수 있는 제품 소프트웨어로 변환하는 과정 또는 결과물을 말합니다.

사용자 환경 분석

사용자 실행 환경은 운영체제(OS), 시스템 사양, 사용 방법 등을 최대한 자세하게 구분하여 미리 정의해 놓아야 하며, 실행 환경이 다양한 경우에는 각 환경별로 배포본을 만들기 위해 여러 번의 패키징을 수행해야 합니다. 예를 들면, Windows 10 운영체제는 32비트와 64비트를 선택하여 설치할 수 있도록 Win10_32bit.msi와 Win10_64bit.msi 두 가지 버전으로 패키징하여 배포됩니다.

필기 23.2

1 소프트웨어 패키징

- 소프트웨어 패키징이란 모듈별로 생성한 실행 파일들을 묶어 배포용 설치 파일을 만드는 것을 말한다.
- 개발자가 아니라 사용자를 중심으로 진행한다.
- 소스 코드는 향후 관리를 고려하여 모듈화하여 패키징한다.

2 패키징 작업 순서

기능 식별	작성된 코드의 기능을 확인함
↓	
모듈화	확인된 기능 단위로 코드들을 분류함
↓	
빌드* 진행	모듈 단위별로 실행 파일을 만듦
↓	
사용자 환경 분석*	웹, 모바일, PC 등 소프트웨어가 사용될 환경이나 운영체제, CPU, RAM 등의 최소 운영 환경을 정의함
↓	
패키징 및 적용 시험	• 빌드된 실행 파일들을 정의된 환경에 맞게 배포용 파일 형식으로 패키징함 • 정의된 환경과 동일한 환경에서 패키징 결과를 테스팅한 후 소프트웨어에 대한 불편사항을 사용자 입장에서 확인함
↓	
패키징 변경 개선	확인된 불편 사항을 반영하기 위한 패키징의 변경 및 개선을 진행함
↓	
배포	배포 수행 시 오류가 발생하면 해당 개발자에게 전달하여 수정을 요청함

※ 정답 및 해설은 512쪽에 있습니다.

기출 따라잡기 Section 153

출제예상

문제 1 다음은 패키징에 필요한 작업들이다. 작성 순서에 맞게 기호(㉠~㉥)로 나열하시오.

㉠ 기능 식별	㉡ 빌드 진행
㉢ 패키징 및 적용 시험	㉣ 사용자 환경 분석
㉤ 모듈화	㉥ 패키징 변경 개선

답 :

출제예상

문제 2 소프트웨어 패키징의 개념을 간략히 서술하시오.

답 :

SECTION 154

릴리즈 노트 작성

1419200

앱 스토어나 플레이 스토어에서 스마트폰에 설치할 앱을 고를 때 신경 써 살펴보면 해당 앱에 대한 기능이나 서비스, 사용 환경 혹은 지속적인 업데이트 등에 대한 정보를 확인할 수 있는데, 이와 같이 사용자에게 제공하는 소프트웨어에 대한 정보를 릴리즈 노트라고 합니다. 이번 섹션에서는 릴리즈 노트의 개념, 작성 항목, 작성 순서에 대해 학습합니다. 릴리즈 노트에는 소프트웨어와 관련하여 사용자에게 알려야 할 정보가 기록된다는 것을 염두에 두고 학습할 내용을 읽어보면 어렵지 않게 이해할 수 있습니다. 차분히 읽으면서 정리하세요.

릴리즈(Release)
Release는 '풀어놓다'라는 의미로, 개발이 완성된 소프트웨어를 출시, 즉 배포하는 것을 말합니다.

버그(Bug)
버그란 소프트웨어나 하드웨어의 오류 또는 잘못된 동작을 말하며, 이러한 버그를 수정하는 작업을 디버깅(Debugging)이라고 합니다.

1 릴리즈 노트(Release Note)

- 릴리즈 노트는 **소프트웨어 개발 과정에서 정리된 릴리즈*** **정보**를 최종 사용자인 **고객과 공유하기 위한 문서**이다.
- 릴리즈 노트를 통해 테스트 진행 결과와 소프트웨어 사양에 대한 개발팀의 정확한 준수 여부를 확인할 수 있다.
- 소프트웨어에 포함된 전체 기능, 서비스의 내용, 개선 사항 등을 사용자와 공유할 수 있다.

20.5

2 릴리즈 노트 작성 항목

항목	내용
20.5 Header(머릿말)	릴리즈 노트 이름, 소프트웨어 이름, 릴리즈 버전, 릴리즈 날짜, 릴리즈 노트 날짜, 릴리즈 노트 버전 등
개요	소프트웨어 및 변경사항 전체에 대한 간략한 내용
목적	해당 릴리즈 버전에서의 새로운 기능이나 수정된 기능의 목록과 릴리즈 노트의 목적에 대한 간략한 개요
문제 요약	수정된 버그*에 대한 간략한 설명 또는 릴리즈 추가 항목에 대한 요약
재현 항목	버그 발견에 대한 과정 설명
수정/개선 내용	버그를 수정/개선한 내용을 간단히 설명
사용자 영향도	사용자가 다른 기능들을 사용하는데 있어 해당 릴리즈 버전에서의 기능 변화가 미칠 수 있는 영향에 대한 설명
SW 지원 영향도	해당 릴리즈 버전에서의 기능 변화가 다른 응용 프로그램들을 지원하는 프로세스에 미칠 수 있는 영향에 대한 설명
노트	SW/HW 설치 항목, 업그레이드, 소프트웨어 문서화에 대한 참고 항목
면책 조항	회사 및 소프트웨어와 관련하여 참조할 사항 예 프리웨어, 불법 복제 금지 등
연락처	사용자 지원 및 문의 응대를 위한 연락처 정보

3 릴리즈 노트 작성 순서

모듈 식별	모듈별 빌드 수행 후 릴리즈 노트에 작성될 내용을 확인함
릴리즈 정보 확인	릴리즈 노트 이름, 소프트웨어 이름, 릴리즈 버전, 릴리즈 날짜, 노트 날짜, 노트 버전 등을 확인함
릴리즈 노트 개요 작성	소프트웨어 및 변경사항 전체에 대한 간략한 내용을 작성함
영향도 체크	버그나 이슈 관련 내용 또는 해당 릴리즈 버전에서의 기능 변화가 다른 소프트웨어나 기능을 사용하는데 미칠 수 있는 영향에 대해 기술함
정식 릴리즈 노트 작성	Header(머릿말), 개요, 영향도 체크 항목을 포함하여 정식 릴리즈 노트에 작성될 기본 사항을 작성함
추가 개선 항목 식별	추가 버전 릴리즈 노트 작성이 필요한 경우 추가 릴리즈 노트를 작성함

※ 정답 및 해설은 512쪽에 있습니다.

기출 따라잡기 Section 154

20년 5월

문제 1 릴리즈 노트(Release Note)는 소프트웨어 개발 과정에서 정리된 릴리즈 정보를 최종 사용자인 고객과 공유하기 위한 문서이다. 릴리즈 노트는 정확하고 완전한 정보를 기반으로 개발팀에서 직접 현재 시제로 작성해야 한다. 릴리즈 노트 작성 시 릴리즈 노트 이름, 소프트웨어 이름, 릴리즈 버전, 릴리즈 날짜, 릴리즈 노트 날짜, 릴리즈 노트 버전 등이 포함된 항목을 쓰시오.

답 :

출제예상

문제 2 다음의 설명과 가장 부합하는 용어를 쓰시오.

개발 과정에서 소프트웨어가 얼마나 개선되었는지를 정리한 정보를 사용자와 공유하기 위해 작성하는 문서로, 이를 통해 사용자는 소프트웨어에 포함된 서비스나 사용 환경 등을 확인할 수 있다.

답 :

출제예상

문제 3 다음은 릴리즈 노트 작성에 관련된 내용들이다. 작성 순서에 맞게 기호(㉠~㉥)로 나열하시오.

㉠ 릴리즈 정보 확인	㉡ 정식 릴리즈 노트 작성
㉢ 모듈 식별	㉣ 영향도 체크
㉤ 추가 개선 항목 식별	㉥ 릴리즈 노트 개요 작성

답 :

SECTION 155 디지털 저작권 관리(DRM)

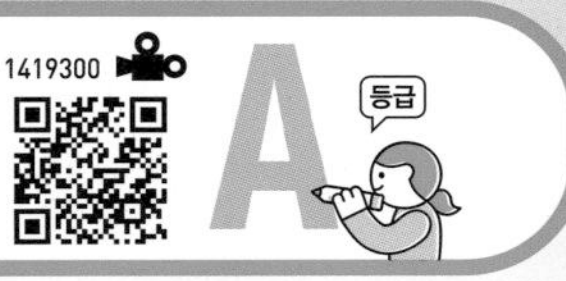

1 저작권

- 저작권이란 소설, 시, 논문, 강연, 연술, 음악, 연극, 무용, 회화, 서예, 건축물, 사진, 영상, 지도, 도표, 컴퓨터 프로그램 저작물 등에 대하여 **창작자가 가지는 배타적 독점적 권리로, 타인의 침해를 받지 않을 고유한 권한**이다.
- 컴퓨터 프로그램들과 같이 복제하기 쉬운 저작물에 대해 불법 복제 및 배포 등을 막기 위한 기술적인 방법을 통칭해 저작권 보호 기술이라고 한다.

전문가의 조언

소프트웨어는 고객이 쉽게 설치하고 편리하게 사용할 수 있도록 제공하는 것도 중요하지만 소프트웨어에 대한 불법 사용이나 복제 등을 방지하기 위해 보안 기능을 부가해 제공해야 합니다. 이번 섹션에서는 소프트웨어를 안전하게 유통할 수 있도록 도와주는 디지털 저작권 관리(DRM) 기술에 대해 학습합니다. 디지털 저작권 관리(DRM)의 개념과 사용되는 용어들을 정리하세요.

필기 23.5

2 디지털 저작권 관리(DRM; Digital Right Management)

- 디지털 저작권 관리는 **저작권자가 배포한 디지털 콘텐츠가 저작권자가 의도한 용도로만 사용되도록** 디지털 콘텐츠의 생성, 유통, 이용까지의 전 과정에 걸쳐 사용되는 **디지털 콘텐츠 관리 및 보호 기술**이다.
- 원본 콘텐츠가 아날로그인 경우에는 디지털로 변환한 후 패키저(Packager)로 DRM 패키징을 수행한다.
- 패키징을 수행하면 콘텐츠에는 암호화된 저작권자의 전자서명이 포함되고 저작권자가 설정한 라이선스 정보가 클리어링 하우스(Clearing House)에 등록된다.

필기 21.8, 21.5, 20.9

3 디지털 저작권 관리의 흐름 및 구성 요소

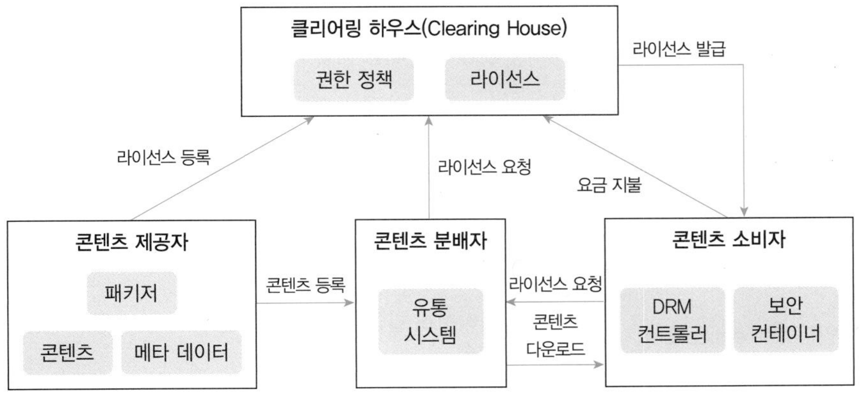

구성 요소	설명
필기 20.9 클리어링 하우스(Clearing House)	저작권에 대한 사용 권한, 라이선스 발급, 암호화된 키 관리, 사용량에 따른 결제 관리 등을 수행하는 곳
필기 21.5, 20.9 콘텐츠 제공자(Contents Provider)	콘텐츠를 제공하는 저작권자
필기 21.8, 21.5 패키저(Packager)	콘텐츠를 메타 데이터*와 함께 배포 가능한 형태로 묶어 암호화하는 프로그램
필기 20.9 콘텐츠 분배자(Contents Distributor)	암호화된 콘텐츠를 유통하는 곳이나 사람
콘텐츠 소비자(Customer)	콘텐츠를 구매해서 사용하는 주체
필기 21.5, 20.9 DRM 컨트롤러(DRM Controller)	배포된 콘텐츠의 이용 권한을 통제하는 프로그램
보안 컨테이너(Security Container)	콘텐츠 원본을 안전하게 유통하기 위한 전자적 보안 장치

메타 데이터(Meta Data)
메타 데이터는 데이터에 대한 데이터, 즉 데이터에 대한 속성 정보 등을 설명하기 위한 데이터입니다.

필기 24.5, 24.2, 23.7, 23.2, 22.7, 21.3, 20.9, 20.8, 20.6

4 디지털 저작권 관리의 기술 요소

구성 요소	설명
필기 24.5, 24.2, 23.2, 22.7, 21.3, 20.9, 20.8, 20.6 암호화(Encryption)	콘텐츠 및 라이선스를 암호화하고 전자 서명*을 할 수 있는 기술
필기 24.2, 21.3, 20.9, 20.8 키 관리(Key Management)	콘텐츠를 암호화한 키에 대한 저장 및 분배 기술
암호화 파일 생성Packager)	콘텐츠를 암호화된 콘텐츠로 생성하기 위한 기술
필기 24.2, 23.7, 20.9, 20.8 식별 기술(Identification)	콘텐츠에 대한 식별 체계 표현 기술
필기 23.7 저작권 표현(Right Expression)	라이선스의 내용 표현 기술
필기 24.5, 23.7, 23.2, 22.7, 20.9, 20.8, 20.6 정책 관리(Policy Management)	라이선스 발급 및 사용에 대한 정책 표현 및 관리 기술
필기 24.5, 23.2, 22.7, 21.3, 20.6 크랙* 방지(Tamper Resistance)	크랙에 의한 콘텐츠 사용 방지 기술
필기 24.2 인증(Authentication)	라이선스 발급 및 사용의 기준이 되는 사용자 인증 기술

전자 서명(Digital Signature)
전자 서명이란 전자 문서의 변경 여부를 확인할 수 있도록 작성자의 고유 정보를 암호화하여 문서에 포함하는 기술을 말합니다.

크랙(Crack)
크랙이란 '깨다', '부수다'라는 의미 그대로 불법적인 방법으로 소프트웨어에 적용된 저작권 보호 기술을 해제하여 무단으로 사용할 수 있도록 하는 기술이나 도구를 말합니다.

※ 정답 및 해설은 512쪽에 있습니다.

기출 따라잡기 Section 155

필기 21년 8월, 5월, 20년 9월

문제 1 다음은 저작권 관리 구성 요소에 대한 설명이다. 괄호(①~④)에 들어갈 적합한 요소를 쓰시오.

구성 요소	설명
(①)	저작권에 대한 사용 권한, 라이선스 발급, 암호화된 키 관리, 사용량에 따른 결제 관리 등을 수행하는 곳이다.
(②)	콘텐츠를 제공하는 저작권자이다.
(③)	콘텐츠를 메타 데이터와 함께 배포 가능한 형태로 묶어 암호화하는 프로그램이다.
(④)	암호화된 콘텐츠를 유통하는 곳이나 사람이다.
콘텐츠 소비자(Customer)	콘텐츠를 구매해서 사용하는 주체이다.
(⑤)	배포된 콘텐츠의 이용 권한을 통제하는 프로그램이다.
보안 컨테이너 (Security Container)	콘텐츠 원본을 안전하게 유통하기 위한 전자적 보안 장치이다.

답

- ①
- ②
- ③
- ④
- ⑤

필기 24년 5월, 2월, 23년 7월, 2월, 22년 7월, 21년 3월, 20년 9월, 8월, 6월

문제 2 다음 보기에서 디지털 저작권 관리(DRM)를 위해 사용되는 기술을 모두 골라 기호(㉠~㉦)로 쓰시오.

㉠ 크랙 방지 기술	㉡ 정책 관리 기술	㉢ 암호화 기술
㉣ 방화벽 기술	㉤ 키 관리 기술	㉥ 식별 기술
㉦ 오류 감지 및 복구 기술		

답 :

출제예상

문제 3 다음은 디지털 저작권 관리(DRM; Digital Right Management)에 대한 설명이다. 괄호(①, ②)에 들어갈 가장 적합한 용어를 쓰시오.

디지털 저작권 관리는 저작권자가 배포한 디지털 콘텐츠가 저작권자가 의도한 용도로만 사용되도록 디지털 콘텐츠의 생성, 유통, 이용까지의 전 과정에 걸쳐 사용되는 디지털 콘텐츠 관리 및 보호 기술이다. 원본 콘텐츠가 아날로그인 경우에는 디지털로 변환한 후 (①)에 의해 DRM 패키징을 수행한다. 콘텐츠의 크기에 따라 음원이나 문서와 같이 크기가 작은 경우에는 사용자가 콘텐츠를 요청하는 시점에서 실시간으로 패키징을 수행하고, 크기가 큰 경우에는 미리 패키징을 수행한 후 배포한다. 패키징된 콘텐츠에는 암호화된 저작권자의 전자서명이 포함되고 저작권자가 설정한 라이선스 정보가 (②)에 등록된다.

답

- ①
- ②

필기 23년 5월

문제 4 디지털 콘텐츠와 디바이스의 사용을 제한하기 위해 하드웨어 제조업자, 저작권자, 출판업자 등이 사용할 수 있는 접근 제어 기술을 의미하는 용어를 쓰시오.

답 :

SECTION 156

소프트웨어 설치 매뉴얼 작성

필기 20.9

1 소프트웨어 설치 매뉴얼

- 소프트웨어 설치 매뉴얼은 개발 초기에서부터 적용된 기준이나 사용자가 소프트웨어를 설치하는 과정에 필요한 내용을 기록한 설명서와 안내서이다.
- 설치 매뉴얼은 사용자 기준으로 작성한다.
- 설치 시작부터 완료할 때까지의 전 과정을 빠짐없이 순서대로 설명한다.
- 설치 과정에서 표시될 수 있는 오류 메시지 및 예외 상황에 관한 내용을 별도로 분류하여 설명한다.

전문가의 조언

이번 섹션에서는 사용자가 소프트웨어를 구매한 후 설치하는 과정에서 사용할 매뉴얼 작성 방법에 대해 학습합니다. 설치 매뉴얼에는 설치 과정에 대한 모든 내용이 순서대로 빠짐없이 수록되어야 한다는 것을 염두에 두고 읽어본다면 어렵지 않게 이해할 수 있는 내용들입니다. 가볍게 읽으면서 정리하세요.

2 설치 매뉴얼 작성 순서

기능 식별	소프트웨어의 개발 목적과 주요 기능을 흐름 순으로 정리하여 기록함
↓	
UI 분류	설치 매뉴얼을 작성할 순서대로 UI를 분류한 후 기록함
↓	
설치 파일 / 백업 파일 확인	폴더 위치, 설치 파일, 백업 파일 등의 개별적인 기능을 확인하여 기록함
↓	
Uninstall 절차 확인	직접 Uninstall을 수행하면서 그 순서를 단계별로 자세히 기록함
↓	
이상 Case 확인	설치 과정에서 발생할 수 있는 다양한 Case를 만들어 확인하고 해당 Case에 대한 대처법을 자세하게 기록함
↓	
최종 매뉴얼 적용	• 설치가 완료된 화면과 메시지를 캡쳐하여 추가함 • 완성된 매뉴얼을 검토하고 고객 지원에 대한 내용을 기록함

※ 정답 및 해설은 512쪽에 있습니다.

기출 따라잡기 Section 156

필기 20년 9월

문제 1 다음에 제시된 특징들에 가장 부합하는 용어를 쓰시오.

- 개발 초기에서부터 적용된 기준이나 사용자가 소프트웨어를 설치하는 과정에서 필요한 내용을 기록한 설명서와 안내서이다.
- 사용자를 기준으로 작성한다.
- 설치 과정에서 표시될 수 있는 오류 메시지 및 예외 상황에 관한 내용을 별도로 분류하여 설명한다.

답 :

출제예상

문제 2 다음은 소프트웨어 설치 매뉴얼에 관련된 작업들이다. 작성 순서에 맞게 기호(㉠~㉥)로 나열하시오.

㉠ 기능 식별	㉡ Uninstall 절차 확인
㉢ UI 분류	㉣ 이상 Case 확인
㉤ 설치 파일/백업 파일 확인	㉥ 최종 메뉴얼 적용

답 :

SECTION 157

소프트웨어 사용자 매뉴얼 작성

1 소프트웨어 사용자 매뉴얼

- 소프트웨어 사용자 매뉴얼은 사용자가 소프트웨어를 사용하는 과정에서 필요한 내용을 문서로 기록한 설명서와 안내서이다.
- 사용자 매뉴얼은 사용자가 소프트웨어 사용에 필요한 절차, 환경 등의 제반 사항이 모두 포함되도록 작성한다.
- 소프트웨어 배포 후 발생될 수 있는 오류에 대한 패치*나 기능에 대한 업그레이드를 위해 매뉴얼의 버전을 관리한다.
- 개별적으로 동작이 가능한 컴포넌트* 단위로 매뉴얼을 작성한다.
- 사용자 매뉴얼은 컴포넌트 명세서*와 컴포넌트 구현 설계서*를 토대로 작성한다.

2 사용자 매뉴얼 작성 순서

기능 식별	소프트웨어의 개발 목적과 사용자 활용 기능을 흐름 순으로 정리하여 기록함
↓	
사용자 화면 분류	사용자 화면을 메뉴별로 분류하여 기록함
↓	
사용자 환경 파일 확인	폴더 위치, 사용자 로그 파일, 백업 파일 등의 개별적인 기능을 확인하여 기록함
↓	
초기화 절차 확인	프로그램을 사용하기 위한 초기화 절차를 확인하고 그 단계를 순서대로 기록함
↓	
이상 Case 확인	소프트웨어 사용 과정에서 발생할 수 있는 다양한 이상 Case를 만들어 확인하고 해당 Case에 대한 대처법을 자세하게 기록함
↓	
최종 매뉴얼 적용	• 사용과 관련된 문의 답변(FAQ)을 정리하여 기록함 • 완성된 매뉴얼을 검토하고 고객 지원에 대한 내용을 기록함

전문가의 조언

이번 섹션에서는 사용자가 소프트웨어를 설치한 후 사용하는 과정에서 필요한 사용자 매뉴얼 작성 방법에 대해 학습합니다. 사용자 매뉴얼에는 사용자가 소프트웨어를 사용하면서 필요한 제반 사항이 모두 포함되도록 작성되어야 한다는 것을 염두에 두고 읽어본다면 어렵지 않게 이해할 수 있는 내용들입니다. 이번 섹션도 가볍게 읽으면서 정리하세요.

패치(Patch)

패치는 이미 제작하여 배포된 프로그램의 오류 수정이나 성능 향상을 위해 프로그램의 일부 파일을 변경하는 것을 말합니다.

컴포넌트(Component)

컴포넌트는 독립적인 업무 또는 기능을 수행하는 단위이며, 실행 코드 기반으로 작성된 모듈입니다.

컴포넌트 명세서

컴포넌트 명세서는 컴포넌트의 개요 및 내부 클래스의 동작, 외부와의 통신 명세 등을 정의한 문서입니다.

컴포넌트 설계서

컴포넌트 설계서는 컴포넌트 구현에 필요한 컴포넌트 구조도, 컴포넌트 목록, 컴포넌트 명세, 인터페이스 명세로 구성된 설계서입니다.

※ 정답 및 해설은 513쪽에 있습니다.

기출 따라잡기 Section 157

출제예상

문제 1 다음에 제시된 특징들에 가장 부합하는 용어를 쓰시오.

- 사용자가 소프트웨어를 사용하는 과정에서 필요한 내용을 문서로 기록한 설명서와 안내서이다.
- 사용자가 소프트웨어 사용에 필요한 절차, 환경 등의 제반 사항이 모두 포함되도록 작성한다.
- 개별적으로 동작이 가능한 컴포넌트 단위로 작성한다.

답 :

출제예상

문제 2 다음은 소프트웨어 사용자 매뉴얼에 관련된 작업들이다. 작성 순서에 맞게 기호(㉠~㉥)로 나열하시오.

㉠ 기능 식별	㉡ 사용자 환경 파일 확인
㉢ 최종 매뉴얼 적용	㉣ 이상 Case 확인
㉤ 초기화 절차 확인	㉥ 사용자 화면 분류

답 :

SECTION 158

소프트웨어 버전 등록

22.10, 20.7, 필기 23.7, 22.4, 20.9, 20.6

1 소프트웨어 패키징의 형상 관리

- 형상* 관리(SCM; Software Configuration Management)는 **개발 과정에서 소프트웨어의 변경 사항을 관리하기 위해 개발된 일련의 활동**이다.
- 형상 관리는 소프트웨어 개발의 전 단계에 적용되는 활동이며, 유지보수 단계에서도 수행된다.
- 형상 관리는 소프트웨어 개발의 전체 비용을 줄이고, 개발 과정의 여러 방해 요인이 최소화되도록 보증하는 것을 목적으로 한다.
- 대표적인 형상 관리 도구에는 Git, SVN, CVS 등이 있다.

20.10

2 형상 관리 기능

기능	내용
형상 식별	형상 관리 대상에 이름과 관리 번호를 부여하고, 계층(Tree) 구조로 구분하여 수정 및 추적이 용이하도록 하는 작업
버전 제어	소프트웨어 업그레이드나 유지 보수 과정에서 생성된 다른 버전의 형상 항목을 관리하고, 이를 위해 특정 절차와 도구(Tool)를 결합시키는 작업
20.10 형상 통제	식별된 형상 항목에 대한 변경 요구를 검토하여 현재의 기준선(Base Line)*이 잘 반영될 수 있도록 조정하는 작업
형상 감사	기준선의 무결성*을 평가하기 위해 확인, 검증, 검열 과정을 통해 공식적으로 승인하는 작업
형상 기록	형상의 식별, 통제, 감사 작업의 결과를 기록 · 관리하고 보고서를 작성하는 작업

전문가의 조언

고객으로부터 소프트웨어에 대한 오류가 접수되면, 개발자는 해당 오류가 어느 단계에서 어떻게 적용되었는지를 확인해야 문제의 실마리를 찾을 수 있습니다. 이와 같이 오류 수정이나 제품의 지속적인 기능 향상을 위해서는 소프트웨어의 변경 내역이 개발 단계에서부터 지속적으로 관리되어야 하는데, 이를 형상 관리 또는 버전 관리라고 합니다. 이번 섹션에서는 형상 관리에 대해 학습합니다. 먼저 형상 관리의 개념을 명확히 잡고 형상 관리의 기능과 소프트웨어 버전 등록 시 사용되는 주요 용어들을 정리하세요.

형상

형상이란 소프트웨어 개발 단계의 각 과정에서 만들어지는 프로그램, 프로그램을 설명하는 문서, 데이터 등을 통칭하는 말입니다.

기준선(Base Line, 변경 통제 시점)

기준선은 정식으로 검토되고 합의된 명세서나 제품으로, 소프트웨어 개발 시 소프트웨어 변경을 적절히 제어할 수 있도록 도와줍니다.

무결성(無缺性)

무결성은 결점이 없다는 것으로, 정해진 기준에 어긋나지 않고 조건을 충실히 만족하는 정도라고 이해할 수 있습니다.

필기 24.7, 24.2, 23.2, 21.5, 20.8

3 소프트웨어의 버전 등록 관련 주요 기능

항목	설명
저장소(Repository)	최신 버전의 파일들과 변경 내역에 대한 정보들이 저장되어 있는 곳
가져오기(Import)	버전 관리가 되고 있지 않은 아무것도 없는 저장소(Repository)에 처음으로 파일을 복사함
필기 20.8 체크아웃(Check-Out)	• 프로그램을 수정하기 위해 저장소(Repository)에서 파일을 받아옴 • 소스 파일과 함께 버전 관리를 위한 파일들도 받아옴
필기 24.7, 24.2, 23.2, 21.5, 20.8 체크인(Check-In)	체크아웃 한 파일의 수정을 완료한 후 저장소(Repository)의 파일을 새로운 버전으로 갱신함
필기 20.8 커밋(Commit)	체크인을 수행할 때 이전에 갱신된 내용이 있는 경우에는 충돌(Conflict)을 알리고 diff 도구*를 이용해 수정한 후 갱신을 완료함
동기화(Update)	저장소에 있는 최신 버전으로 자신의 작업 공간을 동기화함

diff 도구
diff 도구는 비교 대상이 되는 파일들의 내용(소스 코드)을 비교하며 서로 다른 부분을 찾아 표시해 주는 도구입니다.

4 소프트웨어 버전 등록 과정

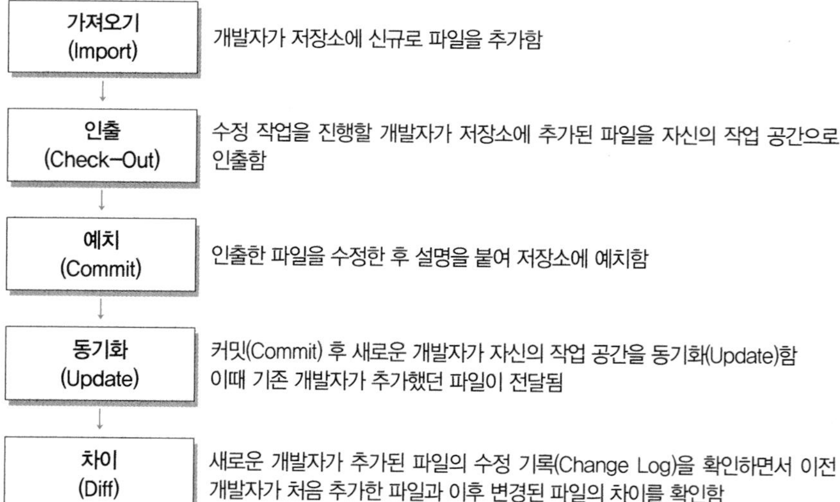

전문가의 조언
버전 관리 프로그램에 따라 방법은 다를 수 있지만, diff 〈commit1〉 〈commit2〉와 같이 지정하면, 지정한 두 커밋(Commit) 사이의 수정 내역을 확인할 수 있습니다. 이와 같이 이전 개발자들의 수정 내역을 확인하고 싶을 때 diff 명령을 사용합니다.

※ 정답 및 해설은 513쪽에 있습니다.

기출 따라잡기 Section 158

20년 7월, 필기 23년 7월, 22년 4월, 20년 6월

문제 1 다음 설명에서 괄호에 들어갈 알맞은 답을 쓰시오.

> 소프트웨어 (   )는 소프트웨어 개발 단계의 각 과정에서 만들어지는 프로그램, 프로그램을 설명하는 문서, 데이터 등을 관리하는 것을 말한다. 소프트웨어의 개발 과정에서 만들어지는 여러 버전들의 변경 사항을 관리하는 일련의 활동이며 이를 지원하는 도구로 Git, SVN 등이 있다.

답 :

20년 10월

문제 2 소프트웨어 개발에서의 작업 중 형상 통제에 대해 간략히 서술하시오.

답 :

22년 10월

문제 3 다음 제시된 보기 중 형상 관리 도구에 해당하는 것을 3가지 골라 쓰시오.

• OLAP	• CVS	• Ant	• Maven
• Git	• Jenkins	• Spring	• SVN

답 :

필기 24년 7월, 2월, 23년 2월

문제 4 소프트웨어 버전 관리 항목 중 저장소의 파일을 새로운 버전으로 갱신하는 것을 의미하는 용어를 쓰시오.

답 :

SECTION 159

소프트웨어 버전 관리 도구

소프트웨어 버전 관리 도구는 버전 관리 자료가 지역 컴퓨터의 공유 폴더에 저장되어 관리되는 공유 폴더 방식, 서버에 저장되어 관리되는 클라이언트/서버 방식, 그리고 하나의 원격 저장소와 분산된 개발자 PC의 지역 저장소에 함께 저장되어 관리되는 분산 저장소 방식으로 분류할 수 있습니다. 버전 관리 도구의 유형별 특징을 정리하세요.

1 공유 폴더 방식

- 공유 폴더 방식은 **버전 관리 자료가 지역 컴퓨터의 공유 폴더에 저장되어 관리 되는 방식**이다.
- 파일을 잘못 복사하거나 다른 위치로 복사하는 것에 대비하기 위해 파일의 변경 사항을 데이터베이스에 기록하여 관리한다.
- **종류** : SCCS, RCS, PVCS, QVCS 등

2 클라이언트/서버 방식

- 클라이언트/서버 방식은 **버전 관리 자료가 서버에 저장되어 관리 되는 방식**이다.
- 모든 버전 관리는 서버에서 수행된다.
- 서버에 문제가 생기면 서버가 복구되기 전까지 다른 개발자와의 협업 및 버전 관리 작업은 중단된다.
- **종류** : CVS, SVN(Subversion), CVSNT, Clear Case, CMVC, Perforce 등

필기 21.5

3 분산 저장소 방식

- 분산 저장소 방식은 **버전 관리 자료가** 하나의 **원격 저장소와** 분산된 **개발자 PC의 지역 저장소에 함께 저장되어 관리되는 방식**이다.
- 지역 저장소에서 버전 관리가 가능하므로 원격 저장소에 문제가 생겨도 지역 저장소의 자료를 이용하여 작업할 수 있다.
- **종류** : Git, GNU arch, DCVS, Bazaar, Mercurial, TeamWare, Bitkeeper, Plastic SCM 등

전문가의 조언

소프트웨어 버전 관리 도구 중 현업에서 많이 사용되고 있는 Subversion과 Git에 대해서 학습합니다. 특징뿐만 아니라 주요 명령어의 기능도 정리해 두세요.

CVS(Concurrent Version System)
CVS는 공동 개발을 편리하게 작업할 수 있도록 각종 소스의 버전 관리를 도와주는 시스템입니다.

4 Subversion(서브버전, SVN)

- Subversion은 CVS*를 개선한 것으로, 아파치 소프트웨어 재단에서 2000년에 발표하였다.
- 클라이언트/서버 구조로, 서버(저장소, Repository)에는 최신 버전의 파일들과 변경 사항이 관리된다.

- 소스가 오픈되어 있어 무료로 사용할 수 있다.
- CVS의 단점이었던 파일이나 디렉터리의 이름 변경, 이동 등이 가능하다.
- Subversion의 주요 명령어

명령어	의미
add	• 새로운 파일이나 디렉터리를 버전 관리 대상으로 등록함 • add로 등록되지 않은 대상은 commit이 적용되지 않음
commit	버전 관리 대상으로 등록된 클라이언트의 소스 파일을 서버의 소스 파일에 적용함
update	• 서버의 최신 commit 이력을 클라이언트의 소스 파일에 적용함 • commit 전에는 매번 update를 수행하여 클라이언트에 적용되지 않은 서버의 변동 내역을 클라이언트에 적용함
checkout	버전 관리 정보와 소스 파일을 서버에서 클라이언트로 받아옴
lock/unlock	서버의 소스 파일이나 디렉터리를 잠그거나 해제함
import	아무것도 없는 서버의 저장소에 맨 처음 소스 파일을 저장하는 명령으로, 한 번 사용하면 다시 사용하지 않음
export	버전 관리에 대한 정보를 제외한 순수한 소스 파일만을 서버에서 받아옴
info	지정한 파일에 대한 위치나 마지막 수정 일자 등에 대한 정보를 표시함
diff	지정된 파일이나 경로에 대해 이전 리비전과의 차이를 표시함
merge	다른 디렉터리에서 작업된 버전 관리 내역을 기본 개발 작업과 병합함

5 Git(깃)

- Git은 리누스 토발즈(Linus Torvalds)가 2005년 리눅스 커널 개발에 사용할 관리 도구로 개발한 이후 주니오 하마노(Junio Hamano)에 의해 유지 보수되고 있다.
- Git은 분산 버전 관리 시스템으로 2개의 저장소, 즉 지역 저장소와 원격 저장소*가 존재한다.
- 버전 관리가 지역 저장소에서 진행되므로 버전 관리가 신속하게 처리되고, 원격 저장소나 네트워크에 문제가 있어도 작업이 가능하다.

원격 저장소
원격 저장소는 주로 웹 서버를 빌려 사용하는데, Git 사용자들이 가장 많이 사용하는 웹 호스팅 서비스는 깃 허브(Github.com)입니다. 깃 허브는 오픈소스 프로젝트에 대해서는 무료로 제공하지만 소스를 비공개로 하는 프로젝트에 대해서는 비용을 받습니다.

스테이징(Staging) 영역
작업 내용을 바로 commit해 지역 저장소에 저장하지 않고 스테이징 영역에 저장했다가 commit을 하는 이유는 스테이징 영역에서 작업 내용을 한 번 더 확인하여 선별적으로 지역 저장소에 반영하기 위함입니다. 이렇게 하면 스테이징 영역을 사용하지 않을 때보다 시간은 더 소요되지만 좀 더 안정된 버전 관리 작업이 가능합니다.

• Git의 주요 명령어

명령어	의미
add	• 작업 내역을 지역 저장소에 저장하기 위해 스테이징 영역(Staging Area)* 에 추가함 • '– –all' 옵션으로 작업 디렉터리의 모든 파일을 스테이징 영역에 추가할 수 있음
commit	작업 내역을 지역 저장소에 저장함
branch	• 새로운 브랜치를 생성함 • 최초로 commit을 하면 마스터(master) 브랜치가 생성됨 • commit 할 때마다 해당 브랜치는 가장 최근의 commit한 내용을 가리키게 됨 • '–d' 옵션으로 브랜치를 삭제할 수 있음
checkout	• 지정한 브랜치로 이동함 • 현재 작업 중인 브랜치는 HEAD 포인터가 가리키는데, checkout 명령을 통해 HEAD 포인터를 지정한 브랜치로 이동시킴
merge	지정한 브랜치의 변경 내역을 현재 HEAD 포인터가 가리키는 브랜치에 반영함으로써 두 브랜치를 병합함
init	지역 저장소를 생성함
remote add	원격 저장소에 연결함
push	로컬 저장소의 변경 내역을 원격 저장소에 반영함
fetch	원격 저장소의 변경 이력만을 지역 저장소로 가져와 반영함
clone	원격 저장소의 전체 내용을 지역 저장소로 복제함

※ 정답 및 해설은 513쪽에 있습니다.

기출 따라잡기 Section 159

출제예상

문제 1 **소프트웨어 버전 관리 도구인 Subversion에서 사용하는 명령어 중 다음에 제시된 기능을 수행하는 명령어를 쓰시오.**

> • 서버의 최신 commit 이력을 클라이언트의 소스 파일에 적용한다.
> • commit 전에는 매번 수행하여 클라이언트에 적용되지 않은 서버의 변동 내역을 클라이언트에 적용한다.

답 :

필기 21년 5월

문제 2 소프트웨어 버전 관리 도구에는 다양한 저장소 방식이 있다. 다음에 제시된 내용과 관련된 방식을 쓰시오.

- 개발자별로 원격 저장소의 자료를 자신의 로컬 저장소로 복사하여 작업한 후 변경된 내용을 로컬 저장소에서 우선 반영한 다음 이를 원격 저장소에 반영한다.
- 로컬 저장소에서 버전 관리가 가능하므로 원격 저장소에 문제가 생겨도 로컬 저장소의 자료를 이용하여 작업할 수 있다.
- 종류에는 Git, GNU arch, DCVS, Bazzar, Mercurial, TeamWare, Bitkeeper, Plastic SCM 등이 있다.

답 :

출제예상

문제 3 다음은 소프트웨어 버전 관리 도구인 Git에서 사용하는 명령어에 대한 설명이다. 괄호(①~④)에 들어갈 알맞은 명령어를 쓰시오.

명령어	의미
(①)	작업 내용을 지역 저장소에 저장하기 위해 스테이징 영역(Staging Area)에 추가한다.
commit	작업 내용을 지역 저장소에 저장한다.
branch	새로운 브랜치를 생성한다.
(②)	지정한 브랜치로 이동한다.
merge	지정한 브랜치의 변경 내용을 현재 HEAD 포인터가 가리키는 브랜치에 반영함으로써 두 브랜치를 병합한다.
(③)	지역 저장소를 생성한다.
remote add	원격 저장소에 연결한다.
(④)	로컬 저장소의 변경 내용을 원격 저장소에 반영한다.
fetch	원격 저장소의 변경 이력만을 지역 저장소로 가져와 반영한다.
clone	원격 저장소의 전체 내용을 지역 저장소로 복제한다.

답

- ①
- ②
- ③
- ④

SECTION 160

빌드 자동화 도구

빌드 자동화 도구의 개념을 기억하고 대표적인 빌드 자동화 도구인 Jenkins와 Gradle의 특징을 서로 구분할 수 있도록 잘 정리해 두세요.

빌드
빌드란 소스 코드 파일들을 컴파일한 후 여러 개의 모듈을 묶어 실행 파일로 만드는 과정입니다.

필기 22.4, 20.9

1 빌드* 자동화 도구

- 빌드 자동화 도구는 **빌드를 포함하여 테스트 및 배포를 자동화하는 도구**이다.
- 애자일(Agile)과 같은 지속적인 통합(Continuous Integration) 개발 환경에서 유용하게 활용된다.
- 빌드 자동화 도구에는 Ant, Make, Maven, Gradle, Jenkins 등이 있으며, 이중 Jenkins와 Gradle이 가장 대표적이다.

서블릿 컨테이너
서블릿 컨테이너는 클라이언트의 요청을 처리하기 위해 서버 측에서 실행되는 작은 프로그램(Server Side Applet)인 서블릿을 실행하고 서블릿의 생명주기를 관리하는 역할을 합니다.

필기 20.9

2 Jenkins

- Jenkins는 **JAVA 기반의 오픈 소스 형태로, 서블릿 컨테이너*에서 실행되는 서버 기반 도구**이다.
- 가장 많이 사용되는 빌드 자동화 도구이다.
- SVN, Git 등 대부분의 형상 관리 도구와 연동이 가능하다.
- 친숙한 Web GUI 제공으로 사용이 쉽다.

Groovy
Groovy는 자바에 Python, Ruby, Smalltalk 등의 장점을 결합한 동적 객체 지향 프로그래밍 언어입니다.

DSL(Domain Specific Language)
DSL이란 웹페이지 영역에 특화되어 사용되는 HTML과 같이 특정한 도메인, 즉 영역이나 용도에 맞게 기능을 구성한 언어를 말합니다.

스크립트 언어(Script Language)
스크립트 언어는 HTML 문서 안에 직접 프로그래밍 언어를 삽입하여 사용하는 것으로, 기계어로 컴파일되지 않고 별도의 번역기가 소스를 분석하여 동작하게 하는 언어입니다.

필기 20.9

3 Gradle

- Gradle은 **Groovy*를 기반으로 한 오픈 소스 형태의 자동화 도구**이다.
- 안드로이드 앱 개발 환경에서 사용된다.
- 안드로이드뿐만 아니라 플러그인을 설정하면, JAVA, C/C++, Python 등의 언어도 빌드할 수 있다.
- Groovy를 사용해서 만든 DSL(Domain Specific Language)*을 스크립트 언어*로 사용한다.

※ 정답 및 해설은 513쪽에 있습니다.

기출 따라잡기 Section 160

필기 20년 9월

문제 1 다음에 제시된 특징에 가장 부합하는 빌드 자동화 도구를 쓰시오.

- Groovy를 기반으로 한 오픈 소스 형태의 자동화 도구로 안드로이드 앱 개발 환경에서 사용된다.
- 실행할 처리 명령들을 모아 태스크로 만든 후 태스크 단위로 실행한다.
- 안드로이드뿐만 아니라 플러그인을 설정하면, JAVA, C/C++, Python 등의 언어도 빌드할 수 있다.

답 :

출제예상

문제 2 다음에 제시된 특징에 가장 부합하는 빌드 자동화 도구를 쓰시오.

- Java 기반의 오픈 소스 형태로, 가장 많이 사용되는 빌드 자동화 도구이다.
- 서블릿 컨테이너에서 실행되는 서버 기반 도구이다.
- SVN, Git 등 대부분의 형상 관리 도구와 연동이 가능하다.
- 친숙한 Web GUI 제공으로 사용이 쉽다.
- 여러 대의 컴퓨터를 이용한 분산 빌드나 테스트가 가능하다.

답 :

필기 22년 3월

문제 3 빌드란 소스 코드 파일들을 컴파일한 후 여러 개의 모듈을 묶어 실행 파일로 만드는 과정이며, 빌드를 포함하여 테스트 및 배포를 자동화하는 도구를 빌드 자동화 도구라고 한다. 다음 보기에서 빌드 자동화 도구만 모두 골라 쓰시오.

• Gradle	• Release	• Make	• Jenkins
• Packager	• Maven	• Tomcat	• Ant

답 :

예상문제 은행

문제 1 형상 관리(SCM; Software Configuration Management)의 개념을 간단하게 서술하시오.

답 :

문제 2 다음에 제시된 특징들에 가장 부합하는 용어를 쓰시오.

- 소프트웨어의 개발 과정에서 소프트웨어의 변경 사항을 관리하기 위해 개발된 일련의 활동이다.
- 소프트웨어 변경의 원인을 알아내고 제어하며, 적절히 변경되고 있는지 확인하여 해당 담당자에게 통보한다.
- 소프트웨어 개발의 전 단계에 적용되는 활동이며, 유지보수 단계에서도 수행된다.

답 :

문제 3 다음은 디지털 저작권 관리에 대한 작업 흐름도이다. 괄호에 들어갈 가장 알맞은 용어를 쓰시오.

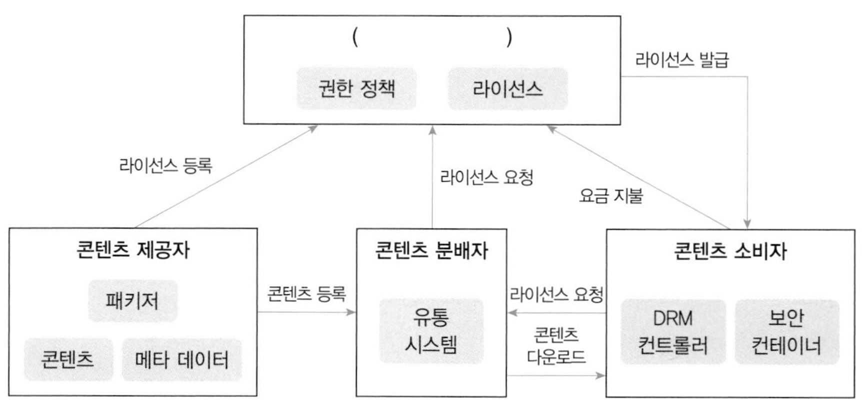

답 :

정답 및 해설은 514쪽에 있습니다.

문제 4 다음은 소프트웨어 패키징 과정이다. 괄호(①, ②)에 들어갈 가장 알맞은 과정을 쓰시오.

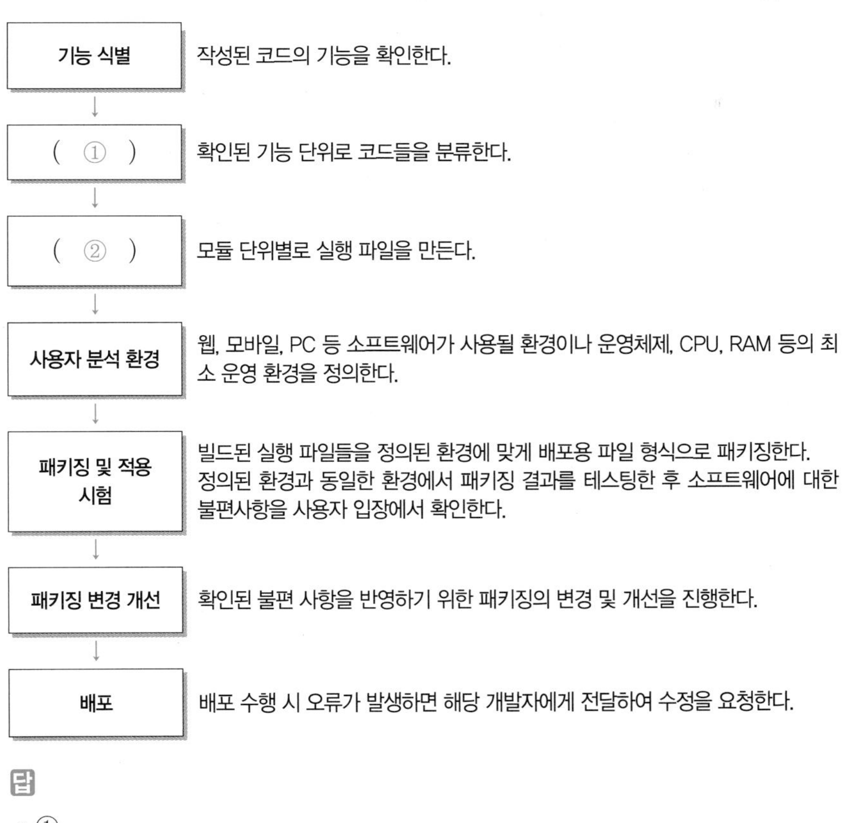

답

- ①
- ②

문제 5 개발자와 고객이 정보를 공유하기 위해 작성하는 것으로, 표준 형식은 없지만 일반적으로 다음과 같은 항목이 포함되도록 작성한다. 무엇을 말하는 것인지 쓰시오.

> Header(머릿말), 개요, 목적, 문제 요약, 재현 항목, 수정/개선 내용, 사용자 영향도, SW 지원 영향도, 노트, 면책 조항, 연락처 등

답 :

문제 6 디지털 저작권 관리(DRM)를 위해 사용되는 기술 중 3가지만 쓰시오.

답 :

문제 7 다음은 소프트웨어 설치 매뉴얼에 관련된 작업들이다. 작성 순서에 맞게 기호(㉠~㉥)로 나열하시오.

㉠ 기능 식별	㉡ Uninstall 절차 확인
㉢ UI 분류	㉣ 최종 매뉴얼 적용
㉤ 이상 Case 확인	㉥ 설치 파일 / 백업 파일 확인

답 :

문제 8 다음은 소프트웨어 사용자 매뉴얼에 대한 설명이다. 괄호(①, ②)에 들어갈 가장 적합한 용어를 쓰시오.

> 소프트웨어 사용자 메뉴얼은 사용자가 소프트웨어를 사용하는 과정에서 필요한 내용을 문서로 기록한 설명서와 안내서이다. 이러한 소프트웨어 사용자 매뉴얼은 (①) 명세서와 (②) 설계서를 토대로 작성한다.

답

• ①

• ②

문제 9 다음에 제시된 특징에 가장 부합하는 빌드 자동화 도구를 쓰시오.

> • Groovy를 기반으로 한 오픈 소스 형태의 자동화 도구로, 안드로이드 앱 개발 환경에서 사용된다.
> • 안드로이드 뿐만 아니라 플러그인을 설정하면, Java, C/C++, Python 등의 언어도 빌드가 가능하다.
> • Groovy를 사용해서 만든 DSL(Domain Specific Language)을 스크립트 언어로 사용한다.

답 :

문제 10 다음은 소프트웨어 버전 등록과 관련된 주요 용어들에 대한 설명이다. 괄호(①~③)에 들어갈 가장 적합한 용어를 쓰시오.

항목	설명
저장소(Repository)	최신 버전의 파일들과 변경 내역에 대한 정보들이 저장되어 있는 곳이다.
(①)	버전 관리가 되고 있지 않은 아무것도 없는 저장소(Repository)에 처음으로 파일을 복사한다.
체크아웃(Check-Out)	• 프로그램을 수정하기 위해 저장소(Repository)에서 파일을 받아온다. • 소스 파일과 함께 버전 관리를 위한 파일들도 함께 받아온다.
(②)	체크아웃 한 파일의 수정을 완료한 후 저장소(Repository)의 파일을 새로운 버전으로 갱신한다.
(③)	체크인을 수행할 때 이전에 갱신된 내용이 있는 경우에는 충돌(Conflict)을 알리고 diff 도구를 이용해 수정한 후 갱신을 완료한다.
동기화(Update)	저장소에 있는 최신 버전으로 자신의 작업 공간을 동기화한다.

답

- ①
- ②
- ③

문제 11 소프트웨어 버전 관리 도구에는 다양한 방식이 있다. 다음에 제시된 내용과 관련된 방식을 쓰시오.

- 버전 관리 자료가 지역 컴퓨터에 저장되어 관리되는 방식이다.
- 개발자들은 개발이 완료된 파일을 약속된 공유 폴더에 매일 복사하고, 담당자는 공유 폴더의 파일을 자기 PC로 복사한 후 컴파일 하여 이상 유무를 확인한다.
- 파일을 잘못 복사하거나 다른 위치로 복사하는 것에 대비하기 위해 파일의 변경 사항을 데이터베이스에 기록하여 관리한다.
- 종류에는 SCCS, RCS, PVCS, QVCS 등이 있다.

답 :

12 장 제품 소프트웨어 패키징 정답

[답안 작성 방법 안내]
'운영체제(OS; Operation System)'처럼 한글과 영문으로 제시되어 있는 경우 '운영체제', 'OS', 'Operation System' 중 1가지만 쓰면 됩니다.

Section 153

[문제 1]
㉠ → ㉤ → ㉡ → ㉣ → ㉢ → ㉥

[문제 2]
소프트웨어 패키징은 모듈별로 생성한 실행 파일들을 묶어 배포용 설치 파일을 만드는 것이다.

Section 154

[문제 1]
Header(머릿말)

[문제 2]
릴리즈 노트(Release Note)

[문제 3]
㉢ → ㉠ → ㉥ → ㉣ → ㉡ → ㉤

Section 155

[문제 1]
① 클리어링 하우스(Clearing House) ② 콘텐츠 제공자(Contents Provider) ③ 패키저(Packager)
④ 콘텐츠 분배자(Contents Distributor) ⑤ DRM 컨트롤러(DRM Controller)

[문제 2]
㉠, ㉡, ㉢, ㉤, ㉥

[문제 3]
① 패키저(Packager) ② 클리어링 하우스(Clearing House)

[문제 4]
디지털 저작권 관리(DRM; Digital Right Management)

Section 156

[문제 1]
소프트웨어 설치 매뉴얼

[문제 2]
㉠ → ㉢ → ㉤ → ㉡ → ㉣ → ㉥

Section 157

[문제 1]

소프트웨어 사용자 매뉴얼

[문제 2]

㉠ → ㉥ → ㉡ → ㉤ → ㉣ → ㉢

Section 158

[문제 1]

형상 관리(SCM; Software Configuration Management)

[문제 2]

형상 통제는 식별된 형상 항목에 대한 변경 요구를 검토하여 현재의 기준선이 잘 반영될 수 있도록 조정하는 작업이다.

[문제 3]

CVS, Git, SVN

[문제 4]

체크인(Check-In)

Section 159

[문제 1]

update

[문제 2]

분산 저장소 방식

[문제 3]

① add ② checkout ③ init ④ push

Section 160

[문제 1]

Gradle

[문제 2]

Jenkins

[문제 3]

Gradle, Make, Jenkins, Maven, Ant

예상문제은행 **12장 제품 소프트웨어 패키징** 정답

[문제 1]
형상 관리는 개발 과정에서 소프트웨어의 변경 사항을 관리하기 위해 개발된 일련의 활동이다.

[문제 2]
형상 관리(SCM; Software Configuration Management)

[문제 3]
클리어링 하우스(Clearing House)

[문제 4]
① 모듈화 ② 빌드 진행

[문제 5]
릴리즈 노트(Release Note)

[문제 6]
※ 다음에 제시된 기술 중 3가지만 쓰면 됩니다.
암호화(Encryption), 키 관리(Key Management), 암호화 파일 생성(Packager), 식별 기술(Identification), 저작권 표현(Right Expression), 정책 관리(Policy Management), 크랙 방지(Tamper Resistance), 인증(Authentication)

[문제 7]
㉠ → ㉢ → ㉥ → ㉡ → ㉤ → ㉣

[문제 8]
① 컴포넌트 ② 컴포넌트 구현

[문제 9]
Gradle

[문제 10]
① 가져오기(Import) ② 체크인(Check-In) ③ 커밋(Commit)

[문제 11]
공유 폴더 방식

memo

이 책은 IT자격증 전문가와 수험생이 함께 만든 책입니다.

'시나공' 시리즈는 독자의 지지와 격려 속에 성장합니다!

전공자가 아니라서 시험에 대해 막연한 두려움이 있었는데 설명이 너무 잘되어 있어 좋았습니다. 예시와 문제가 많아 문제를 이해하면서 개념을 학습한다면 합격은 문제없습니다. 비전공자들도 쉽게 이해할 수 있으니 강력 추천합니다. | YES24 nicck*** |

시나공 정보처리기사 필기로 공부할 때 책이 너무 좋아서 실기 시험 준비하면서도 당연하다는 듯이 시나공을 선택하게 됐어요. 실속있는 내용도 훌륭하지만 시나공 홈페이지에서는 문의에 대한 답변도 빨리 해주고, 공부하면서 입소문이 괜히 나는 것이 아니라는 것을 새삼 느꼈답니다. | 인터파크 fromy*** |

시나공은 특히 프로그래밍 언어와 SQL 부분에서 많은 도움이 됩니다. 프로그래밍 언어와 SQL 동영상 강의는 강사분이 정말 잘 가르치시더군요. | 알라딘 ni*** |

시나공은 이해하기 어려운 부분도 쉽게 이해할 수 있도록 잘 설명되어 있었습니다. 책의 내용이 아무리 좋아도 구성이 엉망이면 공부하기 힘든데, 이 책은 구성도 깔끔하고 문제에 대한 상세한 해설이 잘 되어 있어 집중하고 쭉 보면 "아~ 이렇게 돌아가는구나!" 하며 이해될 것입니다. 그리고 전문가의 조언을 빠짐없이 꼭 읽어보세요. | 교보문고 seop1*** |

역시 시나공입니다! 얼마 전 필기를 준비할 때도 시나공으로 했는데, 확실히 수험생에게 친절한 수험서더군요. 내용도 친절하게 설명되어 있을 뿐만 아니라 출제 경향에 따른 전문가의 조언이 곁들여져 있어 쉽게 이해할 수 있습니다. 그리고 시나공 홈페이지에서 제공하는 여러 자료들까지! 앞으로도 자격증 시험은 쭉 시나공과 함께 해야겠습니다. | 도서11번가 inhw*** |

혼자 공부하기에는 '딱!'이에요. 설명도 쉽고 책 옆에 용어 설명이나 공부 방법 등이 재미있게 따라다녀요. 또 공부한 내용을 바로 문제로 확인해 볼 수 있어서 좋더군요. '시험에 나오는 것만 공부한다'라는 제목이 믿음이 갑니다. | YES24 kjs2*** |

정보처리 분야 베스트셀러 1위 기준 : 2024년 1~2월, 4월, 11~12월(Yes24), 2024년 1~2월, 11~12월(알라딘)

sinagong.co.kr

가격 40,000원

ISBN 979-11-407-1249-6

TO.시나공
온라인 독자엽서

스마트한 시나공
수험생 지원센터

정보처리기사

실기 기출문제집

시험에 나오는 것만 공부한다!

시나공

길벗알앤디 지음

길벗

나는 스마트 시나공이다!
차원이 다른 동영상 강의

시나공만의 토막강의를 만나보세요

아직도 혼자 공부하세요? 혼자 공부하다가 어려운 부분이 나와도 고민하지 마세요!

토막강의 번호를 입력하거나 QR코드를 스마트폰으로 찍기만 하면
언제든지 시나공 저자의 속 시원한 해설을 바로 동영상으로 확인할 수 있습니다.

1. 스마트폰으로 QR코드를 찍어보세요!

STEP 1

스마트폰의 QR코드 리더 앱을 실행하세요!

STEP 2

시나공 토막강의 QR코드를 스캔하세요!

STEP 3

스마트폰을 통해 토막강의가 시작됩니다!

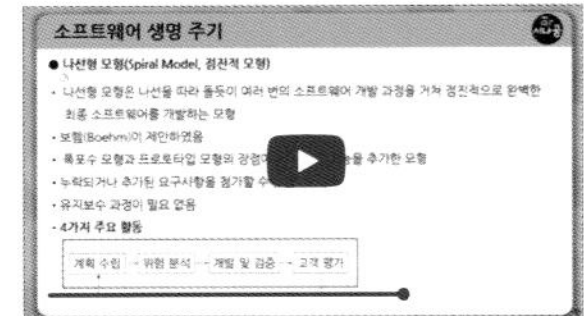

2. 시나공 홈페이지에서 토막강의 번호를 입력하세요!

STEP 1

시나공 홈페이지에 접속한 후 [정보처리] → [기사 실기] → [동영상 강좌] → [토막강의]를 클릭하세요.

STEP 2

'강의번호'에 토막강의 번호를 입력하면 강의목록이 표시됩니다.

STEP 3

강의명을 클릭하면 토막강의를 볼 수 있습니다.

3. 유튜브에서는 이렇게 이용하세요!

STEP 1

유튜브 검색 창에 "시나공"+토막강의 번호를 입력하세요.

STEP 2

검색된 항목 중 원하는 토막강의를 클릭하여 시청하세요.

★ 토막강의가 지원되는 도서는 시나공 홈페이지를 통해 확인할 수 있습니다.

★ 스마트폰을 이용하실 경우 무선랜(Wi-Fi)에 연결되지 않은 상태에서 토막강의를 이용하시면 가입하신 요금제에 따라 과금이 됩니다.

정보처리기사

실기 기출문제집

길벗알앤디 지음

길벗

정보처리기사 실기 – 시나공 시리즈 ㉗

The Practical Examination for Engineer Information Processing

초판 발행 · 2025년 2월 24일
초판 2쇄 발행 · 2025년 4월 14일

지은이 · 김정준, 길벗알앤디(강윤석, 김용갑, 김우경, 김유홍)
발행인 · 이종원
발행처 · (주)도서출판 길벗
출판사 등록일 · 1990년 12월 24일
주소 · 서울시 마포구 월드컵로 10길 56(서교동)
주문 전화 · 02)332-0931 팩스 · 02)323-0586
홈페이지 · www.gilbut.co.kr 이메일 · gilbut@gilbut.co.kr

기획 및 책임 편집 · 강윤석(kys@gilbut.co.kr), 김미정(kongkong@gilbut.co.kr), 임은정(eunjeong@gilbut.co.kr)
표지 및 본문 디자인 · 강은경, 윤석남 제작 · 이준호, 손일순, 이진혁 마케팅 · 조승모, 유영은, 정혜린
영업관리 · 김명자 독자지원 · 윤정아 유통혁신 · 한준희

편집진행 및 교정 · 길벗알앤디(강윤석 · 김용갑 · 김우경 · 김종일) 일러스트 · 윤석남
전산편집 · 예다움 CTP 출력 및 인쇄 · 정민 제본 · 정민

독자의 1초를 아껴주는 정성 길벗출판사

(주)도서출판 길벗 IT단행본, 성인어학, 교과서, 수험서, 경제경영, 교양, 자녀교육, 취미실용 www.gilbut.co.kr
길벗스쿨 국어학습, 수학학습, 주니어어학, 어린이단행본, 학습단행본 www.gilbutschool.co.kr

시나공홈페이지 www.sinagong.co.kr

최신기출문제

2024년 3회 정보처리기사 실기
2024년 2회 정보처리기사 실기
2024년 1회 정보처리기사 실기
2023년 3회 정보처리기사 실기
2023년 2회 정보처리기사 실기
2023년 1회 정보처리기사 실기
2022년 3회 정보처리기사 실기
2022년 2회 정보처리기사 실기
2022년 1회 정보처리기사 실기
2021년 3회 정보처리기사 실기

동영상 강의 시청 방법

다음의 세 가지 방법을 이용하여 시나공 저자의 속 시원한 강의를 바로 동영상으로 확인하세요.

하나 스마트폰으로는 이렇게 이용하세요!

1. 스마트폰으로 QR코드 리더 앱을 실행하세요!
2. 동영상 강의 QR코드를 스캔하세요.
3. 스마트폰을 통해 동영상 강의가 시작됩니다!

둘 시나공 홈페이지에서는 이렇게 이용하세요!

1. 시나공 홈페이지(sinagong.co.kr)에 로그인 하세요!
2. 상단 메뉴중 [정보처리] → [기사 실기] → [동영상 강좌] → [토막강의]를 클릭하세요!
3. 동영상 강의 번호를 입력하면 동영상 강의가 시작됩니다.

셋 유튜브에서는 이렇게 이용하세요!

1. 유튜브 검색 창에 "시나공" + 동영상 강의 번호를 입력하세요.

예 

2. 검색된 항목 중 원하는 동영상 강의를 클릭하여 시청하세요.

2024년 3회 정보처리기사 실기

수험자 유의사항

1. 시험 문제지를 받는 즉시 응시하고자 하는 종목의 문제지가 맞는지를 확인하여야 합니다.
2. 시험 문제지 총면수 · 문제번호 순서 · 인쇄상태 등을 확인하고, 수험번호 및 성명을 답안지에 기재하여야 합니다.
3. 문제 및 답안(지), 채점기준은 일절 공개하지 않으며 자신이 작성한 답안, 문제 내용 등을 수험표 등에 이기(옮겨 적는 행위) 등은 관련 법 등에 의거 불이익 조치 될 수 있으니 유의하시기 바랍니다.
4. 수험자 인적사항 및 답안작성(계산식 포함)은 흑색 필기구만 사용하되, 흑색을 제외한 유색 필기구 또는 연필류를 사용하였을 경우 그 문항은 0점 처리됩니다.
5. 답란(답안 기재란)에는 문제와 관련 없는 불필요한 낙서나 특이한 기록사항 등을 기재하여서는 안되며 부정의 목적으로 특이한 표식을 하였다고 판단될 경우에는 모든 문항이 0점 처리됩니다.
6. 답안을 정정할 때에는 반드시 정정부분을 두 줄(=)로 그어 표시하여야 하며, 두 줄로 긋지 않은 답안은 정정하지 않은 것으로 간주합니다. (수정테이프, 수정액 사용불가)
7. 답안의 한글 또는 영문의 오탈자는 오답으로 처리됩니다. 단, 답안에서 영문의 대 · 소문자 구분, 띄어쓰기는 여부에 관계 없이 채점합니다.
8. 계산 또는 디버깅 등 계산 연습이 필요한 경우는 〈문제〉 아래의 연습란을 사용하시기 바라며, 연습란은 채점대상이 아닙니다.
9. 문제에서 요구한 가지 수(항수) 이상을 답란에 표기한 경우에는 답안기재 순으로 요구한 가지 수(항수)만 채점하고 한 항에 여러 가지를 기재하더라도 한 가지로 보며 그 중 정답과 오답이 함께 기재란에 있을 경우 오답으로 처리됩니다.
10. 한 문제에서 소문제로 파생되는 문제나, 가지수를 요구하는 문제는 대부분의 경우 부분채점을 적용합니다. 그러나 소문제로 파생되는 문제 내에서의 부분 배점은 적용하지 않습니다.
11. 답안은 문제의 마지막에 있는 답란에 작성하여야 합니다.
12. 부정 또는 불공정한 방법(시험문제 내용과 관련된 메모지 사용 등)으로 시험을 치른 자는 부정행위자로 처리되어 당해 시험을 중지 또는 무효로 하고, 2년간 국가기술자격검정의 응시자격이 정지됩니다.
13. 시험위원이 시험 중 신분확인을 위하여 신분증과 수험표를 요구할 경우 반드시 제시하여야 합니다.
14. 시험 중에는 통신기기 및 전자기기(휴대용 전화기 등)를 지참하거나 사용할 수 없습니다.
15. 국가기술자격 시험문제는 일부 또는 전부가 저작권법상 보호되는 저작물이고, 저작권자는 한국산업인력공단입니다. 문제의 일부 또는 전부를 무단 복제, 배포, 출판, 전자출판 하는 등 저작권을 침해하는 일체의 행위를 금합니다.

※ 수험자 유의사항 미준수로 인한 채점상의 불이익은 수험자 본인에게 전적으로 책임이 있음

5440301

문제 1 다음 JAVA로 구현된 프로그램을 분석하여 그 실행 결과를 쓰시오. (단, 출력문의 출력 서식을 지키시오.) (5점)

```
public class Main{
    static String[] x = new String[3];
    static void func(String[] x, int y) {
        for(int i = 1; i < y; i++) {
            if(x[i-1].equals(x[i])) {
              System.out.print("O");
            }
            else {
              System.out.print("N");
            }
        }
        for (String z : x) {
            System.out.print(z);
        }
    }

    public static void main(String[] args) {
        x[0] = "A";
        x[1] = "A";
        x[2] = new String("A");
        func(x, 3);
    }
}
```

답 :

5440302

문제 2 다음 Python으로 구현된 프로그램을 분석하여 그 실행 결과를 쓰시오. (단, 출력문의 출력 서식을 준수하시오.) (5점)

```
def func(lst):
    for i in range(len(lst) // 2):
        lst[i], lst[-i-1] = lst[-i-1], lst[i]
lst = [1,2,3,4,5,6]
func(lst)
print(sum(lst[::2]) - sum(lst[1::2]))
```

답 :

5440303

문제 3 다음 〈employee〉와 〈project〉 테이블을 참조하여 〈SQL문〉을 실행했을 때 출력되는 결과를 쓰시오. (5점)

〈employee〉

no	first_name	last_name	project_id
1	John	Doe	10
2	Jim	Carry	20
3	Rachel	Redmond	10

〈project〉

project_id	name
10	Alpha
20	Beta
10	Gamma

〈SQL문〉

```
SELECT count(*)
FROM employee AS e JOIN project AS p ON e.project_id = p.project_id
WHERE p.name IN (
        SELECT name FROM project p WHERE p.project_id IN (
                SELECT project_id FROM employee GROUP BY project_id HAVING count(*) < 2
        )
);
```

답 :

5440304

문제 4 3개의 페이지를 수용할 수 있는 주기억장치가 있으며, 초기에는 모두 비어 있다고 가정한다. 다음의 순서로 페이지 참조가 발생할 때, LRU 페이지 교체 알고리즘을 사용할 경우 몇 번의 페이지 부재(Page Fault)가 발생하는지 쓰시오. (5점)

페이지 참조 순서 : 7 0 1 2 0 3 0 4 2 3 0 3 2 1 2 0 1 7 0 1

답 :

5440305

문제 5 다음 설명에 해당하는 알맞은 용어를 쓰시오. (5점)

- IP나 ICMP의 특성을 악용하여 엄청난 양의 데이터를 한 사이트에 집중적으로 보냄으로써 네트워크를 불능 상태로 만드는 공격 방법이다.
- 공격자는 송신 주소를 공격 대상지의 IP 주소로 위장하고 해당 네트워크 라우터의 브로드캐스트 주소를 수신지로 하여 패킷을 전송하면, 라우터의 브로드캐스트 주소로 수신된 패킷은 해당 네트워크 내의 모든 컴퓨터로 전송된다.
- 해당 네트워크 내의 모든 컴퓨터는 수신된 패킷에 대한 응답 메시지를 송신 주소인 공격 대상지로 집중적으로 전송하게 되는데, 이로 인해 공격 대상지는 네트워크 과부하로 인해 정상적인 서비스를 수행할 수 없게 된다.

답 :

5440306

문제 6 다음 C 언어로 구현된 프로그램을 분석하여 그 실행 결과를 쓰시오. (단, 출력문의 출력 서식을 준수하시오.) (5점)

```
#include <stdio.h>
int func( ) {
     static int x = 0;
     x += 2;
     return x;
}
int main( ) {
     int x = 0;
     int sum = 0;
     for(int i = 0; i < 4; i++) {
          x++;
          sum += func( );
     }
     printf("%d", sum);
     return 0;
}
```

답 :

5440307

문제 7 다음 설명에 해당하는 알맞은 용어를 영문 약어 3글자로 쓰시오. (5점)

- 인터넷 등 통신 사업자의 공중 네트워크와 암호화 기술을 이용하여 사용자가 마치 자신의 전용 회선을 사용하는 것처럼 해주는 보안 솔루션이다.
- 암호화된 규격을 통해 인터넷망을 전용선의 사설망을 구축한 것처럼 이용하므로 비용 부담을 줄일 뿐만 아니라 원격지의 지사, 영업소, 이동 근무자가 지역적인 제한 없이 업무를 수행할 수 있다.
- 종류에는 IPSec, SSL 등이 있다.

답 :

5440308

문제 8 소프트웨어 공학의 디자인 패턴(Design Pattern)에 대한 다음 설명에서 괄호에 공통으로 들어갈 알맞은 답을 쓰시오. (5점)

- (　　　) 패턴은 클래스나 객체들이 서로 상호작용하는 방법이나 책임 분배 방법을 정의하는 패턴이다.
- (　　　) 패턴은 하나의 객체로 수행할 수 없는 작업을 여러 객체로 분배하면서 결합도를 최소화 할 수 있도록 도와준다.
- (　　　) 패턴에는 책임 연쇄(Chain of Responsibility), 반복자(Iterator), 옵서버(Observer) 패턴 등이 있다.

답 :

5440309

문제 9 다음 화이트박스 테스트의 검증 기준에 대한 각 번호에 해당하는 용어를 〈보기〉에서 찾아 기호(㉠~㉦)로 쓰시오. (5점)

① 소스 코드의 모든 구문이 한 번 이상 수행되도록 테스트 케이스를 설계한다.
② 소스 코드의 모든 조건문에 대해 조건식의 결과가 True인 경우와 False인 경우가 한 번 이상 수행되도록 테스트 케이스를 설계한다.
③ 소스 코드의 조건문에 포함된 개별 조건식의 결과가 True인 경우와 False인 경우가 한 번 이상 수행되도록 테스트 케이스를 설계한다.

〈보기〉

㉠ 선택	㉡ 경로	㉢ 조건	㉣ 분기	㉤ 함수	㉥ 문장	㉦ 루프

답

- ①
- ②
- ③

5440310

문제 10 다음 C 언어로 구현된 프로그램을 분석하여 그 실행 결과를 쓰시오. (단, 출력문의 출력 서식을 준수하시오.) (5점)

```
#include <stdio.h>
struct Node {
    int value;
    struct Node* next;
};

void func(struct Node* node){
    while(node != NULL && node -> next != NULL) {
        int t = node -> value;
        node -> value = node -> next -> value;
        node -> next -> value = t;
        node = node -> next -> next;
    }
}

int main( ) {
    struct Node n1 = {1, NULL};
    struct Node n2 = {2, NULL};
    struct Node n3 = {3, NULL};
    n1.next = &n3;
    n3.next = &n2;
    func(&n1);
    struct Node* current = &n1;
    while(current != NULL){
        printf("%d", current -> value);
        current = current -> next;
    }
    return 0;
}
```

답 :

5440311

문제 11 다음에 제시된 URL 구조에서 〈보기〉의 순서대로 URL에 해당하는 번호(1~5)를 쓰시오. (5점)

〈보기〉

① query : 서버에 전달할 추가 데이터
② path : 서버 내의 특정 자원을 가리키는 경로
③ scheme : 리소스에 접근하는 방법이나 프로토콜
④ authority : 사용자 정보, 호스트명, 포트 번호
⑤ fragment : 특정 문서 내의 위치

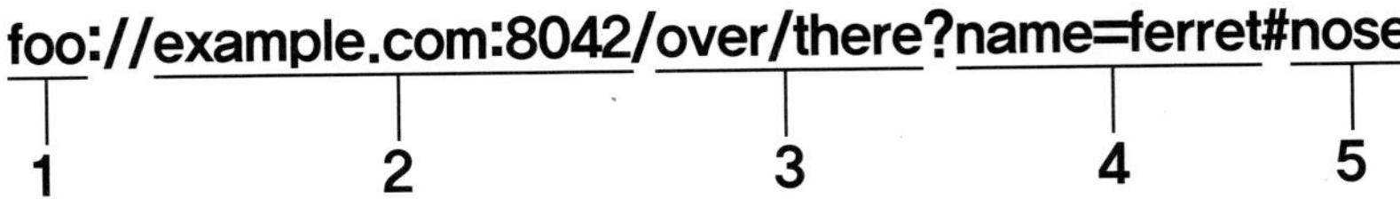

답

- ①
- ②
- ③
- ④
- ⑤

5440312

문제 12 다음 Python으로 구현된 프로그램을 분석하여 그 실행 결과를 쓰시오. (단, 출력문의 출력 서식을 준수하시오.) (5점)

```
def func(value):
    if type(value) == type(100):
        return 100
    elif type(value) == type(""):
        return len(value)
    else:
        return 20
a = "100.0"
b = 100.0
c = (100, 200)
print(func(a) + func(b) + func(c))
```

답 :

5440313

문제 13 다음 UML 모델에서 각 번호(①~③)에 해당하는 관계를 〈보기〉에서 찾아 기호(㉠~㉥)로 쓰시오. (5점)

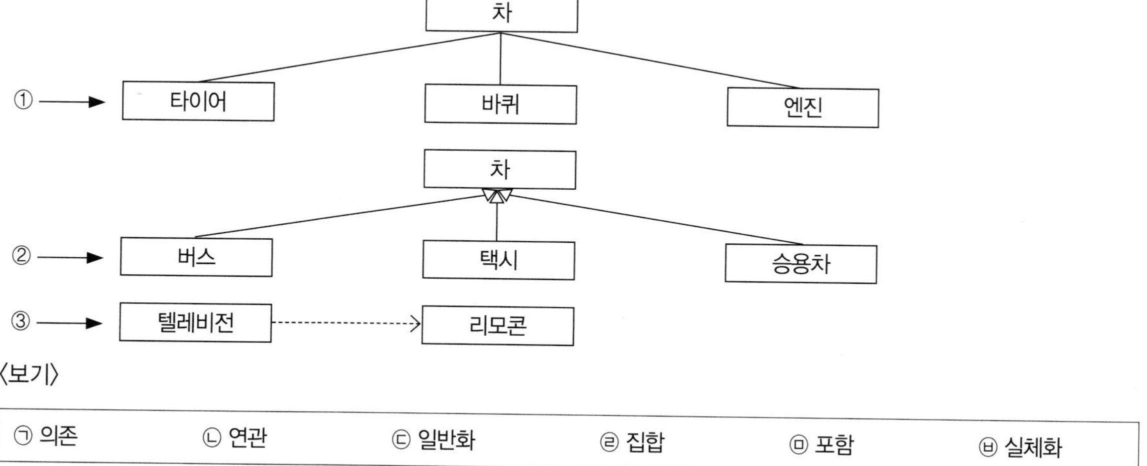

〈보기〉

㉠ 의존	㉡ 연관	㉢ 일반화	㉣ 집합	㉤ 포함	㉥ 실체화

답

- ①
- ②
- ③

5440314

문제 14 다음 Java로 구현된 프로그램을 분석하여 그 실행 결과를 쓰시오. (단, 출력문의 출력 서식을 준수하시오.) (5점)

```
public class Main{
    public static void main(String[] args) {
        B a = new D( );
        D b = new D( );
        System.out.print(a.getX( ) + a.x + b.getX( ) + b.x);
    }
}

class B {
    int x = 3;
    int getX( ) {
        return x * 2;
```

```
    }
}
class D extends B {
    int x = 7;
    int getX( ) {
        return x * 3;
    }
}
```

답 :

5440315

문제 15 키(Key)에 대한 다음 설명에서 각 번호(①~④)에 해당하는 키를 〈보기〉에서 찾아 기호(㉠~㉥)로 쓰시오. (5점)

① 다른 릴레이션의 기본키를 참조하는 속성 또는 속성들의 집합을 의미한다.
② 릴레이션을 구성하는 속성들 중에서 튜플을 유일하게 식별하기 위해 사용되는 속성들의 부분집합으로, 유일성과 최소성을 모두 만족시켜야 한다.
③ 후보키가 둘 이상일 때 기본키를 제외한 나머지 후보키를 의미한다.
④ 한 릴레이션 내에 있는 속성들의 집합으로 구성된 키로, 유일성은 만족하지만, 최소성은 만족하지 못한다.

〈보기〉

㉠ 슈퍼키	㉡ 외래키	㉢ 대체키	㉣ 후보키	㉤ 기본키	㉥ 필드키

답

- ①
- ②
- ③
- ④

5440316

문제 16 다음 무결성 제약 조건에 대한 설명에서 괄호에 들어갈 알맞은 용어를 쓰시오. (5점)

(　　　　) 무결성은 기본 테이블의 기본키를 구성하는 어떤 속성도 Null 값이나 중복값을 가질 수 없다는 규정이다.

답 :

5440317

문제 17 다음 Java로 구현된 프로그램을 분석하여 그 실행 결과를 쓰시오. (단, 출력문의 출력 서식을 준수하시오.) (5점)

```
public class Main {
    public static void main(String[] args) {
        int sum = 0;
        try {
            func( );
        }
        catch (NullPointerException e) {
            sum = sum + 1;
        }
        catch (Exception e) {
            sum = sum + 10;
        }
        finally {
            sum = sum + 100;
        }
        System.out.print(sum);
    }

    static void func( ) throws Exception {
        throw new NullPointerException( );
    }
}
```

답 :

5440318

문제 18 다음 Java로 구현된 프로그램을 분석하여 그 실행 결과를 쓰시오. (단, 출력문의 출력 서식을 준수하시오.) (5점)

```
class Printer {
    void print(Integer a) {
        System.out.print("A" + a);
    }
    void print(Object a) {
        System.out.print("B" + a);
    }
    void print(Number a) {
        System.out.print("C" + a);
    }
}

public class Main {
    public static void main(String[] args) {
        new Collection<>(0).print( );
    }
    public static class Collection<T> {
        T value;
        public Collection(T t) {
           value = t;
        }
        public void print( ) {
           new Printer( ).print(value);
        }
    }
}
```

답 :

5440319

문제 19 다음 C 언어로 구현된 프로그램을 분석하여 그 실행 결과를 쓰시오. (5점)

```
#include <stdio.h>
void func(int** arr, int size) {
    for(int i = 0; i < size; i++) {
        *(*arr + i) = (*(*arr + i) + i) % size;
    }
}

int main( ){
    int arr[] = {3, 1, 4, 1, 5};
    int* p = arr;
    int** pp = &p;
    int num = 6;
    func(pp, 5);
    num = arr[2];
    printf("%d", num);
    return 0;
}
```

답 :

5440320

문제 20 네트워크 및 인터넷과 관련된 다음 설명에 해당하는 용어를 〈보기〉에서 찾아 기호(㉠~㉥)로 쓰시오. (5점)

- 재난 및 군사 현장과 같이 별도의 고정된 유선망을 구축할 수 없는 장소에서 모바일 호스트(Mobile Host)만을 이용하여 구성한 네트워크이다.
- 망을 구성한 후 단기간 사용되는 경우나 유선망을 구성하기 어려운 경우에 적합하다.
- 멀티 홉 라우팅 기능을 지원한다.

〈보기〉

㉠ Mesh Network	㉡ Peer-to-Peer Network	㉢ Virtual Private Network
㉣ Ad-hoc Network	㉤ Sensor Network	㉥ Infrastructure Network

답 :

2024년 3회 정보처리기사 실기 정답 및 해설

[문제 1]

OOAAA

※ **답안 작성 시 주의 사항** : C, Java, Python 등의 프로그래밍 언어에서는 대소문자를 구분하기 때문에 출력 결과도 대소문자를 구분하여 정확하게 작성해야 합니다. 예를 들어, 소문자 **ooaaa**로 썼을 경우 부분 점수 없이 완전히 틀린 것으로 간주됩니다.

해설

```
public class Main{
Ⓐ static String[ ] x = new String[3];
❺ static void func(String[ ] x, int y) {
❻     for(int i = 1; i < y; i++) {
❼         if(x[i-1].equals(x[i])) {
❽             System.out.print("O");
          }
          else {
❾             System.out.print("N");
          }
      }
❿     for (String z : x) {
⓫         System.out.print(z);
      }
  }

  public static void main(String[ ] args) {
❶     x[0] = "A";
❷     x[1] = "A";
❸     x[2] = new String("A");
❹     func(x, 3);
  }
}
```

Ⓐ 3개의 요소를 갖는 문자형 배열 x를 Main 클래스 어디에서든 사용할 수 있는 전역 변수로 선언한다.

모든 Java 프로그램은 반드시 main( ) 메소드에서 시작한다.

❶ x[0]에 "A"를 저장한다. 이후 그림에서 사용한 주소는 임의로 정한 것이며, 이해를 돕기 위해 10진수로 표현했다.

❷ x[1]에 "A"를 저장한다.

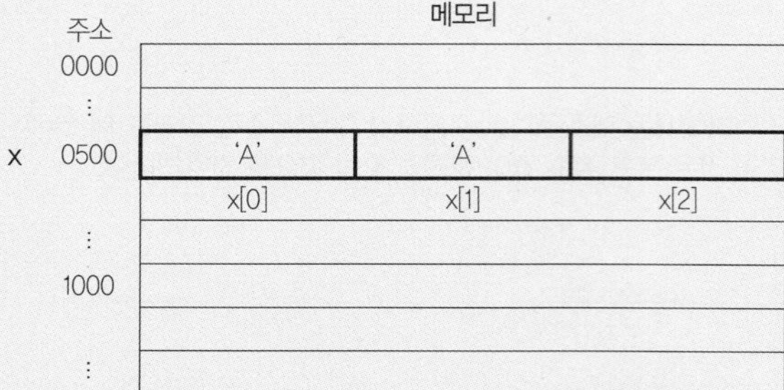

❸ new 키워드로 인해 새로운 메모리 영역을 확보하여 x[2]에 "A"를 저장한다.

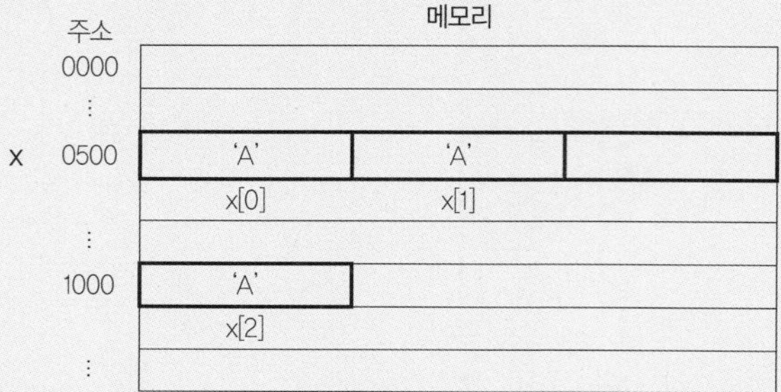

❹ 배열 x의 주소와 3을 인수로 하여 func( ) 메소드를 호출한다. ❺번으로 이동한다.
※ 인수로 배열의 이름을 지정하면 배열의 시작 주소가 인수로 전달됩니다.

❺ 반환값이 없는 func( ) 메소드의 시작점이다. ❹번에서 전달한 배열의 주소와 3을 x와 y가 받는다.

❻ 반복 변수 i가 1에서 시작하여 1씩 증가하면서, i가 y보다 작은 동안 ❼~❾번을 반복 수행한다.

❼ x[i-1]과 x[i]가 같으면 ❽번을 수행하고, 아니면 ❾번을 수행한다.
※ A.equals(B) : A 문자열과 B 문자열을 비교하여 두 데이터가 같으면 참을, 아니면 거짓을 반환함

❽ 영문자 O를 출력한다.

❾ 영문자 N을 출력한다.

※ 반복문의 실행에 따른 변수들의 변화는 다음과 같다.

y	i	x[i-1]	x[i]	equals( )	출력
3	1	'A'	'A'	True	O
	2	'A'	'A'	True	OO
	3				

결과 OO

❿ x 배열의 요소 수만큼 ⓫번을 반복 수행한 후 func( ) 메소드를 호출했던 ❹번의 다음 줄로 이동하여 프로그램을 종료한다.
- String z : 문자열 x의 각 요소가 할당될 변수
- x : 문자열 변수가 배열이며, 3개의 요소를 가지므로 각 요소를 z에 할당하면서 ⓫번을 3회 수행함

⓫ z의 값을 3번 출력한다. 즉 x 배열의 요소가 순서대로 출력된다. 메소드가 종료되면, 호출했던 main( ) 메소드로 이동한 후 프로그램을 종료한다.

결과 OOAAA

[문제 2]

3

해설

```
❸ def func(lst):                          // def는 Python에서 메소드를 정의하는 예약어이다. 매개 변수를 지정한 후 메소드에 속
                                             한 실행 코드들은 콜론(:)과 여백으로 구분한다.
❹     for i in range(len(lst) // 2):
❺         lst[i], lst[-i-1] = lst[-i-1], lst[i]
❶ lst = [1,2,3,4,5,6]
❷ func(lst)
❻ print(sum(lst[::2]) - sum(lst[1::2]))
```

func( ) 메소드 정의부의 다음 줄인 4번째 줄부터 실행한다.

❶ 리스트 lst를 선언하면서 초기값을 지정한다. 초기값의 개수만큼 리스트의 요소가 만들어진다.

	[0]	[1]	[2]	[3]	[4]	[5]
lst	1	2	3	4	5	6
	[-6]	[-5]	[-4]	[-3]	[-2]	[-1]

❷ lst를 인수로 func( ) 메소드를 호출한다. ❸번으로 이동한다.

❸ func( ) 메소드의 시작점이다. ❷번에 전달한 lst를 lst가 받는다.

❹ 반복 변수 i에 0부터 lst의 길이를 2로 나눈 몫 3에서 1작은 2까지 순차적으로 저장하며 ❺번을 반복 수행한다.

※ len( ) : 문자열이나 리스트의 길이를 반환함

※ // : 몫을 구하는 연산자

❺ lst[i]에 lst[-i-1]의 값을, lst[-i-1]에 lst[i]의 값을 저장한다. 즉 lst[i]와 lst[-i-1]의 값을 서로 교환한다.

※ 반복문 실행에 따른 변수들의 변화는 다음과 같다.

i	lst[i]	lst[-i-1]	리스트 lst [0] ([-6])	[1] ([-5])	[2] ([-4])	[3] ([-3])	[4] ([-2])	[5] ([-1])
			1	2	3	4	5	6
0	1	6	~~1~~ 6	2	3	4	5	~~6~~ 1
1	2	5	6	~~2~~ 5	3	4	~~5~~ 2	1
2	3	4	6	5	~~3~~ 4	~~4~~ 3	2	1

❻ 'sum(lst[::2]) – sum(lst[1::2])'의 결과인 3을 출력한다.

sum(lst[::2]) – sum(lst[1::2])
㉠ ㉡

• ㉠ : lst의 0번째 위치부터 마지막 위치까지 2씩 증가한 요소, 즉 0, 2, 4번째 요소인 6, 4, 2의 합은 12임

• ㉡ : lst의 1번째 위치부터 마지막 위치까지 2씩 증가한 요소, 즉 1, 3, 5번째 요소인 5, 3, 1의 합은 9임

※ **객체명[::증가값]** : 객체의 0번째 위치에서 마지막 위치까지 '증가값'만큼 증가하면서 해당 위치의 요소들을 가져옴

※ **객체명[초기위치:최종위치:증가값]** : '초기위치'에서 '최종위치'-1까지 '증가값'만큼 증가하면서 해당 위치의 요소들을 가져옴

결과 3

[문제 3]

1

해설

문제의 질의문은 하위 질의가 있는 질의문입니다. 다음과 같이 안쪽 하위 질의의 SELECT문을 먼저 검색한 다음 그 검색 결과를 본 질의의 조건에 적용하면 됩니다.

```
SELECT count(*)
FROM employee AS e JOIN project AS p ON e.project_id = p.project_id
WHERE p.name IN (
        SELECT name FROM project p WHERE p.project_id IN (
                                ❷
                SELECT project_id FROM employee GROUP BY project_id HAVING count(*) < 2
                                                    ❶
        )
);
```

〈하위 질의 ❶〉

SELECT project_id	'project_id'를 조회한다.
FROM employee	〈employee〉 테이블을 대상으로 조회한다.
GROUP BY project_id	'project_id'를 기준으로 그룹을 지정한다.
HAVING count(*) < 2;	각 그룹의 개수가 2 미만인 그룹만을 대상으로한다.

〈결과〉

project_id
10
10
20

∴ 질의의 결과는 '20'이다.

〈하위 질의 ❷〉

SELECT name	'name'을 조회한다.
FROM project p	〈project〉 테이블을 대상으로 조회한다. 〈project〉 테이블의 별칭으로 〈p〉를 지정한다. 〈p〉는 〈project〉 테이블을 의미한다.
WHERE p.project_id IN (❶)	〈project〉 테이블의 'project_id'가 '20'인 자료만을 대상으로 한다.

〈결과〉

project_id	name
10	Alpha
20	Beta
10	Gamma

∴ 질의의 결과는 'Beta'이다.

〈본 질의〉

SELECT count(*)	조회된 레코드의 개수를 표시한다.
FROM employee AS e JOIN project AS p	• 〈employee〉 테이블과 〈project〉 테이블을 대상으로 조회한다. • 〈employee〉, 〈project〉 테이블의 별칭으로 〈e〉, 〈p〉를 지정한다. 〈e〉는 〈employee〉 테이블을, 〈p〉는 〈project〉 테이블을 의미한다.
ON e.project_id = p.project_id	〈employee〉 테이블의 'project_id'와 〈project〉 테이블의 'project_id'를 기준으로 JOIN 한다.
WHERE p.name IN (❷)	〈project〉 테이블의 'name'이 'Beta'인 자료만을 대상으로 한다.

〈결과〉

no	first_name	last_name	project_id
1	John	Doe	10
2	Jim	Carry	20
3	Rachel	Redmond	10

project_id	name
10	Alpha
20	Beta
10	Gamma

∴ 질의의 결과로 표시되는 레코드의 개수는 1이다.

[문제 4]

12

해설

3개의 페이지를 수용할 수 있는 주기억장치이므로 아래 그림과 같이 3개의 페이지 프레임으로 표현할 수 있습니다.

참조 페이지	7	0	1	2	0	3	0	4	2	3	0	3	2	1	2	0	1	7	0	1
페이지 프레임	7	7	7	2	2	2	2	4	4	4	0	0	0	1	1	1	1	1	1	1
		0	0	0	0	0	0	0	0	3	3	3	3	3	3	0	0	0	0	0
			1	1	1	3	3	3	2	2	2	2	2	2	2	2	2	7	7	7
부재 발생	●	●	●	●		●		●	●	●	●			●		●		●		

참조 페이지가 페이지 테이블에 없으면 페이지 결함(부재)이 발생합니다. 초기에는 모든 페이지가 비어 있으므로 처음 7, 0, 1 페이지 적재 시 페이지 결함이 발생합니다. LRU 기법은 최근에 가장 오랫동안 사용되지 않은 페이지를 교체하는 기법이므로, 참조 페이지 2를 적재할 때 7을 제거한 후 2를 가져옵니다. 이러한 과정으로 모든 페이지에 대한 요구를 처리하고 나면 총 페이지 결함의 발생 횟수는 12회입니다.

[문제 5]

※ 다음 중 하나를 쓰면 됩니다.

스머프, Smurf, 스머핑, Smurfing

[문제 6]

20

해설

```
#include <stdio.h>
❻ int func( ) {
❼    static int x = 0;
❽    x += 2;
❾    return x;
}

int main( ) {
❶ int x = 0;
❷ int sum = 0;
❸ for(int i = 0; i < 4; i++) {
❹    x++;
❺    sum += func( );
   }
❿ printf("%d", sum);
⓫ return 0;
}
```

모든 C 언어 프로그램은 반드시 main( ) 함수에서 시작한다.

❶ 정수형 변수 x를 선언하고, 0으로 초기화한다.

❷ 정수형 변수 sum을 선언하고, 0으로 초기화한다.

❸ 반복 변수 i가 0부터 1씩 증가하면서 4보다 작은 동안 ❹, ❺번을 반복 수행한다.

❹ 'x = x + 1;'과 동일하다. x의 값을 1씩 누적시킨다.

❺ 'sum = sum + func( );'과 동일하다. sum에 func( ) 함수의 반환값을 누적시킨다. ❻번으로 이동한다.

❻ 정수를 반환하는 func( ) 함수의 시작점이다.

❼ 정수형 static 변수 x를 선언하고, 0으로 초기화한다. static 변수는 처음에 한 번만 초기화되므로 값을 누적시킬 수 있다.

❽ 'x = x + 2;'와 동일하다. x의 값을 2씩 누적시킨다.

❾ x의 값을 함수를 호출했던 ❺번으로 반환한다.

※ 반복문의 실행에 따른 변수들의 변화는 다음과 같다.

main( ) 함수			func( ) 함수
x	sum	i	static x
0	0	0	0
1	2	1	2
2	6	2	4
3	12	3	6
4	20	4	8

❿ sum의 값 20을 출력한다.

결과 20

[문제 7]

VPN

[문제 8]

※ 다음 중 하나를 쓰면 됩니다.

행위, Behavioral

[문제 9]

① ㉥ ② ㉣ ③ ㉢

[문제 10]

312

해설

```
#include <stdio.h>
struct Node {                     // Node 구조체를 정의한다.
    int value;                    // 정수형 변수 value를 선언한다.
    struct Node *next;            // Node 구조체의 포인터 변수 next를 선언한다.
};
```

struct Node

int value (4Byte)	struct Node *next (4Byte)
데이터를 저장할 멤버	다음 노드의 주소를 저장할 멤버

```
int main( ) {
❶ struct Node n1 = {1, NULL};
❷ struct Node n2 = {2, NULL};
❸ struct Node n3 = {3, NULL};
❹ n1.next = &n3;
❺ n3.next = &n2;
❻ func(&n1);
   struct Node* current = &n1;
   while(current != NULL){
      printf("%d", current -> value);
      current = current -> next;
   }
   return 0;
}
```

모든 C 언어 프로그램은 반드시 main( ) 함수에서 시작한다.

❶ Node 자료형 변수 n1을 선언하고, Node의 value에 1을 Node의 next에 NULL을 저장한다. n1이 가리키고 있는 1008 번지는 Node 구조체의 크기만큼 할당된 공간이므로 n1은 1008번지 이후의 8Byte를 의미한다. (이후 그림에서 지정한 주소는 임의로 정한 것이며, 이해를 돕기 위해 10진수로 표현했다.)

※ NULL은 값이 없음을 의미하며, next에 NULL이 저장되어 있는 것은 어떤 곳도 가리키지 않고 있음을 의미합니다.

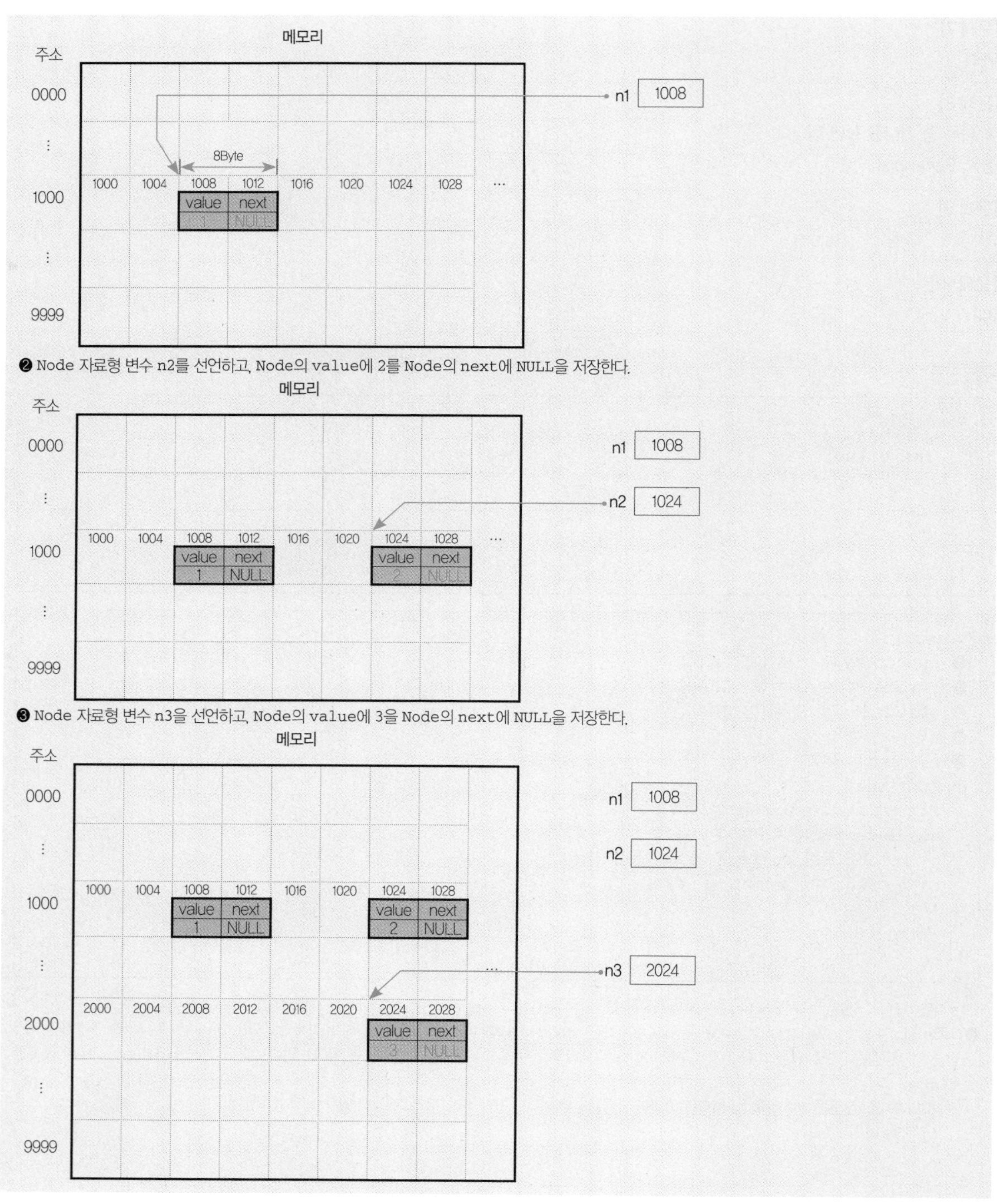
메모리
주소
0000
1000
9999
8Byte
1000 1004 1008 1012 1016 1020 1024 1028 …
value next
1 NULL
n1 1008
❷ Node 자료형 변수 n2를 선언하고, Node의 value에 2를 Node의 next에 NULL을 저장한다.
메모리
주소
0000
1000
9999
1000 1004 1008 1012 1016 1020 1024 1028 …
value next
1 NULL
value next
2 NULL
n1 1008
n2 1024
❸ Node 자료형 변수 n3을 선언하고, Node의 value에 3을 Node의 next에 NULL을 저장한다.
메모리
주소
0000
1000
2000
9999
1000 1004 1008 1012 1016 1020 1024 1028
value next
1 NULL
value next
2 NULL
…
2000 2004 2008 2012 2016 2020 2024 2028
value next
3 NULL
n1 1008
n2 1024
n3 2024

❹ n1의 next에 n3의 주소를 저장한다. next는 다음 노드의 주소를 가리키는 것이므로, 이제 n1의 다음 노드는 n3이다.

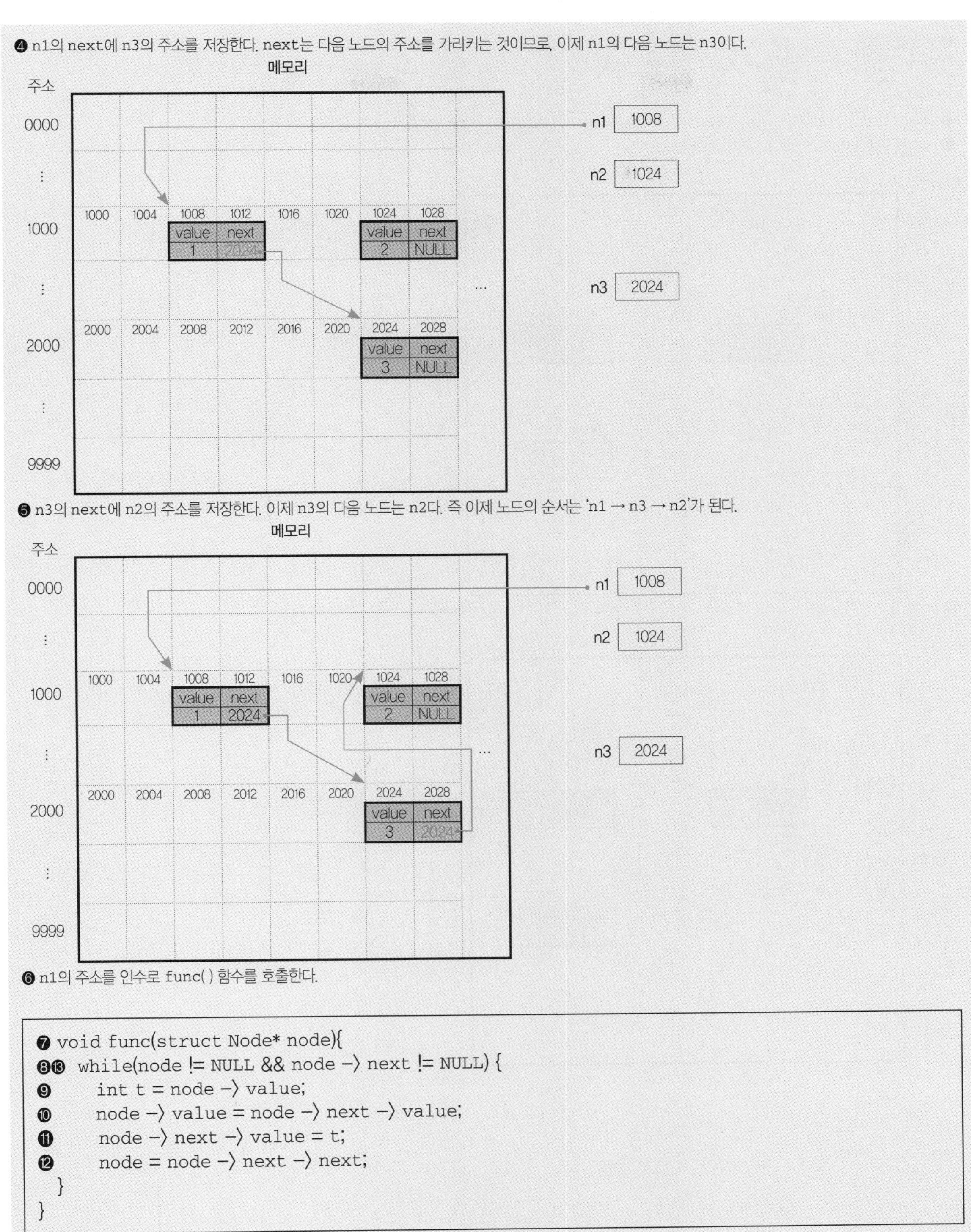

❺ n3의 next에 n2의 주소를 저장한다. 이제 n3의 다음 노드는 n2다. 즉 이제 노드의 순서는 'n1 → n3 → n2'가 된다.

❻ n1의 주소를 인수로 func( ) 함수를 호출한다.

```
❼ void func(struct Node* node){
❽⓭ while(node != NULL && node -> next != NULL) {
❾      int t = node -> value;
❿      node -> value = node -> next -> value;
⓫      node -> next -> value = t;
⓬      node = node -> next -> next;
   }
}
```

❼ 반환값이 없는 func( ) 함수의 시작점이다. Node 자료형 포인터 변수 node가 ❻번에서 전달한 n1의 주소를 받는다. 포인터 변수의 크기는 4Byte이므로 메모리의 어딘가에 4Byte 크기의 공간이 할당된다. 포인터 변수 node의 용도는 리스트 구조에서 첫 번째 노드의 주소를 저장하는 것이다.

node 1008

❽ node가 NULL이 아니고 node가 가리키는 곳의 next가 NULL이 아닌 동안 ❾~⓬번을 반복 수행한다.

❾ 정수형 변수 t를 선언하고, node가 가리키는 곳의 value 값인 1로 초기화한다.

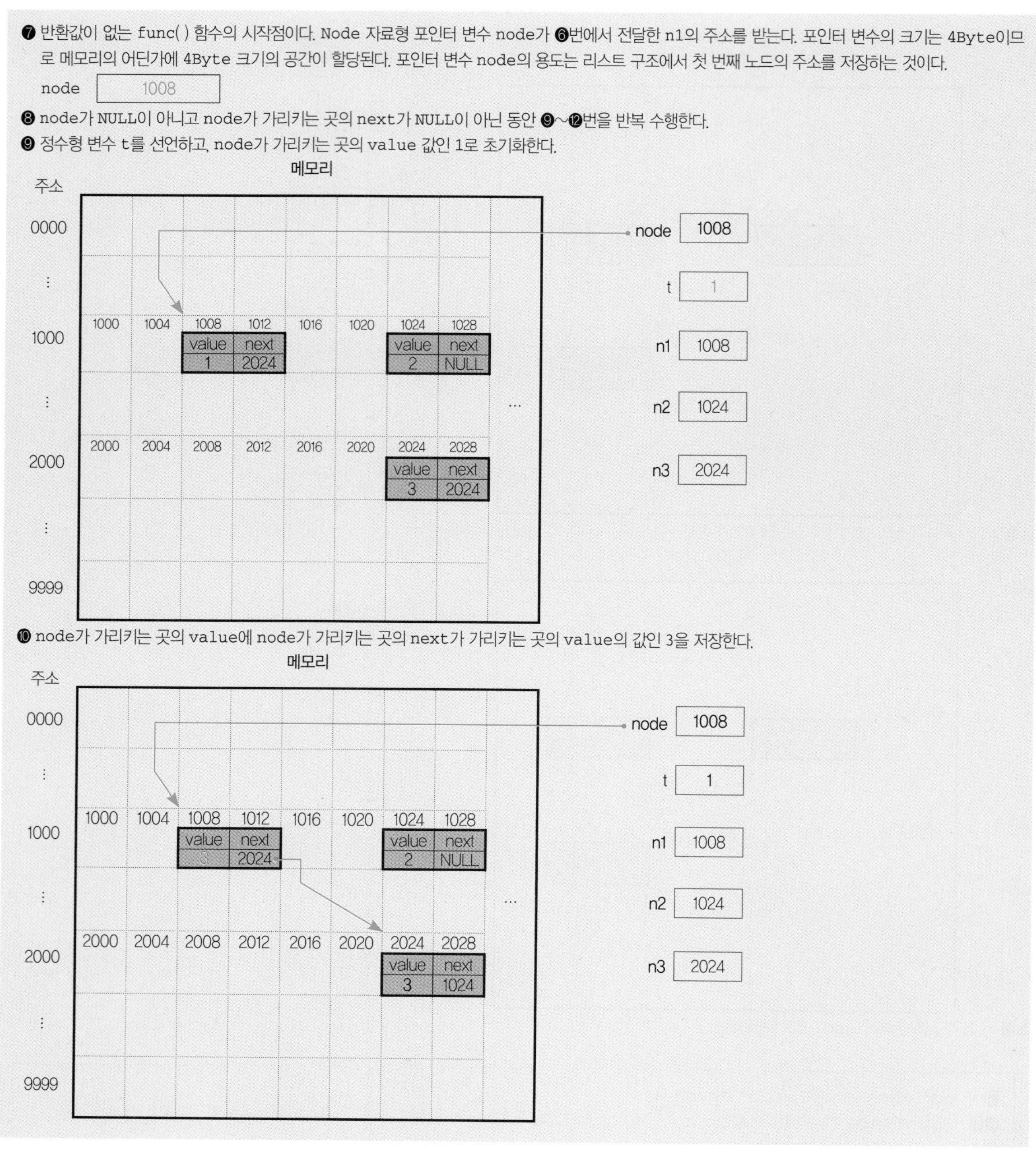

❿ node가 가리키는 곳의 value에 node가 가리키는 곳의 next가 가리키는 곳의 value의 값인 3을 저장한다.

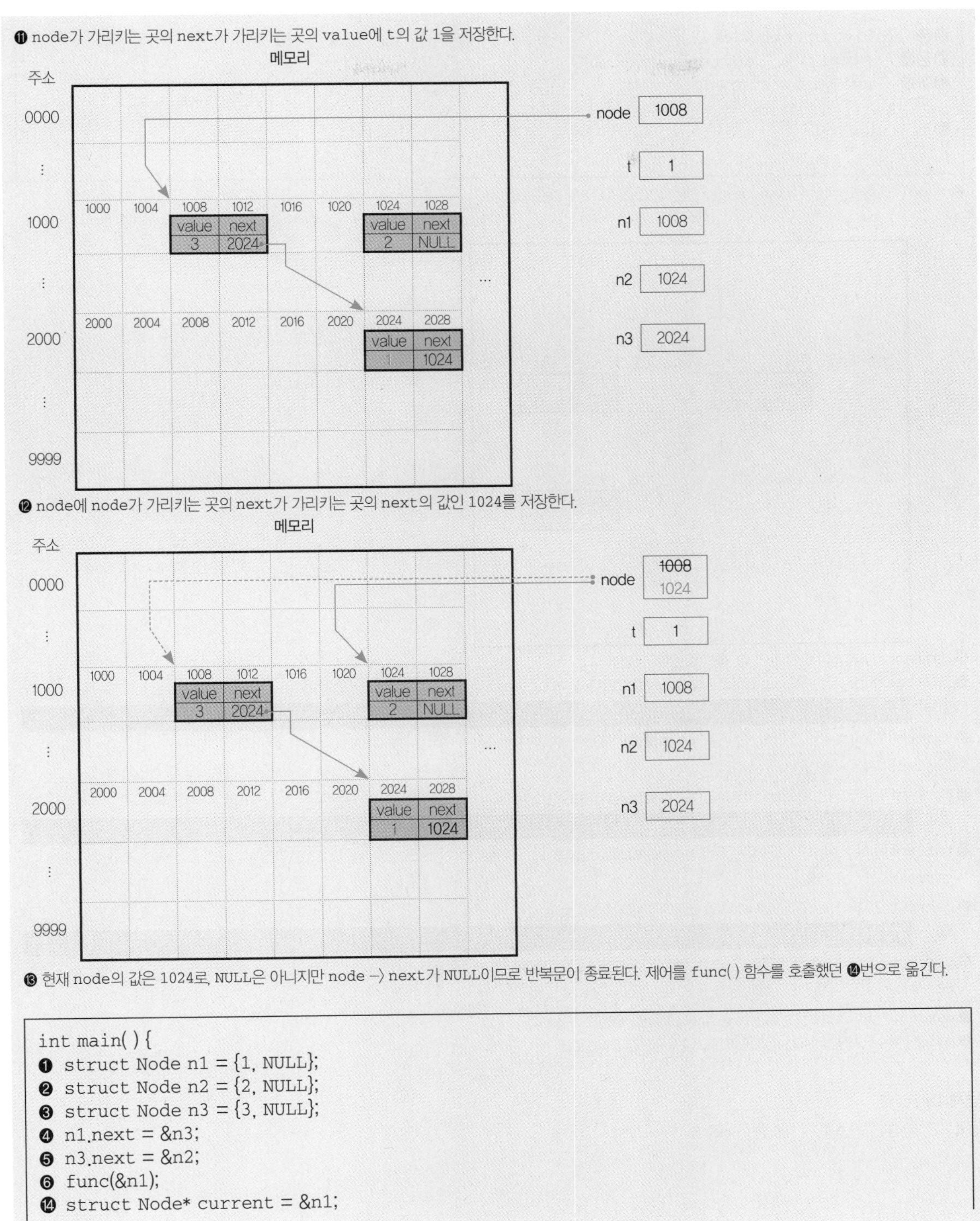

⑪ node가 가리키는 곳의 next가 가리키는 곳의 value에 t의 값 1을 저장한다.

⑫ node에 node가 가리키는 곳의 next가 가리키는 곳의 next의 값인 1024를 저장한다.

⑬ 현재 node의 값은 1024로, NULL은 아니지만 node -> next가 NULL이므로 반복문이 종료된다. 제어를 func( ) 함수를 호출했던 ⑭번으로 옮긴다.

```
int main( ) {
❶ struct Node n1 = {1, NULL};
❷ struct Node n2 = {2, NULL};
❸ struct Node n3 = {3, NULL};
❹ n1.next = &n3;
❺ n3.next = &n2;
❻ func(&n1);
⓮ struct Node* current = &n1;
```

```
⑮㉒  while(current != NULL){
⑯⑱⑳    printf("%d", current -> value);
⑰⑲㉑    current = current -> next;
      }
㉓    return 0;
}
```

⑭ Node 자료형 포인터 변수 current를 선언하고, n1의 주소로 초기화한다.

메모리

주소								
0000								
⋮								
1000	1000	1004	1008	1012	1016	1020	1024	1028
			value	next			value	next
			3	2024			2	NULL
⋮								
2000	2000	2004	2008	2012	2016	2020	2024	2028
							value	next
							1	1024
⋮								
9999								

current	1008
n1	1008
n2	1024
n3	2024

⑮ current가 NULL이 아닌 동안 ⑯, ⑰번을 반복 수행한다.

⑯ current가 가리키는 곳의 value의 값 3을 정수형으로 출력한다.

결과 3

⑰ current에 current가 가리키는 곳의 next의 값인 2024를 저장한다.

current 2024

⑱ current가 가리키는 곳의 value의 값 1을 정수형으로 출력한다.

결과 31

⑲ current에 current가 가리키는 곳의 next인 1024를 저장한다.

current 1024

⑳ current가 가리키는 곳의 value의 값 2를 정수형으로 출력한다.

결과 312

㉑ current에 current가 가리키는 곳의 next의 값인 NULL을 저장한다.

current NULL

㉒ current가 NULL이므로 반복문이 종료된다. 제어를 ㉓번으로 옮긴다.

㉓ main( ) 함수에서의 'return 0'은 프로그램의 종료를 의미한다.

[문제 11]

① 4 ② 3 ③ 1 ④ 2 ⑤ 5

[문제 12]

45

해설

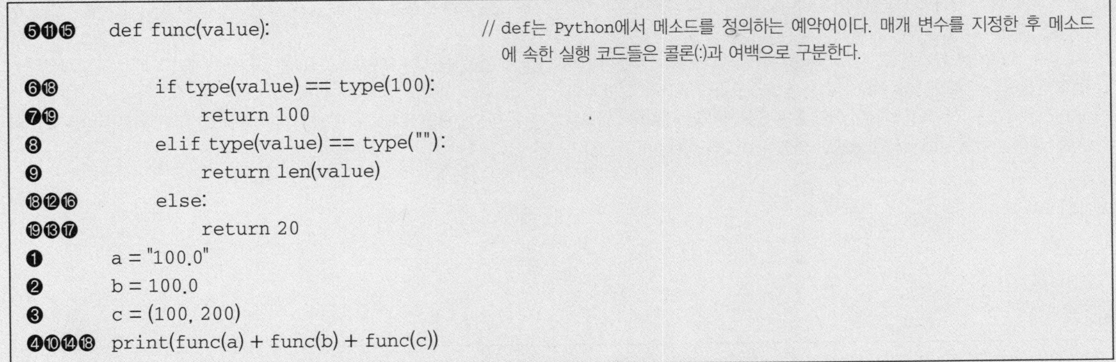

```
❺⓫⓯    def func(value):                    // def는 Python에서 메소드를 정의하는 예약어이다. 매개 변수를 지정한 후 메소드
                                              에 속한 실행 코드들은 콜론(:)과 여백으로 구분한다.
❻⓲          if type(value) == type(100):
❼⓳              return 100
❽           elif type(value) == type(""):
❾               return len(value)
⓲⓬⓰         else:
⓳⓭⓱             return 20
❶       a = "100.0"
❷       b = 100.0
❸       c = (100, 200)
❹⓾⓮⓲    print(func(a) + func(b) + func(c))
```

func( ) 메소드 정의부의 다음 줄인 8번째 줄부터 실행한다.

❶ 변수 a에 문자열 자료 "100.0"을 저장한다.

❷ 변수 b에 실수형 자료 100.0을 저장한다.

❸ 변수 c에 튜플형 자료 (100, 200)을 저장한다.

❹ a, b, c를 각각 인수로 func( ) 함수를 호출한 후 반환받은 값을 모두 더한 값을 출력한다. 먼저 a를 인수로 func( ) 함수를 호출한다. ❺번으로 이동한다.

❺ func( ) 메소드의 시작점이다. ❹번에 전달한 a를 value가 받는다.

❻ value와 100의 자료형이 같으면 ❼번으로 이동하고, 아니면 ❽번으로 이동한다. value의 값 "100.0"은 문자형 자료이고, 100은 정수형 자료이므로 자료형이 같지 않아 ❽번으로 이동한다.

※ type( ) : 인수의 자료형을 반환함
- **정수형** : <class 'int'>를 반환함
- **실수형** : <class 'float'>를 반환함
- **문자형** : <class 'str'>을 반환함

❽ value와 ""의 자료형이 같으면 ❾번으로 이동하고, 아니면 else문으로 이동한다. value의 값 "100.0"과 ""은 모두 문자형으로 같으므로 ❾번으로 이동한다.

❾ 함수를 호출했던 ⓾번으로 value의 길이인 5를 반환한다.

※ len( ) : 문자열이나 리스트의 길이를 반환함

⓾ b를 인수로 func( ) 함수를 호출한다. ⓫번으로 이동한다.

⓫ func( ) 메소드의 시작점이다. ⓾번에 전달한 b를 value가 받는다.

⓬ value의 값 100.0은 정수형이나 문자형 자료가 아니므로 else문이 수행되어 ⓭번으로 이동한다.

⓭ 함수를 호출했던 ⓮번으로 20을 반환한다.

⓮ c를 인수로 func( ) 함수를 호출한다. ⓯번으로 이동한다.

⓯ func( ) 메소드의 시작점이다. ⓮번에 전달한 c를 value가 받는다.

⓰ value의 값 (100, 200)은 튜플형 자료로, 실수형이나 문자형 자료가 아니므로 else문이 수행되어 ⓱번으로 이동한다.

⓱ 함수를 호출했던 ⓲번으로 20을 반환한다.

⓲ 'func(a) + func(b) + func(c)'의 결과인 **45**를 출력한다.

- ㉠ : ❾번에서 반환받은 값 5
- ㉡ : ⓭번에서 반환받은 값 20
- ㉢ : ⓱번에서 반환받은 값 20

결과 **45**

[문제 13]

① ㉡　② 　③ 

해설

① 차는 타이어, 바퀴, 엔진으로 구성되어 있습니다. 이와 같이 2개 이상의 사물이 서로 관련되어 있음을 표현하는 관계를 연관 관계라고 하며, 사물 사이를 실선으로 연결하여 표현합니다.
② 버스, 택시, 승용차는 차의 종류입니다. 이와 같이 하나의 사물이 다른 사물에 비해 더 일반적인지를 표현하는 관계를 일반화 관계라고 하며, 구체적(하위)인 사물에서 일반적(상위)인 사물 쪽으로 속이 빈 화살표를 연결하여 표현합니다.
③ 텔레비전은 리모콘으로 작동합니다. 이와 같이 필요에 의해 서로에게 영향을 주는 동안만 연관을 유지하는 관계를 의존 관계라고 하며, 영향을 받는 사물(이용자)이 영향을 주는 사물(제공자) 쪽으로 점선 화살표를 연결하여 표현합니다.

[문제 14]

52

해설

```
public class Main{
     public static void main(String[ ] args) {
❶        B a = new D( );
❷        D b = new D( );
❸❻❾      System.out.print(a.getX( ) + a.x + b.getX( ) + b.x);
     }
}

Ⓐ class B {
     int x = 3;
     int getX( ) {
        return x * 2;
     }
}

Ⓑ class D extends B {
     int x = 7;
❹❼   int getX( ) {
❺❽      return x * 3;
     }
}
```

Ⓐ B 클래스를 정의한다.
Ⓑ D 클래스를 정의하고 부모 클래스로 B 클래스를 지정하면서 B 클래스에 속한 변수를 상속받는다.

모든 Java 프로그램은 반드시 main( ) 메소드에서 시작한다.
❶ D 클래스의 생성자를 이용하여 B 클래스의 객체 변수 a를 생성한다.
❷ D 클래스의 객체 변수 b를 생성한다.
❸ a의 getX( ) 메소드를 호출한 후 돌려받은 값, a의 x, b의 getX( ) 메소드를 호출한 후 돌려받은 값, b의 x를 모두 더한 값을 출력한다. 먼저 a의 getX( ) 메소드를 호출하는 ❹번으로 이동한다.
※ a.getX( )는 a 객체의 자료형이 B이므로 B.getX( )라고 생각할 수 있지만 ❶번에서 클래스 형 변환이 발생하였고, getX( ) 메소드가 자식 클래스에서 재정의되었으므로 D 클래스의 getX( ) 메소드가 호출됩니다. 클래스에서의 형 변환은 메소드에 대해서만 발생합니다.

❹ 정수를 반환하는 getX( ) 메소드의 시작점이다.
❺ x의 값이 7이므로, 21을 반환하면서 제어를 a.getX( ) 메소드를 호출했던 ❻번으로 옮긴다.
❻ a.x는 a 객체의 자료형이 B이고 변수는 형 변환 대상이 아니므로, B 클래스의 변수 x 값이 적용되어 3이다. 이어서 b의 getX( ) 메소드를 호출한다. ❼번으로 이동한다.
❼ 정수를 반환하는 getX( ) 메소드의 시작점이다.
❽ x의 값이 7이므로, 21을 반환하면서 제어를 b.getX( ) 메소드를 호출했던 ❾번으로 옮긴다.
❾ b.x는 b 객체의 자료형이 D이므로 D 클래스의 x 값인 7이다. 'a.getX( ) + a.x + b.getX( ) + b.x'의 값 **52**를 출력한다.

a.getX( ) + a.x + b.getX( ) + b.x
㉠ ㉡ ㉢ ㉣

- ㉠ : ❺번에서 반환받은 값 21
- ㉡ : 3
- ㉢ : ❽번에서 반환받은 값 21
- ㉣ : 7

결과 **52**

[문제 15]

① ㉡ ② ㉣ ③ ㉢ ④ ㉠

[문제 16]

※ 다음 중 하나를 쓰면 됩니다.

개체, Entity

[문제 17]

101

해설

```
public class Main {
    public static void main(String[] args) {
❶       int sum = 0;
❷       try {
❸           func( );
        }
❻       catch (NullPointerException e) {
❼           sum = sum + 1;
        }
        catch (Exception e) {
            sum = sum + 10;
        }
❽       finally {
❾           sum = sum + 100;
        }
❿       System.out.print(sum);
    }
```

```
❹    static void func( ) throws Exception {
❺        throw new NullPointerException( );
     }
}
```

모든 Java 프로그램은 반드시 main( ) 메소드에서 시작한다.

❶ 정수형 변수 sum을 선언하고, 0으로 초기화한다.
❷ 예외 구문의 시작이다.
❸ func( ) 메소드를 호출한다. ❹번으로 이동한다.
❹ 강제로 예외를 발생시키는 func( ) 메소드의 시작점이다.
❺ NullPointerException 예외를 강제로 발생시킨다. 예외가 발생되었으므로 try 블록이 종료되고 catch 블록으로 제어가 이동된다. ❻번으로 이동한다.
  ※ throw : 강제로 예외를 발생시키는 키워드
  ※ NullPointerException : Null을 가진 객체를 참조하는 경우 사용하는 예외 객체
❻ NullPointerException에 해당하는 예외를 다루는 catch문의 시작이다.
❼ sum에 1을 더한다. sum은 1이다. try~catch문이 종료되었으므로 ❽번으로 이동한다.
❽ try~catch문이 모두 종료되면 실행되는 finally문의 시작이다.
❾ sum에 100을 더한다. sum은 101이다.
❿ sum의 값 101을 출력한다.

결과 101

[문제 18]

B0

※ **답안 작성 시 주의 사항** : C, Java, Python 등의 프로그래밍 언어에서는 대소문자를 구분하기 때문에 출력 결과도 대소문자를 구분하여 정확하게 작성해야 합니다. 예를 들어, 소문자 b0으로 썼을 경우 부분 점수 없이 완전히 틀린 것으로 간주됩니다.

해설

이 문제에는 메소드에서 사용할 자료형이 메소드를 선언하는 시점이 아니라 호출하는 시점에서 정해지는 제너릭(Generic) 기법이 적용되었습니다. 제너릭 기법은 컴파일 과정에서만 적용되므로, 실행 과정에서는 컴파일 때 결정된 자료형이 제거되고 기본 자료형인 Object 형으로 변환되는 타입 소거(Type Erasure)가 발생합니다. 따라서 컴파일 과정에서 제너릭 Collection 클래스의 자료형이 Integer로 결정되어 ❼번에서 호출되는 메소드가 print(Integer a)라고 생각할 수 있지만 실행 과정에서는 타입 소거로 인해 제너릭 Collection 클래스의 자료형이 Object로 인식되므로 print(Object a)가 호출되어 B0이 출력됩니다.

```
class Printer {                                   // Printer 클래스를 정의한다.
Ⓐ     void print(Integer a) {
          System.out.print("A" + a);
      }
Ⓑ❽    void print(Object a) {
❾             System.out.print("B" + a);
      }
Ⓒ     void print(Number a) {
          System.out.print("C" + a);
      }
}
```

```
public class Main {
        public static void main(String[ ] args) {
❶           new Collection<>(0).print( );
        } ⓫
❷       public static class Collection<T> {
❸           T value;
❹           public Collection(T t) {
❺               value = t;
            }
❻           public void print( ) {
❼               new Printer( ).print(value);
            } ❿
        }
}
```

Ⓐ 반환값이 없는 메소드 print(Integer a)를 정의한다. 인수가 Integer 형일 때 호출된다.
Ⓑ 반환값이 없는 메소드 print(Object a)를 정의한다. 인수가 Object 형일 때 호출된다.
Ⓒ 반환값이 없는 메소드 print(Number a)를 정의한다. 인수가 Number 형일 때 호출된다.
※ Ⓐ, Ⓑ, Ⓒ 세 개의 메소드는 이름은 같지만 인수의 자료형이 다르므로 서로 다른 메소드입니다. 이렇게 이름은 같지만 인수를 받는 자료형을 달리하여 여러 기능을 정의하는 것을 오버로딩(Overloading)이라고 합니다.

모든 Java 프로그램은 반드시 main( ) 메소드에서 시작한다.

❶ 제너릭 클래스인 Collection 클래스를 사용하여 print( ) 메소드를 호출한다. 먼저 0을 인수로 Collection 클래스를 호출하여 생성자를 실행한 후 Collection 클래스의 print( ) 메소드를 호출한다. ❷번으로 이동한다.
※ **제너릭(Generic)** : 메소드에서 사용할 자료형을 메소드를 선언할 때가 아니라 생성하거나 호출할 때 정하는 기법으로, new Collection<>(0).print();와 같이 클래스 선언문에 홑화살괄호(< >)가 사용된 것으로 제너릭임을 알 수 있습니다.

❷ 제너릭 클래스의 시작점이다. ❶번에서 전달한 0이 정수이므로, 제너릭 클래스의 제너릭 자료형 T는 Integer로 결정된다. 하지만 이는 컴파일 과정에서만 유효한 것이고 실행 과정에서는 기본 자료형인 Object로 취급된다.

❸ 'Object value'와 동일하다. Object형 변수 value를 선언한다.

❹ 제너릭 Collection 클래스의 생성자이다. 자료형 T는 Object이며, ❶번에서 전달한 0을 t가 받는다.

public Collection(T t)

- T : 자료형으로, 호출될 때의 자료형으로 자동 지정됨
- t : 인수

❺ value에 t의 값 0을 저장한다.

❻ 제너릭 Collection 클래스의 print( ) 메소드의 시작점이다.

❼ Printer 객체를 생성하고, value를 인수로 print( ) 메소드를 호출한다. value의 자료형이 Object이므로 Printer 클래스의 print(Object a) 메소드를 호출한다. ❽번으로 이동한다.

❽ 반환값이 없는 print(Object a) 메소드의 시작점이다. ❼번에서 전달한 value를 a가 받는다.

❾ a의 값 0 앞에 문자 "B"를 덧붙여 출력한다. 메소드가 종료되면, 호출했던 ❿번으로 이동한다.

결과 | B0

❿ 메소드가 종료되면, 호출했던 ⓫번으로 이동한 후 프로그램을 종료한다.

[문제 19]

1

해설

```
#include <stdio.h>
❻ void func(int** arr, int size) {
❼     for(int i = 0; i < size; i++) {
❽         *(*arr + i) = (*(*arr + i) + i) % size;
      }
} ❾

int main( ){
❶ int arr[] = {3, 1, 4, 1, 5};
❷ int* p = arr;
❸ int** pp = &p;
❹ int num = 6;
❺ func(pp, 5);
❿ num = arr[2];
⓫ printf("%d", num);
⓬ return 0;
}
```

모든 C 언어 프로그램은 반드시 `main( )` 함수에서 시작한다.

❶ 5개의 요소를 갖는 정수형 배열 `arr`을 선언한다. 이후 그림에서 지정한 주소는 임의로 정한 것이며, 이해를 돕기 위해 10진수로 표현했다.

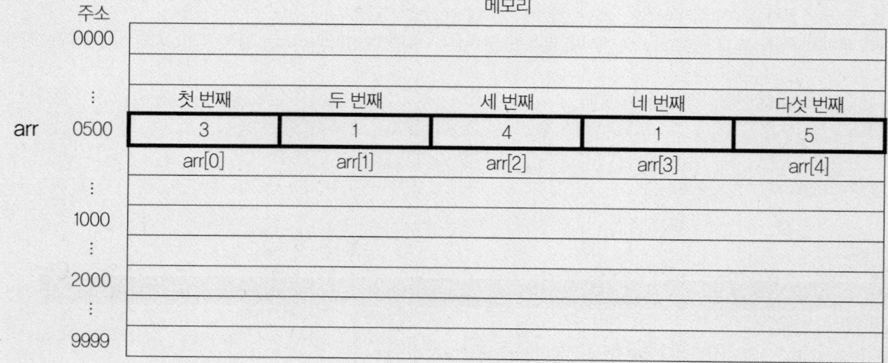

❷ 정수형 포인터 변수 p를 선언하고, arr의 주소로 초기화한다. p는 arr의 시작 주소를 가리킨다.

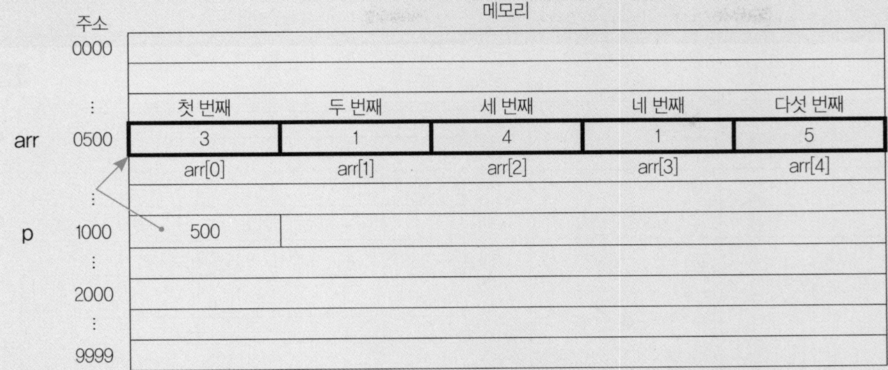

❸ 정수형 이중포인터 변수 pp를 선언하고, 포인터 변수 p의 주소를 저장한다. p가 arr의 시작 주소를 가리키고 있으므로, p의 주소를 가리키는 pp도 arr의 시작 주소를 가리킨다.

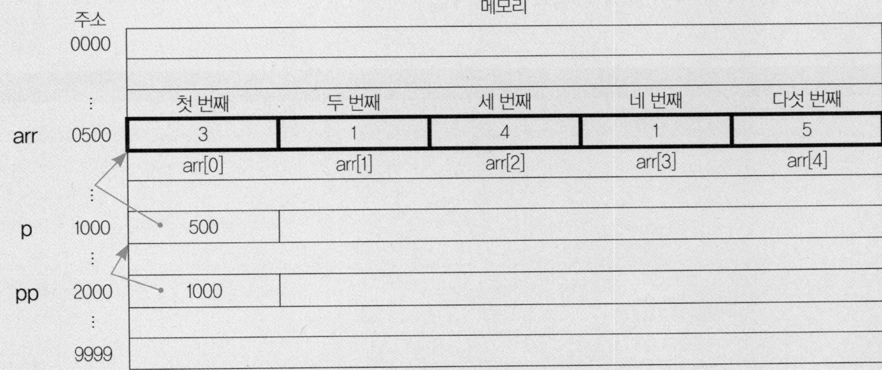

❹ 정수형 변수 num을 선언하고, 초기값으로 6을 저장한다.
❺ pp와 5를 인수로 func( ) 함수를 호출한다. ❻번으로 이동한다.
❻ 반환값이 없는 func( ) 함수의 시작점이다. ❺번에서 전달한 pp를 arr이, 5를 size가 받는다.
❼ 반복 변수 i가 0부터 1씩 증가하면서 size보다 작은 동안 ❽번을 반복 수행한다.
❽ '*(*arr + i) = (*(*arr + i) + i) % size'는 'arr[i] = (arr[i] + i) % size'와 동일하다.

- *arr : 이중포인터 변수 arr에는 main( ) 함수에서 전달된 이중포인터 변수 pp가 저장되어 있으므로, arr이 가리키는 곳은 arr 배열의 시작 주소이다.
- *arr + i : arr 배열의 시작 주소에 i를 더한다는 것은 arr 배열의 i 번째 요소를 의미하므로, arr[i]와 같다.
- *(*arr + i) : arr[i]의 값을 의미한다.

※ 반복문의 실행에 따른 변수들의 변화는 다음과 같다.

size	i	arr[i]	arr[i]+i	(arr[i]+i) % size	arr 배열
5	0	3	3	3	[~~3~~→3, 1, 4, 1, 5]
	1	1	2	2	[3, ~~1~~→2, 4, 1, 5]
	2	4	6	1	[3, 2, ~~4~~→1, 1, 5]
	3	1	4	4	[3, 2, 1, ~~1~~→4, 5]
	4	5	9	4	[3, 2, 1, 0, ~~5~~→4]
	5				[3, 2, 1, 0, 4]

❾ func( ) 함수가 종료되면, func( ) 함수를 호출했던 ❿번으로 제어를 옮긴다.
❿ arr[2]의 값 1을 num에 저장한다.
⓫ num의 값 1을 출력한다.

결과 1

⓬ main( ) 함수에서의 'return 0'은 프로그램의 종료를 의미한다.

[문제 20]

㉣

EXAMINATION
기출문제

2024년 2회 정보처리기사 실기

수험자 유의사항

1. 시험 문제지를 받는 즉시 응시하고자 하는 종목의 문제지가 맞는지를 확인하여야 합니다.
2. 시험 문제지 총면수 · 문제번호 순서 · 인쇄상태 등을 확인하고, 수험번호 및 성명을 답안지에 기재하여야 합니다.
3. 문제 및 답안(지), 채점기준은 일절 공개하지 않으며 자신이 작성한 답안, 문제 내용 등을 수험표 등에 이기(옮겨 적는 행위) 등은 관련 법 등에 의거 불이익 조치 될 수 있으니 유의하시기 바랍니다.
4. 수험자 인적사항 및 답안작성(계산식 포함)은 흑색 필기구만 사용하되, 흑색을 제외한 유색 필기구 또는 연필류를 사용하였을 경우 그 문항은 0점 처리됩니다.
5. 답란(답안 기재란)에는 문제와 관련 없는 불필요한 낙서나 특이한 기록사항 등을 기재하여서는 안되며 부정의 목적으로 특이한 표식을 하였다고 판단될 경우에는 모든 문항이 0점 처리됩니다.
6. 답안을 정정할 때에는 반드시 정정부분을 두 줄(=)로 그어 표시하여야 하며, 두 줄로 긋지 않은 답안은 정정하지 않은 것으로 간주합니다. (수정테이프, 수정액 사용불가)
7. 답안의 한글 또는 영문의 오탈자는 오답으로 처리됩니다. 단, 답안에서 영문의 대 · 소문자 구분, 띄어쓰기는 여부에 관계 없이 채점합니다.
8. 계산 또는 디버깅 등 계산 연습이 필요한 경우는 〈문제〉 아래의 연습란을 사용하시기 바라며, 연습란은 채점대상이 아닙니다.
9. 문제에서 요구한 가지 수(항수) 이상을 답란에 표기한 경우에는 답안기재 순으로 요구한 가지 수(항수)만 채점하고 한 항에 여러 가지를 기재하더라도 한 가지로 보며 그 중 정답과 오답이 함께 기재란에 있을 경우 오답으로 처리됩니다.
10. 한 문제에서 소문제로 파생되는 문제나, 가지수를 요구하는 문제는 대부분의 경우 부분채점을 적용합니다. 그러나 소문제로 파생되는 문제 내에서의 부분 배점은 적용하지 않습니다.
11. 답안은 문제의 마지막에 있는 답란에 작성하여야 합니다.
12. 부정 또는 불공정한 방법(시험문제 내용과 관련된 메모지 사용 등)으로 시험을 치른 자는 부정행위자로 처리되어 당해 시험을 중지 또는 무효로 하고, 2년간 국가기술자격검정의 응시자격이 정지됩니다.
13. 시험위원이 시험 중 신분확인을 위하여 신분증과 수험표를 요구할 경우 반드시 제시하여야 합니다.
14. 시험 중에는 통신기기 및 전자기기(휴대용 전화기 등)를 지참하거나 사용할 수 없습니다.
15. 국가기술자격 시험문제는 일부 또는 전부가 저작권법상 보호되는 저작물이고, 저작권자는 한국산업인력공단입니다. 문제의 일부 또는 전부를 무단 복제, 배포, 출판, 전자출판 하는 등 저작권을 침해하는 일체의 행위를 금합니다.

※ 수험자 유의사항 미준수로 인한 채점상의 불이익은 수험자 본인에게 전적으로 책임이 있음

5440201

문제 1 다음 JAVA로 구현된 프로그램을 분석하여 그 실행 결과를 쓰시오. (단, 출력문의 출력 서식을 준수하시오.) (5점)

```
public class Test {
    public static void main(String[] args) {
        String str = "ITISTESTSTRING";
        String[] result = str.split("T");
        System.out.print(result[3]);
    }
}
```

답 :

5440202

문제 2 다음 JAVA로 구현된 프로그램을 분석하여 그 실행 결과를 쓰시오. (단, 출력문의 출력 서식을 준수하시오.) (5점)

```
public class Test {
    public static void check(int[] x, int[] y)   {
        if(x == y) System.out.print("O");
        else System.out.print("N");
    }

    public static void main(String[] args) {
        int a[] = new int[] {1, 2, 3, 4};
        int b[] = new int[] {1, 2, 3, 4};
        int c[] = new int[] {1, 2, 3};
        check(a, b);
        check(b, c);
        check(a, c);
    }
}
```

답 :

5440203

문제 3 다음 Python으로 구현된 프로그램을 분석하여 그 실행 결과를 쓰시오. (단, 출력문의 출력 서식을 준수하시오.) (5점)

```
def cnt(str, p):
    result = 0;
    for i in range(len(str)):
        sub = str[i:i+len(p)]
        if sub == p:
            result += 1
    return result
str = "abdcabcabca"
p1 = "ca"
p2 = "ab"
print(f'ab{cnt(str, p1)} ca{cnt(str, p2)}')
```

답 :

5440204

문제 4 다음 설명에 해당하는 용어를 쓰시오. (5점)

- 시스템의 성능을 향상하고 개발 및 운영의 편의성 등을 높이기 위해 정규화된 데이터 모델을 의도적으로 통합, 중복, 분리하여 정규화 원칙을 위배하는 행위이다.
- 이를 수행하면 시스템의 성능이 향상되고 관리 효율성은 증가하지만 데이터의 일관성 및 정합성이 저하될 수 있다.
- 과도한 수행은 오히려 성능을 저하시킬 수 있다.

답 :

5440205

문제 5 다음 C 언어로 구현된 프로그램을 분석하여 그 실행 결과를 쓰시오. (단, 출력문의 출력 서식을 준수하시오.) (5점)

```
#include <stdio.h>
void swap(int a, int b) {
     int t = a;
     a = b;
     b = t;
}

int main( ) {
     int a = 11;
     int b = 19;
     swap(a, b);
     switch(a) {
          case 1:
             b += 1;
          case 11:
             b += 2;
          deafult:
             b += 3;
             break;
     }
     printf("%d", a-b);
}
```

답 :

5440206

문제 6 다음 C 언어로 구현된 프로그램을 분석하여 그 실행 결과를 쓰시오. (단, 출력문의 출력 서식을 준수하시오.) (5점)

```
#include <stdio.h>
void func(char *d, char *s) {
    while (*s) {
        *d = *s;
        d++;
        s++;
    }
    *d = '\0';
}

int main( ) {
    char* str1 = "first";
    char str2[50] = "teststring";
    int result = 0;
    func(str2, str1);
    for (int i = 0; str2[i] != '\0'; i++) {
        result += i;
    }
    printf("%d\n", result);
    return 0;
}
```

답 :

5440207

문제 7 다음 Java로 구현된 프로그램을 분석하여 그 실행 결과를 쓰시오. (단, 출력문의 출력 서식을 준수하시오.) (5점)

```
interface Number {
    int sum(int[] a, boolean odd);
}

public class Test {
    public static void main(String[] args) {
        int a[] = {1, 2, 3, 4, 5, 6, 7, 8, 9};
        OENumber OE = new OENumber( );
        System.out.print(OE.sum(a, true) + ", " + OE.sum(a, false));
    }
}

class OENumber implements Number {
    public int sum(int[] a, boolean odd) {
        int result = 0;
        for (int i = 0; i < a.length; i++) {
            if ((odd && a[i] % 2 != 0) || (!odd && a[i] % 2 == 0)) {
                result += a[i];
            }
        }
        return result;
    }
}
```

답 :

5440208

문제 8 다음 Java로 구현된 프로그램을 분석하여 그 실행 결과를 쓰시오. (단, 출력문의 출력 서식을 준수하시오.) (5점)

```
public class Test {
    public static String rf(String str, int index, boolean[] seen) {
        if(index < 0) return "";
        char c = str.charAt(index);
        String result = rf(str, index-1, seen);
        if(!seen[c]) {
            seen[c] = true;
            return c + result;
        }
        return result;
    }

    public static void main(String[] args) {
        String str = "abacabcd";
        int len = str.length( );
        boolean[] seen = new boolean[256];
        System.out.print(rf(str, len-1, seen));
    }
}
```

답 :

5440209

문제 9 다음 C 언어로 구현된 프로그램을 분석하여 그 실행 결과를 쓰시오. (단, 출력문의 출력 서식을 준수하시오.) (5점)

```
#include <stdio.h>

int main( ) {
    int arr[3][3] = {1, 2, 3, 4, 5, 6, 7, 8, 9};
    int* parr[2] = {arr[1], arr[2]};
    printf("%d", parr[1][1] + *(parr[1]+2) + **parr);
}
```

답 :

5440210

문제 10 다음에 제시된 〈학생〉과 〈학부〉 테이블에 대한 릴레이션 스키마를 참고하여 각 SQL문의 요구사항에 맞도록 괄호(①~④)에 알맞은 답을 적어 SQL문을 완성하시오. (5점)

릴레이션 스키마

〈학생〉

학번(PK)	이름	나이	학과

〈학부〉

학번(PK)	이름	주소	나이

〈SQL 1〉 문

[요구사항] 신입생 정보가 확인되어 〈학부〉 테이블에 신입생 정보를 추가한다.

[SQL]

INSERT INTO 학부(학번, 이름, 주소, 나이) (①) (240912, '최재균', '서울', 20);

〈SQL 2〉 문

[요구사항] 〈SQL 1〉 문에서 추가한 학생을 〈학부〉 테이블에서 검색한 후 검색된 자료를 〈학생〉 테이블에 추가한다.

[SQL]

INSERT INTO 학생(학번, 이름, 나이, 학과) (②) 학번, 이름, 나이, '컴퓨터공학' FROM 학부 WHERE 이름 = '최재균';

〈SQL 3〉 문

[요구사항] 〈학생〉 테이블의 모든 자료를 조회한다.

[SQL]

SELECT * (③) 학생;

〈SQL 4〉 문

[요구사항] 학생이 휴학 신청해서 해당 학생의 '학과' 필드의 값을 "휴학"으로 변경한다.

[SQL]

UPDATE 학생 (④) 학과 = '휴학' WHERE 학번 = 240912;

답

- ①
- ②
- ③
- ④

5440211

문제 11 다음 〈회원〉 테이블에서 카디널리티(Cardinality)와 디그리(Degree)를 구하시오. (5점)

〈회원〉

ID	이름	거주지	신청강의
191-SR05	강순동	마포구	E01
024-RU09	김은경	관악구	S03
181-SQ03	이지연	서대문구	E02
059-RL08	윤경	광진구	S03
029-SX07	김민재	서대문구	E02

답
- ① 카디널리티(Cardinality) :
- ② 디그리(Degree) :

5440212

문제 12 다음 설명에 해당하는 프로토콜을 쓰시오. (5점)

- 네트워크 계층에서 IP 패킷 단위의 데이터 변조 방지 및 은닉 기능을 제공하는 프로토콜이다.
- 주요 구성 요소에는 AH(Authentication Header), ESP(Encapsulating Security Payload), SA(Security Association), IKE(Internet Key Exchange)가 있다.
- 주요 기능에는 암호화, 무결성, 인증, 재전송 방지가 있다.

답 :

5440213

문제 13 다음 설명에 해당하는 보안 알고리즘을 쓰시오. (5점)

- 2001년 미국 표준 기술 연구소(NIST)에서 발표한 개인키 암호화 알고리즘이다.
- DES의 한계를 느낀 NIST에서 공모한 후 발표하였다.
- 블록 크기는 128비트이며, 키 길이에 따라 명칭 뒤에 128, 192, 256을 붙여 구분한다.

답 :

5440214

문제 14 네트워크에 관련된 다음 설명에서 괄호(①, ②)에 들어갈 알맞은 용어를 쓰시오. (5점)

- (①) : 연결형 통신에서 주로 사용되는 방식으로, 출발지와 목적지의 전송 경로를 미리 연결하여 논리적으로 고정한 후 통신하는 방식
- (②) : 비연결형 통신에서 주로 사용되는 방식으로, 사전에 접속 절차를 수행하지 않고 헤더에 출발지에서 목적지까지의 경로 지정을 위한 충분한 정보를 붙여서 개별적으로 전달하는 방식

답

- ①
- ②

5440215

문제 15 모듈에 대한 다음 설명에 해당하는 응집도(Cohesion)를 〈보기〉에서 찾아 기호(㉠~㉦)로 쓰시오. (5점)

모듈 내 하나의 활동으로부터 나온 출력 데이터를 그 다음 활동의 입력 데이터로 사용할 경우의 응집도

〈보기〉

㉠ 기능적 응집도	㉡ 순차적 응집도	㉢ 교환적 응집도	㉣ 절차적 응집도
㉤ 시간적 응집도	㉥ 논리적 응집도	㉦ 우연적 응집도	

답 :

5440216

문제 16 준비상태 큐에 각 프로세스의 도착 시간과 실행 시간이 다음과 같을 때 SRT(Shortest Remaining Time)로 스케줄링 할 때 평균 대기 시간을 쓰시오. (5점)

프로세스	도착 시간	실행 시간
A	0	8
B	1	4
C	2	9
D	3	5

답 :

5440217

문제 17 다음 설명에 해당하는 디자인 패턴을 〈보기〉에서 찾아 쓰시오. (5점)

- 자료 구조와 같이 접근이 잦은 객체에 대해 동일한 인터페이스를 사용하도록 하는 패턴이다.
- 내부 표현 방법의 노출 없이 순차적인 접근이 가능하다.

〈보기〉

생성 패턴	구조 패턴	행위 패턴
Abstract Factory	Adapter	Command
Builder	Bridge	Interpreter
Factory Method	Composite	Iterator
Prototype	Decorator	Mediator
Singleton	Proxy	Observer

답 :

5440218

문제 18 모듈에 대한 다음 설명에 해당하는 결합도(Coupling)를 〈보기〉에서 찾아 기호(㉠~㉥)로 쓰시오. (5점)

- 어떤 모듈이 다른 모듈 내부의 논리적인 흐름을 제어하기 위해 제어 신호나 제어 요소를 전달하는 결합도이다.
- 하위 모듈에서 상위 모듈로 제어 신호가 이동하여 하위 모듈이 상위 모듈에게 처리 명령을 내리는 권리 전도 현상이 발생하게 된다.

〈보기〉

㉠ 자료 결합도　㉡ 스탬프 결합도　㉢ 제어 결합도　㉣ 공통 결합도
㉤ 내용 결합도　㉥ 외부 결합도

답 :

5440219

문제 19 다음 C 언어로 구현된 프로그램을 분석하여 그 실행 결과를 쓰시오. (5점)

```
#include <stdio.h>
struct node {
    int data;
    struct node *Next;
};

int main( ) {
    struct node *head = NULL;
    struct node a = {10, 0};
    struct node b = {20, 0};
    struct node c = {30, 0};
    head = &a;
    a.Next = &b;
    b.Next = &c;
    printf("%d", head -> Next -> data);
}
```

답 :

5440220

문제 20 다음 그림에서 Ⓐ~Ⓕ는 라우터이고, 각 링크 상의 숫자는 가중치 값을 나타낼 때 RIP(Routing Information Protocol)을 이용한 A에서 F까지의 최적 경로를 쓰시오. (5점)

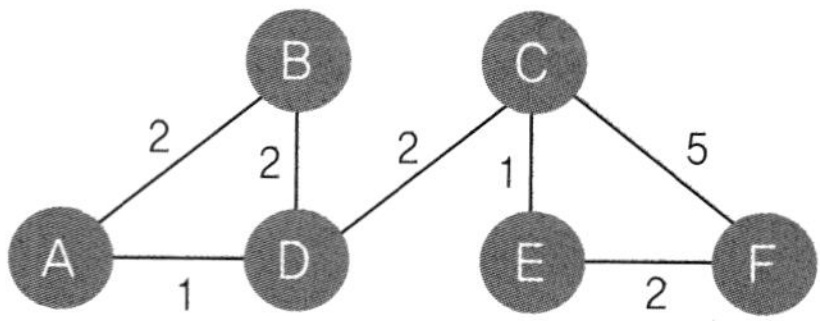

답 :

2024년 2회 정보처리기사 실기

정답 및 해설

[문제 1]

S

※ **답안 작성 시 주의 사항** : C, Java, Python 등의 프로그래밍 언어에서는 대소문자를 구분하기 때문에 출력 결과도 대소문자를 구분하여 정확하게 작성해야 합니다. 예를 들어, 소문자 s로 썼을 경우 부분 점수 없이 완전히 틀린 것으로 간주됩니다.

해설

```
public class Test
    public static void main(String[] args) {
❶       String str = "ITISTESTSTRING";
❷       String[] result = str.split("T");
❸       System.out.print(result[3]);
    }
}
```

❶ 문자열 객체 str을 선언하고, "ITISTESTSTRING"으로 초기화한다.

❷ 문자열 배열 result를 선언하고, str에 저장된 문자열을 'T'를 기준으로 분리하여 각각의 요소를 초기화한다. 배열을 선언할 때 배열의 크기를 지정하지 않으면 초기값의 크기로 배열의 요소가 만들어진다.

- **A.split("분리문자")** : A 문자열을 '분리문자'를 기준으로 분리하여 반환함. '분리문자'를 생략하면 공백을 기준으로 문자열을 분리함

	[0]	[1]	[2]	[3]	[4]
result	I	IS	ES	S	RING

❸ result[3]의 값을 출력한다.

결과 S

[문제 2]

NNN

※ **답안 작성 시 주의 사항** : C, Java, Python 등의 프로그래밍 언어에서는 대소문자를 구분하기 때문에 출력 결과도 대소문자를 구분하여 정확하게 작성해야 합니다. 예를 들어, 소문자 nnn으로 썼을 경우 부분 점수 없이 완전히 틀린 것으로 간주됩니다.

해설

```
public class Test {
❺❽⓫     public static void check(int[ ] x, int[ ] y)          {
❻❾⓬         if(x == y) System.out.print("O");
            else System.out.print("N");
        }

        public static void main(String[ ] args) {
❶           int a[ ] = new int[ ] {1, 2, 3, 4};
❷           int b[ ] = new int[ ] {1, 2, 3, 4};
❸           int c[ ] = new int[ ] {1, 2, 3};
❹           check(a, b);
❼           check(b, c);
❿           check(a, c);
        }
}
```

모든 Java 프로그램은 반드시 main( ) 메소드에서 시작한다.

❶ 정수형 배열 a를 선언하고 초기화한다.
(이후 그림에서 a, b, c가 저장된 주소는 임의로 정한 것이며, 이해를 돕기 위해 10진수로 표현했습니다.)

a [1000] → 주소 1000

주소	메모리			
	4Byte	4Byte	4Byte	4Byte
1000	1	2	3	4
	a[0]	a[1]	a[2]	a[3]

❷ 정수형 배열 b를 선언하고 초기화한다.

a [1000], b [2000] → 주소 2000

주소	메모리			
	4Byte	4Byte	4Byte	4Byte
1000	1	2	3	4
	a[0]	a[1]	a[2]	a[3]
2000	1	2	3	4
	b[0]	b[1]	b[2]	b[3]

❸ 정수형 배열 c를 선언하고 초기화한다.

a [1000], b [2000], c [3000] → 주소 3000

주소	메모리			
	4Byte	4Byte	4Byte	4Byte
1000	1	2	3	4
	a[0]	a[1]	a[2]	a[3]
2000	1	2	3	4
	b[0]	b[1]	b[2]	b[3]
3000	1	2	3	
	c[0]	c[1]	c[2]	

❹ a와 b를 인수로 check( ) 메소드를 호출한다. ❺번으로 이동한다.
※ 인수로 배열의 이름을 지정하면 배열의 시작 주소가 인수로 전달됩니다.

❺ 반환값이 없는 check( ) 메소드의 시작점이다. ❹번에서 전달한 a와 b 배열의 주소를 x와 y가 받는다.

❻ x와 y가 같으면 O를 출력하고, 다르면 N을 출력한다. x와 y는 값과 관계없이 주소가 다르므로 서로 다른 객체이다. N을 출력하고 if문이 종료되어, check( )를 호출했던 ❹번 아래 문장으로 제어를 옮긴다.

결과 `N`

❼ b와 c를 인수로 check( ) 메소드를 호출한다. ❽번으로 이동한다.

❽ 반환값이 없는 check( ) 메소드의 시작점이다. ❼번에서 전달한 b와 c 배열의 주소를 x와 y가 받는다.

❾ x와 y는 서로 다른 객체이므로 N을 출력한다. if문이 종료되어 check( )를 호출했던 ❼번 아래 문장으로 제어를 옮긴다.

결과 `NN`

❿ a와 c를 인수로 check( ) 메소드를 호출한다. ⓫번으로 이동한다.

⓫ 반환값이 없는 check( ) 메소드의 시작점이다. ❿번에서 전달한 a와 c 배열의 주소를 x와 y가 받는다.

⓬ x와 y는 서로 다른 객체이므로 N을 출력한다. if문이 종료되어 check( )를 호출했던 ❿번 아래 문장으로 제어를 옮겨 프로그램을 종료한다.

결과 `NNN`

[문제 3]

ab3 ca3

※ **답안 작성 시 주의 사항** : C, Java, Python 등의 프로그래밍 언어에서는 대소문자를 구분하기 때문에 출력 결과도 대소문자를 구분하여 정확하게 작성해야 합니다. 예를 들어, 대문자 AB3 CA3으로 썼을 경우 부분 점수 없이 완전히 틀린 것으로 간주됩니다.

해설

```
❺⓭   def cnt(str, p):
❻⓮       result = 0;
❼⓯       for i in range(len(str)):
❽⓰           sub = str[i:i+len(p)]
❾⓱           if sub == p:
❿⓲               result += 1
⓫⓳       return result
❶     str = "abdcabcabca"
❷     p1 = "ca"
❸     p2 = "ab"
❹⓬⓴  print(f'ab{cnt(str, p1)} ca{cnt(str, p2)}')
```

cnt( ) 메소드 정의부의 다음 줄인 8번째 줄부터 실행한다.

❶ 변수 str을 선언하고, "abdcabcabca"로 초기화한다.

❷ 변수 p1을 선언하고, "ca"로 초기화한다.

❸ 변수 p2를 선언하고, "ab"로 초기화한다.

❹ ab를 출력하고 str과 p1을 인수로 cnt( ) 메소드를 호출한다. ❺번으로 이동한다.

※ **f-string 포맷** : f'문자열{표현식}'의 형식으로, 예약어 f 뒤의 작은따옴표 안의 문자열은 그대로 출력하고 중괄호 안의 표현식은 그 결과 값을 출력한다.

결과 ab

❺ cnt( ) 메소드의 시작점이다. ❹번에 전달한 str과 p1을 str과 p가 받는다.

❻ 변수 result를 선언하고, 0으로 초기화한다.

❼ i에 0부터 str 변수의 길이인 11보다 1작은 10까지의 숫자를 순서대로 저장하며, ❽~❿번을 반복 수행한다.

※ **len( )** : 문자열이나 배열의 길이를 반환함

❽ 변수 sub를 선언하고, str의 i 번째부터 i에 'p의 길이인 2를 더한 것' − 1 만큼, 즉 i 번째부터 2개의 문자를 추출해 저장한다.

※ **객체명[초기위치:최종위치]** : 객체의 '초기위치'에서 '최종위치'−1까지의 요소를 반환함

❾ sub와 p가 같으면 ❿번을 수행하고, 아니면 반복문의 시작인 ❼번으로 이동한다.

❿ 'result = result + 1;'과 동일하다. result의 값을 1씩 누적시킨다.

반복문 실행에 따른 변수들의 변화는 다음과 같다.

cnt ( ) 메소드					
str	p	i	sub	result	반환값
0 1 2 3 4 5 6 7 8 9 10 a b d c a b c a b c a	ca	0	ab		3
		1	bd		
		2	dc		
		3	ca	1	
		4	ab		
		5	bc		
		6	ca	2	
		7	ab		
		8	bc		
		9	ca	3	
		10	a		

⓫ `result` 값 3을 `cnt( )`를 호출했던 ⓬번으로 반환한다.

⓬ ⓫번으로부터 반환받은 값 3을 출력하고 한 칸을 띄운 후 `ca`를 출력한다. 이어서 `str`과 `p2`를 인수로 `cnt( )` 메소드를 호출한다. ⓭번으로 이동한다.

결과 `ab3 ca`

⓭ `cnt( )` 메소드의 시작점이다. ⓬번에 전달한 `str`과 `p2`를 `str`과 `p`가 받는다.

⓮ 변수 `result`를 선언하고, 0으로 초기화한다.

⓯ `i`에 0부터 `str` 변수의 길이인 11보다 1 작은 10까지의 숫자를 순서대로 저장하며, ⓰~⓲번을 반복 수행한다.

⓰ 변수 `sub`를 선언하고, `str`의 `i` 번째부터 2개의 문자를 추출해 저장한다.

⓱ `sub`와 `p`가 같으면 ⓲번을 수행하고, 아니면 반복문의 시작인 ⓯번으로 이동한다.

⓲ '`result = result + 1;`'과 동일하다. `result`의 값을 1씩 누적시킨다.

반복문 실행에 따른 변수들의 변화는 다음과 같다.

<table>
<tr><th colspan="6">cnt ( ) 메소드</th></tr>
<tr><th>str</th><th>p</th><th>i</th><th>sub</th><th>result</th><th>반환값</th></tr>
<tr><td rowspan="11">0 1 2 3 4 5 6 7 8 9 10
a b d c a b c a b c a</td><td rowspan="11">ab</td><td>0</td><td>ab</td><td>1</td><td>3</td></tr>
<tr><td>1</td><td>bd</td><td></td><td></td></tr>
<tr><td>2</td><td>dc</td><td></td><td></td></tr>
<tr><td>3</td><td>ca</td><td></td><td></td></tr>
<tr><td>4</td><td>ab</td><td>2</td><td></td></tr>
<tr><td>5</td><td>bc</td><td></td><td></td></tr>
<tr><td>6</td><td>ca</td><td></td><td></td></tr>
<tr><td>7</td><td>ab</td><td>3</td><td></td></tr>
<tr><td>8</td><td>bc</td><td></td><td></td></tr>
<tr><td>9</td><td>ca</td><td></td><td></td></tr>
<tr><td>10</td><td>a</td><td></td><td></td></tr>
</table>

⓳ `result` 값 3을 `cnt( )`를 호출했던 ⓴⓴번으로 반환한다.

⓴ ⓳번으로부터 반환받은 값 3을 출력한다.

결과 `ab3 ca3`

[문제 4]

※ 다음 중 하나를 쓰면 됩니다.

반정규화, Denormalization, 비정규화, 역정규화

[문제 5]

−13

해설

```
#include <stdio.h>
❹ void swap(int a, int b) {
❺     int t = a;
❻     a = b;
❼     b = t;
}

   int main( ) {
❶     int a = 11;
❷     int b = 19;
❸     swap(a, b);
❽     switch(a) {
          case 1:
              b += 1;
❾        case 11:
❿            b += 2;
⓫        deafult:
⓬            b += 3;
⓭            break;
      }
⓮    printf("%d", a-b);
}
```

모든 C 언어 프로그램은 반드시 main( ) 함수에서 시작한다.

❶ 정수형 변수 a를 선언하고, 11로 초기화한다.

❷ 정수형 변수 b를 선언하고, 19로 초기화한다.

❸ a와 b를 인수로 swap( ) 함수를 호출한다. ❹번으로 이동한다.

❹ 반환값이 없는 swap( ) 함수의 시작점이다. ❸번에서 전달한 a와 b를 a와 b가 받는다.

❺ ~ ❼ 임시 변수 t를 사용하여 a와 b의 값을 교환하는 과정이다.

※ swap( ) 함수를 호출할 때 a, b 변수의 주소를 전달한 것이 아니므로 swap( ) 함수에서 a, b의 교환은 main( ) 함수의 a, b 변수에 영향을 주지 않습니다.

main( ) 함수		swap( ) 함수		
a	b	a	b	t
11	19	19	11	11

❽ a의 값 11에 해당하는 숫자를 찾아간다. ❾번으로 이동한다.

❾ a가 11일 경우 찾아오는 곳이다. ❿번을 실행한다.

❿ 'b = b + 2;'와 동일하다. b의 값에 2를 더한다. b에는 21이 저장된다. break문이 없으므로, break문을 만날 때까지 모든 문장이 실행된다. ⓫번으로 이동한다.

⓫ a의 값에 해당하는 case문이 없는 경우 찾아오는 곳이지만 ❿번 문장 수행 후 break문이 없어 실행되는 문장이다. ⓬번을 실행한다.

⓬ 'b = b + 3;'과 동일하다. b의 값에 3을 더한다. b에는 24가 저장된다.

⓭ switch문을 벗어나 ⓮번으로 이동한다.

⓮ 11−24의 결과를 정수형으로 출력한다.

결과 −13

[문제 6]

10

해설

```
   #include <stdio.h>
❺ void func(char *d, char *s) {
❻     while (*s) {
❼         *d = *s;
❽             d++;
❾             s++;
       }
❿     *d = '\0';
   }

   int main( ) {
❶     char* str1 = "first";
❷     char str2[50] = "teststring";
❸     int result = 0;
❹     func(str2, str1);
⓫     for (int i = 0; str2[i] != '\0'; i++) {
⓬         result += i;
       }
⓭     printf("%d\n", result);
⓮     return 0;
   }
```

모든 C 언어 프로그램은 반드시 main( ) 함수에서 시작한다.

❶ 문자형 포인터 변수 str1을 선언하고, "first"가 저장된 주소로 초기화한다.

❷ 50개의 요소를 갖는 문자형 배열 str2를 선언하고, "teststring"가 저장된 주소로 초기화한다.
(이후 그림에서 지정한 주소는 임의로 정한 것이며, 이해를 돕기 위해 10진수로 표현했습니다.)모든 C 프로그램은 반드시 main( ) 함수에서 시작한다.

	주소	메모리											
str1	1000	'f'	'i'	'r'	's'	't'	'\0'						
str2	2000	't'	'e'	's'	't'	's'	't'	'r'	'i'	'n'	'g'	'\0'	

❸ 정수형 변수 result를 선언하고, 0으로 초기화한다.

❹ str2와 str1을 인수로 func( ) 함수를 호출한다. ❺번으로 이동한다.
※ 인수로 포인터 변수나 배열의 이름을 지정하면 포인터 변수나 배열의 시작 주소가 인수로 전달됩니다.

❺ 반환값이 없는 func( ) 함수의 시작점이다. ❹번에서 전달한 str2와 str1을 문자형 포인터 변수 d와 s가 받는다.

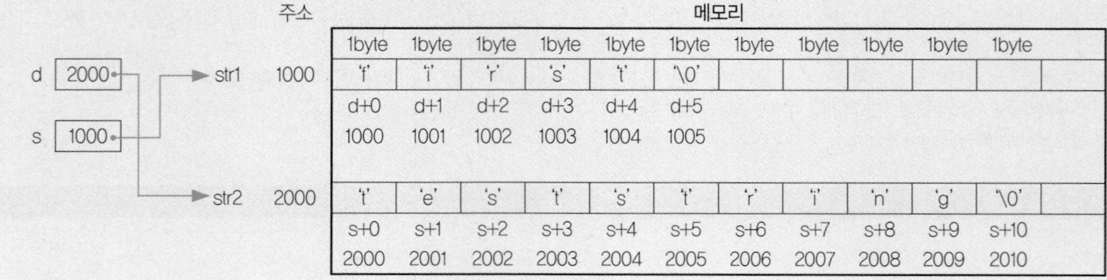

❻ s가 가리키는 값이 널 문자('\0')가 아닌 동안 ❼~❾번을 반복 수행한다.
❼ s가 가리키는 곳의 값을 d가 가리키는 곳에 저장한다.
❽ 'd = d + 1;'과 동일하다. d가 가리키는 곳의 주소를 1씩 증가시킨다.
❾ 's = s + 1;'과 동일하다. s가 가리키는 곳의 주소를 1씩 증가시킨다.
반복문 실행에 따른 변수들의 변화는 다음과 같다.

s	d	*s
1000	2000	'f'
1001	2001	'i'
1002	2002	'r'
1003	2003	's'
1004	2004	't'
1005	2005	'\0'

*d

1byte	1byte	1byte	1byte	1byte	1byte	1byte	1byte	1byte	1byte	1byte
'f'	'i'	'r'	's'	't'	't'	'r'	'i'	'n'	'g'	'\0'
s+0	s+1	s+2	s+3	s+4	s+5	s+6	s+7	s+8	s+9	s+10
2000	2001	2002	2003	2004	2005	2006	2007	2008	2009	2010

❿ d가 가리키는 곳에 널 문자('\0')를 저장한다. while문이 종료될 때 d가 가리키는 곳의 주소가 2005였으므로, 2005 번지에 '\0'을 저장한다. 널 문자('\0')는 문자열의 끝을 의미하므로, d가 가리키는 곳에 저장된 문자열은 "first"가 된다. func( ) 함수가 종료되었으므로, 함수를 호출했던 ❹번의 다음 문장인 ⓫번으로 이동한다.

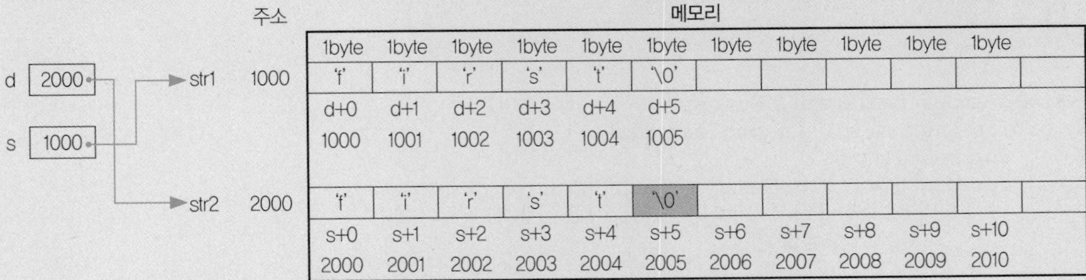

⓫ 반복 변수 i가 0에서 시작하여 1씩 증가하면서 str2[i]가 널 문자('\0')가 아닌 동안 ⓬번을 반복 수행한다.
⓬ 'result = result + i;'와 동일하다. result에 i의 값을 누적시킨다.
반복문 실행에 따른 변수들의 변화는 다음과 같다.

i	str2[i]	result
0	'f'	0
1	'i'	1
2	'r'	3
3	's'	6
4	't'	10
5	'\0'	

배열 str2

1byte	1byte	1byte	1byte	1byte	1byte	1byte	1byte	1byte	1byte	1byte
'f'	'i'	'r'	's'	't'	'\0'					
s+0	s+1	s+2	s+3	s+4	s+5	s+6	s+7	s+8	s+9	s+10
2000	2001	2002	2003	2004	2005	2006	2007	2008	2009	2010

⓭ result의 값을 출력한다.

결과 10

⓮ main( ) 함수에서의 'return 0'은 프로그램의 종료를 의미한다.

[문제 7]

25, 20

※ **답안 작성 시 주의 사항** : 프로그램의 실행 결과는 부분 점수가 없으므로 정확하게 작성해야 합니다. 예를 들어, 출력값 사이에 공백이나 콤마 없이 25,20나 25 20으로 썼을 경우 부분 점수 없이 완전히 틀린 것으로 간주됩니다.

해설

```
Ⓐ interface Number {
Ⓑ      int sum(int[ ] a, boolean odd);
}

public class Test {
        public static void main(String[ ] args) {
❶           int a[ ] = {1, 2, 3, 4, 5, 6, 7, 8, 9};
❷           OENumber OE = new OENumber( );
❸❿⓱         System.out.print(OE.sum(a, true) + ", " + OE.sum(a, false));
        }
}

Ⓒ class OENumber implements Number {
Ⓓ❹⓫   public int sum(int[ ] a, boolean odd) {
  ❺⓬        int result = 0;
  ❻⓭        for (int i = 0; i < a.length; i++) {
  ❼⓮            if ((odd && a[i] % 2 != 0) || (!odd && a[i] % 2 == 0)) {
  ❽⓯                result += a[i];
                }
            }
  ❾⓰        return result;
        }
}
```

Ⓐ 인터페이스 Number를 선언한다.

Ⓑ 정수를 반환하는 sum( )을 선언한다. 인터페이스에 선언된 메소드는 선언만 있고 내부에 실행 코드가 없는 추상 메소드이므로, 이후 상속 관계가 설정된 자식 클래스에서 재정의한 후 사용한다.

Ⓒ Number 인터페이스를 상속받는 클래스 OENumber를 정의한다.

Ⓓ 정수를 반환하는 sum( )을 정의한다. sum( ) 메소드는 Ⓑ에서 선언된 추상 메소드(Ⓑ)를 재정의하는 것이다.

※ 추상 메소드는 부모 클래스가 자식 클래스에게 주는 의무와 같습니다. 부모 클래스와 상속 관계에 있다면 반드시 부모 클래스의 추상 메소드를 재정의해야 합니다. 그렇지 않으면 오류가 발생합니다.

모든 Java 프로그램 반드시 main( ) 메소드에서 시작한다.

❶ 정수형 배열 a를 선언하고 초기화한다. 배열을 선언할 때 배열의 크기를 지정하지 않으면, 초기값의 개수로 배열의 크기가 결정된다.

	[0]	[1]	[2]	[3]	[4]	[5]	[6]	[7]	[8]
a	1	2	3	4	5	6	7	8	9

❷ 클래스 OENumber의 객체 변수 OE를 선언한다.

❸ a와 논리값 true를 인수로 OE의 sum( ) 메소드를 호출한 후 돌려받은 값을 출력한다. ❹번으로 이동한다.

※ 인수로 배열의 이름을 지정하면 배열의 시작 주소가 전달됩니다.

❹ 정수를 반환하는 sum( ) 메소드의 시작점이다. ❸번에서 전달한 a 배열의 시작 주소와 논리값 true를 a와 odd가 받는다.

❺ 정수형 변수 result를 선언하고, 0으로 초기화한다.

❻ 반복 변수 i가 0에서 시작하여 1씩 증가하면서 a 배열의 길이인 9보다 작은 동안 ❼, ❽번을 반복 수행한다.

- length : 배열 클래스의 속성으로, 배열 요소의 개수가 저장되어 있음

❼ odd가 참(true)이고 a[i]를 2로 나눈 나머지가 0이 아니거나 odd가 거짓(false)이고 a[i]를 2로 나눈 나머지가 0이면 ❽번을 수행하고 아니면 반복문의 시작인 ❻번으로 이동한다.

❽ 'result = result + a[i];'와 같다. result에 a[i]의 값을 누적시킨다.

반복문 실행에 따른 변수들의 변화는 다음과 같다.

i	odd	a[i]	a[i] % 2	result
0	true	1	1	0
1		2	0	1
2		3	1	4
3		4	0	
4		5	1	9
5		6	0	
6		7	1	16
7		8	0	
8		9	1	25
9				

❾ 함수를 호출했던 ❿번으로 result의 값 25를 반환한다.

❿ ❾번으로부터 반환받은 값 25를 출력하고 콤마와 공백 한 칸을 출력한다. 이어서 a와 논리값 false를 인수로 OE의 sum( ) 메소드를 호출한 후 돌려받은 값을 출력한다. ⓫번으로 이동한다.

결과 **25,**

⓫ 정수를 반환하는 sum( ) 메소드의 시작점이다. ❿번에서 전달한 a 배열의 시작 주소와 논리값 false를 a와 odd가 받는다.

⓬ 정수형 변수 result를 선언하고, 0으로 초기화한다.

⓭ 반복 변수 i가 0에서 시작하여 1씩 증가하면서 a 배열의 길이인 9보다 작은 동안 ⓮, ⓯번을 반복 수행한다.

⓮ odd가 참(true)이고 a[i]를 2로 나눈 나머지가 0이 아니거나 odd가 거짓(false)이고 a[i]를 2로 나눈 나머지가 0이면 ⓯번을 수행하고 아니면 반복문의 시작인 ⓭번으로 이동한다.

⓯ 'result = result + a[i];'와 같다. result에 a[i]의 값을 누적시킨다.

반복문 실행에 따른 변수들의 변화는 다음과 같다.

i	odd	a[i]	a[i] % 2	result
0	false	1	1	0
1		2	0	2
2		3	1	
3		4	0	6
4		5	1	
5		6	0	12
6		7	1	
7		8	0	20
8		9	1	
9				

⓰ 함수를 호출했던 ⓱번으로 result의 값 20을 반환한다.

⓱ ⓰번으로부터 반환받은 값 20을 출력한 후 프로그램을 종료한다.

결과 **25, 20**

[문제 8]

dcba

※ **답안 작성 시 주의 사항** : C, Java, Python 등의 프로그래밍 언어에서는 대소문자를 구분하기 때문에 출력 결과도 대소문자를 구분하여 정확하게 작성해야 합니다. 예를 들어, 대문자 DCBA로 썼을 경우 부분 점수 없이 완전히 틀린 것으로 간주됩니다.

해설

```
  public static void main(String[ ] args) {
❶     String str = "abacabcd";
❷     int len = str.length( );
❸     boolean[ ] seen = new boolean[256];
❹     System.out.print(rf(str, len-1, seen));
  }
```

모든 Java 프로그램 반드시 main( ) 메소드에서 시작한다.

❶ 문자열 객체 str을 선언하고, "abacabcd"로 초기화한다.

	[0]	[1]	[2]	[3]	[4]	[5]	[6]	[7]
str	'a'	'b'	'a'	'c'	'a'	'b'	'c'	'd'

❷ 정수형 변수 len을 선언하고 str의 길이인 8로 초기화한다.

- length : 배열 클래스의 속성으로 배열 요소의 개수가 저장되어 있음

❸ 256개의 요소를 갖는 논리형 배열 seen을 선언한다. 논리형 배열의 요소에는 true나 false 중 하나를 저장할 수 있으며, 기본값은 false이다.

	[0]	[1]	[2]	[3]	[4]	…	[253]	[254]	[255]
seen	false	false	false	false	false	…	false	false	false

❹ rf(str, 7 seen) 메소드를 호출한다.

※ 인수로 배열의 이름을 지정하면 배열의 시작 주소가 전달됩니다.

```
❺ public static String rf(String str, int index, boolean[ ] seen) {    // index = 7, c = 'd'
❻      if(index < 0) return "";
❼      char c = str.charAt(index);
❽      String result = rf(str, index-1, seen);
```

❺ 문자열을 반환하는 rf( ) 메소드의 시작점이다. ❹번에서 전달한 str, 7, seen을 str, index, seen이 받는다.

❻ index가 0보다 작으면 빈 문자열을 반환한다. index가 7이므로 다음 문장을 수행한다.

❼ 문자형 변수 c를 선언하고, str 문자열에서 index 위치에 있는 문자로 초기화한다. index가 7이므로 c에는 'd'가 저장된다.

❽ 문자열 변수 result를 선언하고, rf(str, 6, seen) 메소드를 호출한 후 반환받은 값으로 초기화한다.

```
❾ public static String rf(String str, int index, boolean[ ] seen) {    // index = 6, c = 'c'
❿      if(index < 0) return "";
⓫      char c = str.charAt(index);
⓬      String result = rf(str, index-1, seen);
```

❾ 문자열을 반환하는 rf( ) 메소드의 시작점이다. ❽번에서 전달한 str, 6, seen을 str, index, seen이 받는다.

❿ index가 6이므로 다음 문장을 수행한다.

⓫ 문자형 변수 c를 선언하고, str[6]의 값 'c'로 초기화한다.

⓬ 문자열 변수 result를 선언하고, rf(str, 5, seen) 메소드를 호출한 후 반환받은 값으로 초기화한다.

```
⓭ public static String rf(String str, int index, boolean[ ] seen) {   // index = 5, c = 'b'
⓮     if(index < 0) return "";
⓯     char c = str.charAt(index);
⓰     String result = rf(str, index-1, seen);
```

⓭ 문자열을 반환하는 rf( ) 메소드의 시작점이다. ⓬번에서 전달한 str, 5, seen을 str, index, seen이 받는다.
⓮ index가 5이므로 다음 문장을 수행한다.
⓯ 문자형 변수 c를 선언하고, str[5]의 값 'b'로 초기화한다.
⓰ 문자열 변수 result를 선언하고, rf(str, 4, seen) 메소드를 호출한 후 반환받은 값으로 초기화한다.

```
⓱ public static String rf(String str, int index, boolean[ ] seen) {   // index = 4, c = 'a'
⓲     if(index < 0) return "";
⓳     char c = str.charAt(index);
⓴     String result = rf(str, index-1, seen);
```

⓱ 문자열을 반환하는 rf( ) 메소드의 시작점이다. ⓰번에서 전달한 str, 4, seen을 str, index, seen이 받는다.
⓲ index가 4이므로 다음 문장을 수행한다.
⓳ 문자형 변수 c를 선언하고, str[4]의 값 'a'로 초기화한다.
⓴ 문자열 변수 result를 선언하고, rf(str, 3, seen) 메소드를 호출한 후 반환받은 값으로 초기화한다.

```
㉑ public static String rf(String str, int index, boolean[ ] seen) {   // index = 3, c = 'c'
㉒     if(index < 0) return "";
㉓     char c = str.charAt(index);
㉔     String result = rf(str, index-1, seen);
```

㉑ 문자열을 반환하는 rf( ) 메소드의 시작점이다. ⓴번에서 전달한 str, 3, seen을 str, index, seen이 받는다.
㉒ index가 3이므로 다음 문장을 수행한다.
㉓ 문자형 변수 c를 선언하고, str[3]의 값 'c'로 초기화한다.
㉔ 문자열 변수 result를 선언하고, rf(str, 2, seen) 메소드를 호출한 후 반환받은 값으로 초기화한다.

```
㉕ public static String rf(String str, int index, boolean[ ] seen) {   // index = 2, c = 'a'
㉖     if(index < 0) return "";
㉗     char c = str.charAt(index);
㉘     String result = rf(str, index-1, seen);
```

㉕ 문자열을 반환하는 rf( ) 메소드의 시작점이다. ㉔번에서 전달한 str, 2, seen을 str, index, seen이 받는다.
㉖ index가 2이므로 다음 문장을 수행한다.
㉗ 문자형 변수 c를 선언하고, str[2]의 값 'a'로 초기화한다.
㉘ 문자열 변수 result를 선언하고, rf(str, 1, seen) 메소드를 호출한 후 반환받은 값으로 초기화한다.

```
㉙ public static String rf(String str, int index, boolean[ ] seen) {   // index = 1, c = 'b'
㉚     if(index < 0) return "";
㉛     char c = str.charAt(index);
㉜     String result = rf(str, index-1, seen);
```

㉙ 문자열을 반환하는 rf( ) 메소드의 시작점이다. ㉘번에서 전달한 str, 1, seen을 str, index, seen이 받는다.

㉚ index가 1이므로 다음 문장을 수행한다.
㉛ 문자형 변수 c를 선언하고, str[1]의 값 'b'로 초기화한다.
㉜ 문자열 변수 result를 선언하고, rf(str, 0, seen) 메소드를 호출한 후 반환받은 값으로 초기화한다.

```
㉝ public static String rf(String str, int index, boolean[ ] seen) {      // index = 0, c = 'a'
㉞     if(index < 0) return "";
㉟     char c = str.charAt(index);
㊱     String result = rf(str, index-1, seen);
```

㉝ 문자열을 반환하는 rf( ) 메소드의 시작점이다. ㉜번에서 전달한 str, 0, seen을 str, index, seen이 받는다.
㉞ index가 0이므로 다음 문장을 수행한다.
㉟ 문자형 변수 c를 선언하고, str[0]의 값 'a'로 초기화한다.
㊱ 문자열 변수 result를 선언하고, rf(str, -1, seen) 메소드를 호출한 후 반환받은 값으로 초기화한다.

```
㊲ public static String rf(String str, int index, boolean[ ] seen) {      // index = -1
㊳     if(index < 0) return "";
       char c = str.charAt(index);
       String result = rf(str, index-1, seen);
```

㊲ 문자열을 반환하는 rf( ) 메소드의 시작점이다. ㊱번에서 전달한 str, -1, seen을 str, index, seen이 받는다.
㊳ index가 0보다 작으므로 빈 문자열을 반환하면서 제어를 rf(str, -1, seen)을 호출했던 ㊴번으로 옮긴다.

```
㉝     public static String rf(String str, int index, boolean[ ] seen) {      // index = 0, c = 'a'
㉞         if(index < 0) return "";
㉟         char c = str.charAt(index);
㊱㊴       String result = rf(str, index-1, seen);
㊵         if(!seen[c]) {
㊶             seen[c] = true;
㊷             return c + result;
           }
㊸         return result;
       }
```

㊴ ㊳번에서 반환받은 빈 문자열로 result를 초기화한다.

result	

㊵ seen[c]의 값이 거짓(false)이면 ㊶, ㊷번 문장을 수행한다. c에는 현재 'a'가 저장되어 있으며 'a'에 해당하는 아스키코드 값이 97이므로, seen[97]의 값을 확인한다. 배열 seen의 모든 요소에는 초기값으로 false가 저장되어 있으므로, 조건을 만족하여 ㊶, ㊷번 문장을 수행한다.

※ 문자가 메모리에 저장될 때는 각각의 문자에 해당하는 아스키코드 값이 저장되며, 위치 값에 사용되는 문자 'a'도 아스키코드 값으로 변환되어 사용됩니다. 즉 'a'는 'a'에 해당하는 아스키코드 값인 97로 변환됩니다.
- 알파벳 소문자의 아스키코드 값은 'a(97)' ~ 'z(122)'입니다.
- 알파벳 대문자의 아스키코드 값은 'A(65)' ~ 'Z(90)'입니다.

	[0]	[1]	[2]	[3]	…	[97]	[98]	[99]	[100]	…	[253]	[254]	[255]
seen	false	false	false	false	…	false	false	false	false	…	false	false	false

㊶ 논리값 true(참)를 seen[97]에 저장한다.

	[0]	[1]	[2]	[3]	…	[97]	[98]	[99]	[100]	…	[253]	[254]	[255]
seen	false	false	false	false	…	true	false	false	false	…	false	false	false

㊷ c의 값 'a'를 result의 앞쪽에 덧붙인다.

result	a

㊸ result를 반환하면서 제어를 rf(str, 0, seen)을 호출했던 ㊹번으로 제어를 옮긴다.

```
㉙ public static String rf(String str, int index, boolean[ ] seen) {     // index = 1, c = 'b'
㉚       if(index < 0) return "";
㉛       char c = str.charAt(index);
㉜㊹     String result = rf(str, index-1, seen);
㊺       if(!seen[c]) {
㊻           seen[c] = true;
㊼           return c + result;
         }
㊽       return result;
   }
```

㊹ ㊸번에서 반환받은 result 값으로 result를 초기화한다.

result	a

㊺ seen[c]의 값이 거짓(false)이면 ㊻, ㊼번 문장을 수행한다. c에는 현재 'b'가 저장되어 있으며 'b'에 해당하는 아스키코드 값이 98이므로, seen[98]의 값을 확인한다. 배열 seen의 모든 요소에는 초기값으로 false가 저장되어 있으므로, 조건을 만족하여 ㊻, ㊼번 문장을 수행한다.

㊻ 논리값 true(참)를 seen[98]에 저장한다.

	[0]	[1]	[2]	[3]	…	[97]	[98]	[99]	[100]	…	[253]	[254]	[255]
seen	false	false	false	false	…	true	true	false	false	…	false	false	false

㊼ c의 값 'b'를 result의 앞쪽에 덧붙인다.

result	ba

㊽ result를 반환하면서 rf(str, 1, seen)을 호출했던 ㊾번으로 제어를 옮긴다.

```
㉕ public static String rf(String str, int index, boolean[ ] seen) {     // index = 2, c = 'a'
㉖       if(index < 0) return "";
㉗       char c = str.charAt(index);
㉘㊾     String result = rf(str, index-1, seen);
㊿       if(!seen[c]) {
             seen[c] = true;
             return c + result;
         }
(51)     return result;
   }
```

㊾ ㊽번에서 반환받은 result 값으로 result를 초기화한다.

result	ba

㊿ seen[c]의 값이 거짓(false)이면 중괄호 안의 문장을 수행한다. c에는 현재 'a'가 저장되어 있으며 'a'에 해당하는 아스키코드 값이 97이므로, seen[97]의 값을 확인한다. seen[97]의 값이 참(true)이므로, 조건을 만족하지 않아 (51)번으로 제어를 옮긴다.

	[0]	[1]	[2]	[3]	…	[97]	[98]	[99]	[100]	…	[253]	[254]	[255]
seen	false	false	false	false	…	true	true	false	false	…	false	false	false

(51) result를 반환하면서 rf(str, 2, seen)을 호출했던 (52)번으로 제어를 옮긴다.

```
21    public static String rf(String str, int index, boolean[ ] seen) {      // index = 3, c = 'c'
22        if(index < 0) return "";
23        char c = str.charAt(index);
24 52    String result = rf(str, index-1, seen);
53        if(!seen[c]) {
54            seen[c] = true;
55            return c + result;
          }
56        return result;
      }
```

52 51번에서 반환받은 result 값으로 result를 초기화한다.

result	ba

53 seen[c]의 값이 거짓(false)이면 54, 55번 문장을 수행한다. c에는 현재 'c'가 저장되어 있으며 'c'에 해당하는 아스키코드 값이 99이므로, seen[99]의 값을 확인한다. 배열 seen의 모든 요소에는 초기값으로 false가 저장되어 있으므로, 조건을 만족하여 54, 55번 문장을 수행한다.

54 논리값 true(참)를 seen[99]에 저장한다.

	[0]	[1]	[2]	[3]	…	[97]	[98]	[99]	[100]	…	[253]	[254]	[255]
seen	false	false	false	false	…	true	true	true	false	…	false	false	false

55 c의 값 'c'를 result의 앞쪽에 덧붙인다.

result	cba

56 result를 반환하면서 rf(str, 3, seen)을 호출했던 번으로 제어를 옮긴다.

```
17    public static String rf(String str, int index, boolean[ ] seen) {      // index = 4, c = 'a'
18        if(index < 0) return "";
19        char c = str.charAt(index);
20 57    String result = rf(str, index-1, seen);
58        if(!seen[c]) {
              seen[c] = true;
              return c + result;
          }
59        return result;
      }
```

57 56번에서 반환받은 result 값으로 result를 초기화한다.

result	cba

58 seen[c]의 값이 거짓(false)이면 중괄호 안의 문장을 수행한다. c에는 현재 'a'가 저장되어 있으며 'a'에 해당하는 아스키코드 값이 97이므로, seen[97]의 값을 확인한다. seen[97]의 값이 참(true)이므로, 조건을 만족하지 않아 제어를 59번으로 옮긴다.

	[0]	[1]	[2]	[3]	…	[97]	[98]	[99]	[100]	…	[253]	[254]	[255]
seen	false	false	false	false	…	true	true	true	false	…	false	false	false

59 result를 반환하면서 rf(str, 4, seen)을 호출했던 60번으로 제어를 옮긴다.

```
⑬      public static String rf(String str, int index, boolean[ ] seen) {      // index = 5, c = 'b'
⑭          if(index < 0) return "";
⑮          char c = str.charAt(index);
⑯(60)      String result = rf(str, index-1, seen);
(61)       if(!seen[c]) {
               seen[c] = true;
               return c + result;
           }
(62)       return result;
       }
```

(60) (59)번에서 반환받은 result 값으로 result를 초기화한다.

result	cba

(61) seen[c]의 값이 거짓(false)이면 중괄호 안의 문장을 수행한다. c에는 현재 'b'가 저장되어 있으며 'b'에 해당하는 아스키코드 값이 98이므로, seen[98]의 값을 확인한다. seen[98]의 값이 참(true)이므로, 조건을 만족하지 않아 (62)번으로 제어를 옮긴다.

	[0]	[1]	[2]	[3]	…	[97]	[98]	[99]	[100]	…	[253]	[254]	[255]
seen	false	false	false	false	…	true	true	true	false	…	false	false	false

(62) result를 반환하면서 rf(str, 5, seen)을 호출했던 (63)번으로 제어를 옮긴다.

```
⑨      public static String rf(String str, int index, boolean[ ] seen) {      // index = 6, c = 'c'
⑩          if(index < 0) return "";
⑪          char c = str.charAt(index);
⑫(63)      String result = rf(str, index-1, seen);
(64)       if(!seen[c]) {
               seen[c] = true;
               return c + result;
           }
(65)       return result;
       }
```

(63) (62)번에서 반환받은 result 값으로 result를 초기화한다.

result	cba

(64) seen[c]의 값이 거짓(false)이면 중괄호 안의 문장을 수행한다. c에는 현재 'c'가 저장되어 있으며 'c'에 해당하는 아스키코드 값이 99이므로, seen[99]의 값을 확인한다. seen[99]의 값이 참(true)이므로, 조건을 만족하지 않아 (65)번으로 제어를 옮긴다.

	[0]	[1]	[2]	[3]	…	[97]	[98]	[99]	[100]	…	[253]	[254]	[255]
seen	false	false	false	false	…	true	true	true	false	…	false	false	false

(65) result를 반환하면서 rf(str, 6, seen)을 호출했던 (66)번으로 제어를 옮긴다.

```
❺      public static String rf(String str, int index, boolean[ ] seen) {          // index = 7, c = 'd'
❻          if(index < 0) return "";
❼          char c = str.charAt(index);
❽(66)      String result = rf(str, index-1, seen);
(67)       if(!seen[c]) {
(68)           seen[c] = true;
(69)           return c + result;
           }
(70)       return result;
       }
```

(66) (65)번에서 반환받은 result 값으로 result를 초기화한다.

result	cba

(67) seen[c]의 값이 거짓(false)이면 (68), (69)번 문장을 수행한다. c에는 현재 'd'가 저장되어 있으며 'd'에 해당하는 아스키코드 값이 100이므로, seen[100]의 값을 확인한다. 배열 seen의 모든 요소에는 초기값으로 false가 저장되어 있으므로, 조건을 만족하여 (68), (69)번 문장을 수행한다.

(68) 논리값 true(참)를 seen[100]에 저장한다.

	[0]	[1]	[2]	[3]	···	[97]	[98]	[99]	[100]	···	[253]	[254]	[255]
seen	false	false	false	false	···	true	true	true	true	···	false	false	false

(69) c의 값 'd'를 result의 앞쪽에 덧붙인다.

result	dcba

(70) result를 반환하면서 rf(str, 7, seen)을 호출했던 (71)번으로 제어를 옮긴다.

```
       public static void main(String[ ] args) {
❶          String str = "abacabcd";
❷          int len = str.length( );
❸          boolean[ ] seen = new boolean[256];
❹(71)      System.out.print(rf(str, len-1, seen));
       }
```

(71) (70)번에서 반환받은 result의 값을 출력한다.

결과 **dcba**

[문제 9]

21

해설

```
#include <stdio.h>

int main( ) {
❶  int arr[3][3] = {1, 2, 3, 4, 5, 6, 7, 8, 9};
❷  int* parr[2] = {arr[1], arr[2]};
❸  printf("%d", parr[1][1] + *(parr[1]+2) + **parr);
}
```

❶ 3행 3열의 크기를 갖는 정수형 배열 arr을 선언하고, 초기화한다.

배열 arr	arr[0][0]	arr[0][1]	arr[0][2]
arr[0]	1	2	3
arr[1]	4	5	6
arr[2]	7	8	9
	arr[2][0]	arr[2][1]	arr[2][2]

❷ 2개의 요소를 갖는 정수형 포인터 배열 parr을 선언하고, parr[0]에 배열 arr의 두 번째 행의 시작 주소를, parr[1]에 배열 arr의 세 번째 행의 시작 주소를 저장한다.

※ 2차원 배열에서 배열명은 첫 번째 행의 시작 주소를 가리킵니다. 즉 arr은 첫 번째 행의 시작 주소를 가리키고, arr[1]은 두 번째 행의 시작 주소를, arr[2]는 세 번째 행의 시작 주소를 가리킵니다.

메모리

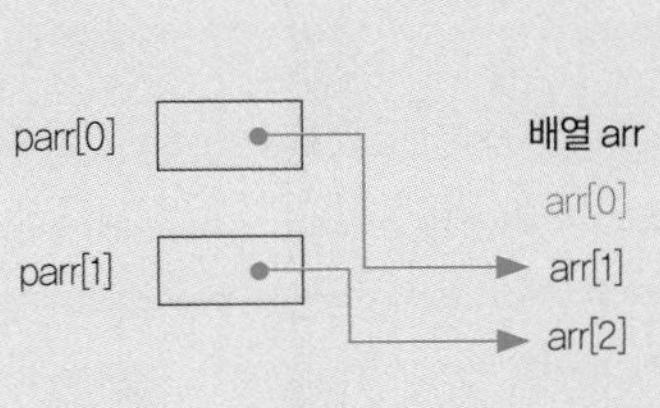

배열 arr	parr[0][0] parr[0]+0	parr[0][1] parr[0]+1	parr[0][2] parr[0]+2
arr[0]	1	2	3
arr[1]	4	5	6
arr[2]	7	8	9
	parr[1]+0 parr[1][0]	parr[1]+1 parr[1][1]	parr[1]+2 parr[1][2]

❸ printf("%d", parr[1][1] + *(parr[1]+2) + **parr);
　　　　　　　　㉠　　　　　㉡　　　　　㉢

- ㉠ : parr[1]은 arr 배열의 세 번째 행의 시작 주소를 가리키므로, parr[1][1]은 3행의 두 번째 열의 값 8입니다.
- ㉡ : parr[1]은 arr 배열의 세 번째 행의 시작 주소를 가리키고, 여기에 주소 2를 더하면 3행의 세 번째 열이므로 값은 9입니다.
- ㉢ : *parr은 parr[0]을 의미하며, **parr은 parr[0][0], 즉 arr[1][0]인 2행의 첫 번째 열이므로 값은 4입니다.
- 8+9+4의 결과를 정수형으로 출력합니다.

결과 21

[문제 10]

① VALUES　② SELECT　③ FROM　④ SET

※ **답안 작성 시 주의 사항** : SQL에 사용되는 예약어, 필드명, 변수명 등은 대소문자를 구분하지 않기 때문에 소문자로 작성해도 정답으로 인정됩니다.

해설

• 〈SQL 1〉 문

INSERT INTO 학부(학번, 이름, 주소, 나이)	〈학부〉 테이블의 '학번', '이름', '주소', '나이' 필드에 삽입한다.
VALUES (240912, '최재균', '서울', 20);	240912를 '학번' 필드에, '최재균'을 '이름' 필드에, '서울'을 '주소' 필드에, 20을 '나이' 필드에 삽입한다.

• 〈SQL 2〉 문

INSERT INTO 학생(학번, 이름, 나이, 학과)	〈학생〉 테이블의 '학번', '이름', '나이', '학과' 필드에 삽입한다.
SELECT 학번, 이름, 나이, '컴퓨터공학'	'학번', '이름', '나이' 필드는 조회하여 삽입하고, 네 번째 필드에는 '컴퓨터공학' 값을 직접 삽입한다.
FROM 학부	〈학부〉 테이블을 대상으로 조회한다.
WHERE 이름 = '최재균';	'이름'이 '최재균'인 튜플만을 대상으로 한다.

• 〈SQL 3〉 문

SELECT *	모든 필드를 조회한다.
FROM 학생	〈학생〉 테이블을 대상으로 조회한다.

• 〈SQL 4〉 문

UPDATE 학생	〈학생〉 테이블을 갱신한다.
SET 학과 = '휴학'	'학과'를 "휴학"으로 갱신한다.
WHERE 학번 = 240912;	'학번'이 240912인 튜플만을 대상으로 한다.

[문제 11]

① 5　② 4

[문제 12]

※ 다음 중 하나를 쓰면 됩니다.

IPsec, IP Security

[문제 13]

※ 다음 중 하나를 쓰면 됩니다.

AES, Advanced Encryption Standard

[문제 14]

※ 각 문항별로 다음 중 하나를 쓰면 됩니다.

① 가상 회선, 가상 회선 방식, VC, Virtual Circuit

② 데이터그램, 데이터그램 방식, Datagram

[문제 15]
㉡

[문제 16]
6.5

해설

SRT는 현재 실행중인 프로세스의 남은 시간과 준비상태 큐에 새로 도착한 프로세스의 실행 시간을 비교하여 가장 짧은 실행 시간을 요구하는 프로세스에게 CPU를 할당하는 기법으로, 실행이 마무리되지 못한 경우 준비상태 큐에 재배치하여 차례를 기다리므로 다음과 같이 표시할 수 있다.

프로세스	A	B	C	D
도착 시간	0	1	2	3
실행 시간	8	4	9	5

진행 시간 →	0	1	⑤	⑩	⑰	㉖
프로세스	A	B	D	A	C	
실행 시간	1	4	5	7	9	
남은 시간	7	0	0	0	0	

※ 원문자는 프로세스가 완료됨을 표시한 것입니다.

※ 대기 시간은 '완료 시간 – 도착 시간 – 실행 시간'으로 구할 수 있으며, 프로세스별 대기 시간은 다음과 같습니다.

- A : 17 – 0 – 8 = 9
- B : 5 – 1 – 4 = 0
- C : 26 – 2 – 9 = 15
- D : 10 – 3 – 5 = 2

※ 평균 대기 시간 = 전체 대기 시간 / 프로세스의 수 = 26 / 4 = 6.5

[문제 17]
Iterator

[문제 18]
㉢

[문제 19]
20

해설

```
#include <stdio.h>
struct node {                    // node 구조체를 정의합니다.
    int data;                    // 정수형 변수 data를 선언합니다.
    struct node *Next;           // node 구조체의 포인터 변수 Next를 선언합니다.
```

struct node

int data (4Byte)	struct node *Next (4Byte)
데이터를 저장할 멤버	다음 노드의 주소를 저장할 포인터

```
};

int main() {
❶ struct node *head = NULL;
❷ struct node a = {10, 0};
❸ struct node b = {20, 0};
```

```
❹ struct node c = {30, 0};
❺ head = &a;
❻ a.Next = &b;
❼ b.Next = &c;
❽ printf("%d", head -> Next -> data);
}
```

모든 C 언어 프로그램은 반드시 main( ) 함수에서 시작한다.

❶ node 자료형 포인터 변수 head를 선언하고, NULL로 초기화한다. 포인터 변수의 크기는 4Byte이므로 메모리의 어딘가에 4Byte 크기의 공간이 할당된다. 포인터 변수 head의 용도는 리스트 구조에서 첫 번째 노드의 주소를 저장하는 것이다.

head NULL

❷ node 자료형 변수 a를 선언하고, node의 data에 10을 node의 Next에 0을 저장한다. a가 가리키고 있는 1008 번지는 node 구조체의 크기만큼 할당된 공간이므로 a는 1008 번지 이후의 8Byte를 의미한다.
(이후 그림에서 지정한 주소는 임의로 정한 것이며, 이해를 돕기 위해 10진수로 표현했습니다.)

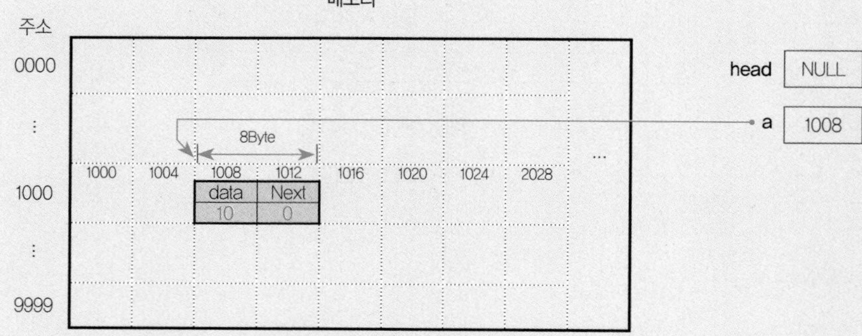

❸ node 자료형 변수 b를 선언하고, node의 data에 20을 node의 Next에 0을 저장한다.

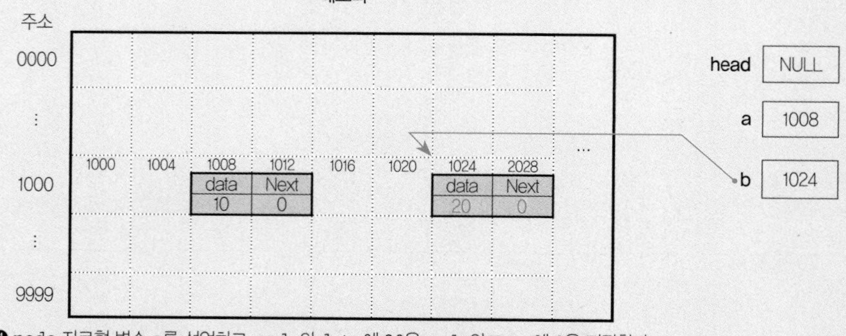

❹ node 자료형 변수 c를 선언하고, node의 data에 30을 node의 Next에 0을 저장한다.

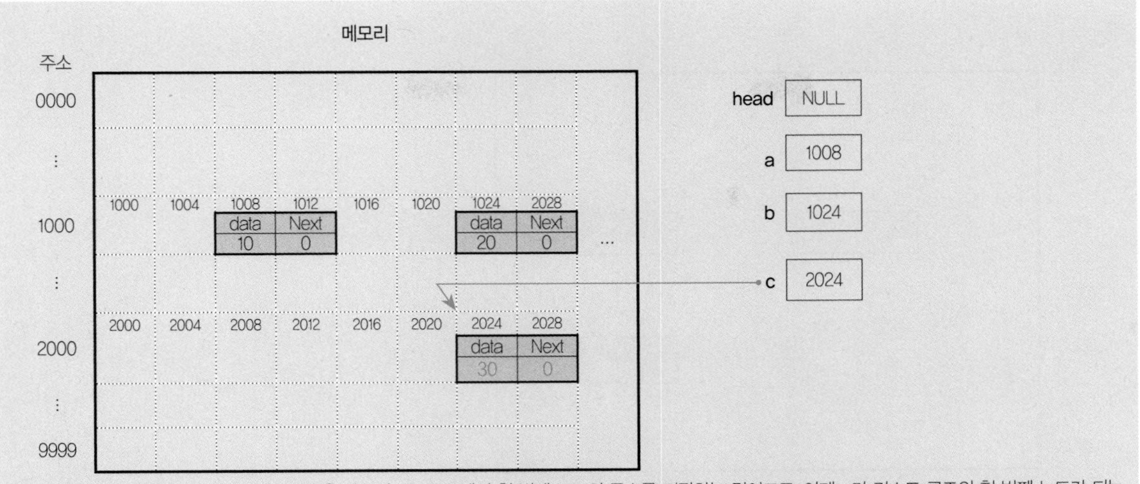

❺ a의 주소를 head에 저장한다. head의 용도는 리스트 구조에서 첫 번째 노드의 주소를 저장하는 것이므로, 이제 a가 리스트 구조의 첫 번째 노드가 되는 것이다.

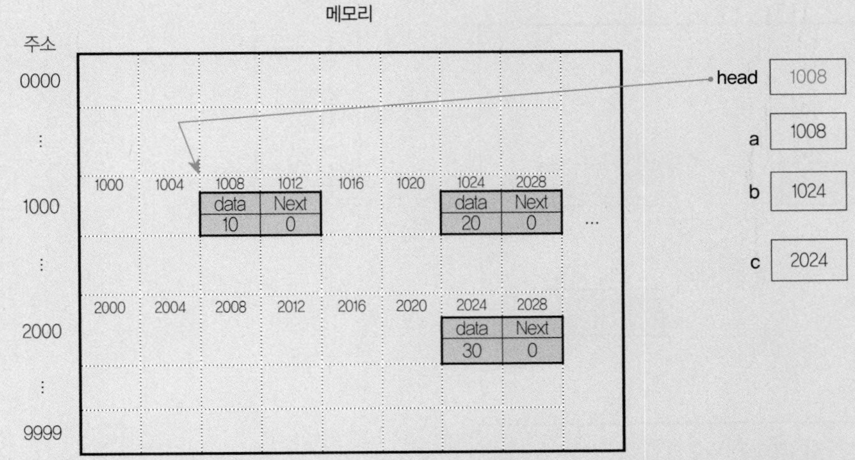

❻ b의 주소를 a의 Next에 저장한다. a가 가리키고 있는 1008 번지는 node 구조체의 크기만큼 할당된 공간이므로 a의 Next는 1012 번지 이후의 4Byte를 의미하며, 그곳에 b의 주소인 1024를 저장한다. Next는 다음 노드의 주소를 지정하는 역할을 하므로, 이제 a의 다음 노드는 b가 된다.

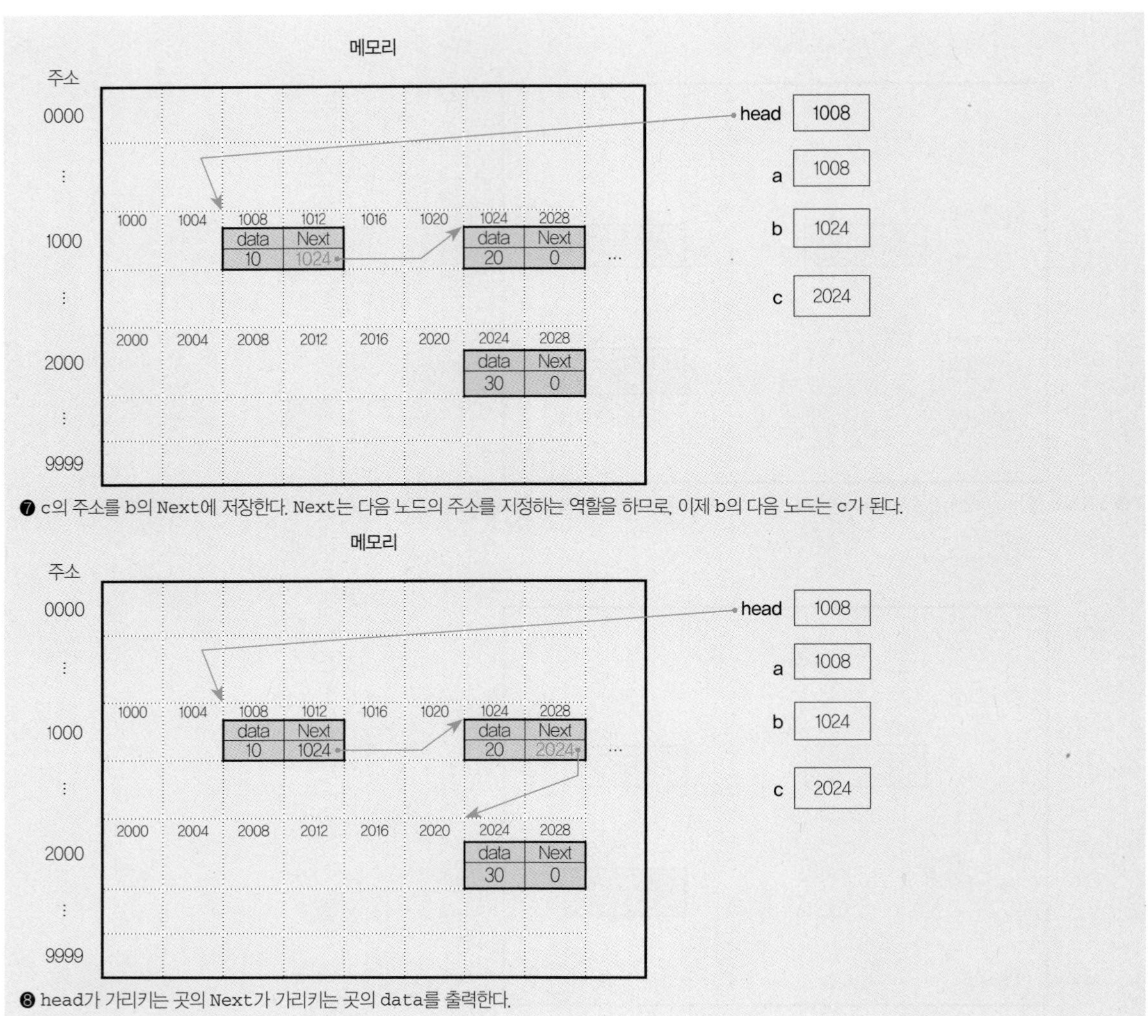

❼ c의 주소를 b의 Next에 저장한다. Next는 다음 노드의 주소를 지정하는 역할을 하므로, 이제 b의 다음 노드는 c가 된다.

❽ head가 가리키는 곳의 Next가 가리키는 곳의 data를 출력한다.

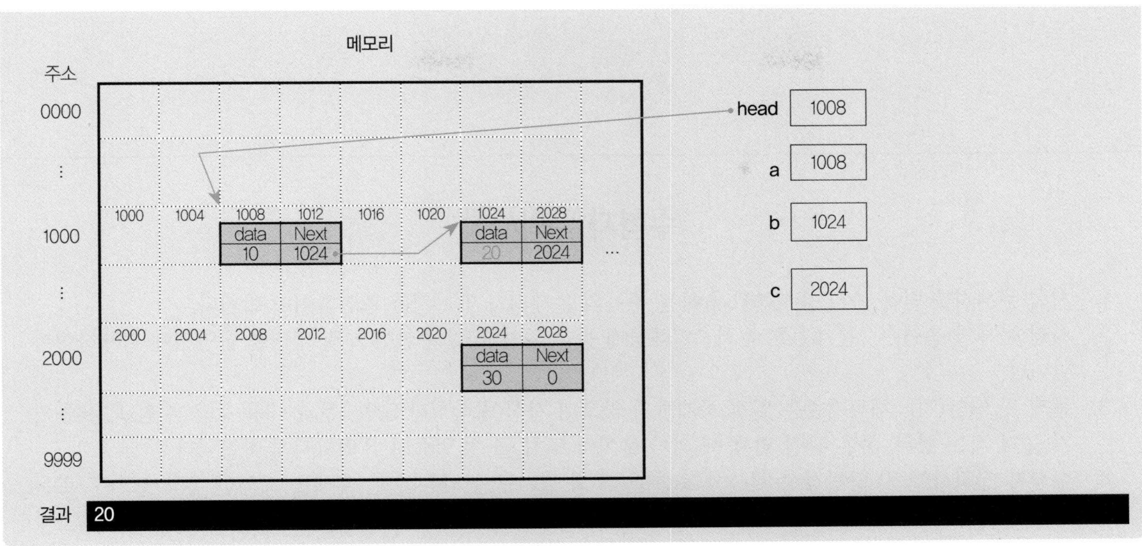

[문제 20]

A → D → C → F

해설

RIP은 홉 카운트(Hop Count), 즉 라우터의 수를 기준으로 가장 적은 수의 라우터를 거쳐가는 경로를 최적 경로로 선택합니다. 문제의 그림에서 확인할 수 있는 A에서 F까지의 경로는 다음과 같습니다.

- A → B → D → C → E → F
- A → B → D → C → F
- A → D → C → E → F
- A → D → C → F

∴ 가장 적은 수의 라우터를 거쳐가는 A → D → C → F가 최적 경로입니다.

EXAMINATION
기출문제

2024년 1회 정보처리기사 실기

수험자 유의사항

1. 시험 문제지를 받는 즉시 응시하고자 하는 종목의 문제지가 맞는지를 확인하여야 합니다.
2. 시험 문제지 총면수 · 문제번호 순서 · 인쇄상태 등을 확인하고, 수험번호 및 성명을 답안지에 기재하여야 합니다.
3. 문제 및 답안(지), 채점기준은 일절 공개하지 않으며 자신이 작성한 답안, 문제 내용 등을 수험표 등에 이기(옮겨 적는 행위) 등은 관련 법 등에 의거 불이익 조치 될 수 있으니 유의하시기 바랍니다.
4. 수험자 인적사항 및 답안작성(계산식 포함)은 흑색 필기구만 사용하되, 흑색을 제외한 유색 필기구 또는 연필류를 사용하였을 경우 그 문항은 0점 처리됩니다.
5. 답란(답안 기재란)에는 문제와 관련 없는 불필요한 낙서나 특이한 기록사항 등을 기재하여서는 안되며 부정의 목적으로 특이한 표식을 하였다고 판단될 경우에는 모든 문항이 0점 처리됩니다.
6. 답안을 정정할 때에는 반드시 정정부분을 두 줄(=)로 그어 표시하여야 하며, 두 줄로 긋지 않은 답안은 정정하지 않은 것으로 간주합니다. (수정테이프, 수정액 사용불가)
7. 답안의 한글 또는 영문의 오탈자는 오답으로 처리됩니다. 단, 답안에서 영문의 대 · 소문자 구분, 띄어쓰기는 여부에 관계 없이 채점합니다.
8. 계산 또는 디버깅 등 계산 연습이 필요한 경우는 〈문제〉 아래의 연습란을 사용하시기 바라며, 연습란은 채점대상이 아닙니다.
9. 문제에서 요구한 가지 수(항수) 이상을 답란에 표기한 경우에는 답안기재 순으로 요구한 가지 수(항수)만 채점하고 한 항에 여러 가지를 기재하더라도 한 가지로 보며 그 중 정답과 오답이 함께 기재란에 있을 경우 오답으로 처리됩니다.
10. 한 문제에서 소문제로 파생되는 문제나, 가지수를 요구하는 문제는 대부분의 경우 부분채점을 적용합니다. 그러나 소문제로 파생되는 문제 내에서의 부분 배점은 적용하지 않습니다.
11. 답안은 문제의 마지막에 있는 답란에 작성하여야 합니다.
12. 부정 또는 불공정한 방법(시험문제 내용과 관련된 메모지 사용 등)으로 시험을 치른 자는 부정행위자로 처리되어 당해 시험을 중지 또는 무효로 하고, 2년간 국가기술자격검정의 응시자격이 정지됩니다.
13. 시험위원이 시험 중 신분확인을 위하여 신분증과 수험표를 요구할 경우 반드시 제시하여야 합니다.
14. 시험 중에는 통신기기 및 전자기기(휴대용 전화기 등)를 지참하거나 사용할 수 없습니다.
15. 국가기술자격 시험문제는 일부 또는 전부가 저작권법상 보호되는 저작물이고, 저작권자는 한국산업인력공단입니다. 문제의 일부 또는 전부를 무단 복제, 배포, 출판, 전자출판 하는 등 저작권을 침해하는 일체의 행위를 금합니다.

※ 수험자 유의사항 미준수로 인한 채점상의 불이익은 수험자 본인에게 전적으로 책임이 있음

5440101

문제 1 다음 JAVA로 구현된 프로그램을 분석하여 그 실행 결과를 쓰시오. (단, 출력문의 출력 서식을 준수하시오.) (5점)

```
#include <stdio.h>
#include <stdlib.h>

main(int argc, char *argv[]) {
     int v1 = 0;
     int v2 = 35;
     int v3 = 29;
     if (v1 > v2 ? v2 : v1)
          v2 = v2 << 2;
     else
          v3 = v3 << 2;
     printf("%d", v2 + v3);
     return 0;
}
```

답 :

5440102

문제 2 다음 설명에 해당하는 라우팅 프로토콜을 쓰시오. (5점)

- RIP의 단점을 해결하여 새로운 기능을 지원하는 인터넷 프로토콜이다.
- 최단 경로 탐색에 Dijkstra 알고리즘을 사용한다.
- 대규모 네트워크에서 많이 사용된다.
- 링크 상태를 실시간으로 반영하여 최단 경로로 라우팅을 지원한다.

답 :

5440103

문제 3 다음의 정규화(Normalization) 과정은 어떤 단계의 정규화 과정인지 〈보기〉에서 찾아 쓰시오. (5점)

〈주문〉

주문번호	고객번호	주소
A345	100	서울
D347	200	부산
A210	300	광주
B230	200	부산

⬇

〈주문〉

주문번호	고객번호
A345	100
D347	200
A210	300
B230	200

〈고객〉

고객번호	주소
100	서울
200	부산
300	광주

〈보기〉

• 제1정규형 • 제2정규형 • 제3정규형 • 보이스/코드 정규형 • 제4정규형 • 제5정규형

답 :

5440104

문제 4 다음에 제시된 응집도(Cohesion)를 높은 순에서 낮은 순으로 나열하시오. (5점)

㉠ 기능적 응집도(Functional Cohesion)
㉡ 교환적 응집도(Communication Cohesion)
㉢ 우연적 응집도(Coincidental Cohesion)
㉣ 시간적 응집도(Temporal Cohesion)

답 : ( ) → ( ) → ( ) → ( )

5440105

문제 5 다음 JAVA로 구현된 프로그램을 분석하여 그 실행 결과를 쓰시오. (단, 출력문의 출력 서식을 준수하시오.) (5점)

```
class Connection {
    private static Connection _inst = null;
    private int count = 0;
    public static Connection get() {
        if(_inst == null) {
            _inst = new Connection();
            return _inst;
        }
        return _inst;
    }
    public void count() { count++; }
    public int getCount() { return count; }
}
public class Test {
    public static void main(String[] args) {
        Connection conn1 = Connection.get();
        conn1.count();
        Connection conn2 = Connection.get();
        conn2.count();
        Connection conn3 = Connection.get();
        conn3.count();
        conn1.count();
        System.out.print(conn1.getCount());
    }
}
```

답 :

5440106

문제 6 다음 설명에 해당하는 디자인 패턴을 〈보기〉에서 찾아 쓰시오. (5점)

- 구체적인 클래스에 의존하지 않고, 인터페이스를 통해 서로 연관 · 의존하는 객체들의 그룹으로 생성하여 추상적으로 표현한다.
- 키트(Kit) 패턴이라고도 불린다.
- 연관된 서브 클래스를 묶어 한 번에 교체하는 것이 가능하다.

〈보기〉

생성 패턴	구조 패턴	행위 패턴
Abstract Factory	Adapter	Command
Builder	Bridge	Interpreter
Factory Method	Composite	Iterator
Prototype	Decorator	Mediator
Singleton	Proxy	Observer

답 :

5440107

문제 7 3개의 페이지를 수용할 수 있는 주기억장치가 있으며, 초기에는 모두 비어 있다고 가정한다. 다음의 순서로 페이지 참조가 발생할 때, LRU와 LFU 페이지 교체 알고리즘을 사용하면 각각 페이지 결함의 발생 횟수를 쓰시오. (5점)

LRU	페이지 참조 순서
	1, 2, 3, 1, 2, 4, 5, 1
LFU	페이지 참조 순서
	1, 2, 3, 1, 2, 4, 1, 2, 3, 4

답

- ① LRU :
- ② LFU :

5440108

문제 8 다음 Python으로 구현된 프로그램을 분석하여 그 실행 결과를 쓰시오. (단, 출력문의 출력 서식을 준수하시오.) (5점)

```
a = [ 'Seoul', 'Kyeonggi', 'Incheon', 'Daejeon', 'Daegu', 'Pusan'];
str01 = 'S'
for i in a:
    str01 = str01 + i[1]
print(str01)
```

답 :

5440109

문제 9 다음은 조인(Join)에 대한 설명이다. 괄호(①~③)에 들어갈 알맞은 조인의 종류를 〈보기〉에서 찾아 쓰시오. (5점)

- (①)은 조인에 참여하는 두 릴레이션의 속성 값을 비교하여 조건을 만족하는 튜플만 반환하는 조인이다.
- (②)은 (①)에서 = 연산자를 사용한 조인으로, 일반적으로 조인이라고 하면 (②)을 의미한다.
- (②)의 결과 릴레이션의 차수는 첫 번째 릴레이션과 두 번째 릴레이션의 차수를 합한 것이다.
- (③)은 (②)의 결과 릴레이션에서 중복된 속성을 제거하여 수행하는 연산, 즉 (②)에서 중복 속성 중 하나가 제거된 것이다.
- (③)의 핵심은 두 릴레이션의 공통된 속성을 매개체로 하여 두 릴레이션의 정보를 '관계'로 묶어 내는 것이다.

〈보기〉

• 자연 조인	• 외부 조인	• 셀프 조인	• 세타 조인
• 동등 조인	• 교차 조인	• 자연 조인	• 자동 조인

답

- ①
- ②
- ③

5440110

문제 10 다음 C 언어로 구현된 프로그램을 분석하여 그 실행 결과를 쓰시오. (단, 출력문의 출력 서식을 준수하시오.) (5점)

```
#include <stdio.h>
#include <string.h>

void inverse(char *str, int len) {
    for(int i = 0, j = len - 1; i < j; i++, j--) {
        char ch = str[i];
        str[i] = str[j];
        str[j] = ch;
    }
}

int main() {
    char str[100] = "ABCDEFGH";
    int len = strlen(str);
    inverse(str, len);
    for(int i = 1; i < len; i += 2) {
        printf("%c", str[i]);
    }
    return 0;
}
```

답 :

5440111

문제 11 다음 Java로 구현된 프로그램의 실행 순서를 나열하시오(단, 같은 번호는 중복해서 작성하지 마시오). (5점)

```
   class Parent {
       int x, y;

①      Parent(int x, int y) {
           this.x = x;
           this.y = y;
       }

②      int getX() {
           return x*y;
       }
   }

   class Child extends Parent {
       int x;

③      Child(int x) {
           super(x+1, x);
           this.x = x;
       }

④      int getX(int n) {
           return super.getX() + n;
       }
   }

   public class Main {
⑤      public static void main(String[] args) {
⑥          Parent parent = new Child(10);
⑦          System.out.println(parent.getX());
       }
   }
```

답 :

5440112

문제 12 다음 〈R1〉과 〈R2〉 테이블을 참조하여 〈SQL문〉을 실행했을 때 출력되는 결과를 쓰시오. (SQL을 실행하였을 때 출력되는 속성명과 값들을 모두 답안에 적으시오.) (5점)

〈R1〉

A	B	C
1	a	x
2	b	y
3	c	t

〈R2〉

C	D	E
x	k	k
y	k	t
z	p	k

〈SQL문〉

```
SELECT B
FROM R1
WHERE C IN (SELECT C FROM R2 WHERE D='k');
```

답 :

5440113

문제 13 다음 C 언어로 구현된 프로그램을 분석하여 그 실행 결과를 쓰시오. (단, 출력문의 출력 서식을 준수하시오.) (5점)

```c
#include <stdio.h>
#include <ctype.h>

int main( ) {
     char *p = "It is 8";
     char result[100];
     int i;
     for(i = 0; p[i] != '\0'; i++) {
          if(isupper(p[i]))
             result[i] = (p[i] - 'A'+ 5) % 25 + 'A';
          else if(islower(p[i]))
             result[i] = (p[i] - 'a'+ 10) % 26 + 'a';
          else if(isdigit(p[i]))
             result[i] = (p[i] - '0'+ 3) % 10 + '0';
          else if(!(isupper(p[i]) || islower(p[i]) || isdigit(p[i])))
             result[i] = p[i];
     }
     result[i] = '\0';
     printf("변환된 문자열 : %s\n", result);
     return 0;
}
```

답 :

5440114

문제 14 다음 설명에 해당하는 커버리지(Coverage)를 〈보기〉에서 찾아 쓰시오. (5점)

- 개별 조건식이 다른 개별 조건식의 영향을 받지 않고 전체 조건식의 결과에 독립적으로 영향을 주는 구조적 테스트 케이스이다.
- 해당 개별 조건식이 전체 조건식의 결과에 영향을 주는 조건 조합을 찾아 커버리지를 테스트하는 방법이다.
- 프로그램에 있는 모든 결정 포인트 내의 전체 조건식이 적어도 한 번은 참과 거짓을 만족해야 한다.
- 프로그램에 있는 결정 포인트 내의 모든 개별 조건식이 적어도 한 번은 참과 거짓을 만족해야 한다.

〈보기〉

- All Path
- Multiple Condition
- MC/DC
- Condition/Decision
- Condition
- Decision
- Statement

답 :

5440115

문제 15 보안 위협에 대한 다음 설명에 해당하는 용어를 〈보기〉에서 찾아 쓰시오. (5점)

- 시스템에 침입한 후 침입 사실을 숨긴 채 백도어, 트로이목마를 설치하고, 원격 접근, 내부 사용 흔적 삭제, 관리자 권한 획득 등 주로 불법적인 해킹에 사용되는 기능들을 제공하는 프로그램들의 모음이다.
- 자신 또는 다른 소프트웨어의 존재를 감춰줌과 동시에 허가되지 않은 컴퓨터나 소프트웨어의 영역에 접근할 수 있게 하는 용도로 설계되었다.
- 이 프로그램이 설치되면 자신이 뚫고 들어온 모든 경로를 바꾸어 놓고, 명령어들을 은폐해 놓기 때문에 해커가 시스템을 원격에서 해킹하고 있어도 이 프로그램이 설치되어 있는 사실 조차 감지하기 어렵다.
- 공격자가 보안 관리자나 보안 시스템의 탐지를 피하면서 시스템을 제어하기 위해 설치하는 악성 프로그램으로, 운영체제의 합법적인 명령어를 해킹하여 모아놓았다.
- 운영체제에서 실행 파일과 실행 중인 프로세스를 숨김으로써 운영체제 검사 및 백신 프로그램의 탐지를 피할 수 있다.

〈보기〉

- Worm
- Logic Bomb
- Spyware
- Honeypot
- Bug Bounty
- Rootkit
- Bootkit
- Ransomware

답 :

5440116

문제 16 다음 설명에 해당하는 용어를 〈보기〉에서 찾아 쓰시오. (5점)

다양한 IT 기술과 방식들을 이용해 조직적으로 특정 기업이나 조직 네트워크에 침투해 활동 거점을 마련한 뒤 때를 기다리면서 보안을 무력화시키고 정보를 수집한 다음 외부로 빼돌리는 형태의 공격으로, 일반적으로 공격은 침투, 검색, 수집, 유출의 4단계로 실행된다.

- 침투(Infiltration) : 목표로 하는 시스템을 악성코드로 감염시켜 네트워크에 침투한다.
- 검색(Exploration) : 시스템에 대한 정보를 수집하고 기밀 데이터를 검색한다.
- 수집(Collection) : 보호되지 않은 시스템의 데이터를 수집하고, 시스템 운영을 방해하는 악성코드를 설치한다.
- 유출(Exfiltration) : 수집한 데이터를 외부로 유출한다.

〈보기〉

- MITM
- ATM
- XDR
- APT
- Key Logger Attack
- 사회공학 기법
- TearDrop
- SMURFING

답 :

5440117

문제 17 〈EMP_TBL〉 테이블을 참고하여 〈SQL문〉의 실행 결과를 쓰시오. (5점)

〈EMP_TBL〉

EMPNO	SAL
100	1500
200	3000
300	2000

〈처리 조건〉

```
SELECT COUNT(*) FROM EMP_TBL WHERE EMPNO > 100 AND SAL >= 3000 OR EMPNO = 200;
```

답 :

5440118

문제 18 다음 JAVA로 구현된 프로그램을 분석하여 그 실행 결과를 쓰시오. (단, 출력문의 출력 서식을 준수하시오.) (5점)

```
class firstArea {
    int x, y;
    public firstArea(int x, int y) {
        this.x = x;
        this.y = y;
    }
    public void print() {
        System.out.println(x+y);
    }
}

class secondArea extends firstArea {
    int bb = 3;
    public secondArea(int i) {
        super(i, i+1);
    }
    public void print() {
        System.out.println(bb*bb);
    }
}

public class Main {
    public static void main(String[] args) {
        firstArea st = new secondArea(10);
        st.print();
    }
}
```

답 :

한국산업인력공단에서 시험 문제를 공개하지 않아 수험생의 기억을 토대로 대부분의 문제를 재구성하였으나, [문제 19]와 [문제 20]은 수험생의 기억을 토대로 재구성하기에 어려움이 있었습니다. 이점 양해 바랍니다.

[문제 1]

151

해설

```
#include <stdio.h>
#include <stdlib.h>

main(int argc, char *argv[]) {
❶ int v1 = 0;
❷ int v2 = 35;
❸ int v3 = 29;
❹ if (v1 > v2 ? v2 : v1)
     v2 = v2 << 2;
   else
❺    v3 = v3 << 2;
❻ printf("%d", v2 + v3);
❼ return 0;
}
```

❶ 정수형 변수 v1을 선언하고 0으로 초기화한다.

❷ 정수형 변수 v2를 선언하고 35로 초기화한다.

❸ 정수형 변수 v3을 선언하고 29로 초기화한다.

❹ v1이 v2보다 크면 v2의 값을 조건으로 사용하고 그렇지 않으면 v1의 값을 조건으로 사용한다. 조건은 결과가 0이면 거짓이고, 나머지는 참이다. 0은 35보다 크지 않으므로 v1의 값 0을 조건으로 사용한다. 조건의 결과가 0, 즉 거짓이므로 ❺번 문장으로 이동한다.

❺ <<는 왼쪽 시프트 연산자로, v3에 저장된 값을 왼쪽으로 2비트 이동시킨 후 v3에 저장한다. 정수는 4Byte를 사용하므로 29를 4Byte 2진수로 변환하여 계산하면 된다.

- 29를 4Byte 2진수로 표현하면 다음과 같다.

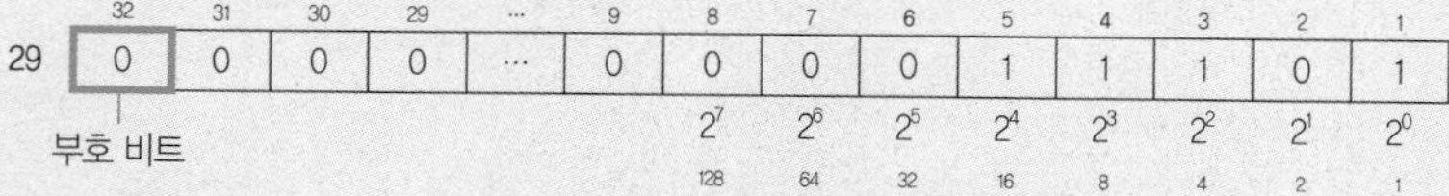

- 부호를 제외한 전체 비트를 왼쪽으로 2비트 이동시킨다. 양수이므로 패딩 비트(빈 자리)에는 0이 채워진다.

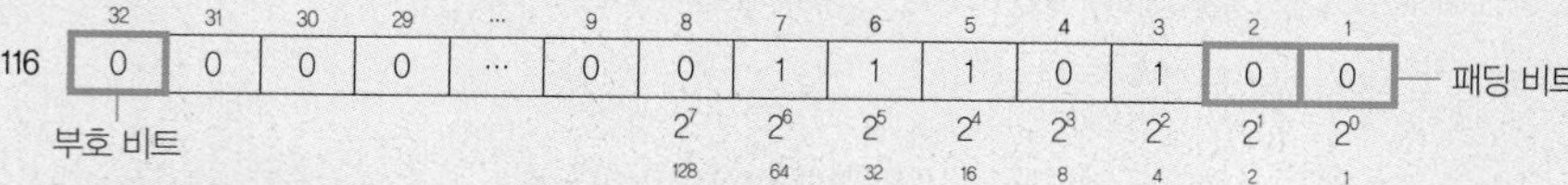

- 이동된 값을 10진수로 변환하면 116이다. v3에는 116이 저장된다.

❻ v2+v3의 결과 **151**을 정수형으로 출력한다.

결과 **151**

❼ main() 함수에서의 'return 0'은 프로그램의 종료를 의미한다.

[문제 2]

※ 다음 중 하나를 쓰면 됩니다.

OSPF, Open Shortest Path First protocol

[문제 3]

제3정규형

해설

- 〈주문〉 테이블에서 '고객번호'가 '주문번호'에 함수적 종속이고, '주소'가 '고객번호'에 함수적 종속이므로 '주소'는 기본키인 '주문번호'에 대해 이행적 함수적 종속을 만족한다. 즉 주문번호 → 고객번호이고, 고객번호 → 주소이므로 주문번호 → 주소는 이행적 함수적 종속이 된다.
- 〈주문〉 테이블에서 이행적 함수적 종속(즉 주문번호 → 주소)을 제거하여 〈주문〉 테이블과 〈고객〉 테이블로 무손실 분해함으로써 제3정규형이 되었다.

[문제 4]

㉠, ㉡, ㉣, ㉢

[문제 5]

4

해설

이 문제는 객체 변수 _inst가 사용하는 메모리 공간을 객체 변수 conn1, conn2, conn3이 공유함으로써 메모리 낭비를 방지하는 싱글톤(Singleton) 개념을 Java로 구현한 문제입니다.

```
class Connection {                                  클래스 Connection을 정의한다.
Ⓐ        private static Connection _inst = null;
Ⓑ        private int count = 0;
❷❿⓱      public static Connection get( ) {
❸⓫⓲          if(_inst == null) {
❹                _inst = new Connection( );
❺                return _inst;
             }
⓬⓳           return _inst;
         }
❽⓯㉒㉔    public void count( ) { count++; }
㉖        public int getCount( ) { return count; }
}

public class Test {
         public static void main(String[] args) {
❶❻           Connection conn1 = Connection.get( );
❼            conn1.count( );
❾⓭           Connection conn2 = Connection.get( );
⓮            conn2.count( );
⓰⓴           Connection conn3 = Connection.get( );
㉑           conn3.count( );
㉓           conn1.count( );
㉕㉗         System.out.print(conn1.getCount( ));
         }
}
```

Ⓐ Connection 클래스의 객체 변수 _inst를 선언하고 null로 초기화한다.

※ 객체 변수를 생성한다는 것은 Connection _inst = new Connection( );과 같이 객체 생성 예약어인 new를 통해 heap 영역에 공간을 확보하여 Connection 클래스의 내용을 저장한 후 그 주소를 객체 변수에 저장하는 것인데, Ⓐ에서는 객체 생성 예약어인 new가 생략되었으므로 생성이 아닌 선언만 합니다. 객체 변수를 선언만 하게 되면 heap이 아닌 stack 영역에 내용 없이 저장되어 사용이 불가능합니다. 이후 ❹번과 같이 객체 생성 예약어인 new가 사용되어야만 heap 영역에 내용이 저장되고 그 주소도 객체 변수에 전달되면서 사용 가능한 객체 변수가 됩니다.

Ⓑ 정수형 변수 count를 선언하고, 0으로 초기화한다.

stack 영역	
변수	값
_inst	null
count	0

heap 영역	
주소	내용

모든 Java 프로그램은 반드시 main( ) 메소드에서 시작한다.

❶ Connection 클래스의 객체 변수 conn1을 선언하고, get( ) 메소드를 호출한 결과를 저장한다.

※ Ⓐ에서와 같이 객체 변수를 선언만 하였으므로 객체 변수 conn1은 stack 영역에 생성됩니다.

stack 영역	
변수	값
_inst	null
count	0
conn1	

heap 영역	
주소	내용

❷ Connection 형을 반환하는 get( ) 메소드의 시작점이다.

❸ _inst가 null이면 ❹, ❺번을 수행하고, 아니면 ⓬번으로 이동한다. _inst가 null이므로 ❹번으로 이동한다.

❹ Connection 클래스의 내용을 heap 영역에 저장하고 그 주소를 _inst에 저장한다.

※ Ⓐ에서 객체 변수 _inst는 이미 선언되었으므로, **Connection _inst = new Connection( );**과 같이 작성하지 않고 앞쪽의 클래스명을 생략하여 **_inst = new Connection( );**과 같이 작성합니다. 생성 예약어인 new를 통해 heap 영역에 공간을 확보하고 Connection 클래스의 내용을 저장한 후 그 주소를 객체 변수 _inst에 저장합니다. 이제 객체 변수 _inst는 Connection( ) 클래스의 내용이 저장된 heap 영역을 가리키게 됩니다.

stack 영역	
변수	값
_inst	100
count	0
conn1	

heap 영역	
주소	내용
0	
100	private static Connection _inst private int count = 0 static public Connection get() { ... } public void count() { ... } public int getCount() { ... }
200	
300	

❺ _inst에 저장된 값을 메소드를 호출했던 ❻번으로 반환한다.

❻ ❺번에서 돌려받은 _inst의 값을 conn1에 저장한다. _inst에는 Connection( ) 클래스의 내용이 저장된 heap 영역의 주소가 저장되어 있으며, conn1에도 동일한 주소가 저장되므로 이후 _inst와 conn1은 같은 heap 영역의 주소를 가리키게 된다.

stack 영역	
변수	값
_inst	100
count	0
conn1	100

heap 영역	
주소	내용
0	
100	private static Connection _inst private int count = 0 static public Connection get() { ... } public void count() { ... } public int getCount() { ... }
200	
300	

❼ conn1의 count( ) 메소드를 호출한다. conn1은 Connection( ) 클래스의 객체 변수이므로 Connection 클래스의 count( ) 메소드를 호출한다는 의미이다.

❽ 반환값이 없는 count( ) 메소드의 시작점이다. count의 값에 1을 더한다.

stack 영역	
변수	값
_inst	100
count	1
conn1	100

heap 영역	
주소	내용
0	
100	private static Connection _inst private int count = 0 static public Connection get() { ... } public void count() { ... } public int getCount() { ... }
200	
300	

❾ Connection 클래스의 객체 변수 conn2를 선언하고, get( ) 메소드를 호출한 결과를 저장한다.

stack 영역	
변수	값
_inst	100
count	1
conn1	100
conn2	

heap 영역	
주소	내용
0	
100	private static Connection _inst private int count = 0 static public Connection get() { ... } public void count() { ... } public int getCount() { ... }
200	
300	

❿ Connection 형을 반환하는 get( ) 메소드의 시작점이다.

⓫ _inst가 null이면 ❹, ❺번을 수행하고, 아니면 ⓬번으로 이동한다. _inst에는 ❹번에서 저장한 heap 영역의 주소가 저장되어 있어 null이 아니므로 ⓬번으로 이동한다.

⓬ _inst에 저장된 값을 메소드를 호출했던 ⓭번으로 반환한다.

⓭ ⓬번에서 돌려받은 _inst의 값을 conn2에 저장한다.

stack 영역	
변수	값
_inst	100
count	1
conn1	100
conn2	100

heap 영역	
주소	내용
0	
100	private static Connection _inst private int count = 0 static public Connection get() { ... } public void count() { ... } public int getCount() { ... }
200	
300	

⓮ conn2의 count( ) 메소드를 호출한다.

⓯ 반환값이 없는 count( ) 메소드의 시작점이다. count의 값에 1을 더한다.

stack 영역	
변수	값
_inst	100
count	2
conn1	100
conn2	100

heap 영역	
주소	내용
0	
100	private static Connection _inst private int count = 0 static public Connection get() { ... } public void count() { ... } public int getCount() { ... }
200	
300	

⑯ Connection 클래스의 객체 변수 conn3을 선언하고, get( ) 메소드를 호출한 결과를 저장한다.

stack 영역	
변수	값
_inst	100
count	2
conn1	100
conn2	100
conn3	

heap 영역	
주소	내용
0	
100	private static Connection _inst private int count = 0 static public Connection get() { ... } public void count() { ... } public int getCount() { ... }
200	
300	

⑰ Connection 형을 반환하는 get( ) 메소드의 시작점이다.

⑱ _inst가 null이면 ❹, ❺번을 수행하고, 아니면 ⑲번으로 이동한다. _inst가 null이 아니므로 ⑲번으로 이동한다.

⑲ _inst에 저장된 값을 메소드를 호출했던 ⑳번으로 반환한다.

⑳ ⑲번에서 돌려받은 _inst의 값을 conn3에 저장한다.

stack 영역	
변수	값
_inst	100
count	2
conn1	100
conn2	100
conn3	100

heap 영역	
주소	내용
0	
100	private static Connection _inst private int count = 0 static public Connection get() { ... } public void count() { ... } public int getCount() { ... }
200	
300	

㉑ conn3 객체 변수의 count( ) 메소드를 호출한다.

㉒ 반환값이 없는 count( ) 메소드의 시작점이다. count의 값에 1을 더한다.

stack 영역	
변수	값
_inst	100
count	3
conn1	100
conn2	100
conn3	100

heap 영역	
주소	내용
0	
100	private static Connection _inst private int count = 0 static public Connection get() { ... } public void count() { ... } public int getCount() { ... }
200	
300	

㉓ conn1의 count( ) 메소드를 호출한다. conn1은 Connection( ) 클래스의 객체 변수이므로 Connection 클래스의 count( ) 메소드를 호출한다는 의미이다.

㉔ 반환값이 없는 count( ) 메소드의 시작점이다. count의 값에 1을 더한다.

stack 영역	
변수	값
_inst	100
count	4
conn1	100
conn2	100
conn3	100

heap 영역	
주소	내용
0	
100	private static Connection _inst private int count = 0 static public Connection get() { ... } public void count() { ... } public int getCount() { ... }
200	
300	

㉕ conn1의 getCount( ) 메소드를 호출하고 돌려받은 값을 출력한다.
㉖ 정수를 반환하는 getCount( ) 메소드의 시작점이다. count의 값 **4**를 메소드를 호출했던 ㉗번으로 반환한다.
※ 객체 변수 _inst, conn1, conn2, conn3은 모두 같은 heap 영역의 주소를 가리키고 있으므로 해당 heap 영역에 저장된 내용을 공유하게 됩니다.
㉗ 화면에 **4**를 출력한다.

결과 4

[문제 6]

Abstract Factory

[문제 7]

① 6 ② 6

해설

① LRU(Least Recently Used) 기법

3개의 페이지를 수용할 수 있는 주기억장치이므로 아래 그림과 같이 3개의 페이지 프레임으로 표현할 수 있습니다.

참조 페이지	1	2	3	1	2	4	5	1
페이지 프레임	1	1	1	1	1	1	5	5
		2	2	2	2	2	2	1
			3	3	3	4	4	4
부재 발생	●	●	●			●	●	●

참조 페이지가 페이지 테이블에 없으면 페이지 결함(부재)이 발생합니다. 초기에는 모든 페이지가 비어 있으므로 처음 1, 2, 3 페이지 적재 시 페이지 결함이 발생합니다. 다음 참조 페이지 1, 2는 이미 적재되어 있으므로 그냥 참조합니다. LRU 기법은 최근에 가장 오랫동안 사용되지 않은 페이지를 교체하는 기법이므로, 참조 페이지 4를 적재할 때 3을 제거한 후 4를 가져옵니다. 이러한 과정으로 모든 페이지에 대한 요구를 처리하고 나면 총 페이지 결함의 발생 횟수는 6회입니다.

② LFU(Least Frequently Used) 기법

3개의 페이지를 수용할 수 있는 주기억장치이므로 아래 그림과 같이 3개의 페이지 프레임으로 표현할 수 있습니다.

참조 페이지	1	2	3	1	2	4	1	2	3	4
페이지 프레임	1	1	1	1	1	1	1	1	1	1
		2	2	2	2	2	2	2	2	2
			3	3	3	4	4	4	3	4
부재 발생	●	●	●			●			●	●

참조 페이지가 페이지 테이블에 없으면 페이지 결함(부재)이 발생합니다. 초기에는 모든 페이지가 비어 있으므로 처음 1, 2, 3 페이지 적재 시 페이지 결함이 발생합니다. 다음 참조 페이지 1, 2는 이미 적재되어 있으므로 그냥 참조합니다. LFU 기법은 사용 빈도가 가장 적은 페이지를 교체하는 기법이므로, 참조 페이지 4를 적재할 때 3을 제거한 후 4를 가져옵니다. 마지막 3, 4 페이지를 적재할 때도 사용 빈도가 적은 4와 3을 제거한 후 가져옵니다. 이러한 과정으로 모든 페이지에 대한 요구를 처리하고 나면 총 페이지 결함의 발생 횟수는 6회입니다.

[문제 8]

Seynaau

※ **답안 작성 시 주의 사항** : C, Java, Python 등의 프로그래밍 언어에서는 대소문자를 구분하기 때문에 출력 결과도 대소문자를 구분하여 정확하게 작성해야 합니다. 예를 들어, 소문자로 **seynaau**로 썼을 경우 부분 점수 없이 완전히 틀린 것으로 간주됩니다.

해설

```
❶ a = [ 'Seoul', 'Kyeonggi', 'Incheon', 'Daejeon', 'Daegu', 'Pusan'];
❷ str01 = 'S'
❸ for i in a:
❹   str01 = str01 + i[1]
❺ print(str01)
```

❶ 리스트 a를 선언하면서 초기값을 지정한다. 초기값으로 지정된 수만큼 리스트의 요소가 만들어진다.

	a[0]	a[1]	a[2]	a[3]	a[4]	a[5]
a	Seoul	Kyeonggi	Incheon	Daejeon	Daegu	Pusan

❷ 변수 str01을 선언하면서 초기값으로 문자 'S'를 지정한다.

❸ 리스트 a의 요소 수만큼 ❹번 문장을 반복 수행한다. 리스트 a는 6개의 요소를 가지므로 각 요소를 i에 할당하면서 다음 문장을 6회 수행한다.

❹ str01과 i에 저장된 문자열의 두 번째 글자(i[1])를 더하여 str01에 저장한다. 즉 str01에 저장된 문자 뒤에 i에 저장된 문자열의 두 번째 글자가 덧붙여진다.

- 1회 : i에 a[0]이 저장되고 i의 1번째 글자 e가 str01에 더해진다.

str01		i[0]	i[1]	i[2]	i[3]	i[4]		i
Se	←	S	e	o	u	l	←	Seoul

- 2회 : i에 a[1]이 저장되고 i의 1번째 글자 y가 str01에 더해진다.

str01		i[0]	i[1]	i[2]	i[3]	i[4]	i[5]	i[6]	i[7]		i
Sey	←	K	y	e	o	n	g	g	i	←	Kyeonggi

- 3회 : i에 a[2]가 저장되고 i의 1번째 글자 n이 str01에 더해진다.

str01		i[0]	i[1]	i[2]	i[3]	i[4]	i[5]	i[6]		i
Sey	←	I	n	c	h	e	o	n	←	Incheon

- 4회 : i에 a[3]이 저장되고 i의 1번째 글자 a가 str01에 더해진다.

str01		i[0]	i[1]	i[2]	i[3]	i[4]	i[5]	i[6]		i
Seyna	←	D	a	e	j	e	o	n	←	Daejeon

- 5회 : i에 a[4]가 저장되고 i의 1번째 글자 a가 str01에 더해진다.

str01		i[0]	i[1]	i[2]	i[3]	i[4]		i
Seynaa	←	D	a	e	g	u	←	Daegu

- 6회 : i에 a[5]가 저장되고 i의 1번째 글자 u가 str01에 더해진다.

str01		i[0]	i[1]	i[2]	i[3]	i[4]		i
Seynaau	←	P	u	s	a	n	←	Pusan

❺ 결과 Seynaau

[문제 9]

① 세타 조인 ② 동등 조인 ③ 자연 조인

[문제 10]

GECA

※ **답안 작성 시 주의 사항** : C, Java, Python 등의 프로그래밍 언어에서는 대소문자를 구분하기 때문에 출력 결과도 대소문자를 구분하여 정확하게 작성해야 합니다. 예를 들어, 소문자로 geca로 썼을 경우 부분 점수 없이 완전히 틀린 것으로 간주됩니다.

해설

```
#include <stdio.h>
#include <string.h>

❹ void inverse(char *str, int len) {
❺     for(int i = 0, j = len - 1; i < j; i++, j--) {
❻         char ch = str[i];
❼         str[i] = str[j];
❽         str[j] = ch;
      }
}❾

int main() {
❶     char str[100] = "ABCDEFGH";
❷     int len = strlen(str);
❸     inverse(str, len);
❿     for(int i = 1; i < len; i += 2) {
⓫         printf("%c", str[i]);
      }
⓬     return 0;
}
```

모든 C 언어 프로그램 반드시 main( ) 함수에서 시작한다.

❶ 100개의 요소를 갖는 문자형 배열 str을 선언하고, "ABCDEFGH"로 초기화한다.

	[0]	[1]	[2]	[3]	[4]	[5]	[6]	[7]
str	'A'	'B'	'C'	'D'	'E'	'F'	'G'	'H'

❷ 정수형 변수 len을 선언하고, str의 길이인 8로 초기화한다.

- strlen( ) : 문자열의 길이를 반환한다.

❸ str과 len을 인수로 하여 inverse( ) 함수를 호출한다. 인수로 배열의 이름을 지정하면 배열의 시작 주소가 인수로 전달된다.

❹ 반환값이 없는 inverse 함수의 시작점이다. 문자형 포인터 변수 str은 str 배열의 시작 주소를 받고, 정수형 변수 len은 8을 받는다.

❺ 반복 변수 i는 0에서 시작하여 1씩 증가하고, 반복 변수 j는 len–1, 즉 7에서 시작하여 –1씩 증가하면서, i가 j보다 작은 동안 ❻~❽번을 반복 수행한다.

❻ 문자형 변수 ch에 str[i]의 값을 저장한다.

❼ str[i]에 str[j]의 값을 저장한다.

❽ str[j]에 ch의 값을 저장한다. ❻~❽은 str[i]와 str[j]의 값을 교환하는 과정이다.

반복문 실행에 따른 변수들의 변화는 다음과 같다.

i	j	str[i]	str[j]	ch	배열 str
0	7	'A' 'H'	'H' 'A'	'A'	[0] [1] [2] [3] [4] [5] [6] [7] 'A' 'B' 'C' 'D' 'E' 'F' 'G' 'H' 'H' (→[0]), 'A' (→[7])
1	6	'B' 'G'	'G' 'B'	'B'	[0] [1] [2] [3] [4] [5] [6] [7] 'H' 'B' 'C' 'D' 'E' 'F' 'G' 'A' 'G' (→[1]), 'B' (→[6])
2	5	'C' 'F'	'F' 'C'	'C'	[0] [1] [2] [3] [4] [5] [6] [7] 'H' 'G' 'C' 'D' 'E' 'F' 'B' 'A' 'F' (→[2]), 'C' (→[5])
3	4	'D' 'E'	'E' 'D'	'D'	[0] [1] [2] [3] [4] [5] [6] [7] 'H' 'G' 'F' 'D' 'E' 'C' 'B' 'A' 'E' (→[3]), 'D' (→[4])
4	5				

❾ 함수를 마치고 inverse(str, len) 함수를 호출했던 main( ) 함수로 제어를 옮긴다. str 배열의 주소를 받아서 처리했으므로 main( ) 함수에 있는 str 배열에 자리 바꿈의 결과가 그대로 반영되어 있다.
❿ 반복 변수 i가 1에서 시작하여 2씩 증가하면서, len보다 작은 동안, 즉 8보다 작은 동안 ⓫번을 반복 수행한다.
⓫ str[i]의 값을 문자형으로 출력한다.
반복문의 실행에 따른 변수들의 변화는 다음과 같다.

i	str[i]	배열 str	출력
1	'G'	[0] 'H', [1] 'G', [2] 'F', [3] 'E', [4] 'D', [5] 'C', [6] 'B', [7] 'A'	G
3	'E'		GE
5	'C'		GEC
7	'A'		GECA
9			

⓬ main( ) 함수에서의 'return 0'은 프로그램의 종료를 의미한다.

[문제 11]

⑤, ⑥, ③, ①, ⑦, ②

해설

```
    class Parent {
        int x, y;

①  ❺   Parent(int x, int y) {
    ❻       this.x = x;
    ❼       this.y = y;
        }

②  ❿   int getX( ) {
    ⓫       return x*y;
        }
    }

    class Child extends Parent {
        int x;

③  ❸   Child(int x) {
    ❹       super(x+1, x);
    ❽       this.x = x;
        }

④      int getX(int n) {
            return super.getX() + n;
        }
    }

    public class Main {
⑤  ❶   public static void main(String[] args) {
⑥  ❷       Parent parent = new Child(10);
⑦  ❾⓬      System.out.println(parent.getX());
        }
    }
```

❶ 모든 Java 프로그램은 반드시 main( ) 메소드에서 시작한다.
❷ Child 클래스의 생성자를 이용하여 Parent 클래스의 객체 변수 parent를 선언한다. 10을 인수로 하여 Child 클래스의 생성자를 호출한다.
- [부모클래스명] [객체변수명] = new [자식클래스생성자( )] : 부모 클래스의 객체 변수를 선언하면서 자식 클래스의 생성자를 사용하면 형 변환이 발생한다.
- 이렇게 형 변환이 발생했을 때 부모 클래스와 자식 클래스에 동일한 속성이나 메소드가 있으면 자식 클래스의 속성이나 메소드로 재정의된다.

❸ Child 클래스의 생성자인 Child( ) 메소드의 시작점이다. ❷번에서 전달한 10을 x가 받는다.

객체 변수 parent	
Child	
x	Child(int x)
	x
	10

❹ 부모 클래스의 생성자를 호출하며, 인수로 x+1과 x의 값을 전달한다.
- super : 상속한 부모 클래스를 가리키는 예약어

❺ 부모 클래스인 Parent 클래스의 생성자 Parent( )의 시작점이다. ❹번에서 전달한 x+1의 값 11을 x가 받고, x의 값 10을 y가 받는다.

객체 변수 parent					
Parent				Child	
x	y	Parent(int x, int y)		x	Child(int x)
		x	y		x
		11	10		10

❻ 'Parent.x = x;'와 동일하다. Parent.x에 x의 값 11을 저장한다.
- this : 현재 실행중인 메소드가 속한 클래스를 가리키는 예약어

❼ Parent.y에 y의 값 10을 저장한다.
생성자가 종료되면 생성자를 호출했던 ❹번의 다음 줄인 ❽번으로 이동한다.

객체 변수 parent					
Parent				Child	
x	y	Parent(int x, int y)		x	Child(int x)
		x	y		x
11	10	11	10		10

❽ 'Child.x = x;'와 동일하다. Child.x에 x의 값 10을 저장한다. 생성자가 종료되면 생성자를 호출했던 ❷번의 다음 줄인 ❾번으로 이동한다.

객체 변수 parent					
Parent				Child	
x	y	Parent(int x, int y)		x	Child(int x)
		x	y		x
11	10	11	10	10	10

❾ parent.getX( ) 메소드를 호출하여 반환받은 값을 출력한다.
❷번에서 형 변환이 발생했으므로 부모 클래스와 자식 클래스에 동일한 속성이나 메소드가 있으면 자식 클래스의 속성이나 메소드로 재정의 되지만 Parent 클래스의 int getX( ) 메소드와 Child 클래스의 int getx(int n) 메소드는 같은 메소드가 아니다. 이름이 같아도 인수가 다르면 같은 메소드가 아니다. ❿번을 호출한다.
❿ 정수를 반환하는 getX( ) 메소드의 시작점이다.
⓫ x*y의 값 110을 함수를 호출했던 ⓬번으로 반환한다.

객체 변수 parent					
Parent				Child	
x	y	Parent(int x, int y)		x	Child(int x)
		x	y		x
11	10	11	10	10	10

⓬ ⓫번으로부터 반환받은 값 110을 출력한다.

결과 **110**

[문제 12]

B
a
b

해설

SELECT B	'B' 속성을 표시한다.
FROM R1	〈R1〉 테이블을 대상으로 검색한다.
WHERE C IN (	〈R1〉 테이블의 'C'가 IN 다음에 쓰인 하위 질의의 결과와 같은 자료만을 대상으로 한다.
SELECT C	'C' 속성을 표시한다.
FROM R2	〈R2〉 테이블을 대상으로 검색한다.
WHERE D='k');	'D'가 "k"인 자료만을 대상으로 한다.

[문제 13]

변환된 문자열 : Nd sc 1

※ **답안 작성 시 주의 사항** : 프로그램의 실행 결과는 부분 점수가 없으므로 정확하게 작성해야 합니다. 예를 들어, "변환된 문자열 : " 부분을 제외하고 Nd sc 1만 썼을 경우 부분 점수 없이 완전히 틀린 것으로 간주됩니다.

해설

```
#include <stdio.h>
#include <ctype.h>

int main( ) {
❶ char *p = "It is 8";
❷ char result[100];
❸ int i;
❹ for(i = 0; p[i] != '\0'; i++) {
❺    if(isupper(p[i]))
❻       result[i] = (p[i] - 'A'+ 5) % 25 + 'A';
❼    else if(islower(p[i]))
❽       result[i] = (p[i] - 'a'+ 10) % 26 + 'a';
❾    else if(isdigit(p[i]))
❿       result[i] = (p[i] - '0'+ 3) % 10 + '0';
⓫    else if(!(isupper(p[i]) || islower(p[i]) || isdigit(p[i])))
⓬       result[i] = p[i];
  }
```

```
⓭ result[i] = '\0';
⓮ printf("변환된 문자열 : %s\n", result);
⓯ return 0;
}
```

❶ 문자형 포인터 변수 p를 선언하고, 문자열 "It is 8"이 저장된 곳의 주소를 저장한다. (다음 그림에서 지정한 주소는 임의로 정한 것이며, 이해를 돕기 위해 10진수로 표현했음)

주소	메모리							
	p[0]	p[1]	p[2]	p[3]	p[4]	p[5]	p[6]	p[7]
p [1000] → 1000	'I'	't'		'i'	's'		'8'	'\0'

❷ 100개의 요소를 갖는 문자형 배열 result를 선언한다.

❸ 정수형 변수 i를 선언한다.

❹ 반복 변수 i가 0에서 시작하여 1씩 증가하면서 p[i]가 널 문자('\0')가 아닌 동안 ❺~⓬번을 반복 수행한다.

❺ p[i]의 값이 대문자이면 ❻번을 수행하고, 아니면 ❼번을 수행한다.

- isupper( ) : 인수가 대문자인지 확인하는 함수

❻ (p[i] – 'A' + 5) % 25 + 'A'의 결과를 result[i]에 저장한 후 반복문의 처음인 ❹번으로 이동한다.

※ "It is 8"이라는 문자열이 메모리에 저장될 때는 각각의 문자에 해당하는 아스키코드 값이 저장되며, 계산식에 사용되는 문자 'A'도 아스키코드 값으로 변환되어 계산됩니다. 즉 'A'는 'A'에 해당하는 아스키코드 값인 65로 처리됩니다. 알파벳 대문자의 아스키코드 값은 'A(65)' ~ 'Z(90)'이며, 알파벳 소문자의 아스키코드 값은 'a(97)' ~ 'z(122)'입니다.

※ i가 0일 때, p[i]에 "I"가 저장되어 있으므로, ('I' – 'A' + 5) % 25 + 'A', 즉 (73 – 65 + 5) % 25 + 65의 결과인 78이 result[0]에 저장됩니다.

❼ p[i]의 값이 소문자이면 ❽번을 수행하고, 아니면 ❾번을 수행한다.

- islower( ) : 인수가 소문자이면 참을 반환하는 함수

❽ (p[i] – 'a' + 10) % 26 + 'a'의 결과를 result[i]에 저장한 후 반복문의 처음인 ❹번으로 이동한다.

※ i가 1일 때, p[i]에 "t"가 저장되어 있으므로, ('t' – 'a' + 10) % 26 + 'a', 즉 (116 – 97 + 10) % 26 + 97의 결과인 100이 result[1]에 저장됩니다.

❾ p[i]의 값이 숫자이면 ❿번을 수행하고, 아니면 ⓫번을 수행한다.

- isdigit( ) : 인수가 숫자이면 참을 반환하는 함수

❿ (p[i] – '0' + 3) % 10 + '0'의 결과를 result[i]에 저장한 후 반복문의 처음인 ❹번으로 이동한다.

※ i가 6일 때, p[i]에 "8"이 저장되어 있으므로, ('8' – '0' + 3) % 10 + '0', 즉 (8 – 0 + 3) % 10 + 0의 결과인 1이 result[6]에 저장됩니다.

⓫ p[i]의 값이 대문자 또는 소문자 또는 숫자가 아니면 ⓬번을 수행하고, 아니면 반복문의 처음인 ❹번으로 이동한다.

⓬ p[i]를 result[i]에 저장한 후 반복문의 처음인 ❹번으로 이동한다.

반복문 실행에 따른 변수들의 변화는 다음과 같다.

i	p[i]	result[i]	배열 result
0	'I'	78	
1	't'	100	
2	' '		
3	'i'	115	[0] [1] [2] [3] [4] [5] [6] …
4	's'	99	'78' '100' ' ' '115' '99' ' ' '1' …
5	' '		
6	'8'	1	
7	'\0'		

⓭ result[i]에 널 문자('\0')를 저장한다.

	p[0]	p[1]	p[2]	p[3]	p[4]	p[5]	p[6]	p[7]
result	'78'	'100'	' '	'115'	'99'	' '	'1'	'\0'

⓮ **변환된 문자열 :** 을 출력한 후 result의 값을 문자열로 출력한다. 배열 result에 저장된 아스키코드에 해당하는 문자들이 출력된다.

결과 **변환된 문자열 : Nd sc 1**

⓯ main( ) 함수에서의 'return 0'은 프로그램의 종료를 의미한다.

[문제 14]

MC/DC

[문제 15]

Rootkit

[문제 16]

APT

해설

APT(Advanced Persistent Threat), 지능형 지속공격

[문제 17]

1

해설

SQL도 프로그래밍 언어와 마찬가지로 OR 연산자보다 AND 연산자의 우선순위가 높다. 즉 '식1 AND 식2 OR 식3'과 같이 조건이 제시되었으면 '식1 AND 식2'의 조건을 먼저 확인한 후 그 결과와 식3의 OR 조건을 확인해야 한다.

SELECT COUNT(*)	튜플의 개수를 표시한다.
FROM EMP_TBL	〈EMP_TBL〉 테이블에서 검색한다.
WHERE EMPNO 〉 100	'EMPNO'가 100보다 크고
AND SAL 〉= 3000	'SAL'이 3000 이상이거나,
OR EMPNO = 200;	'EMPNO'가 200인 튜플만을 대상으로 검색한다.

과정

① 'EMPNO'가 100보다 큰 튜플은 다음과 같다.

EMPNO	SAL
200	3000
300	2000

② 'SAL'이 3000 이상인 튜플은 다음과 같다.

EMPNO	SAL
200	3000

③ ①, ②의 조건을 동시에 만족(AND)하는 튜플은 다음과 같다.

EMPNO	SAL
200	3000

④ 'EMPNO'가 200인 튜플은 다음과 같다.

EMPNO	SAL
200	3000

⑤ ③번 또는 ④번의 튜플 중 한 번이라도 포함된(OR) 튜플은 다음과 같다.

EMPNO	SAL
200	3000

⑥ COUNT(*) 함수에 따라 ⑤번 튜플의 개수를 표시하면 다음과 같다.

COUNT(*)
1

[문제 18]

9

해설

```
class firstArea {
    int x, y;
❹   public firstArea(int x, int y) {
❺       this.x = x;
❻       this.y = y;
    }
    public void print() {
        System.out.println(x+y);
    }
}

class secondArea extends firstArea {
    int bb = 3;
❷   public secondArea(int i) {
❸       super(i, i+1);
❼   }
❾   public void print() {
❿       System.out.println(bb*bb);
⓫   }
}

public class Main {
    public static void main(String[] args) {
❶       firstArea st = new secondArea(10);
❽       st.print();
⓬   }
}
```

모든 Java 프로그램은 반드시 main() 메소드에서 시작한다.

❶ secondArea 클래스의 생성자를 이용하여 firstArea 클래스의 객체 변수 st를 선언한다.

- **[부모클래스명] [객체변수명] = new [자식클래스생성자( )]** : 부모 클래스의 객체 변수를 선언하면서 자식 클래스의 생성자를 사용하면 형 변환이 발생한다.
- 이렇게 형 변환이 발생했을 때 부모 클래스와 자식 클래스에 동일한 속성이나 메소드가 있으면 자식 클래스의 속성이나 메소드로 재정의된다.

객체 변수 st		
secondArea		
bb	secondArea(int i)	print( )
	i	
3		

❷ secondArea 클래스의 생성자인 secondArea( ) 메소드의 시작점이다. ❶번에서 전달한 10을 i가 받는다.

객체 변수 st		
secondArea		
bb	secondArea(int i)	print( )
	i	
3	10	

❸ 부모 클래스의 생성자를 호출하며, 인수로 i와 i+1의 값을 전달한다.

- super : 상속한 부모 클래스를 가리키는 예약어

❹ 부모 클래스인 firstArea 클래스의 생성자 firstArea( )의 시작점이다. ❸번에서 전달한 i의 값 10을 x가 받고, i+1의 값 11을 y가 받는다.

객체 변수 st							
firstArea					secondArea		
x	y	firstArea(int x, int y)		print( )	bb	secondArea(int i)	print( )
		x	y			i	
		10	11		3	10	

❺ 'fistArea.x = x;'와 동일하다. firstarea.x에 x의 값 10을 저장한다.

- this : 현재 실행중인 메소드가 속한 클래스를 가리키는 예약어

❻ 'fistArea.y = y;'와 동일하다. firstarea.y에 y의 값 11을 저장한다. 생성자가 종료되면 생성자를 호출했던 ❸번의 다음 줄인 ❼번으로 이동한다.

객체 변수 st							
firstArea					secondArea		
x	y	firstArea(int x, int y)		print( )	bb	secondArea(int i)	print( )
		x	y			i	
10	11	10	11		3	10	

❼ secondArea( ) 메소드가 종료되었으므로 호출했던 ❶번의 다음 줄인 ❽번으로 이동한다.

❽ st의 print( ) 메소드를 호출한다. ❾번으로 이동한다.
print( ) 메소드는 st 객체의 자료형이 firstArea이므로 firstArea 클래스의 print( ) 메소드라고 생각할 수 있지만 ❶번에서 클래스 형 변환이 발생하였고, print( ) 메소드가 자식 클래스에서 재정의되었으므로 secondArea 클래스의 print( ) 메소드가 수행된다.

❾ 반환값이 없는 print( ) 메소드의 시작점이다.

❿ bb*bb의 값 9를 출력한다.

결과 9

객체 변수 st							
firstArea					secondArea		
x	y	firstArea(int x, int y)		print( )	bb	secondArea(int i)	print( )
		x	y			i	bb*bb
10	11	10	11		3	10	9

⓫ print( ) 메소드가 종료되었으므로 호출했던 ❽번의 다음 줄인 ⓬번으로 이동하여 프로그램을 종료한다

EXAMINATION
기출문제

2023년 3회 정보처리기사 실기

수험자 유의사항

1. 시험 문제지를 받는 즉시 응시하고자 하는 종목의 문제지가 맞는지를 확인하여야 합니다.
2. 시험 문제지 총면수 · 문제번호 순서 · 인쇄상태 등을 확인하고, 수험번호 및 성명을 답안지에 기재하여야 합니다.
3. 문제 및 답안(지), 채점기준은 일절 공개하지 않으며 자신이 작성한 답안, 문제 내용 등을 수험표 등에 이기(옮겨 적는 행위) 등은 관련 법 등에 의거 불이익 조치 될 수 있으니 유의하시기 바랍니다.
4. 수험자 인적사항 및 답안작성(계산식 포함)은 흑색 필기구만 사용하되, 흑색을 제외한 유색 필기구 또는 연필류를 사용하였을 경우 그 문항은 0점 처리됩니다.
5. 답란(답안 기재란)에는 문제와 관련 없는 불필요한 낙서나 특이한 기록사항 등을 기재하여서는 안되며 부정의 목적으로 특이한 표식을 하였다고 판단될 경우에는 모든 문항이 0점 처리됩니다.
6. 답안을 정정할 때에는 반드시 정정부분을 두 줄(=)로 그어 표시하여야 하며, 두 줄로 긋지 않은 답안은 정정하지 않은 것으로 간주합니다. (수정테이프, 수정액 사용불가)
7. 답안의 한글 또는 영문의 오탈자는 오답으로 처리됩니다. 단, 답안에서 영문의 대 · 소문자 구분, 띄어쓰기는 여부에 관계 없이 채점합니다.
8. 계산 또는 디버깅 등 계산 연습이 필요한 경우는 〈문제〉 아래의 연습란을 사용하시기 바라며, 연습란은 채점대상이 아닙니다.
9. 문제에서 요구한 가지 수(항수) 이상을 답란에 표기한 경우에는 답안기재 순으로 요구한 가지 수(항수)만 채점하고 한 항에 여러 가지를 기재하더라도 한 가지로 보며 그 중 정답과 오답이 함께 기재란에 있을 경우 오답으로 처리됩니다.
10. 한 문제에서 소문제로 파생되는 문제나, 가지수를 요구하는 문제는 대부분의 경우 부분채점을 적용합니다. 그러나 소문제로 파생되는 문제 내에서의 부분 배점은 적용하지 않습니다.
11. 답안은 문제의 마지막에 있는 답란에 작성하여야 합니다.
12. 부정 또는 불공정한 방법(시험문제 내용과 관련된 메모지 사용 등)으로 시험을 치른 자는 부정행위자로 처리되어 당해 시험을 중지 또는 무효로 하고, 2년간 국가기술자격검정의 응시자격이 정지됩니다.
13. 시험위원이 시험 중 신분확인을 위하여 신분증과 수험표를 요구할 경우 반드시 제시하여야 합니다.
14. 시험 중에는 통신기기 및 전자기기(휴대용 전화기 등)를 지참하거나 사용할 수 없습니다.
15. 국가기술자격 시험문제는 일부 또는 전부가 저작권법상 보호되는 저작물이고, 저작권자는 한국산업인력공단입니다. 문제의 일부 또는 전부를 무단 복제, 배포, 출판, 전자출판 하는 등 저작권을 침해하는 일체의 행위를 금합니다.

※ 수험자 유의사항 미준수로 인한 채점상의 불이익은 수험자 본인에게 전적으로 책임이 있음

4440301

문제 1 다음 JAVA로 구현된 프로그램을 분석하여 그 실행 결과를 쓰시오. (단, 출력문의 출력 서식을 준수하시오.) (5점)

```
class SuperObject {
     public void draw() {
          System.out.println("A");
          draw();
     }
     public void paint() {
          System.out.print('B');
          draw();
     }
}
class SubObject extends SuperObject {
     public void paint() {
          super.paint();
          System.out.print('C');
          draw();
     }
     public void draw() {
          System.out.print('D');
     }
}
public class Test {
     public static void main(String[] args) {
          SuperObject a = new SubObject();
          a.paint();
          a.draw();
     }
}
```

답 :

4440302

문제 2 다음 설명에 해당하는 용어를 〈보기〉에서 찾아 쓰시오. (5점)

- 인터넷 애플리케이션에서 사용자 인증에 사용되는 표준 인증 방법으로, 공개 API(OpenAPI)로 구현되었다.
- 인터넷 사용자가 웹사이트나 애플리케이션에 비밀번호를 제공하지 않고 자신에게 접근 권한을 부여하여 사용할 수 있다.
- 2010년 ETF에서 1.0이 공식 표준안으로 발표되었다.

〈보기〉

• OpenID	• IDEA	• OAuth	• SSPI
• SASL	• PEAP	• OIDC	• JAAS

답 :

4440303

문제 3 다음 C 언어로 구현된 프로그램을 분석하여 그 실행 결과를 쓰시오. (단, 출력문의 출력 서식을 준수하시오.) (5점)

```
#include <stdio.h>
main() {
     char* p = "KOREA";
     printf("1. %s\n", p);
     printf("2. %s\n", p + 1);
     printf("3. %c\n", *p);
     printf("4. %c\n", *(p + 3));
     printf("5. %c\n", *p + 4);
}
```

답

- ①
- ②
- ③
- ④
- ⑤

4440304

문제 4 다음 C 언어 프로그램과 그 〈실행결과〉를 분석하여 괄호에 공통으로 들어갈 알맞은 답을 쓰시오. (5점)

```
#include <stdio.h>
struct insa {
    char name[10];
    int age;
    struct insa* impl_a;
    struct insa* impl_b;
};

main() {
    struct insa p1 = { "Kim", 28, NULL, NULL };
    struct insa p2 = { "Lee", 36, NULL, NULL };
    struct insa p3 = { "Park", 41, NULL, NULL };
    p1.impl_a = &p2;
    p2.impl_b = &p3;
    printf("%s\n", p1.impl_a(        )name);
    printf("%d", p2.impl_b(        )age);
}
```

〈실행결과〉

```
Lee
41
```

답 :

4440305

문제 5 리눅스 또는 유닉스에서 'a.txt' 파일에 대해 다음 〈처리 조건〉과 같이 권한을 부여하고자 한다. 〈처리 조건〉을 준수하여 식을 완성하시오. (5점)

〈처리 조건〉

- 사용자에게 읽기, 쓰기, 실행 권한을 부여한다.
- 그룹에게 읽기, 실행 권한을 부여한다.
- 기타 사용자에게 실행 권한을 부여한다.
- 한 줄로 작성하고, 8진법 숫자를 이용한 명령문을 이용한다.

답 : (   ) (   ) a.txt

4440306

문제 6 UML 다이어그램에 대한 다음 설명에서 괄호에 공통으로 들어갈 알맞은 용어를 쓰시오. (5점)

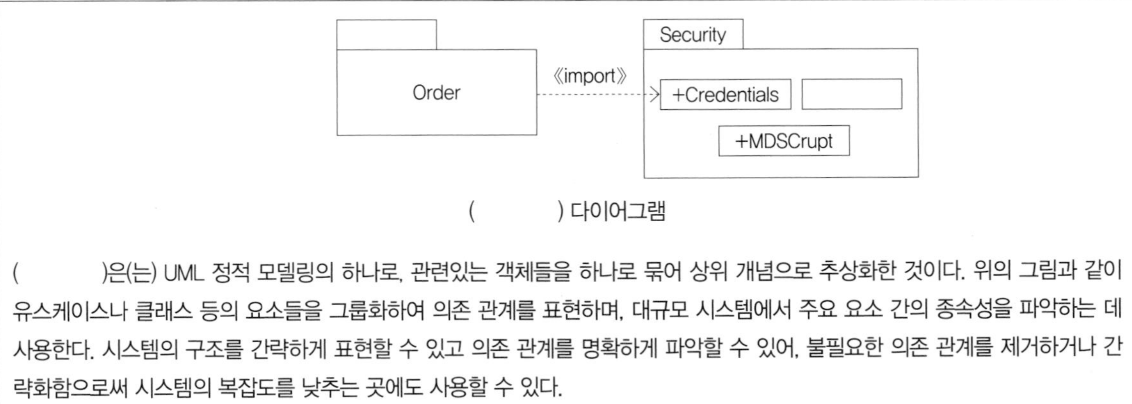

(   )은(는) UML 정적 모델링의 하나로, 관련있는 객체들을 하나로 묶어 상위 개념으로 추상화한 것이다. 위의 그림과 같이 유스케이스나 클래스 등의 요소들을 그룹화하여 의존 관계를 표현하며, 대규모 시스템에서 주요 요소 간의 종속성을 파악하는 데 사용한다. 시스템의 구조를 간략하게 표현할 수 있고 의존 관계를 명확하게 파악할 수 있어, 불필요한 의존 관계를 제거하거나 간략화함으로써 시스템의 복잡도를 낮추는 곳에도 사용할 수 있다.

답 :

4440307

문제 7 테스트 기법 중 다음과 같이 '평가 점수표'를 미리 정해 놓은 후 각 영역에 해당하는 입력값을 넣고, 예상되는 출력값이 나오는지 실제 값과 비교하는 명세 기반 테스트 기법을 〈보기〉에서 찾아 쓰시오. (5점)

〈평가 점수표〉

평가점수	성적등급
90~100	A
80~89	B
70~79	C
0~69	D

〈케이스〉

테스트 케이스	1	2	3	4
점수범위	0~69	70~79	80~89	90~100
입력값	60	75	82	96
예상 결과값	D	C	B	A
실제 결과값	D	C	B	A

〈보기〉

- Equivalence Partition
- Boundary Value Analysis
- Equivalence Value
- Cause-Effect Graph
- Error Guess
- Comparison Test
- Base Path Test
- Loop Test
- Data Flow Test

답 :

4440308

문제 8 〈R〉과 〈S〉 테이블에 대해 〈SQL문〉을 실행하였을 때 나타나는 결과를 작성하시오. (SQL을 실행하였을 때 출력되는 속성명과 값들을 모두 답안에 적으시오.) (5점)

〈R〉

A	B
1	a
2	b
3	c

〈S〉

A	B
1	a
2	c
4	d

〈SQL문〉

```
SELECT A FROM R
UNION
SELECT A FROM S
ORDER BY A DESC;
```

답 :

4440309

문제 9 다음 C 언어로 구현된 프로그램을 분석하여 그 실행 결과를 쓰시오. (단, 출력문의 출력 서식을 준수하시오.) (5점)

```c
#include <stdio.h>
int isPerfectNum(int num) {
    int sum = 0;
    for (int i = 1; i < num; i++) {
        if (num % i == 0)
            sum += i;
    }
    if (num == sum) return 1;
    else return 0;
}
main() {
    int r = 0;
    for (int i = 1; i <= 100; i++)
        if (isPerfectNum(i))
            r += i;
    printf("%d", r);
}
```

답 :

4440310

문제 10 네트워크에 대한 다음 설명에 해당하는 용어를 쓰시오. (5점)

- 우리말로 번역하면 '네트워크 주소 변환'이라는 의미의 영문 3글자 약자이다.
- 1개의 정식 IP 주소에 다량의 가상 사설 IP 주소를 할당 및 연결하는 방식이다.
- 1개의 IP 주소를 사용해서 외부에 접속할 수 있는 노드가 어느 시점에 1개로 제한되는 문제가 있으나, 이때는 IP 마스커레이드(Masquerade)를 이용하면 된다.

답 :

4440311

문제 11 다음 설명에 해당하는 프로토콜을 쓰시오. (5점)

자료를 일정한 크기로 정하여 순서대로 전송하는 자료의 전송방식으로, 셀이라 부르는 53Byte의 고정 길이 패킷을 이용하여 처리가 단순하고 고속망에 적합하다. 또한 연속적으로 셀을 보낼 때 다중화를 하지 않고 셀 단위로 동기가 이루어지지만 경우에 따라 동기식 시간 분할 다중화를 사용하기도 한다. CBR, VBR의 처리가 가능하며, B-ISDN과 결합하여 서비스를 제공하기도 한다.

답 :

4440312

문제 12 다음은 오류가 발생하는 JAVA 프로그램이다. 프로그램을 분석하여 오류가 발생하는 라인을 쓰시오. (5점)

라인	코드

```
1   class Person {
2        private String name;
3        public Person(String val) {
4             name = val;
5        }
6        public static String get() {
7             return name;
8        }
9        public void print() {
10            System.out.println(name);
11       }
12  }
```

```
public class Test {
    public static void main(String[] args) {
        Person obj = new Person("Kim");
        obj.print();
    }
}
```

답 :

4440313

문제 13 접근 통제(Access Control)에 대한 다음 설명에서 괄호(①~③)에 들어갈 알맞은 용어를 〈보기〉에서 찾아 쓰시오. (5점)

(①)	• 주체와 객체의 등급을 비교하여 접근 권한을 부여하는 방식이다. • 시스템이 접근통제 권한을 지정한다. • 데이터베이스 객체별로 보안 등급을 부여할 수 있다. • 사용자별로 인가 등급을 부여할 수 있다.
(②)	• 사용자의 역할에 따라 접근 권한을 부여하는 방식이다. • 중앙관리자가 접근통제 권한을 지정한다. • 임의 접근통제와 강제 접근통제의 단점을 보완하였다. • 다중 프로그래밍 환경에 최적화된 방식이다.
(③)	• 데이터에 접근하는 사용자의 신원에 따라 접근 권한을 부여하는 방식이다. • 데이터 소유자가 접근통제 권한을 지정하고 제어한다. • 객체를 생성한 사용자가 생성된 객체에 대한 모든 권한을 부여받고, 부여된 권한을 다른 사용자에게 허가할 수도 있다.

〈보기〉

• DAC(Discretionary Access Control)
• MAC(Mandatory Access Control)
• RBAC(Role Based Access Control)

답

• ①
• ②
• ③

4440314

문제 14 다음 JAVA로 구현된 프로그램을 분석하여 그 실행 결과를 쓰시오. (단, 출력문의 출력 서식을 준수하시오.) (5점)

```
class P {
    public int calc(int n) {
        if (n <= 1) return n;
        return calc(n - 1) + calc(n - 2);
    }
}
class C extends P {
    public int calc(int n) {
        if (n <= 1) return n;
        return calc(n - 1) + calc(n - 3);
    }
}
public class Test {
    public static void main(String[] args) {
        P obj = new C();
        System.out.print(obj.calc(7));
    }
}
```

답 :

4440315

문제 15 다음 C 언어로 구현된 프로그램을 분석하여 그 실행 결과를 쓰시오. (단, 출력문의 출력 서식을 준수하시오.) (5점)

```
#include <stdio.h>
int f(int n) {
    if (n <= 1) return 1;
    else return n * f(n - 1);
}
main() {
    printf("%d", f(7));
}
```

답 :

4440316

문제 16 다음 Python 프로그램과 그 〈실행결과〉를 분석하여 괄호에 들어갈 알맞은 예약어를 쓰시오. (〈실행결과〉 첫 번째 라인의 '5 10'은 입력받은 값에 해당한다.) (5점)

```
x, y = input("x, y의 값을 공백으로 구분하여 입력 : ").(        )(' ')
print("x의 값 :", x)
print("y의 값 :", y)
```

〈실행결과〉

```
x, y의 값을 공백으로 구분하여 입력 : 5 10
x의 값 : 5
y의 값 : 10
```

답 :

4440317

문제 17 라우드에 대한 다음 설명에서 괄호(①~③)에 들어갈 알맞은 용어를 내용 중에서 찾아 쓰시오. (5점)

클라우드 컴퓨팅은 각종 컴퓨팅 자원을 중앙 컴퓨터에 두고 인터넷 기능을 가진 단말기로 언제 어디서나 인터넷을 통해 컴퓨터 작업을 수행할 수 있는 환경을 의미한다. 중앙 컴퓨터는 복수의 데이터 센터를 가상화 기술로 통합한 대형 데이터 센터로, 각종 소프트웨어, 데이터, 보안 솔루션 기능 등 컴퓨팅 자원을 보유하고 있다. 사용자는 키보드와 모니터, 마우스를 갖추고 통신 포트만 연결하면 업무 수행이 가능하다.

즉 클라우드 컴퓨팅은 인터넷으로 가상화된 IT 리소스를 서비스로 제공하는 것을 의미하며, 클라우드 컴퓨팅에서 가상화하여 서비스로 제공하는 대상에 따라 IaaS, PaaS, SaaS로 구분되어 진다.

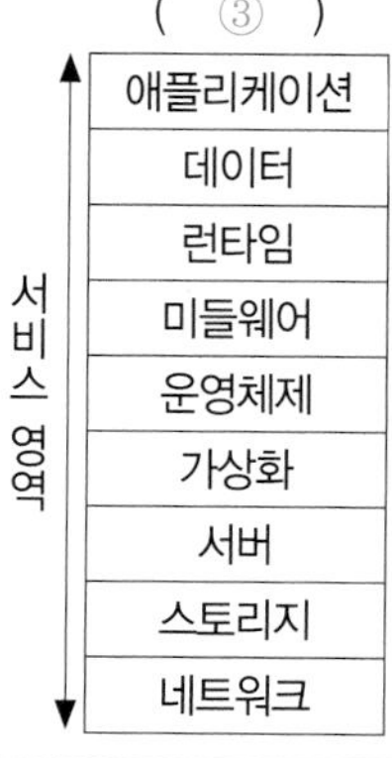

답

- ①
- ②
- ③

4440318

문제 18 다음 설명에 해당하는 프로토콜을 쓰시오. (5점)

- 거리 벡터 라우팅 프로토콜이라고도 불리며, 최단 경로 탐색에 Bellman-Ford 알고리즘이 사용된다.
- 소규모 동종의 네트워크 내에서는 효율적이나, 최대 홉(Hop) 수가 제한되므로 대규모 네트워크에서는 사용할 수 없다.
- 일정 시간 동안 라우팅 정보가 갱신되지 않으면 해당 경로를 이상 상태로 간주한다.

답 :

4440319

문제 19 관계 연산자에 대한 다음 설명에서 각 번호(①~④)의 연산자를 의미하는 기호를 〈보기〉에서 찾아 쓰시오. (5점)

연산자	특징
① Join	• 공통 속성을 중심으로 두 개의 릴레이션을 하나로 합쳐서 새로운 릴레이션을 만드는 연산이다. • Join의 결과는 Cartesian Product(교차곱)를 수행한 다음 Select를 수행한 것과 같다.
② Project	• 주어진 릴레이션에서 속성 리스트(Attribute List)에 제시된 속성 값만을 추출하여 새로운 릴레이션을 만드는 연산이다. • 연산 결과에 중복이 발생하면 중복이 제거된다. • 릴레이션의 열에 해당하는 속성을 추출하는 것이므로 수직 연산자라고도 한다.
③ Select	• 릴레이션에 존재하는 튜플 중에서 선택 조건을 만족하는 튜플의 부분집합을 구하여 새로운 릴레이션을 만드는 연산이다. • 릴레이션의 행에 해당하는 튜플(Tuple)을 구하는 것이므로 수평 연산이라고도 한다.
④ Division	X⊃Y인 두 개의 릴레이션 R(X)와 S(Y)가 있을 때, R의 속성이 S의 속성값을 모두 가진 튜플에서 S가 가진 속성을 제외한 속성만을 구하는 연산이다.

〈보기〉

• σ • ⋈ • ÷ • ± • ∞ • π

답
- ① Join :
- ② Project :
- ③ Select :
- ④ Division :

4440320

문제 20 무결성에 대한 다음 설명에서 괄호에 들어갈 알맞은 답을 쓰시오. (5점)

무결성이란 데이터베이스에 저장된 데이터 값과 그것이 표현하는 현실 세계의 실제 값이 일치하는 정확성을 의미한다. 무결성 제약 조건은 데이터베이스에 들어 있는 데이터의 정확성을 보장하기 위해 부정확한 자료가 데이터베이스 내에 저장되는 것을 방지하기 위한 조건을 말한다.

〈회원〉

<u>이름</u>	주민번호	주소
kim	800212-2******	서울
choi	820911-1******	경기
kang	750815-1******	인천

〈결제〉

<u>결제번호</u>	주문 상품	회원
1	rxe-123	choi
2	dp-01	kim
3	qiv-433	kang

위의 두 테이블에서는 〈결제〉 테이블의 '회원' 속성이 〈회원〉 테이블의 '이름' 속성을 참고하는 외래키이므로 (　　　　) 무결성 제약 조건이 준수되어야 한다.

답 :

[문제 1]

BDCDD

해설

```
class SuperObject {
   public void draw( ) {
      System.out.println("A");
      draw( );
   }
❺ public void paint( ) {
❻    System.out.print('B');
❼    draw( );
   } ❿
}
class SubObject extends SuperObject {
❸ public void paint( ) {
❹    super.paint( );
⓫    System.out.print('C');
⓬    draw( );
   } ⓯
❽⓭⓱ public void draw( ) {
❾⓮⓲    System.out.print('D');
   }
}
public class Test {
   public static void main(String[] args) {
❶     SuperObject a = new SubObject( );
❷     a.paint( );
⓰     a.draw( );
   } ⓳
}
```

모든 Java 프로그램은 반드시 main( ) 메소드에서 시작한다.

❶ SubObject 클래스의 생성자를 이용하여 SuperObject 클래스의 객체 변수 a를 생성한다.

❷ a의 paint( ) 메소드를 호출한다. ❸번으로 이동한다.

a.paint( )는 a 객체의 자료형이 SuperObject이므로 SuperObject.paint( )라고 생각할 수 있지만 ❶번에서 클래스 형 변환이 발생하였고, paint( ) 메소드가 자식 클래스에서 재정의되었으므로 SubObject 클래스의 paint( ) 메소드가 호출된다.

❸ 반환값이 없는 paint( ) 메소드의 시작점이다.

❹ 부모 클래스를 호출하는 예약어 super를 사용했으므로 부모 클래스의 paint( ) 메소드를 호출한다. ❺번으로 이동한다.

❺ 반환값이 없는 paint( ) 메소드의 시작점이다.

❻ 화면에 B를 출력한다.

결과 B

❼ draw( ) 메소드를 호출한다. draw( ) 메소드는 ❷번의 경우와 마찬가지로 자식 클래스에서 재정의되었으므로 SubObject 클래스의 draw( ) 메소드가 호출된다.

❽ 반환값이 없는 draw( ) 메소드의 시작점이다.

❾ 화면에 D를 출력한다. draw( ) 메소드가 종료되었으므로 메소드를 호출했던 ❼번의 다음 줄인 ❿번으로 이동한다.

결과 BD

❿ paint( ) 메소드가 종료되었으므로 메소드를 호출했던 ❹번의 다음 줄인 ⓫번으로 이동한다.
⓫ 화면에 C를 출력한다.

결과 BDC

⓬ draw( ) 메소드를 호출한다.
⓭ 반환값이 없는 draw( ) 메소드의 시작점이다.
⓮ 화면에 D를 출력한다. draw( ) 메소드가 종료되었으므로 메소드를 호출했던 ⓬번의 다음 줄인 ⓯번으로 이동한다.

결과 BDCD

⓯ paint( ) 메소드가 종료되었으므로 메소드를 호출했던 ❷번의 다음 줄인 ⓰번으로 이동한다.
⓰ draw( ) 메소드를 호출한다.
⓱ 반환값이 없는 draw( ) 메소드의 시작점이다.
⓲ 화면에 D를 출력한다. draw( ) 메소드가 종료되었으므로 메소드를 호출했던 ⓰번의 다음 줄인 ⓳번으로 이동한다.

결과 BDCDD

⓳ main( ) 메소드가 종료되었으므로 프로그램이 종료된다.

[문제 2]

OAuth

[문제 3]

1. KOREA
2. OREA
3. K
4. E
5. O

해설

```
#include <stdio.h>
main( ) {
❶ char* p = "KOREA";
❷ printf("1. %s\n", p);
❸ printf("2. %s\n", p + 1);
❹ printf("3. %c\n", *p);
❺ printf("4. %c\n", *(p + 3));
❻ printf("5. %c\n", *p + 4);
}
```

❶ 문자형 포인터 변수 p에 "KOREA"를 저장한다. (다음 그림에서 지정한 주소는 임의로 정한 것이며, 이해를 돕기 위해 10진수로 표현했다.)

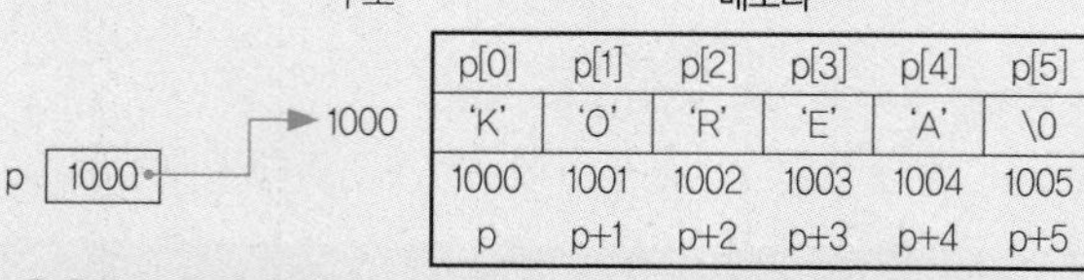

p[0]	p[1]	p[2]	p[3]	p[4]	p[5]
'K'	'O'	'R'	'E'	'A'	\0
1000	1001	1002	1003	1004	1005
p	p+1	p+2	p+3	p+4	p+5

❷ 1. 을 출력하고 p의 위치부터 널 문자(\0) 전까지의 모든 문자를 출력한다.

결과 1. KOREA

❸ 2. 을 출력하고 p+1의 위치부터 널 문자(\0) 전까지의 모든 문자를 출력한다.

결과
1. KOREA
2. OREA

❹ 3. 을 출력하고 p가 가리키는 곳의 문자 K를 출력한다.

결과
```
1. KOREA
2. OREA
3. K
```

❺ 4. 을 출력하고 p+3이 가리키는 곳의 문자 E를 출력한다.

결과
```
1. KOREA
2. OREA
3. K
4. E
```

❻ 5. 을 출력하고 p가 가리키는 곳의 값에 4를 더한 후 출력한다. p가 가리키는 곳의 값은 문자 'K'인데, 알파벳 문자에 숫자를 더하면 더한 숫자 만큼의 다음 알파벳 문자를 의미한다. 'K'에서 다음 4번째 문자(K, L, M, N, O)는 O이므로 O를 출력한다.

결과
```
1. KOREA
2. OREA
3. K
4. E
5. O
```

[문제 4]

->

해설

```
#include <stdio.h>
struct insa {
   char name[10];
   int age;
   struct insa* impl_a;
   struct insa* impl_b;
};

main( ) {
❶ struct insa p1 = { "Kim", 28, NULL, NULL };
❷ struct insa p2 = { "Lee", 36, NULL, NULL };
❸ struct insa p3 = { "Park", 41, NULL, NULL };
❹ p1.impl_a = &p2;
❺ p2.impl_b = &p3;
❻ printf("%s\n", p1.impl_a->name);
❼ printf("%d", p2.impl_b->age);
}
```

❶~❸번의 구조체 생성 과정과 ❹, ❺번의 주소 저장 과정을 그림으로 표현하면 다음과 같다.

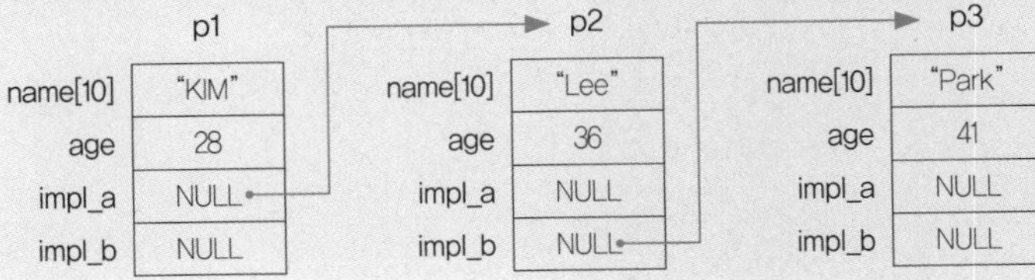

❻ p1.impl_a가 가리키는 곳의 name에 저장된 문자열을 출력한 후 커서를 다음 줄의 처음으로 옮긴다. p1.impl_a는 p2를 가리키므로 p2.name이 출력된다.

결과
```
Lee
```

❼ p2.impl_b가 가리키는 곳의 age에 저장된 값을 정수로 출력한다. p2.impl_b는 p3을 가리키므로 p3.age가 출력된다.

결과
```
Lee
41
```

[문제 5]

chmod, 751

해설

- UNIX에서는 파일의 권한(permission)을 10자리로 표현하는데 1번째 자리는 디렉터리(d) 또는 파일(–), 2~4번째 자리는 소유자(Owner) 권한을, 5~7번째 자리는 그룹(Group) 권한을, 8~10번째 자리는 기타 사용자(Other) 권한을 의미합니다.
- 각 자리는 r(읽기), w(쓰기), x(실행), –(권한없음)으로 표시합니다.
- 사용자는 rwx, 그룹은 r–x, 기타 사용자는 ––x 권한을 부여하므로, 파일 구분을 제외한 각 권한을 권한있음(1)과 권한없음(0)으로 바꾼 뒤 8진수로 변환하여 chmod 명령어의 매개 변수로 사용하면 됩니다.
- 111 101 001 → 751 → chmod 751

[문제 6]

패키지

[문제 7]

Equivalence Partition

[문제 8]

A
4
3
2
1

해설

SELECT A FROM R	〈R〉 테이블의 'A' 속성을 표시한다.
UNION	두 SELECT문의 조회 결과를 통합하되 중복된 행은 한 번만 출력한다.
SELECT A FROM S	〈S〉 테이블의 'A' 속성을 표시한다.
ORDER BY A DESC;	'A' 속성을 기준으로 내림차순 정렬한다.

[문제 9]

34

해설

```
   #include <stdio.h>
❹     int isPerfectNum(int num) {
❺     int sum = 0;
❻     for (int i = 1; i < num; i++) {
❼         if (num % i == 0)
❽              sum += i;
      }
❾     if (num == sum) return 1;
❿     else return 0;
   }
   main( ) {
❶     int r = 0;
❷     for (int i = 1; i <= 100; i++)
❸⓫        if (isPerfectNum(i))
⓬              r += i;
⓭     printf("%d", r);
   }
```

모든 C 언어 프로그램은 반드시 main( ) 함수에서 시작한다.

❶ 정수형 변수 r을 선언하고 0으로 초기화한다.

❷ 반복 변수 i가 1부터 1씩 증가하면서 100보다 작거나 같은 동안 ❸~⓬번을 반복 수행한다.

❸ i의 값을 인수로 isPerfectNum( ) 함수를 호출한 후 돌려받은 값이 참(1)이면 ⓬번으로 이동하고, 아니면 반복문의 시작인 ❷번으로 이동한다.

❹ 정수를 반환하는 isPerfectNum( ) 함수의 시작점이다. ❸번에서 전달받은 i의 값을 num이 받는다.

❺ 정수형 변수 sum을 선언하고 0으로 초기화한다.

❻ 반복 변수 i가 1부터 1씩 증가하면서 num보다 작은 동안 ❼, ❽번을 반복 수행한다.

❼ num을 i로 나눈 나머지가 0이면 ❽번으로 이동한다.

❽ 'sum = sum + i;'와 동일하다. sum에 i의 값을 누적시킨다.

※ ❻, ❼번은 ❸번에서 전달받은 인수에서 자기를 제외한 약수를 찾는 과정이며, ❽번은 찾은 약수를 sum에 누적하는 과정이다.

❾ num과 sum의 값이 같으면 함수를 호출했던 ⓫번으로 1(참)을 반환하고, 같지 않으면 ❿번으로 이동한다.

❿ 함수를 호출했던 ⓫번으로 0(거짓)을 반환한다.

※ 자기를 제외한 약수의 합이 자기와 같은 수를 완전수(Perfect Number)라고 한다. ❾, ❿번은 인수가 완전수임을 확인하는 과정으로, 완전수이면 참(1)을, 완전수가 아니면 거짓(0)을 반환한다. (ex: 6의 약수는 1, 2, 3이며, 1+2+3은 6과 같으므로 6은 완전수이다.)

⓫ ❾, ❿번에서 돌려받은 값이 1(참)이면 ⓬번으로 이동하고, 0(거짓)이면 반복문의 시작인 ❷번으로 이동한다.

⓬ 'r = r + i;'와 동일하다. r에 i의 값을 누적시킨다.

⓭ r의 값을 정수로 출력한다.

결과 34

※ ⓫~⓭번을 통해 r에 완전수를 누적하고, ❷번을 통해 100까지 반복하는 것으로, 이 코드는 결국 1부터 100에서 완전수를 찾아 그 수들의 합을 출력하는 것임을 알 수 있다.

반복문 실행에 따른 변수들의 변화는 다음과 같다.

main( )		isPerfectNum( )		
i	r	num	i	sum
1	0	1	1	0
2		2	1 2	0 1
3		3	1 2 3	0 1
⋮	⋮	⋮	⋮	⋮
6	6	6	1 2 3 4 5 6	0 1 3 6
⋮	⋮	⋮	⋮	⋮
28	34	28	1 2 3 ⋮ 27 28	0 1 3 7 14 28
⋮	⋮	⋮	⋮	⋮
100		100	1 2 3 ⋮ 99 100	0 1 3 7 12 ⋮ 117

[문제 10]

NAT

해설

NAT(Network Address Translation)

[문제 11]

※ 다음 중 하나를 쓰면 됩니다.

ATM, 비동기 전송 방식, Asynchronous Transfer Mode

[문제 12]

7

해설

- main( ) 메소드가 아닌 다른 메소드에 접근하기 위해서는 클래스를 메모리에 할당하는, 즉 객체 변수를 선언하는 과정이 필요합니다.
- 반면 static으로 선언된 메소드는 객체 변수를 선언하지 않아도 클래스명을 사용해서 Person.get( )과 같은 형태로 접근할 수 있습니다. 즉 static으로 선언된 메소드는 메모리에 클래스를 위한 공간이 할당되지 않았다는 것을 의미합니다. 그러므로 static으로 선언된 메소드에서 메모리에 존재하지도 않은 클래스의 변수 name을 참조하는 것은 불가능합니다.
- 15번 줄에서 객체 변수를 선언하였지만 오류가 발생하는 7번 줄이 참조하는 name은 객체 변수를 특정할 수 없으며, 오류가 발생할 수 있는 코드가 있으면 해당 코드는 컴파일되지 않고 오류를 반환합니다.

[문제 13]

① MAC　② RBAC　③ DAC

[문제 14]

2

해설

```
class P {
   public int calc(int n) {
      if (n <= 1) return n;
      return calc(n - 1) + calc(n - 2);
   }
}
class C extends P {
❸ public int calc(int n) {
❹    if (n <= 1) return n;
❺    return calc(n - 1) + calc(n - 3);
   }
}
public class Test {
   public static void main(String[ ] args) {
❶     P obj = new C( );
❷❻       System.out.print(obj.calc(7));
   }
}
```

모든 Java 프로그램은 반드시 main( ) 메소드에서 시작한다.

❶ C 클래스의 생성자를 이용하여 P 클래스의 객체 변수 obj를 생성한다.

❷ 7을 인수로 obj의 calc( ) 메소드를 호출한 후 돌려받은 값을 출력한다. ❸번으로 이동한다.
obj.calc( )는 obj 객체의 자료형이 P이므로 P.calc( )라고 생각할 수 있지만 ❶번에서 클래스 형 변환이 발생하였고, calc( ) 메소드가 자식 클래스에서 재정의되었으므로 C 클래스의 calc( ) 메소드가 호출된다.

❸ 정수를 반환하는 calc( ) 메소드의 시작점이다. ❷번에서 전달받은 7을 n이 받는다.

❹ n이 1보다 작거나 같으면 n의 값을 반환하고, 아니면 ❺번으로 이동한다.

❺ n-1을 인수로 calc( ) 메소드를 호출한 후 돌려받은 값과 n-3을 인수로 calc( ) 메소드를 호출한 후 돌려받은 값을 합한 값을 함수를 호출했던 곳으로 반환한다.

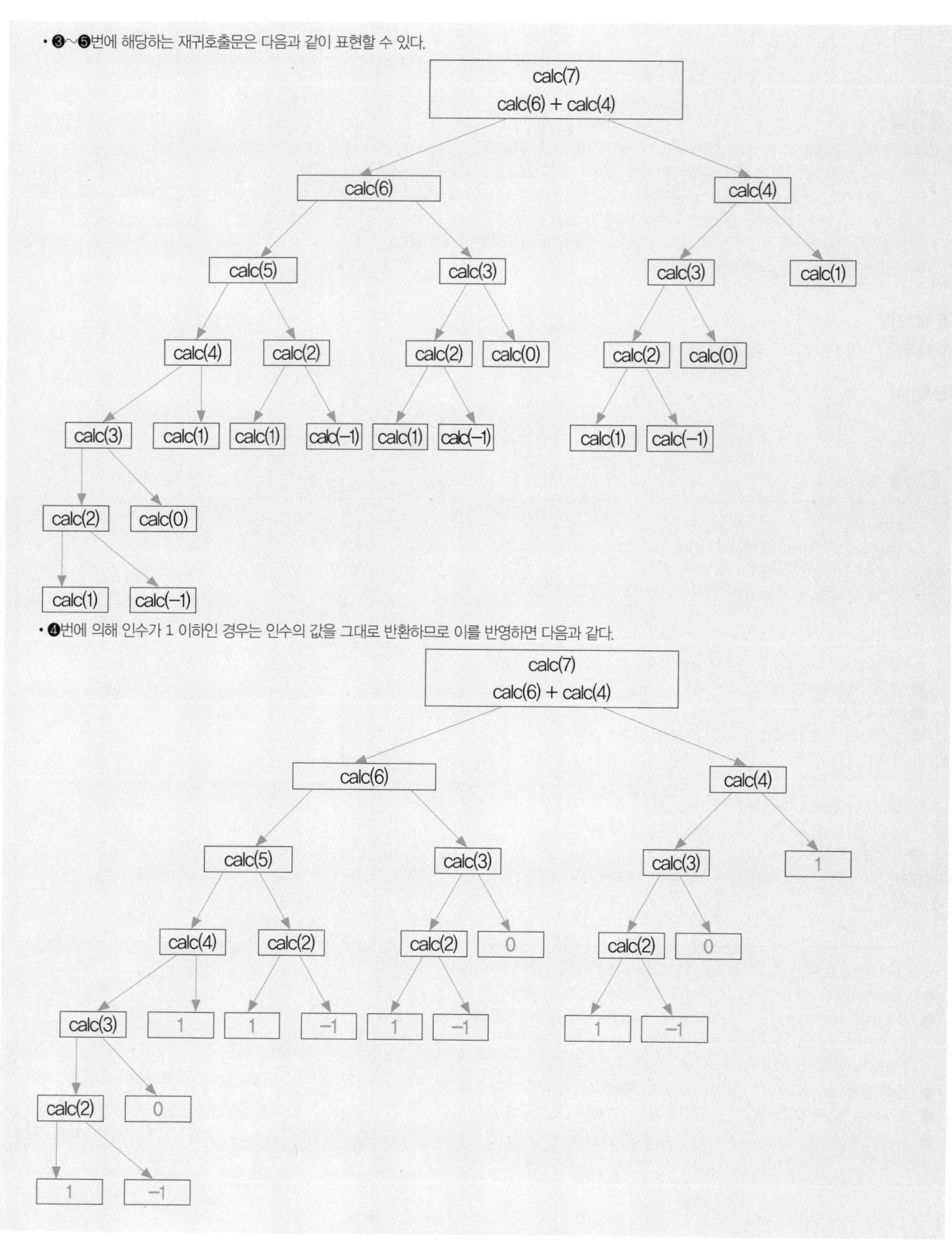
• ❸~❺번에 해당하는 재귀호출문은 다음과 같이 표현할 수 있다.
calc(7)
calc(6) + calc(4)
calc(6)
calc(4)
calc(5)
calc(3)
calc(3)
calc(1)
calc(4)
calc(2)
calc(2)
calc(0)
calc(2)
calc(0)
calc(3)
calc(1)
calc(1)
calc(–1)
calc(1)
calc(–1)
calc(1)
calc(–1)
calc(2)
calc(0)
calc(1)
calc(–1)
• ❹번에 의해 인수가 1 이하인 경우는 인수의 값을 그대로 반환하므로 이를 반영하면 다음과 같다.
calc(7)
calc(6) + calc(4)
calc(6)
calc(4)
calc(5)
calc(3)
calc(3)
1
calc(4)
calc(2)
calc(2)
0
calc(2)
0
calc(3)
1
1
–1
1
–1
1
–1
calc(2)
0
1
–1

• 값이 반환되어 적용되는 과정은 다음과 같다.

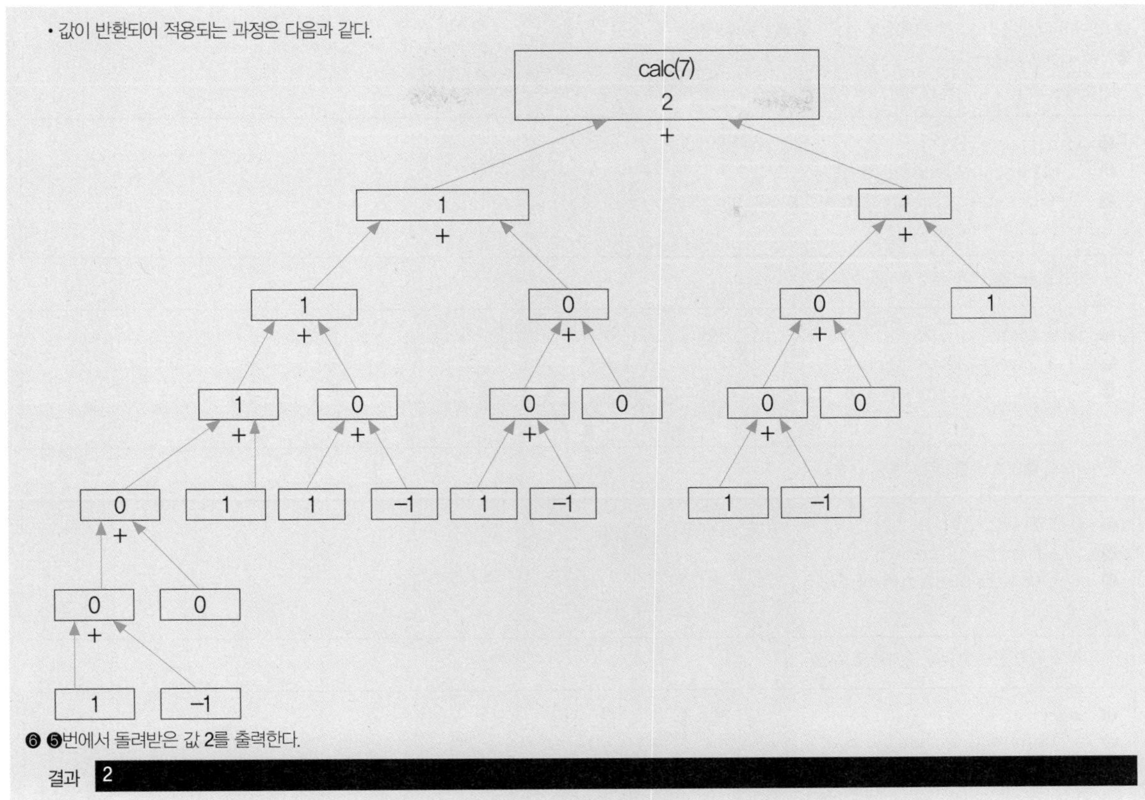

❻ ❺번에서 돌려받은 값 2를 출력한다.

결과 2

[문제 15]

5040

해설

모든 C 언어 프로그램은 반드시 main( ) 함수에서 시작한다.

```
   main( ) {
❶     printf("%d", f(7));
   }
```

❶ 7을 인수로 하여 f( ) 함수를 호출한 다음 돌려받은 값을 정수형으로 출력한다.

```
❷ int f(int n) {                    //n은 7입니다.
❸    if (n <= 1) return 1;
❹    else return n * f(n - 1);
   }
```

❷ int f(int n) {

정수를 반환하는 f 함수의 시작점이다. ❶번에서 전달받은 7을 정수형 변수 n이 받는다.

- int : 함수의 반환값이 정수임을 알려준다.
- f : 함수의 이름이다. main( ) 함수 전에서 선언한 이름과 일치해야 한다.
- (int n) : 호출하는 곳에서 보내준 인수를 저장할 변수이다. 호출하는 곳에서 보내준 인수와 자료형이 일치해야 한다.

❸ n은 7이다. 7은 1보다 작거나 같지 않으므로 ❹번을 수행한다.

❹ return n * f(n – 1);

n * f(n–1)을 연산한 후 함수를 호출했던 ❶번으로 결과를 반환한다. n은 7이므로 f(6)을 호출한다.

```
❺ int f(int n) {                        //n은 6입니다.
❻     if (n <= 1) return 1;
❼     else return n * f(n – 1);
   }
```

n은 6이므로 ❼번을 수행한다. f(5)를 호출한다.

```
❽ int f(int n) {                        //n은 5입니다.
❾     if (n <= 1) return 1;
❿     else return n * f(n – 1);
   }
```

n은 5이므로 ❿번을 수행한다. f(4)를 호출한다.

```
⓫ int f(int n) {                        //n은 4입니다.
⓬     if (n <= 1) return 1;
⓭     else return n * f(n – 1);
   }
```

n은 4이므로 ⓭번을 수행한다. f(3)을 호출한다.

```
⓮ int f(int n) {                        //n은 3입니다.
⓯     if (n <= 1) return 1;
⓰     else return n * f(n – 1);
   }
```

n은 3이므로 ⓰번을 수행한다. f(2)를 호출한다.

```
⓱ int f(int n) {                        //n은 2입니다.
⓲     if (n <= 1) return 1;
⓳     else return n * f(n – 1);
   }
```

n은 2이므로 ⓳번을 수행한다. f(1)을 호출한다.

```
⓴ int f(int n) {                        //n은 1입니다.
㉑     if (n <= 1) return 1;
      else return n * f(n – 1);
   }
```

n은 1이므로 ㉑의 조건을 만족한다. 'return 1;'을 수행하여 함수의 실행을 종료하고 1을 반환하면서 제어를 f(1) 함수를 호출했던 ⓳번으로 옮긴다.

```
⑰ int f(int n) {                        //n은 2입니다.
⑱      if (n <= 1) return 1;
⑲㉒    else return n * f(n - 1);
     }
```

㉒ return n * f(n – 1);

㉒번에서 f(1)이 1을 반환하였으므로 2를 반환하면서 제어를 f(2) 함수를 호출했던 ⑯번으로 옮긴다.

```
return n * f(n - 1);
       ⓐ     ⓑ
```

- ⓐ : 2 (f(n–1)을 호출할 때 n은 2였으므로)
- ⓑ : 1 (㉒번에서 1을 반환하였으므로)

```
⑭ int f(int n) {                        //n은 3입니다.
⑮      if (n <= 1) return 1;
⑯㉓    else return n * f(n - 1);
     }
```

㉓ return n * f(n – 1);

㉒번에서 f(2)가 2를 반환하였으므로 6을 반환하면서 제어를 f(3) 함수를 호출했던 ⑬번으로 옮긴다.

```
return n * f(n - 1);
       3     2
```

```
⑪ int f(int n) {                        //n은 4입니다.
⑫      if (n <= 1) return 1;
⑬㉔    else return n * f(n - 1);
     }
```

㉔ return n * f(n – 1);

㉓번에서 f(3)이 6을 반환하였으므로 24를 반환하면서 제어를 f(4) 함수를 호출했던 ⑩번으로 옮긴다.

```
return n * f(n - 1);
       4     6
```

```
⑧ int f(int n) {                        //n은 5입니다.
⑨      if (n <= 1) return 1;
⑩㉕    else return n * f(n - 1);
     }
```

㉕ return n * f(n – 1);

㉔번에서 f(4)가 24를 반환하였으므로 120을 반환하면서 제어를 f(5) 함수를 호출했던 ⑦번으로 옮긴다.

```
return n * f(n - 1);
       5     24
```

```
⑤ int f(int n) {                        //n은 6입니다.
⑥      if (n <= 1) return 1;
⑦㉖    else return n * f(n - 1);
     }
```

㉖ return n * f(n – 1);

㉕번에서 f(5)가 120을 반환하였으므로 720을 반환하면서 제어를 f(6) 함수를 호출했던 ④번으로 옮긴다.

```
return n * f(n - 1);
       6     120
```

```
❷  int f(int n) {                          //n은 7입니다.
❸      if (n <= 1) return 1;
❹㉗    else return n * f(n - 1);
   }
```

㉗ return n * f(n – 1);

㉖번에서 f(6)이 720을 반환하였으므로 5040을 반환하면서 제어를 f(7) 함수를 호출했던 ❶번으로 옮긴다.

```
return n * f(n - 1);
       7   720
```

```
   main( ) {
❶㉘    printf("%d", f(7));
   }
```

㉘ ㉗번에서 돌려받은 값 **5040**을 정수로 출력한다.

결과 5040

[문제 16]

split

[문제 17]

① IaaS ② PaaS ③ SaaS

[문제 18]

※ 다음 중 하나를 쓰면 됩니다.

RIP, 경로 선택 정보 프로토콜, Routing Information Protocol

[문제 19]

① $\bowtie$ ② π ③ σ ④ $\div$

[문제 20]

참조

EXAMINATION
기출문제

2023년 2회 정보처리기사 실기

수험자 유의사항

1. 시험 문제지를 받는 즉시 응시하고자 하는 종목의 문제지가 맞는지를 확인하여야 합니다.
2. 시험 문제지 총면수 · 문제번호 순서 · 인쇄상태 등을 확인하고, 수험번호 및 성명을 답안지에 기재하여야 합니다.
3. 문제 및 답안(지), 채점기준은 일절 공개하지 않으며 자신이 작성한 답안, 문제 내용 등을 수험표 등에 이기(옮겨 적는 행위) 등은 관련 법 등에 의거 불이익 조치 될 수 있으니 유의하시기 바랍니다.
4. 수험자 인적사항 및 답안작성(계산식 포함)은 흑색 필기구만 사용하되, 흑색을 제외한 유색 필기구 또는 연필류를 사용하였을 경우 그 문항은 0점 처리됩니다.
5. 답란(답안 기재란)에는 문제와 관련 없는 불필요한 낙서나 특이한 기록사항 등을 기재하여서는 안되며 부정의 목적으로 특이한 표식을 하였다고 판단될 경우에는 모든 문항이 0점 처리됩니다.
6. 답안을 정정할 때에는 반드시 정정부분을 두 줄(=)로 그어 표시하여야 하며, 두 줄로 긋지 않은 답안은 정정하지 않은 것으로 간주합니다. (수정테이프, 수정액 사용불가)
7. 답안의 한글 또는 영문의 오탈자는 오답으로 처리됩니다. 단, 답안에서 영문의 대 · 소문자 구분, 띄어쓰기는 여부에 관계 없이 채점합니다.
8. 계산 또는 디버깅 등 계산 연습이 필요한 경우는 〈문제〉 아래의 연습란을 사용하시기 바라며, 연습란은 채점대상이 아닙니다.
9. 문제에서 요구한 가지 수(항수) 이상을 답란에 표기한 경우에는 답안기재 순으로 요구한 가지 수(항수)만 채점하고 한 항에 여러 가지를 기재하더라도 한 가지로 보며 그 중 정답과 오답이 함께 기재란에 있을 경우 오답으로 처리됩니다.
10. 한 문제에서 소문제로 파생되는 문제나, 가지수를 요구하는 문제는 대부분의 경우 부분채점을 적용합니다. 그러나 소문제로 파생되는 문제 내에서의 부분 배점은 적용하지 않습니다.
11. 답안은 문제의 마지막에 있는 답란에 작성하여야 합니다.
12. 부정 또는 불공정한 방법(시험문제 내용과 관련된 메모지 사용 등)으로 시험을 치른 자는 부정행위자로 처리되어 당해 시험을 중지 또는 무효로 하고, 2년간 국가기술자격검정의 응시자격이 정지됩니다.
13. 시험위원이 시험 중 신분확인을 위하여 신분증과 수험표를 요구할 경우 반드시 제시하여야 합니다.
14. 시험 중에는 통신기기 및 전자기기(휴대용 전화기 등)를 지참하거나 사용할 수 없습니다.
15. 국가기술자격 시험문제는 일부 또는 전부가 저작권법상 보호되는 저작물이고, 저작권자는 한국산업인력공단입니다. 문제의 일부 또는 전부를 무단 복제, 배포, 출판, 전자출판 하는 등 저작권을 침해하는 일체의 행위를 금합니다.

※ 수험자 유의사항 미준수로 인한 채점상의 불이익은 수험자 본인에게 전적으로 책임이 있음

4440201

문제 1 다음 C 언어로 구현된 프로그램을 실행시킨 결과가 "43215"일 때, 〈처리조건〉을 참고하여 괄호에 들어갈 알맞은 식을 쓰시오. (5점)

```
#include <stdio.h>
main() {
    int n[] = { 5, 4, 3, 2, 1 };
    for (int i = 0; i < 5; i++)
        printf("%d", (          ) );
}
```

〈처리조건〉

괄호의 식에 사용할 문자는 다음으로 제한한다.

- n, i
- +, -, /, *, %
- 0~9, (,), [,]

답 :

4440202

문제 2 다음 C 언어로 구현된 프로그램과 〈처리조건〉을 참고하여 괄호(①~④)에 들어갈 알맞은 식을 쓰시오. (5점)

```
#include <stdio.h>
main() {
    int m = 4620;
    int a = (  ①  );
    int b = (  ②  );
    int c = (  ③  );
    int d = (  ④  );
    printf("1000원의 개수 : %d\n", a);
    printf("500원의 개수 : %d\n", b);
    printf("100원의 개수 : %d\n", c);
    printf("10원의 개수 : %d\n", d);
}
```

〈처리조건〉

괄호(①~④)의 식에 사용할 문자는 다음으로 제한한다. • a, b, c, d, m, i, d • +, −, /, *, % • 0~9, (,)

답

- ①
- ②
- ③
- ④

4440203

문제 3 다음 C 언어로 구현된 프로그램을 분석하여 "홍길동", "김철수", "박영희"를 차례로 입력했을 때 그 실행 결과를 쓰시오. (단, 출력문의 출력 서식을 준수하시오.) (5점)

```
#include <stdio.h>
char n[30];
char* getname() {
     printf("이름 입력 : ");
     gets(n);
     return n;
}

main() {
     char* n1 = getname();
     char* n2 = getname();
     char* n3 = getname();
     printf("%s\n", n1);
     printf("%s\n", n2);
     printf("%s\n", n3);
}
```

답 :

4440204

문제 4 다음 〈학생〉 테이블에 (9816021, '한국산', 3, '경영학개론', '050-1234-1234')인 데이터를 삽입하고자 한다. 〈처리조건〉을 참고하여 적합한 SQL문을 작성하시오. (5점)

〈학생〉

학번	이름	학년	신청과목	연락처
9815932	김태산	3	경영정보시스템	050-5234-1894
9914511	박명록	2	경제학개론	050-1415-4986
0014652	이익명	1	국제경영	050-6841-6781
9916425	김혜리	2	재무관리	050-4811-1187
9815945	이지영	3	인적자원관리	050-9785-8845

〈처리조건〉

- 최소한의 코드로 작성될 수 있도록 SQL문을 구성한다.
- 명령문 마지막의 세미콜론(;)은 생략이 가능하다.
- 인용 부호가 필요한 경우 작은따옴표(' ')를 사용한다.

답 :

4440205

문제 5 다음 C 언어로 구현된 프로그램을 분석하여 그 실행 결과를 쓰시오. (단, 출력문의 출력 서식을 준수하시오.) (5점)

```
#include <stdio.h>
main() {
    int n[] = { 73, 95, 82 };
    int sum = 0;
    for (int i = 0; i < 3; i++)
        sum += n[i];
    switch (sum / 30) {
        case 10:
        case 9: printf("A");
        case 8: printf("B");
        case 7:
        case 6: printf("C");
        default: printf("D");
    }
}
```

답 :

4440206

문제 6 화이트박스 테스트의 검증 기준에 대한 다음 설명에 해당하는 용어를 〈보기〉에서 찾아 쓰시오. (5점)

테스트 케이스를 소스 코드의 조건문에 포함된 개별 조건식의 결과가 True인 경우와 False인 경우가 한 번 이상 수행되도록 설계한다.

〈보기〉

• 문장 커버리지	• 분기 커버리지	• 조건 커버리지	• 분기/조건 커버리지

답 :

4440207

문제 7 다음 C 언어로 구현된 프로그램을 분석하여 그 실행 결과를 쓰시오. (단, 출력문의 출력 서식을 준수하시오.) (5점)

```
#include <stdio.h>
main() {
    int c = 0;
    for (int i = 1; i <= 2023; i++)
        if (i % 4 == 0)
            c++;
    printf("%d", c);
}
```

답 :

4440208

문제 8 소프트웨어 데이터의 비정상적인 수정이 감지되면 소프트웨어를 오작동하게 만들어 악용을 방지하는 기술이다. 해시 함수, 핑거 프린트, 워터마킹 등의 보안 요소를 생성하여 소프트웨어에 삽입하고, 실행코드를 난독화하며, 실행 시 원본 비교 및 데이터 확인을 수행함으로써 소프트웨어를 보호하는 이 기술을 가리키는 용어를 쓰시오. (5점)

답 :

4440209

문제 9 다음 C 언어로 구현된 프로그램을 분석하여 그 실행 결과를 쓰시오. (단, 출력문의 출력 서식을 준수하시오.) (5점)

```
#include <stdio.h>
#define MAX_SIZE 10

int isWhat[MAX_SIZE];
int point = -1;

int isEmpty() {
    if (point == -1) return 1;
    return 0;
}

int isFull() {
    if (point == 10) return 1;
    return 0;
}

void into(int num) {
    if (isFull() == 1) printf("Full");
    else isWhat[++point] = num;
}

int take() {
    if (isEmpty() == 1) printf("Empty");
    else return isWhat[point--];
    return 0;
}

main() {
    into(5); into(2);
    while (!isEmpty()) {
        printf("%d", take());
        into(4); into(1); printf("%d", take());
        into(3); printf("%d", take()); printf("%d", take());
        into(6); printf("%d", take()); printf("%d", take());
    }
}
```

답 :

4440210

문제 10 다음은 데이터베이스 구축까지의 과정을 나열한 것이다. 괄호(①~⑤)에 들어갈 알맞은 용어를 〈보기〉에서 찾아 쓰시오. (5점)

(①) → (②) → (③) → (④) → (⑤)

〈보기〉

• 개념적 설계	• 데이터베이스 구현	• 물리적 설계	• 요구 조건 분석
• 인터페이스 설계	• 논리 스키마 설계	• 논리적 설계	• 트랜잭션 작성

답

- ①
- ②
- ③
- ④
- ⑤

4440211

문제 11 디자인 패턴에 대한 다음 설명에서 괄호(①, ②)에 들어갈 알맞은 패턴을 〈보기〉에서 찾아 쓰시오. (5점)

- (①) : 하나의 객체를 생성하면 생성된 객체를 어디서든 참조할 수 있지만, 여러 프로세스가 동시에 참조할 수 없는 패턴으로, 불필요한 메모리 낭비를 최소화 할 수 있음
- (②) : 각 클래스들의 데이터 구조에서 처리 기능을 분리하여 별도로 구성함으로써, 클래스를 수정하지 않고도 새로운 연산의 추가가 가능함

〈보기〉

생성 패턴	구조 패턴	행위 패턴
추상 팩토리(Abstract Factory) 프로토타입(Prototype) 싱글톤(Singleton)	어댑터(Adapter) 브리지(Bridge) 프록시(Proxy)	인터프리터(Interpreter) 중재자(Mediator) 옵서버(Observer) 방문자(Visitor)

답

- ①
- ②

4440212

문제 12 다음 설명에서 괄호(①~⑤)에 들어갈 알맞은 용어를 〈보기〉에서 찾아 쓰시오. (5점)

전송 오류에는 감쇠, 지연 왜곡, 잡음 등 다양한 원인이 있으며, 이러한 오류를 검출하고 수정하는 것으로 알려진 대표적인 방식이 (①) 코드 방식이다.

(①) 코드 방식은 데이터 단위에 (④) 비트를 추가하여 오류를 검출하여 교정이 가능한 코드로, 2bit의 오류를 검출할 수 있으며 1bit의 오류를 교정한다. 데이터 비트 외에 잉여 비트가 많이 필요하다는 단점이 있다.

(①) 코드 방식은 수신측에서 오류를 정정하는 (②)에 해당한다. (②)는 데이터 전송 과정에서 오류가 발생하면 송신측에 재전송을 요구하는 (③)와는 달리 재전송 요구 없이 스스로 수정하기 때문에 연속적인 데이터 전송이 가능하다.

(③)는 (④) 검사, (⑤) 등을 통해 오류를 검출하고 ARQ(Automatic Repeat reQuest)로 오류를 제어한다.

(④) 검사는 오류 검사를 위해 데이터 비트 외에 1bit의 체크 비트를 추가하는 것으로, 1bit의 오류만 검출할 수 있다. 1의 개수에 따라 짝수 (④)와 홀수 (④)로 나뉜다.

(⑤)는 다항식 코드를 사용하여 오류를 검출하는 방식이다. 동기식 전송에서 주로 사용되며, HDLC 프레임의 FCS(프레임 검사 순서 필드)에 사용되는 방식이다. 집단 오류를 검출할 수 있고, 검출률이 높으므로 가장 많이 사용한다.

〈보기〉

• NAK	• CRC	• FEC	• BCD
• Parity	• Hamming	• MD5	• BEC

답

- ①
- ②
- ③
- ④
- ⑤

4440213

문제 13 HDLC(High-level Data Link Control)에 대한 다음 설명에서 괄호(①~⑤)에 들어갈 알맞은 용어를 〈보기〉에서 찾아 쓰시오. (5점)

> HDLC는 비트(Bit) 위주의 프로토콜로, 각 프레임에 데이터 흐름을 제어하고 오류를 검출할 수 있는 비트 열을 삽입하여 전송한다. 포인트 투 포인트(Point-to-Point) 및 멀티 포인트(Multi-Point), 루프(Loop) 등 다양한 데이터 링크 형태에 동일하게 적용이 가능하다는 특징이 있다.
>
> HDLC의 프레임 구조는 헤더, 텍스트, 트레일러로 구분되며, 헤더는 다시 플래그, 주소부, 제어부로 구분할 수 있는데, 제어부에는 프레임의 종류를 식별하기 위해 사용한다. 제어부의 첫 번째, 두 번째 비트를 사용하여 (①) 프레임, (②) 프레임, (③) 프레임으로 구분한다.
>
> (①) 프레임은 I 프레임으로 불리며, 제어부가 '0'으로 시작하는 프레임으로, 사용자 데이터를 전달하거나 피기백킹(Piggybacking) 기법을 통해 데이터에 대한 확인 응답을 보낼 때 사용된다.
> (②) 프레임은 S 프레임으로 불리며, 제어부가 '10'으로 시작하는 프레임으로, 오류 제어와 흐름 제어를 위해 사용된다.
> (③) 프레임은 U 프레임으로 불리며, 제어부가 '11'로 시작하는 프레임으로, 링크의 동작 모드 설정과 관리를 한다.
>
> (③) 프레임에서 설정할 수 있는 동작 모드에는 표준 응답 모드, (④), (⑤)의 세 가지로 구분된다.
>
> 표준 응답 모드는 반이중 통신을 하는 포인트 투 포인트(Point-to-Point) 또는 멀티 포인트(Multi-Point) 불균형 링크 구성에 사용되며, 종국은 주국의 허가(Poll)가 있을 때에만 송신하는 특징이 있다.
> (④)는 포인트 투 포인트(Point-to-Point) 균형 링크에서 사용되며, 혼합국끼리 허가 없이 언제나 전송할 수 있다.
> (⑤)는 전이중 통신을 하는 포인트 투 포인트(Point-to-Point) 불균형 링크 구성에 사용되며, 종국은 주국의 허가(Poll) 없이도 송신이 가능하지만 링크 설정이나 오류 복구 등의 제어 기능은 주국만 가능하다.

〈보기〉

• 비동기 응답 모드	• 주소부	• 제어부	• ARQ	• 정보
• 비번호	• 감독	• 플래그	• 비동기 균형 모드	

답

- ①
- ②
- ③
- ④
- ⑤

4440214

문제 14 다음 JAVA로 구현된 프로그램을 분석하여 그 실행 결과를 쓰시오. (단, 출력문의 출력 서식을 준수하시오.) (5점)

```
public class Test {
     public static void main(String[] args) {
          String str1 = "Programming";
          String str2 = "Programming";
          String str3 = new String("Programming");
          System.out.println(str1==str2);
          System.out.println(str1==str3);
          System.out.println(str1.equals(str3));
          System.out.println(str2.equals(str3));
     }
}
```

답 :

4440215

문제 15 다음 〈보기〉에 나열된 암호화 알고리즘을 대칭키 암호화 알고리즘과 비대칭키 암호화 알고리즘으로 구분하시오. (5점)

〈보기〉

• RSA	• DES	• ARIA	• ECC	• SEED	• AES

답

- ① 대칭키 암호화 알고리즘 :
- ② 비대칭키 암호화 알고리즘 :

4440216

문제 16 암호화 알고리즘에 대한 다음 설명에서 괄호에 들어갈 알맞은 용어를 쓰시오. (5점)

(　　　　　　)는 임의의 길이의 입력 데이터나 메시지를 고정된 길이의 값이나 키로 변환하는 알고리즘으로, 복호화가 거의 불가능한 일방향 함수이다. 무결성 검증을 위해 사용될 뿐만 아니라 정보보호의 다양한 분야에서 활용되며, 종류에는 SHA 시리즈, MD5, N-NASH, SNEFRU 등이 있다.

답 :

4440217

문제 17 다음 〈처리조건〉에 부합하는 〈SQL문〉이 완성되도록 괄호에 적합한 옵션을 쓰시오. (5점)

〈처리조건〉

- 〈학생〉 뷰를 제거한다.
- 〈학생〉 뷰를 참조하는 모든 데이터도 연쇄적으로 제거한다.

〈SQL문〉

```
DROP VEW 학생 (          );
```

답 :

4440218

문제 18 다음은 데이터를 오름차순으로 정렬하는 선택 정렬 알고리즘을 C 언어 프로그램으로 구현한 것이다. 프로그램을 분석하여 괄호에 들어갈 알맞은 연산자를 쓰시오. (5점)

```
#include <stdio.h>
main() {
    int E[] = { 64, 25, 12, 22, 11 };
    int n = sizeof(E) / sizeof(E[0]);
    int i = 0;
    do {
        int j = i + 1;
        do {
            if (E[i] (       ) E[j]) {
                int tmp = E[i];
                E[i] = E[j];
                E[j] = tmp;
            }
            j++;
        } while (j < n);
        i++;
    } while (i < n - 1);
    for (int i = 0; i <= 4; i++)
        printf("%d ", E[i]);
}
```

〈처리조건〉

> 괄호의 연산자는 다음으로 제한한다.
> - +=, −=, *=, /=
> - ==, !=, 〉, 〉= 〈, 〈=
> - &&, ||

답 :

4440219

문제 19 다음 Python으로 구현된 프로그램을 분석하여 그 실행 결과를 쓰시오. (단, 출력문의 출력 서식을 준수하시오.) (5점)

```
a = "engineer information programming"
b = a[:3]
c = a[4:6]
d = a[29:]
e = b + c + d
print(e)
```

답 :

4440220

문제 20 애플리케이션 테스트에 관한 다음 설명에서 괄호(①, ②)에 들어갈 알맞은 용어를 쓰시오. (5점)

> 하향식 통합 테스트는 프로그램의 상위 모듈에서 하위 모듈 방향으로 통합하면서 테스트하는 기법이다. 깊이 우선 통합법이나 넓이 우선 통합법을 사용하며, 주요 제어 모듈의 종속 모듈들을 (①)으로 대체한다는 특징이 있다.
>
> 상향식 통합 테스트는 프로그램의 하위 모듈에서 상위 모듈 방향으로 통합하면서 테스트하는 기법이다. 하위 모듈들을 클러스터(Cluster)로 결합하며, 상위 모듈에서 데이터의 입 · 출력을 확인하기 위해 더미 모듈인 (②)를 작성한다는 특징이 있다.

답

- ①
- ②

[문제 1]

n[(i + 1) % 5]

해설

배열에 순서대로 저장된 숫자 5, 4, 3, 2, 1을 4, 3, 2, 1, 5로 출력하는 문제입니다.

	n[0]	n[1]	n[2]	n[3]	n[4]	
배열 n	5	4	3	2	1	→ 4, 3, 2, 1, 5

반복 변수 i를 이용하여 출력하는 데,
i가 0이면 1번째, 즉 n[1]의 값 4를 출력해야 하고,
i가 1이면 2번째, 즉 n[2]의 값 3을 출력해야 하고,
i가 2면 3번째, 즉 n[3]의 값 2를 출력해야 하고,
i가 3이면 4번째, 즉 n[4]의 값 1을 출력해야 하고,
i가 4면 0번째, 즉 n[0]의 값 5를 출력해야 합니다.
즉, 반복 변수 i를 배열의 첨자에 이용하려면 (i+1)%5와 같이 사용하면 됩니다.
i=0, 1%5 → 1
i=1, 2%5 → 2
i=2, 3%5 → 3
i=3, 4%5 → 4
i=4, 5%5 → 0

```
#include <stdio.h>
main( ) {
❶ int n[ ] = { 5, 4, 3, 2, 1 };
❷ for (int i = 0; i < 5; i++)
❸     printf("%d", n[(i + 1) % 5]);
}
```

❶ 5개의 요소를 갖는 정수형 배열 n을 선언하고 초기화한다.

	[0]	[1]	[2]	[3]	[4]
n	5	4	3	2	1

❷ 반복 변수 i가 0부터 1씩 증가하면서 5보다 작은 동안 ❸번을 반복 수행한다.
❸ n[(i + 1) % 5]의 값을 정수로 출력한다. 반복문 실행에 따른 변수들의 변화는 다음과 같다.

i	(i+1)%5	출력
0	1	4
1	2	43
2	3	432
3	4	4321
4	0	43215
5		

[문제 2]

① m / 1000　② m % 1000 / 500　③ m % 500 / 100　④ m % 100 / 10

해설

이 문제는 4620원에 포함된 1000원, 500원, 100원, 10원 단위의 개수를 구하는 문제입니다.

① 1000원 단위의 개수

4620/1000 → 4.620이지만 정수 나눗셈이므로 몫은 4, 즉 1000원 단위의 개수는 4입니다.

∴ m/1000

② 500원 단위의 개수

- 620원에 포함된 500원 단위의 개수를 구합니다.
- 4620%1000 → 620
- 620/500 → 1.24, 500원 단위의 개수는 1입니다.

∴ m%1000/500

③ 100원 단위의 개수

- 120원에 포함된 100원 단위의 개수를 구합니다.
- 4620%500 → 120
- 120/100 → 1.2, 100원 단위의 개수는 1입니다.

∴ m%500/100

④ 10원 단위의 개수

- 20원에 포함된 10원 단위의 개수를 구합니다.
- 4620%10 → 20
- 20/10 → 2.0, 10원 단위의 개수는 2입니다.

∴ m%100/10

```
#include <stdio.h>
main( ) {
❶ int m = 4620;
❷ int a = m / 1000;
❸ int b = m % 1000 / 500;
❹ int c = m % 500 / 100;
❺ int d = m % 100 / 10;
❻ printf("1000원의 개수 : %d\n", a);
❼ printf("500원의 개수 : %d\n", b);
❽ printf("100원의 개수 : %d\n", c);
❾ printf("10원의 개수 : %d\n", d);
}
```

❶ 정수형 변수 m을 선언하고 4620으로 초기화한다.

❷ 정수형 변수 a를 선언하고 'm / 1000'의 값 4로 초기화한다.

❸ 정수형 변수 b를 선언하고 'm % 1000 / 500'의 값 1로 초기화한다.

❹ 정수형 변수 c를 선언하고 'm % 500 / 100'의 값 1로 초기화한다.

❺ 정수형 변수 d를 선언하고 'm % 100 / 10'의 값 2로 초기화한다.

❻ 화면에 **1000원의 개수 :** 과 a의 값 **4**를 출력하고 커서를 다음 줄의 처음으로 옮긴다.

결과
```
1000원의 개수 : 4
```

❼ 화면에 **500원의 개수 :** 과 b의 값 **1**을 출력하고 커서를 다음 줄의 처음으로 옮긴다.

결과
```
1000원의 개수 : 4
500원의 개수 : 1
```

❽ 화면에 **100원의 개수 :** 과 c의 값 1을 출력하고 커서를 다음 줄의 처음으로 옮긴다.

결과
```
1000원의 개수 : 4
500원의 개수 : 1
100원의 개수 : 1
```

❾ 화면에 **10원의 개수 :** 과 d의 값 2를 출력하고 커서를 다음 줄의 처음으로 옮긴다.

결과
```
1000원의 개수 : 4
500원의 개수 : 1
100원의 개수 : 1
10원의 개수 : 2
```

[문제 3]
박영희
박영희
박영희

해설

```
#include <stdio.h>
char n[30];

❷❽⓮ char* getname( ) {
❸❾⓯     printf("이름 입력 : ");
❹❿⓰     gets(n);
❺⓫⓱     return n;
}

main( ) {
❶❻    char* n1 = getname( );
❼⓬    char* n2 = getname( );
⓭⓲    char* n3 = getname( );
⓳     printf("%s\n", n1);
⓴     printf("%s\n", n2);
㉑     printf("%s\n", n3);
}
```

char n[30]; : 30개의 요소를 갖는 문자형 배열 n을 전역변수로 선언한다. 전역변수이기 때문에 이 프로그램 안에서는 어디서든 사용할 수 있으며, 저장된 값이 유지된다.

모든 C언어 프로그램은 반드시 main( ) 함수에서 시작한다.

❶ 문자형 포인터 변수 n1을 선언하고 getname( ) 함수를 호출한 후 돌려받은 값으로 초기화한다.

❷ 문자형 포인터 값을 반환하는 getname( ) 함수의 시작점이다.

❸ 화면에 **이름 입력 :** 을 출력한다.

결과
```
이름 입력 :
```

❹ 사용자로부터 문자열을 입력받아 n에 저장한다. 문제에서 처음에 **홍길동**을 입력한다고 하였으므로 n에는 **홍길동**이 저장된다.

결과
```
이름 입력 : 홍길동
```

※ 다음 그림에서 배열 n의 주소는 임의로 정한 것이며, 이해를 돕기 위해 10진수로 표현했다.

※ 문자열을 저장하는 경우 문자열의 끝을 의미하는 널 문자(\0)가 추가로 저장되며, 출력 시 널 문자는 표시되지 않는다.

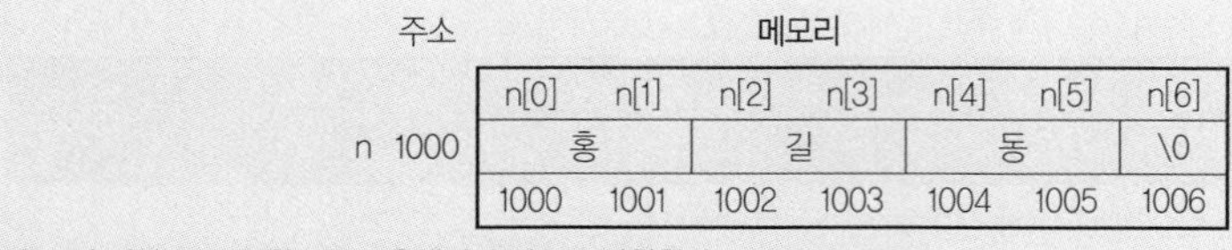

❺ n의 시작 주소를 함수를 호출했던 ❶번으로 반환한다.

❻ ❺번에서 돌려받은 주소값을 n1에 저장한다.

주소 / 메모리

	n[0]	n[1]	n[2]	n[3]	n[4]	n[5]	n[6]
n1 [1000] → n 1000	홍		길		동		\0
	1000	1001	1002	1003	1004	1005	1006

❼ 문자형 포인터 변수 n2을 선언하고 getname( ) 함수를 호출한 후 돌려받은 값으로 초기화한다.

❽ 문자형 포인터 값을 반환하는 getname( ) 함수의 시작점이다.

❾ 화면에 **이름 입력 :** 을 출력한다.

결과
```
이름 입력 : 홍길동
이름 입력 :
```

❿ 사용자로부터 문자열을 입력받아 n에 저장한다. 문제에서 두 번째로 **김철수**를 입력한다고 하였으므로 n에는 **김철수**가 저장된다.

결과
```
이름 입력 : 홍길동
이름 입력 : 김철수
```

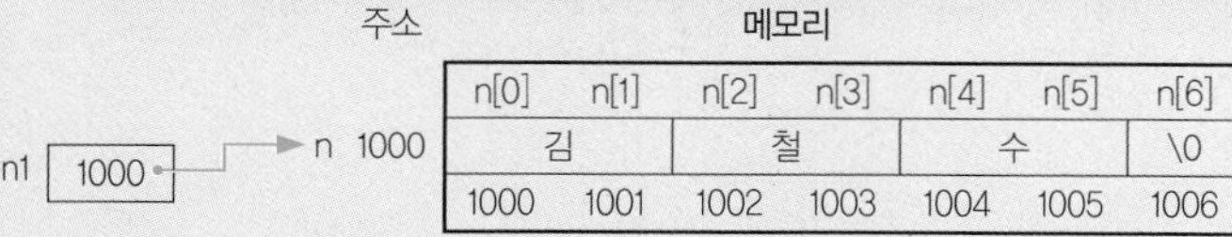

⓫ n의 시작 주소를 함수를 호출했던 ❼번으로 반환한다.

⓬ ⓫번에서 돌려받은 주소값을 n2에 저장한다.

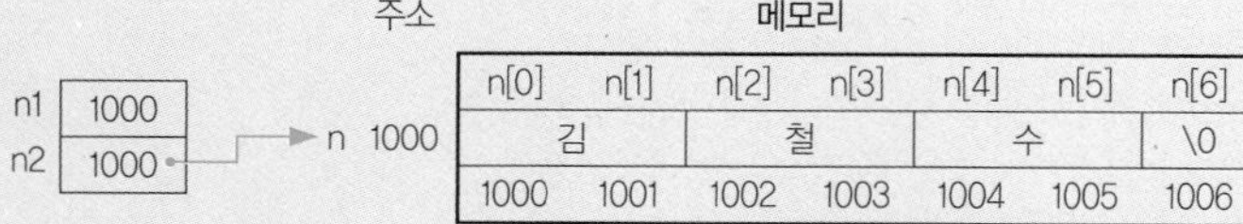

⓭ 문자형 포인터 변수 n3을 선언하고 getname( ) 함수를 호출한 후 돌려받은 값으로 초기화한다.

⓮ 문자형 포인터 값을 반환하는 getname( ) 함수의 시작점이다.

⓯ 화면에 **이름 입력 :** 을 출력한다.

결과
```
이름 입력 : 홍길동
이름 입력 : 김철수
이름 입력 :
```

⓰ 사용자로부터 문자열을 입력받아 n에 저장한다. 문제에서 세 번째로 **박영희**를 입력한다고 하였으므로 n에는 **박영희**가 저장된다.

결과
```
이름 입력 : 홍길동
이름 입력 : 김철수
이름 입력 : 박영희
```

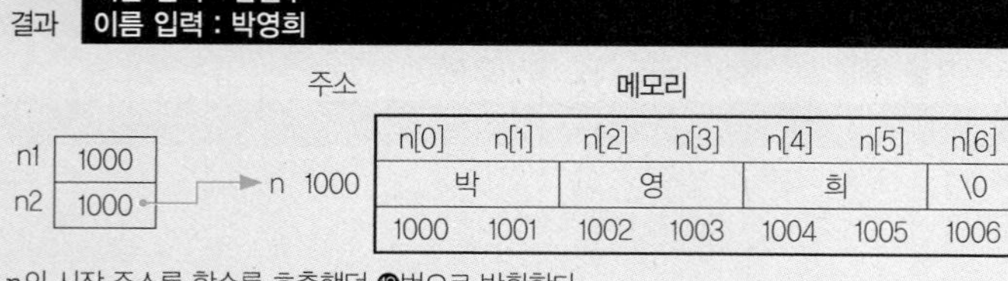

⓱ n의 시작 주소를 함수를 호출했던 ⓭번으로 반환한다.

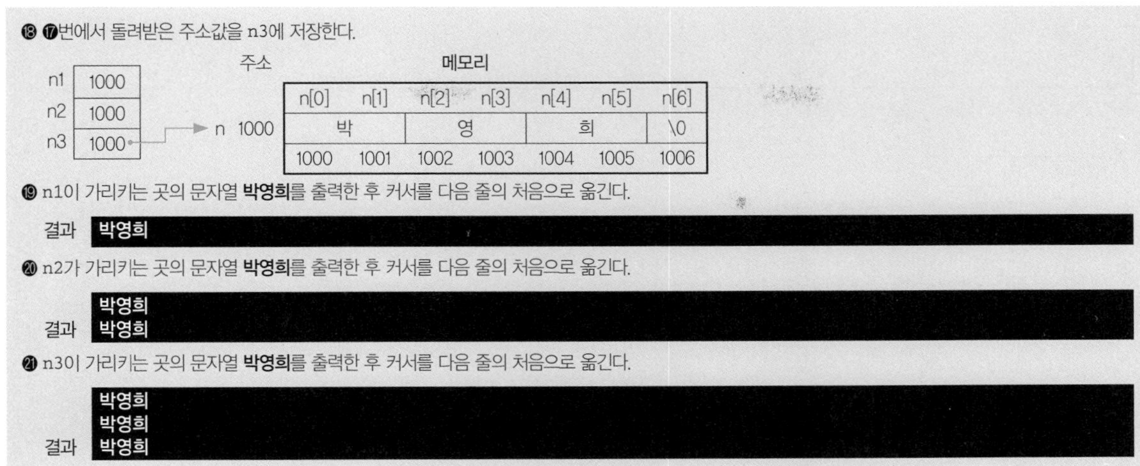

⑱ ⑰번에서 돌려받은 주소값을 n3에 저장한다.

⑲ n1이 가리키는 곳의 문자열 **박영희**를 출력한 후 커서를 다음 줄의 처음으로 옮긴다.

결과
```
박영희
```

⑳ n2가 가리키는 곳의 문자열 **박영희**를 출력한 후 커서를 다음 줄의 처음으로 옮긴다.

결과
```
박영희
박영희
```

㉑ n3이 가리키는 곳의 문자열 **박영희**를 출력한 후 커서를 다음 줄의 처음으로 옮긴다.

결과
```
박영희
박영희
박영희
```

[문제 4]

INSERT INTO 학생 VALUES(9816021, '한국산', 3, '경영학개론', '050-1234-1234');

※ **답안 작성 시 주의 사항** : SQL에 사용되는 예약어, 필드명, 변수명 등은 대소문자를 구분하지 않기 때문에 대문자로만 또는 소문자로만 작성해도 정답으로 인정됩니다.

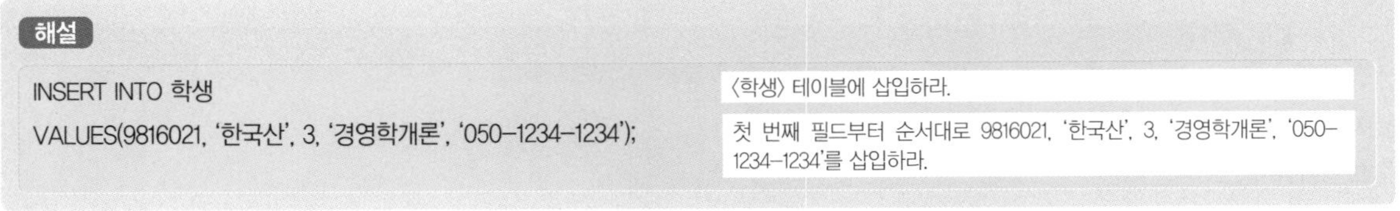

해설

INSERT INTO 학생	〈학생〉 테이블에 삽입하라.
VALUES(9816021, '한국산', 3, '경영학개론', '050-1234-1234');	첫 번째 필드부터 순서대로 9816021, '한국산', 3, '경영학개론', '050-1234-1234'를 삽입하라.

[문제 5]

BCD

해설

```
#include <stdio.h>
main() {
❶ int n[] = { 73, 95, 82 };
❷ int sum = 0;
❸ for (int i = 0; i < 3; i++)
❹     sum += n[i];

❺ switch (sum / 30) {
      case 10:
      case 9: printf("A");
❻     case 8: printf("B");
❼     case 7:
❽     case 6: printf("C");
❾     default: printf("D");
```

```
    } ⓾
}
```

❶ 3개의 요소를 갖는 정수형 배열 n을 선언하고 초기화한다.

	[0]	[1]	[2]
n	73	95	82

❷ 정수형 변수 sum을 선언하고 0으로 초기화한다.
❸ 반복 변수 i가 0부터 1씩 증가하면서 3보다 작은 동안 ❹번을 반복 수행한다.
❹ sum에 n[i]의 값을 누적시킨다. 반복문 실행에 따른 변수들의 변화는 다음과 같다.

i	n(i)	sum
0	73	73
1	95	168
2	82	250
3		

❺ sum/30은 8.333이지만 정수형 연산이므로 8에 해당하는 case문으로 이동한다.
❻ 화면에 B를 출력한다.

결과 B

❼ 실행문이 없으므로 다음 줄로 이동한다.
❽ 화면에 C를 출력한다.

결과 BC

❾ 화면에 D를 출력한다. switch문이 종료되었으므로 ⓾번으로 이동하여 프로그램을 종료한다.

결과 BCD

[문제 6]

조건 커버리지

[문제 7]

505

해설

```
#include <stdio.h>
main( ) {
❶ int c = 0;
❷ for (int i = 1; i <= 2023; i++)
❸     if (i % 4 == 0)
❹         c++;
❺ printf("%d", c);
}
```

❶ 정수형 변수 c를 선언하고 0으로 초기화한다.
❷ 반복 변수 i가 1부터 1씩 증가하면서 2023보다 작거나 같은 동안 ❸번을 반복 수행한다.
❸ i를 4로 나눈 나머지가 0이면 ❹번을 수행한다. 2023안에 포함된 4의 배수를 세는 알고리즘이다.

❹ 'c = c + 1;'과 동일하다. c의 값을 1씩 누적시킨다. 반복문 실행에 따른 변수들의 변화는 다음과 같다.

i	c
1	0
2	
3	
4	1
5	
6	
7	
8	2
⋮	⋮
2020	505
2021	
2022	
2023	
2024	

❺ c의 값을 정수로 출력한다.

결과 505

[문제 8]

※ 다음 중 하나를 쓰면 됩니다.

템퍼 프루핑, Tamper Proofing

[문제 9]

213465

해설

이 문제에서 into( )는 isWhat 배열에 값을 저장하는 함수이고, take( )는 isWhat 배열의 값을 출력하는 함수입니다. 코드가 실행되는 과정을 개괄적으로 살펴보면 다음과 같습니다.

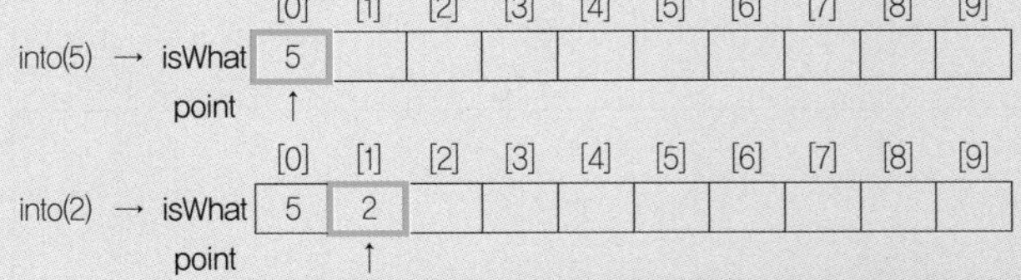

take( ) → 출력 2

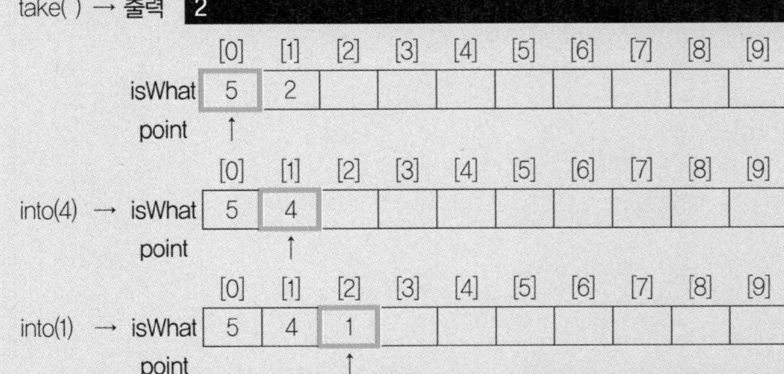

take( ) → 출력 21

- point는 isWhat 배열에 저장될 값이나 배열에서 출력될 값의 위치를 지정하는 변수입니다. point가 -1이 되면, 즉 point가 isWhat 배열을 벗어나면 프로그램이 종료됩니다.
- into( ) 함수가 isWhat 배열에 값을 저장하기 전에 isFull( ) 함수가 호출되어 isWhat 배열을 검사합니다. isWhat 배열이 모두 채워져 있으면 화면에 Full을 출력합니다.
- take( ) 함수가 isWhat 배열의 값을 출력하기 전에 isEmpty( ) 함수가 호출되어 isWhat 배열을 검사합니다. isWhat 배열이 비어 있으면 화면에 Empty를 출력합니다.

```
#include <stdio.h>
#define MAX_SIZE 10          10을 MAX_SIZE로 정의한다. 프로그램 안에서 MAX_SIZE는 숫자 10과 동일하다.
int isWhat[MAX_SIZE];        10개의 요소를 갖는 배열 isWhat을 정수형 전역변수로 선언한다.
                                     [0] [1] [2] [3] [4] [5] [6] [7] [8] [9]
                             isWhat
int point = -1;              point를 정수형 전역변수로 선언하고 -1로 초기화한다.
⓫⓲  int isEmpty() {
⓬⓳     if (point == -1) return 1;
⓭⓴     return 0;
}

❹    int isFull(){
❺       if (point == 10) return 1;
❻       return 0;
}
```

```
❷     void into(int num) {
❸❼        if (isFull( ) == 1) printf("Full");
❽         else isWhat[++point] = num;
}

⓰     int take( ) {
⓱㉑        if (isEmpty( ) == 1) printf("Empty");
㉒         else return isWhat[point--];
          return 0;
}

main( ) {
   ❶          into(5); ❾ into(2);
   ❿⓮㉝      while (!isEmpty( )) {
        ⓯㉓     printf("%d", take( ));
        ㉔      into(4);  ㉕ into(1);  ㉖ printf("%d", take( ));
        ㉗      into(3);  ㉘ printf("%d", take( ));  ㉙ printf("%d", take( ));
        ㉚      into(6);  ㉛ printf("%d", take( ));  ㉜ printf("%d", take( ));
   } ㉞
}
```

모든 C언어 프로그램은 반드시 main( ) 함수에서 시작한다.

❶ 5를 인수로 into( ) 함수를 호출한다.

❷ 반환값이 없는 into( ) 함수의 시작점이다. ❶번에서 전달받은 5를 num이 받는다.

❸ isFull( ) 함수를 호출하고 반환받은 값이 1이면 화면에 Full을 출력하고, 아니면 ❽번으로 이동한다.

❹ 정수를 반환하는 isFull( ) 함수의 시작점이다.

❺ point의 값이 10이면 함수를 호출했던 ❸번으로 1을 반환하고 아니면 ❻번으로 이동한다. point의 값이 -1이므로 ❻번으로 이동한다.

❻ 함수를 호출했던 ❸번으로 0을 반환한다.

❼ ❻번에서 반환받은 값이 0이므로, ❽번으로 이동한다.

❽ isWhat[point]에 num의 값 5를 저장하는데, ++point는 전치연산이므로 point의 값이 먼저 1 증가되어 isWhat[0]에 5를 저장한다. into( ) 함수가 종료되었으므로 함수를 호출했던 ❶번의 다음 코드인 ❾번으로 이동한다.

	[0]	[1]	[2]	[3]	[4]	[5]	[6]	[7]	[8]	[9]	
isWhat	5										point = 0

❾ 2를 인수로 into( ) 함수를 호출한다. 앞서 진행된 ❷~❽번 과정을 반복하면 point는 1이 되고, isWhat[1]에는 2가 저장된다.

	[0]	[1]	[2]	[3]	[4]	[5]	[6]	[7]	[8]	[9]	
isWhat	5	2									point = 1

※ into( ) 함수의 역할은 인수로 전달된 값을 현재 isWhat 배열에 저장된 마지막 값 뒤에 저장하는 일이다.

❿ isEmpty( )를 호출한 후 not 연산을 수행한 결과가 참(1)이면 ⓯~㉜번을 반복 수행한다.

⓫ 정수를 반환하는 isEmpty( ) 함수의 시작점이다.

⓬ point가 -1이면 함수를 호출했던 ⓮번으로 1을 반환하고, 아니면 ⓭번으로 이동한다. point의 값은 1이므로 ⓭번으로 이동한다.

⓭ 함수를 호출했던 ⓮번으로 0을 반환한다.

⓮ ⓭번에서 돌려받은 값 0(거짓)에 대한 not 연산은 1(참)이므로 ⓯번으로 이동한다.

⓯ take( ) 함수를 호출한 후 반환받은 값을 정수로 출력한다.

⓰ take( ) 함수의 시작점이다.

⓱ isEmpty( ) 함수를 호출한 후 반환받은 값이 1이면 Empty를 출력하고, 아니면 ㉒번으로 이동한다.

⓲ 정수를 반환하는 isEmpty( ) 함수의 시작점이다.

⓳ point가 -1이면 함수를 호출했던 ㉑번으로 1을 반환하고, 아니면 ⓴번으로 이동한다. point의 값은 1이므로 ⓴번으로 이동한다.

⓴ 함수를 호출했던 ㉑번으로 0을 반환한다.

㉑ ⓴번에서 반환받은 값이 0이므로 ㉒번으로 이동한다.

㉒ 함수를 호출했던 ㉓번으로 isWhat[point]의 값을 반환한다. point--는 후치연산이므로 먼저 isWhat[1]의 값 2를 반환하고, point의 값이 감소되어 point의 값은 0이 된다.

㉓ ㉒번에서 반환받은 값 2를 정수로 출력한다.

결과 **2**

㉔ 4를 인수로 into( ) 함수를 호출한다. ❷~❽번 과정을 반복하면 point는 1이 되고, isWhat[1]에는 4가 저장된다.

	[0]	[1]	[2]	[3]	[4]	[5]	[6]	[7]	[8]	[9]
isWhat	5	4								

point = 1

㉕ 1을 인수로 into( ) 함수를 호출한다. ❷~❽번 과정을 반복하면 point는 2가 되고, isWhat[2]에는 1이 저장된다.

	[0]	[1]	[2]	[3]	[4]	[5]	[6]	[7]	[8]	[9]
isWhat	5	4	1							

point = 2

㉖ ⓯~㉓번 과정을 반복하면 point는 1이 되고, isWhat[2]의 값 1이 출력된다.

결과 **21**

※ take( ) 함수의 역할은 현재 isWhat 배열에 저장된 마지막 값을 출력하는 것이다.

㉗ 3을 인수로 into( ) 함수를 호출한다. ❷~❽번 과정을 반복하면 point는 2가 되고, isWhat[2]에는 3이 저장된다.

	[0]	[1]	[2]	[3]	[4]	[5]	[6]	[7]	[8]	[9]
isWhat	5	4	3							

point = 2

㉘ ⓯~㉓번 과정을 반복하면 point는 1이 되고, isWhat[2]의 값 3이 출력된다.

결과 **213**

㉙ ⓯~㉓번 과정을 반복하면 point는 0이 되고, isWhat[1]의 값 4가 출력된다.

결과 **2134**

㉚ 6을 인수로 into( ) 함수를 호출한다. ❷~❽번 과정을 반복하면 point는 1이 되고, isWhat[1]에는 6이 저장된다.

	[0]	[1]	[2]	[3]	[4]	[5]	[6]	[7]	[8]	[9]
isWhat	5	6								

point = 1

㉛ ⓯~㉓번 과정을 반복하면 point는 0이 되고, isWhat[1]의 값 6이 출력된다.

결과 **21346**

㉜ ⓯~㉓번 과정을 반복하면 point는 -1이 되고, isWhat[0]의 값 5가 출력된다. 반복문이 종료되었으므로 while문의 처음인 ㉝번으로 이동한다.

결과 **213465**

㉝ ❿~⓮번 과정을 반복한다. 이 때 point의 값이 -1이므로 ⓬번에서 1(참)이 반환되어 not 연산을 수행하므로 while(0)이 되어 반복이 종료된다. 이어서 ㉞번으로 이동하여 프로그램이 종료된다.

[문제 10]

① 요구 조건 분석 ② 개념적 설계 ③ 논리적 설계 ④ 물리적 설계 ⑤ 데이터베이스 구현

[문제 11]

① 싱글톤(Singleton) ② 방문자(Visitor)

[문제 12]

① Hamming ② FEC ③ BEC ④ Parity ⑤ CRC

[문제 13]

① 정보 ② 감독 ③ 비번호 ④ 비동기 균형 모드 ⑤ 비동기 응답 모드

[문제 14]

true

false

true

true

해설

```
public class Test {
  public static void main(String[ ] args) {
❶    String str1 = "Programming";
❷    String str2 = "Programming";
❸    String str3 = new String("Programming");
❹    System.out.println(str1==str2);
❺    System.out.println(str1==str3);
❻    System.out.println(str1.equals(str3));
❼    System.out.println(str2.equals(str3));
  }
}
```

❶ 문자열 객체 str1을 선언하고 "Programming"으로 초기화한다.

❷ 문자열 객체 str2를 선언하고 "Programming"으로 초기화한다.

※ 같은 문자열을 저장하는 문자열 객체는 동일한 주소를 갖는다.

❸ 문자열 객체 str3를 선언하고 "Programming"으로 초기화한다.

※ ❶, ❷와 달리 new String( )을 사용하는 경우 새로운 메모리 공간을 할당하여 문자열을 저장한다. 즉 str1과 str2는 동일한 주소를 저장하고, str3은 다른 주소를 저장하고 있다.

❹ str1과 str2가 같으면 참을 의미하는 **true**를, 아니면 거짓을 의미하는 **false**를 출력한다. str1과 str2는 같은 주소를 저장하고 있으므로 **true**를 출력한다.

결과
```
true
```

❺ str1과 str3이 같으면 참을 의미하는 **true**를, 아니면 거짓을 의미하는 **false**를 출력한다. str1과 str3은 다른 주소를 저장하고 있으므로 **false**를 출력한다.

결과
```
true
false
```

❻ str1에 저장된 문자열과 str3에 저장된 문자열을 비교하여 같으면 참을 의미하는 **true**를, 아니면 거짓을 의미하는 **false**를 출력한다. str1과 str3에 저장된 문자열은 모두 "Programming"이므로 **true**를 출력한다.

- A.equals(B) : A 문자열과 B 문자열을 비교하여 두 데이터가 같으면 참을, 아니면 거짓을 반환한다.

결과
```
true
false
true
```

❼ str2에 저장된 문자열과 str3에 저장된 문자열을 비교하여 같으면 참을 의미하는 **true**를, 아니면 거짓을 의미하는 **false**를 출력한다. str2와 str3에 저장된 문자열은 모두 "Programming"이므로 **true**를 출력한다.

결과
```
true
false
true
true
```

[문제 15]

① DES, ARIA, SEED, AES ② RSA, ECC

[문제 16]

※ 다음 중 하나를 쓰면 됩니다.

해시, Hash

[문제 17]

CASCADE

[문제 18]

>

해설

알고리즘의 이해

선택 정렬은 n개의 레코드 중에서 최소값을 찾아 첫 번째 레코드 위치에 놓고, 나머지 (n−1)개 중에서 다시 최소값을 찾아 두 번째 레코드 위치에 놓는 방식을 반복하여 정렬하는 방식입니다.

- **초기상태 :** | 64 | 25 | 12 | 22 | 11 |
- **1회전 :** | 25 | 64 | 12 | 22 | 11 | → | 12 | 64 | 25 | 22 | 11 | → | 12 | 64 | 25 | 22 | 11 | → | 11 | 64 | 25 | 22 | 12 |
- **2회전 :** | 11 | 25 | 64 | 22 | 12 | → | 11 | 22 | 64 | 25 | 12 | → | 11 | 12 | 64 | 25 | 22 |
- **3회전 :** | 11 | 12 | 25 | 64 | 22 | → | 11 | 12 | 22 | 64 | 25 |
- **4회전 :** | 11 | 12 | 22 | 25 | 64 |

문제에서 오름차순으로 정렬한다고 하였고, 코드에서 반복 변수 i가 0에서 n−1까지 증가할 때 j가 i+1부터 n까지 증가하는 것으로 보아 i가 기준값의 배열 위치이고 j가 비교 대상의 배열 위치임을 알 수 있습니다. 오름차순 정렬은 비교 기준 값이 비교 대상 보다 큰 경우에 위치 교환이 이루어져야 하므로 괄호에 들어갈 연산자는 > 입니다.

```
#include <stdio.h>
main( ) {
❶ int E[ ] = { 64, 25, 12, 22, 11 };
❷ int n = sizeof(E) / sizeof(E[0]);
❸ int i = 0;
❹ do {
❺    int j = i + 1;
❻    do {
❼       if (E[i] > E[j]) {
❽          int tmp = E[i];
❾          E[i] = E[j];
❿          E[j] = tmp;
        }
⓫       j++;
⓬    } while (j < n);
⓭    i++;
⓮ } while (i < n - 1);
⓯ for (int i = 0; i <= 4; i++)
⓰    printf("%d ", E[i]);
}
```

❶ 5개의 요소를 갖는 정수형 배열 E를 선언하고 초기화한다.

	[0]	[1]	[2]	[3]	[4]
E	64	25	12	22	11

❷ 정수형 변수 n을 선언하고 E의 크기를 E[0]의 크기로 나눈 값으로 초기화한다. 배열 전체 길이를 배열 한 개의 요소의 길이로 나누는 것이므로 배열의 길이인 5가 반환되어 n에 저장된다.

• sizeof( ) : 객체의 크기를 구하는 함수

❸ 정수형 변수 i를 선언하고 0으로 초기화한다.

❹ do ~ while 반복문의 시작점이다. ❺~⓭번을 반복 수행한다.

❺ 정수형 변수 j를 선언하고 i+1의 값으로 초기화한다.

❻ do ~ while 반복문의 시작점이다. ❼~⓫번을 반복 수행한다.

❼ E[i]가 E[j]보다 크면 ❽~❿번을 수행한다.

❽~❿ E[i]와 E[j]의 값을 교환하는 과정이다.

⓫ 'j = j + 1;'과 동일하다. j의 값을 1씩 누적시킨다.

⓬ j가 n보다 작은 동안 ❼~⓫번을 반복 수행한다.

⓭ 'i = i + 1;'과 동일하다. i의 값을 1씩 누적시킨다.

⓮ i가 n-1보다 작은 동안 ❺~⓭번을 반복 수행한다. 반복문 실행에 따른 변수들의 변화는 다음과 같다.

n	i	j	배열 E [0]	[1]	[2]	[3]	[4]	tmp
5	0	1	~~64~~	~~25~~	~~12~~	22	~~11~~	64
		2	~~25~~	64	25		12	25
		3	~~12~~					12
		4	11					
		5						
	1	2	11	~~64~~	~~25~~	~~22~~	~~12~~	64
		3		~~25~~	64	25	22	25
		4		~~22~~				22
		5		12				
	2	3	11	12	~~64~~	~~25~~	~~22~~	64
		4			~~25~~	64	25	25
		5			22			
	3	4	11	12	22	~~64~~	~~25~~	64
		5				25	64	
	4							

⓯ 반복 변수 i가 0부터 1씩 증가하면서 4보다 작거나 같은 동안 ⓰번을 반복 수행한다.

⓰ E[i]의 값과 공백 한 칸을 출력한다.

결과 **11 12 22 25 64**

[문제 19]

engneing

해설

```
❶ a = "engineer information programming"
❷ b = a[:3]
❸ c = a[4:6]
❹ d = a[29:]
❺ e = b + c + d
❻ print(e)
```

❶ 변수 a에 문자열을 저장한다.

	[0]	[1]	[2]	[3]	[4]	[5]	[6]	[7]	[8]	[9]	[10]	[11]	[12]	[13]	[14]	[15]	[16]	[17]	[18]	[19]	[20]	[21]	[22]	[23]	[24]	[25]	[26]	[27]	[28]	[29]	[30]	[31]
a	e	n	g	i	n	e	e	r		i	n	f	o	r	m	a	t	i	o	n		p	r	o	g	r	a	m	m	i	n	g

❷ 변수 b에 a에 저장된 문자열 중에서 처음 위치부터 2(3-1) 위치까지의 요소를 가져와 저장한다.

	[0]	[1]	[2]
b	e	n	g

❸ 변수 c에 a에 저장된 문자열 중에서 4부터 5(6-1) 위치까지의 요소를 가져와 저장한다.

	[0]	[1]
c	n	e

❹ 변수 d에 a에 저장된 문자열 중에서 29부터 마지막 위치까지의 요소를 가져와 저장한다.

	[0]	[1]	[2]
d	i	n	g

❺ b, c, d에 저장된 문자열을 합한 후 변수 e에 저장한다.

	[0]	[1]	[2]	[3]	[4]	[5]	[6]	[7]
e	e	n	g	n	e	i	n	g

❻ e의 값을 출력한다.

결과 `engneing`

[문제 20]

※ 번호별로 다음 중 하나를 쓰면 됩니다.

① 스텁, stub ② 드라이버, driver

EXAMINATION 기출문제

2023년 1회 정보처리기사 실기

수험자 유의사항

1. 시험 문제지를 받는 즉시 응시하고자 하는 종목의 문제지가 맞는지를 확인하여야 합니다.
2. 시험 문제지 총면수 · 문제번호 순서 · 인쇄상태 등을 확인하고, 수험번호 및 성명을 답안지에 기재하여야 합니다.
3. 문제 및 답안(지), 채점기준은 일절 공개하지 않으며 자신이 작성한 답안, 문제 내용 등을 수험표 등에 이기(옮겨 적는 행위) 등은 관련 법 등에 의거 불이익 조치 될 수 있으니 유의하시기 바랍니다.
4. 수험자 인적사항 및 답안작성(계산식 포함)은 흑색 필기구만 사용하되, 흑색을 제외한 유색 필기구 또는 연필류를 사용하였을 경우 그 문항은 0점 처리됩니다.
5. 답란(답안 기재란)에는 문제와 관련 없는 불필요한 낙서나 특이한 기록사항 등을 기재하여서는 안되며 부정의 목적으로 특이한 표식을 하였다고 판단될 경우에는 모든 문항이 0점 처리됩니다.
6. 답안을 정정할 때에는 반드시 정정부분을 두 줄(=)로 그어 표시하여야 하며, 두 줄로 긋지 않은 답안은 정정하지 않은 것으로 간주합니다. (수정테이프, 수정액 사용불가)
7. 답안의 한글 또는 영문의 오탈자는 오답으로 처리됩니다. 단, 답안에서 영문의 대 · 소문자 구분, 띄어쓰기는 여부에 관계 없이 채점합니다.
8. 계산 또는 디버깅 등 계산 연습이 필요한 경우는 〈문제〉 아래의 연습란을 사용하시기 바라며, 연습란은 채점대상이 아닙니다.
9. 문제에서 요구한 가지 수(항수) 이상을 답란에 표기한 경우에는 답안기재 순으로 요구한 가지 수(항수)만 채점하고 한 항에 여러 가지를 기재하더라도 한 가지로 보며 그 중 정답과 오답이 함께 기재란에 있을 경우 오답으로 처리됩니다.
10. 한 문제에서 소문제로 파생되는 문제나, 가지수를 요구하는 문제는 대부분의 경우 부분채점을 적용합니다. 그러나 소문제로 파생되는 문제 내에서의 부분 배점은 적용하지 않습니다.
11. 답안은 문제의 마지막에 있는 답란에 작성하여야 합니다.
12. 부정 또는 불공정한 방법(시험문제 내용과 관련된 메모지 사용 등)으로 시험을 치른 자는 부정행위자로 처리되어 당해 시험을 중지 또는 무효로 하고, 2년간 국가기술자격검정의 응시자격이 정지됩니다.
13. 시험위원이 시험 중 신분확인을 위하여 신분증과 수험표를 요구할 경우 반드시 제시하여야 합니다.
14. 시험 중에는 통신기기 및 전자기기(휴대용 전화기 등)를 지참하거나 사용할 수 없습니다.
15. 국가기술자격 시험문제는 일부 또는 전부가 저작권법상 보호되는 저작물이고, 저작권자는 한국산업인력공단입니다. 문제의 일부 또는 전부를 무단 복제, 배포, 출판, 전자출판 하는 등 저작권을 침해하는 일체의 행위를 금합니다.

※ 수험자 유의사항 미준수로 인한 채점상의 불이익은 수험자 본인에게 전적으로 책임이 있음

1451101 

문제 1 다음 JAVA로 구현된 프로그램을 분석하여 그 실행 결과를 쓰시오. (단, 출력문의 출력 서식을 준수하시오.) (5점)

```
class Static {
    public int a = 20;
    static int b = 0;
}
public class Test {
    public static void main(String[] args) {
        int a = 10;
        Static.b = a;
        Static st = new Static();
        System.out.println(Static.b++);
        System.out.println(st.b);
        System.out.println(a);
        System.out.print(st.a);
    }
}
```

답 :

1451102 

문제 2 다음 C 언어로 구현된 프로그램을 분석하여 그 실행 결과를 쓰시오. (단, 출력문의 출력 서식을 준수하시오.) (5점)

```
#include <stdio.h>
main() {
    char a[] = "Art";
    char* p = NULL;
    p = a;
    printf("%s\n", a);
    printf("%c\n", *p);
    printf("%c\n", *a);
    printf("%s\n", p);
    for (int i = 0; a[i] != '\0'; i++)
        printf("%c", a[i]);
}
```

답 :

1451103

문제 3 다음 C 언어로 구현된 프로그램을 분석하여 그 실행 결과를 쓰시오. (단, 출력문의 출력 서식을 준수하시오.) (5점)

```
#include <stdio.h>
main() {
    char* a = "qwer";
    char* b = "qwtety";
    for (int i = 0; a[i] != '\0'; i++)
        for (int j = 0; b[j] != '\0'; j++)
            if (a[i] == b[j])
                printf("%c", a[i]);
}
```

답 :

1451104

문제 4 클라이언트와 서버 간 자바 스크립트 및 XML을 비동기 방식으로 처리하며, 전체 페이지를 새로 고치지 않고도 웹 페이지 일부 영역만을 업데이트할 수 있도록 하는 기술을 의미하는 용어를 쓰시오. (5점)

답 :

1451105

문제 5 데이터 교환 방식에 대한 다음 설명에서 괄호(①, ②)에 들어갈 알맞은 용어를 〈보기〉에서 찾아 쓰시오. (5점)

- (①) : 연결형 통신에서 주로 사용되는 방식으로, 출발지와 목적지의 전송 경로를 미리 연결하여 논리적으로 고정한 후 통신하는 방식
- (②) : 비연결형 통신에서 주로 사용되는 방식으로, 사전에 접속 절차를 수행하지 않고 헤더에 출발지에서 목적지까지의 경로 지정을 위한 충분한 정보를 붙여서 개별적으로 전달하는 방식

〈보기〉

- 회선 교환 방식
- 데이터그램 방식
- 가상 회선 방식
- 메시지 교환 방식

답

- ①
- ②

1451106

문제 6 다음 설명에 해당하는 알맞은 용어를 쓰시오. (5점)

> 데이터링크 계층의 프로토콜 중 하나로, 터널링 프로토콜인 PPTP와 VPN의 구현에 사용하는 L2F의 기술적 장점들을 결합하여 만든 프로토콜이다. 자체적으로 암호화 및 인증 기능을 제공하지 않아 다른 보안 프로토콜과 함께 사용되는 경우가 많다.

답 :

1451107

문제 7 다음 설명에 해당하는 알맞은 용어를 영문 3글자로 쓰시오. (5점)

> • 다른 컴퓨터에 로그인, 원격 명령 실행, 파일 복사 등을 수행할 수 있도록 다양한 기능을 지원하는 프로토콜 또는 이를 이용한 응용 프로그램이다.
> • 데이터 암호화와 강력한 인증 방법으로 보안성이 낮은 네트워크에서도 안전하게 통신할 수 있다.
> • 키(key)를 통한 인증 방법을 사용하려면 사전에 클라이언트의 공개키를 서버에 등록해야 한다.
> • 기본적으로는 22번 포트를 사용한다.

답 :

1451108

문제 8 멀웨어(Malware)에 대한 다음 설명에서 괄호(①~③)에 들어갈 알맞은 용어를 〈보기〉에서 찾아 쓰시오. (5점)

> • (①) : 윈도우나 응용 프로그램의 취약점 또는 E-mail 등을 통해 전파되며, (③)과(와) 같이 자기복제가 가능하며 네트워크를 통해 스스로 전파가 가능하다.
> • (②) : 정상적인 응용 프로그램에 포함되어 실행되는 악성코드로, 정상적인 응용 프로그램으로 위장하고 있다가 활성화되면 공격자는 이를 이용하여 사용자의 컴퓨터를 조종할 수 있게 된다.
> • (③) : 정상 파일을 감염시키며, 자기복제가 가능하다. 파일을 통해 감염되며 네트워크를 통해 스스로 전파되지는 못한다.

〈보기〉

> • 웜　　• 바이러스　　• 트로이 목마

답

• ①

• ②

• ③

1451109

문제 9 다음은 2진수 101110을 10진수로 변환하는 C 언어 프로그램이다. 프로그램을 분석하여 괄호(①~②)에 들어갈 알맞은 답을 쓰시오. (5점)

```
#include <stdio.h>
main() {
    int input = 101110;
    int di = 1;
    int sum = 0;
    while (1) {
        if (input == 0) break;
        sum = sum + (input (  ①  ) (  ②  )) * di;
        di = di * 2;
        input = input / 10;
    }
    printf("%d", sum);
}
```

답

- ①
- ②

1451110

문제 10 다음 설명에 해당하는 알맞은 용어를 쓰시오. (5점)

> IP(Internet Protocol)의 주요 구성원 중 하나로, OSI 7계층의 네트워크 계층에 속한다. 네트워크 컴퓨터의 운영체제에서 오류 메시지를 수신하거나, 전송 경로를 변경하는 등 오류 처리를 위한 제어 메시지를 주로 취급한다. 관련된 도구로 traceroute, ping이 있으며, ping of death와 같은 네트워크 공격 기법에 활용되기도 한다.

답 :

1451111

문제 11 다음 설명에서 괄호에 들어갈 알맞은 디자인 패턴을 아래에서 찾아 쓰시오. (5점)

생성 패턴	구조 패턴	행위 패턴
Abstract Factory	Adapter	Chain of Responsibility
Builder	Bridge	Command
Factory Method	Composite	Interpreter
Prototype	Decorator	Iterator
Singleton	Facade	Mediator
	Proxy	Memento
		Observer
		Strategy
		Template Method

(　　　)은/는 복잡한 시스템을 개발하기 쉽도록 클래스나 객체들을 조합하는 패턴에 속하며, 대리자라는 이름으로도 불린다. 내부에서는 객체 간의 복잡한 관계를 단순하게 정리해 주고, 외부에서는 객체의 세부적인 내용을 숨기는 역할을 한다.

답 :

1451112

문제 12 릴레이션을 구성하는 용어들에 대한 다음 설명에서 괄호(①~③)에 들어갈 알맞은 답을 〈보기〉에서 찾아 쓰시오. (5점)

- (①) : 릴레이션을 구성하는 각각의 행을 의미하며, 파일 구조에서는 레코드에 해당함
- (②) : 데이터 개체를 구성하고 있는 속성들에 데이터 타입이 정의되어 구체적인 데이터 값을 가진 것으로, 실제 값을 가진 튜플을 의미함
- (③) : 튜플의 개수를 의미함

〈보기〉

• 도메인	• 차수	• 속성	• 튜플
• 디그리	• 카디널리티	• 릴레이션 스키마	• 릴레이션 인스턴스

답

- ①
- ②
- ③

1451113

문제 13 <학생> 테이블에서 '이름'이 "민수"인 튜플을 삭제하고자 한다. 다음 <처리조건>을 참고하여 SQL문을 작성하시오. (5점)

<처리조건>

- 최소한의 코드로 작성될 수 있도록 SQL문을 구성한다.
- 명령문 마지막의 세미콜론(;)은 생략이 가능하다.
- 인용 부호가 필요한 경우 작은따옴표(' ')를 사용한다.

답 :

1451114

문제 14 다음은 버블 정렬을 이용하여 배열에 저장된 수를 오름차순으로 정렬하는 프로그램이다. 프로그램을 분석하여 괄호(①~②)에 들어갈 알맞은 답을 쓰시오. (5점)

```
#include <stdio.h>
void swap(int* a, int idx1, int idx2) {
     int t = a[idx1];
     a[idx1] = a[idx2];
     a[(  ①  )] = t;
}

void Usort(int* a, int len) {
     for (int i = 0; i < len - 1; i++)
          for (int j = 0; j < len - 1 - i; j++)
              if (a[j] > a[j + 1])
                swap(a, j, j + 1);
}

main() {
     int a[] = { 85, 75, 50, 100, 95 };
     int nx = 5;
     Usort(a, (  ②  ));
}
```

답

- ①
- ②

1451115

문제 15 다음 Python으로 구현된 프로그램을 분석하여 그 실행 결과를 쓰시오. (단, 출력문의 출력 서식을 준수하시오.) (5점)

```
asia = {'한국', '중국', '일본'}
asia.add('베트남')
asia.remove('일본')
asia.update({'한국', '홍콩', '태국'})
print(asia)
```

답 :

1451116

문제 16 다음 〈성적〉 테이블에서 과목별 점수의 평균이 90점 이상인 '과목이름', '최소점수', '최대점수'를 검색하고자 한다. 〈처리조건〉을 참고하여 적합한 SQL문을 작성하시오. (5점)

〈성적〉

학번	과목번호	과목이름	학점	점수
a2001	101	컴퓨터구조	6	95
a2002	101	컴퓨터구조	6	84
a2003	302	데이터베이스	5	89
a2004	201	인공지능	5	92
a2005	302	데이터베이스	5	100
a2006	302	데이터베이스	5	88
a2007	201	인공지능	5	93

〈결과〉

과목이름	최소점수	최대점수
데이터베이스	88	100
인공지능	92	93

〈처리조건〉

- 최소한의 코드로 작성될 수 있도록 SQL문을 구성한다.
- WHERE문은 사용하지 않는다.
- GROUP BY와 HAVING을 이용한다.
- 집계함수(Aggregation Function)를 사용하여 명령문을 구성한다.
- '최소점수', '최대점수'는 별칭(Alias)을 위한 AS문을 이용한다.
- 명령문 마지막의 세미콜론(;)은 생략이 가능하다.
- 인용 부호가 필요한 경우 작은따옴표(' ')를 사용한다.

답 :

1451117

문제 17 다음 JAVA로 구현된 프로그램을 분석하여 그 실행 결과를 쓰시오. (단, 출력문의 출력 서식을 준수하시오.) (5점)

```
abstract class Vehicle {
    String name;
    abstract public String getName(String val);
    public String getName() {
        return "Vehicle name : " + name;
    }
}

class Car extends Vehicle {
    private String name;
    public Car(String val) {
        name = super.name = val;
    }
    public String getName(String val) {
        return "Car name : " + val;
    }
    public String getName(byte[] val) {
        return "Car name : " + val;
    }
}

public class Test {
    public static void main(String[] args) {
        Vehicle obj = new Car("Spark");
        System.out.print(obj.getName());
    }
}
```

답 :

1451118

문제 18 스키마에 대한 다음 설명에서 괄호(①~③)에 들어갈 알맞은 답을 〈보기〉에서 찾아 쓰시오. (5점)

- (①) 스키마는 데이터베이스의 전체적인 논리적 구조로, 모든 응용 프로그램이나 사용자들이 필요로 하는 데이터를 종합한 조직 전체의 데이터베이스이다.
- (②) 스키마는 실제로 저장될 레코드의 형식, 저장 데이터 항목의 표현 방법, 내부 레코드의 물리적 순서 등을 나타낸다.
- (③) 스키마는 사용자나 응용 프로그래머가 각 개인의 입장에서 필요로 하는 데이터베이스의 논리적 구조를 정의한 것이다.

〈보기〉

• 외부	• 내부	• 개념

답

- ①
- ②
- ③

1451119

문제 19 다음은 화이트박스 테스트의 프로그램 제어 흐름이다. 다음의 순서도를 참고하여 분기 커버리지로 구성할 테스트 케이스를 작성하시오. (5점)

〈순서도〉

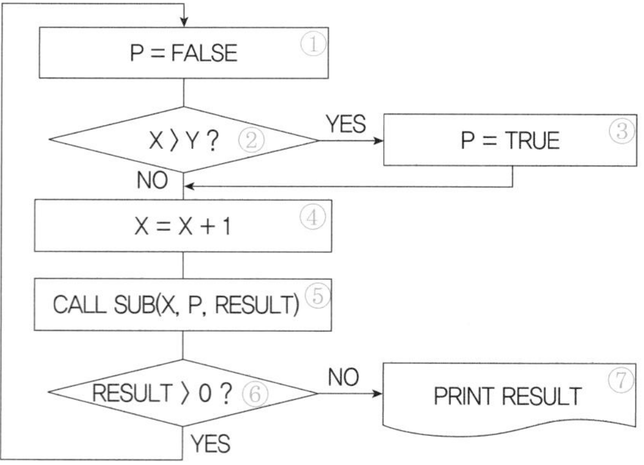

〈작성예시〉

(①) → (②) → (④)

답 :

( ) → ( ) → ( ) → ( ) → ( ) → ( ) → ( )

( ) → ( ) → ( ) → ( ) → ( ) → ( )

1451120

문제 20 다음 JAVA로 구현된 프로그램을 분석하여 그 실행 결과를 쓰시오. (단, 출력문의 출력 서식을 준수하시오.) (5점)

```
class Parent {
     int x = 1000;
     Parent() {
          this(3000);
     }
     Parent(int x) {
          this.x = x;
     }
}
class Child extends Parent {
     int x = 4000;
     Child() {
          this(5000);
     }
     Child(int x) {
          this.x = x;
     }
     int getX() {
          return this.x;
     }
}
public class Test {
     public static void main(String[] args) {
          Child c = new Child();
          System.out.println(c.getX());
     }
}
```

답 :

[문제 1]

10

11

10

20

※ **답안 작성 시 주의 사항** : 프로그램의 실행 결과는 부분 점수가 없으므로 정확하게 작성해야 합니다. 예를 들어, 출력값 사이에 줄 나눔 없이 쉼표(,)를 넣어 10, 11, 10, 20으로 썼을 경우 부분 점수 없이 완전히 틀린 것으로 처리됩니다.

해설

```
class Static {                          클래스 Static을 정의한다.
   public int a = 20;                   정수형 변수 a와 b를 선언하고 각각 20과 0으로 초기화한다.
Ⓐ static int b = 0;                     static으로 선언된 변수 b는 메모리의 static 영역에 할당되며, 코드가 수행되는 동안 공유된다.
}
public class Test {
   public static void main(String[ ] args) {
❶     int a = 10;
❷     Static.b = a;
❸     Static st = new Static( );
❹     System.out.println(Static.b++);
❺     System.out.println(st.b);
❻     System.out.println(a);
❼     System.out.print(st.a);
   }
}
```

Ⓐ 정수형 static 변수 b를 선언하고 0으로 초기화한다. static으로 선언된 변수는 main( ) 메소드가 시작되기 전에 메모리의 static 영역에 할당된다. static으로 선언된 변수는 객체 변수 선언 없이 사용할 수 있으므로 클래스의 이름을 통해 Static.b와 같이 접근할 수 있다.

※ 대문자로 시작하는 Static은 클래스의 이름이고, 소문자로 시작하는 static은 예약어이므로 혼동하지 않도록 주의하세요.

모든 Java 프로그램은 반드시 main( ) 메소드에서 시작한다.

❶ 정수형 변수 a를 선언하고 10으로 초기화한다.

a	10

❷ Static.b에 a의 값 10을 저장한다.

Static.b	10

❸ 객체 변수 st를 선언한다. 객체 변수를 선언한다는 것은 클래스의 정의부를 바탕으로 새로운 인스턴스를 생성하여 메모리를 배정하고 그 메모리의 주소를 변수명 st에 연결하는 것을 의미한다. 하지만 Static 클래스의 변수 b는 프로그램 전체 영역에서 공유되는 변수이므로 새로 메모리에 할당되지 않고 Static.b와 같은 메모리를 공유한다.

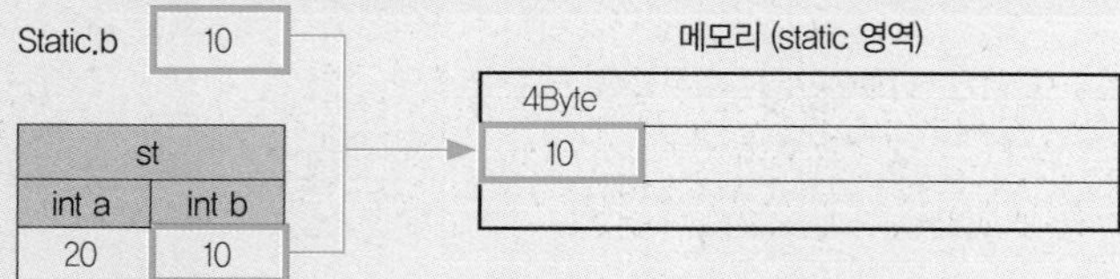

※ Static.b와 st.b는 static 메모리 영역의 한 공간을 공유합니다. 그러므로 한 곳에서의 값 변경은 다른 곳에도 동일하게 적용됩니다.

❹ Static.b++은 후치 증가 연산자이므로, Static.b의 값 10을 출력한 후 Static.b의 값을 1 증가시킨다.

결과 10

[문제 2]

Art

A

A

Art

Art

※ **답안 작성 시 주의 사항** : 프로그램의 실행 결과는 부분 점수가 없으므로 정확하게 작성해야 합니다. 예를 들어, 출력값 사이에 줄 나눔 없이 쉼표(,)를 넣어 Art, A, A, Art, Art로 썼을 경우 부분 점수 없이 완전히 틀린 것으로 처리됩니다.

해설

```
#include <stdio.h>
main( ) {
❶ char a[ ] = "Art";
❷ char* p = NULL;
❸ p = a;
❹ printf("%s\n", a);
❺ printf("%c\n", *p);
❻ printf("%c\n", *a);
❼ printf("%s\n", p);
❽ for (int i = 0; a[i] != '\0'; i++)
❾     printf("%c", a[i]);
}
```

❶ 문자열 배열 a를 선언하고 "Art"로 초기화한다.

※ 다음 그림에서 "Art"가 저장된 주소는 임의로 정한 것이며, 이해를 돕기 위해 10진수로 표현했습니다.

주소	메모리			
	1Byte	1Byte	1Byte	1Byte
1000	A	r	t	\0
	a[0]	a[1]	a[2]	a[3]

❷ 문자형 포인터 변수 p를 선언하고 NULL로 초기화한다.

주소 / 메모리

p '\0'

주소	1Byte	1Byte	1Byte	1Byte
1000	A	r	t	\0
	a[0]	a[1]	a[2]	a[3]
	1000	1001	1002	1003

❸ p에 a 배열의 시작 주소를 저장한다.

주소 / 메모리

p 1000 → 1000

주소	1Byte	1Byte	1Byte	1Byte
1000	A	r	t	\0
	a[0]	a[1]	a[2]	a[3]
	1000	1001	1002	1003

❹ 배열 a에 저장된 문자열을 출력한다.

결과
```
Art
```

❺ p가 가리키는 곳의 값을 문자로 출력한다. p는 배열의 시작 주소 1000 가리키므로 1000에 저장된 문자 A가 출력된다.

결과
```
Art
A
```

❻ a가 가리키는 곳의 값을 문자로 출력한다. a는 배열의 시작 주소 1000을 의미하므로 1000에 저장된 문자 A가 출력된다.

결과
```
Art
A
A
```

❼ p가 가리키는 곳부터 널 문자(\0) 전까지의 문자열을 출력한다.

※ 서식 문자열 %s는 출력될 변수가 저장된 시작 위치부터 널 문자('\0') 바로 앞 위치까지의 모든 문자를 출력합니다.

결과
```
Art
A
A
Art
```

❽ 반복 변수 i가 0부터 1씩 증가하면서 a[i]가 널 문자가 아닌 동안 ❾번을 반복 수행한다.

❾ a[i]의 값을 문자로 출력한다.

결과
```
Art
A
A
Art
Art
```

[문제 3]

qwe

※ **답안 작성 시 주의 사항** : 프로그램의 실행 결과는 부분 점수가 없으므로 정확하게 작성해야 합니다. 예를 들어, 출력값 사이에 쉼표(,)를 넣어 q, w, e로 썼을 경우 부분 점수 없이 완전히 틀린 것으로 처리됩니다.

해설

```
#include <stdio.h>
main( ) {
❶ char* a = "qwer";
❷ char* b = "qwtety";
❸ for (int i = 0; a[i] != '\0'; i++)
❹     for (int j = 0; b[j] != '\0'; j++)
❺         if (a[i] == b[j])
❻             printf("%c", a[i]);
}
```

❶ 문자형 포인터 변수 a를 선언하고 "qwer"이 저장된 곳의 시작 주소를 가리키도록 초기화한다.

※ 다음 그림에서 "qwer"이 저장된 주소는 임의로 정한 것이며, 이해를 돕기 위해 10진수로 표현했습니다.

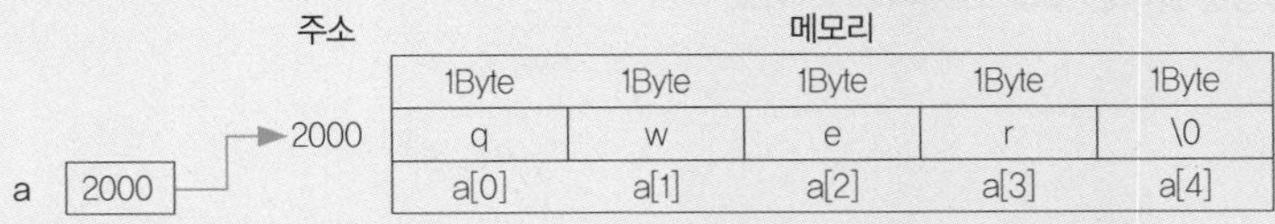

❷ 문자형 포인터 변수 b를 선언하고 "qwtety"가 저장된 곳의 시작 주소를 가리키도록 초기화한다.

※ 다음 그림에서 "qwtety"가 저장된 주소는 임의로 정한 것이며, 이해를 돕기 위해 10진수로 표현했습니다.

b [3000] → 3000 (주소)

메모리						
1Byte	1Byte	1Byte	1Byte	1Byte	1Byte	1Byte
q	w	t	e	t	y	\0
b[0]	b[1]	b[2]	b[3]	b[4]	b[5]	b[6]

❸ 반복 변수 i가 0부터 1씩 증가하면서 a[i]가 널 문자가 아닌 동안 ❹~❻번을 반복 수행한다. 널 문자(\0)는 문자열의 끝을 의미한다.

❹ 반복 변수 j가 0부터 1씩 증가하면서 b[j]가 널 문자가 아닌 동안 ❺~❻번을 반복 수행한다.

❺ a[i]와 b[j]의 값이 같으면 ❻번을 수행한다.

❻ a[i]의 값을 문자로 출력한다.

반복문 실행에 따른 변수들의 변화는 다음과 같다.

a[i]	b[j]	출력
q	q w t e t y \0	**q**
w	q w t e t y \0	q**w**
e	q w t e t y \0	qw**e**

r	q w t e t y \0	
\0		

[문제 4]

※ 다음 중 하나를 쓰면 됩니다.

AJAX, Asynchronous JavaScript and XML

※ **답안 작성 시 주의 사항** : 한글 또는 영문을 Full-name이나 약어로 쓰라는 지시사항이 없으면 한글이나 영문 약어로 쓰는 것이 유리합니다. 영문을 Full-name으로 풀어쓰다가 스펠링을 틀리면 오답으로 처리되니까요.

[문제 5]

① 가상 회선 방식 ② 데이터그램 방식

[문제 6]

※ 다음 중 하나를 쓰면 됩니다.

L2TP, Layer 2 Tunneling Protocol

[문제 7]

SSH

[문제 8]

① 웜 ② 트로이 목마 ③ 바이러스

[문제 9]

① % ② 10

해설

2진수 형태로 입력된 숫자를 10진수로 변환하기 위한 과정은 다음과 같습니다.

① 101110을 10으로 나누어 몫과 나머지를 구한 후, 나머지에 2^0을 곱한 후 그 값을 누적합니다.

101110 / 10 → **몫** : 10111, **나머지** : 0 → $0 \times 2^0 = 0$ ∴ **누적** : 0

② ①의 몫인 10111을 10으로 나누어 몫과 나머지를 구한 후, 나머지에 2^1을 곱한 후 그 값을 누적합니다.

10111 / 10 → **몫** : 1011, **나머지** : 1 → $1 \times 2^1 = 2$ ∴ **누적** : 2

③ ②의 몫인 1011을 10으로 나누어 몫과 나머지를 구한 후, 나머지에 2^2를 곱한 후 그 값을 누적합니다.

1011 / 10 → **몫** : 101, **나머지** : 1 → $1 \times 2^2 = 4$ ∴ **누적** : 6

위와 같은 과정을 몫이 0이 될 때까지 반복하면, 최종적으로 누적된 값이 10진수로 변환한 값이 됩니다.

```
#include <stdio.h>
main() {
❶ int input = 101110;
❷ int di = 1;
❸ int sum = 0;
❹ while (1) {
❺   if (input == 0) break;
❻   sum = sum + (input % 10) * di;
```

```
❼    di = di * 2;
❽    input = input / 10;
   }
❾ printf("%d", sum);
}
```

❶ 정수형 변수 input을 선언하고 101110으로 초기화한다.
❷ 정수형 변수 di를 선언하고 1로 초기화한다. di는 2^0(=1)부터 2^5(=32)의 값이 저장될 변수이다.
❸ 정수형 변수 sum을 선언하고 0으로 초기화한다. sum에는 2진수의 각 자리와 di를 곱한 값이 누적된다.
❹ ❺~❽번을 무한 반복하다가 ❺번에서 break를 만나면 반복문을 벗어나 ❾번으로 이동한다.
❺ input의 값이 0이면 반복문을 벗어나 ❾번으로 이동한다. input이 0이라는 의미는 더 이상 10으로 나눌 2진수가 없다는 것을 의미한다.
❻ sum에 input을 10으로 나눈 나머지에 di를 곱한 값을 누적시킨다.
❼ di에 2를 곱한다. 2의 제곱수를 1씩 증가시키는 과정이다. ($2^0 \times 2=2^1$, $2^1 \times 2=2^2$, …, $2^4 \times 2=2^5$)
❽ input을 10으로 나눈다. 다음 계산을 위해 2진수를 10으로 나눈 몫을 구하는 과정이다.
반복문 실행에 따른 변수들의 변화는 다음과 같다.

input	di	(input%10)*di	sum
101110	1	0	0
10111	2	2	0
1011	4	4	2
101	8	8	6
10	16	0	14
1	32	32	14
0			46

❾ sum의 값 **46**을 정수로 출력한다.

결과 **46**

[문제 10]
※ 다음 중 하나를 쓰면 됩니다.
ICMP, Internet Control Message Protocol

[문제 11]
Proxy

[문제 12]
① 튜플 ② 릴레이션 인스턴스 ③ 카디널리티

[문제 13]
DELETE FROM 학생 WHERE 이름 = '민수';

※ **답안 작성 시 주의 사항** : SQL에 사용되는 예약어, 필드명, 변수명 등은 대소문자를 구분하지 않기 때문에 대문자로만 또는 소문자로만 작성해도 정답으로 인정됩니다.

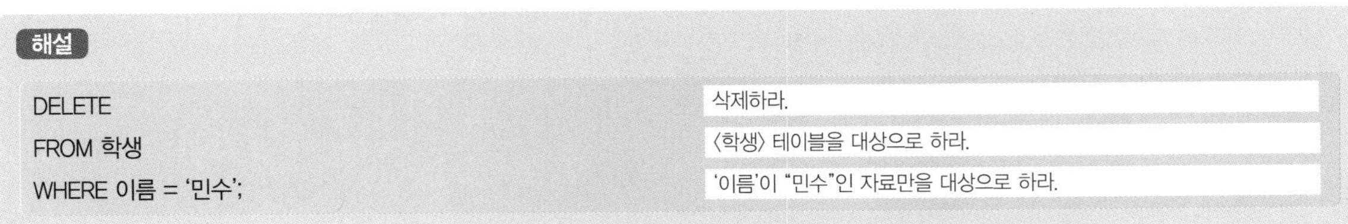

해설

DELETE	삭제하라.
FROM 학생	〈학생〉 테이블을 대상으로 하라.
WHERE 이름 = '민수';	'이름'이 "민수"인 자료만을 대상으로 하라.

[문제 14]

① idx2 ② nx

해설

버블 정렬 알고리즘은 첫 번째 자료와 두 번째 자료를, 두 번째 자료와 세 번째 자료를, 세 번째와 네 번째를, …, 이런 식으로 '마지막-1' 번째 자료와 마지막 자료를 비교하여 교환하면서 자료를 정렬합니다. 1회전을 수행하고 나면 가장 큰 자료가 맨 뒤로 이동하므로 2회전에서는 맨 끝에 있는 자료는 정렬에서 제외되고, 2회전을 수행하고 나면 끝에서 두 번째 자료까지는 정렬에서 제외됩니다. 이렇게 정렬을 1회전 수행할 때마다 정렬에서 제외되는 데이터가 하나씩 늘어납니다.

```
#include <stdio.h>
❾ void swap(int* a, int idx1, int idx2) {
❿     int t = a[idx1];
⓫     a[idx1] = a[idx2];
⓬     a[idx2] = t;
}

❹ void Usort(int* a, int len) {
❺     for (int i = 0; i < len - 1; i++)
❻         for (int j = 0; j < len - 1 - i; j++)
❼             if (a[j] > a[j + 1])
❽                 swap(a, j, j + 1);
}

main( ) {
❶     int a[ ] = { 85, 75, 50, 100, 95 };
❷     int nx = 5;
❸     Usort(a, nx);
} ⓭
```

모든 C언어 프로그램은 반드시 main( ) 함수에서 시작한다.

❶ 5개의 요소를 갖는 정수형 배열 a를 선언하고 초기화한다.

	[0]	[1]	[2]	[3]	[4]
a	85	75	50	100	95

❷ 정수형 변수 nx를 선언하고 5로 초기화한다.

❸ a 배열의 시작 주소와 nx의 값 5를 인수로 Usort( ) 함수를 호출한다.

❹ 반환값이 없는 Usort( ) 함수의 시작점이다. ❸번에서 전달받은 주소와 5를 a와 len이 받는다.

❺ 반복 변수 i가 0부터 1씩 증가하면서 4(len-1)보다 작은 동안 ❻~❽번을 반복 수행한다. i가 4가 되어 정렬이 종료되면 함수를 호출했던 ❸번의 다음 줄인 ⓭번으로 이동하여 프로그램을 종료한다.

❻ 반복 변수 j가 0부터 1씩 증가하면서 4-i보다 작은 동안 ❼~❽번을 반복 수행한다.

❼ a[j]가 a[j+1]보다 크면 ❽번을 수행하고, 아니면 반복문의 처음인 ❻번으로 이동한다.

❽ a 배열의 시작 주소와 j, j+1의 값을 인수로 swap( ) 함수를 호출한다.

※ ❻~❽번은 a[0]과 a[1]을, a[1]과 a[2]를, a[2]와 a[3]을, a[3]과 a[4]를 비교하면서 교환하는 과정입니다. 이 과정을 거치면 a[4]에는 가장 큰 값이 저장되고 1회전이 종료되며, ❺번으로 이동하게 됩니다. i의 값이 1 증가한 2회전에는 a[0]과 a[1]을, a[1]과 a[2]를, a[2]와 a[3]을 비교하면서 교환하는 과정을 거치며, a[3]에는 두 번째로 큰 값이 저장됩니다. 이러한 과정을 i가 3일 때까지 반복하면, a 배열에는 오름차순으로 정렬된 값이 저장됩니다.

❾ 반환값이 없는 swap( ) 함수의 시작점이다.

❿~⓬ 임시 변수 t를 사용하여 a[idx1]과 a[idx2]의 값을 교환하는 과정이다.

반복문 실행에 따른 변수들의 변화는 다음과 같다.

nx	i	j	a[j]	a[j+1]	idx1	idx2	t	배열 a [0]	[1]	[2]	[3]	[4]
5	0	0	85	75	0	1	85	85	75	50	100	95
		1	75	85	1	2	85	75	85	85	95	100
		2	85	50	3	4	100		50			
		3	50	85								
		4	85	100								
			100	95								
			95	100								
	1	0	75	50	0	1	75	75	50	85	95	100
		1	50	75				50	75			
		2	75	85								
		3	85	95								
	2	0	50	75				50	75	85	95	100
		1	75	85								
		2										
	3	0	50	75				50	75	85	95	100
		1										
	4											

[문제 15]

{ '한국', '중국', '베트남', '홍콩', '태국' }

※ **답안 작성 시 주의 사항** : 프로그램의 실행 결과는 부분 점수가 없으므로 정확하게 작성해야 합니다. 결과는 반드시 중괄호{ }로 묶어야 하고, 중괄호 안의 문자들은 각기 작은따옴표로 묶어줘야 합니다. 단 출력 순서는 실행할 때마다 변경되므로 관계없으며, 5개의 요소만 정확하게 포함되어 있으면 됩니다.

해설

```
❶ asia = {'한국', '중국', '일본'}
❷ asia.add('베트남')
❸ asia.remove('일본')
❹ asia.update({'한국', '홍콩', '태국'})
❺ print(asia)
```

❶ 세트 asia에 '한국', '중국', '일본'의 3개 요소를 저장한다.

asia	한국	중국	일본

❷ 세트 asia에 '베트남'을 추가한다.

asia	한국	중국	일본	베트남

❸ 세트 asia에서 '일본'을 제거한다.

asia	한국	중국	베트남

❹ 세트 asia에 새로운 세트를 추가하여 확장한다. 새로운 세트 {'한국', '홍콩', '태국'}의 요소 중 '한국'은 이미 asia에 있으므로 무시된다.

asia	한국	중국	베트남	홍콩	태국

❺ 세트 asia를 출력한다. 세트는 순서가 정해져 있지 않으므로 출력되는 요소들의 순서는 바뀔 수 있다.

결과 {'한국', '중국', '베트남', '홍콩', '태국'}

[문제 16]

SELECT 과목이름, MIN(점수) AS 최소점수, MAX(점수) AS 최대점수 FROM 성적 GROUP BY 과목이름 HAVING AVG(점수) >= 90;

해설

```
❶ SELECT 과목이름, MIN(점수) AS 최소점수, MAX(점수) AS 최대점수
❷ FROM 성적
❸ GROUP BY 과목이름
❹ HAVING AVG(점수) >= 90;
```

❶ '과목이름', '점수'의 최소값, '점수'의 최대값을 표시하되, '점수'의 최소값은 '최소점수'로, '점수'의 최대값은 '최대점수'로 표시한다.
❷ 〈성적〉 테이블을 대상으로 검색한다.
❸ '과목이름'을 기준으로 그룹을 지정한다.
❹ 각 그룹의 '점수'의 평균이 90보다 크거나 같은 그룹만을 표시한다.

[문제 17]

Vehicle name : Spark

※ **답안 작성 시 주의 사항** : 프로그램의 실행 결과는 부분 점수가 없으므로 정확하게 작성해야 합니다. 예를 들어, 출력값들을 줄을 나눠

Vehicle name :

Spark　　　　　　　와 같이 썼을 경우 부분 점수 없이 완전히 틀린 것으로 간주됩니다.

해설

```
abstract class Vehicle {                          추상 클래스 Vehicle을 정의한다.
   String name;
   abstract public String getName(String val);    추상 메소드 getName(String val)을 정의한다.
❺ public String getName() {
❻    return "Vehicle name : " + name;
        }
}
class Car extends Vehicle {          클래스 Car를 정의하고 부모 클래스로 Vehicle을 지정하면서 Vehicle에 속한 변수와
   private String name;              메소드를 상속받는다.
❷ public Car(String val) {
❸    name = super.name = val;
   }
   public String getName(String val) {
      return "Car name : " + val;
   }
   public String getName(byte[] val) {
      return "Car name : " + val;
   }
}
public class Test {
   public static void main(String[] args) {
❶    Vehicle obj = new Car("Spark");
❹❼   System.out.print(obj.getName());
   }
}
```

모든 Java 프로그램은 반드시 main( ) 메소드부터 시작해야 한다.

❶ Vehicle obj = new Car("Spark");

Car 클래스의 생성자를 이용하여 Vehicle 클래스의 객체 변수 obj를 선언하고, "Spark"를 인수로 Car 클래스의 생성자를 호출한다.

- **[부모클래스명] [객체변수명] = new [자식클래스생성자( )]** : 부모 클래스의 객체 변수를 선언하면서 자식 클래스의 생성자를 사용하면 형 변환이 발생한다.
- 이렇게 형 변환이 발생했을 때 부모 클래스와 자식 클래스에 동일한 속성이나 메소드가 있으면 자식 클래스의 속성이나 메소드로 재정의된다.

❷ 클래스 Car의 생성자 Car( )의 시작점이다. ❶번에서 전달받은 "Spark"를 val에 저장한다.

❸ name = super.name = val;

val의 값 "Spark"를 부모 클래스인 Vehicle 클래스의 변수 name과 Car 클래스의 변수 name에 저장한다. 이어서 Car( )를 호출했던 다음 줄인 ❹번으로 이동한다.

- super : 상속 관계에 있는 부모 클래스를 가리키는 예약어로, 여기서는 Vehicle 클래스를 가리킨다.

❹ 객체 변수 obj의 getName( ) 메소드를 호출한다.

※ 형 변환으로 인해 호출되는 메소드가 Car 클래스의 getName( )이라고 생각할 수 있지만, 메소드의 이름이 동일해도 '인수의 자료형과 개수'가 다르면 서로 다른 메소드입니다. 때문에 getName( ) 메소드는 Vehicle 클래스와 Car 클래스의 getName(String val)이나 Car 클래스의 getName(Byte[ ] val) 메소드가 아닌 Vehicle 클래스의 getName( ) 메소드입니다.

❺ getName( ) 메소드의 시작점이다.

❻ 문자열 Vehicle name : 에 변수 name에 저장된 값 Spark를 붙여 메소드를 호출했던 ❼번으로 반환한다.

❼ ❻번에서 반환받은 값을 출력하고 프로그램을 종료한다.

결과 `Vehicle name : Spark`

[문제 18]

① 개념　② 내부　③ 외부

[문제 19]

(1) → (2) → (3) → (4) → (5) → (6) → (7)

(1) → (2) → (4) → (5) → (6) → (1)

또는

(1) → (2) → (3) → (4) → (5) → (6) → (1)

(1) → (2) → (4) → (5) → (6) → (7)

해설

- 화이트박스 테스트의 검증 기준(Coverage) 중 분기 검증 기준(Branch Coverage)은 소스 코드의 모든 조건문이 한 번 이상 수행되도록 테스트 케이스를 설계하는 방법입니다.

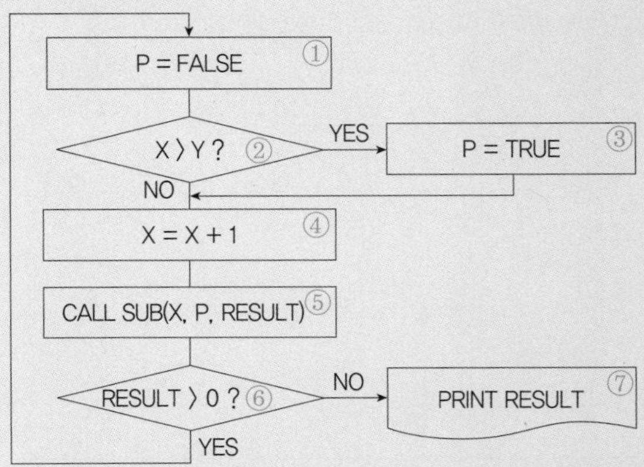

- 위의 순서도를 기반으로 한 테스트 케이스는 ①번에서 시작한 프로세스가 조건문인 ②번과 ⑥번에 도달했을 때 반드시 한 번은 Yes로 한 번은 No로 진행되도록 설계되어야 합니다. 또한 문제지의 답란에 7칸의 괄호와 6칸의 괄호가 제시되어 있으므로, 두 번의 프로세스로 모든 코드가 수행되도록 설계해야 합니다.

[첫 번째 테스트 케이스 설계 방안]
- 7칸 괄호 : ①②③④⑤⑥⑦
- 6칸 괄호 : ①②④⑤⑥①

※ 7칸 괄호에 맞는 테스트 케이스를 설계할 때 ②번 조건문에서 Yes로, ⑥번 조건문에서 No로 진행되도록 설계했으므로, 6칸 괄호에 맞는 테스트 케이스는 ②번 조건문에서 No로, ⑥번 조건문에서 Yes로 진행되도록 설계해야 합니다.

[두 번째 테스트 케이스 설계 방안]
- 7칸 괄호 : ①②③④⑤⑥①
- 6칸 괄호 : ①②④⑤⑥⑦

※ 7칸 괄호에 맞는 테스트 케이스를 설계할 때 ②번 조건문에서 Yes로, ⑥번 조건문에서도 Yes로 진행되도록 설계했으므로, 6칸 괄호에 맞는 테스트 케이스는 ②번 조건문에서 No로, ⑥번 조건문에서도 No로 진행되도록 설계해야 합니다.

[문제 20]

5000

해설

```
class Parent {
  int x = 1000;
❸ Parent() {
❹   this(3000);
  } ❼
❺ Parent(int x) {
```

메소드의 이름이 ❸과 같지만 '인수를 받은 자료형'이 다르므로 서로 다른 메소드이다. 이렇게 이름은 같지만 인수를 받는 자료형이나 개수를 달리하여 여러 기능을 정의하는 것을 오버로딩(Overloading)이라고 한다.

```
❻   this.x = x;
  }
}
class Child extends Parent {
```

클래스 Child를 정의하고 부모 클래스로 Parent를 지정하면서 Parent에 속한 변수와 메소드를 상속받는다.

```
  int x = 4000;
❷ Child() {
❽   this(5000);
  } ⓫
❾ Child(int x) {
```

메소드의 이름이 ❷와 같지만 '인수를 받은 자료형'이 다르므로 서로 다른 메소드이다.

```
❿   this.x = x;
  }
⓭ int getX() {
⓮   return this.x;
  }
}
public class Test {
  public static void main(String[] args) {
❶   Child c = new Child();
⓬⓯  System.out.println(c.getX());
  }
}
```

(class Parent { : 클래스 Parent를 정의한다.)

모든 Java 프로그램은 반드시 main( ) 메소드에서 시작한다.

❶ Child 클래스의 객체 변수 c를 선언하고, 생성자를 호출한다. 인수가 없으므로 ❾번이 아닌 ❷번으로 이동한다.

❷ 생성자 Child( )의 시작점이다. 다음 줄인 ❽번으로 이동해야 하지만 자식 클래스의 생성자에는 'super( );'와 같이 부모 클래스의 생성자를 호출하는 코드가 묵시적으로 포함되어 있다. 'super( );'에는 인수가 없으므로 ❺번이 아닌 ❸번으로 이동한다.

❸ 생성자 Parent( )의 시작점이다.

❹ 'Parent(3000);'과 동일하다. 인수로 3000을 전달하므로 ❸번이 아닌 ❺번을 호출한다.

- this : 현재 실행중인 메소드가 속한 클래스를 가리키는 예약어

❺ 정수를 인수로 받는 생성자 Parent( )의 시작점이다. ❹번에서 전달받은 3000을 x가 받는다.

객체 변수 c	
Parent	
x	parnet(int x)
	x
1000	3000

❻ 'Parent.x = x;'와 동일하다. Parent.x에 x의 값 3000을 저장한다. 생성자가 종료되면 생성자를 호출했던 ❹번의 다음 줄인 ❼번으로 이동한다.

객체 변수 c	
Parent	
x	parnet(int x)
	x
1000 3000	3000

❼ 부모 클래스의 생성자가 모두 종료되었으므로 부모 클래스의 생성자가 처음 호출되었던 ❷번의 다음 줄인 ❽번으로 이동한다.

❽ 'Child(5000);'과 동일하다. 인수로 5000을 전달하므로 ❷번이 아닌 ❾번을 호출한다.

❾ 정수를 인수로 받는 생성자 Child( )의 시작점이다. ❽번에서 전달받은 5000을 x가 받는다.

객체 변수 c			
Parent		Child	
x	parnet(int x)	x	Child(int x)
	x		x
1000 3000	3000	4000	5000

❿ 'Child.x = x;'와 동일하다. Child.x에 x의 값 5000을 저장한다. 생성자가 종료되면 생성자를 호출했던 ❽번의 다음 줄인 ⓫번으로 이동한다.

객체 변수 c			
Parent		Child	
x	parnet(int x)	x	Child(int x)
	x		x
1000 3000	3000	4000 5000	5000

⓫ 생성자가 종료되었으므로 생성자를 호출했던 ❶번의 다음 줄인 ⓬번으로 이동한다.

⓬ c.getX( ) 메소드를 호출하여 반환받은 값을 출력한다.

⓭ 정수를 반환하는 getX( ) 메소드의 시작점이다.

⓮ 'return Child.x;'와 동일하다. Child.x의 값 5000을 함수를 호출했던 ⓯번으로 반환한다.

⓯ ⓮번으로부터 반환받은 값 5000을 출력한다.

결과 **5000**

EXAMINATION 기출문제

2022년 3회 정보처리기사 실기

수험자 유의사항

1. 시험 문제지를 받는 즉시 응시하고자 하는 종목의 문제지가 맞는지를 확인하여야 합니다.
2. 시험 문제지 총면수 · 문제번호 순서 · 인쇄상태 등을 확인하고, 수험번호 및 성명을 답안지에 기재하여야 합니다.
3. 문제 및 답안(지), 채점기준은 일절 공개하지 않으며 자신이 작성한 답안, 문제 내용 등을 수험표 등에 이기(옮겨 적는 행위) 등은 관련 법 등에 의거 불이익 조치 될 수 있으니 유의하시기 바랍니다.
4. 수험자 인적사항 및 답안작성(계산식 포함)은 흑색 필기구만 사용하되, 흑색을 제외한 유색 필기구 또는 연필류를 사용하였을 경우 그 문항은 0점 처리됩니다.
5. 답란(답안 기재란)에는 문제와 관련 없는 불필요한 낙서나 특이한 기록사항 등을 기재하여서는 안되며 부정의 목적으로 특이한 표식을 하였다고 판단될 경우에는 모든 문항이 0점 처리됩니다.
6. 답안을 정정할 때에는 반드시 정정부분을 두 줄(=)로 그어 표시하여야 하며, 두 줄로 긋지 않은 답안은 정정하지 않은 것으로 간주합니다. (수정테이프, 수정액 사용불가)
7. 답안의 한글 또는 영문의 오탈자는 오답으로 처리됩니다. 단, 답안에서 영문의 대 · 소문자 구분, 띄어쓰기는 여부에 관계 없이 채점합니다.
8. 계산 또는 디버깅 등 계산 연습이 필요한 경우는 〈문제〉 아래의 연습란을 사용하시기 바라며, 연습란은 채점대상이 아닙니다.
9. 문제에서 요구한 가지 수(항수) 이상을 답란에 표기한 경우에는 답안기재 순으로 요구한 가지 수(항수)만 채점하고 한 항에 여러 가지를 기재하더라도 한 가지로 보며 그 중 정답과 오답이 함께 기재란에 있을 경우 오답으로 처리됩니다.
10. 한 문제에서 소문제로 파생되는 문제나, 가지수를 요구하는 문제는 대부분의 경우 부분채점을 적용합니다. 그러나 소문제로 파생되는 문제 내에서의 부분 배점은 적용하지 않습니다.
11. 답안은 문제의 마지막에 있는 답란에 작성하여야 합니다.
12. 부정 또는 불공정한 방법(시험문제 내용과 관련된 메모지 사용 등)으로 시험을 치른 자는 부정행위자로 처리되어 당해 시험을 중지 또는 무효로 하고, 2년간 국가기술자격검정의 응시자격이 정지됩니다.
13. 시험위원이 시험 중 신분확인을 위하여 신분증과 수험표를 요구할 경우 반드시 제시하여야 합니다.
14. 시험 중에는 통신기기 및 전자기기(휴대용 전화기 등)를 지참하거나 사용할 수 없습니다.
15. 국가기술자격 시험문제는 일부 또는 전부가 저작권법상 보호되는 저작물이고, 저작권자는 한국산업인력공단입니다. 문제의 일부 또는 전부를 무단 복제, 배포, 출판, 전자출판 하는 등 저작권을 침해하는 일체의 행위를 금합니다.

※ 수험자 유의사항 미준수로 인한 채점상의 불이익은 수험자 본인에게 전적으로 책임이 있음

문제 1 다음 C언어로 구현된 프로그램을 분석하여 배열 〈mines〉의 각 칸에 들어갈 값을 쓰시오. (5점)

```
#include <stdio.h>
main( ) {
    int field[4][4] = { {0,1,0,1}, {0,0,0,1}, {1,1,1,0}, {0,1,1,1} };
    int mines[4][4] = { {0,0,0,0}, {0,0,0,0}, {0,0,0,0}, {0,0,0,0} };
    int w = 4, h = 4;
    for (int y = 0; y < h; y++) {
        for (int x = 0; x < w; x++) {
            if (field[y][x] == 0) continue;
            for (int j = y - 1; j <= y + 1; j++) {
                for (int i = x - 1; i <= x + 1; i++) {
                    if (chkover(w, h, j, i) == 1)
                        mines[j][i] += 1;
                }
            }
        }
    }
}

int chkover(int w, int h, int j, int i) {
    if (i >= 0 && i < w && j >= 0 && j < h) return 1;
    return 0;
}
```

배열 〈field〉

0	1	0	1
0	0	0	1
1	1	1	0
0	1	1	1

배열 〈mines〉

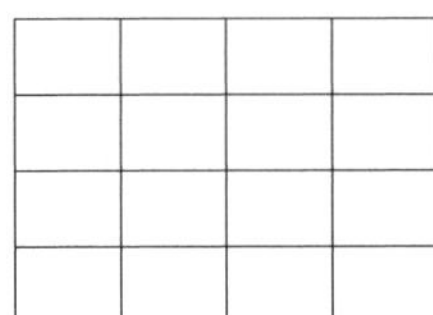

1451002

문제 2 관계대수에 대한 다음 설명에서 괄호(①~⑤)에 들어갈 알맞은 용어를 쓰시오. (5점)

관계대수는 관계형 데이터베이스에서 원하는 정보와 그 정보를 검색하기 위해서 어떻게 유도하는가를 기술하는 절차적인 언어이다. 관계대수에 사용되는 연산은 다음과 같다.

- 합집합(UNION)은 두 릴레이션에 존재하는 튜플의 합집합을 구하되, 결과로 생성된 릴레이션에서 중복되는 튜플은 제거되는 연산으로, 사용하는 기호는 (①)이다.
- 차집합(DIFFERENCE)은 두 릴레이션에 존재하는 튜플의 차집합을 구하는 연산으로, 사용하는 기호는 (②)이다.
- 교차곱(CARTESIAN PRODUCT)은 두 릴레이션에 있는 튜플들의 순서쌍을 구하는 연산으로, 사용하는 기호는 (③)이다.
- 프로젝트(PROJECT)는 주어진 릴레이션에서 속성 리스트(Attribute List)에 제시된 속성 값만을 추출하여 새로운 릴레이션을 만드는 연산으로, 사용하는 기호는 (④)이다.
- 조인(JOIN)은 공통 속성을 중심으로 두 개의 릴레이션을 하나로 합쳐서 새로운 릴레이션을 만드는 연산으로, 사용하는 기호는 (⑤)이다.

답

- ①
- ②
- ③
- ④
- ⑤

1451003

문제 3 디자인 패턴에 대한 다음 설명에서 괄호(①, ②)에 들어갈 알맞은 용어를 〈보기〉에서 찾아 쓰시오. (5점)

- (①) 패턴은 구현부에서 추상층을 분리하여, 서로가 독립적으로 확장할 수 있도록 구성한 패턴으로, 기능과 구현을 두 개의 별도 클래스로 구현한다는 특징이 있다.
- (②) 패턴은 한 객체의 상태가 변화하면 객체에 상속된 다른 객체들에게 변화된 상태를 전달하는 패턴으로, 일대다의 의존성을 정의한다. 주로 분산된 시스템 간에 이벤트를 생성 · 발행(Publish)하고, 이를 수신(Subscribe)해야 할 때 이용한다.

〈보기〉

• Builder	• Factory Method	• Adapter	• Bridge
• Facade	• Proxy	• Observer	• Mediator

답

- ①
- ②

1451004

문제 4 다음 JAVA로 구현된 프로그램을 분석하여 그 실행 결과를 쓰시오. (단, 출력문의 출력 서식을 준수하시오.) (5점)

```
public class Test {
    public static void main(String[] args) {
        int result[] = new int[5];
        int arr[] = { 77, 32, 10, 99, 50 };
        for(int i = 0; i < 5; i++) {
            result[i] = 1;
            for(int j = 0; j < 5; j++)
                if(arr[i] < arr[j])
                    result[i]++;
        }
        for(int k = 0; k < 5; k++)
            System.out.print(result[k]);
    }
}
```

답 :

1451005

문제 5 192.168.1.0/24 네트워크를 FLSM 방식을 이용하여 3개의 Subnet으로 나누었을 때, 두 번째 네트워크의 브로드캐스트 IP주소를 10진수 방식으로 쓰시오. (5점)

답 :

1451006

문제 6 테스트 기법 중 다음과 같이 '평가 점수표'를 미리 정해 놓은 후 각 영역의 경계에 해당하는 입력값을 넣고, 예상되는 출력값이 나오는지 실제 값과 비교하는 명세 기반 테스트 기법을 〈보기〉에서 찾아 쓰시오. (5점)

〈평가 점수표〉

평가점수	성적등급
90~100	A
80~89	B
70~79	C
0~69	D

〈케이스〉

테스트 케이스	1	2	3	4	5	6	7	8	9	10
입력값	−1	0	69	70	79	80	89	90	100	101
예상 결과값	오류	D	D	C	C	B	B	A	A	오류
실제 결과값	오류	D	D	C	C	B	B	A	A	오류

〈보기〉

- Equivalence Partition
- Boundary Value Analysis
- Condition Test
- Cause–Effect Graph
- Error Guess
- Comparison Test
- Base Path Test
- Loop Test
- Data Flow Test

 :

1451007

문제 7 다음과 같이 테이블을 정의하고 튜플을 삽입하였을 때 각 번호(①, ②)의 SQL문을 실행한 결과를 쓰시오. (5점)

```
CREATE TABLE 부서 (
    부서코드 INT PRIMARY KEY,
    부서명 VARCHAR(20)
);

CREATE TABLE 직원 (
    직원코드 INT PRIMARY KEY,
    부서코드 INT,
    직원명 VARCHAR(20),
    FOREIGN KEY(부서코드) REFERENCES 부서(부서코드)
        ON DELETE CASCADE
);

INSERT INTO 부서 VALUES(10, '영업부');
INSERT INTO 부서 VALUES(20, '기획부');
INSERT INTO 부서 VALUES(30, '개발부');

INSERT INTO 직원 VALUES(1001, 10, '이진수');
INSERT INTO 직원 VALUES(1002, 10, '곽연경');
INSERT INTO 직원 VALUES(1003, 20, '김선길');
INSERT INTO 직원 VALUES(1004, 20, '최민수');
INSERT INTO 직원 VALUES(1005, 20, '이용갑');
INSERT INTO 직원 VALUES(1006, 30, '박종일');
INSERT INTO 직원 VALUES(1007, 30, '박미경');
```

① SELECT DISTINCT COUNT(부서코드) FROM 직원 WHERE 부서코드 = 20;

답 :

② DELETE FROM 부서 WHERE 부서코드 = 20;
SELECT DISTINCT COUNT(부서코드) FROM 직원;

답 :

1451008

문제 8 다음 설명에서 괄호(①, ②)에 들어갈 알맞은 용어를 쓰시오. (5점)

- (①) 은 컴퓨터 보안에 있어서, 인간 상호 작용의 깊은 신뢰를 바탕으로 사람들을 속여 정상 보안 절차를 깨트리기 위한 비기술적 시스템 침입 수단을 의미한다.
- (②)는 특정 목적을 가지고 데이터를 수집하였으나, 이후 활용되지 않고 저장만 되어있는 대량의 데이터를 의미한다. 미래에 사용될 가능성을 고려하여 저장 공간에서 삭제되지 않고 보관되어 있으나, 이는 저장 공간의 낭비뿐만 아니라 보안 위험을 초래할 수도 있다.

답
- ①
- ②

1451009

문제 9 다음 Python으로 구현된 프로그램을 분석하여 그 실행 결과를 쓰시오. (단, 출력문의 출력 서식을 준수하시오.) (5점)

```
a = [1, 2, 3, 4, 5]
a = list(map(lambda num : num + 100, a))
print(a)
```

답 :

1451010

문제 10 다음 설명에 해당하는 알맞은 용어를 쓰시오. (5점)

다양한 장비에서 발생하는 로그 및 보안 이벤트를 통합하여 관리하는 보안 솔루션으로, 방화벽, IDS, IPS, 웹 방화벽, VPN 등에서 발생한 로그 및 보안 이벤트를 통합하여 관리함으로써 비용 및 자원을 절약할 수 있는 특징이 있다. 또한 보안 솔루션 간의 상호 연동을 통해 종합적인 보안 관리 체계를 수립할 수 있다.

답 :

1451011

문제 11 다음 제시된 보기 중 형상 관리 도구에 해당하는 것을 3가지 고르시오. (5점)

• OLAP	• CVS	• Ant	• Maven	• Git
• Jenkins	• Spring	• SVN		

답 :

1451012

문제 12 학생(STUDENT) 테이블에 전기과 학생이 50명, 전산과 학생이 100명, 전자과 학생이 50명 있다고 할 때, 다음 SQL문 ①, ②, ③의 실행 결과로 표시되는 튜플의 수를 쓰시오. (단, DEPT 필드는 학과를 의미한다) (5점)

```
① SELECT DEPT FROM STUDENT;
② SELECT DISTINCT DEPT FROM STUDENT;
③ SELECT COUNT(DISTINCT DEPT) FROM STUDENT WHERE DEPT = '전산과';
```

답

• ①　　• ②　　• ③

1451013

문제 13 다음 C언어로 구현된 프로그램을 분석하여 그 실행 결과를 쓰시오. (단, 출력문의 출력 서식을 준수하시오.) (5점)

```c
#include <stdio.h>
main() {
     int s, el = 0;
     for (int i = 6; i <= 30; i++) {
          s = 0;
          for (int j = 1; j <= i / 2; j++)
               if (i % j == 0)
                    s = s + j;
          if (s == i)
               el++;
     }
     printf("%d", el);
}
```

답 :

1451014

문제 14 보안 및 보안 위협에 대한 다음 설명에서 괄호(①, ②)에 들어갈 알맞은 용어를 〈보기〉에서 찾아 쓰시오. (5점)

- (①)은 칩 설계회사인 ARM(Advanced RISC Machine)에서 개발한 기술로, 하나의 프로세서(Processor) 내에 일반 애플리케이션을 처리하는 일반 구역(Normal World)과 보안이 필요한 애플리케이션을 처리하는 보안 구역(Secure World)으로 분할하여 관리하는 하드웨어 기반의 보안 기술이다.
- (②)은 네티즌들이 사이트에 접속할 때 주소를 잘못 입력하거나 철자를 빠뜨리는 실수를 이용하기 위해 이와 유사한 유명 도메인을 미리 등록하는 것으로 URL 하이재킹(Hijacking)이라고도 한다. 유명 사이트들의 도메인을 입력할 때 발생할 수 있는 온갖 도메인 이름을 미리 선점해 놓고 이용자가 모르는 사이에 광고 사이트로 이동하게 만든다.

〈보기〉

• Pharming	• Tvishing	• Trustzone	• APT	• Typosquatting
• Hacktivism	• Watering Hole	• Smurfing	• Ransomware	• CSRF

답
- ①
- ②

1451015

문제 15 다음 설명에서 괄호에 들어갈 알맞은 용어를 쓰시오. (5점)

( )는 한 번의 로그인으로 개인이 가입한 모든 사이트를 이용할 수 있게 해주는 시스템을 말한다. 개인의 경우, 사이트에 접속하기 위하여 아이디와 패스워드는 물론 이름, 전화번호 등 개인정보를 각 사이트마다 일일이 기록해야 하던 것이 한 번의 작업으로 끝나므로 불편함이 해소되며, 기업에서는 회원에 대한 통합관리가 가능해 마케팅을 극대화시킬 수 있다는 장점이 있다.

답 :

1451016

문제 16 스케줄링에 대한 다음 설명에서 괄호(①~③)에 들어갈 알맞은 용어를 쓰시오. (5점)

- (①)는 준비상태 큐에서 기다리고 있는 프로세스들 중에서 실행 시간이 가장 짧은 프로세스에게 먼저 CPU를 할당하는 기법이다. 가장 적은 평균 대기 시간을 제공하는 최적 알고리즘이지만, 실행 시간이 긴 프로세스는 실행 시간이 짧은 프로세스에게 할당 순위가 밀려 무한 연기 상태가 발생될 수 있다.
- (②)은 시분할 시스템을 위해 고안된 방식으로, 준비상태 큐에 먼저 들어온 프로세스가 먼저 CPU를 할당받지만 각 프로세스는 시간 할당량 동안만 실행한 후 실행이 완료되지 않으면 다음 프로세스에게 CPU를 넘겨주고 준비상태 큐의 가장 뒤로 배치된다. 할당되는 시간이 작을 경우 문맥 교환 및 오버헤드가 자주 발생되어 요청된 작업을 신속히 처리할 수 없다.
- (③)는 현재 실행중인 프로세스의 남은 시간과 준비상태 큐에 새로 도착한 프로세스의 실행 시간을 비교하여 가장 짧은 실행 시간을 요구하는 프로세스에게 CPU를 할당하는 기법으로, 시분할 시스템에 유용하다. 준비상태 큐에 있는 각 프로세스의 실행 시간을 추적하여 보유하고 있어야 하므로 오버헤드가 증가한다.

답

- ①
- ②
- ③

1451017

문제 17 UML에 대한 다음 설명에서 괄호(①~③)에 들어갈 알맞은 용어를 쓰시오. (5점)

UML은 시스템 분석, 설계, 구현 등 시스템 개발 과정에서 시스템 개발자와 고객 또는 개발자 상호 간의 의사소통이 원활하게 이루어지도록 표준화한 대표적인 객체지향 모델링 언어로, 사물, (①), 다이어그램으로 이루어져 있다.

- (①)는 사물과 사물 사이의 연관성을 표현하는 것으로, 연관, 집합, 포함, 일반화 등 다양한 형태의 (①)가 존재한다.
- (②)는 UML에 표현되는 사물의 하나로, 객체가 갖는 속성과 동작을 표현한다. 일반적으로 직사각형으로 표현하며, 직사각형 안에 이름, 속성, 동작을 표기한다.
- (③)는 (②)와 같은 UML에 표현되는 사물의 하나로, (②)나 컴포넌트의 동작을 모아놓은 것이며, 외부적으로 가시화되는 행동을 표현한다. 단독으로 사용되는 경우는 없으며, (③) 구현을 위한 (②) 또는 컴포넌트와 함께 사용된다.

답

- ①
- ②
- ③

1451018

문제 18 다음 E-R 다이어그램을 참고하여 괄호(①~⑤)의 설명에 적합한 요소를 찾아 기호(㉠~㉤)로 쓰시오. (5점)

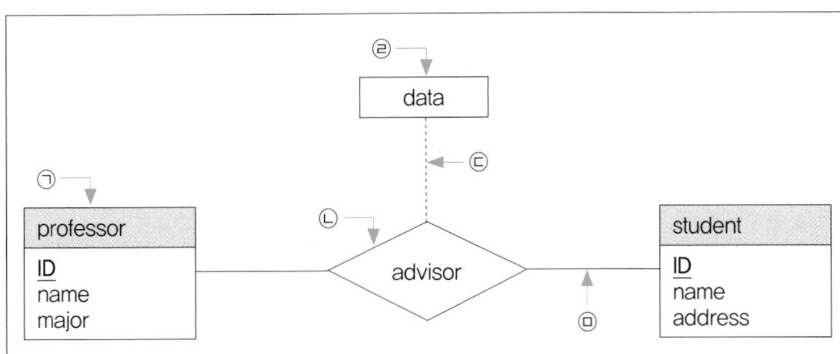

- (①) : 관계 집합을 의미한다.
- (②) : 관계 집합과 속성을 연결한다.
- (③) : 개체 집합을 의미하며, 키로 사용되는 항목에는 밑줄을 표시한다.
- (④) : 관계 집합의 속성을 의미한다.
- (⑤) : 개체 집합과 관계 집합을 연결한다.

답

- ①
- ②
- ③
- ④
- ⑤

1451019

문제 19 다음 JAVA로 구현된 프로그램을 분석하여 그 실행 결과를 쓰시오. (단, 출력문의 출력 서식을 준수하시오.) (5점)

```
public class Test {
    static int[] mkarr( ) {
        int[] tmpArr = new int[4];
        for (int i = 0; i < tmpArr.length; i++)
            tmpArr[i] = i;
        return tmpArr;
    }
    public static void main(String[] args) {
        int[] arr;
        arr = mkarr( );
        for (int i = 0; i < arr.length; i++)
            System.out.print(arr[i]);
    }
}
```

답 :

1451020

문제 20 다음 JAVA로 구현된 프로그램을 분석하여 그 실행 결과를 쓰시오. (단, 출력문의 출력 서식을 준수하시오.) (5점)

```
public class Test {
    public static void main(String[] args) {
        int r = 0;
        for (int i = 1; i < 999; i++) {
            if (i % 3 == 0 && i % 2 == 0)
                r = i;
        }
        System.out.print(r);
    }
}
```

답 :

2022년 3회 정보처리기사 실기 정답 및 해설

[문제 1]

1	1	3	2
3	4	5	3
3	5	6	4
3	5	5	3

해설

```
#include <stdio.h>
main( ) {
❶ int field[4][4] = { {0,1,0,1}, {0,0,0,1}, {1,1,1,0}, {0,1,1,1} };
❷ int mines[4][4] = { {0,0,0,0}, {0,0,0,0}, {0,0,0,0}, {0,0,0,0} };
❸ int w = 4, h = 4;
❹ for (int y = 0; y < h; y++) {
❺     for (int x = 0; x < w; x++) {
❻         if (field[y][x] == 0) continue;
❼         for (int j = y - 1; j <= y + 1; j++) {
❽             for (int i = x - 1; i <= x + 1; i++) {
❾⓭                 if (chkover(w, h, j, i) == 1)
⓮                     mines[j][i] += 1;
              }
          }
      }
  }
}

❿ int chkover(int w, int h, int j, int i) {
⓫     if (i >= 0 && i < w && j >= 0 && j < h) return 1;
⓬     return 0;
  }
```

[알고리즘의 이해]

문제의 코드는 배열 field의 요소가 0이 아닌, 즉 1인 경우, 배열 mines에서 해당 위치를 중심으로 3행 3열의 범위에 1을 더하는 프로그램입니다.

- w와 h는 배열의 행과 열의 길이가 저장된 변수입니다.
- y와 x는 배열 field의 행과 열 위치를 지정해 주는 변수입니다.
- j와 i는 배열 mines에서 1을 더할 범위의 행과 열 위치를 지정해 주는 변수입니다.
- chkover( ) 함수는 j와 i가 배열의 크기를 벗어나는지 검사하는 함수입니다. 벗어났다고 판단되면 0을 반환하여 해당 위치에는 1을 더하지 않도록 합니다.

반복문 수행에 따라 배열 mines에 저장되는 값은 다음과 같습니다.

- 배열 field에서 1의 위치

배열 〈field〉

0	1	0	1
0	0	0	1
1	1	1	0
0	1	1	1

• 배열 field의 요소가 1인 위치에 대한 배열 mines의 값 변화

배열 〈mines〉

+1	+1	+1	
+1	+1	+1	

➡ 배열 〈mines〉

1	1	1+1	+1
1	1	1+1	+1

➡ 배열 〈mines〉

1	1	2+1	1+1
1	1	2+1	1+1
		+1	+1

➡ 배열 〈mines〉

1	1	3	2
1+1	1+1	3	2
+1	+1	1	1
+1	+1		

➡ 배열 〈mines〉

1	1	3	2
2+1	2+1	3+1	2
1+1	1+1	1+1	1
1+1	1+1	+1	

➡ 배열 〈mines〉

1	1	3	2
3	3+1	4+1	2+1
2	2+1	2+1	1+1
2	2+1	1+1	1+1

➡ 배열 〈mines〉

1	1	3	2
3	4	5	3
2+1	3+1	3+1	2
2+1	3+1	2+1	1

➡ 배열 〈mines〉

1	1	3	2
3	4	5	3
3	4+1	4+1	2+1
3	4+1	3+1	1+1

➡ 배열 〈mines〉

1	1	3	2
3	4	5	3
3	5	5+1	3+1
3	5	4+1	2+1

➡ 배열 〈mines〉

1	1	3	2
3	4	5	3
3	5	6	4
3	5	5	3

모든 C 프로그램은 반드시 main( ) 함수에서 시작한다.

❶ 4행 4열의 2차원 배열 field를 선언하고 초기화한다.

배열 〈field〉

0	1	0	1
0	0	0	1
1	1	1	0
0	1	1	1

❷ 4행 4열의 2차원 배열 mines를 선언하고 초기화한다.

배열 〈mines〉

0	0	0	0
0	0	0	0
0	0	0	0
0	0	0	0

❸ 정수형 변수 w와 h를 선언하고, 각각 4로 초기화한다.
❹ 반복 변수 y가 0부터 1씩 증가하면서 h의 값 4보다 작은 동안 ❺~⓮번을 반복 수행한다.
❺ 반복 변수 x가 0부터 1씩 증가하면서 w의 값 4보다 작은 동안 ❻~⓮번을 반복 수행한다.
❻ filed[y][x]의 값이 0이면 ❼번 이후의 코드를 실행하지 않고 반복문의 처음인 ❺번으로 이동하고, 0이 아니면 ❼번으로 이동한다.
❼ 반복 변수 j가 y-1부터 1씩 증가하면서 y+1보다 작거나 같은 동안 ❽~⓮번을 반복 수행한다.
❽ 반복 변수 i가 x-1부터 1씩 증가하면서 x+1보다 작거나 같은 동안 ❾~⓮번을 반복 수행한다.
❾ w, h, j, i의 값을 인수로 chkover( ) 함수를 호출한 결과가 1이면 ⓮번으로 이동하고, 아니면 ❽번으로 이동한다.
❿ 정수를 반환하는 chkover( ) 함수의 시작점이다. ❾번에서 전달받은 값을 w, h, j, i가 받는다.
⓫ i와 j가 0보다 크거나 같고, w와 h의 값인 4보다 작으면 함수를 호출했던 ⓭번으로 1을 반환하며 함수를 종료하고, 아니면 ⓬번으로 이동한다.
⓬ 함수를 호출했던 ⓭번으로 0을 반환하고 함수를 종료한다.
⓭ ⓫번에서 1을 반환받았으면 ⓮번으로, ⓬번에서 0을 반환받았으면 ❽번으로 이동한다.
⓮ 'mines[j][i] = mines[j][i] + 1'과 동일하다. mines[j][i]에 1을 누적시킨다.

[문제 2]

① U ② − ③ × ④ π ⑤ ⋈

[문제 3]

① Bridge ② Observer

[문제 4]

24513

※ **답안 작성 시 주의 사항** : 프로그램의 실행 결과는 부분 점수가 없으므로 정확하게 작성해야 합니다. 예를 들어, 출력값 사이에 쉼표(,)를 넣어 2, 4, 5, 1, 3으로 썼을 경우 부분 점수 없이 완전히 틀린 것으로 처리됩니다.

해설

문제의 코드는 배열 arr에 저장된 값들의 순위를 구하여 배열 result에 저장하는 알고리즘입니다.

```
public class Test {
   public static void main(String[ ] args) {
❶     int result[ ] = new int[5];
❷     int arr[ ] = { 77, 32, 10, 99, 50 };
❸     for(int i = 0; i < 5; i++) {
❹        result[i] = 1;
❺        for(int j = 0; j < 5; j++)
❻           if(arr[i] < arr[j])
❼              result[i]++;
      }
❽     for(int k = 0; k < 5; k++)
❾        System.out.print(result[k]);
   }
}
```

❶ 5개의 요소를 갖는 정수형 배열 result를 선언한다.

	[0]	[1]	[2]	[3]	[4]
result	0	0	0	0	0

※ Java에서는 배열을 선언하고 초기화하지 않으면 배열의 모든 요소가 0으로 초기화됩니다.

❷ 5개의 요소를 갖는 정수형 배열 arr을 선언하고 초기화한다.

	[0]	[1]	[2]	[3]	[4]
arr	77	32	10	99	50

❸ 반복 변수 i가 0부터 1씩 증가하면서 5보다 작은 동안 ❹~❼번을 반복 수행한다.

❹ 다른 점수들과 비교하기 전까지는 모든 점수의 석차는 1등이므로, result[i]에 1을 저장한다.

❺ 반복 변수 j가 0부터 1씩 증가하면서 5보다 작은 동안 ❻, ❼번을 반복 수행한다.

❻ 현재 점수(arr[i])가 비교 점수(arr[j])보다 작으면 석차를 1 증가시키기 위해 ❼번으로 이동하고, 아니면 반복문의 시작인 ❺번으로 이동한다.

❼ 'result[i] = result[i] + 1;'과 동일하다. i번째 점수의 석차를 1씩 증가시킨다.

반복문 실행에 따른 변수들의 변화는 다음과 같다.

i	j	arr[i]	arr[j]	result				
				[0]	[1]	[2]	[3]	[4]
0				1	0	0	0	0
	0	77	77					
	1		32					
	2		10					
	3		99	2	0	0	0	0
	4		50					
	5							

1				2 1 0 0 0
	0	32	77	2 2 0 0 0
	1		32	
	2		10	
	3		99	2 3 0 0 0
	4		50	2 4 0 0 0
	5			
2				2 4 1 0 0
	0	10	77	2 4 2 0 0
	1		32	2 4 3 0 0
	2		10	
	3		99	2 4 4 0 0
	4		50	2 4 5 0 0
	5			
3				2 4 5 1 0
	0	99	77	
	1		32	
	2		10	
	3		99	
	4		50	
	5			
4				2 4 5 1 1
	0	50	77	2 4 5 1 2
	1		32	
	2		10	
	3		99	2 4 5 1 3
	4		50	
	5			
5				

❽ 반복 변수 k가 0부터 1씩 증가하면서 5보다 작은 동안 ❾번을 반복 수행한다.

❾ result[k]의 값을 출력한다.

결과 **24513**

[문제 5]

192.168.1.127

해설

- 192.168.1.0/24에서 '/24'는 서브넷 마스크를 의미합니다. 즉 서브넷 마스크는 1의 개수가 24개라는 것으로 이를 2진수로 표현하면 11111111 11111111 11111111 00000000입니다.
- 서브넷 마스크를 Subnet으로 나눌 때는 서브넷 마스크가 0인 부분, 즉 마지막 8비트를 이용하면 됩니다.
- Subnet으로 나눌 때 "3개의 Subnet으로 나눈다"는 것처럼 네트워크가 기준일 때는 왼쪽을 기준으로 나눌 네트워크 수에 필요한 비트를 할당하고 나머지 비트로 호스트를 구성하면 됩니다.
- 3개의 Subnet으로 구성하라 했으니 8비트 중 3을 표현하는데 필요한 2(2^2=4)비트를 제외하고 나머지 6비트를 호스트로 구성하면 됩니다.
- 네트워크 개수 = 4(=$2^{2(\text{필요한 비트 수})}$)
- 호스트 개수 = 256 / 네트워크 개수 = 256/4 = 64(=$2^{6(\text{남은 비트 수})}$)
- 문제에서 FLSM(Fixed Length Subnet Mask), 즉 고정된 크기로 주소를 할당하라고 했으므로 다음 표와 같이 64개의 호스트를 갖는 4개의 네트워크로 나눌 수 있으나 문제에서 3개의 Subnet을 구성하라 하였으므로 4번 네트워크는 사용되지 않습니다.
- 네트워크별로 첫 번째 주소는 네트워크 주소이고, 마지막 주소는 브로드캐스트 주소입니다.

네트워크	네트워크 주소	브로드캐스트 주소
1	192.168.1.0	192.168.1.63
2	192.168.1.64	192.168.1.127
3	192.168.1.128	192.168.1.191
~~4~~	~~192.168.1.192~~	~~192.168.1.255~~

∴ 3개의 Subnet으로 나누어진 위의 네트워크에서 두 번째 네트워크의 브로드캐스트 주소는 192.168.1.127입니다.

[문제 6]

Boundary Value Analysis

[문제 7]

① 3 ② 4

해설

```
CREATE TABLE 부서 (                          〈부서〉 테이블을 생성한다.
    부서코드 INT PRIMARY KEY,                 '부서코드' 속성은 정수형이며, 기본키로 정의한다.
    부서명 VARCHAR(20)                        '부서명' 속성은 가변길이 문자 20자이다.
);

CREATE TABLE 직원 (                          〈직원〉 테이블을 생성한다.
    직원코드 INT PRIMARY KEY,                 '직원코드' 속성은 정수형이며, 기본키로 정의한다.
    부서코드 INT,                             '부서코드' 속성은 정수형이다.
    직원명 VARCHAR(20),                       '직원명' 속성은 가변길이 문자 20자이다.
    FOREIGN KEY(부서코드) REFERENCES 부서(부서코드)
                                             '부서코드' 속성은 〈부서〉 테이블의 '부서코드' 속성을 참조하는 외래키이다.
        ON DELETE CASCADE                    〈부서〉 테이블에서 튜플이 삭제되면 관련된 모든 튜플이 함께 삭제된다.
);

❶ INSERT INTO 부서 VALUES(10, '영업부');
❷ INSERT INTO 부서 VALUES(20, '기획부');
❸ INSERT INTO 부서 VALUES(30, '개발부');
```

```
❹ INSERT INTO 직원 VALUES(1001, 10, '이진수');
❺ INSERT INTO 직원 VALUES(1002, 10, '곽연경');
❻ INSERT INTO 직원 VALUES(1003, 20, '김선길');
❼ INSERT INTO 직원 VALUES(1004, 20, '최민수');
❽ INSERT INTO 직원 VALUES(1005, 20, '이용갑');
❾ INSERT INTO 직원 VALUES(1006, 30, '박종일');
❿ INSERT INTO 직원 VALUES(1007, 30, '박미경');
```

• ❶~❸번 SQL문이 수행된 후 〈부서〉 테이블은 다음과 같습니다.

〈부서〉

부서코드	부서명
10	영업부
20	기획부
30	개발부

• ❹~❿번 SQL문이 수행된 후 〈직원〉 테이블은 다음과 같습니다.

〈직원〉

직원코드	부서코드	직원명
1001	10	이진수
1002	10	곽연경
1003	20	김선길
1004	20	최민수
1005	20	이용갑
1006	30	박종일
1007	30	박미경

①

```
SELECT DISTINCT COUNT(부서코드)    '부서코드'의 개수를 표시하되, 표시된 개수 중 중복된 값은 한 번만 표시한다.
FROM 직원                          〈직원〉 테이블에서 검색한다.
WHERE 부서코드 = 20;               '부서코드'가 20인 자료만을 대상으로 한다.
```

• 문제의 SQL문은 DISTINCT가 '부서코드'에 적용되는 것이 아니라 'COUNT(부서코드)'에 적용됨에 유의해야 합니다.

• WHERE 부서코드 = 20 : '부서코드'가 20인 자료만을 검색합니다.

부서코드
20
20
20

• SELECT DISTINCT COUNT(부서코드) : 'COUNT(부서코드)'의 결과인 3에는 중복된 값이 없으므로 3이 그대로 표시됩니다.

COUNT(부서코드)
3

②

DELETE FROM 부서	〈부서〉 테이블에서 튜플을 삭제하라.
WHERE 부서코드 = 20;	'부서코드'가 20인 자료만을 대상으로 하라.
SELECT DISTINCT COUNT(부서코드)	'부서코드'의 개수를 표시하되, 표시된 개수 중 중복된 값은 한 번만 표시한다.
FROM 직원;	〈직원〉 테이블에서 검색한다.

- DELETE FROM 부서 WHERE 부서코드 = 20; : 〈직원〉 테이블의 '부서코드'는 테이블 정의 시 〈부서〉 테이블의 '부서코드'를 참조하되 〈부서〉 테이블에서 '부서코드'의 튜플이 삭제되면 이를 참조하는 〈직원〉의 튜플도 함께 삭제되도록 정의하였으므로, DELETE문 수행 후의 〈부서〉와 〈직원〉 테이블은 다음과 같습니다.

〈부서〉

부서코드	부서명
10	영업부
30	개발부

〈직원〉

직원코드	부서코드	직원명
1001	10	이진수
1002	10	곽연경
1006	30	박종일
1007	30	박미경

- SELECT DISTINCT COUNT(부서코드) FROM 직원; : 〈직원〉 테이블에 대한 'COUNT(부서코드)'의 결과인 4에는 중복된 값이 없으므로 4가 그대로 표시됩니다.

COUNT(부서코드)
4

[문제 8]

※ 문항별로 다음 중 하나를 쓰면 됩니다.

① 사회 공학, Social Engineering

② 다크 데이터, Dark Data

[문제 9]

[101, 102, 103, 104, 105]

※ **답안 작성 시 주의 사항** : 프로그램의 실행 결과는 부분 점수가 없으므로 정확하게 작성해야 합니다. 예를 들어, 출력값 전 · 후에 대괄호([ ])를 생략하거나 출력값 사이에 쉼표(,)를 생략하여 101, 102, 103, 104, 150 또는 [101 102 103 104 105]로 썼을 경우 부분 점수 없이 완전히 틀린 것으로 처리됩니다.

해설

```
❶ a = [1, 2, 3, 4, 5]
❷ a = list(map(lambda num : num + 100, a))
❸ print(a)
```

❶ 5개의 요소를 갖는 리스트 a를 선언한다.

❷ a의 각 요소에 100을 더하는 람다 식을 적용한 후, 100씩 더해진 값들을 다시 리스트로 구성하여 a에 저장한다.

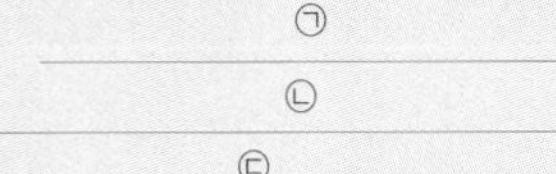

- ㉠ lambda num : num + 100 : 인수로 입력된 값에 100을 더하는 람다 식을 정의한다.
- ㉡ map(㉠, a) : 리스트 a의 각 요소를 ㉠에 적용한다.

a	1	2	3	4	5	→	lambda 1 : 1 + 100	→	101 반환
a	1	2	3	4	5	→	lambda 2 : 2 + 100	→	102 반환
a	1	2	3	4	5	→	lambda 3 : 3 + 100	→	103 반환
a	1	2	3	4	5	→	lambda 4 : 4 + 100	→	104 반환
a	1	2	3	4	5	→	lambda 5 : 5 + 100	→	105 반환

- ㉢ a = list(㉡) : ㉡의 실행 결과로 반환되는 값들을 리스트로 구성하여 a에 저장한다.

a	101	102	103	104	105

❸ a를 출력한다. a는 리스트이므로, 리스트를 선언할 때와 같은 형태와 순서로 출력한다.

결과 [101, 102, 103, 104, 105]

[문제 10]

※ 다음 중 하나를 쓰면 됩니다.

SIEM, Security Information & Event Management

[문제 11]

※ 3가지를 모두 적어야 합니다.

CVS, Git, SVN

[문제 12]

① 200 ② 3 ③ 1

해설

①

SELECT DEPT	'DEPT'를 표시한다.
FROM STUDENT;	〈STUDENT〉 테이블에서 검색한다.

- 〈STUDENT〉 테이블에서 'DEPT'를 검색합니다. 총 200개의 튜플이 들어 있고 검색 조건이 없으므로 튜플의 수는 **200**입니다.

②

SELECT DISTINCT DEPT	'DEPT'를 표시하되, 같은 'DEPT' 속성의 값은 한 번만 표시한다.
FROM STUDENT;	〈STUDENT〉 테이블에서 검색한다.

- 〈STUDENT〉 테이블에서 'DEPT'를 검색하는 데 중복된 결과는 처음의 한 개만 검색에 포함시킵니다. 전기과 50개 튜플의 'DEPT' 속성의 값이 같으므로 1개, 전산과 100개 튜플의 'DEPT' 속성의 값이 같으므로 1개, 전자과 50개 튜플의 'DEPT' 속성의 값이 같으므로 1개를 검색에 포함시키므로 **3**개의 튜플이 검색됩니다.

③

SELECT COUNT(DISTINCT DEPT)	'DEPT'의 개수를 표시하되, 같은 'DEPT' 속성의 값은 한 번만 계산한다.
FROM STUDENT;	〈STUDENT〉 테이블에서 검색한다.
WHERE DEPT = '전산과';	'DEPT'가 "전산과"인 자료만을 대상으로 검색한다.

- 〈STUDENT〉 테이블에서 'DEPT' 속성의 값이 '전산과'인 튜플에 대해 중복을 제거하고 개수를 세므로 **1**이 검색 결과로 표시됩니다.

[문제 13]

2

해설

어떤 정수의 약수 중 자신을 제외한 약수를 모두 합하면 자신과 같아지는 수가 있다. 예를 들어 6의 약수 1, 2, 3, 6 중 6을 제외한 1, 2, 3을 더하면 6이 되어 자신과 같아진다. 다음은 6부터 30까지의 정수 중 이러한 약수를 갖는 수를 찾아 출력하는 알고리즘이다.

```
#include <stdio.h>
main( ) {
❶ int s, el = 0;
❷ for (int i = 6; i <= 30; i++) {
❸     s = 0;
❹     for (int j = 1; j <= i / 2; j++)
❺         if (i % j == 0)
❻             s = s + j;
❼     if (s == i)
❽         el++;
   }
❾ printf("%d", el);
}
```

❶ 정수형 변수 s, el을 선언하고, el을 0으로 초기화한다.
❷ 반복 변수 i가 6부터 1씩 증가하면서 30보다 작거나 같은 동안 ❸~❽번을 반복 수행한다.
❸ s에 0을 저장한다.
❹ 반복 변수 j가 1부터 1씩 증가하면서 i/2보다 작거나 같은 동안 ❺, ❻번을 반복 수행한다.
❺ i를 j로 나눈 나머지가 0이면 ❻번으로 이동하고, 아니면 현재 반복문의 처음인 ❹번으로 이동한다.
❻ s에 j의 값을 누적시킨다. 구해진 약수를 더하는 과정이다.
❼ s와 i의 값이 같으면 약수를 모두 더한 값과 자신이 같은 수를 찾은 것이므로, ❽번으로 이동하고, 아니면 현재 반복문의 처음인 ❷번으로 이동한다.
❽ 'el = el + 1;'과 동일하다. 약수를 모두 더한 값과 자신이 같은 수의 개수를 누적시키는 과정이다.

반복문 실행에 따른 변수들의 변화는 다음과 같다.

i	j	s	el
			0
6		0	
	1	1	
	2	3	
	3	6	
	4		1
7		0	
	1	1	
	2		
	3		
	4		
⋮	⋮	⋮	⋮

28		0	
	1	1	
	2	3	
	3		
	4	7	
	5		
	6		
	7	14	
	⋮	⋮	⋮
	14	28	
	15		2
⋮	⋮	⋮	⋮
31			

❾ e1의 값 **2**를 정수로 출력한다.

결과 2

[문제 14]

① Trustzone　② Typosquatting

[문제 15]

※ 다음 중 하나를 쓰면 됩니다.

SSO, Single Sign On

[문제 16]

※ 문항별로 다음 중 하나를 쓰면 됩니다.

① SJF, Shortest Job First

② RR, Round Robin

③ SRT, Shortest Remaining Time

[문제 17]

※ 문항별로 다음 중 하나를 쓰면 됩니다.

① 관계, Relationship

② 클래스, Class

③ 인터페이스, Interface

[문제 18]

① ㉡　② ㉢　③ ㉠　④ ㉣　⑤ ㉤

[문제 19]

0123

※ **답안 작성 시 주의 사항** : 프로그램의 실행 결과는 부분 점수가 없으므로 정확하게 작성해야 합니다. 예를 들어, 출력값 사이에 쉼표(,)를 넣어 0, 1, 2, 3으로 썼을 경우 부분 점수 없이 완전히 틀린 것으로 처리됩니다.

해설

```
public class Test {
❸ static int[ ] mkarr( ) {
❹    int[ ] tmpArr = new int[4];
❺    for (int i = 0; i < tmpArr.length; i++)
❻       tmpArr[i] = i;
❼    return tmpArr;
  }
  public static void main(String[ ] args) {
❶    int[ ] arr;
❷❽   arr = mkarr( );
❾    for (int i = 0; i < arr.length; i++)
❿       System.out.print(arr[i]);
  }
}
```

모든 Java 프로그램은 반드시 main( ) 함수에서 시작한다.

❶ 정수형 배열 arr을 선언한다. 배열의 요소가 생략되었으므로 배열의 위치를 저장하는 arr만이 메모리에 생성된다.

arr [ ]

※ 배열 arr에 4개의 요소(1, 2, 3, 4)를 임의로 초기화하여 선언하면 다음과 같습니다.
(다음 그림에서 arr에 저장된 주소는 임의로 정한 것이며, 이해를 돕기 위해 10진수로 표현했습니다.)

주소 메모리

4Byte	4Byte	4Byte	4Byte
1	2	3	4
arr[0]	arr[1]	arr[2]	arr[3]

※ ❶번과 같이 요소의 값과 개수를 생략하고 선언만 했다는 것은 arr이 위 그림의 2000과 같은 메모리를 가리키는 주소를 갖지 않은 채 선언만 되었다는 의미입니다. arr은 이후 ❼번 과정에서 정수형 배열의 주소를 전달받아 위와 같이 일반적인 형태를 갖추게 됩니다.

❷ mkarr( ) 메소드를 호출한 후 돌려받은 값을 arr에 저장한다.

❸ 정수형 배열을 반환하는 mkarr( ) 메소드의 시작점이다.

❹ 4개의 요소를 갖는 정수형 배열 tmpArr을 선언한다.

	[0]	[1]	[2]	[3]
tmpArr	0	0	0	0

※ Java에서는 배열을 선언하고 초기화하지 않으면 배열의 모든 요소가 0으로 초기화됩니다.

❺ 반복 변수 i가 0부터 1씩 증가하면서 배열 tmpArr의 길이 4보다 작은 동안 ❻번을 반복 수행한다.

• **length** : 배열 클래스의 속성으로 배열 요소의 개수가 저장되어 있음

❻ tmpArr[i]에 i의 값을 저장한다.

반복문 실행에 따른 변수들의 변화는 다음과 같다.

i	tmpArr [0]	[1]	[2]	[3]
0	0	0	0	0
1	0	1	0	0
2	0	1	2	0
3	0	1	2	3
4				

❼ 배열 `tmpArr`을 반환한다. 배열의 이름을 반환하면 배열의 시작 주소가 반환된다.

❽ ❼번에서 전달받은 배열의 시작 주소를 배열 `arr`에 저장한다.

※ 배열 `tmpArr`은 ❸~❻번 과정을 거치면서 다음과 같은 형태를 갖추게 됩니다.
(다음 그림에서 `tmpArr`이 저장된 주소는 임의로 정한 것이며, 이해를 돕기 위해 10진수로 표현했습니다.)

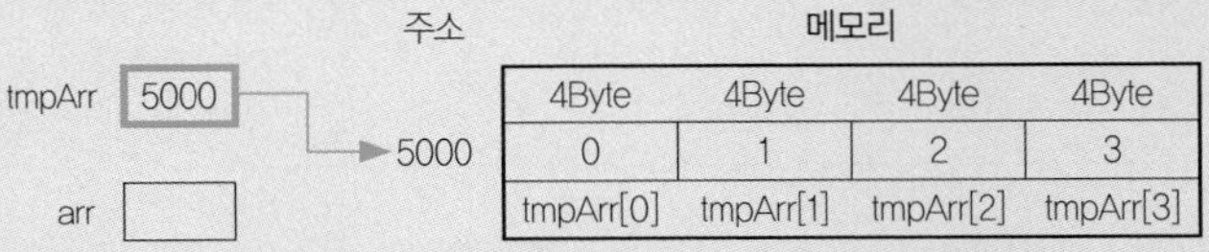

주소 / 메모리

tmpArr [5000] → 5000

arr [ ]

4Byte	4Byte	4Byte	4Byte
0	1	2	3
tmpArr[0]	tmpArr[1]	tmpArr[2]	tmpArr[3]

※ `tmpArr`이 가진 주소 5000이 ❼~❽번에서 `return`을 통해 `arr`에 반환되면서 `arr`은 `tmpArr`과 같은 주소를 갖는 배열이 됩니다.

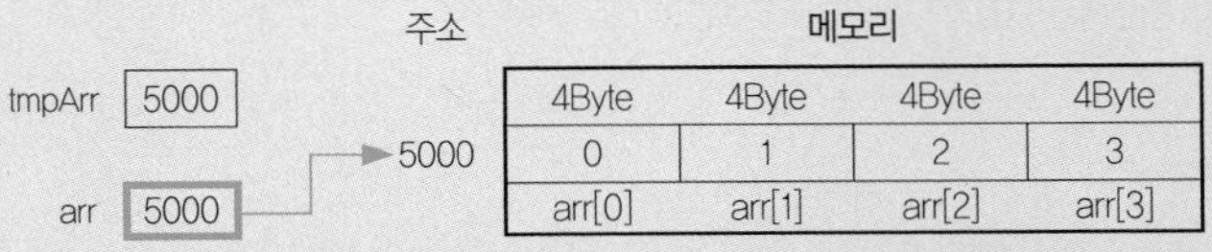

주소 / 메모리

tmpArr [5000]

arr [5000] → 5000

4Byte	4Byte	4Byte	4Byte
0	1	2	3
arr[0]	arr[1]	arr[2]	arr[3]

❾ 반복 변수 `i`가 0부터 1씩 증가하면서 배열 `arr`의 길이 4보다 작은 동안 ❿번을 반복 수행한다.

❿ `arr[i]`의 값을 출력한다.

반복문 실행에 따른 변수들의 변화는 다음과 같다.

i	arr[i]	출력
0	0	0
1	1	01
2	2	012
3	3	0123
4		

[문제 20]

996

해설

문제의 코드는 1부터 998까지의 숫자 중 3과 2로 나누었을 때 나머지가 0인, 즉 6의 배수이면서 가장 큰 수를 구하는 알고리즘입니다.

```
public class Test {
   public static void main(String[ ] args) {
❶     int r = 0;
❷     for (int i = 1; i < 999; i++) {
❸        if (i % 3 == 0 && i % 2 == 0)
❹           r = i;
      }
❺     System.out.print(r);
   }
}
```

❶ 정수형 변수 r을 선언하고 0으로 초기화한다.

❷ 반복 변수 i가 1부터 1씩 증가하면서 999보다 작은 동안 ❸, ❹번을 반복 수행한다.

❸ i를 3과 2로 나눈 나머지가 모두 0이면 ❹번으로 이동하고, 아니면 반복문의 시작인 ❷번으로 이동한다.

❹ r에 i의 값을 저장한다.

반복문 실행에 따른 변수들의 변화는 다음과 같다.

i	i%3	i%2	r
			0
1	1	1	
2	2	0	
3	0	1	
4	1	0	
5	2	1	
6	0	0	6
7	1	1	
⋮	⋮	⋮	⋮
995	2	1	
996	0	0	996
997	1	1	
998	2	0	
999			

❺ r의 값을 출력한다.

결과 996

EXAMINATION
기출문제

2022년 2회 정보처리기사 실기

수험자 유의사항

1. 시험 문제지를 받는 즉시 응시하고자 하는 종목의 문제지가 맞는지를 확인하여야 합니다.
2. 시험 문제지 총면수 · 문제번호 순서 · 인쇄상태 등을 확인하고, 수험번호 및 성명을 답안지에 기재하여야 합니다.
3. 문제 및 답안(지), 채점기준은 일절 공개하지 않으며 자신이 작성한 답안, 문제 내용 등을 수험표 등에 이기(옮겨 적는 행위) 등은 관련 법 등에 의거 불이익 조치 될 수 있으니 유의하시기 바랍니다.
4. 수험자 인적사항 및 답안작성(계산식 포함)은 흑색 필기구만 사용하되, 흑색을 제외한 유색 필기구 또는 연필류를 사용하였을 경우 그 문항은 0점 처리됩니다.
5. 답란(답안 기재란)에는 문제와 관련 없는 불필요한 낙서나 특이한 기록사항 등을 기재하여서는 안되며 부정의 목적으로 특이한 표식을 하였다고 판단될 경우에는 모든 문항이 0점 처리됩니다.
6. 답안을 정정할 때에는 반드시 정정부분을 두 줄(=)로 그어 표시하여야 하며, 두 줄로 긋지 않은 답안은 정정하지 않은 것으로 간주합니다. (수정테이프, 수정액 사용불가)
7. 답안의 한글 또는 영문의 오탈자는 오답으로 처리됩니다. 단, 답안에서 영문의 대 · 소문자 구분, 띄어쓰기는 여부에 관계 없이 채점합니다.
8. 계산 또는 디버깅 등 계산 연습이 필요한 경우는 〈문제〉 아래의 연습란을 사용하시기 바라며, 연습란은 채점대상이 아닙니다.
9. 문제에서 요구한 가지 수(항수) 이상을 답란에 표기한 경우에는 답안기재 순으로 요구한 가지 수(항수)만 채점하고 한 항에 여러 가지를 기재하더라도 한 가지로 보며 그 중 정답과 오답이 함께 기재란에 있을 경우 오답으로 처리됩니다.
10. 한 문제에서 소문제로 파생되는 문제나, 가지수를 요구하는 문제는 대부분의 경우 부분채점을 적용합니다. 그러나 소문제로 파생되는 문제 내에서의 부분 배점은 적용하지 않습니다.
11. 답안은 문제의 마지막에 있는 답란에 작성하여야 합니다.
12. 부정 또는 불공정한 방법(시험문제 내용과 관련된 메모지 사용 등)으로 시험을 치른 자는 부정행위자로 처리되어 당해 시험을 중지 또는 무효로 하고, 2년간 국가기술자격검정의 응시자격이 정지됩니다.
13. 시험위원이 시험 중 신분확인을 위하여 신분증과 수험표를 요구할 경우 반드시 제시하여야 합니다.
14. 시험 중에는 통신기기 및 전자기기(휴대용 전화기 등)를 지참하거나 사용할 수 없습니다.
15. 국가기술자격 시험문제는 일부 또는 전부가 저작권법상 보호되는 저작물이고, 저작권자는 한국산업인력공단입니다. 문제의 일부 또는 전부를 무단 복제, 배포, 출판, 전자출판 하는 등 저작권을 침해하는 일체의 행위를 금합니다.

※ 수험자 유의사항 미준수로 인한 채점상의 불이익은 수험자 본인에게 전적으로 책임이 있음

1450901

문제 1 데이터베이스에 대한 다음 설명에서 괄호에 공통으로 들어갈 알맞은 용어를 쓰시오. (5점)

- (　　　　)은 관계 데이터의 연산을 표현하는 방법으로, 관계 데이터 모델의 제안자인 코드(E. F. Codd)가 수학의 술어 해석(Predicate Calculus)에 기반을 두고 관계 데이터베이스를 위해 제안했다.
- 원하는 정보가 무엇이라는 것만 정의하는 비절차적 특성을 지니며, 원하는 정보를 정의할 때 계산 수식을 사용한다.
- 튜플 해석식을 사용하는 튜플 (　　　　)과 도메인 해석식을 사용하는 도메인 (　　　　)으로 구분된다.

답 :

1450902

문제 2 암호화 알고리즘에 대한 다음 설명에서 괄호(①, ②)에 들어갈 알맞은 용어를 쓰시오. (5점)

- 암호화 알고리즘은 패스워드, 주민번호, 은행계좌와 같은 중요 정보를 보호하기 위해 평문을 암호화된 문장으로 만드는 절차 또는 방법을 의미한다.
- 스위스의 라이(Lai)와 메시(Messey)는 1990년 PES를 발표하고, 이후 이를 개선한 IPES를 발표하였다. IPES는 128비트의 Key를 사용하여 64비트 블록을 암호화하는 알고리즘이며 현재는 (　①　)라고 불린다.
- (　②　)은 국가 안전 보장국(NSA)에서 개발한 암호화 알고리즘으로, 클리퍼 칩(Clipper Chip)이라는 IC 칩에 내장되어있다. 80비트의 Key를 사용하여 64비트 블록을 암호화하며, 주로 전화기와 같은 음성 통신 장비에 삽입되어 음성 데이터를 암호화한다.

답

- ①
- ②

1450903

문제 3 다음은 〈제품〉(제품명, 단가, 제조사) 테이블을 대상으로 "H" 제조사에서 생산한 제품들의 '단가'보다 높은 '단가'를 가진 제품의 정보를 조회하는 〈SQL문〉이다. 괄호에 알맞은 답을 적어 〈SQL문〉을 완성하시오. (5점)

〈SQL문〉

```
SELECT 제품명, 단가, 제조사
FROM 제품
WHERE 단가 > (          ) (SELECT 단가 FROM 제품 WHERE 제조사 = 'H');
```

답 :

문제 4 다음 〈TABLE〉을 참조하여 〈SQL문〉을 실행했을 때 출력되는 결과를 쓰시오. (〈TABLE〉에 표시된 'NULL'은 값이 없음을 의미한다.) (5점)

〈TABLE〉

INDEX	COL1	COL2
1	2	NULL
2	4	6
3	3	5
4	6	3
5	NULL	3

〈SQL문〉

```
SELECT COUNT(COL2)
FROM TABLE
WHERE COL1 IN (2, 3)
   OR COL2 IN (3, 5);
```

답 :

문제 5 네트워크 보안에 대한 다음 설명에서 괄호에 공통으로 들어갈 알맞은 용어를 영문 약어로 쓰시오. (5점)

- (　　　)은 인터넷 등 통신 사업자의 공중 네트워크와 암호화 기술을 이용하여 사용자가 마치 자신의 전용 회선을 사용하는 것처럼 해주는 보안 솔루션이다.
- 암호화된 규격을 통해 인터넷망을 전용선의 사설망을 구축한 것처럼 이용하므로 비용 부담을 줄일 수 있다.
- (　　　)을 사용하면 두 장치 및 네트워크 사이에 암호화된 보안 터널이 생성되며, 터널에 사용되는 프로토콜에 따라 SSL (　　　)과 IPSec (　　　)으로 불린다.

답 :

1450906

문제 6 객체지향에 대한 다음 설명에 해당하는 용어를 〈보기〉에서 찾아 쓰시오. (5점)

- 자신이 사용하지 않는 인터페이스와 의존 관계를 맺거나 영향을 받지 않아야 한다는 객체지향 설계 원칙 중의 하나이다.
- 예를 들어 프린터, 팩스, 복사 기능을 가진 복합기의 경우 3가지 기능을 모두 가진 범용 인터페이스보다는 프린터 인터페이스, 팩스 인터페이스, 복사 인터페이스로 분리함으로써 하나의 기능 변경으로 인해 다른 기능이 영향을 받지 않도록 해야 한다.

〈보기〉

• SRP	• SOLID	• OCP	• LSP
• ISP	• DIP	• OTP	• PNP

답 :

1450907

문제 7 다음 Java로 구현된 프로그램을 분석하여 그 실행 결과를 쓰시오. (단, 출력문의 출력 서식을 준수하시오.) (5점)

```
public class Test {
    public static void main(String[] args) {
        int i = 3, k = 1;
        switch(i) {
        case 1: k++;
        case 2: k -= 3;
        case 3: k = 0;
        case 4: k += 3;
        case 5: k -= 10;
        default: k--;
        }
        System.out.print(k);
    }
}
```

답 :

1450908

문제 8 다음 C언어로 구현된 프로그램을 분석하여 그 실행 결과를 쓰시오. (단, 출력문의 출력 서식을 준수하시오.) (5점)

```
#include <stdio.h>
struct A {
     int n;
     int g;
};
main( ) {
     struct A st[2];
     for (int i = 0; i < 2; i++) {
          st[i].n = i;
          st[i].g = i + 1;
     }
     printf("%d", st[0].n + st[1].g);
}
```

답 :

1450909

문제 9 서브네팅(Subnetting)에 대한 다음 설명에서 괄호(①, ②)에 들어갈 알맞은 답을 쓰시오. (5점)

현재 IP 주소가 192.168.1.132이고, 서브넷 마스크가 255.255.255.192일 때, 네트워크 주소는 192.168.1.(①)이고, 해당 네트워크에서 네트워크 주소와 브로드캐스트 주소를 제외한 사용 가능 호스트의 수는 (②)개 이다.

답

- ①
- ②

1450910

문제 10 애플리케이션 테스트에 대한 다음 설명에서 괄호(①, ②)에 들어갈 알맞은 테스트를 쓰시오. (5점)

> 인수 테스트는 개발한 소프트웨어가 사용자의 요구사항을 충족하는지에 중점을 두고 테스트하는 방법이다.
> - (①) : 선정된 최종 사용자가 여러 명의 사용자 앞에서 행하는 테스트 기법으로, 실제 업무를 가지고 사용자가 직접 테스트한다.
> - (②) : 개발자의 장소에서 사용자가 개발자 앞에서 행하는 테스트 기법으로, 테스트는 통제된 환경에서 행해지며, 오류와 사용상의 문제점을 사용자와 개발자가 함께 확인하면서 기록한다.

답

- ①
- ②

1450911

문제 11 다음 설명에 해당하는 테스트를 〈보기〉에서 찾아 쓰시오. (5점)

> - 통합 테스트로 인해 변경된 모듈이나 컴포넌트에 새로운 오류가 있는지 확인하는 테스트이다.
> - 이미 테스트된 프로그램의 테스팅을 반복하는 것이다.
> - 수정한 모듈이나 컴포넌트가 다른 부분에 영향을 미치는지, 오류가 생기지 않았는지 테스트하여 새로운 오류가 발생하지 않음을 보증하기 위해 반복 테스트한다.

〈보기〉

• Integration	• Big Bang	• System	• Acceptance
• Unit	• Regression	• White Box	• Black Box

답 :

1450912

문제 12 다음은 〈EMPLOYEE〉 릴레이션에 대해 〈관계 대수식〉을 수행했을 때 출력되는 〈결과〉이다. 〈결과〉의 각 괄호(①~⑤)에 들어갈 알맞은 답을 쓰시오. (5점)

〈관계 대수식〉

$$\pi_{TTL}(EMPLOYEE)$$

〈EMPLOYEE〉

INDEX	AGE	TTL
1	48	부장
2	25	대리
3	41	과장
4	36	차장

⇨

〈결과〉

(①)
(②)
(③)
(④)
(⑤)

답

- ①
- ②
- ③
- ④
- ⑤

1450913

문제 13 다음 Python으로 구현된 프로그램을 분석하여 그 실행 결과를 쓰시오. (단, 출력문의 출력 서식을 준수하시오.) (5점)

```
a = "REMEMBER NOVEMBER"
b = a[0:3] + a[12:16]
c = "R AND %s" % "STR"
print(b + c)
```

답 :

1450914

문제 14 경로 제어 프로토콜(Routing Protocol)에 대한 다음 설명에서 괄호(①~④)에 들어갈 알맞은 용어를 〈보기〉에서 찾아 쓰시오. (5점)

> 경로 제어 프로토콜은 크게 자율 시스템 내부의 라우팅에 사용되는 (①)와 자율 시스템 간의 라우팅에 사용되는 (②)로 구분할 수 있다.
> (①)는 소규모 동종 자율 시스템에서 효율적인 RIP와 대규모 자유 시스템에서 많이 사용되는 (③)로 나누어진다.
> (③)는 링크 상태(Link State)를 실시간으로 반영하여 최단 경로로 라우팅을 지원하는 특징이 있다.
> (④)는 (②)의 단점을 보완하여 만들어진 라우팅 프로토콜로, 처음 연결될 때는 전체 라우팅 테이블을 교환하고, 이후에는 변화된 정보만을 교환한다.

〈보기〉

• BGP	• AS	• HOP	• OSPF
• NAT	• ISP	• EGP	• IGP

답

- ①
- ②
- ③
- ④

1450915

문제 15 다음 C언어로 구현된 프로그램을 분석하여 그 실행 결과를 쓰시오. (단, 출력문의 출력 서식을 준수하시오.) (5점)

```
#include <stdio.h>
int len(char* p);

int main( ) {
    char* p1 = "2022";
    char* p2 = "202207";
    int a = len(p1);
    int b = len(p2);
    printf("%d", a + b);
}
```

```
int len(char* p) {
     int r = 0;
     while (*p != '\0') {
          p++;
          r++;
     }
     return r;
}
```

답 :

1450916

문제 16 다음 C언어로 구현된 프로그램을 분석하여 그 실행 결과를 쓰시오. (단, 출력문의 출력 서식을 준수하시오.) (5점)

```
#include <stdio.h>
int main( ) {
     int a[4] = { 0, 2, 4, 8 };
     int b[3];
     int* p;
     int sum = 0;
     for (int i = 1; i < 4; i++) {
          p = a + i;
          b[i - 1] = *p - a[i - 1];
          sum = sum + b[i - 1] + a[i];
     }
     printf("%d", sum);
}
```

답 :

1450917

문제 17 다음 Java로 구현된 프로그램을 분석하여 그 실행 결과를 쓰시오. (단, 출력문의 출력 서식을 준수하시오.) (5점)

```
class Test {
     public static void main(String args[]) {
          cond obj = new cond(3);
          obj.a = 5;
          int b = obj.func( );
          System.out.print(obj.a + b);
     }
}

class cond {
     int a;
     public cond(int a) {
          this.a = a;
     }
     public int func( ) {
          int b = 1;
          for (int i = 1; i < a; i++)
               b += a * i;
          return a + b;
     }
}
```

답 :

1450918

문제 18 함수적 종속(Functional Dependency)에 대한 다음 설명에서 괄호(①~③)에 들어갈 알맞은 용어를 〈보기〉에서 찾아 기호(㉠~㉧)로 쓰시오. (단, 테이블 〈R〉의 속성 '학생'과 '학과'의 밑줄은 키(Key)임을 의미한다.) (5점)

〈R〉

학생	학과	성적	학년
이순신	컴퓨터공학	A+	2
이순신	전기공학	B	2
유관순	경제학	B+	1
강감찬	문예창작	C	3
강감찬	한국사	C+	3
홍길동	영문학	B	4

- 테이블 〈R〉에서 '성적'은 기본키인 {학생, 학과}에 대해 (①) Functional Dependency이다.
- 테이블 〈R〉에서 '학년'은 기본키인 {학생, 학과} 중 '학생'만으로 식별이 가능하므로 기본키에 대해 (②) Functional Dependency이다.
- 임의의 테이블에 속성 A, B, C가 있을 때, A → B이고 B → C일 때 A → C인 관계는 (③) Functional Dependency이다.

〈보기〉

㉠ Hybrid	㉡ Multi Valued	㉢ Transitive	㉣ Full
㉤ Defined	㉥ Natural	㉦ Relational	㉧ Partial

답

- ①
- ②
- ③

1450919

문제 19 인터넷에 대한 다음 설명에서 괄호(①~③)에 들어갈 알맞은 용어를 〈보기〉에서 찾아 쓰시오. (5점)

인터넷이란 TCP/IP 프로토콜을 기반으로 하여 전 세계 수많은 컴퓨터와 네트워크들이 연결된 광범위한 컴퓨터 통신망이다. • (①) : 월드 와이드 웹(WWW)에서 HTML 문서를 송수신 하기 위한 표준 프로토콜로, GET과 POST 메소드를 통해 메시지를 주고 받는다. • (②) : 다른 문서나 그림으로 이동할 수 있는 연결을 가지고 있는 텍스트를 의미한다. • (③) : 인터넷의 표준 문서인 하이퍼텍스트 문서를 만들기 위해 사용하는 언어이다.

〈보기〉

• UDDI	• XML	• WSDL	• Hypertext
• DHTML	• HTML	• SOAP	• HTTP

답

- ①
- ②
- ③

1450920

문제 20 다음의 모듈 관계를 표현한 시스템 구조도를 참고하여 모듈 F의 팬인(Fan-In)과 팬아웃(Fan-Out)을 구하시오. (5점)

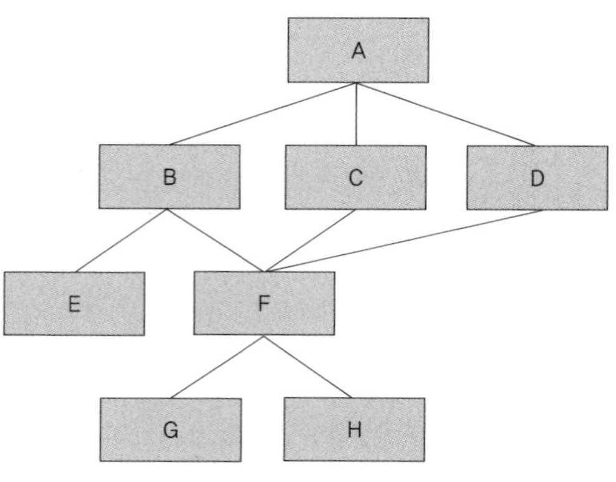

답

- ① 팬인(Fan-In) :
- ② 팬아웃(Fan-Out) :

[문제 1]

※ 다음 중 하나를 쓰면 됩니다.

관계해석, Relational Calculus

[문제 2]

※ 다음 중 하나를 쓰면 됩니다.

① IDEA, International Data Encryption Algorithm

② Skipjack

[문제 3]

ALL

※ **답안 작성 시 주의 사항** : SQL에 사용되는 예약어, 필드명, 변수명 등은 대소문자를 구분하지 않기 때문에 대문자로만 또는 소문자로만 작성해도 정답으로 인정됩니다.

해설

❷ SELECT 제품명, 단가, 제조사	'제품명', '단가', '제조사'를 표시한다.
FROM 제품	〈제품〉 테이블에서 검색한다.
WHERE 단가 〉 ALL (	'단가'가 하위 질의로 검색된 모든(ALL) 단가보다 큰 자료만을 대상으로 한다.
❶ SELECT 단가	'단가'를 표시한다.
FROM 제품	〈제품〉 테이블에서 검색한다.
WHERE 제조사 = 'H');	제조사가 "H"인 자료만을 대상으로 한다.

문제의 질의문은 하위 질의가 있는 질의문입니다. 먼저 WHERE 조건에 지정된 하위 질의의 SELECT문을 해석한 다음 그 결과를 본 질의의 조건에 있는 '단가' 속성과 비교합니다. 〈제품〉 테이블에 다음과 같은 자료가 들어있다고 가정하여 설명합니다.

〈제품〉

제품명	단가	제조사
냉장고	200	H
TV	150	H
세탁기	300	H
건조기	250	A
핸드폰	400	B
컴퓨터	500	C

❶ 〈제품〉 테이블에서 '제조사' 속성의 값이 "H"인 튜플의 '단가' 속성의 값을 검색합니다.

단가
200
150
300

❷ 〈제품〉 테이블에서 '단가' 속성의 값이 ❶번에서 검색된 모든 단가보다 큰 자료를 대상으로 '제품명', '단가', '제조사'를 표시합니다.

제품명	단가	제조사
핸드폰	400	B
컴퓨터	500	C

[문제 4]

3

해설

SELECT COUNT(COL2)	'COL2'의 개수를 표시한다.
FROM TABLE	〈TABLE〉에서 검색한다.
WHERE COL1 IN (2, 3)	'COL1'이 2 또는 3이거나,
OR COL2 IN (3, 5);	'COL2'가 3 또는 5인 튜플만을 대상으로 한다.

• 질의문의 조건을 만족하는 튜플은 다음과 같습니다.

INDEX	COL1	COL2
1	2	NULL
2	4	6
3	3	5
4	6	3
5	NULL	3

• 조건에 맞는 'COL2' 속성만 추출하면 다음과 같습니다.

COL2
NULL
5
3
3

∴ COUNT(COL2)는 'COL2' 필드의 개수를 계산하지만 'NULL' 값은 제외하므로 COUNT(COL2)의 결과는 3입니다.

[문제 5]

VPN

[문제 6]

ISP

[문제 7]

−8

해설

```
public class Test {
  public static void main(String[ ] args) {
❶    int i = 3, k = 1;
❷    switch(i) {
     case 1: k++;
     case 2: k -= 3;
❸    case 3: k = 0;
❹    case 4: k += 3;
❺    case 5: k -= 10;
❻    default: k--;
     }
```

```
❼     System.out.print(k);
   }
}
```

❶ 정수형 변수 i, k를 선언하고, 각각 3과 1로 초기화한다.
❷ i의 값 3에 해당하는 숫자를 찾아간다. 'case 3' 문장으로 이동한다.
❸ k에 0을 저장한다. → k = 0
※ switch 문을 종료하는 break가 없으므로 ❹, ❺, ❻번을 모두 수행하고 ❼번으로 이동한다.
❹ 'k = k + 3;'과 동일하다. k의 값에 3을 더한다. → k = 3
❺ 'k = k − 10;'과 동일하다. k의 값에서 10을 뺀다. → k = −7
❻ 'k = k − 1;'과 동일하다. k의 값에서 1을 뺀다. → k = −8
❼ k의 값을 출력한다.

결과 −8

[문제 8]
2

해설

```
#include <stdio.h>
struct A {                          구조체 A를 정의한다.
   int n;                           A의 멤버로 정수형 변수 n을 선언한다.
   int g;                           A의 멤버로 정수형 변수 g를 선언한다.
};
main( ) {
❶ struct A st[2];
❷ for (int i = 0; i < 2; i++) {
❸    st[i].n = i;
❹    st[i].g = i + 1;
   }
❺ printf("%d", st[0].n + st[1].g);
}
```

모든 C 프로그램은 반드시 main( ) 함수에서 시작한다.
❶ A 구조체 형태로 배열 st를 선언한다.

	int n	int g
st[0]		
st[1]		

❷ 반복 변수 i가 0부터 1씩 증가하면서 2보다 작은 동안 ❸, ❹번을 반복 수행한다.
❸ st[i].n에 i의 값을 저장한다.
❹ st[i].g에 i+1의 값을 저장한다.
반복문 실행에 따른 변수들의 변화는 다음과 같다.

• 1회전 (i = 0)

	int n	int g
st[0]	0	1
st[1]		

- 2회전 (i = 1)

	int n	int g
st[0]	0	1
st[1]	1	2

- i가 2가 되면서 for문을 빠져나가 ❺번으로 이동한다.

❺ 0+2의 결과인 **2**를 정수로 출력한다.

결과 2

[문제 9]

① 128 ② 62

해설

- IP 주소는 네트워크 부분의 길이에 따라 다음과 같이 A 클래스에서 E 클래스까지 총 5단계로 구성되어 있으며, 각 클래스는 IP 주소의 앞자리로 구분할 수 있습니다.

A Class	0~127로 시작
B Class	128~191로 시작
C Class	192~223으로 시작
D Class	224~239로 시작
E Class	공용되지 않음

- 192.168.1.132는 C 클래스에 속한 주소로, C 클래스의 기본 서브넷 마스크는 255.255.255.0입니다. 이를 2진수로 표현하면 11111111 11111111 11111111 00000000으로, 1의 개수가 24개입니다.
- 문제에 주어진 서브넷 마스크 255.255.255.192를 2진수로 표현하면 11111111 11111111 11111111 11000000으로, C 클래스의 기본 서브넷 마스크보다 1의 개수가 2개, 즉 2비트가 많습니다. 이 2비트를 이용해 네트워크의 개수와 네트워크 안에 포함된 호스트의 개수를 계산합니다.
- 네트워크 개수 = 4($2^{2(추가된\ 비트\ 수)}$)
- 호스트 개수 = 256/네트워크 개수 = 256/4 = 64
- 다음 표와 같이 64개의 호스트를 갖는 4개의 네트워크로 나눌 수 있습니다.
- 네트워크별로 첫 번째 주소는 네트워크 주소이고, 마지막 주소는 브로드캐스트 주소입니다.

네트워크	네트워크 주소	브로드캐스트 주소
1	192.168.1.0	192.168.1.63
2	192.168.1.64	192.168.1.127
3	192.168.1.128	192.168.1.191
4	192.168.1.192	192.168.1.255

- 192.168.1.132는 세 번째 네트워크에 포함되어 있으며, 세 번째 네트워크의 네트워크 주소는 192.168.1.**128**입니다.
- 호스트의 수는 네트워크마다 64개의 호스트를 가지므로 64개이지만, 문제에서 네트워크 주소와 브로드캐스트 주소를 제외한다고 하였으므로 사용 가능 호스트의 수는 **62**개입니다.

[문제 10]

① 베타 테스트(Beta Test) ② 알파 테스트(Alpha Test)

[문제 11]

Regression

[문제 12]

① TTL ② 부장 ③ 대리 ④ 과장 ⑤ 차장

해설

문제의 〈관계 대수식〉에서 사용된 π는 주어진 릴레이션에서 속성 리스트(Attribute List)에 제시된 속성 값만을 추출하여 새로운 릴레이션을 만드는 PROJECT 연산이므로, 〈EMPLOYEE〉 릴레이션에서 'TTL' 속성이 추출되어 속성명인 'TTL'부터 모든 속성값이 〈결과〉로 나타납니다.

[문제 13]

REMEMBER AND STR

※ **답안 작성 시 주의 사항** : 프로그램의 실행 결과는 부분 점수가 없으므로 정확하게 작성해야 합니다. 예를 들어, 출력값 사이에 공백 없이 **REMEMBERANDSTR**로 썼을 경우 부분 점수 없이 완전히 틀린 것으로 처리됩니다.

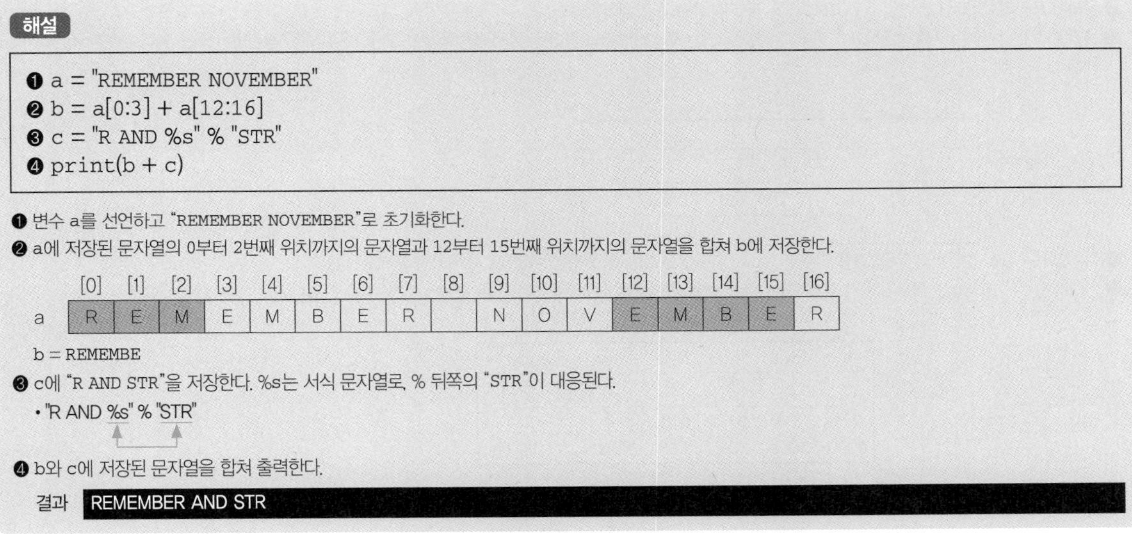

해설

```
❶ a = "REMEMBER NOVEMBER"
❷ b = a[0:3] + a[12:16]
❸ c = "R AND %s" % "STR"
❹ print(b + c)
```

❶ 변수 a를 선언하고 "REMEMBER NOVEMBER"로 초기화한다.

❷ a에 저장된 문자열의 0부터 2번째 위치까지의 문자열과 12부터 15번째 위치까지의 문자열을 합쳐 b에 저장한다.

	[0]	[1]	[2]	[3]	[4]	[5]	[6]	[7]	[8]	[9]	[10]	[11]	[12]	[13]	[14]	[15]	[16]
a	R	E	M	E	M	B	E	R		N	O	V	E	M	B	E	R

b = REMEMBE

❸ c에 "R AND STR"을 저장한다. %s는 서식 문자열로, % 뒤쪽의 "STR"이 대응된다.

• "R AND %s" % "STR"

❹ b와 c에 저장된 문자열을 합쳐 출력한다.

결과 REMEMBER AND STR

[문제 14]

① IGP ② EGP ③ OSPF ④ BGP

[문제 15]

10

해설

```
#include <stdio.h>
int len(char* p);                    len( ) 함수의 프로토타입 선언이다.

     main( ) {
❶       char* p1 = "2022";
❷       char* p2 = "202207";
❸❿      int a = len(p1);
⓫⓲      int b = len(p2);
⓳       printf("%d", a + b);
     }
```

```
❹⓬ int len(char* p) {
❺⓭     int r = 0;
❻⓮     while (*p != '\0') {
❼⓯         p++;
❽⓰         r++;
        }
❾⓱     return r;
    }
```

모든 C 프로그램은 반드시 main( ) 함수에서 시작한다.

❶ 문자형 포인터 변수 p1을 선언하고 "2022"를 가리키는 주소로 초기화한다.

❷ 문자형 포인터 변수 p2를 선언하고 "202207"을 가리키는 주소로 초기화한다. 다음의 그림에서 p1과 p2가 할당된 공간의 주소는 임의로 정한 것이며, 이해를 돕기 위해 10진수로 표현했다.

	주소	메모리						
p1	1000	2	0	2	2	\0		
p2	2000	2	0	2	2	0	7	\0

❸ 정수형 변수 a를 선언하고 p1의 값을 인수로 len( ) 함수를 호출한 후 돌려받은 값으로 초기화한다.

❹ 정수를 반환하는 len( ) 함수의 시작점이다. ❸번에서 전달받은 p1의 값을 문자형 포인터 변수 p가 받는다.

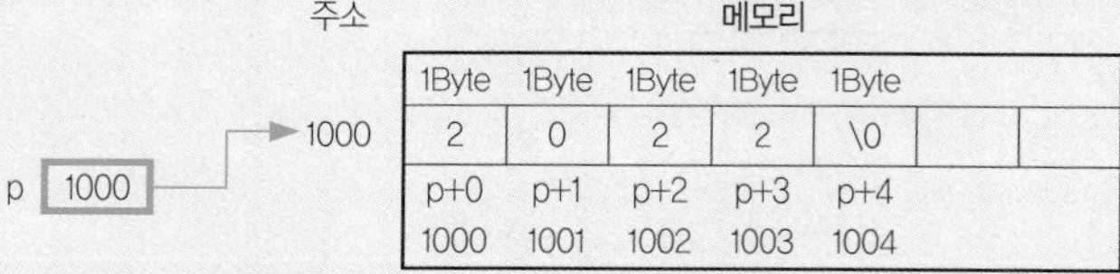

❺ 정수형 변수 r을 선언하고 0으로 초기화한다. r은 문자의 수를 카운트하기 위한 변수이다.

❻ p가 가리키는 곳의 값이 '\0'이 아닌 동안 ❼, ❽번을 반복 수행한다.

❼ 'p = p + 1;'과 동일하다. '\0'이 나올 때까지, 즉 문자열의 끝을 찾을 때까지 주소를 1씩 증가시킨다.

❽ 'r = r + 1;'과 동일하다. "2022"에 포함된 문자의 개수를 센다.

반복문 실행에 따른 변수들의 변화는 다음과 같다.

p	r	*p
1000	0	2
1001	1	0
1002	2	2
1003	3	2
1004	4	\0

❾ 함수를 호출했던 ❿번으로 r의 값, 즉 문자의 개수 4를 반환한다.

❿ a에는 4가 저장된다.

⓫ 정수형 변수 b를 선언하고 p2의 값을 인수로 len( ) 함수를 호출한 후 돌려받은 값으로 초기화한다.

⓬ 정수를 반환하는 len( ) 함수의 시작점이다. ⓫번에서 전달받은 p2의 값을 p가 받는다.

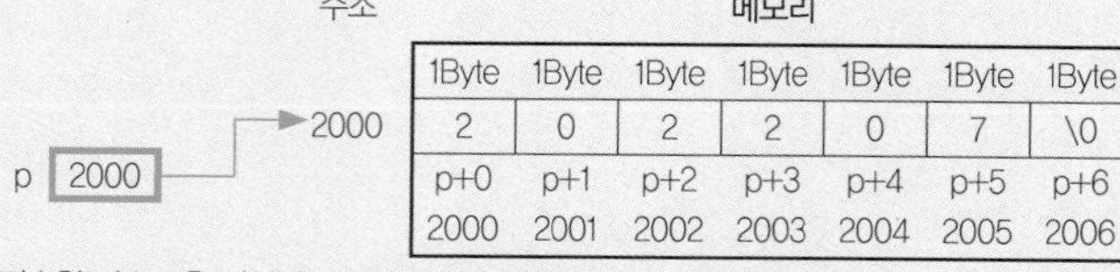

⓭ 정수형 변수 r을 선언하고 0으로 초기화한다.

⓮ p가 가리키는 곳의 값이 '\0'이 아닌 동안 ⓯, ⓰번을 반복 수행한다.

⓯ 'p = p + 1;'과 동일하다. '\0'이 나올 때까지 문자열이 저장된 주소를 1씩 증가시킨다.
⓰ 'r = r + 1;'과 동일하다. "202207"에 포함된 문자의 개수를 센다.
반복문 실행에 따른 변수들의 변화는 다음과 같다.

p	r	*p
2000	0	2
2001	1	0
2002	2	2
2003	3	2
2004	4	0
2005	5	7
2006	6	\0

⓱ 함수를 호출했던 ⓲번으로 r의 값 6을 반환한다.
⓲ b에는 6이 저장된다.
⓳ 4+6의 결과인 **10**을 정수로 출력한다.

결과 **10**

[문제 16]

22

해설

```
#include <stdio.h>
int main( ) {
❶ int a[4] = { 0, 2, 4, 8 };
❷ int b[3];
❸ int* p;
❹ int sum = 0;
❺ for (int i = 1; i < 4; i++) {
❻    p = a + i;
❼    b[i - 1] = *p - a[i - 1];
❽    sum = sum + b[i - 1] + a[i];
   }
❾ printf("%d", sum);
}
```

❶ 4개의 요소를 갖는 정수형 배열 a를 선언하고 초기화한다.

	[0]	[1]	[2]	[3]
a	0	2	4	8

❷ 3개의 요소를 갖는 정수형 배열 b를 선언한다.

	[0]	[1]	[2]
b			

❸ 정수형 포인터 변수 p를 선언한다.
❹ 정수형 변수 sum을 선언하고 0으로 초기화한다.
❺ 반복 변수 i가 1부터 1씩 증가하면서 4보다 작은 동안 ❻~❽번을 반복 수행한다.

첫 번째 반복 (i = 1)

❻ p에 a+1의 주소를 저장한다. p에 a 배열의 두 번째 요소인 a[1]의 주소를 저장한다.

❼ b[0]에 p가 가리키는 곳의 값 2에서 a[0]의 값 0을 뺀 2를 저장한다.

❽ sum에 b[0]의 값 2와 a[1]의 값 2를 더한 값 4를 누적한다.

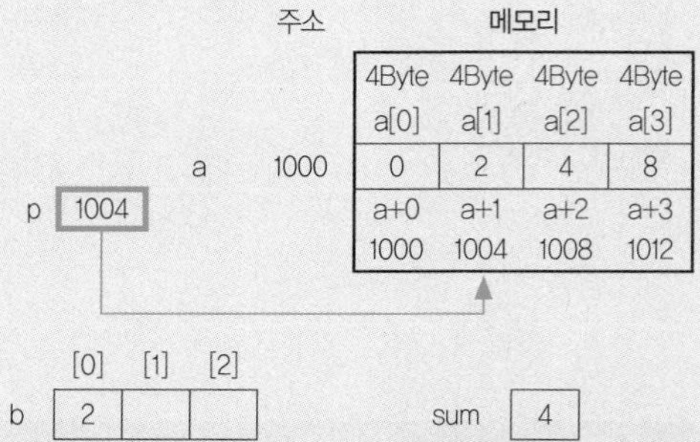

두 번째 반복 (i = 2)

• p에 a+2의 주소인 1008을 저장한다.

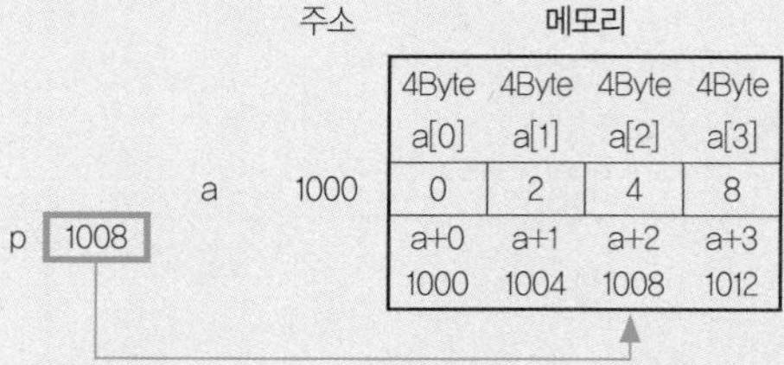

• b[1]에 p가 가리키는 곳의 값 4에서 a[1]의 값 2를 뺀 값인 2를 저장한다.
• sum에 b[1]의 값 2와 a[2]의 값 4를 더한 값 6을 누적한다.

	[0]	[1]	[2]		
b	2	2		sum	10

세 번째 반복 (i = 3)

• p에 a+3의 주소인 1012를 저장한다.

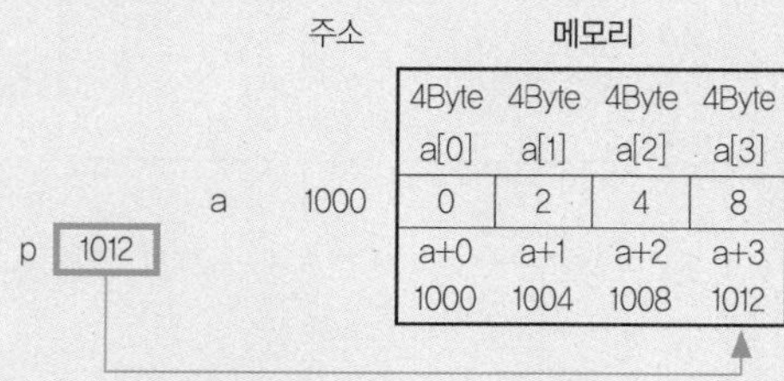

• b[2]에 p가 가리키는 곳의 값 8에서 a[2]의 값 4를 뺀 값인 4를 저장한다.
• sum에 b[2]의 값 4와 a[3]의 값 8을 더한 값 12를 누적한다.

• i가 4가 되면서 for문을 빠져나가 ❾번으로 이동한다.

❾ sum의 값 22를 정수로 출력한다.

결과 22

[문제 17]

61

해설

```
class Test {
   public static void main(String args[ ]) {
❶       cond obj = new cond(3);
❹       obj.a = 5;
❺⓫      int b = obj.func( );
⓬       System.out.print(obj.a + b);
   }
}

class cond {                                    클래스 cond를 정의한다.
   int a;                                       정수형 변수 a를 선언한다.
❷  public cond(int a) {
❸      this.a = a;
   }
❻  public int func( ) {
❼      int b = 1;
❽      for (int i = 1; i < a; i++)
❾          b += a * i;
❿      return a + b;
   }
}
```

모든 Java 프로그램은 반드시 main( ) 메소드에서 시작한다.

❶ 3을 인수로 생성자를 호출하여 cond 클래스의 객체 변수 obj를 선언한다.

❷ cond 클래스 생성자의 시작점이다. ❶번에서 전달받은 3을 a가 받는다.

❸ cond 클래스의 a에 3을 저장한다. 생성자가 종료되면 호출했던 ❶번의 다음 줄인 ❹번으로 이동한다. → obj.a = 3

- this : 현재의 실행중인 메소드가 속한 클래스를 가리키는 예약어이다. 여기에서는 cond 클래스의 객체 변수 obj의 생성자로 호출되었으므로 'obj.a'와 같은 의미이다.

❹ obj.a에 5를 저장한다. → obj.a = 5

❺ 정수형 변수 b를 선언하고 obj.func( ) 메소드를 호출한 후 돌려받은 값으로 초기화한다.

❻ 정수를 반환하는 func( ) 메소드의 시작점이다.

❼ 정수형 변수 b를 선언하고 1로 초기화한다.

❽ 반복 변수 i가 1부터 1씩 증가하면서 a보다 작은 동안 ❾번을 반복 수행한다. func( ) 메소드에는 별도로 생성한 'a'라는 변수가 없으므로 cond 클래스의 a를 가져와 사용한다. 즉 ❾번은 5보다 작은 동안 반복 수행된다.

❾ 'b = b + (a * i);'와 동일하다. a에 i를 곱한 값을 b에 누적시킨다.

반복문 실행에 따른 변수들의 변화는 다음과 같다.

a	i	b
5		1
	1	6
	2	16
	3	31
	4	51
	5	

❿ 5와 51을 더한 값 56을 메소드를 호출했던 ⓫번으로 반환한다.
⓫ b에 56이 저장된다.
⓬ 5+56의 결과인 **61**을 출력한다.

결과 `61`

[문제 18]

① ㉣ ② ㉧ ③ ㉢

[문제 19]

① HTTP ② Hypertext ③ HTML

[문제 20]

① 3 ② 2

EXAMINATION
기출문제

2022년 1회 정보처리기사 실기

수험자 유의사항

1. 시험 문제지를 받는 즉시 응시하고자 하는 종목의 문제지가 맞는지를 확인하여야 합니다.
2. 시험 문제지 총면수 · 문제번호 순서 · 인쇄상태 등을 확인하고, 수험번호 및 성명을 답안지에 기재하여야 합니다.
3. 문제 및 답안(지), 채점기준은 일절 공개하지 않으며 자신이 작성한 답안, 문제 내용 등을 수험표 등에 이기(옮겨 적는 행위) 등은 관련 법 등에 의거 불이익 조치 될 수 있으니 유의하시기 바랍니다.
4. 수험자 인적사항 및 답안작성(계산식 포함)은 흑색 필기구만 사용하되, 흑색을 제외한 유색 필기구 또는 연필류를 사용하였을 경우 그 문항은 0점 처리됩니다.
5. 답란(답안 기재란)에는 문제와 관련 없는 불필요한 낙서나 특이한 기록사항 등을 기재하여서는 안되며 부정의 목적으로 특이한 표식을 하였다고 판단될 경우에는 모든 문항이 0점 처리됩니다.
6. 답안을 정정할 때에는 반드시 정정부분을 두 줄(=)로 그어 표시하여야 하며, 두 줄로 긋지 않은 답안은 정정하지 않은 것으로 간주합니다. (수정테이프, 수정액 사용불가)
7. 답안의 한글 또는 영문의 오탈자는 오답으로 처리됩니다. 단, 답안에서 영문의 대 · 소문자 구분, 띄어쓰기는 여부에 관계 없이 채점합니다.
8. 계산 또는 디버깅 등 계산 연습이 필요한 경우는 〈문제〉 아래의 연습란을 사용하시기 바라며, 연습란은 채점대상이 아닙니다.
9. 문제에서 요구한 가지 수(항수) 이상을 답란에 표기한 경우에는 답안기재 순으로 요구한 가지 수(항수)만 채점하고 한 항에 여러 가지를 기재하더라도 한 가지로 보며 그 중 정답과 오답이 함께 기재란에 있을 경우 오답으로 처리됩니다.
10. 한 문제에서 소문제로 파생되는 문제나, 가지수를 요구하는 문제는 대부분의 경우 부분채점을 적용합니다. 그러나 소문제로 파생되는 문제 내에서의 부분 배점은 적용하지 않습니다.
11. 답안은 문제의 마지막에 있는 답란에 작성하여야 합니다.
12. 부정 또는 불공정한 방법(시험문제 내용과 관련된 메모지 사용 등)으로 시험을 치른 자는 부정행위자로 처리되어 당해 시험을 중지 또는 무효로 하고, 2년간 국가기술자격검정의 응시자격이 정지됩니다.
13. 시험위원이 시험 중 신분확인을 위하여 신분증과 수험표를 요구할 경우 반드시 제시하여야 합니다.
14. 시험 중에는 통신기기 및 전자기기(휴대용 전화기 등)를 지참하거나 사용할 수 없습니다.
15. 국가기술자격 시험문제는 일부 또는 전부가 저작권법상 보호되는 저작물이고, 저작권자는 한국산업인력공단입니다. 문제의 일부 또는 전부를 무단 복제, 배포, 출판, 전자출판 하는 등 저작권을 침해하는 일체의 행위를 금합니다.

※ 수험자 유의사항 미준수로 인한 채점상의 불이익은 수험자 본인에게 전적으로 책임이 있음

1450801

문제 1 다음 Java로 구현된 프로그램을 분석하여 그 실행 결과를 쓰시오. (단, 출력문의 출력 서식을 준수하시오.) (5점)

```
class A {
     int a;
     int b;
}

public class Test {
     static void func1(A m) {
          m.a *= 10;
     }
     static void func2(A m) {
          m.a += m.b;
     }
     public static void main(String args[]) {
          A m = new A();
          m.a = 100;
          func1(m);
          m.b = m.a;
          func2(m);
          System.out.printf("%d", m.a);
     }
}
```

답 :

1450802

문제 2 다음 설명의 RAID에 해당하는 레벨(Level)을 답 란의 괄호 안에 숫자로 쓰시오. (5점)

여러 개의 하드디스크로 디스크 배열을 구성하고, 파일을 구성하는 데이터 블록들을 서로 다른 디스크에 분산하여 저장할 경우 저장된 블록들을 여러 디스크에서 동시에 읽고 쓸 수 있으므로 디스크의 속도가 매우 향상되는데, 이 기술을 RAID라고 한다.
레이드 방식 중 패리티가 없는 스트라이핑된 2개 이상의 디스크를 병렬로 연결하여 구성하는 이 방식은 디스크의 개수가 증가할 수록 입 · 출력 속도 및 저장 용량이 배로 증가하지만, 하나의 디스크만 손상되어도 전체 데이터가 유실되는 문제가 발생한다.

답 : Level (   )

1450803

문제 3 다음 설명에 해당하는 DB의 트랜잭션 연산을 〈보기〉에서 찾아 쓰시오. (5점)

DBMS는 데이터베이스에 치명적인 손실이 발생했을 때 이를 복구하기 위해 데이터베이스의 처리 내용이나 이용 상황 등 상태 변화를 시간의 흐름에 따라 기록한 로그를 생성한다.

- (①) : 데이터베이스가 비정상적으로 종료되었을 때, 디스크에 저장된 로그를 분석하여 트랜잭션의 시작(start)과 완료(commit)에 대한 기록이 있는 트랜잭션들의 작업을 재작업한다. 즉 로그를 이용하여 해당 데이터 항목에 대해 이전 값을 이후 값으로 변경하는 연산이다.
- (②) : 데이터베이스가 비정상적으로 종료되었을 때, 디스크에 저장된 로그를 분석하여 트랜잭션의 시작을 나타내는 'start'는 있지만 완료를 나타내는 'commit' 기록이 없는 트랜잭션들이 작업한 내용들을 모두 취소한다. 즉 로그를 이용하여 해당 데이터 항목에 대해 이후 값을 이전 값으로 변경한다.

〈보기〉

- ROLLBACK
- UNDO
- LOG
- COMMIT
- REDO
- RECOVERY
- BACKUP
- CHECK

답

- ①
- ②

1450804

문제 4 다음은 〈성적〉 테이블에서 이름(name)과 점수(score)를 조회하되, 점수를 기준으로 내림차순 정렬하여 조회하는 〈SQL문〉이다. 괄호(①~③)에 알맞은 답을 적어 〈SQL문〉을 완성하시오. (5점)

〈성적〉

name	class	score
정기찬	A	85
이영호	C	74
환정형	C	95
김지수	A	90
최은영	B	82

〈SQL문〉

```
SELECT name, score
FROM 성적
(  ①  ) BY (  ②  ) (  ③  )
```

답

- ①
- ②
- ③

1450805

문제 5 다음 Java로 구현된 프로그램을 분석하여 괄호에 들어갈 알맞은 답을 쓰시오. (5점)

```
class Car implements Runnable {
    int a;
    public void run() {
        try {
            while(++a < 100) {
                System.out.println("miles traveled : " + a);
                Thread.sleep(100);
            }
        } catch(Exception E) { }
    }
}

public class Test {
    public static void main(String args[]) {
        Thread t1 = new Thread(new (          )());
        t1.start();
    }
}
```

답 :

1450806

문제 6 데이터의 중복으로 인해 테이블 조작 시 문제가 발생하는 현상을 이상(Anomaly)이라고 한다. 이상 중 삭제 이상(Deletion Anomaly)에 대해 간략히 서술하시오. (5점)

답 :

1450807

문제 7 다음 Python로 구현된 프로그램을 분석하여 그 실행 결과를 쓰시오. (단, 출력문의 출력 서식을 준수하시오.) (5점)

```
def func(num1, num2 = 2):
    print('a =', num1, 'b =', num2)
func(20)
```

답 :

1450808

문제 8 다음은 Python의 리스트 객체에 속한 메소드들에 대한 설명이다. 각 괄호(①~③)에 해당하는 메소드의 이름을 〈보기〉에서 찾아 쓰시오. (5점)

Python에서는 여러 요소들을 한 개의 이름으로 처리할 때 리스트(List)를 사용하며, 각 요소에는 정수, 실수, 문자열 등 다양한 자료형을 섞어 저장할 수 있다. 또한 리스트는 메소드를 활용하여 요소를 추가 및 삭제할 수 있을 뿐만 아니라 정렬하거나 다른 리스트와 병합하는 등의 다양한 작업을 손쉽게 수행할 수 있다.

- (①) : 기존 리스트에 인수의 요소들을 추가하여 확장하는 메소드로, 여러 값을 한 번에 추가할 수 있다.
- (②) : 리스트에서 맨 마지막 또는 인수의 값에 해당하는 위치의 요소를 삭제한 후 반환한다.
- (③) : 리스트에 저장된 각 요소들의 순서를 역순으로 뒤집어 저장하는 메소드이다.

〈보기〉

• pop( )	• push( )	• reverse( )	• index( )
• write( )	• sort( )	• extend( )	• copy( )

답

- ①
- ②
- ③

1450809

문제 9 보안 프로토콜에 대한 다음 설명에 해당하는 용어를 영문 약어로 쓰시오. (5점)

무선랜 보안에 사용된 웹 방식을 보완한 데이터 보안 프로토콜로, 임시 키 무결성 프로토콜이라고도 한다. WEP의 취약성을 보완하기 위해 암호 알고리즘의 입력 키 길이를 128비트로 늘리고 패킷당 키 할당, 키값 재설정 등 키 관리 방식을 개선하였다.

답 :

1450810

문제 10 소스 코드 품질 분석 도구에 대한 다음 설명에서 괄호(①, ②)에 해당하는 용어를 〈보기〉에서 찾아 기호(㉠~㉧)로 쓰시오. (5점)

소스 코드 품질 분석 도구는 소스 코드의 코딩 스타일, 코드에 설정된 코딩 표준, 코드의 복잡도, 코드에 존재하는 메모리 누수 현상, 스레드 결함 등을 발견하기 위해 사용하는 분석 도구이다.

- (①) 도구는 작성한 소스 코드를 실행하지 않고 코딩 표준이나 코딩 스타일, 결함 등을 확인하는 코드 분석 도구이다.
- (②) 도구는 소스 코드를 직접 실행하여 프로그램의 동작이나 반응을 추적하고 보고하는 분석 도구로, 프로그램 모니터링 기능이나 스냅샷 생성 기능들을 포함하고 있다.

〈보기〉

㉠ Static Analysis	㉡ Running Analysis	㉢ Test Execution	㉣ Performance
㉤ Dynamic Analysis	㉥ Test Control	㉦ Test Harness	㉧ Test Monitoring

답

- ①
- ②

1450811

문제 11 인터페이스 구현 검증 도구에 대한 다음 설명에 해당하는 용어를 영문으로 쓰시오. (5점)

Kent Beck과 Erich Gamma 등이 개발한 자바 프로그래밍 언어용 유닛 테스트 프레임워크로, xUnit 계열의 한 종류다. 같은 테스트 코드를 여러 번 작성하지 않게 도와주며, 테스트마다 예상 결과를 기억할 필요가 없는 자동화된 해법을 제공한다는 특징이 있다.

답 :

1450812

문제 12 다음 C언어로 구현된 프로그램을 분석하여 5를 입력했을 때 그 실행 결과를 쓰시오. (단, 출력문의 출력 서식을 준수하시오.) (5점)

```
#include <stdio.h>
int func(int a) {
    if (a <= 1) return 1;
    return a * func(a - 1);
}
int main() {
    int a;
    scanf("%d", &a);
    printf("%d", func(a));
}
```

답 :

1450813

문제 13 사용자 인터페이스(UI)에 대한 다음 설명에 해당하는 용어를 영문 약어로 쓰시오. (5점)

사용자의 자연스러운 움직임을 통해 시스템과 상호작용하는 사용자 인터페이스(UI)로, 키보드나 마우스와 같이 조작을 배워야 하는 인공 제어 장치를 사용하는 인터페이스와 구분하기 위해 '자연스러운'이라는 표현을 사용한다. 시리(Siri), 빅스비(Bixby) 등과 같은 음성 비서에게 사용하는 자연어 명령이나 휴대폰이나 태블릿에서의 터치 등이 여기에 해당한다.

답 :

1450814

문제 14 다음 중 블랙 박스 테스트 기법에 해당하는 것을 모두 골라 기호(㉠~㉨)로 쓰시오. (5점)

㉠ Base Path Testing	㉡ Condition Testing	㉢ Boundary Value Analysis
㉣ Equivalence Partitioning	㉤ Data Flow Testing	㉥ Cause-Effect Graph
㉦ Branch Coverage Testing	㉧ Statement Coverage Testing	㉨ Boundary Division Analysis

답 :

1450815

문제 15 다음은 정수를 역순으로 출력하는 C언어 프로그램이다. 예를 들어 1234의 역순은 4321이다. 단, 1230 처럼 0으로 끝나는 정수는 고려하지 않는다. 프로그램을 분석하여 괄호(①~③)에 들어갈 알맞은 연산자를 쓰시오. (5점)

```
#include <stdio.h>
int main() {
    int number = 1234;
    int div = 10, result = 0;

    while (number ( ① ) 0) {
        result = result * div;
        result = result + number ( ② )div;
        number = number ( ③ ) div;
    }
    printf("%d", result);
}
```

답
- ①
- ②
- ③

1450816

문제 16 정보 보호에 대한 다음 설명에 해당하는 용어를 영문 약어로 쓰시오. (5점)

정보 자산을 안전하게 보호하기 위한 보호 절차와 대책으로, 정보보호 관리 체계라고 한다. 조직에 맞는 정보보호 정책을 수립하고, 위험에 상시 대응하는 여러 보안 대책을 통합 관리한다. 공공 부문과 민간 기업 부문에서 이것을 평가하고 인증하는 사업을 한국인터넷진흥원(KISA)에서 운영중이다.

답 :

1450817

문제 17 다음 C언어로 구현된 프로그램을 분석하여 그 실행 결과를 쓰시오. (단, 출력문의 출력 서식을 준수하시오.) (5점)

```
#include <stdio.h>
int isPrime(int number) {
     for (int i = 2; i < number; i++)
          if (number % i == 0) return 0;
     return 1;
}

int main() {
     int number = 13195;
     int max_div = 0;
     for (int i = 2; i < number; i++)
          if (isPrime(i) == 1 && number % i == 0) max_div = i;
     printf("%d", max_div);
}
```

답 :

1450818

문제 18 키(Key)에 대한 다음 설명에서 괄호(①, ②)에 들어갈 알맞은 용어를 쓰시오. (5점)

키(Key)는 데이터베이스에서 조건에 만족하는 튜플을 찾거나 순서대로 정렬할 때 기준이 되는 속성을 말한다.

- 슈퍼키(Super Key)는 한 릴레이션 내에 있는 속성들의 집합으로 구성된 키로, 릴레이션을 구성하는 모든 튜플에 대해 (①)을 만족한다.
- 후보키(Candidate Key)는 릴레이션을 구성하는 속성들 중에서 튜플을 유일하게 식별하기 위해 사용되는 속성들의 부분집합으로, (①)과 (②)을 만족하는 특징이 있다.

답

- ①
- ②

1450819

문제 19 보안 위협에 대한 다음 설명에 해당하는 용어를 〈보기〉에서 찾아 쓰시오. (5점)

목표 조직이 자주 방문하는 웹 사이트를 사전에 감염시켜 목표 조직의 일원이 웹 사이트에 방문했을 때 악성 코드에 감염되게 한다. 이후에는 감염된 PC를 기반으로 조직의 중요 시스템에 접근하거나 불능으로 만드는 등의 영향력을 행사하는 웹 기반 공격이다.

〈보기〉

• Pharming	• Drive-by Download	• Watering Hole	• Business SCAM
• Phishing	• Cyber Kill Chain	• Ransomware	• Sniffing

답 :

1450820

문제 20 개발 단계에 따른 애플리케이션 테스트에 대한 다음 V-모델에서 괄호(①~④)에 들어갈 알맞은 테스트를 쓰시오. (5점)

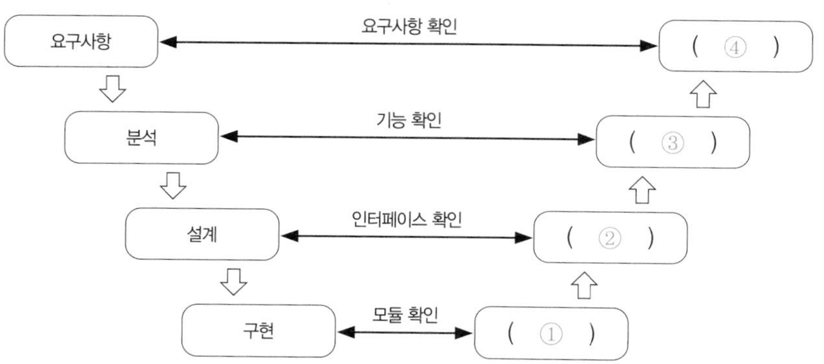

답

- ①
- ②
- ③
- ④

2022년 1회 정보처리기사 실기

정답 및 해설

[문제 1]

2000

해설

```
  class A {                                클래스 A를 정의한다.
     int a;                                클래스 A에는 정수형 변수 a와 b가 선언되어 있다.
     int b;
  }

  public class Test {
❹    static void func1(A m) {
❺       m.a *= 10;
     }
❽    static void func2(A m) {
❾       m.a += m.b;
     }
     public static void main(String args[ ]) {
❶       A m = new A( );
❷       m.a = 100;
❸       func1(m);
❻       m.b = m.a;
❼       func2(m);
❿       System.out.printf("%d", m.a);
     }
  }
```

모든 Java 프로그램은 반드시 main( ) 메소드에서 시작한다.

❶ 클래스 A의 객체 변수 m을 선언한다.

	int a	int b
객체 변수 m		

❷ 객체 변수 m의 변수 a에 100을 저장한다.

	int a	int b
객체 변수 m	100	

❸ 객체 변수 m의 시작 주소를 인수로 하여 func1 메소드를 호출한다.

❹ 반환값이 없는 func1( ) 메소드의 시작점이다. ❸번에서 전달받은 객체 변수의 주소는 m이 받는다.

※ 객체 변수나 배열의 이름은 객체 변수나 배열의 시작 주소를 가리키므로, 인수로 전달하는 경우 메소드에서 변경된 값이 main( )의 객체 변수나 배열에도 적용된다는 점을 염두에 두세요.

❺ 'm.a = m.a * 10;'과 동일하다. m.a에 10을 곱한 값을 m.a에 저장한다. 메소드가 종료되었으므로 메소드를 호출했던 ❸번의 다음 줄인 ❻번으로 이동한다.

	int a	int b
객체 변수 m	1000	

❻ m.b에 m.a의 값 1000을 저장한다.

	int a	int b
객체 변수 m	1000	1000

❼ 객체 변수 m의 시작 주소를 인수로 하여 func2 메소드를 호출한다.

❽ 반환값이 없는 func2( ) 메소드의 시작점이다. ❼번에서 전달받은 객체 변수의 주소는 m이 받는다.

❾ 'm.a = m.a + m.b;'와 동일하다. m.a와 m.b를 합한 값을 m.a에 저장한다. 메소드가 종료되었으므로 메소드를 호출했던 ❼번의 다음 줄인 ❿번으로 이동한다.

❿ m.a의 값 2000을 정수로 출력한다.

결과 2000

[문제 2]

0

[문제 3]

① REDO ② UNDO

[문제 4]

① ORDER ② score ③ DESC

※ **답안 작성 시 주의 사항** : SQL에 사용되는 예약어, 필드명, 변수명 등은 대소문자를 구분하지 않기 때문에 대문자로만 또는 소문자로만 작성해도 정답으로 인정됩니다.

해설

```
SELECT name, score        'name'과 'score'를 표시한다.
FROM 성적                  <성적> 테이블에서 검색한다.
ORDER BY score DESC       'score'를 기준으로 내림차순 정렬한다.
```

[문제 5]

Car

※ **답안 작성 시 주의 사항** : C, Java, Python 등의 프로그래밍 언어에서는 대소문자를 구분하기 때문에 클래스명도 대소문자를 구분하여 정확하게 작성해야 합니다. 예를 들어, 소문자로 car로 썼을 경우 부분 점수 없이 완전히 틀린 것으로 간주됩니다.

해설

```
Ⓐ class Car implements Runnable {
      int a;
Ⓑ     public void run( ) {
Ⓒ ❶       try {
  ❷           while(++a < 100) {
  ❸               System.out.println("miles traveled : " + a);
  ❹               Thread.sleep(100);
              }
Ⓓ         } catch(Exception E) { }
      }
  }

  public class Test {
      public static void main(String args[ ]) {
Ⓔ ❶       Thread t1 = new Thread(new Car( ));
Ⓕ ❷       t1.start( );
      } ❸
  }
```

Ⓐ class Car implements Runnable
Runnable 인터페이스를 상속받은 클래스 Car를 정의한다.
- implements : extends와 같이 상속에 사용하는 예약어로, 인터페이스를 상속받을 때 사용함
- Runnable : 스레드 클래스를 만들 때 사용하는 인터페이스

※ 인터페이스 개체는 클래스와 크게 다르지 않습니다. 그 역할이 인터페이스로 고정되어 있을 뿐 클래스와 마찬가지로 변수와 메소드를 갖는 개체입니다.
※ 스레드는 시스템의 여러 자원을 할당받아 실행하는 프로그램의 단위입니다. 대부분은 main( ) 메소드로 실행하는 하나의 스레드로만 작업을 수행하는데, 스레드 클래스는 main( ) 메소드로 실행하는 스레드 외에 추가적인 스레드를 가질 수 있도록 스레드를 생성하는 기능을 갖고 있습니다.

Ⓑ public void run( )
Runnable 인터페이스를 상속받았다면 스레드가 수행할 작업들을 정의하는 run( ) 메소드를 반드시 정의해야 한다.

Ⓒ try { }
- 실행 중에 예외가 발생할 가능성이 있는 실행 코드들을 하나의 블록으로 묶어 놓은 곳이다. try 블록 코드를 수행하다 예외가 발생하면 예외를 처리하는 Ⓓ의 catch 블록으로 이동하여 예외 처리 코드를 수행하므로 예외가 발생한 이후의 코드는 실행되지 않는다.
- 4번에서 수행되는 Thread.sleep( ) 메소드는 인터럽트로 인한 예외를 발생시킬 가능성이 큰 메소드이므로 반드시 try ~ catch 문을 통해 예외를 처리해줘야 한다.

Ⓓ catch(Exception E) { }
인터럽트로 인한 예외를 처리할 수 있는 예외 객체는 InterruptedException이지만, Exception을 사용하면 InterruptedException을 포함한 대부분의 예외를 한 번에 처리할 수 있다.

Ⓔ Thread t1 = new Thread(new Car( ));
스레드 클래스의 객체 변수 t1을 선언한다. 스레드 클래스는 생성자를 호출할 때 Runnable 인터페이스를 인수로 사용한다. 여기에서는 Runnable 인터페이스를 상속받은 Car 클래스를 생성자의 인수로 사용했다.

Ⓕ t1.start( );
t1의 start( ) 메소드를 호출한다. start( ) 메소드는 스레드 클래스에 포함된 메소드로, run( ) 메소드에서 정의한 코드들을 실행하는 메소드이다. 이때 run( ) 메소드에서 정의한 코드들은 main( ) 메소드와는 별개로 시스템으로부터 자원을 새로 할당받아 실행된다. 즉 main( ) 메소드와 별개로 실행되기 때문에 main( ) 메소드의 작업이 종료되어도 run( ) 메소드의 작업이 끝나지 않으면 계속 수행한다.

모든 Java 프로그램은 반드시 main( ) 메소드에서 시작한다.
❶ 스레드 클래스의 객체 변수 t1을 선언한다. 스레드에서 실행할 run( ) 메소드를 정의하고 있는 Car( ) 클래스를 생성자의 인수로 사용한다.
❷ t1의 start( ) 메소드를 호출한다. Car 클래스의 run( ) 메소드가 실행된다. 이후 main( ) 메소드는 ❸번으로 이동하여 프로그램을 종료한다.

main( ) 메소드와는 별개로 시스템으로부터 자원을 새로 할당받아 run( ) 메소드를 시작한다.
1 예외를 처리하기 위한 try ~ catch문의 시작점이다.
2 a가 100보다 작은 동안 3, 4번을 반복 수행한다. a는 전치증가 연산이므로 a에 1을 더한 후 조건을 확인한다.
※ 클래스의 속성으로 선언된 변수 a는 자동으로 0으로 초기화됩니다.
3 miles traveled : 를 출력한 후 이어서 a의 값을 출력한다.
4 100을 인수로 Thread 클래스의 sleep( ) 메소드를 호출한다. 0.1초 동안 스레드를 일시 정지시킨다.
- Thread.sleep(n) : n/1000초 동안 스레드를 일시 정지시킨다.

2~4번을 수행한 결과로 다음과 같이 0.1초마다 한 줄씩 출력된다.

결과
```
miles traveled : 1
miles traveled : 2
miles traveled : 3
miles traveled : 4
        ⋮
miles traveled : 98
miles traveled : 99
```

[문제 6]
※ 다음 중 밑줄이 표시된 내용은 반드시 포함되어야 합니다.
테이블에서 튜플을 삭제할 때 의도와는 상관없는 값들도 함께 삭제되는 현상이다.

[문제 7]

a = 20 b = 2

※ **답안 작성 시 주의 사항** : 프로그램의 실행 결과는 부분 점수가 없으므로 정확하게 작성해야 합니다. 예를 들어, 출력값 사이에 쉼표를 넣어 a = 20, b = 2로 썼을 경우 부분 점수 없이 완전히 틀린 것으로 간주됩니다.

해설

```
❷ def func(num1, num2 = 2):
❸     print('a =', num1, 'b =', num2)
❶ func(20)
```

func 메소드를 정의하는 부분의 다음 줄인 3번째 줄부터 실행한다.

❶ 20을 인수로 func( ) 메소드를 호출한다.

❷ func( ) 메소드의 시작점이다. ❶번에서 전달받은 20을 num1이 받는다.

- func( ) 메소드의 매개 변수는 num1, num2 두 개지만 num2는 메소드 정의 시 초기값이 지정되었다.
- 전달된 인수는 매개 변수에 차례로 전달되므로 인수가 하나만 주어지면 num1이 인수를 전달받고, 두 개의 인수가 주어지면 num1과 num2가 차례로 인수를 전달받는다.

❸ a =와 num1의 값 **20**, b =와 num2의 값 **2**를 차례대로 출력한다.

결과 `a = 20 b = 2`

[문제 8]

① extend( ) ② pop( ) ③ reverse( )

[문제 9]

TKIP

[문제 10]

① ㉠ ② ㉤

[문제 11]

JUnit

[문제 12]

120

해설

```
  int main( ) {
❶    int a;
❷    scanf("%d", &a);
❸    printf("%d", func(a));
  }
```

모든 C언어 프로그램은 반드시 main( ) 함수에서 시작한다.

❶ 정수형 변수 a를 선언한다.

❷ 정수를 입력받아 a에 저장한다. 5가 입력되었다고 가정하였으므로 a에는 5가 저장된다.

❸ a의 값 5를 인수로 하여 func( ) 함수를 호출한 후 돌려받은 값을 정수로 출력한다.

```
❹ int func(int a) {
❺     if (a <= 1) return 1;
❻     return a * func(a - 1);
  }
```

❹ 정수를 반환하는 func( ) 함수의 시작점이다. ❸번에서 전달받은 5를 a가 받는다.

❺ a가 1보다 작거나 같으면 함수를 호출했던 곳으로 1을 반환하고 함수를 종료한다. a의 값 5는 1보다 작거나 같지 않으므로 ❻번으로 이동한다.

❻ a-1을 인수로 하여 func( ) 함수를 호출한 후 돌려받은 값과 a를 곱하여 함수를 호출했던 곳으로 반환하고 함수를 종료한다. a가 1보다 큰 동안 자신을 호출하는 과정이 수행되다 a가 1보다 작거나 같아지면 1이 반환되면서 호출했던 과정을 복귀한다. 이 때 반환된 값은 먼저 호출된 func( ) 함수에 반환할 값으로 계산된다는 것을 염두에 두고 전체 과정을 개괄적으로 살펴보자.

a-1의 값 4를 인수로 func( ) 함수를 호출한 후 돌려받은 값이 24이므로 a의 값 5를 곱한 값 120을 func(5)를 호출했던 ❼번으로 반환한다.

```
  int main( ) {
❶     int a;
❷     scanf("%d", &a);
❸❼        printf("%d", func(a));
  }
```

❼ ❻번에서 돌려받은 값 120을 정수로 출력한다.

결과 120

[문제 13]

NUI

[문제 14]

ⓒ, ⓔ, ⓗ

[문제 15]

① != 또는 〉　② %　③ /

해설

```
#include <stdio.h>
int main( ) {
❶ int number = 1234;
❷ int div = 10, result = 0;

❸ while (number != 0) {
❹     result = result * div;
❺     result = result + number % div;
❻     number = number / div;
   }
❼ printf("%d", result);
}
```

❶ 정수형 변수 number를 선언하고 1234로 초기화한다.
❷ 정수형 변수 div와 result를 선언하고 각각 10과 0으로 초기화한다.
❸ number가 몫의 역할을 하므로 0이 될 때까지 ❹~❻번을 반복 수행한다.
❹ 새로운 나머지를 더하기 전에 기존의 나머지가 저장된 result에 10을 곱한다.
❺ 새로운 나머지를 result에 더한다.
❻ 다음 나머지를 구하기 위해 number를 10으로 나눈다.
반복문 실행에 따른 변수들의 변화는 다음과 같다.

number	div	result
1234 123	10	0 0 4
12		40 43
1		430 432
0		4320 4321

❼ result의 값 4321을 정수로 출력한다.

결과 4321

[문제 16]

ISMS

[문제 17]

29

해설

```
   #include <stdio.h>
❺ int isPrime(int number) {
❻     for (int i = 2; i < number; i++)
❼        if (number % i == 0) return 0;
❽     return 1;
   }

   int main( ) {
❶     int number = 13195;
❷     int max_div = 0;
❸     for (int i = 2; i < number; i++)
❹❾       if (isPrime(i) == 1 && number % i == 0) max_div = i;
❿     printf("%d", max_div);
   }
```

모든 C언어 프로그램은 반드시 main( ) 함수에서 시작한다.

❶ 정수형 변수 number를 선언하고 13195로 초기화한다.

❷ 정수형 변수 max_div를 선언하고 0으로 초기화한다.

❸ 반복 변수 i가 2부터 1씩 증가하면서 number보다 작은 동안 ❹번을 반복 수행한다.

첫 번째 반복

❹ i의 값 2를 인수로 isPrime을 호출한 결과가 1이고 number를 i로 나눈 나머지가 0이면 max_div에 i의 값을 저장한다.

❺ 정수를 반환하는 isPrime( ) 함수의 시작점이다. ❹번에서 전달받은 2를 number가 받는다.

❻ 반복 변수 i가 2부터 1씩 증가하면서 2보다 작은 동안 ❼번을 반복 수행한다. i의 값 2는 2보다 작지 않으므로 ❼번을 수행하지 않고 ❽번으로 이동한다.

❽ 1을 반환하면서 함수를 호출했던 ❾번으로 이동한다.

❾ ❽번에서 돌려받은 값은 1이지만, number의 값 13195를 i의 값 2로 나눈 나머지는 1이므로 max_div = i를 수행하지 않고 ❸번으로 돌아가 i의 값을 1 증가시킨다.

두 번째 반복

❹ i의 값 3을 인수로 isPrime을 호출한 결과가 1이고 number를 i로 나눈 나머지가 0이면 max_div에 i의 값을 저장한다.

❺ ❹번에서 전달받은 3을 number가 받는다.

❻ 반복 변수 i가 2부터 1씩 증가하면서 3보다 작은 동안 ❼번을 반복 수행한다.

❼ 3을 i로 나눈 나머지가 0이면 0을 반환하면서 함수를 호출했던 ❾번으로 이동한다.

❻~❼번 반복문 실행에 따른 변수들의 변화는 다음과 같다.

number	i
3	2 3

❽ 1을 반환하고 함수를 호출했던 ❾번으로 이동한다.

❾ ❽번에서 돌려받은 값은 1이지만, number의 값 13195를 i의 값 3으로 나눈 나머지는 1이므로 max_div = i를 수행하지 않고 ❸번으로 돌아가 i의 값을 1 증가시킨다.

세 번째 반복

❹ i의 값 4를 인수로 isPrime을 호출한 결과가 1이고 number를 i로 나눈 나머지가 0이면 max_div에 i의 값을 저장한다.

❺ ❹번에서 전달받은 4를 number가 받는다.

❻ 반복 변수 i가 2부터 1씩 증가하면서 4보다 작은 동안 ❼번을 반복 수행한다.

❼ 4를 i로 나눈 나머지가 0이면 0을 반환하면서 함수를 호출했던 ❾번으로 이동한다.

❻~❼번 반복문 실행에 따른 변수들의 변화는 다음과 같다.

number	i
4	2

❾ ❽번에서 돌려받은 값이 0이고, number의 값 13195를 i의 값 4로 나눈 나머지는 3이므로 max_div = i를 수행하지 않고 ❸번으로 돌아가 i의 값을 1 증가시킨다.

네 번째 반복

❹ i의 값 5를 인수로 isPrime을 호출한 결과가 1이고 number를 i로 나눈 나머지가 0이면 max_div에 i의 값을 저장한다.

❺ ❹번에서 전달받은 5를 number가 받는다.

❻ 반복 변수 i가 2부터 1씩 증가하면서 5보다 작은 동안 ❼번을 반복 수행한다.

❼ 5를 i로 나눈 나머지가 0이면 0을 반환하고 함수를 호출했던 ❾번으로 이동한다.

❻~❼번 반복문 실행에 따른 변수들의 변화는 다음과 같다.

number	i
5	2 3 4 5

❽ 1을 반환하고 함수를 호출했던 ❾번으로 이동한다.

❾ ❽번에서 돌려받은 값이 1이고, number의 값 13195를 i의 값 5로 나눈 나머지도 0이므로 max_div에 5를 저장한 후 ❸번으로 돌아가 i의 값을 1 증가시킨다.

위의 과정을 통해 다음 사항들을 알 수 있다.

- isPrime( ) 함수는 인수를 2에서 시작하여 전달받은 수보다 1 작을 때까지 나눴을 때 끝까지 나머지가 0이 아니면 1을 반환하는 것으로 보아 소수를 찾는 함수임을 알 수 있다.
- ❾번에서 isPrime(i)가 1이라는 것은 i가 소수임을 의미하고, number를 i로 나눈 나머지가 0이라는 것은 i가 number의 약수라는 의미이므로, max_div에는 소수이자 number의 약수인 수가 저장된다.
- i의 값이 1씩 증가하면서 number보다 1 작을 때까지 위 과정을 수행하므로 number의 소수로 된 약수 중 가장 큰 소수에 해당하는 값이 max_div에 저장된다.
- 13195의 소수로 된 약수는 5, 7, 13, 29이며, 이 중 가장 큰 소수인 29가 최종적으로 max_div에 저장된다.
- 자세한 값의 변화는 다음 표를 통해 확인하자.

main( ) 함수			isPrime( ) 함수		
number	i	max_div	number	i	반환값
13195 ⋮	2	0	2	2	1
	3		3	2 3	1
	4		4	2	0
	5	5	5	2 3 4 5	1
	⋮	⋮	⋮	⋮	⋮
	29	29	29	2 3 4 ⋮ 28 29	1
	⋮	⋮	⋮	⋮	⋮
	13194		13194	2	0
	13195				

❿ max_div의 값 **29**를 정수로 출력한다.

결과 **29**

[문제 18]

※ 각 문항별로 다음 중 하나를 쓰면 됩니다.

① 유일성, Unique

② 최소성, Minimality

[문제 19]

Watering Hole

[문제 20]

※ 각 문항별로 다음 중 하나를 쓰면 됩니다.

① 단위 테스트, Unit Test

② 통합 테스트, Integration Test

③ 시스템 테스트, System Test

④ 인수 테스트, Acceptance Test

EXAMINATION
기출문제

2021년 3회 정보처리기사 실기

수험자 유의사항

1. 시험 문제지를 받는 즉시 응시하고자 하는 종목의 문제지가 맞는지를 확인하여야 합니다.
2. 시험 문제지 총면수 · 문제번호 순서 · 인쇄상태 등을 확인하고, 수험번호 및 성명을 답안지에 기재하여야 합니다.
3. 문제 및 답안(지), 채점기준은 일절 공개하지 않으며 자신이 작성한 답안, 문제 내용 등을 수험표 등에 이기(옮겨 적는 행위) 등은 관련 법 등에 의거 불이익 조치 될 수 있으니 유의하시기 바랍니다.
4. 수험자 인적사항 및 답안작성(계산식 포함)은 흑색 필기구만 사용하되, 흑색을 제외한 유색 필기구 또는 연필류를 사용하였을 경우 그 문항은 0점 처리됩니다.
5. 답란(답안 기재란)에는 문제와 관련 없는 불필요한 낙서나 특이한 기록사항 등을 기재하여서는 안되며 부정의 목적으로 특이한 표식을 하였다고 판단될 경우에는 모든 문항이 0점 처리됩니다.
6. 답안을 정정할 때에는 반드시 정정부분을 두 줄(=)로 그어 표시하여야 하며, 두 줄로 긋지 않은 답안은 정정하지 않은 것으로 간주합니다. (수정테이프, 수정액 사용불가)
7. 답안의 한글 또는 영문의 오탈자는 오답으로 처리됩니다. 단, 답안에서 영문의 대 · 소문자 구분, 띄어쓰기는 여부에 관계 없이 채점합니다.
8. 계산 또는 디버깅 등 계산 연습이 필요한 경우는 〈문제〉 아래의 연습란을 사용하시기 바라며, 연습란은 채점대상이 아닙니다.
9. 문제에서 요구한 가지 수(항수) 이상을 답란에 표기한 경우에는 답안기재 순으로 요구한 가지 수(항수)만 채점하고 한 항에 여러 가지를 기재하더라도 한 가지로 보며 그 중 정답과 오답이 함께 기재란에 있을 경우 오답으로 처리됩니다.
10. 한 문제에서 소문제로 파생되는 문제나, 가지수를 요구하는 문제는 대부분의 경우 부분채점을 적용합니다. 그러나 소문제로 파생되는 문제 내에서의 부분 배점은 적용하지 않습니다.
11. 답안은 문제의 마지막에 있는 답란에 작성하여야 합니다.
12. 부정 또는 불공정한 방법(시험문제 내용과 관련된 메모지 사용 등)으로 시험을 치른 자는 부정행위자로 처리되어 당해 시험을 중지 또는 무효로 하고, 2년간 국가기술자격검정의 응시자격이 정지됩니다.
13. 시험위원이 시험 중 신분확인을 위하여 신분증과 수험표를 요구할 경우 반드시 제시하여야 합니다.
14. 시험 중에는 통신기기 및 전자기기(휴대용 전화기 등)를 지참하거나 사용할 수 없습니다.
15. 국가기술자격 시험문제는 일부 또는 전부가 저작권법상 보호되는 저작물이고, 저작권자는 한국산업인력공단입니다. 문제의 일부 또는 전부를 무단 복제, 배포, 출판, 전자출판 하는 등 저작권을 침해하는 일체의 행위를 금합니다.

※ 수험자 유의사항 미준수로 인한 채점상의 불이익은 수험자 본인에게 전적으로 책임이 있음

1450701

문제 1 다음 Java로 구현된 프로그램을 분석하여 그 실행 결과를 쓰시오. (단, 출력문의 출력 서식을 준수하시오.) (5점)

```
class Connection {
    private static Connection _inst = null;
    private int count = 0;
    public static Connection get() {
        if(_inst == null) {
            _inst = new Connection();
            return _inst;
        }
        return _inst;
    }
    public void count() { count++; }
    public int getCount() { return count; }
}

public class Test {
    public static void main(String[] args) {
        Connection conn1 = Connection.get();
        conn1.count();
        Connection conn2 = Connection.get();
        conn2.count();
        Connection conn3 = Connection.get();
        conn3.count();
        System.out.print(conn1.getCount());
    }
}
```

답 :

1450702

문제 2 보안 위협에 관한 다음 설명에서 괄호에 공통으로 들어갈 알맞은 답을 쓰시오. (5점)

(　　　) 스푸핑은 로컬 네트워크(LAN)에서 사용하는 (　　　) 프로토콜의 취약점을 이용한 공격 기법으로, 자신의 물리적 주소(MAC)를 변조하여 다른 PC에게 도달해야 하는 데이터 패킷을 가로채거나 방해한다.

답 :

1450703

문제 3 데이터를 제어하는 DCL의 하나인 GRANT의 기능에 대해 간략히 서술하시오. (5점)

답 :

1450704

문제 4 AAA 서버에 관한 다음 설명에서 각 번호(①~③)에 들어갈 알맞는 용어를 〈보기〉에서 찾아 쓰시오. (5점)

AAA 서버는 사용자의 컴퓨터 자원 접근 처리와 서비스 제공에 있어서의 다음 3가지 기능을 제공하는 서버이다.
① – 접근하는 사용자의 신원을 검증하는 기능
② – 신원이 검증된 사용자에게 특정된 권한과 서비스를 허용하는 기능
③ – 사용자가 어떤 종류의 서비스를 이용했고, 얼마만큼의 자원을 사용했는지 기록 및 보관하는 기능

〈보기〉

• Application • Authentication • Avalanche • Authorization • Accounting • Ascii

답

• ①
• ②
• ③

1450705

문제 5 디자인 패턴에 관한 다음 설명에서 괄호에 들어갈 알맞은 답을 〈보기〉에서 찾아 쓰시오. (5점)

(   ) 패턴은 객체 생성을 서브 클래스에서 처리하도록 분리하여 캡슐화한 패턴으로, 상위 클래스에서 인터페이스만 정의하고 실제 생성은 서브 클래스가 담당한다. 다른 이름으로 가상 생성자(Virtual Constructor) 패턴이라고도 불린다.

〈보기〉

• Singleton	• Abstract Factory	• Factory Method	• Prototype
• Facade	• Composite	• Template Method	• Builder

답 :

1450706

문제 6 결합도(Coupling)의 종류 중 단순 처리 대상인 데이터만 전달되는 것이 아니라 어떻게 처리해야 하는지를 결정하는 제어 요소가 전달되는 경우의 결합도를 영문으로 쓰시오. (5점)

답 :

1450707

문제 7 다음 C 언어로 구현된 프로그램을 분석하여 그 실행 결과를 쓰시오. (단, 출력문의 출력 서식을 준수하시오.) (5점)

```
#include <stdio.h>
struct jsu {
    char nae[12];
    int os, db, hab, hhab;
};

int main() {
    struct jsu st[3] = { {"데이터1", 95, 88}, {"데이터2", 84, 91}, {"데이터3", 86, 75} };
    struct jsu* p;
    p = &st[0];
    (p + 1)->hab = (p + 1)->os + (p + 2)->db;
    (p + 1)->hhab = (p + 1)->hab + p->os + p->db;
    printf("%d", (p + 1)->hab + (p + 1)->hhab);
}
```

답 :

1450708

문제 8 애플리케이션 테스트에 관한 다음 설명에서 괄호(①, ②)에 들어갈 알맞은 답을 쓰시오. (5점)

- (①)는 소프트웨어의 하위 모듈에서 상위 모듈 방향으로 통합하면서 테스트하는 기법이다.
- 하나의 주요 제어 모듈과 관련된 종속 모듈의 그룹인 클러스터(Cluster)가 필요하다.
- 데이터의 입 · 출력을 확인하기 위해 더미 모듈인 (②)를 생성한다.

답

- ①
- ②

1450709

문제 9 다음 Python으로 구현된 프로그램을 분석하여 그 실행 결과를 쓰시오. (단, 출력문의 출력 서식을 준수하시오.) (5점)

```
x, y = 100, 200
print(x==y)
```

답 :

1450710

문제 10 〈A〉 테이블과 〈B〉 테이블을 참고하여 〈SQL문〉의 실행 결과를 쓰시오. (5점)

〈A〉

NAME
Smith
Allen
Scott

〈B〉

RULE
S%
%t%

〈SQL문〉

```
SELECT COUNT(*) CNT FROM A CROSS JOIN B WHERE A.NAME LIKE B.RULE;
```

답 :

1450711

문제 11 다음 설명에서 괄호에 공통으로 들어갈 알맞은 답을 쓰시오. (5점)

파일의 구조는 파일을 구성하는 레코드들이 보조기억장치에 편성되는 방식을 의미하는 것으로, 크게 순차, (　　　), 해싱으로 구분한다. (　　　) 파일 구조는 〈값, 주소〉 쌍으로 구성되는 데이터 구조를 활용하여 데이터에 접근하는 방식으로, 자기 디스크에서 주로 활용된다.

답 :

1450712

문제 12 다음 테스트 케이스를 참조하여 괄호(①~③)에 들어갈 테스트 케이스의 구성 요소를 〈보기〉에서 찾아 쓰시오. (5점)

식별자_ID	테스트 항목	(①)	(②)	(③)
LS_W10_35	로그인 기능	사용자 초기 화면	아이디(test_a01) 비밀번호(203a!d5%ffa1)	로그인 성공
LS_W10_36	로그인 기능	사용자 초기 화면	아이디(test_a01) 비밀번호(1234)	로그인 실패(1) – 비밀번호 비일치
LS_W10_37	로그인 기능	사용자 초기 화면	아이디(" ") 비밀번호(" ")	로그인 실패(2) – 미입력

〈보기〉

- 요구 절차
- 의존성 여부
- 테스트 데이터
- 테스트 조건
- 하드웨어 환경
- 예상 결과
- 소프트웨어 환경
- 성공/실패 기준

답
- ①
- ②
- ③

1450713

문제 13 UML(Unified Modeling Language)에 관한 다음 설명에서 괄호에 공통으로 들어갈 알맞은 답을 쓰시오. (5점)

( ) 다이어그램은 UML 다이어그램 중 객체(Object)들을 ( )로 추상화하여 표현하는 다이어그램으로 대표적인 구조적 다이어그램이다. ( )는 각각의 객체들이 갖는 속성과 메소드를 표현한 것으로 3개의 구획으로 나눠 이름, 속성, 메소드를 표기한다.

답 :

1450714

문제 14 OSI 7 Layer에 대한 다음 설명에서 각 번호(①~③)에 들어갈 알맞은 계층(Layer)을 쓰시오. (5점)

OSI 7 Layer는 다른 시스템 간의 원활한 통신을 위해 ISO(국제표준화기구)에서 제안한 통신 규약(Protocol)이다.

① – 물리적으로 연결된 두 개의 인접한 개방 시스템들 간에 신뢰성 있고 효율적인 정보 전송을 할 수 있도록 연결 설정, 데이터 전송, 오류 제어 등의 기능을 수행한다.

② – 개방 시스템들 간의 네트워크 연결을 관리하며, 경로 제어, 패킷 교환, 트래픽 제어 등의 기능을 수행한다.

③ – 서로 다른 데이터 표현 형태를 갖는 시스템 간의 상호 접속을 위해 필요한 계층으로, 코드 변환, 데이터 암호화, 데이터 압축, 구문 검색 등의 기능을 수행한다.

답

- ①
- ②
- ③

1450715

문제 15 1974년 IBM이 개발하고 1975년 NBS에 의해 미국의 국가 표준으로 발표된 암호화 알고리즘으로, 블록 크기는 64비트, 키 길이는 56비트이며, 16회의 라운드를 수행한다. 컴퓨터 기술이 발달함에 따라 해독이 쉬워지면서 미국의 국가 표준이 2001년 AES로 대체되었다. (5점)

답 :

1450716

문제 16 다음 C 언어로 구현된 프로그램을 분석하여 그 실행 결과를 쓰시오. (단, 출력문의 출력 서식을 준수하시오.) (5점)

```
#include <stdio.h>
int main() {
     int* array[3];
     int a = 12, b = 24, c = 36;
     array[0] = &a;
     array[1] = &b;
     array[2] = &c;
     printf("%d", *array[1] + **array + 1);
}
```

답 :

1450717 

문제 17 다음 Java로 구현된 프로그램을 분석하여 그 실행 결과를 쓰시오. (단, 출력문의 출력 서식을 준수하시오.) (5점)

```
public class Test {
    public static void main(String[] args) {
        int w = 3, x = 4, y = 3, z = 5;
        if((w == 2 | w == y) & !(y > z) & (1 == x ^ y != z)) {
            w = x + y;
            if(7 == x ^ y != w)
                System.out.println(w);
            else
                System.out.println(x);
        }
        else {
            w = y + z;
            if(7 == y ^ z != w)
                System.out.println(w);
            else
                System.out.println(z);
        }
    }
}
```

답 :

1450718 

문제 18 테스트 기법 중 그래프를 활용하여 입력 데이터 간의 관계와 출력에 영향을 미치는 상황을 체계적으로 분석한 다음 효용성이 높은 테스트 케이스를 선정하여 검사하는 기법을 〈보기〉에서 찾아 쓰시오. (5점)

〈보기〉

• Equivalence Partition	• Boundary Value Analysis	• Condition Test
• Cause-Effect Graph	• Error Guess	• Comparison Test
• Base Path Test	• Loop Test	• Data Flow Test

 :

1450719

문제 19 Windows, MacOS 등에서 사용하는 인터페이스로, 사용자가 명령어를 직접 입력하지 않고 키보드와 마우스 등을 이용하여 아이콘이나 메뉴를 선택하여 모든 작업을 수행하는 사용자 인터페이스를 쓰시오. (5점)

답 :

1450720

문제 20 UML의 관계(Relationships)에 관한 다음 설명에서 각 번호(①, ②)에 들어갈 알맞는 용어를 〈보기〉에서 찾아 쓰시오. (5점)

관계(Relationships)는 사물과 사물 사이의 연관성을 표현하는 것이다. ① – 하나의 사물이 다른 사물에 포함되어 있는 관계로, 전체와 부분으로 구분되어지며 서로 독립적이다. ② – 상위 모듈이 하위 모듈보다 더 일반적인 개념을 가지고 있으며, 하위 모듈이 상위 모듈보다 더 구체적인 개념을 가진다.

〈보기〉

• Association	• Aggregation	• Composition	• Generalization
• Dependency	• Realization		

답

- ①
- ②

2021년 3회 정보처리기사 실기 정답 및 해설

[문제 1]

3

해설

이 문제는 객체 변수 _inst가 사용하는 메모리 공간을 객체 변수 conn1, conn2, conn3이 공유함으로써 메모리 낭비를 방지하는 싱글톤(Singleton) 개념을 Java로 구현한 문제입니다.

```
class Connection {          클래스 Connection을 정의한다.
Ⓐ      private static Connection _inst = null;
Ⓑ      private int count = 0;
❷❿⓱  public static Connection get( ) {
❸⓫⓲       if(_inst == null) {
❹               _inst = new Connection( );
❺               return _inst;
           }
⓬⓳        return _inst;
       }
❽⓯㉒  public void count( ) { count++; }
㉔     public int getCount( ) { return count; }
}

public class Test {
       public static void main(String[] args) {
❶❻         Connection conn1 = Connection.get();
❼           conn1.count( );
❾⓭         Connection conn2 = Connection.get();
⓮           conn2.count( );
⓰⓴         Connection conn3 = Connection.get();
㉑           conn3.count( );
㉓㉕         System.out.print(conn1.getCount());
       }
}
```

Ⓐ Connection 클래스의 객체 변수 _inst를 선언하고 null로 초기화한다.

※ 객체 변수를 생성한다는 것은 Connection _inst = new Connection( );과 같이 객체 생성 예약어인 new를 통해 heap 영역에 공간을 확보하여 Connection 클래스의 내용을 저장한 후 그 주소를 객체 변수에 저장하는 것인데, Ⓐ에서는 객체 생성 예약어인 new가 생략되었으므로 생성이 아닌 선언만 합니다. 객체 변수를 선언만 하게 되면 heap이 아닌 stack 영역에 내용 없이 저장되어 사용이 불가능합니다. 이후 ❹번과 같이 객체 생성 예약어인 new가 사용되어야만 heap 영역에 내용이 저장되고 그 주소도 객체 변수에 전달되면서 사용 가능한 객체 변수가 됩니다.

Ⓑ 정수형 변수 count를 선언하고, 0으로 초기화한다.

stack 영역	
변수	값
_inst	null
count	0

heap 영역	
주소	내용

모든 Java 프로그램은 반드시 main( ) 메소드에서 시작한다.

❶ Connection 클래스의 객체 변수 conn1을 선언하고, get( ) 메소드를 호출한 결과를 저장한다.

※ Ⓐ에서와 같이 객체 변수를 선언만 하였으므로 객체 변수 conn1은 stack 영역에 생성됩니다.

stack 영역	
변수	값
_inst	null
count	0
conn1	

heap 영역	
주소	내용

❷ Connection 형을 반환하는 get( ) 메소드의 시작점이다.

❸ _inst가 null이면 ❹, ❺번을 수행하고, 아니면 ⓬번으로 이동한다. _inst가 null이므로 ❹번으로 이동한다.

❹ Connection 클래스의 내용을 heap 영역에 저장하고 그 주소를 _inst에 저장한다.

※ Ⓐ에서 객체 변수 _inst는 이미 선언되었으므로, Connection _inst = new Connection( );과 같이 작성하지 않고 앞쪽의 클래스명을 생략하여 _inst = new Connection( );과 같이 작성합니다. 생성 예약어인 new를 통해 heap 영역에 공간을 확보하고 Connection 클래스의 내용을 저장한 후 그 주소를 객체 변수 _inst에 저장합니다. 이제 객체 변수 _inst는 Connection( ) 클래스의 내용이 저장된 heap 영역을 가리키게 됩니다.

stack 영역	
변수	값
_inst	100
count	0
conn1	

heap 영역	
주소	내용
0	
100	private static Connection _inst private int count = 0 static public Connection get() { ... } public void count() { ... } public int getCount() { ... }
200	
300	

❺ _inst에 저장된 값을 메소드를 호출했던 ❻번으로 반환한다.

❻ ❺번에서 돌려받은 _inst의 값을 conn1에 저장한다. _inst에는 Connection( ) 클래스의 내용이 저장된 heap 영역의 주소가 저장되어 있으며, conn1에도 동일한 주소가 저장되므로 이후 _inst와 conn1은 같은 heap 영역의 주소를 가리키게 된다.

stack 영역	
변수	값
_inst	100
count	0
conn1	100

heap 영역	
주소	내용
0	
100	private static Connection _inst private int count = 0 static public Connection get() { ... } public void count() { ... } public int getCount() { ... }
200	
300	

❼ conn1의 count( ) 메소드를 호출한다. conn1은 Connection( ) 클래스의 객체 변수이므로 Connection 클래스의 count( ) 메소드를 호출한다는 의미이다.

❽ 반환값이 없는 count( ) 메소드의 시작점이다. count의 값에 1을 더한 후 count( ) 메소드를 호출했던 ❼번으로 돌아가 다음 문장인 ❾번을 수행한다.

stack 영역	
변수	값
_inst	100
count	1
conn1	100

heap 영역	
주소	내용
0	
100	private static Connection _inst private int count = 0 static public Connection get() { ··· } public void count() { ··· } public int getCount() { ··· }
200	
300	

❾ Connection 클래스의 객체 변수 conn2를 선언하고, get( ) 메소드를 호출한 결과를 저장한다.

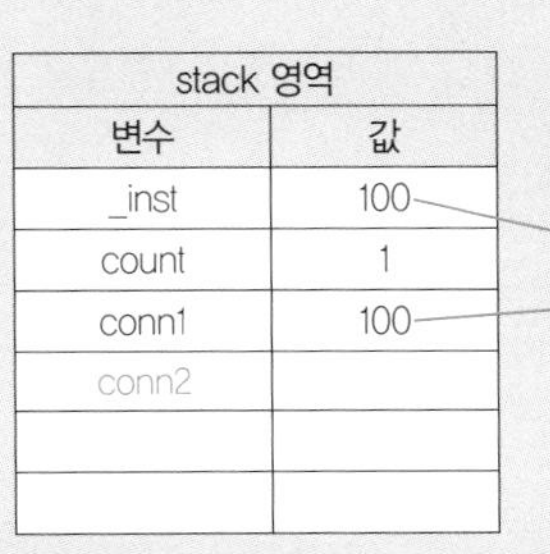

stack 영역	
변수	값
_inst	100
count	1
conn1	100
conn2	

heap 영역	
주소	내용
0	
100	private static Connection _inst private int count = 0 static public Connection get() { ··· } public void count() { ··· } public int getCount() { ··· }
200	
300	

❿ Connection 형을 반환하는 get( ) 메소드의 시작점이다.

⓫ _inst가 null이면 ❹, ❺번을 수행하고, 아니면 ⓬번으로 이동한다. _inst에는 ❹번에서 저장한 heap 영역의 주소가 저장되어 있어 null이 아니므로 ⓬번으로 이동한다.

⓬ _inst에 저장된 값을 메소드를 호출했던 ⓭번으로 반환한다.

⓭ ⓬번에서 돌려받은 _inst의 값을 conn2에 저장한다.

stack 영역	
변수	값
_inst	100
count	1
conn1	100
conn2	100

heap 영역	
주소	내용
0	
100	private static Connection _inst private int count = 0 static public Connection get() { ··· } public void count() { ··· } public int getCount() { ··· }
200	
300	

⓮ conn2의 count( ) 메소드를 호출한다.

⓯ 반환값이 없는 count( ) 메소드의 시작점이다. count의 값에 1을 더한 후 count( ) 메소드를 호출했던 ⓮번으로 돌아가 다음 문장인 ⓰번을 수행한다.

stack 영역	
변수	값
_inst	100
count	2
conn1	100
conn2	100

heap 영역	
주소	내용
0	
100	private static Connection _inst private int count = 0 static public Connection get() { ··· } public void count() { ··· } public int getCount() { ··· }
200	
300	

⑯ Connection 클래스의 객체 변수 conn3을 선언하고, get( ) 메소드를 호출한 결과를 저장한다.

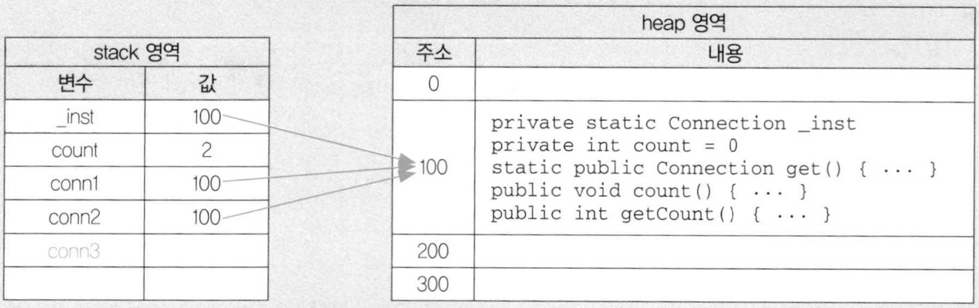

stack 영역	
변수	값
_inst	100
count	2
conn1	100
conn2	100
conn3	

heap 영역	
주소	내용
0	
100	private static Connection _inst private int count = 0 static public Connection get() { ... } public void count() { ... } public int getCount() { ... }
200	
300	

⑰ Connection 형을 반환하는 get( ) 메소드의 시작점이다.

⑱ _inst가 null이면 ④, ⑤번을 수행하고, 아니면 ⑲번으로 이동한다. _inst가 null이 아니므로 ⑲번으로 이동한다.

⑲ _inst에 저장된 값을 메소드를 호출했던 ⑳번으로 반환한다.

⑳ ⑲번에서 돌려받은 _inst의 값을 conn3에 저장한다.

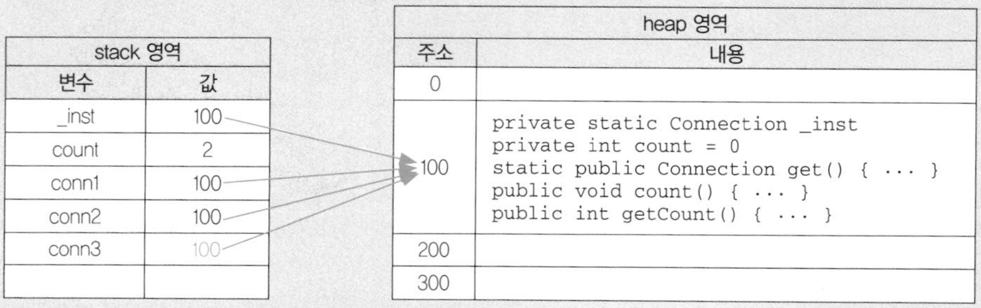

stack 영역	
변수	값
_inst	100
count	2
conn1	100
conn2	100
conn3	100

heap 영역	
주소	내용
0	
100	private static Connection _inst private int count = 0 static public Connection get() { ... } public void count() { ... } public int getCount() { ... }
200	
300	

㉑ conn3 객체 변수의 count( ) 메소드를 호출한다.

㉒ 반환값이 없는 count( ) 메소드의 시작점이다. count의 값에 1을 더한 후 count( ) 메소드를 호출했던 ㉑번으로 돌아가 다음 문장인 ㉓번을 수행한다.

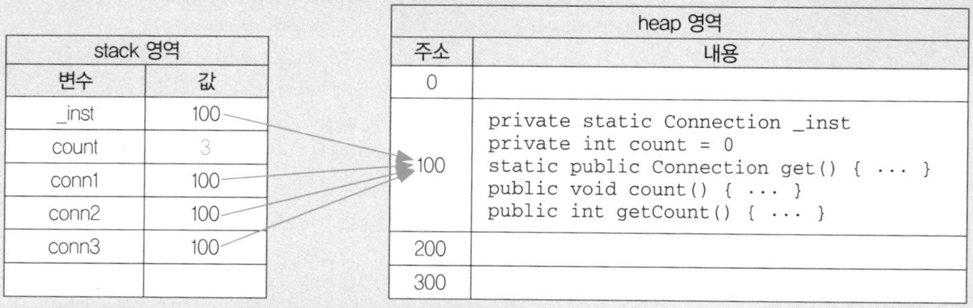

stack 영역	
변수	값
_inst	100
count	3
conn1	100
conn2	100
conn3	100

heap 영역	
주소	내용
0	
100	private static Connection _inst private int count = 0 static public Connection get() { ... } public void count() { ... } public int getCount() { ... }
200	
300	

㉓ conn1의 getCount( ) 메소드를 호출하고 돌려받은 값을 출력한다.

㉔ 정수를 반환하는 getCount( ) 메소드의 시작점이다. count의 값 3을 메소드를 호출했던 ㉕번으로 반환한다.

※ 객체 변수 _inst, conn1, conn2, conn3은 모두 같은 heap 영역의 주소를 가리키고 있으므로 해당 heap 영역에 저장된 내용을 공유하게 됩니다.

㉕ ㉔번에서 돌려 받은 값 3을 출력한다.

결과 3

[문제 2]

※ 다음 중 하나를 쓰면 됩니다.

ARP, Address Resolution Protocol

※ **답안 작성 시 주의 사항** : 한글 또는 영문을 Full-name이나 약어로 쓰라는 지시사항이 없을 경우 한글이나 영문 약어로 쓰는 것이 유리합니다. 영문을 Full-name으로 풀어쓰다가 스펠링을 틀리면 오답으로 처리되니까요.

[문제 3]
※ 다음 중 밑줄이 표시된 내용은 반드시 포함되어야 합니다.
GRANT는 데이터베이스 관리자가 데이터베이스 사용자에게 <u>권한을 부여하는 데 사용하는 명령어</u>이다.

[문제 4]
① Authentication ② Authorization ③ Accounting

[문제 5]
Factory Method

[문제 6]
※ 다음 중 하나를 쓰면 됩니다.
Control, Control Coupling
※ **답안 작성 시 주의 사항** : 영문으로 쓰라는 지시사항이 있으므로 한글로 쓰면 오답이 됩니다.

[문제 7]
501

해설

```
#include <stdio.h>
Ⓐ struct jsu {
      char nae[12];
      int os, db, hab, hhab;
};

int main( ) {
❶    struct jsu st[3] = { {"데이터1", 95, 88}, {"데이터2", 84, 91}, {"데이터3", 86, 75} };
❷    struct jsu* p;
❸    p = &st[0];
❹    (p + 1)->hab = (p + 1)->os + (p + 2)->db;
❺    (p + 1)->hhab = (p + 1)->hab + p->os + p->db;
❻    printf("%d", (p + 1)->hab + (p + 1)->hhab);
}
```

Ⓐ struct jsu { : 구조체 jsu를 정의한다. 구조체를 정의한다는 것은 int나 char 같은 자료형을 하나 만든다는 의미다. 구조체의 멤버를 지정할 때는 [변수명].[멤버이름]으로 지정하지만, 포인터 변수를 이용해 구조체의 멤버를 지정할 때는 [변수명]->[멤버이름]으로 지정한다.
- **구조체(struct)** : 배열이 자료의 형과 크기가 동일한 변수의 모임이라면, 구조체는 자료의 종류가 다른 변수의 모임임
- **멤버(member)** : 일반 변수를 선언하는 것과 동일하게 필요한 변수들을 임의로 선언하면 됨

char nae[12]; : 12개의 요소를 갖는 문자 배열 nae를 선언한다.
int os, db, hab, hhab; : 정수형 변수 os, db, hab, hhab를 선언한다.

Ⓐ 구조체 jsu의 구조

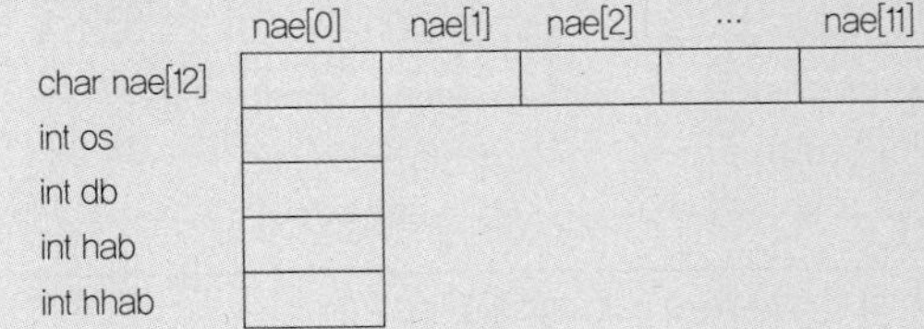

※ 위의 구조체는 다음과 같이 메모리의 연속된 공간에 저장된 후 사용된다.

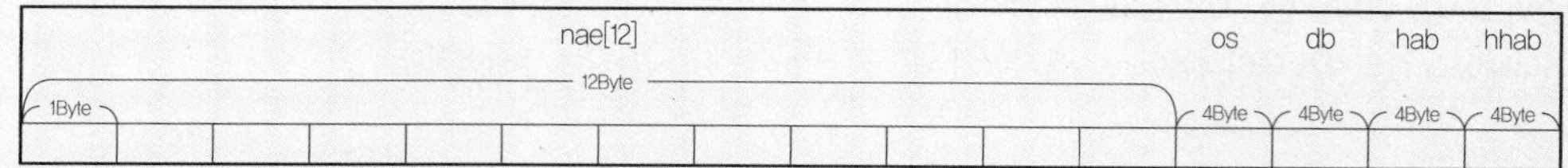

모든 C 프로그램은 반드시 main( ) 함수에서 시작한다.

❶ 구조체 jsu 자료형으로 3개짜리 배열 st를 선언하고 초기화한다.

	char nae[12]	int os	int db	int hab	int hhab
st[0]	st[0].nae[0]~st[0].nae[11]	st[0].os	st[0].db	st[0].hab	st[0].hhab
st[1]	st[1].nae[0]~st[1].nae[11]	st[1].os	st[1].db	st[1].hab	st[1].hhab
st[2]	st[2].nae[0]~st[2].nae[11]	st[2].os	st[2].db	st[2].hab	st[2].hhab

↓

	char nae[12]	int os	int db	int hab	int hhab
st[0]	데 / 이 / 터 / 1 / \0	95	88		
st[1]	데 / 이 / 터 / 2 / \0	84	91		
st[2]	데 / 이 / 터 / 3 / \0	86	75		

※ 문자열을 저장하는 경우 문자열의 끝을 의미하는 널 문자(\0)가 추가로 저장되며, 출력 시 널 문자는 표시되지 않습니다. 또한 영문, 숫자는 1Byte, 한글은 2Byte를 차지합니다.

❷ 구조체 jsu의 포인터 변수 p를 선언한다.

❸ p에 st 배열의 첫 번째 요소의 주소를 저장한다. 주소는 임의로 정한 것이다.

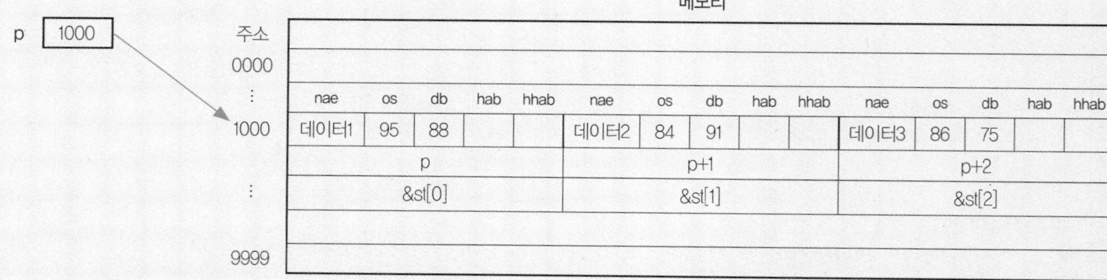

❹ p+1이 가리키는 곳의 멤버 hab에 p+1이 가리키는 곳의 멤버 os 값과 p+2가 가리키는 곳의 멤버 db 값을 더한 후 저장한다. p가 st[0]을 가리키므로 p+1은 st[1]을, p+2는 st[2]를 가리킨다. 따라서 st[1]의 os 값 84와 st[2]의 db 값 75를 더한 값 **159**를 st[1]의 hab에 저장한다.

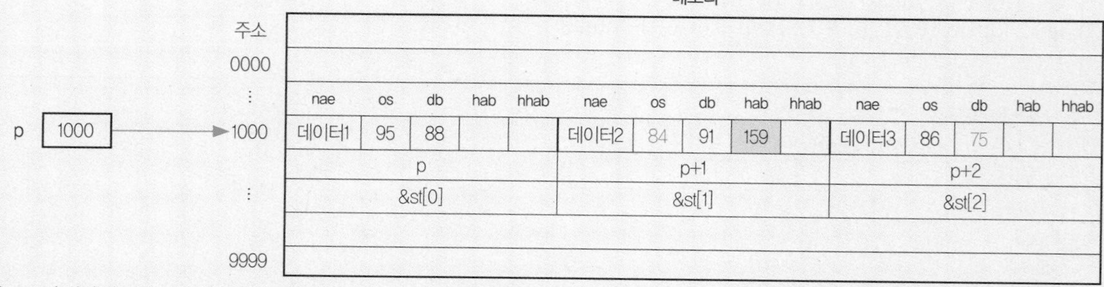

❺ p+1이 가리키는 곳의 멤버 hhab에 p+1이 가리키는 곳의 멤버 hab 값과 p가 가리키는 곳의 멤버 os와 db 값을 모두 더한 후 저장한다. st[1]의 hab 값 159, st[0]의 os와 db 값 95와 88을 모두 더한 값 **342**를 st[1]의 hhab에 저장한다.

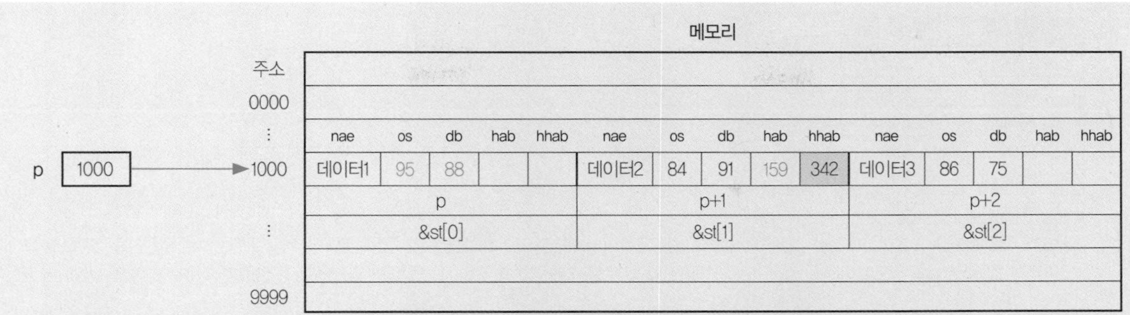

❻ p+1이 가리키는 곳의 멤버 hab와 hhab의 값을 더한 후 정수로 출력한다. **159**와 **342**를 더한 **501**이 출력된다.

결과 `501`

[문제 8]

① 상향식 통합 테스트

※ 다음 중 하나를 쓰면 됩니다.

② 드라이버, 테스트 드라이버, Driver, Test Driver

[문제 9]

False

※ **답안 작성 시 주의 사항** : C, Java, Python 등의 프로그래밍 언어에서는 대소문자를 구분하기 때문에 출력 결과도 대소문자를 구분하여 정확하게 작성해야 합니다. 예를 들어, 소문자로 **false**로 썼을 경우 부분 점수 없이 완전히 틀린 것으로 간주됩니다.

해설

```
❶ x, y = 100, 200
❷ print(x==y)
```

❶ 변수 x, y를 선언하고 각각 100, 200으로 초기화한다.

❷ x의 값 100과 y의 값 200이 같으면 참(True)을, 같지 않으면 거짓(False)을 출력한다.

결과 `False`

[문제 10]

4

해설

```
SELECT COUNT(*) CNT
FROM A CROSS JOIN B
WHERE A.NAME LIKE B.RULE;
```

질의문은 각 절을 분리하여 이해하면 쉽습니다.

- SELECT COUNT(*) CNT : 튜플의 개수를 표시하되, 필드명은 'CNT'로 표시합니다.
  ※ 'SELECT COUNT(*) AS CNT'에서 AS가 생략된 형태입니다.
- FROM A CROSS JOIN B : 〈A〉와 〈B〉를 교차 조인(CROSS JOIN)한 결과를 대상으로 검색합니다.

A.NAME	B.RULE
Smith	S%
Smith	%t%
Allen	S%
Allen	%t%
Scott	S%
Scott	%t%

- WHERE A.NAME LIKE B.RULE : 〈A〉 테이블의 'NAME' 필드 값이 〈B〉 테이블의 'RULE' 필드에 저장된 문자열 패턴과 일치하는 튜플만을 대상으로 합니다.
  ※ 〈B〉 테이블의 'RULE' 필드에 저장된 값은 'S%'와 '%t%'와 같이 문자 패턴인 '%' 기호가 포함되어 있으므로, 조건문의 LIKE 연산자와 결합되면 다음과 같이 적용됩니다.
  - A.NAME LIKE S% : 'A.NAME'이 "S"로 시작하는 레코드를 검색

A.NAME	B.RULE
Smith	S%
Smith	%t%
Allen	S%
Allen	%t%
Scott	S%
Scott	%t%

  - A.NAME LIKE %T% : 'A.NAME'이 "t"를 포함하는 레코드를 검색

A.NAME	B.RULE
Smith	S%
Smith	%t%
Allen	S%
Allen	%t%
Scott	S%
Scott	%t%

※ CROSS JOIN된 결과에서 조건을 만족하는 튜플은 다음과 같습니다. 그러므로 검색된 튜플의 개수는 4입니다.

A.NAME	B.RULE
Smith	S%
Smith	%t%
Scott	S%
Scott	%t%

[문제 11]

※ 다음 중 하나를 쓰면 됩니다.

색인, Index

[문제 12]

① 테스트 조건 ② 테스트 데이터 ③ 예상 결과

[문제 13]

※ 다음 중 하나를 쓰면 됩니다.

클래스, Class

[문제 14]

※ 각 문항별로 다음 중 하나를 쓰면 됩니다.

① 데이터 링크 계층, Data Link Layer

② 네트워크 계층, 망 계층, Network Layer

③ 표현 계층, Presentation Layer

[문제 15]

※ 다음 중 하나를 쓰면 됩니다.

DES, Data Encryption Standard

[문제 16]

37

해설

```
#include <stdio.h>
int main( ) {
❶    int* array[3];
❷    int a = 12, b = 24, c = 36;
❸    array[0] = &a;
❹    array[1] = &b;
❺    array[2] = &c;
❻    printf("%d", *array[1] + **array + 1);
}
```

❶ 3개의 요소를 갖는 정수형 포인터 배열 array를 선언한다. 주소는 임의로 정한 것이다.

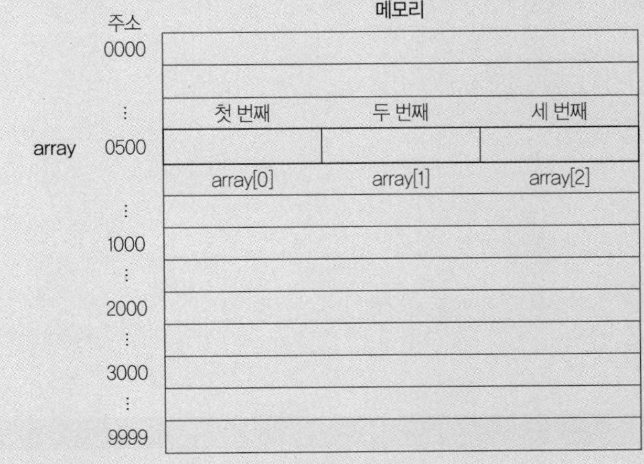

❷ 정수형 변수 a, b, c에 각각 12, 24, 36을 저장한다.

메모리

	주소	메모리		
	0000			
	⋮	첫 번째	두 번째	세 번째
array	0500			
		array[0]	array[1]	array[2]
	⋮			
a	1000	12		
	⋮			
b	2000	24		
	⋮			
c	3000	36		
	⋮			
	9999			

❸ array[0]에 a의 주소를 저장한다.
❹ array[1]에 b의 주소를 저장한다.
❺ array[2]에 c의 주소를 저장한다.

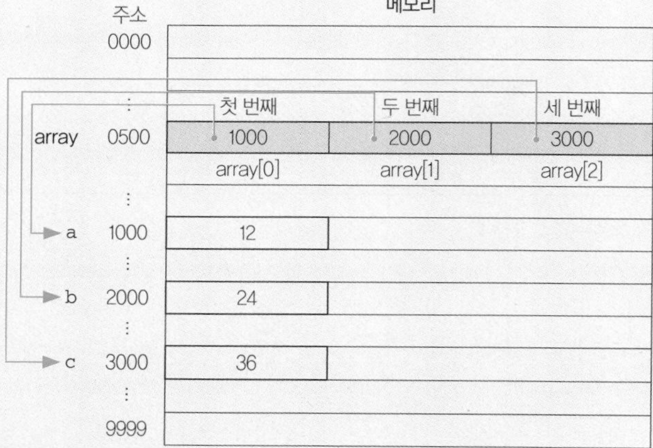

❻ array[1]이 가리키는 곳의 값과 *array가 가리키는 곳의 값과 1을 더한 후 정수로 출력한다.

- *array[1] : array[1]에는 2000이 저장되어 있고 2000이 가리키는 곳의 값은 24이다.
- **array
  - array : 배열의 이름만 지정하면 배열의 첫 번째 요소의 주소인 &array[0], 즉 500을 의미한다.
  - *array : array는 500이고 500이 가리키는 곳의 값은 1000이다.
  - **array : *array는 1000이고 1000이 가리키는 곳의 값은 12이다.

∴ 24 + 12 + 1 = 37

결과 **37**

[문제 17]

7

해설

```
public class Test {
   public static void main(String[ ] args) {
❶     int w = 3, x = 4, y = 3, z = 5;
❷     if((w == 2 | w == y) & !(y > z) & (1 == x ^ y != z)) {
❸        w = x + y;
❹        if(7 == x ^ y != w)
❺           System.out.println(w);
         else
            System.out.println(x);
      } ❻
      else {
         w = y + z;
         if(7 == y ^ z != w)
            System.out.println(w);
         else
            System.out.println(z);
      } ❼
   }
}
```

❶ 정수형 변수 w, x, y, z를 선언하고 각각 3, 4, 3, 5로 초기화한다.

❷ 조건이 참이면 ❸번부터 ❻번 이전까지의 문장을, 거짓이면 ❻번 아래 else의 다음 문장부터 ❼번 이전까지의 문장을 수행한다. 연산자 우선순위에 따라 다음의 순서로 조건의 참/거짓을 확인한다.

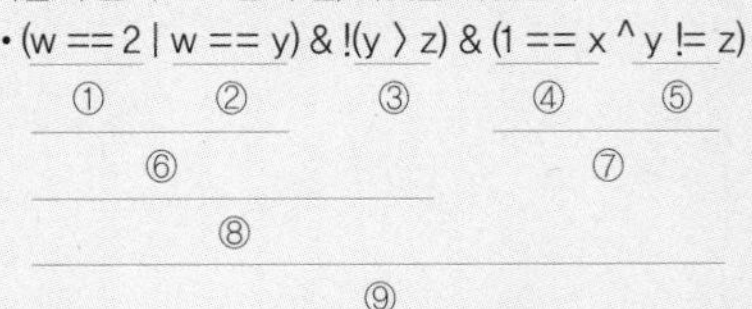

- ① : w의 값 3과 2는 같지 않으므로 거짓(0)이다.
- ② : w의 값 3과 y의 값 3은 같으므로 참(1)이다.
- ③ : y의 값 3은 z의 값 5보다 크지 않으므로 거짓(0)이지만, 앞에 !(논리 not)가 있으므로 참(1)이다.
- ④ : 1과 x의 값 4는 같지 않으므로 거짓(0)이다.
- ⑤ y의 값 3과 z의 값 5는 같지 않으므로 참(1)이다.
- ⑥ ① | ② : ①의 결과 0과 ②의 결과 1을 |(비트 or) 연산하면

```
  0 0 0 0 (0)
| 0 0 0 1 (1)
-------------
  0 0 0 1 (1)
```

  이므로 결과는 1이다.
- ⑦ ④ ^ ⑤ : ④의 결과 0과 ⑤의 결과 1을 ^(비트 xor) 연산하면

```
  0 0 0 0 (1)
^ 0 0 0 1 (1)
-------------
  0 0 0 1 (1)
```

  이므로 결과는 1이다.
- ⑧ ⑥ & ③ : ⑥의 결과 1과 ③의 결과 1을 &(비트 and) 연산하면

```
  0 0 0 1 (1)
& 0 0 0 1 (1)
-------------
  0 0 0 1 (1)
```

  이므로 결과는 1이다.
- ⑨ ⑧ & ⑦ : ⑧의 결과 1과 ⑦의 결과 1을 &(비트 and) 연산하면 결과는 1이다.

∴ 최종 결과는 1이며, 1은 조건에서 참을 의미하므로 ❸번으로 이동한다.

❸ w에 x와 y의 합을 저장한다. (w=7)

❹ 조건이 참이면 ❺번 문장을, 거짓이면 ❻번 아래 else 다음 문장을 수행한다. 연산자 우선순위에 따라 다음의 순서로 조건의 참/거짓을 확인한다.

- 7 == x ^ y != w

- ① : 7과 x의 값 4는 같지 않으므로 결과는 거짓(0)이다.
- ② : y의 값 3과 w의 값 7은 같지 않으므로 결과는 참(1)이다.
- ③ ① ^ ② : ①의 결과 0과 ②의 결과 1을 ^(비트 xor) 연산하면 결과는 1이다.

∴ 최종 결과는 1이며, 1은 조건에서 참을 의미하므로 ❺번 문장을 수행한다.

❺ w의 값 7을 출력하고 커서를 다음 줄의 처음으로 옮긴다. 모든 if문이 종료되었으므로 ❼번으로 이동하여 프로그램을 종료한다.

결과 7

[문제 18]

Cause-Effect Graph

[문제 19]

※ 다음 중 하나를 쓰면 됩니다.

GUI, Graphical User Interface, Graphic User Interface, 그래픽 사용자 인터페이스

[문제 20]

① Aggregation ② Generalization

memo